De SMITH'S JUDICIAL REVIEW

De SMITH'S JUDICIAL REVIEW

Third Supplement to the Eighth Edition

Up to Date to September 2020

EDITORS

CATHERINE DONNELLY SC
Barrister, Law Library, Dublin and Blackstone Chambers
Fellow and Associate Professor, Trinity College, Dublin
IVAN HARE QC
Barrister, Blackstone Chambers
Former Fellow of Trinity College Cambridge
JOANNA BELL
Associate Professor, St Edmund Hall, Oxford

CONSULTANT EDITORS
THE Rt HON LORD WOOLF, CH
Former Chief Justice of England and Wales
Former Chief Justice of the Astana Financial Centre Court
Blackstone Chambers
PROFESSOR SIR JEFFREY JOWELL KCMG QC
Barrister, Blackstone Chambers
Former Director of the Bingham Centre for the Rule of Law
Emeritus Professor of Public Law, University College London

SWEET & MAXWELL

Published in 2021 by Thomson Reuters,
trading as Sweet & Maxwell.
Thomson Reuters is registered in England & Wales,
Company No.1679046.
Registered office and address for Service:
5 Canada Square, Canary Wharf, London, E14 5AQ.

For further information on our products and services, visit *http://www.sweetandmaxwell.co.uk*.

Computerset by Sweet & Maxwell.
Printed and bound by CPI Group (UK) Ltd, Croydon, CR0 4YY.
No natural forests were destroyed to make this product: only farmed timber was used and replanted.
A CIP catalogue record for this book is available from the British Library.

ISBN (print): 978-0-414-08218-2

ISBN (e-book): 978-0-414-08220-5

ISBN (print and ebook): 978-0-414-08219-9

All rights reserved. No part of this publication may be reproduced or transmitted, in any form or by any means, or stored in any retrieval system of any nature, without prior written permission, except for permitted fair dealing under the Copyright, Designs and Patents Act 1988, or in accordance with the terms of a license issued by the Copyright Licensing Agency in respect of photocopying and/or reprographic reproduction. Application for permission for other use of copyright material including permission to reproduce extracts in other published works shall be made to the publishers. Full acknowledgement of author, publisher and source must be given.

Crown copyright material is reproduced with the permission of the Controller of HMSO and the Queen's Printer for Scotland.

Thomson Reuters, the Thomson Reuters logo and Sweet & Maxwell® are trademarks of Thomson Reuters.

© 2021 Thomson Reuters

Previous Editions

First edition	1959
Second impression	1960
Third impression	1961
Second edition	1968
Third edition	1973
Fourth edition	1980
Second impression	1986
Third impression	1987
Fifth edition	1995
Supplement to the Fifth edition	1998
Sixth edition	2007
Supplement to the Sixth edition	2009
Seventh edition	2013
Supplement to the Seventh edition	2014
Second Supplement to the Seventh edition	2015
Third Supplement to the Seventh edition	2016
Eighth edition	2018
First Supplement to the Eighth edition	2019
Second Supplement to the Eighth edition	2020

Preface

The Eighth Edition of *De Smith's Judicial Review* was published in March 2018. The law was stated as it stood on 30 October 2017 (although some later developments were incorporated at proof stage). The First and Second Supplements followed (up-dating the law to 20 September 2018 and 30 September 2019). This Third Cumulative Supplement brings the main work up to date to 21 September 2020.

As with the main work, we have been selective in the cases that have been included. They either develop a principle or provide a particularly useful illustration of a principle or practice. We have focussed on reported decisions.

As with previous Supplements, we have not systematically updated the comparative law material.

Ivan Hare drafted Chapters 1, 2, 4, 13 and 15-19; Catherine Donnelly drafted Chapters 3, 6-10, 12 and 14. We are very pleased to welcome Dr Joanna Bell of St Edmund Hall, Oxford to the editorial team for this Supplement. She has drafted Chapters 5 and 11.

We are grateful to Harry Woolf and Jeffrey Jowell for their oversight of this Supplement. We are also indebted to Sohini Banerjee and Katherine Brewer for steering it through to publication, and to Stephen Brittain for research assistance with Chapters 3, 6-10, 12 and 14.

This Supplement appears at a time of substantial change to the working practices of the Administrative Court (as a result of the COVID-19 pandemic and the shift to remote hearings) and significant uncertainty about the future scope of judicial review in this country. The latter arises from the Government's decision on 31 July 2020 to launch an Independent Review of Administrative Law. The terms of reference for the Review include: whether decisions which are amenable to judicial review and the grounds of public law illegality should be codified in statute; whether the distinction between justiciable and non-justiciable decisions should be clarified; and whether the procedure for seeking judicial review should be "streamlined". According to the terms of reference, such streamlining might include reducing the burden of disclosure obligations in relation to policy decisions and the duty of candour as it affects Government; and reforming the law of standing, the principles upon which relief is granted, rights of appeal and the permission requirement and costs and interveners. The decision to launch the review appears, at least in part, to be in reaction to the Supreme Court's decision in *R. (on the application of Miller) v Prime Minister* [2019] UKSC 41; [2020] A.C. 373 about which we wrote in the Preface to the Second Supplement. At the time of writing, the consultation period for the review has closed and we await the Panel's recommendations with great interest. The Government's commitment to the Rule of Law and to respecting the international obligations which the country has undertaken are in serious question given, in particular, the contents of the Internal Market Bill and the Overseas Operations (Service Personnel and Veterans) Bill which are currently before Parliament.

Catherine Donnelly
Ivan Hare
Joanna Bell
September 2020

How to use this supplement

This is the Third Supplement to the Eighth Edition of *De Smith's Judicial Review* and has been compiled according to the structure of the main volume.

At the beginning of each chapter of this Supplement, a mini table of contents of the sections in the main volume has been included. Where a heading in this table of contents has been marked with a square pointer, this indicates that there is relevant information in this Supplement to which the reader should refer. Material that is new to the Cumulative Supplement is indicated by the symbol ■. Material that has been included from the previous supplements is indicated by the symbol ⊔.

Within each chapter, updating information is referenced to the relevant paragraph in the main volume.

TABLE OF CONTENTS

Preface	vii
How to use this Supplement	ix
Table of Cases	xiii
Table of Statutes	cxxi
Table of Statutory Instruments	cxxvii
Table of Civil Procedure Rules	cxxix
Table of International Legislation	cxxxi

PART I: THE CONTEXT OF JUDICIAL REVIEW

1.	THE NATURE OF JUDICIAL REVIEW	3
2.	CLAIMANTS, INTERESTED PARTIES AND INTERVENERS	13
3.	DEFENDANTS AND DECISIONS SUBJECT TO JUDICIAL REVIEW	17

PART II: GROUNDS OF JUDICIAL REVIEW

4.	CONCEPTS OF JURISDICTION AND LAWFUL ADMINISTRATION	55
5.	ILLEGALITY	61
6.	PROCEDURAL FAIRNESS: INTRODUCTION, HISTORY AND COMPARATIVE PERSPECTIVES	93
7.	PROCEDURAL FAIRNESS: ENTITLEMENT AND CONTENT	95
8.	PROCEDURAL FAIRNESS: EXCEPTIONS	133
9.	PROCEDURAL FAIRNESS: FETTERING OF DISCRETION	147
10.	PROCEDURAL FAIRNESS: BIAS AND CONFLICT OF INTEREST	159
11.	SUBSTANTIVE REVIEW AND JUSTIFICATION	177
12.	LEGITIMATE EXPECTATIONS	203
13.	CONVENTION RIGHTS AS GROUNDS FOR JUDICIAL REVIEW	219
14.	REVIEW UNDER EUROPEAN UNION LAW	253

PART III: PROCEDURES AND REMEDIES

15.	THE HISTORICAL DEVELOPMENT OF JUDICIAL REVIEW REMEDIES AND PROCEDURES	275
16.	CPR PT 54 CLAIMS FOR JUDICIAL REVIEW	277
17.	OTHER JUDICIAL REVIEW PROCEEDINGS	297

CONTENTS

18. JUDICIAL REVIEW REMEDIES 303

19. MONETARY REMEDIES IN JUDICIAL REVIEW 309

APPENDICES

APPENDIX K   N461 CLAIM FORM 322
APPENDIX L   N462 ACKNOWLEDGMENT OF SERVICE 328
APPENDIX M   N463 APPLICATION FOR URGENT CONSIDERATION 332

Index 335

TABLE OF CASES

56 Denton Road, Twickenham, Re; sub nom. War Damage Act 1943, Re [1953] Ch. 51; [1952] 2 All E.R. 799; [1952] 2 T.L.R. 676; [1952] 10 WLUK 69; [1952] W.N. 472 Ch D 3-026
A (A Child) (Disclosure of Third Party Information), Re; sub nom. A (A Child) (Family Proceedings: Disclosure of Information), Re; A (A Child) (Sexual Abuse: Disclosure), Re; J (A Child: Disclosure), Re; X, Re [2012] UKSC 60; [2012] 3 W.L.R. 1484; [2013] 1 All E.R. 761; [2013] 1 F.C.R. 69; [2013] Fam. Law 269 13-087
A (Children) (Contact: Ultra-Orthodox Judaism: Transgender Parent), Re; sub nom. M (Children) (Ultra-Orthodox Judaism: Transgender), Re [2017] EWCA Civ 2164; [2018] 4 W.L.R. 60; [2018] 3 All E.R. 316; [2018] 2 F.L.R. 800; [2018] 2 F.C.R. 559; [2017] CarswellFor 1; 7 R.F.L. (8th) 1 5-040
A (Children) (Fact-finding Hearing: Extempore Judgment), Re [2011] EWCA Civ 1611; [2011] 12 WLUK 725; [2012] 1 F.L.R. 1243; [2012] Fam. Law 285 7-105
A (Children) (Remote Hearing: Care and Placement Orders), Re [2020] EWCA Civ 583; [2020] 4 WLUK 323; [2020] 2 F.L.R. 297; [2020] 2 F.C.R. 245 8-002
A v B (Investigatory Powers Tribunal: Jurisdiction); sub nom. R. (on the application of A) v Director of Establishments of the Security Service [2009] UKSC 12; [2010] 2 A.C. 1; [2010] 2 W.L.R. 1; [2010] 1 All E.R. 1149; [2010] H.R.L.R. 11; [2010] U.K.H.R.R. 568 .... 4-017, 8-018, 11-054
A v B [2011] EWHC 2345 (Comm); [2011] 2 Lloyd's Rep. 591; [2011] 9 WLUK 347; [2011] Arb. L.R. 43; (2011) 161 N.L.J. 1291 QBD 10-050
A v Croydon LBC; K v Secretary of State for the Home Department [2009] EWHC 939 (Admin); [2010] 1 F.L.R. 193; [2009] Fam. Law 659; (2009) 153(26) S.J.L.B. 40 9-010
A v Essex CC [2003] EWCA Civ 1848; [2004] 1 W.L.R. 1881; [2004] 1 F.L.R. 749; [2004] 1 F.C.R. 660; [2004] B.L.G.R. 587; (2004) 7 C.C.L. Rep. 98; [2004] Fam. Law 238; (2004) 148 S.J.L.B. 27 19-045
A v HM Treasury; HM Treasury v Al-Ghabra; R. (on the application of Youssef) v HM Treasury; sub nom. HM Treasury v Ahmed [2010] UKSC 2; [2010] 2 A.C. 534; [2010] 2 W.L.R. 378; [2010] 4 All E.R. 745; [2010] H.R.L.R. 15; [2010] U.K.H.R.R. 204; [2010] Lloyd's Rep. F.C. 217; (2010) 154(4) S.J.L.B. 28 .... 11-054, 11-058
A v Secretary of State for the Home Department [2003] EWCA Civ 175; [2003] I.N.L.R. 249; (2003) 147 S.J.L.B. 114 11-047
A v Secretary of State for the Home Department; D v Secretary of State for the Home Department; C v Secretary of State for the Home Department [2005] UKHL 71; [2006] 2 A.C. 221; [2005] 3 W.L.R. 1249; [2006] 1 All E.R. 575; [2006] H.R.L.R. 6; [2006] U.K.H.R.R. 225; 19 B.H.R.C. 441; (2005) 155 N.L.J. 1924 .. 5-055, 5-056, 11-053, 11-054, 13-066
A v Secretary of State for the Home Department; sub nom. X v Secretary of State for the Home Department [2004] UKHL 56; [2005] 2 A.C. 68; [2005] 2 W.L.R. 87; [2005] 3 All E.R. 169; [2005] H.R.L.R. 1; [2005] U.K.H.R.R. 175; 17 B.H.R.C. 496; [2005] Imm. A.R. 103; (2005) 155 N.L.J. 23; (2005) 149 S.J.L.B. 28 13-104
A v United Kingdom (3455/05) (2009) 49 E.H.R.R. 29; 26 B.H.R.C. 1 ECtHR 13-075
AA (Nigeria) v Secretary of State for the Home Department [2010] EWCA Civ 773; [2011] 1 W.L.R. 564; [2010] Imm. A.R. 704; [2011] I.N.L.R. 1 5-038
Abbey Mine Ltd v Coal Authority [2008] EWCA Civ 353; [2008] 4 WLUK 418; (2008) 152(16) S.J.L.B. 28 11-047
ABC v Telegraph Media Group Ltd [2018] EWCA Civ 2329; [2019] 2 All E.R. 684; [2018] 10 WLUK 357; [2019] E.M.L.R. 5 13-087
Abdi v Secretary of State for the Home Department. See R. (on the application of Lumba) v Secretary of State for the Home Department 7-014, 9-004, 9-005, 9-007, 11-054, 19-055, 19-056
Abenavoli v Italy (App. No. 25587/94) unreported 2 September 1997 ECtHR 7-035
Abraha v Secretary of State for the Home Department [2015] EWHC 1980 (Admin); [2015] A.C.D. 140 16-027
Acetrip Ltd v Dogra [2019] 3 WLUK 17 EAT 7-063
Achour v France (67335/01) (2007) 45 E.H.R.R. 2 ECtHR 13-070
Adams v Law Society of England and Wales [2012] EWHC 980 (QB) 19-012
Adams v United Kingdom (Admissibility) (28979/95); sub nom. Benn v United Kingdom (30343/96) (1997) 23 E.H.R.R. CD160 ECtHR 7-035

TABLE OF CASES

Advisory, Conciliation and Arbitration Service v Grunwick. *See* Grunwick Processing Laboratories Ltd v Advisory, Conciliation and Arbitration Service (ACAS) 5-062, 5-064
Aegis Group Plc v Inland Revenue Commissioners [2005] EWHC 1468 (Ch); [2006] S.T.C. 23; [2008] B.T.C. 668; [2005] S.T.I. 989. 16-002
Aerts v Belgium (2000) 29 E.H.R.R. 50; 5 B.H.R.C. 382; (2000) 53 B.M.L.R. 79; [1998] H.R.C.D. 749 ECtHR 7-035
Agnew's Application for Judicial Review, Re. *See* R. (on the application of Miller) v Secretary of State for Exiting the European Union 1-128
Agricultural Sector (Wales) Bill, Re. *See* Attorney General for England and Wales v Counsel General for Wales 1-127
Agrofert Holding AS v European Commission (T-111/07) EU:T:2010:285; [2010] 7 WLUK 159; [2011] 4 C.M.L.R. 6. 14-041
Ahmad v United Kingdom (8160/78) (1981) 4 E.H.R.R. 126 ECtHR 13-089
Airey v Ireland (A/32) (1979–80) 2 E.H.R.R. 305 ECtHR 7-035
Ajilore v Hackney LBC [2014] EWCA Civ 1273; [2014] 10 WLUK 219; [2014] H.L.R. 46. 7-105
Akumah v Hackney LBC [2005] UKHL 17; [2005] 1 W.L.R. 985; [2005] 2 All E.R. 148; [2005] H.L.R. 26; [2005] B.L.G.R. 399; [2005] 10 E.G. 155 (C.S.); (2005) 102(17) L.S.G. 31; (2005) 149 S.J.L.B. 299; [2005] N.P.C. 31 3-093
AL (Serbia) v Secretary of State for the Home Department; R. (on the application of Rudi) v Secretary of State for the Home Department [2008] UKHL 42; [2008] 1 W.L.R. 1434; [2008] 4 All E.R. 1127; [2008] H.R.L.R. 41; [2008] U.K.H.R.R. 917; 24 B.H.R.C. 738; [2008] Imm. A.R. 729; [2008] I.N.L.R. 471; (2008) 152(26) S.J.L.B. 29 13-101
Al-Hasani v Nettler [2019] EWHC 640 (Ch); [2019] 3 WLUK 445 7-063
Al-Jedda v Secretary of State for the Home Department; sub nom. Secretary of State for the Home Department v Al-Jedda [2013] UKSC 62; [2014] A.C. 253; [2013] 3 W.L.R. 1006; [2014] 1 All E.R. 356; [2013] 10 WLUK 276; [2014] H.R.L.R. 2; [2014] Imm. A.R. 229; [2014] I.N.L.R. 131; (2013) 157(39) S.J.L.B. 37. 5-020
Al-Malki v Reyes. *See* Reyes v Al-Malki 13-068
Al-Rawi v Security Service [2011] UKSC 34; [2012] 1 A.C. 531; [2011] 3 W.L.R. 388; [2012] 1 All E.R. 1; [2011] U.K.H.R.R. 931; (2011) 108(30) L.S.G. 23; (2011) 155(28) S.J.L.B. 31 .... 8-010, 8-011, 11-054, 16-002, 16-012
Al-Skeini v United Kingdom (55721/07) (2011) 53 E.H.R.R. 18; 30 B.H.R.C. 561; [2011] Inquest L.R. 73; ECtHR 7-037, 19-016
Al–Jedda v United Kingdom (27021/08) (2011) 53 E.H.R.R. 23; 30 B.H.R.C. 637 ECtHR .. 13-073
Al–Khawaja v United Kingdom (26766/05); Tahery v United Kingdom (22228/06) [2012] 2 Costs L.O. 139; (2012) 54 E.H.R.R. 23; 32 B.H.R.C. 1; [2012] Crim. L.R. 375 ECtHR 7-121, 13-036
Albert Ruckdeschel & Co v Hauptzollamt Hamburg–St Annen (117/76); Diamalt AG v Hauptzollamt Itzehoe (16/77) EU:C:1977:160; [1979] 2 C.M.L.R. 445 14-125
Aldabe v Advocate General for Scotland [2019] CSIH 35; [2019] 7 WLUK 6; 2019 G.W.D. 23-342 14-098
Aldemir v Cornwall Council [2019] EWHC 2407 (Admin); [2019] 9 WLUK 137; [2019] L.L.R. 698 .... 6-056, 7-040
Alderman Blackwell's case (1683) 1 Vent. 152 5-015
Alexander Machinery (Dudley) v Crabtree [1974] I.C.R. 120; [1974] I.R.L.R. 56; [1974] I.T.R. 182 NIRC 7-101, 7-106
Ali v Birmingham City Council; Tomlinson v Birmingham City Council; Ibrahim v Birmingham City Council; Moran v Manchester City Council; R. (on the application of Aweys) v Birmingham City Council; sub nom. Birmingham City Council v Ali [2010] UKSC 8; [2010] 2 A.C. 39; [2010] 2 W.L.R. 471; [2010] 2 All E.R. 175; [2010] P.T.S.R. 524; [2010] H.R.L.R. 18; [2010] U.K.H.R.R. 417; [2010] H.L.R. 22; [2010] B.L.G.R. 401; (2010) 154(7) S.J.L.B. 3 .... 7-035, 10-094
Ali v Bradford MDC [2010] EWCA Civ 1282; [2012] 1 W.L.R. 161; [2011] 3 All E.R. 348; [2011] P.T.S.R. 1534; [2011] R.T.R. 20; [2011] P.I.Q.R. P6; [2010] N.P.C. 113 19-035
Ali v Secretary of State for the Home Department; sub nom. HA (Iraq) v Secretary of State for the Home Department [2016] UKSC 60; [2016] 1 W.L.R. 4799; [2017] 3 All E.R. 20; [2017] Imm. A.R. 484; [2017] I.N.L.R. 109. 13-087
Ali v Serco Ltd [2019] CSIH 54; 2020 S.C. 182; 2019 S.L.T. 1335; [2019] 11 WLUK 149; 2020 Hous. L.R. 2; 2019 G.W.D. 36-581. .... 3-092, 3-093, 3-096
Ali v United Kingdom (40378/10) (2016) 63 E.H.R.R. 20; [2015] H.L.R. 46 ECtHR 7-035, 13-036, 17-040

TABLE OF CASES

All Saints, Sanderstead, Re [2012] Fam. 51; [2011] 3 W.L.R. 1386; [2011] P.T.S.R. 1596 ... 3-092, 3-096
Allen v Bloomsbury HA [1993] 1 All E.R. 651; [1992] P.I.Q.R. Q50; [1992] 3 Med. L.R. 257 QBD... 19-045
Allen v Chief Constable of Hampshire [2013] EWCA Civ 967 19-012
Allen v HM Treasury [2019] EWHC 1010 (Ch); [2019] 4 WLUK 320 14-094
Allinson v General Council of Medical Education and Registration [1894] 1 Q.B. 750; [1891–94] All E.R. Rep. 768 CA............................. 10-048, 10-050, 11-047
Almazeedi v Penner [2018] UKPC 3; [2018] 2 WLUK 600 PC (Cayman Islands) .. 10-018, 10-039
Aloys F Dornbracht GmbH & Co KG v European Commission (C-604/13 P) EU:C:2017:45; [2017] 4 C.M.L.R. 22 14-096
Alstom Transport v Eurostar International Ltd [2012] EWHC 28 (Ch); [2012] 3 All E.R. 263; [2012] 2 All E.R. (Comm) 869; 140 Con. L.R. 1; [2012] Eu. L.R. 425; (2012) 162 N.L.J. 215 14-037
Altay v Turkey (No.2) (App. No. 11236/09) unreported 9 April 2019 ECtHR 7-035, 7-121
Altmark Trans GmbH v Nahverkehrsgesellschaft Altmark GmbH (C-280/00) EU:C:2003:415; [2003] 7 WLUK 688; [2003] 3 C.M.L.R. 12; [2005] All E.R. (EC) 610 ... 14-142
Alves v Attorney General of the British Virgin Islands [2017] UKPC 42 PC (BVI) 3-072
AlzChem AG v European Commission (C-666/17 P) EU:C:2019:196; [2019] 3 C.M.L.R. 3; [2019] 3 WLUK 201... 8-024
AM (Zimbabwe) v Secretary of State for the Home Department [2020] UKSC 17; [2020] 2 W.L.R. 1152; [2020] 3 All E.R. 1003; [2020] 4 WLUK 284; 48 B.H.R.C. 297; [2020] I.N.L.R. 401; (2020) 174 B.M.L.R. 23 .... 13-036, 13-066
AM v Secretary of State for the Home Department [2011] EWHC 2486 (Admin) 8-018
Ambrose v Harris; HM Advocate v M; HM Advocate v G [2011] UKSC 43; [2011] 1 W.L.R. 2435; 2012 S.C. (U.K.S.C.) 53; 2011 S.L.T. 1005; 2011 S.C.L. 866; 2011 S.C.C.R. 651; [2012] H.R.L.R. 1; [2011] U.K.H.R.R. 1159; (2011) 108(40) L.S.G. 21; 2011 G.W.D. 31-667... 13-036
American Thread Co v Joyce (1913) 108 L.T. 353 11-047
An Bord Bainne Cooperative (Irish Dairy Board) v Milk Marketing Board (No.1) [1984] 5 WLUK 196; [1984] 2 C.M.L.R. 584; (1984) 81 L.S.G. 2223; (1984) 128 S.J. 417 CA (Civ Div)... 3-118
An Informer v Chief Constable [2012] EWCA Civ 197; [2013] 2 W.L.R. 694; [2012] 3 All E.R. 601.. 19-034
An NHS Trust v Y; sub nom. NHS Trust v Y [2018] UKSC 46; [2018] 3 W.L.R. 751; [2019] 1 All E.R. 95; [2018] 7 WLUK 690; [2018] C.O.P.L.R. 371; (2018) 21 C.C.L. Rep. 410; (2018) 163 B.M.L.R. 1... 13-063
Anand v Kensington and Chelsea RLBC [2019] EWHC 2964 (Admin); [2019] 11 WLUK 48... 7-056, 12-032
Anca v Belgium (10259/83) 40 D.R. 170 (1984) 7-035
Andersena v Latvia (79441/17) [2019] 9 WLUK 582; (2020) 70 E.H.R.R. 32 ECtHR 7-121
Angus Growers Ltd v Scottish Ministers [2016] CSOH 26; 2016 S.L.T. 529; 2016 G.W.D. 6-125 .... 14-094, 14-096
Anisminic Ltd v Foreign Compensation Commission [1969] 2 A.C. 147; [1969] 2 W.L.R. 163; [1969] 1 All E.R. 208; [1968] 12 WLUK 81; (1968) 113 S.J. 55 HL 4-017, 4-044, 18-039
Annamunthodo v Oilfields Workers Trade Union [1961] A.C. 945; [1961] 3 W.L.R. 650; [1961] 3 All E.R. 621; (1961) 105 S.J. 706 PC (WI)............................... 7-047
Annison v St Pancras BC District Auditor; Taylor v St Pancras BC District Auditor [1962] 1 Q.B. 489; [1961] 3 W.L.R. 1148; [1961] 3 All E.R. 914; (1962) 126 J.P. 68; 59 L.G.R. 571; (1961) 105 S.J. 1010 DC 5-015
Anns v Merton LBC; sub nom. Anns v Walcroft Property Co Ltd [1978] A.C. 728; [1977] 2 W.L.R. 1024; [1977] 2 All E.R. 492; 75 L.G.R. 555; (1977) 243 E.G. 523; (1988) 4 Const. L.J. 100; [1977] J.P.L. 514; (1987) 84 L.S.G. 319; (1987) 137 N.L.J. 794; (1977) 121 S.J. 377 HL... 19-034, 19-045
Anufrijeva v Southwark LBC; R. (on the application of M) v Secretary of State for the Home Department; R. (on the application of N) v Secretary of State for the Home Department; sub nom. R. (on the application of Anufrijeva) v Southwark LBC [2003] EWCA Civ 1406; [2004] Q.B. 1124; [2004] 2 W.L.R. 603; [2004] 1 All E.R. 833; [2004] 1 F.L.R. 8; [2003] 3 F.C.R. 673; [2004] H.R.L.R. 1; [2004] U.K.H.R.R. 1; 15 B.H.R.C. 526; [2004] H.L.R. 22; [2004] B.L.G.R. 184; (2003) 6 C.C.L. Rep. 415; [2004] Fam. Law 12; (2003) 100(44) L.S.G. 30............................. 16-054, 19-084
AP v Tameside MBC [2017] EWHC 65 (QB); [2017] 1 W.L.R. 2127; [2017] 1 WLUK 324; (2017) 20 C.C.L. Rep. 5.. 17-006

TABLE OF CASES

Appleby v United Kingdom (2003) 37 E.H.R.R. 783 ECtHR 13-090
Appleby v United Kingdom (44306/98) (2003) 37 E.H.R.R. 38 ECtHR 3-095
Application for Judicial Review by Jean McBride (No.2), Re [2003] NICA 23 3-073
Aprile Srl v Amministrazione delle Finanze dello Stato (C–228/96) EU:C:1998:544;
   [2000] 1 W.L.R. 126.. 14-077
Archer and Thomson v Secretary of State for the Environment and Penwith DC [1991]
   J.P.L. 1027 QBD 11-047
Areva SA v European Commission (T-117/07); sub nom. Gas Insulated Switchgear Cartel,
   Re (T-117/07) EU:T:2011:69; [2011] E.C.R. II-633; [2011] 3 WLUK 127; [2011] 4
   C.M.L.R. 26 14-041
Argos Ltd v Office of Fair Trading; JJB Sports Plc v Office of Fair Trading [2006] EWCA
   Civ 1318; [2006] U.K.C.L.R. 1135; (2006) 103(42) L.S.G. 32; (2006) 150 S.J.L.B.
   1391.. 5-142
Arkin v Marshall; Marshall v Marshall [2020] EWCA Civ 620; [2020] 1 W.L.R. 3284;
   [2020] 5 WLUK 72; [2020] H.L.R. 32.. 3-119
Arlidge v Islington Corp; sub nom. Arlidge v Mayor, Aldermen, & Councillors of the
   Metropolitan Borough of Islington [1909] 2 K.B. 127 KBD......................... 11-071
Armes v Nottinghamshire CC [2017] UKSC 60; [2018] A.C. 355; [2017] 3 W.L.R. 1000;
   [2018] 1 All E.R. 1; [2017] P.T.S.R. 1382; [2017] 10 WLUK 395; [2018] 1 F.L.R. 329;
   (2017) 20 C.C.L. Rep. 417; [2018] P.I.Q.R. P4............................ 19-012, 19-038
Arowojolu v General Medical Council [2019] EWHC 3155 (Admin); [2019] 12 WLUK
   167; [2020] Med. L.R. 1.. 7-035
Ashbridge Investments Ltd v Minister of Housing and Local Government [1965] 1 W.L.R.
   1320; [1965] 3 All E.R. 371; (1965) 129 J.P. 580; 63 L.G.R. 400; (1965) 109 S.J. 595
   CA... 11-047
Ashbury Railway Carriage & Iron Co Ltd v Riche; sub nom. Riche v Ashbury Railway
   Carriage & Iron Co Ltd (1874–75) L.R. 7 H.L. 653 HL 5-107
Ashori v Secretary of State for the Home Department. See R. (on the application of
   Lumba) v Secretary of State for the Home Department 7-014, 9-004, 9-005, 9-007, 11-054,
                                                                                 19-055, 19-056
Ashraf v Secretary of State for the Home Department [2013] EWHC 4028 (Admin) 17-006
Assenov v Bulgaria (24760/94) (1999) 28 E.H.R.R. 652; [1998] H.R.C.D. 986 ECtHR 13-066
Associacao Sindical dos Juizes Portugueses v Tribunal de Contas (C-64/16)
   EU:C:2018:117; [2018] 2 WLUK 615; [2018] 3 C.M.L.R. 16 ECJ................... 14-041
Associated Provincial Picture Houses Ltd v Wednesbury Corp [1948] 1 K.B. 223; [1947]
   2 All E.R. 680; (1947) 63 T.L.R. 623; (1948) 112 J.P. 55; 45 L.G.R. 635; [1948] L.J.R.
   190; (1947) 177 L.T. 641; (1948) 92 S.J. 26 CA.......... 7-009, 11-047, 11-071, 11-085, 19-045
Association de mediation sociale v Union locale des syndicats CGT (C-176/12)
   EU:C:2014:2; [2014] 1 WLUK 187; [2014] 2 C.M.L.R. 41; [2014] All E.R. (EC) 501;
   [2014] I.C.R. 411; [2014] I.R.L.R. 310 ECJ 14-041, 14-044
Aston Cantlow and Wilmcote with Billesley Parochial Church Council v Wallbank; sub
   nom. Wallbank v Aston Cantlow and Wilmcote with Billesley Parochial Church
   Council [2003] UKHL 37; [2004] 1 A.C. 546; [2003] 3 W.L.R. 283; [2003] 3 All E.R.
   1213; [2003] H.R.L.R. 28; [2003] U.K.H.R.R. 919; [2003] 27 E.G. 137 (C.S.); (2003)
   100(33) L.S.G. 28; (2003) 153 N.L.J. 1030; (2003) 147 S.J.L.B. 812; [2003] N.P.C. 80..... 3-092,
                                                                                  3-093, 3-095, 3-096
ATCO Gas and Pipelines Ltd v Alberta (Energy and Utilities Board) [2006] S.C.R. 140 5-022
Attorney General ex rel Cooperative Retail Services Ltd v Taff–Ely BC; sub nom.
   Cooperative Retail Services Ltd v Taff–Ely BC (1980) 39 P. & C.R. 223; (1979) 250
   E.G. 757; [1979] J.P.L. 466 CA (Civ Div) 12-065
Attorney General ex rel Tilley v Wandsworth LBC [1981] 1 W.L.R. 854; [1981] 1 All E.R.
   1162; (1981) 11 Fam. Law 119; (1981) 125 S.J. 148 CA (Civ Div)................ 9-007, 9-013
Attorney General for England and Wales v Counsel General for Wales; sub nom.
   Agricultural Sector (Wales) Bill, Re [2014] UKSC 43; [2014] 1 W.L.R. 2622; [2014] 4
   All E.R. 789 1-127
Attorney General for Northern Ireland's Reference of Devolution Issues to the Supreme
   Court Pursuant to Paragraph 34 of Schedule 10 to the Northern Ireland Act 1998 (No.2),
   Re [2019] UKSC 1; [2019] 1 WLUK 39 1-034
Attorney General of Hong Kong v Ng Yuen Shiu [1983] 2 A.C. 629; [1983] 2 W.L.R. 735;
   [1983] 2 All E.R. 346; (1983) 127 S.J. 188 PC (HK)......................... 7-031, 12-036
Attorney General v Fulham Corp [1921] 1 Ch. 440 Ch D 5-107
Attorney General v Gouriet. See Gouriet v Union of Post Office Workers 3-018
Attorney General v Great Eastern Railway Co (1880) 5 App. Cas. 473 HL 5-107

TABLE OF CASES

Attorney General v HM Coroner for South Yorkshire (West) [2012] EWHC 3783 (Admin); [2012] Inquest L.R. 143; [2013] A.C.D. 22 17-037
Attorney General v National Assembly for Wales Commission; sub nom. Local Government Byelaws (Wales) Bill 2012, Re [2012] UKSC 53; [2013] 1 A.C. 792; [2012] 3 W.L.R. 1294; [2013] 1 All E.R. 1013. 1-127
Attorney General v Observer Ltd; Attorney General v Guardian Newspapers Ltd (No.2); Attorney General v Times Newspapers Ltd (No.2) [1990] 1 A.C. 109; [1988] 3 W.L.R. 776; [1988] 3 All E.R. 545; [1989] 2 F.S.R. 181; (1988) 85(42) L.S.G. 45; (1988) 138 N.L.J. Rep. 296; (1988) 132 S.J. 1496 HL 11-054
Attorney General v Ryan [1980] A.C. 718; [1980] 2 W.L.R. 143; (1979) 123 S.J. 621 PC (Bahamas)... 11-047
Attorney General v Wilts United Dairies Ltd (1921) 37 T.L.R. 884 5-107
Attorney General's Reference (No.69 of 2013); sub nom. R. v Newell (Lee William); R. v McLoughlin (Ian) [2014] EWCA Crim 188; [2014] 1 W.L.R. 3964; [2014] 3 All E.R. 73; [2014] 2 Cr. App. R. (S.) 40; [2014] H.R.L.R. 7; [2014] Crim. L.R. 471; (2014) 158(8) S.J.L.B. 37... 13-036
Austin Hall Building Ltd v Buckland Securities Ltd [2001] B.L.R. 272; (2001) 3 T.C.L.R. 18; 80 Con. L.R. 115; (2001) 17 Const. L.J. 325; [2001] 25 E.G. 155 (C.S.) QBD (TCC)... 2-062, 3-092
Austin v Commissioner of Police of the Metropolis [2009] UKHL 5; [2009] 1 A.C. 564; [2009] 2 W.L.R. 372; [2009] 3 All E.R. 455; [2009] H.R.L.R. 16; [2009] U.K.H.R.R. 581; 26 B.H.R.C. 642; [2009] Po. L.R. 66; (2009) 153(4) S.J.L.B. 29 13-073
Austin v United Kingdom (39692/09); Black v United Kingdom (40713/09); Lowenthal v United Kingdom (41008/09) (2012) 55 E.H.R.R. 14; 32 B.H.R.C. 618; [2012] Crim. L.R. 544 ECtHR 13-073
Auten v Rayner (No.1) [1958] 1 W.L.R. 1300; [1958] 3 All E.R. 566; [1958] 11 WLUK 6; (1959) 123 J.P. 122; (1958) 102 S.J. 395 CA 10-047
AWG Group Ltd (formerly Anglian Water Plc) v Morrison; sub nom. Morrison v AWG Group Ltd (formerly Anglian Water Plc) [2006] EWCA Civ 6; [2006] 1 W.L.R. 1163; [2006] 1 All E.R. 967; [2006] 1 WLUK 366 10-017
AXA General Insurance Ltd, Petitioners; sub nom. AXA General Insurance Ltd v Lord Advocate; AXA General Insurance Ltd v HM Advocate [2011] UKSC 46; [2012] 1 A.C. 868; [2011] 3 W.L.R. 871; 2012 S.C. (U.K.S.C.) 122; 2011 S.L.T. 1061; [2012] H.R.L.R. 3; [2011] U.K.H.R.R. 1221; (2011) 122 B.M.L.R. 149; (2011) 108(41) L.S.G. 2.. 11-071
Axen v Germany (A/72) (1984) 6 E.H.R.R. 195 ECtHR 7-035
Aylesbury Vale DC v Call A Cab Ltd [2013] EWHC 3765 (Admin); [2014] P.T.S.R. 523; [2013] 11 WLUK 295; [2014] R.T.R. 30; [2014] L.L.R. 261........................... 5-062
Aylesbury Vale DC v Secretary of State for the Environment and Woodruff [1995] J.P.L. 26... 11-064
AZ (Syria) v Secretary of State for the Home Department. See R. (on the application of AZ) v Secretary of State for the Home Department 8-024, 14-041
Azam v Secretary of State for the Home Department; Sidhu v Secretary of State for the Home Department; Khera v Secretary of State for the Home Department; sub nom. R. v Secretary of State for the Home Department Ex p. Sidhu; R. v Governor of Winson Green Prison Ex p. Khera; R. v Secretary of State for the Home Department Ex p. Khera; R. v Secretary of State for the Home Department Ex p. Azam; R. v Governor of Pentonville Prison Ex p. Azam [1974] A.C. 18; [1973] 2 W.L.R. 1058; [1973] 2 All E.R. 765; [1973] Crim. L.R. 512; (1973) 117 S.J. 546 HL................................. 11-054
Aziz v Aziz [2007] EWCA Civ 712; [2008] 2 All E.R. 501; [2007] Fam. Law 1047 5-056
B (Children) (Remote Hearing: Interim Care Order), Re [2020] EWCA Civ 584; [2020] 4 WLUK 320; [2020] 2 F.L.R. 330 8-002
BA v Home Office; sub nom. BA v Secretary of State for the Home Department [2012] EWCA Civ 944; [2012] 7 WLUK 277 .... 3-119, 19-009
BAA Ltd v Competition Commission [2012] EWCA Civ 1077; [2012] 7 WLUK 835 16-081
BAA Ltd v Competition Commission; sub nom. Competition Commission v BAA Ltd [2010] EWCA Civ 1097; [2010] 10 WLUK 258; [2011] U.K.C.L.R. 1................... 10-048
Backhouse v Lambeth LBC (1972) 116 S.J. 802 11-071
Bahamas Hotel Maintenance and Allied Workers Union v Bahamas Hotel Catering and Allied Workers Union [2011] UKPC 4 PC (Bahamas)............................. 3-018
Baka v Hungary (20261/12) (2017) 64 E.H.R.R. 6 ECtHR 13-090
Baker v Canada (Minister of Citizenship and Immigration) [1999] 2 S.C.R. 817 ..... 6-056, 7-102

TABLE OF CASES

Balajigari v Secretary of State for the Home Department; Kawos v Secretary of State for the Home Department; Majumder v Secretary of State for the Home Department; Albert v Secretary of State for the Home Department; sub nom. R. (on the application of Balajigari) v Secretary of State for the Home Department [2019] EWCA Civ 673; [2019] 1 W.L.R. 4647; [2019] 4 WLUK 254; [2019] I.N.L.R. 619 . . . . 7-046A, 7-047, 11-047
Bamber v United Kingdom (130/10). See Vinter v United Kingdom (66069/09) (2016) 63 E.H.R.R. 1; 34 B.H.R.C. 605; [2014] Crim. L.R. 81 ECtHR 13-036
Bank Mellat v HM Treasury [2013] UKSC 38; [2014] A.C. 700; [2013] 4 All E.R. 495; [2013] Lloyd's Rep. F.C. 557 . . . . 8-010, 8-021
Bank Mellat v HM Treasury [2013] UKSC 39; [2014] A.C. 700; [2013] 3 W.L.R. 179; [2013] 4 All E.R. 533; [2013] 6 WLUK 527; [2013] H.R.L.R. 30; [2013] Lloyd's Rep. F.C. 580 . . . . 7-013, 7-014, 7-040, 8-011, 8-018, 8-022
Bank Mellat v HM Treasury [2015] EWCA Civ 1052; [2016] 1 W.L.R. 1187; [2015] 10 WLUK 661; [2016] C.P. Rep. 7 8-024
Bank Mellat v HM Treasury [2016] EWCA Civ 452; [2017] Q.B. 67; [2016] 3 W.L.R. 1117; [2017] 2 All E.R. 139; [2017] 1 All E.R. (Comm) 807; [2016] 1 C.L.C. 868 13-096
Bank Mellat v HM Treasury [2017] EWHC 2931 (Admin); [2017] 11 WLUK 460; [2018] A.C.D. 10 8-022
Barclays Bank Plc v Various Claimants; sub nom. Various Claimants v Barclays Bank Plc [2020] UKSC 13; [2020] A.C. 973; [2020] 2 W.L.R. 960; [2020] 4 All E.R. 19; [2020] 3 WLUK 464; [2020] I.C.R. 893; [2020] I.R.L.R. 481; [2020] P.I.Q.R. P11; [2020] Med. L.R. 155; [2020] P.N.L.R. 22; 2020 Rep. L.R. 74 19-012
Bard Campaign v Secretary of State for Communities and Local Government [2009] EWHC 308 (Admin) QBD 7-056
Barker v Westmorland CC (1958) 56 L.G.R. 267; [1958] 1 WLUK 46 DC 10-020
Barnard's Application for Judicial Review of the Decision by Chief Constable of Northern Ireland, Re [2017] NIQB 104; [2017] 11 WLUK 134 12-054
Barnard's Application for Judicial Review, Re; sub nom. Barnard v Chief Constable of Northern Ireland [2019] NICA 38; [2019] 7 WLUK 651 . . . . 7-031, 7-037, 7-130, 12-018
Barrett v Enfield LBC [2001] 2 A.C. 550; [1999] 3 W.L.R. 79; [1999] 3 All E.R. 193; [1999] 2 F.L.R. 426; [1999] 2 F.C.R. 434; (1999) 1 L.G.L.R. 829; [1999] B.L.G.R. 473; (1999) 11 Admin. L.R. 839; [1999] Ed. C.R. 833; (1999) 2 C.C.L. Rep. 203; [1999] P.I.Q.R. P272; (1999) 49 B.M.L.R. 1; [1999] Fam. Law 622; (1999) 96(28) L.S.G. 27; (1999) 143 S.J.L.B. 183 HL 19-045
Barthold v Germany (A/90); sub nom. Barthold v Germany (8734/79) (1985) 7 E.H.R.R. 383 ECtHR 13-090
Barton v Wright Hassall LLP [2018] UKSC 12; [2018] 1 W.L.R. 1119; [2018] 3 All E.R. 487; [2018] 2 WLUK 454. 16-012
Bates v Post Office Ltd (No.4: Recusal Application); sub nom. Post Office Group Litigation, Re [2019] EWHC 871 (QB); [2019] 4 WLUK 150 10-040
Bayatyan v Armenia (23459/03) (2012) 54 E.H.R.R. 15; 32 B.H.R.C. 290 ECtHR 13-089
Bayev v Russia (App. No. 67667/09) unreported 20 June 2017 ECtHR 13-090
Baysultanov v Russia (56120/13) unreported 4 February 2020 ECtHR 7-130
BB v Secretary of State for the Home Department [2015] EWCA Civ 9 . . . . 7-035, 8-016
BBC v Johns [1965] Ch. 32; [1964] 2 W.L.R. 1071; [1964] 1 All E.R. 923; [1964] R.V.R. 579; 10 R.R.C. 239; 41 T.C. 471; (1964) 43 A.T.C. 38; [1964] T.R. 45; (1964) 108 S.J. 217 CA 3-033
BBC v Sugar; sub nom. Sugar (Deceased) v BBC [2012] UKSC 4; [2012] 1 W.L.R. 439; [2012] 2 All E.R. 509; [2012] E.M.L.R. 17; (2012) 162 N.L.J. 294; (2012) 156(7) S.J.L.B. 31. 16-030
BBC, Petitioners [2020] CSOH 35; 2020 S.L.T. 345; [2020] 3 WLUK 257; 2020 G.W.D. 11-154 3-011
BBC, Re; sub nom. A v Secretary of State for the Home Department; A v BBC [2014] UKSC 25; [2015] A.C. 588; [2014] 2 W.L.R. 1243; [2014] 2 All E.R. 1037; 2014 S.C. (U.K.S.C.) 151; 2014 S.L.T. 613; 2014 S.C.L.R. 593; [2014] E.M.L.R. 25; 37 B.H.R.C. 664; 2014 G.W.D. 15-266. 11-053
BE (Iran) v Secretary of State for the Home Department [2008] EWCA Civ 540; [2009] I.N.L.R. 1 5-055
Beadle v Revenue and Customs Commissioners [2020] EWCA Civ 562; [2020] 1 W.L.R. 3028; [2020] 4 WLUK 309; [2020] B.T.C. 11; [2020] S.T.I. 1136. . . . . 3-120, 3-128
Becquet v Lempriere 12 E.R. 362; (1830) 1 Kn. 376; [1830] 7 WLUK 77 10-047
Bedat v Switzerland (56925/08) (2016) 63 E.H.R.R. 15; 42 B.H.R.C. 75 ECtHR 13-090
Beggs, Petitioner [2016] CSOH 61; 2016 G.W.D. 16-302 10-018

TABLE OF CASES

Beghal v DPP [2015] UKSC 49; [2016] A.C. 88; [2015] 3 W.L.R. 344; [2016] 1 All E.R. 483; [2015] 2 Cr. App. R. 34; [2015] H.R.L.R. 15 13-086
Beghal v United Kingdom (4755/16) [2019] 2 WLUK 649; *The Times*, 22 March 2019 ECtHR. 13-086
Begum (Nipa) v Tower Hamlets LBC; sub nom. Tower Hamlets LBC v Begum (Nipa) [2000] 1 W.L.R. 306; (2000) 32 H.L.R. 445; [2000] C.O.D. 31; (1999) 96(44) L.S.G. 41; (1999) 143 S.J.L.B. 277; [1999] N.P.C. 131 CA (Civ Div) 17-040
Begum v Special Immigration Appeals Commission; sub nom. Begum v Secretary of State for the Home Department [2020] EWCA Civ 918; [2020] 7 WLUK 207 7-040
Begum v Tower Hamlets LBC; sub nom. Tower Hamlets LBC v Begum (Runa) [2003] UKHL 5; [2003] 2 A.C. 430; [2003] 2 W.L.R. 388; [2003] 1 All E.R. 731; [2003] H.R.L.R. 16; [2003] U.K.H.R.R. 419; 14 B.H.R.C. 400; [2003] H.L.R. 32; [2003] B.L.G.R. 205; 2003 Hous. L.R. 20; [2003] A.C.D. 41; (2003) 100(13) L.S.G. 28; (2003) 147 S.J.L.B. 232; [2003] N.P.C. 21. 17-040
Bela– Mühle Josef Bergmann KG v Grows Farm GmbH & Co KG (114/76); Firma Kurt A Becher v Hauptzollamt Bremen–Nord (120/76); Olmuhle Hamburg AG v Hauptzollamt Hamburg Waltershof (119/76); Granaria BV v Hoofdproduktschap voor Akkerbouwprodukten EU:C:1977:116; [1979] 2 C.M.L.R. 83 14-125
Béláné Nagy v Hungary (App. No. 53080/13) unreported 12 December 2016 ECtHR 13-096
Belcacemi and Oussar v Belgium (App. No.37798/13) unreported 11 July 2017 ECtHR 13-089
Belfast City Council v Miss Behavin' Ltd [2007] UKHL 19; [2007] 1 W.L.R. 1420; [2007] 3 All E.R. 1007; [2007] N.I. 89; [2007] H.R.L.R. 26; [2008] B.L.G.R. 127; (2007) 104(19) L.S.G. 27; (2007) 151 S.J.L.B. 575 .... 7-013, 11-085
Belgian Linguistic Case (A/6) (1979–80) 1 E.H.R.R. 252 ECtHR 13-101
Belhaj v Straw [2017] EWHC 1861 (QB); [2017] 7 WLUK 530 .... 8-009, 8-016
Belhaj v Straw; Rahmatullah v Ministry of Defence [2013] EWHC 4111 (QB); [2013] 12 WLUK 815 3-020
Belilos v Switzerland (A/132) (1988) 10 E.H.R.R. 466; [1988] 4 WLUK 251 ECtHR 10-017
Belize Alliance of Conservation Non-Governmental Organisations v Department of the Environment [2004] UKPC 6; [2004] Env. L.R. 38. 16-027
Belize Alliance of Conservation Non–Governmental Organisations v Department of the Environment (Interim Injunction) [2003] UKPC 63; [2003] 1 W.L.R. 2839; [2004] Env. L.R. 16; [2004] 2 P. & C.R. 2; (2003) 100(39) L.S.G. 39; (2003) 153 N.L.J. 1383. 18-013
Belize Bank Ltd v Attorney General of Belize [2011] UKPC 36; [2011] 10 WLUK 579 10-018
Bell Canada v Canada (Attorney General) [2019] SCC 66 Sup Ct (Can) 11-130
Bellamy v Hounslow LBC. *See* William v Wandsworth LBC 7-105
Bellinger v Bellinger [2003] UKHL 21; [2003] 2 A.C. 467; [2003] 2 W.L.R. 1174; [2003] 2 All E.R. 593; [2003] 1 F.L.R. 1043; [2003] 2 F.C.R. 1; [2003] H.R.L.R. 22; [2003] U.K.H.R.R. 679; 14 B.H.R.C. 127; (2003) 72 B.M.L.R. 147; [2003] A.C.D. 74; [2003] Fam. Law 485; (2003) 153 N.L.J. 594; (2003) 147 S.J.L.B. 472. 13-104
Benjamin v United Kingdom (28212/95) (2003) 36 E.H.R.R. 1; 13 B.H.R.C. 287; [2003] M.H.L.R. 124; [2003] Prison L.R. 1 ECtHR 13-075
Benkharbouche v Secretary of State for Foreign and Commonwealth Affairs; Secretary of State for Foreign and Commonwealth Affairs v Janah; sub nom. Benkharbouche v Embassy of Sudan; Janah v Libya [2017] UKSC 62; [2017] 3 W.L.R. 957; [2018] 1 All E.R. 662; [2017] 10 WLUK 393; [2017] I.C.R. 1327; [2018] I.R.L.R. 123; [2017] H.R.L.R. 15; 43 B.H.R.C. 378 .... 5-055, 13-042, 13-104, 14-041
Bennett v Commissioner of Police of the Metropolis (1994) [1995] 1 W.L.R. 488; [1995] 2 All E.R. 1 Ch D 19-045
Benthem v Netherlands (8848/80) (1986) 8 E.H.R.R. 1 ECtHR 7-035
Beoku–Betts v Secretary of State for the Home Department [2008] UKHL 39; [2009] 1 A.C. 115; [2008] 3 W.L.R. 166; [2008] 4 All E.R. 1146; [2008] H.R.L.R. 38; [2008] U.K.H.R.R. 935; 25 B.H.R.C. 245; [2008] Imm. A.R. 688; [2008] I.N.L.R. 489; (2008) 152(26) S.J.L.B. 31. 13-087
Berkeley v Secretary of State for the Environment, Transport and the Regions (No.1) [2001] 2 A.C. 603; [2000] 3 W.L.R. 420; [2000] 3 All E.R. 897; [2001] 2 C.M.L.R. 38; [2001] Env. L.R. 16; (2001) 81 P. & C.R. 35; [2000] 3 P.L.R. 111; [2001] J.P.L. 58; [2000] E.G. 86 (C.S.); [2000] N.P.C. 77 HL. 18-048
Berlioz Investment Fund SA v Director of the Direct Taxation Administration, Luxembourg (C-682/15); sub nom. Berlioz Investment Fund SA v Directeur de l'administration des contributions directes (C-682/15) EU:C:2017:373; [2017] 5 WLUK 357; [2018] 1 C.M.L.R. 1; [2017] B.T.C. 15 ECJ 14-041
Betteridge v United Kingdom (1497/10) (2013) 57 E.H.R.R. 7 ECtHR 13-075

TABLE OF CASES

Bewdog Plc's Trade Mark Applications (No.3137808 and No.3156663), Re [2019] 1
WLUK 345..7-063
Bhatia Best Ltd v Lord Chancellor [2014] EWHC 746 (QB); [2014] 1 W.L.R. 3487;
[2014] 3 All E.R. 573; (2014) 164(7600) N.L.J. 28; (2014) 158(14) S.J.L.B. 37..........17-040
Big Brother Watch v United Kingdom (58170/13); sub nom. Bureau of Investigative
Journalism v United Kingdom (62322/14); Amnesty International Ltd v United
Kingdom (24960/15) [2018] 9 WLUK 157; *The Times,* 23 November 2018 ECtHR.......13-086
Bileski v North Macedonia (App. No. 78392/14) ECtHR 7-105, 7-121
Bioplus Life Sciences Private Ltd v Secretary of State for Health [2020] EWHC 329
(QB); [2020] 1 W.L.R. 2565; [2020] 2 WLUK 264................................14-094
Bird v St Mary Abbotts Vestry (1895) 72 L.T. 599 7-014
Birss v Secretary of State for Justice [1984] 1 N.Z.L.R. 513 7-013
Biržietis v Lithuania (App. No. 49304/09) unreported 14 June 2016 ECtHR 13-086
Blackpool Council Licensing Authority v Howitt; sub nom. R. (on the application of
Blackpool Council) v Howitt [2008] EWHC 3300 (Admin); [2009] 4 All E.R. 154;
[2009] P.T.S.R. 1458; (2009) 173 J.P. 101..5-040
Blanchard v Sun Fire Office (1890) 6 T.L.R. 365 10-020
Blanco Perez v Consejeria de Salud y Servicios Sanitarios (C-570/07); sub nom.
Proceedings Brought by Blanco Perez (C-570/07) EU:C:2010:300; [2010] 6 WLUK 3;
[2010] 3 C.M.L.R. 37; [2011] C.E.C. 175 ECJ....................................14-041
Blood v Secretary of State for the Health unreported 28 February 2003 13-104
Bloomsbury International Ltd v Sea Fish Industry Authority; sub nom. Bloomsbury
International Ltd v Department for the Environment, Food and Rural Affairs [2011]
UKSC 25; [2011] 1 W.L.R. 1546; [2011] 4 All E.R. 721; [2011] 3 C.M.L.R. 32; (2011)
161 N.L.J. 883...3-119, 5-032, 14-109
Boaler, Re [1915] 1 K.B. 21 CA 11-054
Boddington v British Transport Police [1999] 2 A.C. 143; [1998] 2 W.L.R. 639; [1998] 2
All E.R. 203; (1998) 162 J.P. 455; (1998) 10 Admin. L.R. 321; (1998) 148 N.L.J. 515
HL...4-070
Bollacke v K + K Klaas & Kock BV & Co KG (C-118/13) EU:C:2014:1755; [2014] 6
WLUK 331; [2015] 1 C.M.L.R. 4; [2014] All E.R. (EC) 1011; [2015] C.E.C. 564;
[2014] I.C.R. 828; [2014] I.R.L.R. 732..14-044
Bombay Dying v Bombay Environment Action Group 2006 (3) S.C.C. 434 11-047
Bourke v State Services Commission [1978] 1 N.Z.L.R. 633 7-014
Bournemouth-Swanage Motor Road & Ferry Co v Harvey & Sons [1929] 1 Ch. 686;
(1929) 98 L.J. Ch. 118 CA..11-054
Bovis Homes Ltd v New Forest DC; Alfred McAlpine Developments Ltd v Secretary of
State for the Environment, Transport and the Regions [2002] EWHC 483 (Admin).........7-035
Bowden v South West Water Services Ltd [1998] 3 C.M.L.R. 330; [1998] Eu. L.R. 418;
[1998] Env. L.R. 445 QBD..14-094
Bowditch v Balchin 155 E.R. 165; (1850) 5 Ex. 378 Ex Ct 11-054
Bowe's Application for Judicial Review, Re; sub nom. Bowe v Police Service of Northern
Ireland [2019] NIQB 16; [2019] 2 WLUK 654 8-072
Bown v Secretary of State for Transport, Local Government and the Regions [2003]
EWCA Civ 1170; [2004] Env. L.R. 26; [2004] 2 P. & C.R. 7; [2003] 3 P.L.R. 100.........18-048
Boyraz v Turkey (61960/08) [2015] I.R.L.R. 164; (2015) 60 E.H.R.R. 30 ECtHR ...7-035, 13-101
BPP Holdings Ltd v Revenue and Customs Commissioners [2017] UKSC 55; [2017] 1
W.L.R. 2945; [2017] 4 All E.R. 756; [2017] S.T.C. 1655; [2017] B.V.C. 36; [2017]
S.T.I. 1742...16-012, 17-006
Brabazon-Drenning v United Kingdom Central Council for Nursing, Midwifery and
Health Visiting [2001] H.R.L.R. 6 DC...7-102
Bradford City Council v Secretary of State for the Environment (1987) 53 P. & C.R. 55;
[1986] 1 E.G.L.R. 199; [1986] J.P.L. 598 CA (Civ Div) 11-071
Bradley v Jock Club [2005] EWCA Civ 1056; [2005] 7 WLUK 253; [2006] L.L.R. 1 3-049
Brady's Application for Judicial Review, Re [2018] NICA 20 3-006
Brasserie du Pêcheur SA v Germany (C-46/93); R. v Secretary of State for Transport, Ex
p. Factortame Ltd (No.4) EU:C:1996:79; [1996] Q.B. 404; [1996] 2 W.L.R. 506; [1996]
All E.R. (EC) 301; [1996] 1 C.M.L.R. 889; [1996] C.E.C. 295; [1996] I.R.L.R. 267......14-094,
14-096
Breckland DC v Boundary Committee. *See* R. (on the application of Breckland DC) v
Electoral Commission Boundary Committee for England 7-013, 7-056
Breen v Amalgamated Engineering Union [1971] 2 Q.B. 175; [1971] 2 W.L.R. 742;
[1971] 1 All E.R. 1148; 10 K.I.R. 120; (1971) 115 S.J. 203 CA (Civ Div) 12-036

Brettingham-Moore v St. Leonards Municipality (1969) 121 C.L.R. 509 7-014
Breyer Group Plc v Department of Energy and Climate Change; Touch Solar Ltd v
  Department of Energy and Climate Change; Homesun Holdings Ltd v Department of
  Energy and Climate Change; Free Power for Schools LP v Department of Energy and
  Climate Change; sub nom. Department for Energy and Climate Change v Breyer Group
  Plc [2015] EWCA Civ 408; [2015] 1 W.L.R. 4559; [2016] 2 All E.R. 220; [2015] 4
  WLUK 571 .... 13-096, 19-099
Bridgman v Holt (1693) 1 ShowPC. 111 10-047
Bright v River Plate Construction Co [1900] 2 Ch. 835; [1900] 7 WLUK 6 Ch D 10-048
Bristol DC v Clark [1975] 1 W.L.R. 1443; [1975] 3 All E.R. 976; 74 L.G.R. 3; (1975) 30
  P. & C.R. 441; (1975) 119 S.J. 659 CA (Civ Div) 9-007
British Dental Association v General Dental Council [2014] EWHC 4311 (Admin) 7-031
British Oxygen Co Ltd v Minister of Technology; sub nom. British Oxygen Co Ltd v
  Board of Trade [1971] A.C. 610; [1969] 2 W.L.R. 892; [1970] 3 W.L.R. 488; [1970] 3
  All E.R. 165 HL 9-007
British Railways Board v Pickin; sub nom. Pickin v British Railways Board [1974] A.C.
  765; [1974] 2 W.L.R. 208; [1974] 1 All E.R. 609; [1974] 1 WLUK 735; (1974) 118 S.J.
  134 HL 3-018
British Railways Board v Secretary of State for the Environment [1993] 3 P.L.R. 125;
  [1994] 02 E.G. 107; [1994] J.P.L. 32; (1994) 158 L.G. Rev. 661; [1993] E.G. 175
  (C.S.); [1993] N.P.C. 140 HL 11-071
British-American Tobacco (Holdings) Ltd v Revenue and Customs Commissioners [2017]
  UKFTT 167 (TC); [2017] S.F.T.D. 550 7-036
Broadview Energy Developments Ltd v Secretary of State for Communities and Local
  Government [2016] EWCA Civ 562; [2016] J.P.L. 1207 10-018
Brockwell's Application for Judicial Review [2017] NIQB 53 7-040
Bromley LBC v Greater London Council [1983] 1 A.C. 768; [1982] 2 W.L.R. 92; [1982] 1
  All E.R. 153; (1982) 126 S.J. 16 HL 9-007
Brookes v Earl of Rivers 145 E.R. 569; (1679) Hardres 503; [1679] 1 WLUK 11 10-047
Brooks v Commissioner of Police of the Metropolis [2005] UKHL 24; [2005] 1 W.L.R.
  1495; [2005] 2 All E.R. 489; [2005] Po. L.R. 157; (2005) 155 N.L.J. 653 19-034
Broughal v Walsh Brothers Builders Ltd [2018] EWCA Civ 1610; [2018] 7 WLUK 177 ... 10-040
Brown v Parole Board for Scotland; sub nom. Brown v Scottish Ministers [2017] UKSC
  69; [2018] A.C. 1; [2017] 3 W.L.R. 1373; [2018] 1 All E.R. 909; 2018 S.C. (U.K.S.C.)
  49; 2017 S.L.T. 1207; 2017 S.C.C.R. 540; 2018 S.C.L.R. 76; [2017] 11 WLUK 6;
  [2017] H.R.L.R. 16; 2017 G.W.D. 35-550 13-037
Brown v Rwanda; sub nom. Brown (also known as Bajinja) v Rwanda [2009] EWHC 770
  (Admin); [2009] Extradition L.R. 197 12-065
Brown v Secretary of State for the Environment; sub nom. Gilston Estates Co v Secretary
  of State for the Environment (1980) 40 P. & C.R. 285; [1979] J.P.L. 454 QBD 11-071
Brown v United Kingdom (1999) 28 E.H.R.R. CD233 ECtHR 7-036
Browne v Parole Board of England and Wales [2018] EWCA Civ 2024; [2018] 9 WLUK
  246... 11-085
Browning v Information Commissioner [2014] EWCA Civ 1050; [2014] 1 W.L.R. 3848;
  [2015] 3 All E.R. 797; [2014] H.R.L.R. 25 16-030
Bryan v United Kingdom (A/335–A); sub nom. Bryan v United Kingdom (19178/91)
  (1996) 21 E.H.R.R. 342; [1996] 1 P.L.R. 47; [1996] 2 E.G.L.R. 123; [1996] 28 E.G. 137
  ECtHR...7-035
Bubbles and Wine Ltd v Lusha [2018] EWCA Civ 468; [2018] 3 WLUK 322; [2018]
  B.L.R. 341 ....10-017, 10-058, 10-064
Bubbs v Wandsworth LBC [2011] EWCA Civ 1285; [2012] P.T.S.R. 1011 . 11-046, 16-080, 17-040
Buchberger v Austria (32899/96) (2003) 37 E.H.R.R. 13 ECtHR 7-121
Bucholz v Germany (7759/77) (1980) E.H.R.R. 597 ECtHR 7-035
Buckinghamshire CC v Kingston upon Thames RLBC. See R. (on the application of
  Buckinghamshire CC) v Kingston upon Thames RLBC 7-014
Buckley v United Kingdom (20348/92) (1997) 23 E.H.R.R. 101; [1997] 2 P.L.R. 10;
  [1996] J.P.L. 1018 ECtHR 13-086
Budayeva v Russia (App. No. 15339/02) unreported 20 March 2008 ECtHR 13-063
Bugdaycay v Secretary of State for the Home Department; Musisi v Secretary of State for
  the Home Department; Norman v Secretary of State for the Home Department; Nelidov
  Santis v Secretary of State for the Home Department; sub nom. R. v Secretary of State

for the Home Department Ex p. Bugdaycay [1987] A.C. 514; [1987] 2 W.L.R. 606; [1987] 1 All E.R. 940; [1987] Imm. A.R. 250; (1987) 84 L.S.G. 902; (1987) 137 N.L.J. 199; (1987) 131 S.J. 297 HL. 11-054
Buick's Application for Judicial Review, Re [2018] NICA 26; [2018] 7 WLUK 129 . . . . . . 5-192A
Buivids v Datu Valsts Inspekcija (C-345/17) EU:C:2019:122; [2019] 1 W.L.R. 4225; [2019] 2 WLUK 187; [2019] 2 C.M.L.R. 24 14-041
Bullard v Croydon Hospital Group Management Committee [1953] 1 Q.B. 511; [1953] 2 W.L.R. 470; [1953] 1 All E.R. 596; (1953) 97 S.J. 155 QBD 19-013
Bunney v Burns Anderson Plc; Cahill v Timothy James & Partners Ltd [2007] EWHC 1240 (Ch); [2007] 4 All E.R. 246; [2008] Bus. L.R. 22; [2008] 1 B.C.L.C. 17; [2008] Lloyd's Rep. I.R. 198; (2007) 104(25) L.S.G. 36. 3-119
Burger v Office of the Independent Adjudicator for Higher Education [2013] EWHC 172 (Admin); [2013] E.L.R. 331 8-072
Burmah Oil Co (Burma Trading) Ltd v Lord Advocate; Burmah Oil Co (Burma Concessions) v Lord Advocate; Burmah Oil Co (Overseas) v Lord Advocate; Burmah Oil Co (Pipe Lines) v Lord Advocate [1965] A.C. 75; [1964] 2 W.L.R. 1231; [1964] 2 All E.R. 348; 1964 S.C. (H.L.) 117; 1964 S.L.T. 218; (1964) 108 S.J. 401 HL. 11-054
Burns v Lord Advocate [2019] CSOH 23; 2019 S.L.T. 337; [2019] 3 WLUK 97; 2019 G.W.D. 9-109. . . . . 7-065, 7-129
Bury MBC v Gibbons [2010] EWCA Civ 327; [2010] H.L.R. 33 17-040
Buscarini v San Marino (24645/94) (2000) 30 E.H.R.R. 208; 6 B.H.R.C. 638 ECtHR 13-089
Butt v Commissioners for Her Majesty's Revenue and Customs [2015] UKFTT 0510 (TC) . 10-039
Byrne v Motor Insurers' Bureau [2008] EWCA Civ 574; [2009] Q.B. 66; [2008] 3 W.L.R. 1421; [2008] 4 All E.R. 476; [2008] R.T.R. 26; [2008] 3 C.M.L.R. 4; [2008] Eu. L.R. 732; [2008] Lloyd's Rep. I.R. 705; [2008] P.I.Q.R. P14; (2008) 158 N.L.J. 860; (2008) 152(22) S.J.L.B. 31 . . . . 14-095, 14-096
C (A Child) (Private Judgment: Publicity), Re; sub nom. C (A Child) (Publicity), Re [2016] EWCA Civ 798; [2016] 1 W.L.R. 5204; [2017] 2 F.L.R. 105; [2016] Fam. Law 1223. 13-090
C (Legal Aid: Preparation of Bill of Costs), Re; sub nom. A Local Authority v A (A Mother and Child) [2001] 1 Costs L.R. 136; [2001] 1 F.L.R. 602; [2001] Fam. Law 260 CA (Civ Div). 16-002
C Plc v P; sub nom. W v P [2006] EWHC 1226 (Ch); [2006] Ch. 549; [2006] 3 W.L.R. 273; [2006] 4 All E.R. 311; (2006) 156 N.L.J. 988 11-054
C v Chief Constable of the Police Service of Scotland [2019] CSOH 48; 2019 S.L.T. 875; [2019] 6 WLUK 447; 2019 G.W.D. 23-366. 3-070
C's Application for Judicial Review, Re; McE, Re; M, Re; C, Re; sub nom. McE v Prison Service of Northern Ireland; C v Chief Constable of Northern Ireland; M v Chief Constable of Northern Ireland [2009] UKHL 15; [2009] 1 A.C. 908; [2009] 2 W.L.R. 782; [2009] 4 All E.R. 335; [2009] N.I. 258; [2009] 2 Cr. App. R. 1; [2009] E.M.L.R. 19; [2009] H.R.L.R. 20; [2009] U.K.H.R.R. 853; [2009] Po. L.R. 114; [2009] Crim. L.R. 525; (2009) 153(11) S.J.L.B. 28 13-086
Cababe v Walton on Thames Urban DC; sub nom. Cababe v Walton–upon–Thames DC [1914] A.C. 102 HL 11-047
Cala Homes (South) Ltd v Chichester DC (Time Limits) [2000] C.P. Rep. 28; (2000) 79 P. & C.R. 430; [1999] 4 P.L.R. 77; [2000] P.L.C.R. 205; (1999) 96(33) L.S.G. 33 QBD 16-012
Calveley v Chief Constable of Merseyside; Worrall v Chief Constable of Merseyside; Park v Chief Constable of Greater Manchester [1989] A.C. 1228; [1989] 2 W.L.R. 624; [1989] 1 All E.R. 1025; (1989) 153 L.G. Rev. 686; (1989) 86(15) L.S.G. 42; (1989) 139 N.L.J. 469; (1989) 133 S.J. 456 HL 16-016, 19-045
Cameron v Network Rail Infrastructure Ltd (formerly Railtrack Plc) [2006] EWHC 1133 (QB); [2007] 1 W.L.R. 163; [2007] 3 All E.R. 241; [2006] H.R.L.R. 31; [2007] U.K.H.R.R. 245; [2006] P.I.Q.R. P28; (2006) 156 N.L.J. 881; (2006) 150 S.J.L.B. 739 QBD. 3-092, 3-096
Campaign to Protect Rural England - Kent Branch v Secretary of State for Communities and Local Government [2019] EWCA Civ 1230; [2020] 1 W.L.R. 352; [2019] 7 WLUK 206. 16-091
Campaign to Protect Rural England (Kent) v China Gateway International Ltd. *See* Dover DC v Campaign to Protect Rural England (Kent). *See* ; Dover DC v Campaign to Protect Rural England (Kent) 1-024, 7-092, 7-095A, 7-101, 7-105, 7-106, 7-115, 7-116
Campbell v Mirror Group Newspapers Ltd; sub nom. Campbell v MGN Ltd [2004] UKHL 22; [2004] 2 A.C. 457; [2004] 2 W.L.R. 1232; [2004] 2 All E.R. 995; [2004]

E.M.L.R. 15; [2004] H.R.L.R. 24; [2004] U.K.H.R.R. 648; 16 B.H.R.C. 500; (2004)
101(21) L.S.G. 36; (2004) 154 N.L.J. 733; (2004) 148 S.J.L.B. 572.................... 13-087
Campbell v United Kingdom (A/80); Fell v United Kingdom (A/80) (1985) 7 E.H.R.R.
165 ECtHR 7-036
Canada (Attorney General) v Mavi 2011 SCC 30; [2011] 2 S.C.R. 504 7-102
Caparo Industries Plc v Dickman [1990] 2 A.C. 605; [1990] 2 W.L.R. 358; [1990] 1 All
E.R. 568; [1990] B.C.C. 164; [1990] B.C.L.C. 273; [1990] E.C.C. 313; [1955–95]
P.N.L.R. 523; (1990) 87(12) L.S.G. 42; (1990) 140 N.L.J. 248; (1990) 134 S.J. 494 HL.... 19-038
Capital and Counties Plc v Hampshire CC; John Munroe (Acrylics) Ltd v London Fire and
Civil Defence Authority; Church of Jesus Christ of Latter Day Saints (Great Britain) v
West Yorkshire Fire and Civil Defence Authority; Digital Equipment Co Ltd v
Hampshire CC [1997] Q.B. 1004; [1997] 3 W.L.R. 331; [1997] 2 All E.R. 865; [1997] 2
Lloyd's Rep. 161; (1997) 147 N.L.J. 599; (1997) 141 S.J.L.B. 92 CA (Civ Div) 19-013
Carltona Ltd v Commissioners of Works [1943] 2 All E.R. 560; [1943] 10 WLUK 5 CA 5-190,
5-192A
Carmen Media Group Ltd v Land Schleswig-Holstein (C-46/08) EU:C:2010:505; [2010] 9
WLUK 100; [2011] 1 C.M.L.R. 19; [2011] All E.R. (EC) 688; [2011] C.E.C. 863......... 14-142
Caroopen v Secretary of State for the Home Department; Myrie v Secretary of State for
the Home Department [2016] EWCA Civ 1307; [2017] 1 W.L.R. 2339; [2016] 12
WLUK 526; [2017] Imm. A.R. 930; [2017] I.N.L.R. 283 7-116
Carpets of Worth Ltd v Wyre Forest DC 89 L.G.R. 897; (1991) 62 P. & C.R. 334; [1991] 2
P.L.R. 84; [1992] J.P.L. 66; (1992) 156 L.G. Rev. 183; [1991] E.G. 32 (C.S.) CA (Civ
Div).. 5-142
Carson v United Kingdom (42184/05) (2009) 48 E.H.R.R. 41 ECtHR 13-101
Carvalho v European Parliament (T-330/18) EU:T:2019:324; [2019] 5 WLUK 477 14-116
Catt v United Kingdom (43514/15) (2019) 69 E.H.R.R. 7; [2019] 1 WLUK 241 ECtHR ... 13-082,
13-086
CD (Democratic Republic of Congo) v Secretary of State for the Home Department
[2011] EWCA Civ 1425; [2011] 11 WLUK 248 10-064
Cedeno v Logan [2001] 1 W.L.R. 86; [2000] 12 WLUK 474; (2001) 145 S.J.L.B. 7 PC
(Trinidad and Tobago)... 7-115
Central Control Board (Liquor Traffic) v Cannon Brewery Co Ltd; sub nom. Cannon
Brewery Co Ltd v Central Control Board (Liquor Traffic) [1919] A.C. 744 HL........... 11-054
Central Sunderland Housing Co Ltd v Wilson. *See* Sheffield City Council v Smart 3-092
Centro Europa 7 Srl v Italy (38433/09) 7 June 2012 ECtHR 13-090
Ceredigion CC v Jones; sub nom. R. (on the application of Jones) v Ceredigion CC
(No.2); R. (on the application of Jones) v Ceredigion CC [2005] EWCA Civ 986;
[2005] 1 W.L.R. 3626; [2006] 1 All E.R. 138; [2005] C.P. Rep. 48; [2005] E.L.R. 565;
[2006] A.C.D. 3... 16-085
CF v Security Service; Mohamed v Foreign and Commonwealth Office [2013] EWHC
3402 (QB); [2014] 1 W.L.R. 1699; [2014] 2 All E.R. 378 .... 8-010, 8-011
Chahal v United Kingdom (22414/93) (1997) 23 E.H.R.R. 413; 1 B.H.R.C. 405 ECtHR ... 13-066
Chakroun v Minister van Buitenlandse Zaken (C-578/08) EU:C:2010:117; [2010] 3
WLUK 157; [2010] 3 C.M.L.R. 5 ECJ... 14-041
Chalkor AE Epexergasias Metallon v European Commission (C-386/10 P)
EU:C:2011:815; [2011] 12 WLUK 267; [2012] 4 C.M.L.R. 9; [2013] All E.R. (EC)
1077 ECJ.. 14-041
Champion v North Norfolk DC. *See* R. (on the application of Champion) v North Norfolk
DC 2-025
Chandler (Terence Norman) v DPP; R. v Pottle (Patrick Brian); R. v Allegranza (Helen);
R. v Dixon (Ian Edward); R. v Hatton (Trevor Richard); R. v Randle (Michael Joseph);
sub nom. R. v Chandler (Terence Norman) (No.1) [1964] A.C. 763; [1962] 3 W.L.R.
694; [1962] 3 All E.R. 142; (1962) 46 Cr. App. R. 347; (1962) 106 S.J. 588 HL 1-035
Channel 4 Television Corp v Commissioner of Police of the Metropolis; Matthews
(Costs), Re [2019] 1 Costs L.R. 67; [2019] 1 WLUK 322... 5-037
Charalambos v France App. No.49210/99 Admissibility Decision of 8 February 2000 7-035
Chassagnou v France (25088/94) (2000) 29 E.H.R.R. 615; 7 B.H.R.C. 151 ECtHR 13-098
Chelmsford City Council v Secretary of State or Communities and Local Government
[2016] EWHC 3329 (QB).. 7-106
Cheshire West and Chester Council v P; Surrey CC v P; sub nom. P v Surrey CC; P v
Cheshire West and Chester Council [2014] UKSC 19; [2014] A.C. 896; [2014] 2
W.L.R. 642; [2014] 2 All E.R. 585; [2014] P.T.S.R. 460; [2014] 2 F.C.R. 71; [2014]

TABLE OF CASES

C.O.P.L.R. 313; [2014] H.R.L.R. 13; (2014) 17 C.C.L. Rep. 5; [2014] Med. L.R. 321; (2014) 137 B.M.L.R. 16; [2014] M.H.L.R. 394; (2014) 158(13) S.J.L.B. 37....... 13-073, 19-055
Chief Constable of Thames Valley v Police Misconduct Panel [2017] EWHC 923 (Admin); [2017] A.C.D. 83 QBD... 2-016
China Gateway International Ltd v CPRE Kent. *See* Dover DC v Campaign to Protect Rural England (Kent) 1-024, 7-092, 7-095A, 7-101, 7-105, 7-106, 7-115, 7-116
Chmelir v Czech Republic (64935/01) [2005] 6 WLUK 80; (2007) 44 E.H.R.R. 20 ECtHR . 10-050
Christian Institute v Lord Advocate; sub nom. Christian Institute, Petitioners; Christian Institute v Scottish Ministers [2016] UKSC 51; 2017 S.C. (U.K.S.C.) 29; 2016 S.L.T. 805; 2016 S.C.L.R. 448; [2016] H.R.L.R. 19; [2016] E.L.R. 474; (2016) 19 C.C.L. Rep. 422; 2016 G.W.D. 22-401.. 13-082
Christian Institute's Application for Judicial Review, Re; sub nom. Christian Institute v Office of the First Minister and Deputy First Minister [2007] NIQB 66; [2008] N.I. 86; [2007] 9 WLUK 115; [2008] I.R.L.R. 36; [2008] E.L.R. 146 QBD 7-056
Christofi v National Bank of Greece (Cyprus) Ltd [2018] EWCA Civ 413; [2018] 3 WLUK 212... 16-012
Christou v Haringey LBC [2013] EWCA Civ 178; [2014] Q.B. 131; [2013] 3 W.L.R. 796; [2014] 1 All E.R. 135; [2013] I.C.R. 1007; [2013] I.R.L.R. 379; (2013) 163 N.L.J. 323 7-035
Church of Jesus Christ of Latter-Day Saints v United Kingdom (7552/09) (2014) 59 E.H.R.R. 18; [2014] R.A. 322 ECtHR 13-089
Church of Scientology of St Petersburg v Russia (App. No. 47191/06) unreported 2 October 2014 ECtHR 13-089
CILFIT Srl v Ministero della Sanita (C-283/81); sub nom. CILFIT Srl v Ministro della Sanita (C-283/81) EU:C:1982:335; [1982] 10 WLUK 48; [1983] 1 C.M.L.R. 472......... 14-109
Cinnamond v British Airports Authority [1980] 1 W.L.R. 582; [1980] 2 All E.R. 368; [1980] R.T.R. 220; 78 L.G.R. 371; (1980) 124 S.J. 221 CA (Civ Div) 12-045
City of London Corp v Samede [2012] EWCA Civ 160; [2012] 2 All E.R. 1039; [2012] P.T.S.R. 1624; [2012] H.R.L.R. 14; [2012] B.L.G.R. 372; (2012) 109(10) L.S.G. 19....... 13-092
Clark v University of Lincolnshire and Humberside [2000] 1 W.L.R. 1988; [2000] 3 All E.R. 752; [2000] Ed. C.R. 553; [2000] E.L.R. 345; [2000] C.O.D. 293; (2000) 150 N.L.J. 616; (2000) 144 S.J.L.B. 220 CA (Civ Div) 3-119
Clarke Homes Ltd v Secretary of State for the Environment [2017] P.T.S.R. 1081; [1993] 2 WLUK 201; (1993) 66 P. & C.R. 263; [1993] E.G. 29 (C.S.); [1993] N.P.C. 26 CA (Civ Div).. 7-105
CLG v Chief Constable of Merseyside [2015] EWCA Civ 836 19-038
ClientEarth v European Commission (C-57/16 P) EU:C:2018:660; [2018] 9 WLUK 6; [2019] 1 C.M.L.R. 37; [2019] Env. L.R. 11 14-142
ClientEarth v Secretary of State for the Environment, Food and Rural Affairs [2016] EWHC 2740 (Admin); [2017] P.T.S.R. 203; [2017] Env. L.R. 16; [2016] A.C.D. 137...... 18-024
Clift v United Kingdom (App. No. 7205/07) [2010] 7 WLUK 387; *The Times*, 21 July 2010 ECtHR 13-037
Club Hotel Loutraki AE v Ethniko Simvoulio Radiotileorasis (C–145/08); Aktor Anonimi Tekhniki Etairia (Aktor ATE) v Ethniko Simvoulio Radiotileorasis (C–149/08) EU:C:2010:247; [2010] 3 C.M.L.R. 33 14-077
Clyde & Co v Secretary of State for the Environment [1977] 1 W.L.R. 926; [1977] 3 All E.R. 1123; 75 L.G.R. 660; (1978) 35 P. & C.R. 410; [1977] 244 E.G. 1024; [1977] J.P.L. 521; (1977) 121 S.J. 512 CA (Civ Div) 5-138
CN v Poole BC [2017] EWCA Civ 2185; [2018] 2 W.L.R. 1693; [2017] 12 WLUK 611; [2018] 2 F.L.R. 565; [2018] H.L.R. 17; (2018) 21 C.C.L. Rep. 5................. 19-045, 19-072
CN v United Kingdom (App. No. 4239/08) unreported 13 November 2012 ECtHR 13-068
Cofely Ltd v Bingham [2016] EWHC 240 (Comm); [2016] 2 All E.R. (Comm) 129; [2016] B.L.R. 187; 164 Con. L.R. 39; [2016] C.I.L.L. 3801 10-048
Coleen Properties Ltd v Minister of Housing and Local Government [1971] 1 W.L.R. 433; [1971] 1 All E.R. 1049; 69 L.G.R. 175; (1971) 22 P. & C.R. 417; (1971) 115 S.J. 112 CA (Civ Div).. 11-047
Colley v Council for Licensed Conveyancers (Right of Appeal) [2001] EWCA Civ 1137; [2002] 1 W.L.R. 160; [2001] 4 All E.R. 998; [2002] 1 Costs L.R. 147; [2001] 30 E.G. 115 (C.S.); (2001) 98(33) L.S.G. 31; (2001) 151 N.L.J. 1249; (2001) 145 S.J.L.B. 201; [2001] N.P.C. 116 11-054
Collins v Sutton LBC. *See* Thoburn v Sunderland City Council 3-018
Collis Radio Ltd v Secretary of State for the Environment 73 L.G.R. 211; (1975) 29 P. & C.R. 390; (1975) 119 S.J. 302 QBD... 5-138

TABLE OF CASES

Colman v General Medical Council [2010] EWHC 1608 (QB); [2010] 7 WLUK 94; [2011] A.C.D. 38. 10-048
Colonial Sugar Refining Co Ltd v Melbourne Harbour Trust Commissioners [1927] A.C. 343 PC (Aus). 11-054
Colquhoun v Brooks (1888) 21 Q.B.D. 52; [1888] 4 WLUK 49 CA 7-014
Coman v Inspectoratul General pentru Imigrari (C-673/16) EU:C:2018:385; [2018] 6 WLUK 15 ECJ 14-041
Commerzbank AG v Rajput [2019] 6 WLUK 468; [2019] I.R.L.R. 772 EAT 7-063
Commission of the European Communities v Italy (C-260/04) EU:C:2007:508; [2007] 9 WLUK 213; [2007] 3 C.M.L.R. 50 14-142
Commissioner of Police of the Metropolis v Bangs [2014] EWHC 546 (Admin); (2014) 178 J.P. 158. 8-011
Commissioner of Police of the Metropolis v DSD; sub nom. D v Commissioner of Police of the Metropolis; V v Commissioner of Police of the Metropolis; DSD v Commissioner of Police of the Metropolis [2018] UKSC 11; [2018] 2 W.L.R. 895; [2018] 3 All E.R. 369; [2018] 2 WLUK 453; [2018] 1 Cr. App. R. 31; [2018] H.R.L.R. 11. .... 19-084, 13-026, 13-034, 13-035, 13-036, 13-066, 19-088
Common Services Agency v Scottish Information Commissioner [2008] UKHL 47; [2008] 1 W.L.R. 1550; [2008] 4 All E.R. 851; 2008 S.C. (H.L.) 184; 2008 S.L.T. 901; 2008 S.C.L.R. 672; 27 B.H.R.C. 345; [2008] Info. T.L.R. 284; (2008) 103 B.M.L.R. 170; 2008 G.W.D. 30-465. 16-030
Company (No.00996 of 1979), Re. *See* Racal Communications Ltd, Re 3-018
Competition and Markets Authority v Concordia International RX (UK) [2018] EWCA Civ 1881; [2018] 8 WLUK 65. .... 8-016, 8-021
Coney v Choyce; Ludden v Choyce [1975] 1 W.L.R. 422; [1975] 1 All E.R. 979; [1974] 7 WLUK 156; (1974) 119 S.J. 202 Ch D. 5-064
Congregation of the Poor Sisters of Nazareth v Scottish Ministers [2015] CSOH 87; 2015 S.L.T. 445; 2015 G.W.D. 22-385. .... 10-018, 10-050
Congreve v Home Office [1976] Q.B. 629; [1976] 2 W.L.R. 291; [1976] 1 All E.R. 697; (1975) 119 S.J. 847 CA (Civ Div). 11-071
Connolly v DPP [2007] EWHC 237 (Admin); [2008] 1 W.L.R. 276; [2007] 2 All E.R. 1012; [2007] 2 Cr. App. R. 5; [2007] H.R.L.R. 17; [2007] Crim. L.R. 729; (2007) 157 N.L.J. 295 13-042
Connor v Surrey CC [2010] EWCA Civ 286; [2011] Q.B. 429; [2010] 3 W.L.R. 1302; [2010] 3 All E.R. 905; [2010] P.T.S.R. 1643; [2010] I.R.L.R. 521; [2010] E.L.R. 363; (2010) 13 C.C.L. Rep. 491 19-045
Connors v Secretary of State for Communities and Local Government; Mulvenna v Secretary of State for Communities and Local Government [2017] EWCA Civ 1850; [2017] 11 WLUK 428; [2018] J.P.L. 516 16-058
Consett Iron Co v Clavering Trustees [1935] 2 K.B. 42 CA 11-054
Consistent Group Ltd v Kalwak; sub nom. Consistent Group Ltd v Welsh Country Foods Ltd [2008] EWCA Civ 430; [2008] 4 WLUK 728; [2008] I.R.L.R. 505 7-105
Copland v United Kingdom (62617/00) (2007) 45 E.H.R.R. 37; 25 B.H.R.C. 216; 2 A.L.R. Int'l 785 ECtHR 13-086
Corporate Officer of the House of Commons v Information Commissioner [2008] EWHC 1084 (Admin); [2009] 3 All E.R. 403; [2008] A.C.D. 71; (2008) 105(23) L.S.G. 24; (2008) 158 N.L.J. 751. 3-018
Council of Civil Service Unions v Minister for the Civil Service [1985] A.C. 374; [1984] 3 W.L.R. 1174; [1984] 3 All E.R. 935; [1984] 11 WLUK 193; [1985] I.C.R. 14; [1985] I.R.L.R. 28; (1985) 82 L.S.G. 437; (1984) 128 S.J. 837 HL 3-018, 3-033, 3-073, 4-051, 5-019, 11-099, 11-073, 12-006, 12-008, 12-036, 12-045
Coventry & Solihull Waste Disposal Co Ltd v Russell (Valuation Officer) [1999] 1 W.L.R. 2093; [2000] 1 All E.R. 97; [2000] R.A. 1; [1999] E.G. 141 (C.S.); (1999) 96(47) L.S.G. 32; (2000) 144 S.J.L.B. 10; [1999] N.P.C. 146 HL. 5-038
Coventry v Lawrence; sub nom. Lawrence v Fen Tigers Ltd [2015] UKSC 50; [2015] 1 W.L.R. 3485; [2016] 2 All E.R. 97; [2015] 4 Costs L.O. 507; [2015] H.R.L.R. 16; 40 B.H.R.C. 734. .... 13-042, 13-045
Cox v Ministry of Justice [2016] UKSC 10; [2016] A.C. 660; [2016] 2 W.L.R. 806; [2017] 1 All E.R. 1; [2016] I.C.R. 470; [2016] I.R.L.R. 370; [2016] P.I.Q.R. P8 19-012
CPRE Kent v China Gateway International Ltd. *See* Dover DC v Campaign to Protect Rural England (Kent) 1-024, 7-092, 7-095A, 7-101, 7-105, 7-106, 7-115, 7-116

TABLE OF CASES

Crawford v Charity Commission for Northern Ireland. *See* McKee v Charity Commission for Northern Ireland; Charity Commission for Northern Ireland v Caughey; Crawford v Charity Commission for Northern Ireland 5-191
Crawford's Application for Judicial Review, Re [2016] NIQB 97 8-072
Credit Suisse Securities (Europe) Ltd v Revenue and Customs Commissioners [2019] EWHC 1922 (Ch); [2019] S.T.C. 1576; [2019] 7 WLUK 309; [2019] 5 C.M.L.R. 17; [2019] S.T.I. 1362 14-095
Credit Suisse v Allerdale BC [1997] Q.B. 306; [1996] 3 W.L.R. 894; [1996] 4 All E.R. 129; [1996] 2 Lloyd's Rep. 241; [1996] 5 Bank. L.R. 249; (1997) 161 J.P. Rep. 88 CA (Civ Div) 5-107
Credit Suisse v Waltham Forest LBC [1997] Q.B. 362; [1996] 3 W.L.R. 943; [1996] 4 All E.R. 176; (1997) 29 H.L.R. 115; 94 L.G.R. 686; (1997) 9 Admin. L.R. 517 CA (Civ Div) 5-107
CREEDNZ Inc v Governor General [1981] 1 N.Z.L.R. 172 7-014
Cresco Investigation GmbH v Achatzi (C-193/17) EU:C:2019:43; [2019] 1 WLUK 140; [2019] 2 C.M.L.R. 20; [2019] I.R.L.R. 380 14-041
Criminal Injuries Compensation Authority v First-tier Tribunal (Social Entitlement Chamber); sub nom. CP (A Child) v Criminal Injuries Compensation Authority [2014] EWCA Civ 1554; [2015] Q.B. 459; [2015] 2 W.L.R. 463; [2015] 4 All E.R. 60; [2015] 1 Cr. App. R. 19; [2015] 2 F.L.R. 1163; [2015] P.I.Q.R. P12; (2015) 142 B.M.L.R. 18; [2015] Fam. Law 123 17-006
Criminal Proceedings against Lyckeskog (C–99/00); sub nom. Lyckeskog v Aklagarkammaren i Uddevalla (C–99/00) EU:C:2002:329; [2003] 1 W.L.R. 9; [2004] 3 C.M.L.R. 29 14-109
Croke v Secretary of State for Communities and Local Government [2016] EWHC 2484 (Admin); [2017] P.T.S.R. 116; [2016] 10 WLUK 209; [2016] A.C.D. 131 QBD 17-027
Crompton v United Kingdom (42509/05) (2010) 50 E.H.R.R. 36 ECtHR 7-035, 10-094
Crown Prosecution Service v T; sub nom. DPP v T [2006] EWHC 728 (Admin); [2007] 1 W.L.R. 209; [2006] 3 All E.R. 471; (2006) 170 J.P. 470; [2006] 3 F.C.R. 184; [2007] A.C.D. 71; (2006) 170 J.P.N. 835 DC. 3-128
Cudgen Rutile (No.2) Pty Ltd v Chalk; Queensland Titanium Mines Pty v Chalk; Cudgen Rutile (No.2) Pty Ltd v Queensland Titanium Mines Pty [1975] A.C. 520; [1975] 2 W.L.R. 1; (1974) 119 S.J. 31 PC (Aus). 12-065
Cumhuriyet Halk Partisi v Turkey (App. No. 19920/13) unreported 26 July 2016 ECtHR ... 13-082
Cummings v Birkenhead Corp [1972] Ch. 12; [1971] 2 W.L.R. 1458; [1971] 2 All E.R. 881; 69 L.G.R. 444; (1971) 115 S.J. 365 CA (Civ Div) 9-007
Curran v Northern Ireland Co–ownership Housing Association Ltd [1987] A.C. 718; [1987] 2 W.L.R. 1043; [1987] 2 All E.R. 13; 38 B.L.R. 1; (1987) 19 H.L.R. 318; (1987) 84 L.S.G. 1574; (1987) 131 S.J. 506 HL (NI) 19-034, 19-045
Curtis v London Rent Assessment Committee; sub nom. Curtis v Chairman of London Rent Assessment Committee [1999] Q.B. 92; [1998] 3 W.L.R. 1427; [1997] 4 All E.R. 842; [1997] 10 WLUK 159; (1998) 30 H.L.R. 733; [1998] 1 E.G.L.R. 79; [1998] 15 E.G. 120; [1997] E.G. 132 (C.S.); [1997] N.P.C. 140 CA (Civ Div) 7-105
Cusack v Harrow LBC; sub nom. Harrow LBC v Cusack [2013] UKSC 40; [2013] 1 W.L.R. 2022; [2013] 4 All E.R. 97; [2013] P.T.S.R. 921; [2013] R.T.R. 26; [2013] H.R.L.R. 26; [2013] 3 E.G.L.R. 29; [2014] R.V.R. 148; [2013] 26 E.G. 106 (C.S.) 13-098
Customs and Excise Commissioners v Cure & Deeley [1962] 1 Q.B. 340; [1961] 3 W.L.R. 798; [1961] 3 All E.R. 641; [1961] 7 WLUK 76; (1961) 105 S.J. 708 .... 5-190, 5-191, 11-071
Customs and Excise Commissioners v Hebson Ltd; Customs and Excise Commissioners v DS Blaiber & Co [1953] 2 Lloyd's Rep. 382 QBD 12-065
Cyprus v Turkey (25781/94) (2014) 59 E.H.R.R. 16; 37 B.H.R.C. 543; (2014) 59 E.H.R.R. SE4 19-084
D (A Child), Re; sub nom. Birmingham City Council v D; D (A Child) (Residence Order: Deprivation of Liberty), Re [2019] UKSC 42; [2019] 1 W.L.R. 5403; [2020] 2 All E.R. 399; [2019] P.T.S.R. 1816; [2019] 9 WLUK 300; [2020] 1 F.L.R. 549; [2019] 3 F.C.R. 631; [2020] C.O.P.L.R. 73; [2019] H.R.L.R. 18; (2019) 22 C.C.L. Rep. 475; (2020) 171 B.M.L.R. 51 13-073
D v Commissioner of Police of the Metropolis; V v Commissioner of Police of the Metropolis; sub nom. NBV v Commissioner of Police of the Metropolis; DSD v Commissioner of Police of the Metropolis [2014] EWHC 2493 (QB); [2015] 1 W.L.R. 1833; [2015] 2 All E.R. 272 19-088
D v Commissioner of Police of the Metropolis. *See* Commissioner of Police of the Metropolis v DSD 9-084, 13-026, 13-034, 13-035, 13-036, 13-066, 19-088

TABLE OF CASES

D v United Kingdom (30240/96) (1997) 24 E.H.R.R. 423; 2 B.H.R.C. 273; (1998) 42
B.M.L.R. 149 ECtHR 13-036, 13-066
Da Costa v Sargaco [2016] EWCA Civ 764; [2016] C.P. Rep. 40; [2017] R.T.R. 2 8-010
Dalton's Application for Judicial Review, Re [2020] NICA 26; [2020] 5 WLUK 33 7-037
Daniel v St George's Healthcare NHS Trust [2016] EWHC 23 (QB); [2016] 4 W.L.R. 32;
[2016] Med. L.R. 75; [2016] Inquest L.R. 67. 2-059
Dansk Industri (DI) v Rasmussen's Estate (C-441/14) EU:C:2016:278; [2016] 3 C.M.L.R.
27; [2016] I.R.L.R. 552; [2016] Pens. L.R. 299; [2016] I.C.R. D9 ECJ 14-044
Danske Slagterier v Germany (C-445/06) EU:C:2009:178; [2010] All E.R. (EC) 74;
[2009] 3 C.M.L.R. 10. .... 14-077, 14-081, 14-096
Dar Al Arkan Real Estate Development Co v Majid Al-Sayed Bader Hashim Al Refai
[2014] EWHC 1055 (Comm). 10-018, 10-039, 10-040
Darby v Sweden (A/187) (1991) 13 E.H.R.R. 774 ECtHR 13-101
Data Protection Commissioner v Facebook Ireland Ltd (C-311/18) EU:C:2020:559;
[2020] 7 WLUK 245. 14-041
Davidson v Scottish Ministers (No.2) [2004] UKHL 34; 2005 1 S.C. (H.L.) 7; 2004 S.L.T.
895; 2004 S.C.L.R. 991; [2004] 7 WLUK 457; [2004] H.R.L.R. 34; [2004] U.K.H.R.R.
1079; [2005] A.C.D. 19; 2004 G.W.D. 27-572. 10-017
Davies v Price [1958] 1 W.L.R. 434; [1958] 1 All E.R. 671; (1958) 102 S.J. 290 CA 11-047
Davis v Johnson [1979] A.C. 264; [1978] 2 W.L.R. 553; [1978] 1 All E.R. 1132; (1978)
122 S.J. 178 HL 5-032
Davis v Radcliffe [1990] 1 W.L.R. 821; [1990] 2 All E.R. 536; [1990] B.C.C. 472; [1990]
B.C.L.C. 647; (1990) 87(19) L.S.G. 43; (1990) 134 S.J. 1078 PC (Isle of Man). 19-045
Davy v Spelthorne BC [1984] A.C. 262; [1983] 3 W.L.R. 742; [1983] 3 All E.R. 278;
[1983] 10 WLUK 87; 82 L.G.R. 193; (1984) 47 P. & C.R. 310; [1984] J.P.L. 269;
(1983) 133 N.L.J. 1015; (1983) 127 S.J. 733 HL. 3-118
De Keyser's Royal Hotel Ltd, Re; sub nom. De Keyser's Royal Hotel Ltd v King, The
[1920] A.C. 508 HL 3-033
De Rothschild v Secretary of State for Transport. See R. v Secretary of State for Transport
Ex p. De Rothschild 11-071
De Santa v Italy (25574/94) 2 September 1997 ECtHR 7-035
De Tommaso v Italy (43395/09) (2017) 65 E.H.R.R. 19 ECtHR 7-035
DEB Deutsche Energiehandels- und Beratungsgesellschaft mbH v Germany (C-279/09)
EU:C:2010:811; [2010] 12 WLUK 790; [2011] 2 C.M.L.R. 21 ECJ. 14-041
Deehan v State Examinations Commission [2016] IEHC 213 7-092
Deerland Construction v Aquatic Licensing Appeals Board [2008] IEHC 289; [2009] 1
I.R. 673 7-116
Dehal v Crown Prosecution Service [2005] EWHC 2154 (Admin); (2005) 169 J.P. 581 13-090
Delaney v Secretary of State for Transport [2015] EWCA Civ 172; [2015] 1 W.L.R. 5177;
[2015] 3 All E.R. 329; [2015] C.P. Rep. 25; [2015] R.T.R. 19; [2015] 2 C.M.L.R. 30;
[2015] Lloyd's Rep. I.R. 441; [2015] P.I.Q.R. P17. 14-096
Delfi AS v Estonia (64569/09) [2015] E.M.L.R. 26; (2016) 62 E.H.R.R. 6; 39 B.H.R.C.
151 ECtHR 13-090
Denton v TH White Ltd; Decadent Vapours Ltd v Bevan; Utilise TDS Ltd v Cranstoun
Davies [2014] EWCA Civ 906; [2014] 1 W.L.R. 3926; [2015] 1 All E.R. 880; [2014]
C.P. Rep. 40; [2014] B.L.R. 547; 154 Con. L.R. 1; [2014] 4 Costs L.R. 752; [2014]
C.I.L.L. 3568; (2014) 164(7614) N.L.J. 17 16-012
Department for Business, Energy and Industrial Strategy v Information Commissioner
[2017] EWCA Civ 844; [2017] P.T.S.R. 1644; [2017] 6 WLUK 652; [2018] 1 C.M.L.R.
8; [2018] Env. L.R. 3 16-030
Department for Work and Pensions v Information Commissioner [2016] EWCA Civ 758;
[2017] 1 W.L.R. 1. 16-030
Department of Health v Information Commissioner (2012) B.M.L.R. 110 16-030
Department of Health v Information Commissioner [2011] EWHC 1430 (Admin); [2011]
Med. L.R. 363; [2011] A.C.D. 97; (2011) 155(17) S.J.L.B. 31 16-030
Department of Health v Information Commissioner [2017] EWCA Civ 374; [2017] 1
W.L.R. 3330 16-030
Derbyshire CC v Times Newspapers Ltd [1993] A.C. 534; [1993] 2 W.L.R. 449; [1993] 1
All E.R. 1011; 91 L.G.R. 179; (1993) 143 N.L.J. 283; (1993) 137 S.J.L.B. 52 HL. 11-054
Derbyshire Dales DC v Secretary of State for Communities and Local Government [2009]
EWHC 1729 (Admin); [2009] 7 WLUK 501; [2010] 1 P. & C.R. 19; [2010] J.P.L. 341;
[2009] N.P.C. 96 5-135

TABLE OF CASES

Dereci v Bundesministerium fur Inneres (C-256/11) EU:C:2011:734; [2011] E.C.R. I-11315; [2011] 11 WLUK 394; [2012] 1 C.M.L.R. 45; [2012] All E.R. (EC) 373; [2012] Imm. A.R. 230; [2012] I.N.L.R. 151 ECJ 14-041
Desmond v Chief Constable of Nottinghamshire Police [2011] EWCA Civ 3; [2011] P.T.S.R. 1369; [2011] 1 F.L.R. 1361; [2011] Fam. Law 358 19-045
Deutsche Bank AG v Sebastian Holdings Inc [2016] EWCA Civ 23; [2016] 4 W.L.R. 17; [2016] C.P. Rep. 17. 16-092
Deutsches Weintor v Land Rheinland-Pfalz (C-544/10) EU:C:2012:526 14-041
Devon CC v Secretary of State for Communities and Local Government [2010] EWHC 1456 (Admin); [2011] B.L.G.R. 64; [2010] A.C.D. 83 QBD. 7-056
Digital Rights Ireland Ltd v Minister for Communications, Marine and Natural Resources (C-293/12); Proceedings Brought by Karntner Landesregierung (C-594/12) EU:C:2014:238; [2015] Q.B. 127; [2014] 3 W.L.R. 1607; [2014] 2 All E.R. (Comm) 1; [2014] 4 WLUK 285; [2014] 3 C.M.L.R. 44; [2014] All E.R. (EC) 775 ECJ 14-041, 14-127
Dilexport Srl v Amministrazione delle Finanze dello Stato (C–343/96) EU:C:1999:59; [2000] All E.R. (EC) 600; [2000] 3 C.M.L.R. 791. 14-077
Dillenkofer v Germany (C-178/94); Knor v Germany (C-190/94); Heuer v Germany (C-189/94); Schulte v Germany (C-188/94); Erdmann v Germany (C-179/94) EU:C:1996:375; [1997] Q.B. 259; [1997] 2 W.L.R. 253; [1996] All E.R. (EC) 917; [1996] 3 C.M.L.R. 469; [1997] I.R.L.R. 60 14-096
Dimes v Grand Junction Canal Proprietors 10 E.R. 301; (1852) 3 H.L. Cas. 759; [1852] 6 WLUK 192 HL. 10-020
Dimsdale Developments (South East) Ltd v Secretary of State for the Environment and Hounslow LBC [1985] 2 E.G.L.R. 183; (1985) 275 E.G. 58; [1986] J.P.L. 276 12-034
Dinsmore v Scottish Ministers [2019] CSOH 55; 2019 S.L.T. 1000; [2019] 7 WLUK 304; 2019 G.W.D. 23-338. 9-020
Disher v Disher [1965] P. 31; [1964] 2 W.L.R. 21; [1963] 3 All E.R. 933; [1963] 5 WLUK 31; (1964) 108 S.J. 37 DC 7-068
DJ v Welsh Ministers [2019] EWCA Civ 1349; [2019] 7 WLUK 572 .... 5-148, 9-007
DJ&C Withers (Farms) Ltd v Ambic Equipment Ltd. *See* English v Emery Reimbold & Strick Ltd 7-115
Dodov v Bulgaria (59548/00) (2008) 47 E.H.R.R. 41; [2008] Inquest L.R. 145; [2009] M.H.L.R. 11 ECtHR 7-130
Doggett v Waterloo Taxi Cab Co Ltd [1910] 2 K.B. 336 CA 11-047
Dombo Beheer BV v Netherlands (A/274-A) (1994) 18 E.H.R.R. 213 ECtHR 7-121, 16-012
Donnelly v Marrickville Municipal Council [1973] 2 N.S.W.L.R. 390 5-064
Donoghue v Poplar Housing & Regeneration Community Association Ltd. *See* Poplar Housing & Regeneration Community Association Ltd v Donoghue 3-092
Doogan v Greater Glasgow and Clyde Health Board; Wood v Greater Glasgow and Clyde Health Board; Doogan, Petitioners [2014] UKSC 68; [2015] A.C. 640; [2015] 2 W.L.R. 126; [2015] 2 All E.R. 1; 2015 S.C. (U.K.S.C.) 32; 2015 S.L.T. 25; (2015) 142 B.M.L.R. 1; 2015 G.W.D. 1-24. 13-089
Dotcom v Attorney General [2014] NZSC 199 5-022
Douanias v Ypourgio Oikonomikon (C-228/98) EU:C:2000:65 14-077
Dover DC v Campaign to Protect Rural England (Kent); Campaign to Protect Rural England (Kent) v China Gateway International Ltd; sub nom. R. (on the application of Campaign to Protect Rural England) v Dover DC; Dover DC v CPRE Kent; CPRE Kent v China Gateway International Ltd; China Gateway International Ltd v CPRE Kent [2017] UKSC 79; [2018] 1 W.L.R. 108; [2018] 2 All E.R. 121; [2017] 12 WLUK 115; [2018] Env. L.R. 17; [2018] L.L.R. 305; [2018] J.P.L. 653 ... 1-024, 7-092, 7-095A, 7-101, 7-105, 7-106, 7-115, 7-116
Dover DC v CPRE Kent. *See* Dover DC v Campaign to Protect Rural England (Kent) 1-024, 7-092, 7-095A, 7-101, 7-105, 7-106, 7-115, 7-116
Downs v Secretary of State for the Environment, Food and Rural Affairs; sub nom. Secretary of State for the Environment, Food and Rural Affairs v Downs [2009] EWCA Civ 664; [2009] 3 C.M.L.R. 46; [2010] Env. L.R. 7; [2010] J.P.L. 197; [2009] A.C.D. 71; (2009) 153(27) S.J.L.B. 29; [2009] N.P.C. 89 1-035
DPP v McFarlane [2019] EWHC 1895 (Admin); [2019] 7 WLUK 204; [2019] Crim. L.R. 982; [2019] A.C.D. 95. 5-068
DPP v T. *See* Crown Prosecution Service v T 3-128
Dr Bonham's Case 77 E.R. 638; (1608) 8 Co. Rep. 107 KB 11-071

DSD v Commissioner of Police of the Metropolis; Koraou v Chief Constable of Greater Manchester; Commissioner of Police of the Metropolis v DSD [2015] EWCA Civ 646; [2016] Q.B. 161; [2015] 3 W.L.R. 966; [2016] 3 All E.R. 986; [2016] 1 Cr. App. R. 2 13-066
DSD v Commissioner of Police of the Metropolis. *See* Commissioner of Police of the Metropolis v DSD.................... 9-084, 13-026, 13-034, 13-035, 13-036, 13-066, 19-088
Dubetska v Ukraine (30499/03) (2015) 61 E.H.R.R. 11; [2011] 2 WLUK 389 ECtHR 13-086
Dulger v Wetteraukreis (C-451/11) EU:C:2012:504; [2012] 7 WLUK 585; [2012] 3 C.M.L.R. 50; [2013] I.C.R. 79 ECJ 14-041
Dulgheriu v Ealing LBC [2019] EWCA Civ 1490; [2020] 1 W.L.R. 609; [2020] 3 All E.R. 545; [2020] P.T.S.R. 79; [2019] 8 WLUK 117....................................... 13-095
Dunlop v Woollahra Municipal Council [1982] A.C. 158; [1981] 2 W.L.R. 693; [1981] 1 All E.R. 1202; (1981) 125 S.J. 199 PC (Aus)... 19-045
Dunn v Parole Board [2008] EWCA Civ 374; [2009] 1 W.L.R. 728; [2008] H.R.L.R. 32; [2008] U.K.H.R.R. 711; [2009] Prison L.R. 67 9-007
Dunnett v Railtrack Plc [2002] EWHC 9020 (Costs) 16-092
Dunsmuir v New Brunswick (Board of Management) 2008 SCC 9; [2008] 1 S.C.R. 190 7-035
Durayappah v Fernando [1967] 2 A.C. 337; [1967] 3 W.L.R. 289; [1967] 2 All E.R. 152; (1967) 111 S.J. 397 PC (Ceylon)....................................... 8-066, 12-036
Dwr Cymru Cyfyngedig (Welsh Water) v Corus UK Ltd [2007] EWCA Civ 285; [2007] 14 E.G. 105 (C.S.)... 3-118
Dyason v Secretary of State for the Environment, Transport and the Regions (No.1) (1998) 75 P. & C.R. 506; [1998] 2 P.L.R. 54; [1998] J.P.L. 778; [1998] E.G. 11 (C.S.); (1998) 142 S.J.L.B. 62; [1998] N.P.C. 9 CA (Civ Div) 7-040
Dymocks Franchise Systems (NSW) Pty Ltd v Todd (Costs) [2004] UKPC 39; [2004] 1 W.L.R. 2807; [2005] 4 All E.R. 195; [2005] 1 Costs L.R. 52; (2004) 154 N.L.J. 1325; (2004) 148 S.J.L.B. 971 16-092
E (A Child), Re; sub nom. E (A Child) v Chief Constable of Ulster [2008] UKHL 66; [2009] 1 A.C. 536; [2008] 3 W.L.R. 1208; [2009] 1 All E.R. 467; [2009] N.I. 141; [2009] H.R.L.R. 8; [2009] U.K.H.R.R. 277; 25 B.H.R.C. 720; [2008] Po. L.R. 350; (2008) 152(45) S.J.L.B. 27 2-073
Ealing BC v Minister of Housing and Local Government [1952] Ch. 856; [1952] 2 All E.R. 639; [1952] 2 T.L.R. 490; (1952) 116 J.P. 525; 50 L.G.R. 699; (1952–53) 3 P. & C.R. 173 Ch D... 7-054
Earl of Derby's Case 77 E.R. 1390; (1613) 12 Co. Rep. 114; [1613] 1 WLUK 258 KB 10-020
easyJet Airline Co Ltd v Civil Aviation Authority. *See* R. (on the application of easyJet Airline Co Ltd) v Civil Aviation Authority 7-056
Eaton v Natural England [2012] EWHC 2401 (Admin); [2013] 1 C.M.L.R. 10; [2013] Env. L.R. 9 18-013
EB v France (43546/02) [2008] 1 F.L.R. 850; [2008] 1 F.C.R. 235; (2008) 47 E.H.R.R. 21; 23 B.H.R.C. 741; [2008] Fam. Law 393 ECtHR 13-086
Eba v Advocate General for Scotland [2011] UKSC 29; [2012] 1 A.C. 710; [2011] 3 W.L.R. 149; [2011] P.T.S.R. 1095; [2011] S.T.C. 1705; 2012 S.C. (U.K.S.C.) 1; 2011 S.L.T. 768; [2011] Imm. A.R. 745; [2011] S.T.I. 1941; (2011) 108(27) L.S.G. 24; (2011) 161 N.L.J. 917... 17-006
Ebrahimian v France (App. No. 64846/11) unreported 26 November 2015 ECtHR 13-089
EC Gransden & Co Ltd v Secretary of State for the Environment (1987) 54 P. & C.R. 86; [1986] J.P.L. 519 QBD 5-142
Ecovision Systems Ltd v Vinci Construction UK Ltd [2015] EWHC 587 (TCC); [2015] 1 All E.R. (Comm) 1110; [2015] B.L.R. 373; 159 Con. L.R. 84; [2015] C.I.L.L. 3657....... 10-018
Edilizia Industriale Siderurgica Srl (EDIS) v Ministero delle Finanze (C–231/96) EU:C:1998:401; [1999] 2 C.M.L.R. 995; [1999] C.E.C. 337........................ 14-077
Editions Periscope v France (A/234–B) (1992) 14 E.H.R.R. 597 ECtHR 7-035
Edmunds' Application for Judicial Review, Re; sub nom. Edmunds v Legal Services Agency for Northern Ireland [2019] NIQB 50; [2019] 5 WLUK 546 9-007
Edwards v Environment Agency (C-260/11). *See* R. (on the application of Edwards) v Environment Agency (C-260/11) 14-041, 16-091
Edwards v Environment Agency. *See* R. (on the application of Edwards) v Environment Agency (No.2) 7-014, 7-056, 8-066
Edwards v United Kingdom (46477/99) (2002) 35 E.H.R.R. 19; 12 B.H.R.C. 190; [2002] M.H.L.R. 220; [2002] Po. L.R. 161 ECtHR... 13-063
Edwin H Bradley & Sons v Secretary of State for the Environment (1984) 47 P. & C.R. 374; (1982) 266 E.G. 926; (1982) 266 E.G. 264; [1982] J.P.L. 43 QBD................. 7-105

TABLE OF CASES

EE & Brian Smith (1928) Ltd v Hodson [2007] EWCA Civ 1210; [2007] 11 WLUK 612 ... 7-105, 7-115
Eifert v Land Hessen (C-93/09). *See* Volker und Markus Schecke GbR v Land Hessen (C-92/09)... 14-041
Eisai Ltd v National Institute for Health and Clinical Excellence (NICE); sub nom. R. (on the application of Eisai Ltd) v National Institute for Health and Clinical Excellence [2008] EWCA Civ 438; [2008] 5 WLUK 5; (2008) 11 C.C.L. Rep. 385; [2008] LS Law Medical 333; (2008) 101 B.M.L.R. 26; [2008] A.C.D. 77; (2008) 105(19) L.S.G. 27; (2008) 152(19) S.J.L.B. 31.. 7-056
El Hassani v Minister Spraw Zagranicznych (C-403/16) EU:C:2017:960; [2017] 12 WLUK 287; [2018] 2 C.M.L.R. 19 ECJ.. 14-041
Elberte v Latvia (61243/08) (2015) 61 E.H.R.R. 7; 38 B.H.R.C. 101; [2015] Inquest L.R. 162 ECtHR.. 13-082
Electronic Collar Manufacturers Association v Secretary of State for Environment, Food and Rural Affairs [2019] EWHC 2813 (Admin); [2019] 10 WLUK 370; [2020] L.L.R. 46; [2020] A.C.D. 4.. 5-039, 7-056
Eley v Secretary of State for Communities and Local Government [2009] EWHC 660 (Admin); [2009] All E.R. (D) 28 (Apr)... 11-046
Elgizouli v Secretary of State for the Home Department; sub nom. El Gizouli v Secretary of State for the Home Department; R. (on the application of Elgizouli) v Secretary of State for the Home Department [2020] UKSC 10; [2020] 2 W.L.R. 857; [2020] 3 All E.R. 1; [2020] 3 WLUK 343; [2020] H.R.L.R. 9 ..... 3-018, 3-040, 5-040, 5-056, 11-033, 11-053, 11-054, 11-094
Elliott and South Devon Ry, Re (1848) 12 Jur. (O.S.) 445 10-020
Elliott v Brighton BC 79 L.G.R. 506; (1981) 42 P. & C.R. 355; (1980) 258 E.G. 441; [1981] J.P.L. 504 CA (Civ Div)... 9-007
Elliott v Southwark LBC [1976] 1 W.L.R. 499; [1976] 2 All E.R. 781; 74 L.G.R. 265; (1976) 32 P. & C.R. 256; (1976) 238 E.G. 41; (1976) 120 S.J. 200 CA (Civ Div) 7-106
Ellis v Dubowski [1921] 3 K.B. 621; [1921] 7 WLUK 66 5-175
ELM's Application for Judicial Review, Re [2019] NIQB 107; [2019] 12 WLUK 602 7-105
Elmbridge BC v Secretary of State for the Environment [1980] 1 WLUK 496; 78 L.G.R. 637; (1980) 39 P. & C.R. 543; [1980] J.P.L. 463; (1980) 124 S.J. 273 QBD............... 7-105
EM (Lebanon) v Secretary of State for the Home Department [2008] UKHL 64; [2009] 1 A.C. 1198; [2008] 3 W.L.R. 931; [2009] 1 All E.R. 559; [2008] 2 F.L.R. 2067; [2009] 1 F.C.R. 441; [2009] H.R.L.R. 6; [2009] U.K.H.R.R. 22; [2009] Imm. A.R. 189; [2009] I.N.L.R. 123; [2008] Fam. Law 1190; (2008) 105(42) L.S.G. 21; (2008) 158 N.L.J. 1531; (2008) 152(41) S.J.L.B. 30.. 13-087
EMI Records (Ireland) Ltd v Data Protection Commissioner [2013] IESC 34; [2013] 2 I.R. 669.. 7-106
Emmanuel v South Gloucestershire PCT [2009] EWHC 3260 (Admin); [2009] 12 WLUK 358; [2010] Med. L.R. 32... 10-047
Emmott v Minister for Social Welfare (C–208/90); Emmott v Attorney General (C–208/90) EU:C:1991:333; [1991] 3 C.M.L.R. 894; [1993] I.C.R. 8; [1991] I.R.L.R. 387... 14-077
Enderby Town Football Club v Football Association [1971] Ch. 591; [1970] 3 W.L.R. 1021; [1971] 1 All E.R. 215; (1970) 114 S.J. 827 CA (Civ Div) 9-007
Engel v Netherlands (A/22) [1976] 6 WLUK 17; (1979–80) 1 E.H.R.R. 647 ECtHR 7-036
English v Emery Reimbold & Strick Ltd; Verrechia (t/a Freightmaster Commercials) v Commissioner of Police of the Metropolis; DJ&C Withers (Farms) Ltd v Ambic Equipment Ltd [2002] EWCA Civ 605; [2002] 1 W.L.R. 2409; [2002] 3 All E.R. 385; [2002] 4 WLUK 661; [2002] C.P.L.R. 520; [2003] I.R.L.R. 710; [2002] U.K.H.R.R. 957; (2002) 99(22) L.S.G. 34; (2002) 152 N.L.J. 758; (2002) 146 S.J.L.B. 123 7-115
ES v Austria (38450/12) (2019) 69 E.H.R.R. 4; [2018] 10 WLUK 794 ECtHR 13-089
Espadas Recio v Servicio Publico de Empleo Estatal (SPEE) (C-98/15) EU:C:2017:833; [2017] 11 WLUK 200; [2018] 2 C.M.L.R. 7 ECJ 14-125
Essex CC v Minister of Housing and Local Government 66 L.G.R. 23; (1967) 18 P. & C.R. 531; 203 E.G. 943; (1957) 111 S.J. 635 Ch D 1-035
European Commission v France (Précompte mobilier) (C-416/17) EU:C:2018:811 14-109
European Commission v Ireland (C-226/09) EU:C:2010:697 14-142
European Commission v Kadi (C-584/10 P) EU:C:2013:518; [2013] 7 WLUK 604; [2014] 1 C.M.L.R. 24; [2014] All E.R. (EC) 123; (2013) 163(7578) N.L.J. 20 ECJ.............. 14-041
European Commission v Otis NV (C-199/11) EU:C:2012:684; [2012] 11 WLUK 104; [2013] 4 C.M.L.R. 4; [2013] C.E.C. 750 ECJ 14-041

European Commission v Republic of Poland (C-619/18) EU:C:2019:615 14-041
European Commission v United Kingdom (C-530/11) EU:C:2014:67; [2014] Q.B. 988;
   [2014] 3 W.L.R. 853; [2014] 2 WLUK 461; [2014] 3 C.M.L.R. 6; [2014] Env. L.R. D2 14-041
Evans v University of Cambridge [2002] EWHC 1382 (Admin); [2003] E.L.R. 8 QBD 3-072
Eweida v United Kingdom (48420/10); Chaplin v United Kingdom (59842/10); Ladele v
   United Kingdom (51671/10); McFarlane v United Kingdom (36516/10) [2013] I.R.L.R.
   231; (2013) 57 E.H.R.R. 8; 34 B.H.R.C. 519; [2013] Eq. L.R. 264; (2013) 163 N.L.J.
   70 ECtHR 13-089
Execution of European Arrest Warrants against LM (C-216/18 PPU). *See* Minister for
   Justice and Equality v LM (C-216/18 PPU)... 14-041
Ezeh and Connors v United Kingdom (2002) 35 E.H.R.R. 691 ECtHR 7-036, 7-121
F v Bevandorlasi es Allampolgarsagi Hivatal (C-473/16) EU:C:2018:36; [2018] 1 WLUK
   375; [2018] 2 C.M.L.R. 31 ECJ 14-041
Fag og Arbejde (FOA) v Kommunernes Landsforening (KL) (C-354/13)
   EU:C:2014:2463; [2014] 12 WLUK 711; [2015] 2 C.M.L.R. 19; [2015] All E.R. (EC)
   265; [2015] C.E.C. 870; [2015] I.C.R. 322; [2015] I.R.L.R. 146 .... 14-043, 14-125
Fairmount Investments Ltd v Secretary of State for the Environment; sub nom. Fairmount
   Investments Ltd v Southwark LBC [1976] 1 W.L.R. 1255; [1976] 2 All E.R. 865; 75
   L.G.R. 33; (1976) 120 S.J. 801 HL 7-013, 7-047
Fairtitle v Gilbert (1787) 2 T.R. 169 12-065
Fallon v Horseracing Regulatory Authority [2006] EWHC 2030 (QB); [2006] 7 WLUK
   806; [2006] L.L.R. 735; (2006) 103(37) L.S.G. 33 3-049
Farhi v France (17070/05) [2007] 1 WLUK 236; (2009) 48 E.H.R.R. 34 10-051
Farley v Child Support Agency; sub nom. Farley v Secretary of State for Work and
   Pensions (No.2) [2006] UKHL 31; [2006] 1 W.L.R. 1817; [2006] 3 All E.R. 935; (2006)
   170 J.P. 650; [2006] 2 F.L.R. 1243; [2006] 2 F.C.R. 713; [2006] Fam. Law 735; (2007)
   171 J.P.N. 105; (2006) 103(28) L.S.G. 28; (2006) 150 S.J.L.B. 889 .... 4-017, 16-018
Fearn v Tate Gallery Board of Trustees [2019] EWHC 246 (Ch); [2019] Ch. 369; [2019] 2
   W.L.R. 1335; [2019] 2 WLUK 152; [2019] J.P.L. 776 .... 3-092, 3-093, 3-096
Federation of Independent Practitioner Organisations v Competition and Markets
   Authority [2016] EWCA Civ 777; [2017] U.K.C.L.R. 1 7-106
Ferreira da Silva e Brito v Portugal (C-160/14) EU:C:2015:565; [2016] 1 C.M.L.R. 26;
   [2016] C.E.C. 770; [2015] I.R.L.R. 1021 ECJ 14-109
FG v Sweden (43611/11) 41 B.H.R.C. 595 ECtHR 13-066
Financial Services Authority v Rourke (t/a JE Rourke & Co) [2002] C.P. Rep. 14; (2001)
   98(46) L.S.G. 36 Ch D 7-121
Financial Times Ltd v United Kingdom (821/03) [2010] E.M.L.R. 21; (2010) 50 E.H.R.R.
   46; 28 B.H.R.C. 616 ECtHR.. 13-090
Findlay, Re; sub nom. Findlay v Secretary of State for the Home Department [1985] A.C.
   318; [1984] 3 W.L.R. 1159; [1984] 3 All E.R. 801; [1984] 11 WLUK 136; [1985] Crim.
   L.R. 154; (1985) 82 L.S.G. 38; (1984) 128 S.J. 816 HL 7-014, 12-006, 12-045, 12-065
Finucane v United Kingdom (29178/95) (2003) 37 E.H.R.R. 29; [2003] Inquest L.R. 157;
   [2003] Po. L.R. 323 ECtHR 7-130
Finucane's Application for Judicial Review, Re [2019] UKSC 7; [2019] 3 All E.R. 191;
   [2019] 2 WLUK 382; [2019] H.R.L.R. 7; [2019] Inquest L.R. 71; [2019] 7 C.L. 283 . 7-037, 7-130,
                                                                   12-045, 12-056, 12-062, 13-063
Finucane's Application for Judicial Review, Re; sub nom. Finucane v Secretary of State
   for Northern Ireland [2017] NICA 7... 13-059
Flannery v Halifax Estate Agencies Ltd (t/a Colleys Professional Services) [2000] 1
   W.L.R. 377; [2000] 1 All E.R. 373; [1999] 2 WLUK 324; [2000] C.P. Rep. 18; [1999]
   B.L.R. 107; (1999) 11 Admin. L.R. 465; (1999) 15 Const. L.J. 313; (1999) 96(13)
   L.S.G. 32; (1999) 149 N.L.J. 284; [1999] N.P.C. 22 CA (Civ Div) 7-105, 7-115
Flaxmode Ltd v Revenue and Customs Commissioners [2010] UKFTT 28 (TC); [2010]
   S.F.T.D. 498 7-036
Ford–Camber Ltd v Deanminster Ltd [2007] EWCA Civ 458; (2007) 151 S.J.L.B. 713 3-119
Foreign and Commonwealth Office v Warsama; Warsama v Foreign and Commonwealth
   Office [2020] EWCA Civ 142; [2020] 3 W.L.R. 351; [2020] 4 All E.R. 486; [2020] 2
   WLUK 163... 3-018, 3-092, 3-093, 3-094, 3-095, 3-096, 3-098
Forest Heath DC v Electoral Commission. *See* R. (on the application of Forest Heath DC)
   v Electoral Commission 7-055
Forest of Dean DC v Wright; sub nom. R. (on the application of Wright) v Forest of Dean
   DC [2017] EWCA Civ 2102; [2017] 12 WLUK 377; [2018] J.P.L. 672 .... 11-029, 17-033
Foster Wheeler Ltd v E Green & Son Ltd [1946] Ch. 101; [1946] 1 All E.R. 63 CA 11-054

TABLE OF CASES

Fountas v Greece (50283/13) unreported 3 October 2019 ECtHR 7-130
FP McCann Ltd v Department for Regional Development [2019] NIQB 100; [2019] 12 WLUK 614 14-096
Francis v Southwark LBC; sub nom. Southwark LBC v Francis [2011] EWCA Civ 1418; [2012] P.T.S.R. 1248; [2012] H.L.R. 16; [2011] N.P.C. 124; [2012] 1 P. & C.R. DG11 19-054
Francovich v Italy (C-6/90); Bonifacti v Italy (C-9/90) EU:C:1991:428; [1993] 2 C.M.L.R. 66; [1995] I.C.R. 722; [1992] I.R.L.R. 84 .... 14-081, 14-094, 14-096
Fredin v Sweden (A/192); sub nom. Fredin v Sweden (12033/86) (1991) 13 E.H.R.R. 784 ECtHR 7-035
French v Law Society of Upper Canada [1975] 2 S.C.R. 767 7-014
Friend v United Kingdom (16072/06); Countryside Alliance v United Kingdom (27809/08) (2010) 50 E.H.R.R. SE6 ECtHR 13-086
Friends Provident Life & Pensions Ltd v Secretary of State for Transport, Local Government and the Regions. See R. (on the application of Friends Provident Life Office) v Secretary of State for the Environment, Transport and the Regions; R. (on the application of Friends Provident Life Office) v Secretary of State for the Environment, Transport and the Regions; sub nom. Friends Provident Life Office v Secretary of State for the Environment, Transport and the Regions; R. (on the application of Friends Provident Life & Pensions Ltd) v Secretary of State for Transport, Local Government and the Regions; Friends Provident Life & Pensions Ltd v Secretary of State for Transport, Local Government and the Regions [2001] EWHC Admin 820; [2002] 1 W.L.R. 1450; [2002] J.P.L. 958; [2001] 44 E.G. 147 (C.S.); [2001] N.P.C. 152 7-035
Fullbrook v Berkshire Magistrates' Courts Committee (1970) 69 L.G.R. 75 8-066
Fulton, Re [2018] NICh 8; [2018] 5 WLUK 162 .... 10-039, 10-040
Furnell v Whangerei High Schools Board [1973] A.C. 660; [1973] 2 W.L.R. 92; [1973] 1 All E.R. 400; (1972) 117 S.J. 56 PC (NZ) 7-014
G (A Child) (Child Abduction), Re; sub nom. G v G [2020] EWCA Civ 1185; [2020] 9 WLUK 139 14-005
G v de Visser (C-292/10) EU:C:2012:142; [2013] Q.B. 168; [2012] 3 W.L.R. 1523; [2012] 3 WLUK 485 ECJ 14-041
Gage v Scottish Ministers [2015] CSOH 174; 2016 S.L.T. 424; 2016 G.W.D. 1-25 9-005
Gallagher (Valuation Officer) v Church of Jesus Christ of Latter-Day Saints; sub nom. Church of Jesus Christ of Latter-Day Saints v Gallagher (Valuation Officer) [2008] UKHL 56; [2008] 1 W.L.R. 1852; [2008] 4 All E.R. 640; [2008] H.R.L.R. 46; [2008] R.A. 317; (2008) 158 N.L.J. 1179; [2008] N.P.C. 92; [2008] 2 P. & C.R. DG25 13-089
Gallagher's Application for Judicial Review, Re [2016] NIQB 95 8-016
Gallagher's Application for Judicial Review, Re; R. (on the application of P) v Secretary of State for the Home Department [2019] UKSC 3; [2019] 2 W.L.R. 509; [2019] 3 All E.R. 823; [2019] N.I. 123; [2019] 1 WLUK 261; [2019] H.R.L.R. 6 .... 13-086, 13-104
Galstyan v Armenia (26986/03) (2010) 50 E.H.R.R. 25 ECtHR 7-036
Ganci v Italy (41576/98) (2005) 41 E.H.R.R. 16 ECtHR 7-035
Ganga v Commissioner of Police [2011] UKPC 28 11-085
Gard v Commissioners of Sewers of the City of London (1885) 28 Ch. D. 486 CA 11-071
Gard v United Kingdom (Admissibility) (39793/17) [2017] 2 F.L.R. 773; (2017) 157 B.M.L.R. 59; (2017) 65 E.H.R.R. SE9 ECtHR 13-063
Garlsson Real Estate SA v Commissione Nazionale per le Societa e la Borsa (Consob) (C-537/16) EU:C:2018:193; [2018] 3 WLUK 446; [2018] 3 C.M.L.R. 11; [2018] Lloyd's Rep. F.C. 288 ECJ
Gas Insulated Switchgear Cartel, Re (T-117/07). See Areva SA v European Commission (T-117/07) 14-041
Gaughran v United Kingdom (45245/15) unreported 13 June 2020 ECtHR 13-086
Gaughran's Application for Judicial Review, Re; sub nom. Gaughran v Chief Constable of Northern Ireland [2015] UKSC 29; [2016] A.C. 345; [2015] 2 W.L.R. 1303; [2015] 3 All E.R. 655; [2015] N.I. 55; 39 B.H.R.C. 689; [2015] Crim. L.R. 809 13-086
Gaunt v United Kingdom (Admissibility) (26448/12) (2016) 63 E.H.R.R. SE15 ECtHR 13-090
GC v Commission Nationale de l'Informatique et des Libertes (CNIL) (C-136/17) EU:C:2019:773; [2020] 1 W.L.R. 1949; [2020] 1 All E.R. (Comm) 866; [2019] 9 WLUK 277; [2020] 1 C.M.L.R. 26 14-041
GC's Application for Judicial Review, Re; sub nom. GC (A Child), Re [2019] NICA 3; [2019] 1 WLUK 415 5-130
General Medical Council v Michalak; sub nom. Michalak v General Medical Council [2017] UKSC 71; [2017] 1 W.L.R. 4193; [2018] 1 All E.R. 463; [2017] 11 WLUK 1; [2018] I.C.R. 49; [2018] I.R.L.R. 60; (2018) 159 B.M.L.R. 1 15-099

TABLE OF CASES

General Transport SpA v Revenue and Customs Commissioners [2019] UKUT 4 (TCC); [2019] 1 WLUK 198... 7-036
Georgia v Russia (13255/07) [2019] 1 WLUK 468; (2019) 68 E.H.R.R. SE7 ECtHR 13-007
Ghadami v Harlow DC [2004] EWHC 1883 (Admin); [2005] B.L.G.R. 24; [2005] 1 P. & C.R. 19... 8-066, 8-072
Gidden v Chief Constable of Humberside; sub nom. Gidden v DPP [2009] EWHC 2924 (Admin); [2010] 2 All E.R. 75; (2009) 173 J.P. 609; [2010] R.T.R. 9; [2010] A.C.D. 21; (2009) 106(43) L.S.G. 25 DC.. 7-048
Gillan v United Kingdom (4158/05) (2010) 50 E.H.R.R. 45; 28 B.H.R.C. 420; [2010] Crim. L.R. 415; (2010) 160 N.L.J. 104 ECtHR........................ 13-073, 13-082, 13-086
Gillberg v Sweden (41723/06) 31 B.H.R.C. 471; (2012) 127 B.M.L.R. 54 ECtHR 13-090
Gillick v West Norfolk and Wisbech AHA [1986] A.C. 112; [1985] 3 W.L.R. 830; [1985] 3 All E.R. 402; [1985] 10 WLUK 150; [1986] Crim. L.R. 113; (1985) 82 L.S.G. 3531; (1985) 135 N.L.J. 1055; (1985) 129 S.J. 738... 3-118
Gillies v Secretary of State for Work and Pensions; sub nom. Secretary of State for Work and Pensions v Gillies [2006] UKHL 2; [2006] 1 W.L.R. 781; [2006] 1 All E.R. 731; 2006 S.C. (H.L.) 71; 2006 S.L.T. 77; 2006 S.C.L.R. 276; [2006] I.C.R. 267; (2006) 9 C.C.L. Rep. 404; (2006) 103(9) L.S.G. 33; (2006) 150 S.J.L.B. 127; 2006 G.W.D. 3-66 ... 10-018, 10-039
Gitxaala Nation v Canada 2016 FCA 187; [2016] 4 F.C.R. 418 7-102
Giuliani v Italy (23458/02) (2011) 52 E.H.R.R. 3 ECtHR 7-130
Glasgow Corp v Lord Advocate; sub nom. Lord Advocate v Glasgow Corp 1973 S.C. (H.L.) 1; 1973 S.L.T. 33 HL... 5-015
Glencore Energy UK Ltd v Revenue and Customs Commissioners (Permissions) [2017] EWHC 1587 (Admin); [2017] B.T.C. 21; [2017] A.C.D. 98........................ 16-068
Global Plant Ltd v Secretary of State for Health and Social Security; sub nom. Global Plant Ltd v Secretary of State for Social Services [1972] 1 Q.B. 139; [1971] 3 W.L.R. 269; [1971] 3 All E.R. 385; (1971) 11 K.I.R. 284; (1971) 115 S.J. 506 QBD............ 11-047
Gluck v Secretary of State for Housing, Communities and Local Government [2020] EWHC 161 (Admin); [2020] P.T.S.R. 834; [2020] 1 WLUK 376; [2020] J.P.L. 881 5-032
Glynn v Keele University; sub nom. Glynn v University of Keele [1971] 1 W.L.R. 487; [1971] 2 All E.R. 89; (1970) 115 S.J. 173 Ch D....................................... 8-066
Goddard v Minister of Housing and Local Government [1958] 1 W.L.R. 1151; [1958] 3 All E.R. 482; (1959) 123 J.P. 68; 57 L.G.R. 38; (1959) 10 P. & C.R. 28; (1958) 102 S.J. 860 QBD... 8-066
Godwin v Swindon BC [2001] EWCA Civ 1478; [2002] 1 W.L.R. 997; [2001] 4 All E.R. 641; [2002] C.P. Rep. 13.. 16-002
Gokool v Permanent Secretary of Health and Quality of Life [2008] UKPC 54 12-062
Golden Chemical Products, Re [1976] Ch. 300; [1976] 3 W.L.R. 1; [1976] 2 All E.R. 543; (1976) 120 S.J. 401 Ch D.. 5-187
Goodwin v United Kingdom (28957/95) [2002] I.R.L.R. 664; [2002] 2 F.L.R. 487; [2002] 2 F.C.R. 577; (2002) 35 E.H.R.R. 18; 13 B.H.R.C. 120; (2002) 67 B.M.L.R. 199; [2002] Fam. Law 738; (2002) 152 N.L.J. 1171 ECtHR.. 13-086
Google Spain SL v Agencia Espanola de Proteccion de Datos (AEPD) (C-131/12) EU:C:2014:317; [2014] Q.B. 1022; [2014] 3 W.L.R. 659; [2014] 2 All E.R. (Comm) 301; [2014] 5 WLUK 394; [2014] 3 C.M.L.R. 50; [2014] All E.R. (EC) 717; [2014] E.C.D.R. 16; [2014] E.M.L.R. 27; 36 B.H.R.C. 589; (2014) 164(7607) N.L.J. 20 ECJ 14-041
Gorringe v Calderdale MBC; sub nom. Calderdale MBC v Gorringe [2004] UKHL 15; [2004] 1 W.L.R. 1057; [2004] 2 All E.R. 326; [2004] R.T.R. 27; [2004] P.I.Q.R. P32; (2004) 101(18) L.S.G. 35; (2004) 148 S.J.L.B. 419 .... 19-035, 19-045
Gough v United Kingdom (49327/11) 2015 S.C.C.R. 1; (2015) 61 E.H.R.R. 8; 38 B.H.R.C. 281 EctHR... 13-090
Gouriet v Union of Post Office Workers; sub nom. Attorney General v Gouriet [1978] A.C. 435; [1977] 3 W.L.R. 300; [1977] 3 All E.R. 70; (1977) 121 S.J. 543 HL 3-018
Governors of the Peabody Donation Fund v Sir Lindsay Parkinson & Co Ltd [1985] A.C. 210; [1984] 3 W.L.R. 953; [1984] 3 All E.R. 529; 28 B.L.R. 1; 83 L.G.R. 1; [1984] C.I.L.L. 128; (1984) 81 L.S.G. 3179; (1984) 128 S.J. 753 HL 19-045
Grampian RC v City of Aberdeen DC; sub nom. Grampian RC v Aberdeen DC; Grampian RC v Secretary of State for Scotland 1984 S.C. (H.L.) 58; 1984 S.L.T. 197; (1984) 47 P. & C.R. 633; [1984] J.P.L. 590 HL 11-071
Granada Theatres Ltd v Secretary of State for the Environment [1976] J.P.L. 96 5-138
Great Portland Estates Plc v Westminster City Council. *See* Westminster City Council v Great Portland Estates Plc 7-105, 7-106

TABLE OF CASES

Green Belt (NI) Ltd's Application for Judicial Review, Re [2019] NICA 47; [2019] 9 WLUK 374 .... 5-136, 11-048
Greens v United Kingdom (60041/08) (2011) 53 E.H.R.R. 21; [2010] 2 Prison L.R. 22; (2010) 160 N.L.J. 1685 ECtHR... 13-006, 13-099
Greenway v Johnson Matthey Plc [2018] UKSC 18; [2018] 2 W.L.R. 1109; [2018] 3 All E.R. 755; [2018] 3 WLUK 496; [2018] I.C.R. 715; [2018] I.R.L.R. 963; [2018] P.I.Q.R. P12; (2018) 161 B.M.L.R. 1 19-054
Gregory v Turner; R. (on the application of Morris) v North Somerset Council [2003] EWCA Civ 183; [2003] 1 W.L.R. 1149; [2003] 2 All E.R. 1114; [2003] C.P. Rep. 40; [2003] 3 E.G.L.R. 129.. 3-011
Gribben's Application for Leave to Apply for Judicial Review, Re [2017] NICA 16 7-131
Grunwick Processing Laboratories Ltd v Advisory, Conciliation and Arbitration Service (ACAS); sub nom. Advisory, Conciliation and Arbitration Service v Grunwick [1978] A.C. 655; [1978] 2 W.L.R. 277; [1978] 1 All E.R. 338; [1978] I.C.R. 231; [1978] I.R.L.R. 38; (1978) 122 S.J. 46 HL... 5-062, 5-064
Guamundur Andri Astraasson v Iceland (App. No. 26374/18) ECtHR 7-121
Guardian News and Media Ltd, Re; sub nom. HM Treasury v Youssef; Al-Ghabra v HM Treasury; Ahmed v HM Treasury [2010] UKSC 1; [2010] 2 A.C. 697; [2010] 2 W.L.R. 325; [2010] 2 All E.R. 799; [2010] E.M.L.R. 15; [2010] H.R.L.R. 14; [2010] U.K.H.R.R. 181; (2010) 107(6) L.S.G. 18; (2010) 154(4) S.J.L.B. 29; [2010] N.P.C. 8 .... 13-085, 13-086, 13-087
Gudanaviciene v Director of Legal Aid Casework. See R. (on the application of Gudanaviciene) v Director of Legal Aid Casework 7-035, 7-121, 13-086, 16-089
Gulati v MGN Ltd; Taggart v MGN Ltd; Yentob v MGN Ltd; Alcorn v MGN Ltd; Roche v MGN Ltd; Gascoigne v MGN Ltd; Ashworth v MGN Ltd; Frost v MGN Ltd; sub nom. Representative Claimants v MGN Ltd [2015] EWCA Civ 1291; [2017] Q.B. 149; [2016] 2 W.L.R. 1217; [2016] 3 All E.R. 799; [2015] 12 WLUK 608; [2016] E.M.L.R. 9; [2016] F.S.R. 13 19-095
Gulf Agencies Ltd v Ahmed [2016] EWCA Civ 44; [2016] 2 P. & C.R. DG1 10-064
Gunn-Russo v Nugent Care Society; sub nom. R. (on the application of Gunn-Russo) v Nugent Care Society [2001] EWHC Admin 566; [2002] 1 F.L.R. 1; [2001] U.K.H.R.R. 1320; [2001] A.C.D. 86; [2002] Fam. Law 92; (2001) 151 N.L.J. 1250 9-007
Günter Fuß v Stadt Halle (C-243/09) EU:C:2010:609; [2011] 1 C.M.L.R. 37; [2010] I.R.L.R. 1080 14-096
Gupta (Prabha) v General Medical Council [2001] UKPC 61; [2002] 1 W.L.R. 1691; [2001] 12 WLUK 723; [2002] I.C.R. 785; [2002] Lloyd's Rep. Med. 82; (2002) 64 B.M.L.R. 56 PC (UK)... 7-102
Güzelyurtlu v Cyprus and Turkey (36925/07) (2019) 69 E.H.R.R. 12; [2019] 1 WLUK 602 ECtHR 7-130
Guzzardi v Italy (A/39) (1981) 3 E.H.R.R. 333 ECtHR 13-073
H Lavender & Son Ltd v Minister of Housing and Local Government [1970] 1 W.L.R. 1231; [1970] 3 All E.R. 871; 68 L.G.R. 408; (1970) 114 S.J. 636 QBD 5-175
H Sabey & Co Ltd v Secretary of State for the Environment [1978] 1 All E.R. 586; (1977) 245 E.G. 397; [1977] J.P.L. 661 QBD 11-047
H v L [2017] EWHC 137 (Comm); [2017] 1 W.L.R. 2280; [2017] 2 All E.R. (Comm) 1097; [2017] 1 Lloyd's Rep. 553 10-040
Hadmor Productions v Hamilton [1983] 1 A.C. 191; [1982] 2 W.L.R. 322; [1982] 1 All E.R. 1042; [1982] I.C.R. 114; [1982] I.R.L.R. 102; (1982) 126 S.J. 134 HL......... 5-032, 7-047
Halford v United Kingdom (20605/92) [1997] I.R.L.R. 471; (1997) 24 E.H.R.R. 523; 3 B.H.R.C. 31; [1998] Crim. L.R. 753; (1997) 94(27) L.S.G. 24 13-082
Hall & Co Ltd v Shoreham by Sea Urban DC [1964] 1 W.L.R. 240; [1964] 1 All E.R. 1; (1964) 128 J.P. 120; 62 L.G.R. 206; (1964) 15 P. & C.R. 119; (1963) 107 S.J. 1001 CA.... 11-054, 11-071
Hall v Bull; sub nom. Bull v Hall [2012] EWCA Civ 83; [2012] 1 W.L.R. 2514; [2012] 2 All E.R. 1017; [2012] H.R.L.R. 11; [2012] Eq. L.R. 338; (2012) 162 N.L.J. 329.......... 13-089
Hall v Bull; sub nom. Bull v Hall; Preddy v Bull [2013] UKSC 73; [2013] 1 W.L.R. 3741; [2014] 1 All E.R. 919; [2014] H.R.L.R. 4; 36 B.H.R.C. 190; [2014] Eq. L.R. 76; (2013) 157(46) S.J.L.B. 37... 13-089
Halliburton Co v Chubb Bermuda Insurance Ltd [2018] EWCA Civ 817; [2018] 1 W.L.R. 3361; [2018] 3 All E.R. 709; [2018] 2 All E.R. (Comm) 819; [2018] 1 Lloyd's Rep. 638; [2018] 4 WLUK 297; [2018] B.L.R. 375; [2018] Lloyd's Rep. I.R. 402; [2018] C.I.L.L. 4137 .... 10-020, 10-044A, 10-065A

TABLE OF CASES

Hambledon and Chiddingfold Parish Councils v Secretary of State for the Environment [1976] J.P.L. 502 5-145
Hamilton of Rockhall v Lord Lyon King of Arms [2019] CSOH 85; 2019 S.L.T. 1380; [2019] 11 WLUK 25; 2019 G.W.D. 35-555 9-029
Hammerton v United Kingdom (6287/10) [2016] 3 WLUK 514; [2017] 1 F.L.R. 835; (2016) 63 E.H.R.R. 23; [2016] Fam. Law 676 .... 13-075, 19-018
Hammond v DPP; sub nom. DPP v Hammond [2004] EWHC 69 (Admin); (2004) 168 J.P. 601; (2004) 168 J.P.N. 87 13-090
Hampshire CC v Beer (t/a Hammer Trout Farm). See R. (on the application of Beer (t/a Hammer Trout Farm)) v Hampshire Farmers Markets Ltd 3-066, 3-092, 3-096
Hampshire CC v JP [2009] UKUT 239 (AAC); [2009] 11 WLUK 544; [2010] E.L.R. 413 ... 7-105
Han (t/a Murdishaw Supper Bar) v Customs and Excise Commissioners; Yau v Customs and Excise Commissioners; Martins v Customs and Excise Commissioners; Morris v Customs and Excise Commissioners [2001] EWCA Civ 1048; [2001] 1 W.L.R. 2253; [2001] 4 All E.R. 687; [2001] S.T.C. 1188; [2001] H.R.L.R. 54; [2001] U.K.H.R.R. 1341; [2001] B.V.C. 415; 3 I.T.L. Rep. 873; [2001] S.T.I. 1015; (2001) 98(32) L.S.G. 37; (2001) 151 N.L.J. 1033; (2001) 145 S.J.L.B. 174 7-036
Hanif v United Kingdom (52999/08); Khan v United Kingdom (61779/08) [2012] 3 Costs L.O. 355; (2012) 55 E.H.R.R. 16; [2012] Crim. L.R. 295 10-051
Hanover Company Services Ltd v Revenue and Customs Commissioners [2010] UKFTT 256 (TC); [2010] S.F.T.D. 1047; [2010] S.T.I. 2575 .... 12-036, 12-056
Hans-Otto Wagner GmbH Agrarhandel KG v Bundesanstalt fur Landwirtschaftliche Marktordnung (8/82) EU:C:1983:41 14-125
Harb v Aziz [2016] EWCA Civ 556; [2016] 3 F.C.R. 194; [2016] Fam. Law 1083 .. 10-017, 10-018
Harding v Attorney General of Anguilla [2018] UKPC 22; [2018] 7 WLUK 699 12-031
Hargreaves v Revenue and Customs Commissioners [2016] EWCA Civ 174; [2016] 1 W.L.R. 2981; [2017] 1 All E.R. 129; [2016] S.T.C. 1652; [2016] 3 WLUK 590; [2016] B.T.C. 13; [2016] S.T.I. 1154 7-035
Harman v Cornwall CC. See Thoburn v Sunderland City Council 3-018
Hartnell v Minister of Housing and Local Government; sub nom. Minister of Housing and Local Government v Hartnell [1965] A.C. 1134; [1965] 2 W.L.R. 474; [1965] 1 All E.R. 490; (1965) 129 J.P. 234; 63 L.G.R. 103; (1966) 17 P. & C.R. 60; (1965) 109 S.J. 156 HL 11-054
Hashman v United Kingdom (25594/94) (2000) 30 E.H.R.R. 241; 8 B.H.R.C. 104; [2000] Crim. L.R. 185 ECtHR 13-090
Hassan v United Kingdom (29750/09) 38 B.H.R.C. 358 ECtHR 13-073
Hatton v United Kingdom (36022/97) [2002] 1 F.C.R. 732; (2002) 34 E.H.R.R. 1; 11 B.H.R.C. 634 ECtHR 13-086
Haywood v Newcastle upon Tyne Hospitals NHS Foundation Trust. See Newcastle upon Tyne Hospitals NHS Foundation Trust v Haywood 11-054
Hazell v Hammersmith and Fulham LBC [1992] 2 A.C. 1; [1991] 2 W.L.R. 372; [1991] 1 All E.R. 545; 89 L.G.R. 271; (1991) 3 Admin. L.R. 549; [1991] R.V.R. 28; (1991) 155 J.P.N. 527; (1991) 155 L.G. Rev. 527; (1991) 88(8) L.S.G. 36; (1991) 141 N.L.J. 127 HL 5-107
HCA International Ltd v Competition and Markets Authority [2014] CAT 10; [2015] Comp. A.R. 9 16-081
Heather Moor & Edgecomb Ltd (HME) v United Kingdom (30802/11) (2012) 55 E.H.R.R. SE20 ECtHR 13-006
Heatley v Tasmanian Racing and Gaming Commission (1977) 137 C.L.R. 487 7-013
Hedley Byrne & Co Ltd v Heller & Partners Ltd [1964] A.C. 465; [1963] 3 W.L.R. 101; [1963] 2 All E.R. 575; [1963] 1 Lloyd's Rep. 485; (1963) 107 S.J. 454 HL 19-034
Heiser's Estate v Iran [2019] EWHC 2074 (QB); [2019] 7 WLUK 604 5-055
Helow v Advocate General for Scotland; sub nom. Helow v Secretary of State for the Home Department [2008] UKHL 62; [2008] 1 W.L.R. 2416; [2009] 2 All E.R. 1031; 2009 S.C. (H.L.) 1; 2008 S.L.T. 967; 2008 S.C.L.R. 830; [2008] 10 WLUK 559; (2008) 152(41) S.J.L.B. 29; 2008 G.W.D. 35-520 10-018
Hertsmere BC v Secretary of State for the Environment and Percy [1991] J.P.L. 552; [1990] E.G. 135 (C.S.) QBD 11-047
Hickey v Secretary of State for Work and Pensions [2018] EWCA Civ 851; [2018] 4 W.L.R. 71; [2018] 3 All E.R. 563; [2018] 4 WLUK 330 16-036
Hide v Staffordshire CC. See R. (on the application of Hide) v Staffordshire CC 7-055
High Commissioner for Pakistan in the United Kingdom v Prince Muffakham Jah [2019] EWHC 2551 (Ch) 3-020

Hijazi v Kensington and Chelsea RLBC [2003] EWCA Civ 692; [2003] 5 WLUK 166; [2003] H.L.R. 72. 7-116
Hill v Chief Constable of West Yorkshire [1989] A.C. 53; [1988] 2 W.L.R. 1049; [1988] 2 All E.R. 238; (1988) 152 L.G. Rev. 709; (1988) 85(20) L.S.G. 34; (1988) 138 N.L.J. Rep. 126; (1988) 132 S.J. 700 HL. 19-034, 19-072
Hines v Lambeth LBC [2014] EWCA Civ 660; [2014] 1 W.L.R. 4112; [2014] H.L.R. 32 ... 17-040
Hirst v United Kingdom (74025/01) (2006) 42 E.H.R.R. 41; 19 B.H.R.C. 546; [2006] 1 Prison L.R. 220; (2005) 155 N.L.J. 1551 ECtHR 5-037, 13-099
HK (Bulgaria) v Secretary of State for the Home Department; sub nom. R. (on the application of HK) v Secretary of State for the Home Department; R. (on the application of HH) v Secretary of State for the Home Department; R. (on the application of SK) v Secretary of State for the Home Department; R. (on the application of FK) v Secretary of State for the Home Department; R. (on the application of HD) v Secretary of State for the Home Department [2016] EWHC 857 (Admin); [2016] A.C.D. 86 16-081
HL v United Kingdom (45508/99); sub nom. L v United Kingdom (45508/99) (2005) 40 E.H.R.R. 32; 17 B.H.R.C. 418; (2004) 7 C.C.L. Rep. 498; [2005] Lloyd's Rep. Med. 169; (2005) 81 B.M.L.R. 131; [2004] M.H.L.R. 236 ECtHR. 13-073, 19-055
HM Coroner for Isle of Wight v Prison Service [2015] EWHC 1360 (Admin); [2015] Inquest L.R. 110 DC. 17-037
HM Coroner for the District of Avon v Elam [2014] EWHC 3013 (Admin); [2014] Inquest L.R. 220 DC 17-037
HM Treasury v Ahmed; HM Treasury v Al-Ghabra; R. (on the application of Youssef) v HM Treasury [2010] UKSC 5; [2010] 2 A.C. 534; [2010] 2 W.L.R. 378; [2010] 4 All E.R. 829; [2010] Lloyd's Rep. F.C. 217 11-054
Hochtief Solutions AG Magyarországi Fióktelepe v Fővárosi Törvényszék (C-620/17) EU:C:2019:630. 14-074
Hogan v Minister for Social and Family Affairs (C-398/11) EU:C:2013:272; [2013] 3 C.M.L.R. 27; [2013] I.R.L.R. 668; [2013] Pens. L.R. 185. 14-096
Holmes v Royal College of Veterinary Surgeons [2011] UKPC 48; [2011] 12 WLUK 633 .. 10-048
Holy Monasteries v Greece (A/301-A) (1995) 20 E.H.R.R. 1 ECtHR 7-035, 13-098
Home Office v Dorset Yacht Co Ltd [1970] A.C. 1004; [1970] 2 W.L.R. 1140; [1970] 2 All E.R. 294; [1970] 1 Lloyd's Rep. 453; (1970) 114 S.J. 375 HL 19-012
Home Office v Mohammed; sub nom. Mohammed v Home Office [2011] EWCA Civ 351; [2011] 1 W.L.R. 2862; (2011) 108(15) L.S.G. 21. 19-045
Hook v Secretary of State for Housing, Communities and Local Government [2020] EWCA Civ 486; [2020] 4 WLUK 49; [2020] J.P.L. 1260 5-138
Hooper v Secretary of State for Work and Pensions. *See* R. (on the application of Hooper) v Secretary of State for Work and Pensions 1-035, 13-104
Hopkins Developments Ltd v Secretary of State for Communities and Local Government; Secretary of State for Communities and Local Government v Hopkins Development Ltd [2014] EWCA Civ 470; [2014] P.T.S.R. 1145; [2014] 2 E.G.L.R. 91; [2014] J.P.L. 1000 .... 6-010, 7-014, 7-040
Horada v Secretary of State for Communities and Local Government [2016] EWCA Civ 169; [2017] 2 All E.R. 86; [2016] P.T.S.R. 1271 7-106
Horsham DC v Secretary of State for the Environment (1992) 63 P. & C.R. 219; [1992] 1 P.L.R. 81; [1992] J.P.L. 334; [1992] C.O.D. 84; [1991] E.G. 84 (C.S.). 5-142
Hounslow LBC v Powell; Birmingham City Council v Frisby; Leeds City Council v Hall; Salford City Council v Mullen; sub nom. Mullen v Salford City Council; Mushin v Manchester City Council; Frisby v Birmingham City Council; Hall v Leeds City Council; Powell v Hounslow LBC [2011] UKSC 8; [2011] 2 A.C. 186; [2011] 2 W.L.R. 287; [2011] 2 All E.R. 129; [2011] P.T.S.R. 512; [2011] H.R.L.R. 18; [2011] U.K.H.R.R. 548; [2011] H.L.R. 23; [2011] B.L.G.R. 363; [2011] 1 P. & C.R. 20; [2011] 9 E.G. 164 (C.S.); (2011) 155(8) S.J.L.B. 31; [2011] N.P.C. 24. 13-086
Hoveringham Gravels Ltd v Secretary of State for the Environment [1975] Q.B. 754; [1975] 2 W.L.R. 897; [1975] 2 All E.R. 931; 73 L.G.R. 238; (1975) 30 P. & C.R. 151; (1975) 119 S.J. 355 CA (Civ Div). 11-054
Howard v Bodington (1877) 2 P.D. 203 Arches Ct 5-062
Howell v Falmouth Boat Construction Co Ltd [1951] A.C. 837; [1951] 2 All E.R. 278; [1951] 2 Lloyd's Rep. 45; [1951] 2 T.L.R. 151; (1951) 95 S.J. 413 HL 11-054
HS2 Action Alliance Ltd v Secretary of State for Transport. *See* R. (on the application of Buckinghamshire CC) v Secretary of State for Transport 3-018
HTF v Ministry of Defence [2018] EWHC 1623 (QB); [2018] 6 WLUK 636 QBD ... 8-011, 8-015,

TABLE OF CASES

8-016, 8-018
Huchard v DPP [1994] 6 WLUK 197; [1994] C.O.D. 459 QBD 10-039
Hughes v Department of Health and Social Security; Jarnell v Department of the Environment; Department of Health and Social Security v Coy [1985] A.C. 776; [1985] 2 W.L.R. 866; [1985] I.C.R. 419; [1985] I.R.L.R. 263; (1985) 82 L.S.G. 2009; (1985) 129 S.J. 315 HL 12-065
Hughes's Application for Judicial Review, Re [2018] NIQB 30; [2018] 3 WLUK 199 7-130
Humber Landlords Association v Hull City Council [2019] EWHC 332 (Admin); [2019] 3 WLUK 140; [2019] L.L.R. 310 9-013
Humphreys v Revenue and Customs Commissioners [2012] UKSC 18; [2012] 1 W.L.R. 1545; [2012] 4 All E.R. 27; [2012] P.T.S.R. 1024; [2012] 3 F.C.R. 403; [2012] H.R.L.R. 21; [2012] Eq. L.R. 714; [2012] S.T.I. 1664; (2012) 162 N.L.J. 712; (2012) 156(20) S.J.L.B. 31.. 13-096
Hunt v Hackney LBC. *See* Thoburn v Sunderland City Council 3-018
Huseynova v Azerbaijan (App. No. 10653/10) unreported 13 July 2017 ECtHR 7-037
Hussain v Sandwell Metropolitan BC [2017] EWHC 1641 (Admin); [2017] A.C.D. 97 10-048
Hutchings' Application for Judicial Review, Re [2019] UKSC 26; [2019] 6 WLUK 29 10-051
Hutchinson v United Kingdom (App. No. 57592/08) unreported 17 January 2017 13-036
Hutt Mana Energy Trust, Re [2009] N.Z.A.R. 111 High Ct (NZ) 3-158
Hutton v Attorney General [1927] 1 Ch. 427 Ch D 7-014
Hutton v Criminal Injuries Compensation Authority [2016] EWCA Civ 1305; [2017] A.C.D. 20 17-006
IBA Health Ltd v Office of Fair Trading; sub nom. Office of Fair Trading v IBA Healthcare Ltd [2004] EWCA Civ 142; [2004] 4 All E.R. 1103; [2005] 1 All E.R. (Comm) 147; [2004] U.K.C.L.R. 683; [2005] E.C.C. 1; [2004] I.C.R. 1364; (2004) 101(11) L.S.G. 33; (2004) 154 N.L.J. 352 5-022
Ibrahim v United Kingdom (50541/08); Mohammed v United Kingdom (50571/08); Omar v United Kingdom (50573/08); Abdurahman v United Kingdom (40351/09) (2015) 61 E.H.R.R. 9... 7-121
ID v Home Office; sub nom. D v Home Office; D v Secretary of State for the Home Department [2005] EWCA Civ 38; [2006] 1 W.L.R. 1003; [2006] 1 All E.R. 183; [2005] I.N.L.R. 278....................................... 3-119, 11-054, 19-009, 19-012
In the Matter of an Application for Judicial Review by Ronald Wadsworth [2004] NIQB 8 ... 3-092
Inclusion Housing Community Interest Co v Regulator of Social Housing [2020] EWHC 346 (Admin); [2020] 2 WLUK 293... 11-073, 16-061
Incorporated Trustees of the National Council on Ageing (Age Concern England) v Secretary of State for Business, Enterprise and Regulatory Reform (C-388/07); sub nom. R. (on the application of Incorporated Trustees for the National Council on Ageing (Age Concern England)) v Secretary of State for Business, Enterprise and Regulatory Reform (C-388/07) EU:C:2009:128; [2009] 3 WLUK 118; [2009] 3 C.M.L.R. 4; [2009] All E.R. (EC) 619; [2009] C.E.C. 754; [2009] I.C.R. 1080; [2009] I.R.L.R. 373; [2009] Pens. L.R. 115.. 14-125
Independent Parliamentary Standards Authority v Information Commissioner [2015] EWCA Civ 388; [2015] 1 W.L.R. 2879; [2016] 1 All E.R. 911 16-030
Information Commissioner v Colenso-Dunne [2015] UKUT 471 (AAC) 16-030
Inner London Education Authority and Lewisham LBC v Secretary of State for Education and Science; sub nom. R. v Secretary of State for Education and Science Ex p. Lewisham LBC; R. v Secretary of State for Education and Science Ex p. Inner London Education Authority [1990] C.O.D. 319 QBD...................................... 8-072
Interbrew SA v Competition Commission [2001] EWHC Admin 367; [2001] U.K.C.L.R. 954; [2001] E.C.C. 40.. 7-009
International Fishing Vessels Ltd v Minister for the Marine (No.2) [1991] 2 I.R. 93 6-056
International Transport Roth GmbH v Secretary of State for the Home Department; sub nom. Secretary of State for the Home Department v International Transport Roth GmbH; R. (on the application of International Transport Roth GmbH) v Secretary of State for the Home Department [2002] EWCA Civ 158; [2003] Q.B. 728; [2002] 3 W.L.R. 344; [2002] 1 C.M.L.R. 52; [2002] Eu. L.R. 74; [2002] H.R.L.R. 31; [2002] U.K.H.R.R. 479; [2002] A.C.D. 57.. 13-104
Inuit Tapiriit Kanatami v European Parliament (C-583/11 P) EU:C:2013:625; [2014] Q.B. 648; [2014] 2 W.L.R. 1462; [2013] 10 WLUK 119; [2014] 1 C.M.L.R. 54; [2014] All E.R. (EC) 1 ECJ.. 14-041, 14-116

Iqbal v Prison Officers Association; sub nom. Prison Officers Association v Iqbal [2009]
  EWCA Civ 1312; [2010] Q.B. 732; [2010] 2 W.L.R. 1054; [2010] 2 All E.R. 663;
  [2010] 2 Prison L.R. 123; (2010) 107(1) L.S.G. 14 19-056
IR (Sri Lanka) v Secretary of State for the Home Department; GT (Libya) v Secretary of
  State for the Home Department; AN (Pakistan) v Secretary of State for the Home
  Department; AK (Pakistan) v Secretary of State for the Home Department [2011]
  EWCA Civ 704; [2012] 1 W.L.R. 232; [2011] 4 All E.R. 908; [2011] U.K.H.R.R. 988;
  [2011] A.C.D. 102. 8-017
IR v JQ (C-68/17) EU:C:2018:696; [2018] 9 WLUK 84 ECJ 14-041
Ireland v United Kingdom (A/25) (1979–80) 2 E.H.R.R. 25 ECtHR 13-007
Irwin's Application for Judicial Review, Re [2017] NIQB 75 2-010
Islam v Secretary of State for Communities and Local Government; sub nom. Q Lounge 1
  Ltd v Secretary of State for Communities and Local Government; R. (on the application
  of Islam) v Secretary of State for Communities and Local Government [2012] EWHC
  1314 (Admin); [2012] J.P.L. 1378 16-012
ITC Ltd v Malta (Admissibility) (2629/06) (2008) 46 E.H.R.R. SE13 ECtHR 7-035
Ittihadieh v 5-11 Cheyne Gardens RTM Co Ltd; Deer v University of Oxford; University
  of Oxford v Deer [2017] EWCA Civ 121; [2018] Q.B. 256; [2017] 3 W.L.R. 811;
  [2017] 3 WLUK 119. 16-032
Iwanowicz v Poland (Admissibility) (3148/14) (2017) 64 E.H.R.R. SE2 ECtHR 7-037
J Murphy & Sons v Secretary of State for the Environment; sub nom. Murphy v Secretary
  of State for the Environment [1973] 1 W.L.R. 560; [1973] 2 All E.R. 26; 71 L.G.R. 273;
  (1973) 25 P. & C.R. 268; (1973) 117 S.J. 304 QBD. 5-145
JA Pye (Oxford) Estates Ltd v West Oxfordshire DC (1984) 47 P. & C.R. 125; (1982) 264
  E.G. 533; [1982] J.P.L. 577 QBD 12-034
Jabłońska v Poland (24913/15) unreported 14 May 2020 ECtHR 7-130
Jackson Stansfield & Sons v Butterworth [1948] 2 All E.R. 558; 64 T.L.R. 481; (1948) 112
  J.P. 377; 46 L.G.R. 410; [1948] W.N. 315; (1948) 92 S.J. 469 CA 5-175
Jackson v Attorney General. *See* R. (on the application of Jackson) v Attorney General 3-018
Jackson v Thompsons Solicitors [2015] EWHC 218 (QB) 10-064
Jain v Trent SHA; sub nom. Trent SHA v Jain [2009] UKHL 4; [2009] 1 A.C. 853; [2009]
  2 W.L.R. 248; [2009] 1 All E.R. 957; [2009] P.T.S.R. 382; [2009] H.R.L.R. 14; (2009)
  12 C.C.L. Rep. 194; [2009] LS Law Medical 112; (2009) 106 B.M.L.R. 88; (2009)
  106(5) L.S.G. 14; (2009) 153(4) S.J.L.B. 27. .... 19-034, 19-045
Jaloud v Netherlands (47708/08) (2015) 60 E.H.R.R. 29; 38 B.H.R.C. 414 ECtHR ... 7-037, 7-130,
  13-063
James v Hertsmere BC [2020] EWCA Civ 489; [2020] 1 W.L.R. 3606; [2020] 4 WLUK
  36; [2020] H.L.R. 28; [2020] 2 P. & C.R. DG10 17-040
James v United Kingdom (25119/09); Lee v United Kingdom (57877/09); Wells v United
  Kingdom (57715/09) (2013) 56 E.H.R.R. 12; 33 B.H.R.C. 617; (2012) 109(37) L.S.G.
  20 EctHR 13-037, 13-073
James v United Kingdom (A/98); sub nom. Trustees of the Duke of Westminster's Estate v
  United Kingdom (8793/79); James v United Kingdom (8793/79) (1986) 8 E.H.R.R.
  123; [1986] R.V.R. 139 ECtHR 13-098
James-Bowen v Commissioner of Police of the Metropolis [2018] UKSC 40; [2018] 1
  W.L.R. 4021; [2018] 4 All E.R. 1007; [2018] 7 WLUK 579; [2018] I.C.R. 1353; [2018]
  I.R.L.R. 954 19-034
Janah v Libya. *See* Benkharbouche v Secretary of State for Foreign and Commonwealth
  Affairs 5-055, 13-042, 13-104, 14-041
Janowiec v Russia (55508/07) (2014) 58 E.H.R.R. 30 ECtHR 7-037, 13-063
JD v East Berkshire Community Health NHS Trust; RK v Oldham NHS Trust; K v
  Dewsbury Healthcare NHS Trust; sub nom. D v East Berkshire Community NHS Trust;
  MAK v Dewsbury Healthcare NHS Trust [2005] UKHL 23; [2005] 2 A.C. 373; [2005]
  2 W.L.R. 993; [2005] 2 All E.R. 443; [2005] 2 F.L.R. 284; [2005] 2 F.C.R. 81; (2005) 8
  C.C.L. Rep. 185; [2005] Lloyd's Rep. Med. 263; (2005) 83 B.M.L.R. 66; [2005] Fam.
  Law 615; (2005) 155 N.L.J. 654 .... 13-037, 19-034, 19-045
JD v United Kingdom (32949/17); A v United Kingdom (34614/17) [2019] 10 WLUK
  716; 48 B.H.R.C. 36; [2020] H.L.R. 5 ECtHR. 13-101
Jedwell v Denbighshire CC. *See* R. (on the application of Jedwell) v Denbighshire CC 7-116
Jeffrey v Secretary of State for Work and Pensions. *See* R. (on the application of Reilly) v
  Secretary of State for Work and Pensions 7-121, 11-059
Jeffs v New Zealand Dairy Production and Marketing Board [1967] 1 A.C. 551; [1967] 2
  W.L.R. 136; [1966] 3 All E.R. 863; (1966) 110 S.J. 809 PC (NZ) 10-020

TABLE OF CASES

Jersild v Denmark (A/298) (1995) 19 E.H.R.R. 1 ECtHR 13-090
Jeunesse v Netherlands (12738/10) (2015) 60 E.H.R.R. 17 ECtHR (Grand Chamber) 13-087
JIH v News Group Newspapers Ltd [2011] EWCA Civ 42; [2011] 1 W.L.R. 1645; [2011]
  2 All E.R. 324; [2011] C.P. Rep. 17; [2011] E.M.L.R. 15; [2011] 2 F.C.R. 95; (2011)
  108(7) L.S.G. 18; (2011) 161 N.L.J. 211 13-057
JJ Gallagher Ltd v Secretary of State for Transport, Local Government and the Regions
  [2002] EWHC 1812 (Admin); [2002] 4 P.L.R. 32; (2002) 99(36) L.S.G. 4. 11-064
JJB Sports Plc v Telford and Wrekin BC; sub nom. R. (on the application of JJB Sports
  Plc) v Telford and Wrekin BC [2008] EWHC 2870 (Admin); [2009] R.A. 33 5-068
JMCB v LE (C-400/10 PPU). *See* McB v E (C-400/10 PPU) 14-041
John Sisk & Son Ltd v Duro Felguera UK Ltd [2016] EWHC 81 (TCC); [2016] B.L.R.
  147; 165 Con. L.R. 33. 10-018
John v Rees; Rees v John; Martin v Davis [1970] Ch. 345; [1969] 2 W.L.R. 1294; [1969]
  2 All E.R. 274; (1969) 113 S.J. 487 Ch D. 8-066
Johnson Brothers v Secretary of State for Communities and Local Government [2009]
  EWHC 580 (Admin). 12-032
Johnson v Croydon Corp (1886) 16 Q.B.D. 708 QBD 11-071
Johnson v Johnson (2000) 20 C.L.R. 488 10-018
Johnston v City of Westminster [2015] EWCA Civ 554; [2015] P.T.S.R. 1557; [2015]
  H.L.R. 35. 17-040
Jones v Birmingham City Council [2018] EWCA Civ 1189; [2018] 2 Cr. App. R. 23 7-036
Jones v DAS Legal Expenses Insurance Co Ltd [2003] EWCA Civ 1071; [2003] 7 WLUK
  650; [2004] I.R.L.R. 218; (2003) 147 S.J.L.B. 932 10-047
Jones v Department of Employment [1989] Q.B. 1; [1988] 2 W.L.R. 493; [1988] 1 All
  E.R. 725; (1988) 85(4) L.S.G. 35; (1987) 137 N.L.J. 1182; (1988) 132 S.J. 128 CA (Civ
  Div). 19-045
Jones v Minister of Health (1950) 84 Ll. L. Rep. 417 KBD 11-047
Jones v Powys Local Health Board [2008] EWHC 2562 (Admin); (2009) 12 C.C.L. Rep.
  68 .... 3-119, 19-009
Jopling v Richmond-upon-Thames LBC [2019] EWHC 190 (Admin); [2019] 2 WLUK
  93; [2019] J.P.L. 830. 7-056
Jordan v United Kingdom (2003) 37 E.H.R.R. 52 ECtHR 7-130
Jordan's Application for Judicial Review, Re [2019] UKSC 9; [2019] 3 WLUK 50; [2019]
  H.R.L.R. 8. 18-018
Jordan's Application for Judicial Review, Re [2009] NIQB 76; [2009] 7 WLUK 496;
  [2010] Inquest L.R. 12 10-039
Jovanovic v Serbia (21794/08) (2015) 61 E.H.R.R. 3; 35 B.H.R.C. 666 ECtHR 13-086
JP v Sefton MBC [2017] UKUT 364 (AAC); [2017] 9 WLUK 142; [2017] E.L.R. 619 17-006
JR38's Application for Judicial Review, Re [2015] UKSC 42; [2016] A.C. 1131; [2015] 3
  W.L.R. 155; [2015] 4 All E.R. 90; [2015] N.I. 190; [2015] E.M.L.R. 25; [2015]
  H.R.L.R. 13; 39 B.H.R.C. 657 13-086
JR55 v Northern Ireland Commissioner for Complaints; sub nom. JR55's Application for
  Judicial Review, Re [2016] UKSC 22; [2016] 4 All E.R. 779; [2016] N.I. 289; (2016)
  150 B.M.L.R. 26. 1-092
JR80's Application for Judicial Review, Re [2019] NICA 58; [2019] 11 WLUK 37 3-033
JR95's Application (A Child), Re [2020] NIQB 8; [2020] 1 WLUK 506 .... 6-056, 10-018
JT v First-tier Tribunal [2018] EWCA Civ 1735; [2019] 1 W.L.R. 1313; [2018] 7 WLUK
  502; [2018] H.R.L.R. 20. 13-096
Julius v Lord Bishop of Oxford; sub nom. R. v Bishop of Oxford; Julius v Bishop of
  Oxford (1880) 5 App. Cas. 214 HL 5-015
K (A Child) (Return Order: Failure to Comply: Committal: Appeal), Re; sub nom. K (A
  Child) (Wardship: Committal for Breach of Return Orders), Re; M (A Child) (Habitual
  Residence: Temporary Placement), Re [2014] EWCA Civ 905; [2015] 1 F.L.R. 927;
  [2014] 3 F.C.R. 428; [2014] Fam. Law 1384 .... 10-039, 10-040
K (Children) (Unrepresented Father: Cross-Examination of Child), Re; sub nom. K
  (Children) (Private Law: Public Funding), Re [2015] EWCA Civ 543; [2015] 1 W.L.R.
  3801; [2016] 1 All E.R. 102; [2015] 5 Costs L.O. 607; [2016] 1 F.L.R. 754; [2015] 3
  F.C.R. 77; [2015] Fam. Law 778 16-092
K v Secretary of State for Defence [2017] EWHC 830 (Admin); [2017] A.C.D. 75 8-015
K2 v United Kingdom (Admissibility) (42387/13) (2017) 64 E.H.R.R. SE18 ECtHR 13-087
Kaitey v Secretary of State for the Home Department [2020] EWHC 1861 (Admin);
  [2020] 3 W.L.R. 936; [2020] 7 WLUK 166; [2020] A.C.D. 107 5-032
Kalda v Estonia (17429/10) 42 B.H.R.C. 145 ECtHR 13-090

TABLE OF CASES

Kamara v Southwark LBC; Leach v St Albans City and District Council; Piper v South Bucks DC [2018] EWCA Civ 1616; [2018] 7 WLUK 262; [2018] H.L.R. 37. 7-048
Kamberaj v Istituto per l'Edilizia Sociale della Provincia Autonoma di Bolzano (IPES) (C-571/10) EU:C:2012:233; [2012] 4 WLUK 487; [2012] 2 C.M.L.R. 43; [2013] All E.R. (EC) 125 ECJ 14-041
Kammac Plc v Revenue and Customs Commissioners [2019] UKFTT 215 (TC); [2019] 3 WLUK 610 5-137
Kanda v Malaya [1962] A.C. 322; [1962] 2 W.L.R. 1153; (1962) 106 S.J. 305 PC (FMS) 7-040
Kanterev v Balgarska Narodna Banka (C-571/16) EU:C:2018:80 14-096
Karaahmed v Bulgaria (App. No. 30587/13) unreported 24 February 2015 ECtHR 13-089
Karacsony v Hungary (42461/13) (2017) 64 E.H.R.R. 10; 42 B.H.R.C. 1 ECtHR 13-090
Karako v Hungary (39311/05) (2011) 52 E.H.R.R. 36 ECtHR 13-085, 13-086
Karpyuk v United Kingdomraine (30582/04) 40 B.H.R.C. 74 ECtHR 13-092
Kay v Lambeth LBC; Price v Leeds City Council; Dymny v Lambeth LBC; Cole v Lambeth LBC; Barnett v Lambeth LBC; Constantine v Lambeth LBC; Gorman v Lambeth LBC; sub nom. Lambeth LBC v Kay; Leeds City Council v Price [2006] UKHL 10; [2006] 2 A.C. 465; [2006] 2 W.L.R. 570; [2006] 4 All E.R. 128; [2006] 2 F.C.R. 20; [2006] H.R.L.R. 17; [2006] U.K.H.R.R. 640; 20 B.H.R.C. 33; [2006] H.L.R. 22; [2006] B.L.G.R. 323; [2006] 2 P. & C.R. 25; [2006] L. & T.R. 8; [2006] 11 E.G. 194 (C.S.); (2006) 150 S.J.L.B. 365; [2006] N.P.C. 29 13-037
Keane v Law Society [2009] EWHC 783 (Admin); [2009] 4 WLUK 269 QBD 7-116
Kearney & Trecker Marwin v Varndell; sub nom. Varndell v Kearney & Trecker Marwin [1983] I.C.R. 683; [1983] I.R.L.R. 335 CA (Civ Div) 7-106
Kebbell Developments Ltd v Leeds City Council. See R. (on the application of Kebbell Developments Ltd) v Leeds City Council 7-014, 7-105, 7-116
Keegan v Ireland (16969/90) [1994] 3 F.C.R. 165; (1994) 18 E.H.R.R. 342 ECtHR 13-026
Keep the Horton General v Oxfordshire Clinical Commissioning Group [2019] EWCA Civ 646; [2019] 4 WLUK 175; (2019) 22 C.C.L. Rep. 69; [2019] Med. L.R. 259 7-056
Kelly v National University of Ireland (University College, Dublin) (C-104/10) EU:C:2011:506; [2012] 1 W.L.R. 789; [2011] 7 WLUK 585; [2011] 3 C.M.L.R. 36; [2012] I.C.R. 322; [2011] Eq. L.R. 1005; [2012] E.L.R. 16 ECJ 14-041
Kelly v United Kingdom (30054/96) [2001] Inquest L.R. 125 ECtHR 7-130
Kelton v Wiltshire Council [2015] EWHC 2853 (Admin); [2016] J.P.L. 273 10-020
Kennedy v Charity Commission [2012] EWCA Civ 317; [2012] E.M.L.R. 20 13-090
Kennedy v Information Commissioner; sub nom. Kennedy v Charity Commission [2014] UKSC 20; [2015] A.C. 455; [2014] 2 W.L.R. 808; [2014] 2 All E.R. 847; [2014] E.M.L.R. 19; [2014] H.R.L.R. 14; (2014) 158(13) S.J.L.B. 37 .... 11-023, 11-053, 11-054, 11-073, 13-036, 13-090, 16-030
Kenson Contractors (Benington) Ltd v Haringey LBC [2019] EWHC 1230 (Admin); [2019] 5 WLUK 322. 3-066
Kent CC v Secretary of State for the Environment (1977) 75 L.G.R. 452 5-175
Kereselidze v Georgia (App. No. 39718/09) ECtHR 7-121
Keyu v Secretary of State for Foreign and Commonwealth Affairs. See R. (on the application of Keyu) v Secretary of State for Foreign and Commonwealth Affairs .. 7-037, 11-021, 13-036, 13-059, 13-063
Khaira v Shergill; sub nom. Shergill v Khaira [2014] UKSC 33; [2015] A.C. 359; [2014] 3 W.L.R. 1; [2014] 3 All E.R. 243; [2014] P.T.S.R. 907; [2014] 6 WLUK 303; [2014] W.T.L.R. 1729; 17 I.T.E.L.R. 700. 1-034
Khan (Habibullah) v Secretary of State for the Home Department [2003] EWCA Civ 530; [2003] 4 WLUK 43. 11-047
Khan v Governor of Mount Prison [2020] EWHC 1367 (Admin); [2020] 6 WLUK 21; [2020] Costs L.R. 1137. 16-101
Khan v Secretary of State for the Home Department. See Mudiyanselage v Secretary of State for the Home Department 5-072
Khoroshenko v Russia (App. No. 41418/04) unreported 30 June 2015 ECtHR 13-086
Kiani v Secretary of State for the Home Department; sub nom. R. (on the application of Kiani) v Secretary of State for the Home Department [2015] EWCA Civ 776; [2016] Q.B. 595; [2016] 2 W.L.R. 788; [2016] 4 All E.R. 317; [2015] C.P. Rep. 43; [2016] 1 C.M.L.R. 15; [2015] I.C.R. 1179; [2015] I.R.L.R. 837; [2015] H.R.L.R. 18. 16-012
Kilby v Basildon DC; sub nom. R. (on the application of Kilby) v Basildon DC [2007] EWCA Civ 479; [2007] H.L.R. 39; [2007] 22 E.G. 161 (C.S.); (2007) 151 S.J.L.B. 712; [2007] N.P.C. 65. 9-007

TABLE OF CASES

Kilmarnock Magistrates v Secretary of State for Scotland 1961 S.C. 350; 1961 S.L.T. 333 OH... 9-007
Kimathi v Foreign and Commonwealth Office [2017] EWHC 3379 (QB); [2018] 4 W.L.R. 48.. 5-032
King v Environment Agency [2018] EWHC 65 (QB); [2018] 1 WLUK 262; [2018] Env. L.R. 19; [2018] R.V.R. 201.. 13-096
King v Sash Window Workshop Ltd (C-214/16); sub nom. Sash Window Workshop Ltd v King (C-214/16) EU:C:2017:914; [2017] 11 WLUK 693; [2018] 2 C.M.L.R. 10; [2018] C.E.C. 702; [2018] I.C.R. 693; [2018] I.R.L.R. 142 ECJ............................... 14-041
Kioa v Minister for Immigration and Ethnic Affairs (1985) 62 A.L.R. 321 12-036
Kioa v West (1985) 159 C.L.R. 550 6-056
Kjeldsen v Denmark (A/23); Busk Madsen v Denmark; Pedersen v Denmark (1979–80) 1 E.H.R.R. 711 ECtHR.. 13-101
KK (India) v Secretary of State for the Home Department [2019] EWCA Civ 369; [2019] 3 WLUK 100... 8-072
Klausecker v Germany (Admissibility) (415/07) (2015) 60 E.H.R.R. SE9; (2015) 61 E.H.R.R. SE8 ECtHR... 7-035
KME Germany AG v European Commission (C-272/09 P) EU:C:2011:810; [2011] 12 WLUK 215; [2012] 4 C.M.L.R. 8; [2013] All E.R. (EC) 981 ECJ..................... 14-041
Knibbs v Revenue and Customs Commissioners; R. (on the application of Astley) v Revenue and Customs Commissioners [2019] EWCA Civ 1719; [2020] 1 W.L.R. 731; [2020] 3 All E.R. 116; [2019] S.T.C. 2262; [2019] 10 WLUK 244; [2019] B.T.C. 28; [2019] S.T.I. 1723.. 3-119
Knight v Indian Head School Division No.19 [1990] 1 S.C.R. 653; (1990) 69 D.L.R. (4th) 489.. 6-056
Knox's Application for Judicial Review, Re; sub nom. Knox v Causeway Coast and Glens BC [2019] NIQB 34; [2019] 3 WLUK 600.. 7-105
Köbler v Republik Osterreich (C–224/01) EU:C:2003:513; [2004] Q.B. 848; [2004] 2 W.L.R. 976; [2004] All E.R. (EC) 23; [2003] 3 C.M.L.R. 28 14-109
Kokkinakis v Greece (A/260–A) (1994) 17 E.H.R.R. 397 ECtHR 13-089
König v Germany (No.2) (A/36) (1979–80) 2 E.H.R.R. 469 ECtHR 7-035
Kpogho v Brent LBC [2020] EWHC 1905 (Admin); [2020] 7 WLUK 278 5-135
Krizan v Slovenska inspekcia zivotneho prostredia (C-416/10) EU:C:2013:8; [2013] Env. L.R. 28... 14-109, 14-142
Kroon v Netherlands (A/297–C) [1995] 2 F.C.R. 28; (1995) 19 E.H.R.R. 263 ECtHR 13-086
Kruse v Johnson; sub nom. Knise v Johnson [1898] 2 Q.B. 91 QBD 11-017
Kukhalashvili v Georgia (8938/07 and 41891/07) unreported 2 August 2020 ECtHR 7-130
Kulkarni v Milton Keynes Hospital NHS Trust [2009] EWCA Civ 789; [2010] I.C.R. 101; [2009] I.R.L.R. 829; [2009] LS Law Medical 465; (2009) 109 B.M.L.R. 133 7-035
Kuteh v Dartford and Gravesham NHS Trust [2019] EWCA Civ 818; [2019] 5 WLUK 153; [2019] I.R.L.R. 716... 13-089
Kyle v Barbor (1888) 58 L.T. 229 5-175
L v Birmingham City Council; YL v Birmingham City Council; sub nom. R. (on the application of Johnson) v Havering LBC; Johnson v Havering LBC [2007] UKHL 27; [2008] 1 A.C. 95; [2007] 3 W.L.R. 112; [2007] 3 All E.R. 957; [2007] H.R.L.R. 32; [2008] U.K.H.R.R. 346; [2007] H.L.R. 44; [2008] B.L.G.R. 273; (2007) 10 C.C.L. Rep. 505; [2007] LS Law Medical 472; (2007) 96 B.M.L.R. 1; (2007) 104(27) L.S.G. 29; (2007) 157 N.L.J. 938; (2007) 151 S.J.L.B. 860; [2007] N.P.C. 75..... 3-092, 3-093, 3-095, 3-096
L v Law Society [2008] EWCA Civ 811 7-035
Laara v Kihlakunnansyyttaja (Jyvaskyla) (C-124/97) EU:C:1999:435; [1999] 9 WLUK 308; [2001] 2 C.M.L.R. 14.. 14-171
Ladbrokes Worldwide Betting v Sweden (27968/05) (2008) 47 E.H.R.R. SE10 ECtHR 7-035
Ladies of the Sacred Heart of Jesus v Armstrong's Point Association (1961) 29 D.L.R. (2d) 373.. 10-047
Lake District Special Planning Board v Secretary of State for the Environment 236 E.G. 417; [1975] J.P.L. 220; (1975) 119 S.J. 187.. 7-013
Laker Airways Ltd v Department of Trade [1977] Q.B. 643; [1977] 2 W.L.R. 234; [1977] 2 All E.R. 182; (1976) 121 S.J. 52 CA (Civ Div)... 12-065
Lamb v United Kingdom (1787/15). See Nicklinson v United Kingdom (Admissibility) (2478/15) 1-039
Land Baden-Wurttemberg v Tsakouridis (C-145/09) EU:C:2010:708; [2010] 11 WLUK 601; [2011] 2 C.M.L.R. 11; [2013] All E.R. (EC) 183; [2011] C.E.C. 714; [2011] Imm. A.R. 276; [2011] I.N.L.R. 415 ECJ... 14-041

Lanes Group Plc v Galliford Try Infrastructure Ltd (t/a Galliford Try Rail) [2011] EWCA
Civ 1617; [2012] Bus. L.R. 1184; [2011] 12 WLUK 803; [2012] 1 C.L.C. 129; [2012]
B.L.R. 121; 141 Con. L.R. 46; [2012] 1 E.G.L.R. 27; [2012] 13 E.G. 92; [2012]
C.I.L.L. 3116 .... 10-018, 10-064
Langborger v Sweden (A/155); sub nom. Langborger v Sweden (11179/84) (1990) 12
E.H.R.R. 416 ECtHR 7-035
Langham v City of London Corp [1949] 1 K.B. 208; [1948] 2 All E.R. 1018; 47 L.G.R.
61; [1949] L.J.R. 333; (1949) 93 S.J. 26 CA 11-054
Lapalorcia v Italy (25586/94) 2 September 1997 ECtHR 7-035
Lavis v Nursing and Midwifery Council [2014] EWHC 4083 (Admin); [2015] A.C.D. 64 ... 7-106
Law v National Greyhound Racing Club; sub nom. Tozer v National Greyhound Racing
Club [1983] 1 W.L.R. 1302; [1983] 3 All E.R. 300; (1983) 80 L.S.G. 2367; (1983) 127
S.J. 619 CA (Civ Div)... 3-049
Lawal v Northern Spirit Ltd [2003] UKHL 35; [2004] 1 All E.R. 187; [2003] 6 WLUK
517; [2003] I.C.R. 856; [2003] I.R.L.R. 538; [2003] H.R.L.R. 29; [2003] U.K.H.R.R.
1024; (2003) 100(28) L.S.G. 30; (2003) 153 N.L.J. 1005; (2003) 147 S.J.L.B. 783 10-017
Lawson, Re (1941) 57 T.L.R. 315 10-039
Le Compte v Belgium (A/43); Van Leuven v Belgium (A/43); De Meyere v Belgium
(A/43) [1982] E.C.C. 240; (1982) 4 E.H.R.R. 1 ECtHR 7-035
Leach v St Albans City and District Council. *See* Kamara v Southwark LBC 7-048
Leader v Moxon 96 E.R. 546; (1773) 2 Wm. Bl. 924; (1773) 3 Wils.K.B. 461 KB 11-071
Learmonth Property Investment Co Ltd v Aitken 1970 S.C. 223; 1971 S.L.T. 349 IH (1
Div).. 7-063
Lee v Ashers Baking Co Ltd; sub nom. Lee v McArthur [2018] UKSC 49; [2020] A.C.
413; [2018] 3 W.L.R. 1294; [2019] 1 All E.R. 1; [2019] N.I. 96; [2018] 10 WLUK 183;
[2018] I.R.L.R. 1116; [2018] H.R.L.R. 22; 45 B.H.R.C. 440............................. 13-089
Lee v Department of Education and Science (1967) 66 L.G.R. 211 5-064
Lee v Enfield LBC (1967) 66 L.G.R. 195 5-064
Leeson v General Council of Medical Education and Registration (1889) 43 Ch. D. 366
CA... 10-050
Leger v Ministre des Affaires sociales, de la Sante et des Droits des femmes (C-528/13)
EU:C:2015:288; [2015] 4 WLUK 629; [2015] 3 C.M.L.R. 36; [2015] All E.R. (EC) 755
ECJ 14-125
Legg v Inner London Education Authority [1972] 1 W.L.R. 1245; [1972] 3 All E.R. 177;
71 L.G.R. 58; (1972) 116 S.J. 680 Ch D... 5-064
Levez v TH Jennings (Harlow Pools) Ltd (C–326/96) EU:C:1998:577; [1999] All E.R.
(EC) 1; [1999] 2 C.M.L.R. 363; [1999] C.E.C. 3; [1999] I.C.R. 521; [1999] I.R.L.R. 36.... 14-077
Liberty v United Kingdom (58243/00) (2009) 48 E.H.R.R. 1 ECtHR 13-082
Liga van Moskeeen en Islamitische Organisaties Provincie Antwerpen v Gewest
(C-426/16) EU:C:2018:335; [2018] 5 WLUK 533 ECJ.................................. 14-041
Liggett's Application for Judicial Review, Re; sub nom. Liggett v Department for the
Economy [2017] NIQB 97; [2017] 10 WLUK 144.................... 12-037, 12-044, 12-065
Lilly France v France (App. No. 53892/00) unreported 14 October 2003 ECtHR 7-121
Lind Eggertsdottir v Iceland (31930/04) (2009) 48 E.H.R.R. 32; [2007] 7 WLUK 173;
[2009] C.L.Y. 2021 ECtHR.. 10-048
Lindon v France (21279/02); July v France (36448/02) (2008) 46 E.H.R.R. 35 ECtHR 13-090
Lindsay v Solicitors Regulation Authority [2018] EWHC 1275 (Admin) QBD 7-049
Lingens v Austria (A/103); sub nom. Lingens v Austria (9815/82) (1986) 8 E.H.R.R. 407
ECtHR.. 13-090
Liversidge v Anderson [1942] A.C. 206; [1941] 3 All E.R. 338 HL 5-187, 11-054
Lloyd v Google LLC [2019] EWCA Civ 1599; [2020] Q.B. 747; [2020] 2 W.L.R. 484;
[2020] 2 All E.R. 676; [2020] 2 All E.R. (Comm) 128; [2019] 10 WLUK 6; [2020] 1
C.M.L.R. 34; [2020] E.M.L.R. 2 14-041
Lloyd v McMahon [1987] A.C. 625; [1987] 2 W.L.R. 821; [1987] 1 All E.R. 1118; [1987]
3 WLUK 132; 85 L.G.R. 545; [1987] R.V.R. 58; (1987) 84 L.S.G. 1240; (1987) 137
N.L.J. 265; (1987) 131 S.J. 409 HL 7-014, 7-040, 7-054, 7-102
Locabail (UK) Ltd v Bayfield Properties Ltd; R. v Bristol Betting and Gaming Licensing
Committee Ex p. O'Callaghan; Williams v Inspector of Taxes; Timmins v Gormley;
Locabail (UK) Ltd v Waldorf Investment Corp [2000] Q.B. 451; [2000] 2 W.L.R. 870;
[2000] 1 All E.R. 65; [1999] 11 WLUK 526; [2000] I.R.L.R. 96; [2000] H.R.L.R. 290;
[2000] U.K.H.R.R. 300; 7 B.H.R.C. 583; (1999) 149 N.L.J. 1793; [1999] N.P.C. 143
CA... 10-047

TABLE OF CASES

Local Government Byelaws (Wales) Bill 2012, Re. *See* Attorney General v National
  Assembly for Wales Commission... 1-127
Lombardo v Italy (A/249–B) (1996) 21 E.H.R.R. 188 ECtHR 7-035
London & Clydeside Estates Ltd v Aberdeen DC [1980] 1 W.L.R. 182; [1979] 3 All E.R.
  876; 1980 S.C. (H.L.) 1; 1980 S.L.T. 81; (1980) 39 P. & C.R. 549; (1979) 253 E.G.
  1011; (1980) 124 S.J. 100 HL.. 8-066
London & Quadrant Housing Trust v Weaver. *See* R. (on the application of Weaver) v
  London & Quadrant Housing Trust 3-092, 3-096, 3-098
London Passenger Transport Board v Sumner (1935) 154 L.T. 108 11-071
London Residuary Body v Lambeth LBC; sub nom. London Residuary Body v Secretary
  of State for the Environment [1990] 1 W.L.R. 744; [1990] 2 All E.R. 309; (1991) 61 P.
  & C.R. 65; [1991] 3 P.L.R. 1; (1990) 154 L.G. Rev. 791; [1990] E.G. 66 (C.S.) 5-138
Lone v Secretary of State for Education [2019] EWHC 531 (Admin); [2019] 3 WLUK
  122; [2019] I.R.L.R. 523; [2019] E.L.R. 222 .... 10-030, 10-048
Lonrho Plc v Tebbit [1992] 4 All E.R. 280; [1992] B.C.C. 779; [1993] B.C.L.C. 96 CA
  (Civ Div).. 19-012
Lopes de Sousa Fernandes v Portugal (56080/13) [2017] 12 WLUK 517; (2018) 66
  E.H.R.R. 28; (2018) 163 B.M.L.R. 182; [2018] Inquest L.R. 1 ECtHR 7-037
Ludden v Choyce. *See* Coney v Choyce 5-064
Lumba v Secretary of State for the Home Department. *See* R. (on the application of
  Lumba) v Secretary of State for the Home Department 7-014, 9-004, 9-005, 9-007, 11-054,
                                                                         19-055, 19-056
Lynch's Application for Judicial Review, Re; sub nom. Lynch v Boundary Commissioner
  for Northern Ireland [2020] NICA 32; [2020] 6 WLUK 70............................ 7-056
M (Children) (Ultra-Orthodox Judaism: Transgender), Re. *See* A (Children) (Contact:
  Ultra-Orthodox Judaism: Transgender Parent), Re 5-040
M v Croydon LBC; sub nom. R. (on the application of M) v Croydon LBC [2012] EWCA
  Civ 595; [2012] 1 W.L.R. 2607; [2012] 3 All E.R. 1237; [2012] 4 Costs L.R. 689;
  [2012] 3 F.C.R. 179; [2012] B.L.G.R. 822.. 16-101
M v F [2017] EWHC 2176 (Fam); [2017] 8 WLUK 253; [2017] 3 F.C.R. 511 13-042
M'Bala M'Bala v France (App. No. 25239/13) unreported 20 October 2015 ECtHR 13-090
MA (Pakistan) v Secretary of State for the Home Department [2019] EWCA Civ 1252;
  [2019] 7 WLUK 282.. 12-034
MA (Pakistan) v Secretary of State for the Home Department. *See* Mudiyanselage v
  Secretary of State for the Home Department 5-072
Maaouia v France (39652/98) (2001) 33 E.H.R.R. 42; 9 B.H.R.C. 205 ECtHR 7-035
Macbeth v Ashley (1870–75) L.R. 2 Sc. 352; (1874) 1 R. (H.L.) 14 HL 9-017
Madami v Secretary of State for the Home Department. *See* R. (on the application of
  Lumba) v Secretary of State for the Home Department 7-014, 9-004, 9-005, 9-007, 11-054,
                                                                         19-055, 19-056
Maguire v United Kingdom (Admissibility) (58060/13) (2015) 60 E.H.R.R. SE12 ECtHR .. 13-090
Magyar Helsinki Bizottsag v Hungary (App. No.18030/11) (8 November 2016) ECtHR 13-090
MAK v United Kingdom (45901/05); RK v United Kingdom (40146/06); sub nom. K v
  United Kingdom (45901/05) [2010] 2 F.L.R. 451; (2010) 51 E.H.R.R. 14; 28 B.H.R.C.
  762; (2010) 13 C.C.L. Rep. 241; [2010] Fam. Law 582 ECtHR 13-082
Malcolm v Mackenzie; sub nom. Malcolm, Re; Malcolm v Benedict Mackenzie (A Firm)
  [2004] EWCA Civ 1748; [2005] 1 W.L.R. 1238; [2005] I.C.R. 611; [2005] B.P.I.R. 176;
  [2005] O.P.L.R. 301; (2005) 102(3) L.S.G. 30...................................... 3-092
Malik v Central Criminal Court. *See* R. (on the application of Malik) v Central Criminal
  Court... 11-054
Mallak v Minister for Justice, Equality and Law Reform [2012] IESC 59; [2012] 3 I.R.
  297... 7-092
Malone v United Kingdom (A/82); sub nom. Malone v United Kingdom (8691/79) (1985)
  7 E.H.R.R. 14 ECtHR.. 13-082
Maltez v Lewis (2000) 16 Const. L.J. 65; (1999) 96(21) L.S.G. 39 Ch D 16-012
Man O'War Station Ltd v Auckland City Council (No.1) [2002] UKPC 28; [2002] 5
  WLUK 824... 10-048
Manchester City Council v Pinnock [2011] UKSC 6; [2011] 2 A.C. 104; [2011] 2 W.L.R.
  220; [2011] 2 All E.R. 586; 31 B.H.R.C. 699; (2011) 155(6) S.J.L.B. 31; [2011] N.P.C.
  16 .... 13-036, 13-037, 13-086
Mandalia v Secretary of State for the Home Department; Secretary of State for the Home
  Department v Rodriguez [2015] UKSC 59; [2015] 1 W.L.R. 4546; [2016] 4 All E.R.
  189; [2016] Imm. A.R. 180; [2016] I.N.L.R. 184 .... 5-141, 9-005

TABLE OF CASES

Mangold v Rüdiger Helm C-144/04 EU:C:2005:709; [2006] 1 C.M.L.R. 43 14-125
Manning v Ramjohn; sub nom. Manning v Kissoon [2011] UKPC 20 ....7-040, 12-036
Maradana Mosque (Board of Trustees) v Badiuddin Mahmud [1967] 1 A.C. 13; [1966] 2 W.L.R. 921; [1966] 1 All E.R. 545; (1966) 110 S.J. 310 PC (Ceylon)....................11-047
Marcel v Commissioner of Police of the Metropolis; Anchor Brewhouse Developments v Jaggard [1992] Ch. 225; [1992] 2 W.L.R. 50; [1992] 1 All E.R. 72; (1992) 4 Admin. L.R. 309; (1991) 141 N.L.J. 1224; (1991) 135 S.J.L.B. 125 CA (Civ Div) 11-054
Marcic v Thames Water Utilities Ltd; sub nom. Thames Water Utilities Ltd v Marcic [2003] UKHL 66; [2004] 2 A.C. 42; [2003] 3 W.L.R. 1603; [2004] 1 All E.R. 135; [2004] B.L.R. 1; 91 Con. L.R. 1; [2004] Env. L.R. 25; [2004] H.R.L.R. 10; [2004] U.K.H.R.R. 253; [2003] 50 E.G. 95 (C.S.); (2004) 101(4) L.S.G. 32; (2003) 153 N.L.J. 1869; (2003) 147 S.J.L.B. 1429; [2003] N.P.C. 150.................................13-096
Marckx v Belgium (A/31) (1979–80) 2 E.H.R.R. 330 ECtHR 13-086, 13-101
Maritime Heritage Foundation v Secretary of State for Defence [2019] EWHC 2513 (Admin); [2019] 9 WLUK 339; [2019] A.C.D. 140.............12-032, 12-034, 12-044, 12-056
Marks & Spencer Plc v Customs and Excise Commissioners (C–62/00) EU:C:2002:435; [2003] Q.B. 866; [2003] 2 W.L.R. 665; [2002] S.T.C. 1036; [2002] 3 C.M.L.R. 9; [2002] C.E.C. 572; [2002] B.T.C. 5477; [2002] B.V.C. 622; [2002] S.T.I. 1009...........14-081
Marsh v Ministry of Justice [2015] EWHC 3767 (QB) 10-064
Marshall v Southampton and South West Hampshire AHA (152/84) EU:C:1986:84; [1986] Q.B. 401; [1986] 2 W.L.R. 780; [1986] 2 All E.R. 584; [1986] E.C.R. 723; [1986] 1 C.M.L.R. 688; [1986] I.C.R. 335; [1986] I.R.L.R. 140; (1986) 83 L.S.G. 1720; (1986) 130 S.J. 340...14-032
Martineau v Matsqui Institution Disciplinary Board [1980] 1 S.C.R. 602 6-056
Massa v Italy (A/265–B) (1994) 18 E.H.R.R. 266 ECtHR 7-035
Mastafa v HM Treasury [2012] EWHC 3578 (Admin) 7-035
Master Ladies Tailors Organisation v Ministry of Labour [1950] 2 All E.R. 525; 66 T.L.R. (Pt. 2) 728; [1950] W.N. 386 KBD...11-054
Matadeen v Pointu; Matadeen v Minister of Education and Science [1999] 1 A.C. 98; [1998] 3 W.L.R. 18; (1998) 142 S.J.L.B. 100 PC (Mauritius) 11-064
Mathieson v Secretary of State for Work and Pensions; sub nom. AM v Secretary of State for Work and Pensions [2015] UKSC 47; [2015] 1 W.L.R. 3250; [2016] 1 All E.R. 779; 39 B.H.R.C. 372; (2015) 146 B.M.L.R. 1...13-096
Mathieu–Mohin v Belgium (A/113); sub nom. Moreaux v Belgium (9267/81) (1988) 10 E.H.R.R. 1 ECtHR 13-099
Mats Jacobsson v Sweden (A/180–A) (1991) 13 E.H.R.R. 79 ECtHR 7-035
Matthew v Trinidad and Tobago; sub nom. Matthew (Charles) v Queen, The [2004] UKPC 33; [2005] 1 A.C. 433; [2004] 3 W.L.R. 812; (2004) 101(32) L.S.G. 35..................5-040
Matthews v Ministry of Defence [2003] UKHL 4; [2003] 1 A.C. 1163; [2003] 2 W.L.R. 435; [2003] 1 All E.R. 689; [2003] I.C.R. 247; [2004] H.R.L.R. 2; [2003] U.K.H.R.R. 453; 14 B.H.R.C. 585; [2003] P.I.Q.R. P24; [2003] A.C.D. 42; [2003] 100(13) L.S.G. 26; (2003) 153 N.L.J. 261; (2003) 147 S.J.L.B. 235 19-016
Mattu v University Hospitals of Coventry and Warwickshire NHS Trust [2012] EWCA Civ 641; [2012] 4 All E.R. 359; [2013] I.C.R. 270; [2012] I.R.L.R. 661; [2012] Med. L.R. 695; (2012) 128 B.M.L.R. 93..7-035
Mayes v Mayes [1971] 1 W.L.R. 679; [1971] 2 All E.R. 397; [1971] 1 WLUK 481; (1971) 115 S.J. 111 DC...7-068
MB v Secretary of State for Work and Pensions (C-451/16) EU:C:2018:492; [2018] 6 WLUK 500; [2018] Pens. L.R. 17 ECJ...14-125
Mba v Merton LBC [2013] EWCA Civ 1562; [2014] 1 W.L.R. 1501; [2014] 1 All E.R. 1235; [2014] I.C.R. 357; [2014] I.R.L.R. 145; [2014] Eq. L.R. 51; (2013) 157(48) S.J.L.B. 37..13-089
McB v E (C-400/10 PPU); sub nom. JMCB v LE (C-400/10 PPU) EU:C:2010:582; [2011] Fam. 364; [2011] 3 W.L.R. 699; [2010] 10 WLUK 61; [2011] All E.R. (EC) 379; [2011] I.L.Pr. 24; [2011] 1 F.L.R. 518; [2011] 2 F.C.R. 382; [2011] Fam. Law 8 ECJ............14-041
McC (A Minor), Re; sub nom. McC (A Minor) v Mullan [1985] A.C. 528; [1984] 3 W.L.R. 1227; [1984] 3 All E.R. 908; [1984] N.I. 186; (1985) 81 Cr. App. R. 54; (1985) 149 J.P. 225; [1985] Crim. L.R. 152; (1985) 82 L.S.G. 117; (1984) 128 S.J. 837 HL.......19-018
McCann v Monaghan District Court [2009] IEHC 276; [2009] 4 I.R. 200 7-014
McCann v United Kingdom (A/324) (1996) 21 E.H.R.R. 97 ECtHR 7-037
McCartan Turkington Breen v Times Newspapers Ltd; sub nom. Turkington v Times Newspapers Ltd [2001] 2 A.C. 277; [2000] 3 W.L.R. 1670; [2000] 4 All E.R. 913;

TABLE OF CASES

[2000] N.I. 410; [2001] E.M.L.R. 1; [2001] U.K.H.R.R. 184; 9 B.H.R.C. 497; (2000) 97(47) L.S.G. 40; (2000) 150 N.L.J. 1657; (2000) 144 S.J.L.B. 287 HL. 5-040
McCarthy & Stone (Developments) Ltd v Richmond upon Thames LBC; sub nom. R. v Richmond upon Thames LBC Ex p. McCarthy & Stone (Developments) Ltd [1992] 2 A.C. 48; [1991] 3 W.L.R. 941; [1991] 4 All E.R. 897; 90 L.G.R. 1; (1992) 4 Admin. L.R. 223; (1992) 63 P. & C.R. 234; [1992] 1 P.L.R. 131; [1992] J.P.L. 467; [1991] E.G. 118 (C.S.); (1992) 89(3) L.S.G. 33; (1991) 141 N.L.J. 1589; (1991) 135 S.J.L.B. 206; [1991] N.P.C. 118 HL. 5-107
McCarthy v Bar Standards Board [2017] EWHC 969 (Admin) 10-048
McCarthy v Visitors to the Inns of Court [2015] EWCA Civ 12 7-035
McCaughey v United Kingdom (43098/09) (2014) 58 E.H.R.R. 13; (2013) 163(7572) N.L.J. 20 ECtHR. 7-037, 7-130
McCaughey's Application for Judicial Review, Re [2011] UKSC 20; [2012] 1 A.C. 725; [2011] 2 W.L.R. 1279; [2011] 3 All E.R. 607; [2011] N.I. 122; [2011] H.R.L.R. 25; [2011] U.K.H.R.R. 720; [2011] Inquest L.R. 22; (2011) 155(20) S.J.L.B. 35 . . 7-037, 7-047, 7-130, 13-059, 13-063
McClaren v Home Office; sub nom. McLaren v Secretary of State for the Home Department [1990] I.C.R. 824; [1990] I.R.L.R. 338; (1990) 2 Admin. L.R. 652; [1990] C.O.D. 257; (1990) 87(17) L.S.G. 31; (1990) 134 S.J. 908 CA (Civ Div) 3-072, 3-073
McClaren v News Group Newspapers Ltd [2012] EWHC 2466 (QB); [2012] E.M.L.R. 33; (2012) 109(35) L.S.G. 20; (2012) 162 N.L.J. 1156 13-090
McCord's Application for Judicial Review: Border Poll, Re [2020] NICA 23; [2020] 4 WLUK 365. .... 5-053, 11-060, 11-065
McCord's Application for Judicial Review, Re. See R. (on the application of Miller) v Secretary of State for Exiting the European Union 1-128
McDonald v McDonald [2016] UKSC 28; [2017] A.C. 273; [2016] 3 W.L.R. 45; [2017] 1 All E.R. 961; [2016] H.R.L.R. 18; [2017] B.P.I.R. 728; [2016] H.L.R. 28; [2017] L. & T.R. 9; [2016] 2 P. & C.R. DG22 13-042
McDonald v Scottish Ministers [2019] CSOH 106; 2020 S.L.T. 193; [2019] 12 WLUK 269; 2020 G.W.D. 2-24. 9-013
McDonald v United Kingdom (4241/12) (2015) 60 E.H.R.R. 1; 37 B.H.R.C. 130; (2014) 17 C.C.L. Rep. 187 ECtHR. 13-087
McFarland's Application for Judicial Review, Re; sub nom. McFarland, Re [2004] UKHL 17; [2004] 1 W.L.R. 1289; [2004] N.I. 380; (2004) 148 S.J.L.B. 541 5-040
McGinley v United Kingdom (21825/93); sub nom. Egan v United Kingdom (23414/94) (1999) 27 E.H.R.R. 1; 4 B.H.R.C. 421; (1998) 42 B.M.L.R. 123; [1998] H.R.C.D. 624 ECtHR. 7-121
McGowan's Application for Judicial Review, Re; sub nom. McGowan v Chief Constable of PSNI; R. (on the application of McGowan) v Chief Constable of the PSNI [2019] NICA 12; 2019] 3 WLUK 597 .... 3-073, 7-130
McGuigan's Application for Judicial Review, Re; sub nom. McKenna's Application for Judicial Review, Re [2019] NICA 46; [2019] 9 WLUK 402 .... 7-037, 12-034
McGuinness's Application for Judicial Review, Re [2020] UKSC 6; [2020] 2 W.L.R. 510; [2020] 3 All E.R. 827; [2020] N.I. 324; [2020] 2 WLUK 208 .... 5-007, 16-067
McGuinness's Application, Re [1997] N.I. 359 QBD (NI) 3-018
McHattie v South Ayrshire Council [2020] CSOH 4; 2020 S.L.T. 399; [2019] 12 WLUK 484; 2020 G.W.D. 3-51. 7-031
McInnes v Onslow Fane [1978] 1 W.L.R. 1520; [1978] 3 All E.R. 211; (1978) 122 S.J. 844 Ch D 7-031, 7-035, 12-036
McKee v Charity Commission for Northern Ireland; Charity Commission for Northern Ireland v Caughey; Crawford v Charity Commission for Northern Ireland [2019] NICh 6; [2019] 5 WLUK 699. 5-191
McKeown v British Horseracing Authority [2010] EWHC 508 (QB); [2010] 3 WLUK 405 .. 3-049
McKerr v United Kingdom (28883/95) (2002) 34 E.H.R.R. 20; [2001] Inquest L.R. 170 ECtHR. 7-130
McKerr's Application for Judicial Review, Re; sub nom. McKerr, Re [2004] UKHL 12; [2004] 1 W.L.R. 807; [2004] 2 All E.R. 409; [2004] N.I. 212; [2004] 3 WLUK 321; [2004] H.R.L.R. 26; [2004] U.K.H.R.R. 385; 17 B.H.R.C. 68; [2004] Lloyd's Rep. Med. 263; [2004] Inquest L.R. 35; (2004) 101(13) L.S.G. 33; (2004) 148 S.J.L.B. 355 ..... 7-037, 13-059
McKevitt v United Kingdom (App. No. 61474/12) unreported 6 September 2016 ECtHR ... 7-121

McLaughlin's Application for Judicial Review, Re [2018] UKSC 48; [2018] 1 W.L.R.
4250; [2019] 1 All E.R. 471; [2019] N.I. 66; [2018] 8 WLUK 268; [2018] H.R.L.R. 21;
46 B.H.R.C. 268 .... 13-036, 13-104
McMichael v United Kingdom (16424/90); sub nom. McMichael v United Kingdom
(A/308) [1995] 2 F.C.R. 718; (1995) 20 E.H.R.R. 205; [1995] Fam. Law 478 ECtHR....... 7-035
McQuillan's Application for Judicial Review, Re [2019] NICA 13; [2019] 3 WLUK 729 ... 7-037,
7-130
McR's Application for Judicial Review, Re [2002] NIQB 58; [2003] N.I. 1; [2002] 1
WLUK 148 13-104
Meerabux v Attorney General of Belize [2005] UKPC 12; [2005] 2 A.C. 513; [2005] 2
W.L.R. 1307 10-050
Melli Bank Plc v Council of the European Union (T–246 and 332/08) EU:T:2009:266 14-142
Menci v Procura della Repubblica (C-524/15) [2018] 3 WLUK 452; [2018] 3 C.M.L.R. 12 . 14-041
Mennesson v France (65192/11) unreported 26 June 2014 ECtHR 13-006
Mercury Communications Ltd v Director General of Telecommunications [1996] 1 W.L.R.
48; [1996] 1 All E.R. 575; [1995] C.L.C. 266; [1998] Masons C.L.R. Rep. 39 HL.......... 3-118
Metropolitan Properties Co (FGC) Ltd v Lannon; Metropolitan Properties Co (FGC) Ltd v
Kitzinger; sub nom. R. v London Rent Assessment Panel Committee Ex p. Metropolitan
Properties Co (FGC) Ltd [1969] 1 Q.B. 577; [1968] 3 W.L.R. 694; [1968] 3 All E.R.
304; (1968) 19 P. & C.R. 856; [1968] R.V.R. 490; (1968) 112 S.J. 585 CA (Civ Div) 10-048
Mexico Infrastructure Finance LLC v Corporation of Hamilton [2019] UKPC 2; [2019] 1
WLUK 130 5-107
MFI Furniture Centres Ltd v Hibbert (1996) 160 J.P. 178; [1996] C.O.D. 100; (1996) 160
J.P.N. 48 DC 5-191
MGN Ltd v United Kingdom (39401/04); sub nom. Mirror Group Newspapers Ltd v
United Kingdom (39401/04) [2011] 1 Costs L.O. 84; [2011] E.M.L.R. 20; (2011) 53
E.H.R.R. 5; 29 B.H.R.C. 686 ECtHR... 16-092
Miah v Secretary of State for the Home Department [2012] EWCA Civ 261; [2013] Q.B.
35; [2012] 3 W.L.R. 492; [2012] 3 WLUK 204; [2012] Imm. A.R. 702; [2013] I.N.L.R.
50... 5-072
Michael v Chief Constable of South Wales [2015] UKSC 2; [2015] A.C. 1732; [2015] 2
W.L.R. 343; [2015] 2 All E.R. 635; [2015] H.R.L.R. 8; [2015] Med. L.R. 171; [2015]
Inquest L.R. 78 .... 19-013, 19-034, 19-035, 19-038, 19-039, 19-045, 19-072
Michael v Official Receiver [2014] EWCA Civ 1590 10-064
Michael Wilson & Partners Ltd v Sinclair [2015] EWCA Civ 774; [2015] C.P. Rep. 45;
[2015] 4 Costs L.R. 707 16-012
Michalak v General Medical Council. See General Medical Council v Michalak 15-099
Miftari v Secretary of State for the Home Department [2005] EWCA Civ 481 11-047
Mighty v Secretary of State for the Home Department. See R. (on the application of
Lumba) v Secretary of State for the Home Department 7-014, 9-004, 9-005, 9-007, 11-054,
19-055, 19-056
Mike Campbell (Pvt) Ltd et al v The Republic of Zimbabwe [2008] SADC (T) 02/2007 11-058
Millbanks v Home Office. See O'Reilly v Mackman 3-118, 7-094
Miller v Health Service Commissioner for England [2018] EWCA Civ 144; [2018]
P.T.S.R. 801; [2018] 2 WLUK 328; [2018] Med. L.R. 173; (2018) 161 B.M.L.R. 44 . 1-092, 10-064
Miller v Weymouth and Melcombe Regis Corp (1974) 27 P. & C.R. 468; (1974) 118 S.J.
421.. 8-066
Mills v London CC [1925] 1 K.B. 213 5-175
Mindo Srl v European Commission (T-19/06) EU:T:2011:561; [2011] E.C.R. II-6795;
[2011] 10 WLUK 47; [2011] 5 C.M.L.R. 34 14-041
Minister for Immigration and Border Protection v WZARH (2015) 256 C.L.R. 326 8-066
Minister for Justice and Equality v LM (C-216/18 PPU); sub nom. Execution of European
Arrest Warrants against LM (C-216/18 PPU) EU:C:2018:586; [2018] 7 WLUK 548
ECJ... 14-041
Minister for Justice and Equality v RO (C-327/18 PPU) EU:C:2018:733 14-006
Ministero delle Finanze v Spac SpA (C–260/96) EU:C:1998:402; [1999] C.E.C. 490 14-077
Ministry of Housing and Local Government v Sharp and Hemel Hempstead RDC [1970] 2
Q.B. 223; [1970] 2 W.L.R. 802; [1970] 1 All E.R. 1009; 68 L.G.R. 187; (1970) 21 P. &
C.R. 166; (1970) 114 S.J. 109... 19-012
Misick v United Kingdom (Admissibility) (10781/10) (2013) 56 E.H.R.R. SE13 ECtHR ... 13-086
Mitchell v Georges [2014] UKPC 43 10-040

TABLE OF CASES

Mitchell v News Group Newspapers Ltd [2013] EWCA Civ 1537; [2014] 1 W.L.R. 795; [2014] 2 All E.R. 430; [2014] B.L.R. 89; [2013] 6 Costs L.R. 1008; [2014] E.M.L.R. 13; [2014] C.I.L.L. 3452; (2013) 163(7587) N.L.J. 20................................ 16-012

Mixnam's Properties Ltd v Chertsey Urban DC; sub nom. Chertsey Urban DC v Mixnam's Properties Ltd [1965] A.C. 735; [1964] 2 W.L.R. 1210; [1964] 2 All E.R. 627; (1964) 128 J.P. 405; 62 L.G.R. 528; (1964) 15 P. & C.R. 331; [1964] R.V.R. 632; (1964) 108 S.J. 402 HL.. 11-071

MK (Somalia) v Entry Clearance Officer [2008] EWCA Civ 1453; [2009] 2 F.L.R. 138; [2009] Imm. A.R. 386; [2009] Fam. Law 196 5-055

MM v Secretary of State for Work and Pensions [2018] UKUT 93 (AAC); [2018] P.T.S.R. 1552; [2018] 3 WLUK 484.. 7-105

Mobil Oil Canada Ltd v Canada Newfoundland Offshore Petroleum Board (1994) 111 D.L.R. (4th) 1.. 8-066

Mocanu v Romania (10865/09) (2015) 60 E.H.R.R. 19; 39 B.H.R.C. 222 ECtHR ... 7-130, 13-063

Modahl v British Athletic Federation Ltd (No.2) [2001] EWCA Civ 1447; [2002] 1 W.L.R. 1192; [2001] 10 WLUK 385; (2001) 98(43) L.S.G. 34; (2001) 145 S.J.L.B. 238.... 10-047

Mohammed v Secretary of State for Defence; Al-Waheed v Ministry of Defence; Rahmatullah v Ministry of Defence; sub nom. Qasim v Ministry of Defence; Iraqi Civilians v Ministry of Defence [2017] UKSC 2; [2017] A.C. 821; [2017] 2 W.L.R. 327; [2017] 3 All E.R. 215; [2017] H.R.L.R. 1; 43 B.H.R.C. 137 .... 13-073, 19-016

Mohit v DPP of Mauritius [2006] UKPC 20; [2006] 1 W.L.R. 3343 PC (Mauritius) 3-018

Momcilovic v R. (2011) 245 C.L.R. 1 5-032

Mongoto v Secretary of State for the Home Department [2005] EWCA Civ 751; [2005] 5 WLUK 464.. 5-072

Montgomery v HM Advocate; Coulter v HM Advocate; sub nom. HM Advocate v Montgomery (David Shields) [2003] 1 A.C. 641; [2001] 2 W.L.R. 779; 2001 S.C. (P.C.) 1; 2001 S.L.T. 37; 2000 S.C.C.R. 1044; [2000] 10 WLUK 550; [2001] U.K.H.R.R. 124; 9 B.H.R.C. 641; 2000 G.W.D. 40-1487 10-051

Moohan, Petitioner; sub nom. Moohan v Lord Advocate [2014] UKSC 67; [2015] A.C. 901; [2015] 2 W.L.R. 141; [2015] 2 All E.R. 361; 2015 S.C. (U.K.S.C.) 1; 2015 S.L.T. 2; 2015 G.W.D. 1-1 .... 11-054, 13-036

Moore v Secretary of State for the Home Department [2016] EWHC 2736 (Admin); [2016] 11 WLUK 65; [2016] A.C.D. 135.. 13-098

Moorthy v Revenue and Customs Commissioners [2018] EWCA Civ 847; [2018] 3 All E.R. 1062; [2018] S.T.C. 1028; [2018] 4 WLUK 327; [2018] I.C.R. 1326; [2018] I.R.L.R. 860; [2018] B.T.C. 18; [2018] S.T.I. 979 5-040

Morice v France (29369/10) (2016) 62 E.H.R.R. 1; 39 B.H.R.C. 1 ECtHR 13-090

Morris and Perry (Gurney Slade Quarries) Ltd v Hawkins [2019] 6 WLUK 202 County Ct (Bristol).. 5-068

Morris v United Kingdom (38784/97) (2002) 34 E.H.R.R. 52; [2002] Crim. L.R. 494 ECtHR.. 13-036

Morrison Sports Ltd v Scottish Power Plc; Pitchers v Scottish Power Plc; Singh v Scottish Power Plc [2010] UKSC 37; [2010] 1 W.L.R. 1934; 2011 S.C. (U.K.S.C.) 1; 2010 S.L.T. 1027 19-054

Mosley v News Group Newspapers Ltd [2008] EWHC 1777 (QB); [2008] E.M.L.R. 20; (2008) 158 N.L.J. 1112.. 13-087

Mosley v United Kingdom (48009/08) [2012] E.M.L.R. 1; [2012] 1 F.C.R. 99; (2011) 53 E.H.R.R. 30; 31 B.H.R.C. 409; (2011) 161 N.L.J. 703 ECtHR 13-087

Mossell (Jamaica) Ltd (t/a Digicel) v Office of Utilities Regulations [2010] UKPC 1 4-070

Motor Insurers' Bureau v Lewis [2019] EWCA Civ 909; [2019] 3 All E.R. 1064; [2019] 6 WLUK 26; [2019] Lloyd's Rep. I.R. 390; [2019] P.I.Q.R. P19 14-032

Mousaka Inc v Golden Seagull Maritime Inc [2002] 1 W.L.R. 395; [2002] 1 All E.R. 726; [2001] 2 All E.R. (Comm) 794; [2001] 2 Lloyd's Rep. 657; [2001] C.L.C. 1716; (2001) 151 N.L.J. 1317 QBD (Comm).. 8-066, 8-072

Moyna v Secretary of State for Work and Pensions; sub nom. Moyna v Secretary of State for Social Security [2003] UKHL 44; [2003] 1 W.L.R. 1929; [2003] 4 All E.R. 162; (2003) 73 B.M.L.R. 201 5-019

MS (Pakistan) v Secretary of State for the Home Department [2020] UKSC 9; [2020] 1 W.L.R. 1373; [2020] 3 All E.R. 733; [2020] 3 WLUK 246; [2020] Imm. A.R. 967; [2020] I.N.L.R. 460.. 11-063

MT (Algeria) v Secretary of State for the Home Department; U (Algeria) v Secretary of State for the Home Department; RB (Algeria) v Secretary of State for the Home Department; OO (Jordan) v Secretary of State for the Home Department; sub nom.

Othman v Secretary of State for the Home Department [2007] EWCA Civ 808; [2008] Q.B. 533; [2008] 2 W.L.R. 159; [2008] 2 All E.R. 786; [2007] H.R.L.R. 41; [2007] U.K.H.R.R. 1267. 11-046
Mubarak v General Medical Council [2008] EWHC 2830 (Admin); [2008] 11 WLUK 533 QBD. 7-092, 7-105
Mudiyanselage v Secretary of State for the Home Department; Khan v Secretary of State for the Home Department; MA (Pakistan) v Secretary of State for the Home Department; Negbenebor v Secretary of State for the Home Department; Igwe v Secretary of State for the Home Department; Kokab v Entry Clearance Officer [2018] EWCA Civ 65; [2018] 4 W.L.R. 55; [2018] 4 All E.R. 35; [2018] 1 WLUK 471; [2018] Imm. A.R. 846. 5-072
Mulcahy v Ministry of Defence [1996] Q.B. 732; [1996] 2 W.L.R. 474; [1996] P.I.Q.R. P276; (1996) 146 N.L.J. 334 CA (Civ Div) 19-016
Mulholland v An Bord Pleanála (No.2) [2005] IEHC 306; [2006] 1 I.R. 453 7-116
Mullen v Hackney LBC; sub nom. Hackney LBC v Mullen [1997] 1 W.L.R. 1103; [1997] 2 All E.R. 906; (1997) 29 H.L.R. 592; (1997) 9 Admin. L.R. 549; (1997) 161 J.P. Rep. 238; [1996] E.G. 162 (C.S.); (1996) 93(41) L.S.G. 30; (1996) 140 S.J.L.B. 237 CA (Civ Div). 7-063
Mullen v Procurator Fiscal, Inverness; sub nom. Mullen v Shanks [2018] SAC (Crim) 8; 2018 S.C.C.R. 162; [2018] 6 WLUK 59; 2018 G.W.D. 20-248. 10-040
Mulvenna v Secretary of State for Communities and Local Government [2015] EWHC 3494 (Admin); [2016] J.P.L. 487 16-058
Munro v Watson (1887) 57 L.T. 366 11-071
Murdoch v Department of Work and Pensions [2010] EWHC 1988 (QB); [2011] P.T.S.R. D3 19-045
Murphy v Brentwood DC [1991] 1 A.C. 398; [1990] 3 W.L.R. 414; [1990] 2 All E.R. 908; [1990] 2 Lloyd's Rep. 467; 50 B.L.R. 1; 21 Con. L.R. 1; (1990) 22 H.L.R. 502; 89 L.G.R. 24; (1991) 3 Admin. L.R. 37; (1990) 6 Const. L.J. 304; (1990) 154 L.G. Rev. 1010; [1990] E.G. 105 (C.S.); (1990) 87(30) L.S.G. 15; (1990) 134 S.J. 1076 HL. . 19-034, 19-038, 19-039
Murphy v Electoral Commission [2019] EWHC 2762 (QB); [2020] 1 W.L.R. 480; [2019] 10 WLUK 289. 3-119
Murray v Express Newspapers Plc; sub nom. Murray v Big Pictures (UK) Ltd [2008] EWCA Civ 446; [2009] Ch. 481; [2008] 3 W.L.R. 1360; [2008] E.C.D.R. 12; [2008] E.M.L.R. 12; [2008] 2 F.L.R. 599; [2008] 3 F.C.R. 661; [2008] H.R.L.R. 33; [2008] U.K.H.R.R. 736; [2008] Fam. Law 732; (2008) 105(20) L.S.G. 23; (2008) 158 N.L.J. 706; (2008) 152(19) S.J.L.B. 31 13-086
Murungaru v Secretary of State for the Home Department [2008] EWCA Civ 1015; [2009] I.N.L.R. 180; (2008) 105(37) L.S.G. 20 7-035
Musumeci v Italy (App. No. 33695/96) unreported 11 January 2005 ECtHR 7-035
Muwonge v Secretary of State for the Home Department; sub nom. R. (on the application of Muwonge) v Secretary of State for the Home Department [2014] UKUT 514 (IAC); [2015] Imm. A.R. 341. 17-006
Myrie v Secretary of State for the Home Department. *See* Caroopen v Secretary of State for the Home Department 7-116
N v Secretary of State for the Home Department [2005] UKHL 31; [2005] 2 A.C. 296; [2005] 2 W.L.R. 1124; [2005] 4 All E.R. 1017; [2005] H.R.L.R. 22; [2005] U.K.H.R.R. 862; [2005] Imm. A.R. 353; [2005] I.N.L.R. 388; (2005) 84 B.M.L.R. 126; (2005) 102(24) L.S.G. 35; (2005) 155 N.L.J. 748 13-036
N v United Kingdom (26565/05) (2008) 47 E.H.R.R. 39; 25 B.H.R.C. 258; [2008] Imm. A.R. 657; [2008] I.N.L.R. 335 ECtHR. 13-066
Nagle v Fielden; sub nom. Nagle v Feilden [1966] 2 Q.B. 633; [1966] 2 W.L.R. 1027; [1966] 1 All E.R. 689; (1966) 110 S.J. 286 CA 3-049
Naraynsingh v Commissioner of Police [2004] UKPC 20; (2004) 148 S.J.L.B. 510 7-054
National Pharmacy Association v Secretary of State for Health. *See* R. (on the application of Pharmaceutical Services Negotiating Committee) v Secretary of State for Health 5-074
Neigel v France (2000) 30 E.H.R.R. 310 ECtHR 7-035
Neumans LLP v Law Society (Solicitors Regulation Authority) [2018] EWCA Civ 325; [2018] 3 WLUK 43. 11-054
Neumeister v Austria (A/8) (1979–80) 1 E.H.R.R. 91 ECtHR 7-121
Newbury DC v Secretary of State for the Environment; Newbury DC v International Synthetic Rubber Co Ltd [1981] A.C. 578; [1980] 2 W.L.R. 379; [1980] 1 All E.R. 731; 78 L.G.R. 306; (1980) 40 P. & C.R. 148; [1980] J.P.L. 325; (1980) 124 S.J. 186 HL. 17-033

TABLE OF CASES

Newcastle Breweries Ltd v King, The [1920] 1 K.B. 854; (1920) 2 Ll. L. Rep. 236 KBD ... 11-054
Newcastle upon Tyne Hospitals NHS Foundation Trust v Haywood; sub nom. Haywood v Newcastle upon Tyne Hospitals NHS Foundation Trust [2018] UKSC 22; [2018] 1 W.L.R. 2073; [2018] 4 All E.R. 467; [2018] 4 WLUK 425; [2018] I.C.R. 882; [2018] I.R.L.R. 644. 11-054
Newfoundland and Labrador Nurses' Union v Newfoundland and Labrador (Treasury Board) 2011 SCC 62; [2011] 3 S.C.R. 708. 7-106
Newham LBC v Secretary of State for the Environment and East London Housing Association (1987) 53 P. & C.R. 98; [1986] J.P.L. 605 QBD. 5-142
NHS Trust A v M; NHS Trust B v H [2001] Fam. 348; [2001] 2 W.L.R. 942; [2001] 1 All E.R. 801; [2001] 2 F.L.R. 367; [2001] 1 F.C.R. 406; [2001] H.R.L.R. 12; [2001] Lloyd's Rep. Med. 28; (2001) 58 B.M.L.R. 87; [2001] Fam. Law 501 Fam Div 13-063
Niarchos (London) Ltd v Secretary of State for the Environment and Westminster City Council 76 L.G.R. 480; (1978) 35 P. & C.R. 259; (1977) 245 E.G. 847; [1977] J.P.L. 247 QBD 5-145, 11-071
Niarchos (London) Ltd v Secretary of State for the Environment and Westminster City Council (No.2) (1981) 79 L.G.R. 264. 11-071
Nicholl's Application for Judicial Review, Re [2019] NIQB 26; [2019] 2 WLUK 652 9-007
Nicklinson v Ministry of Justice. *See* R. (on the application of Nicklinson) v Ministry of Justice 1-039, 13-035, 13-048, 13-085
Nicklinson v United Kingdom (Admissibility) (2478/15); Lamb v United Kingdom (1787/15) [2015] 6 WLUK 707; (2015) 61 E.H.R.R. SE7 ECJ 1-039
Niemietz v Germany (A/251–B) (1993) 16 E.H.R.R. 97 ECtHR 13-086
Noon v Matthews [2014] EWHC 4330 (Admin); [2015] A.C.D. 53 5-191
Norbrook Laboratories (GB) Ltd v Health and Safety Executive *The Times*, 23 February 1998. 7-063
Norris v United States [2010] UKSC 9; [2010] 2 A.C. 487; [2010] 2 W.L.R. 572; [2010] 2 All E.R. 267; [2010] H.R.L.R. 20; [2010] U.K.H.R.R. 523; [2010] Lloyd's Rep. F.C. 325. 13-087
North Range Shipping Ltd v Seatrans Shipping Corp (The Western Triumph); Western Triumph, The [2002] EWCA Civ 405; [2002] 1 W.L.R. 2397; [2002] 4 All E.R. 390; [2002] 2 All E.R. (Comm) 193; [2002] 2 Lloyd's Rep. 1; [2002] 3 WLUK 726; [2002] C.L.C. 992; (2002) 99(20) L.S.G. 31 7-092
North Wiltshire DC v Secretary of State for the Environment (1993) 65 P. & C.R. 137; [1992] 3 P.L.R. 113; [1992] J.P.L. 955; [1992] E.G. 65 (C.S.); [1992] N.P.C. 57 CA (Civ Div). 11-064
Northern Ireland Commissioner for Children and Young People's Application for Judicial Review, Re [2009] NICA 10; [2009] N.I. 235 2-062
Northern Ireland Human Rights Commission's Application for Judicial Review, Re [2012] NIQB 77; [2012] 10 WLUK 549; [2012] Eq. L.R. 1135 2-062
Northern Ireland Human Rights Commission's Application for Judicial Review, Re [2018] UKSC 27; [2018] 6 WLUK 93; [2018] H.R.L.R. 14. .... 1-039, 2-004, 2-062
Northern Ireland Human Rights Commission's Application for Judicial Review, Re [2015] NIQB 96 13-086
Nottingham City Council v Calverton Parish Council; sub nom. Calverton Parish Council v Nottingham City Council [2015] EWHC 503 (Admin); [2015] P.T.S.R. 1130; [2015] A.C.D. 97 17-027
NS v Secretary of State for the Home Department (C-411/10). *See* R. (on the application of NS) v Secretary of State for the Home Department (C-411/10) 14-041
NT1 v Google LLC; NT2 v Google LLC [2018] EWHC 799 (QB); [2018] 3 W.L.R. 1165; [2018] 3 All E.R. 581; [2018] 4 WLUK 158; [2018] E.M.L.R. 18; [2018] H.R.L.R. 13; [2018] F.S.R. 22 QBD. 14-041
Nwabueze v General Medical Council [2000] 1 W.L.R. 1760; [2000] 4 WLUK 135; (2000) 56 B.M.L.R. 106 PC(UK). 10-047
Nzolameso v Westminster City Council [2015] UKSC 22; [2015] 2 All E.R. 942; [2015] P.T.S.R. 549; [2015] H.L.R. 22; [2015] B.L.G.R. 215; (2015) 18 C.C.L. Rep. 201 . . . 7-105, 17-040
O (Disclosure Order), Re; sub nom. O (Restraint Order: Disclosure of Assets), Re [1991] 2 Q.B. 520; [1991] 2 W.L.R. 475; [1991] 1 All E.R. 330 CA (Civ Div) 11-054
O v A; sub nom. O (A Child) v Rhodes; Rhodes v OPO; OPO v MLA; OPO v Rhodes [2015] UKSC 32; [2016] A.C. 219; [2015] 2 W.L.R. 1373; [2015] 4 All E.R. 1; [2015] E.M.L.R. 20; [2015] H.R.L.R. 11; 39 B.H.R.C. 543 13-090
O v Commissioner of Police of the Metropolis [2011] EWHC 1246 (QB); [2011] H.R.L.R. 29; [2011] U.K.H.R.R. 767 .... 13-068, 19-088

TABLE OF CASES

O'Reilly v Mackman; Millbanks v Secretary of State for the Home Department; Derbyshire v Mackman; Dougan v Mackman; Millbanks v Home Office [1983] 2 A.C. 237; [1982] 3 W.L.R. 1096; [1982] 3 All E.R. 1124; [1982] 11 WLUK 222; (1982) 126 S.J. 820 HL.. 3-118, 7-094, 12-006
O'Byrne v Aventis Pasteur MSD Ltd [2008] UKHL 34; [2008] 4 All E.R. 881; [2008] 3 C.M.L.R. 10; (2008) 102 B.M.L.R. 159... 14-109
O'Ceallaigh v An Bord Altranais [2000] 4 I.R. 54 6-056
O'Keeffe v Ireland (35810/09) (2014) 59 E.H.R.R. 15; 35 B.H.R.C. 601 13-026
O'Neill (Charles Bernard) v HM Advocate; Lauchlan (William Hugh) v HM Advocate [2013] UKSC 36; [2013] 1 W.L.R. 1992; 2013 S.C. (U.K.S.C.) 266; 2013 S.L.T. 888; 2013 S.C.L. 678; 2013 S.C.C.R. 401; [2013] 2 Cr. App. R. 34; [2013] H.R.L.R. 25; 2013 G.W.D. 21-410 .... 10-018, 10-039
O'Reilly v Commissioner of State Bank of Victoria (1982) 44 A.L.R. 27; (1983) 153 C.L.R. 1.. 5-190, 5-191
O'Reilly v Mackman; Millbanks v Secretary of State for the Home Department; Derbyshire v Mackman; Dougan v Mackman; Millbanks v Home Office [1983] 2 A.C. 237; [1982] 3 W.L.R. 1096; [1982] 3 All E.R. 1124; [1982] 11 WLUK 222; (1982) 126 S.J. 820 HL... 3-119
Oakley v South Cambridgeshire DC [2017] EWCA Civ 71; [2017] 1 W.L.R. 3765; [2017] 2 WLUK 375; [2017] 2 P. & C.R. 4; [2017] J.P.L. 703 7-092
OAO Neftyanaya Kompaniya Yukos v Russia (Just Satisfaction) (14902/04) 37 B.H.R.C. 721; (2014) 59 E.H.R.R. SE12; [2014] 7 WLUK 1190 ECtHR........................ 19-099
Ocean Outdoor UK Ltd v Hammersmith and Fulham LBC [2019] EWCA Civ 1642; [2020] 2 All E.R. 966; [2020] 2 All E.R. (Comm) 213; [2020] P.T.S.R. 639; [2019] 10 WLUK 91.. 14-098
Oddy v Transport Salaried Staffs Association [1973] 3 All E.R. 610; [1973] I.C.R. 524; [1973] I.T.R. 533 NIRC.. 9-005
Odelola v Secretary of State for the Home Department; sub nom. MO (Date of Decision: Applicable Rules: Nigeria), Re; MO (Nigeria) v Secretary of State for the Home Department [2009] UKHL 25; [2009] 1 W.L.R. 1230; [2009] 3 All E.R. 1061; [2010] Imm. A.R. 59; [2009] I.N.L.R. 401 .... 11-064, 12-032
OG and PI (Joined Cases C-508/18 and C-82/19) EU:C:2019:456 14-041
Ogunsanya v General Medical Council [2020] EWHC 1500 (QB); [2020] 4 W.L.R. 90; [2020] 6 WLUK 142... 3-119
Olewnik-Cieplinska v Poland (20147/15) [2019] 12 WLUK 649; (2020) 70 E.H.R.R. 19; 47 B.H.R.C. 752 ECtHR.. 7-130
Oliari v Italy (18766/11) (2017) 65 E.H.R.R. 26; 40 B.H.R.C. 549 ECtHR 13-086
Ollinger v Austria (76900/01) (2008) 46 E.H.R.R. 38; 22 B.H.R.C. 25 ECtHR 13-092
Omega Spielhallen- und Automatenaufstellungs GmbH v Bundesstadt Bonn (C-36/02) EU:C:2004:614; [2004] 10 WLUK 391; [2005] 1 C.M.L.R. 5; [2005] C.E.C. 391......... 14-171
Öneryildiz v Turkey (2005) 41 E.H.R.R. 325 ECtHR 7-037
Oneryildiz v Turkey (48939/99) (No.2) (2005) 41 E.H.R.R. 20; 18 B.H.R.C. 145; [2004] Inquest L.R. 108 ECtHR... 13-063, 13-096
Onos v Secretary of State for the Home Department [2016] EWHC 59 (Admin); [2016] 1 WLUK 459.. 9-005
Open Spaces Society v Secretary of State for the Environment, Food and Rural Affairs [2020] EWHC 1085 (Admin); [2020] P.T.S.R. 1626; [2020] 5 WLUK 7; [2020] A.C.D. 78.. 5-130, 5-133
Opinion pursuant to Article 218(11) TFEU (2/13) EU:C:2014:2454; [2014] 12 WLUK 716; [2015] 2 C.M.L.R. 21; [2015] All E.R. (EC) 463 .... 14-006, 14-015, 14-071
Opuz v Turkey (33401/02) (2010) 50 E.H.R.R. 28; 27 B.H.R.C. 159 ECtHR 13-063
Orizzonte Salute - Studio Infermieristico Associato v Azienda Pubblica di Servizi alla persona San Valentino - Citta di Levico Terme (C-61/14) EU:C:2015:655; [2015] 10 WLUK 79; [2016] 1 C.M.L.R. 46 ECJ... 14-041
Osagie v Serco Ltd [2019] EWHC 1803 (QB); [2019] 7 WLUK 131 3-092
Osgood v Nelson (1871–72) L.R. 5 H.L. 636 HL 11-047
Osman v United Kingdom (23452/94) [1999] 1 F.L.R. 193; (2000) 29 E.H.R.R. 245; 5 B.H.R.C. 293; (1999) 1 L.G.L.R. 431; (1999) 11 Admin. L.R. 200; [2000] Inquest L.R. 101; [1999] Crim. L.R. 82; [1998] H.R.C.D. 966; [1999] Fam. Law 86; (1999) 163 J.P.N. 297 ECtHR.. 13-063, 19-034, 19-072
Ostendorf v Germany (15598/08) 34 B.H.R.C. 738; [2013] Crim. L.R. 601 ECtHR 13-036

TABLE OF CASES

Othman v Secretary of State for the Home Department; sub nom. Othman (also known as Abu Qatada) v Secretary of State for the Home Department [2013] EWCA Civ 277; [2013] 3 WLUK 720..3-020
Otkritie International Investment Management Ltd v Urumov [2014] EWCA Civ 1315; [2015] C.P. Rep. 6..10-040
OWD Ltd (t/a Birmingham Cash and Carry) (In Liquidation) v Revenue and Customs Commissioners; Hollandwest Ltd v Revenue and Customs Commissioners; sub nom. Revenue and Customs Commissioners v OWD Ltd (t/a Birmingham Cash and Carry) (In Liquidation); R. (on the application of OWD Ltd (t/a Birmingham Cash and Carry) (In Liquidation)) v Revenue and Customs Commissioners; R. (on the application of Hollandwest Ltd) v Revenue and Customs Commissioners [2019] UKSC 30; [2019] 1 W.L.R. 4020; [2019] 4 All E.R. 677; [2019] S.T.C. 1402; [2019] 6 WLUK 265...... 7-121, 7-129
Owens Bank Ltd v Bracco [1992] 2 A.C. 443; [1992] 2 W.L.R. 621; [1992] 2 All E.R. 193; [1992] I.L.Pr. 24 HL..5-032
Oxfam v Revenue and Customs Commissioners [2009] EWHC 3078 (Ch); [2010] S.T.C. 686; [2010] B.V.C. 108; [2010] A.C.D. 50; [2010] S.T.I. 556....................12-062
Oxton Farm v Harrogate BC [2020] EWCA Civ 805; [2020] 6 WLUK 319 5-135
P (A Barrister) v General Council of the Bar [2005] 1 W.L.R. 3019; [2005] 1 WLUK 364; [2005] P.N.L.R. 32 10-039
P (A Child) (Adoption: Unmarried Couples), Re; sub nom. G (A Child) (Adoption: Unmarried Couple), Re [2008] UKHL 38; [2009] 1 A.C. 173; [2008] 3 W.L.R. 76; [2008] N.I. 310; [2008] 2 F.L.R. 1084; [2008] 2 F.C.R. 366; [2008] H.R.L.R. 37; [2008] U.K.H.R.R. 1181; 24 B.H.R.C. 650; [2008] Fam. Law 977; (2008) 105(25) L.S.G. 25 13-036
P (Children) (Care proceedings: Special Guardianship Orders), Re [2018] EWCA Civ 1407; [2018] 4 W.L.R. 99; [2018] 6 WLUK 315......................................7-068
P v Hackney LBC [2007] EWHC 1365 (Admin) 9-007
P v Secretary of State for Justice [2009] EWHC 13 (Admin); [2009] A.C.D. 59 7-130
P.D. Dinakaran (1) v Judges Inquiry Committee (2011) 8 S.C.C. 380 10-018
Packham v Secretary of State for Transport [2020] EWHC 829 (Admin); [2020] 4 WLUK 84..16-058
Padfield v Minister of Agriculture, Fisheries and Food; sub nom. R. v Minister of Agriculture and Fisheries Ex p. Padfield [1968] A.C. 997; [1968] 2 W.L.R. 924; [1968] 1 All E.R. 694; (1968) 112 S.J. 171 HL..5-137
Pagham Parish Council v Arun DC [2019] EWHC 1721 (Admin); [2019] 7 WLUK 39 7-106
Paice v Harding (t/a MJ Harding Contractors) [2015] EWHC 661 (TCC); [2015] 2 All E.R. (Comm) 1118; [2015] B.L.R. 345; 163 Con. L.R. 274; [2015] C.I.L.L. 3668.........10-058
Paice v Harding (t/a MJ Harding Contractors) [2016] EWHC 2945 (TCC); [2016] B.L.R. 582; 168 Con. L.R. 98; [2016] C.I.L.L. 3893.......................................10-018
Palacios de la Villa v Cortefiel Servicios SA (C–411/05) EU:C:2007:106; [2008] All E.R. (EC) 249; [2008] 1 C.M.L.R. 16; [2009] I.C.R. 1111; [2007] I.R.L.R. 989; [2007] Pens. L.R. 411..14-125
Paluda v Slovakia (App. No. 33392/12) unreported 21 May 2017 7-035
Papasavvas v O Fileleftheros Dimosia Etairia Ltd (C-291/13) EU:C:2014:2209; [2015] 1 C.M.L.R. 24; (2014) 158(36) S.J.L.B. 37...14-032
Paponette v Attorney General of Trinidad and Tobago [2010] UKPC 32; [2012] 1 A.C. 1; [2011] 3 W.L.R. 219..12-032
Paposhvili v Belgium (41738/10) [2016] 12 WLUK 304; [2017] Imm. A.R. 867; [2017] I.N.L.R. 497 ECtHR..13-036, 13-066
Paradiso v Italy (25358/12) (2017) 65 E.H.R.R. 2 ECtHR 13-086
Parker v Chief Constable of Essex [2018] EWCA Civ 2788; [2019] 1 W.L.R. 2238; [2019] 3 All E.R. 399; [2018] 12 WLUK 154...19-056
Parrillo v Italy (46470/11) (2016) 62 E.H.R.R. 8; 40 B.H.R.C. 477 ECtHR 13-096
Parson's Application for Judicial Review, Re [2004] N.I. 38 13-089
Patrick Wylie Application for Judicial Review, Re [2005] NIQB 2 3-054
Paul v Germany (C–222/02) EU:C:2004:606; [2006] 2 C.M.L.R. 62 14-094
Pay v United Kingdom (Admissibility) (32792/05) (2009) 48 E.H.R.R. SE2; [2008] 9 WLUK 262; [2009] I.R.L.R. 139 ECtHR...13-087
Peak Park Joint Planning Board v Secretary of State for the Environment [1991] 1 P.L.R. 98; [1991] J.P.L. 744; [1990] E.G. 139 (C.S.) QBD.................................11-047
Pearlberg v Varty (Inspector of Taxes) [1972] 1 W.L.R. 534; [1972] 2 All E.R. 6; 48 T.C. 14; [1972] T.R. 5; (1972) 116 S.J. 335 HL...7-014
Peart v Bolckow Vaughan & Co Ltd [1925] 1 K.B. 399 CA 7-063

TABLE OF CASES

Peck v United Kingdom (44647/98) [2003] E.M.L.R. 15; (2003) 36 E.H.R.R. 41; 13
B.H.R.C. 669; [2003] Info. T.L.R. 221 ECtHR 13-086
Pellegrin v France (2001) 31 E.H.R.R. 26 ECtHR 7-035
Pendragon Plc v Revenue and Customs Commissioners; sub nom. Revenue and Customs
Commissioners v Pendragon Plc [2015] UKSC 37; [2015] 1 W.L.R. 2838; [2015] 3 All
E.R. 919; [2015] S.T.C. 1825; [2015] B.V.C. 30; [2015] S.T.I. 1921................... 17-006
Pepper (Inspector of Taxes) v Hart; sub nom. Pepper v Hart [1993] A.C. 593; [1992] 3
W.L.R. 1032; [1993] 1 All E.R. 42; [1992] S.T.C. 898; [1992] 11 WLUK 389; [1993]
I.C.R. 291; [1993] I.R.L.R. 33; [1993] R.V.R. 127; (1993) 143 N.L.J. 17; [1992] N.P.C.
154 HL 5-032
Pepys v London Transport Executive [1975] 1 W.L.R. 234; [1975] 1 All E.R. 748; (1975)
29 P. & C.R. 248; (1974) 118 S.J. 882 CA (Civ Div)................................ 9-007
Percy v DPP; sub nom. DPP v Percy [2001] EWHC Admin 1125; (2002) 166 J.P. 93;
[2002] Crim. L.R. 835; [2002] A.C.D. 24; (2002) 166 J.P.N. 111 13-090
Percy v Hall [1997] Q.B. 924; [1997] 3 W.L.R. 573; [1996] 4 All E.R. 523; (1996) 160 J.P.
Rep. 788; (1996) 93(23) L.S.G. 36; (1996) 140 S.J.L.B. 130; [1996] N.P.C. 74 CA (Civ
Div).. 4-070
Perdigao v Portugal (24768/06) unreported 16 November 2010 ECtHR 13-098
Pergamom Press, Re [1971] Ch. 388; [1970] 3 W.L.R. 792; [1970] 3 All E.R. 535; [1970]
7 WLUK 57; (1970) 114 S.J. 569.. 7-040
Perilly v Tower Hamlets LBC [1973] Q.B. 9; [1972] 3 W.L.R. 573; [1972] 3 All E.R. 513;
70 L.G.R. 474; (1972) 116 S.J. 679 CA (Civ Div).................................. 9-013
Perinçek v Switzerland (2016) 63 E.H.R.R. 6 13-090
Perry v Nursing and Midwifery Council [2013] EWCA Civ 145; [2013] 1 W.L.R. 3423;
[2013] Med. L.R. 129; (2014) 135 B.M.L.R. 61 7-035
Peterborough Corp v Holdich [1956] 1 Q.B. 124; [1955] 3 W.L.R. 626; [1955] 3 All E.R.
424; (1956) 120 J.P. 17; 54 L.G.R. 31; (1955) 99 S.J. 798 DC 5-015
Peterbroeck Van Campenhout & Cie SCS v Belgium (C–312/93) EU:C:1995:437; [1996]
All E.R. (E.C.) 242; [1995] E.C.R. I–4599; [1996] 1 C.M.L.R. 793 14-074
Peters v Haringey LBC. See R. (on the application of Peters) v Haringey LBC 7-055
Petronas Lubricants Italy SpA v Guida (C-1/17) EU:C:2018:478; [2018] 6 WLUK 407;
[2018] I.L.Pr. 30; [2018] I.C.R. 1674 .... 14-017A
Pett v Greyhound Racing Association (No.1) [1969] 1 Q.B. 125; [1968] 2 W.L.R. 1471;
[1968] 2 All E.R. 545; (1968) 112 S.J. 463 CA (Civ Div) 9-007
Pfeifer v Austria (12556/03) (2009) 48 E.H.R.R. 175; (2009) 48 E.H.R.R. 8; 24 B.H.R.C.
167 ECtHR 13-086
Pham v Secretary of State for the Home Department; sub nom. B2 v Secretary of State for
the Home Department [2015] UKSC 19; [2015] 1 W.L.R. 1591; [2015] 3 All E.R. 1015;
[2015] 2 C.M.L.R. 49; [2015] Imm. A.R. 950; [2015] I.N.L.R. 593 .... 5-020, 11-023, 11-054
Phelps v First Secretary of State [2009] EWHC 1676 (Admin); [2009] N.P.C. 99 11-046
Phelps v Hillingdon LBC; Jarvis v Hampshire CC; G (A Child) v Bromley LBC; Anderton
v Clwyd CC; sub nom. G (A Child), Re [2001] 2 A.C. 619; [2000] 3 W.L.R. 776; [2000]
4 All E.R. 504; [2000] 3 F.C.R. 102; (2001) 3 L.G.L.R. 5; [2000] B.L.G.R. 651; [2000]
Ed. C.R. 700; [2000] E.L.R. 499; (2000) 3 C.C.L. Rep. 156; (2000) 56 B.M.L.R. 1;
(2000) 150 N.L.J. 1198; (2000) 144 S.J.L.B. 241 HL 19-012, 19-038, 19-045
Phonographic Performance Ltd v Department of Trade and Industry [2004] EWHC 1795
(Ch); [2004] 1 W.L.R. 2893; [2005] 1 All E.R. 369; [2004] 3 C.M.L.R. 31; [2004] Eu.
L.R. 1003; [2004] E.M.L.R. 30; [2005] R.P.C. 8; (2004) 27(8) I.P.D. 27085; (2004)
101(34) L.S.G. 31 3-119
Pickin v British Railways Board. See British Railways Board v Pickin 3-018
Pickstone v Freemans Plc [1989] A.C. 66; [1988] 3 W.L.R. 265; [1988] 2 All E.R. 803;
[1988] 3 C.M.L.R. 221; [1988] I.C.R. 697; [1988] I.R.L.R. 357; (1988) 138 N.L.J. Rep.
193 HL 5-032
Pickwell v Camden LBC [1983] Q.B. 962; [1983] 2 W.L.R. 583; [1983] 1 All E.R. 602;
[1982] 4 WLUK 197; 80 L.G.R. 798; (1982) 126 S.J. 397 QBD...................... 3-073
Pierre–Bloch v France (1998) 26 E.H.R.R. 202; [1998] H.R.C.D. 14 ECtHR 7-035
Piggott Bros v Jackson [1992] I.C.R. 85; [1991] I.R.L.R. 309 CA (Civ Div) 11-047
Pinnock v Manchester City Council. See Manchester City Council v Pinnock 13-036, 13-037,
13-086
Piper v South Bucks DC. See Kamara v Southwark LBC 7-048
PJS v News Group Newspapers Ltd [2016] UKSC 26; [2016] A.C. 1081; [2016] 2 W.L.R.
1253; [2016] 4 All E.R. 554; [2016] E.M.L.R. 21; [2016] 2 F.L.R. 251; [2016] H.R.L.R.
13; 42 B.H.R.C. 111; [2016] F.S.R. 33; [2016] Fam. Law 963 13-057

TABLE OF CASES

PL's Application for Judicial Review, Re; sub nom. PL v Boundary Commission For Northern Ireland [2019] NIQB 74; [2019] 5 WLUK 706 .... 7-056, 7-104, 9-005
PN (Uganda) v Secretary of State for the Home Department [2019] EWCA Civ 1508; [2019] 7 WLUK 715... 16-041
PNM v Times Newspapers Ltd; sub nom. M v Times Newspapers Ltd; Khuja v Times Newspapers Ltd [2017] UKSC 49; [2017] 3 W.L.R. 351; [2018] 1 Cr. App. R. 1; [2017] E.M.L.R. 29; [2017] Crim. L.R. 998 .... 13-085, 13-086, 13-087
Point of Ayr Collieries Ltd v Lloyd–George [1943] 2 All E.R. 546 5-187
Poland v Council of the European Union (C-273/04) EU:C:2007:622; [2007] 10 WLUK 585; [2008] 1 C.M.L.R. 23 ECJ (Grand Chamber) 14-125
Polat v Secretary of State for the Home Department [2003] EWCA Civ 1059; [2003] 7 WLUK 391 11-047
Pomiechowski v Poland; Rozanski v Poland; Ungureanu v Poland; Lukaszewski v Poland; Halligen v Secretary of State for the Home Department [2012] UKSC 20; [2012] 1 W.L.R. 1604; [2012] 4 All E.R. 667; [2012] H.R.L.R. 22; [2013] Crim. L.R. 147; (2012) 162 N.L.J. 749 .... 7-035, 7-036
Pontin v T–Comalux SA (C–63/08) EU:C:2009:666; [2009] E.C.R. I–10467; [2010] 2 C.M.L.R. 2; [2010] C.E.C. 650... 14-077
Poole BC v GN; sub nom. Poole BC v N; GN v Poole BC; N v Poole BC [2019] UKSC 25; [2019] 2 W.L.R. 1478; [2019] 4 All E.R. 581; [2019] 6 WLUK 28; [2019] H.L.R. 39; (2019) 22 C.C.L. Rep. 111; [2019] P.I.Q.R. P20......................... 19-039, 19-045
Poplar Housing & Regeneration Community Association Ltd v Donoghue; sub nom. Donoghue v Poplar Housing & Regeneration Community Association Ltd; Poplar Housing & Regeneration Community Association Ltd v Donaghue [2001] EWCA Civ 595; [2002] Q.B. 48; [2001] 3 W.L.R. 183; [2001] 4 All E.R. 604; [2001] 2 F.L.R. 284; [2001] 3 F.C.R. 74; [2001] U.K.H.R.R. 693; (2001) 33 H.L.R. 73; (2001) 3 L.G.L.R. 41; [2001] B.L.G.R. 489; [2001] A.C.D. 76; [2001] Fam. Law 588; [2001] 19 E.G. 141 (C.S.); (2001) 98(19) L.S.G. 38; (2001) 98(23) L.S.G. 38; (2001) 145 S.J.L.B. 122; [2001] N.P.C. 84 3-092
Porter v Magill; Phillips v Magill; England v Magill; Hartley v Magill; Weeks v Magill; sub nom. Magill v Porter; Magill v Weeks [2001] UKHL 67; [2002] 2 A.C. 357; [2002] 2 W.L.R. 37; [2002] 1 All E.R. 465; [2001] 12 WLUK 382; [2002] H.R.L.R. 16; [2002] H.L.R. 16; [2002] B.L.G.R. 51; (2001) 151 N.L.J. 1886; [2001] N.P.C. 184 . 8-049, 10-017, 10-040
Poshteh v Kensington and Chelsea RLBC [2017] UKSC 36; [2017] A.C. 624; [2017] 2 W.L.R. 1417; [2017] 3 All E.R. 1065; [2017] H.L.R. 28................ 7-035, 13-036, 17-040
Powell v May [1946] K.B. 330; [1946] 1 All E.R. 444 KBD 11-071
Powell v Secretary of State for the Environment, Food and Rural Affairs [2009] EWHC 643 (Admin); [2009] J.P.L. 1513; [2009] N.P.C. 55 QBD 7-049
Poyser and Mills Arbitration, Re; sub nom. Poyser v Mills [1964] 2 Q.B. 467; [1963] 2 W.L.R. 1309; [1963] 1 All E.R. 612; [1963] 1 WLUK 932; (1963) 107 S.J. 115 7-105
Prebble v Television New Zealand Ltd [1995] 1 A.C. 321; [1994] 3 W.L.R. 970; [1994] 3 All E.R. 407; (1994) 91(39) L.S.G. 38; (1994) 144 N.L.J. 1131; (1994) 138 S.J.L.B. 175 PC (NZ) 3-018
Preiss v General Dental Council; sub nom. Preiss v General Medical Council [2001] UKPC 36; [2001] 1 W.L.R. 1926; [2001] 7 WLUK 393; [2001] I.R.L.R. 696; [2001] H.R.L.R. 56; [2001] Lloyd's Rep. Med. 491; (2001) 98(33) L.S.G. 31.................. 10-039
Prest v Secretary of State for Wales 81 L.G.R. 193; (1983) 266 E.G. 527; [1983] R.V.R. 11; [1983] J.P.L. 112; (1982) 126 S.J. 708 CA (Civ Div).............................. 11-071
Preston v Wolverhampton Healthcare NHS Trust (C–78/98) EU:C:2000:247 Fletcher v Midland Bank Plc (C–78/98) [2000] E.C.R. I–3201; [1999] Pens. L.R. 261 14-077
Pretty v United Kingdom (2346/02); sub nom. R. (on the application of Pretty) v DPP (2346/02) [2002] 2 F.L.R. 45; [2002] 2 F.C.R. 97; (2002) 35 E.H.R.R. 1; 12 B.H.R.C. 149; (2002) 66 B.M.L.R. 147; [2002] Fam. Law 588; (2002) 152 N.L.J. 707 ECtHR....... 13-037, 13-085
Prince Edward Island Potato Marketing Board v Willis (HB) Inc [1952] 2 S.C.R. 391 5-175
Principal Reporter v K; sub nom. Principal Reporter, Petitioner [2010] UKSC 56; [2011] 1 W.L.R. 18; 2011 S.C. (U.K.S.C.) 91; 2011 S.L.T. 271; [2011] H.R.L.R. 8; 33 B.H.R.C. 352; 2011 Fam. L.R. 2; (2011) 108(1) L.S.G. 15; (2011) 161 N.L.J. 63; 2011 G.W.D. 3–128. 7-040
Privacy International v Secretary of State for Foreign and Commonwealth Affairs [2018] 4 All E.R. 275 5-175
Prizreni v Albania (App. No. 29309/16) ECtHR 7-130

TABLE OF CASES

Proceedings Brought by Blanco Perez (C-570/07). *See* Blanco Perez v Consejeria de Salud y Servicios Sanitarios (C-570/07)... 14-041
Proceedings Brought by Karntner Landesregierung (C-594/12). *See* Digital Rights Ireland Ltd v Minister for Communications, Marine and Natural Resources (C-293/12) 14-041
Proceedings Brought by Ministerio Fiscal (C-207/16) EU:C:2018:788; [2019] 1 W.L.R. 3121; [2018] 10 WLUK 1; [2019] 1 C.M.L.R. 31 14-041
Procter & Gamble UK v Revenue and Customs Commissioners; sub nom. Revenue and Customs Commissioners v Procter & Gamble UK [2009] EWCA Civ 407; [2009] S.T.C. 1990; [2009] 5 WLUK 480; [2009] B.T.C. 5462; [2009] B.V.C. 461; [2009] S.T.I. 1722... 7-105
Pubblico Ministero v Ratti (148/78) EU:C:1979:110; [1979] E.C.R. 1629; [1980] 1 C.M.L.R. 96 14-032
Public Services Board of New South Wales v Osmond (1986) 159 C.L.R. 656 7-092
Pudas v Sweden (1988) 18 E.H.R.R. 188 ECtHR 7-035
Puppinek v Commission (C-418/18P) EU:C:2019:64 .... 14-006, 14-015
Puskar v Finance Office of the Slovak Republic (C-73/16) EU:C:2017:725; [2017] 4 W.L.R. 209; [2017] 9 WLUK 403; [2018] 1 C.M.L.R. 44 ECJ 14-041
Q (Children), Re [2014] EWCA Civ 918; [2014] 3 F.C.R. 517; [2014] Fam. Law 1397 10-040
Q v Q; B (A Child) (Unavailability of Exceptional Funding), Re; C (A Child) (Private Law: Public Funding), Re [2014] EWFC 31; [2015] 1 W.L.R. 2040; [2015] 3 All E.R. 759; [2015] 1 F.L.R. 324; [2015] 2 F.C.R. 521; [2014] Fam. Law 139 16-092
QX v Secretary of State for the Home Department [2020] EWHC 1221 (Admin); [2020] 3 W.L.R. 914; [2020] 5 WLUK 213; [2020] H.R.L.R. 11; [2020] A.C.D. 83 .... 7-035, 8-015
R (Iran) v Secretary of State for the Home Department; T (Eritrea) v Secretary of State for the Home Department; T (Afghanistan) v Secretary of State for the Home Department; M (Afghanistan) v Secretary of State for the Home Department; A (Afghanistan) v Secretary of State for the Home Department; sub nom. R. (on the application of R) v Secretary of State for the Home Department [2005] EWCA Civ 982; [2005] Imm. A.R. 535; [2005] I.N.L.R. 633... 11-046
R v Khan (Bakish Alla) [2008] EWCA Crim 531; [2008] 3 All E.R. 502; [2008] 3 WLUK 337; [2008] 2 Cr. App. R. 13; [2008] Inquest L.R. 25; [2008] Crim. L.R. 641; (2008) 152(12) S.J.L.B. 28.. 10-051
R. (on the application of 007 Stratford Taxis Ltd) v Stratford on Avon DC; sub nom. 007 Stratford Taxis Ltd v Stratford on Avon DC [2010] EWHC 1344 (Admin); [2010] 6 WLUK 106 QBD 7-056
R. (on the application of A (A Child)) v Criminal Injuries Compensation Appeals Panel; R. (on the application of B (A Child)) v Criminal Injuries Compensation Appeals Panel; sub nom. R. v Criminal Injuries Compensation Appeals Panel Ex p. B (A Child); R. v Criminal Injuries Compensation Appeals Panel Ex p. A (A Child) [2001] Q.B. 774; [2001] 2 W.L.R. 1452; [2001] 2 All E.R. 874; [2000] 12 WLUK 471 CA (Civ Div) 7-116
R. (on the application of A (A Child)) v Secretary of State for Health [2017] UKSC 41; [2017] 1 W.L.R. 2492; [2017] 4 All E.R. 353; [2017] H.R.L.R. 9; [2017] Med. L.R. 347; (2017) 156 B.M.L.R. 1 13-101
R. (on the application of A) v Croydon LBC; R. (on the application of M) v Lambeth LBC [2009] UKSC 8; [2009] 1 W.L.R. 2557; [2010] 1 All E.R. 469; [2010] P.T.S.R. 106; [2010] 1 F.L.R. 959; [2009] 3 F.C.R. 607; [2010] H.R.L.R. 9; [2010] U.K.H.R.R. 63; [2010] B.L.G.R. 183; (2009) 12 C.C.L. Rep. 552; [2010] Fam. Law 137; (2009) 159 N.L.J. 1701; (2009) 153(46) S.J.L.B. 34 .... 9-010, 10-094, 11-099
R. (on the application of A) v Director of Establishments of the Security Service. *See* A v B (Investigatory Powers Tribunal: Jurisdiction) 4-017, 8-018, 11-054
R. (on the application of A) v Liverpool City Council [2007] EWHC 1477 (Admin); (2007) 10 C.C.L. Rep. 716 11-032
R. (on the application of A) v Lord Saville of Newdigate (Bloody Sunday Inquiry); sub nom. R. (on the application of Widgery Soldiers) v Lord Saville of Newdigate; Lord Saville of Newdigate v Widgery Soldiers [2001] EWCA Civ 2048; [2002] 1 W.L.R. 1249; [2002] A.C.D. 22... 7-037
R. (on the application of A) v Partnerships in Care Ltd [2002] EWHC 529 (Admin); [2002] 1 W.L.R. 2610; (2002) 5 C.C.L. Rep. 330; [2002] M.H.L.R. 298; (2002) 99(20) L.S.G. 32; (2002) 146 S.J.L.B. 117 QBD 3-053, 3-092
R. (on the application of A) v Secretary of State for Health [2017] EWHC 2815 (Admin); [2018] 4 W.L.R. 2; [2017] 11 WLUK 206 DC.. 5-074

TABLE OF CASES

R. (on the application of A) v Secretary of State for Health; sub nom. R. (on the application of YA) v Secretary of State for Health [2009] EWCA Civ 225; [2010] 1 W.L.R. 279; [2010] 1 All E.R. 87; [2009] P.T.S.R. 1680; (2009) 12 C.C.L. Rep. 213; [2009] LS Law Medical 282.. 3-026
R. (on the application of A) v South Kent Coastal Clinical Commissioning Group [2020] EWHC 372 (Admin); [2020] 2 WLUK 277; [2020] Med. L.R. 181 7-056
R. (on the application of AA (Afghanistan)) v Secretary of State for the Home Department [2013] UKSC 49; [2013] 1 W.L.R. 2224; [2013] 4 All E.R. 140; [2013] 3 F.C.R. 515; [2013] H.R.L.R. 34; [2014] I.N.L.R. 51; (2013) 163(7569) N.L.J. 15................... 4-056
R. (on the application of AA (Sudan)) v Secretary of State for the Home Department [2017] EWCA Civ 138; [2017] 1 W.L.R. 2894; [2017] 4 All E.R. 964; [2017] 3 WLUK 242; [2017] I.N.L.R. 896 4-056
R. (on the application of AA) v Rotherham MBC [2019] EWHC 3529 (Admin); [2019] 12 WLUK 377; (2020) 23 C.C.L. Rep. 41.. 7-056
R. (on the application of AA) v Secretary of State for the Home Department. See R. (on the application of Ignaoua) v Secretary of State for the Home Department.............. 4-017
R. (on the application of Abbasi) v Secretary of State for Foreign and Commonwealth Affairs; sub nom. R. (on the application of Abassi) v Secretary of State for Foreign and Commonwealth Affairs [2002] EWCA Civ 1598; [2002] 11 WLUK 114; [2003] U.K.H.R.R. 76; (2002) 99(47) L.S.G. 29... 1-034, 3-020, 5-056
R. (on the application of Abbey Mine Ltd) v Coal Authority. See Abbey Mine Ltd v Coal Authority... 11-047
R. (on the application of Abraha) v Secretary of State for the Home Department (Costs) [2014] EWHC 3372 (Admin).. 16-101
R. (on the application of Actis SA) v Secretary of State for Communities and Local Government [2007] EWHC 2417 (Admin) 7-031
R. (on the application of AD) v Hackney LBC [2019] EWHC 943 (Admin); [2019] 4 WLUK 228; [2019] E.L.R. 296; [2019] A.C.D. 65.................................. 5-062, 7-054
R. (on the application of AD) v Secretary of State for the Home Department. See R. (on the application of CD) v Secretary of State for the Home Department 7-116
R. (on the application of Adath Yisroel Burial Society) v HM Senior Coroner for Inner North London [2018] EWHC 969 (Admin); [2018] 3 W.L.R. 1354; [2018] 3 All E.R. 1088; [2018] 4 WLUK 527; [2018] H.R.L.R. 15; [2018] Med. L.R. 410; (2018) 162 B.M.L.R. 217; [2018] Inquest L.R. 100; [2018] A.C.D. 61 ..... 9-004, 9-005, 9-007, 9-010, 9-029, 13-089
R. (on the application of Adelana) v Governor of Downview Prison [2008] EWHC 2612 (Admin); [2009] Prison L.R. 254 9-007
R. (on the application of AF) v Kingston Crown Court [2017] EWHC 2706 (Admin); [2018] 1 Cr. App. R. 32; [2018] Crim. L.R. 249; [2018] A.C.D. 4 DC 3-010
R. (on the application of Aguilar Quila) v Secretary of State for the Home Department; R. (on the application of Bibi) v Secretary of State for the Home Department; sub nom. Quila v Secretary of State for the Home Department; Aguilar Quila v Secretary of State for the Home Department; Bibi v Secretary of State for the Home Department [2011] UKSC 45; [2012] 1 A.C. 621; [2011] 3 W.L.R. 836; [2012] 1 All E.R. 1011; [2012] 1 F.L.R. 788; [2011] 3 F.C.R. 575; [2012] H.R.L.R. 2; [2011] U.K.H.R.R. 1347; 33 B.H.R.C. 381; [2012] Imm. A.R. 135; [2011] I.N.L.R. 698; [2012] Fam. Law 21; (2011) 108(41) L.S.G. 15; (2011) 155(39) S.J.L.B. 31 13-086
R. (on the application of AHK) v Secretary of State for the Home Department [2012] EWHC 1117 (Admin); [2012] A.C.D. 66; (2012) 109(20) L.S.G. 26............... 8-010, 8-011
R. (on the application of Ahmad) v Newham LBC [2009] UKHL 14; [2009] 3 All E.R. 755; [2009] P.T.S.R. 632; [2009] H.L.R. 31; [2009] B.L.G.R. 627; (2009) 153(9) S.J.L.B. 29; [2009] N.P.C. 36 .... 3-096, 5-074
R. (on the application of AK) v Secretary of State for Foreign and Commonwealth Affairs [2008] EWHC 2227 (Admin).. 9-007
R. (on the application of Akram) v Secretary of State for the Home Department [2015] EWHC 1359 (Admin); [2015] A.C.D. 113... 16-042
R. (on the application of Al Bazzouni) v Prime Minister; sub nom. Equality and Human Rights Commission v Prime Minister; Al Bazzouni v Prime Minister [2011] EWHC 2401 (Admin); [2012] 1 W.L.R. 1389; [2011] U.K.H.R.R. 1287 .... 3-026, 11-071
R. (on the application of Al Rabbat) v Westminster Magistrates' Court [2017] EWHC 1969 (Admin); [2018] 1 W.L.R. 2009; [2017] 4 All E.R. 1084; [2017] 7 WLUK 754 DC ... 16-054
R. (on the application of Al-Haq) v Secretary of State for Foreign and Commonwealth Affairs [2009] EWHC 1910 (Admin); [2009] 7 WLUK 704; [2009] A.C.D. 76 ...... 1-034, 5-055

TABLE OF CASES

R. (on the application of Al-Le Logistics Ltd) v Traffic Commissioner for the South Eastern and Metropolitan Traffic Area [2010] EWHC 134 (Admin) 10-039, 16-018

R. (on the application of Al-Nashed) v Newham LBC. *See* R. (on the application of Bibi) v Newham LBC (No.1). 7-102

R. (on the application of Al-Saadoon) v Secretary of State for Defence [2009] EWCA Civ 7; [2010] Q.B. 486; [2009] 3 W.L.R. 957; [2010] 1 All E.R. 271; [2009] U.K.H.R.R. 638. 5-055

R. (on the application of Al-Saadoon) v Secretary of State for Defence [2008] EWHC 3098 (Admin); [2008] 12 WLUK 620 12-034

R. (on the application of Al-Saadoon) v Secretary of State for Defence; Rahmatullah v Secretary of State for Defence; Al-Saadoon v Secretary of State for Defence; sub nom. R. (on the application of Rahmatullah) v Secretary of State for Defence) [2016] EWCA Civ 811; [2017] Q.B. 1015; [2017] 2 W.L.R. 219; [2017] 2 All E.R. 453; [2016] H.R.L.R. 20 .... 7-037, 13-063, 13-066

R. (on the application of Al-Sweady) v Secretary of State for Defence [2009] EWHC 2387 (Admin); [2010] H.R.L.R. 2; [2010] U.K.H.R.R. 300 16-027

R. (on the application of Al–Rawi) v Secretary of State for Foreign and Commonwealth Affairs [2006] EWCA Civ 1279; [2008] Q.B. 289; [2007] 2 W.L.R. 1219; [2006] H.R.L.R. 42; [2007] U.K.H.R.R. 58; (2006) 103(41) L.S.G. 33 3-020

R. (on the application of Al–Sweady) v Secretary of State for Defence [2009] EWHC 2387 (Admin); [2010] H.R.L.R. 2; [2010] U.K.H.R.R. 300. 13-066

R. (on the application of Ali) v Secretary of State for Justice; R. (on the application of Tunbridge) v Secretary of State for Justice; R. (on the application of Dennis) v Secretary of State for Justice; R. (on the application of George) v Secretary of State for Justice; R. (on the application of Lawless) v Secretary of State for Justice [2013] EWHC 72 (Admin); [2013] 1 W.L.R. 3536; [2013] 2 All E.R. 1055; [2013] Crim. L.R. 587; [2013] A.C.D. 46. 7-035

R. (on the application of Allen) v HM Coroner for Inner North London [2009] EWCA Civ 623; [2009] LS Law Medical 430; [2009] Inquest L.R. 187 7-037

R. (on the application of Alliance for Natural Health) v Secretary of State for Health (C154/04); R. (on the application of National Association of Health Stores) v Secretary of State for Health (C-155/04) EU:C:2005:449; [2005] 7 WLUK 260; [2005] 2 C.M.L.R. 61 14-142

R. (on the application of Alliance of Turkish Business People Ltd) v Secretary of State for the Home Department [2020] EWCA Civ 553; [2020] 1 W.L.R. 2436; [2020] 4 WLUK 266. .... 12-032, 12-055

R. (on the application of Alliance of Turkish Business People Ltd) v Secretary of State for the Home Department [2019] EWHC 603 (Admin); [2019] 1 W.L.R. 4273; [2019] 3 WLUK 276; [2019] A.C.D. 51 12-055

R. (on the application of Alvi) v Secretary of State for the Home Department [2012] UKSC 33; [2012] 1 W.L.R. 2208; [2012] 4 All E.R. 1041; [2012] Imm. A.R. 998; [2012] I.N.L.R. 504. 9-005

R. (on the application of AM (Cameroon)) v Asylum and Immigration Tribunal [2008] EWCA Civ 100; [2008] 1 W.L.R. 2062; [2008] 4 All E.R. 1159 7-049

R. (on the application of AM) v DPP. *See* R. (on the application of Nicklinson) v Ministry of Justice 1-039, 13-035, 13-048, 13-085

R. (on the application of Ames) v Lord Chancellor [2018] EWHC 2250 (Admin) QBD 3-006, 7-121

R. (on the application of Amin (Imtiaz)) v Secretary of State for the Home Department; R. (on the application of Middleton) v West Somerset Coroner; sub nom. R. (on the application of Middleton) v HM Coroner for Western Somerset [2003] UKHL 51; [2004] 1 A.C. 653; [2003] 3 W.L.R. 1169; [1998] 1 W.L.R. 972; [2003] 4 All E.R. 1264; [2004] H.R.L.R. 3; [2004] U.K.H.R.R. 75; 15 B.H.R.C. 362; (2004) 76 B.M.L.R. 143; [2003] Inquest L.R. 1; [2004] Prison L.R. 140; (2003) 100(44) L.S.G. 32; (2003) 153 N.L.J. 1600 13-063

R. (on the application of Amvac Chemical UK Ltd) v Secretary of State for the Environment, Food and Rural Affairs [2001] EWHC Admin 1011; [2001] 12 WLUK 6; [2002] A.C.D. 34; [2001] N.P.C. 176 QBD 7-056

R. (on the application of Anderson) v Secretary of State for the Home Department; R. (on the application of Taylor) v Secretary of State for the Home Department; sub nom. R. v Secretary of State for the Home Department Ex p. Anderson; R. v Secretary of State for the Home Department Ex p. Taylor [2002] UKHL 46; [2003] 1 A.C. 837; [2002] 3

TABLE OF CASES

W.L.R. 1800; [2002] 4 All E.R. 1089; [2003] 1 Cr. App. R. 32; [2003] H.R.L.R. 7; [2003] U.K.H.R.R. 112; 13 B.H.R.C. 450; [2003] Prison L.R. 36; (2003) 100(3) L.S.G. 31; (2002) 146 S.J.L.B. 272. .... 13-048, 13-104
R. (on the application of Andersson) v Parole Board [2011] EWHC 1049 (Admin) 7-013
R. (on the application of Antoniou) v Central and North West London NHS Foundation Trust [2013] EWHC 3055 (Admin); [2015] 1 W.L.R. 4459; [2013] Med. L.R. 536; (2014) 135 B.M.L.R. 89; [2014] M.H.L.R. 212; [2013] Inquest L.R. 224; [2014] A.C.D. 44. 7-037
R. (on the application of Anufrijeva) v Secretary of State for the Home Department [2003] UKHL 36; [2004] 1 A.C. 604; [2003] 3 W.L.R. 252; [2003] 3 All E.R. 827; [2003] H.R.L.R. 31; [2003] Imm. A.R. 570; [2003] I.N.L.R. 521; (2003) 100(33) L.S.G. 29 . 2-010, 3-026, 7-040
R. (on the application of Aozora GMAC Investment Ltd) v Revenue and Customs Commissioners [2019] EWCA Civ 1643; [2020] 1 All E.R. 803; [2019] S.T.C. 2486; [2019] 10 WLUK 92; [2019] B.T.C. 26; 22 I.T.L. Rep. 191; [2019] S.T.I. 1683 . . . 12-044, 12-056, 12-062, 12-069
R. (on the application of APVCO 19 Ltd) v Revenue and Customs Commissioners; sub nom. R. (on the application of St Matthews (West) Ltd) v HM Treasury [2015] EWCA Civ 648; [2015] S.T.C. 2272; [2015] B.T.C. 26; [2015] S.T.I. 2021 13-096
R. (on the application of Archer) v Revenue and Customs Commissioners [2019] EWCA Civ 1021; [2019] S.T.C. 1353; [2019] 6 WLUK 241; [2019] S.T.I. 1247 .... 16-014, 16-016
R. (on the application of Arthurworrey) v Haringey LBC; sub nom. R. (on the application of Arthurworry) v Haringey LBC [2001] EWHC Admin 698; [2002] I.C.R. 279 QBD 3-072
R. (on the application of Asha Foundation) v Millennium Commission [2003] EWCA Civ 88; [2003] 1 WLUK 236; [2003] A.C.D. 50; (2003) 100(11) L.S.G. 31 7-105
R. (on the application of Ashworth Hospital Authority) v Mental Health Review Tribunal for West Midlands and North West Region. See R. (on the application of H) v Ashworth Hospital Authority 7-106
R. (on the application of ASK) v Secretary of State for the Home Department; R. (on the application of MDA) v Secretary of State for the Home Department [2019] EWCA Civ 1239; [2019] 7 WLUK 222. 11-054
R. (on the application of Association of British Civilian Internees (Far East Region)) v Secretary of State for Defence; sub nom. Association of British Civilian Internees (Far East Region) v Secretary of State for Defence [2003] EWCA Civ 473; [2003] Q.B. 1397; [2003] 3 W.L.R. 80; [2003] A.C.D. 51; (2003) 100(23) L.S.G. 38 11-085
R. (on the application of Association of the British Pharmaceutical Industry) v Medicines and Healthcare Products Regulatory Agency (C-62/09); sub nom. Association of the British Pharmaceutical Industry v Medicines and Healthcare Products Regulatory Agency (C-62/09) EU:C:2010:219; [2011] P.T.S.R. 391; [2010] 4 WLUK 339; [2011] All E.R. (EC) 102; (2010) 115 B.M.L.R. 26; (2010) 160 N.L.J. 620. 14-142
R. (on the application of Aston) v Nursing & Midwifery Council [2004] EWHC 2368 (Admin). 8-066, 8-072
R. (on the application of Awuku) v Secretary of State for the Home Department; R. (on the application of N) v Secretary of State for the Home Department; R. (on the application of Murugesapillai) v Secretary of State for the Home Department; R. (on the application of Hamid) v Secretary of State for the Home Department [2012] EWHC 3298 (Admin). . . . 16-042
R. (on the application of Axon) v Secretary of State for Health [2006] EWHC 37 (Admin); [2006] Q.B. 539; [2006] 2 W.L.R. 1130; [2006] 2 F.L.R. 206; [2006] 1 F.C.R. 175; [2006] H.R.L.R. 12; (2006) 88 B.M.L.R. 96; [2006] A.C.D. 58; [2006] Fam. Law 272; (2006) 103(8) L.S.G. 25 3-026
R. (on the application of AZ) v Secretary of State for the Home Department; sub nom. AZ (Syria) v Secretary of State for the Home Department [2017] EWCA Civ 35; [2017] 4 W.L.R. 94; [2017] 1 WLUK 554. .... 8-024, 14-041
R. (on the application of B (A Child)) v Alperton Community School Head Teacher and Governing Body; R. (on the application of C (A Child)) v Cardinal Newman Roman Catholic School Governing Body; R. (on the application of T (A Child)) v Wembley High School Head Teacher; sub nom. R. v Secretary of State for Education and Employment Ex p. B; R. (on the application of B) v Secretary of State for Education and Employment [2001] EWHC 229 (Admin); [2002] B.L.G.R. 132; [2001] E.L.R. 359; [2002] A.C.D. 15. 7-035
R. (on the application of B) v Director of Legal Aid Casework. See R. (on the application of Gudanaviciene) v Director of Legal Aid Casework 7-035, 7-121, 13-086, 16-089

R. (on the application of B) v Merton LBC [2003] EWHC 1689 (Admin); [2003] 4 All
E.R. 280; [2003] 7 WLUK 382; [2003] 2 F.L.R. 888; [2005] 3 F.C.R. 69; (2003) 6
C.C.L. Rep. 457; [2003] Fam. Law 813 QBD 7-116
R. (on the application of B) v Westminster Magistrates' Court; R. (on the application of U)
v Westminster Magistrates' Court; R. (on the application of M) v Westminster
Magistrates' Court; R. (on the application of N) v Westminster Magistrates' Court; sub
nom. VB v Westminster Magistrates' Court; CU v Westminster Magistrates' Court; CM
v Westminster Magistrates' Court; EN v Westminster Magistrates' Court [2014] UKSC
59; [2015] A.C. 1195; [2014] 3 W.L.R. 1336; [2015] 1 All E.R. 591 .... 8-010, 16-012
R. (on the application of Badger Trust) v Secretary of State for the Environment, Food and
Rural Affairs [2014] EWCA Civ 1405; [2015] Env. L.R. 12 7-031
R. (on the application of Badger Trust) v Welsh Ministers; sub nom. Badger Trust v Welsh
Ministers [2010] EWCA Civ 807; [2010] 6 Costs L.R. 896; (2010) 107(30) L.S.G. 12;
[2010] N.P.C. 79 5-054
R. (on the application of Badmus) v Secretary of State for the Home Department [2020]
EWCA Civ 657; [2020] 5 WLUK 265 16-057
R. (on the application of Bagdanavicius) v Secretary of State for the Home Department
[2005] UKHL 38; [2005] 2 A.C. 668; [2005] 2 W.L.R. 1359; [2005] 4 All E.R. 263;
[2005] H.R.L.R. 24; [2005] U.K.H.R.R. 907; [2005] Imm. A.R. 430; [2005] I.N.L.R.
422.. 13-066
R. (on the application of Bahrami) v Immigration Appeal Tribunal [2003] EWHC 1453
(Admin); [2003] 6 WLUK 37 QBD 7-105
R. (on the application of Bahta) v Secretary of State for the Home Department [2011]
EWCA Civ 895; [2011] C.P. Rep. 43; [2011] 5 Costs L.R. 857; [2011] A.C.D. 116 16-101
R. (on the application of Baiai) v Secretary of State for the Home Department; R. (on the
application of Bigoku) v Secretary of State for the Home Department; R. (on the
application of Tilki) v Secretary of State for the Home Department; R. (on the
application of Trzcinska) v Secretary of State for the Home Department [2008] UKHL
53; [2009] 1 A.C. 287; [2008] 3 W.L.R. 549; [2008] 3 All E.R. 1094; [2008] 2 F.L.R.
1462; [2008] 3 F.C.R. 1; [2008] H.R.L.R. 45; [2008] U.K.H.R.R. 1232; 26 B.H.R.C.
429; [2008] Fam. Law 994; (2008) 158 N.L.J. 1225; (2008) 152(31) S.J.L.B. 29. 13-104
R. (on the application of Bailey) v Brent LBC; sub nom. Bailey v Brent LBC [2011]
EWCA Civ 1586; [2012] Eq. L.R. 168; [2012] B.L.G.R. 530 5-079
R. (on the application of Baird) v Environment Agency [2011] EWHC 939 (Admin) QBD ... 7-056
R. (on the application of Baker) v Secretary of State for Communities and Local
Government; sub nom. Baker v Secretary of State for Communities and Local
Government [2008] EWCA Civ 141; [2009] P.T.S.R. 809; [2008] B.L.G.R. 239; [2008]
2 P. & C.R. 6; [2008] J.P.L. 1469; [2008] A.C.D. 62; (2008) 105(10) L.S.G. 27; (2008)
152(10) S.J.L.B. 31; [2008] N.P.C. 26 5-079
R. (on the application of Bancoult) v Secretary of State for Foreign and Commonwealth
Affairs [2008] UKHL 61; [2009] 1 A.C. 453; [2008] 3 W.L.R. 955; [2008] 4 All E.R.
1055; [2008] 10 WLUK 552; (2008) 105(42) L.S.G. 20; (2008) 158 N.L.J. 1530; (2008)
152(41) S.J.L.B. 29 .. 2-009, 3-043, 7-115, 7-116, 11-006, 11-054, 11-094, 12-032, 12-043, 12-062
R. (on the application of Bancoult) v Secretary of State for Foreign and Commonwealth
Affairs [2016] UKSC 35; [2017] A.C. 300; [2016] 3 W.L.R. 157; [2017] 1 All E.R. 403;
[2016] H.R.L.R. 16... 16-027
R. (on the application of Bancoult) v Secretary of State for the Foreign and
Commonwealth Office; sub nom. R. (on the application of Bancoult) v Secretary of
State for Foreign and Commonwealth Affairs; R. v Secretary of State for the Foreign
and Commonwealth Office Ex p. Bancoult [2001] Q.B. 1067; [2001] 2 W.L.R. 1219;
[2001] A.C.D. 18; (2000) 97(47) L.S.G. 39 11-054
R. (on the application of Banks) v Secretary of State for the Environment, Food and Rural
Affairs; sub nom. Banks v Secretary of State for the Environment, Food and Rural
Affairs [2004] EWHC 416 (Admin); [2004] N.P.C. 43 8-047
R. (on the application of Banks) v Tower Hamlets LBC [2009] EWHC 242 (Admin) 9-010
R. (on the application of BAPIO Action Ltd) v Secretary of State for the Home
Department [2007] EWCA Civ 1139; [2008] A.C.D. 7 .... 5-079, 7-014
R. (on the application of BAPIO Action Ltd) v Secretary of State for the Home
Department [2008] UKHL 27; [2008] 1 A.C. 1003; [2008] 2 W.L.R. 1073; [2009] 1 All
E.R. 93; [2008] I.C.R. 659; [2009] I.N.L.R. 196; [2008] LS Law Medical 265; (2008)
105(19) L.S.G. 26; (2008) 152(19) S.J.L.B. 28 3-026
R. (on the application of Baxter) v Lincolnshire CC [2015] EWCA Civ 1290; [2016] 1
Costs L.O. 37; (2016) 19 C.C.L. Rep. 160; [2016] L.L.R. 321 16-101

R. (on the application of Beale) v Camden LBC [2004] EWHC 6 (Admin); [2004] 1
WLUK 62; [2004] H.L.R. 48; [2004] B.L.G.R. 291; [2004] N.P.C. 2 QBD 7-056, 12-034
R. (on the application of Beer (t/a Hammer Trout Farm)) v Hampshire Farmers Markets
Ltd; sub nom. Hampshire CC v Beer (t/a Hammer Trout Farm) [2003] EWCA Civ
1056; [2004] 1 W.L.R. 233; [2004] U.K.H.R.R. 727; [2003] L.L.R. 681; [2003] 31 E.G.
67 (C.S.); (2003) 100(36) L.S.G. 40; (2003) 147 S.J.L.B. 1085; [2003] N.P.C. 93.... 3-066, 3-092,
3-095, 3-096
R. (on the application of Begum) v Denbigh High School Governors; sub nom. R. (on the
application of SB) v Denbigh High School Governors [2006] UKHL 15; [2007] 1 A.C.
100; [2006] 2 W.L.R. 719; [2006] 2 All E.R. 487; [2006] 1 F.C.R. 613; [2006] H.R.L.R.
21; [2006] U.K.H.R.R. 708; 23 B.H.R.C. 276; [2006] E.L.R. 273; (2006) 103(14)
L.S.G. 29; (2006) 156 N.L.J. 552 13-035
R. (on the application of Belhaj) v DPP [2018] UKSC 33; [2019] A.C. 593; [2018] 3
W.L.R. 435; [2018] 4 All E.R. 561; [2018] 7 WLUK 44; [2018] 2 Cr. App. R. 33 .... 3-020, 5-007,
8-016, 16-002, 16-067
R. (on the application of Bernard) v Enfield LBC [2002] EWHC 2282 (Admin); [2003]
H.R.L.R. 4; [2003] U.K.H.R.R. 148; [2003] H.L.R. 27; [2003] B.L.G.R. 423; (2002) 5
C.C.L. Rep. 577; [2003] A.C.D. 26; (2002) 99(48) L.S.G. 27 19-095
R. (on the application of Bevan & Clarke LLP) v Neath Port Talbot CBC [2012] EWHC
236 (Admin); [2012] B.L.G.R. 728; (2012) 15 C.C.L. Rep. 294; [2012] A.C.D. 62 QBD 3-092
R. (on the application of Bewley Homes Plc) v Waverley BC [2017] EWHC 1776
(Admin); [2018] P.T.S.R. 423; [2017] 7 WLUK 397; [2017] 2 P. & C.R. 19 QBD 7-105
R. (on the application of Bhatti) v Bury MBC [2013] EWHC 3093 (Admin); (2014) 17
C.C.L. Rep. 64 16-041
R. (on the application of Bhutta) v HM Treasury [2011] EWHC 1789 (Admin); [2011]
A.C.D. 106 7-035
R. (on the application of Bibi) v Newham LBC (No.1); R. (on the application of Al-
Nashed) v Newham LBC; sub nom. R. v Newham LBC Ex p. Bibi; R. v Newham LBC
Ex p. Al-Nashed [2001] EWCA Civ 607; [2002] 1 W.L.R. 237; [2001] 4 WLUK 438;
(2001) 33 H.L.R. 84; (2001) 98(23) L.S.G. 38; [2001] N.P.C. 83 7-102
R. (on the application of Bibi) v Secretary of State for the Home Department; sub nom. R.
(on the application of Ali) v Secretary of State for the Home Department [2015] UKSC
68; [2015] 1 W.L.R. 5055; [2016] 2 All E.R. 193; [2016] H.R.L.R. 4; 40 B.H.R.C. 606;
[2016] Imm. A.R. 270; [2016] I.N.L.R. 314 .... 13-087, 13-101
R. (on the application of Bishop v Westminster Council [2017] EWHC 3102 (Admin);
[2017] 12 WLUK 430 12-034
R. (on the application of Black) v Secretary of State for the Home Department; sub nom.
R. (on the application of Black) v Secretary of State for Justice [2009] UKHL 1; [2009]
1 A.C. 949; [2009] 2 W.L.R. 282; [2009] 4 All E.R. 1; [2009] H.R.L.R. 15; [2009]
U.K.H.R.R. 382; 26 B.H.R.C. 664; [2009] Prison L.R. 395; (2009) 153(4) S.J.L.B. 27 13-075
R. (on the application of Bloomsbury Institute Ltd) v Office for Students [2020] EWCA
Civ 1074; [2020] 8 WLUK 96 .... 5-174, 5-179, 7-055
R. (on the application of Blue Green London Plan) v Secretary of State for the
Environment, Food and Rural Affairs; R. (on the application of Southwark LBC) v
Secretary of State for Communities and Local Government [2015] EWHC 495 (Admin) ... 17-027
R. (on the application of Bokrosova) v Lambeth LBC; sub nom. Bokrosova v Lambeth
LBC [2015] EWHC 3386 (Admin); [2016] P.T.S.R. 355; [2016] H.L.R. 10 18-050
R. (on the application of Bourgass) v Secretary of State for Justice. See R. (on the
application of King) v Secretary of State for Justice 5-190, 7-035, 10-094, 13-086
R. (on the application of Boxall) v Waltham Forest LBC (2001) 4 C.C.L. Rep. 258 QBD
(Admin) 16-092, 16-101
R. (on the application of Boyejo) v Barnet LBC; sub nom. R. (on the application of Smith)
v Portsmouth City Council [2009] EWHC 3261 (Admin); (2010) 13 C.C.L. Rep. 72 5-079
R. (on the application of Boyle) v Haverhill Pub Watch [2009] EWHC 2441 (Admin);
[2009] 10 WLUK 213; [2010] L.L.R. 93 3-049
R. (on the application of Bradley) v Secretary of State for Work and Pensions [2008]
EWCA Civ 36; [2009] Q.B. 114; [2008] 3 W.L.R. 1059; [2008] 3 All E.R. 1116; [2008]
2 WLUK 150; [2008] Pens. L.R. 103 3-018
R. (on the application of Brady) v Lord Chancellor [2017] EWHC 410 (Admin); [2017] 2
WLUK 534; [2017] M.H.L.R. 274 QBD 7-121
R. (on the application of Bramhall) v General Medical Council [2019] EWHC 3525
(Admin); [2019] 12 WLUK 494 7-105

TABLE OF CASES

R. (on the application of Breckland DC) v Electoral Commission Boundary Committee for England; R. (on the application of East Devon DC) v Electoral Commission Boundary Committee for England; sub nom. Breckland DC v Boundary Committee [2009] EWCA Civ 239; [2009] P.T.S.R. 1611; [2009] B.L.G.R. 589; (2009) 153(12) S.J.L.B. 28.. 7-013, 7-056

R. (on the application of Brenner) v Hackney LBC. *See* R. (on the application of Holborn Studios Ltd) v Hackney LBC 7-056

R. (on the application of Bridges) v Chief Constable of South Wales [2020] EWCA Civ 1058; [2020] 8 WLUK 64 .... 13-082, 13-086

R. (on the application of Bright) v Secretary of State for Justice; R. (on the application of Keeley) v Secretary of State for Justice; sub nom. Bright v Governor of Whitemoor Prison [2014] EWCA Civ 1628; [2015] 1 W.L.R. 723 13-086

R. (on the application of British Academy of Songwriters, Composers and Authors) v Secretary of State for Business, Innovation and Skills [2015] EWHC 1723 (Admin); [2015] Bus. L.R. 1435; [2015] 3 C.M.L.R. 28; [2015] R.P.C. 26; [2015] A.C.D. 116........ 10-064

R. (on the application of British American Tobacco UK Ltd) v Secretary of State for Health; R. (on the application of Philip Morris Brands Sarl) v Secretary of State for Health [2014] EWHC 3515 (Admin); [2014] 10 WLUK 737; [2015] 1 C.M.L.R. 35; [2015] A.C.D. 6 QBD 2-073

R. (on the application of British American Tobacco UK Ltd) v Secretary of State for Health [2004] EWHC 2493 (Admin); [2005] A.C.D. 27; (2004) 101(45) L.S.G. 33 13-090

R. (on the application of British Blind and Shutter Association) v Secretary of State for Housing, Communities and Local Government [2019] EWHC 3162 (Admin); [2019] 11 WLUK 331 7-056

R. (on the application of British Gas Trading Ltd) v Gas and Electricity Markets Authority [2019] EWHC 3048 (Admin); [2019] 11 WLUK 152 7-056

R. (on the application of British Medical Association) v General Medical Council [2017] EWCA Civ 2191; [2018] 4 W.L.R. 31; [2017] 12 WLUK 665 7-068

R. (on the application of British Sky Broadcasting Ltd) v Central Criminal Court [2011] EWHC 3451 (Admin); [2012] Q.B. 785; [2012] 3 W.L.R. 78 11-047

R. (on the application of British Sky Broadcasting Ltd) v Central Criminal Court; sub nom. R. (on the application of British Sky Broadcasting Ltd) v Commissioner of Police of the Metropolis [2014] UKSC 17; [2014] A.C. 885; [2014] 2 W.L.R. 558; [2014] 2 All E.R. 705; [2014] E.M.L.R. 18; [2014] Crim. L.R. 620 8-010

R. (on the application of Broad) v Rochford DC [2019] EWHC 628 (Admin); [2019] 3 WLUK 793 7-056

R. (on the application of Broadway Care Centre Ltd) v Caerphilly CBC [2012] EWHC 37 (Admin); [2012] 1 WLUK 358; (2012) 15 C.C.L. Rep. 82; [2012] C.L.Y. 3158 2-062

R. (on the application of Brooke Energy Ltd) v Secretary of State for Business, Energy and Industrial Strategy [2018] EWHC 2012 (Admin); [2018] 7 WLUK 741 ..... 12-011, 12-011A

R. (on the application of Brooke) v Parole Board; R. (on the application of Murphy) v Parole Board; R. (on the application of O'Connell) v Parole Board [2008] EWCA Civ 29; [2008] 1 W.L.R. 1950; [2008] 3 All E.R. 289; [2008] H.R.L.R. 21; [2008] U.K.H.R.R. 500; [2008] Prison L.R. 99; (2008) 152(6) S.J.L.B. 31 13-075

R. (on the application of Brown) v Secretary of State for Work and Pensions and another (Equality and Human Rights Commission intervening) [2008] EWHC 3158 (Admin); [2009] P.T.S.R. 1506 5-079

R. (on the application of Bruton) v Secretary of State for Justice [2017] EWHC 1967 (Admin); [2017] 4 W.L.R. 152; [2017] A.C.D. 110 8-066

R. (on the application of Buckingham) v NHS Corby Clinical Commissioning Group [2018] EWHC 2080 (Admin); [2018] 7 WLUK 789; [2018] A.C.D. 111 12-008

R. (on the application of Buckinghamshire CC) v Kingston upon Thames RLBC; sub nom. Buckinghamshire CC v Kingston upon Thames RLBC [2011] EWCA Civ 457; [2012] P.T.S.R. 854; (2011) 14 C.C.L. Rep. 426; [2011] A.C.D. 83; [2011] Fam. Law 814 7-014

R. (on the application of Buckinghamshire CC) v Secretary of State for Transport; R. (on the application of Heathrow Hub Ltd) v Secretary of State for Transport; R. (on the application of HS2 Action Alliance Ltd) v Secretary of State for Transport; sub nom. R. (on the application of Hillingdon LBC) v Secretary of State for Transport); HS2 Action Alliance Ltd v Secretary of State for Transport [2014] UKSC 3; [2014] 1 W.L.R. 324; [2014] 2 All E.R. 109; [2014] P.T.S.R. 182; [2014] 1 WLUK 434 .... 3-018, 14-109

R. (on the application of Bukartyk) v Welwyn Hatfield BC [2019] EWHC 3480 (Admin); [2019] 12 WLUK 207; [2020] H.L.R. 19 11-047

TABLE OF CASES

R. (on the application of Burke) v General Medical Council [2005] EWCA Civ 1003; [2006] Q.B. 273; [2005] 3 W.L.R. 1132; [2005] 2 F.L.R. 1223; [2005] 3 F.C.R. 169; [2005] H.R.L.R. 35; [2006] U.K.H.R.R. 509; (2005) 8 C.C.L. Rep. 463; [2005] Lloyd's Rep. Med. 403; (2005) 85 B.M.L.R. 1; [2006] A.C.D. 27; [2005] Fam. Law 776; (2005) 155 N.L.J. 1457 .... 3-026, 5-142

R. (on the application of Burkett) v Hammersmith and Fulham LBC (Costs) [2004] EWCA Civ 1342; [2005] C.P. Rep. 11; [2005] 1 Costs L.R. 104; [2005] J.P.L. 525; [2005] A.C.D. 73; (2004) 101(42) L.S.G. 30; (2004) 148 S.J.L.B. 1245 16-086

R. (on the application of Burkett) v Hammersmith and Fulham LBC (No.1); sub nom. Burkett, Re; R. v Hammersmith and Fulham LBC Ex p. Burkett [2002] UKHL 23; [2002] 1 W.L.R. 1593; [2002] 3 All E.R. 97; [2002] C.P. Rep. 66; [2003] Env. L.R. 6; [2003] 1 P. & C.R. 3; [2002] 2 P.L.R. 90; [2002] J.P.L. 1346; [2002] A.C.D. 81; [2002] 22 E.G. 136 (C.S.); (2002) 99(27) L.S.G. 34; (2002) 152 N.L.J. 847; (2002) 146 S.J.L.B. 137; [2002] N.P.C. 75 .... 16-057, 16-068

R. (on the application of Butt) v Secretary of State for the Home Department [2019] EWCA Civ 256; [2019] 1 W.L.R. 3873; [2019] 3 WLUK 128; [2019] H.R.L.R. 10. . 2-062, 13-082, 13-086, 13-090

R. (on the application of Butt) v Secretary of State for the Home Department; sub nom. Butt v Secretary of State for the Home Department [2017] EWHC 1930 (Admin); [2017] 4 W.L.R. 154; [2017] H.R.L.R. 12; [2017] E.L.R. 537; [2017] A.C.D. 109 13-090

R. (on the application of Butt) v Secretary of State for the Home Department; R. (on the application of Patel) v Secretary of State for the Home Department; R. (on the application of Siddique) v Secretary of State for the Home Department; R. (on the application of Kiran) v Secretary of State for the Home Department [2014] EWHC 264 (Admin) 16-042

R. (on the application of Byndloss) v Secretary of State for the Home Department; sub nom. R. (on the application of Kiarie) v Secretary of State for the Home Department [2017] UKSC 42; [2017] 1 W.L.R. 2380; [2017] 4 All E.R. 811; [2017] H.R.L.R. 7; [2017] Imm. A.R. 1299; [2017] I.N.L.R. 909 .... 13-087, 18-048

R. (on the application of C) v Commissioner of Police of the Metropolis; sub nom. R. (on the application of J) v Commissioner of Police of the Metropolis [2012] EWHC 1681 (Admin); [2012] 1 W.L.R. 3007; [2012] 4 All E.R. 510; [2012] H.R.L.R. 26; [2012] A.C.D. 103; (2012) 109(28) L.S.G. 21 13-086

R. (on the application of C) v Financial Services Authority; sub nom. R. (on the application of Willford) v Financial Services Authority [2013] EWCA Civ 677; [2013] 6 WLUK 339 .... 7-105, 16-014

R. (on the application of C) v Mental Health Review Tribunal; sub nom. R. (on the application of C) v London South and South West Region Mental Health Review Tribunal [2001] EWCA Civ 1110; [2002] 1 W.L.R. 176; [2002] 2 F.C.R. 181; (2001) 4 C.C.L. Rep. 284; [2001] Lloyd's Rep. Med. 450; [2001] M.H.L.R. 110; (2001) 98(29) L.S.G. 39; (2001) 145 S.J.L.B. 167 11-071

R. (on the application of C) v Secretary of State for Justice [2008] EWCA Civ 882; [2009] Q.B. 657; [2009] 2 W.L.R. 1039; [2008] 7 WLUK 852; [2009] U.K.H.R.R. 688; [2010] 1 Prison L.R. 156 7-115

R. (on the application of C) v Secretary of State for Work and Pensions [2017] UKSC 72; [2017] 1 W.L.R. 4127; [2018] 2 All E.R. 391; [2017] P.T.S.R. 1476; [2017] 11 WLUK 3; [2017] H.R.L.R. 17; 44 B.H.R.C. 209; [2017] Info. T.L.R. 1 13-086

R. (on the application of C) v Stratford Magistrates' Court [2012] EWHC 154 (Admin) 12-031

R. (on the application of Campaign Against Arms Trade) v Secretary of State for International Trade [2019] EWCA Civ 1020; [2019] 1 W.L.R. 5765; [2019] 6 WLUK 314; [2019] H.R.L.R. 14 .... 5-019, 11-047

R. (on the application of Campaign for Nuclear Disarmament) v Prime Minister; sub nom. Campaign for Nuclear Disarmament v Prime Minister of the United Kingdom [2002] EWHC 2777 (Admin); [2002] 12 WLUK 505; [2003] A.C.D. 36 1-034

R. (on the application of Campaign to Protect Rural England) v Dover DC; sub nom. R. (on the application of CPRE Kent) v Dover DC [2016] EWCA Civ 936; [2016] 9 WLUK 214; [2017] J.P.L. 180 7-105

R. (on the application of Campaign to Protect Rural England) v Dover DC. *See* Dover DC v Campaign to Protect Rural England (Kent) .. 1-024, 7-092, 7-095A, 7-101, 7-105, 7-106, 7-115, 7-116

R. (on the application of Campaign to Protect Rural England) v Herefordshire Council [2019] EWHC 3458 (Admin); [2019] 12 WLUK 296 12-034

R. (on the application of Capenhurst) v Leicester City Council [2004] EWHC 2124
(Admin); [2004] 9 WLUK 168; (2004) 7 C.C.L. Rep. 557 QBD......................... 7-056
R. (on the application of Carmichael) v Secretary of State for Work and Pensions; R. (on
the application of Rutherford) v Secretary of State for Work and Pensions; R. (on the
application of A) v Secretary of State for Work and Pensions; R. (on the application of
Daly) v Secretary of State for Work and Pensions; sub nom. R. (on the application of
MA) v Secretary of State for Work and Pensions [2016] UKSC 58; [2016] 1 W.L.R.
4550; [2017] 1 All E.R. 869; [2016] P.T.S.R. 1422; [2016] H.R.L.R. 24; [2016] H.L.R.
46; (2017) 20 C.C.L. Rep. 103 13-101
R. (on the application of Carson) v Secretary of State for Work and Pensions; R. (on the
application of Reynolds) v Secretary of State for Work and Pensions; sub nom. Carson
v Secretary of State for Work and Pensions [2005] UKHL 37; [2006] 1 A.C. 173; [2005]
2 W.L.R. 1369; [2005] 4 All E.R. 545; [2005] H.R.L.R. 23; [2005] U.K.H.R.R. 1185;
18 B.H.R.C. 677 13-101
R. (on the application of Cart) v Upper Tribunal; R. (on the application of MR (Pakistan))
v Upper Tribunal [2011] UKSC 28; [2012] 1 A.C. 663; [2011] 3 W.L.R. 107; [2011] 4
All E.R. 127; [2011] P.T.S.R. 1053; [2011] S.T.C. 1659; [2012] 1 F.L.R. 997; [2011]
Imm. A.R. 704; [2011] M.H.L.R. 196; [2012] Fam. Law 398; [2011] S.T.I. 1943; (2011)
161 N.L.J. 916; (2011) 155(25) S.J.L.B. 35 .... 3-018, 17-006
R. (on the application of Carton) v Coventry City Council. *See* R. (on the application of
Morgan) v Coventry City Council 7-056
R. (on the application of Cartref Care Home Ltd) v Revenue and Customs Commissioners
[2019] EWHC 3382 (Admin); [2020] S.T.C. 516; [2019] 12 WLUK 618; [2019] B.T.C.
37; [2020] S.T.I. 226 7-035
R. (on the application of Catt) v Association of Chief Police Officers of England, Wales
and Northern Ireland; R. (on the application of T) v Commissioner of Police of the
Metropolis; sub nom. R. (on the application of Catt) v Commissioner of Police of the
Metropolis [2015] UKSC 9; [2015] A.C. 1065; [2015] 2 W.L.R. 664; [2015] 2 All E.R.
727; [2015] H.R.L.R. 4; 41 B.H.R.C. 108.................................. 13-082, 13-086
R. (on the application of CD) v Secretary of State for the Home Department; sub nom. R.
(on the application of AD) v Secretary of State for the Home Department; R. (on the
application of D) v Secretary of State for the Home Department [2003] EWHC 155
(Admin); [2003] 1 WLUK 237; [2003] 1 F.L.R. 979; [2003] Prison L.R. 220; [2003]
A.C.D. 69; [2003] Fam. Law 315 QBD 7-116
R. (on the application of Challender) v Legal Services Commission [2004] EWHC 925
(Admin); [2004] Inquest L.R. 58; [2004] A.C.D. 57 7-131
R. (on the application of Champion) v North Norfolk DC; sub nom. Champion v North
Norfolk DC [2015] UKSC 52; [2015] 1 W.L.R. 3710; [2015] 4 All E.R. 169; [2015] 7
WLUK 735; [2016] Env. L.R. 5; [2015] B.L.G.R. 593; [2016] 1 P. & C.R. 19 2-025
R. (on the application of Chandler) v Secretary of State for Children, Schools and
Families; sub nom. Chandler v Camden LBC [2009] EWCA Civ 1011; [2010] P.T.S.R.
749; [2010] 1 C.M.L.R. 19; [2010] Eu. L.R. 232; [2010] B.L.G.R. 1; [2010] E.L.R. 192;
[2010] A.C.D. 7.. 10-064
R. (on the application of Chester) v Secretary of State for Justice; McGeoch v Lord
President of the Council; sub nom. Chester v Secretary of State for Justice [2013]
UKSC 63; [2014] A.C. 271; [2013] 3 W.L.R. 1076; [2014] 1 All E.R. 683; 2014 S.C.
(U.K.S.C.) 25; 2014 S.L.T. 143; [2014] 1 C.M.L.R. 45; [2014] H.R.L.R. 3; 2013
G.W.D. 34-676... 13-036, 14-096
R. (on the application of Chief Constable of Lancashire) v Preston Crown Court; R. (on
the application of Smith) v Lincoln Crown Court [2001] EWHC Admin 928; [2002] 1
W.L.R. 1332; [2002] U.K.H.R.R. 31; [2002] A.C.D. 39 7-035
R. (on the application of Chief Constable of Northumbria) v Police Appeals Tribunal
[2019] EWHC 3352 (Admin); [2019] 12 WLUK 78 11-087
R. (on the application of Chief Constable of Nottinghamshire) v Nottingham Magistrates'
Court [2009] EWHC 3182 (Admin); [2010] 2 All E.R. 342; [2011] P.T.S.R. 92; (2010)
174 J.P. 1 7-013
R. (on the application of Chief Constable of the West Midlands) v Birmingham
Magistrates Court; sub nom. R. (on the application of Chief Constable of the West
Midlands) v Birmingham Justices [2002] EWHC 1087 (Admin); [2002] Po. L.R. 157;
[2003] Crim. L.R. 37; [2003] A.C.D. 18; (2002) 99(28) L.S.G. 32; (2002) 146 S.J.L.B.
159.. 5-189
R. (on the application of Christian Concern) v Secretary of State for Health and Social
Care [2020] EWHC 1546 (Admin); [2020] 5 WLUK 489; [2020] A.C.D. 84 .... 5-035, 11-056

TABLE OF CASES

R. (on the application of Citizens UK) v Secretary of State for the Home Department [2018] EWCA Civ 1812; [2018] 4 W.L.R. 123; [2018] 7 WLUK 730. . 7-014, 7-040, 8-064, 16-027

R. (on the application of Clientearth) v Secretary of State for Business, Energy and Industrial Strategy [2020] EWHC 1303 (Admin); [2020] 5 WLUK 330 .... 5-089, 5-135

R. (on the application of ClientEarth) v Secretary of State for the Environment, Food and Rural Affairs [2015] UKSC 28; [2015] 4 All E.R. 724; [2015] P.T.S.R. 909; [2015] 3 C.M.L.R. 15; [2015] Env. L.R. D7 18-024

R. (on the application of Clift) v Secretary of State for the Home Department; R. (on the application of Headley) v Secretary of State for the Home Department; R. (on the application of Hindawi) v Secretary of State for the Home Department; sub nom. Hindawi v Secretary of State for the Home Department; Secretary of State for the Home Department v Hindawi; Secretary of State for the Home Department v Headley [2006] UKHL 54; [2007] 1 A.C. 484; [2007] 2 W.L.R. 24; [2007] 2 All E.R. 1; [2007] H.R.L.R. 12; [2007] U.K.H.R.R. 348; 21 B.H.R.C. 704; [2007] Prison L.R. 125; [2007] A.C.D. 27 .... 13-037, 13-104

R. (on the application of Clue) v Birmingham City Council; sub nom. Birmingham City Council v Clue [2010] EWCA Civ 460; [2011] 1 W.L.R. 99; [2010] 4 All E.R. 423; [2010] P.T.S.R. 2051; [2010] 2 F.L.R. 1011; [2010] 3 F.C.R. 475; [2010] B.L.G.R. 485; (2010) 13 C.C.L. Rep. 276; [2010] Fam. Law 802; (2010) 154(18) S.J.L.B. 29 5-141

R. (on the application of Cockburn) v Secretary of State for Health; sub nom. Cockburn v Secretary of State for Health [2011] EWHC 2095 (Admin); [2011] Eq. L.R. 1139; [2011] Pens. L.R. 367; [2011] A.C.D. 122 13-101

R. (on the application of Community Against Dean Super Quarry Ltd) v Cornwall Council [2017] EWHC 74 (Admin); [2017] 1 WLUK 435; [2017] Env. L.R. 26 5-086

R. (on the application of Compton) v Wiltshire Primary Care Trust [2008] EWCA Civ 749; [2009] 1 W.L.R. 1436; [2009] 1 All E.R. 978; [2009] P.T.S.R. 753; [2008] C.P. Rep. 36; [2008] 6 Costs L.R. 898; [2008] A.C.D. 68; (2008) 105(27) L.S.G. 21; (2008) 152(27) S.J.L.B. 29 10-047

R. (on the application of Connolly) v Havering LBC [2009] EWCA Civ 1059; [2010] 2 P. & C.R. 1; [2009] N.P.C. 114 11-046

R. (on the application of Connolly) v Northamptonshire CC. See R. (on the application of WX) v Northamptonshire CC 5-148, 7-056, 7-057

R. (on the application of Conway) v Secretary of State for Justice [2018] EWCA Civ 1431; [2018] 3 W.L.R. 925; [2018] 6 WLUK 544; (2018) 163 B.M.L.R. 73; [2018] W.T.L.R. 597 .... 1-039, 1-042A, 13-085

R. (on the application of Conway) v Secretary of State for Justice [2017] EWCA Civ 275; (2017) 156 B.M.L.R. 169 13-048

R. (on the application of Conway) v Secretary of State for Justice [2018] EWCA Civ 1431; [2020] Q.B. 1; [2018] 3 W.L.R. 925; [2019] 1 All E.R. 39; [2018] 6 WLUK 544; [2018] H.R.L.R. 19; (2018) 163 B.M.L.R. 73; [2018] W.T.L.R. 597 13-048

R. (on the application of Cooper) v Ashford BC [2016] EWHC 1525 (Admin); [2016] P.T.S.R. 1455 18-050

R. (on the application of Cope) v Returning Officer for the Basingstoke Parliamentary Constituency [2015] EWHC 3958 (Admin); [2015] 7 WLUK 854 13-045

R. (on the application of Corbett) v Cornwall Council [2020] EWCA Civ 508; [2020] 4 WLUK 127; [2020] J.P.L. 1277 5-089

R. (on the application of Core Issues Trust) v Transport for London; sub nom. Core Issues Trust v Transport for London [2014] EWCA Civ 34; [2014] P.T.S.R. 785; [2014] Eq. L.R. 164; (2014) 158(5) S.J.L.B. 37 13-090

R. (on the application of Corner House Research) v Director of the Serious Fraud Office [2008] UKHL 60; [2009] 1 A.C. 756; [2008] 3 W.L.R. 568; [2008] 4 All E.R. 927; [2008] Lloyd's Rep. F.C. 537; [2009] Crim. L.R. 46; (2008) 158 N.L.J. 1149; (2008) 152(32) S.J.L.B. 29 .... 5-054, 11-058

R. (on the application of Corner House Research) v Secretary of State for Trade and Industry [2005] EWCA Civ 192; [2005] 1 W.L.R. 2600; [2005] 4 All E.R. 1; [2005] C.P. Rep. 28; [2005] 3 Costs L.R. 455; [2005] A.C.D. 100; (2005) 102(17) L.S.G. 31; (2005) 149 S.J.L.B. 297 16-092

R. (on the application of Corus UK Ltd (t/a Orb Eletrical Steels)) v Newport City Council; sub nom. R. (on the application of Tata Steel UK Ltd) v Newport City Council [2010] EWCA Civ 1626 8-066

R. (on the application of Cotter (A Child)) v National Institute for Health and Care Excellence ("NICE") [2020] EWCA Civ 1037; [2020] 8 WLUK 34 5-089

TABLE OF CASES

R. (on the application of Coughlan) v Minister for the Cabinet Office [2020] EWCA Civ 723; [2020] 1 W.L.R. 3300; [2020] 6 WLUK 55; [2020] H.R.L.R. 14 5-099
R. (on the application of Countryside Alliance) v Attorney General; R. (on the application of Derwin) v Attorney General; R. (on the application of Friend) v Attorney General [2007] UKHL 52; [2008] 1 A.C. 719; [2007] 3 W.L.R. 922; [2008] 2 All E.R. 95; [2008] Eu. L.R. 359; [2008] H.R.L.R. 10; [2008] U.K.H.R.R. 1; (2007) 104(48) L.S.G. 23; (2007) 157 N.L.J. 1730; (2007) 151 S.J.L.B. 1564; [2007] N.P.C. 127 14-109
R. (on the application of CPRE Kent) v Dover DC. *See* R. (on the application of Campaign to Protect Rural England) v Dover DC 7-105
R. (on the application of Cruelty Free International (formerly BUAV)) v Secretary of State for the Home Department [2015] EWHC 3631 (Admin); [2016] P.T.S.R. 431 3-029
R. (on the application of Cushnie) v Secretary of State for Health [2014] EWHC 3626 (Admin); [2015] P.T.S.R. 384; [2015] A.C.D. 35 13-101
R. (on the application of CXF) v Central Bedfordshire Council [2018] EWCA Civ 2852; [2019] 1 W.L.R. 1862; [2019] 3 All E.R. 20; [2018] 12 WLUK 389; (2019) 22 C.C.L. Rep. 194; [2019] Med. L.R. 88; (2019) 166 B.M.L.R. 191; [2019] M.H.L.R. 16 ..... 5-038, 5-141
R. (on the application of D) v Secretary of State for the Home Department. *See* R. (on the application of CD) v Secretary of State for the Home Department 7-116
R. (on the application of D) v Secretary of State for the Home Department; sub nom. D v Secretary of State for the Home Department [2002] EWHC 2805 (Admin); [2003] 1 W.L.R. 1315; [2003] U.K.H.R.R. 221; [2003] M.H.L.R. 193; [2003] Prison L.R. 178; [2003] A.C.D. 84. 13-104
R. (on the application of D) v Secretary of State for the Home Department [2006] EWCA Civ 143; [2006] 3 All E.R. 946; [2006] H.R.L.R. 24; [2006] Inquest L.R. 35; [2006] A.C.D. 66 7-131
R. (on the application of D2M Solutions Ltd) v Secretary of State for Communities and Local Government; sub nom. D2M Solutions Ltd v Secretary of State for Communities and Local Government [2017] EWHC 3409 (Admin); [2018] P.T.S.R. 1125; [2017] 12 WLUK 638; [2018] J.P.L. 686. .... 13-096, 19-099
R. (on the application of DA) v Secretary of State for Work and Pensions; R. (on the application of DS) v Secretary of State for Work and Pensions [2019] UKSC 21; [2019] 1 W.L.R. 3289; [2019] P.T.S.R. 1072; [2019] 5 WLUK 194; [2019] H.R.L.R. 12; [2019] H.L.R. 31 .... 5-037, 11-099, 13-101
R. (on the application of Dalton) v Secretary of State for Work and Pensions [2017] EWHC 213 (Admin) QBD 4-017
R. (on the application of Daly) v Secretary of State for the Home Department; sub nom. R. v Secretary of State for the Home Department Ex p. Daly [2001] UKHL 26; [2001] 2 A.C. 532; [2001] 2 W.L.R. 1622; [2001] 3 All E.R. 433; [2001] H.R.L.R. 49; [2001] U.K.H.R.R. 887; [2001] Prison L.R. 322; [2001] A.C.D. 79; (2001) 98(26) L.S.G. 43; (2001) 145 S.J.L.B. 156 11-054
R. (on the application of Daniel Johns Manchester Ltd) v Manchester City Council [2018] EWHC 464 (Admin) QBD 3-066, 3-069
R. (on the application of Davies) v HM Deputy Coroner for Birmingham (Costs); sub nom. R. (on the application of Davies) v Birmingham Deputy Coroner (Costs) [2004] EWCA Civ 207; [2004] 1 W.L.R. 2739; [2004] 3 All E.R. 543; [2004] 4 Costs L.R. 545; (2004) 80 B.M.L.R. 48; [2004] Inquest L.R. 96; (2004) 148 S.J.L.B. 297 16-092
R. (on the application of Davis) v Secretary of State for the Home Department; sub nom. Secretary of State for the Home Department v Davis [2015] EWCA Civ 1185; [2017] 1 All E.R. 62; [2016] 1 C.M.L.R. 48; [2016] H.R.L.R. 1 .... 13-086, 14-041
R. (on the application of Day) v Shropshire Council [2019] EWHC 3539 (Admin); [2019] 12 W.L.U.K. 366 .... 7-102, 11-047
R. (on the application of Deeds) v Parking Adjudicator [2011] EWHC 1921 (Admin) 7-065
R. (on the application of Delezuch) v Chief Constable of Leicestershire [2014] EWCA Civ 1635; [2014] Inquest L.R. 267 7-130
R. (on the application of Delve) v Secretary of State for Work and Pensions [2020] EWCA Civ 1199; [2020] 9 WLUK 137 7-014
R. (on the application of Delve) v Secretary of State for Work and Pensions [2019] EWHC 2552 (Admin); [2019] 10 WLUK 17; [2020] 1 C.M.L.R. 35; [2019] A.C.D. 142.......... 12-034
R. (on the application of Demetrio) v Independent Police Complaints Commission; R. (on the application of Commissioner of Police of the Metropolis) v Independent Police Complaints Commission [2015] EWCA Civ 1248; [2016] P.T.S.R. 891; [2015] 12 WLUK 321 11-032

TABLE OF CASES

R. (on the application of Derrin Brothers Properties Ltd) v Revenue and Customs Commissioners; sub nom. R. (on the application of Derrin Brother Properties Ltd) v Judge of the First-tier Tribunal (Tax Chamber) [2016] EWCA Civ 15; [2016] 1 W.L.R. 2423; [2016] 4 All E.R. 203; [2016] S.T.C. 1081; [2016] B.T.C. 10; 18 I.T.L. Rep. 472; [2016] S.T.I. 209 10-094
R. (on the application of Detention Action) v First-tier Tribunal (Immigration and Asylum Chamber); sub nom. Detention Action v First-tier Tribunal (Immigration and Asylum Chamber); Lord Chancellor v Detention Action [2015] EWCA Civ 840; [2015] 1 W.L.R. 5341; [2016] 3 All E.R. 626; [2015] Imm. A.R. 1349; [2016] I.N.L.R. 79 11-072
R. (on the application of DM Digital Television Ltd) v Office of Communications; sub nom. R. (on the application of DM Digital Television Ltd) v OFCOM [2014] EWHC 961 (Admin) 10-018
R. (on the application of DN (Rwanda)) v Secretary of State for the Home Department [2020] UKSC 7; [2020] A.C. 698; [2020] 2 W.L.R. 611; [2020] 3 All E.R. 353; [2020] 2 WLUK 334; [2020] I.N.L.R. 376 4-070
R. (on the application of Domb) v Hammersmith and Fulham LBC [2008] EWHC 3277 (Admin); [2009] B.L.G.R. 340 12-034
R. (on the application of Domb) v Hammersmith and Fulham LBC [2009] EWCA Civ 941; [2009] B.L.G.R. 843; [2010] A.C.D. 20; (2009) 153(34) S.J.L.B. 30 5-079
R. (on the application of Donohoe) v Welsh Ministers. See R. (on the application of Flatley) v Hywel Dda University Local Health Board 7-055, 7-056
R. (on the application of Drexler) v Leicestershire CC [2020] EWCA Civ 502; [2020] 4 WLUK 81; [2020] E.L.R. 399; (2020) 23 C.C.L. Rep. 275 11-099
R. (on the application of DS) v Secretary of State for the Home Department [2019] EWHC 3046 (Admin); [2019] 11 WLUK 220; [2020] Imm. A.R. 409; [2020] A.C.D. 14. . . . 9-007, 9-013
R. (on the application of DSD) v Parole Board for England and Wales; R. (on the application of Mayor of London) v Parole Board for England and Wales; R. (on the application of News Group Newspapers Ltd) v Parole Board for England and Wales [2018] EWHC 694 (Admin); [2019] Q.B. 285; [2018] 3 W.L.R. 829; [2018] 3 All E.R. 417; [2018] 3 WLUK 689; [2018] H.R.L.R. 12; [2018] A.C.D. 57 16-057
R. (on the application of Dudley MBC) v Secretary of State for Communities and Local Government [2012] EWHC 1729 (Admin); [2013] B.L.G.R. 68 12-036
R. (on the application of Dulai) v Chelmsford Magistrates' Court; R. (on the application of Essex CC) v Chelmsford Crown Court [2012] EWHC 1055 (Admin); [2013] 1 W.L.R. 220; [2012] 3 All E.R. 764; [2012] 2 Cr. App. R. 19; [2013] Crim. L.R. 86; [2012] A.C.D. 76 5-068
R. (on the application of Dwr Cymru Cyfyngedig) v Environment Agency of Wales; sub nom. Dwr Cymru Cyfyngedig v Environment Agency of Wales [2003] EWHC 336 (Admin); (2003) 100(16) L.S.G. 27 16-081
R. (on the application of Dyer) v Assistant Coroner for West Yorkshire (Western) [2019] EWHC 2897 (Admin); [2019] 10 WLUK 717; [2019] Inquest L.R. 193; [2020] A.C.D. 24. 7-131
R. (on the application of E) v Birmingham Magistrates' Court; R. (on the application of M) v Birmingham Magistrates' Court; sub nom. R. (on the application of NE) v Birmingham Magistrates' Court; R. (on the application of NM) v Birmingham Magistrates' Court [2015] EWHC 688 (Admin); [2015] 1 W.L.R. 4771; [2015] 3 WLUK 580; [2015] 2 Cr. App. R. (S.) 25; (2015) 179 J.P. 187; [2015] A.C.D. 56 3-119
R. (on the application of E) v Croydon LBC [2015] EWHC 2016 (Admin) 16-101
R. (on the application of E) v DPP [2011] EWHC 1465 (Admin); [2012] 1 Cr. App. R. 6; [2012] Crim. L.R. 39; (2011) 155(24) S.J.L.B. 43 DC 3-006
R. (on the application of E) v Islington LBC [2017] EWHC 1440 (Admin); [2018] P.T.S.R. 349; [2017] 6 WLUK 673; [2017] E.L.R. 458; (2017) 20 C.C.L. Rep. 148 QBD . . . 17-040
R. (on the application of E) v JFS Governing Body; R. (on the application of E) v Office of the Schools Adjudicator [2009] UKSC 15; [2010] 2 A.C. 728; [2010] 2 W.L.R. 153; [2010] 1 All E.R. 319; [2010] P.T.S.R. 147; [2010] I.R.L.R. 136; 27 B.H.R.C. 656; [2010] E.L.R. 26; (2010) 160 N.L.J. 29; (2009) 153(48) S.J.L.B. 32 18-024
R. (on the application of East Devon DC) v Electoral Commission Boundary Committee for England. See R. (on the application of Breckland DC) v Electoral Commission Boundary Committee for England 7-013, 7-056
R. (on the application of East Midlands Care Ltd) v Leicestershire CC [2011] EWHC 3096 (Admin) 7-031

R. (on the application of Eastaway) v Secretary of State for Trade and Industry; sub nom.
R. v Secretary of State for Trade and Industry Ex p. Eastaway [2000] 1 W.L.R. 2222;
[2001] 1 All E.R. 27; [2001] C.P. Rep. 67; [2001] A.C.D. 17; (2000) 97(46) L.S.G. 40;
(2000) 144 S.J.L.B. 282 HL 16-068
R. (on the application of Easybus Ltd) v Stansted Airport Ltd [2015] EWHC 3833
(Admin); [2015] 11 WLUK 332 18-013
R. (on the application of easyJet Airline Co Ltd) v Civil Aviation Authority; sub nom.
easyJet Airline Co Ltd v Civil Aviation Authority [2009] EWCA Civ 1361; [2010]
A.C.D. 19 7-056
R. (on the application of Edgehill) v Director of Legal Aid Casework. *See* R. (on the
application of Gudanaviciene) v Director of Legal Aid Casework 7-035, 7-121, 13-086, 16-089
R. (on the application of Edwards) v Environment Agency (C-260/11); sub nom. Edwards
v Environment Agency (C-260/11) EU:C:2013:221; [2013] 1 W.L.R. 2914; [2013] 4
WLUK 169; [2013] 3 C.M.L.R. 18; [2014] All E.R. (EC) 207 ECJ 14-041, 16-091
R. (on the application of Edwards) v Environment Agency (No.2); sub nom. Edwards v
Environment Agency [2008] UKHL 22; [2008] 1 W.L.R. 1587; [2009] 1 All E.R. 57;
[2008] Env. L.R. 34; [2008] J.P.L. 1278; [2008] 16 E.G. 153 (C.S.); (2008) 152(16)
S.J.L.B. 29; [2008] N.P.C. 44 .... 7-014, 7-056, 8-066
R. (on the application of Edwards) v Environment Agency [2013] UKSC 78; [2014] 1
W.L.R. 55; [2014] 1 All E.R. 760; [2014] 3 Costs L.O. 319; [2014] 2 C.M.L.R. 25;
[2014] Env. L.R. 17 16-091
R. (on the application of Edwards) v Environment Agency; sub nom. Edwards v
Environment Agency [2010] UKSC 57; [2011] 1 W.L.R. 79; [2011] 1 All E.R. 785;
[2011] 2 Costs L.R. 151; [2011] Env. L.R. 13; [2011] 1 E.G. 64 (C.S.); (2011) 161
N.L.J. 101; (2010) 154(48) S.J.L.B. 35; [2010] N.P.C. 125 16-091
R. (on the application of Eisai Ltd) v National Institute for Health and Clinical Excellence.
See Eisai Ltd v National Institute for Health and Clinical Excellence (NICE) 7-056
R. (on the application of El Gizouli) v Secretary of State for the Home Department [2019]
EWHC 60 (Admin); [2019] 1 W.L.R. 3463; [2019] 3 All E.R. 598; [2019] 1 WLUK
111; [2019] A.C.D. 44 .... 3-043, 5-056, 14-043
R. (on the application of Elan-Cane) v Secretary of State for the Home Department [2020]
EWCA Civ 363; [2020] 3 W.L.R. 386; [2020] 3 WLUK 105 16-095
R. (on the application of Elias) v Secretary of State for Defence; sub nom. Elias v
Secretary of State for Defence; Secretary of State for the Home Department v Elias
[2006] EWCA Civ 1293; [2006] 1 W.L.R. 3213; [2006] I.R.L.R. 934 9-029
R. (on the application of Elmi) v Secretary of State for the Home Department [2010]
EWHC 2775 (Admin) 12-032
R. (on the application of Elphinstone) v Westminster City Council [2008] EWCA Civ
1069; [2008] 10 WLUK 254; [2009] B.L.G.R. 158; [2009] E.L.R. 24 7-056
R. (on the application of EM (Eritrea)) v Secretary of State for the Home Department; R.
(on the application of MA (Eritrea)) v Secretary of State for the Home Department; R.
(on the application of AE (Eritrea)) v Secretary of State for the Home Department; R.
(on the application of EH (Iran)) v Secretary of State for the Home Department; sub
nom. MA (Eritrea) v Secretary of State for the Home Department; EM (Eritrea) v
Secretary of State for the Home Department [2014] UKSC 12; [2014] A.C. 1321;
[2014] 2 W.L.R. 409; [2014] 2 All E.R. 192; [2014] H.R.L.R. 8; [2014] Imm. A.R. 640;
[2014] I.N.L.R. 635 13-066
R. (on the application of Enfield BC) v Secretary of State for Health [2009] EWHC 743
(Admin) QBD 7-056
R. (on the application of Enfield LBC) v Secretary of State for Transport [2016] EWCA
Civ 480; [2016] 5 WLUK 531 .... 12-034, 18-050
R. (on the application of English Speaking Board (International) Ltd v Secretary of State
for the Home Department [2011] EWHC 1788 (Admin) 8-066
R. (on the application of Equitable Members Action Group) v HM Treasury [2009]
EWHC 2495 (Admin); (2009) 159 N.L.J. 1514 DC 1-094, 3-018
R. (on the application of Essex CC) v Secretary of State for Transport, Local Government
and the Regions. *See* R. (on the application of Medway Council) v Secretary of State
for Transport, Local Government and the Regions 7-056
R. (on the application of European Roma Rights Centre) v Immigration Officer, Prague
Airport; sub nom. R. (on the application of European Roma Rights Centre) v Secretary
of State for the Home Department; European Roma Rights Centre v Immigration
Officer, Prague Airport [2004] UKHL 55; [2005] 2 A.C. 1; [2005] 2 W.L.R. 1; [2005] 1

TABLE OF CASES

All E.R. 527; [2005] I.R.L.R. 115; [2005] H.R.L.R. 4; [2005] U.K.H.R.R. 530; 18 B.H.R.C. 1; [2005] Imm. A.R. 100; [2005] I.N.L.R. 182; (2004) 154 N.L.J. 1893; (2005) 149 S.J.L.B. 26. . . . . 5-055, 5-056

R. (on the application of Evans) v Attorney General [2015] UKSC 21; [2015] A.C. 1787; [2015] 2 W.L.R. 813; [2015] 4 All E.R. 395; [2015] 3 WLUK 802; [2015] 2 C.M.L.R. 43; [2015] Env. L.R. 34; [2015] F.S.R. 26 . . . . 1-094, 5-048, 16-030

R. (on the application of Evans) v Secretary of State for Defence [2010] EWHC 1445 (Admin); [2011] A.C.D. 11. 8-010

R. (on the application of Ewing) v Department for Constitutional Affairs [2006] EWHC 504 (Admin); [2006] 2 All E.R. 993; [2007] A.C.D. 20 . . . . 7-065, 11-054, 16-002

R. (on the application of F) v Secretary of State for the Home Department; R. (on the application of Thompson) v Secretary of State for the Home Department; sub nom. R. (on the application of F) v Secretary of State for Justice [2010] UKSC 17; [2011] 1 A.C. 331; [2010] 2 W.L.R. 992; [2010] 2 All E.R. 707; [2010] H.R.L.R. 23; [2010] U.K.H.R.R. 809; 29 B.H.R.C. 308; (2010) 113 B.M.L.R. 209; 6 A.L.R. Int'l 785; (2010) 154(16) S.J.L.B. 27 . . . . 13-048, 13-104

R. (on the application of Faqiri) v Upper Tribunal (Immigration and Asylum Chamber) [2019] EWCA Civ 151; [2019] 1 W.L.R. 4497; [2019] 4 All E.R. 902; [2019] 2 WLUK 229. 16-092

R. (on the application of Farmiloe) v Secretary of State for Business, Energy and Industrial Strategy [2019] EWHC 2981 (Admin); [2019] 11 WLUK 59 12-034

R. (on the application of Faulkner) v Secretary of State for the Home Department [2006] EWHC 563 (Admin); [2007] Prison L.R. 82 8-072

R. (on the application of Fayad) v Secretary of State for the Home Department [2018] EWCA Civ 54; [2018] 1 WLUK 521 . . . . 16-012, 19-005

R. (on the application of Federation of Tour Operators) v HM Treasury; sub nom. Federation of Tour Operators v HM Treasury [2007] EWHC 2062 (Admin); [2008] S.T.C. 547; [2008] Eu. L.R. 129; [2008] Env. L.R. 22; [2007] U.K.H.R.R. 1210; [2007] A.C.D. 105; (2007) 151 S.J.L.B. 1168 5-039

R. (on the application of FF) v Director of Legal Aid Casework [2020] EWHC 95 (Admin); [2020] 4 W.L.R. 40; [2020] 1 WLUK 146; [2020] A.C.D. 46 5-038

R. (on the application of FK (Afghanistan) v Secretary of State for the Home Department. See R. (on the application of HK (Iraq)) v Secretary of State for the Home Department . . . 16-026, 16-081

R. (on the application of FK) v Secretary of State for the Home Department [2016] EWHC 56 (Admin). 9-005

R. (on the application of Flatley) v Hywel Dda University Local Health Board; R. (on the application of Flatley) v Welsh Ministers; R. (on the application of Donohoe) v Welsh Ministers [2014] EWHC 2258 (Admin); [2014] 7 WLUK 362; (2014) 140 B.M.L.R. 1; [2014] P.T.S.R. D22 QBD 7-009, 7-055, 7-056

R. (on the application of Flatley) v Welsh Ministers. See R. (on the application of Flatley) v Hywel Dda University Local Health Board 7-055, 7-056

R. (on the application of Foley) v Secretary of State for the Home Department [2019] EWHC 488 (Admin); [2019] 3 WLUK 48 9-007

R. (on the application of Forest Heath DC) v Electoral Commission; sub nom. Forest Heath DC v Electoral Commission [2009] EWCA Civ 1296; [2010] P.T.S.R. 1205; [2010] B.L.G.R. 531 7-055

R. (on the application of Forge Field Society) v Sevenoaks DC [2014] EWHC 1895 (Admin); [2015] J.P.L. 22 . . . . 10-018, 10-064

R. (on the application of Foster) v Secretary of State for Justice; sub nom. Foster v Secretary of State for Justice [2015] EWCA Civ 281. 7-065

R. (on the application of Fraser) v National Institute For Health and Clinical Excellence [2009] EWHC 452 (Admin); (2009) 107 B.M.L.R. 178 10-064

R. (on the application of Freedom and Justice Party) v Secretary of State for Foreign and Commonwealth Affairs [2018] EWCA Civ 1719; [2018] 7 WLUK 434 5-055

R. (on the application of G) v Barnet LBC; R. (on the application of A) v Lambeth LBC; R. (on the application of W) v Lambeth LBC [2003] UKHL 57; [2004] 2 A.C. 208; [2003] 3 W.L.R. 1194; [2004] 1 All E.R. 97; [2004] 1 F.L.R. 454; [2003] 3 F.C.R. 419; [2004] H.R.L.R. 4; [2004] H.L.R. 10; [2003] B.L.G.R. 569; (2003) 6 C.C.L. Rep. 500; [2004] Fam. Law 21; (2003) 100(45) L.S.G. 29; [2003] N.P.C. 123 . . . . 5-074, 5-148

R. (on the application of G) v Lambeth LBC. See R. (on the application of TG) v Lambeth LBC 19-096

R. (on the application of G) v Nottinghamshire Healthcare NHS Trust; R. (on the application of B) v Nottinghamshire Healthcare NHS Trust; R. (on the application of N) v Secretary of State for Health; sub nom. R. (on the application of E) v Nottinghamshire Healthcare NHS Trust [2009] EWCA Civ 795; [2010] P.T.S.R. 674; [2009] H.R.L.R. 31; [2009] U.K.H.R.R. 1442; (2009) 110 B.M.L.R. 87; [2009] M.H.L.R. 266 13-086
R. (on the application of G) v X School Governors; sub nom. X School Governors v G [2011] UKSC 30; [2012] 1 A.C. 167; [2011] 3 W.L.R. 237; [2011] 4 All E.R. 625; [2011] P.T.S.R. 1230; [2011] I.C.R. 1033; [2011] I.R.L.R. 756; [2011] H.R.L.R. 34; [2011] U.K.H.R.R. 1012; [2011] B.L.G.R. 849; [2011] E.L.R. 310; [2011] Med. L.R. 473; (2011) 161 N.L.J. 953; (2011) 155(26) S.J.L.B. 27 7-035
R. (on the application of Gallagher) v Basildon DC [2010] EWHC 2824 (Admin); [2011] P.T.S.R. 731; [2011] B.L.G.R. 227 11-029
R. (on the application of Gallaher Group Ltd) v Competition and Markets Authority [2018] UKSC 25; [2019] A.C. 96; [2018] 2 W.L.R. 1583; [2018] 4 All E.R. 183; [2018] Bus. L.R. 1313; [2018] 5 WLUK 293; [2018] 5 C.M.L.R. 2 .... 6-010, 11-064, 12-011, 12-038
R. (on the application of Gardner) v Harrogate BC [2008] EWHC 2942 (Admin); [2008] 11 WLUK 465; [2009] J.P.L. 872 QBD 10-048, 10-064
R. (on the application of Gare) v Babergh DC [2019] EWHC 2041 (Admin); [2019] 7 WLUK 425; [2019] A.C.D. 112 7-105
R. (on the application of Garland) v Secretary of State for Justice [2011] EWCA Civ 1335; [2012] 1 W.L.R. 1879 5-068
R. (on the application of Gaunt) v Office of Communications (OFCOM) [2011] EWCA Civ 692; [2011] 1 W.L.R. 2355; [2011] E.M.L.R. 28; [2011] H.R.L.R. 33 13-090
R. (on the application of Gavin) v Haringey LBC [2003] EWHC 2591 (Admin); [2004] 2 P. & C.R. 13; [2004] 1 P.L.R. 61; [2004] J.P.L. 784; [2003] 46 E.G. 131 (C.S.); [2004] Env. L.R. D5 18-048
R. (on the application of GC) v Commissioner of Police of the Metropolis; R. (on the application of C) v Commissioner of Police of the Metropolis [2011] UKSC 21; [2011] 1 W.L.R. 1230; [2011] 3 All E.R. 859; [2011] 2 Cr. App. R. 18; [2011] H.R.L.R. 26; [2011] U.K.H.R.R. 807; [2011] Crim. L.R. 964; (2011) 108(22) L.S.G. 18; (2011) 155(20) S.J.L.B. 35... 13-042
R. (on the application of Gentle) v Prime Minister [2008] UKHL 20; [2008] 1 A.C. 1356; [2008] 2 W.L.R. 879; [2008] 3 All E.R. 1; [2008] 4 WLUK 222; [2008] H.R.L.R. 27; [2008] U.K.H.R.R. 822; 27 B.H.R.C. 1.................... 1-034, 1-035, 7-037, 11-099, 13-063
R. (on the application of Gill) v Cabinet Office [2019] EWHC 3407 (Admin); [2019] 12 WLUK 180... 3-018, 3-028, 11-009
R. (on the application of Gillan) v Commissioner of Police of the Metropolis; R. (on the application of Quinton) v Commissioner of Police of the Metropolis [2006] UKHL 12; [2006] 2 A.C. 307; [2006] 2 W.L.R. 537; [2006] 4 All E.R. 1041; [2006] 2 Cr. App. R. 36; [2006] H.R.L.R. 18; [2006] U.K.H.R.R. 740; 21 B.H.R.C. 202; [2006] Po. L.R. 26; [2006] Crim. L.R. 752; (2006) 150 S.J.L.B. 366 13-073
R. (on the application of Glencore Energy UK Ltd) v Revenue and Customs Commissioners [2017] EWCA Civ 1716; [2017] 4 W.L.R. 213; [2018] S.T.C. 51; [2017] B.T.C. 32 .... 7-014, 7-103
R. (on the application of Goldsmith) v Wandsworth LBC [2004] EWCA Civ 1170; [2004] 8 WLUK 254; (2004) 7 C.C.L. Rep. 472; (2004) 148 S.J.L.B. 1065..................... 7-116
R. (on the application of Goloshvili) v Secretary of State for the Home Department [2019] EWHC 614 (Admin); [2019] 3 WLUK 254; [2019] H.L.R. 37........................ 5-189
R. (on the application of Goodland) v Chief Constable of Staffordshire; R. (on the application of Wright) v Chief Constable of Staffordshire [2020] EWHC 2477 (Admin); [2020] 9 WLUK 155 .... 8-047, 8-050
R. (on the application of Gopalakrishnan) v General Medical Council [2016] EWHC 1247 (Admin)... 10-064
R. (on the application of Gopikrishna) v Office of the Independent Adjudicator for Higher Education [2015] EWHC 207 (Admin); [2015] E.L.R. 190 .... 8-066, 8-072
R. (on the application of Goring-on-Thames Parish Council) v South Oxfordshire DC [2018] EWCA Civ 860; [2018] 1 W.L.R. 5161; [2018] 4 WLUK 431; [2018] L.L.R. 538; [2018] J.P.L. 114.. 18-050
R. (on the application of Grace) v Secretary of State for the Home Department [2014] EWCA Civ 1091; [2014] 1 W.L.R. 3432; [2014] 6 WLUK 199; [2015] Imm. A.R. 10...... 16-066
R. (on the application of Green) v Police Complaints Authority [2004] UKHL 6; [2004] 1 W.L.R. 725; [2004] 2 All E.R. 209; [2004] H.R.L.R. 19; [2004] U.K.H.R.R. 939; [2004] Po. L.R. 148; [2004] Inquest L.R. 1; (2004) 101(12) L.S.G. 36; (2004) 148 S.J.L.B. 268 7-037

R. (on the application of Greenfield) v Secretary of State for the Home Department [2005] UKHL 14; [2005] 1 W.L.R. 673; [2005] 2 All E.R. 240; [2005] H.R.L.R. 13; [2005] U.K.H.R.R. 323; 18 B.H.R.C. 252; [2005] 2 Prison L.R. 129; (2005) 102(16) L.S.G. 30; (2005) 155 N.L.J. 298 19-084

R. (on the application of Greenpeace Ltd) v Secretary of State for Trade and Industry [2007] EWHC 311 (Admin); [2007] Env. L.R. 29; [2007] J.P.L. 1314; [2007] N.P.C. 21 QBD 1-035, 7-056

R. (on the application of Grimsby Institute of Further and Higher Education) v Chief Executive of Skills Funding (formerly Learning and Skills Council) [2010] EWHC 2134 (Admin); [2010] 3 E.G.L.R. 125 12-036

R. (on the application of GS (A Child)) v HM Senior Coroner for Wiltshire and Swindon [2020] EWHC 2007 (Admin); [2020] 7 WLUK 374 17-037

R. (on the application of Guardian News and Media Ltd) v City of Westminster Magistrates' Court; Guardian News and Media Ltd v United States; sub nom. Guardian News and Media Ltd v City of Westminster Magistrates' Court [2012] EWCA Civ 420; [2012] 3 W.L.R. 1343; [2012] 3 All E.R. 551; [2012] C.P. Rep. 30; [2012] E.M.L.R. 22; (2012) 109(16) L.S.G. 22; (2012) 162 N.L.J. 619 .... 11-053, 11-054

R. (on the application of Gudanaviciene) v Director of Legal Aid Casework; R. (on the application of S) v Director of Legal Aid Casework; R. (on the application of Reis) v Director of Legal Aid Casework; R. (on the application of B) v Director of Legal Aid Casework; R. (on the application of Edgehill) v Director of Legal Aid Casework; sub nom. Gudanaviciene v Director of Legal Aid Casework [2014] EWCA Civ 1622; [2015] 1 W.L.R. 2247; [2015] 3 All E.R. 827; [2014] 12 WLUK 521 . 7-035, 7-121, 13-086, 16-089

R. (on the application of Guernsey) v Secretary of State for Environment, Food and Rural Affairs; sub nom. Guernsey v Secretary of State for Environment, Food and Rural Affairs [2016] EWHC 1847 (Admin); [2016] 4 W.L.R. 145; [2016] A.C.D. 105 ..... 1-034, 11-069

R. (on the application of Guildhall College) v Secretary of State for Business, Innovation and Skills [2014] EWCA Civ 986 13-096

R. (on the application of Guittard) v Secretary of State for Justice [2009] EWHC 2951 (Admin) 9-007

R. (on the application of Gujra) v Crown Prosecution Service [2011] EWHC 472 (Admin); [2012] 1 W.L.R. 254; [2011] 3 WLUK 309; [2011] 2 Cr. App. R. 12; (2011) 175 J.P. 161; [2011] A.C.D. 62 DC 3-006

R. (on the application of Gulf Centre for Human Rights) v Prime Minister [2018] EWCA Civ 1855; [2018] 7 WLUK 778 5-032

R. (on the application of Gullu) v Hillingdon LBC [2019] EWCA Civ 692; [2019] P.T.S.R. 1738; [2019] 4 WLUK 272; [2019] H.L.R. 30 5-074

R. (on the application of H) v Ashworth Hospital Authority; R. (on the application of Ashworth Hospital Authority) v Mental Health Review Tribunal for West Midlands and North West Region [2001] EWHC Admin 901; [2001] 11 WLUK 297; (2002) 5 C.C.L. Rep. 78; [2002] M.H.L.R. 13 QBD 7-106

R. (on the application of H) v Ashworth Hospital Authority; sub nom. R. (on the application of Ashworth Hospital Authority) v Mental Health Review Tribunal for West Midlands and North West Region [2002] EWCA Civ 923; [2003] 1 W.L.R. 127; [2002] 6 WLUK 632; (2002) 5 C.C.L. Rep. 390; (2003) 70 B.M.L.R. 40; [2002] M.H.L.R. 314; [2002] A.C.D. 102; (2002) 99(34) L.S.G. 29; (2002) 146 S.J.L.B. 198 7-105

R. (on the application of H) v Criminal Injuries Compensation Authority; sub nom. R. (on the application of M) v Criminal Injuries Compensation Authority [2002] EWHC 2646 (Admin); (2003) 100(2) L.S.G. 31 11-071

R. (on the application of H) v Mental Health Review Tribunal for North and East London Region; sub nom. R. (on the application of H) v London North and East Region Mental Health Review Tribunal; R. (on the application of H) v North and East London Regional Mental Health Review Tribunal [2001] EWCA Civ 415; [2002] Q.B. 1; [2001] 3 W.L.R. 512; [2001] H.R.L.R. 36; [2001] U.K.H.R.R. 717; (2001) 4 C.C.L. Rep. 119; [2001] Lloyd's Rep. Med. 302; (2001) 61 B.M.L.R. 163; [2001] M.H.L.R. 48; [2001] A.C.D. 78; (2001) 98(21) L.S.G. 40; (2001) 145 S.J.L.B. 108 13-104

R. (on the application of H) v Secretary of State for Health; sub nom. H v Secretary of State for Health; R. (on the application of MH) v Secretary of State for Health [2005] UKHL 60; [2006] 1 A.C. 441; [2005] 3 W.L.R. 867; [2005] 4 All E.R. 1311; [2006] H.R.L.R. 1; [2006] Lloyd's Rep. Med. 48; (2005) 86 B.M.L.R. 71; [2005] M.H.L.R. 60 13-075

R. (on the application of H) v Secretary of State for Justice [2008] EWHC 2590 (Admin); [2009] Prison L.R. 205; [2009] A.C.D. 44; (2008) 105(36) L.S.G. 22 QBD 7-049

R. (on the application of H) v Secretary of State for Justice [2015] EWHC 4093 (Admin); [2016] A.C.D. 56. 18-050
R. (on the application of H) v Secretary of State for the Home Department; sub nom. Secretary of State for the Home Department v H [2016] EWCA Civ 565; [2016] Imm. A.R. 1272; [2017] I.N.L.R. 267 13-068
R. (on the application of H) v Wood Green Crown Court [2006] EWHC 2683 (Admin); [2007] 1 W.L.R. 1670; [2007] 2 All E.R. 259; [2007] H.R.L.R. 2; [2007] Crim. L.R. 727; (2006) 156 N.L.J. 1722 3-010
R. (on the application of HA (Nigeria)) v Secretary of State for the Home Department [2012] EWHC 979 (Admin); [2012] Med. L.R. 353 11-071
R. (on the application of Hafeez) v Secretary of State for the Home Department [2014] EWHC 1342 (Admin); [2014] 5 WLUK 55 5-072
R. (on the application of Hallam) v Secretary of State for Justice; R. (on the application of Nealon) v Secretary of State for Justice [2019] UKSC 2; [2019] 2 W.L.R. 440; [2019] 2 All E.R. 841; [2019] 1 WLUK 263; [2019] H.R.L.R. 5 13-037
R. (on the application of Hambleton) v Coroner for the Birmingham Inquests (1974); sub nom. Coroner for the Birmingham Inquests (1974) v Hambleton [2018] EWCA Civ 2081; [2019] 1 W.L.R. 3417; [2019] 2 All E.R. 251; [2018] 9 WLUK 313; [2018] Inquest L.R. 239 17-037
R. (on the application of Hamid) v Secretary of State for the Home Department [2012] EWHC 3070 (Admin); [2013] C.P. Rep. 6; [2013] A.C.D. 27 16-042
R. (on the application of Hamill) v Chelmsford Magistrates' Court; sub nom. Hamill v Chelmsford Magistrates' Court; R. (on the application of Hamill) v Chelmsford Justices [2014] EWHC 2799 (Admin); [2015] 1 W.L.R. 1798; [2014] 8 WLUK 115; (2014) 178 J.P. 401; (2014) 158(33) S.J.L.B. 41 3-119
R. (on the application of Haralambous) v St Albans Crown Court [2018] UKSC 1; [2018] A.C. 236; [2018] 2 W.L.R. 357; [2018] 2 All E.R. 303; [2018] 1 WLUK 344; [2018] 1 Cr. App. R. 26; [2018] Lloyd's Rep. F.C. 71; [2018] Crim. L.R. 672 ... 4-044, 8-010, 8-018, 8-021, 11-054, 15-099, 16-002, 16-012
R. (on the application of Hardy) v Sandwell MBC [2015] EWHC 890 (Admin); [2015] P.T.S.R. 1292; [2015] B.L.G.R. 283; [2015] A.C.D. 100 9-007
R. (on the application of Harrison) v Secretary of State for the Home Department; sub nom. Harrison v Secretary of State for the Home Department [2003] EWCA Civ 432; [2003] I.N.L.R. 284. 7-035
R. (on the application of Harvey) v Leighton Linslade Town Council [2019] EWHC 760 (Admin); [2019] 2 WLUK 241; [2019] L.L.R. 564 .... 7-054, 16-095
R. (on the application of Hasan) v Secretary of State for Trade and Industry [2008] EWCA Civ 1312; [2009] 3 All E.R. 539; [2008] 11 WLUK 638; (2008) 152(46) S.J.L.B. 29 7-092
R. (on the application of Hawking) v Secretary of State for Health and Social Care [2018] EWHC 989 (Admin); [2018] 2 WLUK 524; [2018] A.C.D. 41 16-095
R. (on the application of Hayes) v Crown Prosecution Service [2018] EWHC 327 (Admin); [2018] 1 W.L.R. 4106; [2018] 2 WLUK 530; [2018] 2 Cr. App. R. 7; [2018] Crim. L.R. 500 QBD 9-021A
R. (on the application of HC) v Secretary of State for Work and Pensions; sub nom. Sanneh v Secretary of State for Work and Pensions [2017] UKSC 73; [2017] 3 W.L.R. 1486; [2018] 2 All E.R. 1; [2017] 11 WLUK 336; [2018] 2 C.M.L.R. 11; [2018] H.L.R. 6; (2018) 21 C.C.L. Rep. 127 13-101
R. (on the application of Heath) v Home Office Policy and Advisory Board for Forensic Pathology [2005] EWHC 1793 (Admin); [2005] 8 WLUK 71 3-033
R. (on the application of Heather Moor & Edgecomb Ltd) v Financial Ombudsman Service [2008] EWCA Civ 642; [2008] Bus. L.R. 1486; [2008] 6 WLUK 233; (2008) 158 N.L.J. 897 .... 7-014, 7-065
R. (on the application of Heather) v Leonard Cheshire Foundation [2002] EWCA Civ 366; [2002] 2 All E.R. 936; [2002] H.R.L.R. 30; [2002] U.K.H.R.R. 883; [2002] H.L.R. 49; (2002) 5 C.C.L. Rep. 317; (2003) 69 B.M.L.R. 22; [2002] A.C.D. 43. 3-092
R. (on the application of Heathrow Hub Ltd) v Secretary of State for Transport. See R. (on the application of Buckinghamshire CC) v Secretary of State for Transport 3-018
R. (on the application of Heathrow Hub Ltd) v Secretary of State for Transport [2019] EWHC 1069 (Admin); [2019] 4 WLUK 429 5-036
R. (on the application of Heathrow Hub Ltd) v Secretary of State for Transport [2020] EWCA Civ 213; [2020] 2 WLUK 347; [2020] 4 C.M.L.R. 17 .... 5-039, 12-006, 12-032

TABLE OF CASES

R. (on the application of Help Refugees Ltd) v Secretary of State for the Home Department [2018] EWCA Civ 2098; [2018] 4 W.L.R. 168; [2018] 10 WLUK 32; [2019] Imm. A.R. 194 .... 7-013, 7-014, 7-055, 7-056, 7-092, 7-094, 7-101, 7-102

R. (on the application of Hely-Hutchinson) v Revenue and Customs Commissioners [2017] EWCA Civ 1075; [2018] 1 W.L.R. 1682; [2017] S.T.C. 2048; [2017] 7 WLUK 624; [2017] B.T.C. 24 .... 12-056, 12-069

R. (on the application of Hemmati) v Secretary of State for the Home Department [2019] UKSC 56; [2019] 3 W.L.R. 1156; [2020] 1 All E.R. 669; [2019] 11 WLUK 422; [2020] H.R.L.R. 4; 47 B.H.R.C. 600; [2020] I.N.L.R. 260 .... 5-141, 19-055

R. (on the application of Herron) v Parking Adjudicator; sub nom. Herron v Parking Adjudicator [2011] EWCA Civ 905; [2012] 1 All E.R. 709; [2012] P.T.S.R. 1257; [2011] R.T.R. 34 5-068

R. (on the application of Hewitt) v Denbighshire Magistrates' Court [2015] EWHC 2956 (Admin); [2016] Crim. L.R. 209; [2016] A.C.D. 13 10-050

R. (on the application of HH (Iran)) v Secretary of State for the Home Department. See R. (on the application of HK (Iraq)) v Secretary of State for the Home Department ... 16-026, 16-081

R. (on the application of HH) v Westminster City Magistrates' Court; F–K v Poland; sub nom. HH v Italy; PH v Italy [2012] UKSC 25; [2012] 3 W.L.R. 90; [2012] 4 All E.R. 539; [2012] H.R.L.R. 25; (2012) 156(25) S.J.L.B. 31 13-087

R. (on the application of Hicks) v Commissioner of Police of the Metropolis; R. (on the application of M) v Commissioner of Police of the Metropolis; R. (on the application of Pearce) v Commissioner of Police of the Metropolis; R. (on the application of Middleton) v Bromley Magistrates Court [2017] UKSC 9; [2017] A.C. 256; [2017] 2 W.L.R. 824; 43 B.H.R.C. 254 13-036

R. (on the application of Hide) v Staffordshire CC; sub nom. Hide v Staffordshire CC [2007] EWCA Civ 860; (2008) 11 C.C.L. Rep. 28 7-055

R. (on the application of Hillingdon LBC) v Lord Chancellor [2008] EWHC 2683 (Admin); [2009] C.P. Rep. 13; [2009] 1 F.L.R. 39; [2009] 1 F.C.R. 1; [2009] B.L.G.R. 554; [2009] Fam. Law 13; (2008) 158 N.L.J. 1602; [2009] P.T.S.R. (C.S.) 20 DC 7-014

R. (on the application of Hillingdon LBC) v Secretary of State for Transport). See R. (on the application of Buckinghamshire CC) v Secretary of State for Transport 3-018

R. (on the application of Hillingdon LBC) v Secretary of State for Transport [2010] EWHC 626 (Admin); [2010] J.P.L. 976; [2010] A.C.D. 64; (2010) 107(15) L.S.G. 17 3-026

R. (on the application of Hillingdon LBC) v Secretary of State for Transport [2020] EWCA Civ 1005; [2020] 7 WLUK 487 .... 5-043, 5-072

R. (on the application of Hillsden) v Epping Forest [2015] EWHC 98 (Admin) 9-005

R. (on the application of HK (Iraq)) v Secretary of State for the Home Department; sub nom. R. (on the application of HH (Iran)) v Secretary of State for the Home Department. See R. (on the application of HK (Iraq)) v Secretary of State for the Home Department; R. (on the application of SK (Afghanistan)) v Secretary of State for the Home Department; R. (on the application of FK (Afghanistan) v Secretary of State for the Home Department ; [2017] EWCA Civ 1871 ; [2017] 11 WLUK 569 .... 16-026, 16-081

R. (on the application of HN) v Secretary of State for the Home Department. See R. (on the application of Ignaoua) v Secretary of State for the Home Department 4-017

R. (on the application of Hoareau) v Secretary of State for Foreign and Commonwealth Affairs [2018] EWHC 1508 (Admin); [2018] 5 WLUK 312; [2018] A.C.D. 91 16-027

R. (on the application of Hoareau) v Secretary of State for Foreign and Commonwealth Affairs [2020] EWCA Civ 1010; [2020] 7 WLUK 442 .... 7-057, 11-005, 11-036, 11-098

R. (on the application of Hoffmann) v Commissioner of Inquiry [2012] UKPC 17 7-040

R. (on the application of Holborn Studios Ltd) v Hackney LBC; R. (on the application of Brenner) v Hackney LBC [2017] EWHC 2823 (Admin); [2018] P.T.S.R. 997; [2018] J.P.L. 567 QBD 7-056

R. (on the application of Holmcroft Properties Ltd) v KPMG LLP [2018] EWCA Civ 2093; [2020] Bus. L.R. 203; [2018] 9 WLUK 358 .... 3-049, 3-051

R. (on the application of Holmes) v General Medical Council [2002] EWCA Civ 1838; [2002] 10 WLUK 725 10-040

R. (on the application of Hooper) v Secretary of State for Work and Pensions; R. (on the application of Martin) v Secretary of State for Work and Pensions; R. (on the application of Naylor) v Secretary of State for Work and Pensions; R. (on the application of Withey) v Secretary of State for Work and Pensions; sub nom. Hooper v Secretary of State for Work and Pensions [2005] UKHL 29; [2005] 1 W.L.R. 1681; [2006] 1 All E.R. 487; [2005] 2 F.C.R. 183; [2005] H.R.L.R. 21; [2005] U.K.H.R.R. 717; [2005] Pens. L.R. 337 .... 1-035, 13-104

R. (on the application of Howard League for Penal Reform) v Lord Chancellor [2017]
EWCA Civ 244; [2017] 4 W.L.R. 92.. 11-072, 16-089
R. (on the application of Howson-Ball) v Canterbury Crown Court [2000] 11 WLUK 284;
[2001] Env. L.R. 36; [2001] L.L.R. 487; [2001] E.H.L.R. Dig. 2 DC.................... 7-105
R. (on the application of HS2 Action Alliance Ltd) v Secretary of State for Transport. See
R. (on the application of Buckinghamshire CC) v Secretary of State for Transport 3-018
R. (on the application of HS2 Action Alliance Ltd) v Secretary of State for Transport
[2014] EWCA Civ 1578; [2015] P.T.S.R. 1025; [2015] J.P.L. 555 16-091
R. (on the application of Hudson) v Windsor and Maidenhead RBC [2019] EWHC 3505
(Admin); [2019] 12 WLUK 364; [2020] J.P.L. 779 7-102
R. (on the application of Humberstone) v Legal Services Commission [2010] EWCA Civ
1479; [2011] 1 W.L.R. 1460; [2011] 5 Costs L.R. 701; [2011] H.R.L.R. 12; [2011]
U.K.H.R.R. 8; [2011] Med. L.R. 56; (2011) 118 B.M.L.R. 79; [2010] Inquest L.R. 221;
[2011] A.C.D. 51 .... 7-131, 17-037
R. (on the application of Humnyntskyi) v Secretary of State for the Home Department; R.
(on the application of A) v Secretary of State for the Home Department; R. (on the
application of WP (Poland)) v Secretary of State for the Home Department [2020]
EWHC 1912 (Admin); [2020] 7 WLUK 323; [2020] A.C.D. 111 .... 9-013, 11-072
R. (on the application of Hurley) v Secretary of State for Business, Innovation and Skills
[2012] EWHC 201 (Admin); [2012] H.R.L.R. 13; [2012] Eq. L.R. 447; [2012] E.L.R.
297; [2012] A.C.D. 50.. 5-079
R. (on the application of Hurst) v HM Coroner for Northern District London; sub nom. R.
(on the application of Hurst) v London Northern District Coroner; R. (on the application
of Hurst) v Northern District of London Coroner; Commissioner of Police of the
Metropolis v Hurst [2007] UKHL 13; [2007] 2 A.C. 189; [2007] 2 W.L.R. 726; [2007] 2
All E.R. 1025; [2007] H.R.L.R. 23; [2007] U.K.H.R.R. 797; [2007] Inquest L.R. 29;
(2007) 157 N.L.J. 519; (2007) 151 S.J.L.B. 466.............................. 7-130, 13-059
R. (on the application of Husain) v Asylum Support Adjudicator [2001] EWHC Admin
852; [2002] A.C.D. 10... 7-035
R. (on the application of Hussain) v Parole Board for England and Wales [2017] EWCA
Civ 1074; [2017] 1 W.L.R. 3748... 13-075
R. (on the application of Hussain) v Secretary of State for Justice. See R. (on the
application of King) v Secretary of State for Justice 5-190, 7-035, 10-094, 13-086
R. (on the application of Hussain) v Secretary of State for Justice [2016] EWCA Civ 1111;
[2017] 1 W.L.R. 761; [2017] C.P. Rep. 11 16-041
R. (on the application of I) v Secretary of State for the Home Department [2007] EWHC
3103 (Admin); [2008] A.C.D. 36 16-027
R. (on the application of Ibrahim) v Redbridge LBC; sub nom. Ibrahim v Redbridge LBC
[2002] EWHC 2756 (Admin); [2003] A.C.D. 25; (2003) 100(8) L.S.G. 29 12-056
R. (on the application of ICO Satellite Ltd) v Office of Communications [2010] EWHC
2010 (Admin) 5-054
R. (on the application of Ignaoua) v Secretary of State for the Home Department [2013]
EWCA Civ 1498; [2014] 1 W.L.R. 651; [2014] 1 All E.R. 649...................... 4-017
R. (on the application of Immigration Law Practitioners' Association) v Tribunal
Procedure Committee [2016] EWHC 218 (Admin); [2016] 1 W.L.R. 3519; [2016] Imm.
A.R. 693; [2016] A.C.D. 71 8-010
R. (on the application of Infinis Plc) v Gas and Electricity Markets Authority; sub nom.
Gas and Electricity Markets Authority v Infinis Plc [2013] EWCA Civ 70; [2013] 2
WLUK 323; [2013] J.P.L. 1037 19-099
R. (on the application of Iroko) v HM Senior Coroner for Inner South London [2020]
EWHC 1753 (Admin); [2020] 7 WLUK 25; [2020] A.C.D. 100...................... 7-037
R. (on the application of Islam) v Secretary of State for the Home Department [2017]
EWHC 3614 (Admin) QBD 7-048
R. (on the application of Islam) v Secretary of State for the Home Department [2019]
EWCA Civ 500; [2019] 4 W.L.R. 63; [2016] 11 WLUK 950 5-072
R. (on the application of J) v Newham LBC [2001] EWHC Admin 992; (2002) 5 C.C.L.
Rep. 302 11-071
R. (on the application of Jackson) v Attorney General; sub nom. Jackson v Attorney
General [2005] UKHL 56; [2006] 1 A.C. 262; [2005] 3 W.L.R. 733; [2005] 4 All E.R.
1253; (2005) 155 N.L.J. 1600; [2005] N.P.C. 116............................. 3-018, 5-004
R. (on the application of Jackson) v Secretary of State for Work and Pensions; sub nom.
Jackson v Secretary of State for Work and Pensions [2020] EWHC 183 (Admin);
[2020] 1 W.L.R. 1441; [2020] 2 WLUK 72; [2020] A.C.D. 42 .... 13-101, 13-104

R. (on the application of Jalloh (formerly Jollah)) v Secretary of State for the Home Department; sub nom. Secretary of State for the Home Department v Jalloh [2020] UKSC 4; [2020] 2 W.L.R. 418; [2020] 3 All E.R. 449; [2020] 2 WLUK 102; [2020] 1 Cr. App. R. 31; [2020] H.R.L.R. 8 .... 5-045, 11-053, 11-054, 13-073, 19-055
R. (on the application of James Hall and Co Ltd) v City of Bradford MDC [2019] EWHC 2899 (Admin); [2019] 11 WLUK 110 5-156
R. (on the application of Jedwell) v Denbighshire CC; sub nom. Jedwell v Denbighshire CC [2015] EWCA Civ 1232; [2016] P.T.S.R. 715; [2015] 12 WLUK 71; [2016] Env. L.R. 17; [2016] J.P.L. 459 7-116
R. (on the application of Jefferies) v Secretary of State for the Home Department [2018] EWHC 3239 (Admin); [2018] 11 WLUK 514 .... 12-032, 12-044, 12-056
R. (on the application of Jemchi) v Visitor of Brunel University [2002] EWHC 2126 (Admin); [2002] 10 WLUK 41; [2003] E.L.R. 125 7-054
R. (on the application of JJ Management LLP) v Revenue and Customs Commissioners [2019] EWHC 2006 (Admin); [2019] S.T.C. 1772; [2019] 7 WLUK 416; [2019] A.C.D. 108; [2019] 11 C.L. 242 7-092
R. (on the application of JK) v Registrar General for England and Wales [2015] EWHC 990 (Admin); [2016] 1 All E.R. 354; [2015] 2 F.C.R. 131; [2015] H.R.L.R. 10; [2015] A.C.D. 91 13-086
R. (on the application of JL) v Secretary of State for the Home Department; sub nom. R. (on the application of JL) v Secretary of State for Justice [2008] UKHL 68; [2009] 1 A.C. 588; [2008] 3 W.L.R. 1325; [2009] 2 All E.R. 521; [2009] H.R.L.R. 9; [2009] U.K.H.R.R. 415; 27 B.H.R.C. 24; [2008] Inquest L.R. 88; (2008) 158 N.L.J. 1719; (2008) 152(46) S.J.L.B. 31 .... 7-037, 13-063
R. (on the application of JM) v Isle of Wight Council [2011] EWHC 2911 (Admin); [2012] Eq. L.R. 34; (2012) 15 C.C.L. Rep. 167 5-079
R. (on the application of Johnson) v Havering LBC. See L v Birmingham City Council Johnson v Havering LBC. See ; L v Birmingham City Council 3-092, 3-093, 3-096
R. (on the application of Johnson) v Secretary of State for the Home Department [2016] UKSC 56; [2017] A.C. 365; [2016] 3 W.L.R. 1267; [2017] 4 All E.R. 91; [2016] 10 WLUK 422; 41 B.H.R.C. 711; [2017] Imm. A.R. 306; [2017] I.N.L.R. 235 13-104
R. (on the application of Joint Council for the Welfare of Immigrants) v Secretary of State for the Home Department [2019] EWHC 452 (Admin); [2019] 4 All E.R. 527; [2019] 3 WLUK 12; [2019] H.L.R. 35 13-104
R. (on the application of Joint Council for the Welfare of Immigrants) v Secretary of State for the Home Department [2020] EWCA Civ 542; [2020] 4 WLUK 171; [2020] H.L.R. 30 .... 11-072, 13-101
R. (on the application of Jones) v Commissioner of Police of the Metropolis [2019] EWHC 2957 (Admin); [2020] 1 W.L.R. 519; [2020] 3 All E.R. 509; [2019] 11 WLUK 36; [2020] H.R.L.R. 2; [2020] A.C.D. 11 11-054
R. (on the application of Jones) v First-tier Tribunal (Social Entitlement Chamber); sub nom. Jones v First-tier Tribunal (Social Entitlement Chamber) [2013] UKSC 19; [2013] 2 A.C. 48; [2013] 2 W.L.R. 1012; [2013] 2 All E.R. 625; [2013] R.T.R. 28; [2013] P.I.Q.R. P18 17-006
R. (on the application of Jordan) v Chief Constable of Merseyside Police [2020] EWHC 2274 (Admin); [2020] 8 WLUK 158 .... 8-009, 8-010, 8-011, 8-021, 8-022
R. (on the application of JS) v Secretary of State for Work and Pensions; sub nom. R. (on the application of SG) v Secretary of State for Work and Pensions [2015] UKSC 16; [2015] 1 W.L.R. 1449; [2015] 4 All E.R. 939; [2015] P.T.S.R. 471; [2015] H.R.L.R. 5; [2015] H.L.R. 21; (2015) 18 C.C.L. Rep. 215 .... 3-020, 5-054, 13-086, 13-101
R. (on the application of Juncal) v Secretary of State for the Home Department [2007] EWHC 3024 (Admin); [2008] M.H.L.R. 79; [2008] A.C.D. 28 11-054
R. (on the application of Junied) v Secretary of State for the Home Department [2019] EWCA Civ 2293; [2020] 4 W.L.R. 18; [2019] 12 WLUK 401 5-072
R. (on the application of Justice for Health Ltd) v Secretary of State for Health [2016] EWHC 2338 (Admin); [2016] Med. L.R. 599; [2016] A.C.D. 119 11-047
R. (on the application of K) v Secretary of State for Defence [2016] EWCA Civ 1149; [2017] 1 W.L.R. 1671 7-035
R. (on the application of K) v Secretary of State for the Home Department; sub nom. R. (on the application of M) v Secretary of State for the Home Department [2009] EWCA Civ 219; [2009] U.K.H.R.R. 973; [2009] Prison L.R. 133; [2009] A.C.D. 38 13-066
R. (on the application of K) v Secretary of State for the Home Department [2015] EWHC 3668 (Admin); [2016] 4 W.L.R. 25 11-097

TABLE OF CASES

R. (on the application of K) v Secretary of State for the Home Department; sub nom. R. (on the application of M) v Secretary of State for the Home Department [2009] EWCA Civ 219; [2009] U.K.H.R.R. 973; [2009] Prison L.R. 133; [2009] A.C.D. 38............13-066
R. (on the application of Kaiyam) v Secretary of State for Justice; R. (on the application of Robinson) v Governor of Whatton Prison; sub nom. R. (on the application of Haney) v Secretary of State for Justice; R. (on the application of Massey) v Secretary of State for Justice [2014] UKSC 66; [2015] A.C. 1344; [2015] 2 W.L.R. 76; [2015] 2 All E.R. 822; 38 B.H.R.C. 313..13-037, 13-075, 19-056
R. (on the application of Karagul) v Secretary of State for the Home Department [2019] EWHC 3208 (Admin); [2019] 11 WLUK 436................................7-009, 7-046A
R. (on the application of Kaur) v Ealing LBC [2008] EWHC 2062 (Admin) 5-079
R. (on the application of KE) v Bristol City Council [2018] EWHC 2103 (Admin); [2018] E.L.R. 502 QBD...5-148
R. (on the application of Kebbell Developments Ltd) v Leeds City Council; sub nom. Kebbell Developments Ltd v Leeds City Council [2018] EWCA Civ 450; [2018] 1 W.L.R. 4625; [2018] 3 WLUK 326; [2018] J.P.L. 983 ....7-014, 7-105, 7-116
R. (on the application of Kebede) v Newcastle City Council [2013] EWCA Civ 960; [2014] P.T.S.R. 82; [2013] 7 WLUK 1061; [2013] 3 F.C.R. 372; [2013] B.L.G.R. 710; [2013] E.L.R. 550; (2013) 16 C.C.L. Rep. 388 5-148
R. (on the application of Kelly) v Hounslow LBC [2010] EWHC 1256 (Admin) 7-031
R. (on the application of Kelly) v Liverpool Crown Court [2006] EWCA Civ 11 9-017
R. (on the application of Kemp) v Denbighshire Local Health Board [2006] EWHC 181 (Admin); [2007] 1 W.L.R. 639; [2006] 3 All E.R. 141; (2006) 9 C.C.L. Rep. 354; [2006] A.C.D. 63..16-101
R. (on the application of Keyu) v Secretary of State for Foreign and Commonwealth Affairs; sub nom. Keyu v Secretary of State for Foreign and Commonwealth Affairs [2015] UKSC 69; [2016] A.C. 1355; [2015] 3 W.L.R. 1665; [2016] 4 All E.R. 794; [2015] 11 WLUK 613; [2016] H.R.L.R. 2; 40 B.H.R.C. 228 ....5-055, 7-037, 11-021, 13-036, 13-059, 13-063
R. (on the application of Khaled) v Secretary of State for Foreign and Commonwealth Affairs; R. (on the application of Maftah) v Secretary of State for Foreign and Commonwealth Affairs; sub nom. Secretary of State for the Foreign Office and Commonwealth Affairs v Maftah [2011] EWCA Civ 350; [2012] Q.B. 477; [2012] 2 W.L.R. 251; (2011) 108(17) L.S.G. 14...7-035
R. (on the application of Khan (Mohammed Farooq)) v Secretary of State for Health [2003] EWCA Civ 1129; [2004] 1 W.L.R. 971; [2003] 4 All E.R. 1239; [2003] 3 F.C.R. 341; (2004) 7 C.C.L. Rep. 361; [2004] Lloyd's Rep. Med. 159; (2004) 76 B.M.L.R. 118; [2003] Inquest L.R. 70; [2003] A.C.D. 89; (2003) 100(44) L.S.G. 30; (2003) 147 S.J.L.B. 1207..7-131
R. (on the application of Khan–Udtha) v Secretary of State for the Home Department [2009] EWHC 1287 (Admin)..12-034
R. (on the application of Khan) v Secretary of State for Foreign and Commonwealth Affairs [2014] EWCA Civ 24; [2014] 1 W.L.R. 872; [2014] 1 WLUK 354 3-020
R. (on the application of Khan) v Secretary of State for the Home Department [2016] EWCA Civ 416...16-027
R. (on the application of Khatun) v Newham LBC; R. (on the application of Zeb) v Newham LBC; R. (on the application of Iqbal) v Newham LBC; sub nom. Newham LBC v Khatun; Khatun v Newham LBC [2004] EWCA Civ 55; [2005] Q.B. 37; [2004] 3 W.L.R. 417; [2004] Eu. L.R. 628; [2004] H.L.R. 29; [2004] B.L.G.R. 696; [2004] L. & T.R. 18; (2004) 148 S.J.L.B. 268; [2004] N.P.C. 28........................5-141, 11-069
R. (on the application of KI) v Brent LBC [2018] EWHC 1068 (Admin); [2018] 5 WLUK 173; (2018) 21 C.C.L. Rep. 294; [2018] A.C.D. 70 QBD 16-027
R. (on the application of Kigen) v Secretary of State for the Home Department [2015] EWCA Civ 1286; [2016] 1 W.L.R. 723; [2016] C.P. Rep. 15; [2016] Imm. A.R. 390; [2016] I.N.L.R. 645..17-006
R. (on the application of King) v Secretary of State for Justice; sub nom. R. (on the application of Hussain) v Secretary of State for Justice; R. (on the application of Bourgass) v Secretary of State for Justice [2015] UKSC 54; [2016] A.C. 384; [2015] 3 W.L.R. 457; [2016] 1 All E.R. 1033; [2015] 7 WLUK 909 ....5-190, 7-035, 10-094, 13-086
R. (on the application of Kingston) v Secretary of State for Education [2017] EWHC 421 (Admin); [2017] 1 WLUK 533; [2018] E.L.R. 207 QBD 7-105
R. (on the application of KM (Jamaica)) v Secretary of State for the Home Department. See R. (on the application of Lumba) v Secretary of State for the Home Department . 7-014, 9-004,

TABLE OF CASES

lxxv

                                    9-005, 9-007, 11-054, 19-055, 19-056

R. (on the application of KM) v Cambridgeshire CC [2012] UKSC 23; [2012] 3 All E.R. 1218; [2012] P.T.S.R. 1189; [2012] B.L.G.R. 913; (2012) 15 C.C.L. Rep. 374; (2012) 126 B.M.L.R. 186; (2012) 162 N.L.J. 780 5-148

R. (on the application of KS) v Haringey LBC [2018] EWHC 587 (Admin); [2018] 3 WLUK 512; (2018) 21 C.C.L. Rep. 487; [2018] A.C.D. 51 QBD 5-148

R. (on the application of Kumar) v Secretary of State for the Home Department [2014] UKUT 104 (IAC) 17-006

R. (on the application of Kuzeva) v Southwark LBC (Costs); sub nom. R. (on the application of Kuzjeva) v Southwark LBC (Costs) [2002] EWCA Civ 781 16-092

R. (on the application of Kuzmin) v General Medical Council [2019] EWHC 2129 (Admin); [2019] 8 WLUK 13; [2019] I.R.L.R. 1004; [2019] A.C.D. 121; [2019] 11 C.L. 6. 7-121

R. (on the application of L) v Barking and Dagenham LBC; sub nom. R. v Barking and Dagenham LBC Ex p. L [2001] EWCA Civ 533; [2001] 4 WLUK 344; [2001] 2 F.L.R. 763; [2002] 1 F.C.R. 136; [2001] B.L.G.R. 421; (2001) 4 C.C.L. Rep. 196; [2001] Fam. Law 662 7-056

R. (on the application of L) v Buckinghamshire CC [2019] EWHC 1817 (Admin); [2019] 7 WLUK 198. 7-055

R. (on the application of L) v Commissioner of Police of the Metropolis [2009] UKSC 3; [2010] 1 A.C. 410; [2009] 3 W.L.R. 1056; [2010] 1 All E.R. 113; [2010] P.T.S.R. 245; [2010] 2 F.C.R. 25; [2010] H.R.L.R. 7; [2010] U.K.H.R.R. 115; 28 B.H.R.C. 391; (2009) 12 C.C.L. Rep. 573; [2010] Fam. Law 21; (2009) 159 N.L.J. 1549; (2009) 153(42) S.J.L.B. 30. 7-047

R. (on the application of L) v Warwickshire CC [2015] EWHC 203 (Admin); [2015] B.L.G.R. 81; [2015] E.L.R. 271; (2015) 18 C.C.L. Rep. 458; [2015] A.C.D. 76 .... 12-011A

R. (on the application of Lamb) v Ministry of Justice. See R. (on the application of Nicklinson) v Ministry of Justice 1-039

R. (on the application of Lambeth LBC) v Secretary of State for Work and Pensions [2005] EWHC 637 (Admin); [2005] B.L.G.R. 764; [2005] N.P.C. 54 .... 3-029, 5-142

R. (on the application of Lamot) v Secretary of State for Justice; R. (on the application of Warsame) v Secretary of State for Justice; R. (on the application of Hussein) v Secretary of State for Justice [2016] EWHC 2564 (Admin); [2016] A.C.D. 123 QBD 2-010

R. (on the application of Lancashire CC) v Secretary of State for Environment, Food and Rural Affairs; R. (on the application of NHS Property Services Ltd) v Jones [2018] EWCA Civ 721; [2018] 4 WLUK 133; [2018] 2 P. & C.R. 15 5-074

R. (on the application of Lancashire CC) v Secretary of State for the Environment, Food and Rural Affairs; R. (on the application of NHS Property Services Ltd) v Surrey CC [2019] UKSC 58; [2020] 2 W.L.R. 1; [2020] 2 All E.R. 925; [2019] 12 WLUK 102; [2020] J.P.L. 613. 5-015

R. (on the application of Langton) v Secretary of State for Environment, Food and Rural Affairs [2019] EWCA Civ 1562; [2019] 4 W.L.R. 151; [2019] 9 WLUK 252; [2020] Env. L.R. 10 7-055

R. (on the application of Lanner Parish Council) v Cornwall Council [2013] EWCA Civ 1290; [2013] 45 E.G. 75 (C.S.). 16-081

R. (on the application of Laporte) v Chief Constable of Gloucestershire [2006] UKHL 55; [2007] 2 A.C. 105; [2007] 2 W.L.R. 46; [2007] 2 All E.R. 529; [2007] H.R.L.R. 13; [2007] U.K.H.R.R. 400; 22 B.H.R.C. 38; [2006] Po. L.R. 309; [2007] Crim. L.R. 576; [2007] A.C.D. 25; (2007) 151 S.J.L.B. 26 13-092

R. (on the application of Law Society) v Lord Chancellor [2018] EWHC 2094 (Admin); [2018] 8 WLUK 16 DC 7-056, 12-034, 16-081

R. (on the application of Leathley) v Visitors to the Inns of Court; R. (on the application of Hayes) v Visitors to the Inns of Court; R. (on the application of Mehey) v Visitors to the Inns of Court [2014] EWCA Civ 1630. 10-048

R. (on the application of Lee-Hirons) v Secretary of State for Justice; sub nom. Lee-Hirons v Secretary of State for Justice [2016] UKSC 46; [2017] A.C. 52; [2016] 3 W.L.R. 590; [2017] 3 All E.R. 97; (2016) 19 C.C.L. Rep. 383; [2016] Med. L.R. 551; (2016) 151 B.M.L.R. 1; [2017] M.H.L.R. 57 .... 13-074, 19-055

R. (on the application of Lee) v HM Assistant Coroner for the City of Sunderland [2019] EWHC 3227 (Admin); [2019] 9 WLUK 489; [2019] Inquest L.R. 180; [2020] A.C.D. 1. 7-037

R. (on the application of Legal Remedy UK Ltd) v Secretary of State for Health [2007] EWHC 1252 (Admin); (2007) 96 B.M.L.R. 191; (2007) 151 S.J.L.B. 742 QBD 7-056

TABLE OF CASES

R. (on the application of Legard) v Kensington and Chelsea RBC [2018] EWHC 32 (Admin); [2018] P.T.S.R. 1415; [2018] 1 WLUK 100 QBD 10-048

R. (on the application of Leighton) v Lord Chancellor [2020] EWHC 336 (Admin); [2020] 2 WLUK 222; [2020] A.C.D. 50. 11-054

R. (on the application of Letts) v Lord Chancellor [2015] EWHC 402 (Admin); [2015] 1 W.L.R. 4497; [2016] 2 All E.R. 968; [2015] 2 Costs L.R. 217; [2015] Inquest L.R. 15; [2015] A.C.D. 94. 13-063

R. (on the application of Leung) v Imperial College of Science, Technology and Medicine [2002] EWHC 1358 (Admin); [2002] 7 WLUK 157; [2002] E.L.R. 653; [2002] A.C.D. 100 QBD. 7-116

R. (on the application of Lewis) v Redcar and Cleveland BC; sub nom. Persimmon Homes Teesside Ltd v Lewis; R. (on the application of Lewis) v Persimmon Homes Teesside Ltd [2008] EWCA Civ 746; [2009] 1 W.L.R. 83; [2008] B.L.G.R. 781; [2008] 2 P. & C.R. 21; [2009] J.P.L. 402; [2008] N.P.C. 78 .... 10-048, 10-064

R. (on the application of Lewisham LBC v Assessment and Qualifications Alliance (AQA) [2013] EWHC 211 (Admin); [2013] E.L.R. 281; [2013] 2 WLUK 351; [2013] A.C.D. 52; [2013] P.T.S.R. D18 12-034

R. (on the application of LH) v Secretary of State for the Home Department [2019] EWHC 3457 (Admin); [2019] 12 WLUK 183. 11-096

R. (on the application of LH) v Shropshire Council [2014] EWCA Civ 404; [2014] P.T.S.R. 1052; (2014) 17 C.C.L. Rep. 216 .... 7-009, 7-014

R. (on the application of Liberal Democrats) v ITV Broadcasting Ltd [2019] EWHC 3282 (Admin); [2020] 4 W.L.R. 4; [2019] 11 WLUK 544; [2020] A.C.D. 19. 3-049, 3-051, 3-052, 3-053, 3-054, 3-057A

R. (on the application of Liberty) v Prime Minister [2019] EWCA Civ 1761; [2020] 1 W.L.R. 1193; [2019] 10 WLUK 303 16-042

R. (on the application of Limbuela) v Secretary of State for the Home Department; R. (on the application of Tesema) v Secretary of State for the Home Department; R. (on the application of Adam) v Secretary of State for the Home Department [2005] UKHL 66; [2006] 1 A.C. 396; [2005] 3 W.L.R. 1014; [2007] 1 All E.R. 951; [2006] H.R.L.R. 4; [2006] H.L.R. 10; (2006) 9 C.C.L. Rep. 30; (2005) 102(46) L.S.G. 25; (2005) 149 S.J.L.B. 1354. 5-148

R. (on the application of Litvinenko) v Secretary of State for the Home Department [2014] EWHC 194 (Admin); [2014] H.R.L.R. 6; [2014] Inquest L.R. 99; [2014] A.C.D. 67 . 7-130, 13-063

R. (on the application of Logan) v Havering LBC [2015] EWHC 3193 (Admin); [2016] P.T.S.R. 603. .... 5-079, 18-050

R. (on the application of London Criminal Courts Solicitors' Association) v Lord Chancellor; R. (on the application of Law Society) v Lord Chancellor [2015] EWCA Civ 230; [2016] 3 All E.R. 296; [2015] 3 WLUK 747 11-098

R. (on the application of London Fire and Emergency Planning Authority) v Board of Medical Referees [2007] EWHC 2805 (Admin); [2007] 10 WLUK 597 QBD. 7-105

R. (on the application of London Fire and Emergency Planning Authority) v Secretary of State for Communities and Local Government [2007] EWHC 1176 (Admin); [2007] 5 WLUK 475; [2007] B.L.G.R. 591 QBD 7-105, 7-115, 7-116

R. (on the application of London School of Science and Technology) v Secretary of State for the Home Department [2017] EWHC 423 (Admin). 9-013

R. (on the application of Long) v Secretary of State for Defence [2015] EWCA Civ 770; [2015] 1 W.L.R. 5006; [2015] 7 WLUK 616; [2015] H.R.L.R. 17; [2015] Inquest L.R. 220. 19-016

R. (on the application of Lord Carlile of Berriew QC) v Secretary of State for the Home Department; sub nom. Lord Carlile of Berriew v Secretary of State for the Home Department [2014] UKSC 60; [2015] A.C. 945; [2014] 3 W.L.R. 1404; [2015] 2 All E.R. 453; [2015] H.R.L.R. 1; 38 B.H.R.C. 193 13-090

R. (on the application of Lord) v Secretary of State for the Home Department [2003] EWHC 2073 (Admin); [2004] Prison L.R. 65 16-033

R. (on the application of Lowe) v Family Health Services Appeal Authority; sub nom. R. v Family Health Services Appeal Authority Ex p. Lowe [2001] EWCA Civ 128; [2001] 1 WLUK 589 7-105

R. (on the application of Lumba) v Secretary of State for the Home Department; R. (on the application of Mighty) v Secretary of State for the Home Department; sub nom. Abdi v Secretary of State for the Home Department; Ashori v Secretary of State for the Home Department; Madami v Secretary of State for the Home Department; Mighty v Secretary of State for the Home Department; Lumba v Secretary of State for the Home

TABLE OF CASES

Department [2011] UKSC 12; [2012] 1 A.C. 245; [2011] 2 W.L.R. 671; [2011] 4 All
E.R. 1; [2011] 3 WLUK 727; [2011] U.K.H.R.R. 437; (2011) 108(14) L.S.G. 20; (2011)
155(12) S.J.L.B. 30.......... 5-141, 7-014, 9-004, 9-005, 9-007, 11-054, 11-065, 19-055, 19-056
R. (on the application of Lumsdon) v Legal Services Board; Lumsdon v Legal Services
Board [2014] EWCA Civ 1276; [2014] H.R.L.R. 2................................. 10-050
R. (on the application of Lumsdon) v Legal Services Board; Lumsdon v Legal Services
Board [2015] UKSC 41; [2016] A.C. 697; [2015] 3 W.L.R. 121; [2016] 1 All E.R. 391;
[2015] 3 C.M.L.R. 42; [2015] H.R.L.R. 12; [2015] Crim. L.R. 894.............. 11-078, 14-127
R. (on the application of Lunt) v Liverpool City Council [2009] EWHC 2356 (Admin);
[2009] All E.R. (D) 07 (Aug); [2010] R.T.R. 5; [2010] 1 C.M.L.R. 14; [2010] Eu. L.R.
203; [2010] A.C.D. 17.. 11-046
R. (on the application of Luton BC) v Secretary of State for Education; R. (on the
application of Sandwell MBC) v Secretary of State for Education; R. (on the application
of Kent CC) v Secretary of State for Education; R. (on the application of Newham
LBC) v Secretary of State for Education; R. (on the application of Waltham Forest
LBC) v Secretary of State for Education [2011] EWHC 217 (Admin); [2011] Eq. L.R.
481; [2011] B.L.G.R. 553; [2011] E.L.R. 222; [2011] A.C.D. 43 7-031
R. (on the application of LXD) v Chief Constable of Merseyside [2019] EWHC 1685
(Admin); [2019] 7 WLUK 40.. 5-130
R. (on the application of Lynch) v Lambeth LBC [2006] EWHC 2737 (Admin); [2007]
H.L.R. 15.. 17-040
R. (on the application of M) v B LBC; sub nom. M v B LBC [2002] EWHC 2483
(Admin); [2003] E.L.R. 144 7-035
R. (on the application of M) v Haringey LBC; sub nom. R. (on the application of Stirling)
v Haringey LBC [2013] EWCA Civ 116; [2013] P.T.S.R. 1285; [2013] 2 WLUK 624;
[2013] B.L.G.R. 251; (2013) 157(9) S.J.L.B. 31 7-056
R. (on the application of M) v Secretary of State for Health [2003] EWHC 1094 (Admin);
[2003] U.K.H.R.R. 746; [2003] M.H.L.R. 348; [2003] A.C.D. 95..................... 13-104
R. (on the application of M) v Secretary of State for Work and Pensions [2008] UKHL 63;
[2009] 1 A.C. 311; [2008] 3 W.L.R. 1023; [2009] 2 All E.R. 556; [2009] P.T.S.R. 336;
[2009] H.R.L.R. 5; [2009] U.K.H.R.R. 117; 26 B.H.R.C. 587.................. 13-037, 13-101
R. (on the application of M) v Slough BC [2008] UKHL 52; [2008] 1 W.L.R. 1808; [2008]
4 All E.R. 831; [2008] 7 WLUK 912; [2008] H.L.R. 44; [2008] B.L.G.R. 871; (2008)
11 C.C.L. Rep. 733; (2008) 152(32) S.J.L.B. 30; [2008] N.P.C. 94..................... 13-086
R. (on the application of MA (Pakistan)) v Upper Tribunal (Immigration and Asylum
Chamber); AZ (Pakistan) v Secretary of State for the Home Department; CW (Sri
Lanka) v Secretary of State for the Home Department; AR (Sri Lanka) v Secretary of
State for the Home Department; NS (Sri Lanka) v Secretary of State for the Home
Department; Pereira v Secretary of State for the Home Department [2016] EWCA Civ
705; [2016] 1 W.L.R. 5093; [2017] Imm. A.R. 53; [2017] I.N.L.R. 47 13-087
R. (on the application of MA) v National Probation Service [2011] EWHC 1332 (Admin);
[2011] A.C.D. 86... 10-094
R. (on the application of Mackaill) v Independent Police Complaints Commission [2014]
EWHC 3170 (Admin); [2015] A.C.D. 19....................................... 10-064
R. (on the application of Mackenzie) v University of Cambridge; sub nom. Mackenzie v
University of Cambridge; R. (on the application of Mackenzie) v Chancellor, Master
and Scholars of the University of Cambridge [2019] EWCA Civ 1060; [2019] 4 All
E.R. 289; [2019] 6 WLUK 296... 3-073
R. (on the application of Macrae) v Herefordshire DC [2012] EWCA Civ 457; [2012] 3
WLUK 269; [2012] L.L.R. 720; [2012] J.P.L. 1356............................... 7-105
R. (on the application of Madden) v Bury MBC [2002] EWHC 1882 (Admin); [2002] 8
WLUK 142; (2002) 5 C.C.L. Rep. 622 QBD..................................... 7-056
R. (on the application of Maguire) v Assistant Coroner for West Yorkshire [2018] EWCA
Civ 6; [2018] 1 WLUK 156; [2018] Inquest L.R. 83............................... 17-037
R. (on the application of Maguire) v HM Senior Coroner for Blackpool and Fylde [2019]
EWHC 1232 (Admin); [2019] 5 WLUK 220; [2019] Med. L.R. 342; [2019] A.C.D. 80;
[2019] 8 C.L. 2 7-037
R. (on the application of Maguire) v HM Senior Coroner for Blackpool and Fylde [2020]
EWCA Civ 738; [2020] 6 WLUK 90; [2020] Med. L.R. 331 7-037
R. (on the application of Mahfouz) v General Medical Council; sub nom. Mahfouz v
General Medical Council [2004] EWCA Civ 233; [2004] 3 WLUK 169; [2004] Lloyd's
Rep. Med. 377; (2004) 80 B.M.L.R. 113; (2004) 101(13) L.S.G. 35.................. 10-051

TABLE OF CASES

R. (on the application of Mahmood) v Secretary of State for the Home Department [2014] UKUT 439 (IAC); [2015] Imm. A.R. 193; [2015] I.N.L.R. 358 17-006
R. (on the application of Malik) v Central Criminal Court; sub nom. Malik v Central Criminal Court [2006] EWHC 1539 (Admin); [2007] 1 W.L.R. 2455; [2006] 4 All E.R. 1141; [2006] 6 WLUK 620 DC..11-054
R. (on the application of March) v Secretary of State for Health [2010] EWHC 765 (Admin); [2010] Med. L.R. 271; (2010) 116 B.M.L.R. 57; (2010) 154(16) S.J.L.B. 28 11-046
R. (on the application of Marchiori) v Environment Agency; sub nom. Marchiori v Environment Agency; R. v Environment Agency Ex p. Marchiori [2002] EWCA Civ 3; [2002] Eu. L.R. 225; [2002] N.P.C. 16.................................1-035, 5-056, 11-099
R. (on the application of Martin) v Secretary of State for the Home Department; sub nom. Martin (Anthony Edward), Re; R. (on the application of Martin) v Parole Board [2003] EWHC 1512 (Admin); [2003] Prison L.R. 368 8-047
R. (on the application of MAS Group Holdings Ltd) v Secretary of State for the Environment, Food and Rural Affairs [2019] EWHC 158 (Admin); [2019] 2 WLUK 12.....9-017
R. (on the application of Matthews) v City of York Council [2018] EWHC 2102 (Admin); [2018] 8 WLUK 80; [2019] L.L.R. 143 12-036
R. (on the application of Mayaya) v Secretary of State for the Home Department; R. (on the application of AO) v Secretary of State for the Home Department; R. (on the application of HE) v Secretary of State for the Home Department [2011] EWHC 3088 (Admin); [2012] 1 All E.R. 1491; [2012] A.C.D. 35 9-007
R. (on the application of McAtee) v Secretary of State for Justice [2018] EWCA Civ 2851; [2019] 1 W.L.R. 3766; [2018] 12 WLUK 379 16-067
R. (on the application of McCallion) v Kennet DC [2001] EWHC Admin 575; [2002] P.L.C.R. 9 16-058
R. (on the application of McCann) v Manchester Crown Court; Clingham v Kensington and Chelsea RLBC; sub nom. R. (on the application of M (A Child)) v Manchester Crown Court; R. v Manchester Crown Court Ex p. M (A Child) [2002] UKHL 39; [2003] 1 A.C. 787; [2002] 3 W.L.R. 1313; [2002] 4 All E.R. 593; [2003] 1 Cr. App. R. 27; (2002) 166 J.P. 657; [2002] U.K.H.R.R. 1286; 13 B.H.R.C. 482; [2003] H.L.R. 17; [2003] B.L.G.R. 57; [2003] Crim. L.R. 269; (2002) 166 J.P.N. 850; (2002) 146 S.J.L.B. 239...11-054
R. (on the application of McClean) v First Secretary of State [2017] EWHC 3174 (Admin); [2018] 1 Costs L.O. 37 DC 3-018, 5-104
R. (on the application of McDonald) v Kensington and Chelsea RLBC; sub nom. McDonald v Kensington and Chelsea RLBC [2011] UKSC 33; [2011] 4 All E.R. 881; [2011] P.T.S.R. 1266; [2011] H.R.L.R. 36; [2011] Eq. L.R. 974; [2012] B.L.G.R. 107; (2011) 14 C.C.L. Rep. 341; (2011) 121 B.M.L.R. 164; (2011) 108(29) L.S.G. 17; (2011) 161 N.L.J. 1026; (2011) 155(27) S.J.L.B. 39 ....5-148, 11-099
R. (on the application of McDougal) v Liverpool City Council [2009] EWHC 1821 (Admin); [2009] E.L.R. 510 11-046
R. (on the application of McKenzie) v Leeds Crown Court [2020] EWHC 1867 (Admin); [2020] 4 W.L.R. 106; [2020] 7 WLUK 217 11-054
R. (on the application of McKeown) v Islington LBC [2020] EWHC 779 (Admin); [2020] P.T.S.R. 1319; [2020] 4 WLUK 1; [2020] H.L.R. 33; [2020] A.C.D. 64..................5-022
R. (on the application of McShane) v Secretary of State for Justice [2018] EWHC 2049 (Admin); [2018] 7 WLUK 746; [2018] A.C.D. 110 ....12-032, 12-055
R. (on the application of MD (Gambia)) v Secretary of State for the Home Department [2011] EWCA Civ 121 11-047
R. (on the application of Mead) v Secretary of State for Transport, Local Government and the Regions. See R. (on the application of Medway Council) v Secretary of State for Transport, Local Government and the Regions 7-056
R. (on the application of Meany) v Harlow DC [2009] EWHC 559 (Admin) 5-079
R. (on the application of Medical Justice) v Secretary of State for the Home Department [2011] EWCA Civ 269; [2011] 1 W.L.R. 2852; [2011] 4 All E.R. 425; [2011] C.P. Rep. 29; [2011] A.C.D. 63; (2011) 108(13) L.S.G. 22; (2011) 161 N.L.J. 436 18-013
R. (on the application of Medihani) v HM Coroner for Inner South District of Greater London [2012] EWHC 1104 (Admin); [2012] A.C.D. 63 7-130
R. (on the application of Medway Council) v Secretary of State for Transport, Local Government and the Regions; R. (on the application of Essex CC) v Secretary of State for Transport, Local Government and the Regions; R. (on the application of Mead) v

TABLE OF CASES

Secretary of State for Transport, Local Government and the Regions [2002] EWHC 2516 (Admin); [2002] 11 WLUK 735; [2003] J.P.L. 583; [2002] 49 E.G. 123 (C.S.); [2002] N.P.C. 152 QBD. 1-035, 7-056
R. (on the application of Medway Soft Drinks Ltd) v Revenue and Customs Commissioners; R. (on the application of Drayman Drink Ltd) v Revenue and Customs Commissioners; R. (on the application of Beviqua Ltd) v Revenue and Customs Commissioners [2019] EWCA Civ 1041; [2019] 6 WLUK 268 16-101
R. (on the application of Michael) v Governor of Whitemoor [2020] EWCA Civ 29; [2020] 1 W.L.R. 2524; [2020] 4 All E.R. 190; [2020] 1 WLUK 165; [2020] H.R.L.R. 5 9-007
R. (on the application of Michaelides) v Chief Constable of Merseyside [2019] EWHC 1434 (Admin); [2019] 6 WLUK 46 7-105
R. (on the application of Midcounties Co-operative Ltd) v Forest of Dean DC [2015] EWHC 1251 (Admin); [2015] B.L.G.R. 829; [2015] P.T.S.R. D32. 16-027
R. (on the application of Midcounties Co–operative Ltd) v Wyre Forest DC [2009] EWHC 964 (Admin) 12-034
R. (on the application of Middleton) v HM Coroner for Western Somerset; sub nom. R. v HM Coroner for Western Somerset Ex p. Middleton; R. (on the application of Middleton) v West Somerset Coroner [2004] UKHL 10; [2004] 2 A.C. 182; [2004] 2 W.L.R. 800; [2004] 2 All E.R. 465; (2004) 168 J.P. 329; [2004] H.R.L.R. 29; [2004] U.K.H.R.R. 501; 17 B.H.R.C. 49; [2004] Lloyd's Rep. Med. 288; (2004) 79 B.M.L.R. 51; [2004] Inquest L.R. 17; (2004) 168 J.P.N. 479; (2004) 101(15) L.S.G. 27; (2004) 154 N.L.J. 417; (2004) 148 S.J.L.B. 354 .... 7-037, 7-130, 7-131, 13-063
R. (on the application of Mighty) v Secretary of State for the Home Department. *See* R. (on the application of Lumba) v Secretary of State for the Home Department . 7-014, 9-004, 9-005, 9-007, 11-054, 19-055, 19-056
R. (on the application of Miller) v Prime Minister [2020] UKSC 41; [2020] A.C. 373 5-002
R. (on the application of Miller) v Prime Minister; Cherry v Advocate General for Scotland; sub nom. Miller v Prime Minister [2019] UKSC 41; [2020] A.C. 373; [2019] 3 W.L.R. 589; [2019] 4 All E.R. 299; 2020 S.C. (U.K.S.C.) 1; 2019 S.L.T. 1143; 2019 S.C.L.R. 1028; [2019] 9 WLUK 256; 2019 G.W.D. 30-474 .... 1-035, 3-018, 3-040, 5-048, 5-091, 11-056, 14-005, 15-100A, 18-039
R. (on the application of Miller) v Secretary of State for Exiting the European Union; Agnew's Application for Judicial Review, Re; McCord's Application for Judicial Review, Re [2017] UKSC 5; [2018] A.C. 61; [2017] 2 W.L.R. 583; [2017] 1 All E.R. 593; [2017] N.I. 141; [2017] 1 WLUK 387; [2017] 2 C.M.L.R. 15; [2017] H.R.L.R. 2 ..... 1-128, 14-004
R. (on the application of Milton Keynes Council) v Secretary of State for Communities and Local Government [2011] EWCA Civ 1575; [2012] J.P.L. 728; [2012] A.C.D. 40 7-056
R. (on the application of Miranda) v Secretary of State for the Home Department [2016] EWCA Civ 6; [2016] 1 W.L.R. 1505; [2016] 1 Cr. App. R. 26; [2016] E.M.L.R. 11; [2016] H.R.L.R. 6 .... 13-090, 13-104
R. (on the application of Misick) v Secretary of State for Foreign and Commonwealth Affairs [2009] EWHC 1039 (Admin); [2009] A.C.D. 62. 12-034
R. (on the application of MK (Iran)) v Secretary of State for the Home Department; sub nom. K (Iran) v Secretary of State for the Home Department [2010] EWCA Civ 115; [2010] 1 W.L.R. 2059; [2010] 4 All E.R. 892; [2010] Imm. A.R. 504; [2010] I.N.L.R. 609. 7-035
R. (on the application of MK) v Secretary of State for the Home Department [2019] EWHC 3573 (Admin); [2020] 4 W.L.R. 37; [2019] 12 WLUK 417; [2020] Imm. A.R. 769. 11-072
R. (on the application of MM (Lebanon)) v Secretary of State for the Home Department; R. (on the application of Master AF) v Secretary of State for the Home Department; R. (on the application of Javed) v Secretary of State for the Home Department; R. (on the application of Majid) v Secretary of State for the Home Department; sub nom. R. (on the application of SJ (Pakistan)) v Secretary of State for the Home Department; R. (on the application of AM (Pakistan)) v Secretary of State for the Home Department [2017] UKSC 10; [2017] 1 W.L.R. 771; [2017] H.R.L.R. 6; [2017] Imm. A.R. 729; [2017] I.N.L.R. 575. .... 11-017, 13-086
R. (on the application of Mohamed) v Secretary of State for Foreign and Commonwealth Affairs [2009] EWHC 152 (Admin); [2009] 1 W.L.R. 2653; (2009) 159 N.L.J. 234 8-011
R. (on the application of Mohamed) v Secretary of State for Foreign and Commonwealth Affairs [2010] EWCA Civ 65; [2011] Q.B. 218; [2010] 3 W.L.R. 554; [2010] 4 All E.R. 91 .... 8-011, 13-066

R. (on the application of Mondelly) v Commissioner of Police of the Metropolis [2006]
EWHC 2370 (Admin); (2007) 171 J.P. 121; [2006] Po. L.R. 134; [2007] Crim. L.R.
298; (2007) 171 J.P.N. 529 DC. 3-006
R. (on the application of Moore) v Chief Constable of Merseyside [2015] EWHC 1430
(Admin); [2015] 5 WLUK 448 QBD 7-116
R. (on the application of Mooyer) v Personal Investment Authority Ombudsman Bureau
Ltd [2001] EWHC Admin 247; [2002] Lloyd's Rep. I.R. 45 3-049
R. (on the application of Moreton) v Medical Defence Union Ltd [2006] EWHC 1948
(Admin); [2007] LS Law Medical 180; [2006] A.C.D. 102; (2006) 156 N.L.J. 1253 3-049
R. (on the application of Morgan) v Coventry City Council; R. (on the application of
Carton) v Coventry City Council (2001) 4 C.C.L. Rep. 41; [2001] A.C.D. 80 QBD
(Admin). 7-056
R. (on the application of Morris) v Newport City Council [2009] EWHC 3051 (Admin);
[2010] B.L.G.R. 234; [2010] A.C.D. 33; [2010] P.T.S.R. (C.S.) 11 7-057
R. (on the application of Morris) v Westminster City Council (No.3); R. (on the
application of Badu) v Lambeth LBC; sub nom. Westminster City Council v Morris
[2005] EWCA Civ 1184; [2006] 1 W.L.R. 505; [2005] H.R.L.R. 43; [2006] U.K.H.R.R.
165; [2006] H.L.R. 8; [2006] B.L.G.R. 81; [2006] A.C.D. 29 13-104
R. (on the application of Moseley) v Haringey LBC; sub nom. R. (on the application of
Stirling) v Haringey LBC [2014] UKSC 56; [2014] 1 W.L.R. 3947; [2015] 1 All E.R.
495; [2014] P.T.S.R. 1317; [2014] 10 WLUK 872; [2014] B.L.G.R. 823; [2015] R.V.R.
93 .... 7-055, 7-056
R. (on the application of Mott) v Environment Agency [2018] UKSC 10; [2018] 1 W.L.R.
1022; [2018] 2 All E.R. 663; [2018] 2 WLUK 299; [2018] Env. L.R. 20; [2018] L.L.R.
356. .... 11-047, 13-097, 13-098, 16-027
R. (on the application of Mount Cook Land Ltd) v Westminster City Council; sub nom.
Mount Cook Land Ltd v Westminster City Council [2003] EWCA Civ 1346; [2004]
C.P. Rep. 12; [2004] 2 Costs L.R. 211; [2004] 2 P. & C.R. 22; [2004] 1 P.L.R. 29;
[2004] J.P.L. 470; [2003] 43 E.G. 137 (C.S.); (2003) 147 S.J.L.B. 1272; [2003] N.P.C.
117 .... 16-002, 16-092
R. (on the application of Mousa) v Secretary of State for Defence [2013] EWHC 1412
(Admin); [2013] H.R.L.R. 32; [2013] Inquest L.R. 93; [2013] A.C.D. 84. 7-130
R. (on the application of MP) v Secretary of State for Justice; R. (on the application of P)
v Governor of Downview Prison [2012] EWHC 214 (Admin); [2012] A.C.D. 58;
(2012) 109(9) L.S.G. 17 9-007
R. (on the application of MR (Pakistan)) v Upper Tribunal. See R. (on the application of
Cart) v Upper Tribunal 3-018, 17-006
R. (on the application of Mullins) v Jockey Club Appeal Board (No.1) [2005] EWHC
2197 (Admin); [2006] A.C.D. 2 3-049
R. (on the application of Munjaz) v Mersey Care NHS Trust; R. (on the application of S) v
Airedale NHS Trust (Appeal); sub nom. Munjaz v Mersey Care NHS Trust; S v
Airedale NHS Trust; R. (on the application of Colonel M) v Ashworth Hospital
Authority (now Mersey Care NHS Trust); R. (on the application of Munjaz) v Ashworth
Hospital Authority (now Mersey Care NHS Trust) [2005] UKHL 58; [2006] 2 A.C. 148;
[2005] 3 W.L.R. 793; [2006] 4 All E.R. 736; [2005] H.R.L.R. 42; [2006] Lloyd's Rep.
Med. 1; (2005) 86 B.M.L.R. 84; [2005] M.H.L.R. 276 .... 5-141, 5-142, 13-082
R. (on the application of Murray and Wortley) v Armagh County Justices (1915) 49 I.L.T.
56. 10-047
R. (on the application of Murray) v Parole Board; sub nom. Murray v Parole Board [2003]
EWCA Civ 1561; [2004] Prison L.R. 175; (2004) 101(1) L.S.G. 21 11-071
R. (on the application of N) v Lewisham LBC; R. (on the application of H (A Child)) v
Newham LBC; sub nom. R. (on the application of CN) v Lewisham LBC; R. (on the
application of ZH) v Newham LBC [2014] UKSC 62; [2015] A.C. 1259; [2014] 3
W.L.R. 1548; [2015] 1 All E.R. 783; [2015] H.L.R. 6; [2014] B.L.G.R. 842; [2015] 1 P.
& C.R. 13; (2014) 158(45) S.J.L.B. 37. 13-086
R. (on the application of Napier) v Secretary of State for the Home Department; sub nom.
Napier v Secretary of State for the Home Department [2004] EWHC 936 (Admin);
[2004] 1 W.L.R. 3056; [2005] 3 All E.R. 76; [2004] Prison L.R. 241; [2004] A.C.D. 61;
(2004) 101(22) L.S.G. 33 7-036
R. (on the application of Nash) v Barnet LBC [2013] EWCA Civ 1004; [2013] P.T.S.R.
1457. 16-057
R. (on the application of Nash) v Chelsea College of Art and Design [2001] EWHC 538
(Admin); [2001] 7 WLUK 259 QBD. 7-115, 7-116

R. (on the application of Nash) v Police Appeals Tribunal [2020] EWHC 247 (Admin); [2020] 1 WLUK 149 7-088
R. (on the application of National Council for Civil Liberties (Liberty)) v Secretary of State for the Home Department [2018] EWHC 975 (Admin); [2018] 3 W.L.R. 1435; [2018] 4 WLUK 525; [2018] A.C.D. 62 DC 14-019, 14-041
R. (on the application of National Council for Civil Liberties (Liberty)) v Secretary of State for the Home Department [2018] EWHC 976 (Admin); [2018] 4 WLUK 526 . 16-012, 16-027
R. (on the application of National Council for Civil Liberties (Liberty)) v Secretary of State for the Home Department [2019] EWHC 2057 (Admin); [2019] 7 WLUK 488; [2019] A.C.D. 115 5-036
R. (on the application of National Farmers Union) v Secretary of State for the Environment, Food and Rural Affairs [2020] EWHC 1192 (Admin); [2020] 5 WLUK 143 12-034
R. (on the application of National Secular Society) v Bideford Town Council [2012] EWHC 175 (Admin); [2012] 2 All E.R. 1175; [2012] H.R.L.R. 12; [2012] Eq. L.R. 326; [2012] B.L.G.R. 211; [2012] A.C.D. 56 5-107
R. (on the application of Nettleship) v NHS South Tyneside Clinical Commissioning Group [2020] EWCA Civ 46; [2020] P.T.S.R. 928; [2020] 1 WLUK 216; (2020) 23 C.C.L. Rep. 313 7-056
R. (on the application of New London College Ltd) v Secretary of State for the Home Department [2012] EWCA Civ 51; [2012] Imm. A.R. 563; [2012] P.T.S.R. D21 13-096
R. (on the application of New London College Ltd) v Secretary of State for the Home Department; sub nom. R. (on the application of West London Vocational Training College) v Secretary of State for the Home Department [2013] UKSC 51; [2013] 1 W.L.R. 2358; [2013] 4 All E.R. 195; [2013] P.T.S.R. 995; [2014] Imm. A.R. 151; [2014] I.N.L.R. 66 13-096
R. (on the application of Newcastle United Football Club Ltd) v Revenue and Customs Commissioners [2017] EWHC 2402 (Admin); [2017] 4 W.L.R. 187; [2018] S.T.C. 103; [2017] 10 WLUK 63; [2017] Lloyd's Rep. F.C. 604; [2017] B.V.C. 44; [2017] A.C.D. 129; [2017] S.T.I. 2181 DC 7-116
R. (on the application of Newhaven Port and Properties Ltd) v East Sussex CC; sub nom. R. (on the application of Newhaven Port and Properties Ltd) v Secretary of State for the Environment, Food and Rural Affairs [2015] UKSC 7; [2015] A.C. 1547; [2015] 2 W.L.R. 601; [2015] 2 All E.R. 991; [2015] B.L.G.R. 232; [2015] 2 P. & C.R. 7 5-015
R. (on the application of NHS Property Services Ltd) v Jones. See R. (on the application of Lancashire CC) v Secretary of State for Environment, Food and Rural Affairs 5-074, 7-101
R. (on the application of Niazi) v Secretary of State for the Home Department; R. (on the application of Bhatt Murphy (A Firm)) v Independent Assessor [2008] EWCA Civ 755; (2008) 152(29) S.J.L.B. 29 .... 7-031, 12-055
R. (on the application of Nicklinson) v Ministry of Justice; R. (on the application of Lamb) v Ministry of Justice; R. (on the application of AM) v DPP; sub nom. Nicklinson v Ministry of Justice [2014] UKSC 38; [2015] A.C. 657; [2014] 3 W.L.R. 200; [2014] 3 All E.R. 843; [2014] 6 WLUK 769; [2014] 3 F.C.R. 1; [2014] H.R.L.R. 17; 36 B.H.R.C. 465; (2014) 139 B.M.L.R. 1 .... 1-039, 13-035, 13-048, 13-085
R. (on the application of Nixon) v Secretary of State for the Home Department; R. (on the application of Tracey) v Secretary of State for the Home Department [2018] EWCA Civ 3; [2018] 1 WLUK 154; [2018] H.R.L.R. 7 18-048
R. (on the application of Noorkoiv) v Secretary of State for the Home Department (No.2); sub nom. Noorkoiv v Secretary of State for the Home Department (No.2) [2002] EWCA Civ 770; [2002] 1 W.L.R. 3284; [2002] 4 All E.R. 515; [2002] H.R.L.R. 36; [2002] Prison L.R. 311; [2002] A.C.D. 66; (2002) 99(27) L.S.G. 34; (2002) 146 S.J.L.B. 145 11-071
R. (on the application of Norwich and Peterborough Building Society) v Financial Ombudsman Service Ltd [2002] EWHC 2379 (Admin); [2003] 1 All E.R. (Comm) 65; (2003) 100(3) L.S.G. 30 11-032
R. (on the application of Nottingham Healthcare NHS Trust) v Mental Health Review Tribunal [2008] EWHC 2445 (Admin); [2008] 9 WLUK 341; [2008] M.H.L.R. 326 QBD 7-105
R. (on the application of Novartis Pharmaceuticals UK Ltd) v Licensing Authority (C-106/01) EU:C:2004:245; [2004] 4 WLUK 512; [2004] 2 C.M.L.R. 26; [2005] All E.R. (EC) 192; (2005) 81 B.M.L.R. 200 14-125
R. (on the application of NS) v Secretary of State for the Home Department (C-411/10); E v Refugee Applications Commissioner (C-493/10); sub nom. ME v Refugee

TABLE OF CASES

Applications Commissioner (C-493/10); NS v Secretary of State for the Home Department (C-411/10) EU:C:2011:865; [2013] Q.B. 102; [2012] 3 W.L.R. 1374; [2012] All E.R. (EC) 1011; [2012] 2 C.M.L.R. 9; (2012) 109(29) L.S.G. 26 14-041

R. (on the application of O'Brien) v Independent Assessor; R. (on the application of Hickey) v Independent Assessor; sub nom. Independent Assessor v O'Brien; O'Brien v Independent Assessor [2007] UKHL 10; [2007] 2 A.C. 312; [2007] 2 W.L.R. 544; [2007] 2 All E.R. 833; 26 B.H.R.C. 516; (2007) 151 S.J.L.B. 394 11-064

R. (on the application of O'Callaghan) v Charity Commission for England and Wales [2007] EWHC 2491 (Admin); [2008] W.T.L.R. 117 QBD............................. 7-056

R. (on the application of O) v Secretary of State for the Home Department [2016] UKSC 19; [2016] 1 W.L.R. 1717; [2016] 4 All E.R. 1003; [2016] I.N.L.R. 494 9-005

R. (on the application of O) v Secretary of State for the Home Department [2019] EWHC 2734 (Admin); [2019] 10 WLUK 310; (2020) 23 C.C.L. Rep. 175...................... 5-079

R. (on the application of OA) v Bexley LBC [2020] EWHC 1107 (Admin); [2020] P.T.S.R. 1654; [2020] 5 WLUK 66... 5-073

R. (on the application of Okondu) v Secretary of State for the Home Department [2014] UKUT 377 (IAC); [2015] Imm. A.R. 155; [2015] I.N.L.R. 99 16-042

R. (on the application of Omar) v Secretary of State for Foreign and Commonwealth Affairs; R. (on the application of Njoroge) v Secretary of State for Foreign and Commonwealth Affairs [2013] EWCA Civ 118; [2014] Q.B. 112; [2013] 3 W.L.R. 439; [2013] 3 All E.R. 95; [2013] 2 WLUK 750; [2013] A.C.D. 65 8-010

R. (on the application of OneSearch Direct Holdings Ltd) v York City Council; sub nom. OneSearch Direct Holdings Ltd (formerly SPH Holdings Ltd) v York City Council [2010] EWHC 590 (Admin); [2010] P.T.S.R. 1481; [2010] A.C.D. 60; (2010) 160 N.L.J. 498; [2010] N.P.C. 40.. 5-015

R. (on the application of Otobo) v Secretary of State for the Home Department [2019] EWHC 3889 (Admin); [2019] 11 WLUK 55 .... 10-018, 10-058

R. (on the application of Oxton Farm) v Harrogate BC [2019] EWHC 1370 (Admin); [2019] 6 WLUK 256.. 7-105

R. (on the application of P (A Child)) v Oxfordshire CC Exclusions Appeals Panel. See R. (on the application of S (A Child)) v Brent LBC 7-013, 7-035, 7-116

R. (on the application of P) v Essex CC; R. (on the application of G) v Essex CC; R. (on the application of F) v Essex CC; R. (on the application of W) v Essex CC [2004] EWHC 2027 (Admin); [2004] All E.R. (D) 103 (Aug) 16-041

R. (on the application of P) v Haringey LBC [2008] EWHC 2357 (Admin); [2009] E.L.R. 49.. 5-068

R. (on the application of P) v Secretary of State for Justice [2009] EWCA Civ 701; [2010] Q.B. 317; [2010] 2 W.L.R. 967; [2009] U.K.H.R.R. 1496; [2009] M.H.L.R. 201; [2009] Prison L.R. 151; [2010] 2 Prison L.R. 221.. 7-037

R. (on the application of P) v Secretary of State for the Home Department unreported 17 May 2002 9-007

R. (on the application of P) v Secretary of State for the Home Department; R. (on the application of Q) v Secretary of State for the Home Department; sub nom. R. v Secretary of State for the Home Department Ex p. Q [2001] EWCA Civ 1151; [2001] 1 W.L.R. 2002; [2001] 2 F.L.R. 1122; [2001] 3 F.C.R. 416; [2001] U.K.H.R.R. 1035; [2001] Prison L.R. 297; [2001] Fam. Law 803; (2001) 98(34) L.S.G. 41; (2001) 145 S.J.L.B. 203 .... 3-119, 9-007

R. (on the application of Packham) v Secretary of State for Transport [2020] EWCA Civ 1004; [2020] 7 WLUK 494 .... 5-136, 5-138, 11-099

R. (on the application of Page) v Darlington BC [2018] EWHC 1818 (Admin); [2018] 7 WLUK 343 12-034

R. (on the application of Palestine Solidarity Campaign Ltd) v Secretary of State for Housing, Communities and Local Government [2020] UKSC 16; [2020] 1 W.L.R. 1774; [2020] 4 All E.R. 347; [2020] 4 WLUK 305; [2020] I.C.R. 1013; [2020] H.R.L.R. 15; [2020] Pens. L.R. 20 .... 5-003, 5-022, 5-099, 5-103, 5-147

R. (on the application of Pantellerisco) v Secretary of State for Work and Pensions [2020] EWHC 1944 (Admin); [2020] 7 WLUK 317; [2020] A.C.D. 110 11-071

R. (on the application of Parents for Legal Action Ltd) v Northumberland CC [2006] EWHC 1081 (Admin); [2006] B.L.G.R. 646; [2006] E.L.R. 397; [2006] A.C.D. 87 QBD 7-056

R. (on the application of Parkinson) v HM Senior Coroner for Kent [2018] EWHC 1501 (Admin); [2018] 4 W.L.R. 106; [2018] 4 All E.R. 517; [2018] 6 WLUK 291; (2019) 169 B.M.L.R. 74; [2018] Inquest L.R. 125; [2018] A.C.D. 81 13-063

TABLE OF CASES

R. (on the application of Parveen) v Redbridge LBC [2020] EWCA Civ 194; [2020] 4
W.L.R. 53; [2020] 3 WLUK 163; [2020] Costs L.R. 433; [2020] H.L.R. 22. 16-101
R. (on the application of Patel) v General Medical Council [2013] EWCA Civ 327; [2013]
1 W.L.R. 2801; [2013] 3 WLUK 719; (2013) 133 B.M.L.R. 14 . . . . 12-049, 12-061, 12-062
R. (on the application of Patel) v Secretary of State for the Home Department [2020]
EWCA Civ 74; [2020] 1 WLUK 319 16-101
R. (on the application of Peat) v Hyndburn BC [2011] EWHC 1739 (Admin) QBD 7-056
R. (on the application of Pepper) v Bolsover DC; sub nom. R. v Bolsover DC Ex p.
Pepper (2001) 3 L.G.L.R. 20; [2001] B.L.G.R. 43; [2001] J.P.L. 804; [2000] E.G. 107
(C.S.) QBD 3-066, 3-069
R. (on the application of Peters) v Haringey LBC; sub nom. Peters v Haringey LBC
[2018] EWHC 192 (Admin); [2018] P.T.S.R. 1359; [2018] H.L.R. 33 QBD. 7-055
R. (on the application of Petsafe Ltd) v Welsh Ministers [2010] EWHC 2908 (Admin);
[2011] Eu. L.R. 270 13-098
R. (on the application of Pfizer Ltd) v Secretary of State for Health [2002] EWCA Civ
1566; [2003] 1 C.M.L.R. 19; [2002] Eu. L.R. 783; (2003) 70 B.M.L.R. 219; (2003)
100(2) L.S.G. 31. 5-148
R. (on the application of Pharmaceutical Services Negotiating Committee) v Secretary of
State for Health; National Pharmacy Association v Secretary of State for Health [2018]
EWCA Civ 1925. 5-074
R. (on the application of Philip Morris Brands Sarl) v Secretary of State for Health [2014]
EWHC 3669 (Admin); [2014] 11 WLUK 197 QBD 2-073
R. (on the application of PK (Ghana)) v Secretary of State for the Home Department
[2018] EWCA Civ 98; [2018] 1 W.L.R. 3955; [2018] 2 WLUK 203; [2018] Imm. A.R.
961. 11-097
R. (on the application of Plan B Earth) v Secretary of State for Transport; R. (on the
application of Friends of the Earth Ltd) v Secretary of State for Transport; R. (on the
application of Hillingdon LBC) v Secretary of State for Transport [2020] EWCA Civ
214; [2020] P.T.S.R. 1446; [2020] 2 WLUK 372; [2020] J.P.L. 1005. . . 1-035, 5-054, 5-070, 5-130,
5-138, 5-143, 7-055, 7-106, 10-017, 10-064, 11-078
R. (on the application of Plantagenet Alliance Ltd) v Secretary of State for Justice [2014]
EWHC 1662 (QB); [2015] 3 All E.R. 261; [2014] 5 WLUK 830; [2015] B.L.G.R. 172;
[2014] Inquest L.R. 178 DC 7-031, 7-055, 11-047, 16-092
R. (on the application of Pounder) v HM Coroner for North and South Districts of Durham
and Darlington [2010] EWHC 328 (Admin); [2010] 2 WLUK 648; [2010] Inquest L.R.
38; [2010] A.C.D. 52 QBD. 10-064
R. (on the application of Preece) v Mayor of London. See R. (on the application of
Westminster City Council) v Mayor of London 7-056
R. (on the application of Pretty) v DPP [2001] UKHL 61; [2002] 1 A.C. 800; [2001] 3
W.L.R. 1598; [2002] 1 All E.R. 1; [2002] 2 Cr. App. R. 1; [2002] 1 F.L.R. 268; [2002] 1
F.C.R. 1; [2002] H.R.L.R. 10; [2002] U.K.H.R.R. 97; 11 B.H.R.C. 589; (2002) 63
B.M.L.R. 1; [2002] A.C.D. 41; [2002] Fam. Law 170; (2001) 151 N.L.J. 1819 13-066
R. (on the application of Primary Health Investment Properties Ltd) v Secretary of State
for Health; sub nom. Primary Health Investment Properties Ltd v Secretary of State for
Health [2009] EWHC 519 (Admin); [2009] P.T.S.R. 1563; [2009] LS Law Medical 315;
[2010] R.V.R. 63; [2009] A.C.D. 57; [2009] N.P.C. 52. . . . . 7-035, 10-048
R. (on the application of Privacy International) v Investigatory Powers Tribunal [2019]
UKSC 22; [2020] A.C. 491; [2019] 2 W.L.R. 1219; [2019] 4 All E.R. 1; [2019] 5
WLUK 188; [2019] H.R.L.R. 13; [2019] 8 C.L. 5. . . . . . 1-024, 1-060A, 3-018, 4-017, 4-044, 4-048,
5-004, 5-022, 5-048
R. (on the application of Privacy International) v Investigatory Powers Tribunal [2019]
EWHC 3285 (Admin); [2019] 10 WLUK 111 8-021
R. (on the application of Project for the Registration of Children as British Citizens) v
Secretary of State for the Home Department [2019] EWHC 3536 (Admin); [2020] 1
W.L.R. 1486; [2020] 2 All E.R. 572; [2019] 12 WLUK 383; [2020] A.C.D. 32 5-079
R. (on the application of Project Management Institute) v Minister for the Cabinet Office
[2016] EWCA Civ 21; [2016] 1 W.L.R. 1737; [2016] 4 All E.R. 334; [2016] 1 WLUK
396. . . . . 4-051, 10-048
R. (on the application of ProLife Alliance) v BBC; sub nom. ProLife Alliance v BBC; R.
(on the application of Quintavalle) v BBC [2003] UKHL 23; [2004] 1 A.C. 185; [2003]
2 W.L.R. 1403; [2003] 2 All E.R. 977; [2003] E.M.L.R. 23; [2003] H.R.L.R. 26; [2003]
U.K.H.R.R. 758; [2003] A.C.D. 65; (2003) 100(26) L.S.G. 35; (2003) 153 N.L.J. 823;
(2003) 147 S.J.L.B. 595 11-099

TABLE OF CASES

R. (on the application of Proud) v Buckingham Pubwatch Scheme [2008] EWHC 2224 (Admin)...3-049
R. (on the application of Public and Commercial Services Union) v Minister for the Cabinet Office; sub nom. Public and Commercial Services Union v Minister for the Cabinet Office [2017] EWHC 1787 (Admin); [2018] 1 All E.R. 142; [2017] 7 WLUK 380; [2018] I.C.R. 269; [2017] I.R.L.R. 967; [2017] A.C.D. 105 18-050
R. (on the application of Public Law Project) v Secretary of State for Justice; sub nom. R. (on the application of Public Law Project) v Lord Chancellor; Public Law Project v Lord Chancellor [2016] UKSC 39; [2016] A.C. 1531; [2016] 3 W.L.R. 387; [2017] 2 All E.R. 423; [2016] H.R.L.R. 17...5-022, 11-054
R. (on the application of Purdy) v DPP [2009] UKHL 45; [2010] 1 A.C. 345; [2009] 3 W.L.R. 403; [2009] 4 All E.R. 1147; [2010] 1 Cr. App. R. 1; [2009] H.R.L.R. 32; [2009] U.K.H.R.R. 1104; 27 B.H.R.C. 126; (2009) 12 C.C.L. Rep. 498; [2009] LS Law Medical 479; (2009) 109 B.M.L.R. 153; (2009) 179 N.L.J. 1175; (2009) 153(31) S.J.L.B. 2..13-037, 13-082, 17-040, 18-024
R. (on the application of Puri) v Bradford Teaching Hospitals NHS Foundation Trust [2011] EWHC 970 (Admin); [2011] I.R.L.R. 582; [2011] Med. L.R. 280.................7-035
R. (on the application of Q) v Secretary of State for the Home Department; R. (on the application of B) v Secretary of State for the Home Department; R. (on the application of F) v Secretary of State for the Home Department; R. (on the application of M) v Secretary of State for the Home Department; R. (on the application of J) v Secretary of State for the Home Department; R. (on the application of D) v Secretary of State for the Home Department [2003] EWCA Civ 364; [2004] Q.B. 36; [2003] 3 W.L.R. 365; [2003] 2 All E.R. 905; [2003] H.R.L.R. 21; [2003] U.K.H.R.R. 607; 14 B.H.R.C. 262; [2003] H.L.R. 57; (2003) 6 C.C.L. Rep. 136; [2003] A.C.D. 46; (2003) 100(21) L.S.G. 29..8-047
R. (on the application of Qin) v Commissioner of Police of the Metropolis [2017] EWHC 2750 (Admin); [2018] P.T.S.R. 966; [2018] L.L.R. 153 QBD.....................3-128
R. (on the application of Quark Fishing Ltd) v Secretary of State for Foreign and Commonwealth Affairs (No.1); sub nom. Secretary of State for Foreign and Commonwealth Affairs v Quark Fishing Ltd [2002] EWCA Civ 1409...................11-065
R. (on the application of R) v Children and Family Court Advisory and Support Service; sub nom. R. (on the application of R) v Child and Family Court Advisory and Support Service; R v CAFCASS [2012] EWCA Civ 853; [2013] 1 W.L.R. 163; [2012] 2 F.L.R. 1432; [2012] 2 F.C.R. 609; [2012] Fam. Law 1319..................................7-035
R. (on the application of Rahman) v Secretary of State for the Home Department [2015] EWHC 1146 (Admin); [2015] A.C.D. 107...7-035
R. (on the application of Ramda) v Secretary of State for the Home Department [2002] EWHC 1278 (Admin); [2002] 6 WLUK 558 DC......................................7-056
R. (on the application of Rashid) v Secretary of State for the Home Department; sub nom. Rashid v Secretary of State for the Home Department [2005] EWCA Civ 744; [2005] Imm. A.R. 608; [2005] I.N.L.R. 550..11-064, 12-036
R. (on the application of RD (A Child)) v Worcestershire CC [2019] EWHC 449 (Admin); [2019] 2 WLUK 431......................................12-032, 12-043, 12-055, 12-062
R. (on the application of RD) v Secretary of State for Work and Pensions; R. (on the application of EM) v Secretary of State for Work and Pensions [2010] EWCA Civ 18; [2010] 1 W.L.R. 1782; [2010] H.R.L.R. 19; (2010) 112 B.M.L.R. 140; [2010] M.H.L.R. 72; (2010) 154(4) S.J.L.B. 30...5-038
R. (on the application of Refugee Legal Centre) v Secretary of State for the Home Department [2004] EWCA Civ 1481; [2005] 1 W.L.R. 2219; [2005] I.N.L.R. 236; [2005] A.C.D. 52; (2005) 102(1) L.S.G. 16...11-072
R. (on the application of Rehoune) v Islington LBC [2019] EWHC 371 (Admin); [2019] 2 WLUK 306...9-007
R. (on the application of Reilly) v Secretary of State for Work and Pensions; Jeffrey v Secretary of State for Work and Pensions; sub nom. Reilly v Secretary of State for Work and Pensions [2016] EWCA Civ 413; [2017] Q.B. 657; [2016] 3 W.L.R. 1641; [2016] 4 WLUK 663 ....7-121, 11-059
R. (on the application of Reilly) v Secretary of State for Work and Pensions; R. (on the application of Wilson) v Secretary of State for Work and Pensions [2013] UKSC 68; [2014] A.C. 453; [2013] 3 W.L.R. 1276; [2014] 1 All E.R. 505; [2013] 10 WLUK 971......1-035
R. (on the application of Reilly) v Secretary of State for Work and Pensions; Jeffrey v Secretary of State for Work and Pensions; sub nom. Reilly v Secretary of State for Work and Pensions [2014] EWHC 2182 (Admin); [2015] Q.B. 573; [2015] 2 W.L.R. 309 13-104

TABLE OF CASES

R. (on the application of Reis) v Director of Legal Aid Casework. *See* R. (on the application of Gudanaviciene) v Director of Legal Aid Casework. 7-035, 7-121, 13-086, 16-089
R. (on the application of Reprieve) v Prime Minister [2020] EWHC 1695 (Admin); [2020] 6 WLUK 425; [2020] A.C.D. 99. 7-035
R. (on the application of Reprotech (Pebsham) Ltd) v East Sussex CC; sub nom. Reprotech (Pebsham) Ltd v East Sussex CC; R. v East Sussex CC Ex p. Reprotech (Pebsham) Ltd; East Sussex CC v Reprotech (Pebsham) Ltd [2002] UKHL 8; [2003] 1 W.L.R. 348; [2002] 4 All E.R. 58; [2003] 1 P. & C.R. 5; [2002] 2 P.L.R. 60; [2002] J.P.L. 821; [2002] 10 E.G. 158 (C.S.); [2002] N.P.C. 32 12-062
R. (on the application of Richards) v Pembrokeshire CC [2004] EWCA Civ 1000; [2004] 7 WLUK 900; [2005] B.L.G.R. 105. 7-116
R. (on the application of Roberts) v Commissioner of Police of the Metropolis [2015] UKSC 79; [2016] 1 W.L.R. 210; [2016] 2 All E.R. 1005; [2016] 1 Cr. App. R. 19; [2016] H.R.L.R. 5; 41 B.H.R.C. 93; [2016] Crim. L.R. 278. . . . . 13-073, 13-082
R. (on the application of Roberts) v Secretary of State for Communities and Local Government [2008] EWHC 677 (Admin); [2008] 3 WLUK 519; [2009] J.P.L. 81 QBD 7-105
R. (on the application of Robin Murray & Co) v Lord Chancellor [2011] EWHC 1528 (Admin); [2011] 6 WLUK 366; [2011] A.C.D. 103; [2011] N.P.C. 64 QBD. 7-056
R. (on the application of Rockware Glass Ltd) v Chester City Council; sub nom. R. (on the application of Rockware Glass Ltd) v Quinn Glass Ltd [2006] EWCA Civ 992; [2007] Env. L.R. 3; [2007] J.P.L. 217. 18-048
R. (on the application of Rogers) v Swindon NHS Primary Care Trust; sub nom. Rogers v Swindon NHS Primary Care Trust [2006] EWCA Civ 392; [2006] 1 W.L.R. 2649; (2006) 9 C.C.L. Rep. 451; [2006] Lloyd's Rep. Med. 364; (2006) 89 B.M.L.R. 211; (2006) 103(17) L.S.G. 23; (2006) 156 N.L.J. 720; (2006) 150 S.J.L.B. 575 . . . . 5-148, 9-013
R. (on the application of Rogers) v Wycombe DC [2017] EWHC 3317 (Admin); [2017] 12 WLUK 420 QBD 7-116
R. (on the application of Rose) v Secretary of State for Justice [2017] EWHC 1826 (Admin) QBD. 7-056
R. (on the application of Rose) v Thanet Clinical Commissioning Group [2014] EWHC 1182 (Admin) 5-148
R. (on the application of Ross) v West Sussex Primary Care Trust [2008] EWHC 2252 (Admin); (2008) 11 C.C.L. Rep. 787; (2009) 106 B.M.L.R. 1; (2008) 158 N.L.J. 1297. 9-013
R. (on the application of Rowe) v Revenue and Customs Commissioners; R. (on the application of Vital Nut Co Ltd) v Revenue and Customs Commissioners [2017] EWCA Civ 2105; [2018] 1 W.L.R. 3039; [2018] S.T.C. 462; [2017] 12 WLUK 250; [2018] B.T.C. 4 . . . . 7-013, 7-015, 7-019, 7-035, 7-040
R. (on the application of Royal College of Nursing) v Secretary of State for the Home Department [2010] EWHC 2761 (Admin); [2011] P.T.S.R. 1193; [2011] 2 F.L.R. 1399; [2011] U.K.H.R.R. 309; (2011) 117 B.M.L.R. 10; [2011] Fam. Law 231; (2010) 154(46) S.J.L.B. 30 . . . . 7-035, 13-104
R. (on the application of S (A Child)) v Brent LBC; R. (on the application of P (A Child)) v Oxfordshire CC Exclusions Appeals Panel; R. (on the application of T (A Child)) v Wembley High School Head Teacher; sub nom. R. (on the application of P (A Child)) v Oxfordshire CC Exclusion Appeals Panel [2002] EWCA Civ 693; [2002] 5 WLUK 523; [2002] E.L.R. 556; [2002] A.C.D. 90; (2002) 99(26) L.S.G. 38; (2002) 146 S.J.L.B. 137. . . . 7-013, 7-035, 7-116
R. (on the application of S) v Crown Prosecution Service; R. (on the application of S) v Oxford Magistrates' Court; sub nom. S v Crown Prosecution Service; S v Oxford Magistrates' Court [2015] EWHC 2868 (Admin); [2016] 1 W.L.R. 804; [2016] 2 All E.R. 385; [2016] 1 Cr. App. R. 14; [2016] Crim. L.R. 215; [2016] A.C.D. 3 DC 3-006
R. (on the application of S) v Director of Legal Aid Casework; Director of Legal Casework v IS; sub nom. IS v Director of Legal Aid Casework [2016] EWCA Civ 464; [2016] 1 W.L.R. 4733; [2017] 2 All E.R. 642; [2016] 3 Costs L.R. 569; [2016] 2 F.L.R. 392; [2016] Fam. Law 959. . . . . 7-035, 11-072, 16-089
R. (on the application of S) v Director of Legal Aid Casework. *See* R. (on the application of Gudanaviciene) v Director of Legal Aid Casework 7-035, 7-121, 13-086, 16-089
R. (on the application of S) v Independent Appeal Panel of St Thomas Catholic Primary School [2010] EWHC 3785 (Admin); [2009] 9 WLUK 252; (2009) 106(37) L.S.G. 15; (2009) 153(36) S.J.L.B. 29 QBD 7-116
R. (on the application of S) v Secretary of State for the Home Department [2009] EWCA Civ 688; [2009] 6 WLUK 129 7-105

R. (on the application of S) v Secretary of State for the Home Department [2007] EWCA
Civ 546; [2007] Imm. A.R. 781; [2007] I.N.L.R. 450; [2007] A.C.D. 94; (2007) 104(27)
L.S.G. 30; (2007) 151 S.J.L.B. 858 9-007
R. (on the application of S) v Secretary of State for the Home Office; R. (on the
application of H) v Secretary of State for the Home Department; R. (on the application
of Q) v Secretary of State for the Home Department; sub nom. R. (on the application of
S) v Secretary of State for the Home Department [2009] EWCA Civ 142 12-036
R. (on the application of SA) v Secretary of State for the Home Department [2015]
EWHC 1611 (Admin) 9-007, 9-010
R. (on the application of Sainsbury's Supermarkets Ltd) v Wolverhampton City Council;
sub nom. Sainsbury's Supermarkets Ltd v Wolverhampton City Council [2010] UKSC
20; [2011] 1 A.C. 437; [2010] 2 W.L.R. 1173; [2010] 4 All E.R. 931; [2010] P.T.S.R.
1103; [2010] B.L.G.R. 727; [2011] 1 P. & C.R. 1; [2010] 2 E.G.L.R. 103; [2010] R.V.R.
237; [2010] J.P.L. 1259; [2010] 20 E.G. 144 (C.S.); (2010) 154(20) S.J.L.B. 36; [2010]
N.P.C. 66. .... 5-137, 11-029, 17-033
R. (on the application of Samuel Smith Old Brewery) v North Yorkshire CC [2020] UKSC
3; [2020] 3 All E.R. 527; [2020] P.T.S.R. 221; [2020] 2 WLUK 10; [2020] 2 P. & C.R.
8; [2020] J.P.L. 903 .... 5-089, 5-135
R. (on the application of Sandhar) v Office of the Independent Adjudicator for Higher
Education [2011] EWCA Civ 1614; [2012] E.L.R. 160 7-065
R. (on the application of Sandiford) v Secretary of State for Foreign and Commonwealth
Affairs [2014] UKSC 44; [2014] 1 W.L.R. 2697; [2014] 4 All E.R. 843; [2014]
H.R.L.R. 21 3-020
R. (on the application of Sargeant) v First Minister of Wales [2019] EWHC 739 (Admin);
[2019] 4 W.L.R. 64; [2019] 3 WLUK 482; [2019] A.C.D. 57 12-057
R. (on the application of Sarkandi) v Secretary of State for Foreign and Commonwealth
Affairs [2015] EWCA Civ 687; [2016] 3 All E.R. 837 .... 8-010, 8-016
R. (on the application of Sathivel) v Secretary of State for the Home Department; R. (on
the application of Ajani) v Secretary of State for the Home Department; R. (on the
application of Ncube) v Secretary of State for the Home Department [2018] EWHC 913
(Admin); [2018] 4 W.L.R. 89; [2018] 3 All E.R. 79; [2018] 4 WLUK 477 16-042
R. (on the application of Saunders) v Independent Police Complaints Commission; R. (on
the application of Tucker) v Independent Police Complaints Commission [2008] EWHC
2372 (Admin); [2009] 1 All E.R. 379; [2009] P.T.S.R. 1192; [2009] H.R.L.R. 1; [2009]
U.K.H.R.R. 137; [2008] Po. L.R. 315 7-130
R. (on the application of Save Britain's Heritage) v Secretary of State for Communities
and Local Government [2017] EWHC 3059 (Admin); [2017] 11 WLUK 700; [2018]
A.C.D. 14 QBD 7-012
R. (on the application of Save Britain's Heritage) v Secretary of State for Communities
and Local Government [2018] EWCA Civ 2137; [2019] 1 W.L.R. 929; [2019] 1 All
E.R. 1117; [2018] 10 WLUK 88; [2019] J.P.L. 237 12-008
R. (on the application of Save our Surgery Ltd) v Joint Committee of Primary Care Trusts
[2013] EWHC 439 (Admin); [2013] Med. L.R. 150; (2013) 131 B.M.L.R. 166; [2013]
A.C.D. 70; [2013] P.T.S.R. D16 QBD 7-056
R. (on the application of Savva) v Kensington and Chelsea RLBC [2010] EWCA Civ
1209; [2011] P.T.S.R. 761; [2010] 10 WLUK 704; [2011] B.L.G.R. 150; (2011) 14
C.C.L. Rep. 75 7-092
R. (on the application of Sayaniya) v Upper Tribunal (Immigration and Asylum Chamber)
[2016] EWCA Civ 85; [2016] 4 W.L.R. 58 9-005
R. (on the application of Scarfe) v Governor of Woodhill Prison [2017] EWHC 1194
(Admin); [2017] A.C.D. 92 13-063
R. (on the application of Scott H-S) v Secretary of State for Justice [2017] EWHC 1948
(Admin) 7-031
R. (on the application of Secretary of State for the Home Department) v BC; R. (on the
application of Secretary of State for the Home Department) v BB [2009] EWHC 2927
(Admin); [2010] 1 W.L.R. 1542; [2009] 11 WLUK 213; [2010] U.K.H.R.R. 344 7-035
R. (on the application of Sharp) v Northumbrian Water Ltd (t/a Essex and Suffolk Water)
[2020] EWHC 84 (Admin); [2020] 1 WLUK 474 8-039
R. (on the application of Shields) v Liverpool Crown Court [2001] EWHC Admin 90;
[2001] U.K.H.R.R. 610; [2001] A.C.D. 60 8-047
R. (on the application of Shoesmith) v Ofsted [2011] EWCA Civ 642; [2011] P.T.S.R.
1459; [2011] I.C.R. 1195; [2011] I.R.L.R. 679; [2011] B.L.G.R. 649; (2011) 108(23)
L.S.G. 16; (2011) 155(22) S.J.L.B. 35 .... 3-119, 4-070, 7-040, 7-047

R. (on the application of Short) v Police Misconduct Tribunal [2020] EWHC 385 (Admin); [2020] 2 WLUK 73; [2020] A.C.D. 47 .... 10-017, 10-018, 10-051
R. (on the application of Shutt) v Secretary of State for Justice; R. (on the application of Tetley) v Secretary of State for Justice [2012] EWHC 851 (Admin).................... 9-007
R. (on the application of Siborurema) v Office of the Independent Adjudicator; sub nom. R. (on the application of Siborurema) v Office of the Independent Adjudicator for Higher Education [2007] EWCA Civ 1365; [2008] E.L.R. 209; (2008) 152(2) S.J.L.B. 31.. 8-072, 9-010
R. (on the application of Siddiqui) v Lord Chancellor [2019] EWCA Civ 1040; [2019] 5 WLUK 582 .... 16-068, 16-085
R. (on the application of Silus Investments SA) v Hounslow LBC [2015] EWHC 358 (Admin); [2015] 2 WLUK 640; [2015] B.L.G.R. 391 QBD 7-056
R. (on the application of Silvera) v HM Senior Coroner for Oxfordshire [2017] EWHC 2499 (Admin); [2017] 10 WLUK 493; [2017] Inquest L.R. 272; [2017] A.C.D. 135 DC..... 7-131
R. (on the application of Sinclair Collis Ltd) v Secretary of State for Health; sub nom. Sinclair Collis Ltd v Secretary of State for Health [2011] EWCA Civ 437; [2012] Q.B. 394; [2012] 2 W.L.R. 304; [2011] 3 C.M.L.R. 37; [2012] Eu. L.R. 50; (2012) 123 B.M.L.R. 36; [2011] A.C.D. 98 11-078
R. (on the application of Singh) v Cardiff City Council [2012] EWHC 1852 (Admin) 9-005
R. (on the application of Sino) v Secretary of State for the Home Department [2016] EWHC 803 (Admin); [2016] 4 W.L.R. 80 16-092
R. (on the application of Siraj) v Kirklees MC [2010] EWCA Civ 1286; [2010] 10 WLUK 460; [2011] J.P.L. 571 .... 10-048, 10-064
R. (on the application of Sivanesan) v Secretary of State for the Home Department [2008] EWHC 1146 (Admin); [2008] 5 WLUK 634; (2008) 152(23) S.J.L.B. 30 QBD............ 7-105
R. (on the application of Sivasubramaniam) v Wandsworth County Court; R. (on the application of Sivasubramaniam) v Kingston upon Thames County Court; sub nom. R. (on the application of Sivasubramaniam) v Guildford College of Further & Higher Education; Sivasubramaniam v Wandsworth County Court [2002] EWCA Civ 1738; [2003] 1 W.L.R. 475; [2003] 2 All E.R. 160; [2003] C.P. Rep. 27; (2003) 100(3) L.S.G. 34... 3-011, 16-014
R. (on the application of SK (Afghanistan)) v Secretary of State for the Home Department. See R. (on the application of HK (Iraq)) v Secretary of State for the Home Department ... 16-026, 16-081
R. (on the application of Smith) v East Kent Hospital NHS Trust [2002] EWHC 2640 (Admin); [2002] 12 WLUK 49; (2003) 6 C.C.L. Rep. 251 QBD.................. 7-056, 7-057
R. (on the application of Smith) v Oxfordshire Assistant Deputy Coroner; Secretary of State for Defence v Smith; sub nom. R. (on the application of Smith) v Secretary of State for Defence [2010] UKSC 29; [2011] 1 A.C. 1; [2010] 3 W.L.R. 223; [2010] 3 All E.R. 1067; [2010] H.R.L.R. 28; [2010] U.K.H.R.R. 1020; 29 B.H.R.C. 497; [2010] Inquest L.R. 119; (2010) 107(28) L.S.G. 17; (2010) 160 N.L.J. 973; (2010) 154(26) S.J.L.B. 28 .... 7-037, 7-131, 13-063
R. (on the application of Smith) v Oxfordshire Assistant Deputy Coroner; Secretary of State for Defence v Smith; sub nom. R. (on the application of Smith) v Secretary of State for Defence [2009] EWCA Civ 441; [2009] 3 W.L.R. 1099; [2009] 4 All E.R. 985; [2009] 5 WLUK 390; [2009] U.K.H.R.R. 1139; 27 B.H.R.C. 89; [2009] Inquest L.R. 156; [2009] A.C.D. 54; (2009) 159 N.L.J. 790....................................... 7-131
R. (on the application of Smith) v Parole Board (Permission to Appeal); sub nom. Smith v Parole Board (Permission to Appeal) [2003] EWCA Civ 1014; [2003] 1 W.L.R. 2548; [2003] C.P. Rep. 64; (2003) 100(34) L.S.G. 31............................. 16-041, 16-054
R. (on the application of Smith) v Parole Board; R. (on the application of West) v Parole Board; sub nom. Smith v Parole Board [2005] UKHL 1; [2005] 1 W.L.R. 350; [2005] 1 All E.R. 755; [2005] H.R.L.R. 8; 18 B.H.R.C. 267; [2005] 2 Prison L.R. 14; (2005) 102(12) L.S.G. 26; (2005) 149 S.J.L.B. 145 .... 7-036, 7-065, 11-053
R. (on the application of Smith) v Secretary of State for the Home Department; R. (on the application of Dudson) v Secretary of State for the Home Department; sub nom. Dudson v Secretary of State; Secretary of State for the Home Department v Smith [2005] UKHL 51; [2006] 1 A.C. 159; [2005] 3 W.L.R. 410; [2006] 1 All E.R. 407; [2005] H.R.L.R. 33; [2006] 1 Prison L.R. 12; (2005) 155 N.L.J. 1415 9-007
R. (on the application of Soltany) v Secretary of State for the Home Department [2020] EWHC 2291 (Admin); [2020] 8 WLUK 157.. 5-099

TABLE OF CASES

R. (on the application of Soma Oil and Gas Ltd) v Director of the Serious Fraud Office [2016] EWHC 2471 (Admin); [2017] Lloyd's Rep. F.C. 18; [2017] Crim. L.R. 65; [2016] A.C.D. 130. 18-024

R. (on the application of Somerset CC) v Secretary of State for Education [2020] EWHC 1675 (Admin); [2020] 6 WLUK 387 5-073

R. (on the application of Soreefan and others) v Secretary of State for the Home Department [2015] UKUT 594 (IAC) 17-006

R. (on the application of South Staffordshire and Shropshire Healthcare NHS Foundation Trust) v St George's Hospital Managers [2016] EWHC 1196 (Admin); [2017] 1 W.L.R. 1528; (2016) 19 C.C.L. Rep. 253; [2016] Med. L.R. 283; [2016] M.H.L.R. 273 QBD. 2-016

R. (on the application of Sovio Wines Ltd) v Food Standards Agency (Wine Standards Branch) [2009] EWHC 382 (Admin); *Times,* 9 April 2009 12-065

R. (on the application of Spath Holme Ltd) v Secretary of State for the Environment, Transport and the Regions; sub nom. R. v Secretary of State for the Environment, Transport and the Regions Ex p. Spath Holme Ltd [2001] 2 A.C. 349; [2001] 2 W.L.R. 15; [2001] 1 All E.R. 195; (2001) 33 H.L.R. 31; [2001] 1 E.G.L.R. 129; [2000] E.G. 152 (C.S.); (2001) 98(8) L.S.G. 44; (2000) 150 N.L.J. 1855; (2001) 145 S.J.L.B. 39; [2000] N.P.C. 139 . . . . 5-035, 5-099

R. (on the application of Srinivasans Solicitors) v Croydon County Court [2011] EWHC 3615 (Admin) 3-011

R. (on the application of SRM Global Master Fund LP) v Treasury Commissioner; R. (on the application of Grainger) v Treasury Commissioner; R. (on the application of RAB Special Situations (Master) Fund Ltd) v Treasury Commissioner; sub nom. SRM Global Master Fund LP v Treasury Commissioners [2009] EWCA Civ 788; [2010] B.C.C. 558; [2009] U.K.H.R.R. 1219 . . . . 12-031, 13-098

R. (on the application of Stamford Chamber of Trade and Commerce) v Secretary of State for Communities and Local Government [2009] EWHC 719 (Admin); [2009] 4 WLUK 188; [2009] 2 P. & C.R. 19; [2010] J.P.L. 49; [2009] 16 E.G. 139 (C.S.) 12-034

R. (on the application of Steer) v Shepway DC [2018] EWHC 238 (Admin); [2018] 2 WLUK 360; [2018] L.L.R. 368; [2018] A.C.D. 39 QBD. 7-115

R. (on the application of Steinfeld) v Secretary of State for International Development; sub nom. Steinfeld v Secretary of State for Education [2018] UKSC 32; [2018] 3 W.L.R. 415; [2018] 4 All E.R. 1; [2018] 6 WLUK 546; [2018] 2 F.L.R. 906; [2018] 2 F.C.R. 691; [2018] H.R.L.R. 18; 45 B.H.R.C. 169 . . . . 13-048, 13-101, 13-104

R. (on the application of Stirling) v Haringey LBC. *See* R. (on the application of M) v Haringey LBC 7-056

R. (on the application of Stirling) v Haringey LBC. *See* R. (on the application of Moseley) v Haringey LBC 7-055, 7-056

R. (on the application of Stott) v Secretary of State for Justice [2018] UKSC 59; [2018] 3 W.L.R. 1831; [2019] 2 All E.R. 351; [2018] 11 WLUK 455; [2019] 1 Cr. App. R. (S.) 47; [2019] Crim. L.R. 251 . . . . 13-037, 13-101

R. (on the application of Sturnham) v Parole Board for England and Wales; R. (on the application of Faulkner) v Secretary of State for Justice; sub nom. R. (on the application of Sturnham) v Secretary of State for Justice [2013] UKSC 23; [2013] 2 A.C. 254; [2013] 2 W.L.R. 1157; [2013] 2 All E.R. 1013; [2013] H.R.L.R. 24; 35 B.H.R.C. 378; (2013) 157(18) S.J.L.B. 31 . . . . 13-075, 19-056

R. (on the application of Sumpter) v Secretary of State for Work and Pensions [2015] EWCA Civ 1033; [2015] 10 WLUK 410 7-055

R. (on the application of Sunder (Manjit Singh)) v Secretary of State for the Home Department; sub nom. R. v Secretary of State for the Home Department Ex p. Sunder (Manjit Singh) [2001] EWHC Admin 252; [2001] Prison L.R. 231 7-036

R. (on the application of Sunspell Ltd (t/a Superlative Travel)) v Association of British Travel Agents; sub nom. R. v Association of British Travel Agents Ex p. Sunspell Ltd (t/a Superlative Travel) [2000] 10 WLUK 314; [2001] A.C.D. 16 QBD (Admin). 3-049

R. (on the application of Swaami Suryananda) v Welsh Ministers [2007] EWCA Civ 893; [2007] 7 WLUK 662. 13-089

R. (on the application of Swords) v Secretary of State for Communities and Local Government. *See* Swords v Secretary of State for Communities and Local Government 7-116

R. (on the application of SXM) v Disclosure and Barring Service [2020] EWHC 624 (Admin); [2020] 1 W.L.R. 3259; [2020] 3 WLUK 234; [2020] A.C.D. 60 11-054

R. (on the application of SY) v DPP [2018] EWHC 795 (Admin); [2018] 2 Cr. App. R. 15; [2018] Crim. L.R. 742 QBD. 3-006

TABLE OF CASES

R. (on the application of T (A Child)) v Wembley High School Head Teacher. *See* R. (on the application of S (A Child)) v Brent LBC 7-013, 7-035, 7-116

R. (on the application of T-Mobile (UK) Ltd) v Competition Commission; R. (on the application of T-Mobile (UK) Ltd) v Director General of Telecommunications; R. (on the application of Vodafone Ltd) v Competition Commission [2003] EWHC 1566 (Admin); [2003] 6 WLUK 753; [2003] Eu. L.R. 769; [2003] Info. T.L.R. 319; [2003] A.C.D. 72 5-019

R. (on the application of T) v Chief Constable of Greater Manchester; R. (on the application of JB) v Secretary of State for the Home Department; R. (on the application of AW) v Secretary of State for the Home Department; R. (on the application of T) v Secretary of State for the Home Department; sub nom. R. (on the application of B) v Secretary of State for the Home Department [2014] UKSC 35; [2015] A.C. 49; [2014] 3 W.L.R. 96; [2014] 4 All E.R. 159; [2014] 2 Cr. App. R. 24; 38 B.H.R.C. 505 ...... 9-007, 13-042, 13-086, 13-104

R. (on the application of T) v HM Senior Coroner for West Yorkshire [2017] EWCA Civ 318; [2018] 2 W.L.R. 211; [2017] 4 WLUK 516; (2018) 182 J.P. 16; [2017] Inquest L.R. 218 13-057

R. (on the application of T) v Independent Appeal Panel for Devon CC [2007] EWHC 763 (Admin); [2007] 4 WLUK 82; [2007] E.L.R. 499 QBD 7-116

R. (on the application of T) v Secretary of State for the Home Department [2003] EWHC 538 (Admin); [2003] 3 WLUK 166; [2003] M.H.L.R. 239 QBD 7-105

R. (on the application of T) v West Berkshire Council; sub nom. R. (on the application of DAT) v West Berkshire Council [2016] EWHC 1876 (Admin); (2016) 19 C.C.L. Rep. 362 .... 10-064, 18-050

R. (on the application of Tabbakh) v Staffordshire and West Midlands Probation Trust [2014] EWCA Civ 827; [2014] 1 W.L.R. 4620 11-072

R. (on the application of Talpada) v Secretary of State for the Home Department [2018] EWCA Civ 841; [2018] 4 WLUK 403 .... 12-034, 16-036, 16-080, 16-085

R. (on the application of Tamil Information Centre) v Secretary of State for the Home Department [2002] EWHC 2155 (Admin); (2002) 99(44) L.S.G. 32 5-187

R. (on the application of Telefonica Europe Plc) v Revenue and Customs Commissioners [2016] UKUT 173 (TCC); [2016] S.T.C. 1614; [2016] B.V.C. 512 7-031

R. (on the application of Terra Services Ltd) v National Crime Agency [2020] EWHC 130 (Admin); [2020] 1 W.L.R. 1149; [2020] 1 WLUK 318 8-032

R. (on the application of Tesfay) v Secretary of State for the Home Department; sub nom. R. (on the application of Brahane) v Secretary of State for the Home Department [2016] EWCA Civ 415; [2016] 1 W.L.R. 4853; [2016] 5 Costs L.O. 763 16-101

R. (on the application of TG) v Lambeth LBC; sub nom. R. (on the application of G) v Lambeth LBC [2011] EWCA Civ 526; [2011] 4 All E.R. 453; [2012] P.T.S.R. 364; [2011] 5 WLUK 141; [2011] 2 F.L.R. 1007; [2011] 2 F.C.R. 443; [2011] H.L.R. 33; [2011] B.L.G.R. 889; (2011) 14 C.C.L. Rep. 366; [2011] Fam. Law 808 19-096

R. (on the application of Thakrar) v Crown Prosecution Service; sub nom. Thakrar v Crown Prosecution Service [2019] EWCA Civ 874; [2019] 1 W.L.R. 5241; [2019] 5 WLUK 337; [2019] 2 Cr. App. R. 17; [2019] L.L.R. 646 16-067

R. (on the application of the Garden and Leisure Group Ltd) v North Somerset Council [2003] EWHC 1605 (Admin); [2004] 1 P. & C.R. 39; [2004] J.P.L. 232 3-028

R. (on the application of the Governing Body of X) v Office for Standards in Education, Children's Services and Skills [2020] EWCA Civ 594; [2020] 5 WLUK 44; [2020] E.M.L.R. 22 .... 5-079, 11-029

R. (on the application of the Howard League for Penal Reform) v Secretary of State for the Home Department (No.2) [2002] EWHC 2497 (Admin); [2003] 1 F.L.R. 484; (2003) 6 C.C.L. Rep. 47; [2003] Prison L.R. 128; [2003] Fam. Law 149; (2003) 100(3) L.S.G. 30; (2003) 147 S.J.L.B. 61 5-142

R. (on the application of the Law Society) v Legal Services Commission [2010] EWHC 2550 (Admin); [2011] Costs L.R. Online 57; [2011] A.C.D. 16; (2010) 107(40) L.S.G. 22 QBD 7-056

R. (on the application of Thompson) v Law Society [2004] EWCA Civ 167; [2004] 1 W.L.R. 2522; [2004] 2 All E.R. 113; (2004) 101(13) L.S.G. 35; (2004) 154 N.L.J. 307; (2004) 148 S.J.L.B. 265 7-035

R. (on the application of Tigere) v Secretary of State for Business, Innovation and Skills [2015] UKSC 57; [2015] 1 W.L.R. 3820; [2016] 1 All E.R. 191; [2015] H.R.L.R. 19; 40 B.H.R.C. 19; [2015] E.L.R. 455 .... 9-007, 13-042

TABLE OF CASES

R. (on the application of TM (Kenya)) v Secretary of State for the Home Department [2019] EWCA Civ 784; [2019] 4 W.L.R. 109; [2019] 5 WLUK 25. 5-189

R. (on the application of TN (Vietnam)) v Secretary of State for the Home Department; R. (on the application of US (Pakistan)) v Secretary of State for the Home Department [2018] EWCA Civ 2838; [2019] 1 W.L.R. 2647; [2019] 3 All E.R. 433; [2018] 12 WLUK 361; [2019] Imm. A.R. 582 4-070

R. (on the application of Townsend) v Secretary of State for Works and Pensions [2011] EWHC 3434 (Admin)... 3-119

R. (on the application of TP) v Secretary of State for Work and Pensions; sub nom. R. (on the application of P) v Secretary of State for Work and Pensions [2018] EWHC 1474 (Admin); [2019] P.T.S.R. 238; [2018] 6 WLUK 257; [2018] A.C.D. 79 13-101

R. (on the application of Tracey) v Secretary of State for the Home Department. *See* R. (on the application of Nixon) v Secretary of State for the Home Department............. 18-048

R. (on the application of Trafford) v Blackpool BC [2014] EWHC 85 (Admin); [2014] 2 All E.R. 947; [2014] P.T.S.R. 989; [2014] B.L.G.R. 180; [2014] 1 P. & C.R. DG19 QBD..3-066, 11-047

R. (on the application of Tucker) v Director General of the National Crime Squad [2003] EWCA Civ 57; [2003] I.C.R. 599; [2003] I.R.L.R. 439; [2003] Po. L.R. 9; [2003] A.C.D. 37; (2003) 100(10) L.S.G. 29 3-072

R. (on the application of Ullah) v Special Adjudicator; Do v Immigration Appeal Tribunal; sub nom. Ullah (Ahsan) v Special Adjudicator; R. (on the application of Ullah (Ahsan)) v Secretary of State for the Home Department; Do v Secretary of State for the Home Department [2004] UKHL 26; [2004] 2 A.C. 323; [2004] 3 W.L.R. 23; [2004] 3 All E.R. 785; [2004] H.R.L.R. 33; [2004] U.K.H.R.R. 995; [2004] Imm. A.R. 419; [2004] I.N.L.R. 381; (2004) 101(28) L.S.G. 33; (2004) 154 N.L.J. 985; (2004) 148 S.J.L.B. 762. 13-035

R. (on the application of Unison) v Lord Chancellor [2017] UKSC 51; [2017] 3 W.L.R. 409; [2017] 4 Costs L.R. 721; [2017] I.C.R. 1037; [2017] I.R.L.R. 911; [2017] H.R.L.R. 11 .... 11-053, 11-054, 11-058, 11-099

R. (on the application of UNISON) v Monitor [2009] EWHC 3221 (Admin); [2010] P.T.S.R. 1827. 5-019

R. (on the application of UNISON) v Secretary of State for Health [2010] EWHC 2655 (Admin); [2011] A.C.D. 10 QBD 3-018

R. (on the application of United Cabbies Group (London) Ltd) v Westminster Magistrates' Court [2019] EWHC 409 (Admin); [2019] 2 WLUK 359; [2019] L.L.R. 374 .... 10-041A, 10-047

R. (on the application of United Company Rusal Plc) v London Metal Exchange [2014] EWCA Civ 1271; [2015] 1 W.L.R. 1375; [2014] 10 WLUK 215................... 7-055, 7-056

R. (on the application of United Cooperatives Ltd) v Manchester City Council [2005] EWHC 364 (Admin); [2005] 2 WLUK 357... 3-026

R. (on the application of V) v Independent Appeal Panel for Tom Hood School; sub nom. R. (on the application of G) v Independent Appeal Panel for Tom Hood School [2010] EWCA Civ 142; [2010] P.T.S.R. 1462; [2010] H.R.L.R. 21; [2010] U.K.H.R.R. 637; [2010] E.L.R. 291; (2010) 154(9) S.J.L.B. 28 7-035

R. (on the application of Van Hoogstraten) v Governor of Belmarsh Prison [2002] EWHC 1965 (Admin); [2003] 1 W.L.R. 263; [2003] 4 All E.R. 309; [2003] Prison L.R. 6; [2003] A.C.D. 19; (2002) 99(42) L.S.G. 38; (2002) 152 N.L.J. 1531; (2002) 146 S.J.L.B. 213. 7-121

R. (on the application of Varma) v Duke of Kent; sub nom. R. (on the application of Varma) v Visitor to Cranfield University [2004] EWHC 1705 (Admin); [2004] E.L.R. 616; [2004] A.C.D. 81.. 8-066, 8-072

R. (on the application of VC) v Secretary of State for the Home Department [2018] EWCA Civ 57; [2018] 1 W.L.R. 4781; [2018] 2 WLUK 47 16-027

R. (on the application of Venture Projects Ltd) v Secretary of State for the Home Department unreported 20 October 2000 CA.. 7-014

R. (on the application of Viggers) v Pensions Appeal Tribunal [2006] EWHC 1066 (QB); [2006] 4 WLUK 421; [2006] A.C.D. 80.. 7-012

R. (on the application of Vital Nut Co Ltd) v Revenue and Customs Commissioners. *See* R. (on the application of Rowe) v Revenue and Customs Commissioners 7-013, 7-015, 7-019, 7-035, 7-040

R. (on the application of Vtesse Networks Ltd) v North West Wiltshire Magistrates' Court [2009] EWHC 3283 (Admin); [2010] R.A. 1 QBD 4-017

R. (on the application of W (A Child)) v Secretary of State for the Home Department [2020] EWHC 1299 (Admin); [2020] 5 WLUK 291; [2020] H.R.L.R. 12; [2020] A.C.D. 90. 11-072
R. (on the application of W) v Acton Youth Court [2005] EWHC 954 (Admin); [2005] 5 WLUK 480; (2006) 170 J.P. 31; (2006) 170 J.P.N. 316 DC. 7-105
R. (on the application of W) v Secretary of State for Education [2011] EWHC 3256 (Admin); [2012] E.L.R. 172; [2012] A.C.D. 24 12-055
R. (on the application of W) v Secretary of State for the Home Department; R. (on the application of Hossain) v Secretary of State for the Home Department; sub nom. W v Secretary of State for the Home Department; Hossain v Secretary of State for the Home Department [2016] EWCA Civ 82; [2016] 1 W.L.R. 2793; [2016] Imm. A.R. 585; [2016] I.N.L.R. 697. 16-066
R. (on the application of Wainwright) v Richmond upon Thames LBC [2001] EWCA Civ 2062; [2001] 12 WLUK 641; (2002) 99(9) L.S.G. 29 .... 7-056, 8-066, 8-072
R. (on the application of Wandsworth LBC) v Schools Adjudicator [2003] EWHC 2969 (Admin); [2003] 12 WLUK 205; [2004] E.L.R. 274 QBD 7-116
R. (on the application of Watson) v Secretary of State for the Home Department (C-698/15). *See* Tele2 Sverige AB v Post- och telestyrelsen (C-203/15) 14-041
R. (on the application of Watt) v Hackney LBC Unreported, 27 March 2018 CA (Civ Div) .. 11-046
R. (on the application of We Love Hackney Ltd) v Hackney LBC [2019] EWHC 1007 (Admin); [2019] 4 WLUK 318; [2019] Costs L.R. 463; [2019] L.L.R. 625 16-095
R. (on the application of Weaver) v London & Quadrant Housing Trust; sub nom. London & Quadrant Housing Trust v Weaver [2009] EWCA Civ 587; [2010] 1 W.L.R. 363; [2009] 4 All E.R. 865; [2010] P.T.S.R. 1; [2009] H.R.L.R. 29; [2009] U.K.H.R.R. 1371; [2009] H.L.R. 40; [2009] B.L.G.R. 962; [2009] L. & T.R. 26; [2009] 25 E.G. 137 (C.S.); (2009) 153(25) S.J.L.B. 30; [2009] N.P.C. 81. .... 3-092, 3-095, 3-096, 3-098
R. (on the application of Weed) v Commissioner of Police of the Metropolis [2020] 2 WLUK 54 QBD (Admin) 10-050
R. (on the application of Weed) v Commissioner of Police of the Metropolis [2020] EWHC 287 (Admin); [2020] 2 WLUK 152 12-034
R. (on the application of Wellington) v Secretary of State for the Home Department [2008] UKHL 72; [2009] 1 A.C. 335; [2009] 2 W.L.R. 48; [2009] 2 All E.R. 436; [2009] H.R.L.R. 11; [2009] U.K.H.R.R. 450; 25 B.H.R.C. 663; [2009] Extradition L.R. 77; [2010] 1 Prison L.R. 61; (2009) 153(1) S.J.L.B. 31. 13-066
R. (on the application of Wells) v Parole Board [2019] EWHC 2710 (Admin); [2019] 10 WLUK 258; [2019] A.C.D. 146 .... 7-088, 11-047
R. (on the application of Wells) v Parole Board; R. (on the application of Walker) v Secretary of State for Justice; R. (on the application of Lee) v Secretary of State for Justice; R. (on the application of James) v Secretary of State for Justice; sub nom. Wells v Parole Board; Walker v Secretary of State for the Home Department; Secretary of State for Justice v Walker; Secretary of State for Justice v James (formerly Walker) [2009] UKHL 22; [2010] 1 A.C. 553; [2009] 2 W.L.R. 1149; [2009] 4 All E.R. 255; [2009] H.R.L.R. 23; [2009] U.K.H.R.R. 809; 26 B.H.R.C. 696; [2009] Prison L.R. 371 .... 5-022, 13-075, 18-039
R. (on the application of West Berkshire DC) v Secretary of State for Communities and Local Government; sub nom. West Berkshire DC v Department for Communities and Local Government; Secretary of State for Communities and Local Government v West Berkshire DC [2016] EWCA Civ 441; [2016] 1 W.L.R. 3923; [2016] P.T.S.R. 982; [2016] 5 WLUK 220; [2016] 2 P. & C.R. 8; [2016] J.P.L. 1034 .... 7-055, 7-056, 7-057, 9-013
R. (on the application of West) v Lloyd's of London [2004] EWCA Civ 506; [2004] 3 All E.R. 251; [2004] 2 All E.R. (Comm) 1; [2004] 2 C.L.C. 649; [2004] H.R.L.R. 27; [2004] Lloyd's Rep. I.R. 755; (2004) 148 S.J.L.B. 537 3-049
R. (on the application of West) v Rhondda Cynon Taff CBC [2014] EWHC 2134 (Admin); [2015] A.C.D. 9. 5-074
R. (on the application of Westminster City Council) v Mayor of London; R. (on the application of Preece) v Mayor of London [2002] EWHC 2440 (Admin); [2002] 7 WLUK 894; [2003] B.L.G.R. 611 QBD. 7-056
R. (on the application of Wheeler) v Assistant Commissioner of Police of the Metropolis [2008] EWHC 439 (Admin); [2008] 2 WLUK 732; [2008] Po. L.R. 48 QBD 7-105
R. (on the application of Wheeler) v Office of the Prime Minister [2008] EWHC 1409 (Admin); [2008] A.C.D. 70; (2008) 105(26) L.S.G. 22 DC. 3-018
R. (on the application of Whiston) v Secretary of State for Justice [2014] UKSC 39; [2015] A.C. 176; [2014] 3 W.L.R. 436; [2014] 4 All E.R. 251; [2014] H.R.L.R. 19 11-053

R. (on the application of Wilkinson) v Broadmoor Hospital; sub nom. R. (on the application of Wilkinson) v Broadmoor Special Hospital Authority; R. (on the application of Wilkinson) v Responsible Medical Officer, Broadmoor Hospital [2001] EWCA Civ 1545; [2002] 1 W.L.R. 419; [2002] U.K.H.R.R. 390; (2002) 5 C.C.L. Rep. 121; [2002] Lloyd's Rep. Med. 41; (2002) 65 B.M.L.R. 15; [2001] M.H.L.R. 224; [2002] A.C.D. 47; (2001) 98(44) L.S.G. 36; (2001) 145 S.J.L.B. 247 .... 3-092, 3-119
R. (on the application of Wilkinson) v Inland Revenue Commissioners; sub nom. Wilkinson v Inland Revenue Commissioners [2005] UKHL 30; [2005] 1 W.L.R. 1718; [2006] 1 All E.R. 529; [2006] S.T.C. 270; [2005] U.K.H.R.R. 704; 77 T.C. 78; [2005] S.T.I. 904; (2005) 102(25) L.S.G. 33 13-104
R. (on the application of Willford) v Financial Services Authority. See R. (on the application of C) v Financial Services Authority 7-105
R. (on the application of Williams) v Powys CC [2017] EWCA Civ 427; [2017] J.P.L. 1236. 18-050
R. (on the application of Williams) v Secretary of State for Energy and Climate Change [2015] EWHC 1202 (Admin); [2015] J.P.L. 1257 .... 16-057, 17-027
R. (on the application of Williams) v Secretary of State for the Home Department [2015] EWHC 1268 (Admin); [2015] A.C.D. 111 13-101
R. (on the application of Williams) v Secretary of State for the Home Department [2017] EWCA Civ 98; [2017] 1 W.L.R. 3283 13-101
R. (on the application of Wilson) v Secretary of State for Work and Pensions. See R. (on the application of Reilly) v Secretary of State for Work and Pensions 7-121, 11-059
R. (on the application of Winchester College) v Hampshire CC [2008] EWCA Civ 431; [2009] 1 W.L.R. 138; [2008] 3 All E.R. 717; [2008] R.T.R. 24; [2008] J.P.L. 1633; [2008] A.C.D. 64; [2008] 18 E.G. 127 (C.S.); [2008] N.P.C. 55 5-068
R. (on the application of Winder) v Sandwell MBC [2014] EWHC 2617 (Admin); [2015] P.T.S.R. 34; [2014] 7 WLUK 1098; [2015] R.V.R. 47 5-141
R. (on the application of WL (Congo)) v Secretary of State for the Home Department. See R. (on the application of Lumba) v Secretary of State for the Home Department 7-014, 9-004, 9-005, 9-007, 11-054, 19-055, 19-056
R. (on the application of Wood) v Commissioner of Police of the Metropolis; sub nom. Wood v Commissioner of Police of the Metropolis [2009] EWCA Civ 414; [2010] 1 W.L.R. 123; [2009] 4 All E.R. 951; [2010] E.M.L.R. 1; [2009] H.R.L.R. 25; [2009] U.K.H.R.R. 1254; [2009] Po. L.R. 203; [2009] A.C.D. 75; (2009) 106(22) L.S.G. 24; (2009) 153(21) S.J.L.B. 30 13-086
R. (on the application of Wooder) v Feggetter [2002] EWCA Civ 554; [2003] Q.B. 219; [2002] 3 W.L.R. 591; [2002] 4 WLUK 524; [2002] M.H.L.R. 178; [2002] A.C.D. 94; (2002) 99(22) L.S.G. 33; (2002) 146 S.J.L.B. 125 7-092
R. (on the application of Woods) v Chief Constable of Merseyside [2014] EWHC 2784 (Admin); [2015] 1 W.L.R. 539; [2015] I.C.R. 125 QBD 3-072, 11-099
R. (on the application of Woolas) v Parliamentary Election Court [2010] EWHC 3169 (Admin); [2012] Q.B. 1; [2011] 2 W.L.R. 1362; [2011] A.C.D. 20 DC 3-018, 4-044
R. (on the application of Woolcock) v Secretary of State for Communities and Local Government [2018] EWHC 17 (Admin); [2018] 4 W.L.R. 49; [2018] 1 WLUK 174; [2018] R.A. 521 .... 7-009, 11-072
R. (on the application of Wright) v Resilient Energy Severndale Ltd; sub nom. Forest of Dean DC v Wright [2019] UKSC 53; [2019] 1 W.L.R. 6562; [2020] 2 All E.R. 1; [2019] 11 WLUK 249; [2020] 1 P. & C.R. 14; [2020] J.P.L. 646 .... 5-043, 5-088, 5-142, 5-145
R. (on the application of Wright) v Secretary of State for Health; R. (on the application of Gambier) v Secretary of State for Health; R. (on the application of Quinn) v Secretary of State for Health; R. (on the application of Jummun) v Secretary of State for Health [2009] UKHL 3; [2009] 1 A.C. 739; [2009] 2 W.L.R. 267; [2009] 2 All E.R. 129; [2009] P.T.S.R. 401; [2009] H.R.L.R. 13; [2009] U.K.H.R.R. 763; 26 B.H.R.C. 269; (2009) 12 C.C.L. Rep. 181; (2009) 106 B.M.L.R. 71; (2009) 106(5) L.S.G. 15; (2009) 153(4) S.J.L.B. 30 .... 7-035, 8-018, 13-048, 13-086, 13-104
R. (on the application of Wright) v Secretary of State for the Home Department [2001] EWHC Admin 520; [2002] H.R.L.R. 1; [2001] U.K.H.R.R. 1399; [2001] Lloyd's Rep. Med. 478; (2001) 62 B.M.L.R. 16; [2001] Inquest L.R. 66; [2001] Prison L.R. 337; [2001] A.C.D. 94. 7-131
R. (on the application of WX) v Northamptonshire CC; R. (on the application of Connolly) v Northamptonshire CC [2018] EWHC 2178 (Admin) QBD 5-148, 7-056, 7-057
R. (on the application of X) v Chief Constable of Y [2015] EWHC 484 (Admin); [2015] A.C.D. 99. .... 8-011, 8-018

TABLE OF CASES

R. (on the application of X) v Ealing Youth Court [2020] EWHC 800 (Admin); [2020] 1 W.L.R. 3645; [2020] 4 WLUK 555 5-142
R. (on the application of X) v Secretary of State for the Home Department [2005] EWHC 1616 (Admin); [2006] 1 Prison L.R. 194 7-040
R. (on the application of XH) v Secretary of State for the Home Department; R. (on the application of AI) v Secretary of State for the Home Department [2017] EWCA Civ 41; [2018] Q.B. 355; [2017] 2 W.L.R. 1437; [2017] 2 WLUK 89; [2017] 2 C.M.L.R. 33; [2017] I.N.L.R. 775 .... 10-094, 14-041
R. (on the application of YA) v Secretary of State for the Home Department [2013] EWHC 3229 (Admin) 7-035
R. (on the application of Yalland) v Secretary of State for Exiting the European Union; sub nom. Y v Secretary of State for Exiting the European Union; R. (on the application of W) v Secretary of State for Exiting the European Union [2017] EWHC 630 (Admin); [2017] 2 WLUK 118; [2017] A.C.D. 50 3-028
R. (on the application of Yam) v Central Criminal Court [2015] UKSC 76; [2016] A.C. 771; [2016] 2 W.L.R. 19; [2017] 1 All E.R. 462; [2016] 1 Cr. App. R. 17; [2016] H.R.L.R. 3; [2017] Crim. L.R. 235 5-054
R. (on the application of YH (Iraq)) v Secretary of State for the Home Department [2010] EWCA Civ 116; [2010] 4 All E.R. 448; [2010] 2 WLUK 722 11-096
R. (on the application of Young) v Oxford City Council [2002] EWCA Civ 990; [2002] 6 WLUK 547; [2002] 3 P.L.R. 86; [2003] J.P.L. 232 .... 7-115, 7-116
R. (on the application of Youngsam) v Parole Board [2019] EWCA Civ 229; [2019] 3 W.L.R. 33; [2019] 3 All E.R. 954; [2019] 2 WLUK 423 13-075
R. (on the application of Youssef) v Secretary of State for Foreign and Commonwealth Affairs; sub nom. Youssef v Secretary of State for Foreign and Commonwealth Affairs [2016] UKSC 3; [2016] A.C. 1457; [2016] 2 W.L.R. 509; [2016] 3 All E.R. 261 11-021
R. (on the application of Youssef) v Secretary of State for Foreign and Commonwealth Affairs [2012] EWHC 2091 (Admin); [2012] Lloyd's Rep. F.C. 702; [2012] A.C.D. 110 8-010
R. (on the application of Yousuf) v Secretary of State for Foreign and Commonwealth Affairs [2016] EWHC 663 (Admin) 16-041
R. (on the application of ZA (Pakistan)) v Secretary of State for the Home Department [2020] EWCA Civ 146; [2020] 2 WLUK 107 19-009
R. v A (Complainant's Sexual History); sub nom. R. v A (No.2); R. v Y (Sexual Offence: Complainant's Sexual History) [2001] UKHL 25; [2002] 1 A.C. 45; [2001] 2 W.L.R. 1546; [2001] 3 All E.R. 1; [2001] 2 Cr. App. R. 21; (2001) 165 J.P. 609; [2001] H.R.L.R. 48; [2001] U.K.H.R.R. 825; 11 B.H.R.C. 225; [2001] Crim. L.R. 908; (2001) 165 J.P.N. 750 13-042
R. v Abdroikov (Nurlon); R. v Green (Richard John); R. v Williamson (Kenneth Joseph); sub nom. R. v Abdroikof (Nurlon) [2007] UKHL 37; [2007] 1 W.L.R. 2679; [2008] 1 All E.R. 315; [2008] 1 Cr. App. R. 21; [2008] Inquest L.R. 1; [2008] Crim. L.R. 134; (2007) 151 S.J.L.B. 1365 10-048
R. v Adams (Gerard) [2020] UKSC 19; [2020] 1 W.L.R. 2077; [2020] 5 WLUK 115; [2020] 2 Cr. App. R. 13 .... 5-032, 5-187, 5-190
R. v Altrincham Justices Ex p. Pennington (Norman); R v Altrincham Justices Ex p. Pennington (Arthur Charles) [1975] Q.B. 549; [1975] 2 W.L.R. 450; [1975] 2 All E.R. 78; [1974] 11 WLUK 26; 73 L.G.R. 109; (1974) 119 S.J. 64 DC 10-048
R. v Architects' Registration Tribunal Ex p. Jaggar [1945] 2 All E.R. 131; (1945) 61 T.L.R. 445 KBD 10-039
R. v Army Board of Defence Council Ex p. Anderson [1992] Q.B. 169; [1991] 3 W.L.R. 42; [1991] 3 All E.R. 375; [1991] I.C.R. 537; [1991] I.R.L.R. 425; (1991) 3 Admin. L.R. 297; [1991] C.O.D. 191 DC 7-054, 9-007
R. v Asfaw (Fregenet) [2008] UKHL 31; [2008] 1 A.C. 1061; [2008] 2 W.L.R. 1178; [2008] 3 All E.R. 775; 25 B.H.R.C. 87; [2008] I.N.L.R. 378; 4 A.L.R. Int'l 649; (2008) 105(22) L.S.G. 25; (2008) 158 N.L.J. 788; (2008) 152(22) S.J.L.B. 30 5-054
R. v Aston University Senate Ex p. Roffey; sub nom. R. v Senate of the University of Aston Ex p. Roffey [1969] 2 Q.B. 538; [1969] 2 W.L.R. 1418; [1969] 2 All E.R. 964; (1969) 133 J.P. 463; (1969) 113 S.J. 308 DC 8-066
R. v Attorney General Ex p. Ferrante *The Independent*, 3 April 1995 CA 17-037
R. v Attorney General Ex p. ICI Plc [1986] 2 WLUK 231; [1987] 1 C.M.L.R. 72; 60 T.C. 1 CA (Civ Div) 11-047
R. v Barking and Dagenham LBC Ex p. L. *See* R. (on the application of L) v Barking and Dagenham LBC 7-056

TABLE OF CASES

R. v Barnet & Camden Rent Tribunal Ex p. Frey Investments Ltd; sub nom. Frey Investments v Camden LBC [1972] 2 Q.B. 342; [1972] 2 W.L.R. 619; [1972] 1 All E.R. 1185; 70 L.G.R. 241; (1972) 24 P. & C.R. 202; (1971) 115 S.J. 967 CA (Civ Div) 9-007
R. v Barnet LBC Ex p. B [1993] 11 WLUK 188; [1994] 1 F.L.R. 592; [1994] 2 F.C.R. 781; [1994] E.L.R. 357; [1994] Fam. Law 185 QBD 7-057
R. v Barnet LBC Ex p. Johnson 89 L.G.R. 581; (1991) 3 Admin. L.R. 149 CA (Civ Div) ... 11-071
R. v Barnsley Licensing Justices Ex p. Barnsley and District Licensed Victuallers Association [1960] 2 Q.B. 167; [1960] 3 W.L.R. 305; [1960] 2 All E.R. 703; [1960] 5 WLUK 71; (1960) 124 J.P. 359; 58 L.G.R. 285; (1960) 104 S.J. 583 CA 10-048
R. v Barnsley Supplementary Benefits Appeal Tribunal Ex p. Atkinson [1977] 1 W.L.R. 917; [1977] 3 All E.R. 1031; (1977) 121 S.J. 239 CA (Civ Div) 9-007
R. v BBC Ex p. Lavelle [1983] 1 W.L.R. 23; [1983] 1 All E.R. 241; [1983] I.C.R. 99; [1982] I.R.L.R. 404; (1983) 133 N.L.J. 133; (1982) 126 S.J.L.B. 836 QBD 3-072
R. v Berkshire CC Ex p. P; sub nom. R. v Royal County of Berkshire Ex p. P (1997–98) 1 C.C.L. Rep. 141; (1997) 33 B.M.L.R. 71; [1997] C.O.D. 64 QBD 5-015
R. v Bexley LBC Ex p. B (2000) 3 C.C.L.R. 15 5-074
R. v Bexley LBC Ex p. Jones [1995] E.L.R. 42 .... 9-007, 9-017
R. v Bhagwan (Dharam Singh); sub nom. DPP v Bhagwan [1972] A.C. 60; [1970] 3 W.L.R. 501; [1970] 3 All E.R. 97; (1970) 54 Cr. App. R. 460; (1970) 114 S.J. 683 HL 11-054
R. v Billington (Jason Leon) [2017] EWCA Crim 618; [2017] 4 W.L.R. 114; [2017] 4 WLUK 301; [2017] 2 Cr. App. R. (S.) 22; [2017] Crim. L.R. 816 7-092
R. v Birmingham City Council Ex p. B; sub nom. R. v Birmingham City Council Ex p. M [1998] 10 WLUK 90; [1999] Ed. C.R. 573; [1999] E.L.R. 305 QBD 7-105
R. v Birmingham City Council Ex p. Ferrero [1993] 1 All E.R. 530; (1991) 155 J.P. 721; 89 L.G.R. 977; (1991) 3 Admin. L.R. 613; (1991) 10 Tr. L.R. 129; [1991] C.O.D. 476; (1991) 155 J.P.N. 522; (1991) 155 L.G. Rev. 645 CA (Civ Div) 16-018
R. v Birmingham City Council Ex p. Sheptonhurst Ltd; sub nom. Sheptonhurst Ltd, Re [1990] 1 All E.R. 1026; 87 L.G.R. 830; (1990) 2 Admin. L.R. 257; [1990] C.O.D. 52; (1990) 154 L.G. Rev. 149 CA (Civ Div) 11-047, 11-064
R. v Birmingham Compensation Appeal Tribunal Ex p. Road Haulage Executive [1952] 2 All E.R. 100 DC 11-047
R. v Bishop of Stafford Ex p. Owen [2001] A.C.D. 14 CA (Civ Div) 3-049
R. v Blandford JJ. Ex p. Pamment [1990] 1 W.L.R. 1490; (1991) 155 J.P. 246; (1991) 3 Admin. L.R. 365; [1991] C.O.D. 116; (1991) 155 J.P.N. 76; (1990) 140 N.L.J. 1683 CA (Civ Div) 19-009
R. v Blyth (Connor Steven) [2019] EWCA Crim 2107; [2019] 11 WLUK 708; [2020] 1 Cr. App. R. (S.) 60 12-032
R. v Board of Visitors of Frankland Prison, Ex p. Lewis; sub nom. R. v Frankland Prison Board of Visitors Ex p. Lewis [1986] 1 W.L.R. 130; [1986] 1 All E.R. 272; [1985] 10 WLUK 280; [1986] Crim. L.R. 336; (1986) 83 L.S.G. 125; (1986) 130 S.J. 52 QBD 10-039
R. v Board of Visitors of Hull Prison Ex p. St Germain (No.2) [1979] 1 W.L.R. 1401; [1979] 3 All E.R. 545; [1979] Crim. L.R. 726; (1979) 123 S.J. 768 QBD 7-054
R. v Bolsover DC Ex p. Pepper. *See* R. (on the application of Pepper) v Bolsover DC 3-066, 3-069
R. v Bournewood Community and Mental Health NHS Trust Ex p. L; sub nom. L, Re [1999] 1 A.C. 458; [1998] 3 W.L.R. 107; [1998] 3 All E.R. 289; [1998] 2 F.L.R. 550; [1998] 2 F.C.R. 501; (1997–98) 1 C.C.L. Rep. 390; (1998) 44 B.M.L.R. 1; [1998] C.O.D. 312; [1998] Fam. Law 592; (1998) 95(29) L.S.G. 27; (1998) 148 N.L.J. 1014; (1998) 142 S.J.L.B. 195 HL 19-055
R. v Bow Street Metropolitan Stipendiary Magistrate Ex p. Pinochet Ugarte (No.2); sub nom. Pinochet Ugarte (No.2), Re; R. v Evans Ex p. Pinochet Ugarte (No.2); R. v Bartle Ex p. Pinochet Ugarte (No.2) [2000] 1 A.C. 119; [1999] 2 W.L.R. 272; [1999] 1 All E.R. 577; [1999] 1 WLUK 487; 6 B.H.R.C. 1; (1999) 11 Admin. L.R. 57; (1999) 96(6) L.S.G. 33; (1999) 149 N.L.J. 88 HL 10-020, 10-047
R. v Bow Street Metropolitan Stipendiary Magistrate Ex p. Pinochet Ugarte (No.3) [2000] 1 A.C. 147; [1999] 2 W.L.R. 827; [1999] 2 All E.R. 97; 6 B.H.R.C. 24; (1999) 96(17) L.S.G. 24; (1999) 149 N.L.J. 497 HL 5-056
R. v Bowman [1898] 1 Q.B. 663 QBD 11-071
R. v Brent LBC Ex p. Baruwa [1997] 2 WLUK 217; [1997] 3 F.C.R. 97; (1997) 29 H.L.R. 915; [1997] C.O.D. 450 CA (Civ Div) 7-105
R. v Brent LBC Ex p. Gunning [1985] 4 WLUK 200; 84 L.G.R. 168 QBD 7-055
R. v Brighton and Hove BC Ex p. Nacion (1999) 31 H.L.R. 1095; (1999) 11 Admin. L.R. 472; (1999) 163 J.P.N. 513; (1999) 96(11) L.S.G. 69 CA (Civ Div) 17-040

R. v Brighton Corp Ex p. Tilling (Thomas) Ltd (1916) 85 L.J.K.B. 1552 11-071
R. v Bristol City Council Ex p. Anderson (2000) 79 P. & C.R. 358; [2000] P.L.C.R. 104;
 [1999] C.O.D. 532; (1999) 96(25) L.S.G. 30 CA (Civ Div)........................... 11-071
R. v Bristol City Council Ex p. Pearce 83 L.G.R. 711 QBD 8-072
R. v Bristol Crown Court Ex p. Cooper [1990] 1 W.L.R. 1031; [1990] 2 All E.R. 193;
 [1990] C.O.D. 312 CA (Civ Div).. 10-039
R. v Brixton Prison Governor Ex p. Enahoro (No.2) [1963] 2 Q.B. 455; [1963] 2 W.L.R.
 1260; [1963] 2 All E.R. 477; (1963) 107 S.J. 357........................... 5-175, 5-187
R. v Burnley Justices (1916) 85 L.J.K.B. 1565 5-175
R. v Burton Ex p. Young [1897] 2 Q.B. 468; 1897] 8 WLUK 17 QBD 10-048
R. v Bush (Paul) [2015] EWCA Crim 2313 10-064
R. v C [2009] EWCA Crim 2458; [2009] 11 WLUK 673; [2010] Crim. L.R. 504; (2009)
 153(46) S.J.L.B. 32.. 10-051
R. v Camden LBC Ex p. Cran; sub nom. Cran v Camden LBC [1995] R.T.R. 346; 94
 L.G.R. 8 QBD 5-145, 7-057
R. v Camden LBC Ex p. Hughes [1994] C.O.D. 253 QBD 3-066
R. v Camden LBC Ex p. Paddock [1995] C.O.D. 130; [1996] C.L.Y. 3961 CA (Civ Div) 8-066
R. v Chaulk [1990] 3 S.C.R. 1303 11-085
R. v Chaytor (David); R. v Morley (Elliot); R. v Devine (James); R. v Lord Hanningfield
 [2010] UKSC 52; [2011] 1 A.C. 684; [2010] 3 W.L.R. 1707; [2011] 1 All E.R. 805;
 [2011] 1 Cr. App. R. 22... 3-018
R. v Cheltenham Commissioners 113 E.R. 1211; (1841) 5 Jur. 867; (1841) 1 Q.B. 467 KB . 10-020
R. v Cheshire CC Ex p. C [1996] 7 WLUK 189; [1998] E.L.R. 66 QBD 5-148, 7-049
R. v Chief Constable of Kent Ex p. L; R. v DPP Ex p. B [1993] 1 All E.R. 756; (1991) 93
 Cr. App. R. 416; [1991] Crim. L.R. 841; [1991] C.O.D. 446; (1991) 155 J.P.N. 636;
 (1992) 136 S.J.L.B. 136 DC... 3-006
R. v Chief Constable of Merseyside Ex p. Calveley; sub nom. Calveley v Merseyside
 Police [1986] Q.B. 424; [1986] 2 W.L.R. 144; [1986] 1 All E.R. 257; [1986] I.R.L.R.
 177 CA (Civ Div) 11-071
R. v Chief Constable of North Wales Ex p. Evans; sub nom. Chief Constable of North
 Wales v Evans [1982] 1 W.L.R. 1155; [1982] 3 All E.R. 141; (1983) 147 J.P. 6; (1982)
 79 L.S.G. 1257; (1982) 126 S.J. 549 HL 7-047
R. v Chief Constable of Sussex Ex p. International Trader's Ferry Ltd [1999] 2 A.C. 418;
 [1998] 3 W.L.R. 1260; [1999] 1 All E.R. 129; [1999] 1 C.M.L.R. 1320; (1999) 11
 Admin. L.R. 97; (1998) 95(47) L.S.G. 29; (1998) 148 N.L.J. 1750; (1998) 142 S.J.L.B.
 286 HL.. 5-148, 11-058
R. v Chief Constable of the West Midlands Ex p. Wiley; R. v Chief Constable of
 Nottinghamshire Ex p. Sunderland [1995] 1 A.C. 274; [1994] 3 W.L.R. 433; [1994] 3
 All E.R. 420; [1995] 1 Cr. App. R. 342; [1994] C.O.D. 520; (1994) 91(40) L.S.G. 35;
 (1994) 144 N.L.J. 1008; (1994) 138 S.J.L.B. 156 HL 8-011
R. v Chief Constable Thames Valley Police Ex p. Police Complaints Authority [1996]
 C.O.D. 324.. 9-007
R. v Chief Rabbi of the United Hebrew Congregations of Great Britain and the
 Commonwealth Ex p. Wachmann; sub nom. R. v Jacobovits Ex p. Wachmann [1992] 1
 W.L.R. 1036; [1993] 2 All E.R. 249; (1991) 3 Admin. L.R. 721; [1991] C.O.D. 309
 QBD... 3-049, 3-053
R. v Chief Registrar of Friendly Societies Ex p. New Cross Building Society [1984] Q.B.
 227; [1984] 2 W.L.R. 370; [1984] 2 All E.R. 27 CA (Civ Div)..................... 7-106
R. v Chiswick Police Superintendent Ex p. Sacksteder [1918] 1 K.B. 578 CA 5-187
R. v Civil Service Appeal Board Ex p. Cunningham [1991] 4 All E.R. 310; [1991] 3
 WLUK 26; [1992] I.C.R. 817; [1992] I.C.R. 816; [1991] I.R.L.R. 297; [1991] C.O.D.
 478; (1991) 141 N.L.J. 455 CA (Civ Div)........................... 7-101, 7-102, 11-071
R. v Clarke (Ronald Augustus); R. v McDaid (James Andrew) [2008] UKHL 8; [2008] 1
 W.L.R. 338; [2008] 2 All E.R. 665; [2008] 2 Cr. App. R. 2; [2008] Crim. L.R. 551;
 (2008) 105(7) L.S.G. 31; (2008) 152(6) S.J.L.B. 28 5-040
R. v Commission for Racial Equality Ex p. Hillingdon LBC; sub nom. Hillingdon LBC v
 Commission for Racial Equality [1982] Q.B. 276; [1981] 3 W.L.R. 520; 80 L.G.R. 157;
 (1981) 125 S.J. 623 CA (Civ Div) 11-071
R. v Commissioner of Police of the Metropolis Ex p. Blackburn (No.1) [1968] 2 Q.B. 118;
 [1968] 2 W.L.R. 893; [1968] 1 All E.R. 763; (1968) 112 S.J. 112 CA (Civ Div)....... 3-006, 9-007
R. v Commissioner of Police of the Metropolis Ex p. Thompson [1997] 1 W.L.R. 1519;
 [1997] 2 Cr. App. R. 49; [1997] C.O.D. 313 QBD................................. 3-006
R. v Connolly (Christopher Michael) [2008] EWCA Crim 2643 12-065

TABLE OF CASES

R. v Connors (Josie) [2013] EWCA Crim 368; [2013] Crim. L.R. 854 10-051
R. v Cornwall CC Ex p. Huntington; R. v Devon CC Ex p. Isaac [1994] 1 All E.R. 694 CA (Civ Div); 17-0277] Q.B. 122; [1976] 3 W.L.R. 288; [1976] 3 All E.R. 90; 75 L.G.R. 45; (1976) 32 P. & C.R. 166; (1976) 238 E.G. 971; [1976] J.P.L. 301; (1976) 120 S.J. 332 CA (Civ Div) 17-027
R. v Coventry City Council Ex p. Phoenix Aviation; R. v Dover Harbour Board Ex p. Peter Gilder & Sons; R. v Associated British Ports Ex p. Plymouth City Council; sub nom. R. v Coventry Airport Ex p. Phoenix Aviation [1995] 3 All E.R. 37; [1995] C.L.C. 757; (1995) 7 Admin. L.R. 597; [1995] C.O.D. 300; (1995) 145 N.L.J. 559 DC 11-058
R. v Criminal Injuries Compensation Appeals Panel Ex p. B (A Child). *See* R. (on the application of A (A Child)) v Criminal Injuries Compensation Appeals Panel 7-116
R. v Criminal Injuries Compensation Board Ex p. A [1999] 2 A.C. 330; [1999] 2 W.L.R. 974; [1999] C.O.D. 244; (1999) 96(17) L.S.G. 25; (1999) 149 N.L.J. 522; (1999) 143 S.J.L.B. 120 HL 16-061
R. v Criminal Injuries Compensation Board Ex p. Cook (Rene Florence) [1996] 1 W.L.R. 1037; [1996] 2 All E.R. 144 CA (Civ Div) 7-106
R. v Criminal Injuries Compensation Board Ex p. Lain [1967] 2 Q.B. 864; [1967] 3 W.L.R. 348; [1967] 2 All E.R. 770; (1967) 111 S.J. 331 .... 3-018, 3-053
R. v Criminal Injuries Compensation Board Ex p. M (A Minor); R. v Criminal Injuries Compensation Board Ex p. Keane [2000] R.T.R. 21; [1999] P.I.Q.R. Q195 CA (Civ Div) 12-045
R. v Customs and Excise Commissioners Ex p. Hedges & Butler [1986] 2 All E.R. 164 DC 11-071
R. v Customs and Excise Commissioners Ex p. Mortimer [1999] 1 W.L.R. 17; [1998] 3 All E.R. 229; [1999] 1 Cr. App. R. 81; (1998) 162 J.P. 663; (1998) 95(17) L.S.G. 31; (1998) 142 S.J.L.B. 130 DC 8-047
R. v Department of Transport Ex p. Presvac Engineering (1992) 4 Admin. L.R. 121 CA (Civ Div) 16-057
R. v Deputy Governor of Parkhurst Prison Ex p. Hague; Weldon v Home Office; sub nom. Hague v Deputy Governor of Parkhurst Prison [1992] 1 A.C. 58; [1991] 3 W.L.R. 340; [1991] 3 All E.R. 733; (1993) 5 Admin. L.R. 425; [1992] C.O.D. 69; (1991) 135 S.J.L.B. 102 .... 19-054, 19-055
R. v Deputy Industrial Injuries Commissioner Ex p. Moore [1965] 1 Q.B. 456; [1965] 2 W.L.R. 89; [1965] 1 All E.R. 81; (1964) 108 S.J. 1030 C 11-047
R. v Derby Justices Ex p. Kooner [1971] 1 Q.B. 147; [1970] 3 W.L.R. 598; [1970] All E.R. 399; (1970) 54 Cr. App. R. 455; (1970) 114 S.J. 620 QBD 5-015
R. v Derbyshire CC Ex p. Noble [1990] I.C.R. 808; [1990] I.R.L.R. 332 CA (Civ Div) 3-072
R. v Devine (James) . *See* R. v Chaytor (David) 3-018
R. v Devon and Cornwall Rent Tribunal Ex p. West [1974] 7 WLUK 63; (1975) 29 P. & C.R. 316; [1974] J.P.L. 599; (1974) 118 S.J. 699 DC 7-048, 8-066
R. v Disciplinary Committee of the Jockey Club Ex p. Aga Khan [1993] 1 W.L.R. 909; [1993] 2 All E.R. 853; [1993] C.O.D. 234; (1993) 143 N.L.J. 163 CA (Civ Div) 3-049, 3-052, 3-053, 3-057A
R. v Disciplinary Committee of the Jockey Club Ex p. Massingberd–Mundy [1993] 2 All E.R. 207; (1990) 2 Admin. L.R. 609; [1990] C.O.D. 260 DC 3-049
R. v Docherty (Shaun Kevin) [2016] UKSC 62; [2017] 1 W.L.R. 181; [2017] 4 All E.R. 263; [2017] 1 Cr. App. R. (S.) 31 13-070
R. v Downham Market Magistrates Court Ex p. Nudd [1988] 4 WLUK 31; (1988) 152 J.P. 511; [1989] R.T.R. 169; [1989] Crim. L.R. 147; (1988) 152 J.P.N. 559 DC 10-039
R. v DPP Ex p. Duckenfield; R. v South Yorkshire Police Authority Ex p. Chief Constable of South Yorkshire [2000] 1 W.L.R. 55; [1999] 2 All E.R. 873; (2000) 2 L.G.L.R. 278; (1999) 11 Admin. L.R. 611; [1999] C.O.D. 216 QBD 3-006
R. v DPP Ex p. Kebeline; R. v DPP Ex p. Boukemiche (Farid); R. v DPP Ex p. Souidi (Sofiane); R. v DPP Ex p. Rechachi (Fatah); sub nom. R. v DPP Ex p. Kebelene; R. v DPP Ex p. Kebilene [2000] 2 A.C. 326; [1999] 3 W.L.R. 972; [1999] 4 All E.R. 801; [1999] 10 WLUK 909; [2000] 1 Cr. App. R. 275; [2000] H.R.L.R. 93; [2000] U.K.H.R.R. 176; (2000) 2 L.G.L.R. 697; (1999) 11 Admin. L.R. 1026; [2000] Crim. L.R. 486; (1999) 96(43) L.S.G. 32 HL 3-006, 5-086, 12-034
R. v DPP Ex p. Manning [2001] Q.B. 330; [2000] 3 W.L.R. 463; [2001] H.R.L.R. 3; [2000] Inquest L.R. 133; [2000] Po. L.R. 172 QBD 3-006, 7-131
R. v Ealing LBC Ex p. Times Newspapers Ltd; R. v Hammersmith and Fulham LBC Ex p. Times Newspapers; R. v Camden LBC Ex p. Times Newspapers [1987] I.R.L.R. 129; 85 L.G.R. 316; (1987) 151 L.G. Rev. 530 DC 11-071

TABLE OF CASES

R. v East Berkshire HA Ex p. Walsh [1985] Q.B. 152; [1984] 3 W.L.R. 818; [1984] 3 All E.R. 425; [1984] I.C.R. 743; [1984] I.R.L.R. 278 CA (Civ Div) 3-072
R. v East Sussex CC Ex p. Tandy; sub nom. T (A Minor), Re [1998] A.C. 714; [1998] 2 W.L.R. 884; [1998] 2 All E.R. 769; [1998] 2 F.C.R. 221; (1998) 10 Admin. L.R. 453; [1998] Ed. C.R. 206; [1998] E.L.R. 251; (1997–98) 1 C.C.L. Rep. 352; (1998) 42 B.M.L.R. 173; (1998) 95(24) L.S.G. 33; (1998) 148 N.L.J. 781; (1998) 142 S.J.L.B. 179 HL 5-148
R. v Essex CC Ex p. C [1994] 1 F.C.R. 343; 92 L.G.R. 46; [1993] C.O.D. 398; [1994] Fam. Law 128; (1994) 158 L.G. Rev. 381 QBD 16-058
R. v Family Health Services Appeal Authority Ex p. Lowe. *See* R. (on the application of Lowe) v Family Health Services Appeal Authority 7-105
R. v Football Association Ex p. Football League; sub nom. Football Association v Football League [1993] 2 All E.R. 833; [1991] 7 WLUK 410; (1992) 4 Admin. L.R. 623; [1992] C.O.D. 52 QBD 3-049, 3-053
R. v Frankland Prison Board of Visitors Ex p. Lewis. *See* R. v Board of Visitors of Frankland Prison, Ex p. Lewis 10-039
R. v Gaming Board for Great Britain Ex p. Benaim [1970] 2 Q.B. 417; [1970] 2 W.L.R. 1009; [1970] 2 All E.R. 528; (1970) 114 S.J. 266 CA (Civ Div) 7-040
R. v Gaming Board for Great Britain Ex p. Kingsley (No.2) [1996] C.O.D. 241 QBD 12-032
R. v Gateshead MBC Ex p. Nichol (1988) 87 L.G.R. 435 CA (Civ Div) 7-031
R. v General Commissioners of Income Tax for Tavistock Ex p. Worth; sub nom. R. v Tavistock General Commissioners Ex p. Worth [1985] S.T.C. 564; 59 T.C. 116; (1985) 82 L.S.G. 2501 QBD 16-061
R. v Glamorganshire Justices (1850) 19 L.J.M.C. 172 9-007
R. v Gloucester CC Ex p. RADAR (1998) 1 C.C.L.R. 476 5-074
R. v Gloucestershire CC Ex p. Barry; R. v Lancashire CC Ex p. Royal Association for Disability and Rehabilitation; R. v Islington LBC Ex p. McMillan; R. v Gloucestershire CC Ex p. Grinham; R. v Gloucestershire CC Ex p. Dartnell; sub nom. R. v Gloucestershire CC Ex p. Mahfood [1997] A.C. 584; [1997] 2 W.L.R. 459; [1997] 2 All E.R. 1; (1997) 9 Admin. L.R. 209; (1997–98) 1 C.C.L. Rep. 40; (1997) 36 B.M.L.R. 92; [1997] C.O.D. 304; (1997) 94(14) L.S.G. 25; (1997) 147 N.L.J. 453; (1997) 141 S.J.L.B. 91 HL 5-148
R. v Gloucestershire CC Ex p. P [1993] C.O.D. 303 QBD 19-009
R. v Gough (Robert) [1993] A.C. 646; [1993] 2 W.L.R. 883; [1993] 2 All E.R. 724; [1993] 5 WLUK 194; (1993) 97 Cr. App. R. 188; (1993) 157 J.P. 612; [1993] Crim. L.R. 886; (1993) 157 J.P.N. 394; (1993) 143 N.L.J. 775; (1993) 137 S.J.L.B. 168 HL 10-020
R. v Governor of Brockhill Prison Ex p. Evans (No.2); sub nom. Evans v Governor of Brockhill Prison [2001] 2 A.C. 19; [2000] 3 W.L.R. 843; [2000] 4 All E.R. 15; [2000] U.K.H.R.R. 836; [2000] Prison L.R. 160; [2000] Po. L.R. 290; (2000) 97(32) L.S.G. 38; (2000) 144 S.J.L.B. 241 HL 19-055
R. v Governor of Frankland Prison Ex p. Russell (Right to Meals) [2000] 1 W.L.R. 2027; [2000] H.R.L.R. 512; [2000] Prison L.R. 149; [2001] A.C.D. 20; (2000) 144 S.J.L.B. 222 QBD 11-069
R. v Governor of Pentonville Prison Ex p. Narang; sub nom. Union of India v Narang [1978] A.C. 247; [1971] 1 W.L.R. 678; [1977] 2 W.L.R. 862; [1977] 2 All E.R. 348; (1977) 64 Cr. App. R. 259; [1977] Crim. L.R. 352 HL 5-015
R. v Great Yarmouth BC Ex p. Botton Brothers (1988) 56 P. & C.R. 99; [1988] J.P.L. 18; (1988) 152 L.G. Rev. 211 QBD 12-036
R. v Greater London Council Ex p. Blackburn [1976] 1 W.L.R. 550; [1976] 3 All E.R. 184; 74 L.G.R. 464; (1976) 120 S.J. 421 5-175
R. v Greater Manchester Police Authority Ex p. Century Motors (Farnworth) Ltd *The Times*, 31 May 1996 .... 5-107, 5-191
R. v Gwent CC Ex p. Bryant [1988] 1 WLUK 373; [1988] C.O.D. 19 QBD 7-055
R. v H (Fitness to Plead); R. v M (Fitness to Plead); R. v Kerr (Fitness to Plead) [2003] UKHL 1; [2003] 1 W.L.R. 411; [2003] 1 All E.R. 497; [2003] 2 Cr. App. R. 2; (2003) 167 J.P. 125; [2003] H.R.L.R. 19; (2003) 71 B.M.L.R. 146; [2003] M.H.L.R. 209; [2003] Crim. L.R. 817; (2003) 167 J.P.N. 155; (2003) 100(12) L.S.G. 30; (2003) 147 S.J.L.B. 146 7-036
R. v H; R. v C [2004] UKHL 3; [2004] 2 A.C. 134; [2004] 2 W.L.R. 335; [2004] 1 All E.R. 1269; [2004] 2 Cr. App. R. 10; [2004] H.R.L.R. 20; 16 B.H.R.C. 332; (2004) 101(8) L.S.G. 29; (2004) 148 S.J.L.B. 183 7-040
R. v Haberdashers' Ashe's Hatcham School Governors Ex p. ILEA *The Times*, 9 March 1989 8-072

TABLE OF CASES

R. v Hackney LBC Ex p. Evenbray Ltd (1987) 19 H.L.R. 557; 86 L.G.R. 210; (1988) 152
L.G. Rev. 246 QBD... 11-071
R. v Hammersmith and Fulham LBC Ex p. CPRE London Branch (Leave to Appeal)
(No.1); sub nom. R. v Hammersmith and Fulham LBC Ex p. Council for the Protection
of Rural England (No.1) [1999] 10 WLUK 794; [2000] Env. L.R. 532 QBD............ 16-054
R. v Hammersmith and Fulham LBC Ex p. NALGO [1991] 3 WLUK 112; [1991] I.R.L.R.
249; [1991] C.O.D. 397 DC... 3-073
R. v Hampshire CC Ex p. W [1994] E.L.R. 460 9-007
R. v Handsley (1881) 8 Q.B.D. 383 10-048
R. v Harrow LBC Ex p. M [1997] 3 F.C.R. 761; [1997] E.L.R. 62; (1997) 34 B.M.L.R. 12
QBD.. 5-191
R. v Hendon RDC Ex p. Chorley [1933] 2 K.B. 696 KBD 10-020
R. v Hereford and Worcester CC Ex p. Wellington Parish Council [1995] 3 WLUK 216;
94 L.G.R. 159; [1996] J.P.L. 573; (1996) 160 L.G. Rev. 161; [1995] E.G. 48 (C.S.)
QBD... 10-039
R. v Hereford and Worcester LEA Ex p. Jones [1981] 1 W.L.R. 768; 79 L.G.R. 490;
(1981) 125 S.J. 219 QBD... 5-107
R. v Higher Education Funding Council Ex p. Institute of Dental Surgery [1994] 1 W.L.R.
242; [1994] 1 All E.R. 651; [1993] 7 WLUK 391; [1994] E.L.R. 506; [1994] C.O.D.
147 DC.. 7-092, 7-102
R. v Hillingdon HA Ex p. Goodwin [1984] I.C.R. 800 QBD 7-057
R. v Hillingdon LBC Ex p. Governing Body of Queensmead School [1997] E.L.R. 331
QBD... 5-148
R. v Hillingdon LBC Ex p. Puhlhofer; sub nom. Puhlhofer v Hillingdon LBC [1986] A.C.
484; [1986] 2 W.L.R. 259; [1986] 1 All E.R. 467; [1986] 1 F.L.R. 22; (1986) 18 H.L.R.
158; [1986] Fam. Law 218; (1986) 83 L.S.G. 785; (1986) 136 N.L.J. 140; (1986) 130
S.J. 143 HL... 17-040
R. v Hillingdon LBC Ex p. Royco Homes Ltd [1974] Q.B. 720; [1974] 2 W.L.R. 805;
[1974] 2 All E.R. 643; 72 L.G.R. 516; (1974) 28 P. & C.R. 251; (1974) 118 S.J. 389
QBD.. 11-054, 11-071
R. v HM Treasury Ex p. British Telecommunications Plc (C-392/93) EU:C:1996:131;
[1996] Q.B. 615; [1996] 3 W.L.R. 203; [1996] All E.R. (EC) 411; [1996] 2 C.M.L.R.
217; [1996] C.E.C. 381; [1996] I.R.L.R. 300; (1996) 93(32) L.S.G. 33 14-096
R. v HM Treasury Ex p. British Telecommunications Plc [1994] 1 C.M.L.R. 621; [1995]
C.O.D. 56 CA (Civ Div)... 18-013
R. v Holborn Licensing Justices Ex p. Stratford Catering Co (1926) 136 L.T. 278 9-013
R. v Holderness DC Ex p. James Roberts Developments Ltd (1993) 157 L.G.R. 643 10-020
R. v Home Secretary Ex p. Phansopkar. See R. v Secretary of State for the Home
Department Ex p. Phansopkar 5-015, 11-071
R. v Horncastle (Michael Christopher); R. v Graham (Joseph David); R. v Marquis
(Abijah); R. v Carter (David Michael); R. v Blackmore (David Lee) [2009] UKSC 14;
[2010] 2 A.C. 373; [2010] 2 W.L.R. 47; [2010] 2 All E.R. 359; [2010] 1 Cr. App. R. 17;
[2010] H.R.L.R. 12; [2010] U.K.H.R.R. 1; [2010] Crim. L.R. 496; (2009) 153(48)
S.J.L.B. 32... 13-036
R. v Housing Appeal Tribunal; sub nom. R. v Tribunal of Appeal under the Housing Act
1919 [1920] 3 K.B. 334 KBD... 7-054
R. v Huggins [1895] 1 Q.B. 563; [1895] 1 WLUK 105 QBD 10-048
R. v Imam of Bury Park Mosque, Luton Ex p. Ali (Sulaiman); sub nom. Ali (Sulaiman) v
Imam of Bury Park Mosque, Luton [1994] C.O.D. 142 CA (Civ Div) 3-049
R. v Immigration Appeal Tribunal Ex p. Khan (Mahmud) [1983] Q.B. 790; [1983] 2
W.L.R. 759; [1983] 2 All E.R. 420; [1983] 1 WLUK 934; [1982] Imm. A.R. 134 CA
(Civ Div)... 7-105
R. v Immigration Appeal Tribunal Ex p. Patel (Jebunisha Kharvaleb) [1995] 6 WLUK
395; [1996] Imm. A.R. 161 QBD... 7-105
R. v Immigration Tribunal Ex p. Mehmet [1977] 1 W.L.R. 795; [1977] 2 All E.R. 602;
(1977) 121 S.J. 255 QBD.. 7-054
R. v Inland Revenue Commissioners Ex p. Camacq Corp [1990] 1 W.L.R. 191; [1990] 1
All E.R. 173; [1990] S.T.C. 785; 62 T.C. 651; (1990) 87(5) L.S.G. 41 CA (Civ Div)....... 12-038
R. v Inland Revenue Commissioners Ex p. Matrix Securities Ltd; sub nom. Matrix
Securities Ltd v Inland Revenue Commissioners [1994] 1 W.L.R. 334; [1994] 1 All E.R.
769; [1994] S.T.C. 272; 66 T.C. 629 HL... 11-064

TABLE OF CASES

R. v Inland Revenue Commissioners Ex p. MFK Underwriting Agents Ltd; sub nom. R. v Inland Revenue Commissioners Ex p. MFK Underwriting Agencies [1990] 1 W.L.R. 1545; [1990] 1 All E.R. 91; [1990] S.T.C. 873; 62 T.C. 607; [1990] C.O.D. 143; (1989) 139 N.L.J. 1343 QBD.. 12-032

R. v Inland Revenue Commissioners Ex p. National Federation of Self Employed and Small Businesses Ltd; sub nom. Inland Revenue Commissioners v National Federation of Self Employed and Small Businesses Ltd [1982] A.C. 617; [1981] 2 W.L.R. 722; [1981] 2 All E.R. 93; [1981] S.T.C. 260; 55 T.C. 133; (1981) 125 S.J. 325 HL........... 18-039

R. v Inland Revenue Commissioners Ex p. Preston; sub nom. Preston v Inland Revenue Commissioners [1985] A.C. 835; [1985] 2 W.L.R. 836; [1985] 2 All E.R. 327; [1985] S.T.C. 282; 59 T.C. 1 HL... 11-071, 12-019

R. v Inland Revenue Commissioners Ex p. Unilever Plc; R. v Inland Revenue Commissioners Ex p. Matteson's Walls Ltd [1996] S.T.C. 681; 68 T.C. 205; [1996] C.O.D. 421 CA (Civ Div)... 12-032

R. v Inner London Education Authority Ex p. Ali (1990) 2 Admin. L.R. 822; [1990] C.O.D. 317; (1990) 154 L.G. Rev. 852 QBD.. 5-073, 5-074

R. v Insurance Ombudsman Bureau Ex p. Aegon Life Assurance Ltd [1995] L.R.L.R. 101; [1994] C.L.C. 88; [1994] C.O.D. 426 DC...................................... 3-049, 3-053

R. v Investors Compensation Scheme Ltd Ex p. Bowden [1996] A.C. 261; [1995] 3 W.L.R. 289; [1995] 3 All E.R. 605; [1995] 2 B.C.L.C. 342; [1995] C.L.C. 1259; (1995) 145 N.L.J. 1260; (1995) 139 S.J.L.B. 188; [1995] N.P.C. 126 HL..................... 11-071

R. v Ireland (Robert Matthew); R. v Burstow (Anthony Christopher) [1998] A.C. 147; [1997] 3 W.L.R. 534; [1997] 4 All E.R. 225; [1998] 1 Cr. App. R. 177; (1997) 161 J.P. 569; [1998] 1 F.L.R. 105; [1997] Crim. L.R. 810; [1998] Fam. Law 137; (1997) 161 J.P.N. 816; (1997) 147 N.L.J. 1273; (1997) 141 S.J.L.B. 205 HL....................... 5-040

R. v Islington LBC Ex p. Degnan (1998) 30 H.L.R. 723; [1998] C.O.D. 46; (1998) 75 P. & C.R. D13 CA (Civ Div)... 8-066

R. v Islington LBC Ex p. Hinds [1994] 7 WLUK 191; (1995) 27 H.L.R. 65; [1994] C.O.D. 494 QBD.. 7-092, 7-094

R. v Jockey Club Ex p. RAM Racecourses Ltd [1993] 2 All E.R. 225; (1991) 5 Admin. L.R. 265; [1990] C.O.D. 346 QBD.. 3-049, 12-038

R. v Jones (Margaret); Swain v DPP; Ayliffe v DPP; R. v Richards (Josh); R. v Pritchard (Philip); R. v Olditch (Toby); R. v Milling (Arthur Paul) [2006] UKHL 16; [2007] 1 A.C. 136; [2006] 2 W.L.R. 772; [2006] 2 All E.R. 741; [2006] 2 Cr. App. R. 9; [2007] Crim. L.R. 66; [2006] A.C.D. 52; (2006) 170 J.P.N. 263; (2006) 103(15) L.S.G. 20; (2006) 156 N.L.J. 600... 5-055, 16-054

R. v Kelly (Lee Paul) [2018] EWCA Crim 1893; [2018] 7 WLUK 478 8-017

R. v Kensington and Chelsea RLBC Ex p. Grillo [1995] 5 WLUK 171; (1996) 28 H.L.R. 94; [1995] N.P.C. 85 CA (Civ Div)... 7-092, 7-102

R. v Knights (James) [2017] EWCA Crim 1052; [2017] 4 W.L.R. 215; [2017] 7 WLUK 574; [2017] 2 Cr. App. R. (S.) 33; [2017] Crim. L.R. 904........................... 13-070

R. v Lambeth LBC Ex p. Njomo (1996) 28 H.L.R. 737; [1996] C.O.D. 299 QBD.......... 9-007

R. v Lambeth LBC Ex p. Walters [1993] 9 WLUK 23; [1994] 2 F.C.R. 336; (1994) 26 H.L.R. 170 QBD... 7-092

R. v Lancashire CC Ex p. Huddleston [1986] 2 All E.R. 941; (1986) 136 N.L.J. 562 CA (Civ Div)... 16-027

R. v Lancashire CC Ex p. Mayock; sub nom. R. v Lancashire CC Ex p. M [1994] 3 WLUK 128; [1994] E.L.R. 478; (1995) 159 L.G. Rev. 201 QBD..................... 7-105

R. v Law Society Ex p. Reigate Projects [1993] 1 W.L.R. 1531; [1992] 3 All E.R. 232; [1991] C.O.D. 401; (1991) 141 N.L.J. 273 DC.. 9-007

R. v Lewisham LBC Ex p. Shell UK [1988] 1 All E.R. 938; [1990] Pens. L.R. 241; (1988) 152 L.G. Rev. 929 DC.. 11-071

R. v Licensing Authority Ex p. Generics (UK) Ltd; R. v Licensing Authority Ex p. ER Squibb & Sons; sub nom. R. v Secretary of State for Health Ex p. Generics (UK) Ltd (Interim Relief); R. v Secretary of State for Health Ex p. ER Squibb & Sons Ltd [1998] Eu. L.R. 146; (1998) 10 Admin. L.R. 145; (1998) 40 B.M.L.R. 90; [1997] C.O.D. 294 CA (Civ Div)... 18-013

R. v Liverpool CC Ex p. Secretary of State for Employment (1988) 154 L.G.R. 118 11-071

R. v Liverpool Corp Ex p. Liverpool Taxi Fleet Operators Association; sub nom. Liverpool Taxi Fleet Operators Association, Re; Liverpool Taxi Owners Association, Re [1972] 2 Q.B. 299; [1972] 2 W.L.R. 1262; [1972] 2 All E.R. 589; 71 L.G.R. 387; (1972) 116 S.J. 201 CA (Civ Div)... 7-031, 12-036

R. v Lloyd's of London Ex p. Briggs [1993] 1 Lloyd's Rep. 176; [1993] C.O.D. 66 QBD 3-049

TABLE OF CASES

R. v London Beth Din Ex p. Bloom [1998] C.O.D. 131 QBD 3-049
R. v London County Quarter Sessions Appeals Committee Ex p. Rossi; sub nom. Rossi, Re [1956] 1 Q.B. 682; [1956] 2 W.L.R. 800; [1956] 1 All E.R. 670; [1956] 2 WLUK 125; (1956) 120 J.P. 239; (1956) 100 S.J. 225 CA... 7-048
R. v Lord Chancellor Ex p. Hibbit & Saunders [1993] C.O.D. 326 DC 3-066
R. v Lord Chancellor Ex p. Lightfoot; sub nom. Lightfoot v Lord Chancellor [2000] Q.B. 597; [2000] 2 W.L.R. 318; [1999] 4 All E.R. 583; [2000] B.C.C. 537; [2000] H.R.L.R. 33; [2000] B.P.I.R. 120; (1999) 96(31) L.S.G. 35; (1999) 149 N.L.J. 1285 CA (Civ Div) ... 11-054
R. v Lord Chancellor Ex p. Maxwell [1997] 1 W.L.R. 104; [1996] 4 All E.R. 751; [1996] 2 B.C.L.C. 324 Ch; (1996) 8 Admin. L.R. 603; [1997] C.O.D. 22; (1996) 146 N.L.J. 986; (1996) 140 S.J.L.B. 157 DC... 11-058
R. v Lord Chancellor Ex p. Witham [1998] Q.B. 575; [1998] 2 W.L.R. 849; [1997] 2 All E.R. 779; [1997] C.O.D. 291; (1997) 147 N.L.J. 378; (1997) 141 S.J.L.B. 82 QBD . 11-054, 16-091
R. v Lord Chancellor's Department Ex p. Nangle [1992] 1 All E.R. 897; [1991] I.C.R. 743; [1991] I.R.L.R. 343; [1991] C.O.D. 484 QBD.. 3-072
R. v Lord Hanningfield. *See* R. v Chaytor (David) 3-018
R. v Lord Saville of Newdigate Ex p. B (No.2); sub nom. R. v Lord Saville of Newdigate Ex p. A [2000] 1 W.L.R. 1855; [1999] 4 All E.R. 860; [1999] C.O.D. 436; (1999) 149 N.L.J. 120 CA (Civ Div)... 11-094
R. v Lovegrove (Daniel) [1951] 1 All E.R. 804; [1951] 1 T.L.R. 673; [1951] 3 WLUK 77; (1951) 35 Cr. App. R. 30; [1951] W.N. 202; (1951) 95 S.J. 337 10-040
R. v Lyons (Isidore Jack) (No.3); R. v Parnes (Anthony Keith) (No.3); R. v Ronson (Gerald Maurice) (No.3); R. v Saunders (Ernest Walter) (No.3) [2002] UKHL 44; [2003] 1 A.C. 976; [2002] 3 W.L.R. 1562; [2002] 4 All E.R. 1028; [2002] B.C.C. 968; [2003] 1 Cr. App. R. 24; [2003] H.R.L.R. 6; [2003] Crim. L.R. 623; (2002) 146 S.J.L.B. 264... 5-054
R. v Manchester Metropolitan University Ex p. Nolan *The Independent*, 15 July 1993 7-057
R. v McLaughlin (Henry Patrick) [2018] NICA 5 .... 5-058, 5-064
R. v Mental Health Review Tribunal Ex p. Clatworthy [1985] 3 All E.R. 699; [1985] 3 WLUK 24 QBD 7-106
R. v Mental Health Tribunal Ex p. Pickering [1986] 1 All E.R. 99 QBD 7-106
R. v Merioneth Justices (1844) 6 Q.B. 153 9-007
R. v Merseyside CC Ex p. Great Universal Stores 80 L.G.R. 639 DC 9-007
R. v Mid Hertfordshire Justices Ex p. Cox (1996) 160 J.P. 507; (1996) 8 Admin. L.R. 409 QBD 11-071
R. v Ministry of Agriculture, Fisheries and Food Ex p. Federation Europeene de la Sante Animale (FEDESA) (C-331/88) EU:C:1990:391; [1990] 11 WLUK 196; [1991] 1 C.M.L.R. 507 14-127
R. v Ministry of Agriculture, Fisheries and Food Ex p. Hamble (Offshore) Fisheries Ltd [1995] 2 All E.R. 714; [1995] 1 C.M.L.R. 533; (1995) 7 Admin. L.R. 637; [1995] C.O.D. 114 QBD.. 9-005, 12-065
R. v Ministry of Agriculture, Fisheries and Food Ex p. Hedley Lomas (Ireland) Ltd (C-5/94) EU:C:1996:205; [1997] Q.B. 139; [1996] 3 W.L.R. 787; [1996] All E.R. (EC) 493; [1996] 2 C.M.L.R. 391; [1996] C.E.C. 979; (1996) 15 Tr. L.R. 364 14-096
R. v Ministry of Agriculture, Fisheries and Food Ex p. Lay and Gage [1998] C.O.D. 387 ... 14-096
R. v Ministry of Agriculture, Fisheries and Food Ex p. Live Sheep Traders Ltd [1995] C.O.D. 297 19-009
R. v Ministry of Defence Ex p. Murray [1997] 12 WLUK 259; [1998] C.O.D. 134 DC 7-092, 7-102
R. v Ministry of Defence Ex p. Walker [2000] 1 W.L.R. 806; [2000] 2 All E.R. 917; [2000] C.O.D. 153; (2000) 97(19) L.S.G. 43; (2000) 144 S.J.L.B. 198 HL.............. 11-085
R. v Monopolies and Mergers Commission Ex p. Argyll Group Plc; sub nom. R. v Secretary of State for Trade and Industry Ex p. Argyll Group Plc [1986] 1 W.L.R. 763; [1986] 2 All E.R. 257; (1986) 2 B.C.C. 99086 CA (Civ Div) 8-066
R. v Monopolies and Mergers Commission Ex p. South Yorkshire Transport Ltd; R. v Monopolies and Mergers Commission Ex p. South Yorkshire Passenger Transport Authority; sub nom. South Yorkshire Transport v Monopolies and Mergers Commission [1993] 1 W.L.R. 23; [1993] 1 All E.R. 289; [1993] B.C.C. 111; [1994] E.C.C. 231; (1993) 143 N.L.J. 128 HL... 5-019
R. v Monopolies and Mergers Commission Ex p. Stagecoach Holdings Ltd *The Times*, 23 July 1996... 7-009
R. v Morley (Elliot). *See* R. v Chaytor (David) 3-018
R. v Nat Bell Liquors Ltd [1922] 2 A.C. 128; [1922] 4 WLUK 33 PC (Canada) 7-094

TABLE OF CASES

R. v National Rivers Authority Ex p. Moreton [1996] Env. L.R. D17 5-148
R. v Newbury DC Ex p. Blackwell [1988] C.O.D. 155 11-047
R. v Newham LBC Ex p. Al-Nashed. *See* R. (on the application of Bibi) v Newham LBC
 (No.1) 7-102
R. v Newham LBC Ex p. Bibi. *See* R. (on the application of Bibi) v Newham LBC (No.1) ... 7-102
R. v Newham LBC Ex p. Dada [1996] Q.B. 507; [1995] 3 W.L.R. 540; [1995] 2 All E.R.
 522; [1995] 1 F.L.R. 842; [1995] 2 F.C.R. 441; (1995) 27 H.L.R. 502; 93 L.G.R. 459;
 (1996) 29 B.M.L.R. 79; [1995] Fam. Law 410; (1996) 160 L.G. Rev. 341; (1995) 145
 N.L.J. 490 CA (Civ Div) 9-007, 9-017
R. v North and East Devon HA Ex p. Coughlan [2001] Q.B. 213; [2000] 2 W.L.R. 622;
 [2000] 3 All E.R. 850; [1999] 7 WLUK 371; (2000) 2 L.G.L.R. 1; [1999] B.L.G.R. 703;
 (1999) 2 C.C.L. Rep. 285; [1999] Lloyd's Rep. Med. 306; (2000) 51 B.M.L.R. 1;
 [1999] C.O.D. 340; (1999) 96(31) L.S.G. 39; (1999) 143 S.J.L.B. 213 ...... 7-055, 7-056, 12-049
R. v North Hertfordshire DC Ex p. Cobbold [1985] 3 All E.R. 486 QBD 11-071
R. v North West Leicestershire DC Ex p. Moses (No.1) [2000] J.P.L. 733; (1999) 96(37)
 L.S.G. 33 QBD 2-010
R. v Nottingham CC Ex p. Howitt [1999] C.O.D. 530 9-017
R. v O'Grady (1857) 7 Cox C.C. 247 10-020
R. v Oakes [1986] 1 S.C.R. 103 .... 11-081, 11-085
R. v Oldfield (Ryan Alexander) [2011] EWCA Crim 2910; [2011] 11 WLUK 598; [2012]
 1 Cr. App. R. 17 .... 10-018, 10-048
R. v Oxford Regional Mental Health Review Tribunal Ex p. Mackman *The Times*, 2 June
 1986 10-039
R. v Oxfordshire CC Ex p. Pittick; sub nom. R. v Oxfordshire CC Ex p. P [1996] E.L.R.
 153; [1995] C.O.D. 397 QBD 5-191
R. v Paddington and St Marylebone Rent Tribunal Ex p. Bell London and Provincial
 Properties Ltd [1949] 1 K.B. 666; [1949] 1 All E.R. 720; 65 T.L.R. 200; (1949) 113 J.P.
 209; 47 L.G.R. 306; (1949) 93 S.J. 219 KBD 9-007
R. v Panel of the Federation of Communication Services Ltd Ex p. Kubis (1999) 11
 Admin. L.R. 43; [1998] C.O.D. 5 QBD 3-049
R. v Panel on Take–overs and Mergers Ex p. Guinness Plc [1990] 1 Q.B. 146; [1989] 2
 W.L.R. 863; [1989] 1 All E.R. 509; (1988) 4 B.C.C. 714; [1989] B.C.L.C. 255; (1988)
 138 N.L.J. Rep. 244; (1989) 133 S.J. 660 CA (Civ Div) 7-009
R. v Panel on Takeovers and Mergers Ex p. Datafin Plc [1987] Q.B. 815; [1987] 2 W.L.R.
 699; [1987] 1 All E.R. 564; (1987) 3 B.C.C. 10; [1987] B.C.L.C. 104; [1987] 1 F.T.L.R.
 181; (1987) 131 S.J. 23 CA (Civ Div) 3-051, 3-052, 3-053
R. v Parliamentary Commissioner for Administration Ex p. Balchin (No.1) [1998] 1 P.L.R.
 1; [1997] J.P.L. 917; [1997] C.O.D. 146; [1996] E.G. 166 (C.S.); [1996] N.P.C. 147
 QBD 11-032
R. v Parliamentary Commissioner for Standards Ex p. Al-Fayed [1998] 1 W.L.R. 669;
 [1998] 1 All E.R. 93; (1998) 10 Admin. L.R. 69; [1998] C.O.D. 139; (1997) 94(42)
 L.S.G. 31; (1997) 147 N.L.J. 1689 CA (Civ Div) 3-018
R. v Port Talbot BC Ex p. Jones [1988] 2 All E.R. 207; (1988) 20 H.L.R. 265 QBD 11-064
R. v Pouladian-Kari (Ramin) [2013] EWCA Crim 158; [2013] Crim. L.R. 510 10-051
R. v Powell (1884) 51 L.T. 92 11-071
R. v Powys CC Ex p. Hambidge *The Times*, 5 November 1997 5-107
R. v Powys CC Ex p. Horner [1989] Fam. Law 320 QBD 8-039
R. v Pwllheli Justices Ex p. Soane [1948] 2 All E.R. 815 10-048
R. v Rand (1865-66) L.R. 1 Q.B. 230; [1866] 1 WLUK 198 QB 10-020, 10-047
R. v Richmond LBC Appeal Committee Ex p. JC (A Child); sub nom. R. v Richmond
 LBC Ex p. C (A Child) [2001] B.L.G.R. 146; [2001] E.L.R. 21 CA (Civ Div) 7-035
R. v Roberts (Richard); R. v Blevins (Simon); R. v Loizou (Richard) [2018] EWCA Crim
 2739; [2019] 1 W.L.R. 2577; [2018] 12 WLUK 45; [2019] 1 Cr. App. R. (S.) 48; [2019]
 Env. L.R. 17 13-092
R. v Rochdale MBC Ex p. Milne (No.1); R. v Rochdale MBC Ex p. Tew [2000] Env. L.R.
 1; [1999] 3 P.L.R. 74; [2000] J.P.L. 54; [1999] E.G. 70 (C.S.); (1999) 96(20) L.S.G. 41
 QBD 11-071
R. v Ryan (Veronica) [2014] NICA 72 8-011
R. v Salford Assessment Committee Ex p. Ogden [1937] 2 K.B. 1; [1937] 2 All E.R. 98;
 [1937] 3 WLUK 3 CA 10-039
R. v Salt (1996) 8 Admin. L.R. 429 10-047
R. v Secretary of State for Defence Ex p. Camden LBC [1994] E.G. 33 (C.S.); [1994]
 N.P.C. 28; [1995] J.P.L. 403 12-034

R. v Secretary of State for Education and Employment Ex p. Begbie; sub nom. R. v Department of Education and Employment Ex p. B (A Minor); R. v Secretary of State for Education and Employment Ex p. B (A Minor) [2000] 1 W.L.R. 1115; [2000] Ed. C.R. 140; [2000] E.L.R. 445; (1999) 96(35) L.S.G. 39 CA (Civ Div) 1-035, 12-034, 12-055, 12-056, 12-061
R. v Secretary of State for Education and Employment Ex p. National Union of Teachers [2000] 7 WLUK 424; [2000] Ed. C.R. 603 QBD 3-073, 7-056
R. v Secretary of State for Education Ex p. B (A Child) [2001] E.L.R. 333 QBD 3-029
R. v Secretary of State for Education Ex p. G [1994] 7 WLUK 54; [1995] E.L.R. 58 QBD .. 7-092, 7-105
R. v Secretary of State for Foreign and Commonwealth Affairs Ex p. World Development Movement Ltd [1995] 1 W.L.R. 386; [1995] 1 All E.R. 611; [1995] C.O.D. 211; (1995) 145 N.L.J. 51 DC 5-104
R. v Secretary of State for Health Ex p. Alcohol Recovery Project [1993] C.O.D. 344 DC .. 16-058
R. v Secretary of State for Health Ex p. United States Tobacco International Inc [1992] Q.B. 353; [1991] 3 W.L.R. 529; [1992] 1 All E.R. 212; [1990] 12 WLUK 309; (1991) 3 Admin. L.R. 735; (1992) 11 Tr. L.R. 1; [1991] C.O.D. 268 DC 7-047, 7-056, 12-036, 12-045, 12-056, 12-065
R. v Secretary of State for Social Security Ex p. B [1997] 1 W.L.R. 275; [1996] 4 All E.R. 385; (1997) 29 H.L.R. 129; (1997) 9 Admin. L.R. 1; (1996) 146 N.L.J. 985 CA (Civ Div) 11-054, 11-070, 11-071
R. v Secretary of State for Social Security Ex p. T; sub nom. R. v Secretary of State for Social Security Ex p. Tamenene [1997] C.O.D. 480 CA (Civ Div) 11-070, 11-071
R. v Secretary of State for Social Services Ex p. Association of Metropolitan Authorities [1986] 1 W.L.R. 1; [1986] 1 All E.R. 164; [1985] 5 WLUK 213; (1985) 17 H.L.R. 487; 83 L.G.R. 796; (1986) 130 S.J. 35 QBD 7-055
R. v Secretary of State for the Environment Ex p. Challenger [2001] Env. L.R. 209 7-121
R. v Secretary of State for the Environment Ex p. Fielder Estates (Canvey), Ltd (1989) 57 P. & C.R. 424; [1989] J.P.L. 39; (1989) 153 L.G. Rev. 292 QBD 11-071
R. v Secretary of State for the Environment Ex p. Greater London Council [1985] J.P.L. 543 QBD 12-036
R. v Secretary of State for the Environment Ex p. Halton DC (1983) 82 L.G.R. 662 9-007
R. v Secretary of State for the Environment Ex p. Hammersmith and Fulham LBC [1991] 1 A.C. 521; [1990] 3 W.L.R. 898; [1990] 3 All E.R. 589; 89 L.G.R. 129; [1990] R.V.R. 188; (1991) 155 L.G. Rev. 48; (1990) 140 N.L.J. 1422; (1990) 134 S.J. 1226 HL 11-009
R. v Secretary of State for the Environment Ex p. Kent [1968] J.P.L. 706; [1990] J.P.L. 124 12-036
R. v Secretary of State for the Environment Ex p. Kingston upon Hull City Council; R. v Secretary of State for the Environment Ex p. Bristol City Council [1996] Env. L.R. 248; (1996) 8 Admin. L.R. 509; [1996] C.O.D. 289 QBD 5-148
R. v Secretary of State for the Environment Ex p. Lancashire CC; R. v Secretary of State for the Environment Ex p. Derbyshire CC [1994] 4 All E.R. 165; 93 L.G.R. 29; [1994] C.O.D. 347; (1994) 158 L.G. Rev. 541; (1994) 91(9) L.S.G. 40; (1994) 138 S.J.L.B. 53 QBD 5-142
R. v Secretary of State for the Environment Ex p. Nottinghamshire CC; City of Bradford MBC v Secretary of State for the Environment; sub nom. Nottinghamshire CC v Secretary of State for the Environment [1986] A.C. 240; [1986] 2 W.L.R. 1; [1986] 1 All E.R. 199; 84 L.G.R. 305; (1986) 83 L.S.G. 359; (1985) 135 N.L.J. 1257; (1986) 130 S.J. 36 HL 11-009
R. v Secretary of State for the Environment Ex p. Ostler; sub nom. R. v Secretary of State for the Home Department Ex p. Ostler [1977] Q.B. 122; [1976] 3 W.L.R. 288; [1976] 3 All E.R. 90; 75 L.G.R. 45; (1976) 32 P. & C.R. 166; (1976) 238 E.G. 971; [1976] J.P.L. 301; (1976) 120 S.J. 332 CA (Civ Div) 17-027
R. v Secretary of State for the Environment Ex p. Powis [1981] 1 W.L.R. 584; [1981] 1 All E.R. 788; 79 L.G.R. 318; (1981) 42 P. & C.R. 73; (1980) 258 E.G. 57; [1981] J.P.L. 270; (1981) 125 S.J. 324 CA (Civ Div) 16-081
R. v Secretary of State for the Environment Ex p. Reinisch 70 L.G.R. 126; (1971) 22 P. & C.R. 1022 DC 9-007
R. v Secretary of State for the Environment Ex p. Royal Society for the Protection of Birds (RSPB) (C–44/95) [1997] Q.B. 206; [1997] 2 W.L.R. 123; [1996] E.C.R. I–3805; [1996] 3 C.M.L.R. 411; [1997] Env. L.R. 442; [1997] 2 P.L.R. 1; [1996] J.P.L. 844 5-148

TABLE OF CASES

R. v Secretary of State for the Environment Ex p. Tower Hamlets LBC; sub nom. Tower Hamlets LBC v Secretary of State for the Environment [1993] Q.B. 632; [1993] 3 W.L.R. 32; [1993] 3 All E.R. 439; [1993] Imm. A.R. 495; (1993) 25 H.L.R. 524; [1994] C.O.D. 50; [1993] N.P.C. 65 CA (Civ Div) 5-142
R. v Secretary of State for the Environment, Transport and the Regions Ex p. National Farmers Union Unreported 24 November 1999 16-012
R. v Secretary of State for the Home Department Ex p. Arulanandam; sub nom. Arulanandam v Secretary of State for the Home Department [1996] 6 WLUK 117; [1996] Imm. A.R. 587 CA (Civ Div) 7-105
R. v Secretary of State for the Home Department Ex p. Bennett; R. v Secretary of State for the Home Department Ex p. Thornton *Times,* 18 August 1986 CA (Civ Div) 9-007
R. v Secretary of State for the Home Department Ex p. Brind [1991] 1 A.C. 696; [1991] 2 W.L.R. 588; [1991] 1 All E.R. 720; (1991) 3 Admin. L.R. 486; (1991) 141 N.L.J. 199; (1991) 135 S.J. 250 HL 5-032, 5-054, 11-073
R. v Secretary of State for the Home Department Ex p. Butt (Nasir). *See* R. v Secretary of State for the Home Department Ex p. Swati 7-105, 16-016
R. v Secretary of State for the Home Department Ex p. Doody; R. v Secretary of State for the Home Department Ex p. Pierson; R. v Secretary of State for the Home Department Ex p. Smart; R. v Secretary of State for the Home Department Ex p. Pegg [1994] 1 A.C. 531; [1993] 3 W.L.R. 154; [1993] 3 All E.R. 92; [1993] 6 WLUK 233; (1995) 7 Admin. L.R. 1; (1993) 143 N.L.J. 991 HL 7-040, 7-092, 11-071
R. v Secretary of State for the Home Department Ex p. Doorga (Davendranath) [1990] Imm. A.R. 98; [1990] C.O.D. 109 CA (Civ Div) 18-013
R. v Secretary of State for the Home Department Ex p. Fire Brigades Union [1995] 2 A.C. 513; [1995] 2 W.L.R. 464; [1995] 2 All E.R. 244; [1995] 4 WLUK 54; (1995) 7 Admin. L.R. 473; [1995] P.I.Q.R. P228; (1995) 145 N.L.J. 521; (1995) 139 S.J.L.B. 109 HL 3-033
R. v Secretary of State for the Home Department Ex p. Fulop (Imre); sub nom. Fulop v Secretary of State for the Home Department [1995] Imm. A.R. 323 CA (Civ Div).......... 8-066
R. v Secretary of State for the Home Department Ex p. Gallagher [1996] 2 C.M.L.R. 951 CA (Civ Div)... 14-096
R. v Secretary of State for the Home Department Ex p. Handscomb (1988) 86 Cr. App. R. 59; (1987) 84 L.S.G. 1328; (1987) 131 S.J. 326 QBD.................................. 11-071
R. v Secretary of State for the Home Department Ex p. Hindley [2001] 1 A.C. 410; [2000] 2 W.L.R. 730; [2000] 2 All E.R. 385; [2000] Prison L.R. 71; [2000] C.O.D. 173; (2000) 97(15) L.S.G. 39; (2000) 144 S.J.L.B. 180 HL 9-007
R. v Secretary of State for the Home Department Ex p. Kaygusuz (Ibrahim) [1991] Imm. A.R. 300 3-029
R. v Secretary of State for the Home Department Ex p. Khan (Asif Mahmood); sub nom. Khan (Asif Mahmood) v Immigration Appeal Tribunal [1984] 1 W.L.R. 1337; [1985] 1 All E.R. 40; [1984] Imm. A.R. 68; [1984] Fam. Law 278; (1984) 81 L.S.G. 1678; (1984) 128 S.J. 580 CA (Civ Div) 12-034
R. v Secretary of State for the Home Department Ex p. Khawaja; R. v Secretary of State for the Home Department Ex p. Khera [1984] A.C. 74; [1983] 2 W.L.R. 321; [1983] 1 All E.R. 765; [1982] Imm. A.R. 139; (1983) 127 S.J. 137 HL 11-054, 16-080
R. v Secretary of State for the Home Department Ex p. Lancashire Police Authority [1992] C.O.D. 161 QBD... 5-142
R. v Secretary of State for the Home Department Ex p. Leech (No.2) [1994] Q.B. 198; [1993] 3 W.L.R. 1125; [1993] 4 All E.R. 539; (1993) 137 S.J.L.B. 17 CA (Civ Div) 11-054, 11-058, 11-071
R. v Secretary of State for the Home Department Ex p. McQuillan [1995] 4 All E.R. 400; [1995] C.O.D. 137 QBD.. 11-054
R. v Secretary of State for the Home Department Ex p. Mensah [1996] Imm. A.R. 223 QBD 5-187
R. v Secretary of State for the Home Department Ex p. Mersin [2000] Imm. A.R. 645; [2000] I.N.L.R. 511 QBD 11-071
R. v Secretary of State for the Home Department Ex p. Oladehinde; R. v Secretary of State for the Home Department Ex p. Alexander [1991] 1 A.C. 254; [1990] 3 W.L.R. 797; [1990] 3 All E.R. 393; (1991) 3 Admin. L.R. 393; (1990) 140 N.L.J. 1498; (1990) 134 S.J. 1264 HL 5-187, 5-189, 5-190
R. v Secretary of State for the Home Department Ex p. Pegg. *See* R. v Secretary of State for the Home Department Ex p. Doody 7-092

TABLE OF CASES

R. v Secretary of State for the Home Department Ex p. Phansopkar; R. v Secretary of State for the Home Department Ex p. Begum (Lailun Nahar) [1976] Q.B. 606; [1975] 3 W.L.R. 322; [1975] 3 All E.R. 497; 199 S.J. 507 CA (Civ Div) 5-015, 11-071
R. v Secretary of State for the Home Department Ex p. Pierson; sub nom. Pierson v Secretary of State for the Home Department [1998] A.C. 539; [1997] 3 W.L.R. 492; [1997] 3 All E.R. 577; (1997) 94(37) L.S.G. 41; (1997) 147 N.L.J. 1238; (1997) 141 S.J.L.B. 212 .... 5-004, 8-047, 11-054, 11-064, 12-049
R. v Secretary of State for the Home Department Ex p. Sakala [1994] Imm. A.R. 227 CA (Civ Div) 12-034
R. v Secretary of State for the Home Department Ex p. Salem [1999] 1 A.C. 450; [1999] 2 W.L.R. 483; [1999] 2 All E.R. 42; (1999) 11 Admin. L.R. 194; [1999] C.O.D. 486; (1999) 96(9) L.S.G. 32; (1999) 143 S.J.L.B. 59 HL 2-010
R. v Secretary of State for the Home Department Ex p. Sherwin (1996) 32 B.M.L.R. 1 QBD 5-191
R. v Secretary of State for the Home Department Ex p. Simms; R. v Governor of Whitemoor Prison Ex p. Main; R. v Secretary of State for the Home Department Ex p. O'Brien; sub nom. R. v Secretary of State for the Home Department Ex p. Main [2000] 2 A.C. 115; [1999] 3 W.L.R. 328; [1999] 3 All E.R. 400; [1999] E.M.L.R. 689; 7 B.H.R.C. 411; (1999) 11 Admin. L.R. 961; [1999] Prison L.R. 82; [1999] C.O.D. 520; (1999) 96(30) L.S.G. 28; (1999) 149 N.L.J. 1073; (1999) 143 S.J.L.B. 212 HL 9-007, 9-013, 11-054
R. v Secretary of State for the Home Department Ex p. Smart. See R. v Secretary of State for the Home Department Ex p. Doody 7-092
R. v Secretary of State for the Home Department Ex p. Swati; R. v Secretary of State for the Home Department Ex p. Butt (Nasir); sub nom. Swati v Secretary of State for the Home Department [1986] 1 W.L.R. 477; [1986] 1 All E.R. 717; [1986] 2 WLUK 82; [1986] Imm. A.R. 88; (1986) 83 L.S.G. 780; (1986) 136 N.L.J. 189; (1986) 130 S.J. 186 CA (Civ Div) 7-105, 16-016
R. v Secretary of State for the Home Department Ex p. Turgut; sub nom. Turgut v Secretary of State for the Home Department [2001] 1 All E.R. 719; [2000] H.R.L.R. 337; [2000] U.K.H.R.R. 403; [2000] Imm. A.R. 306; [2000] I.N.L.R. 292; [2001] A.C.D. 12; (2000) 97(7) L.S.G. 40; (2000) 150 N.L.J. 131 CA (Civ Div) 11-047, 16-041
R. v Secretary of State for the Home Department Ex p. Venables; R. v Secretary of State for the Home Department Ex p. Thompson [1998] A.C. 407; [1997] 3 W.L.R. 23; [1997] 3 All E.R. 97; [1997] 2 F.L.R. 471; (1997) 9 Admin. L.R. 413; [1997] Fam. Law 789; (1997) 94(34) L.S.G. 27; (1997) 147 N.L.J. 955 HL 9-005, 9-007, 9-010
R. v Secretary of State for the Home Department Ex p. Zakrocki (1997–98) 1 C.C.L. Rep. 374; (1996) 32 B.M.L.R. 108; [1996] C.O.D. 304; (1996) 93(16) L.S.G. 31; (1996) 140 S.J.L.B. 110 QBD 11-047
R. v Secretary of State for the Home Department Ex p. Zulfikar [1996] C.O.D. 256 DC 9-007, 11-071
R. v Secretary of State for Trade and Industry Ex p. Greenpeace Ltd (No.1) [1998] Eu. L.R. 48; [1998] Env. L.R. 415; [1998] C.O.D. 59 QBD 3-026
R. v Secretary of State for Trade and Industry Ex p. Lonrho Plc [1989] 1 W.L.R. 525; [1989] 2 All E.R. 609; (1989) 5 B.C.C. 633; (1989) 139 N.L.J. 717; (1989) 133 S.J. 724 HL 1-035
R. v Secretary of State for Trade and Industry Ex p. Vardy; R. v British Coal Corp Ex p. Vardy [1993] 1 C.M.L.R. 721; [1993] I.C.R. 720; [1992] 12 WLUK 397; [1993] I.R.L.R. 104; (1994) 6 Admin. L.R. 1 DC 3-073, 7-031
R. v Secretary of State for Trade Ex p. Perestrello [1981] Q.B. 19; [1980] 3 W.L.R. 1; [1980] 3 All E.R. 28; (1980) 124 S.J. 63 QBD 10-039
R. v Secretary of State for Transport Ex p. De Rothschild; sub nom. De Rothschild v Secretary of State for Transport [1989] 1 All E.R. 933; 87 L.G.R. 511; (1989) 57 P. & C.R. 330; [1989] 06 E.G. 123; [1988] R.V.R. 200; [1989] J.P.L. 173; [1988] E.G. 109 (C.S.) CA (Civ Div) 11-071
R. v Secretary of State for Transport Ex p. Factortame Ltd (No.2) [1991] 1 A.C. 603; [1990] 3 W.L.R. 818; [1991] 1 All E.R. 70; [1991] 1 Lloyd's Rep. 10; [1990] 3 C.M.L.R. 375; (1991) 3 Admin. L.R. 333; (1990) 140 N.L.J. 1457; (1990) 134 S.J. 1189 HL 18-013
R. v Secretary of State for Transport Ex p. Factortame Ltd (No.5) [1998] 1 All E.R. 736 (Note); [1998] 1 C.M.L.R. 1353; [1997] Eu. L.R. 475; (1998) 10 Admin. L.R. 107 QBD ... 14-096
R. v Secretary of State for Transport Ex p. Richmond upon Thames LBC (No.2) [1994] 12 WLUK 302; [1995] Env. L.R. 390; [1995] C.O.D. 188 QBD 7-056

TABLE OF CASES

R. v Secretary of State for Transport Ex p. Sheriff & Sons Ltd *The Times*, 18 December 1986 QBD 9-007, 9-017
R. v Secretary of State for Wales Ex p. Williams [1995] 7 WLUK 368; [1997] E.L.R. 100; [1996] C.O.D. 127 QBD.. 7-056
R. v Sefton MBC Ex p. Help the Aged [1997] 4 All E.R. 532; [1997] 3 F.C.R. 573; (1997–98) 1 C.C.L. Rep. 57; (1997) 38 B.M.L.R. 135; [1998] C.O.D. 69 CA (Civ Div) 5-148
R. v Shayler (David Michael) [2002] UKHL 11; [2003] 1 A.C. 247; [2002] 2 W.L.R. 754; [2002] 2 All E.R. 477; [2002] H.R.L.R. 33; [2002] U.K.H.R.R. 603; [2002] A.C.D. 58; (2002) 99(17) L.S.G. 34; (2002) 146 S.J.L.B. 84.................................... 13-082
R. v Shropshire County Council Ex p. Jones (1997) 9 Admin. L.R. 625; [1997] E.L.R. 357; [1997] C.O.D. 116; (1997) 161 J.P.N. 1080 QBD 12-032
R. v Somerset CC Ex p. Fewings [1995] 1 W.L.R. 1037; [1995] 3 All E.R. 20; (1995) 7 Admin. L.R. 761; [1996] C.O.D. 76; (1995) 92(16) L.S.G. 43; (1995) 145 N.L.J. 450; (1995) 139 S.J.L.B. 88 CA (Civ Div) 5-103, 5-130
R. v South Bank University Ex p. Coggeran [2000] 8 WLUK 180; [2000] I.C.R. 1342; [2001] E.L.R. 42; (2000) 97(40) L.S.G. 41; (2000) 144 S.J.L.B. 256 CA (Civ Div)......... 7-116
R. v South Worcestershire Magistrates Ex p. Lilley [1995] 1 W.L.R. 1595; [1995] 4 All E.R. 186; [1995] 2 WLUK 294; [1996] 1 Cr. App. R. 420; (1995) 159 J.P. 598; [1995] Crim. L.R. 954; [1996] C.O.D. 109; (1995) 92(13) L.S.G. 31; (1995) 139 S.J.L.B. 67 QBD 10-039
R. v South Yorkshire Police Authority Ex p. Chief Constable of South Yorkshire. *See* R. v DPP Ex p. Duckenfield 3-006
R. v Southwark Juvenile Court Ex p. J [1973] 1 W.L.R. 1300; [1973] 3 All E.R. 383; 71 L.G.R. 473; [1973] Crim. L.R. 511; (1973) 117 S.J. 633 DC................... 5-064
R. v Southwark LBC Ex p. Udu (1996) 8 Admin. L.R. 25; [1996] E.L.R. 390 CA (Civ Div) 5-148, 9-017
R. v Spear (John); R. v Williams (David Omar); R. v Saunby (David); R. v Ashby (Mark William); R. v Schofield (John); R. v Hastie (Philip); R. v Boyd (David Morton); R. v Marsh (Peter James); R. v Webb (James Albert); R. v Leese (Henry); R. v Dodds (Andrew Alistair); R. v Clarkson (Lee Martin); R. v English (Paul Anthony); sub nom. Boyd v Army Prosecuting Authority [2002] UKHL 31; [2003] 1 A.C. 734; [2002] 3 W.L.R. 437; [2002] 3 All E.R. 1074; [2003] 1 Cr. App. R. 1; [2002] H.R.L.R. 40; [2002] H.R.L.R. 43; [2002] A.C.D. 97; (2002) 99(36) L.S.G. 38; (2002) 146 S.J.L.B. 193. 13-036
R. v St Edmundsbury and Ipswich Diocese (Chancellor) Ex p. White [1948] 1 K.B. 195; [1947] 2 All E.R. 170; 63 T.L.R. 523; 177 L.T. 488; (1947) 91 S.J. 369 CA............... 3-049
R. v Stocker [2013] EWCA Crim 1993; [2014] 1 Cr. App. R. 18 5-062
R. v Sunderland City Council Ex p. Baumber [1995] 12 WLUK 91; [1996] C.O.D. 211 QBD 3-073
R. v Sutton LBC Housing Benefit Review Board Ex p. Keegan; sub nom. R. v Housing Benefit Review Board of Sutton LBC Ex p. Keegan (1995) 27 H.L.R. 92; [1992] C.O.D. 450 QBD. 11-047
R. v Swale B. C. Ex p. Royal Society for the Protection of Birds (1990) 2 Admin. L.R. 790; [1991] 1 P.L.R. 6; [1991] J.P.L. 39; [1990] C.O.D. 263 QBD 16-058
R. v Thames Magistrates Court Ex p. Polemis (The Corinthic); Corinthic, The; sub nom. R. v Thames Justices Ex p. Polemis [1974] 1 W.L.R. 1371; [1974] 2 All E.R. 1219; [1974] 2 Lloyd's Rep. 16; (1974) 118 S.J. 734 QBD...................................... 8-066
R. v Thames Metropolitan Stipendiary Magistrate Ex p. Brindle [1975] 1 W.L.R. 1400; [1975] 3 All E.R. 941; [1975] Crim. L.R. 700; (1975) 119 S.J. 493 CA (Civ Div) 11-054
R. v The Inhabitants of Eastbourne 102 E.R. 769; (1803) 4 East 103 KB ... 11-054, 11-070, 11-071
R. v Torquay Licensing Justices Ex p. Brockman [1951] 2 K.B. 784; [1951] 2 All E.R. 656; [1951] 2 T.L.R. 652; (1951) 115 J.P. 514; 49 L.G.R. 733 KBD.................... 9-013
R. v Tower Hamlets LBC Ex p. Abbas Ali; R. v Tower Hamlets LBC Ex p. Aleya Bibi (1993) 25 H.L.R. 158; [1993] C.O.D. 131 CA (Civ Div)............................ 11-064
R. v Tower Hamlets LBC Ex p. Kayne–Levenson; sub nom. R. v Tower Hamlets LBC [1975] Q.B. 431; [1975] 2 W.L.R. 164; [1975] 1 All E.R. 641; 73 L.G.R. 64; (1975) 119 S.J. 85 CA (Civ Div).. 9-013
R. v Tower Hamlets LBC Ex p. Khalique [1994] 2 F.C.R. 1074; (1994) 26 H.L.R. 517; (1995) 159 L.G. Rev. 141 QBD 9-007
R. v Tower Hamlets LBC Ex p. Tower Hamlets Combined Traders Association [1994] C.O.D. 325 QBD.. 5-062
R. v Uddin (Mohan) [2015] EWCA Crim 1918; [2016] 4 W.L.R. 24; [2015] 12 WLUK 338; [2016] 1 Cr. App. R. (S.) 57; (2016) 180 J.P. 45.................................. 10-064

TABLE OF CASES

R. v Vale of Glamorgan Council Ex p. Clements *The Times*, 22 August 2000 CA 16-012
R. v Waltham Forest LBC Ex p. Baxter [1988] Q.B. 419; [1988] 2 W.L.R. 257; [1987] 3
All E.R. 671; 86 L.G.R. 254; [1988] R.V.R. 6; (1987) 137 N.L.J. 947; (1988) 132 S.J.
227 CA (Civ Div) 9-007
R. v Wanvickshire County Council Ex p. Williams [1995] E.L.R. 326 9-007
R. v Warwickshire CC Ex p. Collymore [1995] E.L.R. 217; [1995] C.O.D. 52; [1994] 5
WLUK 46 QBD 9-007, 9-013, 9-017
R. v West Glamorgan CC Ex p. Gheissary; R. v East Sussex CC Ex p. Khatibshahidi
Times, 18 December 1985 QBD 11-071
R. v West Oxfordshire DC Ex p. Pearce Homes [1986] R.V.R. 156; [1986] J.P.L. 523 DC .. 12-065
R. v Westminster City Council Ex p Hussain (1999) 31 H.L.R. 645 QBD 9-007
R. v Westminster City Council Ex p. Ermakov [1996] 2 All E.R. 302; [1995] 11 WLUK
205; [1996] 2 F.C.R. 208; (1996) 28 H.L.R. 819; (1996) 8 Admin. L.R. 389; [1996]
C.O.D. 391; (1996) 160 J.P. Rep. 814; (1996) 140 S.J.L.B. 23 CA (Civ Div) 7-116, 16-081
R. v Westminster City Council Ex p. Monahan [1990] 1 Q.B. 87; [1989] 3 W.L.R. 408;
[1989] 2 All E.R. 74; (1989) 58 P. & C.R. 92; [1989] 1 P.L.R. 36; [1989] J.P.L. 107;
[1989] C.O.D. 241; [1988] E.G. 140 (C.S.); (1988) 138 N.L.J. Rep. 311; (1989) 133 S.J.
978 CA (Civ Div) 5-145
R. v Wilson and Sprason (1996) 8 Admin. L.R. 1 10-047
R. v Wreck Commissioner Ex p. Knight [1976] 3 All E.R. 8; [1976] 2 Lloyd's Rep. 419;
(1976) 120 S.J. 469 QBD (Comm).. 9-007
R. v Yeovil BC Ex p. Trustees of Elim Pentecostal Church, Yeovil 70 L.G.R. 142; (1972)
23 P. & C.R. 39; (1972) 116 S.J. 78 DC.. 12-065
Rabone v Pennine Care NHS Foundation Trust [2012] UKSC 2; [2012] 2 A.C. 72; [2012]
2 W.L.R. 381; [2012] 2 All E.R. 381; [2012] P.T.S.R. 497; [2012] 2 WLUK 249; [2012]
H.R.L.R. 10; 33 B.H.R.C. 208; (2012) 15 C.C.L. Rep. 13; [2012] Med. L.R. 221;
(2012) 124 B.M.L.R. 148; [2012] M.H.L.R. 66; [2012] Inquest L.R. 1; (2012) 162
N.L.J. 261; (2012) 156(6) S.J.L.B. 31 .... 2-059, 7-037, 13-036, 13-063
Racal Communications Ltd, Re; sub nom. Company (No.00996 of 1979), Re [1981] A.C.
374; [1980] 3 W.L.R. 181; [1980] 2 All E.R. 634 HL 3-018
Racz v Home Office [1994] 2 A.C. 45; [1994] 2 W.L.R. 23; [1994] 1 All E.R. 97; (1994)
144 N.L.J. 89; (1994) 138 S.J.L.B. 12 HL... 19-012
Rahmatullah v Ministry of Defence [2019] EWHC 3849 (QB); [2020] 3 WLUK 131 8-023
Rahmatullah v Secretary of State for Foreign and Commonwealth Affairs; sub nom.
Rahmatullah v Secretary of State for Defence; Secretary of State for Foreign and
Commonwealth Affairs v Rahmatullah [2012] UKSC 48; [2013] 1 A.C. 614; [2012] 3
W.L.R. 1087; [2013] 1 All E.R. 574; [2012] 10 WLUK 964; [2013] H.R.L.R. 4; 33
B.H.R.C. 679... 3-020
Raji v General Medical Council [2003] UKPC 24; [2003] 1 W.L.R. 1052; [2003] Lloyd's
Rep. Med. 280; [2003] A.C.D. 63; (2003) 100(21) L.S.G. 30 7-013
Ramawad v Minister of Manpower and Immigration (1978) 81 D.L.R. (3rd) 687 5-190
Ramawad v Minister of Manpower and Immigration [1978] 2 S.C.R. 375 5-187
Ramsahai v Netherlands (52391/99) (2008) 46 E.H.R.R. 43; [2007] Inquest L.R. 103;
[2007] Po. L.R. 46.. 13-063
Ranger v Great Western Ry (1854) 5 H.L.C. 72 10-020
Ranger v House of Lords Appointments Commission [2015] EWHC 45 (QB); [2015] 1
W.L.R. 4324.. 16-030
Rantsev v Cyprus (25965/04) (2010) 51 E.H.R.R. 1; 28 B.H.R.C. 313 ECtHR 13-068
Rasool v General Pharmaceutical Council [2015] EWHC 217 (Admin) 10-018
Raymond v Honey [1983] 1 A.C. 1; [1982] 2 W.L.R. 465; [1982] 1 All E.R. 756; (1982)
75 Cr. App. R. 16 HL... 11-054
RB (Algeria) v Secretary of State for the Home Department; MT (Algeria) v Secretary of
State for the Home Department; OO (Jordan) v Secretary of State for the Home
Department [2009] UKHL 10; [2010] 2 A.C. 110; [2009] 2 W.L.R. 512; [2009] 4 All
E.R. 1045; [2009] H.R.L.R. 17; [2009] U.K.H.R.R. 892; 26 B.H.R.C. 90; (2009) 159
N.L.J. 349; (2009) 153(7) S.J.L.B. 32 7-035
RB v Hungary (64602/12) (2017) 64 E.H.R.R. 25 ECtHR 13-086
RCB v Forrest (2012) 247 C.L.R. 304 6-056
Recall Support Services Ltd v Secretary of State for Culture Media and Sport [2014]
EWCA Civ 1370; [2015] 1 C.M.L.R. 38 14-096
Rechberger v Austria (C–140/97) EU:C:1999:306; [2000] 2 C.M.L.R. 1 14-096

TABLE OF CASES

Recovery of Medical Costs for Asbestos Diseases (Wales) Bill, Re [2015] UKSC 3; [2015] A.C. 1016; [2015] 2 W.L.R. 481; [2015] 2 All E.R. 899; [2015] H.R.L.R. 9; [2015] Lloyd's Rep. I.R. 474; (2015) 143 B.M.L.R. 1 13-098
Rectory Homes Ltd v Secretary of State for Housing Communities and Local Government [2020] EWHC 2098 (Admin); [2020] 7 WLUK 476 5-089
Refah Partisi (Welfare Party) v Turkey (41340/98) (No.2) (2003) 37 E.H.R.R. 1; 14 B.H.R.C. 1 ECtHR 13-095
Reference Under s.11 of the Ombudsman Act, Re (1979) 2 A.L.D. 86 5-190
Refugee Review Tribunal Ex p. Aala, Re (2000) 204 C.L.R. 802 8-066
Reilly v Secretary of State for Work and Pensions. *See* R. (on the application of Reilly) v Secretary of State for Work and Pensions 7-121, 11-059
Reilly's Application for Judicial Review, Re; R. (on the application of Booth) v Parole Board; R. (on the application of Osborn) v Parole Board; sub nom. Booth v Parole Board; Osborn v Parole Board [2013] UKSC 61; [2014] A.C. 1115; [2013] 3 W.L.R. 1020; [2014] 1 All E.R. 369; [2014] N.I. 154; [2014] H.R.L.R. 1; (2013) 157(39) S.J.L.B. 37 .... 7-009, 11-053, 13-036, 13-075
Remag Metallhandel GmbH and Werner Jaschinsky v European Commission (T-631/16) EU:T:2019:352 14-098
Renewable Heat Association Northern Ireland Ltd's Application for Judicial Review, Re [2017] NIQB 122; [2017] 12 WLUK 656 .... 12-034, 12-049
Repcevirág Szövetkezet v Hungary (App. No. 70750/14) unreported 30 April 2019 ECtHR 7-102A, 7-121
Republic of Austria v Netherlands (C-591/17) EU:C:2019:504 14-125
Resolution Chemicals Ltd v H Lundbeck A/S [2013] EWCA Civ 1515; [2014] 1 W.L.R. 1943 .... 10-018, 10-048
Revenue and Customs Commissioners v Loyalty Management UK Ltd; sub nom. Revenue and Customs Commissioners v Aimia Coalition Loyalty UK Ltd; Loyalty Management UK Ltd v Revenue and Customs Commissioners; Customs and Excise Commissioners v Loyalty Management UK Ltd [2013] UKSC 15; [2013] 2 All E.R. 719; [2013] S.T.C. 784; [2013] 2 C.M.L.R. 51; [2013] B.V.C. 67; [2013] S.T.I. 591 14-109
Revenue and Customs Commissioners v Procter & Gamble UK. *See* Procter & Gamble UK v Revenue and Customs Commissioners 7-105
Rey v Switzerland [1999] 1 A.C. 54; [1998] 3 W.L.R. 1; [1998] 4 WLUK 56; (1998) 142 S.J.L.B. 167 PC (Bah) 7-092
Reyes v Al-Malki; sub nom. Al-Malki v Reyes [2017] UKSC 61; [2019] A.C. 735; [2017] 3 W.L.R. 923; [2018] 1 All E.R. 629; [2017] 10 WLUK 394; [2017] I.C.R. 1417; [2018] I.R.L.R. 267; reversing [2015] EWCA Civ 32; [2016] 1 W.L.R. 1785; [2016] 2 All E.R. 136; [2015] I.C.R. 931; [2015] I.R.L.R. 289 13-068
Reynolds v Llanelly Associated Tinplate Co [1948] 1 All E.R. 140 CA 7-063
Reynolds v Times Newspapers Ltd [2001] 2 A.C. 127; [1999] 3 W.L.R. 1010; [1999] 4 All E.R. 609; [2000] E.M.L.R. 1; [2000] H.R.L.R. 134; 7 B.H.R.C. 289; (1999) 96(45) L.S.G. 34; (1999) 149 N.L.J. 1697; (1999) 143 S.J.L.B. 270 HL 5-054
Rhondda Cynon Taff CBC v Watkins; sub nom. Watkins v Rhondda Cynon Taff BC [2003] EWCA Civ 129; [2003] 1 W.L.R. 1864; [2003] 2 P. & C.R. 19; [2003] 1 E.G.L.R. 117; [2003] R.V.R. 224; [2003] 8 E.G. 130 (C.S.); [2003] N.P.C. 20 3-119
Rhyl Urban DC v Rhyl Amusements Ltd [1959] 1 W.L.R. 465; [1959] 1 All E.R. 257; 57 L.G.R. 19; (1959) 103 S.J. 327 Ch D 12-065
Riad v Belgium (App. No. 29787/03) unreported 24 January 2008 13-073
Rich v Christchurch Girls' High School Board of Governors (No.1) [1974] 1 N.Z.L.R. 1 7-013
Richard v BBC [2018] EWHC 1837 (Ch); [2018] E.M.L.R. 26; [2018] H.R.L.R. 16 19-096
Richards v Worcestershire CC [2017] EWCA Civ 1998; [2018] P.T.S.R. 1563; [2017] 12 WLUK 251; (2018) 21 C.C.L. Rep. 376; [2018] Med. L.R. 131; (2018) 160 B.M.L.R. 40; [2017] M.H.L.R. 388 3-118
Richmond upon Thames LBC v Secretary of State for the Environment [1984] J.P.L. 24 ... 12-034
Ridge v Baldwin [1964] A.C. 40; [1963] 2 W.L.R. 935; [1963] 2 All E.R. 66; (1963) 127 J.P. 295; (1963) 127 J.P. 251; 61 L.G.R. 369; 37 A.L.J. 140; 234 L.T. 423; 113 L.J. 716; (1963) 107 S.J. 313 HL 18-039
Roberts v Dorset CC (1977) 75 L.G.R. 462 9-007
Robinson v Chief Constable of West Yorkshire [2018] UKSC 4; [2018] A.C. 736; [2018] 2 W.L.R. 595; [2018] 2 All E.R. 1041; [2018] 2 WLUK 189; [2018] P.I.Q.R. P9 .... 19-013, 19-034, 19-038, 19-039
Robinson v Secretary of State for Northern Ireland; sub nom. Robinson's Application for Judicial Review, Re [2002] UKHL 32; [2002] N.I. 390 .... 1-126, 1-128, 5-040

Roche v United Kingdom (32555/96) (2006) 42 E.H.R.R. 30; 20 B.H.R.C. 99 ECtHR 13-090
Rollo v Minister of Town and Country Planning [1948] 1 All E.R. 13 7-057
Romer v Freie und Hansestadt Hamburg (C-147/08) EU:C:2011:286; [2011] 5 WLUK
   216; [2013] 2 C.M.L.R. 11; [2011] Eq. L.R. 921 ECJ (Grand Chamber) 14-125
Roodal v Trinidad and Tobago [2003] UKPC 78; [2005] 1 A.C. 328; [2004] 2 W.L.R. 652;
   16 B.H.R.C. 147; (2004) 101(5) L.S.G. 27; (2004) 101(2) L.S.G. 28; (2003) 147
   S.J.L.B. 1395. 5-040
Rooke's case 77 E.R. 209; (1597) 5 Co. Rep. 99 KB 11-071
Rootkin v Kent CC [1981] 1 W.L.R. 1186; [1981] 2 All E.R. 227; 80 L.G.R. 201; (1981)
   125 S.J. 496 CA (Civ Div). 3-026, 12-065
Roquette Fréres SA v Direction des services fiscaux du Pas–de–Calais (C-88/99)
   EU:C:2000:652. 14-077
Rossi, Re. *See* R. v London County Quarter Sessions Appeals Committee Ex p. Rossi 7-048
Rowell v Minister of Pensions [1946] 1 All E.R. 664 11-047
Rowland v Environment Agency [2003] EWCA Civ 1885; [2005] Ch. 1; [2004] 3 W.L.R.
   249; [2004] 2 Lloyd's Rep. 55; (2004) 101(8) L.S.G. 30; [2003] N.P.C. 165 13-096
Rowling v Takaro Properties Ltd [1988] A.C. 473; [1988] 2 W.L.R. 418; [1988] 1 All E.R.
   163 PC (NZ) 19-045
Roy v Kensington and Chelsea and Westminster Family Practitioner Committee [1992] 1
   A.C. 624; [1992] 2 W.L.R. 239; [1992] 1 All E.R. 705; [1992] I.R.L.R. 233; (1992) 4
   Admin. L.R. 649; [1992] 3 Med. L.R. 177; (1992) 142 N.L.J. 240; (1992) 136 S.J.L.B.
   63 HL. 3-118, 16-080
Royal College of Nursing of the United Kingdom v Department of Health and Social
   Security [1981] A.C. 800; [1981] 2 W.L.R. 279; [1981] 1 All E.R. 545; [1981] Crim.
   L.R. 322; (1981) 125 S.J. 149 HL. 3-118
Royal Mail Group Plc v Postal Services Commission [2007] EWHC 1205 (Admin);
   [2007] A.C.D. 81. 5-142
RT (Zimbabwe) v Secretary of State for the Home Department; SM (Zimbabwe v
   Secretary of State for the Home Department); AM (Zimbabwe v Secretary of State for
   the Home Department); KM (Zimbabwe v Secretary of State for the Home Department)
   [2012] UKSC 38; [2013] 1 A.C. 152; [2012] 3 W.L.R. 345; [2012] 4 All E.R. 843;
   [2012] Imm. A.R. 1067; [2012] I.N.L.R. 562; (2012) 156(30) S.J.L.B. 31 13-089
Rubins v Latvia (79040/12) [2015] I.R.L.R. 319 ECtHR 13-090
Ruiz–Mateos v Spain (A/262) (1993) 16 E.H.R.R. 505 ECtHR 7-121
Runevic-Vardyn v Vilniaus Miesto Savivaldybes Administracija (C-391/09)
   EU:C:2011:291; [2011] 5 WLUK 326; [2011] 3 C.M.L.R. 13; [2011] Eq. L.R. 895 ECJ.... 14-041
Russian Conservative Party of Entrepreneurs v Russia (55066/00) (2008) 46 E.H.R.R. 39;
   22 B.H.R.C. 1 ECtHR. 13-099
Rustavi 2 Broadcasting Company Ltd v Georgia (App. No. 16812/17) unreported 18 July
   2019 ECtHR 8-049
S (A Child) (Identification: Restrictions on Publication), Re; sub nom. S (A Child)
   (Identification: Restriction on Publication), Re [2004] UKHL 47; [2005] 1 A.C. 593;
   [2004] 3 W.L.R. 1129; [2004] 4 All E.R. 683; [2005] E.M.L.R. 2; [2005] 1 F.L.R. 591;
   [2004] 3 F.C.R. 407; [2005] H.R.L.R. 5; [2005] U.K.H.R.R. 129; 17 B.H.R.C. 646;
   [2005] Crim. L.R. 310; (2004) 154 N.L.J. 1654; (2004) 148 S.J.L.B. 1285 13-087
S (Children) (Care Order: Implementation of Care Plan), Re; W (Children) (Care Order:
   Adequacy of Care Plan), Re; sub nom. W (Children) (Care Plan), Re; W and B
   (Children) (Care Plan), Re [2002] UKHL 10; [2002] 2 A.C. 291; [2002] 2 W.L.R. 720;
   [2002] 2 All E.R. 192; [2002] 1 F.L.R. 815; [2002] 1 F.C.R. 577; [2002] H.R.L.R. 26;
   [2002] U.K.H.R.R. 652; [2002] B.L.G.R. 251; [2002] Fam. Law 413; (2002) 99(17)
   L.S.G. 34; (2002) 146 S.J.L.B. 85 13-045
S v Crown Prosecution Service. *See* R. (on the application of S) v Crown Prosecution
   Service 3-006
S v Oxford Magistrates' Court. *See* R. (on the application of S) v Crown Prosecution
   Service 3-006
S v United Kingdom (30562/04); Marper v United Kingdom (30566/04) (2009) 48
   E.H.R.R. 50; 25 B.H.R.C. 557; [2008] Po. L.R. 403; [2009] Crim. L.R. 355; (2008) 158
   N.L.J. 1755 ECtHR 13-042, 13-086
S-W (Children) (Care Proceedings: Summary Disposal at Case Management Hearing), Re
   [2015] EWCA Civ 27; [2015] 1 W.L.R. 4099; [2015] 1 WLUK 721; [2015] 2 F.L.R.
   136; [2015] 2 F.C.R. 173; [2015] Fam. Law 258 .... 7-040, 7-105
S1 v Secretary of State for the Home Department [2016] EWCA Civ 560; [2016] 6
   WLUK 413; [2016] 3 C.M.L.R. 37. .... 8-024, 14-041

TABLE OF CASES

Saadi v Italy (37201/06) (2009) 49 E.H.R.R. 30; 24 B.H.R.C. 123; [2008] Imm. A.R. 519; [2008] I.N.L.R. 621; [2008] Crim. L.R. 898 ECtHR 13-066
Sabally and N'Jie v Attorney General [1965] 1 Q.B. 273; [1964] 3 W.L.R. 732; [1964] 3 All E.R. 377; (1964) 108 S.J. 618 CA 11-054
Safi v Sandwell BC [2018] EWCA Civ 2876; [2018] 12 WLUK 417; [2019] H.L.R. 16 8-072
Saha v Imperial College of Science, Technology and Medicine [2011] EWHC 3286 (QB); [2011] 10 WLUK 413 3-119
Sahin v Germany (30943/96) [2002] 1 F.L.R. 119; [2002] 3 F.C.R. 321; (2003) 36 E.H.R.R. 43; [2002] Fam. Law 94 ECtHR 13-101
Sahin v Turkey (44774/98) (2007) 44 E.H.R.R. 5; 19 B.H.R.C. 590; [2006] E.L.R. 73 ECtHR 13-089
Sakvarelidze v Georgia (40394/10) unreported ECtHR 7-130
Salad's Application for Leave to Apply for Judicial Review, Re [2015] NIQB 32 9-007
Salemi v McKellar (No.2) (1977) 137 C.L.R. 396 .... 7-014, 12-036
Salesi v Italy (A/257–E) (1998) 26 E.H.R.R. 187 ECtHR 7-035
Salvesen v Riddell [2013] UKSC 22; 2013 S.C. (U.K.S.C.) 236; 2013 S.L.T. 863; 2014 S.C.L.R. 44; [2013] H.R.L.R. 23; 2013 G.W.D. 14-304 13-096
San Vicente v Secretary of State for Communities and Local Government; sub nom. Vicente v Secretary of State for Communities and Local Government; Secretary of State for Communities and Local Government v San Vicente; Secretary of State for Communities and Local Government v Vicente [2013] EWCA Civ 817; [2014] 1 W.L.R. 966; [2014] 1 P. & C.R. 7; [2013] 3 E.G.L.R. 165; [2013] J.P.L. 1516; [2013] 29 E.G. 104 (C.S.) 16-012
Sanders v Airports Commission [2013] EWHC 3754 (Admin); [2013] 12 WLUK 4 10-048
Sanoma Uitgevers BV v Netherlands (38224/03) [2011] E.M.L.R. 4; 30 B.H.R.C. 318 13-090
Santex SpA v Unita Socio Sanitaria Locale No.42 di Pavia (C–327/00) EU:C:2003:109; [2004] All E.R. (EC) 640; [2004] 2 C.M.L.R. 30 14-074
Sanusi v General Medical Council [2019] EWCA Civ 1172; [2019] 7 WLUK 260 8-066
Sargsyan v Azerbaijan (40167/06) (2017) 64 E.H.R.R. 4 ECtHR 13-096
Saribekyan v Azerbaijan (35746/11) unreported 7 September 2020 ECtHR 7-130
Sarjantson v Chief Constable of Humberside [2013] EWCA Civ 1252; [2014] Q.B. 411; [2013] 3 W.L.R. 1540; [2014] 1 All E.R. 960; [2014] Med. L.R. 63; [2013] Inquest L.R. 252 13-063
SAS v France (43835/11) (2015) 60 E.H.R.R. 11; 36 B.H.R.C. 617; [2014] Eq. L.R. 590 ECtHR 13-089
Sash Window Workshop Ltd v King (C-214/16). See King v Sash Window Workshop Ltd (C-214/16) 14-041
Satambrogio v Italy (2005) 41 E.H.R.R. 1082 7-121
Savage v South Essex Partnership NHS Foundation Trust [2008] UKHL 74; [2009] 1 A.C. 681; [2009] 2 W.L.R. 115; [2009] 1 All E.R. 1053; [2009] P.T.S.R. 469; [2009] H.R.L.R. 12; [2009] U.K.H.R.R. 480; 27 B.H.R.C. 57; (2009) 12 C.C.L. Rep. 125; [2009] LS Law Medical 40; (2009) 105 B.M.L.R. 180; [2008] Inquest L.R. 126; [2009] M.H.L.R. 41; (2009) 153(1) S.J.L.B. 34 13-063
Save Britain's Heritage v Number 1 Poultry Ltd; sub nom. Save Britain's Heritage v Secretary of State for the Environment [1991] 1 W.L.R. 153; [1991] 2 All E.R. 10; [1991] 2 WLUK 360; 89 L.G.R. 809; (1991) 3 Admin. L.R. 437; (1991) 62 P. & C.R. 105; [1991] 3 P.L.R. 17; (1991) 155 L.G. Rev. 429; [1991] E.G. 24 (C.S.); (1991) 88(15) L.S.G. 31; (1991) 135 S.J. 312 HL 7-102, 7-105, 7-106
Savoury v Secretary of State for Wales (1976) 31 P. & C.R. 344; (1974) 233 E.G. 766; [1975] J.P.L. 92; (1975) 119 S.J. 167 QBD 8-066, 11-047
Sayn-Wittgenstein v Landeshauptmann von Wien (C–208/09) EU:C:2010:806; [2010] E.C.R. I-13693; [2011] 2 C.M.L.R. 28; [2011] E.T.M.R. 12 14-041
Scarlet Extended SA v Societe Belge des Auteurs, Compositeurs et Editeurs SCRL (SABAM) (C–70/10) EU:C:2011:771; [2011] E.C.R. I-11959; [2011] 11 WLUK 711; [2012] E.C.D.R. 4; 31 B.H.R.C. 558 ECJ 14-041
Schaible v Land Baden-Württemberg (C–101/12) EU:C:2013:661 14-127
Schindler Holding Ltd v European Commission (C-501/11 P) EU:C:2013:522; [2013] 7 WLUK 608; [2013] 5 C.M.L.R. 39 ECJ 14-041
Schmidt v Secretary of State for Home Affairs [1969] 2 Ch. 149; [1969] 2 W.L.R. 337; [1969] 1 All E.R. 904; (1969) 133 J.P. 274; (1969) 113 S.J. 16 CA (Civ Div) 12-036
Schrems v Data Protection Commissioner (C–362/14) EU:C:2015:650; [2016] Q.B. 527; [2016] 2 W.L.R. 873; [2015] 10 WLUK 117; [2016] 2 C.M.L.R. 2; [2016] C.E.C. 647 ECJ 14-041

TABLE OF CASES

Scoppola v Italy (10249/03) (2010) 51 E.H.R.R. 12 ECtHR 13-070
Scoppola v Italy (126/05) (2013) 56 E.H.R.R. 19; [2012] 5 WLUK 659; [2013] 1 Costs
 L.O. 62; 33 B.H.R.C. 126 ECtHR (Grand Chamber)................................. 13-099
Scotia Pharmaceuticals International v Secretary of State for Health and Norgine (No.2)
 [1997] Eu. L.R. 650; [1994] Crim. L.R. 408; [1994] C.O.D. 241 DC.................. 18-013
Scott v Aberdeen Corp 1976 S.C. 81; 1976 S.L.T. 141 IH (1 Div) 11-054
Scott v LGBT Foundation Ltd [2020] EWHC 483 (QB); [2020] 4 W.L.R. 62; [2020] 3
 WLUK 153 .... 3-092, 3-096
Scott v Scott; sub nom. Morgan v Scott [1913] A.C. 417 HL 11-054
Seal v Chief Constable of South Wales [2007] UKHL 31; [2007] 1 W.L.R. 1910; [2007] 4
 All E.R. 177; [2007] H.R.L.R. 37; 22 B.H.R.C. 769; [2007] B.P.I.R. 1396; (2007) 10
 C.C.L. Rep. 695; (2007) 97 B.M.L.R. 172; [2007] Po. L.R. 163; (2007) 104(29) L.S.G.
 25; (2007) 151 S.J.L.B. 927 11-054
Sean Investments v MacKellar (1981) 38 A.L.R. 363 5-190
Sebry v Companies House [2015] EWHC 115 (QB); [2016] 1 W.L.R. 2499; [2015] 4 All
 E.R. 681; [2015] B.C.C. 236; [2015] 1 B.C.L.C. 670 19-038
Secretary of State for Communities and Local Government v Hopkins Development Ltd.
 See Hopkins Developments Ltd v Secretary of State for Communities and Local
 Government 6-010, 7-014, 7-040
Secretary of State for Communities and Local Government v Hopkins Homes Ltd;
 Richborough Estates Partnership LLP v Cheshire East BC; sub nom. Suffolk Coastal
 DC v Hopkins Homes Ltd; Hopkins Homes Ltd v Secretary of State for Communities
 and Local Government; Cheshire East BC v Secretary of State for Communities and
 Local Government [2017] UKSC 37; [2017] 1 W.L.R. 1865; [2017] 4 All E.R. 938;
 [2017] P.T.S.R. 623; [2017] 5 WLUK 220; [2017] J.P.L. 1084 5-089
Secretary of State for Communities and Local Government v West Berkshire DC. *See* R.
 (on the application of West Berkshire DC) v Secretary of State for Communities and
 Local Government 7-055, 7-056, 7-057, 9-013
Secretary of State for Education and Science v Tameside MBC [1977] A.C. 1014; [1976]
 3 W.L.R. 641; [1976] 3 All E.R. 665; (1976) 120 S.J. 735 HL 5-007
Secretary of State for Foreign and Commonwealth Affairs v Janah. *See* Benkharbouche v
 Secretary of State for Foreign and Commonwealth Affairs 5-055, 13-042, 13-104, 14-041
Secretary of State for Justice v MM; sub nom. M v Secretary of State for Justice [2018]
 UKSC 60; [2019] A.C. 712; [2018] 3 W.L.R. 1784; [2019] 2 All E.R. 749; [2018] 11
 WLUK 450; (2019) 22 C.C.L. Rep. 20; (2019) 166 B.M.L.R. 1; [2018] M.H.L.R. 392..... 13-073
Secretary of State for the Environment, Transport and the Regions v Legal & General
 Assurance Society Ltd; R. (on the application of Alconbury Developments Ltd) v
 Secretary of State for the Environment, Transport and the Regions; R. (on the
 application of Premier Leisure UK Ltd) v Secretary of State for the Environment,
 Transport and the Regions; sub nom. R. v Secretary of State for the Environment,
 Transport and the Regions Ex p. Holdings & Barnes Plc [2001] UKHL 23; [2003] 2
 A.C. 295; [2001] 2 W.L.R. 1389; [2001] 2 All E.R. 929; [2002] Env. L.R. 12; [2001]
 H.R.L.R. 45; [2001] U.K.H.R.R. 728; (2001) 3 L.G.L.R. 38; (2001) 82 P. & C.R. 40;
 [2001] 2 P.L.R. 76; [2001] J.P.L. 920; [2001] 20 E.G. 228 (C.S.); (2001) 98(24) L.S.G.
 45; (2001) 151 N.L.J. 727; (2001) 145 S.J.L.B. 140; [2001] N.P.C. 90 .... 9-010, 16-085
Secretary of State for the Home Department v AF [2008] EWCA Civ 117; [2008] 1
 W.L.R. 2528; [2008] 2 WLUK 579; [2008] A.C.D. 55 10-064
Secretary of State for the Home Department v AP; sub nom. R. (on the application of AP)
 v Secretary of State for the Home Department [2010] UKSC 24; [2011] 2 A.C. 1;
 [2010] 3 W.L.R. 51; [2010] 4 All E.R. 245; [2010] H.R.L.R. 25; [2010] U.K.H.R.R.
 748; 29 B.H.R.C. 296; (2010) 107(26) L.S.G. 17; (2010) 160 N.L.J. 90 .... 11-029, 13-073
Secretary of State for the Home Department v CC; Secretary of State for the Home
 Department v CF; sub nom. Mohamed v Secretary of State for the Home Department;
 CF v Secretary of State for the Home Department [2014] EWCA Civ 559; [2014] 1
 W.L.R. 4240; [2014] 3 All E.R. 760........................... 8-010, 8-011, 8-018, 13-073
Secretary of State for the Home Department v E [2007] UKHL 47; [2008] 1 A.C. 499;
 [2007] 3 W.L.R. 720; [2008] 1 All E.R. 699; [2008] H.R.L.R. 7; [2008] U.K.H.R.R. 69;
 [2008] Crim. L.R. 486; (2007) 157 N.L.J. 1578; (2007) 151 S.J.L.B. 1433 13-073
Secretary of State for the Home Department v F; E v Secretary of State for the Home
 Department; Secretary of State for the Home Department v N [2009] UKHL 28; [2010]
 2 A.C. 269; [2009] 3 W.L.R. 74; [2009] 3 All E.R. 643; [2009] H.R.L.R. 26; [2009]
 U.K.H.R.R. 1177; 26 B.H.R.C. 738; (2009) 106(25) L.S.G. 14 .... 7-040, 7-121, 13-075

TABLE OF CASES

Secretary of State for the Home Department v GG; Secretary of State for the Home Department v N; sub nom. GG v Secretary of State for the Home Department [2009] EWCA Civ 786; [2010] Q.B. 585; [2010] 2 W.L.R. 731; [2010] 1 All E.R. 721 11-054
Secretary of State for the Home Department v JJ; Secretary of State for the Home Department v KK; Secretary of State for the Home Department v GG; Secretary of State for the Home Department v HH; Secretary of State for the Home Department v NN; Secretary of State for the Home Department v LL; sub nom. JJ, Re [2007] UKHL 45; [2008] 1 A.C. 385; [2007] 3 W.L.R. 642; [2008] 1 All E.R. 613; [2008] H.R.L.R. 5; [2008] U.K.H.R.R. 80; 24 B.H.R.C. 531; [2008] Crim. L.R. 489; (2007) 157 N.L.J. 1576; (2007) 151 S.J.L.B. 1432 13-073
Secretary of State for the Home Department v MB; Secretary of State for the Home Department v AF; sub nom. MB, Re [2007] UKHL 46; [2008] 1 A.C. 440; [2007] 3 W.L.R. 681; [2008] 1 All E.R. 657; [2008] H.R.L.R. 6; [2008] U.K.H.R.R. 119; [2008] Crim. L.R. 491; (2007) 157 N.L.J. 1577; (2007) 151 S.J.L.B. 1437 . . . . 7-036, 7-121
Secretary of State for the Home Department v Pankina; Malekia v Secretary of State for the Home Department; Ahmed v Secretary of State for the Home Department; Junaideen v Secretary of State for the Home Department; Ali v Secretary of State for the Home Department; Sankar v Secretary of State for the Home Department; sub nom. Pankina v Secretary of State for the Home Department [2010] EWCA Civ 719; [2011] Q.B. 376; [2010] 3 W.L.R. 1526; [2011] 1 All E.R. 1043; [2010] Imm. A.R. 689; [2010] I.N.L.R. 529; [2010] A.C.D. 93 5-072
Secretary of State for the Home Department v R. (on the application of AM (A Child)) [2018] EWCA Civ 1815; [2018] 7 WLUK 728 7-115
Secretary of State for the Home Department v Watson (C-698/15). *See* Tele2 Sverige AB v Post- och telestyrelsen (C-203/15) 14-041
Secretary of State for the Home Department v Watson; sub nom. R. (on the application of Davis) v Secretary of State for the Home Department [2018] EWCA Civ 70; [2018] Q.B. 912; [2018] 2 W.L.R. 1735; [2018] 4 All E.R. 105; [2018] 1 WLUK 477; [2018] 2 C.M.L.R. 32; [2018] H.R.L.R. 8 14-041
Secretary of State for Trade and Industry Ex p. BT3G Ltd [2001] Eu.L.R. 325; subsequently [2001] EWCA Civ 1448 11-029
Secretary of State for Transport v Arriva Rail East Midlands Ltd (Arriva); Secretary of State for Transport v Stagecoach East Midlands Trains Ltd (SEMTL); Department for Transport v West Coast Trains Partnership Ltd (WCTP); Secretary of State for Transport v Stagecoach South Eastern Trains Ltd (SSETL); sub nom. 2019 Rail Franchising Litigation, Re; Arriva Rail East Midlands Ltd v Secretary of State for Transport; Stagecoach East Midlands Trains Ltd (SEMTL) v Secretary of State for Transport; West Coast Trains Partnership Ltd (WCTP) v Department for Transport; Stagecoach South Eastern Trains Ltd (SSETL) v Secretary of State for Transport [2019] EWCA Civ 2259; [2020] 3 All E.R. 948; [2019] 12 WLUK 262; 188 Con. L.R. 31; [2020] 1 P. & C.R. 17 . . . . 3-119, 14-077, 14-081, 19-009
Secretary of State for Work and Pensions v Gubeladze; sub nom. Gubeladze v Secretary of State for Work and Pensions [2017] EWCA Civ 1751; [2018] 1 W.L.R. 3324; [2018] 2 All E.R. 228; [2017] 11 WLUK 120 11-078
Secretary of State for Work and Pensions v Johnson [2020] EWCA Civ 778; [2020] 6 WLUK 270 . . . . 5-153, 11-071
Seddon Properties Ltd v Secretary of State for the Environment [1978] 5 WLUK 182; (1981) 42 P. & C.R. 26; (1978) 248 E.G. 951; [1978] J.P.L. 835 QBD 7-105
Seldon v Clarkson Wright & Jakes [2012] UKSC 16; [2012] 3 All E.R. 1301; [2012] 2 C.M.L.R. 50; [2012] I.C.R. 716; [2012] I.R.L.R. 590; [2012] Eq. L.R. 579; [2012] Pens. L.R. 239; (2012) 109(19) L.S.G. 18; (2012) 162 N.L.J. 653; (2012) 156(17) S.J.L.B. 31 . . . 14-125
Sengupta v Holmes [2002] EWCA Civ 1104; (2002) 99(39) L.S.G. 39 7-065
Senior-Milne v Advocate General for Scotland [2020] CSIH 39; 2020 S.L.T. 853; [2020] 7 WLUK 22; 2020 G.W.D. 23-303 3-026
Sepet v Secretary of State for the Home Department; Bulbul v Secretary of State for the Home Department; sub nom. R. (on the application of Septet) v Secretary of State for the Home Department; R. (on the application of Bulbul) v Secretary of State for the Home Department [2003] UKHL 15; [2003] 1 W.L.R. 856; [2003] 3 All E.R. 304; 14 B.H.R.C. 238; [2003] Imm. A.R. 428; [2003] I.N.L.R. 322; (2003) 100(18) L.S.G. 35; (2003) 147 S.J.L.B. 389 5-056
Sermide v Cassa Conguaglio Zucchero (106/83) EU:C:1984:394 14-125
SH (Afghanistan) v Secretary of State for the Home Department [2011] EWCA Civ 1784 . . . 8-066
Shackell v United Kingdom (App. No. 45851/99) unreported 13-036

Shanaghan v United Kingdom (App. No. 377115/97) *The Times,* 18 May 2001 ECtHR 7-130
Sharif v Camden LBC [2013] UKSC 10; [2013] 2 All E.R. 309; [2013] P.T.S.R. 343;
  [2013] H.L.R. 16; [2013] B.L.G.R. 556 17-040
Shaw v Kovac; sub nom. Shaw (Personal Representative of the Estate of Ewan
  (Deceased)) v Kovac [2017] EWCA Civ 1028; [2017] P.I.Q.R. Q4; [2017] Med. L.R.
  403 10-040
Sheffield City Council v Graingers Wines [1977] 1 W.L.R. 1119; [1978] 2 All E.R. 70; 75
  L.G.R. 743; (1977) 242 E.G. 687; [1977] J.P.L. 789; (1977) 121 S.J. 271 CA (Civ Div) 5-062
Sheffield City Council v Smart; Central Sunderland Housing Co Ltd v Wilson; sub nom.
  Smart v Sheffield City Council; Wilson v Central Sunderland Housing Co [2002]
  EWCA Civ 4; [2002] H.L.R. 34; [2002] B.L.G.R. 467; [2002] A.C.D. 56; (2002) 99(11)
  L.S.G. 36; [2002] N.P.C. 15 3-092
Shelley v London CC; Harcourt v London CC [1949] A.C. 56; [1948] 2 All E.R. 898; 64
  T.L.R. 600; (1949) 113 J.P. 1; 47 L.G.R. 93; [1949] L.J.R. 57; (1949) 93 S.J. 101 HL....... 5-015
Sher v United Kingdom (App. No. 5201/11) unreported 20 October 2015 ECtHR 13-075
Shields-McKinley v Secretary of State for Justice; R. (on the application of Shields-
  McKinley) v Secretary of State for Justice and Lord Chancellor [2019] EWCA Civ
  1954; [2020] Q.B. 521; [2020] 2 W.L.R. 250; [2019] 11 WLUK 201 3-033
Shindler v Chancellor of the Duchy of Lancaster [2016] EWCA Civ 469; [2017] Q.B. 226;
  [2016] 3 W.L.R. 1196; [2016] 3 C.M.L.R. 23; [2016] H.R.L.R. 14 11-054
Shrewsbury and Atcham BC v Secretary of State for Communities and Local Government;
  sub nom. R. (on the application of Shrewsbury and Atcham BC) v Secretary of State for
  Communities and Local Government [2008] EWCA Civ 148; [2008] 3 All E.R. 548;
  [2008] J.P.L. 1651; [2008] A.C.D. 58; (2008) 152(10) S.J.L.B. 30 .: 3-026, 3-028
Shuter, Re [1960] 1 Q.B. 142; [1959] 3 W.L.R. 652; [1959] 3 All E.R. 481; (1959) 123 J.P.
  534; (1959) 103 S.J. 855 DC 5-015
Silih v Slovenia (71463/01) (2009) 49 E.H.R.R. 37; [2009] Inquest L.R. 117 ECtHR 7-037,
                                                                                    13-059
Simone v Chancellor of the Exchequer [2019] EWHC 2609 (Admin); [2019] 10 WLUK
  75 .... 5-073, 11-006
Sindicatul Pastorul cel Bun v Romania (2330/09) [2014] I.R.L.R. 49; (2014) 58 E.H.R.R.
  10 ECtHR 13-089
Sine Tsaggarakis AEE v Greece (App. No. 17257/13) unreported 23 May 2019 ECtHR 7-035
Singh v Secretary of State for the Home Department [2016] EWCA Civ 492; [2016] 4
  W.L.R. 183; [2016] I.N.L.R. 679 10-064
Sinim v Turkey (App. No. 9441/10) unreported 6 June 2017 ECtHR 7-037
Sir Nicholas Bacon's case (1563) 2 Dyer 220b 10-020
Sky Österreich GmbH v Österreichischer Rundfunk (C-283/11) EU:C:2013:28; [2013] 1
  WLUK 387; [2013] 2 C.M.L.R. 25; [2013] All E.R. (EC) 633; [2013] E.C.D.R. 6 14-127
Slee v Meadows (1911) 75 J.P. 246 11-071
Smart v Sheffield City Council. *See* Sheffield City Council v Smart 3-092
Smith v Carillion (JM) Ltd [2015] EWCA Civ 209; [2015] I.R.L.R. 467 13-059
Smith v East Elloe Rural DC [1956] A.C. 736; [1956] 2 W.L.R. 888; [1956] 1 All E.R.
  855; (1956) 120 J.P. 263; 54 L.G.R. 233; (1956) 6 P. & C.R. 102; (1956) 100 S.J. 282
  HL... 17-027
Smith v East Sussex CC (1977) 76 L.G.R. 332 5-064
Smith v General Motor Cab Co Ltd [1911] A.C. 188 HL 11-047
Smith v Inner London Education Authority [1978] 1 All E.R. 411 CA (Civ Div) 9-007
Smith v Lancashire Teaching Hospitals NHS Foundation Trust; sub nom. Bulloch
  (Deceased), Re [2017] EWCA Civ 1916; [2018] Q.B. 804; [2018] 2 W.L.R. 1063;
  [2017] 11 WLUK 606; [2018] P.I.Q.R. P5; (2018) 162 B.M.L.R. 1; [2017] W.T.L.R.
  1469... 13-104
Smith v Ministry of Defence; Allbutt v Ministry of Defence; Ellis v Ministry of Defence;
  Redpath v Ministry of Defence; sub nom. Ministry of Defence v Ellis; Ministry of
  Defence v Allbutt [2013] UKSC 41; [2014] A.C. 52; [2013] 3 W.L.R. 69; [2013] 4 All
  E.R. 794; [2013] H.R.L.R. 27; 35 B.H.R.C. 711; [2014] P.I.Q.R. P2; [2013] Inquest
  L.R. 135 .... 7-037, 13-063, 19-016, 19-038
Smith v Scott [2007] CSIH 9; 2007 S.C. 345; 2007 S.L.T. 137; 2007 S.C.L.R. 268; [2008]
  Prison L.R. 177; 2007 G.W.D. 3–46... 13-104
Smyth v Secretary of State for Communities and Local Government [2015] EWCA Civ
  174; [2015] P.T.S.R. 1417; [2016] Env. L.R. 7..................................... 17-033
Soares Campos v Portugal (30878/16) unreported 14 January 2020 ECtHR 7-130
Société de l'assurance automobile du Québec v Cyr [2008] S.C.C. 13 7-035

TABLE OF CASES cxiii

Soering v United Kingdom (A/161) (1989) 11 E.H.R.R. 439 ECtHR 13-034, 13-066
Solicitor (No.13 of 2007), Re; sub nom. Lebow v Law Society [2008] EWCA Civ 411 7-035
Somerford PC v Cheshire East BC [2016] EWHC 619 (Admin) 10-018
Somerville v Scottish Ministers; Ralston v Scottish Ministers; Henderson v Scottish
    Ministers; Blanco v Scottish Ministers [2007] UKHL 44; [2007] 1 W.L.R. 2734; 2008
    S.C. (H.L.) 45; 2007 S.L.T. 1113; 2007 S.C.L.R. 830; [2007] 10 WLUK 616; [2008]
    H.R.L.R. 3; [2008] U.K.H.R.R. 570; 2007 G.W.D. 37-656 2-062
Sophie in 't Veld v Council (T-529/09) EU:T:2012:215 14-041
Sotgiu v Deutsche Bundepost (152/73) EU:C:1974:13 14-125
SoulCycle Inc v Matalan Ltd [2017] EWHC 496 (Ch); [2017] 3 WLUK 339 7-105
South Buckinghamshire DC v Flanagan; sub nom. Flanagan v South Bucks DC [2002]
    EWCA Civ 690; [2002] 1 W.L.R. 2601; [2002] 3 P.L.R. 47; [2002] J.P.L. 1465; (2002)
    99(25) L.S.G. 35; (2002) 146 S.J.L.B. 136; [2002] N.P.C. 71 .... 12-037, 12-065
South Buckinghamshire DC v Porter; sub nom. South Buckinghamshire DC v Secretary of
    State for Transport, Local Government and the Regions [2004] UKHL 33; [2004] 1
    W.L.R. 1953; [2004] 4 All E.R. 775; [2004] 7 WLUK 44; [2005] 1 P. & C.R. 6; [2004]
    4 P.L.R. 50; [2004] 28 E.G. 177 (C.S.); (2004) 101(31) L.S.G. 25; (2004) 148 S.J.L.B.
    825; [2004] N.P.C. 108 7-106
Southend on Sea Corp v Hodgson (Wickford) [1962] 1 Q.B. 416; [1961] 2 W.L.R. 806;
    [1961] 2 All E.R. 46; (1961) 125 J.P. 348; 59 L.G.R. 193; (1961) 12 P. & C.R. 165;
    (1961) 105 S.J. 181 DC... 12-069
Sovmots Investments Ltd v Secretary of State for the Environment; Brompton Securities
    Ltd v Secretary of State for the Environment [1979] A.C. 144; [1977] 2 W.L.R. 951;
    [1977] 2 All E.R. 385; 75 L.G.R. 510; (1978) 35 P. & C.R. 350; (1977) 243 E.G. 995;
    [1977] J.P.L. 443 HL... 5-145, 12-065
Specht v Land Berlin (C-501/12); Schuster v Germany (C-541/12); Schmeel v Germany
    (C-540/12); Schini v Land Berlin (C-506/12); Wilke v Land Berlin (C-505/12);
    Schonefeld v Land Berlin (C-504/12); Wieland v Land Berlin (C-503/12); Schombera v
    Land Berlin (C-502/12) EU:C:2014:2005; [2015] 1 C.M.L.R. 7; [2014] All E.R. (EC)
    1116; [2014] I.C.R. 966; [2014] Eq. L.R. 573 ECJ 14-096
Spicer v Holt [1977] A.C. 987; [1976] 3 W.L.R. 398; [1976] 3 All E.R. 71; [1976] 7
    WLUK 166; (1976) 63 Cr. App. R. 270; [1976] R.T.R. 389; [1976] Crim. L.R. 139;
    (1976) 120 S.J. 572 HL... 5-062
Spitfire Bespoke Homes Ltd v Secretary of State for Housing, Communities and Local
    Government [2020] EWHC 958 (Admin); [2020] 4 WLUK 186..................... 5-079
Sporting Exchange Ltd (t/a Betfair) v Minister van Justitie (C-203/08) EU:C:2010:307;
    [2010] 6 WLUK 24; [2010] 3 C.M.L.R. 41; [2013] All E.R. (EC) 62; [2011] C.E.C. 313 ... 14-142
SS (Libya) v Secretary of State for the Home Department [2011] EWCA Civ 1547 8-018
St Albans City and District Council v Secretary of State for Communities and Local
    Government [2015] EWHC 655 (Admin) 9-007
St George's, University of London v Rafique-Aldawery; University of Leicester v
    Sivasubramaniyam; sub nom. R. (on the application of Rafique-Aldawery) v St
    George's, University of London; R. (on the application of Sivasubrammaniyam) v
    University of Leicester [2018] EWCA Civ 2520; [2019] 2 All E.R. 703; [2019] P.T.S.R.
    658; [2018] 11 WLUK 161; [2019] E.L.R. 119 16-018
Stadt Wuppertal v Bauer (C-569/16); Willmeroth v Brossonn (C-570/16) EU:C:2018:871;
    [2018] 11 WLUK 42; [2019] 1 C.M.L.R. 36; [2019] I.R.L.R. 148................. 14-041, 14-044
Stanley Cole (Wainfleet) Ltd v Sheridan; sub nom. Sheridan v Stanley Cole (Wainfleet)
    Ltd [2003] EWCA Civ 1046; [2003] 4 All E.R. 1181; [2003] I.C.R. 1449; [2003]
    I.R.L.R. 885; (2003) 100(38) L.S.G. 33... 7-040
State (Cassidy) v Minister for Industry and Commerce [1978] I.R. 297 5-191
Stec v United Kingdom (65731/01) (2006) 43 E.H.R.R. 47; 20 B.H.R.C. 348 ECtHR 13-096
Steed v Secretary of State for the Home Department; sub nom. Steed v Home Office
    [2000] 1 W.L.R. 1169; [2000] 3 All E.R. 226; (2000) 97(23) L.S.G. 40 HL............... 3-118
Steel v United Kingdom (68416/01) [2005] 2 WLUK 373; [2005] E.M.L.R. 15; (2005) 41
    E.H.R.R. 22; 18 B.H.R.C. 545 7-121
Stefan v General Medical Council (No.1) [1999] 1 W.L.R. 1293; [1999] 3 WLUK 124;
    [2000] H.R.L.R. 1; 6 B.H.R.C. 487; [1999] Lloyd's Rep. Med. 90; (1999) 49 B.M.L.R.
    161; (1999) 143 S.J.L.B. 112 PC... 7-092, 7-105
Stephenson v Secretary of State for Housing, Communities and Local Government [2019]
    EWHC 519 (Admin); [2019] 3 WLUK 60; [2019] J.P.L. 929; [2019] 9 C.L. 263........... 7-056
Stevens v Stevens (1929) 93 J.P. 120 10-048

TABLE OF CASES

Stevenson v United Road Transport Union [1977] 2 All E.R. 941; [1977] I.C.R. 893 CA (Civ Div)... 8-066
Stichting Ostade Blade v Netherlands (8406/06) (2014) 59 E.H.R.R. SE9 ECtHR 13-090
Stovin v Wise and Norfolk CC [1996] A.C. 923; [1996] 3 W.L.R. 388; [1996] 3 All E.R. 801; [1996] R.T.R. 354; (1996) 93(35) L.S.G. 33; (1996) 146 N.L.J. 1185; (1996) 140 S.J.L.B. 201 HL... 19-035, 19-045
Stratford Racing Club Inc v Adlam [2008] N.Z.A.R. 329 CA (NZ) 3-158
Stretch v United Kingdom (44277/98) (2004) 38 E.H.R.R. 12; [2004] B.L.G.R. 401; [2004] 1 E.G.L.R. 11; [2004] 03 E.G. 100; [2003] 29 E.G. 118 (C.S.); [2003] N.P.C. 125 ECtHR 13-096
Stubbs (on behalf of Green Lanes Environmental Action Movement) v Lake District National Park Authority [2020] EWHC 2293 (Admin); [2020] 8 WLUK 182 7-055
Sunday Times v United Kingdom (A/30) (1979–80) 2 E.H.R.R. 245; (1979) 76 L.S.G. 328 ECtHR.. 13-082
Suratt v Attorney General of Trinidad and Tobago [2007] UKPC 55; [2008] 1 A.C. 655; [2008] 2 W.L.R. 262 PC (Trinidad and Tobago)..................................... 3-018
Sutherland v HM Advocate [2020] UKSC 32; [2020] 3 W.L.R. 327; 2020 S.L.T. 745; [2020] 7 WLUK 187; [2020] 2 Cr. App. R. 25; 2020 G.W.D. 26-345 13-086
Sutton LBC v Morgan Grenfell & Co Ltd [1997] 6 Bank. L.R. 156; (1997) 29 H.L.R. 608; (1997) 9 Admin. L.R. 145.. 5-107
Süveges v Hungary (App. No. 50255/12) unreported 5 January 2016 ECtHR 13-089
Swati v Secretary of State for the Home Department. *See* R. v Secretary of State for the Home Department Ex p. Swati 7-105, 16-016
Swords v Secretary of State for Communities and Local Government; sub nom. R. (on the application of Swords) v Secretary of State for Communities and Local Government [2007] EWCA Civ 795; [2007] 7 WLUK 805; [2008] H.L.R. 17; [2007] B.L.G.R. 757; (2007) 151 S.J.L.B. 1022 7-116
SXH v Crown Prosecution Service [2017] UKSC 30; [2017] 1 W.L.R. 1401; [2017] Crim. L.R. 712 13-086
Synthon BV v Licensing Authority of the Department of Health (C–452/06) EU:C:2008:565.. 14-096
SZBEL v Minister for Immigration and Multicultural and Indigenous Affairs (2006) 228 C.L.R. 152... 6-056
T v United Kingdom (24724/94); V v United Kingdom (24888/94) [2000] 2 All E.R. 1024 (Note); (2000) 30 E.H.R.R. 121; 7 B.H.R.C. 659; [1999] Prison L.R. 189; 12 Fed. Sent. R. 266; [2000] Crim. L.R. 187 ECtHR.. 13-075
Tabernacle v Secretary of State for Defence [2009] EWCA Civ 23; (2009) 106(7) L.S.G. 18.. 13-092
Tameside MBC v Secretary of State for the Environment and GA Myatt [1984] J.P.L. 180 ... 7-106
Tannadyce Investments Ltd v Commissioner of Inland Revenue [2012] 2 N.Z.L.R 153 Sup Ct (NZ)... 3-158
Tarakhel v Switzerland (29217/12) (2015) 60 E.H.R.R. 28; [2015] Imm. A.R. 282 ECtHR .. 13-066
Tariq v Home Office; sub nom. Home Office v Tariq [2011] UKSC 35; [2012] 1 A.C. 452; [2011] 3 W.L.R. 322; [2012] 1 All E.R. 58; [2012] 1 C.M.L.R. 2; [2011] I.C.R. 938; [2011] I.R.L.R. 843; [2011] H.R.L.R. 37; [2011] U.K.H.R.R. 1060 .... 8-018, 11-054, 16-012
Tarsasag a Szabadsagjogokert v Hungary (37374/05) (2011) 53 E.H.R.R. 3 ECtHR 13-090
Taskin v Turkey (46117/99) (2006) 42 E.H.R.R. 50 ECtHR 7-035
Taylor v Chief Executive of Department of Corrections [2015] NZCA 477 5-022
Tchenguiz v Director of the Serious Fraud Office; Rawlinson and Hunter Trustees SA v Director of the Serious Fraud Office [2014] EWCA Civ 472; [2014] C.P. Rep. 35; [2014] Lloyd's Rep. F.C. 519 19-009
Tehrani v United Kingdom Central Council for Nursing Midwifery and Health Visiting 2001 S.C. 581; 2001 S.L.T. 879; [2001] I.R.L.R. 208; 2001 G.W.D. 4-165 OH 7-035, 10-039
Telaustria Verlags GmbH v Telekom Austria AG (C-324/98) EU:C:2000:669; [2000] 12 WLUK 193 14-142
Tele2 Sverige AB v Post- och telestyrelsen (C-203/15); Secretary of State for the Home Department v Watson (C-698/15); sub nom. R. (on the application of Watson) v Secretary of State for the Home Department (C-698/15) EU:C:2016:970; [2017] Q.B. 771; [2017] 2 W.L.R. 1289; [2016] 12 WLUK 618; [2017] 2 C.M.L.R. 30 ECJ.......... 14-041
Terry v HM Coroner for East Sussex; sub nom. Terry v Craze [2001] EWCA Civ 1094; [2002] Q.B. 312; [2001] 3 W.L.R. 605; [2002] 2 All E.R. 141; (2001) 62 B.M.L.R. 61; [2001] Inquest L.R. 218; (2001) 98(34) L.S.G. 37.................................. 17-037

TABLE OF CASES

Tesco Stores Ltd v Dundee City Council [2012] UKSC 13; [2012] P.T.S.R. 983; 2012 S.C. (U.K.S.C.) 278; 2012 S.L.T. 739; [2012] 3 WLUK 624; [2012] 2 P. & C.R. 9; [2012] J.P.L. 1078; [2012] 13 E.G. 91 (C.S.); 2012 G.W.D. 1 .... 2-235, 5-089

Test Claimants in the FII Group Litigation v Revenue and Customs Commissioners; sub nom. Test Claimants in the Franked Investment Group Litigation v Inland Revenue Commissioners; Test Claimants in the Franked Investment Income Group Litigation v Revenue and Customs Commissioners [2012] UKSC 19; [2012] 2 A.C. 337; [2012] 2 W.L.R. 1149; [2012] 3 All E.R. 909; [2012] Bus. L.R. 1033; [2012] S.T.C. 1362; [2012] B.T.C. 312; [2012] S.T.I. 1707 19-078

Tewkesbury BC v Secretary of State for Communities, Housing and Local Government [2019] EWHC 1775 (Admin); [2019] 7 WLUK 375 3-026

Thakrar v Crown Prosecution Service. *See* R. (on the application of Thakrar) v Crown Prosecution Service... 16-067

Thames Water Utilities Ltd v Newbound; Newbound v Thames Water Utilities Ltd [2015] EWCA Civ 677; [2015] I.R.L.R. 734... 10-018

Thevarajah v Riordan [2015] UKSC 78; [2016] 1 W.L.R. 76; [2017] 1 All E.R. 329; [2015] 6 Costs L.R. 1119 16-012

Thlimmenos v Greece (34369/97) (2001) 31 E.H.R.R. 15; 9 B.H.R.C. 12 ECtHR 13-101

Thoburn v Sunderland City Council; Hunt v Hackney LBC; Collins v Sutton LBC; Harman v Cornwall CC; sub nom. Thorburn v Sunderland City Council [2002] EWHC 195 (Admin); [2003] Q.B. 151; [2002] 3 W.L.R. 247; [2002] 4 All E.R. 156; (2002) 166 J.P. 257; [2002] 1 C.M.L.R. 50; [2002] Eu. L.R. 253; [2002] L.L.R. 548; (2002) 99(15) L.S.G. 35; (2002) 152 N.L.J. 312; (2002) 146 S.J.L.B. 69 DC 3-018

Thorburn v Sunderland City Council. *See* Thoburn v Sunderland City Council 3-018

Three Rivers DC v Bank of England (No.3) (Summary Judgment) [2001] UKHL 16; [2003] 2 A.C. 1; [2001] 2 All E.R. 513; [2001] Lloyd's Rep. Bank. 125; (2001) 3 L.G.L.R. 36... 14-094

Threlfall v General Optical Council [2004] EWHC 2683 (Admin); [2005] Lloyd's Rep. Med. 250; [2005] A.C.D. 70; (2004) 101(48) L.S.G. 25 7-035

Totel Ltd v Revenue and Customs Commissioners [2016] EWCA Civ 1310; [2017] 1 W.L.R. 2313; [2017] S.T.C. 540; [2017] B.V.C. 3 14-077

Toussaint v Attorney General of St Vincent and the Grenadines [2007] UKPC 48; [2007] 1 W.L.R. 2825; [2008] 1 All E.R. 1; 22 B.H.R.C. 790 5-039

Tower Bridge GP Ltd v Revenue and Customs Commissioners [2019] UKFTT 176 (TC); [2019] 3 WLUK 144; [2019] S.T.I. 1018 5-137

Trafilerie Meridionali SpA v European Commission (C-519/15 P) EU:C:2016:682; [2017] 4 C.M.L.R. 1 ECJ 14-096

Traghetti del Mediterraneo SpA (In Liquidation) v Italy (C–173/03) EU:C:2006:391; [2006] E.C.R. 5177.. 14-096

Transportes Urbanos y Servicios Generales SAL v Administración del Estado (C-118/08) EU:C:2010:39... 14-077

Travelers Insurance Co Ltd v XYZ [2018] EWCA Civ 1099; [2018] 5 WLUK 341; [2018] Lloyd's Rep. I.R. 636 16-092

Tre Traktorer AB v Sweden (A/159); sub nom. Tre Traktorer AB v Sweden (10873/84) (1989) 13 E.H.R.R. 309 ECtHR 7-035

Trim v North Dorset DC [2010] EWCA Civ 1446; [2011] 1 W.L.R. 1901; [2011] P.T.S.R. 1110; [2011] 2 P. & C.R. 7; [2011] 1 E.G.L.R. 61; [2011] 8 E.G. 120; [2011] J.P.L. 1039 3-119

Trustees of Dennis Rye Pension Fund v Sheffield City Council [1998] 1 W.L.R. 840; [1997] 4 All E.R. 747; (1998) 30 H.L.R. 645; (1998) 10 Admin. L.R. 112; (1998) 162 J.P.N. 145 CA (Civ Div) 3-118, 19-009

Tsfayo v United Kingdom (60860/00) (2009) 48 E.H.R.R. 18; [2007] H.L.R. 19; [2007] B.L.G.R. 1 ECtHR 7-035

TTM v Hackney LBC; sub nom. R. (on the application of M) v Hackney LBC [2011] EWCA Civ 4; [2011] 1 W.L.R. 2873; [2011] 3 All E.R. 529; [2011] P.T.S.R. 1419; [2011] H.R.L.R. 14; [2011] U.K.H.R.R. 346; (2011) 14 C.C.L. Rep. 154; [2011] Med. L.R. 38; [2011] M.H.L.R. 171; [2011] A.C.D. 54 19-058

Turkington v Times Newspapers Ltd. *See* McCartan Turkington Breen v Times Newspapers Ltd 5-040

Turner (George Ernest) v DPP (1979) 68 Cr. App. R. 70; [1978] Crim. L.R. 754 QBD 12-065

Turner v Secretary of State for Communities and Local Government [2015] EWCA Civ 582; [2015] C.P. Rep. 38; [2015] P.T.S.R. D59 10-018

Uberschar v Bundesversicherungsanstalt fur Angestellte (810/79) EU:C:1980:228 14-125

Ucar v Nylex Industrial Products Pty Ltd (2007) 17 V.R. 492 8-066

TABLE OF CASES

UK Withdrawal from the European Union (Legal Continuity) (Scotland) Bill, Re [2018] UKSC 64; [2019] 2 W.L.R. 1; [2019] 2 All E.R. 1; 2019 S.C. (U.K.S.C.) 13; 2019 S.L.T. 41; 2019 S.C.L.R. 500; [2018] 12 WLUK 159 1-126
Union of Construction, Allied Trades and Technicians v Brain [1981] 3 WLUK 199; [1981] I.C.R. 542; [1981] I.R.L.R. 224 CA (Civ Div) 7-105
Uniplex v NHS Business Services Authority (C-406/08) EU:C:2010:45; [2010] 2 C.M.L.R. 47 16-057
United Kingdom Association of Fish Producer Organisations v Secretary of State for the Environment, Food and Rural Affairs [2013] EWHC 1959 (Admin); [2013] 7 WLUK 263 .... 12-031, 12-034
United Policyholders Group v Attorney General of Trinidad and Tobago [2016] UKPC 17; [2016] 1 W.L.R. 3383; [2016] 6 WLUK 683 .... 12-061, 12-062
Unitron Scandinavia et al v Ministeret for Fodvarer (C-275/98) EU:C:1999:567 14-142
Uprichard v Scottish Ministers; sub nom. Uprichard v Fife Council [2013] UKSC 21; 2013 S.C. (U.K.S.C.) 219; 2013 S.L.T. 1218; [2013] 4 WLUK 544; 2013 G.W.D. 14-307; [2013] P.T.S.R. D37... 7-105
Užsienio reikalų ministerija v Vladimir Peftiev (C-314/13) EU:C:2014:1645 14-041
V (A Child) (Inadequate Reasons for Findings of Fact), Re [2015] EWCA Civ 274; [2015] 1 WLUK 563; [2015] 2 F.L.R. 1472; [2015] Fam. Law 645................. 7-105, 7-115
V v Commissioner of Police of the Metropolis. See Commissioner of Police of the Metropolis v DSD 13-026, 13-034, 13-035, 13-036, 13-066, 19-088
Vale of Glamorgan Council v Lord Chancellor [2011] EWHC 1532 (Admin) DC 7-056
Vallianatos v Greece (29381/09) (2014) 59 E.H.R.R. 12; 36 B.H.R.C. 149 ECtHR 13-086
Van Colle v Chief Constable of Hertfordshire; Smith v Chief Constable of Sussex; sub nom. Chief Constable of Hertfordshire v Van Colle [2008] UKHL 50; [2009] 1 A.C. 225; [2008] 3 W.L.R. 593; [2008] 3 All E.R. 977; [2009] 1 Cr. App. R. 12; [2008] H.R.L.R. 44; [2008] U.K.H.R.R. 967; [2009] P.I.Q.R. P2; [2009] LS Law Medical 1; [2008] Inquest L.R. 176; [2008] Po. L.R. 151; (2008) 152(32) S.J.L.B. 31 . 13-063, 19-034, 19-072
Van Colle v United Kingdom (7678/09) (2013) 56 E.H.R.R. 23; [2012] 11 WLUK 340 ECtHR... 13-063
Van Schijndel v Stichting Pensioenfonds voor Fysiotherapeuten (C–430/93); Van Veen v Stichting Pensioenfonds voor Fysiotherapeuten (C–431/93) EU:C:1995:441; [1996] All E.R. (E.C.) 259; [1996] 1 C.M.L.R. 801; [1996] C.E.C. 240; [1996] Pens. L.R. 117 14-074
Vancouver International Airport Authority v Public Service Alliance of Canada 2010 FCA 158; [2011] 4 F.C.R. 425... 7-106
Various Claimants v Institute of the Brothers of the Christian Schools; sub nom. Catholic Child Welfare Society v Various Claimants; Various Claimants v Catholic Child Welfare Society [2012] UKSC 56; [2013] 2 A.C. 1; [2012] 3 W.L.R. 1319; [2013] 1 All E.R. 670; [2013] I.R.L.R. 219; [2013] E.L.R. 1; [2013] P.I.Q.R. P6; (2012) 162 N.L.J. 1505; (2012) 156(45) S.J.L.B. 31... 19-012
Varnava v Turkey (16064/90) (2010) 50 E.H.R.R. 21 ECtHR 7-037
Vavilov v Canada (Citizenship and Immigration) [2019] SCC 65 Sup Ct (Can) 11-130
Vazagashvili and Shanava v Georgia (App. No. 50375/07) ECtHR 7-130
Venn v Secretary of State for Communities and Local Government; sub nom. Secretary of State for Communities and Local Government v Venn [2014] EWCA Civ 1539; [2015] 1 W.L.R. 2328; [2015] C.P. Rep. 12; [2015] 1 C.M.L.R. 52; [2015] Env. L.R. 14; [2015] J.P.L. 573... 16-091
Vereinigung Bildender Kunstler v Austria (68354/01) [2007] E.C.D.R. 7; (2008) 47 E.H.R.R. 5 ECtHR.. 13-090
Veritas Shipping Co v Anglo-Canadian Cement Ltd [1966] 1 Lloyd's Rep. 76 10-048
Vermont Yankee Nuclear Power Corp v Natural Resources Defense Council, Inc 435 U.S. 519 (1978)... 7-014
Vernon v Manners (1572) 2 Plowd. 425 10-047
Verrechia (t/a Freightmaster Commercials) v Commissioner of Police of the Metropolis. See English v Emery Reimbold & Strick Ltd 7-115
VH (Malawi) v Secretary of State for the Home Department [2009] EWCA Civ 645 11-046
Vidal-Hall v Google Inc; sub nom. Google Inc v Vidal-Hall [2015] EWCA Civ 311; [2016] Q.B. 1003; [2015] 3 W.L.R. 409; [2016] 2 All E.R. 337; [2015] C.P. Rep. 28; [2015] 1 C.L.C. 526; [2015] 3 C.M.L.R. 2; [2015] E.M.L.R. 15; [2015] F.S.R. 25......... 14-041
Vilho Eskelinen v Finland (63235/00) (2007) 45 E.H.R.R. 43; 24 B.H.R.C. 327; (2007) 157 N.L.J. 598 ECtHR 7-035
Vilnes v Norway (52806/09); Muledal v Norway (22703/10) 36 B.H.R.C. 297; (2014) 139 B.M.L.R. 199 ECtHR 13-086

TABLE OF CASES

Virdi v Law Society [2010] EWCA Civ 100; [2010] 1 W.L.R. 2840; [2010] 3 All E.R. 653; [2010] 2 WLUK 453; [2010] A.C.D. 38; (2010) 107(9) L.S.G. 14. . . . . 10-018, 10-048
Virgin Cinema Properties Ltd v Secretary of State for the Environment, Transport and the Regions [1998] 2 P.L.R. 24; [1998] P.L.C.R. 1; [1997] E.G. 135 (C.S.); [1997] N.P.C. 139 QBD. 5-142
Vodafone Ltd v Office of Communications; Telefonica UK Ltd v Office of Communications; Hutchinson 3G UK Ltd v Office of Communications; EE Ltd v Office of Communications [2020] EWCA Civ 183; [2020] Q.B. 857; [2020] 2 W.L.R. 1108; [2020] 4 All E.R. 415; [2020] 2 WLUK 216 19-078
Volker und Markus Schecke GbR v Land Hessen (C-92/09); Eifert v Land Hessen (C-93/09) EU:C:2010:662; [2010] 11 WLUK 251; [2012] All E.R. (EC) 127 ECJ. 14-041
Von Hannover v Germany (59320/00) [2004] E.M.L.R. 21; (2005) 40 E.H.R.R. 1; 16 B.H.R.C. 545 ECtHR 13-086
W Ltd v M Sdn Bhd [2016] EWHC 422 (Comm); [2017] 1 All E.R. (Comm) 981; [2016] 1 Lloyd's Rep. 552; [2016] 1 C.L.C. 437; 164 Con. L.R. 66; [2016] C.I.L.L. 3828 10-018
W v Independent Appeal Panel of Bexley LBC [2008] EWHC 758 (Admin); [2008] 4 WLUK 442; [2008] E.L.R. 301 QBD 7-116, 8-066
Wainwright v Home Office; sub nom. Secretary of State for the Home Department v Wainwright; Wainwright v Secretary of State for the Home Department [2003] UKHL 53; [2004] 2 A.C. 406; [2003] 3 W.L.R. 1137; [2003] 4 All E.R. 969; [2004] U.K.H.R.R. 154; 15 B.H.R.C. 387; [2004] Prison L.R. 130; (2003) 100(45) L.S.G. 30; (2003) 147 S.J.L.B. 1208 13-087
Wainwright v United Kingdom (12350/04) (2007) 44 E.H.R.R. 40; 22 B.H.R.C. 287; [2008] Prison L.R. 398; (2006) 156 N.L.J. 1524 ECtHR 13-087
Waitemata County v Local Government Commission [1964] N.Z.L.R. 689 7-014
Walapu v Revenue and Customs Commissioners [2016] EWHC 658 (Admin); [2016] 4 All E.R. 955; [2016] S.T.C. 1682; [2016] B.T.C. 14; [2016] S.T.I. 1336 QBD 7-035
Walker v Commissioner of Police of the Metropolis [2014] EWCA Civ 897; [2015] 1 W.L.R. 312; [2015] 1 Cr. App. R. 22 19-055
Wallbank v Aston Cantlow and Wilmcote with Billesley Parochial Church Council. *See* Aston Cantlow and Wilmcote with Billesley Parochial Church Council v Wallbank . . 3-092, 3-093, 3-096
Walters v Secretary of State for Wales; sub nom. Walters v Secretary of State for the Environment 77 L.G.R. 529; (1978) 249 E.G. 245; [1979] J.P.L. 172; (1978) 122 S.J. 82 5-145
Walton v Scottish Ministers [2012] UKSC 44; [2013] P.T.S.R. 51; 2013 S.C. (U.K.S.C.) 67; 2012 S.L.T. 1211; [2012] 10 WLUK 519; [2013] 1 C.M.L.R. 28; [2013] Env. L.R. 16; [2013] J.P.L. 323; 2012 G.W.D. 34-689 . . . . 2-025, 13-090
Wandsworth LBC v Michalak; sub nom. Michaelek v Wandsworth LBC; Michalak v Wandsworth LBC [2002] EWCA Civ 271; [2003] 1 W.L.R. 617; [2002] 4 All E.R. 1136; [2003] 1 F.C.R. 713; [2002] H.L.R. 39; [2002] N.P.C. 34 . . . . 11-006, 13-101
Wandsworth LBC v Winder (No.1) [1985] A.C. 461; [1984] 3 W.L.R. 1254; [1984] 3 All E.R. 976; (1985) 17 H.L.R. 196; 83 L.G.R. 143; (1985) 82 L.S.G. 201; (1985) 135 N.L.J. 381; (1984) 128 S.J. 838 HL 3-118
Wang v Commissioner of Inland Revenue [1994] 1 W.L.R. 1286; [1995] 1 All E.R. 637; [1994] S.T.C. 753; [1994] S.T.I. 1017; (1994) 91(38) L.S.G. 45; (1994) 138 S.J.L.B. 195 PC (HK) 5-062
Warsama v Foreign and Commonwealth Office. *See* Foreign and Commonwealth Office v Warsama; Warsama v Foreign and Commonwealth Office 3-018, 3-092, 3-093, 3-094, 3-095, 3-096, 3-098
Watkins v Secretary of State for the Home Department; sub nom. Watkins v Home Office [2006] UKHL 17; [2006] 2 A.C. 395; [2006] 2 W.L.R. 807; [2006] 2 All E.R. 353; [2006] 1 Prison L.R. 268 HL 11-054
Watts v Watts [2015] EWCA Civ 1297 10-050
Weatherford Global Products Ltd v Hydropath Holdings Ltd [2014] EWHC 3243 (TCC) . . . 16-092
Webb v Minister of Housing and Local Government [1965] 1 W.L.R. 755; [1965] 2 All E.R. 193; (1965) 129 J.P. 417; 63 L.G.R. 250; (1965) 16 P. & C.R. 259; (1965) 109 S.J. 374 CA 11-071
Wedgewood v City of York Council [2020] EWHC 780 (Admin); [2020] 3 WLUK 584 12-034
Weller v Associated Newspapers Ltd [2015] EWCA Civ 1176; [2016] 1 W.L.R. 1541; [2016] 3 All E.R. 357; [2016] E.M.L.R. 7 13-086
Wells v Parole Board. *See* R. (on the application of Wells) v Parole Board 7-088, 11-047

TABLE OF CASES

Welsh Ministers v PJ; sub nom. J v Welsh Ministers [2018] UKSC 66; [2019] 2 W.L.R. 82; [2019] 2 All E.R. 766; [2018] 12 WLUK 270; (2019) 22 C.C.L. Rep. 5; [2019] Med. L.R. 75; (2019) 166 B.M.L.R. 20; [2018] M.H.L.R. 411 13-073
West Berkshire DC v Department for Communities and Local Government. *See* R. (on the application of West Berkshire DC) v Secretary of State for Communities and Local Government.. 7-055, 7-056, 7-057, 9-013
Western Fish Products Ltd v Penwith DC [1981] 2 All E.R. 204; 77 L.G.R. 185; (1979) 38 P. & C.R. 7; [1978] J.P.L. 627; (1978) 122 S.J. 471 CA (Civ Div) 12-069
Western Triumph, The. *See* North Range Shipping Ltd v Seatrans Shipping Corp (The Western Triumph).. 7-092
Westminster Bank Ltd v Beverley BC. *See* Westminster Bank Ltd v Minister of Housing and Local Government; Westminster Bank Ltd v Minister of Housing and Local Government; sub nom. Westminster Bank Ltd v Beverley BC; Westminster Bank Ltd v Beverley Corp ; [1971] A.C. 508 ; [1970] 2 W.L.R. 645 ; [1970] 1 All E.R. 734 ; (1970) 21 P. & C.R. 379 ; (1970) 114 S.J. 190 HL.. 11-054
Westminster City Council v British Waterways Board [1985] A.C. 676; [1984] 3 W.L.R. 1047; [1984] 3 All E.R. 737; 83 L.G.R. 113; (1985) 49 P. & C.R. 117; (1984) 272 E.G. 1279; [1985] J.P.L. 102; (1984) 81 L.S.G. 3501; (1984) 128 S.J. 783 HL................. 5-138
Westminster City Council v Great Portland Estates Plc; sub nom. Great Portland Estates Plc v Westminster City Council [1985] A.C. 661; [1984] 3 W.L.R. 1035; [1984] 3 All E.R. 744; [1984] 10 WLUK 283; (1985) 50 P. & C.R. 34; [1985] J.P.L. 108; (1984) 81 L.S.G. 3501; (1984) 128 S.J. 784 HL....................................... 7-105, 7-106
Westminster City Council v Greater London Council; sub nom. R. v Greater London Council Ex p. Westminster City Council (No.3) [1986] A.C. 668; [1986] 2 W.L.R. 807; [1986] 2 All E.R. 278; 84 L.G.R. 665 HL 12-036
Westminster City Council v Secretary of State for the Environment and City Commercial Real Estates Investments [1984] J.P.L. 27 QBD.. 12-034
Westminster Renslade Ltd v Secretary of State for the Environment (1984) 48 P. & C.R. 255; [1983] J.P.L. 454; (1983) 127 S.J. 454 QBD 5-145
Whaley v Lord Watson of Invergowrie; sub nom. Whalley v Lord Watson of Invergowrie 2000 S.C. 340; 2000 S.L.T. 475; 2000 S.C.L.R. 279; 2000 G.W.D. 8-272 IH (1 Div) 1-126
Wheeler v Leicester City Council [1985] A.C. 1054; [1985] 3 W.L.R. 335; [1985] 2 All E.R. 1106; 83 L.G.R. 725; (1985) 129 S.J. 558 HL............................ 11-058, 11-071
Wheeler v Office of the Prime Minister [2014] EWHC 3815 (Admin); [2015] 1 C.M.L.R. 46; [2015] A.C.D. 25... 3-018
Wightman v Secretary of State for Exiting the European Union (C-621/18) EU:C:2018:999; [2019] Q.B. 199; [2018] 3 W.L.R. 1965; [2018] 12 WLUK 94; [2019] 1 C.M.L.R. 29 .... 1-035, 14-005, 14-017A
Wightman v Secretary of State for Exiting the European Union [2018] CSIH 62; 2018 S.L.T. 959; 2018 G.W.D. 30-373... 3-018, 14-005
Willems v Burgemeester van Nuth (C-446/12) EU:C:2015:238; [2015] 3 C.M.L.R. 26 14-043
William v Wandsworth LBC; Bellamy v Hounslow LBC [2006] EWCA Civ 535; [2006] 5 WLUK 80; [2006] H.L.R. 42; (2006) 150 S.J.L.B. 605................................. 7-105
Williams v Cowell (t/a The Stables) (No.1) [2000] 1 W.L.R. 187; [2000] I.C.R. 85; (1999) 96(31) L.S.G. 38 CA (Civ Div)... 7-121
Williams v Giddy [1911] A.C. 381 PC (Aus) 11-071
Willow v Information Commissioner [2017] EWCA Civ 1876; [2017] 11 WLUK 507 5-054
Willowgreen v Smithers [1994] 1 W.L.R. 832; [1994] 2 All E.R. 533; [1993] 12 WLUK 8; [1994] 20 E.G. 147; (1994) 138 S.J.L.B. 26 CA (Civ Div) 7-048
Wilson v Central Sunderland Housing Co. *See* Sheffield City Council v Smart 3-092
Wilson v First County Trust Ltd (No.2); sub nom. Wilson v Secretary of State for Trade and Industry [2003] UKHL 40; [2004] 1 A.C. 816; [2003] 3 W.L.R. 568; [2003] 4 All E.R. 97; [2003] 2 All E.R. (Comm) 491; [2003] H.R.L.R. 33; [2003] U.K.H.R.R. 1085; (2003) 100(35) L.S.G. 39; (2003) 147 S.J.L.B. 872 .... 1-035, 5-036, 13-059
Wingfoot Australia Partners Pty Ltd v Kocak (2013) 252 C.L.R. 480 7-092
Wingrove v United Kingdom (17419/90) (1997) 24 E.H.R.R. 1; 1 B.H.R.C. 509 ECtHR ... 13-090
Wiseman v Borneman [1971] A.C. 297; [1969] 3 W.L.R. 706; [1969] 3 All E.R. 275; 45 T.C. 540; [1969] T.R. 279; (1969) 113 S.J. 838 HL..................................... 7-014
Withers v First Secretary of State [2005] EWCA Civ 1119; [2005] 7 WLUK 72 7-056
Wokingham BC v Scott [2019] EWCA Crim 205; [2019] 1 WLUK 440 10-020
Wood's Application, Re (1952–53) 3 P. & C.R. 238; [1952] C.P.L. 724 QBD 9-007
Woodland v Swimming Teachers Association; sub nom. Woodland v Essex CC [2013] UKSC 66; [2014] A.C. 537; [2013] 3 W.L.R. 1227; [2014] 1 All E.R. 482; [2013] 10

TABLE OF CASES

WLUK 735; [2014] E.L.R. 67; (2013) 16 C.C.L. Rep. 532; [2014] P.I.Q.R. P6; (2013) 163(7582) N.L.J. 15; (2013) 157(41) S.J.L.B. 39. 19-038
Woolwich Equitable Building Society v Inland Revenue Commissioners [1993] A.C. 70; [1992] 3 W.L.R. 366; [1992] 3 All E.R. 737; [1992] S.T.C. 657; (1993) 5 Admin. L.R. 265; 65 T.C. 265; (1992) 142 N.L.J. 1196; (1992) 136 S.J.L.B. 230 HL. 19-078
Worcestershire CC v HM Coroner for Worcestershire [2013] EWHC 1711 (QB); [2013] Inquest L.R. 179; [2013] P.T.S.R. D41. 8-011
X (A Child) (Parental Order: Time Limit), Re; sub nom. X (A Child) (Surrogacy: Time Limit), Re [2014] EWHC 3135 (Fam); [2015] Fam. 186; [2015] 2 W.L.R. 745; [2015] 1 F.L.R. 349; [2014] Fam. Law 1681 Fam Div. 13-042
X (A Child) v Dartford and Gravesham NHS Trust [2015] EWCA Civ 96; [2015] 1 W.L.R. 3647; [2015] C.P. Rep. 22; [2015] E.M.L.R. 14; [2015] P.I.Q.R. P14; [2015] Med. L.R. 103; (2015) 143 B.M.L.R. 166. 13-087
X (Minors) v Bedfordshire CC; M (A Minor) v Newham LBC; E (A Minor) v Dorset CC (Appeal); Christmas v Hampshire CC (Duty of Care); Keating v Bromley LBC (No.2) [1995] 2 A.C. 633; [1995] 3 W.L.R. 152; [1995] 3 All E.R. 353; [1995] 2 F.L.R. 276; [1995] 3 F.C.R. 337; 94 L.G.R. 313; (1995) 7 Admin. L.R. 705; [1995] Fam. Law 537; (1996) 160 L.G. Rev. 123; (1996) 160 L.G. Rev. 103; (1995) 145 N.L.J. 993 HL . . 13-037, 19-034, 19-039, 19-045
X v Austria (7830/77) 14 D.R. 200 (1978) 7-035
X v Austria 42 C.D. 145 (1972) EComHR 7-121
X v Inspecteur van Rijksbelastingdienst (C-72/14); Van Dijk v Staatssecretaris van Financien (C-197/14) EU:C:2015:564; [2016] 1 C.M.L.R. 27 ECJ. 14-109
X v Y (Employment: Sex Offender); sub nom. X v Y (Unfair Dismissal) [2004] EWCA Civ 662; [2004] I.C.R. 1634; [2004] I.R.L.R. 625; [2004] U.K.H.R.R. 1172; (2004) 148 S.J.L.B. 697. 13-087
XC (C-234/17) EU:C:2018:853; [2018] 10 WLUK 368 ECJ 14-074
XX (Ethiopia) v Secretary of State for the Home Department [2012] EWCA Civ 742; [2013] 2 W.L.R. 178; [2012] 4 All E.R. 692. 11-046
Y v Slovenia (41107/10) (2016) 62 E.H.R.R. 3; [2015] 5 WLUK 730; 39 B.H.R.C. 625 ECtHR. 13-086
Yanukovych v Council (Case T-346/14) EU:T:2016:497 14-041
Yetkin v Mahmood; sub nom. Yetkin v Newham LBC [2010] EWCA Civ 776; [2011] Q.B. 827; [2011] 2 W.L.R. 1073; [2011] P.T.S.R. 1295; [2010] R.T.R. 39 19-045
YL v Birmingham City Council. *See* L v Birmingham City Council 3-092, 3-093, 3-096
Ypourgos Esoterikon v Kalliri (C-409/16) EU:C:2017:767; [2017] 10 WLUK 391; [2018] 2 C.M.L.R. 1; [2018] C.E.C. 397; [2018] I.R.L.R. 77 ECJ. 14-125
Yuen Kun–yeu v Attorney General of Hong Kong [1988] A.C. 175; [1987] 3 W.L.R. 776; [1987] 2 All E.R. 705; [1987] F.L.R. 291; (1987) 84 L.S.G. 2049; (1987) 137 N.L.J. 566; (1987) 131 S.J. 1185 PC (HK) 19-034
YY v Turkey (App. No. 14793/08) unreported 10 March 2015 ECtHR 13-086
Z (A Child) (Surrogate Father: Parental Order), Re [2016] EWHC 1191 (Fam); [2017] Fam. 25; [2016] 3 W.L.R. 1369; [2016] 2 F.L.R. 327; [2016] H.R.L.R. 15; [2016] Fam. Law 958. .... 13-042, 13-104
Z (A Child) (Surrogate Father: Parental Order), Re; sub nom. Z (A Child) (Human Fertilisation and Embryology Act: Parental Order), Re; Z (A Child) (Surrogacy: Parental Order), Re [2015] EWFC 73; [2015] 1 W.L.R. 4993; [2016] 2 All E.R. 83; [2017] 1 F.L.R. 472; [2015] 3 F.C.R. 586; [2015] Fam. Law 1349 13-042
Z v United Kingdom (29392/95) [2001] 2 F.L.R. 612; [2001] 2 F.C.R. 246; (2002) 34 E.H.R.R. 3; 10 B.H.R.C. 384; (2001) 3 L.G.L.R. 51; (2001) 4 C.C.L. Rep. 310; [2001] Fam. Law 583 ECtHR 3-095, 13-066, 19-034
Zalewska v Department for Social Development [2008] UKHL 67; [2008] 1 W.L.R. 2602; [2009] 2 All E.R. 319; [2009] N.I. 116; [2009] 1 C.M.L.R. 24; [2009] Eu. L.R. 344; (2008) 158 N.L.J. 1643; (2008) 152(45) S.J.L.B. 27 11-078
Zenati v Commissioner of Police of the Metropolis [2015] EWCA Civ 80; [2015] Q.B. 758; [2015] 2 W.L.R. 1563; [2015] 4 All E.R. 735. 19-056
ZN (Afghanistan) v Secretary of State for the Home Department [2018] EWCA Civ 1059; [2018] 5 WLUK 198 .... 16-092, 16-101
Zuma's Choice Pet Products Ltd v Azumi Ltd [2017] EWCA Civ 2133; [2017] 12 WLUK 374 .... 10-018, 10-040, 10-041, 10-050, 10-058, 10-064

ZZ (France) v Secretary of State for the Home Department (C-300/11) EU:C:2013:363; [2013] Q.B. 1136; [2013] 3 W.L.R. 813; [2013] 6 WLUK 33; [2013] 3 C.M.L.R. 46; [2014] All E.R. (EC) 56; [2014] C.E.C. 109; [2014] Imm. A.R. 1; [2014] I.N.L.R. 368 ECJ... 8-024, 14-041

TABLE OF STATUTES

1689 Bill of Rights 1689 (1 W. & M. c.2)
.... 5-040
 art.9 3-018
1861 Offences Against the Person Act 1861 (c.100)
 s.62 13-104
1866 Parliamentary Oaths Act 1866 (c.19)
.... 3-018
1870 United Synagogues Act 1870 (c.116)
.... 3-053
1911 Parliament Act 1911 (c.13) 3-018
1933 Administration of Justice (Miscellaneous Provisions) Act 1933 (c.36)
.... 5-040
1944 Education Act 1944 (c.31)
 s.61 5-107
1946 United Nations Act 1946 (c.45) .. 11-054, 11-058
1946 National Health Service Act 1946 (c.81)
 s.72 19-013
1947 Fire Services Act 1947 (c.41)
 s.30 19-013
1948 National Assistance Act 1948 (c.29)
.... 3-092, 19-084
 s.21 .... 5-073, 13-101
1949 Parliament Act 1949 (c.103) 3-018
1955 Defamation Act (Northern Ireland) 1955 (c.11) 5-040
1960 Administration of Justice Act 1960 (c.65)
.... 16-067
1961 Suicide Act 1961 (c.60)
 s.2 .... 1-039, 13-048
1963 Betting, Gaming and Lotteries Act 1963 (c.2) 3-006
1964 Public Libraries and Museums Act 1964 (c.75)
 s.7(1) 11-071
1965 War Damage Act 1965 (c.18) 11-054
1967 Parliamentary Commissioner Act 1967 (c.13) 1-077
1967 Transport Act (Northern Ireland) 1967 (c.37) 3-092
1967 Companies Act 1967 (c.81)
 s.10 5-187
1967 Abortion Act 1967 (c.87)
 s.4(1) 13-089
1969 Administration of Justice Act 1969 (c.58)
 s.12(3) 16-085
 (3A) 16-085
1970 Chronically Sick and Disabled Persons Act 1970 (c.44)
 s.2 .... 5-107, 5-148
1971 Immigration Act 1971 (c.77) 5-190
 s.3(3)(b) 12-022

 s.13(5) 5-190
 s.14(3) 5-190
 s.15(4) 5-190
1971 Town and Country Planning Act 1971 (c.78)
 s.9(8) 7-105
1972 European Communities Act 1972 (c.68)
.... 14-005
1972 Local Government Act 1972 (c.70)
 s.111 5-107
1973 Matrimonial Causes Act 1973 (c.18)
 s.11(c) 13-104
1974 Slaughterhouses Act 1974 (c.3) 3-053
1974 Health and Safety at Work etc. Act 1974 (c.37) 19-054
1974 Consumer Credit Act 1974 (c.39)
.... 13-059
1974 Local Government Act 1974 (c.70)
.... 1-077
1976 Fatal Accidents Act 1976 (c.30)
 s.1A 13-104
1976 Local Government (Miscellaneous Provisions) Act 1976 (c.57)
 s.45(3) 5-062
1976 Race Relations Act 1976 (c.74)
 s.61 11-071
1978 Judicature (Northern Ireland) Act 1978 (c.23)
 s.18(4) 2-009
 s.41 5-007
1978 State Immunity Act 1978 (c.33)
.... 13-042
 s.4(2)(b) 14-041
 s.16 13-104
 (1)(a) 14-041
1980 Highways Act 1980 (c.66)
 s.79 19-035
 s.119(6) 5-133
1981 Senior Courts Act 1981 (c.54) 15-099
 s.16(1) 16-085
 s.18(1)(a) 16-067
 s.29 16-002
 (3) 3-018, 16-067
 s.31 .... 5-070, 16-002
 (3) 16-092
 (2A) 18-050
 (4) 18-050
 (6) 18-048
 s.31A 16-001, 16-002, 17-006
 s.43 16-002
 s.51 16-092
1981 Education Act 1981 (c.60)
 s.7(2) 5-191
1981 British Nationality Act 1981 (c.61)
.... 9-007

TABLE OF STATUTES

1981 British Nationality Act 1981 (c.61)—*cont.*
    s.40(2) 5-020
    s.41A 13-104
1981 Acquisition of Land Act 1981 (c.67)
    6-027
1983 Representation of the People Act 1983 (c.2)
    s.3(1) 13-104
1983 Mental Health Act 1983 (c.20) 3-092, 3-118, 5-141, 13-073
    s.3(1) 3-053
    s.26 13-104
    s.29 13-104
    s.73 13-104
    s.74 13-104
    s.118 5-038
    s.131(1) 19-055
    s.139 19-058
1983 Medical Act 1983 (c.54)
    s.41(1) 7-013
    (6) 7-013
1984 Telecommunications Act 1984 (c.12)
    s.94 5-175
1984 Registered Homes Act 1984 (c.23)
    Pt 2 3-053
1984 Road Traffic Regulation Act 1984 (c.27)
    3-092
1984 County Courts Act 1984 (c.28)
    s.5(3) 19-009
    s.38(3)(a) 17-040
1984 Data Protection Act 1984 (c.35)
    16-032
1984 Police and Criminal Evidence Act 1984 (c.60) 13-082
1985 Administration of Justice Act 1985 (c.61)
    Sch.2 para.32 11-054
1985 Housing Act 1985 (c.68)
    s.181 19-054
1986 Animals (Scientific Procedures) Act 1986 (c.14) 3-029
1986 Insolvency Act 1986 (c.45) 3-092
1986 Parliamentary Constituencies Act 1986 (c.56) 7-104, 13-045
1986 Financial Services Act 1986 (c.60)
    3-053
1987 Crown Proceedings (Armed Forces) Act 1987 (c.25) 19-016
1988 Income and Corporation Taxes Act 1988 (c.1)
    s.262 13-104
1988 Merchant Shipping Act 1988 (c.12)
    14-094
    Pt II 14-096
1988 Coroners Act 1988 (c.13) 16-089
    s.13 17-037
    (1) 17-037
1988 Malicious Communications Act 1988 (c.27) 13-042
    s.3 13-042
1988 Access to Medical Reports Act 1988 (c.28) 16-032

1989 Prevention of Terrorism (Temporary Provisions) Act 1989 (c.4) ... 14-096
1989 Football Spectators Act 1989 (c.37)
    s.4 3-053
1989 Children Act 1989 (c.41) . 19-045, 19-072
    s.17 .... 5-073, 5-141
    (1) 5-073, 5-074
    s.18 5-074
    s.23C(4)(b) 5-148
1990 Town and Country Planning Act 1990 (c.8) 5-043
    s.65 7-048
    s.106 11-071
    s.288 .... 11-046, 16-012
1990 Planning (Listed Buildings and Conservation Areas) Act 1990 (c.9)
    s.72 5-079
1990 Human Fertilisation and Embryology Act 1990 (c.37)
    s.28(6)(b) 13-104
1991 Criminal Justice Act 1991 (c.53)
    s.46(1) 13-104
    s.50(2) 13-104
1992 Social Security Contributions and Benefits Act 1992 (c.4)
    ss.36–37 13-104
1992 Social Security Contributions and Benefits (Northern Ireland) Act 1992 (c.7)
    s.39A 13-104
1993 Education Act 1993 (c.35)
    s.168 5-191
1993 Railways Act 1993 (c.43) 3-092
1993 Health Service Commissioners Act 1993 (c.46) 1-077
1994 Criminal Justice and Public Order Act 1994 (c.33)
    s.60 .... 13-073, 13-082
1996 Police Act 1996 (c.16) 13-082
    s.18 5-107
    s.25 5-107
    s.26 5-107
    s.88 19-012
1996 Housing Act 1996 (c.52) 17-040
    Pt VII 13-036, 17-040
    s.185(4) 13-104
    s.188 13-086
    s.193(2) 17-040
    s.202 .... 7-048, 17-040
    s.204 17-040
    (4) 17-040
    s.204A 17-040
1996 Housing Grants, Construction and Regeneration Act 1996 (c.53)
    2-062
    s.108 3-092
1996 Education Act 1996 (c.56)
    s.14 5-073
1997 Civil Procedure Act 1997 (c.12)
    s.1 16-002
    s.2 16-002

TABLE OF STATUTES cxxiii

1997 Crime (Sentences) Act 1997 (c.43)
    s.29 .... 13-048, 13-104
1997 Police Act 1997 (c.50) ... 13-042, 13-104, 19-045
    Pt V 13-086
1998 Data Protection Act 1998 (c.29)
    .... 13-082, 16-032
1998 School Standards and Framework Act 1998 (c.31)
    s.118 5-074
1998 Competition Act 1998 (c.41)
    s.38(1) 5-142
    (8) 5-142
1998 Human Rights Act 1998 (c.42) 1-126, 3-092, 5-004, 5-036, 5-148, 11-053, 11-073, 13-035, 13-087, 13-089, 17-037, 18-018, 19-005
    s.4 .... 3-018, 13-104
    s.6 3-093
    (1) 13-082
    (3) 3-092
    s.7 2-062
    (5) 17-006
    s.9 .... 13-075, 19-018
    (3) 13-075, 19-018
    s.12(2)–(4) 13-057
    s.22(4) 13-059
1998 Scotland Act 1998 (c.46)
    s.28(7) 1-126
    s.33 1-126
    s.100(1) 2-062
    s.103(2) 1-126
    Sch.6 1-126
1998 Northern Ireland Act 1998 (c.47)
    s.23 3-033
    s.52(1) 1-126
    s.71(2B)(c) 2-062
    ss.79—83 1-126
    s.98 1-126
    Sch.10 1-126
1999 Finance Act 1999 (c.16)
    s.34(1) 13-104
    s.139 13-104
1999 Welfare Reform and Pensions Act 1999 (c.30)
    s.54(1) 13-104
1999 Immigration and Asylum Act 1999 (c.33)
    Pt II 13-104
2000 Representation of the People Act 2000 (c.2)
    s.10 5-099
2000 Terrorism Act 2000 (c.11) . 7-121, 13-073
    Sch.7 .... 13-086, 13-104
    para.2(1) 13-104
2000 Care Standards Act 2000 (c.14)
    s.82(4)(b) 13-104
2000 Child Support, Pensions and Social Security Act 2000 (c.19)
    s.69 9-007
2000 Learning and Skills Act 2000 (c.21)
    s.32 9-007

    s.41 9-007
2000 Regulation of Investigatory Powers Act 2000 (c.23) 1-060A, 13-086
    s.67(8) ... 1-060A, 3-018, 4-017, 4-044
2000 Freedom of Information Act 2000 (c.36)
    .... 1-094, 16-034
    s.53(3) 5-048
2000 Criminal Justice and Court Services Act 2000 (c.43)
    s.12 5-073
2001 Anti-terrorism, Crime and Security Act 2001 (c.24)
    s.23 13-104
2002 Nationality, Immigration and Asylum Act 2002 (c.41)
    s.125 13-104
2003 Licensing Act 2003 (c.17)
    s.4 5-040
2003 Human Fertilisation and Embryology (Deceased Fathers) Act 2003 (c.24)
    13-104
2003 Local Government Act 2003 (c.26)
    s.92 5-107
    s.93 5-107
    (7) 5-107
2003 Sexual Offences Act 2003 (c.42)
    .... 13-048, 13-104
    s.82 13-104
2003 Criminal Justice Act 2003 (c.44)
    .... 5-022, 13-036, 13-104
    s.29 5-068
    s.295 13-104
    s.303 13-104
    s.332 13-104
2003 Agricultural Holdings (Scotland) Act 2003 (asp 11) 13-096
2004 Planning and Compulsory Purchase Act 2004 (c.5)
    s.113 17-027
2004 Gender Recognition Act 2004 (c.7)
    13-104
2004 Higher Education Act 2004 (c.8)
    16-018
2004 Finance Act 2004 (c.12) 16-016
2004 Asylum and Immigration (Treatment of Claimants, etc.) Act 2004 (c.19)
    s.19(3) 13-104
2004 Civil Partnership Act 2004 (c.33)
    13-101
    s.1 .... 13-048, 13-104
    s.3 .... 13-048, 13-104
2005 Prevention of Terrorism Act 2005 (c.2)
    .... 13-073, 13-104
    s.3(1) 10-064
    s.40(2) 8-010
2005 Constitutional Reform Act 2005 (c.4)
    s.1 11-059
    s.3(5) 5-048
    Sch.2 Pt 1 17-006
2005 Mental Capacity Act 2005 (c.9) ... 7-037
2005 Inquiries Act 2005 (c.12) 3-096

TABLE OF STATUTES

2006 Childcare Act 2006 (c.21)
    s.5D 7-056
    s.22 5-074
2006 Commons Act 2006 (c.26) 5-015
2006 Health Act 2006 (c.28) 5-040
2006 Government of Wales Act 2006 (c.32)
   1-127
    s.149 1-126
    Sch.9 1-126
2006 National Health Service Act 2006 (c.41)
    s.1 .... 5-073, 5-074
    s.44(2) 5-019
    s.69 19-013
2006 Safeguarding Vulnerable Groups Act 2006 (c.47) 13-104
    Sch.3 13-104
2007 Mental Health Act 2007 (c.12) ...13-104
2007 Tribunals, Courts and Enforcement Act 2007 (c.15)
    s.15(1) 17-006
    ss.15–18 17-006
    s.16 17-006
      (3) 16-092
      (6) 17-006
    s.18 17-006
    ss.20–21 17-006
2007 Offender Management Act 2007 (c.21)
   3-095
2007 Legal Services Act 2007 (c.29)
    s.194 16-092
2008 Criminal Justice and Immigration Act 2008 (c.4) 13-104
2008 Housing and Regeneration Act 2008 (c.17)
    s.92K(5) 11-073
    Sch.15 13-104
2008 Human Fertilisation and Embryology Act 2008 (c.22) 13-042
    s.54 .... 13-042, 13-104
2008 Children and Young Persons Act 2008 (c.23)
    s.7 5-073
2008 Counter-Terrorism Act 2008 (c.28)
    s.67 8-010
    Sch.7 8-010
2008 Planning Act 2008 (c.29) 5-138
    s.5(7) 7-106
      (8) 5-054, 5-138
    s.10(3) 5-138
    s.118 ....16-057, 17-027
2009 Borders, Citizenship and Immigration Act 2009 (c.11)
    s.55 ....4-056, 5-079
2009 Coroners and Justice Act 2009 (c.25)
    s.71 13-068
2009 Policing and Crime Act 2009 (c.26)
    s.34 7-036
2010 Terrorist Asset-Freezing (Temporary Provisions) Act 2010 (c.2) ...7-035, 11-054
    s.28 8-010
2010 Equality Act 2010 (c.15) .13-082, 13-089
    s.31(4) 3-092
    s.53 15-099
2011 Localism Act 2011 (c.20)
    Pt 1 5-107
2011 Terrorism Prevention and Investigation Measures Act 2011 (c.23) ...13-073
    s.18 8-010
    Sch.4 8-010
2012 Welfare Reform Act 2012 (c.5) ...13-101
2012 Protection of Freedoms Act 2012 (c.9)
   13-086
    s.67(2) 13-104
      (6) 13-104
2012 Legal Aid, Sentencing and Punishment of Offenders Act 2012 (c.10) ...7-121, 11-054
    s.10(3) 7-035, 16-089
      (4) 16-089
    s.26 16-092
    s.44 16-092
    s.46 16-092
    Sch.1 para.19(3) 5-038
      (10) 17-040
2013 Jobseekers (Back to Work Schemes) Act 2013 (c.17) 11-059, 13-104
2013 Justice and Security Act 2013 (c.18)
    .... 8-010, 11-054, 16-002
    s.6 .... 8-016, 16-002
      (4) 16-002
      (11) 5-007
    s.13 8-010
    s.15 4-017
2013 Enterprise and Regulatory Reform Act 2013 (c.24)
    s.69 19-054
2013 Defamation Act 2013 (c.26) 13-085, 13-086
2013 Growth and Infrastructure Act 2013 (c.27)
   1-108
2014 Children and Families Act 2014 (c.6)
    s.27(2) 5-062
2014 Anti-social Behaviour, Crime and Policing Act 2014 (c.12)
    s.1 7-036
    s.59 13-095
2014 Pensions Act 2014 (c.19) 13-101
    s.30 13-104
2014 Finance Act 2014 (c.26) 3-120
2014 Children and Young People (Scotland) Act 2014 (asp 8)
    Pt 4 13-082
2015 Criminal Justice and Courts Act 2015 (c.2)
    .... 16-002, 16-085, 18-050
    s.63(2)(b) 16-085
    s.64 16-085
    s.84 .....5-070, 5-129, 5-130, 18-050
    s.85 16-092
    s.86 16-092
    s.87 16-092
      (5) 16-092
      (6) 16-092

2015 Criminal Justice and Courts Act 2015 (c.2)—*cont.*	
s.88	1-006
(3)	16-095
(6)	16-095
(7)	16-095
(8)	16-095
s.89(1)	16-095
(3)—(5)	16-095
2015 Counter-Terrorism and Security Act 2015 (c.6)	
Pt 2	13-073
2015 Modern Slavery Act 2015 (c.30)	13-068
s.1(1)	13-068
s.2	13-068
2015 European Union Referendum Act 2015 (c.36)	11-054
2016 Welfare Reform and Work Act 2016 (c.7)	11-099
2016 Investigatory Powers Act 2016 (c.25)	
Pt 4	14-019, 14-041
s.242	4-044
2017 Wales Act 2017 (c.4)	1-127
2018 Data Protection Act 2018 (c.12)	16-032, 16-035
Pt 2 Ch.2	16-032, 16-035
Pt 3	5-056, 16-035
s.29	16-033
Pt 4	16-035
Pt 5	16-032, 16-034
Pt 6	16-032, 16-034
2018 European Union (Withdrawal) Act 2018 (c.16)	3-040, 5-004, 5-050, 14-005
s.1	14-005
s.2(1)	14-005
ss.2–7	14-005
s.3	14-005
s.4	14-005
s.5(2)	14-005
(4)	14-005
s.6	5-050
(1)	14-005
(b)	5-050
(2)	5-050
(3)	5-050
(4)(a)	5-050
s.7	14-005
(4)	14-005
(6)	14-005
s.8	14-005
ss.8–9	14-005
s.10	14-005
ss.10–12	14-005
s.13	14-005
Sch.1 para.2	14-005
para.4	14-005
2018 Taxation (Cross-border Trade) Act 2018 (c.22)	
s.55(1)	14-005
2019 European Union (Withdrawal) (No.2) Act 2019 (c.26)	14-005

TABLE OF STATUTORY INSTRUMENTS

1965 Rules of the Supreme Court 1965 (SI 1965/1776)
Ord.53 .... 3-119, 16-001
1972 Detention of Terrorists (Northern Ireland) Order 1972 (SI 1972/1632)
art.4(1) 5-190
1987 Adoption (Northern Ireland) Order 1987 (SI 1987/2203)
arts 4–15 2-062
1992 Town and Country Planning (Inquiries Procedure) Rules 1992 (SI 1992/2038) 1-108
2000 Town and Country Planning Appeals (Determination by Inspectors) (Inquiries Procedure) (England) Rules 2000 (SI 2000/1625)
.... 7-014
2000 Railways (Safety Case) Regulations 2000 (SI 2000/2688) 3-092
2001 Discretionary Financial Assistance Regulations 2001 (SI 2001/1167)
.... 9-007
2001 Mental Health Act 1983 (Remedial) Order 2001 (SI 2001/3712) 13-104
2003 Police Regulations 2003 (SI 2003/527)
.... 10-050
2004 Civil Procedure (Modification of Supreme Court Act 1981) Order 2004 (SI 2004/1033) 16-002
2004 Employment Tribunals (Constitution and Rules of Procedure) Regulations 2004 (SI 2004/1861)
Sch.1 para.54 8-010
2004 Compulsory Purchase of Land (Written Representations Procedure) (Ministers) Regulations 2004 (SI 2004/2594) 6-027
2004 Compulsory Purchase of Land (Prescribed Forms) (Ministers) Regulations 2004 (SI 2004/2595) 6-027
2004 General Medical Council (Fitness to Practise) Rules Order of Council 2004 (SI 2004/2608) 7-105
2006 Police (Injury Benefit) Regulations 2006 (SI 2006/932) 8-050
2006 Al-Qaida and Taliban (United Nations Measures) Order 2006 (SI 2006/2952) 11-054
2007 Regulatory Reform (Collaboration etc. between Ombudsmen) Order 2007 (SI 2007/1889) 1-077
2007 Compulsory Purchase (Inquiries Procedure) Rules 2007 (SI 2007/3617) 6-027
2008 Civil Proceedings Fees Order 2008 (SI 2008/1053) 16-086
Sch.1 .... 16-042, 16-085, 16-086
2009 Accession (Immigration and Worker Registration) (Amendment) Regulations 2009 (SI 2009/892)
.... 11-078
2010 Community Infrastructure Levy Regulations 2010 (SI 2010/948)
reg.122 17-033
2011 Jobseeker's Allowance (Employment, Skills and Enterprise Scheme) Regulations 2011 (SI 2011/917)
.... 1-035, 11-059
2011 Asylum and Immigration (Treatment of Claimants, etc) Act 2004 (Remedial) Order 2011 (SI 2011/1158)
.... 13-104
2012 Sexual Offences Act 2003 (Remedial) Order 2012 (SI 2012/1883)
.... 13-104
2012 Benefit Cap (Housing Benefit) Regulations 2012 (SI 2012/2994)
.... 13-086
2013 Police Act 1997 (Criminal Record Certificates: Relevant Matters) (Amendment) (England and Wales) Order 2013 (SI 2013/1200)
.... 13-104
2013 Employment Tribunals (Constitution and Rules of Procedure) Regulations 2013 (SI 2013/1237)
Sch.1 para.94 8-010
2013 Criminal Procedure Rules 2013 (SI 2013/1554) 5-062
2013 Criminal Legal Aid (General) (Amendment) Regulations 2013 (SI 2013/2790) 16-089
2014 Universal Credit (Transitional Provisions) Regulations 2014 (SI 2014/1230)
.... 13-101
2014 Civil Procedure (Amendment No.6) Rules 2014 (SI 2014/2044) 17-006
2015 Town and Country Planning (Development Management Procedure) (England) Order 2015 (SI 2015/595)
art.13 7-048
2015 Town and Country Planning (General Permitted Development) (England) Order 2015 (SI 2015/596)
art.7 5-032
2017 Compulsory Purchase of Land (Vesting Declarations) (Wales) Regulations 2017 (SI 2017/362) 6-027

2018 Human Fertilisation and Embryology Act 2008 (Remedial) Order 2018 (SI 2018/1413) 13-042, 13-104

TABLE OF CIVIL PROCEDURE RULES

1998 Civil Procedure Rules 1998 (SI 1998/3132) . 16-002, 16-012, 16-092, 18-048
   Pt 3 16-012
   r.3.9 16-012
   r.3.10 16-012
   Pt 7 . . . . 3-119, 19-009, 19-076
   Pt 8 . . . . 3-049, 3-119, 19-076
   Pt 19 2-010
   Pt 30 19-009
   Pt 31 16-027
   r.38.6 16-101
   r.44.2 16-092
      (2) 16-086, 16-092
      (5) 16-092
   r.45.41 16-091
   rr.45.41—44 16-091
   r.45.43 16-091
   PD 45 16-091
   Pt 46 16-095
   r.46.2 16-092
   Pt 48 16-092
   PD 51Z 3-119
   Pt 52 16-085
   r.52.3 . . . . 16-085, 17-040
   r.52.5 . . . . 16-068, 16-085
   r.52.8(1) 16-068
      (5) 16-068
      (6) 16-068
   r.52.15A 17-006
   r.52.19A 16-091
   PD 52D para.3.3 17-006
   Pt 54 . . . 3-119, 4-017, 16-001, 16-081, 17-027, 17-037, 19-009
   r.54.3(2) 3-119
   r.54.12(1)(ii) 16-054
   r.54.15 16-041
   r.54.16 16-081
   r.54.20 19-009
   PD 54A para.4.1 16-057
      para.11 16-041
      para.12 16-027
   r.54.7A 17-006
   Pt 79 8-010
   Pt 80 8-010
   r.82.23(4) 8-010

TABLE OF EUROPEAN AND INTERNATIONAL LEGISLATION

1950 European Convention on Human Rights 1950 (Rome, 4 November 1950)
. 1-039, 3-020, 3-095, 5-004, 11-053, 11-073, 13-048, 13-096, 13-098, 14-005, 19-084
art.1 .... 7-037, 13-034, 13-096
art.2 ...... 3-095, 7-037, 7-130, 7-131, 12-018, 13-059, 13-063, 17-037, 19-013, 19-016, 19-034
art.3 .... 2-004, 3-095, 13-026, 13-035, 13-036, 13-063, 13-066, 13-073, 13-082, 13-099, 13-104
art.4 13-068
art.5 ... 8-016, 11-053, 11-054, 13-037, 13-073, 13-075, 13-104, 19-016, 19-055, 19-056, 19-058
  (1) 13-073, 13-104, 19-055
    (a)—(f) 13-073
  (2) 13-074
  (4) . 11-071, 13-075, 13-104, 19-055, 19-056
  (5) 13-075, 19-018
art.6 .... 7-035, 7-036, 7-102A, 7-121, 8-015, 8-016, 8-018, 8-047, 8-049, 8-050, 10-048, 10-050, 10-051, 10-094, 11-054, 13-036, 13-068, 13-075, 13-104, 14-041, 16-085, 16-089, 16-092, 17-040, 19-018, 19-072
  (1) ... 7-035, 7-121, 11-071, 13-048, 13-104, 16-012, 19-034
art.7 13-070
art.8 ...... 2-004, 2-062, 5-148, 7-035, 8-016, 11-054, 13-036, 13-042, 13-048, 13-057, 13-063, 13-073, 13-082, 13-085, 13-086, 13-087, 13-101, 13-102, 13-104, 16-089, 16-092, 19-084
  (1) 13-086
  (2) 13-086
arts 8—11 11-073
art.9 .... 13-035, 13-089, 13-092
art.10 ... 3-095, 5-037, 11-054, 11-081, 13-042, 13-085, 13-086, 13-089, 13-090, 13-092, 13-095, 13-104, 16-092
art.11 . 13-082, 13-089, 13-092, 13-095
art.12 .... 5-148, 13-104
art.13 .... 11-054, 18-048
art.14 .. 5-148, 13-036, 13-037, 13-042, 13-048, 13-086, 13-090, 13-096, 13-101, 13-104
art.31 13-068
art.39(2) 13-068
art.41 19-005
art.46(2) 13-006
Protocol 1 art.1 ...... 11-054, 13-086, 13-096, 13-098, 13-101, 13-104, 19-099
art.2 13-035
art.3 13-104
Protocol 11 13-006
Protocol 14 13-006
Protocol 15 13-006
Protocol 16 13-006
1951 UN Convention relating to the Status of Refugees 1951 (28 July 1951)
.... 5-054
art.31 5-054
1979 Bern Convention on the Conservation of European Wild Animals and Habitats 1979 5-054
1980 Hague Convention on the Civil Aspects of International Child Abduction 1980 (The Netherlands, 25 October 1980)
.... 13-086
1989 United Nations Convention on the Rights of the Child 1989 (New York, 20 November 1989) 5-037
art.3(1) 3-020, 5-054
1992 Treaty of European Union 1992 (Maastricht Treaty/TEU) (Maastricht, 7 February 1992)
art.1 14-142
art.10(3) 14-142
art.11(2) 14-142
  (3) 14-142
art.15(1) 14-142
  (2) 14-142
  (3) 14-142
art.16(8) 14-142
art.19(1) 14-041, 14-071
art.50 .. 1-035, 3-040, 14-005, 14-017A
  (3) 14-005
1997 OECD Convention on Combating Bribery of Foreign Public Officials in International Business Transactions 1997 5-054
1998 UNECE Convention on Access to Information, Public Participation in Decision–making and Access to Justice in Environmental Matters (Aarhus Convention) 1998 (Aarhus, June 25, 1998) 16-091
2000 Charter of Fundamental Rights of the European Union 2000 (2 October 2000) 13-070, 14-005, 14-006, 14-019, 14-041, 14-043, 14-071
art.7 .... 13-086, 14-041
art.8 .... 13-086, 14-041

TABLE OF EUROPEAN AND INTERNATIONAL LEGISLATION

2000 Charter of Fundamental Rights of the European Union 2000 (2 October 2000)—*cont.*
  art.10 14-041
  art.21 14-041
  art.27 14-041
  art.31(2) 14-041
  art.34 14-041
  art.35 14-041
  art.41 8-024
  art.42 14-142
  art.47 .... 14-041, 14-071, 16-089
2010 Treaty on the Functioning of the European Union 2010 (TFEU) 14-094, 14-096, 14-125
  art.18 14-125
  art.19 14-125
  art.34 14-096
  art.40(2) 14-125
  art.157 14-125
  art.256 14-008
  art.258 14-096
  art.267 .... 14-008, 14-109
    (3) 14-109
  art.288 14-037

DIRECTIVES

1964 Dir.64/221 on the co-ordination of special measures concerning the movement and residence of foreign nationals which are justified on grounds of public policy, public security or public health 1964 [1964] OJ L56/850 14-096
1980 Dir.80/987 on the approximation of the laws of the Member States relating to the protection of employees in the event of the insolvency of their employer 1980 [1980] OJ L283/23 art.8 14-096
1983 Dir.83/181 determining the scope of art.14(1)(d) of Directive 77/388/EEC as regards exemption from value added tax on the final importation of certain goods 1983 [1983] OJ L105/38 14-094
1985 Dir.85/337 on the assessment of the effects of certain public and private projects on the environment 1985 [1985] OJ L175/40 16-091
1990 Dir.90/314 on package travel, package holidays and package tours 1990 [1990] OJ L158/59 art.7 14-096
1995 Dir.95/46 on the protection of individuals with regard to the processing of personal data and on the free movement of such data 1995 [1995] OJ L281/31 16-032
1996 Dir.96/61 concerning integrated pollution prevention and control 1996 [1996] OJ L257/26 16-091
2001 Dir.2001/83 on the Community code relating to medicinal products for human use 2001 [2001] OJ L311/67 .... 14-094, 14-096
2007 Dir.2007/66 amending Council Directives 89/665/EEC and 92/13/EEC with regard to improving the effectiveness of review procedures concerning the award of public contracts 2007 [2007] OJ L335/31 14-071
2009 Dir.2009/103 relating to insurance against civil liability in respect of the use of motor vehicles, and the enforcement of the obligation to insure against such liability 2009 [2009] OJ L263/11 14-032
2010 Dir.2010/75 on industrial emissions (integrated pollution prevention and control) 2010 [2010] OJ L334/17 16-091
2014 Dir.2014/52 amending Directive 2011/92/EU on the assessment of the effects of certain public and private projects on the environment 2014 [2014] OJ L124/1 16-091
2016 Dir.2016/680 on the protection of natural persons with regard to the processing of personal data by competent authorities for the purposes of the prevention, investigation, detection or prosecution of criminal offences or the execution of criminal penalties, and on the free movement of such data 2016 [2016] OJ L119/89 14-043

REGULATIONS

2001 Reg.1049/2001 regarding public access to European Parliament, Council and Commission documents 2001 [2001] OJ L145/43 14-142
2009 Reg.810/2009 establishing a Community Code on Visas 2009 [2009] O.J. L243/1
  art.32 14-041
2012 Reg.966/2012 on the financial rules applicable to the general budget of the Union and repealing Council Regulation (EC, Euratom) No.1605/2002 2012 [2012] OJ L298/1
  art.58(1)(a) 14-014
    (b) 14-014
  arts 60—63 14-014
2016 Reg.2016/679 on the protection of natural persons with regard to the processing of personal data and on the free movement of such data (General Data Protection Regulation) 2016 [2016] OJ L119/1 ... 16-032, 16-035
  art.4 16-033

2016 Reg.2016/679 on the protection of natural persons with regard to the processing of personal data and on the free movement of such data (General Data Protection Regulation) 2016 [2016] OJ L119/1—*cont.*
art.5 16-032
(2) 16-034
art.6 16-032
art.9 16-032
arts 15—17 16-033
arts 24—25 16-033
art.35 16-034

art.37 16-034

DECISIONS

2002 Council Framework Decision 2002/584/JHA of 13 June 2002 on the European arrest warrant and the surrender procedures between Member States - Statements made by certain Member States on the adoption of the Framework Decision 2002 [2002] OJ L190/1 14-006
art.6(1) 14-041

PART I: THE CONTEXT OF JUDICIAL REVIEW

CHAPTER 1

The Nature of Judicial Review

TABLE OF CONTENTS

Introduction	1-001☐
The Constitutional Context of Judicial Review	1-014☐
Justiciability: the Limits of Judicial Review	1-034■
The Incidence and Impact of Judicial Review	1-050☐
Administrative Justice and Proportionate Dispute Resolution	1-067☐
Public Inquiries and Inquests	1-108☐
Categories of Judicial Review	1-115■

INTRODUCTION

The value and significance of judicial review

Replace n.35 with:

[35] Criminal Justice and Courts Act 2015 s.88.

1-006

THE CONSTITUTIONAL CONTEXT OF JUDICIAL REVIEW

Constitutional justifications of judicial review

Justification by constitutional principles

After "be arbitrarily exercised.", add new n.70a:

[70a] An example of the inter-relationship between the grounds of judicial review (in this case the duty to give reasons) and the rule of law was provided by Lord Carnwath in *R. (on the application of CPRE (Kent)) v Dover DC* [2017] UKSC 79; [2018] 1 W.L.R. 108 at [54]: "Fairness provides the link between the common law duty to give reasons for an administrative decision, and the right of the individual affected to bring proceedings to challenge the legality of that decision." Lord Carnwath returned to the point in the context of ouster clauses in *R. (on the application of Privacy International) v Investigatory Powers Tribunal* [2019] UKSC 22; [2019] 2 W.L.R. 1219 at [144].

1-024

JUSTICIABILITY: THE LIMITS OF JUDICIAL REVIEW

Replace n.106 with:

[106] In *Khaira v Shargill* [2014] UKSC 33 at [43] Lord Neuberger said that a matter could also be non-justiciable if it "comprises claims or defences which are based neither on private legal rights or obligations, nor on reviewable matters of public law. Examples include domestic disputes; transactions not intended by the participants to affect their legal relations; and issues of international law which engage no private right of the claimant or reviewable question of public law. Some issues might well be non-justiciable in this sense if the court were asked to decide them in the abstract. But they must neverthe-

1-034

less be resolved if their resolution is necessary in order to decide some other issue which is in itself justiciable. The best-known examples are in the domain of public law. Thus, when the court declines to adjudicate on the international acts of foreign sovereign states or to review the exercise of the Crown's prerogative in the conduct of foreign affairs, it normally refuses on the ground that no legal right of the citizen is engaged whether in public or private law: *R. (Campaign for Nuclear Disarmament) v Prime Minister* [2002] EWHC 2777 (Admin); *R. (Al-Haq) v Secretary of State for Foreign and Commonwealth Affairs* [2009] EWHC 1910 (Admin). ... But the court does adjudicate on these matters if a justiciable legitimate expectation or a Convention right depends on it: *R. (Abbasi) v Secretary of State for Foreign and Commonwealth Affairs* [2003] UKHRR 76; *R. (Guernsey) v Secretary of State for Environment, Food and Rural Affairs* [2016] EWHC 1847 (Admin); [2016] 4 W.L.R. 145. The same would apply if a private law liability was asserted which depended on such a matter. As Lord Bingham of Cornhill observed in *R. (Gentle) v Prime Minister* [2008] A.C. 1356, para.8, there are 'issues which judicial tribunals have traditionally been very reluctant to entertain because they recognise their limitations as suitable bodies to resolve them. This is not to say that if the claimants have a legal right the courts cannot decide it'." The SC expressed a very clear preference for the concrete over the abstract in *Reference by the Attorney General for Northern Ireland of devolution issues to the Supreme Court pursuant to Paragraph 34 of Schedule 10 to the Northern Ireland Act 1998 (No.2) (Northern Ireland)* [2019] UKSC 1 at [28]: "In general, it is desirable that legal questions be determined against the background of a clear factual matrix, rather than as theoretical or academic issues of law". The case concerned references made by the AGNI which the SC considered would be better addressed in extant litigation.

Limitations inherent in the courts' constitutional role

Replace para.1-035 with:

1-035   The principle of the separation of powers confers matters of social and economic policy upon the legislature and the executive, rather than the judiciary. Courts should, therefore, avoid interfering with the exercise of discretion by the legislature or executive when its aim is the pursuit of policy.[108] It is not for judges to weigh utilitarian calculations of social, economic or political preference.[109] Courts will not, therefore, make decisions on: whether site A or B is suitable for the location of a new airport[110]; whether the United Kingdom should engage in a programme of nuclear disarmament[111]; whether there should be investment in a significant nuclear power programme[112]; whether the programme to produce Trident nuclear warheads should be abandoned[113]; whether there should be further regulation on the environmental effects of crop-spraying[114]; or whether the British invasion of Iraq in 2003 was justified in international law.[115] The limits of justiciability were potentially in issue in the challenge brought to the Prime Minister's decision to prorogue Parliament in September 2019. The Supreme Court chose not to confront the issue of justiciability by reasoning that its judgment was simply defining the scope of the prerogative to prorogue Parliament, rather than examining its exercise.[115a]

[108] See, e.g. *R. v Secretary of State for Trade and Industry Ex p. Lonrho Plc* [1989] 1 W.L.R. 525 at 536 (Lord Keith: "These provisions [that the Secretary of State may act against a proposed merger after a report by the Monopolies and Mergers Commission has so advised to Parliament and the Secretary of State acts by a draft order laid before Parliament] ensure that a decision which is essentially political in character will be brought to the attention of Parliament and subject to scrutiny and challenge therein, and the courts must be careful not to invade the political field and substitute their own judgment for that of the Minister. The courts judge the lawfulness not the wisdom of the decision"); *Wilson v First County Trust Ltd (No.2)* [2003] UKHL 40; [2004] 1 A.C. 816 at [70] (Lord Nicholls: "The more the legislation concerns matters of broad social policy the less ready will be a court to intervene"); *R. (on the application of Hooper) v Secretary of State for Work and Pensions* [2003] EWCA Civ 813; [2003] 1 W.L.R. 2623 at [63]–[64] (Laws LJ: "A very considerable margin of discretion must be accorded to the Secretary of State. Difficult questions of economic and social policy were involved, the resolution of which fell within the province of the executive and the legislature rather than the courts"), reversed on appeal: [2005] UKHL 29; [2005] 1 W.L.R. 1681; *R. v Secretary of State for Education and Employment Ex p. Begbie* [2000] 1 W.L.R. 1115 at 1131 (Laws LJ, stating that less intrusive judicial review should apply to decisions in the "macro-political field"); see further para.11-086. In *R. (on the application of Reilly and Wilson) v Secretary of State for Work and Pensions* [2013] UKSC 68; [2014] A.C. 453; [2013] EWCA Civ 66; [2013] 1 W.L.R. 2239, in a successful challenge to the legality of the Jobseeker's Allowance (Employment, Skills and Enterprise Scheme) Regulations 2011, Sir Stanley Burnton stated in the Court of Appeal: "I emphasise that this case is not about the social, economic or other merits of the Employment, Skills and Enterprise Scheme. Parliament is entitled to authorise the creation and administration of schemes that ... are designed to assist the unemployed to obtain employment ... Parlia-

JUSTICIABILITY: THE LIMITS OF JUDICIAL REVIEW

ment is equally entitled to encourage participation ... by imposing sanctions ... on those who without good cause refuse to participate in a suitable scheme. The appeal is solely about the lawfulness of the Regulations?..." Both the Court of Appeal and the Supreme Court held the regulations to be ultra vires. In *Wightman v Secretary of State for Exiting the European Union (C-621/18)*; [2019] Q.B. 199, the CJEU decided in an expedited preliminary ruling that a Member State of the EU could unilaterally revoke the notification of its intention to withdraw from the EU under art.50 of the Treaty of European Union. The ruling was at the request of the Inner House of the Court of Session. The Outer House had refused to make a reference on the ground that it was a matter for Parliament and the material relied on would infringe parliamentary privilege.

[109] Dworkin's definition of policy: R. Dworkin, "Political Judges and the Rule of Law" (1978) 64 *Proceedings of the British Academy* 259. On his distinction between "principle" and "policy", see *Taking Rights Seriously* (1977), pp.82-87. Sometimes the term used is "political question", especially in the USA.

[110] *Essex CC v Ministry of Housing and Local Government* (1967) 66 L.G.R. 23 (it would be quite futile to impugn the government's decision that Foulness should be developed as the third London airport, merely by contending that the decision was unreasonable or that Cublington was more suitable); cf. *R. (on the application of Medway Council) v Secretary of State for Transport, Local Government and the Regions* [2002] EWHC 2516; [2003] J.P.L. 583 (decision to exclude Gatwick airport from consultation about expansion of air capacity in SE England was unreasonable). The situation was different in *R. (on the application of Plan B Earth) v Secretary of State for Transport* [2020] EWCA Civ 214, in which the CA found the Airports National Policy Statement (2018) which dealt with among other things the proposed third runway at Heathrow airport to be unlawful for failing to take account of the government's commitment to the Paris Agreement on climate change (a binding international agreement).

[111] *Chandler v DPP* [1964] A.C. 763 at 798 (Lord Radcliffe said, that this was an issue of "policy" and that "the more one looks at it, the plainer it becomes, I think, that the question whether it is in the true interests of the country to acquire, retain or house nuclear armaments depends upon an infinity of considerations, military and diplomatic, technical, psychological and moral, many of decisions, tentative or final, which are themselves part assessments of fact and part expectations and hopes. I do not think that there is anything amiss with a legal ruling that does not make this issue a matter for judge or jury").

[112] *R. (on the application of Greenpeace Ltd) v Secretary of State for Trade and Industry* [2007] EWHC 311 (Admin); [2007] Env. L.R. 29 (a government review which, on the basis of a short period of consultation, recommended reversing the government's policy against nuclear power, was flawed for illegality; the consultation was not sufficient by the standards of the Aarhus Convention art.7 (UNECE Convention on Access to Information, Public Participation in Decision-making and Access to Justice in Environmental Matters); despite being a matter of "high policy", the review was so deficient in content and form that its process was "manifestly unfair").

[113] *R. (on the application of Marchiori) v Environment Agency* [2002] EWCA Civ 3; [2002] Eu. L.R. 225.

[114] *Secretary of State for Environment, Food and Rural Affairs v Downs* [2009] EWCA Civ 664; (2009) 153(27) S.J.L.B. 29: this fell within a "difficult social and technical sphere in which a balance must be struck between the competing interests of the individual and the community as a whole".

[115] *R. (on the application of Gentle) v Prime Minister* [2008] UKHL 20; [2008] 1 A.C. 1356. Lord Bingham noting at [8] the "restraint traditionally shown by the courts in ruling on what has been called high policy—peace and war, the making of treaties, the conduct of foreign relations".

[115a] *R. (on the application of Miller) v Prime Minister* [2019] UKSC 41; [2020] A.C. 373.

Replace n.116 with:

[116] J. Sumption, "Judicial and Political Decision-making: the Uncertain Boundary" [2011] J.R. 301, para.12. Lord Sumption expanded on these views in his 2019 Reith Lectures: *Trials of the State: Law and the Decline of Politics* (2019) . See further, N. Barber, R. Ekins and P. Yowell, *Lord Sumption and the Limits of the Law* (2016).

1-036

Replace n.127 with:

[127] In *R. (on the application of Nicklinson) v Ministry of Justice* [2014] UKSC 38; [2015] A.C. 657 a nine-member Supreme Court engaged in a discussion of these issues in the context of the imposition of criminal liability under s.2 of the Suicide Act 1961 on those who assisted suicide. Lord Neuberger stated: "[72] ... even under our constitutional settlement, which acknowledges parliamentary supremacy and has no written constitution, it is, in principle, open to a domestic court to consider whether s.2 infringes art.8. The more difficult question ... is whether we should do so. ... [76] ... while I respect and understand the contrary opinion, so well articulated by Lord Sumption and Lord Hughes, I am of the view that, provided that the evidence and the arguments justified such a conclusion, we could properly hold that section 2 infringed article 8. ... More specifically, where the court has jurisdiction on an issue falling within the margin of appreciation, I think it would be wrong in principle to rule out exercising that jurisdiction if Parliament addresses the issue ... such an approach would be an abdica-

1-039

tion of judicial responsibility ... given the potential for rapid changes in moral values and medicine, it seems to me that such an approach may well turn out to be inappropriate in relation to this particular issue." Having said that, Lord Neuberger concluded that it would not be appropriate to grant a declaration of incompatibility at this time. Lords Sumption, Clarke, Reed and Hughes considered that it would be institutionally inappropriate, or only institutionally appropriate if Parliament refused to address the issue, for a domestic court to consider whether s.2 infringed the ECHR. Lady Hale and Lord Kerr, however, did consider it to be institutionally appropriate at the current time and concluded that s.2 was not Convention compliant. On 11 September 2015, the House of Commons rejected a private member's bill on assisted dying by 330 to 180. On 18 July 2015 the House of Lords was split in a debate on Lord Falconer's private member's bill. In *Nicklinson v United Kingdom* (2015) 61 E.H.R.R. SE7, at [84] the ECtHR rejected Mrs Nicklinson's challenge to the Supreme Court's decision on the basis that requiring domestic courts to determine the merits of her complaint "could have the effect of forcing upon them an institutional role not envisaged by the domestic constitutional order". On 9 June 2016, Lord Hayward introduced the Assisted Dying Bill, but Parliament was dissolved before its second reading. In *R. (on the application of Conway) v Secretary of State for Justice* [2018] EWCA Civ 1431, the CA distinguished *Nicklinson* on the facts (since *Nicklinson* concerned long-term suffering rather than those who are within six months of death as a result of terminal illness) and context (since there was a Bill before Parliament at the time of *Nicklinson*). However, the Court of Appeal still considered assisted dying to be an issue which fell within the institutional and democratic competence of Parliament. The Court of Appeal considered the judgments of the Supreme Court in *In the matter of an application by the Northern Ireland Human Rights Commission for Judicial Review (Northern Ireland)* [2018] UKSC 27 in which Lady Hale (at [37]–[39]) and Lord Mance (at [118]) had distinguished *Nicklinson* from the abortion rights issue they were considering: these included that, unlike assisted dying, the courts were as well (if not better placed) to determine the issue, that the Northern Ireland domestic law on abortion was almost unique in its strictness and that there was no on-going consideration of legislative reform in the Northern Ireland Assembly. However, the Court of Appeal in *Conway*, at [201]–[207] concluded that the matter remained one for Parliament.

Limitations inherent in the courts' institutional capacity

Matters in relation to which the court lacks expertise

Add new para.1-042A:

1-042A A further aspect of the court's institutional competence is its dependence upon the evidence which the parties are able or prepared to place before it. The court has no capacity in judicial review proceedings to inquire outside the scope of the material placed before it by the parties. This is in contrast to the position of Parliament or the Law Commission. Further, in some public law cases the evidence which is before the court will be in conflict and that conflict will not be one which the court can resolve through oral evidence and cross-examination (the principal mechanism it has available to it for resolving conflicts of evidence). Live evidence and cross-examination of witnesses is rare in judicial review cases anyway.[136a]

[136a] Both points were made by the Court of Appeal in *R. (on the application of Conway) v Secretary of State for Justice* [2018] EWCA Civ 1431, at [189].

THE INCIDENCE AND IMPACT OF JUDICIAL REVIEW

The case load

Replace n.182 with:

1-053 [182] In 2011–12, 22 of the 58 judgments were public law cases; the comparable figure in 2010–11 was 22 of the 57 judgments: see C. Knight and T. Cross, "Public Law in the Supreme Court 2011–2012" [2012] J.R. 330. Of the 82 cases decided by the Supreme Court in 2017, a little over half of the judgments were judicial review cases or concerned issues of principally public law.

Central government responses to judicial review

Replace n.187 with:

1-055 [187] A. Bradley, "The Judge Over Your Shoulder" [1987] P.L. 485. A second edition of the pamphlet was prepared in 1994, on which see D. Oliver [1994] P.L. 514. The 4th edn (January 2006) reflects changes following the coming into force of the Human Rights Act. There appear to two different versions of "JOYS", one for administrators and one for lawyers (Solicitor General, *Hansard*, HC col.101WA (4 July 2000)). For the Government's account of the training related to the HRA, see Joint Committee on Human Rights, *Government Responses to Reports from the Committee in the last Parliament*. HL Paper No.104/HC Paper No.850 (Session 2005/06), Appendix 2. The most recent version *The judge over your shoulder—a guide to good decision making produced by the Government Legal Department* was updated on 9 October 2018.

Add new para.1-060A:

1-060A An example of an ouster clause which was passed into law is that in s.67(8) of the Regulation of Investigatory Powers Act 2000 which provides (as relevant) that "determinations, awards, orders and other decisions of the [Investigatory Powers] Tribunal (including decisions as to whether they have jurisdiction) shall not be subject to appeal or be liable to be questioned in any court." Overturning the Divisional Court and the Court of Appeal, a majority of the Supreme Court applied the strong "common law presumption against ouster" and held that the clause did not oust judicial review if the Tribunal's decision was vitiated by error of law.[212a] Lord Lloyd-Jones agreed:

> "[I]t is a "necessary corollary of the sovereignty of Parliament that there should exist an authoritative and independent body which can interpret and mediate legislation made by Parliament",[212b]

That answered the question posed directly by the appeal. However, Lord Carnwath (with whom Lady Hale and Lord Kerr agreed) went on to consider whether Parliament could ever oust the jurisdiction of the High Court to review the decision of an inferior body or tribunal on the ground of error of law[212c]:

> "I see a strong case for holding that, consistently with the rule of law, binding effect cannot be given to a clause which purports wholly to exclude the supervisory jurisdiction of the High Court to review a decision of an inferior court or tribunal, whether for excess or abuse of jurisdiction, or error of law. In all cases, regardless of the words used, it should remain ultimately a matter for the court to determine the extent to which such a clause should be upheld, having regard to its purpose and statutory context, and the nature and importance of the legal issue in question; and to determine the level of scrutiny required by the rule of law."

[212a] *R. (on the application of Privacy International) v Investigatory Powers Tribunal* [2019] UKSC 22; [2019] 2 W.L.R. 1219 at [107-109].

[212b] *R. (on the application of Privacy International) v Investigatory Powers Tribunal* [2019] UKSC 22; [2019] 2 W.L.R. 1219 at [160].

[212c] *R. (on the application of Privacy International) v Investigatory Powers Tribunal* [2019] UKSC 22; [2019] 2 W.L.R. 1219 at [144].

ADMINISTRATIVE JUSTICE AND PROPORTIONATE DISPUTE RESOLUTION

Ombudsmen

Replace para.1-077 with:

1-077 Over recent decades there has been a burgeoning of grievance-handling schemes independent of the public authority (or private enterprise) against which a complaint is made.[264] Some schemes are established by statute, others are non-statutory schemes set up by public authorities, and others are self-regulatory schemes run by particular private sector industries. The popular term "ombudsmen" has been adopted by the following statutory bodies: the Parliamentary and Health Service

Ombudsman (which combines the functions of the Parliamentary Commissioner for Administration and the Health Service Commissioner for England) (PCA or Parliamentary Ombudsman)[265]; and the Local Government and Social Care Ombudsman.[266] These Ombudsmen have powers to provide mediation to complainants and to work jointly.[267] There are also a number of informal Ombudsmen (including the Financial Ombudsmen) which operate without a statutory foundation.

[264] See further Law Commission, *Public Services Ombudsmen* (Law Com No.329, 2011), recommending among other things that the government establish a wide-ranging enquiry into ombudsmen; T. Buck, R. Kirkham and B. Thompson, *The Ombudsman Enterprise and Administrative Justice* (2011); J. Halford, "It's Public Law, But Not As We Know It: Understanding and Making Effective Use of Ombudsman Schemes" [2009] J.R. 81.

[265] Parliamentary Commissioner Act 1967 and the Health Service Commissioners Act 1993 (as amended). Paragraphs 1-080–1-088 should be read subject to this.

[266] Local Government Act 1974 (as amended).

[267] Regulatory Reform (Collaboration etc between Ombudsmen) Order 2007 (SI 2007/1889).

Replace n.274 with:

1-079 [274] Article 228 of the Treaty on European Union and the Treaty on the Functioning of the European Union. Decision of the European Parliament on the regulations and general conditions governing the performance of the Ombudsman's duties, adopted by Parliament on 9 March 1994 ([1994] OJ L113/15) and amended by its decision of 14 March 2002 deleting arts 12 and 16 ([2002] OJ L92/13).

Judicial review of ombudsmen

Replace n.304 with:

1-092 [304] *JR55 v Northern Ireland Commissioner for Complaints* [2016] UKSC 22; [2016] 4 All E. R. 779. In *R. (Miller) v Health Service Commissioner for England* [2018] EWCA Civ 144, the Court of Appeal accepted that the manner in which the Ombudsman conducted an investigation was a matter for them so long as their procedure conformed to broad principles of fairness and was capable of sensible application. In that case, however, the Ombudsman had failed to act fairly and had not provided an opportunity for the appellants to respond the allegations against them and had adopted a standard of conduct which could not be applied clearly or consistently and was rather a counsel of perfection.

Judicial review of failure to implement ombudsman findings and recommendations

Replace n.314 with:

1-094 [314] *R. (on the application of Equitable Members Action Group) v Her Majesty's Treasury* [2009] EWHC 2495 (Admin) at [66]. In *R. (on the application of Evans) v Attorney General* [2015] UKSC 21; [2015] A.C. 1787, the Supreme Court applied *Bradley* above to the context of a Ministerial Certificate under the Freedom of information Act 2000 departing from a decision of the Upper Tribunal. The SC held that the court should have regard to the nature of the conclusion, the status of the tribunal and the decision-maker, the procedure by which the tribunal and decision-maker reached their conclusions and the role of the tribunal and the decision-maker within the statutory scheme.

PUBLIC INQUIRIES AND INQUESTS

Town and country planning

Replace n.356 with:

1-108 [356] See, e.g. Town and Country Planning (Inquiries Procedure) Rules 1992 (SI 1992/2038). The Growth and Infrastructure Act 2013 makes a number of amendments to the planning system with the stated aim of reducing delays in infrastructure projects by, for example: providing applicants for planning permission with the option to apply directly to the Secretary of State if a council has been designated on the basis of not performing adequately in determining planning applications; broadening the powers of the Secretary of State to award costs between the parties at planning appeals and to recover the Secretary of State's own costs from the parties; broadening the powers of the Secretary of State to award costs between the parties at Compulsory Purchase Order inquiries; and allowing the Secretary of State to provide in a development order which gives planning permission for change of use, that the local authority or the Secretary of State may approve certain matters relating to the new use of the land.

CATEGORIES OF JUDICIAL REVIEW

European Union law

Replace para.1-125 with:

1-125
A fourth category is where EU law rights and duties arise. Since the United Kingdom's accession to the European Communities in 1973, judicial review has been one of the ways in which the domestic courts have been called upon to uphold EU law rights that are "directly effective" in our national legal system.[398] In a small number of cases this has required English courts to "disapply" provisions in primary legislation that are incompatible with such rights—a major modification to the principle of parliamentary sovereignty and the normal rule that courts do not question the validity of statute law.[399] New remedies have also been fashioned to ensure full protection of EU law rights, including damages where there has been a serious breach of EU law by a public authority[400]—this too is a significant innovation for a legal system that has generally set its face against compensation for public law wrongs.[401] Even where a claimant does not have a *directly* effective right under EU law, the domestic courts are obliged to adapt normal methods of statutory interpretation by ensuring that national legislation that deals with the same subject as EU law is construed in a manner that is consistent with it.[402] The UK's exit from the European Union on 31 January 2020 will inevitably impact upon this, though the precise nature of the impact, particularly after the end of the transitional period, is yet to be worked out.

[398] See 14-013.
[399] See 3-012.
[400] See 14-075.
[401] See Ch.19.
[402] See 14-047.

Devolution issues and devolution-related questions

Replace para.1-126 with:

1-126
A final category of judicial review claim is those which raise a "devolution issue".[403a] Such issues are defined with some precision and differently (reflecting the asymmetric devolution arrangements) in each of the devolution Acts.[404] Devolution issues may relate to legislation (including primary legislation) made by the Scottish Parliament, National Assembly for Wales and the Northern Ireland Assembly. Devolution issues may also relate to the exercise of functions by the Scottish Executive, the Welsh Assembly Government and the Northern Ireland Executive. There are three main ways in which a devolved institution may act outside its powers by legislating or exercising functions, namely (a) beyond the boundaries of the subject-matter competences conferred by the relevant devolution Act[404a]; (b) in way which is incompatible with Convention rights (which has the same meaning as under the Human Rights Act 1998); and (c) contrary to European Union law.[405] The definitions of "devolution issues" exclude some challenges to the lawfulness of decisions by or relating to the devolved institutions;

these are dealt with as ordinary proceedings in the legal system in which they arise.[406]

[403a] G. Gee, "Devolution in the Courts", Ch.8 in R. Hazell and R. Rawlings (eds), *Devolution, Law Making and the Constitution* (2005).

[404] Scotland Act 1998 s.103(2) and Sch.6; Government of Wales Act 2006 s.149 and Sch.9; Northern Ireland Act 1998 ss.79–83 and Sch.10.

[404a] Parts of the European Union (Legal Continuity) (Scotland) Bill 2018 were outwith the competence of the Scottish Parliament because they sought to qualify the recognition in s.28(7) of the Scotland Act that the UK Parliament had unqualified legislative power in Scotland (The UK Withdrawal From the European Union (Legal Continuity) (Scotland) Bill [2018] UKSC 64; [2019] 2 W.L.R. 1). The relevant provisions made certain matters of retained EU law dependent on the consent of the Scottish Ministers. The SC addressed (at [86]) the limits of its own role under s.33 of the Scotland Act: "The remit of this court ... does not extend to addressing arguments which are either complaints about the quality of the drafting of a Bill or seek to raise uncertainties about the application of a Bill's provisions in future circumstances which may or may not arise".

[405] "Community law" is defined in Northern Ireland Act 1998 s.98 as "(a) all rights, powers, liabilities, obligations and restrictions created or arising by or under the Community Treaties; and (b) all remedies and procedures provided for by or under those Treaties". The devolved legislatures remain bound to comply with EU law until the end of the transition period. After the transition period, the devolved governments have agreed with Westminster that there should be "common frameworks" in certain fields (such as environmental protections, agriculture, state aid and so on) which would otherwise have transferred to the devolved governments

[406] See, e.g. *Re Robinson's Application for Judicial Review* [2002] UKHL 32; [2002] N.I. 390 (time limits for election of First Minister and Deputy First Minister by the Northern Ireland Assembly); *Whaley v Lord Watson of Invergowrie* 2000 S.C. 340 (challenge to lawfulness of a member of the Scottish Parliament promoting, and introducing a bill to outlaw fox hunting on the grounds that the MSP had received legal, administrative and other assistance from a pressure group contrary to the Scotland Act 1998 (Members' Interests) Order 1999); *In the Matter of an application by Bairbre de Brun and Martin McGuinness for Judicial Review High Court of Northern Ireland*, unreported 30 January 2001. (Two Sinn Fein Ministers of the Executive Committee of the Northern Ireland Assembly successfully challenged the legality of a decision by First Minister David Trimble not to nominate them for meetings of the North-South Ministerial Council; the case turned mainly on the proper interpretation of the Northern Ireland Act 1998 s.52(1)) under which the First Minister and Deputy First Minister are required to make nominations).

Replace para.1-127 with:

1-127 The Government of Wales Act 2006 establishes a special procedure for the Attorney General of England and Wales or the Counsel General of Wales to refer the question of whether or not a Bill falls within the legislative competence of the Welsh Assembly to the Supreme Court. The Court set out the correct approach to such cases in *Attorney General for England and Wales v Counsel General for Wales* [2014] UKSC 43; [2014] 1 W.L.R. 2622, at [5]–[6] (concerning the Agriculture Sector (Wales) Bill which was found to be within the Assembly's competence). The Wales Act 2017 has moved Welsh devolution to the reserved matters model from the conferred powers model contained in the original settlement (making Welsh devolution more like that in Scotland) as well as granting additional powers to the Welsh Assembly. There is also provision for the court in which proceedings were initiated to make a reference of a devolution issue to the Supreme Court; and Law Officers may also directly refer to the Supreme Court questions relating to the legislative competence of a devolved legislature.[407]

[407] See, e.g. *Attorney General v National Assembly for Wales Commission and others* [2012] UKSC 53; [2012] 3 W.L.R. 1294 (reference to UK Supreme Court by Attorney General to determine whether provisions of the Local Government Byelaws (Wales) Bill was within the legislative competence of the National Assembly; they were).

Replace n.410 with:

1-128 [410] *Re Robinson's Application for Judicial Review* [2002] UKHL 32; [2002] N.I. 390 at [11]. See also Lord Hoffmann at [25]: "In choosing between these two approaches to construction, it is necessary to have regard to the background to the 1998 Act. ... The 1998 Act is a constitution for Northern Ireland, framed to create a continuing form of government against the background of the history of the territory and the principles agreed in Belfast"; at [33]: "According to established principles of interpretation, the Act must be construed against the background of the political situation in Northern Ireland and the principles laid down by the Belfast Agreement for a new start. These facts and documents form part of the admissible background for the construction of the Act just as much as the Revolution, the Convention and the Federalist Papers are the background to construing the Constitution of the United States". Lord Hutton and Lord Hobhouse dissented, stressing the need for an "ordinary construction of such a statutory provision". In *R. (Miller) v Minister of State for Exiting the European Union* [2017] UKSC 5; [2018] A.C. 61, Lord Neuberger for the 8-member majority stated, at [128]: "The NI Act is the product of the Belfast Agreement and the British-Irish Agreement, and is a very important step in the programme designed to achieve reconciliation of the communities of Northern Ireland. It has established institutions and arrangements which are intended to address the unique political history of the province and the island of Ireland. Yet there is also a relevant commonality in the devolution settlements in Northern Ireland, Scotland and Wales (i) in the statutory constraint on the executive and legislative competence of the devolved governments and legislatures that they must not act in breach of EU law ('the EU constraints'); and (ii) in the operation of the Sewel convention." The SC held that the devolution legislation, although imposing EU constraints and empowering the devolved institutions to observe EU law, did not require the UK to remain a part of the EU. EU withdrawal was, like other matters of foreign affairs, either a reserved or excepted matter (for Scotland and Northern Ireland) or a matter not devolved (Wales).

CHAPTER 2

Claimants, Interested Parties and Interveners

TABLE OF CONTENTS

Scope	2-001
Constitutional Significance of Standing Rules	2-002☐
The "Sufficient Interest" Requirement	2-007☐
Charity Proceedings	2-011
Capacity and Standing	2-014☐
How and When is Standing Relevant?	2-018☐
Assessing the Claimant's Interest	2-026
Human Rights Act 1998 and the Victim Requirement	2-047☐
Standing of "Persons Aggrieved"	2-064
Reform of Standing	2-070
Interested Parties and Interveners	2-072☐
Comparative Perspectives	2-077

CONSTITUTIONAL SIGNIFICANCE OF STANDING RULES

Replace para.2-004 with:

2-004 To deprive a person of access to the courts because of lack of standing can raise issues of constitutional significance. At its heart is the question whether it can ever be right, as a matter of principle, for a person with an otherwise meritorious challenge to the validity of a public authority's action to be turned away by the court on the ground that his rights or interests are not sufficiently affected by the impugned decision. To put this another way, if a decision which is otherwise justiciable is legally flawed, should the court prevent its jurisdiction being invoked because the litigant is not qualified to raise the issue? To answer "yes" to these questions presupposes that the primary function of the court's supervisory jurisdiction is to redress individual grievances, rather than that judicial review is concerned, more broadly, with the maintenance of the rule of law.[11] In recent years the courts have approached standing issues in a more flexible and liberal way than once was the case. In *In the matter of an application by the Northern Ireland Human Rights Commission for Judicial Review (Northern Ireland)* [2018] UKSC 27, at [2]–[3], Baroness Hale began her judgment on the compatibility of the provisions criminalising abortion in Northern Ireland with arts 3 and 8 of the ECHR with the following comment:

> On the substantive compatibility issues, a majority - Lord Mance, Lord Kerr, Lord Wilson and I - hold that the current law is incompatible with the right to respect for private and family life, guaranteed by article 8 of the Convention, insofar as it prohibits abortion in cases of rape, incest and fatal foetal abnormality. Lady Black agrees with that holding in

the case of fatal foetal abnormality. Lord Kerr and Lord Wilson also hold that it is incompatible with the right not to be subjected to inhuman or degrading treatment, guaranteed by article 3 of the Convention. Lord Reed and Lord Lloyd-Jones hold that the law is not incompatible with either article 8 or article 3.

On the procedural issue, a majority - Lord Mance, Lord Reed, Lady Black and Lord Lloyd-Jones - hold that the NIHRC does not have standing to bring these proceedings and accordingly that this court has no jurisdiction to make a declaration of incompatibility to reflect the majority view on the compatibility issues. A minority - Lord Kerr, Lord Wilson and I - hold that the NIHRC does have standing and would have made a declaration of incompatibility.

[11] J. Miles, "Standing under the Human Rights Act 1998: Theories of Rights Enforcement and the Nature of Public Law Adjudication" (2000) 59 C.L.J. 133, 148–155 on underlying theoretical models; I. Hare, "The Law of Standing in Public Interest Adjudication", Ch.22 in M. Andenas (ed), *Liber Amicorum in Honour of Lord Slynn of Hadley: Vol.II Judicial Review in International Perspective* (2000); Baroness Hale, "Who guards the guardians?" [2014] C.J.I.C.L. 100.

THE "SUFFICIENT INTEREST" REQUIREMENT

Replace para.2-009 with:

2-009 The test is expressed in terms of interests rather than rights because "What modern public law focuses upon are wrongs–that is to say, unlawful acts of public administration. These often, of course, infringe correlative rights, but they do not necessarily do so: hence the test of standing for public law claimants, which is interest-based rather than rights-based".[26] In Northern Ireland, a similar test based on sufficient interest applies under s.18(4) of the Judicature (Northern Ireland) Act 1978.[27]

[26] *R. (on the application of Bancoult) v Secretary of State for Foreign and Commonwealth Affairs* [2007] EWCA Civ 498; [2008] Q.B. 365 at [61] (Sedley LJ).

[27] On the approach in Scotland, see para.2-072.

Replace n.31 with:

2-010 [31] See, e.g. *R. v North West Leicestershire DC Ex p. Moses (No.1)* [2000] J.P.L. 733 (claimant objecting to extension of airport runway had moved six miles away); on appeal, permission was refused on grounds of delay rather than standing: [2000] EWCA Civ 125. cf. *R. v Secretary of State for the Home Department Ex p. Salem* [1999] 1 A.C. 450, where the HL held that it had a discretion to hear an appeal which concerned an issue involving a public authority as to a question of public law, even where there was no longer any live issue which would affect the rights and duties of the parties as between themselves. In *Salem*, Lord Slynn stated (at 457A): "The discretion to hear disputes, even in the area of public law, must, however be exercised with caution and appeals which are academic between the parties should not be heard unless there is a good reason in the public interest for doing so, as for example (but only by way of example) when a discrete point of statutory construction arises which does not involve detailed consideration of facts and where a large number of similar cases exist or are anticipated so that the issue will most likely need to be resolved in the near future." Despite being overruled in relation to when an administrative decision is taken to have been made in *R. (on the application of Anufrijeva) v Secretary of State for the Home Department* [2003] UKHL 36; [2004] 1 A.C. 604, *Salem* is still the leading authority on challenges which have become academic. The *Salem* principles were most recently applied in *Re Irwin's Application for Judicial Review* [2017] NIQB 75, where the court refused to exercise its discretion, as it was not in the public interest to do so and there were no similar cases anticipated in the future. In *Lamot v Secretary of State for Justice* [2016] EWHC 2564 (Admin); [2016] A.C.D. 123, an application by three prisoners to challenge the Secretary of State's refusal to accept the Parole Board's recommendation to transfer them to open conditions was refused on the ground that the decision was academic, all three having been subsequently released or transferred; where a matter between the parties was academic, it should not be heard unless there was a good reason in the public interest for doing so. Note also provisions in Pt 19 of the CPR on the addition and substitution of parties.

CAPACITY AND STANDING

Capacity and standing of public authorities

Replace n.58 with:

[58] *South Staffordshire and Shropshire Healthcare NHS Foundations Trust v St George's Hospital Managers* [2016] EWHC 1196 (Admin); [2017] 1 W.L.R. 1528. The claim failed on the merits. Applied in *Chief Constable of Thames Valley v Police Misconduct Panel* [2017] EWHC 923 (Admin). A Chief Constable did have the capacity to bring a challenge by way of judicial review against the Police Misconduct Panel as the panel was independent and separate. However, the case failed on its merits.

2-016

HOW AND WHEN IS STANDING RELEVANT?

Standing in relation to the grant of remedial orders

Replace n.81 with:

[81] *Walton v Scottish Ministers* [2012] UKSC 44; 2012 S.L.T. 1211 at [95] (Lord Reed). In *Champion v North Norfolk DC* [2015] UKSC 52; [2015] 1 W.L.R. 3710, the SC applied *Walton* and withheld relief on the basis that, although there had been a breach of the relevant environmental planning regulations, the applicant had in practice enjoyed the rights conferred by the EU legislation and there was no substantial prejudice to them.

2-025

HUMAN RIGHTS ACT 1998 AND THE VICTIM REQUIREMENT

Application of "victim" requirement in the HRA

Victim status

Replace n.161 with:

[161] *Rabone v Pennine Care NHS Trust (Inquest and others intervening)* [2012] UKSC 2; [2012] 2 A.C. 72. *Rabone* was applied in *Daniel v St George's Healthcare NHS Trust* [2016] EWHC 23 (QB); [2016] 4 W.L.R 32. In this case Lang J held that where an individual was not named as the deceased's next-of kin, they could only qualify as an indirect victim for their own pain and distress. To so qualify, although a blood tie or marriage was not essential, the court should consider all the circumstances including (i) the nature of the legal/family relationship between the claimants and the deceased, (ii) the nature of the personal ties between the claimants and the deceased, (iii) the extent to which the alleged violations of the Convention (a) affected them personally and (b) caused them to suffer, and (iv) their involvement in the proceedings arising out of the deceased's death. In the present case, the deceased's foster mother did qualify as an indirect victim because of her on-going and long-lasting relationship with the deceased, but his "foster brother" did not.

2-059

Not a victim

Replace para.2-062 with:

In *Re Northern Ireland Commissioner for Children and Young People's Application for Judicial Review*, the Court of Appeal of Northern Ireland held that the Commissioner (a statutory body) was not a victim for the purposes of challenging the compatibility with Convention rights of delegated legislation which provided for a defence of reasonable chastisement of a child to a criminal charge of assault.[167] In *Austin Hall Building Ltd v Buckland Securities Ltd*,[168] the client of a building contractor was held not to be a victim in a challenge to a decision of an adjudicator appointed under the Housing Grants, Construction and Regeneration Act 1996 as it had not objected to the manner of the decision-making process at the time. In *R. (on the application of Broadway Care Centre Ltd) v Caerphilly CBC*,[169] where

2-062

a local authority decided to terminate a care home's contract, the care home was not a victim in bringing a claim to protect its residents' ECHR art.8 rights. Nor did the responsibilities in respect of closure of care homes give rise to a responsibility of the local authority towards the care home such that the care home would itself be a victim of any breach. In *Somerville v Scottish Ministers*, the House of Lords considered the Scotland Act 1998 s.100(1), which in similar terms to HRA 1998 s.7 restricts reliance on Convention rights in legal proceedings to those who are "victims". Lord Scott of Foscote commented that[170]:

> "Bearing in mind that Convention incompatibility is a ground on which any enactment of the Scottish Parliament, any subordinate legislation made by the Scottish Ministers or the Scottish Executives or any act of any member of the Scottish Executive may be held to be outside devolved competence and therefore ultra vires, the need to place a strict limit on those entitled to raise such a point in litigation seems to me easy to understand."

In *R. (on the application of Butt) v Secretary of State for the Home Department*,[170a] the Court of Appeal contrasted the claimant's position under the HRA (where he was not a victim because the Prevent Guidance had not been applied to him) and his claim for breach of his common law right to freedom of expression (in relation to which he did have standing).

[167] *An application for judicial review by the Northern Ireland Commissioner for Children and Young People* [2009] NICA 10; [2009] N.I. 235. Cf. *Re Northern Ireland Human Rights Commission's Application for Judicial Review* [2012] NIQB 77; [2012] Eq. L.R. 1135, where the Commission brought an application on behalf of unmarried couples in a challenge to the Adoption (Northern Ireland) Order 1987 arts 14–15, which provided that adoption orders could only be made on the application of married couples or individuals who were neither married nor in a civil partnership. The Commission had standing under the Northern Ireland Act 1998 s.71(2B)(c) provided there was or would be one or more victims of the unlawful act (which was established). See further, *In the matter of an application by the Northern Ireland Human Rights Commission for Judicial Review (Northern Ireland)* [2018] UKSC 27, at [2]-[3] (above at para.2-004).

[168] *Austin Hall Building Ltd v Buckland Securities Ltd* [2001] B.L.R. 272, QBD.

[169] *R. (on the application of Broadway Care Centre Ltd) v Caerphilly CBC* [2012] EWHC 37 (Admin); (2012) 15 C.C.L. Rep. 82.

[170] *Somerville v Scottish Ministers* [2007] UKHL 44; [2007] 1 W.L.R. 2734 at [75].

[170a] [2019] EWCA Civ 256; [2019] 1 W.L.R. 3873 at [180]-[183].

INTERESTED PARTIES AND INTERVENERS

Interveners

Replace n.219 with:

2-073   [219] See *E (A Child) v Chief Constable of Ulster* [2008] UKHL 66; [2009] A.C. 536 at [3] (Lord Hoffmann: "An intervention is however of no assistance if it merely repeats points which the appellant or respondent has already made. An intervener will have had sight of their printed cases and, if it has nothing to add, should not add anything. It is not the role of an intervener to be an additional counsel for one of the parties. This is particularly important in the case of an oral intervention. ... In future, I hope that interveners will avoid unnecessarily taking up the time of the House in this way"). In *R. (on the application of British American Tobacco UK Ltd) v Secretary of State for Health* [2014] EWHC 3515 (Admin); [2015] C.M.L.R. 35 an application to intervene was refused where it was considered that the interests of the proposed interveners were not discernibly different from those of the claimant: as such, their intervention would offer little assistance to the court. This was applied in *R. (on the application of Philip Morris Brands Sarl) v Secretary of State for Health* [2014] EWHC 3669 (Admin), in which it was held a person who was given permission to "intervene" in judicial review proceedings did not automatically become a party to the proceedings in relation to any future preliminary hearings before the Court of Justice of the European Union. In contrast to the *British American Tobacco* case, the intervener in the instant case was allowed to intervene in the preliminary reference as they were able to bring a higher level of experience, they had a sufficiently strong interest in the case and they had a firm relationship with the UK.

CHAPTER 3

Defendants and Decisions Subject to Judicial Review

TABLE OF CONTENTS

Scope	3-001
Range of Public Authorities Subject to Judicial Review	3-002■
Jurisdiction, Justiciability and Discretion	3-014■
No Decision or Decisions Without Legal Effect	3-024■
Amenability Tests Based on the Source of Power	3-030■
Judicial Review of Public Functions	3-046■
Amenability of Functions Relating to Pre-Contractual and Contractual Powers	3-062□
Amenability and the Human Rights Act	3-076■
Territorial Reach of Judicial Review and the HRA	3-099
Public Law Arguments in Civil Claims, Tribunals and Criminal Proceedings	3-110■
Comparative Perspectives	3-133

RANGE OF PUBLIC AUTHORITIES SUBJECT TO JUDICIAL REVIEW

Criminal justice system

Replace para.3-006 with:

Some of decisions made by HM Attorney General in relation to instituting and stopping prosecutions may fall outside the court's supervisory jurisdiction altogether.[26] Even where matters are within the court's jurisdiction, there is a marked reluctance to exercise that supervisory jurisdiction over police decisions to investigate,[27] charge, and administer cautions[28]; and decisions of the DPP to prosecute, continue or discontinue criminal prosecutions.[29] The court will generally do so only if there is a grave abuse of power or a clear breach of the police or prosecuting authority's settled policy.[29a] Claimants will also be expected to use other alternative remedies (such as an application to the relevant criminal court to dismiss or stay the criminal proceedings on the ground that they are an abuse of the process, or to utilise any route of appeal that may exist).[30]

3-006

---

[26] See, para.3-017. Proposals for reform of the Attorney General's role in relation to prosecutions were included in the draft Constitutional Renewal Bill in 2008 but were not enacted.

[27] cf. *R. v Commissioner of Police of the Metropolis Ex p. Blackburn* [1968] 2 Q.B. 118 (unlawful for Commissioner to issue instructions to officers not to enforce provisions of the Betting, Gaming and Lotteries Act 1963, except with his approval, because of manpower constraints and legal complexities).

²⁸ See, e.g. *R. (on the application of Mondelly) v Commissioner of Police of the Metropolis* [2006] EWHC 2370 (Admin); (2007) 171 J.P. 121; *R. v Chief Constable of Kent Ex p. L* [1993] 1 All E.R. 756; *R. v Commissioner of Police of the Metropolis Ex p. Thompson* [1997] 1 W.L.R. 1519.

²⁹ *R. v DPP Ex p. Kebilene* [2000] 2 A.C. 326 (absent "dishonesty or mala fide or an exceptional circumstance" decisions by the DPP to consent to a prosecution are not amenable to judicial review); cf. *R. v DPP Ex p. Manning* [2001] Q.B. 330 (challenge to decision not to bring prosecution); *R. v DPP Ex p. Duckenfield* [2000] 1 W.L.R. 55; *R. (on the application of Gujra) v Crown Prosecution Service* [2011] EWHC 472 (Admin); [2012] 1 W.L.R. 254 at [41] (court "strongly discouraged" judicial review challenges to CPS decisions to take over conduct of private prosecutions in order to discontinue them on grounds of no reasonable prospect of conviction). For an example of a successful challenge to a decision to prosecute, see *R. (on the application of E, S and R) v DPP* [2011] EWHC 1465 (Admin); [2012] 1 Cr. App. R 6 (prosecutor's decision letter simply did not engage with multi-agency strategy group report on safeguarding the interests of the three children involved). *R. (S) v Crown Prosecution Service; R. (S) v Oxford Magistrates' Court* [2015] EWHC 2868 (Admin); [2016] 1 W.L.R. 804 (refusing permission to proceed and holding that procedural propriety did not require consultation with the suspect when the prosecution decided to prosecute following a request for review by an alleged victim under the Victims' Right to Review scheme). See also *R. (SY) v Director of Public Prosecutions* [2018] EWHC 795 (Admin); [2018] 2 Cr. App. R. 15 at [13] (noting that a decision not to prosecute an individual was, in principle, amenable to judicial review which had to be conducted on orthodox principles of administrative review, namely, irrationality, illegality and/or procedural impropriety, but that "[t]he review functions will not, ... be lightly exercised by the courts"); *Re Brady's Application for Judicial Review* [2018] NICA 20 at [35] (noting that "[i]t is clear that the power to review decisions of the DPP must be used sparingly").

²⁹ᵃ See, e.g., *Re Brady's Application for Judicial Review* [2018] NICA 20 (the decision-maker improperly raised the threshold of the evidential test; the test for prosecution requires the prosecutor to address the question whether there is credible evidence upon which the tribunal of fact may reasonably be expected to find the offence proved to the criminal standard; the test was not whether the evidence would "automatically lead to conviction" as had been applied here).

³⁰ See para.16-014. However, it has been held that a final offer made by the Legal Aid Agency in respect of counsel's fees had a sufficient public-law element to make it amenable to judicial review: *R. (on the application of Ames) v Lord Chancellor* [2018] EWHC 2250 (Admin).

Courts

Criminal cases

Replace n.42 with:

3-010 ⁴² It has been considered by the House of Lords five times over the past 20 years; for detailed analysis see Law Commission, *Judicial Review of Decisions of the Crown Court* (July 2005). For a survey see *R. (on the application of H) v Wood Green Crown Court* [2006] EWHC 2683 (Admin); [2007] 2 All E.R. 259. See also *R. (A) v Crown Court at Kingston* [2017] EWHC 2706 (Admin) (a decision on bail between verdict and sentence was a decision relating to trial on indictment since it was an integral part of the trial process involving the question of what was to happen between verdict and sentence).

Civil cases

Replace n.47 with:

3-011 ⁴⁷ *Sivasubramaniam* [2002] EWCA Civ 1738; [2003] 1 W.L.R. 475; the "possibility remains that there may be very rare cases where a litigant challenges the jurisdiction of a circuit judge giving or refusing permission to appeal on the ground of jurisdictional error in the narrow, pre-*Anisminic* sense, or procedural irregularity of such a kind as to constitute a denial of the applicant's right to a fair hearing. If such grounds are made out we consider that a proper case for judicial review will have been established" (Lord Phillips of Matravers MR at [54]); see also *Gregory v Turner* [2003] EWCA Civ 183; [2003] 1 W.L.R. 1149 at [29]–[31], [37]–[46], where even though the CA expressed "serious concern that something may have gone wrong in connection with the district judge's handling of the case", and acknowledged that the judge refusing permission to appeal had not had the "crucial errors" drawn to his attention, the case was not one in which judicial review was appropriate. For a rare example of a (partly) successful challenge, see *R. (on the application of Srinivasans Solicitors) v Croydon County Court* [2011] EWHC 3615 (Admin) (county court purporting to exercise jurisdiction that properly belonged to the High Court only); *BBC Petitioners* [2020] CSOH 35 at [36]-[37].

JURISDICTION, JUSTICIABILITY AND DISCRETION

Jurisdiction of the Administrative Court

Public functions outside the court's jurisdiction

Replace list with:

(a) Challenges to decisions relating to the internal procedures of the United Kingdom Parliament, reflecting the constitutional principles of parliamentary privilege (derived from the Bill of Rights 1689 art.9)[71] and exclusive cognisance or jurisdiction (a broader and older concept enabling each House to "manage its own affairs without interference from the other or from outside Parliament").[72] Questions as to the extent of parliamentary privilege are ultimately for the court to decide.[73] For the purposes of parliamentary privilege, a distinction is drawn between the "core or essential business" of Parliament that are part of its proceedings (and therefore immune from challenge) and "an activity which is an incident of the administration of Parliament", which is not.[74] Parliamentary privilege did not impede the UK Supreme Court from considering in detail the hybrid bill procedure and whether it was in accordance with an EU directive.[75]

(b) Challenges to the validity of provisions contained in Acts of Parliament,[76] reflecting the constitutional principle of the supremacy of Parliament, or seeking to require or prevent a bills to be laid before Parliament.[77] This is now subject to several exceptions: the court's duty to disapply statutory provisions that are not in compliance with European Union law[78] the court's discretion to make a declaration of incompatibility with Convention rights under ;s.4 of the Human Rights Act 1998[79]; questions of implied repeal of an earlier statutory provision by a later one[80]; and questions relating to the application of the Parliament Acts 1911 and 1949.[81]

(c) Challenges to decisions made by the senior courts of England and Wales (the High Court, Court of Appeal and House of Lords). Historically, the prerogative writs[82] extended only to inferior courts (today, principally in the form of magistrates' courts and the county courts) and tribunals.[83] The Crown Court is a superior court of record but is made amenable to judicial review to some extent by s.29(3) of the Senior Courts Act 1981.[84] The Upper Tribunal[85] and the Parliamentary Election Court[86] are however amenable to judicial review.

(d) Matters falling outside the territorial reach of the High Court of England and Wales (of which the Administrative Court is part) and the ambit of the HRA.[87]

(e) Questions over which the court's jurisdiction has been expressly removed or limited by statute. Statutory restrictions on judicial review in "ouster" or "preclusive" clauses are construed narrowly.[88]

(f) Challenges to certain decisions made by the HM Attorney General may also fall outside the court's supervisory jurisdiction. These are the functions, some derived from prerogative powers, others from statute, in respect of which the Attorney General makes decisions independently of ministerial colleagues and for which he is responsible to Parliament including: entering a *nolle prosequi* to stop a prosecution on indictment (very rarely exercised, usually on the ground of the defendant's ill health); he may institute a prosecution; direct the Director of Public Prosecutions to take over a prosecution; and give or withhold his consent ("fiat") to a relator action brought by a person to enforce the

3-018

law. The House of Lords in *Gouriet* held that "in the exercise of these powers he is not subject to direction by his ministerial colleagues or to control and supervision by the courts",[89] though the Privy Council has subsequently highlighted that since the *GCHQ* case put the matter beyond doubt, prerogative powers do generally fall within the court's jurisdiction,[90] This position has also been robustly endorsed by the Supreme Court.[90a] There is no inherent objection to the court's jurisdiction being invoked where the Attorney General is exercising a statutory power.[91]

[71] *Prebble v Television New Zealand Ltd* [1995] 1 A.C. 321 at 332, PC (Lord Browne-Wilkinson) (parliamentary privilege prevents the use of statements made in Parliament being used as evidence of justification in libel proceedings); Bill of Rights 1689 art.9 provides: "That the freedom of speech and debates or proceedings in Parliament ought not to be impeached or questioned in any court or place out of Parliament"; *R. (on the application of Bradley) v Secretary of State for Work and Pensions* [2007] EWHC 242 (Admin); [2007] Pens. L.R. 87 at [26]–[35] (Parliamentary Commission for Administration); *R. (on the application of Bradley) v Secretary of State for Work and Pensions* [2007] EWHC 242 (Admin); [2007] Pens. L.R. 87 at [26]–[35] (obiter: to allow the evidence of a witness to a select committee to be relied on in court would inhibit the freedom of speech in Parliament and thus contravene art.9 of the Bill of Rights but reference to a select committee report would not infringe art.9; not commented upon in the subsequent CA judgment at [2008] EWCA Civ 36; [2009] Q.B. 114); in *R. (on the application of Equitable Members Action Group) v Her Majesty's Treasury* [2009] EWHC 2495 (Admin), [70], the Divisional Court recorded that the claimant had quoted and relied upon evidence given to the Public Administration Select Committee by the Economic Secretary to the Treasury—the court put it out of their minds and no further reference was made to it; *R. (on the application of Wheeler) v Office of the Prime Minister* [2008] EWHC 1409 (Admin) (introduction of a bill into Parliament clearly forms part of the proceedings within Parliament; for a court to order a minister to introduce a bill, or an amendment to a bill, "would plainly be to trespass impermissibly on the province of Parliament"); *Corporate Officer of the House of Commons v Information Commissioner* [2008] EWHC 1084 (Admin); [2008] A.C.D. 71 at [2] (claim about right under Freedom of Information Act 2000 to access to information about MPs' allowances did not engage with "proceedings in Parliament" and therefore art.9 of the Bill of Rights was not engaged); *Wheeler v Office of the Prime Minister* [2014] EWHC 3815 (Admin); [2015] 1 C.M.L.R 46 at [44]–[47] (enforcement of a legitimate expectation that a parliamentary vote would be held concerning European Arrest Warrants would involve a breach of art.9 of the Bill of Rights 1689, a breach of parliamentary privilege and breach the separation of powers). See also, *Warsama v Foreign and Commonwealth Office* [2020] EWCA Civ 142 (an inquiry's report laid before Parliament and published using a "motion for an unopposed return" in the House of Commons was protected by parliamentary privilege); *R. (on the application of McClean) v First Secretary of State* [2017] EWHC 3174 (Admin); [2018] 1 Costs L.O. 37 at [22] (complaint that the confidence and supply agreement between the Conservative Party and the Democratic Unionist Party had an improper purpose was non-justiciable as parliamentary privilege would prevent a court from reviewing what was done in Parliament by way of voting). Contrast *Wightman v Secretary of State for Exiting the European Union* [2018] CSIH 62 at [28] (a declaration by the court, suitably advised by the CJEU, that it was competent for the UK Government to withdraw its art.50 notification did not infringe the boundaries of parliamentary privilege and was merely declaring the law); *R. (on the application of Gill) v Cabinet Office* [2019] EWHC 3407 (Admin) at [95] (refusing relief that would have the effect of preventing a Minister from laying a draft Order and regulations before Parliament as "[i]t is well-established that a declaration which has the effect of requiring a minister to introduce, or prohibiting a minister from introducing, draft legislation to Parliament, other than on the terms laid down by the court, is an impermissible interference with the proceedings of Parliament").

[72] *R. v Chaytor (David)* [2010] UKSC 52; [2011] 1 A.C. 684. [63] (Lord Phillips of Worth Matravers), [129] (Lord Clarke of Stone-Cum-Ebony); *R. v Parliamentary Commissioner for Standards Ex p. Fayed* [1998] 1 W.L.R. 669 (it fell to Parliament, not the courts, to supervise the work of the PCS); *Re McGuiness's Application* [1997] N.I. 359 (no judicial review of decision of Speaker that those who had not complied with the Parliamentary Oaths Act 1866 were denied use of various facilities).

[73] *R. v Chaytor (David)* [2010] UKSC 52; [2011] 1 A.C. 684 at [15]–[16].

[74] *R. v Chaytor (David)* [2010] UKSC 52; [2011] 1 A.C. 684 at [62].

[75] *R. (on the application of Buckingham County Council) v Secretary of State for Transport* [2014] UKSC 3; [2014] 1 W.L.R. 324, [95] (Lord Reed SCJ: "I am mindful of the importance of refraining from trespassing upon the province of Parliament or, so far as possible, even appearing to do so. The court can however consider the effect of the Directive under EU law without in my opinion affecting or encroaching upon any of the powers of Parliament. The parliamentary authorities have not thought it necessary to seek to intervene in these proceedings, although the court was told that they have been kept informed of the parties' cases").

[76] *British Railways Board v Pickin* [1974] A.C. 765.

[77] See, e.g. *R. (on the application of Wheeler) v Office of the Prime Minister* [2008] EWHC 1409 (Admin); [2008] A.C.D. 70; *R. (on the application of Unison) v Secretary of State for Health* [2010] EWHC 2655 (Admin); [2011] A.C.D. 10.

JURISDICTION, JUSTICIABILITY AND DISCRETION

[78] See 14-012.

[79] See 13-047 (a declaration under s.4 does not, in formal terms, affect the validity of the provision in question).

[80] See *Thoburn v Sunderland City Council* [2002] EWHC 195 (Admin); [2003] Q.B. 151.

[81] *Jackson v Attorney General* [2005] UKHL 56; [2006] 1 A.C. 262. The Parliament Acts set out legal requirements as to the manner and form of an Act passed under their provisions and only the courts—not Parliament—can resolve any dispute as the validity of such an Act. The court's jurisdiction is necessary to guarantee the rule of law and involves no breach of constitutional propriety (see Lord Bingham at [51]).

[82] See 18-023.

[83] *In re A Company* [1981] A.C. 374 at 392. The Privy Council considered the characteristics of a "superior court" in *Suratt v Attorney General of Trinidad and Tobago* [2007] UKPC 55; [2008] 1 A.C. 655, Baroness Hale of Richmond citing with approval at [49] John Burke (ed), *Jowitt's Dictionary of English Law*, 2nd edn, (1977), p.493: "Courts are of two principal classes – of record and not of record. A court of record is one whereof the acts and judicial proceedings are enrolled for a perpetual memory and testimony, and which has the power to fine and imprison for contempt of its authority ... Courts are also divided into superior and inferior, superior courts being those which are not subject to the control of any other courts, except by way of appeal".

[84] See 3-009.

[85] *R. (on the application of Cart) (Public Law Project and another intervening)* [2011] UKSC 28; [2012] 1 A.C. 663.

[86] *R. (on the application of Woolas) v Parliamentary Election Court* [2010] EWHC 3169; [2012] Q.B. 1.

[87] See 3-088 and 13-063.

[88] 4-015. See *R. (on the application of Privacy International) v Investigatory Powers Tribunal* [2019] UKSC 22; [2019] 2 W.L.R. 1219 (holding that the judicial review jurisdiction of the High Court was not excluded by the ouster clause contained in s.67(8) of the Regulation of Investigatory Powers Act 2000 and holding (at [99]) that there was a fundamental common law presumption that the supervisory role of the High Court over other adjudicative bodies should only be excluded by clear and explicit words).

[89] *Attorney General v Gouriet* [1978] A.C. 435 at 487 (Viscount Dilhorne); *Bahamas Hotel Maintenance & Allied Workers Union v Bahamas Hotel Catering & Allied Workers Union* [2011] UKPC 4 at [36].

[90] 3-030. *R. v Criminal Injuries Compensation Board Ex p. Lain* [1967] 2 Q.B. 864, Div. Ct.; *Council of Civil Service Unions v Minister for the Civil Service* [1985] A.C. 374 HL.

[90a] *Elgizouli v Secretary of State for the Home Department* [2020] UKSC 10; [2020] 2 W.L.R. 857 at [161]; see also *R. (on the application of Miller) v Prime Minister* [2019] UKSC 41; [2019] 3 W.L.R. 589.

[91] *Mohit v The Director of Public Prosecutions of Mauritius* [2006] UKPC 20; [2006] 1 W.L.R. 3343 at [14] (Lord Bingham). In July 2007, the Attorney General announced that she would no longer make key prosecution decisions in individual cases except where the law or national security requires it: *The Governance of Britain: a Consultation on the Role of Attorney General* (Cm 7192).

Replace para.3-020 with:

3-020 The Administrative Court operates subject to the general limits governing the capacity of the courts of England and Wales to deal with matters of international law. Questions of interpretation of international legal instruments, unless they relate to the court's determination of some domestic law right or interest, are not matters of English law and fall outside the courts' jurisdiction. This reflects the dualist character of the United Kingdom's constitution in which international treaties are not a source of law recognised by domestic courts, until such time as a treaty provision is expressly incorporated into domestic law.[95] In the UK Supreme Court, Lord Kerr of Tonaghmore JSC has, however, called into question the rationale for this "dualist conception" of the restriction on the use of unincorporated treaty provisions in the human rights context, holding that art.3.1 of the United Nations Convention on the Rights of the Child should be directly enforceable in UK domestic law (a minority view with which the other Justices did concur).[96] The English courts also avoid determining questions relating to actions by a foreign sovereign state,[97] reflecting the international law principle of comity. However, the conduct of foreign states in gross violation of established principles of international

22 DEFENDANTS AND DECISIONS SUBJECT TO JUDICIAL REVIEW

law or fundamental human rights can impact upon the legality of actions by the UK government.[98]

[95] 5-046.

[96] *R. (on the application of SG) v Secretary of State for Work and Pensions (Child Poverty Action Group intervening)* [2015] UKSC 16; [2015] 1 W.L.R. 1449, [256] ("Standards expressed in international treaties or conventions dealing with human rights to which the United Kingdom has subscribed must be presumed to be the product of extensive and enlightened consideration. There is no logical reason to deny to United Kingdom citizens domestic law's vindication of the rights that those conventions proclaim. If the Government commits itself to a standard of human rights protection, it seems to me entirely logical that it should be held to account in the courts as to its actual compliance with that standard").

[97] *R. (on the application of Abassi) v Secretary of State for Foreign and Commonwealth Affairs* [2002] EWCA Civ 1598; [2003] U.K.H.R.R. 76 (no enforceable duty on minister to take diplomatic action to assist British citizen detained in Guantanamo Bay the by US government without access to any tribunal or lawyer); *R. (on the application of Al Rawi) v Secretary of State for Foreign and Commonwealth Affairs (United Nations High Commissioner for Refugees intervening)* [2006] EWCA Civ 1279; [2008] Q.B. 289 (minister's refusal to make formal representations to US government on behalf of British nationals detained in Guantanamo Bay was not direct discrimination on racial grounds or a breach of ECHR); cf. application for habeas corpus in *Rahmatullah v Secretary of State for Defence* [2012] UKSC 48; [2012] 3 W.L.R. 1087 (issue of writ of habeas corpus in respect of Pakistani national captured by British armed forces in Afghanistan and handed over to US forces would not transgress or modify principle that the courts should not make decisions affecting foreign policy); *R. (on the application of Khan) v Secretary of State for Foreign and Commonwealth Affairs* [2014] EWCA Civ 24; [2014] 1 W.L.R. 872 (refusal of permission to seek judicial review of the alleged provision of intelligence by GCHQ officers to the United States for use in drone strikes in Pakistan. The claims involved serious criticism of the acts of a foreign state and there were no exceptional circumstances to justify the court sitting in judgment on those acts); *R. (on the application of Sandiford) v Secretary of State for Foreign and Commonwealth Affairs* [2014] UKSC 44; [2014] 1 W.L.R. 2697 (the government's blanket policy of refusing to provide funding for legal representation of British nationals facing criminal proceedings abroad was lawful. There was no necessary implication that a blanket policy was inappropriate, or that there must always be room for exceptions, when a policy was formulated for the exercise of a prerogative and not a statutory power. However, the Secretary of State should review the blanket policy in the light of information that the Indonesian proceedings appeared to raise the most serious issues as to the functioning of the local judicial system). In *Belhaj v Straw* [2013] EWHC 4111 (QB) the High Court struck out claims for damages and declarations of illegality relating to alleged unlawful rendition from Bangkok to Libya by agents of the US in which the defendants had allegedly participated by providing intelligence. See also *High Commissioner for Pakistan in the United Kingdom v Prince Muffakham Jah* [2019] EWHC 2551 (Ch).

[98] *Othman v Secretary of State for the Home Department* [2013] EWCA Civ 277 (the defendant, also known as Abu Qatada—a Jordanian national resident in the United Kingdom—could not be deported to Jordan to stand trial on terrorism charges as there was a real risk that evidence previously obtained by torture would be admitted at his trial. He was eventually deported to Jordan on 7 July 2013, after the United Kingdom and Jordanian governments agreed and ratified a treaty satisfying the requirement that evidence obtained through torture would not be used against him). See also, *Regina (Belhaj) v Director of Public Prosecutions (No.1)* [2018] UKSC 33; [2018] 3 W.L.R. 435.

NO DECISION OR DECISIONS WITHOUT LEGAL EFFECT

Decisions without direct legal effect

Replace para.3-026 with:

3-026   Judicial review is generally "concerned with actions or other events which have, or will have, substantive legal consequences: for example, by conferring new legal rights or powers, or by restricting existing legal rights or interests".[114] In some cases, the court has been invited to decline exercise its powers of review because the public authority's action is characterised as being without legal effect.[114a] The courts now take a broad view and it is no longer necessary for a claimant to demonstrate that a decision or action has direct legal consequences upon the claimant. Thus, the courts have reviewed: statements contained a press release[115]; policy guidance issued by public authorities[116]; and statements of national policy on airports by a minister to Parliament, though their "high-level" character and preliminary nature of the decision limited the scope of review.[117] However, when a favourable decision has not been communicated to the affected party it may (depending on the context or legislative scheme) be revocable.[118] Similarly, where an adverse decision has not been communicated to the affected party, constitutional principle may require that no action may be taken in reliance on that decision, for the reason that the claimant would not have had the opportunity to challenge the decision in the courts or elsewhere.[119] Further, an attempt to judicially review advice given by the Advocate General for Scotland to the Queen was unsuccessful, given that no decision had been taken by the Advocate General which was capable of being judicially reviewed; in giving advice, the Advocate General had not exercised any jurisdiction, power or authority over the petitioner, but had merely provided advice to the decision-maker, such that any challenge to his conduct was misconceived.[119a]

[114] *R. (on the application of Shrewsbury and Atcham BC) v Secretary of State for Communities and Local Government* [2008] EWCA Civ 148; [2008] 3 All E.R. 548, [32] (Carnwath LJ).

[114a] *Tewkesbury BC v Secretary of State for Communities, Housing and Local Government* [2019] EWHC 1775 (Admin) at [32]-[33] (the statutory regime for the judicial review of planning decisions was available only to a "person aggrieved" and therefore could not be invoked by an applicant who was successful on his appeal, but who alleged that the decision contained legal errors; the case did not fall within "the class of exceptional cases where the determination of an academic dispute about the reasons for a decision, rather than the decision itself, is warranted").

[115] *Baby Products* (2000) 2 L.G.L.R.; *R. v Secretary of State for Trade and Industry Ex p. Greenpeace Ltd (No.1)* [1998] Eu. L.R. 48.

[116] See, e.g. *R. (on the application of Burke) v General Medical Council* [2005] EWCA Civ 1003; [2006] Q.B. 273 (review of guidance on withdrawal of artificial feeding, though noting that the "court should not be used as a general advice centre" [21]); *R. (on the application of Axon) v Secretary of State for Health* [2006] EWHC 37 (Admin); [2006] Q.B. 539 (review of guidance entitled "Guidance for Doctors and other Health Professionals on the Provision of Advice and Treatment to Young People under 16 on Contraception, Sexual and Reproductive Health"); *R. (on the application of BAPIO Action Ltd) v Secretary of State for the Home Department* [2008] UKHL 27; [2008] 1 A.C. 1003 (ministerial guidance issued to employing bodies in the NHS on recruitment of international medical graduates was unlawful); *R. (on the application of A) v Secretary of State for Health* [2009] EWCA Civ 225; (2009) 12 C.C.L. Rep. 213 (NHS guidance on how NHS trusts should exercise discretion to grant or withhold treatment to failed asylum seekers was unlawful for lack of clarity); *R. (on the application of Equality and Human Rights Commission) v Prime Minister and others* [2011] EWHC 2401 (Admin); [2012] 1 W.L.R. 1389 (guidance for intelligence officers and service personnel on detention and interviewing of detainees overseas); cf. *R. (on the application of United Cooperatives Ltd) v Manchester City Council* [2005] EWHC 364 at [21] (Elias J noting that. "the courts are in principle reluctant to permit mere advice to be the subject of review").

[117] *R. (on the application of Hillingdon LBC) v Secretary of State for Transport* [2010] EWHC 626 (Admin); [2010] A.C.D. 64 at [65]–[69].

[118] *Re 56 Denton Road* [1953] Ch. 51; *Rootkin v Kent CC* [1981] 1 W.L.R. 1186. On the ground that the decision-maker is not functus officio.

[119] *R. (on the application of Anufrijeva) v Secretary of State for the Home Department* [2003] UKHL 36; [2004] 1 A.C. 604. See 11-061.

[119a] *Senior-Milne v Advocate General for Scotland* [2020] CSIH 39; 2020 S.L.T. 853 at [15].

Chains of decisions

Replace para.3-028 with:

Thus, a preparatory step on the way to making a formal, legally binding decision may not be reviewable.[120] As has been recently observed, "it is the long-established practice of [the] Court not to entertain anticipatory claims for judicial review in respect of events that have not yet occurred".[120a] Another situation is where there is a decision to make a particular decision—for example, a local authority may pass a resolution to grant planning permission subject to fulfilment of certain conditions (the formal grant taking place some time later) or the government may decide that it will introduce a bill to Parliament to give effect to a policy when there is an opportunity to do so in the legislative timetable. Here, "the immediate challenge may be directed at decisions or actions which are no more than steps on the way to the substantive event" but the court may take the view that decisions preparatory a substantive decision are overtaken by the final decision.[121]

3-028

24 DEFENDANTS AND DECISIONS SUBJECT TO JUDICIAL REVIEW

[120] cf. *R. (on the application of The Garden and Leisure Group Ltd) v North Somerset Council* [2003] EWHC 1605; [2004] 1 P. & C.R. 39 (review permitted of resolution by local authority committee that planning permission should in principle be formally granted if certain conditions were met). See also: *R. (on the application of Gill) v Cabinet Office* [2019] EWHC 3407 (Admin) at [108] (finding that "no justiciable decision" had been made in a challenge to a draft census proposal).

[120a] *R. (on the application of Gill) v Cabinet Office* [2019] EWHC 3407 (Admin) at [88] (citing Lloyd-Jones LJ in *R. (on the application of Yalland) v Secretary of State for Exiting the European Union* [2017] EWHC 630 (Admin) [23].

[121] *R. (on the application of Shrewsbury and Atcham BC) v Secretary of State for Communities and Local Government* [2008] EWCA Civ 148; [2008] 3 All E.R. 548 at [33] Carnwath LJ (alleged flaws in non-statutory consultation process overtaken by enactment of Local Government and Public Involvement in Health Act 2007, which put the minister's decision on a statutory footing).

Replace para.3-029 with:

3-029 A decision may be part of a two-tier process, so that an initial determination is superseded by a later one, with the effect that the first decision may no longer be challenged[122]; what purports to be a second decision may in reality be only a confirmation of an initial decision and so not itself reviewable[123]; or the legislative framework may make it unnecessary for a decision-maker to wait for an inspector's report before taking a decision.[124] There is also the question whether a decision not to alter an earlier administrative decision is itself a reviewable decision. There is "no formulaic or straightforward answer", and each case must to an extent turn on its own particular facts.[125] If there has been no significant change of circumstances since the original decision, especially if the court views the request to the public authority to reconsider its earlier decision as a ploy to circumvent the time limit for commencing a judicial review claim,[126] the court is likely to decline to hear the matter.

[122] *R. v Secretary of State for Education Ex p. B (A Child)* [2001] E.L.R. 333.

[123] See, e.g. *R. v Secretary of State for the Home Department Ex p. Kaygusuz (Ibrahim)* [1991] Imm. A.R. 300.

[124] See *R. (Cruelty Free International) v Secretary of State for the Home Department* [2015] EWHC 3631 (Admin); [2016] P.T.S.R. 431 (claimant unsuccessfully argued that it was necessary under the Animals (Scientific Procedures) Act 1986 for the Minister to wait for final report from Home Office's Animals in Science Regulation Unit before imposing sanctions on license holder).

[125] *R. (on the application of Lambeth LBC) v Secretary of State for Work and Pensions* [2005] EWHC 637 (Admin); [2005] B.L.G.R. 764 at [38] (fresh facts may justify the court intervening; but "A subsequent change of English law or a change of the policy of our government that is not retrospective to the earlier decision will not, in general, justify treating a refusal to alter a previously undisputed decision as a new decision").

[126] See 16-053.

AMENABILITY TESTS BASED ON THE SOURCE OF POWER

Prerogative powers

Nature of prerogative powers

Replace para.3-033 with:

3-033 The courts recognise that the Crown (a term we consider shortly) possesses common law powers and immunities. There is no consensus about the overarching definition of prerogative powers. Some commentators take the view that only those governmental powers which are unique to the Crown should be called prerogative,[131] whereas others adopt a more all-encompassing definition and include all the non-statutory powers of the Crown.[132] A practical example of the difference is that the action of making ex gratia payments falls within the latter but not the former definition of prerogative powers, because it is open to any citizen to make donations of money. Prerogative powers are residual powers; new ones cannot be created,[133] and they "remain in existence to the extent that Parliament has not expressly or by implication extinguished them".[134] However, while Parliament may not create new prerogatives, it may confer statutory powers which are very similar in character to prerogative powers.[134a]

[131] See, e.g. H.W.R. Wade and C. Forsyth, *Administrative Law*, 9th edn (2004), p.216 ("'Prerogative' power is, properly speaking, legal power that appertains to the Crown but not to its subjects"), drawing on Blackstone (Bl.Comm. 1.239). Wade stressed the requirement for there to be *legal* power to alter people's rights, duties and status and, thus, he did not regard the issue of passports as based on prerogative power (*Constitutional Fundamentals* (1980), p.46). See *R. (on the application of Heath) v Home Office Policy and Advisory Board for Forensic Pathology* [2005] EWHC 1793 (Admin) at [25] (Newman J drawing a distinction between prerogative power and "executive power" as the basis for setting up the Board).

[132] A. Dicey, *Introduction to the Study of the Law of the Constitution*, 8th edn (1915), p.421 ("The prerogative is the name for the remaining portion of the Crown's original authority, and is therefore, as already pointed out, the name for the residue of discretionary power left at any moment in the hands of the Crown, whether such power be in fact exercised by the King himself or by his ministers.") This definition was quoted with approval in *Attorney General v de Keyser's Royal Hotel Ltd* [1920] A.C. 508 at 526, and by Lord Fraser in *Council of Civil Service Unions v Minister for the Civil Service* [1985] A.C. 374. On non-statutory powers and the Ram doctrine, see 5-022.

[133] *British Broadcasting Corp v Johns* [1965] Ch. 32 (Diplock LJ: it was "three hundred and fifty years and a civil war too late for the Queen's courts to broaden the prerogative" in respect of the Crown's right to a monopoly).

[134] *R. v Secretary of State for the Home Department Ex p. Fire Brigades Union* [1995] 2 A.C. 513 at 552 (Lord Browne-Wilkinson). See also *Re JR80's Application for Judicial Review* [2019] NICA 58 at [18] ("[t]he prerogative being derived from common law can be curtailed or abrogated by statute"); *R. (on the application of Shields-McKinley) v Secretary of State for Justice and Lord Chancellor* [2019] EWCA Civ 1954; [2020] 2 W.L.R. 250 at [56] (noting that flexible as the power to exercise it is, the prerogative of mercy is not a simple substitute for conventional routes provide by statute, available to correct errors in the sentencing process; nor is there a requirement that the prerogative must be exercised if those routes of appeal are not pursued).

[134a] *Re JR80's Application for Judicial Review* [2019] NICA 58 at [14] (holding at [97]–[98] that the Secretary of State had no residual prerogative and executive powers regarding transferred matters by virtue of s.23 of the Northern Ireland Act 1998).

In para.3-036 after "debate. In February", replace "2006, Tony" with:
2003,Tony

3-036

Shift from jurisdiction to justiciability to set limits on court's powers to supervise legality of prerogative powers

In para.3-040, add new paragraphs:

In a highly significant recent judgment, *Miller v Prime Minister*, the Supreme Court held that the prerogative of proroguing Parliament was justiciable, noting that "although the courts cannot decide political questions, the fact that a legal dispute concerns the conduct of politicians, or arises from a matter of political controversy, had never been sufficient reason for the courts to refuse to consider it".[168a] The case arose from the decision of the Prime Minister to advise Her Majesty to prorogue Parliament from a date between 9 and 12 September until 14 October, prior to the planned exit of the United Kingdom from the European Union pursuant to both Article 50 of the Treaty on European Union and the European Union (Withdrawal) Act 2018. The proceedings were initiated out of concern that the prorogation was intended to avoid debate in the run up to exit day.

3-040

The Court reasoned that the sovereignty of Parliament would be undermined as the foundational principle of the constitution, if the executive could, through the use of the prerogative, prevent Parliament from exercising its legislative authority for as long as it pleased; it must therefore follow, as a concomitant of Parliamentary sovereignty, that the power to prorogue could not be unlimited.[168b] The level of review applicable to the power of prorogue was expressed as follows:

"that a decision to prorogue Parliament (or to advise the monarch to prorogue Parliament) will be unlawful if the prorogation has the effect of frustrating or preventing, without reasonable justification, the ability of Parliament to carry out its constitutional functions as a legislature and as the body responsible for the supervision of the executive. In such a situation, the court will intervene if the effect is sufficiently serious to justify such an exceptional course".[168c]

The Court explained that the standard was not concerned with the mode of exercise of the prerogative power within its lawful limits; rather, it was a standard which determined the limits of the power, marking the boundary between the prerogative on the one hand and the operation of the constitutional principles of the sovereignty of Parliament and responsible government on the other hand.[168d]

The Court held that it was impossible for it to conclude, on the evidence before it, that there had been any reason—let alone a good reason—to advise Her Majesty to prorogue Parliament for five weeks; it followed that the decision was unlawful.[168e]

The Supreme Court has also recently observed that the Court is required by long-established law to examine the nature and extent of prerogative power and to determine whether the respondent has transgressed its limits, particularly where the prerogative power may be being used to infringe upon an individual's rights.[168f]

[168a] *Miller v Prime Minister* [2019] UKSC 41 at [31]; see also [52].

[168b] *Miller v Prime Minister* [2019] UKSC 41; [2020] AC 373 at [42] and [44].

[168c] *Miller v Prime Minister* [2019] UKSC 41; [2020] AC 373 at [50].

[168d] *Miller v Prime Minister* [2019] UKSC 41; [2020] AC 373 at [52].

[168e] *Miller v Prime Minister* [2019] UKSC 41; [2020] AC 373 at [61].

[168f] *Elgizouli v Secretary of State for the Home Department* [2020] UKSC 10; [2020] 2 W.L.R. 857 at [161].

Prerogative powers in respect of which the court may not have supervisory jurisdiction

Replace n.181 with:

3-043   [181] *R. (on the application of Bancoult) v Secretary of State for Foreign and Commonwealth Affairs* [2007] EWCA Civ 498; [2008] Q.B. 365 at [31]–[36] (Sedley LJ) (in relation to an Order in Council made under prerogative powers, which was held to be an act of the executive and as such is amenable to any appropriate form of judicial review, whether anticipatory or retrospective). See however, as an example of a limit to review: *R. (on the application of El Gizouli) v Secretary of State for the Home Department* [2019] EWHC 60 (Admin); [2019] 1 W.L.R. 3463 at [50]-[77] (the principle of legality, which requires express statutory language to override fundamental rights, did not apply to the exercise of prerogative powers and therefore did not require the British government, in the context of a request for mutual legal assistance in connection with a murder investigation, to obtain assurances from the American government that the prosecution would not seek the death penalty in the event of the claimant being prosecuted in the US).

JUDICIAL REVIEW OF PUBLIC FUNCTIONS

Bodies held not to be amenable to judicial review

Replace para.3-049 with:

3-049   The adoption of the public functions approach has not led to a widespread expansion of the ambit of judicial review. More often than not, submissions that a body's decision falls within the sphere of public functions have been unsuccessful, leading to dismissal of claims against (for example): organisations regulating sports[203]: decisions by religious bodies, including the Chief Rabbi, an imam, and chancellors and bishops of the Church of England[204]: in the commercial sphere, self-described ombudsman schemes, a trade association, the Association of British

Travel Agents and Lloyd's of London[205]; the Medical Defence Union[206]; "pub watch" schemes (in which publicans cooperate through an unincorporated association to bar customers banned from one licenced premises from all others in the scheme)[207]; and a decision of ITV to exclude the Liberal Democrats and the Scottish National Party from a leaders' debate in the lead up to the General Election on 12 December 2019.[207a] In some of these cases what was fatal to the claim was the presence of a contractual nexus between the claimant and the defendant.[208] In others, the activity in question was assessed not to have the characteristics of a public function. Even though a body may not be amenable to judicial review, the High Court nonetheless has a supervisory jurisdiction in private law proceedings under CPR Pt 8 "and the approach to be adopted is essentially that which the Administrative Court would adopt in public law cases".[209]

[203] In relation to horse racing: see *Mullins v The Board of Appeal of the Jockey Club* [2005] EWHC 2197 (Admin), Burnton J; *R. v Disciplinary Committee of the Jockey Club Ex p. Massingberd-Mundy* [1993] 2 All E.R. 207, DC; *R. v Jockey Club Ex p. RAM Racecourses Ltd* (1990) [1993] 2 All E.R. 225, DC; *R. v Disciplinary Committee of the Jockey Club Ex p. Aga Khan* [1993] 1 W.L.R. 909, CA. The Jockey Club no longer has regulatory functions: these were transferred to the Horse Racing Regulatory Authority and then to the British Horse Racing Authority (a company limited by guarantee). In relation to other sports, see: *R. v Football Association Ltd Ex p. Football League Ltd* [1993] 12 All E.R. 833 (Rose J); *Law v National Greyhound Racing Club* [1983] 1 W.L.R. 1302; and see J. Anderson, "An Accident of History: Why the Decisions of Sports Governing Bodies are not Amenable to Judicial Review" (2006) 35 *Common Law World Review* 173; the position is different in Scotland: C. Munro, "Sports in the Courts" [2005] P.L. 681 and 3–118 below.

[204] *R. v Chief Rabbi of the United Hebrew Congregations Ex p. Wachmann* [1992] 1 W.L.R. 1036; *R. v London Beth Din (Court of Chief Rabbi) Ex p. Bloom* [1998] C.O.D. 131; *R. v Imam of Bury Park Mosque, Luton Ex p. Ali (Sulaiman)* [1994] C.O.D. 142; *R. v St Edmundsbury and Ipswich Diocese (Chancellor) Ex p. White* [1948] 1 K.B. 195. cf. *R. v Bishop of Stafford Ex p. Owen* [2001] A.C.D. 14.

[205] *R. v Insurance Ombudsman Ex p. Aegon Life Assurance Ltd* [1994] C.O.D. 426; *R. v Panel of the Federation of Communication Services Ltd Ex p. Kubis* [1998] C.O.D. 56; *R. v Association of British Travel Agents Ex p. Sunspell Ltd (t/a Superlative Travel)* [2001] A.C.D. 16; *R. v Lloyd's of London Ex p. Briggs* [1993] 1 Lloyd's Rep. 176; *R. (on the application of West) v Lloyd's of London* [2004] EWCA Civ 506; [2004] 3 All E.R. 251; *R. (on the application of Mooyer) v Personal Investment Authority Ombudsman Bureau Ltd* [2001] EWHC Admin 247; [2002] Lloyd's Rep. I.R. 45. In *R. (on the application of Holmcroft Properties Ltd) v KPMG LLP* [2018] EWCA Civ 2093; [2020] Bus. L.R. 203, it was held that a company appointed by the Financial Services Authority to provide redress to customers who had been mis-sold financial products was not amenable to review. See K Costello "The 'public element' test for amenability to judicial review: R. (on the application of Holmcroft Properties Ltd) v KPMG LLP" [2020] PL 229.

[206] *R. (on the application of Moreton) v Medical Defence Union Ltd* [2006] EWHC 1948 (Admin); [2007] LS Law Medical 180.

[207] *R. (on the application of Proud) v Buckingham Pubwatch Scheme* [2008] EWHC 2224 (Admin); *R (on the application of Boyle) v Haverhill Pub Watch* [2009] EWHC 2441 (Admin), [56]: the case "has no sufficient public element, flavour or character to bring it within the purview of public law". Neither case dealt with the law on "common callings" on which, see A. Reichman, *Human Rights in Private Law* (2001), p.248.

[207a] *R. (on the application of the Liberal Democrats) v ITW Broadcasting Ltd* [2019] EWHC 3282; [2020] 4 W.L.R. 4 (Admin).

[208] See 3-053.

[209] *Fallon v Horseracing Regulatory Authority* [2006] EWHC 2030, [12] (Davis J); see also *Mckeown v British Horseracing Authority* [2010] EWHC 508 (QB); *Bradley v Jock Club* [2005] EWCA Civ 1056; and from an earlier period, *Nagle v Feilden* [1966] 2 Q.B. 633 (review of practice of Jockey Club to refuse trainer's licences to women).

Various characteristics of a public function

Replace para.3-051 with:

Where the courts do employ the broad test based on the existence of public functions, it is not always clear what criteria are relevant. As has been observed recently, there can be little doubt that the reach of judicial review has to an extent been expanded by the courts over the last few decades, and a series of cases have enunciated a number of propositions and principles of general application, but "[e]ven so,

3-051

the application of such propositions and principles to individual cases has on occasion, it has to be said, resulted in outcomes which do not always show an entirely coherent pattern."[211a] Generally, the question of whether a particular decision is or is not amenable to judicial review in a given situation depends on the particular background and circumstances in which the decision sought to be impugned is made.[211b] Some judgments focus on the nature of the specific task carried out (which ought to be the dominant consideration) whereas others examine the general characteristics of the decision-making body. In *Ex p. Datafin Plc*, Sir John Donaldson MR suggested that possibly "the only essential elements are what can be described as a public element, which can take many different forms, and the exclusion from jurisdiction of bodies where the sole source of power is the consensual submission to its jurisdiction".[212] He warned that even as the law then stood, in the law reports it was possible to find enumerations of factors giving rise to the jurisdiction, but it was a fatal error to regard the presence of all those factors as essential or as being exclusive of other factors. In subsequent cases, the courts have gone on to elaborate a variety of overlapping criteria designed to particularise the broad-based functional approach of the Master of the Rolls in *Datafin*. The following general propositions have been recently endorsed:

- The fact that a service is for the public benefit does not mean that providing the service is a public function;
- The fact that a function has a public connection with a statutory duty of a public body does not necessarily mean that the function is itself public;
- The fact that a public authority could have performed the function does not mean that the function is a public one if done by a private body;
- The private profit-making motivation behind a private body's operations points against treating it as a person with a function of a public nature; and
- Functions of a public character are essentially functions which are governmental in nature.[212a]

The following points are also relevant.

[211a] [2019] EWHC 3282 (Admin) at [66].

[211b] [2019] EWHC 3282 (Admin) at [66].

[212] *Ex p. Datafin Plc* [1987] 1 Q.B. 815 at 838.

[212a] *R. (on the application of the Liberal Democrats) v ITW Broadcasting Ltd* [2019] EWHC 3282; [2020] 4 W.L.R. 4 (Admin) at [72] (endorsing the summary of the principles as presented by counsel in *R. (on the application of Holmcroft Properties Limited v KPMG LLP* [2018] EWCA Civ 2093 at [36]).

"But for"

Replace n.214 with:

3-052   [214] The fact that outside England some governments regulated the sport of horse racing was not regarded as significant in *Ex p. Aga Khan* [1993] 1 W.L.R. 909 at 932. cf. *Datafin* [1987] 1 Q.B. 815 where the Panel's lack of a direct statutory base was regarded as "a complete anomaly, judged by the experience of other comparable markets world-wide" (at 835). See reference to the position in New Zealand in *R. (on the application of Liberal Democrats) v ITV Broadcasting Ltd* [2019] EWHC 3282 (Admin); [2020] 4 W.L.R. 4 at [73] and [87]–[88] (distinguished on the basis that in New Zealand, the relevant statute seemed to impose direct statutory obligations on broadcasters).

Statutory underpinning

Replace para.3-053 with:

3-053   Where the government has acquiesced or encouraged the activities of the body under challenge by providing "underpinning" for its work, has woven the body into the fabric of public regulation[215] or the body was established under the authority of government",[216] this can constitute statutory underpinning. Here the court is concerned not with what might happen, but with what has actually occurred.²¹⁷ The mere fact that existence of the body is explicitly or implicitly recognised in legislation is insufficient.²¹⁸ Moreover, the fact that the acts are supervised by a public regulatory body does not necessarily indicate that they are of a public nature.²¹⁸ᵃ The absence of a direct statutory obligation will also suggest that the function is not public.²¹⁸ᵇ

²¹⁵ An expression used by Sir Thomas Bingham MR in *Ex p. Aga Khan* [1993] 1 W.L.R. 909 at 921. See further C. Campbell, "The Nature of Power as Public in English Judicial Review" (2009) 68 C.L.J. 90 at 96.

²¹⁶ *Ex p. Lain* [1967] 2 Q.B. 864 at 884 (Diplock LJ), cited with approval in *Ex p. Datafin Plc* [1987] 1 Q.B. 815 at 849 (Lloyd LJ).

²¹⁷ See, e.g. *R. (on the application of A) v Partnerships in Care Ltd* [2002] EWCH 529 (Admin). The claimant was compulsorily detained under Mental Health Act 1983 s.3(1), the defendant private hospital was registered as a mental nursing home under Registered Homes Act 1984 Pt 2, and a statutory instrument imposed a duty directly on the hospital to provide adequate professional staff and treatment facilities.

²¹⁸ See, e.g. *R. v Chief Rabbi of the United Hebrew Congregations of Great Britain and the Commonwealth Ex p. Wachmann* [1992] 1 W.L.R. 1036 (existence and some functions of Chief Rabbi recognised by United Synagogues Act 1870 and Slaughter Houses Act 1974); *R. v Insurance Ombudsman Bureau Ex p. Aegon Life Insurance Ltd* [1995] L.R.L.R. 101 (under Financial Services Act 1986 LAUTRO recognised by Secretary of State as self-regulatory organisation; rather than itself carrying out a complaints investigation function, as required by the Act, LAUTRO recognised the Insurance Ombudsman as performing that task); *Ex p. Football Association Ltd* [1993] 2 All E.R. 833 where the EA had been recognised by Football Spectators Act 1989 s.4. In none of these cases was the presence of the legislation sufficient to make the body reviewable.

²¹⁸ᵃ *R. (on the application of Liberal Democrats) v ITV Broadcasting Ltd* [2019] EWHC 3282 (Admin); [2020] 4 W.L.R. 4 at [70] and [84] ("a regulatory body may be deemed public … but the activities of a body which it regulates may be categorised as private").

²¹⁸ᵇ *R. (on the application of Liberal Democrats) v ITV Broadcasting Ltd* [2019] EWHC 3282 (Admin); [2020] 4 W.L.R. 4 at [83] (see also [85] noting that ITV's powers and functions derived from its Memorandum and Articles of Association, not from statute).

Extensive or monopolistic powers

Replace n.221 with:

²²¹ *Re Wylie's Application for Judicial Review* [2005] NIQB 2 at [19] (Weatherup J: "the regulation of the fishing involves an implied duty to act in the public interest; the issues that arise are matters of public concern and interest and the regulatory control arises in a public sphere where direct governmental regulatory control is absent and the regulatory activities are providing a public service"). By contrast, absence of monopolistic activities weighed against amenability to judicial review: *R. (on the application of the Liberal Democrats) v ITW Broadcasting Ltd* [2019] EWHC 3282; [2020] 4 W.L.R. 4 (Admin) at [85].

3-054

Add new sub-paragraph:

Absence of Remedies

It is also clear that the courts should not determine amenability to judicial review by reference to concerns as to inadequacy of remedies that may be available against the particular bodies outside judicial review. As was observed by Hoffmann LJ— recently endorsed²²⁹ᵃ—"I do not think that one should try to patch up the remedies available against domestic bodies by pretending that they are organs of government."²²⁹ᵇ

3-057A

²²⁹ᵃ *R. (on the application of the Liberal Democrats) v ITW Broadcasting Ltd* [2019] EWHC 3282; [2020] 4 W.L.R. 4 (Admin) at [93].

²²⁹ᵇ *R. v Disciplinary Committee of the Jockey Club Ex p. Aga Khan* [1993] 1 W.L.R. 909, CA 933.

AMENABILITY OF FUNCTIONS RELATING TO PRE-CONTRACTUAL AND CONTRACTUAL POWERS

Amenability tests for contractual situations

Replace para.3-066 with:

3-066   The tests applied by the courts to determine whether a function involving a contract is susceptible to judicial review have been criticised as overly complex and liable to divert the attention of the court away from the substance of the complaint.[249] In the orthodox approach, the court assumes that the fact that the source of a public authority's power is statutory is in and of itself insufficient to make a dispute about a contract amenable to judicial review; the court therefore goes on to consider whether there is some additional "sufficient public element, flavour or character" to the situation.[250] A more straightforward approach (though not one widely applied by the courts) would be to say that if the contractual decision in issue involves that exercise of a statutory power, then in principle it should be subject to judicial review and the court should consider whether any of the grounds of review have been made out.[251]

[249] S. Bailey, "Judicial Review of Contracting Decisions" [2007] P.L. 444.

[250] *R. (on the application of Beer (t/a Hammer Trout Farm)) v Hampshire Farmers Markets Ltd* [2003] EWCA Civ 1056; [2004] 1 W.L.R. 233 at [16] (Dyson J); and see, e.g. *R. v Lord Chancellor Ex p. Hibbit & Saunders* [1993] C.O.D. 326; *R. v Camden LBC Ex p. Hughes* [1994] C.O.D. 253; *R. v Bolsover DC Ex p. Pepper* (2001) 3 L.G.L.R. 20; *R. (on the application of Trafford) v Blackpool BC* [2014] EWHC 85 (Admin); [2014] P.T.S.R. 989 (decision not to renew lease to firm of solicitors who had acted for claimants in personal injuries claims against the council held to be amenable to judicial review). Per HH Judge Stephen Davies: "At the very least there is a sufficient public element or connection to render the decision amenable to judicial review on the ground of abuse of power, whether categorised as improper or unauthorised power." See also para.11-072 fn.259. See also *R. (on the application of Daniel Johns Manchester Ltd) v Manchester City Council* [2018] EWHC 464 (Admin) (applying *Trafford*); See *Kenson Contractors (Benington) Ltd v London Borough of Haringey* [2019] EWHC 1230 (Admin) at [42]-[47] Waksman J summarised the requirements of an "additional public element" in contractual situations as follows at [45]:

(1) The nature and status of the particular public body concerned: this may be relevant because some such bodies may have an obviously greater public importance than others;

(2) The subject matter of the contract in question : this will include the status and nature of the other party or tenderers, along with the nature and scope of the works and the extent to which they might be described as "public-facing" and/or for the benefit of the public; also relevant is the source of funding; however, it must be borne in mind that as the contract put out to tender is being awarded by a public body, there will usually be some element of public funding and the contract will usually have some public connection;

(3) The source of the tender process used : that is to say, whether the particular process employed was specifically mandated to the defendant body, for example by statute or some other binding provision, as opposed to one essentially devised by that body; it will be relevant to know whether the body was purporting to comply with any statutory obligation in seeking tenders for this contract or whether it was simply empowered to do so;

(4) The nature of the challenge: this can take a variety of forms, including arguments that: (a) there was a failure by the relevant body to comply with some aspect of the mandated process or some other statutory obligation relating to it; (b) the particular policy or process adopted by it was itself unlawful in a public law sense; (c) the actual decision in question involved fraud, corruption or bad faith on the part of the relevant body; (d) in carrying out the process (in particular the scoring of rival bidders) the relevant body acted unfairly or irrationally.

[251] S. Bailey, "Judicial Review of Contracting Decisions" [2007] P.L. 444, 451.

Identifying the "additional public element"

Situations where there was an insufficient "additional public element"

Replace n.263 with:

3-069   [263] *R. v Bolsover DC Ex p. Pepper* (2001) 3 L.G.L.R. 20. See also, *R. (on the application of Daniel Johns Manchester Ltd) v Manchester City Council* [2018] EWHC 464 (Admin) at [38] where it was held that the fact that a local authority had previously granted planning permission for a particular development on a property had no sufficient connection with its later decision, in its capacity as a private landowner, to refuse to proceed with a proposal to sell the freehold of the property to another developer, so that decision was not subject to the full range of public law obligations. However, the decision was reviewed for fraud, corruption, bad faith and improper motive.

Situations where there was a sufficient "additional public element"

To the end of the para.3-070, add:

3-070
It has recently been held that the determination of a government department as to whether a company has breached a commercial contract, and its decision as to whether to enter into a commercial contract, were matters falling within the scope of public law and of the court's judicial review function. It was also held that a provision in a public contract cannot oust the judicial review jurisdiction of the court.[271a]

[271a] *Mauritius v CT Power Ltd* [2019] UKPC 27.

Employment situations

Replace para.3-072 with:

3-072
Where a public authority takes action in relation to an employee, such as disciplinary action or termination of an employment relationship, this will normally be matter for contract or employment law rather than judicial review.[274] Complications have arisen in relation to civil servants who hold office under the Crown, terminable at will, as it has not been clear whether a contract of employment exists in this context, but that is a rather different question to the one in hand, namely whether the Administrative Court should intervene.[275] Police officers, similarly are office-holders rather than employees under contract.[275a] Following precedent, the court also probably has jurisdiction over claims made by Church of England clergymen complaining about lack of fairness in the procedures adopted by their superiors,[276] though not in respect of employment-type issues arising in other religious organisations.[277]

[274] *R. v BBC Ex p. Lavelle* [1983] 1 W.L.R. 23 (claimant sought stay of BBC disciplinary proceedings pending conclusion of a criminal trial); *R. v East Berkshire HA Ex p. Walsh* [1985] Q.B. 152; *R. v Derbyshire CC Ex p. Noble* [1990] I.C.R. 808 (local authority terminated appointment of deputy police surgeon without given reasons or allowing representations); *McLaren v Secretary of State for the Home Department* [1990] I.C.R. 824; *R. v Lord Chancellor's Department Ex p. Nangle* [1991] I.R.L.R. 343; *R. (on the application of Arthurworry) v Haringey LBC* [2001] EWHC Admin 698; [2002] I.C.R. 279; *Evans v University of Cambridge* [2002] EWHC 1382 (Admin); [2003] E.L.R. 8; *R. (on the application of Tucker) v Director General of the National Crime Squad* [2003] EWCA Civ 57; [2003] I.C.R. 599 (termination of secondment of police office to the NCS). *Tucker* was distinguished in *R. (on the application of Woods) v Chief Constable of Merseyside Police* [2014] EWHC 2784 (Admin); [2015] 1 W.L.R. 539, where the decision to subject a police officer to a "service confidence procedure" was held to have a sufficient public law element to be amenable to judicial review and was not merely a deployment or operational decision. See also *Alves v Attorney General of the British Virgin Islands* [2017] UKPC 42 at [37] (although the government of British Virgin Islands was pursuing a public function in employing nurses to work in a public hospital, a personal injury claim brought by a nurse involved a private obligation).

[275] See S. Fredman and G. Morris, "Judicial Review and Civil Servants: Contracts of Employment Declared to Exist" [1991] P.L. 485.

[275a] See *C v Chief Constable of the Police Service of Scotland* [2019] CSOH 48 (in which it was held that ten police officers who had sent messages via an electronic messaging system had no reasonable expectation of privacy in respect thereof arising from their status as police officers).

[276] *R. v Bishop of Stafford Ex p. Owen* [2001] A.C.D. 14 (CA, Schiemann LJ stating that he so assumed "without finally ruling on the point").

[277] *R. v Chief Rabbi of the United Hebrew Congregations of Great Britain and the Commonwealth Ex p. Wachmann* [1992] 1 W.L.R. 1036.

Replace para.3-073 with:

3-073
It will perhaps be easiest to establish that an employment decision amounts to a public function where what is at stake is a general policy, taken under statutory or

prerogative powers. The following situations have been held to be susceptible to judicial review: a local authority's decision restricting how educational psychologists could consult other professionals before producing their advisory reports[278]; delegated legislation by which a minister sought to change teachers' contracts of employment to implement a system of performance-related pay[279]; an exercise of prerogative powers to change terms of employment to ban trade union membership at CGHQ[280]; a redeployment and redundancy policy adopted by a local authority[281]; a ministerial decision to close collieries without following an agreed consultation procedure[282]; a wage settlement when it is claimed that the authority exceeded or abused its conferred powers[283]; a decision of the Army Board, pursuant to Queen's Regulations, to retain two guardsmen in the Army after they had been released from prison after conviction for murdering a youth while on duty[284]; the decision of a university to refuse to re-engage an academic when ordered to do so by an employment tribunal[284a]; and the decision of a chief constable to revoke the suspension of a police officer custody sergeant.[284b]

[278] *R. v Sunderland City Council Ex p. Baumber* [1996] C.O.D. 211.

[279] *R. v Secretary of State for Education and Employment Ex p. National Union of Teachers* [2000] Ed. C.R. 603.

[280] *Council of Civil Service Unions v Minister for the Civil Service* [1985] A.C. 374; *McLaren v Secretary of State for the Home Department* [1990] I.C.R. 824 (obiter).

[281] *R. v Hammersmith and Fulham LBC Ex p. NALGO* [1991] I.R.L.R. 249.

[282] *R. v Secretary of State for Trade and Industry Ex p. Vardy* [1993] I.C.R. 720.

[283] *Pickwell v Camden LBC* [1983] Q.B. 962.

[284] *In the Matter of an Application for Judicial Review by Jean McBride (No.2)* [2003] NICA 23 at [25].

[284a] *Mackenzie v University of Cambridge* [2019] EWCA Civ 1060.

[284b] *McGowan v Chief Constable of PSNI* [2019] NICA 12 (the father of a person who died in police custody unsuccessfully sought review of a decision to revoke the suspension of the custody sergeant).

AMENABILITY AND THE HUMAN RIGHTS ACT

"Functions of a public nature" under the HRA

Overview of the case law

Replace table with:

Case	Date	Court	"function"	"act"	Outcome
Poplar Housing (a housing association)[339]	2001	CA	Social Landlord to which the local authority had transferred all its housing stock	Decision to issue proceedings for possession	Was a public authority (but no breach of Convention rights)
Austin Hall Building Ltd (case concerned an adjudicator)[340]	2001	QBD	Adjudication about payment for building works under the Housing Grants, Construction and Regeneration Act 1996 s.108	Had been given insufficient opportunity to present case etc.	Not a public authority

Case	Date	Court	"function"	"act"	Outcome
Partnerships in Care (a private hospital provider)[341]	2002	Admin Court	Provision of treatment in private psychiatric hospital to person compulsorily detained under Mental Health Act 1983	Decision of managers to "change the focus of one of its wards"	Was an act of a public nature
Leonard Cheshire Foundation[342] (a charity providing accommodation and care to the elderly)	2002	CA	Provision of accommodation plus care to elderly under contract with local authority (which is fulfilling duties to make such arrangements under National Assistance Act 1948)	Decision to close home where claimants had lived for more than 17 years and move them to alternative accommodation	Not a function of a public nature
Parochial Church Council of the Parish of Aston Cantlow etc.[343]	2003	HL	Ensuring the maintenance and repair of Church of England churches	Decision to enforce a lay rector's obligation to meet the cost of chancel repairs	Not a function of a public nature
Hampshire Farmers Markets Ltd[344] (private company limited by guarantee set up by local authority to regulate markets)	2003	CA	Controlling the right of access to a public market	Decision to reject application by claimant trout farmer to participate in programme of farmers markets	Was a public function
Malcolm[345] (trustee in bankruptcy)	2005	CA	Role of insolvency practitioner appointed trustee of bankrupt's estate under Insolvency Act 1986	Decision to obtain a lump sum benefit of a retirement annuity contract	Was a public function

Case	Date	Court	"function"	"act"	Outcome
Network Rail Infrastructure Ltd (formerly Railtrack Plc)[346]	2006	QBD	Role as an "infrastructure controller" under the Railways (Safety Case) Regulations 2000 and owner and controller of track, signalling and bridge works on the stretch of line on which Potters Bar accident occurred	A failure to maintain points on the track	Was not a public function
YL[347] (challenge to Southern Cross Healthcare, a business running care homes for the elderly)	2007	HL	Provision of accommodation plus care to elderly people (arranged by and subsidised by local authorities under duties imposed by National Assistance Act 1948)	Decision to terminate elderly resident's contractual right to remain in care home	Was not a public function
R. (on the application of Weaver) v London & Quadrant Housing Trust[348]	2009	CA (Elias LJ and Lord Collins of Mapresbury; Rix LJ dissenting)	management and allocation of housing stock by a registered social landlord	termination of a tenancy on grounds of rent arrears	act of terminating a tenancy in social housing did not constitute an act of a private nature, and was in principle subject to human rights considerations
In re All Saints', Sanderstead[349]	2011	Southwark Consistory Court	Celebration of Holy Communion by priest of the Church of England	Decision to remove communion rail	Not a function of a public nature (Equality Act 2010 s.31(4)).
Ali (Iraq) v Serco Ltd[349a]	2019	Court of Session	Providing accommodation to asylum seekers pursuant to a contract with the Home Office	Eviction of the asylum seekers without a court order	Was not a public function

Case	Date	Court	"function"	"act"	Outcome
Fearn v Board of Trustees of the Tate Gallery[349b]	2019	Ch	Functions included maintaining a collection of British works of art and of documents relating to those works and a collection of Twentieth century and contemporary works of arts and of documents relating to those works	Operation of a viewing gallery	Not a public function
Scott v LGBT Foundation Ltd[349c]	2020	QBD	Charity providing counselling services	Oral disclosure to GP regarding mental health and substance use issues	Not a function of a public nature
Foreign and Commonwealth Office v Warsama[349d]	2020	Civ Div	Report of non-statutory inquiry which was published in Parliament	Investigation into allegations that serious child sex abuse and corruption were taking place with impunity on St Helena	Was a public function

---

[339] *Poplar Housing & Regeneration Community Association Ltd v Donoghue* [2001] EWCA Civ 595; [2002] Q.B. 48; cf. e.g. *Smart v Sheffield City Council* [2002] EWCA Civ 4; [2002] H.L.R. 34 (possession proceedings by a local authority subject to the HRA because it was a "core" public authority).

[340] *Austin Hall Building Ltd v Buckland Securities Ltd* [2001] B.L.R. 272.

[341] *R. (on the application of A) v Partnerships in Care Ltd* [2002] EWHC 529 (Admin); [2002] 1 W.L.R. 2610; see also *R. (on the application of Wilkinson) v Broadmoor Special Hospital Authority* [2001] EWCA Civ 1545; [2002] 1 W.L.R. 419 at [61] (HRA s.6(3) "is apt to cover the actions of private doctors and others carrying out statutory functions under the Mental Health Act").

[342] *R. (on the application of Heather) v Leonard Cheshire Foundation* [2002] EWCA Civ 366; [2002] 2 All E.R. 936.

[343] *Aston Cantlow and Wilmcote with Billesley Parochial Church Council v Wallbank* [2003] UKHL 37; [2004] 1 A.C. 546 (4:1 decision on this point, Lord Scott of Foscote dissenting).

[344] *R. (on the application of Beer (t/a Hammer Trout Farm)) v Hampshire Farmers Markets Ltd* [2003] EWCA Civ 1056; [2004] 1 W.L.R. 233. The judgment does not identify which Convention right was at stake. See further B. Hough, "Public Law Regulation of Markets and Fairs" [2005] P.L. 586.

[345] *Malcolm, Re; Malcolm v Benedict Mackenzie (A Firm)* [2004] EWCA Civ 1748; [2005] 1 W.L.R. 1238 at [30].

[346] *Cameron v Network Rail Infrastructure Ltd (formerly Railtrack Plc)* [2006] EWHC 1133 (QB); [2007] 1 W.L.R. 163 at [29]: the company was set up in 1994, when the British Rail Board was privatised, and the railway infrastructure was vested in it by the Railway Act 1993. At first the company had statutory powers to regulate safety (and may during that time have been a public authority) but those were removed in December 2000 and transferred to the Health and Safety Executive and subsequently to the Office of Rail Regulation. cf. *In the Matter of an Application for Judicial Review by Ronald*

Wadsworth [2004] NIQB 8 (a dispute about the exclusion of a licensed public hire taxi driver from a designated taxi rank) where Weatherup J held that the Northern Ireland Railways Company Ltd, a railway company authorised under the Transport Act (Northern Ireland) 1967, and the Northern Ireland Transport Holding Company (owner of the lands at Central Station Belfast), established under the 1967, were carrying out "functions of a public nature" for the purposes of the HRA.

[347] *YL v Birmingham City Council* [2007] UKHL 27; [2008] 1 A.C. 95.

[348] *R. (on the application of Weaver) v London & Quadrant Housing Trust* [2009] EWCA Civ 587; [2010] 1 W.L.R. 363. See also *R. (on the application of Bevan & Clarke LLP) v Neath Port Talbot CBC* [2012] EWHC 236 (Admin); [2012] B.L.G.R. 728 (private sector operators of care homes applied for judicial review of local authority's decision to award a 5.7 per cent increase in the rate to be paid to them. The decision was amenable to judicial review. The mere fact that it concerned the setting of a fee under a contract did not characterise it as a private act. The application failed on other grounds).

[349] *In re All Saints', Sanderstead* [2012] Fam 51.

[349a] *Ali (Iraq) v Serco Ltd* [2019] CSIH 54; [2019] S.L.T. 1335 at [54] (holding that the implementation in the UK of its international obligations to receive and provide essential services to destitute people seeking asylum was being performed by Serco "merely subject to a private law contract ... to private the necessary services"). The Court also held that the services were "analogous to a wide range of functions that are regularly contract out by government to private providers, such as construction and maintenance work for government departments and local authorities"). It is respectfully suggested that the analysis of the Outer House, that Serco was "taking the place of central government in carrying out what in essence is a humanitarian function" ([2019] CSOH 34; [2019] S.L.T. 463 at [32]) is to be preferred and avoids an excessive focus on the source of the power (namely, contract), rather on the nature of the function. See also *Osagie v Serco Ltd* [2019] EWHC 1803 (QB) at [78]-[79] (refusal of leave to amend a claim to plead a Human Rights Act claim where Mr Osagie was an employee of Serco, and "Serco [was] not supplying services of a public nature to Mr Osagie".

[349b] [2019] EWHC 246 (Ch); [2019] Ch 369.

[349c] [2020] EWHC 483 (QB); [2020] 4 W.L.R. 62.

[349d] [2020] EWCA Civ 142.

Step 1—assessing the body's functions

Replace para.3-093 with:

3-093 As we have noted, assessment of the reach of the HRA is a two-step process: assessing the body's functions and then considering the nature of the "act". Here we consider the first step, which involves examination of the overall work of the body in question. "Function" has a more conceptual and less specific meaning than "act" (which falls for consideration at step 2).[350] It is necessary to consider each case on the facts[350a] and "a global assessment has to be made"[350b]; there is "no single test of universal application to be used in deciding whether a function is a public one such that the body exercising it falls to be classed as a public authority".[350c] Only if the body is carrying out a mix of public and private functions does it fall within the scope of s.6 of the HRA.[351] If *none* of its functions are of a public nature then it is incapable of perpetrating breaches of Convention rights. The use of the terms "hybrid public authority" and "functional public authority"[352] has been deprecated,[353] but in relation to this stage of the inquiry it is useful shorthand for the kind of body that falls within the ambit of the HRA. Certainly, it would be wrong to focus only on what is "done" without considering the institutional and relational context in which it is done.[354] How then do and should the courts approach the task of identifying functions of a public nature? There are two possible sources of assistance.

[350] *YL v Birmingham City Council* [2007] UKHL 27; [2008] 1 A.C. 95 at [130] (Lord Neuberger).

[350a] *Warsama v Foreign and Commonwealth Office* [2020] EWCA Civ 142 at [106].

[350b] *Fearn & Ors v Board of Trustees of the Tate Gallery* [2019] EWHC 246 (Ch) at [122]—[123]. This case involved a nuisance claim brought on the basis that the public viewing gallery of the Tate museum overlooked the claimant's home and in which the court concluded that the Tate Gallery did not have "functions of a public nature". The Court reasoned that without a full history of the Tate Gallery, it was not possible to give this factor much weight; there was some public funding for the Tate Gallery but it was not completely, or even substantially, a publicly-funded body; while the Tate Gallery was providing a public service of the nation, this factor could not be determinative or given great weight as

AMENABILITY AND THE HUMAN RIGHTS ACT

otherwise, all charities would be public authorities; while there was a significant degree of State control, it was negative, in the sense of restrictions on activities rather than positive control directing activities; and being subject to the jurisdiction of the Parliamentary Ombudsman was of no real significance. Overall, while the Tate Gallery displayed, to some degree, some of the factors relevant to the question of whether it was exercising public functions, none was determinative and taking a "global assessment" of whether the activities were "governmental in their nature", the Court concluded that they were not.

[350c] *Ali v Serco Ltd* [2019] CSIH 54; [2019] S.L.T. 1335 at [53].

[351] "The body must be one of which at least some, but not all, of its functions are of a public nature", *Aston Cantlow* [2003] UKHL 37; [2004] 1 A.C. 546 at [85].

[352] The terms "functional public authority" and "hybrid public authority" have been coined in the context of the institutional approach (see *Aston Cantlow* [2003] UKHL 37; [2004] 1 A.C. 547 at [34]), which has now been disapproved.

[353] The Joint Select Committee on Human Rights has pointed out use of such terms is unhelpful as they deflect attention away from the nature of the functions performed to the intrinsic character of the body (HL Paper No.39/HC Paper No.382 (Session 2003/04) para.7).

[354] *YL v Birmingham City Council* [2007] UKHL 27; [2008] 1 A.C. 95 at [102] (Lord Mance: "There is, for example, a clear conceptual difference between the functions of a private firm engaged by a local authority to enforce the Road Traffic Regulation Act 1984, as amended, on a public road and the activities of the same firm engaged by a private land-owner or a local authority to enforce a private scheme or parking restrictions of which notice have been given on a private property or estate"). cf. *Akumah v Hackney LBC* [2005] UKHL 17; [2005] 1 W.L.R. 985.

Relevance of the judicial review case law on public functions

Replace para.3-095 with:

3-094 The first is the case law following from *Datafin* on "public functions" for the purposes of amenability to judicial review.[355] The language is similar, as are the broad purposes of the tests—respectively, to extend the ambit of the HRA beyond core public authorities[356] and to extend judicial review generally beyond those public authorities exercising statutory and prerogative powers. Some early judgments assumed that the tests were the same.[357] On more mature reflection it can, however, be seen that the tests are in fact distinct.[358] In many cases a decision will be susceptible to judicial review and the HRA. There are, however, situations in which a decision will be subject to the HRA but judicial review will not be an appropriate way of making a challenge (e.g. an issue to do with whether a decision in relation to an official's employment is compatible with Convention rights ought to be taken on appeal to the Employment Tribunal).[359] Nonetheless, provided a cautious approach is adopted, the case law relating to judicial review may be helpful in identifying, though not determinative of, the factors that need to be taken into account.[360] Too great an emphasis on the institutional and relational characteristics of the decision-maker must, however, be avoided. In some of the early cases courts fell into this trap[361] and as a result perhaps focused insufficiently on the inherent characteristics of the function, which ought to be the main object of the inquiry under the HRA.[362] It has also been held that it is important to interpret the concept of "public authority" in a way that ensures the practical and effective protection of the Convention rights.[362a]

[355] See 3-038.

[356] Joint Committee on Human Rights HL Paper No.39/HC Paper No.382 (Session 2003/04) para.4 ("to apply human rights guarantees beyond the obvious government bodies").

[357] *Poplar Housing & Regeneration Community Association Ltd v Donaghue* [2001] EWCA Civ 595; [2002] Q.B. 48 at [65(i)]; *R. (on the application of Heather) v Leonard Cheshire Foundation* [2001] EWHC Admin 429 at [65] (Stanley Burnton J).

[358] *R. (on the application of Heather) v Leonard Cheshire Foundation* [2002] EWCA Civ 366; [2002] 2 All E.R. 936 at [36] (Lord Woolf CJ); *R. (on the application of A) v Partnerships in Care Ltd* [2002] EWHC 529 (Admin); [2002] 1 W.L.R. 2610 at [27]; *Aston Cantlow* [2007] UKHL 27; [2007] 3 W.L.R. 112 at [52] (Lord Hope of Craighead); *YL v Birmingham City Council* [2007] UKHL 27; [2008] 1 A.C. 95 at [87] (Lord Mance).

[359] See 16-017.

[360] In *YL v Birmingham City Council* [2003] UKHL 37; [2004] 1 A.C. 547 at [12] (Lord Bingham: "it will not ordinarily matter whether the body in question is amenable to judicial review"); *R. (on the application of Weaver) v London & Quadrant Housing Trust* [2009] EWCA Civ 587; [2010] 1 W.L.R. 363 at [37], [83] (Elias LJ).

[361] For example, in *Poplar Housing* [2001] EWCA Civ 595; [2002] Q.B. 48. In *YL*, the HL criticised *Poplar Housing*: [105] (Lord Mance: "The deployment in *Poplar Housing*, apparently as a decisive factor in favour of the application of s.6(3)(b), of the close historical and organisational assimilation of Poplar Housing with the local authority is in my view open to the objection that this did not bear on the function or role that Poplar Housing was performing"); at [61] (Baroness Hale: "It is common ground that it is the nature of the function being performed, rather than the nature of the body performing it, which matters under s.6(3)(b).The case of *Poplar Housing* relied too heavily upon the historical links between the local authority and the registered social landlord, rather than upon the nature of the function itself which was the provision of social housing").

[362] An approach adopted by Lord Hope in *Aston Cantlow* [2003] UKHL 37; [2004] 1 A.C. 547 at [34]-[64]. See also *YL v Birmingham City Council* [2007] UKHL 27; [2008] 1 A.C. 95 at [148] (Lord Neuberger of Abbotsbury: "s.6(3)(b) appears to me to be concerned primarily with 'functions', or services, as such, rather than with the identity of the person who is paying for the provision of the services, or the reason for payment (although such factors are not, in my view, irrelevant)").

[362a] *Warsama v Foreign and Commonwealth Office* [2018] EWHC 1461 (QB) at [152]–[153]; see also [2020] EWCA Civ 142.

Relevance of the ECtHR case law

Replace para.3-095 with:

3-095 A second source of assistance is the case law of the European Court of Human Rights.[363] As with the identification of "core" public authorities,[364] so too with the ambit of "functions of a public nature": there is a link to the responsibility of Member States under the ECHR.[365] That said, the concept of "functions of a public nature" is one of national law that has no exact counterpart in ECHR case law. In *YL*, two "relevant principles" in the ECHR case law were identified, though it was conceded that the ECtHR has not always distinguished clearly between them.[366] First, there are circumstances in which Member States are responsible for a failure to take positive steps to prevent a person or non-state body from directly and immediately affecting a person's Convention rights. An example of this is a local authority's failure to protect children known to be being ill-treated by relatives (contrary to ECHR art.2).[367] Another illustration might be where the management of a commercially-owned shopping centre refuses to allow a campaign group permission to distribute leaflets to shoppers.[368] Secondly, a Member State may remain responsible for the activities of non-State body to which it has delegated state powers. An example here would be a privately-managed "contracted out" prison or probation services (which may engage a number of Convention rights).[369]

[363] H. Quane, "The Strasbourg Jurisprudence and the Meaning of 'Public Authority' under the Human Rights Act" [2006] P.L. 106; *R. (on the application of Beer (t/a Hammer Trout Farm)) v Hampshire Farmers Markets Ltd* [2003] EWCA Civ 1056; [2004] 1 W.L.R. 233 at [28]. In *R. (on the application of Weaver) v London & Quadrant Housing Trust* [2009] EWCA Civ 587; [2009] 1 All E.R. 17 at [118], Rix LJ (dissenting) attached importance to the fact that "there is no case, at any rate none has been cited, in Strasbourg jurisprudence in which the non-governmental provider of social housing has been the cause or object of a complaint of victimhood within the meaning of the Convention".

[364] See 3-067.

[365] See, e.g. *YL v Birmingham City Council* [2007] UKHL 27; [2008] 1 A.C. 95 at [87] (Lord Mance); *Foreign and Commonwealth Office v Warsama* [2020] EWCA Civ 142 at [104] (applying the statement of Lord Nicholls in *Aston Cantlow v Wallbank* [2003] UKHL 37; [2004] 1 AC 546 at [6]).

[366] *YL v Birmingham City Council* [2007] UKHL 27; [2008] 1 A.C. 95 at [92] (Lord Mance).

[367] *Z v United Kingdom* (29392/95) [2001] 2 F.L.R. 612 (failure of State in its positive obligation to prevent breaches of art.3 (prohibition of cruel and degrading treatment) by private third party).

[368] *Appleby v United Kingdom* (44306/98) (2003) 37 E.H.R.R. 38. The applicants argued that there was a breach of art.10 (freedom of expression). The ECtHR held: "The Court does not find that the authorities bear any direct responsibility for this restriction on the applicants' freedom of expression. It is not

persuaded that any element of State responsibility can be derived from the fact that a public development corporation transferred the property to Postel or that this was done with ministerial permission. The issue to be determined is whether the respondent State has failed in any positive obligation to protect the exercise of the applicants' art.10 rights from interference by others—in this case, the owner of the Galleries" (para.41). The State had not so failed.

[369] See, e.g. Offender Management Act 2007. Examples given in *YL* are *Wós v Poland* (2005) (Polish-German Reconciliation Foundation, a private body, had powers to provide compensation provided from Germany to compensate Nazi victims engaged the responsibility of the State); *Sychev v Ukraine* (2005) (powers to execute court judgments delegated to private law commission; held that it exercised State powers).

Possible factors indicating a "function of a public nature"

Replace table with:

3-096

Factor	Comment
Public funding—often necessary but never sufficient	"The extent to which in carrying out the relevant function the body is publicly funded" (*Aston Cantlow* at [12]).[372]
	"The greater the State's involvement in making payment for the function in question, the greater (other things being equal) is its assumption of responsibility" (*Aston Cantlow* at [10]).[373]
	"It may well be that an activity of an entity which is not a core public authority is often unlikely to be a 'function of a public nature' if it is not ultimately funded by a core public authority, but, again as a matter of logic and language, it cannot be a sufficient condition, in my view" (*YL*, [142]).[374]
	In *YL*, the majority drew a distinction between public subsidy (which may imply a public function) and payment by a core public authority for a service provided by a third party (at [27]); "The injection of capital or subsidy into an organisation in return for undertaking a non-commercial role or activity of general public interest may be one thing; payment for services under a contractual arrangement with a company aiming to profit commercially thereby is potentially quite another" (*YL*, [105]). cf. Baroness Hale in *YL* at [67]).[375]
	"[T]here is a substantial public subsidy which enables the [registered social landlord] to achieve its objectives. This does not involve, as in YL, the payment of money by reference to specific services provided but significant capital payments designed to enable the [RSL] to meet its publicly desirable objectives" (*Weaver* at [68])[376]
	"The more a body is publicly funded, the greater the force which can be given to this element, and the converse is true." (*Fearn* at

Factor	Comment
	[122])[376a]
	The evidence established that the LGBT Foundation "seeks to deliver services of public benefit and it receives some public funding, but such factors are insufficient to make an entity a public authority" (*Scott* at [94]).[376b]
Statutory powers	"Whether the body is "exercising statutory powers" (*Aston Cantlow* at [12])[377]; whether the body possesses "special powers and enjoys immunities which might have been indications of "publicness" (*Railtrack* at [29])[378]; "Conversely, the absence of any statutory intervention will tend to indicate parliamentary recognition that the function in question is private and so an inappropriate subject for public regulation" (*Aston Cantlow* at [8]).[379] "The existence and source of any special powers or duties must on any view be a very relevant factor when considering whether State responsibility is engaged in Strasbourg or whether s.6(3)(b) applies domestically" (*YL* at [102]).[380] But "the mere possession of special powers conferred by Parliament does not by itself mean that a person has functions of a public nature. Such powers may have been conferred for private, religious or purely commercial purposes" (*YL* at [101]).[381] Where a body with private antecedents is placed on a statutory basis, "it is not possible to give this factor much weight" (Fearn (at [122]).[381a]
	Registered Social Landlords "have certain statutory powers, identical to those enjoyed by local authorities but not private landlords, empowering them to take action in respect of the conduct of their tenants. For example, they may apply for anti-social behaviour orders under Pt 1 of the Crime and Disorder Act 1998, or for a parenting order under the Anti-Social Behaviour Act 2003 in respect of the parents of children causing a nuisance" (*Weaver* at [16]).[382]
	Of importance is that LGBT Foundation has no statutory powers, duties or functions (not even matters being delegated to it by true public authorities)" (*Scott* at [94]).[382b]
Contract	"The fundamental distinction, on this basis, is therefore between the entity that is charged with the public law responsibility, in that case a local authority, and the private operator who contracts with that entity to provide the service. The latter person operates according to private

AMENABILITY AND THE HUMAN RIGHTS ACT 41

Factor	Comment
	law obligations and responsibilities ...The fact that those services are ultimately intended to fulfil a public law responsibility is immaterial; they are still provided on a private law basis." (*Serco* at [54]).
Coercive and regulatory powers	"The use or potential use of statutory coercive powers is a powerful consideration in favour of this being a public function" (*YL* at [70]).[383] "The regulatory or coercive powers of the state" (*YL* at [63]).[384] In *YL*, the majority distinguished this factor from situations in which a person may have powers under the common law doctrine of necessity and where statutory powers of coercion applied to people working in both the public and private sector (at [84]).[385]
	The provision of accommodation to asylum seekers under a contract with the Home Office is not in any way comparable to the exercise of a coercive function (*Serco* at [57]).
Delegation—standing in the shoes of a core public authority	Whether the body is "taking the place of central government or local authorities" (*Aston Cantlow* at [12]).[386] In *YL*, the majority held that "no delegation of that sort exists in relation to the council's functions under s.21 of the 1948 Act" (at [104]).[387]
	"[A]lthough not directly taking the place of local government, the [registered social landlord] in its allocation of social housing operates in very close harmony with it, assisting it to achieve the authority's statutory duties and objectives" (*Weaver* at [69]).
Public service	Whether the body "is providing a public service" (*Aston Cantlow* at [12]).[388] The majority on *YL* held "It is necessary to look *also* at *the reason why* the person in question, whether an individual or corporate, is carrying out those activities. A local authority is doing so pursuant to public law obligations. A private person, including local authority employees, is doing so pursuant to private law contractual obligations" (at [31]).[389] "If it were determinative or if great weight were given to it, it would render it likely that all charities....would be (or be at risk of becoming) public authorities for the purposes of the 1998 Act" (*Fearn* at [122]).
	Provision of subsidised housing was "a public service" (*Weaver* at [70]); it followed that not all tenants of a registered social landlord would fall within the ambit of s.6—those who were pay-

Factor	Comment
	ing market.[390]
	"The fact that a body provides services for public benefit does not establish that it has functions of a public nature" (*Scott* at [97]).[390a]
Public rights of access	The function relates to a building or land over which the public have rights of access (*Aston Cantlow* at [130]).[391] Markets held on publicly owned land to which the public have access (*Hampshire Farmers Markets* at [33]).[392]
Core State responsibilities	Whether the function is "intrinsically an activity of government" (*Railtrack* at [29])[393]; "the role and responsibility of the state in relation to the subject matter in question" (*Aston Cantlow* at [7])[394]; "the fact that a function is or has been performed by a core public authority for the benefit of the public" (*YL* at [72]).[395] In *YL*, the majority held that it was wrong to regard "the actual provision, as opposed to the arrangement, of care and accommodation for those unable to arrange it themselves as an inherently governmental function" (at [115]).[396] "While it would be wrong to be didactic in this difficult area, I suspect that it would be a relatively rare case where a company could be performing a 'function of a public nature' if it was carrying on an activity which could not be carried out by any core public authority. On the other hand, I would not accept that the mere fact that a core public authority, even where it is the body funding the activity, could carry out the activity concerned must mean that the activity is such a function. Apart from anything else, there must scarcely be an activity which cannot be carried out by some core public authority" (*YL* at [144]).[397]
	"[T]he provision of subsidised housing, as opposed to the provision of housing itself, is, ... a function which can properly be described as governmental. Almost by definition it is the antithesis of a private commercial activity. The provision of subsidy to meet the needs of the poorer section of the community is typically, although not necessarily, a function which government provides" (*Weaver* at [70]).[398] But cf. *R. (on the application of Ahmad) v The Mayor and Burgesses of Newham LBC* at [12] where Baroness Hale of Richmond emphasises that the provision of housing (as opposed to its allocation) is not a government function.[399]

Factor	Comment
	Re All Saints', Sanderstead: the celebration of marriage in the Church of England, unlike purely "religious" services, involves a public function: [66]–[67].[400] The concerns that led to an inquiry could have been left to the police, but their broad nature was such that only government could initiate a comprehensive inquiry; "[t]hat was a core governmental function".[400a]
Beyond core State responsibilities: the assumption of responsibility by the State	"Whether the State has assumed responsibility for seeing that this task is performed" (*YL* at [66]).[401]
The public interest	Whether there is an obligation "to conduct its operations in a manner subservient to the public interest" (*Railtrack* at [29]),[402] "The contrast is between what is 'public' in the sense of being done for or by or on behalf of the people as a whole and what is 'private' in the sense of being done for one's own purposes" (*YL* at [62], and [67])[403]; "Democratic accountability, an obligation to act only in the public interest and (in most cases today) a statutory constitution exclude the sectional or personally motivated interests of privately owned, profit-earning enterprises" (*YL* at [105]). It goes against a function being public where there is a "a clear commercial objective" of making profits for shareholders (*Railtrack* at [29]).[404] "The fact that a service can fairly be said to be to the public benefit cannot mean, as a matter of language, that it follows that providing the service itself is a function of a public nature. Nor does it follow as a matter of logic or policy. Otherwise, the services of all charities, indeed, it seems to me, of all private organisations which provide services which could be offered by charities, would be caught by s.6(1)" (*YL* at [135]).[405] A registered social landlord was "acting in the public interest and has charitable objectives" (*Weaver* at [70]).[406]
Democratic accountability	Whether the body is "democratically accountable to central or local government" (*Railtrack* at [29])[407]; "democratic accountability" (*YL* at [103]).
	The fact that a charity is democratically and locally accountable in that charity proceedings can be brought against it "simply reflect[s] the

Factor	Comment
	reality of the regulation and day to day activities of many private charitable and other organisations" (*Scott* at [97]).[407a]
Government control	Whether those appointed to run the body are subject to government influence or control (*Railtrack* at [29]).[408]
	"Supervision of activities is less significant in this respect than a power positively to direct" (Fearn at [122])
Regulation	The "extent to which the state, directly or indirectly, regulates, supervises and inspects the performance of the function in question, and imposes criminal penalties on those who fall below publicly promulgated standards in performing it" (*Aston Cantlow* at [9]).[409] In *YL*, the majority doubted this factor: "Regulation by the State is no real pointer towards the person regulated being a state or governmental body or a person with a function of a public nature, if anything perhaps even the contrary" (at [161]).[410] "There is no identity between the public interest in a particular service being provided properly and the service itself being a public service. As a matter of ordinary language and concepts, the mere fact that the public interest requires a service to be closely regulated and supervised pursuant to statutory rules cannot mean that the provision of the service, as opposed to its regulation and supervision, is a function of a public nature" (at [134]).[411]
	"[T]he regulation to which [a registered social landlord] is subjected is not designed simply to render its activities more transparent, or to ensure proper standards of performance in the public interest. Rather the regulations over such matters as rent and eviction are designed, at least in part, to ensure that the objectives of government policy with respect to this vulnerable group in society are achieved and that low cost housing is effectively provided to those in need of it. Moreover, it is intrusive regulation on various aspects of allocation and management, and even restricts the power to dispose of land and property" (*Weaver* at [71]).[412]
Risk of breaching rights	"The extent of the risk, if any, that improper performance of the function might violate an individual's Convention right" (*YL* at [11]).[413] "The close connection between [the] service and the core values underlying the Convention

AMENABILITY AND THE HUMAN RIGHTS ACT 45

Factor	Comment
	rights and the ... risk that rights will be violated unless adequate steps are taken to protect them" (*YL* at [71]).[414]

[372] *Aston Cantlow and Wilmcote with Billesley Parochial Church Council v Wallbank* [2003] UKHL 37; [2004] 1 A.C. 546.

[373] *Aston Cantlow and Wilmcote with Billesley Parochial Church Council v Wallbank* [2003] UKHL 37; [2004] 1 A.C. 546.

[374] *YL v Birmingham City Council* [2007] UKHL 27; [2008] 1 A.C. 95.

[375] *YL v Birmingham City Council* [2007] UKHL 27; [2008] 1 A.C. 95.

[376] *R. (on the application of Weaver) v London and Quadrant Housing Trust (Equality and Human Rights Commission intervening)* [2009] EWCA Civ 587; [2010] 1 W.L.R. 363.

[376a] *Fearn & Ors v Board of Trustees of the Tate Gallery* [2019] EWHC 246 (Ch).

[376b] *Scott v LGBT Foundation Ltd* [2020] EWHC 483 (QB); [2020] 4 W.L.R. 62.

[377] *Aston Cantlow and Wilmcote with Billesley Parochial Church Council v Wallbank* [2003] UKHL 37; [2004] 1 A.C. 546.

[378] *Cameron v Network Rail Infrastructure Ltd (formerly Railtrack Plc)* [2006] EWHC 1133 (QB); [2007] 1 W.L.R. 163.

[379] *Aston Cantlow and Wilmcote with Billesley Parochial Church Council v Wallbank* [2003] UKHL 37; [2004] 1 A.C. 546.

[380] *YL v Birmingham City Council* [2007] UKHL 27; [2008] 1 A.C. 95.

[381] *YL v Birmingham City Council* [2007] UKHL 27; [2008] 1 A.C. 95.

[381a] *Fearn & Ors v Board of Trustees of the Tate Gallery* [2019] EWHC 246 (Ch).

[382] *R. (on the application of Weaver) v London and Quadrant Housing Trust (Equality and Human Rights Commission intervening)* [2009] EWCA Civ 587; [2010] 1 W.L.R. 363.

[382b] *Scott v LGBT Foundation Ltd* [2020] EWHC 483 (QB); [2020] 4 W.L.R. 62.

[383] *YL v Birmingham City Council* [2007] UKHL 27; [2008] 1 A.C. 95.

[384] *YL v Birmingham City Council* [2007] UKHL 27; [2008] 1 A.C. 95.

[385] *YL v Birmingham City Council* [2007] UKHL 27; [2008] 1 A.C. 95.

[386] *Aston Cantlow and Wilmcote with Billesley Parochial Church Council v Wallbank* [2003] UKHL 37; [2004] 1 A.C. 546.

[387] *YL v Birmingham City Council* [2007] UKHL 27; [2008] 1 A.C. 95.

[388] *Aston Cantlow and Wilmcote with Billesley Parochial Church Council v Wallbank* [2003] UKHL 37; [2004] 1 A.C. 546.

[389] *YL v Birmingham City Council* [2007] UKHL 27; [2008] 1 A.C. 95.

[390] *R. (on the application of Weaver) v London and Quadrant Housing Trust (Equality and Human Rights Commission intervening)* [2009] EWCA Civ 587; [2010] 1 W.L.R. 363.

[390a] *Scott v LGBT Foundation Ltd* [2020] EWHC 483 (QB); [2020] 4 W.L.R. 62.

[391] *Aston Cantlow and Wilmcote with Billesley Parochial Church Council v Wallbank* [2003] UKHL 37; [2004] 1 A.C. 546; Lord Scott of Foscote, dissenting.

[392] *R. (on the application of Beer (t/a Hammer Trout Farm)) v Hampshire Farmers Markets Ltd* [2003] EWCA Civ 1056; [2004] 1 W.L.R. 233.

[393] *Cameron v Network Rail Infrastructure Ltd (formerly Railtrack Plc)* [2006] EWHC 1133 (QB); [2007] 1 W.L.R. 163.

[394] *Aston Cantlow and Wilmcote with Billesley Parochial Church Council v Wallbank* [2003] UKHL 37; [2004] 1 A.C. 546.

[395] *YL v Birmingham City Council* [2007] UKHL 27; [2008] 1 A.C. 95.

[396] *YL v Birmingham City Council* [2007] UKHL 27; [2008] 1 A.C. 95.

[397] *YL v Birmingham City Council* [2007] UKHL 27; [2008] 1 A.C. 95.

[398] *R. (on the application of Weaver) v London and Quadrant Housing Trust (Equality and Human Rights Commission intervening)* [2009] EWCA Civ 587; [2010] 1 W.L.R. 363.

399 *R. (on the application of Ahmad) v The Mayor and Burgesses of Newham LBC* [2009] UKHL 14; [2009] P.T.S.R. 632.

400 *Re All Saints', Sanderstead* [2012] Fam 51.

400a *Warsama v Foreign and Commonwealth Office* [2020] EWCA Civ 142; [2020] 3 W.L.R. 351 at [110].

401 *YL v Birmingham City Council* [2007] UKHL 27; [2008] 1 A.C. 95.

402 *Cameron v Network Rail Infrastructure Ltd (formerly Railtrack Plc)* [2006] EWHC 1133 (QB); [2007] 1 W.L.R. 163.

403 *YL v Birmingham City Council* [2007] UKHL 27; [2008] 1 A.C. 95.

404 *Cameron v Network Rail Infrastructure Ltd (formerly Railtrack Plc)* [2006] EWHC 1133 (QB); [2007] 1 W.L.R. 163.

405 *YL v Birmingham City Council* [2007] UKHL 27; [2008] 1 A.C. 95.

406 *R. (on the application of Weaver) v London & Quadrant Housing Trust* [2009] EWCA Civ 587; [2010] 1 W.L.R. 363.

407 *Cameron v Network Rail Infrastructure Ltd (formerly Railtrack Plc)* [2006] EWHC 1133 (QB); [2007] 1 W.L.R. 163.

407a *Scott v LGBT Foundation Ltd* [2020] EWHC 483 (QB); [2020] 4 W.L.R. 62.

408 *Cameron v Network Rail Infrastructure Ltd (formerly Railtrack Plc)* [2006] EWHC 1133 (QB); [2007] 1 W.L.R. 163.

409 *Aston Cantlow and Wilmcote with Billesley Parochial Church Council v Wallbank* [2003] UKHL 37; [2004] 1 A.C. 546.

410 *YL v Birmingham City Council* [2007] UKHL 27; [2008] 1 A.C. 95.

411 *YL v Birmingham City Council* [2007] UKHL 27; [2008] 1 A.C. 95.

412 *R. (on the application of Weaver) v London & Quadrant Housing Trust* [2009] EWCA Civ 587; [2010] 1 W.L.R. 363.

413 *YL v Birmingham City Council* [2007] UKHL 27; [2008] 1 A.C. 95.

414 *YL v Birmingham City Council* [2007] UKHL 27; [2008] 1 A.C. 95.

Step 2—assessing the nature of the particular act complained of

Replace para.3-098 with:

3-098 The following has been held to be acts of a public nature: the termination of a tenancy by a registered social landlord[417]; chairing a public inquiry and publishing a report by the chair of the public inquiry.[417a] The Court of Appeal in that case rightly stressed that in deciding whether a particular "act" is public or private, the court must look at the context in which the act occurs. Both the source and nature of the "act" must be considered, but it would be wrong to think that a private (e.g. contractual) source inevitably has the consequence of characterising the "act" as private. As Elias LJ stated:

> "if an act were necessarily a private act because it involved the exercise of rights conferred by private law, that would significantly undermine the protection which Parliament intended to afford to potential victims of hybrid authorities. Public bodies necessarily fulfil their functions by entering into contractual arrangements. It would severely limit the significance of identifying certain bodies as hybrid authorities if the fact that the act under consideration was a contractual act meant that it was a private act falling within s.6(5)."[418]

417 *R. (on the application of Weaver) v London & Quadrant Housing Trust* [2009] EWCA Civ 587; [2010] 1 W.L.R. 363.

417a *Warsama v Foreign and Commonwealth Office* [2018] EWHC 1461 (QB) at [153].

418 *R. (on the application of Weaver) v London & Quadrant Housing Trust* [2009] EWCA Civ 587; [2010] 1 W.L.R. 363, [77]; and [102] (Lord Collins of Mapesbury).

PUBLIC LAW ARGUMENTS IN CIVIL CLAIMS, TRIBUNALS AND CRIMINAL PROCEEDINGS

Procedural exclusivity

The justification for procedural exclusivity under RSC, Ord.53

Replace para.3-118 with:

3-118 *O'Reilly v Mackman* represented something of a high-water mark in the courts' insistence on procedural exclusivity. In a series of subsequent cases, encouraged by Lord Scarman's dicta, the courts identified exceptions to the rule, allowing arguments based on grounds of judicial review to be advanced outside the RSC Ord.53 procedure. The exceptions included: where public and private law decisions were not separate and distinct[457]; where the public law aspect of the claim was collateral to an issue which was the proper subject matter of private law proceedings[458]; where private law aspects of the claim dominated the proceedings[459]; where a person sought to challenge the validity of a public authority's decision as a defence in a civil claim[460]; and where the parties did not contest the appropriateness of the chosen procedure.[461] The courts stressed the general need for flexibility[462] and pragmatism.[463] The principle in *O'Reilly* should not become a general barrier to citizens bringing private law claims in which the breach of a public law duty was one ingredient considered.[463a] Nevertheless, parties have frequently engaged in ferocious litigation as to whether the right procedure has been adopted purely for tactical purposes. Their indulging in this activity was made worthwhile by the fact that, depending on the nature of the issue involved, there could be substantial advantages in an applicant choosing one form of procedure rather than another. Unfortunately, although the House of Lords had a number of opportunities to improve the situation, a case by case approach prevented the development of a formula which might have injected some common sense into the position.

---

[457] *An Bord Bainne Co-op Ltd v Milk Marketing Board* [1984] 2 C.M.L.R. 584 at 587–8.

[458] In *Davy v Spelthorne BC* (1983) 81 L.G.R. 580 the CA did not permit the plaintiff to proceed with a claim for an injunction in ordinary civil proceedings to prevent the implementation of an enforcement notice and the setting aside of the notice, but did allow a claim for damages for negligent advice by the Council to proceed arising out of the same matter. The HL dismissed the authority's appeal in relation to the claim for damages since liability for damages did not directly raise any question of public law [1984] A.C. 262. See also *Steed v Home Office* [2000] 1 W.L.R. 1169.

[459] *Roy v Kensington and Chelsea and Westminster Family Practitioner Committee* [1992] 1 A.C. 624 (GP brought civil action against his family practitioner committee for withholding part of his practice allowance). See also *Richards v Worcestershire CC* [2017] EWCA Civ 1998; [2018] P.T.S.R. 1563 (a claim for restitution against two public authorities for payment of after-care services under the Mental Health Act 1983 was a private law claim which did not contravene the exclusivity principle laid down in *O'Reilly v Mackman*).

[460] *Wandsworth LBC v Winder* [1985] A.C. 461. This principle applies even where the litigation is between two private parties: *Dwr Cymru Cyfyngedig v Corus UK Ltd* [2006] EWHC 1183 (Ch)—this point was not challenged on a subsequent appeal ([2007] EWCA Civ 285).

[461] This could be considered as being the explanation for the ability of the plaintiffs in *Gillick v West Norfolk and Wisbech AHA* [1986] A.C. 112 and *Royal College of Nursing v Department of Health and Social Security* [1981] A.C. 800 to make claims and not apply for permission to seek judicial review when challenging ministerial guidance.

[462] *Mercury Communications Ltd v Director General of Telecommunications* [1996] 1 W.L.R. 48.

[463] *Trustees of the Dennis Rye Pension Fund v Sheffield City Council* [1998] 1 W.L.R. 840.

[463a] *Richards v Worcestershire CC* [2017] EWCA Civ 1998; [2018] P.T.S.R. 1563 at [65].

48 DEFENDANTS AND DECISIONS SUBJECT TO JUDICIAL REVIEW

Procedural exclusivity in the era of the Civil Procedure Rules

Replace para.3-119 with:

3-119 The replacement of RSC Ord.53 by the new CPR 54 claim for judicial review procedure in October 2000 called for a fresh approach to procedural exclusivity. In all types of civil proceedings, the CPR gave judges new powers to manage litigation and in several respects the differences between judicial review (Pt 54) and the other ways of starting civil proceedings (Pt 7 and Pt 8) have been significantly reduced.[464] The main difference nowadays is in the time period within which a claim must be made. For judicial review the standard requirement is that claims be made "promptly and in any event within three months", or "three months" where EU law rights are in question, whereas in relation to other types of civil claim the limitation period will typically be three, six or even 12 years.[465] What matters under the CPR regime is not the mode of commencement of proceedings but whether the choice of procedure may have a material effect on the outcome. To prove an abuse of process, it is now necessary to do more than merely show that a civil claim started under Pt 7 or Pt 8 could have been brought by way of judicial review.[466] The Court of Appeal, doubting the continuing relevance of *O'Reilly v Mackman*, held[467]:

> "The court's approach to what is an abuse of process has to be considered today in the light of the changes brought about by the CPR. Those changes include a requirement that a party to proceedings should behave reasonably both before and after they have commenced proceedings. Parties are now under an obligation to help the court further the overriding objectives which include ensuring that cases are dealt with expeditiously and fairly. (CPR 1.1(2)(d) and 1.3) They should not allow the choice of procedure to achieve procedural advantages".

Adopting this approach, sterile and expensive procedural disputes, which may be of no practical significance to the outcome of a case, may be avoided in situations where private and public law principles overlap. There are many illustrations of the new flexible approach.[468] In one "unusual" case, "considerations of justice and pragmatism" rendered it appropriate for a challenge to the validity of Practice Direction 51Z to be determined in private law possession proceedings; the Lord Chancellor had participated albeit "only at the last minute" and while the Lord Chancellor did not have an opportunity to adduce evidence, the issues were not such that evidence was essential.[468a]

---

[464] CPR Pt 7 ("How to start proceedings") and Pt 8 ("Alternative procedure for claims", used primarily where a claimant seeks "the court's decision on a question which is unlikely to involve a substantial dispute of fact"). Pt 54 takes Part 8 as its starting point but greatly modifies it: see 16-008.

[465] See 16-053.

[466] *Clark v University of Lincolnshire and Humberside* [2000] 1 W.L.R. 1988 (not abuse of process to bring challenge to defendant's finding of plagiarism by civil claim for breach of contract in county court); and see also, e.g. *Phonographic Performance Ltd v Department of Trade and Industry* [2004] EWHC 1795 (Ch); [2004] 1 W.L.R. 2893 (civil claim not necessarily an abuse just because it involved consideration of duties of the Crown under EU law that might have been brought by judicial review proceedings); *Saha v Imperial College of Science, Technology and Medicine* [2011] EWHC 3286 (QB) (not abuse of process for former student to bring civil claim for harassment and breach of contract against university).

[467] *Clark v University of Lincolnshire and Humberside* [2000] 1 W.L.R. 1988 [34] (Lord Woolf MR).

[468] See, e.g. *R. (on the application of Wilkinson) v Broadmoor Special Hospital Authority* [2001] EWCA Civ 1545; [2002] 1 W.L.R. 419 at [62] ("it cannot and should not matter whether proceedings in respect of forcible treatment of detained patients are brought by way of an ordinary action in tort, an action under s.7(1) of the [HRA], or judicial review"); *R. (on the application of P) v Secretary of State for the Home Department* [2001] EWCA Civ 1151; [2001] 1 W.L.R. 2002 at [120] (challenge to lawfulness of Prison Service policy on mother and baby units should be made in the Family Division unless relief which only the Administrative Court may grant is sought); *D v Home Office* [2005] EWCA Civ 38; [2006] 1 W.L.R. 1003 at [104] (civil claim for damages for false imprisonment); *Rhondda Cynon Taff CBC v Watkins* [2003] EWCA Civ 129; [2003] 1 W.L.R. 1864 (possession action); *Bunney v Burns Anderson Plc* [2007]

CIVIL CLAIMS, TRIBUNALS AND CRIMINAL PROCEEDINGS 49

EWHC 1240 (Ch) at [25] (direction of Financial Services Ombudsman); *Ford-Camber Ltd v Deanminster Ltd* [2007] EWCA Civ 458; (2007) 151 S.J.L.B. 713 (CA dealt with public law questions in civil claim about stopping-up of a private access road); *BA v Secretary of State for the Home Department* [2012] EWCA Civ 944 (in unusual circumstances of the case, brought about by Legal Aid franchising arrangements, not abuse of process to bring claim for damages for unlawful detention in separate civil claim after judicial review); *R. (on the application of Shoesmith) v Ofsted* [2011] EWCA Civ 642; [2011] P.T.S.R. (discussion of choice between judicial review claim and proceedings in Employment Tribunal); *R. (on the application of NE) v Birmingham Magistrates' Court* [2015] EWHC 688 (Admin); [2015] 1 W.L.R. 4771 (court was disadvantaged on a judicial review application in comparison with an appeal by way of case stated as it did not have a complete note of the evidence before the magistrate; noting that the similar case of *R. (on the application of Hamill) v Chelmsford Magistrates' Court* [2014] EWHC 2799 (Admin); [2015] 1 W.L.R. 1798 had proceeded by way of judicial review without comment, it would not have been appropriate to deprive the claimants of a remedy). See also *Ogunsanya v General Medical Council* [2020] EWHC 1500 (QB) [2020] 4 W.L.R. 90 at [35] (citing this paragraph and noting that "[k]eeping in mind the overriding objective", it was "not particularly helpful" to focus on a procedural dispute regarding whether the claim ought to have been pursued by judicial review, where the claim included a private law complaint of unlawful interference, declaratory and injunctive relief was sought, and emails sent could be seen as substantively complying with pre-action protocol requirements.

^{468a} *Arkin v Marshall* [2020] EWCA Civ 620; [2020] 1 W.L.R. 3284 at [13]–[18].

After para.3-119, add new paragraphs:

Where, however, a case raises only public law issues, a claim for judicial review remains the preferable procedure as it is more likely to serve "the public interest that the legality of formal acts of a public authority should be established without delay".[469] Moreover, if the only proper claim is a public law claim, it will be an abuse of process to proceed by way of private law.[469a] A judicial review application was also necessary where there were no private law rights involved, where a statutory appeal against a decision of Revenue requiring repayment of prior repayment would have had a 30-day time limit, and the challenge could affect a large number of people and raised no issues of fact unsuitable for determination in judicial proceedings.[469b]

By contrast, where the only remedy sought is damages or restitution, a civil claim will rarely be an abuse of process even if public law questions are a dominant issue[470]; though it will be an abuse of process to use a damages claim merely to reopen public law questions.[471]

[469] *Trim v North Dorset DC* [2010] EWCA Civ 1446; [2011] 1 W.L.R. 1901 at [23] (Carnwath LJ citing previous edition of this work; abuse of process to seek declaration in civil claim that a breach of a planning conditions notice had been served on the defendant after the statutory time limit for taking enforcement action had expired); and see, e.g. *R. (on the application of Townsend) v Secretary of State for Works and Pensions* [2011] EWHC 3434 (Admin) (abuse of process for claimant to bring civil claim seeking declaration of incompatibility relating to Child Maintenance and Enforcement Commission).

[469a] *Murphy v Electoral Commission* [2019] EWHC 2762 (QB); [2020] 1 W.L.R. 480 at [56].

[469b] *Knibbs v Revenue and Customs Commissioners* [2019] EWCA Civ 1719; [2020] 1 W.L.R. 731 at [25].

[470] See, e.g. *Bloomsbury International Ltd v Sea Fish Industry Authority and DEFRA* [2009] EWHC 1721 (QB); [2010] 1 C.M.L.R. 344 (Hamben J refused to strike out a restitutionary claim brought by ordinary civil claim by importers of sea fish and sea fish products who had paid a levy to the SFIA, which they now said was demanded under delegated legislation that was contrary to European Union law. DEFRA contended that the examination of the public law issue of the vires of the regulations was the "primary focus" or "dominant issue". The court noted that the claim was brought in an ordinary action because the only claim being made was a private law claim for a monetary remedy and under CPR Pt 54.3(2) a claim for judicial review cannot be made where only a monetary remedy is being sought; the case went to the Supreme Court: *Bloomsbury International Ltd and others v Department for Environment, Food and Rural Affairs (Sea Fish Industry Authority intervening)* [2011] UKSC 25; [2011] 1 W.L.R. 1546); see also *Secretary of State for Transport v Arriva Rail East Midlands Ltd* [2019] EWCA Civ 2259; [2020] 3 All E.R. 948 at [71] (claims seeking damages for an alleged unlawful public procurement exercise for rail franchises were claims for breach of statutory duty to which a six-year limitation period applied; they were not challenging the underlying public law decision).

[471] See, e.g. *Jones v Powys Local Health Board* [2008] EWHC 2562 (Admin); (2009) 12 C.C.L. Rep. 68 (civil claim in the High Court which sought reimbursement of fees paid for the care and accommodation of the claimant's deceased father at a nursing home struck out as abuse of process: the defendant

had previously decided that the father did not meet the eligibility criteria for free accommodation and health care except for a two-month period immediately preceding his death); see also *Secretary of State for Transport v Arriva Rail East Midlands Ltd* [2019] EWCA Civ 2259; [2020] 3 All E.R. 948 at [105] ("a claim for an injunction, if it was aimed at seeking to undo the public law decision, may very well be an abuse of process if it was commenced outside the 3-month limit, particularly if the court concluded that the claim was being made in order to circumvent that strict timetable").

Practical considerations

After "CPR Pt 54.", add:

3-120 However, where the statutory scheme excludes a collateral public law challenge, that will be determinative.[474a]

[474a] *Beadle v Revenue and Customs Commissioners* [2020] EWCA Civ 562; [2020] 1 W.L.R. 3028 at [48]–[52] (holding that it was a "clear and necessary implication" from the Finance Act 2014 scheme for partner payment notices, "construed as a whole and in light of its statutory purpose", that the ability to raise a collateral public law challenge to the validity of the underlying notice was excluded at the penalty and enforcement stages).

Collateral Challenges

Exceptions to the permissive approach to collateral review

Replace para.3-128 with:

3-128 The approach in *Boddington* has been held not to apply where the object to the challenge is an order of the court (rather than an official decision or delegated legislation) against which there is the possibility of an appeal. Thus, a district judge had no jurisdiction at a hearing for a breach of an anti-social behaviour order (ASBO) to consider whether the ASBO, which is an order of the court, was invalid on grounds that it lacked clarity and was too widely drawn.[497] It has also been held that the First Tier Tribunal does not have jurisdiction, in the context of an appeal against a penalty notice for failure to pay a partner payment notice, to entertain challenges on public law grounds to the underlying partner payment notice; the statutory scheme in providing for an appeal mechanism excluded such challenges by necessary implication.[497a]

[497] *Director of Public Prosecutions v T* [2006] EWHC 728 (Admin); [2007] 1 W.L.R. 209, [27] ("The policy consideration that influenced the finding in *Boddington's* case that the magistrates' court had jurisdiction to determine issues of validity of a byelaw or administrative decision is wholly absent when the issue is the validity of an order of the court"). See also *R. (on the application of Qin) v Commissioner of Police of the Metropolis* [2017] EWHC 2750 (Admin); [2018] P.T.S.R. 966.

[497a] *Beadle v Revenue and Customs Commissioners* [2019] UKUT 101 (TCC); [2019] S.T.C. 1042 at [45] (availability of a defence to enforcement action on public law grounds could not only be excluded by express statutory language, but also by necessary implication from the statutory scheme).

COMPARATIVE PERSPECTIVES

New Zealand

Replace para.3-158 with:

3-158 Three decisions discuss the relevance of the availability of alternative relief to the court's decision whether to exercise its supervisory powers on review. In *Re Hutt Mana Energy Trust* Wild J held that customers of an energy trust could not review certain decisions made by the trustees pursuant to the trust deed.[577] Key to this decision was the existence of equitable obligations similar or identical to those that would be imposed by judicial review, which indicated that it was neither necessary nor appropriate for the court to extend its review power to cover the trustees' conduct. In *Stratford Racing Club Inc v Adlam*[578] the Court of Appeal said that part of the courts' traditional reluctance to intervene in the running of clubs by way of judicial review was that members had a contractual remedy against the club for rule breaches. However, those refused membership did not have a contractual remedy, meaning their only recourse was judicial review. Decisions refusing memberships were considered amenable to review. In *Tannadyce Investments Ltd v Commissioner of Inland Revenue*, the Supreme Court said that the approach of New Zealand courts "has been in general to recognise that the full right of appeal to a court or a Review Authority that is required to act judicially is able to provide superior remedies to judicial review while also recognising that there will be exceptional situations where judicial review should be permitted, without regarding the class of cases where that is so as closed".[579]

[577] *Re Hutt Mana Energy Trust* [2009] N.Z.A.R. 111, HC.
[578] *Stratford Racing Club Inc v Adlam* [2008] N.Z.A.R. 329, CA.
[579] *Tannadyce Investments Ltd v Commissioner of Inland Revenue* [2012] 2 N.Z.L.R 153, [36], SC.

PART II: GROUNDS OF JUDICIAL REVIEW

CHAPTER 4

Concepts of Jurisdiction and Lawful Administration

TABLE OF CONTENTS

Scope	4-001
Introduction	4-002
Historical Development of the Concept of Jurisdiction	4-009
Statutory Restriction of Judicial Review	4-016☐
The Anisminic Case	4-032☐
Jurisdiction and Vires Today	4-047☐
From "Void and Voidable" to "Lawful and Unlawful"	4-058
The Effect of a Judgment That a Decision Is Unlawful	4-067■
Comparative Perspectives	4-075

STATUTORY RESTRICTION OF JUDICIAL REVIEW

Replace para.4-017 with:

4-017 The courts draw a distinction between legislative attempts to oust judicial control over the legality of decisions and legislation that has the function of allocating jurisdiction to determine the lawfulness of a decision to a particular judicial body (provided that there is effective judicial control). Thus, there was no objection to statutory provisions prohibiting the magistrates' court in which a liability order was sought from re-opening the question whether a prior assessment was valid where Parliament had provided for appeals against the assessment to a tribunal[39]; or to a provision that conferred exclusive jurisdiction on the Investigatory Powers Tribunal.[40] By comparison, a provision that, in given circumstances, conferred jurisdiction over exclusion and naturalisation decisions on the Special Immigration Appeals Commission rather than the High Court, did not enable the Secretary of State to stay existing judicial review proceedings challenging such decisions and transfer them to SIAC. The statutory provisions were too general to confer such a power on the Secretary of State. Specific and express language was expected.[41] Similarly, the courts have been tolerant of legislation which imposes an even shorter time limit than applies to CPR Pt 54 claims for judicial review (for example, six weeks rather than the standard "promptly and in any event within three months).[42] "Conclusive evidence" provisions have also been held to be effective in restricting the court's judicial review power.[43]

---

[39] *Farley v Secretary of State for Work and Pensions (No.2)* [2006] UKHL 31; [2006] 1 W.L.R. 1817; *R. (on the application of Dalton) v Secretary of State for Work and Pension* [2017] EWHC 213 (Admin) applied the *Farley* principle (that is, that when faced with an application for a liability order where there was a pending appeal against the validity of the underlying maintenance payment, the court should consider whether it was oppressive to make the order) to applications for orders of sale made by the Child Support Agency. *R. (on the application of Vtesse Networks Ltd) v North West Wiltshire Magistrates' Court* [2009] EWHC 3283 (Admin); [2010] R.A. 1.

[40] *R. (on the application of A) v Director of Establishments of the Security Service* [2009] UKSC 12; [2010] 2 A.C. 1. Applied in *R. (on the application of Privacy International) v Investigatory Powers Tribunal* [2017] EWHC 114 (Admin); [2017] 3 All E.R. 1127, which was affirmed by the Court of Appeal [2017] EWCA Civ 1868; [2018] 1 W.L.R. 2572, now overturned by the Supreme Court, see para.4-044. The ouster clause in issue in that case appears in s.67(8) of the Regulation of Investigatory Powers Act 2000 which provides (as relevant) that "determinations, awards, orders and other decisions of the [Investigatory Powers] Tribunal (including decisions as to whether they have jurisdiction) shall not be subject to appeal or be liable to be questioned in any court." In *Privacy International*, at [21] the Court of Appeal accepted that the courts' general hostility to ouster clauses was a function of the principle of legality: that public administration should demonstrably be conducted in accordance with the law. However, the Court of Appeal distinguished *Anisminic* for two reasons: first, the language of the ouster in the 2000 Act expressly referred to "decisions as to whether they have jurisdiction"; and the Investigatory Powers Tribunal is a judicial body of like standing and authority to that of the High Court which operates in a very different context from the Commission in *Anisminic* (at [33]–[42]).

[41] See *R. (on the application of Ignaoua) v Secretary of State for the Home Department* [2013] EWCA Civ 1498; [2014] 1 W.L.R. 651, reversing [2013] EWHC 2512 (Admin); [2014] A.C.D. 37 on the interpretation of the Justice and Security Act 2013 s.15, which reads:

> "(1) Subsection (2) applies in relation to any direction about the exclusion of a non-EEA national from the United Kingdom which—
> (a) is made by the Secretary of State wholly or partly on the ground that the exclusion from the United Kingdom of the non-EEA national is conducive to the public good,
> (b) is not subject to a right of appeal, and
> (c) is certified by the Secretary of State as a direction that was made wholly or partly in reliance on information which, in the opinion of the Secretary of State, should not be made public—
> (i) in the interests of national security,
> (ii) in the interests of the relationship between the United Kingdom and another country, or
> (iii) otherwise in the public interest.
> (2) The non-EEA national to whom the direction relates may apply to the Special Immigration Appeals Commission to set aside the direction.
> (3) In determining whether the direction should be set aside, the Commission must apply the principles which would be applied in judicial review proceedings."

The judicial review proceedings were, however, subsequently stayed by the Divisional Court itself and transferred to SIAC: *R. (on the application of Ignaoua) v Secretary of State for the Home Department* [2014] EWHC 1382 (Admin).

[42] See para.4-025.

[43] See para.4-024.

THE ANISMINIC CASE

Review of courts and tribunals

Replace para.4-044 with:

4-044 In what is now the leading case since *Anisminic*, the Supreme Court had to consider the ouster clause in s.67(8) of the Regulation of Investigatory Powers Act 2000 which provides (as relevant) that "determinations, awards, orders and other decisions of the [Investigatory Powers] Tribunal (including decisions as to whether they have jurisdiction) shall not be subject to appeal or be liable to be questioned in any court."[132] Overturning the Divisional Court and the Court of Appeal, a majority of the Supreme Court applied the strong "common law presumption against ouster" and held that the clause did not oust judicial review if the Tribunal's decision was vitiated by error of law.[133] Lord Lloyd-Jones agreed:

> "[I]t is a "necessary corollary of the sovereignty of Parliament that there should exist an authoritative and independent body which can interpret and mediate legislation made by Parliament",[134]

That answered the question posed directly by the appeal. However, Lord Carnwath (with whom Lady Hale and Lord Kerr agreed) went on to consider whether Parliament could ever oust the jurisdiction of the High Court to review the decision of an inferior body or tribunal on the ground of error of law[135]:

> "I see a strong case for holding that, consistently with the rule of law, binding effect cannot be given to a clause which purports wholly to exclude the supervisory jurisdiction of the High Court to review a decision of an inferior court or tribunal, whether for excess or abuse of jurisdiction, or error of law. In all cases, regardless of the words used, it should remain ultimately a matter for the court to determine the extent to which such a clause should be upheld, having regard to its purpose and statutory context, and the nature and importance of the legal issue in question; and to determine the level of scrutiny required by the rule of law."

Lord Carnwath also noted the objections which were raised to the proposed ouster clause in the Asylum and Immigration (Treatment of Claimant etc) Bill 2013 which not only expressly excluded questioning by the courts of tribunal decisions, but went on to explain that this prevented a court "from entertaining proceedings to determine whether a purported determination was a nullity" on any ground. Lord Carnwath described this as "the most extreme form of ouster clause promoted by government in modern times" which was withdrawn after powerful objections inside and outside Parliament.[135a]

---

[132] *R. (on the application of Privacy International) v Investigatory Powers Tribunal* [2019] UKSC 22; [2019] 2 W.L.R. 1219 The issue will not arise in future because s.242 of the Investigatory Powers Act 2016 creates a right of appeal "on a point of law" from decisions of the Tribunal to either the Court of Appeal or the Court of Session. An appeal requires the permission of the Tribunal or the relevant appellate court and such permission should only be granted where the appeal raises an important point of principle or there is some other compelling reason to do so (in other words, the second appeal test).

[133] *R. (on the application of Privacy International) v Investigatory Powers Tribunal* [2019] UKSC 22; [2019] 2 W.L.R. 1219 at [107-109]. The CA distinguished *Anisminic* for two reasons: first, the language of the ouster in the 2000 Act expressly referred to "decisions as to whether they have jurisdiction"; and the Investigatory Powers Tribunal is a judicial body of like standing and authority to that of the High Court which operates in a very different context from the Commission in *Anisminic* (*R. (on the application of Privacy International) v Investigatory Powers Tribunal* [2017] EWCA Civ 1868; [2018] 1 W.L.R. 2572. If part of the principled reason for the judicial hostility to ouster clauses is based on the separation of powers, the fact that the President of the Tribunal must have held high judicial office is of limited importance (*R. (on the application of Woolas) v Parliamentary Election Court* [2010] EWHC 3169 (Admin); [2012] Q.B. 1). The distinct processes and evidence before the Tribunal are also less significant given the flexibility of the procedures which may be applied on judicial review from such bodies (*R. (on the application of Haralambous) v Crown Court at St Albans* [2018] UKSC 1; [2018] A.C. 236). See further, T. Hickman, *"The Investigatory Powers Tribunal: a law unto itself?"* [2018] P.L. 584.

[134] *R. (on the application of Privacy International) v Investigatory Powers Tribunal* [2019] UKSC 22; [2019] 2 W.L.R. 1219 at [160].

[135] *R. (on the application of Privacy International) v Investigatory Powers Tribunal* [2019] UKSC 22; [2019] 2 W.L.R. 1219 at [144].

[135a] *R. (on the application of Privacy International) v Investigatory Powers Tribunal* [2019] UKSC 22; [2019] 2 W.L.R. 1219 at [101].

JURISDICTION AND VIRES TODAY

Replace n.152 with:

[152] See 1-024. Lord Carnwath discusses ouster clauses in terms of the rule of law in *R. (on the application of Privacy International) v Investigatory Powers Tribunal* [2019] UKSC 22; [2019] 2 W.L.R. 1219 at [119]-[126].

4-048

Review in accordance with principles of lawful administration

Replace n.161 with:

[161] *Council for Civil Service Unions v Minister for the Civil Service* [1985] A.C. 374. Applied in *R. (on*

4-051

58 CONCEPTS OF JURISDICTION AND LAWFUL ADMINISTRATION

the application of Project Management Institute) v Minister for the Cabinet Office [2016] EWCA Civ 21; [2016] 1 W.L.R. 1737 (the grant of a Royal Charter by the Privy Council was amenable to judicial review by the claimant since as a competitor, it had a "sufficient interest" in the matter. The challenge failed on the particular facts of the claim because the Privy Council was not bound to apply its own policy like a statute and could have regard to the overriding public interest).

Precedent fact

Replace n.184 with:

4-056

[184] *R. (AA (Afghanistan)) v Secretary of State for the Home Department* [2013] UKSC 49; [2013] 1 W.L.R. 2224 (Borders, Citizenship and Immigration Act 2009 s.55, required the Home Secretary to make arrangements for ensuring that her immigration functions were discharged having regard to the need to safeguard and promote the welfare of children; an initial local authority age assessment had concluded that the person was over 19 years of age on which basis the Home Secretary refused an asylum claim and made a detention order; a subsequent local authority age assessment concluded that the person was 17 and the Home Secretary conceded that, had she known this, she would not have made the order). This decision has been superseded in part as the Court of Appeal recognised in *R. (on the application of AA (Sudan)) v Secretary of State for the Home Department* [2017] EWCA Civ 138; [2017] 1 W.L.R 289, as at the time of *AA (Afghanistan)* there were no specific legislative provisions for the detention of unaccompanied children. In *AA (Sudan)*, the Court of Appeal had regard to the unambiguous legislation in place which defined "unaccompanied child" as a person "under the age of 18" and not a person for whom there are reasonable grounds for suspecting that they are under the age of 18. The claimant was in fact under 18 and hence their detention was unlawful.

THE EFFECT OF A JUDGMENT THAT A DECISION IS UNLAWFUL

Replace para.4-070 with:

4-070

Forsyth's approach has been called "a tissue of pseudo-conceptualism behind which lurks what is in reality a *pragmatic* conclusion".[218] In *Percy*, it was clear that considerations of what was called "policy" were invoked to preserve the arrests from nullity.[219] In many cases, orthodoxy will require that decisions taken on what turns out to be the basis of an unlawful Order or policy must be found to be unlawful. For example, where a claimant is detained pending deportation based on what turned out to be an invalid Order, the detention was unlawful.[219a] Yet in some cases Forsyth's analysis may be helpful provided that (and it is a major proviso) the interpretation of the second actor's power is capable of a clear solution. Craig, while believing that retrospective nullity should be the rule, disapproves of the "mask" of the void-voidable distinction in favour of a frank admission on the part of the courts that the decision is void, but would then employ discretion to refuse or limit a remedy to ensure that it only operates prospectively in an appropriate case.[220] As Lord Browne-Wilkinson said in *Boddington*, an ultra vires act may be capable of having some legal effect and the "subsequent recognition of its invalidity cannot rewrite history as to all other matters done in the meantime in reliance on its validity".[221] There are four ways in which the courts are able to prevent history being rewritten, all of them perfectly within the realm of public law principle.

[218] M. Elliott, *Beatson, Matthew and Elliott's Administrative Law, Text and Materials* 4th edn (2011), p.100.

[219] See e.g. *Percy v Hall* [1997] Q.B. 924, 951-952 (Simon Brown and Schiemann LJJ).

[219a] *R. (on the application of DN (Rwanda)) v Secretary of State for the Home Department* [2020] UKSC 7; [2020] 2 W.L.R. 611, Lord Carnwath held that there was no room of the operation of the second actor theory where the defendant was responsible for both the invalid order and the consequential decision to detain. In *R. (on the application of TN (Vietnam)) v Secretary of State for the Home Department* [2018] EWCA Civ 2838; [2019] 1 W.L.R. 2647 at [80], Singh LJ rejected any "simplistic logic" based on the nature of voidness and recommended "that the court must engage in a close analysis of the sequence of events in order to determine whether subsequent decisions are indeed to be set aside"

[220] P. Craig, *Administrative Law* (7th edn 2011), para.24-022; P. Craig, "Collateral Attack, Procedural Exclusivity and Judicial Review" (1998) 114 L.Q.R. 535.

[221] *Boddington v British Transport Police* [1999] 2 A.C. 143 at 164; Lord Slynn at 165; *Mossell (Jamaica) Ltd v Office of Utilites Regulations* [2010] UKPC 1, [44]; *R. (on the application of Shoesmith) v Ofsted* [2011] EWCA Civ 642; [2011] P.T.S.R. 1459. The outcome was affirmed in *R. (on the application of TN (Vietnam)) v Secretary of State for the Home Department* [2018] EWCA Civ 2838; [2019] 1 W.L.R. 2647. See 18-047.

CHAPTER 5

Illegality

TABLE OF CONTENTS

Introduction	5-001■
Discretionary Power: a Brief History of Judicial Attitudes	5-006■
Statutory Interpretation	5-019■
Mandatory and Directory Duties and Powers	5-057■
The Interpretation of Policies	5-088■
Exercise of a Discretionary Power for Extraneous Purpose	5-090■
Decisions Based upon Irrelevant Considerations or Failure to Take Account of Relevant Considerations	5-130■
Partial Illegality and Severance	5-155■
Delegation of Powers	5-159■

INTRODUCTION

After "sometimes a prerogative", add new n.1a:

[1a] See for example *R. (on the application of Miller) v Prime Minister* [2020] UKSC 41, [2020] A.C. 373.

5-002

After "conferred the power.", add new n.2a:

[2a] *R. (on the application of Palestine Solidarity Campaign Ltd) v Secretary of State for Housing, Communities and Local Government* [2020] UKSC 16, [2020] 1 W.L.R. 1774 at [20]-[23].

5-003

Replace para.5-004 with:

Secondly, legislation does not exist in a vacuum.[3] It is located in the context of our contemporary European democracy. As has been discussed above, the rule of law and other fundamental principles of democratic constitutionalism should be presumed to inform the exercise of all public functions unless Parliament expressly excludes them.[4] There may even be some aspects of the rule of law and other democratic fundamentals which Parliament has no power to exclude.[5] The courts should therefore strive to interpret powers in accordance with these principles. International law, both customary and treaty obligations are also part of the context which cannot be ignored. This chapter discusses some of the ways in which international law obligations shape what constitute an illegality. Others are discussed in later chapters. Chapter 13 for instance, considers the European Convention on Human Rights, as incorporated in the UK through the Human Rights Act 1998. Chapter 14 further discusses the role of European Union law. Although, as of 11pm on 31 January 2020 the UK has ceased to be a member of the European Union, European Union law will continue to play an important role in domestic law through the operation of the European Union Withdrawal Act 2018.

5-004

[3] *R. v Secretary of State for the Home Department Ex p. Pierson* [1998] A.C. 539 at 587 (Lord Steyn: "Parliament does not legislate in a vacuum. Parliament legislates for a European liberal democracy based upon the traditions of the common law ... and ... unless there is the clearest provision to the contrary, Parliament must be presumed not to legislate contrary to the rule of law").

⁴ See 1-021, 5-040 and 11-059.

⁵ *Jackson v Attorney General* [2005] UKHL 56; [2006] 1 A.C. 262 at [120] (Lord Hope), [102] (Lord Steyn), [159] (Baroness Hale suggest that the rule of law may have become "the ultimate controlling factor in our unwritten constitution"; J. Jowell, "Parliamentary Sovereignty under the New Constitutional Hypothesis" [2006] P.L. 262; *R. (on the application of Privacy International) v Investigatory Powers Tribunal* [2019] UKSC 22, [2020] A.C. 491 at [144] (Lord Carnwath JSC characterises the question of the extent to which an ouster clause should be upheld as one 'for the court to determine... having regard to its purpose and statutory context, and the nature and importance of the legal issue in question').

DISCRETIONARY POWER: A BRIEF HISTORY OF JUDICIAL ATTITUDES

Replace n.8 with:

5-007

⁸ *Secretary of State for Education and Science v Tameside MBC* [1977] A.C. 1014 at 1047 (Lord Wilberforce: "there is no universal rule as to the principles on which the exercise of a discretion may be reviewed: each statute or type of statute must be individually looked at"). In consequence, the same phrase can have different meanings when used in different statutory contexts. Compare, for instance, the interpretations of 'criminal cause or matter' in *R. (Belhaj) v DPP* [2018] UKSC 33, [2019] A.C. 593 (Justice and Security Act 2013 s.6(11)) and *Re McGuinness's Application for Judicial Review* [2020] UKSC 6, [2020] 2 W.L.R. 510 (Judicature (Northern Ireland) Act 1978 s.41).

Replace n.32 with:

5-015

³² See, e.g. *R. (OneSearch Direct Holdings Ltd (trading as OneSearch Direct) v York City Council* [2010] EWHC 590 (Admin); [2010] P.T.S.R. 1481 at [22]–[24] ("It is a perfectly sensible and proper tenet of statutory construction that Parliament is unlikely to have intended that a power granted in a statute should be exercised in such a way as utterly to defeat the obvious wider purpose of that statute")—moreover, as a matter of principle, a court might "conclude that Parliament could not have intended that a power in one statute be exercised in a way that would utterly defeat the purpose of another statute", though much would depend on the wording and even possibly the timing of the specific statutory provisions (see further *R. (Newhaven Port and Properties Ltd) v East Sussex CC* [2015] UKSC 7, [2015] A.C. 1547 and *R. (Lancashire CC) v Secretary of State for the Environment, Food and Rural Affairs* [2019] UKSC 58, [2020] 1 W.L.R. 1: powers to register land as a town or village green under the Commons Act 2006 cannot be used in a manner which undermines the legislative purpose of another statute); *Alderman Blackwell's case* (1683) 1 Vent. 152; *Julius v Bishop of Oxford* (1880) 5 App. Cas. 214; *Shelley v LCC* [1949] A.C. 56; *Peterborough Corp v Holdich* [1956] 1 Q.B. 124; *Re Shuter* [1960] 1 Q.B. 142; *Annison v District Auditor for St Pancras BC* [1962] 1 Q.B. 489; *R. v Derby Justices Ex p. Kooner* [1971] 1 Q.B. 147; *Lord Advocate v Glasgow Corp* 1973 S.L.T. 33, HL; *Re Pentonville Prison Governor Ex p. Narang* [1978] A.C. 247; *R. v Secretary of State for the Home Department Ex p. Phansopkar* [1976] Q.B. 606. For an analysis of the uses of "may" and "shall", "duty" and "power" see *R. v Berkshire CC Ex p. Parker* [1997] C.O.D. 64; and authorities cited in *Stroud's Judicial Dictionary of Words and Phrases*, 8th edn (2012), under "May".

STATUTORY INTERPRETATION

Replace para.5-019 with:

5-019

In *GCHQ*, Lord Diplock defined the chapter head of review known as "illegality" as ensuring that "the decision-maker must understand correctly the law that regulates his decision-making power and must give effect to it".⁴⁹ The initial and everyday interpretation of legislation is by public bodies rather than the courts. This gives rise to the question: to what extent does a public body have discretion to interpret the legislation enabling and controlling its functions? Where the concept referred to in legislation is broad (such as "substantial", "cooking a main meal" or "such telecommunication services as satisfy all reasonable demands for them"),⁵⁰ the courts have accorded public bodies leeway in applying these concepts to particular instances and will not routinely substitute judicial judgement for that of the public body, nor venture definitions of statutory terms in the abstract.⁵⁰ᵃ But "while respect must be accorded to agencies entrusted by Parliament with the task of administering legislation, it would not be conformable with the rule of law for them to be given free rein, subject only to an irrationality challenge, to interpret the legislation in whatever manner they wished".[51] Where there is a dispute, it is always ultimately for the court to determine the correct legal meaning of legislation.

[49] *Council of Civil Service Unions v Minister for the Civil Service* [1985] A.C. 374, 410.

[50] *R. v Monopolies and Mergers Commission Ex p. South Yorkshire Transport Ltd* [1993] 1 W.R.R. 23, *Moyna v Secretary of State for Work and Pensions* [2003] UKHL 44; [2003] 1 W.L.R. 1929 and *R. (on the application of T-Mobile (UK) Ltd) v Competition Commission* [2003] EWHC 1555 (Admin); [2003] Eu.L.R. 769.

[50a] *Campaign Against Arms Trade v Secretary of State for International Trade* [2019] EWCA Civ 1020, [2019] 1 W.L.R. 5765 at [165] (Court of Appeal declines to provide a definition of 'serious violations').

[51] *R. (on the application of Unison) v Monitor* [2009] EWHC 3221 (Admin); [2010] P.T.S.R. 1827 at [60] (Cranston J, considering the meaning of "income derived from private charges" in National Health Act 2006 s.44(2)).

Replace n.57 with:

[57] *Al-Jedda v Secretary of State for the Home Department* [2013] UKSC 62; [2014] A.C. 253 (under s.40(4) of the British Nationality Act 1981, the Secretary of State may not make an order depriving a person of citizenship if "satisfied that the order would make a person stateless". It was not open to the Secretary of State to argue that the cause of statelessness was a failure on the part of the applicant to apply for restoration of Iraqi nationality rather than the making of the order). See further *Pham v Secretary of State* [2015] UKSC 19, [2015] 1 W.L.R. 1591 (expression of intention by the Vietnamese government not to recognize the applicant as a Vietnamese national did not mean that his deprivation of citizenship under s.40(2) rendered him stateless).

5-020

Replace para.5-022 with

Where discretion is conferred on the decision-maker the courts, in addition to resolving disputes about the meaning of particular words and phrases, also have to determine the scope of that discretion and the purpose for which it has been conferred and therefore need to construe the legislation purposefully.[64] As Lord Wilson JSC put it, in determining whether a decision is within the scope of a power 'the court must analyse the power by construing the words by which it was conferred on him in their context. From the words in their context Parliament's purpose in conferring the purpose can be identified; and the purpose will illumine its scope.'[64a]

5-022

We have seen that the expression "may" can mean "must" in the context of the purpose of the legislation as a whole, and we shall see below that the opposite may also apply.[65] Where the legislation gives power to the decision-maker to act as he "thinks appropriate", or as he "believes", or "thinks fit", the courts nowadays tend to require those thoughts or beliefs to be "reasonably and objectively justified by relevant facts".[66] Assessing the purpose for which legislation was enacted may require the court to consider the "premise of the legislation".[67] Where a Henry VIII clause seeks to empower a Minister to amend primary legislation by use of delegated legislation, a purported exercise of that power that is within the literal meaning of the general words may nevertheless be outside Parliament's contemplation and the court will resolve any doubt about its scope by a restrictive reading of the clause.[68]

[64] Sir Rupert Cross, *Statutory Interpretation*, 13th edn (1995), pp.172–75; J. Burrows, *Statute Law in New Zealand*, 3rd edn (2003), pp.177–99. For a recent example in Canada see *ATCO Gas and Pipelines Ltd v Alberta (Energy and Utilities Board)* [2006] S.C.R. 140. In New Zealand, see *Dotcom v Attorney General* [2014] NZSC 199; *Taylor v Chief Executive of Department of Corrections* [2015] NZCA 477. For a recent example see *R. (McKeown) v London Borough of Islington* [2020] EWHC 779 (Admin), especially at [13]-[14].

[64a] *R. (Palestine Solidarity Campaign Ltd) v Secretary of State for Housing, Communities and Local Government* [2020] UKSC 16, [2020] 1 W.L.R. 1774 at [1].

[65] See 5-049-5-072.

[66] *Office of Fair Trading v IBA Health Ltd* [2004] EWCA Civ 142; [2004] 4 All E.R. 1103 at [45].

[67] See, e.g. *Wells v Parole Board* [2008] EWCA Civ 30; [2008] 3 All E.R. 104 at [72] (legislative framework governing indeterminate sentences for public protection (ISPPs) in the Criminal Justice Act

2003 was enacted on the assumption that prisoners serving ISPPs would be able to take part in the courses necessary for them to demonstrate to the Parole Board that they were no longer a risk to public safety. Instead, there had been "a systemic failure on the part of the Secretary of State to put in place the resources necessary to implement the scheme of rehabilitation necessary to enable the relevant provisions of the 2003 Act to function as intended").

[68] *R. (Public Law Project) v Lord Chancellor (Office of the Children's Commissioner intervening)* [2016] UKSC 39; [2016] A.C. 1531. Similarly, ouster clauses are read in light of the presumption that Parliament intends to preserve judicial review: *R. (Privacy International) v Investigatory Powers Tribunal* [2019] UKSC 22, [2020] A.C. 491. See further Ch 4

The discovery of Parliament's intent and use of Hansard

Replace para.5032 with

5-032 Because a body like Parliament can have no mind, it is not possible to "consolidate individual intentions into a collective, fictitious group intention".[96] Therefore the provisions of a statute need to be understood in the context of the purpose of the statute as a whole.[96a] This first requires an understanding of the context in which it was enacted and the "mischief" at which it was aimed. Sometimes legislative and case law developments which preceded a statute may offer an indication of its purpose.[96b] The further question arises, however, of whether courts may refer to Hansard in ascertaining legislative purpose.

In *Pepper v Hart*,[97] the term in dispute was that of "cost" in s.63 of the Finance Act 1976. The question was whether teachers at independent schools whose children were educated at the school at much reduced fees should be taxed on the "marginal cost" to the school of educating those children (which would be a small sum), or on the "average cost" (which would be significantly higher). The issue had implications for the in-house benefits of many other employees as well. It was decided that the statutory purpose favoured the interpretation most favourable to the teachers. Departing from previous authority,[98] the House of Lords referred to parliamentary material to assist the construction of the ambiguous provision. Reference may now therefore be made to the parliamentary record to aid the construction of legislation.[99] However, as Lord Browne Wilkinson made plain the exclusionary rule should be relaxed to permit reference to parliamentary materials only where: "(a) legislation is ambiguous or obscure, or leads to an absurdity; (b) the material relied on consists of one or more statements by a minister or other promoter of the Bill together if necessary with such other parliamentary material as is necessary to understand such statements and their effect; (c) the statements relied on are clear".[100]

[96] R. Dworkin, *Law's Empire* (1986), pp.335–336.

[96a] As Lord Mance said in *Bloomsbury International Limited v Sea Fish Industry Authority* [2011] UKSC 25, [2011] 1 W.L.R. 1546 at [10]: 'in matters of statutory construction, the statutory purpose and the general scheme by which it is to be put into effect are of central importance.' The courts generally attempt to avoid internal inconsistencies in their reading of legislation. See e.g. *Gluck v Secretary of State for Housing, Communities and Local Government* [2020] EWHC 161 (Admin) at [84] (interpreting Town and Country Planning (General Permitted Development) (England) Order 2015, article 7).

[96b] See e.g. *Kaitey v Secretary of State for the Home Department* [2020] EWHC 1861, [2020] 3 W.L.R. 936 (Admin), especially at [64]-[69].

[97] *Pepper v Hart* [1993] A.C. 593.

[98] *Practice Statement (Judicial Precedent)* [1966] 1 W.L.R. 1234; *Davis v Johnson* [1979] A.C. 264; *Hadmor Productions Ltd v Hamilton* [1983] A.C. 191. *Hansard* reports have been directly referred to in some cases, e.g. *Pickstone v Freemans Plc* [1989] A.C. 66, and *Owens Bank v Bracco* [1992] A.C. 443 and in others (mainly involving national security issues) the Crown has referred to *Hansard* see, e.g. *R. v Secretary of State for the Home Department Ex p. Brind* [1991] 1 A.C. 696.

[99] Online versions of *Hansard* are available at http://www.parliament.uk/business/publications/hansard/ (for the Commons back to November 1988 and for the Lords back to 1995–96); earlier reports are at http://hansard.millbanksystems.com. In 2007

a new system for correcting errors in *Hansard* was introduced: see D. Greenberg, "Hansard, the whole Hansard and nothing but the Hansard" (2008) 124 L.Q.R. 181.

[100] *Pepper v Hart* [1993] A.C. 593. It was not foreseen that any statement other than that of the minister or other promoter of the bill was likely to meet those criteria. The Australian Acts Interpretation Act 1901 (Cth) s.15AB(1) permits resort to extrinsic material to ascertain the meaning of a statutory provision where there is ambiguity or obscurity, or where the ordinary meaning of the text leads to a result that is manifestly absurd or unreasonable. A non-exhaustive list of material may be considered which includes the second-reading speech of the minister (s.15AB(2)). Most Australian States have similar legislation. The courts frequently refer to *Hansard*, although Heydon J thought that the exercise is usually "barren and useless": *Momcilovic v R.* (2011) 245 C.L.R. 1 at 154. See also: *Kimathi v Foreign and Commonwealth Office* [2017] EWHC 3379 (QB); [2018] 4 W.L.R. 48; *R. (on the application of Gulf Centre for Human Rights) v Prime Minister* [2018] EWCA Civ 1855. For a recent illustration of the application of these criteria see: *R. v Adams* [2020] UKSC 19, [2020] 1 W.L.R. 2077 at [33]-[36] (the legislation under consideration was unambiguous and the statements made in Parliament were insufficiently clear to meet the *Pepper v Hart* standard).

Replace n.107 with:

[107] *R. (on the application of Spath Holme Ltd) v Secretary of State for the Environment, Transport and the Regions* [2001] 2 A.C. 349 at 212 (Lord Bingham of Cornhill). The court in *R. (Christian Concern) v Secretary of State for Health and Social Care* [2020] EWHC 1546 (Admin) considered this principle at [36]-[39], concluding that statements relied on by the applicant were insufficient to meet the standard. The court also treated a witness statement from a Member of Parliament describing the Parliamentary debate as inadmissible ([40]).

5-035

Replace n.109 with:

[109] *Wilson v First County Trust Ltd (No.2)* [2003] UKHL 40; [2004] 1 A.C. 816. See also *R. (on the application of National Council for Civil Liberties (Liberty)) v Secretary of State for the Home Department* [2019] EWHC 2057 (Admin) at [98] (it was not the function of the court to assess the quality of reasoning given by Ministers in Parliament in support of legislation which is subsequently challenged as being inconsistent with the Human Rights Act). See also *R. (on the application of Heathrow Hub Ltd v Secretary of State for Transport* [2019] EWHC 1069 (Admin) (where the issue of what would amount to "questioning" a statement in Parliament was raised but not determined [139]-[152]).

5-036

Replace n.110 with:

[110] *Hirst v United Kingdom (No.2)* (2006) 42 E.H.R.R. 41 at [78]–[85]. For Parliament's response to the European Court of Human Right's judgment, see para.1-053 above. See also *R. (on the application of DA) v Secretary of State for Work and Pensions* [2019] UKSC 21; [2019] 1 W.L.R. 3289, in which it was held (at [87]) by reference to Hansard that Parliament had considered the likely impact of a welfare benefit cap on lone parents with young children and had not breached the United Nations Convention on the Rights of the Child. Lord Wilson observed: "[b]y a narrow margin I am driven to conclude that...the government did not breach article 3.1 of the UNCRC... The Parliamentary and other materials to which I have referred demonstrate that it did evaluate the likely impact of the revised cap on lone parents with young children; and that it did assess their best interests at a primary level of its overall consideration." See also, *Channel 4 Television Corporation v Commissioner for Police for the Metropolis* [2019] 1 Costs LR 67, in which the court refused to imply a power to award costs in the context of production applications under the Terrorism Act, since the statute was silent as to costs, and where the applicant had argued that the right to freedom of expression under ECHR art.10 required the court to recognize such an implied power. The court found that a lack of evidence of what Parliament intended did no justify the conclusion that a power to award costs arose by implication. Edis J stated (at [71]) that "[a]s a matter of historical fact it may not be possible to ascertain what Parliament actually intended or even whether it ever considered the issue and formed any intention one way or the other. That does not allow the court to rewrite the legislation as it likes."

5-037

Explanatory Notes and other government guidance

Replace para.5-038 with:

The practice, since 1999, of publishing Explanatory Notes, prepared by departmental lawyers to accompany all bills and updated during the course of the bills' passage through Parliament, provide contextual information on the Bill that may be helpful in interpreting its provisions and purpose. The orthodox view is that recourse to Explanatory Notes may only be had if the legislation in question is ambiguous.[111] Where there is ambiguity, the court may also consider statements of government policy.[112] However, the Court of Appeal has suggested that policy and

5-038

Regulations may be used as an aid to construing a primary Act only where they are published contemporaneously.[112a]

[111] *R. (on the application of D) v Secretary of State for Work and Pensions* [2010] EWCA Civ 18; [2010] 1 W.L.R. 1782 at [48]; *Coventry and Solihull Waste Disposal Co. Ltd v Russell* [1999] 1 W.L.R. 2093, 2103. For a recent example of Explanatory Notes guiding interpretation see *R. (FF) v Director of Legal Aid Casework* [2020] EWHC 95, [2020] 4 W.L.R. 40 (Admin) at [55] (meaning of 'benefit for the individual' within Legal Aid, Sentencing and Punishment of Offenders Act 2012 Sch.1 Part 1, para.19(3). The explanatory notes specified that the purpose of the provision was to restrict access to civil legal aid for 'representative actions').

[112] *Adeboyin v Secretary of State for the Home Department* [2010] EWCA Civ 773; [2011] 1 W.L.R. 564 (ambiguity in Immigration Rules as to whether "false" means "dishonest" or "incorrect").

[112a] *R. (CXF) v Central Bedfordshire Council NHS North Norfolk Clinical Commissioning Group* [2018] EWCA Civ 2852, [2019] 1 W.L.R. 1862 at [24]-[25] (dismissing the suggestion that a code of practice prepared under s118, Mental Health Act could be used as an aid to construing that Act).

Using the parliamentary record for purposes other than interpretation

Replace n.113 with:

5-039

[113] *R. (on the application of Federation of Tour Operators) v HM Revenue & Customs* [2007] EWHC 2062 (Admin) at [108]–[125] (Stanley Burnton J: "it is necessary to consider whether this material would otherwise be admissible on or relevant to the determination of the Claimants' substantive claims, before deciding whether its origin precludes their adducing it in evidence"); *Toussaint v Attorney General of St Vincent and the Grenadines* [2007] UKPC 48; [2007] 1 W.L.R. 2825 (proper of a claimant to rely on evidence of what was said by a minister in Parliament to show the motivation for the government's actions outside Parliament). *Hub Ltd v Secretary of State for Transport* [2020] EWCA Civ 213 at [152]-[172] (the applicant sought to rely on statements made in Parliament as evidence that the Secretary of State had relied on immaterial considerations. The court was inclined to the view that reliance on these statements could account to questioning proceedings in Parliament in contravention of privilege); *The Electronic Collar Manufacturers Association v Secretary of State for Environment, Food and Rural Affairs* [2019] EWHC 2813 (Admin), [2020] A.C.D. 4 at [135]-[138] (the applicant sought to rely on Parliamentary statements to establish that consultation was not undertaken at a formative stage. The court suggested that ruling on the meaning of the statement would violate Parliamentary privilege, though the issue did not need to be decided for the purpose of the case).

Always-speaking statutes

Replace para.5-040 with:

5-040 Reference to the parliamentary record and the "original intent" of a statute may be of limited value,[114] especially in cases where its purpose is not defined, or in the case of a "framework Act", which deliberately leaves the definition of purpose to be developed in the course of the statute's implementation. However, even in cases where a term seems at the time of enactment relatively specific, its meaning over time may alter. For example, in *McCartan Turkington Breen v Times Newspapers Ltd*, the question was whether 'public meeting' could include a press conference; Lord Bingham said, in relation to the Defamation Act (Northern Ireland) 1955: "Although the 1955 reference to 'public meeting' derives from 1888, it must be interpreted in a manner which gives effect to the intention of the legislature *in the social and other conditions which obtain today*".[115] And Lord Steyn said that, unless they reveal a contrary intention, statutes are to be interpreted as always speaking.[116] The notion of the "always speaking" statute or constitution has been applied in a number of recent cases considering the interpretation of Commonwealth constitutions,[117] but it has relevance to statutory interpretation in different contexts.[118] As we shall soon consider, courts should of course be careful in accepting ministerial or other statements of policy as the best evidence of a change in a statute's meaning.[119] However, especially in cases where the purpose of a statute has never been defined, either generally, or by reference to any particular relevant considerations, its purposes may well change over time. The area of land-use planning provides a vivid example.

[114] *R. v Clarke (Ronald Augustus)* [2008] UKHL 8; [2008] 1 W.L.R. 338, where the issue was whether a failure to sign an indictment had deprived a trial court of its jurisdiction. Lord Bingham held that in interpreting the Administration of Justice (Miscellaneous Provisions) Act 1933, "The 'always speaking' principle has no application. The answer to the question now is the same as should have been given then. It is inescapable: Parliament intended that the bill should not become an indictment unless and until it was duly signed by the proper officer" (at [18]).

[115] *McCartan Turkington Breen v Times Newspapers Ltd* [2001] 2 A.C. 277 at 292 (emphasis added).

[116] *McCartan Turkington Breen v Times Newspapers Ltd* [2001] 2 A.C. 277 at 296. See also, *Moorthy v Revenue and Customs Commissioner* [2018] EWCA Civ 847; [2018] 3 All E.R. 1062 at [58]; *In re A (Children) (Contact: Ultra-Orthodox Judaism: Transgender Parent) (Stonewall Equality Ltd and another intervening)* [2017] EWCA Civ 2164; [2018] 4 W.L.R. 60 at [44]. Lord Kerr JSC (dissenting) in *Elgizouli v Secretary of State for the Home Department* [2020] UKSC 10, [2020] 2 W.L.R. 857 also spoke of the Bill of Rights 1689 as an 'always speaking statute': [66] and [141].

[117] See, e.g. *Balkissoon Roodal v The State* [2003] UKPC 78; *Matthew v State of Trinidad and Tobago* [2004] UKPC 33; *R. v Ireland* [1998] A.C. 147; *Robinson v Secretary of State for Northern Ireland* [2002] UKHL 32; [2002] N.I. 390.

[118] *Re McFarland* [2004] UKHL 17; [2004] 1 W.L.R. 1289 at [25] (Lord Steyn: "legislation, whether primary or secondary, must be accorded an always-speaking construction unless the language and structure of the statute reveals an intention to impress on the statute a historic meaning. Exceptions to the general principle are a rarity"). For cases displaying a similar approach in New Zealand, see J. Burrows, *Statute Law in New Zealand*, 3rd edn (2003), pp.177–199. For an example, see *R. (on the application of Blackpool Council) v Howitt and Secretary Of State for Culture Media and Sport* [2008] EWHC 3300 (Admin); [2009] L.L.R. 325 (the term "crime and disorder" in the Licensing Act 2003 s.4 included breaches of the smoking ban introduced by the Health Act 2006).

[119] 5-043. On interpretation of policies, see 5-088.

After "expectations and approaches.", add:

5-043 This does not mean, however, that government policy documents alone can change the meaning of planning (or other) legislation.[127a]

[127a] *R. (Wright) v Resilient Energy Severndale Ltd and Forest of Dean District Council* [2019] UKSC 53, [2019] 1 W.L.R. 6562, [45] (Supeme Court rejected the argument that the Town and Country Planning Act 1990 is 'always speaking' in the sense that what would otherwise be an immaterial consideration became material because central government policy directed local authorities to have regard to it); *R .(London Borough of Hillingdon Council) v Secretary of State for Housing, Communities and Local Government* [2020] EWCA Civ 1005 at [43]: 'as with statutory guidance, nothing in an EMR is capable of authorising something not permitted under, or inconsistent with, the Act, including its Schedules.'

Interpretation in relation to constitutional principles and constitutional rights

After "principles and rights.", add:

5-045 In some contexts, the common law may also afford greater legal protection to individuals than the Convention.[133a]

[133a] See e.g. *R. (Jalloh) v Secretary of State for the Home Department* [2020] UKSC 4, [2020] 2 W.L.R. 418 (discussed at 11-053).

Replace para.5-048 with:

5-048 A vivid case study of how emphasising different constitutional principles can lead to different outcomes is provided by the UK Supreme Court in *R. (on the application of Evans) v Attorney General (Campaign for Freedom of Information intervening).*[147] The court had to consider the circumstances in which it was lawful for the Attorney General to issue a certificate under s.53(3) of the Freedom of Information Act 2000 that he had "reasonable grounds" for forming the opinion that there had been no breach of the Act, effectively overriding the judgment of the Upper Tribunal (part of the judiciary under the s.3(5) of the Constitutional Reform Act 2005). The background to the litigation was a request under the 2000 Act by a journalist for copies to the so-called "black spider" letters written to ministers by the Prince of Wales on matters of public policy. Lord Neuberger of Abbotsbury PSC (with whom Lord Kerr of Tonaghmore and Lord Reid JJSC agreed) suggested that a statutory provision that entitled a member of the executive "to overrule a decision of the judiciary merely because he does not agree with it would be unique in the laws of the United Kingdom" and would "cut across two constitutional principles which are also fundamental components of the rule of law" (at [51])—the basic principle that a decision of a court is binding as between the parties and cannot be ignored and that decisions of the executive are reviewable by the court (at [52]). It was not "crystal clear" to Lord Neuberger that Parliament intended these fundamental constitutional principles to be disapplied (at [90]). Against this constitutional background, the expression "reasonable grounds" did not permit the Attorney General to issue a certificate "simply because, on the same facts and admittedly reasonably, he takes a different view from that adopted by" the Upper Tribunal "after a full public hearing" (at [88]). The ambit of s.53(3) was confined to issues that were not before the Tribunal (at [89]). Dissenting, Lord Wilson JSC was critical of the Court of Appeal—and Lord Neuberger—for "rewriting" s.53(3): "It invoked precious constitutional principles but among the most precious is that of parliamentary sovereignty, emblematic of our democracy" (at [169]). Lord Wilson agreed that a power of the executive to override decisions on issues of law "would have been an unlawful encroachment on the principle of separation of powers" but "issues relating to the evaluation of the public interest is entirely different" (at [171]). Agreeing in large part with Lord Wilson JSC, Lord Hughes JSC said "The rule of law is of the first importance. But it is an integral part of the rule of law that courts give effect to Parliamentary intention" (at [154]) and concluded that Parliament had "plainly shown" an intention to empower a member of the executive to override a decision of a court on where the balance in the public interest lay. In addition to informing the construction of statute, constitutional principles also play an important role in determining the scope of prerogative powers.[147a]

[147] *R. (on the application of Evans) v Attorney General (Campaign for Freedom of Information intervening)* [2015] UKSC 21; [2015] 2 W.L.R. 813. The judgments of Lord Mance JSC (with which Baroness Hale of Richmond DPSC agreed) did not expressly emphasise constitutional principles. See further M. Elliott, "A tangled constitutional web: the black-spider memos and the British constitution's relational architecture" [2015] P.L. 539. For a further example see *R. (Privacy International) v Investigatory Powers Tribunal* [2019] UKSC 22; [2020] A.C. 491.

[147a] *R. (on the application of Miller) v Prime Minister* [2019] UKSC 41; [2020] A.C. 373 (a purported exercise of the prerogative power to prorogue Parliament, which infringed on the constitutional principles of Parliamentary sovereignty and accountability was unlawful in the absence of reasonable justification).

Interpretation of European Union law

Replace para.5-050 with:

5-050 We consider the continued role of European Union law in the UK following Brexit, and its interpretation, in Chapter 14.[151] The matter is now governed by the European Union Withdrawal Act 2018. Section 6, in addition to removing the domestic courts' ability to refer interpretive questions to the Court of Justice of the European Union (CJEU) draws a distinction between developments prior to and after exit day (that is 31 January 2020).[151a] Interpretive questions concerning the meaning of retained EU law are to be decided in accordance with pre-exit day CJEU case law and established general principles[151b] (subject to the Supreme Court's ability to depart[151c]). In the case of post-exist day CJEU case law, by contrast, domestic courts 'may have regard' to such developments 'so far as it is relevant to the matter' before them.[151d]

[151] See Chapter 14.

[151a] European Union Withdrawal Act 2018 s.6(1)(b).

[151b] European Union Withdrawal Act 2018 s.6(3).

^{151c} European Union Withdrawal Act 2018, s.6(4)(a).

^{151d} European Union Withdrawal Act 2018 s.6(2).

Interpretation and international law

Incorporated treaties

After "interpreting the treaty.", add new n.156a:

^{156a} The court may also be required to interpret the incorporating legislation. The treaty will be used as a guide to interpretation and the court will endeavour to read the legislation consistently with it: *Re McCord's Application for Judicial Review* [2020] NICA 23 at [47].

5-053

Unincorporated treaties

Replace para.5-054 with:

The dualist principles that underpin the British constitution—which require a divide between ratifying treaties (an action of the executive branch of government) and law-making (the province of Parliament and the courts)—has the consequence of limiting the scope for utilising unincorporated treaties as part of a judicial review claim.¹⁶⁹ Unincorporated treaties have no direct effect in the courts of England and Wales and the courts accordingly are loathe to enter into questions of interpretation beyond assuring themselves that the public body has adopted a reasonably tenable view of the instrument.¹⁷⁰ That is not to say, however, that they have no effect. First, circumstances may arise in which a minister, by ratifying a treaty, creates a legitimate expectation that government decision-making and policy will follow the terms of that treaty; we consider this possibility in Chapter 12.¹⁷¹ Secondly, unincorporated treaties may be used as an aid to interpretation of domestic legislation (and in interpreting the treaty, the approach described above in relation to incorporated treaties applies). Where an ambiguity in domestic legislation arises, the English courts will—in the absence of clear statutory words to the contrary—presume that Parliament intended to legislate in conformity with the international law obligations of the United Kingdom on the same subject matter.¹⁷² The courts adopt a similar approach in relation to developing the common law.¹⁷³ Third, legislation may make an unincorporated treaty a mandatory relevant consideration.^{173a} Fourth, judges have sometimes been willing to express a view that governmental action contravenes international law even if the repercussions are limited to the 'political, rather than the legal arena.'^{173b}

5-054

¹⁶⁹ Whether this constitutional principle ought to continue to apply to human rights treaties has been questioned: R. Higgins, "The Relationship between International and Regional Human Rights Norms and Domestic Law" (1992) 18 *Commonwealth Law Bulletin* 1268; *Re McKerr's Application for Judicial Review* [2004] UKHL 12; [2004] 1 W.L.R. 807 at [49]-[50] (Lord Steyn). In *R. (on the application of SG) v Secretary of State for Work and Pensions (Child Poverty Action Group intervening)* [2015] UKSC 16; [2015] 1 W.L.R. 1449, Lord Kerr (dissenting at [254]–[257]) argued explicitly for "an exception to the dualist theory in human rights Conventions" and that he considered "that article 3.1 of the [United Nations Convention on the Rights of the Child] is directly enforceable in United Kingdom domestic law." See further para.3-019 above.

¹⁷⁰ See, e.g. *R. (on the application of Corner House Research) v Director of the Serious Fraud Office* [2008] UKHL 60; [2009] 1 A.C. 756 at [43]-[44], [65] (HL considered the OECD Convention on Combating Bribery of Foreign Public Officials in International Business Transactions (1997)); *R. v (on the application of The Badger Trust) v The Welsh Ministers* [2010] EWHC 768 (Admin) at [113]–[128] (Bern Convention on the Conservation of European Wild Animals and Habitats 1979); *R. (on the application of ICO Satellite Ltd) v The Office of Communications* [2010] EWHC 2010 (Admin) at [88]-[96]; *R. v Lyons (Isidore Jack) (No.3)* [2002] UKHL 44; [2003] 1 A.C. 976 at [27]; D. Lloyd Jones, "Is International Law a Part of the Law of England?" [2011] J.R. 192. In *R. (Yam) v Central Criminal Court* [2015] UKSC 76; [2016] A.C. 771, the Supreme Court rejected an argument that a court's discretionary common law power was constrained by the United Kingdom's international obligations, emphasising that while a domestic decision-maker exercising a general discretion may have regard to the United Kingdom's international obligations, he is not bound to do so.

[171] See 12-026.

[172] A.V. Dicey, *An Introduction to the Study of the Law of the Constitution*, 10th edn (1959), pp.62–63; *R. v Secretary of State for the Home Department Ex p. Brind* [1991] 1 A.C. 696 at 747, 760; *R. v Asfaw (Fregenet)* [2008] UKHL 31; [2008] 1 A.C. 1061 (a criminal appeal raising issues on the UN Convention relating to the Status of Refugees 1951 (United Nations), art.31 and domestic statutes). See also *Willow v Information Commissioner* [2017] EWCA Civ 1876 at [40]–[49] (noting that a number of important decisions had stressed that where domestic law was unclear, it should be construed in compliance with Treaties and Conventions that had been ratified, although this principle was not applicable to the facts). See further *R. (SG) v Secretary of State for Work and Pensions* [2015] UKSC 16, [2015] 1 W.L.R. 1449.

[173] J. Laws, "Is the High Court the Guardian of Fundamental Human Rights? [1993] P.L. 59, 66–67; *Lyons* [2002] UKHL 44; [2003] 1 A.C. 976 at [27]; *Reynolds v Times Newspapers Ltd* [2001] 2 A.C. 127 at 223.

[173a] See e.g. *R. (Plan B Earth) v Secretary of State for Transport* [2020] EWCA Civ 214, [2020] J.P.L. 1005 (the obligation in the Planning Act 2008 s.5(8) to have regard to 'Government policy relating to the mitigation of, and adaptation to, climate change' was interpreted as requiring consideration of the Paris Agreement).

[173b] *R. (SG) v Secretary of State for Work and Pensions* [2015] UKSC 16, [2015] 1 W.L.R. 1449 at [122]–[133] (Lord Carnwath JSC expressed the view that Regulations contravened article 3(1) of the United Nations Convention on the Rights of the Child.

Customary international law

Replace para.5-055 with:

5-055 Customary international law is a source of English common law—but "applicable in the English courts only where the constitution permits".[174] Customary international law consists of those norms about which there is clear consensus among States, which are based on general and consistent practice and a sense of legal obligation.[175] *Jus cogens* (peremptory norms) is that body of customary international law comprising of fundamental principles which cannot be derogated from by States.[176] There are a number of references to customary international law in the case law.[177]

[174] See, e.g. *R. v Jones (Margaret)* [2006] UKHL 16; [2007] 1 A.C. 136 at [11] (Lord Bingham, citing "old and high authority") with the caveat quoted (see [23]); *R. (on the application of Al-Haq) v Secretary of State for Foreign and Commonwealth Affairs* [2009] EWHC 1910 (Admin) at [40] (Pill LJ: "The issue of the incorporation of customary international law into domestic law is not susceptible to a simple or general answer ..."); R. O'Keefe, "The Doctrine of Incorporation Revisited" (2008) 78 *British Year Book of International Law* 7. Lord Mance JSC offered helpful guidance in *Keyu v Secretary of State for Foreign and Commonwealth Affairs* [2015] UKSC 69, [2016] A.C. 1355 at [150]: 'in my opinion, the presumption when considering any such policy issue is that [customary international law], once established, can and should shape the common law, whenever it can do so consistently with domestic constitutional principles, statutory law and common law rules which the courts can themselves sensibly adapt without it being, for example, necessary to invite Parliamentary intervention or consideration.'

[175] *R. (on the application of European Roma Rights Centre) v Immigration Officer, Prague Airport* [2004] UKHL 55; [2005] 2 A.C. 1 at [23].

[176] See, e.g. prohibition of torture (*A v Secretary of State for the Home Department* [2005] UKHL 71; [2006] 2 A.C. 221).

[177] See, e.g. *R. (on the application of Al-Saadoon) v Secretary of State for Defence* [2009] EWCA Civ 7; [2009] U.K.H.R.R. 638 at [70] (CA was "in no position whatever to arrive at any overall conclusion as to the effects of hanging for the purpose of making an assessment of its compatibility or otherwise with norms of customary international law"); *MK (Somalia) v Entry Clearance Officer* [2008] EWCA Civ 1453; [2009] 2 F.L.R. 138 (CA rejected an argument that customary international law recognised de facto adoption of children, which the claimants contended was important in relation to a country where formal adoption was unlikely to take place because institutions of the state were depleted and for religious reasons); *BE (Iran) v Secretary of State for the Home Department* [2008] EWCA Civ 540; [2009] I.N.L.R. 1 at [29] (it was right to describe the outlawing of anti-personnel mines "as an emerging norm of international law": accordingly, the claimant, who had deserted from the Iraqi army in order to avoid involvement in the laying of unmarked anti-personnel mines in roads used by civilians, was entitled to asylum). *R. (on the application of Freedom and Justice Party) v Secretary of State for Foreign and Commonwealth Affairs* [2018] EWCA Civ 1719 (customary international law rule of immunity for members of special missions formed part of the domestic common law); *Benkharbouche v Secretary of State for Foreign and Commonwealth Affairs* [2017] UKSC 62; [2017] 3 W.L.R. 957 at [17] (State immunity was a mandatory rule of customary international law deriving from the sovereign equality of

states and defining the limits of a domestic court's jurisdiction). See also *Heiser's Estate v Iran* [2019] EWHC 2074 (QB) at [131] (in proceedings seeking the enforcement of US judgments against Iran arising out terrorist incidents, Stewart J stated obiter that a more fundamental objection to the enforcement of judgments sought than that raised by the respondent was the defence of state immunity in respect of inherently sovereign actions which arose as a matter of customary international law).

Replace para.5-056 with:

5-056 It falls outside the scope of this book to give a comprehensive account of this field, but the following are illustrations of how customary international law may be used. Principles of customary international law were recognised in relation to: the immunity from criminal process of a head of state[178]; the right to admit, exclude and expel aliens[179]; and prohibition of torture.[180] But the courts have held that: there is no right of conscientious objection to military service[181]; no duty on governments to provide diplomatic assistance to protect citizens from actions of foreign states[182]; maintenance of nuclear weapons is not contrary to international law[183]; and providing mutual legal assistance to a foreign government which might ultimately result in the imposition of the death penalty is not contrary to international law.[183a]

[178] *R. v Bow Street Metropolitan Stipendiary Magistrate Ex p. Pinochet Ugarte (No.3)* [2000] 1 A.C. 147 at 201, 265, 268. Immunity applies equally to a foreign head of state in his personal capacity as it applies to his public capacity: see *Aziz v Aziz* [2007] EWCA Civ 712; [2008] 2 All E.R. 501.

[179] *R. (on the application of European Roma Rights Centre) v Immigration Officer, Prague Airport* [2004] UKHL 55; [2005] 2 A.C. 1 at [11].

[180] *A v Secretary of State for the Home Department* [2005] UKHL 71; [2006] 2 A.C. 221 at [34].

[181] *R. (on the application of Septet) v Secretary of State for the Home Department* [2003] UKHL 15; [2003] 1 W.L.R. 856.

[182] *R. (on the application of Abassi) v Secretary of State for Foreign and Commonwealth Affairs* [2002] EWCA Civ 1598; [2003] U.K.H.R.R. 76.

[183] *R. (on the application of Marchiori) v Environment Agency* [2002] EWCA Civ 3; [2002] Eu. L.R. 225.

[183a] *R. (on the application of El Gizouli) v Secretary of State for the Home Department* [2019] EWHC 60; [2019] 1 W.L.R. 3463 at [78]-[95]. The court stated at [94]: "[g]iven that Parliament legislated to bring the use of the death penalty to an end, there was no room for the common law to develop domestically to achieve a similar end. Nor would it have been appropriate to do so in such a politically contentious area. Although the Privy Council has considered many death penalty cases it has never suggested that the common law applicable in the jurisdictions has developed in the way suggested by the claimant." Note this conclusion was upheld in *Elgizouli v Secretary of State for the Home Department* [2020] UKSC 10, [2020] 2 W.L.R. 857, although the appeal was allowed on another basis (adhering to the request violated Part 3 of the Data Protection Act 2018).

MANDATORY AND DIRECTORY DUTIES AND POWERS

In para.5-058 replace list item "(b)" with:

(b) Statutory words requiring things to be done as a condition of making a decision, especially when the form of words requires that something "shall" be done, raise an inference that the requirement is "mandatory" or "imperative" and therefore that failure to do the required act renders the decision unlawful.[185a]

5-058

[185a] See, e.g., *R. v McLaughlin* [2018] NICA 5 at [62] (Deeny LJ observing that "The traditional word used to indicate a mandatory requirement rather than a discretionary one was 'shall' as opposed to 'may'. It is true that this has been the subject of close examination on occasions. But where the legislator has chosen to use the imperative 'must' there can be no debate as to the mandatory nature of the provision. To ignore such a clear expression would be to ignore the clear intention in the legislation. For a court to do so would indeed seem to be unconstitutional.")

Replace n.188 with:

[188] *Howard v Bodington* (1877) 2 P.D. 203 at 211; *Spicer v Holt* [1977] A.C. 987 (compliance with procedure for administering breath-tests, a condition precedent for valid conviction); *Grunwick Processing* [1978] A.C. 655; *Sheffield City Council v Graingers Wines Ltd* [1978] 2 All E.R. 70; *Tower*

5-062

Combined Traders Association [1994] C.O.D. 325; *Wang v Commissioner of Inland Revenue* [1994] 1 W.L.R. 1286, PC. *R. v Stocker* [2013] EWCA Crim 1993; [2014] 1 Cr. App. R. 18 (appeal against rape conviction on the basis that the defendant had been indicted under the wrong Act dismissed even though the Criminal Procedure Rules 2013 stated that the indictment "must" identify the legislation that created the offence. The clear purpose of the relevant rule was to ensure that an accused had sufficient information to know the case he had to meet. The error was a pure technicality that had caused no prejudice. It was not so fundamental as to render the proceedings a nullity and the draftsman would not have intended such an outcome for such a breach); *Aylesbury Vale DC v Call a Cab Ltd* [2013] EWHC 3765 (Admin); [2014] P.T.S.R. 523 (although the Local Government (Miscellaneous Provisions) Act 1976 s.45(3) clearly made it mandatory for a district council to give notice to each parish council of its intention to pass a resolution to bring the hackney carriage licensing provisions into force for the whole of its area, reading the statute as a whole and recognising the complete lack of prejudice to the defendants from non-compliance with the statutory requirements beyond the fact that non-compliance might give them an argument whereas validity would deprive them of it, if there was substantial compliance with the statutory provision, the act was not invalid). See also: *R. (on the application of AD) v London Borough of Hackney* [2019] EWHC 943 (Admin), where it was s.27(2) of the Children and Families Act 2014 did not impose a mandatory duty to consult families before applying a reduction in resource levels to meet special educational needs. Supperstone J stated at [105} that if the claimant's view were correct: "the results would be startling indeed. This would mean that every time a local authority makes a decision that will affect the scope of provision made in its area for children with SEND or the provision that is made outside its area for children with SEND who are from its area, no matter how small, it must...consult the wide range of persons and bodies identified (including children with SEND) whether the decision is to reduce the scope of provision or increase it, regardless of the interest that such consultees, such as youth offending teams, might have in any change."

Replace n.196 with:

5-064   [196] *Grunwick* [1978] A.C. 655 (statutory duty was to ascertain the opinions of affected workers; the means by which this was to be done, however, were entrusted to the discretion of the authority); *Donnelly v Marrickville Municipal Council* [1973] 2 N.S.W.L.R. 390. However, substantial compliance with statutory provisions prescribing the method of giving notice may suffice: *Smith v East Sussex CC* (1977) 76 L.G.R. 332. For an illustration of the vitiating effect of failure to give sufficient notice where this entailed a breach of a statutory duty to afford interested parties a genuine opportunity of making representations against a proposed scheme for comprehensive schools, see *Lee v Department of Education and Science* (1967) 66 L.G.R. 211; *Lee v Enfield LBC* (1967) 66 L.G.R. 195; *Legg v ILEA* [1972] 1 W.L.R. 1245; cf. *Coney v Choyce* [1975] 1 W.L.R. 422; *R. v Southwark Juvenile Court Ex p. J* [1973] 1 W.L.R. 1300 (provision for attendance at hearing by a non-party directory, but decision quashed for lacking appearance of fairness). See also *R. v McLaughlin* [2018] NICA 5 (procedural irregularity in relation to confiscation orders).

Replace n.214 with:

5-068   [214] See, e.g. *R. (on the application of Dulai) v Chelmsford Magistrates' Court* [2012] EWHC 1055 (Admin); [2013] 1 W.L.R. 220 (non-compliance with procedure for issuing notice of good seized by food authority did not necessarily render seizure unlawful); *R. (on the application of Garland) v Secretary of State for Justice* [2011] EWCA Civ 1335; [2012] 1 W.L.R. 1879 (Parliament did not intend non-compliance with Prison Rules on time limit within which disciplinary charges to be laid, however minimal and devoid of prejudicial effect, should render subsequent proceedings invalid); *R. (Herron and another) v Parking Adjudicator* [2011] EWCA Civ 905; [2012] P.T.S.R. 1257 (test for invalidity of controlled parking zone was not whether signage irregularities were trivial but whether there was substantial compliance with the statutory definition); *R. (on the application of JJB Sports Plc) v Telford and Wrekin BC* [2008] EWHC 2870 (Admin); [2009] R.A. 33 (local authority not prevented by reason of serving the demand notice 56 days late from proceeding to seek a liability order enforcing payment of business rates); *R. (on the application of P) v Haringey LBC* [2008] EWHC 2357 (Admin); [2009] E.L.R. 49 (school governors in a decision letter had specified the wrong date for lodging an appeal against their determination that a pupil should be permanently excluded; applying a flexible approach, the court held that the notice was not for that reason invalid but the local authority had acted unlawfully in not recognising that the appeal had indeed been lodged on the due date—an email had arrived after school closing time but before midnight on that day); *R. (on the application of Winchester College) v Hampshire CC* [2008] EWCA Civ 431; [2009] 1 W.L.R. 138; *DPP v McFarlane* [2019] EWHC 1895 at [25]-[26] (failure to institute additional charges in accordance with s. 29 of the Criminal Justice Act 2003 were procedural defects but Parliament did not intend that such non-compliance would render the proceedings a nullity). Males LJ stated that "the effect of procedural defects does not depend upon whether the requirements in question should be classified as mandatory or directory but on what Parliament intended to be the consequences of non-compliance. Parliament should not be taken to have intended that the consequences of non-compliance will be to render the proceedings a nullity, except in clear cases, and, in particular, should not be taken to have so intended when that would defeat the purpose of the legislation in question and when the non-compliance has caused no injustice to the defendant." See also, *Morris and Perry (Gurney Slade Quarries) Ltd v Hawkins* [2019] 6 WLUK 202, where Judge Russen QC stated (at [86]) that "the courts, when considering notice provisions, used to distinguish between 'mandatory' language (where want of strict observance by a party would lead to the notice being bad) and language which was 'directory'...Nowadays, such classification is the end of the inquiry, not the beginning, and certainly in the legislative context the court begins by considering whether it would be consistent with the purpose of the notice provision to treat a non-compliant step as invalid."

At the end of para.5-070, add new paragraph:

Issues such as these now overlap with section 84 of the Criminal Justice and Courts Act 2015.[221a] We discuss this provision at greater length in Chapter 18.[221b] Briefly, however, the provision requires courts to refuse relief if it appears 'highly likely that the outcome for the applicant would not have been substantially different' unless there are 'reasons of exceptional public interest.[221c]

5-070

[221a] Amending Senior Court Act 1981 s.31.

[221b] See 18-050.

[221c] See for example *R. (Plan B Earth) v Secretary of State for Transport and others* [2020] EWCA Civ 214, [2020] J.P.L. 1005 (it was improper to refuse relief following a finding the Secretary of State had failed to comply with statutory requirements to have regard to the Paris Agreement. The court could not be satisfied that the 'highly likely' threshold was surmounted without undertaking a constitutionally improper investigation into merits: [267]-[278]).

Marginal failures by individuals to comply with requirements

Replace para.5-072 with:

So far, discussion has focused on whether a public body has complied with statutory requirements and, if not, what ought to be the consequences of failure to do so. In some disputes, the courts have considered the reverse position, where an individual has marginally failed to meet requirements set out in legislation or published policy but nevertheless seeks the benefit of a decision.[227a] In some cases, the failure is appropriately characterised as de minimis: the Court of Appeal has held that "if a departure from a rule is truly de minimis, the rule is considered to have been complied with".[228] A different situation is the "near miss", where the requirement has not been complied with but it is argued, by the individual, that discretion should be exercised in their favour. An example of a "near miss" would be failure to satisfy the requirement of five years' lawful residence as a work permit holder, by two months. The courts have been emphatic in rejecting the idea that there is a "near miss" principle favouring the individual.[229] However, where the Immigration Rules (and presumably guidance or policy more broadly) confer a discretion on decision-makers to afford individuals the opportunity to correct errors in an application, the decision-maker must consider whether to exercise the discretion.[229a]

5-072

[227a] See e.g. *R (London Borough of Hillingdon Council) v Secretary of State for Housing, Communities and Local Government* [2020] EWCA Civ 1005 especially at [70] (breach of an implied statutory duty on applicants for planning permission to provide sufficient information meant the local authority could lawfully refuse to determine the application).

[228] *Miah v Secretary of State for the Home Department* [2012] EWCA Civ 261; [2013] Q.B. 35. Contrast *Mudiyanselage v Secretary of State for the Home Department, Khan v Secretary of State for the Home Department, MA (Pakistan) v Secretary of State for the Home Department* [2018] EWCA Civ 65; [2018] 4 W.L.R. 55 (no longer a general policy of allowing the correction of minor errors in applications for leave to remain).

[229] See, e.g *Miah v Secretary of State for the Home Department* [2012] EWCA Civ 261; [2013] Q.B. 35 (two months short of five year requirement; not following *Pankina v Secretary of State for the Home Department* [2010] EWCA Civ 719; [2011] Q.B. 376); *Mongoto v Secretary of State for the Home Department* [2005] EWCA Civ 751 (appellant did not meet Home Office "family concession" policy criteria); *R. (on the application of Hafeez) v Secretary of State for the Home Department* [2014] EWHC 1342 (Admin) (the fact that H's leave to remain in the United Kingdom expired in November 2011 and his university course finished in January 2012 was not a "near miss" justifying the grant of leave; the absence of a near-miss principle in such cases was well established); *R. (Junied) v Secretary of State for the Home Department* [2019] EWCA Civ 2293, [2020] 4 W.L.R. 18 (Secretary of State had acted lawfully in refusing leave to remain on the basis that banking documents were not in the required format).

[229a] See e.g. *R (Islam) v Secretary of State for the Home Department* [2019] EWCA Civ 500, [2019] 4 W.L.R. 63 (the application did not contain the 'wrong document', rather documents which did not

Duties owed to the public generally

Replace para.5-073 with:

5-073 In some cases where what appears to be a clear (mandatory) duty is imposed upon an authority, the courts have held that is not directly enforceable by any individual.[230]

- Education Act 1996 s.14 ("A local authority shall secure that sufficient schools for providing—(a) primary education, and (b) education that is secondary education ... are available for their area ...").[232]
- National Assistance Act 1948 s.21 ("a local authority may with the approval of the Secretary of State, and to such extent as he may direct shall, make arrangements for providing—(a) residential accommodation for persons who by reason of age, illness, disability or any other circumstances are in need of care and attention which is not otherwise available to them").
- Children Act 1989 s.17(1) ("It shall be the general duty of every local authority (in addition to the other duties imposed on them by this Part)—(a) to safeguard and promote the welfare of children within their area who are in need; and (b) so far as is consistent with that duty, to promote the upbringing of such children by their families, by providing a range and level of services appropriate to those children's needs".[232a]
- National Health Service Act 2006 s.1 ("The Secretary of State must continue the promotion in England of a comprehensive health service ...").[233]
- Criminal Justice and Court Services Act 2000 s.12 ("(1) In respect of family proceedings in which the welfare of children is or may be in question, it is a function of the [Children and Family Court Advisory and Support] Service to—... (c) make provision for the children to be represented in such proceedings" and "(2) The Service must also make provision for the performance of any functions conferred on officers of the Service by virtue of this Act or any other enactment (whether or not they are exercisable for the purposes of the functions conferred on the Service by subsection (1))").[274]

[230] C. Callaghan, "What is a Target Duty?" [2000] J.R. 184; L. Clements, *Community Care and the Law* (2004), pp.11–13; J. King, "The Justiciability of Resource Allocation" (2007) 70 M.L.R. 197, 214–216. See further *R. (BP) v NHS Croydon Clinical Commissioning Group* [2020] EWHC 1470 (Admin) at [51]: 'these are macro or target duties. I am extremely doubtful whether they confer any right on an individual to sue for alleged breach' (discussing Children Act 2004 s.10(1) and National Health Service Act 2006 s.82).

[232] *R. v Inner London Education Authority Ex p. Ali* (1990) 2 Admin. L.R. 822, such a duty was called a "target duty" by Woolf LJ. The point was reiterated in *R. (Somerset CC) v Secretary of State for Education* [2020] EWHC 1675 (Admin) at [44].

[232a] A useful summary of the principles relating to s.17 (including, but not limited to s.17(1)) can be found in *R (OA) v London Borough of Bexley* [2020] EWHC 1107 (Admin) at [47]-[54]. See also Children and Young Persons Act 2008 s.7 (placing the Secretary of State under a 'general duty... to promote the well-being of children in England') and discussion of the duty in *Simone v Chancellor of the Exchequer* [2019] EWHC 2609 (Admin) at [79]-[84] (dismissing a challenge to the allocation of special educational needs funding).

[233] *R. (on the application of YA) v Secretary of State for Health* [2009] EWCA Civ 225 at [69]. See also *R. (A) v Secretary of State for Health (Alliance for Choice and others intervening)* [2017] UKSC 1 at [9]. Note however the dissenting remarks of Lord Kerr, which suggest that the duty in s.1 is capable of being enforced by individuals: [78]–[82].

[274] *R. (on the application of R (Minors) v Children and Family Court Support Service* [2012] EWCA Civ 853; [2013] 1 W.L.R. 163.

Replace para.5-074 with:

5-074 Courts allow great flexibility to authorities to achieve this kind of duty, as long as they are not "outside the tolerance" of the statutory provision.[235] And since these duties normally require the decision to allocate scarce resources among competing needs, the courts will not interfere readily,[236] although a target duty may "crystallise" into an enforceable duty in certain circumstances.[237] At the other extreme is what has been called a "proactive duty".[238]

---

[235] *R. v Inner London Education Authority Ex p. Ali* (1990) 2 Admin. L.R. 822; *R. (on the application of Ahmad) v Newham LBC* [2009] UKHL 14; (2009) 153(9) S.J.L.B. 29 at [13] (Baroness Hale of Richmond: "there is a fundamental difference in public law between a duty to provide benefits or services for a particular individual and a general or target duty which is owed to a whole population"). *R. (on the application of NHS Property Services Ltd) v Jones* [2018] EWCA Civ 721 at [41]; *R. (on the application of A) v Secretary of State for Health* [2017] EWHC 2815 (Admin); [2018] 4 W.L.R. 2 at [44] (holding that the phrase "the people of England" in s.1 of the National Health Service Act 2006 referred to those who had a legitimate connection with the country); *R. (on the application of Pharmaceutical Services Negotiating Committee) v Secretary of State for Health* [2018] EWCA Civ 1925.

[236] On resource allocation see 1-042 and 5-134.

[237] See, e.g. *R. (on the application of G) v Barnet LBC* [2003] UKHL 57; [2004] 2 A.C. 208, where Lord Hope (for the majority) at [80] held that a target duty to promote the welfare of children in need under Children Act 1989 s.17(1) was concerned with general principles and not designed to confer rights upon individuals. Nor could it easily crystallise in into an enforceable duty, [88]. Note however, *R. (on the application of West) v Rhondda Cynon Taff CBC* [2014] EWHC 2134 (Admin); [2015] A.C.D. 9, where a breach of duty was found when a local authority failed to give regard to its duties under s.17(1) and s.18 (provision of day care for children in need) of the 1989 Act; similar breaches were found in respect of the local authority's duties under s.118 of the School Standards and Framework Act 1998 (duty to secure nursery education) and s.22 of the Childcare Act 2006 (duty to secure sufficient childcare for working parents). See also *R. (on the application of Gullu) v Hillingdon LBC* [2019] EWCA Civ 692 at [10]. Lewison LJ stated (at [10]) that "[a] local housing authority owes a number of duties to the homeless under Part 7 of the Housing Act 1996 . These are duties owed to specific people rather than 'target' duties owed to the public at large."

[238] Such duty requires an authority under a duty, e.g. to reassess periodically the chronically sick and disabled, even in the absence of a request to do so. *R. v Bexley LBC Ex p. B* (2000) 3 C.C.L.R. 15 at 22; *R. v Gloucester CC Ex p. RADAR* (1998) 1 C.C.L.R. 476 (duty to reassess needs for community care requires more than a letter inviting a request for an assessment).

Duties to "have regard to" the desirability of something

Replace para.5-079 with:

Duties such as these are described as "mandatory" but not imposing "a duty to achieve results".[252] In challenges to alleged failures to fulfil "to have regard to" duties, the courts have laid down guidelines as to what is expected of a public body.[253] The required approach is contextual: "'Due regard' is the 'regard that is appropriate in all the circumstances'".[254] It is not sufficient for the public body to show merely that it made its decision with "a general awareness of the duty"; a "substantial, rigorous and open-minded approach" is required.[255] The test whether a decision-maker has had due regard is a test of the substance of the matter, not of mere form or box-ticking, and the duty must be performed with "vigour and an open mind".[256] The duty requires a "conscious directing of the mind to the obligations".[257] "Due regard" must be given "before and at the time that a particular policy that will or might affect disabled people is being considered by the public authority in question".[258] Due regard to the duty must be an "essential preliminary" to any important policy decision, not a "rearguard action following a concluded decision".[259] Consideration of the duty must be an "integral part of the formation of a proposed policy, not justification for its adoption".[260] The weight to be given to the countervailing factors is a matter for the public authority rather than the court unless the assessment is unreasonable or irrational.[261] But "the question of whether 'due regard' has been paid is for the court itself to review—the court should not merely consider whether there was no regard to the duty at all, or whether the decision was *Wednesbury* unreasonable".[262] The concept of "due regard" requires the court to ensure that there has been a proper and conscientious focus on the statutory criteria, "but if that is done, the court cannot interfere with the decision simply

5-079

because it would have given greater weight to the equality implications of the decision than did the decision maker".²⁶³ The court will also resolve questions of construction concerning what, precisely, the decision-maker is required to have regard to. ²⁶³ᵃ

²⁵² *R. (on the application of Brown) v Secretary of State for Work and Pensions (Equality and Human Rights Commission intervening)* [2008] EWHC 3158 (Admin); [2009] P.T.S.R. 1506 at [80]–[82].

²⁵³ For a helpful summary, see *R. (on the application of JM and NT) v Isle of Wight Council* [2011] EWHC 2911 (Admin) [96]–[107].

²⁵⁴ *R. (on the application of Baker) v Secretary of State for Communities and Local Government (Equality and Human Rights Commission intervening)*[2008] EWCA Civ 141; [2009] P.T.S.R. 809 at [31].

²⁵⁵ *R. (on the application of Boyejo) v Barnet LBC* [2009] EWHC 3261 (Admin); (2010) 13 C.C.L.R. 72 at [58], [59] and [63]. See e.g. *R. (Project for the Registration of Children as British Citizens) v Secretary of State for the Home Department* [2019] EWHC 3536 (Admin), [2020] 1 W.L.R. 1486 and *R. (O) v Secretary of State for the Home Department* [2019] EWHC 2734 (Admin), (2020) 23 C.C.L. Rep. 175 at [71]-[80] (both concerning failures to demonstrate compliance with the duty to 'have regard to the need to safeguard and promote the welfare of children' under Immigration Act 2009 s.55).

²⁵⁶ *R. (on the application of Domb) v Hammersmith and Fulham LBC* [2009] EWCA Civ 941; [2009] L.G.R. 843. In *R. (Logan) v Havering LBC* [2015] EWHC 3193 (Admin); [2016] P.T.S.R. 603, there was a lack of due regard: "There must be conscientious consideration of the impact of the proposals on relevant groups, whether by diligent reading of the EIA or some other evidence based assessment"; on the facts, there was "insufficient evidence to indicate that the decision-makers [each member of the full council] had accessed the EIA attached to the officers' report or had understood the importance of reading it in order to discharge their statutory obligation. It was not sufficient to assume that they could have done so and therefore would have done so" (at [53]).

²⁵⁷ *R. (on the application of Meany) v Harlow DC* [2009] EWHC 559 (Admin) at [74]; approved in *R. (on the application of Bailey) v Brent LBC* [2011] EWCA Civ 1586.

²⁵⁸ *R. (on the application of Brown) v Secretary of State for Work and Pensions and another (Equality and Human Rights Commission intervening)* [2008] EWHC 3158 (Admin); [2009] P.T.S.R. 1506 at [91].

²⁵⁹ *R. (on the application of BAPIO Action Ltd) v Secretary of State for the Home Department* [2007] EWCA Civ 1139 at [3].

²⁶⁰ *R. (on the application of Kaur and others) v Ealing LBC* [2008] EWHC 2062 (Admin) at [24].

²⁶¹ *R. (on the application of Baker) v Secretary of State for Communities and Local Government* [2008] EWCA Civ 141; [2009] P.T.S.R. 809 at [31]; *R. (on the application of Brown) v Secretary of State for Work and Pensions (Equality and Human Rights Commission intervening)* [2008] EWHC 3158 (Admin); [2009] P.T.S.R. 1506 at [82].

²⁶² *R. (on the application of JM and NT) v Isle of Wight Council* [2011] EWHC 2911 (Admin) at [104]; *R. (Governing Body of X) v Office for Standards in Education, Children's Services and Skills* [2020] EWCA Civ 594 at [44].

²⁶³ *R. (on the application of Hurley and Moore) v Secretary of State for Business Innovation & Skills* [2012] EWHC 201 (Admin); [2012] H.R.L.R. 13 at [78].

²⁶³ᵃ See e.g. *Spitfire Bespoke Homes Ltd v Secretary of State for Housing, Communities and Local Government* [2020] EWHC 958 (Admin) (concerning the proper interpretation of the duty to 'pay special attention to the desirability of preserving or enhancing the character or appearance' of a conservation area under the Planning (Listed Buildings and Conservation Areas) Act 1990 s.72. Concludes that decision-makers are entitled to consider the positive as well as the negative features of existing buildings).

Discretionary power in the context of law enforcement

Replace n.283 with:

5-086

²⁸³ *R. v Director of Public Prosecutions Ex p. Kebilene* [2000] 2 A.C. 326 (in the absence of "dishonesty or mala fide or an exceptional circumstance" decisions by the DPP to consent to a prosecution are not amenable to judicial review"); *R. (Community Against Dean Super Quarry Ltd) v Cornwall Council* [2017] EWHC 74 (Admin), [2017] Env. L.R. 26 at [25] (emphasising that it is rare for courts conclude that an exercise of planning enforcement discretion is unlawful).

THE INTERPRETATION OF POLICIES

After "the relevant power.", add new n.288:

5-088

²⁸⁸ *R. (Wright) v Resilient Energy Severndale Ltd and Forest of Dean District Council* [2019] UKSC 53, [2019] 1 W.L.R. 6562 at [45]. See discussion at 5-43.

EXTRANEOUS PURPOSE

After "the policy means.", add:

It has since been reiterated many times and in a variety of administrative contexts that questions concerning the interpretation of guidance policy are to be determined 'objectively' by the courts.[298a]

5-089

[298a] See e.g. *R. (Cotter) v National Institute for Health and Care Excellence (NICE)* [2020] EWCA Civ 1037, [56]-[58]; *R. (ClientEarth) v Secretary of State for Business, Energy and Industrial Strategy & Drax Power* [2020] EWHC 1303, [2020] J.P.L. 1438 (Admin) at [101]-[104]; *Rectory Homes Ltd v Secretary of State for Housing, Communities and Local Government* [2020] EWHC 2098 (Admin) at [43]-[45].

At the end of para.5-089 add:

Policy documents (both local and national) play a particularly central role in planning administration. The interpretation of planning policy is 'ultimately a matter for the court'.[298b] However, the Supreme Court has emphasised the importance of safeguarding against the 'danger of "over-legalisation" of the planning process'[298c] and of showing due respect to the planning judgment of the decision-maker.[298d] The courts should therefore avoid interpreting broad policy terms in a manner which imposes rigid requirements on planning authorities.[298e]

[298b] *Tesco Stores Ltd v Dundee City Council* [2012] UKSC 13, [2012] P.T.S.R. 893 at [18]: 'The development plan is a carefully drafted and considered statement of policy, published in order to inform the public of the approach which will be followed by planning authorities in decision-making unless there is a good reason to depart from it. It is intended to guide the behaviour of developers and planning authorities. As in other areas of administrative law, the policies which it sets out are designed to secure consistency and direction in the exercise of discretionary powers, while allowing a measure of flexibility to be retained. Those considerations point away from the view that the meaning of the plan is in principle a matter which each planning authority is entitled to determine from time to time as it pleases, within the limits of rationality. On the contrary, these considerations suggest that in principle, in this area of public administration as in others... policy statements should be interpreted objectively in accordance with the language used, read as always in its proper context.'

[298c] *R. (Samuel Smith Old Brewery) v North Yorkshire CC* [2020] UKSC 3, [2020] 3 All E.R. 527 at [21]; *Suffolk Coastal District Council v Hopkins Homes Ltd and another* [2017] UKSC 37 at [23]-[24].

[298d] See also *Cornwall Council v Corbett* [2020] EWCA Civ 508, [2020] J.P.L. 1277.

[298e] For instance *R. (Samuel Smith Old Brewery) v North Yorkshire CC* [2020] UKSC 3, [2020] 3 All E.R. 527 concerned the meaning of 'openness' in paragraph 90 of the National Planning Policy Framework. The Supreme Court emphasised that this was a 'broad policy concept' ([22]) connected with the aim of preventing urban sprawl. The Court of Appeal had erred in interpreting the provision as requiring an assessment of visual impact in every case.

EXERCISE OF A DISCRETIONARY POWER FOR EXTRANEOUS PURPOSE

After "by the executive.", add:

A further complication is that, while the vast majority of improper purpose challenges concern statutory powers, the ground can also be relied on in relation to prerogative powers.[302a]

5-091

[302a] See for example *R. (Miller) v Prime Minister* [2019] UKSC 41, [2020] A.C. 373. Although the Supreme Court did not consider it necessary to address the improper purpose challenge, preferring to decide the case on another basis.

Specified purposes

Replace para.5-099 with:

Even when purposes are specified in legislation, it is often difficult to determine their scope, as the following examples show.[324a] The case of *Spath Holme* typifies the search for purpose and also demonstrates how difficult it is to draw general rules from individual statutory powers.[325] In 1999 the Secretary of State made Orders to cap the rents of regulated tenants who, as a result of judicial decisions, faced increases in their rents. The Order was made under a consolidated statute which had

5-099

originally conferred temporary powers on the Secretary of State directed to preventing inflation in the economy. The landlord challenged the Order on the ground that it was outwith the power of the statute which had at its purpose the countering of general inflation in the economy and not the alleviation of hardship. Having first decided (by majority) that it was not appropriate to seek the general purpose of the statute by reference to the parliamentary record,[326] the House of Lords held that the earlier legislation was not confined to the specific anti-inflationary purpose.

[324a] See also *R. (Palestine Solidarity Campaign Ltd) v Secretary of State for Housing, Communities and Local Government* [2020] UKSC 16, [2020] 1 W.L.R. 1774 (majority of the Supreme Court held that guidance was published for the improper purpose of 'enforcing the government's foreign and defence policies. Lady Arden and Lord Sales JJSC dissented on the basis that ensuring that investments took place in accordance with the public interest was an important aim of the relevant legislation); *R. (Coughlan) v Braintree DC* [2020] EWCA Civ 723, [2020] 1 W.L.R. 3300, (although an important legislative purpose behind the grant of the power to make orders under s.10 of the Representation of the People Act 2000 was encouraging voting, this was not an exclusive purpose. A pilot scheme requiring identification prior to voting, enacted to address fraud, was therefore lawful); *R. (Soltany) v Secretary of State for the Home Department* [2020] EWHC 2291 (Admin) at [235]-[250] (the Detention Centre Rules had multiple purposes including providing detainees with as much freedom and association as possible and ensuring safe and secure conditions. The challenged 'night state' practice was adopted to strike a balance between these purposes and was lawful).

[325] *R. (on the application of Spath Holme Ltd) v Secretary of State for the Environment, Transport and the Regions* [2001] 2 A.C. 349.

[326] See 5-035.

Replace n.337 with:

5-103   [337] *R. v Somerset CC Ex p. Fewings* [1995] 1 All E.R. 513 (Laws J). The CA upheld this decision, although on different grounds [1995] 1 W.L.R. 1037 (discussed in D. Cooper, "For the Sake of the Deer: Land, Local Government and the Hunt" (1997) 45 *Sociological Review* 668). See also *R. (Palestine Solidarity Campaign Ltd) v Secretary of State for Housing, Communities and Local Government* [2020] UKSC 16, [2020] 1 W.L.R. 1774 (the Secretary of State had acted for an improper purpose in issuing guidance to the administrators of local government pensions directing that investments should take place in accordance with national defence and international affairs policy).

Replace n.339 with:

5-104   [339] *R. v Secretary of State for Foreign Affairs Ex p. World Development Movement Ltd* [1995] 1 W.L.R. 386. Contrast *R. (on the application of McClean) v First Secretary of State* [2017] EWHC 3174 (Admin); [2018] 1 Costs L.O. 37 (not arguable that there would be use of public expenditure powers for an improper purpose pursuant to a confidence and supply agreement).

Incidental powers

Replace para.5-107 with:

5-107   Even when purposes are clearly specified in legislation, the common law permits authorities to undertake tasks that are "reasonably incidental" to the achievement of those purposes,[344] provided that they do not contradict any statutory power. We have seen how the common law under the Ram doctrine may apply in respect of the powers of the ministers and the problems associated with this for the rule of law.[345] In respect of the activities of local authorities, statutory recognition is given to the rule of common law, authorising them to do any thing which is "calculated to facilitate, or is conducive or incidental to, the discharge of any of their functions".[346] This phrase has itself been the subject of statutory construction in cases where, for example, local authorities have attempted to raise revenue by charging fees or speculating on the financial markets. When a local education authority decided to charge fees for individual and group music tuition, that decision was held unlawful as the duty under the statute to provide "education" without charge[347] included the duty to provide music tuition.[348] Similarly, a local authority was held not entitled to charge for consultations with developers prior to applications for planning permission being lodged. The House of Lords held that, although pre-application advice was not a duty or a discretionary power, but an incidental power authorised by the statute, the power to charge for that incidental power was not authorised.[349] (The effect of the judgment was reversed by the Local Government Act 2003 s.93, which permitted charging for discretionary services). The courts also struck down the power of a local authority to enter into interest rate swap transaction, which involved speculation as to future interest trends, with the object of making a profit to increase the available resources of the authority. That activity was held inconsistent with the borrowing powers of local authorities and not "conducive or incidental' to the discharge of those limited powers.[350] Similarly, a guarantee granted by a city government to support borrowing by a private developer has been held ultra vires and unenforceable.[350a] In *R. (on the application of the National Secular Society) v Bideford Town Council* a parish council's practice of saying prayers as part of the formal business of full meetings of the council was not authorised by s.111 of the 1972 Act.[351] In many situations after February 2012, local authorities have legal powers under the general power of competence created by the Localism Act 2011 Pt 1, to achieve things that previously would have been ultra vires.

[344] *Ashbury Railway Carriage and Iron Co Ltd v Riche* (1875) L.R. 7 HL 653; *Attorney General v Great Eastern Railway Company* (1880) 5 App. Cas. 473; *Attorney General v Fulham Corp* [1921] 1 Ch. 440.

[345] See 5-022.

[346] Local Government Act 1972 s.111; Local Government Act 2003 s.93(7); see also Local Government Act 2003 s.92 (charges for provision of services for local authorities' powers, though not duties); Police Act 1996 ss.18, 25, 26 (powers to police to charge for services and goods).

[347] Education Act 1944 s.61.

[348] *R. v Hereford and Worcester Local Education Authority Ex p. Jones* [1981] 1 W.L.R. 768. In general authorities require specific authorisation to raise revenue. *Attorney General v Wilts United Dairies Ltd* (1921) 37 T.L.R. 884.

[349] *McCarthy and Stone (Developments) Ltd v Richmond-upon-Thames LBC* [1992] 2 A.C. 48.

[350] *Hazell v Hammersmith & Fulham LBC* [1992] 2 A.C. 1. See also: *Credit Suisse v Allerdale BC* [1997] Q.B. 306; *Credit Suisse v Waltham Forest LBC* [1997] Q.B. 362; *Sutton London LBC v Morgan Grenfell and Co Ltd* (1997) 9 Admin. L.R. 145. cf. *R. v Greater Manchester Police Authority Ex p. Century Motors (Farnworth) Ltd, The Times* 31 May 1996 (necessary implication that power to levy charges for vehicle recovery operation); *R. v Powys CC Ex p. Hambidge, The Times,* 5 November 1997 (Local authority may charge for services under Chronically Sick and Disabled Persons Act 1970 s.2).

[350a] *Mexico Infrastructure Finance LLC v Corporation of Hamilton* [2019] UKPC 2 at [41]-[62]. Lady Arden stated at [58] that "it is clear that the purpose of the Corporation in giving the guarantee was to help the developer obtain funding for the development. As to this, it is no part of the Corporation's functions to act as banker to a developer."

[351] [2012] EWHC 175 (Admin); [2012] 2 All E.R. 1175. See para.5–100 below.

Plurality of purposes

Test 6: Would the decision-maker have reached the same decision if regard had only been had to the relevant considerations or to the authorised purposes?

After "other valid reasons"., add:

It ought to be noted that there is an overlap between this approach and section 84 of the Criminal Justice and Courts Act 2015, which directs courts to refuse relief if it appears 'highly likely' that the outcome for the applicant would have been the same.[404a]

5-129

[404a] See 18-050.

DECISIONS BASED UPON IRRELEVANT CONSIDERATIONS OR FAILURE TO TAKE ACCOUNT OF RELEVANT CONSIDERATIONS

Replace para.5-130 with:

5-130   When exercising a discretionary power a decision-maker may take into account a range of lawful considerations. Some of these are specified in the statute as matters to which regard may be had. Others are specified as matters to which regard may not be had. There are other considerations which are not specified but which the decision-maker may or may not lawfully take into account.[405] If the exercise of a discretionary power has been influenced by considerations that cannot lawfully be taken into account, or by the disregard of relevant considerations required to be taken into account (expressly or impliedly), a court will normally hold that the power has not been validly exercised.[405a]

[405] These three considerations were set out by Simon Brown LJ in *R. v Somerset CC Ex p. Fewings* [1995] 1 W.L.R. 1037 at 1049. Note that where a statute provides a list of considerations which are to be taken into account, the list is not necessarily to be taken to be exhaustive: *The Open Spaces Society v Secretary of State for Environment, Food & Rural Affairs* [2020] EWHC 1085 (Admin).

[405a] In *R. (on the application of LXD) v Chief Constable of Merseyside* [2019] EWHC 1685 (Admin) at [98]-[102] it was stated that the defendant had taken into account all relevant and no irrelevant considerations in considering whether one of the claimant's ex-partners posed a real and immediate threat to the claimants' lives. In *GC's Application for Judicial Review* [2019] NICA 3, where the court concluded that the education minister had been entitled to refuse an Irish-medium primary school's proposal to relocate, Tracey LJ (dissenting) rejected the argument that the question of cost was irrelevant to the decision of the education minister to refuse a Irish-medium secondary school's application to relocate to better facilities. The court stated at [115]-[116]:

> "The issue of cost is, self-evidently, always a critical matter in reaching any decision which involves the allocation of scarce public resources. That is especially the case when it is one of the factors that is expressly mentioned in the legislative framework which sets the context for the decision to be made as is the case here – see Article 44 of 1986 Order. This provision directs the DE to have regard to 'the avoidance of unreasonable public expenditure' when discharging its duties in relation to educating pupils in accordance with the wishes of their parents.
> The cost of any DP is always an important factor which cannot but influence any decision-maker involved in the allocation of public funds and, since it was broadly agreed that this DP was effectively cost-neutral from the perspective of the DE, we agree with the applicant's argument that cost was 'an extremely weighty factor in favour of relocation'. In these circumstances there was no error in Keegan J's expectation that there should have been a ' cost based analysis for the Minister's decision, taking into account the pros and cons of this project in the long and short term.' Moreover, the fact that the learned judge did not make any explicit reference to the materiality of the cost issue in her judgment does not 'render…the judgment unsustainable' as the DE asserts. It is, or ought to be, self-evident that a failure by a decision-maker to correctly weigh one of the statutory considerations which bears upon the decision he has to make is always a matter of central materiality . Any such failure will always bring the resulting decision into the ambit of potentially flawed decisions susceptible to judicial review. Judges cannot be expected to mention such self-evident materiality in every judgment they give in order to protect that judgment from being condemned as 'unsustainable'."

See *R. (Plan B Earth) v Secretary of State for Transport and others* [2020] EWCA Civ 214, [2020] J.P.L. 1005 at [267]-[280] for an illustration of judicial reluctance to rely on the 'makes no difference principle' (embodied in s.84 of the Criminal Justice and Courts Act 2015) where a decision-maker has failed to consider a relevant matter.

After "as being exhaustive?", add new n.414a:

5-133   [414a] See *Open Spaces Society v Secretary of State for the Environment, Food and Rural Affairs* [2020] EWHC 1085 (Admin), [2020] A.C.D. 78 (holding that in exercising the power to confirm a diversion and definitive map order, the Secretary of State was not confined to considering only the considerations laid out in section 119(6) of the Highways Act 1980. Note that an appeal against the decision is outstanding).

At the end of para.5-135, add new paragraph:

5-135   Where an applicant challenges a decision on the basis of a failure to take into account relevant matters, it is not enough to show that the consideration was potentially relevant. Rather, the applicant must be able to point to a 'legal principle

IRRELEVANT CONSIDERATIONS OR FAILURE TO CONSIDER 81

which compelled' consideration.[419a] It has therefore been said that[419b]:

"it is insufficient for a claimant simply to say that the decision-maker did not take into account a legally relevant consideration. A legally relevant consideration is only something that it not irrelevant or immaterial, and therefore something which the decision-maker is empowered or entitled to take into account. But a decision-maker does not fail to take a relevant consideration into account unless he was under an obligation to do so. Accordingly, for this type of allegation it is necessary for the claimant to show that the decision-maker was expressly or impliedly required by the legislation (or by a policy which had to be applied) to take the particular consideration into account, or whether on the facts of the case, the matter was so "obviously material", that it was irrational not to have taken it into account."[419c]

[419a] *R. (Samuel Smith Old Brewery) v North Yorkshire CC* [2020] UKSC 3, [2020] 3 All E.R. 527 at [30] (citing from *Derbyshire Dale District Council v Secretary of State for Communities and Local Government* [2009] EWHC 1729 (Admin), [2010] J.P.L. 341 at [17]-[18]): 'It is one thing to say that consideration of a possible alternative site is a potentially relevant issue... It is quite another to say that it is necessarily relevant, so that [the decision-maker] errs in law if he fails to have regard to it... to hold that a decision-maker has erred in law by failing to have regard to alternative sites, it is necessary to find some legal principle which compelled him (not merely empowered) him to do so.'

[419b] *Oxton Farm v Harrogate BC* [2020] EWCA Civ 805 at [8]; *Kpogho v London Borough of Brent* [2020] EWHC 1905 (Admin) at [32].

[419c] *R. (ClientEarth) v Secretary of State for Business, Energy and Industrial Strategy & Drax Power* [2020] EWHC 1303 (Admin), [2020] J.P.L. 1438 at [99] (original emphasis).

After "evidence before him.", add new n.423a:

[423a] See also *R. (Packham) v Secretary of State for Transport* [2020] EWCA Civ 1004 at [54]-[82] (the government commissioned an independent review into some of the environmental effects of the HS2 project. This did not mean, however, that it had not considered other environmental effects identified in other stages of the decision-making process); *Re Green Belt (NI) Ltd's Application for Judicial Review* [2019] NICA 47 (considering the question of whether the decision-maker was required to consider new material in a statutory review of earlier decisions).

5-136

Replace n.431 with:

[431] See, e.g. *Padfield v Minister of Agriculture, Fisheries and Food* [1968] A.C. 997; *R. (on the application of Sainsbury's Supermarkets Ltd) v Wolverhampton City Council* [2010] UKSC 20; [2011] 1 A.C. 437 (whether in compulsory purchase it is permissible to take into account "off site" benefits of a proposed development related to the development for which the CPO was made); *Kammac Plc v Revenue and Customs Commissioners* [2019] UKFTT 215 (TC) (decision of Her Majesty's Revenue and Customs upholding the revocation of a warehouse keeper's excise-duty approvals on the ground of due-diligence failings should be set aside. Relevant matters which should have been taken account were not, such as the warehouse keeper's willingness to take advice from experts and engage with Her Majesty's Customs and Excise and one matter was taken into account which should not have been). See also *Tower Bridge GP Ltd v Revenue and Customs Commissioners* [2019] UKFTT 176 (TC) at [325]-[331](where it was held in the context of claim to deduct tax that HMRC had properly taken account the fact that certain transactions were connected with fraud, the fact the entity concerned was not VAT-registered, the lack of reasonable commercial checks or due diligence) and many of the cases on improper purpose.

5-137

Replace para.5-138 with:

As we have seen, the interpretation of statutory purpose and that of the relevancy of considerations are closely related, since the question in regard to the considerations taken into account in reaching a decision is normally whether that consideration is relevant to the statutory purpose. This is seen in respect of the considerations taken into account by planning authorities as a basis of a refusal of planning permission. Is it relevant to refuse an application for permission to change the use on the site from use A to use B on the ground that the authority wishes to preserve the use of site as A (and have no inherent objection to use B)? It has been held that the preservation of an existing use may be a material planning consideration, but only if, on the balance of probabilities, there is a fair chance of use A being continued.[432] Where, however, the authority wished to retain the existing use so that it could be kept in their own occupation, it was held that that consideration was not a legitimate planning consideration.[433] Other disputed considerations in the area of

5-138

planning law involve the regard that has been had to factors such as precedent (it has been held that permission may be refused because it would be difficult to resist similar applications in the future)[434]; to the fact that alternative sites would be more appropriate for the development, or to the personal circumstances of the applicant or to benefits they promise in their planning application.[435] Provisions in the Planning Act 2008 requiring consideration of 'Government policy relating to the mitigation of, and adaption to, climate change' have also given rise to questions about what constitutes 'Government policy' in this context.[434a]

[432] *Westminster CC v British Waterways Board* [1985] A.C. 676: *London Residuary Body v Lambeth LBC* [1990] 1 W.L.R. 744; *Clyde & Co v Secretary of State for the Environment* [1977] 1 W.L.R. 926 (desirability of maintaining the possibility that land would be used to relieve housing shortage a material consideration); cf. *Granada Theatres Ltd v Secretary of State for the Environment* [1976] J.P.L. 96. However note *Hook v Secretary of State for Housing, Communities and Local Government* [2020] EWCA Civ 486, [2020] J.P.L. 1260 (planning inspector not required to consider a proposed planning condition which would limit future use in determining whether a building was 'for agriculture.')

[433] *Westminster CC v British Waterways Board* [1985] A.C. 676 (Lord Bridge).

[434] *Collis Radio Ltd v Secretary of State for the Environment* (1975) 29 P. & C.R. 390.

[435] See 5-145.

[434a] *R. (Plan B Earth) v Secretary of State for Transport* [2020] EWCA Civ 214, [2020] J.P.L. 1005 ('Government policy' included the Paris Agreement. A national policy statement on Heathrow expansion was therefore unlawful as the government had failed to comply with s.5(8) Planning Act 2008. The government had also failed to comply with s.10(3) which required it to 'have regard to the desirability of mitigating, and adapting to climate change.' The Paris Agreement was 'obviously material' to that aim). See further *R. (Packham) v Secretary of State for Transport* [2020] EWCA Civ 1004 at [100]-[103] (clarifying that the effect of the Plan B Earth case is not to make the Paris Agreement an 'obviously material' consideration in taking a decision outside of the scope of the Planning Act).

Government policy as a relevant consideration

Replace para.5-141 with:

5-141   In a number of cases the question has arisen of whether regard may or must be had to various forms of government advice or indication of government policy—or, indeed, whether a policy is an irrelevant consideration.[449] The House of Lords considered the status of a code of practice which the Secretary of State was required to prepare under the terms of the Mental Health Act 1983 in order to guide the treatment of patients in hospitals dealing with mental disorders.[450] The code then required hospitals to produce their own codes, and the question was whether a local hospital trust's code was unlawful because it was not in conformity with the Secretary of State's code.[451] The House of Lords held that although the Secretary of State's code did not have the binding effect of a statutory provision, and purported to be "guidance", not "instruction", it was guidance which should be given "great weight" from which the hospital could only depart with "great care".[452] Similarly, formal statements of planning policy issued by the responsible central government Department, although only advisory in nature, have been held to be material planning considerations to which regard must be had by both local authorities and the Secretary of State in making decisions about development control.[453] The Supreme Court has now repeatedly emphasised that 'the executive must follow… stated policy unless there are good grounds for not doing so.'[453a]

[449] See, e.g. *R. (on the application of Clue) v Birmingham City Council (Shelter intervening)* [2010] EWCA Civ 460; [2011] 1 W.L.R. 99 (local authority deciding whether to exercise powers under Children Act 1989 s.17 to provide support for mother and children pending their application for indefinite leave to remain in the UK was wrong to take into account Home Secretary's published immigration policies on circumstances in which children may be removed from the UK).

[450] *R. (on the application of Munjaz) v Mersey Care NHS Trust* [2005] UKHL 58; [2006] 2 A.C. 148. . See further *R. (CXF) v Central Bedfordshire Council NHS North Norfolk Clinical Commissioning Group* [2018] EWCA Civ 2852; [2019] 1 W.L.R. 1862 (the Code could not be used as a guide to interpreting terms in the statute as not created contemporaneously).

IRRELEVANT CONSIDERATIONS OR FAILURE TO CONSIDER 83

[451] See 9-120-122.

[452] *R. (on the application of Munjaz) v Mersey Care NHS Trust* [2005] UKHL 58; [2006] 2 A.C. 148 at [21] (Lord Bingham); and see *R. (on the application of Khatun) v Newham LBC* [2004] EWCA Civ 55; [2005] Q.B. 37 at [47] (Laws LJ). In *R. (on the application of Winder) v Sandwell Metropolitan Borough Council (Equality and Human Rights Commission intervening)* [2014] EWHC 2617 (Admin); [2015] P.T.S.R. 34 the defendant council was considered to have acted unlawfully, when, in designing a council tax reduction scheme, it failed to take into account stated government policy objectives relating to the localisation of support for council tax.

[453] See 5-039.

[453a] *R. (Hemmati) v Secretary of State for the Home Department* [2019] UKSC 56; [2019] 3 W.L.R. 1156, [50]. See also *Mandalia v Secretary of State for the Home Department* [2015] UKSC 59, [2015] 1 W.L.R. 4546; [28]-[31]; *R. (Lumba) v Secretary of State for the Home Department* [2011] UKSC 12; [2012] 1 A.C. 245, [26].

Replace para.5-142 with:

To what extent can a failure to have regard to a government non-statutory policy invalidate a decision for disregard of a material consideration? An authority is entitled to ignore or act contrary to a policy circular which misstates the law.[454] A policy cannot make a matter that is an irrelevant consideration, or outside the purpose of the statute, relevant or lawful.[454a] If the decision-maker attaches a meaning to the words of the policy which they are not capable of bearing, he will have made an error of law.[455] If there has been a change in the policy, it has been held that the decision must relate to the new policy, even if it has not been published and is not known to the parties.[456] However, this proposition may be subject to any legitimate expectation on their part.[457] If the decision-maker departs from the policy, clear reasons for doing so must be provided, in order that the recipient of the decision will know why the decision is made as an exception to the policy and the grounds upon which the decision is taken.[458] In *Munjaz*, the House of Lords held that the hospital could only depart from the Secretary of State's code if it had provided "cogent reasoned justification" for so doing, which the court "should scrutinize with the intensity which the importance and sensitivity of the subject matter requires".[459]

5-142

[454] *R. v Secretary of State for the Environment Ex p. Tower Hamlets LBC* [1993] Q.B. 632 (Code of Guidance to Local Authorities on Homelessness by Department of the Environment held to misstate the law); *R. v Secretary of State for the Environment Ex p. Lancashire CC* [1994] 4 All E.R. 165 (policy guidance issued to local government Commissioners to replace their authorities with unitary authorities held more in the nature of directions than guidance and therefore unlawful).

[454a] *R. (Wright) v Resilient Energy Severndale Ltd and Forest of Dean District Council* [2019] UKSC 53; [2019] 1 W.L.R. 6562, [45]. See discussion at 5-043.

[455] See, e.g. *Horsham DC v Secretary of State for the Environment* [1992] 1 P.L.R. 81; *Virgin Cinema Properties Ltd v Secretary of State for the Environment* [1998] 2 P.L.R. 24; and *R. (on the application of Howard League for Penal Reform) v Secretary of State for the Home Department (No.2)* [2002] EWHC 2497 (Admin); [2003] 1 F.L.R. 484; *R. (on the application of Burke) v General Medical Council* [2005] EWCA Civ 1003; [2006] Q.B. 273 at [21] (review of guidance on the withdrawal of artificial feeding. Noting that "the court should not be used as a general advice centre"); Cf. *R. (on the application of Lambeth LBC) v Secretary of State for Work and Pensions* [2005] EWHC 637 (Admin); [2005] B.L.G.R. 764 (change in government policy will not in general justify treating a refusal to alter a previous decision).

[456] *Newham LBC v Secretary of State for the Environment* (1987) 53 P. & C.R. 98.

[457] On legitimate expectations, see Ch.12.

[458] *EC Gransden & Co Ltd v Secretary of State for the Environment* (1987) 54 P. & C.R. 86; *Carpets of Worth Ltd v Wyre Forest DC* (1991) 62 P. & C.R. 334. For application of these principles outside of planning law, in relation to police negotiating machinery, see *R. v Secretary of State for the Home Department Ex p. Lancashire Police Authority* [1992] C.O.D. 161.For discussion of when good reasons may exist for departing from policy see *R. (X) v Ealing Youth Court* [2020] EWHC 800 (Admin), [2020] 1 W.L.R. 3645, especially at [33]-[37] and [45]-[50].

[459] *R. (on the application of Munjaz) v Mersey Care NHS Trust* [2005] UKHL 58; [2006] 2 A.C. 148 at [21] (Lord Bingham); see also *Argos Ltd v Office of Fair Trading* [2006] EWCA Civ 1318; [2006] U.K.C.L.R. 1135 (Competition Act 1998 s.38(1) required the OFT to prepare and publish guidance and s.38(8) required it to "have regard" to the guidance in setting penalties. It was held that the OFT must

give reasons for departing from the guidance); *Royal Mail Group Plc v The Postal Services Commission* [2007] EWHC 1205 (Admin) (PSC unlawfully departed from its policy on penalties).

International law and relevancy

After "unincorporated treaty provision,", add n.459a:

5-143   [459a] The position may be different if a legislative provision requires consideration of the unincorporated treaty. See *R. (Plan B Earth) v Secretary of State for Transport* [2020] EWCA Civ 214, [2020] J.P.L. 1005. Discussed at 5-138.

Financial considerations and relevancy

After "whether the cost", add:

5-144   or financial benefits

5-145   *Change title of sub-paragraph:*

Cost/financial benefits as a relevant consideration

Replace para.5-145 with:

In the area of planning, the question of cost has been raised in different contexts. It has been held that the likelihood that a development would, because of its excessive cost, never be implemented, may be a material consideration in refusing planning permission.[465] Yet the question of whether a development was a good investment proposition for the developer was held not to be material.[466] The refusal of planning permission because of the absence in the proposal of any "planning gain" (a benefit by means of a voluntary material contribution to the authority) has also been held to be a non-material consideration.[467] In determining whether a proposed financial benefit constitutes a 'material' planning consideration, the core question is whether it 'fairly and reasonably' relates to the proposed development.[467a] The court should also bear in mind the principle that planning permission should not be capable of being bought or sold.[467b] For instance, Westminster City Council granted planning permission to the Directors of the Covent Garden Opera House for an office development near (but not on) its site, on the ground that the profits from the development would be devoted to improving the facilities of the opera house. Although the office development would not have been given planning permission on its own, the fact that it enabled an otherwise unaffordable development was held by the Court of Appeal to be a material consideration which justified the permission.[468] By contrast, an offer to make an annual donation from the turnover of a proposed wind turbine into a local community fund was not sufficiently related to the development.[468a]

[465] *Sovmots Investments Ltd v Secretary of State for the Environment* [1979] A.C. 144.

[466] *Murphy (J) & Sons Ltd v Secretary of State for the Environment* [1973] 1 W.L.R. 560; *Walters v Secretary of State for Wales* [1979] J.P.L. 172 (cost of development not a material planning consideration); cf. *Sovmots Investments Ltd v Secretary of State for the Environment* [1977] Q.B. 411 at 422–425; *Hambledon and Chiddingfold PC v Secretary of State for the Environment* [1976] J.P.L. 502; *Niarchos (London) Ltd v Secretary of State for the Environment* (1978) 35 P. & C.R. 259).

[467] *Westminster Renslade Ltd v Secretary of State for the Environment* [1983] J.P.L. 454.

[467a] *R. (Wright) v Resilient Energy Severndale Ltd and Forest of Dean District Council* [2019] UKSC 53; [2019] 1 W.L.R. 6562 at [33], [37] and [44].

[467b] *R. (Wright) v Resilient Energy Severndale Ltd and Forest of Dean District Council* [2019] UKSC 53; [2019] 1 W.L.R. 6562 at [33], [37] and [44].

[468] *R. v Westminster City Council Ex p. Monahan* [1990] 1 Q.B. 87, although it was doubted whether such a consideration would be material or relevant if the benefit was not in physical proximity to the development (e.g. if the benefit was in the form of a swimming pool at the other end of the town). On the use of planning obligations (formerly planning agreements) to achieve this kind of benefit, see 5-039. cf. *R. v Camden LBC Ex p. Cran, The Times,* 25 January 1995 (relevant for Council to seek to make a profit from a car parking scheme).

[468a] R. (Wright) v Resilient Energy Severndale Ltd and Forest of Dean District Council [2019] UKSC 53; [2019] 1 W.L.R. 6562.

Excessive expenditure

After "to their ratepayers.", add new n.475a:

[475a] See also *R. (Palestine Solidarity Campaign Ltd) v Secretary of State for Housing, Communities and Local Government* [2020] UKSC 16; [2020] 1 W.L.R. 1774, [12] and [42] (administrators of local government pensions described as acting in a 'quasi-trustee' role).

5-147

Limited resources

Replace para.5-148 with:

Even before the unprecedented cuts in public spending imposed by government policy following the financial crisis of 2007, public authorities have frequently pleaded lack of resources as an excuse for cutting services, not fulfilling their duties or exercising discretionary powers. Whether this limited resources is lawful, as we have seen, is highly contextual and depends in the first instance on whether the duty merely a general duty (unenforceable by any individual), or whether it is, or has crystallised into, an enforceable duty.[483] In *Barnett*,[484] considering whether a local authority owed a duty to provide resources to children "in need", the majority of the House of Lords held that the duty was a mere "target duty" and therefore the Lords could not require the expenditure of additional resources. A similar view was taken in *R. v Gloucestershire CC Ex p. Barry*, where the House of Lords held that the authority was entitled to take into account its limited resources when it considered whether it could fulfil the "needs" of disabled persons.[485] Later, the House of Lords refused to interfere in a decision of a chief constable to deploy his resources by withdrawing full-time protection from animal exporters threatened by demonstrations by animal welfare groups.[486] In *DJ v Welsh Ministers*,[487] the Court of Appeal refused to interfere in the policy of the Welsh Government of not usually funding programmes for study for yound adults with learning difficulties. However, in *R. v Sussex CC Ex p. Tandy*[488] the House of Lords took the opposite view in holding that the authority could not take its limited resources into account in considering whether it could provide "suitable education" to children in need. In that case the council did have the resources to perform the duty but preferred to expend it in different ways. Lord Browne-Wilkinson said that permitting the authority to follow that preference would, wrongly, "downgrade a statutory duty to a discretionary power ... over which the court would have very little control".[489] Similarly, in *R. (Kebede) v Newcastle City Council*, the Court of Appeal held that a local authority is not permitted to take into account restrictions on its own resources in decision-making under the Children Act 1989 s.23C(4)(b) to give assistance to relevant children "to the extent that his welfare and his educational needs require it".[489a] More recent cases under the Human Rights Act, where "positive duties" are increasingly recognised, have also held irrelevant the excuse of lack of resources.[490]

5-148

---

[483] See 5-068.

[484] *R. (on the application of G) v Barnet LBC* [2003] UKHL 57; [2004] 2 A.C. 208.

[485] [1997] A.C. 206; see E. Palmer, "Resource Allocation, Welfare Rights—Mapping the Boundaries of Resource Allocation in Public Administrative Law" (2000) O.J.L.S. 63; *R. v Southwark LBC Ex p. Udu* (1996) 8 Admin. L.R. 25 (policy of refusing grants to courses at private colleges, including the College of Law; held, local authority was a political body with limited funds, and it was entitled to have policies and to decide how to allocate those funds).

[486] *R. v Chief Constable of Sussex Ex p. International Traders Ferry Ltd* [1999] 2 A.C. 418; also *R. (on the application of Pfizer Ltd) v Secretary of State for Health* [2002] EWCA Civ 1566; [2003] 1 C.M.L.R. 19 (CA upheld decision to provide the drug Viagra to a limited category of patients); K. Syrett,

"Impotence or Importance?" Judicial Review in an Era of Explicit NHS Rationing" (2004) 67 M.L.R. 289. cf. *R. (on the application of Rogers) v Swindon NHS Primary Care Trust* [2006] EWCA Civ 392; [2006] 1 W.L.R. 2649 (policy on funding breast cancer treatment with an unlicensed drug called Herceptin was irrational); K. Syrett, "Opening Eyes to the Reality of Scarce Health Care Resources? R. (on the application of Rogers) v Swindon PCT and Secretary of State for Health" [2006] P.L. 664. Cf. *R. (on the application of Rose) v Thanet Clinical Commissioning Group* [2014] EWHC 1182 (Admin). A 25-year-old woman suffering from Crohn's disease was refused funding for oocyte cryopreservation before undergoing chemotherapy with the probable consequence of infertility and early onset of menopause. R was not considered by T to be clinically exceptional. Jay J, at [113], refused to accept that the policy was a blanket policy that permitted of no exceptions: "In the present case the wording of the exceptionality policy ... cannot be regarded as potentially discriminatory; the issue is the more limited one of whether it could ever be fulfilled by someone in the claimant's position, and if not whether that matters." An argument based on ECHR arts 8, 12 and 14 also failed.

[487] [2019] EWCA Civ 1349.

[488] *R. v Gloucestershire CC Ex p. Barry* [1997] A.C. 714; *R. (McDonald) v Kensington and Chelsea RLBC (Age UK intervening)* [2011] UKSC 33; [2011] P.T.S.R. 1266 (Barry applied); *R. (on the application of KM) v Cambridgeshire CC (National Autistic Society and others intervening)* [2012] UKSC 23; [2012] P.T.S.R. 1189 (obiter discussion of Barry); see also *R. v Sefton MBC Ex p. Help the Aged* [1997] 4 All E.R. 532, CA (lack of financial resources does not entitle a local authority to defer compliance with their duty under Chronically Sick and Disabled Persons Act 1970 s.2); *R. v Cheshire CC Ex p. C* [1998] E.L.R. 66 (decision about special educational needs should be made on purely educational grounds without reference to financial considerations); Case C-44/95 *R. v Secretary of State for the Environment Ex p. RSPB* [1997] Q.B. 206 (ECJ held that economic considerations are not relevant to determining wild bird protection areas under Directive 79/409); *R. v Secretary of State for the Environment Ex p. Kingston-Upon-Hull City Council* [1996] Env. L.R. 248 (cost of the treatment of waste water was not a relevant consideration); cf. *R. v National Rivers Authority Ex p. Moreton* [1996] Env. L.R. D17 (investment budget relevant to decision of NRA to allow discharge); *R. v Hillingdon LBC Ex p. Governing Body of Queensmead School* [1997] E.L.R. 331 (budgetary constraints and lack of funds could play no part in the assessment of a child's special educational needs).

[489] *R. v East Sussex CC Ex p. Tandy* [1998] A.C. 714 at 749.

[489a] *R. (on the application of Kebede) v Newcastle City Council* [2013] EWCA Civ 960; [2014] P.T.S.R. 82. See also, *R. (on the application of WX) v Northamptonshire CC R. (on the application of Connolly) v Northamptonshire CC* [2018] EWHC 2178 (Admin) at [111] (criticising the lack of evidence of any proper cost benefit analysis); *R. (on the application of KE) v Bristol City Council* [2018] EWHC 2103 (Admin); *R. (on the application of KS) v Haringey LBC* [2018] EWHC 587 (Admin); [2018] A.C.D. 51 (housing authority under an obligation to consider whether its housing allocations policy contained a discretion to award additional priority to those who would not normally fall within the categories of most urgent housing need).

[490] J. King, "The Justiciability of Resource Allocation" (2007) 70 M.L.R. 197; S. Fredman, "Positive Rights and Transformed: Positive Duties and Positive Rights" [2006] P.L. 498; see e.g. *R. v Secretary of State for the Home Department Ex p. Limbuela* [2005] UKHL 66; [2006] 1 A.C. 396.

After *"must be found"*, add:

5-153 There have also been instances where public authorities have sought to defend rationality challenges by arguing that other courses would have significant financial repercussions.[505a]

[505a] For instance in *Secretary of State for Work and Pensions v Johnson* [2020] EWCA Civ 778, the Court of Appeal dismissed an argument that a computer programme created to administer universal credit was rational because making changes to it would cost 'many hundreds of millions of pounds' ([78]).

PARTIAL ILLEGALITY AND SEVERANCE

After *"might be invalid.", add new n.508a:*

5-156 [508a] For instance, where the authority concedes the conditions were included by mistake: *James Hall v City of Bradford MBC* [2019] EWHC 2899 (Admin) at [51]-[53].

DELEGATION OF POWERS

General principles of delegation

Amplitude, impact and importance

After "limits of rationality,", add new n.560a:

560a R. *(Bloomsbury Institute Ltd) v Office for Students* [2020] EWCA Civ 1074 at [55].

5-174

Generally improper to delegate wide powers

Replace para.5-175 with:

It is improper for an authority to delegate wide discretionary powers to another authority over which it is incapable of exercising direct control, unless it is expressly empowered so to delegate.[562] Thus, the Minister of Works could not allocate to the Minister of Health part of his functions in the system of building licensing.[563] A Canadian provincial marketing board, exercising delegated authority, could not sub-delegate part of it regulatory powers to an inter-provincial authority.[564] Nor could a local authority, empowered to issue cinematograph licences subject to conditions, attach a condition that no film shall be shown which had not been certified for public exhibition by the British Board of Film Censors,[565] unless the authority has expressly reserved to itself power to dispense with that requirement in any individual case.[566] Directions given by the Foreign Secretary under s.94 of the Telecommunications Act 1984 to communications service providers which were in general terms and allowed GCHQ to specify what class of communications it required had not been lawfully made because there had been an impermissible delegation of statutory power. However, from 2014, the Foreign Secretary had imposed a requirement to be supplied with six-monthly reviews conducted by GCHQ, and thereafter, the directions did not involve impermissible delegation.[566a] It is doubtful how far a minister would be held to have an implied power to devolve discretionary functions upon local authorities and their officers, over whom he is constitutionally enabled to exercise indirect control. One may surmise that the courts would not readily uphold the validity of a devolution of very wide discretionary powers, but that if the devolution of discretion covered a relatively narrow field they might characterise the relationship as agency rather than delegation and hold that it had been validly created.[567]

5-175

[562] cf. *Kyle v Barbor* (1888) 58 L.T. 229.

[563] *Jackson, Stansfield & Sons v Butterworth* [1948] 2 All E.R. 558 at 564-566 (dicta); but is it true that the Minister of Works in that case had done anything more than use the Minister of Health as a convenient channel of communication with local authorities? And see *Lavender (H) & Son Ltd v Minister of Housing and Local Government* [1970] 1 W.L.R. 1231 (Minister X determining planning appeal by mechanically applying policy of Minister Y; decision in effect that of Minister Y, and therefore ultra vires). cf. *Kent CC v Secretary of State for the Environment* (1977) 75 L.G.R. 452, where the minister was held to have decided a planning appeal himself although he had had regard to the opinion of another minister on an important issue in the appeal. If a minister delays the making or implementation of a discretionary decision till the matter has been debated in Parliament he is not, of course, delegating his power of decision at all: *R. v Brixton Prison Governor Ex p. Enaharo* [1963] 2 Q.B. 455.

[564] *Prince Edward Island Potato Marketing Board v Willis (HB) Inc* [1952] 2 S.C.R. 391.

[565] *Ellis v Dubowski* [1921] 3 K.B. 621. See also *R. v Burnley Justices* (1916) 85 L.J.K.B. 1565.

[566] *Mills v LCC* [1925] 1 K.B. 213; *R. v Greater London Council Ex p. Blackburn* [1976] 1 W.L.R. 550.

[566a] *Privacy International v Secretary of State for Foreign and Commonwealth Affairs* [2018] 4 All E.R. 275 at [47]–[48] (it is noted that this is a ruling of the Investigatory Powers Tribunal).

[567] *Jackson, Stansfield & Sons v Butterworth* [1948] 2 All E.R. 558 564-565.

Delegation in accordance with statute

After "his own authority.", add:

5-179   Schemes of delegation are construed objectively and where an official purports to take a decision which falls outside of the scope of the delegated power (properly understood) the decision will be unlawful.[577a]

[577a] *R. (Bloomsbury Institute Ltd) v Office for Students* [2020] EWCA Civ 1074 (scheme of delegation permitting the official to make 'operational' decisions did not enable her to make a significant policy decision).

The Carltona principle

Replace para.5-187 with:

5-187   Until recently, it was unclear whether some matters are of such importance that the minister is legally required to address himself to them personally.[605] Much of the dicta which appeared to support the existence of such an obligation was at best equivocal.[606] There was case law, however, suggesting orders drastically affecting the liberty of the person—e.g. deportation orders,[607] detention orders made under wartime security regulations[608] and perhaps discretionary orders for the rendition of fugitive offenders[609] require the personal attention of the minister.[610] The Supreme Court has now clarified that the seriousness of the consequences of a decision is a consideration to be taken into account in determining whether Parliament intends that a power should be exercised by a Minister personally and that earlier case law suggesting the contrary is to be regarded as wrong.[610a]

[605] *Re Golden Chemical Products Ltd* [1976] Ch. 300 the judge denied that such a category existed. But see *Ramawad v Minister of Manpower and Immigration* [1978] 2 S.C.R. 375 and *R. (on the application of Tamil Information Centre) v Secretary of State for the Home Department* [2002] EWHC 2155 (Admin); (2002) 99 L.S.G. 32 where it was held that ministerial authorisation was an impermissible delegation as the statute required the minister personally to exercise his judgment.

[606] *Re Golden Chemical Products Ltd* [1976] Ch. 300 at 309–310, Brightman J concluded that the dicta in *Liversidge v Anderson* [1942] A.C. 206 should be understood as referring to political expediency and to the minister's personal responsibility to Parliament, rather than to his legal obligation.

[607] *R. v Chiswick Police Station Superintendent Ex p. Sacksteder* [1918] 1 K.B. 578 at 585–586, 591–592 (dicta). The decision has in fact been taken by the Home Secretary personally (Cmnd 3387 (1967), 16). In *Oladehinde v Secretary of State for the Home Department* [1991] 1 A.C. 254, which concerned the provisional decision to deport, the HL appeared to accept that the final decision to deport had to be taken by the Secretary of State personally or by a junior Home Office minister if he was unavailable. *R. v Secretary of State for the Home Department Ex p. Mensah* [1996] Imm. A.R. 223.

[608] *Liversidge v Anderson* [1942] A.C. 206 at 223–224, 265, 281; *Point of Ayr* [1943] 2 All E.R. 546 at 548 (dicta).

[609] *R. v Brixton Prison Governor Ex p. Enahoro* [1963] 2 Q.B. 455 at 466.

[610] Had he believed that such a category existed, the judge in Re Golden Chemicals might well have included in it the power to present a petition for the compulsory winding up of a company (Companies Act 1967 s.10). See D. Lanham, "Delegation and the Alter Ego Principle" (1984) 100 L.Q.R. 587, 592–594 (who argues that where life or personal liberty are at stake, the *alter ego* principle may not apply).

[610a] *R v Adams* [2020] UKSC 19; [2020] 1 W.L.R. 2077, [14] considering the judgment of Brightman J in *Re Golden Chemical Products Ltd* [1976] Ch. 300.

Replace n.616 with:

5-189   [616] *R. v Secretary of State for the Home Department Ex p. Oladehinde* [1991] 1 A.C. 254 at 303 (Lord Griffiths perhaps went further in stating that development of authority to officials under the Carltona principle was permissible "providing ... that the decisions are suitable to their grading and experience"); *R. (on the application of Chief Constable of the West Midlands Police) v Birmingham Magistrate's Court* [2002] EWHC 1087; [2003] Crim. L.R. at 37 [10] (Sedley LJ considered that delegation had to be to "somebody suitable" but that question was for the official subject to the test of irrationality). In *R. (on the application of TM (Kenya)) v Secretary of State for the Home Department* [2019] EWCA Civ 784 the court held (at [66]-[74]) that it was lawful for the Secretary of State to select the contract monitor of a contracted-out immigration centre to make such a decision on his behalf in line with the Carltona principle. The court held that the Minister's nominee had the post of contract monitor, which gave rise to the inference that the official was of sufficient standing and experience and there was therefore no question of the Secretary of State having inappropriately selected a very junior and inexperienced official. The court stated at [68]: "[t]he fact that Ms Quaynor held the post of contract monitor in itself gives rise to a clear inference that she was an official of significant standing and experience in the respondent's department: there is, therefore, no question of the respondent having inappropriately selected a very junior and inexperienced official to make an important decision concerning RFA." In *R. (on the application of Goloshvili) v Secretary of State for the Home Department* [2019] EWHC 614 (Admin), Spencer J observed (at [52]) that an assertion that the issue of a Notice of Letting to a Disqualified Person was not authorized because "not done by a Minister of the Crown acting personally" was covered by the Carltona principle.

Replace para.5-190 with:

The *Carltona* principle may be expressly excluded by legislation,[621] but whether it may in addition be excluded by statutory implication remains uncertain. Two situations should be distinguished. Where a power of delegation is expressly conferred by Parliament on a minister, it may compel the inference that Parliament intended to restrict devolution of power to the statutory method, thus impliedly excluding the *Carltona* principle.[622] Commonwealth authority, however, suggests that such an implication will not readily be drawn.[623] It has also been suggested that the principle may be impliedly excluded where it appears inconsistent with the intention of Parliament as evinced by a statutory framework of powers and responsibilities.[624] However, where the Immigration Act 1971 apparently clearly divided responsibilities between immigration officers and the Secretary of State, the Court of Appeal and House of Lords held that the *Carltona* principle enabled powers of the Secretary of State to be exercised by immigration officers. In the Court of Appeal it was said that the *Carltona* principle was not merely an implication which would be read into a statute in the absence of any clear contrary indication, but was a common law constitutional principle, which could not be excluded by implication unless a challenge could be "mounted upon the possibly broader basis that the decision to devolve authority was *Wednesbury* unreasonable".[625] The House of Lords allowed the devolution of power on the narrower ground that the implication to exclude could not be drawn; the devolution did "not conflict with or embarrass [the officers] in the discharge of their specific statutory duties under the Act".[626] Although their statutory analysis may be questioned,[627] the approach of the House of Lords accorded greater weight than the Court of Appeal to Parliament's intent. However, in *R. (on the application of Bourgass) v Secretary of State for Justice (Howard League for Penal Reform intervening)* the Supreme Court held that *Carltona* cannot apply to the holder of a statutory office who is himself constitutionally responsible for the manner in which he discharges his office and is thus constitutionally demarcated from the Secretary of State. As such the principle could not operate to permit the delegation of the power to segregate prisoners from the Secretary of State to a prison governor.[628] The Supreme Court revisited the basic principles underlying the *Carltona* doctrine in *R. v Adams*.[628a] The following broad principles emerge:

5-190

(i) While it was unnecessary for the purposes of deciding the case, the Supreme Court was not minded to characterise the *Carltona* principle as a legal presumption. Rather, the Supreme Court's provisional view was that the 'matter should be approached as a matter of textual analysis, unencumbered by the application of a presumption.[628b]

(ii) That legislation does not expressly contradict the *Carltona* principle is not determinative.[628c]

(iii) The structure of the legislation may indicate that Parliament's intention was that a Minister take a decision personally. For instance, Article 4(1) of the Detention of Terrorists (Northern Ireland) Order 1972 distinguished between the making and signing of a custody order, indicating that the latter was a personal Ministerial responsibility.[628d]

90   ILLEGALITY

(iv) The severity of the consequences of a decision for an individual may be a factor pointing towards Parliamentary intention that the Minister take the decision personally.[628e]

(v) In *R. v Adams* itself, that there was 'no reason to apprehend' that signing custody orders would be an impossible burden was treated as a further factor pointing to the exclusion of the Carltona principle. [628f]

[621] See, e.g. Immigration Act 1971 ss.13(5), 14(3) and 15(4), which referred to action by the minister "and not by a person acting under his authority".

[622] *Customs and Excise Cmrs v Cure and Deeley Ltd* [1962] 1 Q.B. 340 (conferment by Parliament of express power of delegation on Commissioners deprived them of previously existing benefit of *Carltona* principle): but compare *Carltona* itself.

[623] *O'Reilly v Commissioner of State Bank of Victoria* (1982) 44 A.L.R. 27; (1983) 153 C.L.R. 1. cf *Re Reference Under s.11 of the Ombudsman Act* (1979) 2 A.L.D. 86; cf. D. Lanham, "Delegation and the Alter Ego Principle" (1984) 100 L.Q.R. 587, 600–603.

[624] *Ramawad v Minister of Manpower and Immigration* (1978) 81 D.L.R. (3rd) 687; *Sean Investments v MacKellar* (1981) 38 A.L.R. 363.

[625] *R. v Secretary of State for the Home Department Ex p. Oladehinde*, 282 (Lord Donaldson MR). For unreasonableness, see Ch.11.

[626] *R. v Secretary of State for the Home Department Ex p. Oladehinde* HL, 303 (Lord Griffiths). This conclusion was influenced by the fact that the minister retained a personal role in reviewing and signing each deportation order.

[627] Weight was placed on several explicit limitations of the minister's powers to him personally, as excluding further implicit limitations; yet it was surely consistent of Parliament to intend some powers to be exercised by the minister personally, some to be exercised by the minister or his civil servants in the department, and others to be exercised by immigration officers as the statutory scheme appeared to require.

[628] *R. (on the application of King) v Secretary of State for Justice* [2015] UKSC 54; [2015] 3 W.L.R. 457.

[628a] *R. v Adams* [2020] UKSC 19; [2020] 1 W.L.R. 2077 (the case concerned a challenge to an interim custody order. The Supreme Court concluded that Parliament had intended that the signing of the order was to be carried out by the Minister personally).

[628b] *R. v Adams* [2020] UKSC 19; [2020] 1 W.L.R. 2077 [26].

[628c] *R. v Adams* [2020] UKSC 19; [2020] 1 W.L.R. 2077 [27].

[628d] *R. v Adams* [2020] UKSC 19; [2020] 1 W.L.R. 2077 [31].

[628e] See 5-187.

[628f] *R. v Adams* [2020] UKSC 19; [2020] 1 W.L.R. 2077 at [39].

Replace para.5-191 with:

5-191   Does the *Carltona* principle apply to public authorities or officers besides ministers?[629] Powers of the Queen or Governor in Council may be exercised by a minister or official in his department, although any formal decision necessarily will be made by the Queen in Council.[630] Powers conferred on senior departmental officers may be devolved to more junior officials in the department.[631] In *Nelms v Roe*[632] the Divisional Court upheld a decision of a police inspector acting on behalf of the Metropolitan Police Commissioner, on whom the power had been conferred. However, Lord Parker did not think that the inspector could be considered the alter ego of the Commissioner and preferred to base the case on implied delegated authority.

[629] See e.g. D. Lanham, "Delegation and the Alter Ego Principle" (1984) 100 L.Q.R. 587, 604 and following.

[630] *FAI Insurances Ltd v Winneke* (1982) 151 C.L.R. 342; *South Australia v O'Shea* (1987) 163 C.L.R. 378; cf. *Attorney-General v Brent* [1956] 2 D.L.R. (2nd) 503.

[631] *Commissioners of Customs and Excise v Cure and Deeley* [1962] 1 Q.B. 340; *O'Reilly v Commissioners of State Bank of Victoria* (1982) 44 A.L.R. 27; (1983) 153 C.L.R. 1; *R. v Secretary of State for the Home Department Ex p. Sherwin* (1996) 32 B.M.L.R. 1. (*Carltona* applied to the Benefits Agency which was held to be part of the Department of Social Security and the agency staff belonged to the Civil

Service). See also *R. v Greater Manchester Police Authority Ex p. Century Motors (Farnworth) Ltd, The Times,* 31 May 1996; cf. *R. v Oxfordshire CC Ex p. Pittick* [1995] C.O.D. 397 (Education Act 1981 s.7(2)—council had not improperly delegated its duty to provide special needs education to the school); *R. v Harrow LBC Ex p. M* [1997] 3 F.C.R. 761 (obligations on a local education authority under Education Act 1993 s.168 to arrange that special educational provision be made for a child was not delegable); *MFI Furniture Centre Ltd v Hibbert* (1996) 160 J.P. 178 (validity of council's Minutes of Delegation); *Noon v Matthews* [2014] EWHC 4330 (Admin); [2015] A.C.D. 53; (validity of delegation of decision to bring a prosecution to enforce byelaws relating to a river). It is exceptional in Australia for Carltona to be applied to structures other than government departments for which a Minister is responsible in Parliament: *O'Reilly v State Bank of Victoria* (1983) 153 C.L.R. 1; and M. Aronson, M. Groves and G. Weeks, *Judicial Review of Administrative Action and Government Liability,* 6th edn (2017)) para.6.140. In Ireland, the courts assess whether the dominant purpose was proper: *State (Cassidy) v Minister for Industry and Commerce* [1978] I.R. 297. In *Crawford and the Attorney General of Northern Ireland v Charity Commission* [2019] NI Ch 6, it was held that there was no implied power to delegate to staff members of the Charity Commission. McBride J stated at [26]: "One can only assess how strict this principle is by examining the approach of the courts to the question whether statutory provisions impliedly authorise delegation. As in many areas, this is likely to vary according to the context and the nature of the power. There is a strong presumption against interpreting a grant of legislative power as empowering delegation. There is also a tendency to adopt a more restrictive approach to implied authority to delegate in the cases of the proceedings of courts and cases involving other "judicial" and "disciplinary" powers. A strict approach is also likely if the power is conferred on the holder of a public office because of the personal qualifications and experience that those who hold the office can be expected to have."

[632] *Nelms v Roe* [1970] 1 W.L.R. 4 at 8 (Lord Parker CJ).

Add new para.5-192A:

5-192A *Carltona* does not apply in the absence of a Minister. Thus, any decision which would normally go before a Minister for approval lay beyond the competence of a senior civil servant in the absence of a Minister. Accordingly, a grant of planning permission for a waste treatment centre and incinerator taken by senior civil servants of a Northern Ireland department during a period in which no Minister was in office was invalid.[633a]

[633a] *Re Buick's Application for Judicial Review* [2018] NICA 26.

CHAPTER 6

Procedural Fairness: Introduction, History and Comparative Perspectives

TABLE OF CONTENTS
Scope 6-001
Introduction 6-007
The Concept of Natural Justice .... 6-010☐
Historical Development Before the First World War 6-012
Historical Development After the First World War .... 6-020☐
Historical Development Since the 1960s 6-041
Comparative Perspectives .... 6-051■

THE CONCEPT OF NATURAL JUSTICE

Replace n.27 with:

[27] These expressions are not always regarded as helpful however. See, e.g., *Secretary of State for Communities and Local Government v Hopkins Developments* [2014] EWCA Civ 470 at [49] for concern about use of the expression "fair crack of the whip". See also *R. (on the application of Gallaher Group Ltd) v Competition and Markets Authority* [2018] UKSC 25 at [33] ("Procedural fairness or propriety is of course well-established").

6-010

HISTORICAL DEVELOPMENT AFTER THE FIRST WORLD WAR

The rise of statutory procedures and the demise of the audi alteram partem principle

Replace n.100 with:

[100] Now see the Acquisition of Land Act 1981. See also Compulsory Purchase (Inquiries Procedure) Rules 2007 (SI 2007/3617); Compulsory Purchase of Land (Written Representations Procedure) (Ministers) Regulations 2004 (SI 2004/2594); Compulsory Purchase of Land (Vesting Declarations) (Wales) Regulations (SI 2017/362); and Compulsory Purchase of Land (Prescribed Forms) (Ministers) Regulations 2004 (SI 2004/2595).

6-027

COMPARATIVE PERSPECTIVES

Contemporary comparisons

Replace n.228 with:

[228] In Australia see, e.g. *Kioa v West* (1985) 159 C.L.R. 550, 612 (where Brennan J stated that natural justice had a flexible "chameleon-like quality"); and *RCB v Forrest* (2012) 247 C.L.R. 304 at 32 where

6-056

five members of the High Court stated that the content of fairness "is dependent upon the nature of the proceedings and the person claiming its benefit." The High Court has also stressed that, unless there is sufficient attention to the statutory context in which decisions are made, consideration of the content of natural justice "proceeds at too high a level of abstraction": *SZBEL v Minister for Immigration and Multicultural and Indigenous Affairs* (2006) 228 C.L.R. 152 at 161. Likewise, in Ireland, see *Ó Ceallaigh v An Bord Altranais* [2000] 4 I.R. 54 at 92 (Barron J noting that "[w]hat is fair is dependent upon a number of factors"); *International Fishing Vessels Ltd v Minister for the Marine (No 2)* [1991] 2 I.R. 93 at 102 (McCarthy J stating that "[n]either natural justice nor constitutional justice requires perfect or the best possible justice; it requires reasonable fairness in all the circumstances"). In Canada see *Knight v Indian Head School Division No.19* (1990) 69 D.L.R. (4th) 489 at 510 (L'Heureux-Dubé J noting that the concept of procedural fairness is "eminently variable"); *Baker v Canada (Minister of Citizenship and Immigration)* [1999] 2 S.C.R. 817 (L'Heureux-Dubé J noting that "the more important the decision is to the lives of those affected and the greater its impact is on that person or persons the more stringent the procedural protections that will be mandated"); and *Martineau v Matsqui Institution Disciplinary Board* [1980] 1 S.C.R. 602 at [61]–[63]. See also *In the Matter of an Application by JR95 (A Minor) v In the Matter of a Decision by a Sub-Committee of a Board of Governors* [2020] NIQB 8, Keegan J noting that: "in order to satisfy the requirements of procedural fairness an affected person should be able to comment on all relevant information which the adjudicating tribunal has and may rely on subject to any issues of confidentiality or sensitivity which may arise. The mechanism for doing this depends on the circumstances with a degree of flexibility being afforded to the decision making body"); *Aldemir v Cornwall Council* [2019] EWHC 2407 (Admin) at [23] (noting that "there are no particular hard and fast rules; but the principles of natural justice must be observed").

CHAPTER 7

Procedural Fairness: Entitlement And Content

TABLE OF CONTENTS

Scope	7-001
Entitlement to Procedural Fairness: Overview	7-003■
Statutory Requirements of Fair Procedures	7-011■
Fairness Needed to Safeguard Rights and Interests	7-018■
Fair Procedures Under ECHR art.6: Threshold Issues	7-032■
Fair Procedures Under ECHR art.2: Threshold Issues	7-037■
Content of Procedural Fairness: Overview	7-039■
Prior Notice of the Decision	7-044■
Consultation and Written Representations	7-054■
Duty of Adequate Disclosure Before a Decision Is Taken	7-060
Judicial and Official Notice	7-063□
Hearings	7-065□
Right to Legal Representation and Other Assistance	7-076
Right to Cross-Examination	7-084
Right to Reasons	7-088■
Public Inquiries	7-117
ECHR art.6: Content	7-120■
ECHR art.2: Content	7-130■

ENTITLEMENT TO PROCEDURAL FAIRNESS: OVERVIEW

The recognition of a general duty of fairness

Replace list item "Whether fairness is required and what is involved in order to achieve fairness is for the decision of the courts as a matter of law. The issue is not one for the discretion of the decision-maker. The test is not whether no reasonable body would have thought it proper to dispense with a fair hearing. The Wednesbury reserve has no place in relation to procedural propriety." with:

- Whether fairness is required and what is involved in order to achieve fairness is for the decision of the courts as a matter of law. The issue is not one for the discretion of the decision-maker. The test is not whether no reasonable body would have thought it proper to dispense with a fair hearing.[50] The *Wednesbury*[51] reserve has no place in relation to procedural propriety.[51a]

7-009

---

[50] *R. v Panel on Takeovers and Mergers Ex p. Guinness Plc* [1990] 1 Q.B. 146 (Woolf and Lloyd LJJ who said that "the court is the arbiter of what is fair"); *Re Reilly's Application* [2013] UKSC 61; [2013] 3 W.L.R. 1020 at [65] (the court's function is "not merely to review the reasonableness of the decision-makers judgment of what fairness required"); *LH* [2014] EWCA Civ 404 at [29] ("[f]airness is a matter for the Court not the Council to decide"); *R. (on the application of Flatley) v Hywel Dda University*

Local Health Board [2014] EWHC 2258 (Admin) at [88] ("[i]t is a matter for the court to decide whether a fair procedure was followed"); see also *R. (on the application of Woolcock) v Secretary of State for Communities and Local Government* [2018] EWHC 17 (Admin) at [50]. However, in limited circumstances, the court may give great weight to the decision-maker's view of what is fair, see, e.g. *R. v Monopolies and Mergers Commission Ex p. Stagecoach Holdings Ltd*, The Times, 23 July 1996 ("The court is the arbiter of what is fair", although the court would give great weight to the MMC's own view of fairness); *Interbrew SA and Interbrew UK Holdings Ltd v The Competition Commission and the Secretary of State for Trade and Industry* [2001] EWHC Admin 367; [2001] E.C.C. 40 at [70]-[72].

[51] See 11-012 for discussion of the *Wednesbury* case and the margin of discretion accorded the decision-maker in cases involving abuse of discretion.

[51a] *R. (on the application of Karagul) v Secretary of State for the Home Department* [2019] EWHC 3208 (Admin) at [97] ("[t]he question of whether there has been procedural fairness or not is an objective question for the court to decide for itself. The question is not whether the decision-maker has acted reasonably, still less whether there was some fault on the part of the public authority concerned").

STATUTORY REQUIREMENTS OF FAIR PROCEDURES

Supplementing statutory procedures

Replace para.7-013 with:

7-013   Can the courts supplement the statutory procedures with requirements over and above those specified? For example, can the courts impose a requirement upon a local planning authority to consult on a planning application with neighbours where no such requirement is provided in the statute? There have been cases where the courts have supplemented a statutory scheme.[60] Indeed, recently, a majority of the Supreme Court expressed the following view:

"The duty of fairness governing the exercise of a statutory power is a limitation on the discretion of the decision-maker which is implied into the statute. But the fact that the statute makes some provision for the procedure to be followed before or after the exercise of a statutory power does not of itself impliedly exclude either the duty of fairness in general or the duty of prior consultation in particular, where they would otherwise arise."[61]

[60] See 7-015 and 7-042; *R. (on the application of S) v Brent LBC* [2002] EWCA Civ 693; [2002] E.L.R. 556 at [14]; *Raji v General Medical Council* [2003] UKPC 24; [2003] 1 W.L.R. 1052 (even though Medical Act 1983 s.41(1) and (6) permitted consideration of suspension and restoration together, the two issues should have been considered separately); *Belfast City Council v Miss Behavin' Ltd* [2007] UKHL 19; [2007] 1 W.L.R. 1420 at [8] (discretion to consider late objections supplementary to the statutory scheme to ensure its fair and workable operation); *Bank Mellat v HM Treasury* [2013] UKSC 39; [2014] A.C. 700 at [32] (unless the Act expressly or impliedly excluded any relevant duty of consultation, fairness required an opportunity to make representations before a direction was made); *Fairmount Investments Ltd v Secretary of State for the Environment* [1976] 1 W.L.R. 1255; *Lake District Special Planning Board v Secretary of State for the Environment* [1975] J.P.L. 220; and elsewhere: *Rich v Christchurch Girls' High School Board of Governors (No.1)* [1974] 1 N.Z.L.R. 1 at 9, 18-20; *Birss v Secretary of State for Justice* [1984] 1 N.Z.L.R. 513; *Heatley v Tasmanian Racing and Gaming Commission* (1977) 137 C.L.R. 487. In *R. (on the application of Breckland District Council) v Electoral Commission Boundary Committee for England* [2009] EWCA Civ 239; [2009] P.T.S.R. 1611 at [44], it was held that while s.6(4)(b) of the Local Government and Public Involvement in Health Act 2007 required publication of an alternative proposal and "such steps as [the authority considers] sufficient to secure that persons who may be interested" were informed of the draft proposal, it was also necessary to publish a summary of the reasons why a change was proposed and why the proposed change was considered to meet the Secretary of State's criteria. See also *R. (on the application of Chief Constable of Nottinghamshire) v Nottingham Magistrates' Court* [2009] EWHC 3182 (Admin); [2010] 2 All E.R. 342 at [30]-[39]; *R. (on the application of Andersson) v Parole Board* [2011] EWHC 1049 (Admin) (exclusion of a power to adjourn would require clear statutory provision).

[61] *Bank Mellat* [2013] UKSC 39; [2014] A.C. 700 at [35]. See also *R. (on the application of Rowe) v Revenue and Customs Commissioners* [2017] EWCA Civ 2105; [2018] 1 W.L.R. 3039 at [107] (applying *Bank Mellat* and observing that "[t]he courts may imply an additional duty to act fairly even in cases where Parliament has prescribed a procedure for some consultation and written representations, especially where the result was unfair"); see also *R. (on the application of Help Refugees Ltd) v Secretary of State for the Home Department* [2018] EWCA Civ 2098; [2018] 4 W.L.R. 168 at [122](i).

Replace para.7-014 with:

7-014   However, in others the maxim *expressio unius exclusio alterius* (the express mention of one thing excludes all others) has been invoked to avoid doing so.⁶² Lord Reid unusually expressed an inclination in favour of judicial restraint when he warned against the use by the courts of "this unusual kind of power" (extending statutory procedures) which he felt should be exercised only when it is "clear that the statutory procedure is insufficient to achieve justice and that to require additional steps would not frustrate the apparent purpose of the legislation".⁶³ But the maxim *expressio unius*, like other aids to interpretation, may be "a valuable servant, but a dangerous master to follow ... [and] ought not to be applied when it leads to inconsistency or injustice.⁶⁴ A bolder approach has been suggested by Lord Bridge, who said that "the courts will not only require the procedure prescribed by the statute to be followed, but will readily imply so much and no more to be introduced by way of additional procedural safeguards as will ensure the attainment of fairness".⁶⁵ Similarly, in *Bank Mellat v HM Treasury*, Lord Sumption observed that he found it hard to envisage cases in which the *maxim expressio unius exclusio alterius* could suffice to exclude so basic a right as that of fairness.⁶⁶ A similarly robust statement has been made recently by the Court of Appeal, that the common law will readily imply requirements of procedural fairness into a statutory framework, even where the legislation itself is silent.⁶⁶ᵃ

⁶² See, e.g. *Pearlberg v Varty* [1972] 1 W.L.R. 534; *Furnell v Whangarei High Schools Board* [1973] A.C. 660 at 679; *Wiseman v Borneman* [1971] A.C. 297; *R. (on the application of Venture Projects Ltd) v Secretary of State for the Home Department* unreported 20 October 2000 CA (although the maxim was not invoked, a duty to give reasons was held not to arise where an EU Directive required reasons for certain decisions, but not this type of decision); see likewise *R. (on the application of Edwards) v Environment Agency (No.2)* [2008] UKHL 22; [2008] 1 W.L.R. 1587. See also *R. (on the application of Hillingdon LBC, Leeds City Council, Liverpool City Council, Norfolk City Council) v Lord Chancellor, Secretary of State for Communities and Local Government* [2008] EWHC 2683 (Admin); [2009] C.P. Rep. 13 (where Parliament had prescribed the nature and extent of consultation which the Lord Chancellor was required to undertake before exercising his power to prescribe court fees no wider duty of consultation existed at common law (in the absence of a clear promise to consult more widely or any clear established practice of wider consultation by the decision-maker) (at [38]); the courts should not add a burden of consultation which the democratically elected body decided not to impose (at [39])). See also *Re Findlay* [1985] A.C. 318; *Bird v St Mary Abbotts Vestry* (1895) 72 L.T. 599; *Hutton v Attorney General* [1927] 1 Ch. 427 at 437-438; *R. (on the application of Buckinghamshire CC) v Kingston Upon Thames RLBC* [2011] EWCA Civ 457; [2012] P.T.S.R. 854 at [55] (although the inclusion of an express duty to consult specified persons is not, of necessity, a complete bar to any wider duty, it will usually be a powerful starting point which is likely to trump anything but the strongest contextual considerations which might point the other way); *R. (on the application of Heather Moor & Edgecomb Ltd) v Financial Service Ombudsman* [2008] EWCA Civ 642; [2008] Bus. L.R. 1486. See, 6-026 and, see, e.g. *Waitemata County v Local Government Commission* [1964] N.Z.L.R. 689; *Brettingham-Moore v St. Leonards Municipality* (1969) 121 C.L.R. 509; *French v Law Society of Upper Canada* [1975] 2 S.C.R. 767 at 783-786; *Salemi v McKellar (No.2)* (1977) 137 C.L.R. 396; *Bourke v State Services Commission* [1978] 1 N.Z.L.R. 633 at 644-646; *CREEDNZ Inc v Governor General* [1981] 1 N.Z.L.R. 172 at 177-178. In the USA, the Supreme Court, in a landmark case, *Vermont Yankee Nuclear Power Corp v Natural Resources Defense Council, Inc* 435 U.S. 519 (1978) at 543 it was held that absent constitutional constraints or extremely compelling circumstances, courts may not force agencies to utilise rulemaking procedures beyond those prescribed in the Administrative Procedure Act 1946 or other statutory or constitutional provisions. In Ireland, statutory scrutiny will not end the matter because if the statute is deficient, the principle of constitutional justice will apply and override the statutory shortcomings: see 6-066, fn.260 and see, e.g. *McCann v Monaghan District Court* [2009] IEHC 276; [2009] 4 I.R. 200 at 250-255. See also *Kebell Developments Ltd v Leeds City Council* [2018] EWCA Civ 450; [2018] 1 W.L.R. 4625 (Court could not see how, "in view of ... carefully framed provisions in the legislation, it can be submitted that there was, at common law, a further and more general duty to consult"); *R. (on the application of Glencore Energy UK Ltd) v Revenue and Customs Commissioners* [2017] EWCA Civ 1716 at [85]–[86] (no lacuna in the statutory context providing a compelling reason why in fairness the common law should step in to supplement the procedures which Parliament has set out and would undermine the procedural system put in place by Parliament).

⁶³ *Wiseman* [1971] A.C. 297 at 308.

⁶⁴ *Colquhoun v Brooks* (1887) 19 Q.B.D. 400 at 406; on appeal (1888) 21 Q.B.D. 52.

⁶⁵ *Lloyd* [1987] A.C. 625 at 702-703; *R. (on the application of BAPIO Action Ltd) v Secretary of State for the Home Department* [2007] EWCA Civ 1139; [2008] A.C.D. 7 at [35] ("where there is a want of fairness in procedures laid down by Parliament, the common law will supply it"); *R. (on the application of Lumba) v Secretary of State for the Home Department* [2011] UKSC 12; [2012] 1 A.C. 245 at [201] ("the law has ... imposed procedural requirements upon apparently open-ended statutory pow-

ers"); *Hopkins Developments* [2014] EWCA Civ 470 at [62] (observing that the Town and Country Planning Appeals (Determination by Inspectors) (Inquiries Procedure) (England) Rules 2000 were "not a complete code for achieving procedural fairness"); *LH* [2014] EWCA Civ 404. See also *R. (on the application of Delve) v Secretary of State for Work and Pensions* [2020] EWCA Civ 1199 at [108] (reasons to reject the ability of the common law to supplement procedural safeguards laid down by a statutory scheme apply as much to any proposed duty to notify as they apply to a duty to consult).

[66] *Bank Mellat v HM Treasury* [2013] UKSC 39; [2014] A.C. 700 at [35].

[66a] *R. (on the application of Help Refugees Ltd) v Secretary of State for the Home Department* [2018] EWCA Civ 2098 at [122]; see also *R. (on the application of Citizens UK) v Secretary of State for the Home Department* [2018] EWCA Civ 1812; [2018] 4 W.L.R. 123 at [68].

Add to the end of para.7-015:

7-015 Courts will also consider whether it is clear that the statutory procedure is insufficient to achieve fairness and that the implication of the principles of natural justice would not frustrate the purpose of the legislation.[69a]

[69a] *R. (on the application of Rowe) v Revenue and Customs Commissioners* [2017] EWCA Civ 2105; [2018] 1 W.L.R. 3039 at [107].

FAIRNESS NEEDED TO SAFEGUARD RIGHTS AND INTERESTS

Add n.77a to end of paragraph:

7-019 [77a] *R. (on the application of Rowe) v Revenue and Customs Commissioners* [2017] EWCA Civ 2105; [2018] 1 W.L.R. 3039 at [111] (duty of fairness required that a taxpayer have an opportunity to make representations on matters in respect of which the decision-maker had an obligation to form a view, although the decision-maker was not bound by those representations).

Legitimate expectations

Replace para.7-031 with:

7-031 Finally, in broad terms, the existence of a legitimate expectation can affect procedural fairness in two ways: first, a representation or practice or policy indicating that a particular procedure will be followed can give rise to an entitlement that the procedure be followed[117]; and second, if there is a legitimate expectation of a substantive benefit, this may give rise to an entitlement to a fair procedure before the benefit can be withheld.[118] The impact of legitimate expectations on procedural fairness is discussed in detail in Chapter 12.[119]

[117] *Liverpool Taxi* [1972] 2 Q.B. 299 (representation); *Attorney General of Hong Kong v Ng Yuen Shiu* [1983] 2 A.C. 629 (representation); *Nichol v Gateshead Metropolitan Borough Council* (1988) 87 L.G.R. 435 (past practice); *Vardy* [1993] I.C.R. 720 (past practice). See also *Niazi* [2008] EWCA Civ 755; (2008) 152(29) S.J.L.B. 29 at [50] (if an authority has distinctly promised to consult those affected or potentially affected, then ordinarily it must consult); *R. (on the application of Actis SA) v Secretary of State for Communities and Local Government* [2007] EWHC 2417 (Admin) at [136], [155]; *R. (on the application of Luton BC) v Secretary of State for Education* [2011] EWHC 217 (Admin); [2011] Eq. L.R. 481 at [93]-[94]; *R. (on the application of Kelly) v Hounslow LBC* [2010] EWHC 1256 (Admin) at [25]; *R. (on the application of East Midlands Care) v Leicestershire CC* [2011] EWHC 3096 (Admin) at [59]. Contrast *Niazi* [2008] EWCA Civ 755; (2008) 152(29) S.J.L.B. 29, (no legitimate expectation or exceptional circumstance to require consultation regarding changes to scheme for compensation); see also *R. (on the application of Badger Trust) v Secretary of State for the Environment, Food and Rural Affairs* [2014] EWCA Civ 1405. See further the dictum of Lord Wilson JSC in *Moseley* [2014] UKSC 56; [2014] 1 W.L.R. 3947 at [23] on the duty of consultation: "[t]he search for the demands of fairness in this context is often illumined by the doctrine of legitimate expectation."). See also *R. (on the application of Plantagenet Alliance Ltd) v Secretary of State for Justice* [2014] EWHC 1662 (Admin) at [98]; *British Dental Association v General Dental Council* [2014] EWHC 4311 (Admin) at [36] (specific public announcements can give rise to a legitimate expectation that a consultation would be conducted); *R. (on the application of Telefonica Europe Plc) v Revenue and Customs Commissioners* [2016] UKUT 173 (TCC) (even where there is no legitimate expectation, a duty to consult may arise where an abrupt change of policy would be so unfair as to amount to an abuse of power). However, a statement made in Parliament as to an intention to consult has been held not to ground a legitimate expectation of consultation: *R. (on the application of Scott H-S) v Secretary of State for Justice* [2017] EWHC 1948 (Admin); see also *Re Barnard's Application for Judicial Review* [2019] NICA 38 (unfair to disappoint

a clear and unambiguous representation as to the conduct of an investigation into possible collusion between state officials and Ulster Volunteer Force bombings); *McHattie v South Ayrshire Council* [2020] CSOH 4; [2020] S.L.T. 399 (petitioner had a legitimate expectation of consultation on the proposal to close an adult care centre that was an integral part of his son's life).

[118] *McInnes* [1978] 1 W.L.R. 1520.

[119] See P. Craig, *Administrative Law*, 8th edn (2016), para.12-017 for a discussion of the different ways in which legitimate expectations affect the entitlement to procedural fairness.

FAIR PROCEDURES UNDER ECHR ART.6: THRESHOLD ISSUES

Replace para.7-035 with:

7-035

The rights and obligations of private persons in their relations as between themselves are civil rights and obligations, such as in tort,[132] family law,[133] employment law[134] and the law of real property.[135] With regard to relations between the individual and the state, it appears that art.6 applies to the determination of all rights of a pecuniary nature, including for example, rights to real[136] and personal[137] property, the right to engage in a commercial activity,[138] the right to practise a profession,[139] a corporate entity's interest in retaining its clientele[139a] and the right to compensation for illegal state acts.[140] Disciplinary proceedings resulting in professional suspension,[141] questions relating to children taken into care[142]; decisions relating to planning and the environment[143]; inclusion in a list barring an individual from working with children and vulnerable adults[144]; conditions of detention[145]; extradition of a UK citizen[146]; an application for release from detention in a prison psychiatric wing[147]; and use of individuals as covert human intelligence sources[148] and an application for an official to be present for conversations between a prisoner and his lawyer[148a] also engage art.6. Breach of art.8 (and, it might be assumed, of other Convention rights) is a breach of a civil right in the form of a statutory tort[148b]; however, art.6 was not engaged where claimants sought a public inquiry into allegations that UK intelligence services had been involved in torture, mistreatment and rendition of detainees held by foreign security services in 2001.[148c] Even a first-time applicant for a licence may be entitled to art.6 protection.[149] In addition, art.6 applies in the field of social insurance, not only to assistance linked to private employment contracts,[150] but also where the benefit is non-contributory, provided it is not entirely discretionary.[151] While previously, prisoner disciplinary decisions have been excluded from the scope of ECHR art.6,[152] the ECtHR has itself identified a "shift" in its own case law.[153] By contrast, however, it appears that the Strasbourg Court is generally reluctant to extend the protection of art.6 to certain non-pecuniary benefits[154]; and school exclusions and disciplinary proceedings,[155] asylum or citizenship applications,[156] deportation,[157] and questions regarding tax liability,[158] generally do not engage art.6. In a tendering process, where a contracting committee was obliged to recommend tenders which ensured the best value for money at the lowest possible cost, this did not mean that the least expensive bid had to be chosen, and there was no expectation, even less so a right, that the lowest offer would be awarded the tender.[159] There has also been a complicated and unsatisfactory series of cases regarding civil service employment. Initially, the ECtHR held that "disputes relating to the recruitment, careers and termination of service of civil servants are as a general rule outside the scope of art.6(1)".[160] However, after a number of cases,[161] the position that has now emerged is that in order to prevent civil servants relying on ECHR art.6, the state must show (a) that national law had expressly excluded access to a court for the post or category of staff in question; and (b) that the exclusion was justified on objective grounds in the state's interest.[162] There has been some uncertainty regarding whether art.6 is engaged by the regime in the Terrorist Asset-Freezing etc Act 2010, which provides, inter alia, for the inclusion of an individual on a list of persons suspected of connections with terrorism and consequent freezing of assets. The better view of the case law is that art.6 is engaged by this regime[163]; this position is also appropriate, given the obviously detrimental impact of such a designation on the individual involved.[164] There has also been a divergence of view between the domestic courts and the Strasbourg court on whether a determination by a local housing authority that it had discharged its duty to a homeless housing applicant engages art.6.[165]

[132] *Axen v Germany* (1984) 6 E.H.R.R. 195.

[133] *Airey v Ireland* (1979) 2 E.H.R.R. 305.

[134] *Bucholz v Germany* (1980) E.H.R.R. 597; *Wright* [2009] UKHL 3; [2009] 1 A.C. 739.

[135] *Langborger v Sweden* (1989) 12 E.H.R.R. 416.

[136] *Holy Monasteries v Greece* (1994) 20 E.H.R.R. 1 at [85]; *Bryan v UK* (1995) 21 E.H.R.R. 342 at [31]; *Friends Provident Life and Pensions Ltd v Secretary of State for Transport, Local Government and Regions* [2001] EWHC Admin 820; [2002] 1 W.L.R. 1450 at [70] (planning decision a determination of civil rights and obligations of corporate objector, given the latter's property interests). cf. *Bovis Homes Ltd v New Forest DC* [2002] EWHC 483 (Admin) at [300] (decision to make a local plan so that development of the claimant's land was less likely, was not a determination of a civil right or obligation).

[137] *Anca v Belgium* App. No.10259/83, 40 D.R. 170 (1984) (bankruptcy proceedings); *X v Austria* App. No.7830/77, 14 D.R. 200 (1978) (patent rights).

[138] *The Tre Traktörer Aktiebolag v Sweden* (1989) 13 E.H.R.R. 309 (withdrawal of an alcohol licence from a restaurant); *Pudas v Sweden* (1988) 18 E.H.R.R. 188 (licence to operate a taxi); *R. (on the application of Chief Constable of Lancashire) v Preston Crown Court* [2001] EWHC Admin 928; [2002] 1 W.L.R. 1332 at [17] (liquor licensing decision a determination of a civil right or obligation because it goes to the right to make a living or economic activity); *R. (on the application of Thompson) v Law Society* [2004] EWCA Civ 167; [2004] 1 W.L.R. 2522 at [80] (art.6 applies to disciplinary proceedings where the right to exercise a profession is at stake); *L v Law Society* [2008] EWCA Civ 811; see also *Re Solicitor No.13 of 2007* [2008] EWCA Civ 411 (assumed although not determined that imposing conditions on a practising certificate determines a civil right).

[139] *König* (1979-80) 2 E.H.R.R. 469. See also *Crompton v UK* (2010) 50 E.H.R.R. 36 (redundancy from the Territorial Army).

[139a] *Sine Tsaggarakis A.E.E. v Greece (App. No. 17257/13).*

[140] *Editions Périscope v France* (1992) 14 E.H.R.R. 597 at [35]-[40].

[141] *Fredin v Sweden* (1991) 13 E.H.R.R. 784 (medical profession); *Le Compte* (1982) 4 E.H.R.R. 1; *Paluda v Slovakia* App. 33392/12, 23 May 2017; see also *McCarthy v Visitors to the Inns of Court* [2015] EWCA Civ 12. In this context, it has been held that the relevant consideration is whether the decision of the disciplinary body *could* result in a determination of civil rights and obligations, such as through suspension, rather than considering whether the outcome of the disciplinary hearing may be admonishment: *Tehrani v UK Central Council for Nursing, Midwifery & Health Visiting* [2001] I.R.L.R. 208 at [33]; *Thompson* [2004] 1 W.L.R. 2522 at [83]; *Threlfall v General Optical Council* [2004] EWHC 2683 (Admin); [2005] Lloyd's Rep. Med. 250 at [33]-[35]; *Perry* [2013] EWCA Civ 145; [2013] 1 W.L.R. 3423. ECHR art.6 would not be engaged, however, in ordinary disciplinary proceedings where all that could be at stake is the loss of a specific job: *R. (on the application of Puri) v Bradford Teaching Hospitals NHS Foundation Trust* [2011] EWHC 970 (Admin); [2011] I.R.L.R. 582; *Kulkarni v Milton Keynes Hospital NHS Trust* [2009] EWCA Civ 789; [2010] I.C.R. 101 at [65]; *R. (on the application of Mattu) v University Hospitals of Coventry and Warwickshire NHS Trust* [2012] EWCA Civ 641; [2012] 4 All E.R. 359; *Christou v Haringey London Borough Council* [2013] EWCA Civ 178. See also: *Arowojolu v General Medical Council* [2019] EWHC 3155 (Admin) at [70].

[142] *McMichael v UK* (1995) 20 E.H.R.R. 205.

[143] *Mats Jacobsson v Sweden* (1991) 13 E.H.R.R. 79; *Taskin v Turkey* (2006) 42 E.H.R.R. 50.

[144] *R. (on the application of Royal College of Nursing) v Secretary of State for the Home Department* [2010] EWHC 2761 (Admin); [2011] P.T.S.R. 1193. See also *Wright* [2009] UKHL 3; [2009] 1 A.C. 739 (interim listing as unsuitable care worker).

[145] *Ganci v Italy* (2005) 41 E.H.R.R. 16; *Musumeci v Italy* App. No.33695/96 (11 January 2005). However, decisions on segregation and cellular confinement of prisoners taken by prison governors or segregation review boards have not been regarded as engaging art.6: *R. (on the application of King) v Secretary of State for Justice* [2012] EWCA Civ 376; [2012] 1 W.L.R. 3602 at [36]-[41]; overruled although not on this ground (*R. (on the application of Bourgass) v Secretary of State for Justice* [2015] UKSC 54 at [123]).

[146] *Pomiechowski v District Court of Legnica* [2012] UKSC 20; [2012] 1 W.L.R. 1604 at [31]-[33].

[147] *Aerts v Belgium* (2000) 29 E.H.R.R. 50.

[148] *R. (on the application of K) v Secretary of State for Defence* [2016] EWCA Civ 1149; [2017] 1 W.L.R. 1671.

[148a] *Altay v Turkey (No.2) (App. No. 11236/09)*.

[148b] *QX v Secretary of State for the Home Department* [2020] EWHC 1221 (Admin) at [44] (citing *Secretary of State for the Home Department v BC and BB* [2009] EWHC 2926 (Admin); [2010] 1 W.L.R. 1542).

[148c] *R. (on the application of Reprieve) v Prime Minister* [2020] EWHC 1695 (Admin) at [40]–[44].

[149] *Benthem v Netherlands* (1985) 8 E.H.R.R. 1 (an application for a grant of a statutory licence to operate an installation for the supply of liquefied petroleum gas was rejected, and this was found to constitute a "civil right" given that it was a pre-condition for the exercise of business activity: [36]); *McInnes* [1978] 1 W.L.R. 1520. But see *Ladbrokes Worldwide Betting v Sweden* (2008) 47 E.H.R.R. SE10 (application for a permit to provide betting and gaming services in Sweden did not engage art.6 where the grant of the permit was entirely within the discretion of the government and there were no clear criteria).

[150] See, e.g. *Lombardo v Italy* (1992) 21 E.H.R.R. 188 at [14]–[17] (pension linked to employment).

[151] *Salesi v Italy* (1993) 26 E.H.R.R. 187; *Tsfayo v UK* App. No.60860/00; [2007] B.L.G.R. 1 (discussed further at 10-089); *R. (on the application of Husain) v Asylum Support Adjudicator* [2001] EWHC Admin 852 [2002] A.C.D. 61 at [25] (termination of asylum support engaged art.6); see also *Primary Health Investment Properties Ltd v Secretary of State for Health* [2009] EWHC 519 (Admin); [2009] P.T.S.R. 1586 (where a trust had discretion to deny financial assistance a civil right for the purpose of art.6 did not arise); *R. (on the application of Ali) v Secretary of State for Justice* [2013] EWHC 72 (Admin); [2013] 1 W.L.R. 3536 at [65]–[72] (doubting if a statutory scheme for compensation for reversal of a conviction engaged ECHR art.6).

[152] See, e.g., *R. (on the application of King) v Secretary of State for Justice* [2012] EWCA Civ 376; [2012] 1 W.L.R. 3602 at [36]–[41]; overruled although not on this ground (*R. (on the application of Bourgass) v Secretary of State for Justice* [2015] UKSC 54 at [123]).

[153] *De Tommaso v Italy* (2017) 65 E.H.R.R. 19 at [151] (imposition of a preventative order engaged art.6);

[154] See, e.g. *Pierre-Bloch v France* (1997) 26 E.H.R.R. 202 at [50]–[55] (holding that the right to stand for election to the National Assembly in France was a "political" and not a "civil" right); *Adams and Benn v UK* (1997) 23 E.H.R.R. C.D. 160 (Commission) (holding that the right to move within the EU pursuant to art.18 of the EC Treaty did not engage art.6); See also *R. (on the application of R) v Children and Family Court Advisory and Support Service* [2012] EWCA Civ 853; [2013] 1 W.L.R. 163 (CAFCASS obligation to provide scheme for representation of children in care proceedings was a target duty and did not amount to an actionable duty or engage ECHR art.6).

[155] *R. (on the application of B) v Head Teacher of Alperton Community School* [2001] EWHC Admin 229; [2002] B.L.G.R. 132; (no private right to education, therefore art.6 not engaged); *R. (on the application of M-P) v Barking LBC* [2002] EWHC 2483; [2003] E.L.R. 144 at [28] (the decision to remove a pupil from a school register was not a determination of a civil right or obligation) *R. v Richmond upon Thames LBC Ex p. JC* [2001] E.L.R. 21 at [59] (primary school admissions decision was not a determination of "civil rights"). cf. *S* [2002] EWCA Civ 693; [2002] E.L.R. 556 at [30] (considering and assuming that a school exclusion does engage art.6); *R. (on the application of V) v Independent Appeal Panel for Tom Hood School* [2010] EWCA Civ 142; [2010] P.T.S.R. 1462 at [12]–[15]; *Governors of X School* [2011] UKSC 30; [2012] 1 A.C. 167.

[156] *Maaouia* (2001) 33 E.H.R.R. 42 (proceedings to challenge an exclusion order); *R. (on the application of Harrison) v Secretary of State for the Home Department* [2003] EWCA Civ 432, [2003] I.N.L.R. 294 (where it was doubted whether citizenship decisions were capable of constituting determinations of civil rights or obligations); *MK (Iran)* [2010] EWCA Civ 115; [2010] 1 W.L.R. 2059 at [70]–[76] (claim to refugee status under art.13 of Council Directive 2004/83/EC was not a "civil right" for the purposes of art.6, however, Sedley LJ observed that he reached this conclusion with "considerable reluctance" on the basis that it was not appropriate for the domestic court to move ahead of Strasbourg's jurisprudence; *Murungaru* [2008] EWCA Civ 1015; [2009] I.N.L.R. 180 at [33] (a challenge to the withdrawal of a visa was a challenge to immigration controls and could not be disguised as an assertion of property rights); *R (YA) v Secretary of State for the Home Department* [2013] EWHC 3229 (Admin) at [103] (refusal of leave to an alien to enter and conditions on leave to stay did not engage art.6); *R. (on the application of Rahman) v Secretary of State for the Home Department* [2015] EWHC 1146 (Admin) at [32]. But see *R. (on the application of Gudanaviciene) v Director of Legal Aid Casework* [2014] EWCA Civ 1622; [2015] 1 W.L.R. 2247 at [181] (the Lord Chancellor's guidance on exceptional civil legal aid funding pursuant to s.10(3)(a) of the Legal Aid, Sentencing and Punishment of Offenders Act 2012 impermissibly stated that only in rare and extreme cases, and in no immigration cases, would a refusal of legal aid amount to a breach of ECHR art.6(1), and hence the guidance itself was incompatible with ECHR art.6(1) and ECHR art.8). See also *R. (on the application of S) v Director of legal Aid Casework* [2016] EWCA Civ 464; [2016] 3 Costs L.R. 569. While control of persons entering the territory of states was a matter of state prerogative and did not attract the procedural guarantees of art.6, it did not follow that post-return obligations imposed on a British citizen after his return to the UK under a temporary exclusion order were immigration measures raising questions of state prerogative; art.6 therefore applied): *QX v Secretary of State* [2020] EWHC 1221 (Admin); [2020] A.C.D. 83.

¹⁵⁷ *RB (Algeria) v Secretary of State for the Home Department* [2009] UKHL 10; [2010] 2 A.C. 110; see also *BB v Secretary of State for the Home Department* [2015] EWCA Civ 9 (ECHR art.6 was not used in quashing a subsequent deportation decision in respect of the same appellant as in *RB*).

¹⁵⁸ *Charalambos v France* App. No.49210/99, Admissibility Decision of 8 February 2000 (determination of tax liability). See also *Hargreaves v Revenue and Customs Commissioners* [2016] EWCA Civ 174; [2016] 1 W.L.R. 2981; *Walapu v Revenue and Customs Commissioners* [2016] EWHC 658 (Admin); [2016] S.T.C. 1682. See also *R. (on the application of Rowe) v Revenue and Customs Commissioners* [2017] EWCA Civ 2105 (tax outside the scope of art.6 at [151]); *R. (on the application of Cartref Care Home Ltd) v Revenue and Customs Commissioners* [2019] EWHC 3382 (Admin); [2020] S.T.C. 516 at [231]–[232].

¹⁵⁹ *ITC Ltd v Malta* (2008) 46 E.H.R.R. SE13 at [41].

¹⁶⁰ *Massa v Italy* (1994) 18 E.H.R.R. 266 at [26].

¹⁶¹ See, e.g. *De Santa v Italy* App. No.25574/94; *Lapalorcia v Italy* App. No.25586/94; *Abenavoli v Italy* App. No.25587/94 (2 September 1997); *Neigel v France* (2000) 30 E.H.R.R. 310.

¹⁶² *Vilho Eskelinen v Finland* (2007) 45 E.H.R.R. 43 at [62]; *Pellegrin v France* (2001) 31 E.H.R.R. 26 at [66]. For a comparative perspective on this question, see *Dunsmuir v New Brunswick (Board of Management)* 2008 S.C.C. 9; [2008] 1 S.C.R. 190; *Société de l'assurance automobile du Québec v Cyr* [2008] S.C.C. 13; see also *Klausecker v Germany* (2015) 60 E.H.R.R. SE9; *Boyraz v Turkey* (2015) 60 E.H.R.R. 30.

¹⁶³ Sedley LJ reached an obiter view that it was not engaged in *R. (on the application of Maftah) v Secretary of State for Foreign and Commonwealth Affairs* [2011] EWCA Civ 350; [2012] Q.B. 477 (also rejecting (at [25]) an argument that there was an overriding class of exempted acts representing the exercise of the state's sovereign power). See also: *R. (on the application of Bhutta) v HM Treasury* [2011] EWHC 1789 (Admin); [2011] A.C.D. 106. However, in *Bank Mellat v HM Treasury* [2010] EWCA Civ 483; [2012] Q.B. 91, the Court of Appeal upheld the conclusion of Mitting J that art.6 applied in the context of financial restrictions (overturned though not on this ground in *Bank Mellat* [2013] UKSC 39; [2014] A.C. 700). Lord Kerr proceeded on the assumption (at [129]) that art.6 applies, albeit that this was not decided; see also *Mastafa v HM Treasury* [2012] EWHC 3578 (Admin) (Collins J concluding at [15] that it was "inevitable" that art.6 applied).

¹⁶⁴ *Mastafa* [2012] EWHC 3578 (Admin) at [4] (Collins J observing that a designation produces "serious constraints on the person's ability to live his life as he would normally expect and so interferes with his human rights"); see also *Bank Mellat* [2013] UKSC 39; [2014] A.C. 700 at [157] per Lord Hope (dissenting) ("it is not disputed that the Bank's right to carry on its business was a civil right and that the effect of the direction was to greatly impede the exercise of that right").

¹⁶⁵ *Ali v Birmingham CC* [2010] UKSC 8; [2010] 2 A.C. 39 (duty to secure that accommodation was available for occupation by a homeless applicant did not engage art.6(1)). In this case, Lord Collins criticised (at [60]) the Strasbourg court's "apparent reluctance to enunciate principles which will enable a line to be drawn between those rights in public law which are to be regarded as 'civil rights' and those which are not to be so regarded". When the case was considered by the ECtHR in *Ali v United Kingdom* (2016) 63 E.H.R.R. 20, it was held that art.6 was engaged. However, in *Poshteh v Kensington and Chelsea RLBC* [2017] UKSC 36; [2017] 2 W.L.R. 1417, the Supreme Court followed its own ruling in *Ali*, noting that the Strasbourg court had not engaged sufficiently with the reasoning of the Supreme Court in *Ali*.

Replace para.7-036 with:

7-036 In determining whether the proceedings are determinative of a criminal charge, it is necessary to consider: the classification of the proceedings in domestic law; the nature of the offence itself; and the severity of the penalty which may be imposed.¹⁶⁶ If the proceedings are categorised as "criminal" in domestic law, this will be decisive. If, however, the proceedings are categorised as "civil", the ECtHR will conduct an independent examination of the nature of the proceedings. The severity of the penalty will often be decisive¹⁶⁷ and in particular, if there is a power to impose imprisonment, this will generally suffice to categorise the proceedings as "criminal", unless the "nature, duration or manner of execution of the imprisonment" is not "appreciably detrimental".¹⁶⁸ Certain prison disciplinary proceedings may engage art.6, if they are sufficiently serious.¹⁶⁹ Even in cases where the penalty is in the nature of a fine rather than imprisonment,¹⁷⁰ if a punitive and deterrent penalty is attached, it is likely that the proceedings will be regarded as criminal in character, rather than disciplinary. However, where the offence is limited to a restricted group, as is generally the case in relation to disciplinary offences, a court would be unlikely to characterise the charge under the applicable disciplinary or regulatory code as criminal, at least unless it involves or may lead to loss of liberty.¹⁷¹

[166] *Engel v Netherlands* (1976) 1 E.H.R.R. 647 at [82]. See also *Jones v Birmingham City Council* [2018] EWCA Civ 1189 at [33]-[38] (proceedings for gang related injunctions under the Policing and Crime Act 2009 s.34 and the Anti-social Behaviour, Crime and Policing Act 2014 s.1 were not proceedings in respect of a criminal charge).

[167] *Brown v UK* (1998) 28 E.H.R.R. CD 233. See also *British-American Tobacco (Holdings) Ltd v Revenue and Customs Commissioners* [2017] UKFTT 167 (TC); [2017] S.F.T.D. 550 at [479]-[485].

[168] *Engel* (1976) 1 E.H.R.R. 647 at [82]; *R. (on the application of Napier) v Secretary of State for the Home Department* [2004] EWHC 936; [2004] 1 W.L.R. 3056 (the decision to impose additional days on a prisoner was "criminal" for the purposes of art.6); *R. v H* [2003] UKHL 1; [2003] 1 W.L.R. 41 (jury procedure for dealing with a defendant unfit to stand trial was not the determination of a criminal charge because it could not culminate in a penal sanction); *West* [2005] UKHL 1; [2005] 1 W.L.R. 350 (the decision to recall a determinate sentence prisoner, released on licence, not the determination of a criminal charge so as to render an oral hearing for that reason necessary); *R. (on the application of Manjit Singh Sunder) v Secretary of State for the Home Department* [2001] EWHC Admin 252 at [22] (reclassification of a prisoner did not engage art.6, there being no determination of a criminal charge); *Galstyan v Armenia*, App.No.26986/03 (15 November 2007) at [56]-[60]; *Secretary of State for the Home Department v MB* [2007] UKHL 46; [2008] 1 A.C. 440 (control orders civil and not criminal); *Pomiechowski* [2012] UKSC 20; [2012] 1 W.L.R. 1604 (extradition does not involve a criminal charge but determination of a civil right to remain in the United Kingdom).

[169] *Campbell and Fell v UK* (1984) 7 E.H.R.R. 165; *Ezeh and Connors v UK* (2002) 35 E.H.R.R. 691.

[170] *Han (t/a Murdishaw Supper Bar) v Customs and Excise Commissioners* [2001] EWCA Civ 1048; [2001] 1 W.L.R. 2253 at [66].

[171] *Han* [2001] EWCA Civ 1048; [2001] 1 W.L.R. 2253; see also *Flaxmode Ltd v Revenue and Customs Commissioners* [2010] UKFTT 28 at [39] (daily penalty pursuant to tax legislation was not a criminal charge). In *General Transport SpA v Revenue and Customs Commissioners* [2019] UKUT 4 (TCC), it was held at [95] that art. 6 could not impose a requirement that in order to impose a penalty the defendants had to establish that the company had knowledge of the offence. The court stated that while the penalty imposed was a "criminal charge," it was merely a regulatory penalty which was not dependent on a finding of fault. The court also concluded at [105] that imposing the burden of proving "reasonable excuse" for the non-payment on the taxpayer was not incompatible with art. 6.

FAIR PROCEDURES UNDER ECHR ART.2: THRESHOLD ISSUES

Replace para.7-037 with:

7-037 The obligation to protect the right to life under art.2, in conjunction with the State's general duty under art.1 to "secure to everyone within [its] jurisdiction the rights and freedoms defined in [the] Convention" also requires by implication that there should be some form of effective official investigation when individuals have been killed as a result of the use of force, either by State officials or private individuals.[172] This includes where there has been a breach of the right to life through the use of lethal force,[173] but also arises in a range of other circumstances.[174] For example, it has been held that the art.2 obligation to conduct an investigation can be triggered in the context of a near-suicide of a prisoner. This is because prisoners as a class present a particular risk of suicide, and art.2 requires prison authorities to put in place systemic precautions to prevent suicide and to take operational measures when they know or ought to know of a real and immediate risk that a prisoner might commit suicide.[175] Likewise, where the death of a mental health patient who had been detained by the state raised issues as to whether the medical authorities had failed in their obligation to take general measures to save her from dying.[176] The art.2 duty will not just arise where individuals are in the custody of the state. It applies to the death of patients in the care of the medical profession, whether in the public or the private sector.[177] It also extends to those under the authority or control of the state and its agents, as well as those affected a state's agents when exercising authority and control on the state's behalf.[178] Article 2 does not, apply in cases of deaths involving professional negligence, where the state has made provision for securing high professional standards among health professionals.[178a] Article 2 also does not apply to questions about the legality of resort to war.[179] While it had previously been held that art.2 did not apply to the investigation of any death occurring before the entry into force of the HRA,[180] it is now the case that the procedural obligation under art.2 is independent and may arise at the time of the investigation, irrespective of whether any substantive obligation under art.2 applied to the death.[181] However, this obligation arises in relation to the applicable standards for an ongoing investigation, rather than to the question of whether there is an obligation to commence an investigation into an historic death.[182] For the obligation to be engaged, there must exist a genuine connection between the death and the entry into force of the Convention in respect of the respondent state for the procedural obligations; a significant proportion of the procedural steps required by this provision—which include not only an effective investigation into the death of the person concerned but also the institution of appropriate proceedings for the purpose of determining the cause of the death and holding those responsible to account—will have been or ought to have been carried out after the date of entry into force.[183] The decision as to whether there is a genuine connection involves a multi-factorial exercise, and the weight to be attached to each factor will vary according to the circumstances of the case.[183a] The Strasbourg Court has not excluded the possibility that in certain circumstances the connection could also be based on the need to ensure that the guarantees and the underlying values of the Convention are protected in a real and effective manner.[184]

[172] *Huseynova v Azerbaijan*, App. No. 10653/10 13 April 2017, at [105].

[173] *McCann v UK* (1995) 21 E.H.R.R. 97; *R. (on the application of Middleton) v West Somerset Coroner* [2004] UKHL 10; [2004] 2 A.C. 182 at [3]; *R. (on the application of A) v Lord Saville of Newdigate* [2001] EWCA Civ 2048; [2002] 1 W.L.R. 1249 at [10]–[11]; *R. (on the application of Green) v Police Complaints Authority* [2004] UKHL 6; [2004] 1 W.L.R. 725 at [11].

[174] *Rabone v Pennine Care Trust* [2012] UKSC 2; [2012] 2 A.C. 72 at [15]–[16] (giving the examples of prisoners, immigrants in administrative detention, psychiatric patients detained in public hospitals and military conscripts and referring to a threefold factors of assumed responsibility, vulnerability and risk). Note the discussion of *Rabone* in *R. (on the application of Lee) v HM Assistant Coroner for the City of Sunderland* [2019] EWHC 3227 (Admin), in which a coroner was required to consider not only control, but also vulnerability and risk in the context of a mentally ill patient under the care of a hospital trust via a community care regime to assess whether art.2 was engaged). See also *Öneryildiz v Turkey* (2005) 41 E.H.R.R. 325 (endorsed recently in *Sinim v Turkey* App. No. 9441/10, 6 June 2017).

[175] *R. (on the application of L (A Patient)) v Secretary of State for Justice (Equality and Human Rights Commission intervening)* [2008] UKHL 68; [2009] 1 A.C. 588 at [39], [57]. Contrast *R. (on the application of P) v Secretary of State for Justice* [2009] EWCA Civ 701; [2010] Q.B. 317 at [40]–[42].

[176] *R. (on the application of Allen) v HM Coroner for Inner North London* [2009] EWCA Civ 623; [2009] LS Law Medical 430. However, where a person detained had committed suicide while in hospital, the State was not required, in fulfilling its procedural obligation under art.2, to perform an immediate and independent investigation into the circumstances of the death prior to an inquest: *R. (on the application of Antoniu) v Central and North West London NHS Foundation Trust* [2013] EWHC 3055; [2014] A.C.D. 44. See also *R. (on the application of Maguire) v HM Senior Coroner for Blackpool and Fylde* [2020] EWCA Civ 738 at [97] and [105] (art.2 was not engaged in the case of the death of a woman who had Down's syndrome and learning disabilities and had been living in a care home pursuant to a standard authorization granted under the Mental Capacity Act 2005; it is not the case that for all purposes an operational duty is owed to those in a vulnerable position in care homes while the circumstances were not such as to give rise to a breach of the operational duty under art.2 in a medical case).

[177] *Iwanowicz v Poland* (2017) 64 E.H.R.R. SE2 at [53]. See also: *Lopes de Sousa Fernandez v Portugal* (2018) 66 E.H.R.R. 28.

[178] *R. (on the application of Al Skeini) v United Kingdom* (2011) 53 E.H.R.R. 18; *Smith v Ministry of Defence* [2013] UKSC 41; [2014] A.C. 52. In this case, the Supreme Court took the step of departing from its earlier decision in *R. (on the application of Smith) v Oxfordshire Assistant Deputy Coroner (Equality and Human Rights)* [2010] UKSC 29; [2011] 1 A.C. 1. In the earlier case, it had been held that unless they were on a UK military base, British troops on active service overseas were not within the jurisdiction of the United Kingdom. However, in light of the ruling in *Al-Skeini*, the State could be held to exercise jurisdiction extraterritorially wherever the State through its agents exercised control and authority over an individual. See also G. Junor, "A Soldier's (Human) Rights when Fighting Abroad: The Supreme Court Decides" [2013] 37 S.L.T. 251. The jurisdiction test in *Al-Skeini* has also been applied in *Jaloud v Netherlands* (2015) 60 E.H.R.R. 29 (see [154]); see also *R. (on the application of Al Saadoon) v Secretary of State for Defence* [2016] EWCA Civ 811; [2017] 2 W.L.R. 219.

[178a] *R. (on the application of Maguire) v HM Senior Coroner for Blackpool and Fylde* [2019] EWHC

1232 (Admin). The court stated at [49] that "[o]n the evidence before the Coroner, it was open to him to conclude that this was a medical case and that a jury could not safely find that Jackie died as a result of any actions or omissions for which the state would be responsible." See also *R. (on the application of Iroko) v HM Senior Coroner for Inner London South* [2020] EWHC 1753 (Admin) at [28]–[29].

[179] *R. (on the application of Gentle) v Prime Minister* [2008] UKHL 20; [2008] 1 A.C. 1356 at [8]–[9], [22], [58], [70] (refusing review of the Government's decision to hold an independent inquiry into the circumstances leading to the invasion of Iraq). See also *Ministry of Defence* [2013] UKSC 41; [2014] A.C. 52 at [65], [75]–[76], [81] in which the Supreme Court held that the extent to which the application of the substantive obligation under art.2 could be held impossible or inappropriate would vary according to context and that procurement decisions, although remote from the battlefield, would not always be appropriate for review. The court had to avoid imposing unrealistic positive obligations on the state regarding the planning and conduct of military operations, but it had to give effect to obligations where it was reasonable to expect the protection of ECHR art.2.

[180] *Re McKerr's Application for Judicial Review* [2004] 1 W.L.R. 807; *Keyu v Secretary of State for Foreign and Commonwealth Affairs* [2015] UKSC 69; [2015] 3 W.L.R. 1665 (declining to decide whether *Re McKerr* remains good law in circumstances in which the Supreme Court had not reached a clear and unanimous view).

[181] *Re McCaughey's Application for Judicial Review* [2011] UKSC 20; [2012] 1 A.C. 725; *McCaughey v United Kingdom* (2014) 58 E.H.R.R. 13; *Šilih v Slovenia* (2009) 49 E.H.R.R. 37 at [159]–[163]; *Janowiec v Russia* (2014) 58 E.H.R.R. 30 at [132]–[133], [145]–[148]. See also *Keyu* [2015] UKSC 69; [2015] 3 W.L.R. 1665; *Varnava v Turkey* (2010) 50 E.H.R.R. 21.

[182] *Keyu* [2015] UKSC 69; [2015] 3 W.L.R. 1665.

[183] See, e.g., *Re Finucane's Application for Judicial Review* [2019] UKSC 7; [2019] H.R.L.R. 7, where these criteria were satisfied. See also *Re McQuillans' Application for Judicial Review* [2019] NICA 13; *McGuigan's Application for Judicial Review* [2019] NICA 46; *Re Dalton's Application for Judicial Review* [2020] NICA 26.

[183a] *Re Finucane's Application for Judicial Review* [2019] UKSC 7; [2019] H.R.L.R. 7 at [108].

[184] *Šilih* (2009) 49 E.H.R.R. 996 at [163]; *Janowiec* (2014) 58 E.H.R.R. 30 at [132]–[133]. In *Re McCaughey's Application* [2011] UKSC 20; [2012] 1 A.C. 725, it was significant that an inquest was to be held in to the deaths at issue, which meant that art.2 was engaged. The criteria were held not to have been satisfied in *Keyu* [2015] UKSC 69; [2015] 3 W.L.R. 1665 in respect of the deaths of 24 unarmed civilians killed by British soldiers in colonial Malaya in 1948. Baroness Hale dissented on the issue of identifying the "critical date" for the operation of the requirement for a genuine connection between the death and the entry into force of the Convention, with the majority regarding the relevant date as being the date of recognition of the right of individual petition to the Strasbourg court (for the United Kingdom, 1966), and Baroness Hale regarding the date as being the date of entry into force of the Convention (for the United Kingdom, 1953). See also *Re Barnard's Judicial Review Application* [2019] NICA 38 (no genuine connection found).

CONTENT OF PROCEDURAL FAIRNESS: OVERVIEW

A flexible and evolving concept

Replace para.7-040 with:

7-040 The content of procedural fairness is infinitely flexible.[193] It is not possible to lay down rigid rules and everything depends on the subject-matter.[194] The requirements necessary to achieve fairness range from mere consultation at the lower end, upwards through an entitlement to make written representations, to make oral representations, to a fully-fledged hearing with most of the characteristics of a judicial trial at the other extreme. What is required in any particular case is incapable of definition in abstract terms. As Lord Bridge has put it:

"the so-called rules of natural justice are not engraved on tablets of stone. To use the phrase which better expresses the underlying concept, what the requirements of fairness demand when any body, domestic, administrative or judicial, has to make a decision which will affect the rights of individuals depends on the character of the decision-making body, the kind of decision it has to make and the statutory or other framework in which it operates."[195]

Procedural fairness is also a "constantly evolving concept".[196] However, although the extent of fair procedures required is context-based, it appears that there is a core minimum of process rights required, involving notice and some form of hearing.[197]

[193] *Pergamon* [1971] Ch. 388 at 403 (Sachs LJ noting the need for "real flexibility"); *Russell v Duke of Norfolk* [1949] 1 All E.R. 109 at 1188 (Tucker LJ noting "There are, in my view, no words which are of universal application to every kind of inquiry and every kind of domestic tribunal. The requirements of natural justice must depend on the circumstances of the case, the nature of the inquiry, the rules under which the tribunal is acting, the subject-matter under consideration and so on"). *Hopkins Developments* [2014] EWCA Civ 470 (Jackson LJ noting at [85] that "[f]airness is thus a flexible concept"); *R. (on the application of Rowe) v Revenue and Customs Commissioners* [2017] EWCA Civ 2105 at [106] ("The precise content of the duty to act fairly will depend on the circumstances of the case."). However, caution was expressed in respect of an emphasis on procedural fairness being "flexible" in *L* [2014] EWCA Civ 47; (2014) 158(6) S.J.L.B. 37 at [68]–[69]. Beatson LJ was concerned that the emphasis could lead to an inappropriate drawing together of the concepts of procedural and substantive fairness and undue uncertainty. For comparative perspectives, see para.6-056.

[194] *Benaim and Khaida* [1970] 2 Q.B. 417 at 439 (Lord Denning MR); *Sheridan v Stanley Cole (Wainfleet) Ltd* [2003] EWCA Civ 1046; [2003] 4 All E.R. 1181 at [33] (Ward LJ noting that "[e]verything depends on the subject matter and the facts and circumstances of each case"); *R. (on the application of Hoffmann) v Commissioner of Inquiry* [2012] UKPC 17 at [38] ("the requirements of fairness must be tailored in a manner that has regard to all the circumstances"); *Manning* [2011] UKPC 20 at [39] ("the requirements of fairness in any given case depend crucially upon the particular circumstances"); *R. (on the application of Shoesmith) v Ofsted* [2011] EWCA Civ 642; [2011] P.T.S.R. 1459 at [52] ("the requirement of procedural fairness varies according to the context"); *Principal Reporter v K* [2010] UKSC 56; [2011] 1 W.L.R. 18 at [17]; *R. (on the application of Citizens UK) v Secretary of State for the Home Department* [2018] EWCA Civ 1812; [2018] 4 W.L.R. 123 at [69] (citing the comment of Lord Mustill in *R. v Secretary of State for the Home Department, Ex p Doody* [1994] 1 A.C. 531, 560 ("[t]he principles of fairness are not to be applied by rote identically in every situation. What fairness demands is dependent on the context of the decision, and this is to be taken into account in all its aspects").

[195] *Lloyd* [1987] A.C. 625 at 702; *Doody* [1994] 1 A.C. 531 at 560 (Lord Mustill noting that what fairness requires is "essentially an intuitive judgment"); *R. (on the application of X) v Secretary of State for the Home Department, Governor of HMP Drake Hall, Governor of HMP East Sutton Park* [2005] EWHC 1616 at [31]. But for the dangers of excessive informality, see *Dyason v Secretary of State for the Environment, Transport and the Regions* (1998) 75 P. & C.R. 506. See also *Brockwell's Application for Judicial Review* [2017] NIQB 53 at [79] (the concept of procedural fairness must "have some irreducible minimum if it is to be meaningful").

[196] *R. v H* [2004] UKHL 3; [2004] 2 A.C. 134 at [11] (Lord Bingham).

[197] P. Craig, *Administrative Law*, 8th edn (2016), para.12-025, citing *Kanda v Government of Malaya* [1962] A.C. 322 at 337 (Lord Denning observing, if "the right to be heard is to be a real right which is worth anything, it must carry with it a right in the accused man to know the case which is made against him"); *R. (on the application of Anufrijeva) v Secretary of State for the Home Department* [2003] UKHL 36; [2004] 1 A.C. 604; *Hopkins Developments* [2014] EWCA Civ 470 at [85]; but see *Secretary of State for the Home Department v F* [2009] UKHL 28; [2010] 2 A.C. 269; see also *Bank Mellat* [2013] UKSC 39; [2014] A.C. 700. See, e.g., *Re S-W (Children) (Care Proceedings: Summary Disposal at Case Management Hearing)* [2015] EWCA Civ 27; [2015] 2 F.L.R. 136 (while family law reforms were intended to resolve children's cases without delay, this was not at the expense of fairness and the right to a fair trial; interim care orders ought not therefore normally be made final at case management hearings); see *Aldemir v Cornwall Council* [2019] EWHC 2407 (Admin) at [23] (noting that "there are no particular hard and fast rules; but the principles of natural justice must be observed" and concluding that there had be a lack of prior notice that a non-party costs application would be made); *Begum v Special Immigration Appeals Commission* [2020] EWCA Civ 918 at [121] (a British citizen who has aligned herself with ISIL forces in Syria and sought to appeal against an order depriving her of her British citizenship was granted leave to enter the UK to pursue her appeal, notwithstanding serious national security concerns: this was "the only way in which [the claimant] can have a fair and effective appeal" and "fairness and justice must, on the facts of this case, outweigh the national security concerns").

PRIOR NOTICE OF THE DECISION

The importance of prior notice

After para.7-046, add new para.7-046A:

7-046A   It has also been held that there is a general principle that, where a public authority exercising an administrative power to grant or refuse an application proposes to make a decision that the applicant for some right, benefit or status may have been dishonest in their application or has otherwise acted in bad faith (or disreputably) in relation to the application, common law fairness will generally requires at least the following safeguards to be observed. Either the applicant is given a chance in a form of interview to address the claimed wrongdoing, or a form of written "minded to" process should be followed which allows representations on the specific matter to be made prior to a final decision.[215a]

[215a] *R. (on the application of Karagul) v Secretary of State for the Home Department* [2019] EWHC 3208 (Admin) at [103] relying on *R. (on the application of Balajigari) v Secretary of State for the Home Department* [2019] EWCA Civ 673; [2019] 1 W.L.R. 4647).

Replace n.117 with:

[117] *Annamunthodo v Oilfield Workers' Trade Union* [1961] A.C. 945; *Fairmount Investments* [1976] 1 W.L.R. 1255; and *Hadmor Productions v Hamilton* [1983] 1 A.C. 191 at 233B-C; *Shoesmith* [2011] EWCA Civ 642; [2011] P.T.S.R. 1459 at [61]–[62]; *R. (on the application of L) v Commissioner of Police of the Metropolis* [2009] UKSC 3; [2010] 1 A.C. 410 at [46] (if there were any doubt as to whether sensitive information contained in central records ought to be disclosed in an enhanced criminal record certificate, the chief officer of police should, before disclosing it, give the person concerned the opportunity of making representations as to why the information should not be disclosed). cf. *United States Tobacco International Inc* [1992] Q.B. 353 at 370F-G; *Chief Constable of North Wales Police v Evans* [1982] 1 W.L.R. 1155. In *Balajigari v Secretary of State for the Home Department* [2019] EWCA Civ 673; [2019] 1 W.L.R. 4647, it was held that where the Secretary of State was minded to refuse indefinite leave on the basis of dishonesty, he was required to provide an indication of that suspicion to the applicant to give him an opportunity to respond. Underhill LJ stated at [159] "[s]pecifically, we do not believe that it was fair that Mr Kawos should have been expected to give detailed and definitive answers to an accusation of dishonesty without any prior notice. The contrary view seems to us to depend on the assumption that he must have known what the Secretary of State had in mind and should therefore have come prepared to face an interview in which he would have to give a detailed explanation of the original error in order to rebut an allegation of dishonesty; but if he was in fact innocent – which is the very question which the Secretary of State had to decide – why should he have anticipated any such thing?"

7-047

The degree of notice required

Replace n.219 with:

[219] For example, under the Town and Country Planning Act 1990 s.65, and art.13 of the Town and Country Planning (Development Management Procedure) Order 2010 (SI 2015/595), a local planning authority shall not entertain an application for planning permission unless the applicant has certified that he is the sole owner of all the land to which the application relates, or has notified the owner of the land or any tenant of the land. Where, however, the applicant has been unable to identify the owner or tenant, he must show that he has taken reasonable steps to do so and has advertised the notice locally. It may still be wrong to proceed if it is known that notice has not in fact been received, at least where the statute makes the time at which notice is received important: *R. v London County QS Appeals Committee Ex p. Rossi* [1956] 1 Q.B. 682. cf. *R. v Devon and Cornwall Rent Tribunal Ex p. West* (1975) 29 P. & C.R. 316; *Willowgreen Ltd v Smithers* [1994] 1 W.L.R. 832. Contrast *Gidden v Chief Constable of Humberside* [2009] EWHC 2924 (Admin); [2010] 2 All E.R. 75. For an unusual case on notice, see *Kamara v London Borough of Southwark* [2018] EWCA Civ 1616 at [24]–[27]. Here, each appellant had challenged their local authority's decision and a review of the decision was held under the Housing Act 1996 s.202. The reviewing officer had sent a "*minded-to*" letter indicating that they intended to make a decision contrary to the appellant's interests. The letter stated that the appellant could make oral or written representations, or both oral and written representations. It was not necessary to specify that a face-to-face meeting was available. There was also a danger that if the reviewer were to be required to set out the various ways in which oral representations could be made, that would create the obvious danger that the list could be criticised as incomplete. See also *R. (on the application of Islam) v Secretary of State for the Home Department* [2017] EWHC 3614 (Admin) at [15] (a prior warning letter before a decision was not necessarily required, and, in principle, fairness could be secured overall where a decision was reconsidered following representations by the affected individual; the critical question was whether the process was fair overall).

7-048

Replace n.232 with:

[232] *R. v Cheshire CC Ex p. C* [1998] E.L.R. 66 at 73 (Sedley J); see para.7-066. See also *R. (on the application of Cameroon) v Asylum and Immigration Tribunal* [2008] EWCA Civ 100; [2008] 1 W.L.R. 2062 at [10]; *Powell v Secretary of State for Environment, Food and Rural Affairs* [2009] EWHC 643 (Admin); [2009] J.P.L. 1513 at [31]; *H* [2008] EWHC 2590 (Admin); [2009] Prison L.R. 205 at [20]. See also *Lindsay v Solicitors Regulation Authority* [2018] EWHC 1275 (Admin) (having considered the circumstances, no error in refusing to stay or adjourn disciplinary proceedings on grounds of ill-health).

7-049

CONSULTATION AND WRITTEN REPRESENTATIONS

Replace para.7-054 with:

7-054 In some situations, it is sufficient if written representations are considered.[252] Where a duty of "consultation" is placed upon the decision-maker, this is almost always interpreted by the courts to require merely an opportunity to make written representations, or comments upon announced proposals. However, where the words "hearing" or "opportunity to be heard" are used in legislation, they usually[253] require a hearing[254] at which oral submissions and evidence can be tendered. However, it is clear that not very decision will give rise to an obligation to consult.[254a]

[252] See, e.g. *Naraynsingh v Commissioner of Police* [2004] UKPC 20; (2004) 148 S.J.L.B. 510 (no obligation to hold an oral hearing in relation to revocation of a firearms certificate although on the facts, a more extensive written procedure should have taken place); *R. (on the application of Jemchi) v Visitor of Brunel University* [2003] E.L.R. 125 (not unfair for University Visitor to proceed without an oral hearing). For an example of an oral hearing being required, see *Mehmet* [1977] 1 W.L.R. 795; *Foster* [2015] EWCA Civ 281 (no oral hearing required in the context of a home detention curfew decision).

[253] cf. *R. v Housing Appeal Tribunal* [1920] 3 K.B. 334; and *Lloyd* [1987] A.C. 625; *R. v Army Board of the Defence Council Ex p. Anderson* [1992] Q.B. 169; cf. *R. v Hull Prison Board of Visitors Ex p. St Germain (No.2)* [1979] 1 W.L.R. 1401.

[254] Not merely an informal meeting: *Ealing BC v Minister of Housing and Local Government* [1952] Ch. 856.

[254a] In *R. (on the application of AD) v Hackney LBC* [2019] EWHC 943, it was held that in adopting policies for determining the resources to be allocated to special educational needs provision and for formatting education, health and care plans, a local authority had met its statutory obligations. There was no duty to consult families before applying a 5% reduction in resource levels which could be absorbed without affecting the provision of services to individuals. In particular, there was no common law duty on the local authority to consult families before taking its decisions; the claimants had no legitimate expectation of consultation, and there had been no promise or practice for consulting parents before determining the resource levels. Similarly, it was held in *R. (on the application of Harvey) v Leighton Linslade Town Council* [2019] EWHC 760 (Admin) (at [42]) that it was for a local authority to make decisions in the exercise of its public function and only in an exceptional case would a procedural expectation arise that the process would follow any particular form; *R. (on the application of AD) v Hackney LBC* [2020] EWCA Civ 518 at [46] (s.27(3) of the Children and Families Act 2014 is in the nature of a strategic obligation and local authorities should be best placed to decide for themselves what the elements of a review should be, subject to review on Wednesbury standards).

Standards of consultation

Replace para.7-055 with:

7-055 When a duty to entertain written representations is imposed by statute, by way of a duty to consult, what is required of the decision-maker in each case to comply with the duty will depend upon the statutory context.[255] It has been observed that for a non-statutory consultation process, the question of whether there has been a breach of procedural fairness is fact and context sensitive, with the test being whether the process has been so unfair as to be unlawful.[256] Indeed, whether the duty to consult has been satisfied depends in all cases on an intensely case-sensitive analysis.[257] Overall, the consultation has to be fair, but it does not have to be perfect, since with the benefit of hindsight, it will no doubt often be possible to show that a consultation could have been carried out rather better.[258] But the fundamental requirements of the duty of consultation have been summarised by Lord Woolf:

> "To be proper, consultation must be undertaken at a time when proposals are still at a formative stage; it must include sufficient reasons for particular proposals to allow those consulted to give intelligent consideration and an intelligent response; adequate time must be given for this purpose; and the product of consultation must be conscientiously taken into account when the ultimate decision is taken."[259]

The requirements were recently restated as follows: (a) irrespective of how the duty

CONSULTATION AND WRITTEN REPRESENTATIONS 109

arose, the manner in which the consultation should be conducted was informed by the common law duty of procedural fairness; (b) the consulting body must put consultees in a position to properly consider, and to respond to, the consultation request and to make an intelligent response; (c) the content of the duty was fact and context-specific; (d) a consultation might be unlawful if it failed to achieve the purpose for which the duty to consult was imposed; (e) a court will not lightly find that a consultation process is unfair, and unless there is a specification as to the matters that are to be consulted upon, it is for the public body charged with performing the consultation to determine how it will be carried out; for a consultation to be found to be unlawful, "clear unfairness must be shown"; and (f) the product of the consultation must be consciously taken into account before finalising any decision.[259a]

[255] See, e.g. *Moseley* [2014] UKSC 56; [2014] 1 W.L.R. 3947 per Lord Reed JSC. For a comprehensive analysis of the duty to consult, both of when it arises and of what it entails, see: *Plantagenet Alliance* [2014] EWHC 1662 (Admin) at [84]-[86] and [98] (noting in particular that a duty to consult will arise in four circumstances: where there is a statutory duty; where there has been a promise to consult; where there has been an established practice of consultation; and where a failure to consult would lead to conspicuous unfairness). See also *R. (on the application of Forest Heath DC) v Electoral Commission* [2009] EWCA Civ 1296; [2010] P.T.S.R. 1205 at [31]-[36] (a requirement to have "dialogue" with local authorities with a view to formulating proposals did not require the committee to consult the local authorities at the pre-publication formulation stage). See also *R. (on the application of Langton) v Secretary of State for Environment, Food and Rural Affairs* [2018] EWHC 2190 (Admin) at [105] ("a consultation has to be considered in its statutory context, since statutory duties to consult vary depending on the provision in question, the particular context, and the purpose for which the consultation is carried out""); see also *R. (on the application of Langton) v Secretary of State for Environment, Food and Rural Affairs* [2019] EWCA Civ 1562; [2019] 4 W.L.R. 151;; *Peters v London Borough of Haringey v Lendlease Europe Holdings Ltd* [2018] EWHC 192 (Admin) at [171]–[183].

[256] *R. (on the application of West Berkshire DC) v Secretary of State for Communities and Local Government* [2016] EWCA Civ 441; [2016] P.T.S.R. 982.

[257] *R. (on the application of Steven Sumpter) v Secretary of State for Works and Pensions* [2015] EWCA Civ 1033 at [50] (citing from *London Metal Exchange* [2014] EWCA Civ 1271 at [28]); *Stubbs (on behalf of Green Lanes Environmental Action Movement) v Lake District National Park Authority* [2020] EWHC 2293 (Admin) at [60] ("the type of consultation which might be chosen will always be specific tot eh facts of the particular case in relation to which consultation is being undertaken").

[258] *Sumpter* [2015] EWCA Civ 1033 at [50] (citing from *London Metal Exchange* [2014] EWCA Civ 1271 at [28]).

[259] *Coughlan* [2001] Q.B. 213 at [108]; and *Gunning* (1985) 84 L.G.R. 168 the Supreme Court affirmed these requirements in *Moseley* [2014] UKSC 56; [2014] 1 W.L.R. 3947 at [25]; *Association of Metropolitan Authorities* [1986] 1 W.L.R. 1 at 4 (Webster J noting that consultation requires that "sufficient information must be supplied by the consulting to the consulted party to enable it to tender helpful advice. Sufficient time must be given by the consulting to the consulted party"); *R. v Gwent CC and Secretary of State for Wales Ex p. Bryant* [1988] C.O.D. 19 (consultation arising from legitimate expectation), where Hodgson J considered the requirements of fair consultation, and stressed that the process must take place at a sufficiently early stage in the decision-making process for the exercise to be meaningful. Note, where an authority gives an assurance that it will conduct a lawful consultation, it is "hopeless" to seek judicial review on the basis that the assurance will not be upheld: *R. (on the application of Hide) v Staffordshire CC* [2007] EWCA Civ 860; (2008) 11 C.C.L. Rep. 28 at [8]. See also *LH* [2014] EWCA Civ 404 at [21] (the obligation to consult "requires that there be a proposal, that the consultation takes place before a decision is reached and that responses be conscientiously considered"); *Flatley* [2014] EWHC 2258 (Admin) at [88]; *Rusal* [2014] EWCA Civ 1271; [2015] 1 W.L.R. 1375 at [25]; see also *R. (on the application of Spurrier) v Secretary of State for Transport* [2019] EWHC 1070 (Admin) at [125].

[259a] *R. (on the application of Help Refugees Ltd) v Secretary of State for the Home Department* [2018] EWCA Civ 2098 ; [2018] 4 W.L.R. 168 at [90]. In *Help Refugees*, the Court observed (at [168]) that "a conclusion by the Court that a consultation process has been so unfair as to be unlawful is likely to be based on a factual finding that something has gone 'clearly and radically wrong'". However, it was clarified in *R. (on the application of Bloomsbury Institute Ltd) v Office for Students* [2020] EWCA Civ 1074 at [69] that this is "not an additional hurdle to be jumped: the test remains whether the process was so unfair as to be unlawful").

Replace para.7-056 with:

Essentially, in developing standards of consultation, and applying those standards to particular statutory contexts, the courts are using the general principles of fair-

7-056

ness to ensure that the consulted party is able properly to address the concerns of the decision-maker.[260] What is required is a "fair opportunity for those to whom the consultation was directed adequately to address the question in issue".[260a] While a public body has a wide discretion as to how to frame the consultation document,[260b] the title, description, explanation of and publicity surrounding the consultation must also be such as to let those who have a potential interest in the subject matter know in clear terms what the proposal is.[260c] Although consultation must take place at the formative stage, it does not require consultation on every possible option[261] and while the decision-maker is entitled to narrow the options prior to consultation, provided the proposed course can still be altered as a result of the consultation, there may be a necessity to deal with alternative options where it would be unfair not to do so.[262] The principles in this regard are that: (1) there is no hard and fast rule that a consultation document must refer to discarded alternative options; (2) in considering whether it should so refer, it is necessary to identify the purpose of the particular consultation, which in turn is to be identified from the statutory context of the particular duty; (3) if the purpose of the particular consultation is general public participation in a wide-ranging consultation, then there might be a duty to make some reference to discarded alternatives. This will particularly be the case where general public cannot be expected to be familiar with the issues; (4) if the purpose of the consultation is narrower, and to protect particular persons likely to be affected by the proposal, then there may not be a duty even to refer to discarded alternatives. This is more likely to be the case where the consultees can be expected to be aware of the alternatives; (5) it is relevant to consider whether the failure to refer to discarded alternatives has caused prejudice to consultees, whether those alternatives would have been obvious to consultees and whether it was obvious why the decision-maker had not referred to the alternatives.[262a] Consultation may be phased,[263] but if it is phased, the full package has to be sufficiently identified as part of the final stage of publication, and there has to be adequate time after the publication of the final part of the package for the package to be considered as a whole and for representations to be made.[264] It is clearly necessary to consult sufficiently widely[265]; and to give adequate time to those consulted to respond.[266] Proper consultation requires the "candid disclosure of the reasons for what is proposed"[267] and that consulted parties are aware of the criteria to be adopted and any factors considered to be decisive or of substantial importance.[268] Consultation documents "should be clear as to their purpose".[269] The consultation must also be in respect of proposals, rather than merely a bland generality.[270] There may be cases where consultation on alternatives is required in order to ensure fairness, for example, where there is a legitimate expectation that consultation will include alternatives,[271] but there is no duty to consult on non-viable options.[272] Where the decision-maker has access to important documents which are material to its determination whose contents the public would have a legitimate interest in knowing, these documents should be disclosed as part of the consultation process.[273] However, the mere fact that information is "significant" does not mean that fairness necessarily requires its disclosure, although the degree of significance of the undisclosed material is a "highly material factor".[274] Where there is doubt over whether a document is a consultation paper or merely an issues paper, the court should resolve this by asking whether those consultees who took the document at face value could reasonably foresee that following consideration of their responses, the issue of principle would be decided.[275] While consultation requires that sufficient reasons be given for the particular proposals to enable those consulted to give intelligent consideration and an intelligent response to the proposals, it does not usually require that sufficient information be given about any objections to the proposals to enable those consulted to give intelligent consideration and an intelligent response to the objections.[276] Moreover, in general, there is no duty to re-consult unless there is a "fundamental difference" between the proposals consulted on and those which the consulting party subsequently wishes to adopt,[277] or if, after consultation has concluded, the decision-maker becomes aware of some internal material or a factor of potential significance to the decision to be made.[278] A consultation may be vitiated, however, where errors have been made by either the consulted party or the adviser.[279] Whether or not consultation is a legal requirement, if it is embarked upon it must be carried out properly.[280] Furthermore, where an authority is subject to a limited statutory duty of consultation, but embarks on a process of consultation going beyond that required, it may not then take refuge in the limited scope of its statutory duty.[281] It has also been held that consultees are entitled to expect that a government ministry undertaking a consultation exercise will conduct it openly and transparently, and that any official analysis on the crucial question forming the basis of the proposal will be mentioned in the consultation documents.[281a]

[260] See, e.g. *Medway Council* [2002] EWHC 2516; [2003] J.P.L. 583 at [28] (Maurice Kay J rejecting the submission that fairness had ceased to be an aspect of consultation: "It is an aspect of what is 'proper'; the word used in *Coughlan* [108] ... it is axiomatic that consultation, whether it is a matter of obligation or undertaken voluntarily, requires fairness."); *R (on the application of Edwards) v Environment Agency (No.2)* [2007] Env. L.R. 9 at [90]-[94], [102]-[106] (affirmed [2008] UKHL 22; [2008] 1 W.L.R. 1587); *Greenpeace* [2007] EWHC 311; [2007] N.P.C. 21 at [61] (Sullivan J noting that "the overriding requirement that any consultation must be fair is not in doubt"). See also *Rusal* [2014] EWCA Civ 1271; [2015] 1 W.L.R. 1375 at [26]. In *R. (on the application of L) v Buckinghamshire CC* [2019] EWHC 1817, the decision of a local authority to close 19 of its 35 children's centres was challenged on the basis that it had failed to discharge its obligations to consult under s. 5D of the Childcare Act 2006. This ground of challenge was rejected. Andrews J concluded at [49]: "[i]n my judgment it would have been clear to any reasonable person reading the consultation documents that 2 of the 3 proposals being consulted on would involve the closure of some (or all) children's centres in Buckinghamshire and that the other proposal being consulted on would involve a significant reduction in the services provided by the 35 existing children's centres. It would also have been clear to the consultees how the Council proposed to meet the needs of all families with children under 5 as part of the overall restructuring. The retained children's centres would remain open to everyone with children in that age range; whilst Option C would involve delivering targeted resources to all families, but not through children's centres. Therefore, the requirements of section 5D and the Guidance were met." See also: *Re Lynch's Application for Judicial Review* [2020] NICA 32 at [55] (endorsing this statement).

[260a] *R. (on the application of Keep the Horton General) v Oxfordshire CCG* [2019] EWCA Civ 646 at [66].

[260b] *Anand v Kensington and Chelsea RLBC* [2019] EWHC 2964 (Admin); [2019] 11 WLUK 48 at [96].

[260c] *R. (on the application of British Blind and Shutter Association) v Secretary of State for Housing, Communities and Local Government* [2019] EWHC 3162 (Admin) at [75]–[77]; see also *R. (on the application of British Gas Trading Ltd) v Gas and Electricity Markets Authority* [2019] EWHC 3048 (Admin); [2019] 11 WLUK 152 at [78] ("[c]onsultation, in accordance with basic public law standards, is required to operate so that the decision-maker's thinking is made transparent, in order that formative stage thinking engages informed responses from the body of consultees, leading to conscientious consideration, resulting in a lawful decision").

[261] *The Vale of Glamorgan Council v The Lord Chancellor and Secretary of State for Justice* [2011] EWHC 1532 (Admin) at [24]. See also *R. (on the application of EasyJet Airline Co Ltd) v Civil Aviation Authority* [2009] EWCA Civ 1361; [2010] A.C.D. 19 at [53]-[57]; *Flatley* [2014] EWHC 2258 (Admin) at [88] (there is no need for a "pre-consultation consultation"); but see *Moseley* [2014] UKSC 56; [2014] 1 W.L.R. 3947 at [40]–[41] (the question is generally whether the provision of information on alternative options is required by the statutory duty to consult in the context of the statute concerned, in other words whether such information is necessary in order for the particular consultees to whom that statutory duty is owed to be able to express meaningful views on the proposal, but the duty does not require a detailed discussion of the alternatives or of the reasons for their rejection); *Vale of Glamorgan* distinguished on the basis that such information was not considered necessary there, having regard to the nature and purpose of the particular consultation exercise at issue in that case (Lord Reed JSC); "[s]ometimes, particularly when statute does not limit the subject of the requisite consultation to the preferred option, fairness will require that interested persons be consulted not only upon the preferred option but also upon arguable yet discarded alternative options" (Lord Wilson JSC at [27])). See also *R. (on the application of Rose) v Secretary of State for Justice* [2017] EWHC 1826 (Admin). In *Stephenson v Secretary of State for Housing, Communities and Local Government* [2019] EWHC 519, it was held that the consultation which preceded a change to the National Planning Policy as it concerned shale fracking had been unlawful because the Secretary of State was not carrying out the consultation

at a formative stage, there was no intention to change the policy, and because the Secretary of State had failed to consider scientific evidence relating to the climate change effects of the policy. In particular, the Court stated at [58] "the Defendant had a closed mind as to the content of the policy and was not undertaking the consultation at a formative stage. The Defendant had no intention of changing his mind about the substance of the revised policy. Further, the Defendant did not conscientiously consider the fruits of the consultation exercise in circumstances where he had no interest in examining observations or evidence pertaining to the merits of the policy. This had the effect of excluding from the material presented to the Minister any detail of the observations or evidence which bore upon the merits of the policy. Given my conclusion as to what the reasonable reader would have concluded from the publicly available documentation the consultation exercise which was undertaken was one which involved breaches of common law requirements in respect of consultation and which was therefore unfair and unlawful." Consultation lawful even though it had not included a specific hybrid option, given that the consultation had contained open questions and consultees had not been prevented from making an intelligent and informed response: *R. (on the application of AA) v Rotherham MBC* [2019] EWHC 3529 (Admin) at [105].

[262] *Rusal* [2014] EWCA Civ 1271; [2015] 1 W.L.R. 1375 (a public body is not required to consult on proposals which it had discarded unless there were very specific reasons for doing so); but see now *Moseley* [2014] UKSC 56; [2014] 1 W.L.R. 3947 at [29] and [39] (consultation inevitably involves inviting and considering views about possible alternatives; those consulted were the most economically disadvantaged residents in the borough to whom real hardship would in all likelihood be caused by the proposed scheme and fairness demanded brief reference in the consultation document to other ways of absorbing the shortfall and the reasons why (Lord Wilson JSC); outline of reasonable alternatives required (Lord Reed JSC)). See also *Medway Council* [2002] EWHC 2516 (Admin); [2003] J.P.L. 583 (irrational to exclude Gatwick from consultation exercise over future development of air transport in south-east England); *Greenpeace* [2007] EWHC 311 (Admin); [2007] Env. L.R. 29 (necessary to consult on new nuclear build where the Government had created a legitimate expectation that it would not consider this option). In *R. (on the application of Holborn Studios Ltd) v Hackney LBC* [2017] EWHC 2823 (Admin) at [125], the Court concluded that the procedure followed in relation to amendments to a development plan deprived the claimants and others of a fair opportunity to make such representations as they might have wanted to make about them, and that this materially prejudiced the claimants.

[262a] *Electronic Collar Manufacturers Association v Secretary of State for Environment, Food and Rural Affairs* [2019] EWHC 2813 (Admin) at [149]. See also: *R. (on the application of Nettleship) v NHS South Tyneside Clinical Commissioning Group* [2020] EWCA Civ 46; [2020] 1 P.T.S.R. 928 at [56] and [61]; *R. (on the application of A) v South Kent Coastal Clinical Commissioning Group* [2020] EWHC 372 (Admin) at [123].

[263] *R. (on the application of Parents for Legal Action Ltd) v Northumberland CC* [2006] EWHC 1081 (Admin); [2006] B.L.G.R. 646. In *PL v Boundary Commission for Northern Ireland* [2019] NIQB 74, it was held that the decision-making process was vitiated with unfairness because the views of consultees had not been treated on a level playing field. The structured and staged consultation process had resulted in certain themes, suggestions and proposals being more fully debated and ventilated in public than others. McCloskey J stated at [55]: "[i]ts decision making process was vitiated by procedural unfairness, as the common law right of all consultees to have their views considered fully and conscientiously and on the basis of a level playing field was frustrated. The Commission failed to recognise that as an unavoidable consequence of the structured and staged consultation process established by the governing legislation certain themes, suggestions and proposals might be more fully debated and ventilated in public than others and, separately, might emerge for the first time in the latter stages of the overall exercise. Summarising, I conclude that, in consequence of this approach, the Commission, at one and the same time, fettered the demonstrably broad discretion conferred on it by the legislature and acted in contravention of those aspects of the common law principles governing consultation which I have identified." In *Keep the Horton General v Oxfordshire Clinical Commissioning Group* [2019] EWCA Civ 64, the Court of Appeal held that a two-stage consultation process was not unfair in dealing with the issue of bed closures in phase 1 and community care provision in phase 2, since it would have been obvious to consultees at stage 1 that any bed closures would later have implications for community care. McCombe LJ stated at [41] "[t]he issue of bed closure was largely a question of how the measures already piloted and in place were coping with the change caused by the temporary closures and whether it was acceptable to proceed to permanent closure. A significant number of respondents understandably questioned this. However, these existing coping strategies were there and were not phase 2 matters. The evidence showed that the concerns were considered (in the light of the existing steps already taken) by the Clinical Senate, NHS England (in the light of the new fifth test), in the DMBC and by the CCG. The result was the staggered closure recommendation which the CCG adopted. Given the limited ambit of the bed closure proposal and the existence of remedial steps already in place, I do not see that the consultation was unfair in addressing this issue in phase 1 and before the phase 2 proposals had been formulated."

[264] *Breckland DC* [2009] EWCA Civ 239; [2009] P.T.S.R. 1611 at [49]. Similarly, see *Re Lynch's Application for Judicial Review* [2020] NICA 32 at [61] (where the Boundary Commission had changed its approach and "erected barriers" to representations from those who objected to its "volte-face").

[265] See, e.g. *Wainwright* [2001] EWCA Civ 2062 (criticising, although not invalidating due to other circumstances, a consultation in respect of a toucan crossing in which the council had not ensured that one letter per flat was mailed). There had been no breach of the duty to consult where there had been

consultation of representative organisations that had expertise and representatives of affected junior doctors: *R. (on the application of Legal Remedy UK Ltd) v Secretary of State for Health* [2007] EWHC 1252 (Admin); (2007) 96 B.M.L.R. 191 at [135]. See also *R. (on the application of Milton Keynes Council) v Secretary of State for Communities and Local Government* [2011] EWCA Civ 1575; [2012] J.P.L. 728 at [32] (there must be fairness in deciding whom to consult).

[266] *R. v Secretary of State for Education and Employment Ex p. National Union of Teachers* [2000] Ed. C.R. 603 (four days was an insufficient period for consultation in respect of imposing an obligation on teachers to engage in assessment of their peers); *R. (on the application of Anvac Chemical UK Ltd) v Secretary of State for Environment, Food and Rural Affairs* [2001] EWHC Admin 1011; [2002] A.C.D 219 at [63] (noting that a period of notification of two days was too short, even taking into account the urgent situation prior to suspension of use of a pesticide).

[267] *R. (on the application of L) v Barking and Dagenham LBC* [2001] EWCA Civ 533 at [13] (Schiemann LJ); and *R. (on the application of Madden) v Bury MBC* [2002] EWHC 1882 at [58]; *R. v Secretary of State for Transport Ex p. Richmond Upon Thames LBC* [1995] Env L.R. 390 at 405 (misleading consultation paper rendering the consultation process flawed); *R. (on the application of Westminster City Council) v Mayor of London* [2002] EWHC 2440 (Admin); [2003] L.G.R. 611 at [27] (noting that adequate information had been provided in a consultation as to the Congestion Charging Scheme for London as to enable consultees to make an "intelligent response"); *London Metal Exchange* [2014] EWCA Civ 1271; [2015] 1 W.L.R. 1375 at [85] ("the explanation provided by a consultant body in its consultation document is not unfair unless something material has been omitted or something has been materially misstated").

[268] *R. (on the application of Capenhurst) v Leicester City Council* [2004] EWHC 2124 at [46]; *R. (on the application of JL & AT Baird) v Environment Agency* [2011] EWHC 939 (Admin) at [41] ("[t]he *Coughlan* principles do not require as their starting point an omniscient decision maker who will have correctly identified each and every relevant factor at the outset"); *Devon CC v Secretary of State for Communities and Local Government* [2010] EWHC 1456 (Admin); [2011] B.L.G.R. 64; *R. (on the application of Save our Surgery Limited v Joint Committee of Primary Care Trusts* [2013] EWHC 439 (Admin); [2013] P.T.S.R. D16 at [27], [109] (sub-scores in assessments of cardiac centres were not "underlying workings" which did not need to be disclosed). See also *R. (on the application of WX) v Northamptonshire CC* [2018] EWHC 2178 (Admin) at [67] (there was a clear and concise explanation which allowed consultees to consider the options and to make proposals).

[269] *Greenpeace* [2007] EWHC 311 (Admin); [2007] N.P.C. at [74] (Sullivan J distinguishing between putting an "issues paper" to the public and putting "policy proposals" to the public).

[270] See, e.g. *R. (on the application of Peat) v Hyndburn PC* [2011] EWHC 1739 (Admin) at [50]-[52] (consultation as to general principles insufficient and precision required regarding designation of an area as subject to selective licensing, including, licence conditions and fee structures); *R. (on the application of the Law Society) v Legal Services Commission* [2010] EWHC 2550 (Admin); [2011] Costs L.R. Online 57 at [83] (neither the consultation document nor the subsequent history of consultation made the importance of accreditation clear); *R. (on the application of O'Callaghan) v The Charity Commission for England and Wales* [2007] EWHC 2491 (Admin); [2008] W.T.L.R. 117 at [26] (it was a "nonsense" to hold a consultation on a lease without disclosing the terms of the lease).

[271] *The Bard Campaign v Secretary of State for Communities and Local Government* [2009] EWHC 308 (Admin) at [90].

[272] *R. (on the application of Enfield BC) v Secretary of State for Health* [2009] EWHC 743 (Admin) at [17]. It has also been held that explaining why three units were not used instead of 10 units in the context of a consultation on affordable housing involved descending into a level of particularity and a detailed analysis of options that was not necessary: *West Berkshire DC* [2016] EWCA Civ 441; [2016] P.T.S.R. 982 at [63].

[273] *Edwards* [2006] EWCA Civ 877; [2007] Env L.R. 9 at [94] (affirmed [2008] UKHL 22; [2008] 1 W.L.R. 1587). See also *Save our Surgery Ltd* [2013] EWHC 439 (Admin). See also *R. (on the application of Law Society) v Lord Chancellor* [2018] EWHC 2094 (Admin) at [85] (breach of the duty to consult was found where matters pivotal to the justification for the decision were not referred to in the consultation documents and it was impossible for consultees to make an intelligent assessment or to give reasons disagreeing).

[274] *R. (on the application of Eisai Ltd) v National Institute for Health and Clinical Excellence* [2008] EWCA Civ 438; (2008) 11 C.C.L. Rep. 385 at [26].

[275] *Greenpeace* [2007] EWHC 311 (Admin); [2007] N.P.C. 21; *The Bard Campaign* [2009] EWHC 308 (Admin) at [74]-[75].

[276] *R. (on the application of Beale) v Camden LBC* [2004] EWHC 6 at [19] (Munby J). See further *R. (on the application of Ramda) v Secretary of State for the Home Department* [2002] EWHC 1278 (Admin) at [25] ("the Home Secretary is not required to be drawn into a never-ending dialogue"); *R. v Secretary of State for Wales Ex p. Williams* [1997] E.L.R. 100 (no duty to prolong consultation to allow everybody to comment on everybody else's comments); *R. (on the application of Robin Murray & Co) v Lord Chancellor* [2011] EWHC 1528 (Admin); [2011] A.C.D. 103 at [46]-[47]; *Moseley* [2014] UKSC 56; [2014] 1 W.L.R. 3947 at [40] per Lord Reed (the content of a statutory duty to consult in circumstances in which meaningful public participation was required depended, in the context of provid-

[277] *R. (on the application of Smith) v East Kent Hospital NHS Trust* [2002] EWHC 2640 at [45]; *R. (on the application of 007 Stratford Taxis) v Stratford on Avon DC* [2010] EWHC 1344 (Admin) at [41]; see also [2011] EWCA Civ 160. cf. *R. (on the application of Carton) v Coventry City Council* (2001) 4 C.C.L.R. 41 at 44 (further consultation was required where a fundamental change in day-care charging arrangements from those originally proposed); *Re Christian Institute's Application for Judicial Review* [2007] NIQB 66; *Devon CC* [2010] EWHC 1456 (Admin); [2011] B.L.G.R. 64 (consultation process was unfair where decisions made on a different basis from that upon which consultation had taken place and consultees had no opportunity to address his change in stance); *Milton Keynes Council* [2011] EWCA Civ 1575; [2012] J.P.L. 728 at [32]-[38] (no requirement to directly consult local authorities during a limited consultation where a full consultation had taken place the previous year during which the authorities had the opportunity to make representations); *R. (on the application of Elphinstone) v Westminster City Council* [2008] EWHC 1289 (Admin): see also [2008] EWCA Civ 1069; [2009] B.L.G.R. 158. In *R. (on the application of Broad) v Rochford DC* [2019] EWHC 628 (Admin) it was held that the changes made to a proposed development were ones which the local authority could properly consider without carrying out a further consultation process. David Elvin QC stated at [62] that "since the issue remained fundamentally the same, namely overlooking of Keld and its garden I have reluctantly concluded that I cannot accept the changes were of a high order of significance but that they were ones that the Council could properly consider in the light of the existing concerns. On that basis, I consider that no material prejudice was suffered by the Claimant either in the form of being unable to make further representations herself or that others might have been able to do so." In Jopling v Richmond-upon-Thames [2019] EWHC 190 (Admin), the court quashed a local authority's adoption of a local plan on the basis of a failure to comply with a requirement to consult on an inspector's changes to the plan, which had substantially prejudiced the attempts of an unincorporated association which had been formed to protect playing fields.

[278] *Edwards* [2006] EWCA Civ 877; [2007] Env L.R. 9 at [103] (affirmed [2008] UKHL 22; [2008] 1 W.L.R. 1587); *Interbrew* [2001] E.C.C. 40 at [33]-[35]; *United States Tobacco International Inc* [1992] Q.B. 353 at 370-371, 376; *Greenpeace* [2007] EWHC 311 (Admin); [2007] N.P.C. 21 at [116]. cf. *Withers v First Secretary of State* [2005] EWCA Civ 1119 (no additional factual findings made). *R. (on the application of M) v Haringey LBC* [2013] EWCA Civ 116; [2013] P.T.S.R. 1285 (announcement of a transitional grant scheme after a consultation for a council tax reduction scheme did not require further consultation as it was not a change of such significance that the council would have been required to draw it to the attention of what would have been a much broader category of consultees than the 36,000 current council tax benefit claimant households in its area; decision on the transitional grant scheme affirmed on appeal [2014] UKSC 56; [2014] 1 W.L.R. 3947 but Lord Wilson JSC noted at [32] the council's "illuminating concession" that, had it known of the scheme when it commenced its consultation exercise, it would have referred to it; the duty to consult normally requires brief reference to other discarded options).

[279] *R. (on the application of Goldsmith) v Wandsworth LBC* [2004] EWCA Civ 1170; (2004) 7 C.C.L. Rep. 472 at [66]-[77] (decision to terminate residential placement was vitiated by flaws by the Care Panel whose recommendations it adopted, since the Panel had failed to keep minutes, give reasons, take account of a relevant care assessment and allow the claimant's daughter to attend a meeting); *Eisai* [2008] EWCA Civ 438; (2008) 11 C.C.L. Rep. 385. But if the error had no effect on the final outcome, a court may declare the consultation unfair but refuse relief: *Edwards* [2006] EWCA Civ 877; [2007] En. L.R. 9 (affirmed [2008] UKHL 22; [2008] 1 W.L.R. 1587). On refusal of relief, see para.18-047.

[280] *Coughlan* [2001] Q.B. 213 at [108]; *Eisai* [2008] EWCA Civ 438; (2008) 11 C.C.L. Rep. 385 at [24]; *Milton Keynes Council* [2011] EWCA Civ 1575; [2012] J.P.L. 728 at [17]; *R. (on the application of Silus Investments SA) v Hounslow LBC* [2015] EWHC 358 (Admin); [2015] B.L.G.R. 291; *R. (on the application of Help Refugees Ltd) v Secretary of State for the Home Department* [2018] EWCA Civ 2098; [2018] 4 W.L.R. 168 at [90](i).

[281] *EasyJet* [2009] EWCA Civ 1361; [2010] A.C.D. 19 at [46].

[281a] *R. (on the application of Law Society) v Lord Chancellor* [2018] EWHC 2094 (Admin).

Considering the representations

Replace para.7-057 with:

7-057   It is necessary for proper consideration to be given to representations made in the consultation and the government authority must "have embarked on the consultation process prepared to change course, if persuaded by it to do so".[282] This is not, however, a duty not to make a decision without prior agreement of the consulted parties.[283] It is also not a duty to adopt the submissions of respondents to the consultation; the decision-maker is entitled to consider the whole range of responses and to form his own conclusion independently of the view of any particular section of consultees or indeed the views of his own advisers.[284] As is the case where written representations are required, the courts may be in a poor position to ensure that the decision-maker considers those representations. At the lowest, the courts will attempt to ensure that all written representations are before the decision-maker when the decision is made, and will quash a decision made in disregard of representations.[285] Nevertheless, where a large-scale consultation exercise has been carried out, the courts may be effectively powerless to ensure that representations have been read and digested unless the decision-maker is required to address representations received by way of reasons.[286] Furthermore, where consultations are invited upon detailed proposals which have already been arrived at, the duty of the court to ensure that genuine consideration has been given to critical representations is taxed to the utmost.[287] In practice, as has been observed, it will be difficult to show that representations have not been taken into account.[288]

[282] *R. v Barnet LBC Ex p. B* [1994] E.L.R. 357 at 375. See also *R. (on the application of WX) v Northamptonshire CC* [2018] EWHC 2178 (Admin) at [67]–[75] (while criticisms of the consultation were rejected, the Court held that the product of the consultation had not been taken into account in subsequent decisions). In *R. (on the application of Hoareau) v Secretary of State for Foreign and Commonwealth Affairs* [2019] EWHC 221 (Admin); [2019] 1 W.L.R. 4105, it was held that the consultation carried out in relation to a proposal to resettle the Chagos Islands was adequate. The court observed at [275]: "As an overarching finding, we reject the suggestion that there was a failure conscientiously to take into account the responses to the 2015 Consultation. On the contrary, the evidence of Mr Moody in particular shows the care and attention that was paid to the responses and their onwards presentation. Significant time and effort was spent analysing the responses and seeking to capture their overall thrust in an accurate and intelligible way. Officials were at pains to present the responses as fairly as possible. Active consideration was given as to how to present ambiguous answers fairly."

[283] *East Kent Hospital NHS Trust* [2002] EWHC 2640 (Admin); (2003) 6 C.C.L. Rep. 251 at [61].

[284] *West Berkshire DC* [2016] EWCA Civ 441; [2016] 1 W.L.R. 3923 at [62].

[285] See e.g. *R. v Manchester Metropolitan University Ex p. Nolan, The Independent,* 15 July 1993; *R. (on the application of Morris) v Newport City Council* [2009] EWHC 3051 (Admin); [2010] B.L.G.R. 234 at [38] (decision flawed where failed to take into account the consultee's "main and biggest point").

[286] See 7-088.

[287] See, e.g. *R. v Hillingdon Health Authority Ex p. Goodwin* [1984] I.C.R. 800 for the extent to which a proposed scheme may be developed in advance of a consultation process; compare *Rollo v Minister of Town and Country Planning* [1948] 1 All E.R. 13. But see *Cran* [1995] R.T.R. 346 (consultation should have taken place before the Council's "mind was made up").

[288] H. Fenwick (ed), *Supperstone, Goudie and Walker: Judicial Review* 6th edn (2017), para.10.45.

The increasing importance of consultation

Replace n.289 with:

[289] Published on 17 July 2012 and updated on 19 March 2018
https://www.gov.uk/government/publications/consultation-principles-guidance [Accessed 24 September 2019].

7-058

JUDICIAL AND OFFICIAL NOTICE

Replace n.317 with:

[317] See, e.g. *Peart v Bolckow, Vaughan & Co* [1925] 1 K.B. 399; *Reynolds v Llanelly Associated Tinplate Co* [1948] 1 All E.R. 140; and generally, *Learmonth Property Investment Co v Aitken* 1971 S.L.T. 349 at 356; *Norbrook Laboratories (GB) Ltd v Health and Safety Executive, The Times,* 23 February 1998 (justices proposing to rely upon local knowledge should let both prosecution and defence know to give them opportunity to comment); and see *Mullen v Hackney LBC* [1997] 2 All E.R. 906 (CA held judge entitled to take judicial notice of matters which were notorious, or clearly established, or susceptible of demonstration by reference to a readily obtainable and authoritative source. He could rely on his local knowledge provided he did so properly and within reasonable limits). In *Commerzbank AG v Rajput* [2019] 6 WLUK 468, it was held that an employment tribunal was entitled to take judicial notice of stereotypical assumptions that might be held about women, but if it intended to do so, it should make that clear to the parties and give them an opportunity to answer the suggestion that they had been influenced by stereotypical assumptions. In *Al-Hasani v Nettler* [2019] EWHC 640 (Ch), Deputy Master Henderson held at [147] that he was entitled to take judicial notice of the fact that an academic employed by Oxford University was likely to know that plagiarism might involve a copyright infringement. In

7-063

Acetrip Ltd v Dogra 2019 WL 01004590 the Employment Appeals Tribunal held (at [64]) that it was entitled to take judicial notice of the fact that "that on 23 April 2018 British Summer Time was in operation." In *Bewdog Plc's Trademark Applications* [2019] 1 WLUK 345, the Marks Registry held that a hearing officer had not been entitled to take judicial notice of the fact that beer consumers who saw the word "Elvis" would always think of Elvis Presley. This was deemed to be well beyond day-to-day knowledge and was based on supposition but was not deemed to taint the entire decision.

HEARINGS

Replace n.330 with:

7-065

[330] *R. (on the application of Ewing) v Department of Constitutional Affairs* [2006] 2 All E.R. 993 at [27]; *West* [2005] UKHL 1; [2005] 1 W.L.R. 350 (where a Parole Board is resolving challenges to licence revocations, whether an oral hearing is necessary depends on the circumstances of each case; and it is likely to be necessary where facts are in issue that could affect the outcome or where it might otherwise contribute to achieving a just decision); see also *Foster* [2015] EWCA Civ 281 at [38] (the requirements of procedural fairness are flexible and context-dependent and in this case did not require the flexibility of oral presentation or evidence to determine the truth of the appellant's account; the context of home detention curfew meant the appellant had been under detention by other means and had been released on the discretion of the Secretary of State subject to compulsory curfew). On the importance of an oral hearing though, see: *Sengupta v Holmes* [2002] EWCA Civ 1104 at [38] (Laws LJ referring to "the central place accorded to oral argument in our common law adversarial system. This I think is important, because oral argument is perhaps the most powerful force there is, in our legal process, to promote a change of mind by the judge. That judges in fact change their minds under the influence of oral argument is not an arcane feature of the system; it is at the centre of it"); *Heather Moor and Edgecomb Ltd* [2008] EWCA Civ 642; [2008] Bus. L.R. 1486 (a fair determination of the dispute required that there should be an oral hearing but one that was limited to those officers of the applicant and the complainant who had been directly involved); *R. (on the application of Deeds) v Parking Adjudicator* [2011] EWHC 1921 (Admin) at [15] ("[a] party is only entitled to an oral hearing if the relevant procedural rules give him that entitlement; or, if they do not, where a failure to hold an oral hearing would in any event be a breach of the rules of natural justice or Article 6"); *R. (on the application of Sandhar) v Office of the Independent Adjudicator for Higher Education* [2011] EWCA Civ 1614; [2012] E.L.R. 160 at [45]. In *Burns v Lord Advocate* [2019] CSOH 23; [2019] SLT 337, the court rejected a claim that a provision of Scottish judicial review procedure which conferred a discretion on the judge as to whether to hold an oral hearing was unlawful, since fairness did not require an oral hearing to be held in every case. Lady Carmichael stated at [45]: "[w]hether an oral hearing is required depends on the subject matter and whether it is necessary for the fair determination of the matter. In the context of this particular procedure, the decision as to whether an oral hearing is required is left to the Lord Ordinary. As I have already observed, the Lord Ordinary will be able to take into account all of the circumstances relevant to the particular case in determining what is required, and will require to take into account the guidance given by appellate courts as to the correct approach to determining permission."

Requirements at an oral hearing

Replace n.345 with:

7-068

[345] *Disher v Disher* [1965] P 31; *Mayes v Mayes* [1971] 1 W.L.R. 679. See also *Re P (Children) (Care proceedings: Special Guardianship Orders)* [2018] EWCA Civ 1407; [2018] 4 W.L.R. 99 at [55] (it had been procedurally unfair that there had been no provision for the grandparents to obtain effective access to justice at a final hearing on special guardianship orders). For an interesting case relevant to tribunals with legally-qualified members, see *R. (on the application of British Medical Association) v General Medical Council* [2017] EWCA Civ 2191; [2018] 4 W.L.R. 31 at [30]–[31] (noting the contrast between a legal advisor advising a panel and a legally qualified person being a member of the decision-making tribunal itself. In the former situation, there was an obligation to inform parties in open court of the provisional legal advice of the legal advisor and to provide the parties with an opportunity to make representations about that advice and confirming in open court whether the advice remained the same. This process was not required where the legally qualified person was a member of the decision-making tribunal itself.

RIGHT TO REASONS

Replace para.7-088 with:

7-088
A failure by a public authority to give reasons, or adequate reasons, for a decision may be unlawful in two ways. First, it may be said that such a failure is *procedurally* unfair. Secondly, a failure to give adequate reasons may indicate that a decision is *irrational*.[418]

[418] On irrationality generally, see Ch.11. See also: *R. (on the application of Wells) v Parole Board* [2019] EWHC 2710 (Admin); [2019] 10 W.L.U.K 258 at [34] noting that "[a]n unreasonable decision is also often a decision which fails to provide reasons justifying the conclusion". However, there is a distinction and it is also "possible for a decision to be inadequately reasoned even though it is not irrational" (*Nash v Police Tribunal* [2020] EWHC 247 (Admin) at [19].

Reasons as an aspect of procedural fairness

Replace para.7-092 with:

It is firmly established that "the law does not at present recognise a general duty to give reasons for an administrative decision".[435] This position has been confirmed again recently.[435a] However, it may be more accurate to say that "the common law is moving to the position whilst there is no universal obligation to give reasons in all circumstances, in general they should be given unless there is a proper justification for not doing so".[436] The increasing number of so-called "exceptional" circumstances[437] in which fairness or procedural fairness does now require that reasons be afforded to an affected individual means that the proposition that there is no general duty is meaningless apart from demonstrating that the mere fact that a decision-making process is held to be subject to the requirements of fairness does not automatically lead to the further conclusion that reasons must be given. However, it is certainly now the case that a decision-maker subject to the requirements of fairness should consider carefully whether, in the particular circumstances of the case, reasons should be given. Indeed, fairness or procedural fairness usually will require a decision-maker to give reasons for its decision.[438] Overall, "the trend of the law has been towards an increased recognition of the duty to give reasons"[439] and there has been a strong momentum in favour of greater openness and transparency in decision-making.[440] Indeed, in a recent articulation of the position, it has been observed that the rule of law requires effective access to justice; therefore, generally, unless (for example) excluded by Parliament, there must be a proper opportunity to challenge an administrative decision in the court system. As a consequence, unless rendered impractical by operational requirements, sufficient reasons must be given for an administrative decision to allow a realistic prospect of such a challenge. Where the reasons given do not enable such a challenge, they will be legally inadequate.[440a] It has also been noted that fairness provides the link between the common law duty to give reasons for an administrative decision, and the right of the individual affected to bring proceedings to challenge the legality of that decision.[440b]

7-092

[435] *Doody* [1994] 1 A.C. 531 at 564 (Lord Mustill). This position was confirmed in *Oakley v South Cambridgeshire DC* [2017] EWCA Civ 71; [2017] 2 P. & C.R. 4 at [29] (noting that it was firmly established that there was no obligation to give reasons at common law, however, "the tendency increasingly is to require them rather than not"). See also: J. Bell "Kent and Oakley: a re-examination of the common law duty to give reasons for grants of planning permission and beyond" (2017) 22 *Judicial Review* 105; Sir Patrick Neill QC, "The Duty to Give Reasons: The Openness of Decision-Making" in C. Forsyth and I. Hare (eds), *The Golden Metwand and the Crooked Cord* (1998), p.161; *Stefan* [1999] 1 W.L.R. 1293 at 1300 (Lord Clyde: "the established position of the common law [is] that there is no general duty, universally imposed on all decision-makers"); *Rey v Government of Switzerland* [1999] 1 A.C. 54 at 66 (Lord Steyn). cf. *R. v Lambeth LBC Ex p. Walters* [1994] 2 F.C.R. 336, where Sir Louis Blom-Cooper QC, sitting as a deputy judge, suggested that English law has now arrived at a point where there is at least a general duty to give reasons wherever the statutorily impregnated administrative process is infused with the concept of fair treatment to those potentially affected by administrative action. But see *R. v Kensington and Chelsea LBC Ex p. Grillo* (1996) 28 H.L.R. 94, CA, where Neill LJ doubted the proposition of the judge at first instance (also Sir Louis Blom-Cooper QC) that there was a general duty to give reasons "in every aspect of the homeless persons legislation". Neill LJ did, however, foresee that "there may come a time when English law does impose a general obligation on administrative authorities to give reasons …" (at 105); Sir Louis Blom-Cooper QC in *R. v Islington LBC Ex p. Hinds* (1995) 27 H.L.R. 65; (1996) 28 H.L.R. 302, CA; and *Public Services Board of New South Wales v Osmond* (1986) 159 C.L.R. 656 held that there is no general common law duty upon administrative tribunals or officials to provide reasons for their decisions. Although the High Court of Australia in *Osmond* did not discount a limited common law duty in "exceptional circumstances": 159 C.L.R. 656, 670, 676, that loophole was somewhat contrary to the rest of the court's reasoning and has not been used

in the more than 30 years since *Osmond* was decided. The High Court showed no interest in revisiting or expanding that possible exception when it most examined reasons for decisions in *Wingfoot Australia Partners Pty Ltd v Kocak* (2013) 252 C.L.R. 480. That case concerned the nature and scope of a duty to give reasons arising under statute. The High Court pointedly avoided discussion of common law duties to give reasons and also made clear that any statutory duty depended heavily on the statute at hand. *R. (on the application of JJ Management LLP) v Revenue and Customs* [2019] EWHC 2006 (Admin).

[435a] *Dover DC v Campaign to Protect Rural England (Kent)* [2017] UKSC 79; [2018] 1 W.L.R. 108 (see also for a detailed consideration of the circumstances in which a duty to give reasons arises in the planning context).

[436] *Oakley* [2017] EWCA Civ 71; [2017] 2 P. & C.R. 4 at [30]. This reflects the position adopted by the Irish Supreme Court in *Mallak v Minister for Justice, Equality and Law Reform* [2012] IESC 59; [2012] 3 I.R. 297 at [74]. It has also been held in Ireland that where rights are affected it can no longer be seriously doubted that administrative bodies have a duty to give reasons: *Deehan v State Examinations Commission* [2016] IEHC 213 at [15].

[437] *R. v Universities Funding Council Ex p. Institute of Dental Surgery* [1994] 1 W.L.R. 242 (Divisional Court rejected the contention that the duty to give reasons could any longer be described as an "exceptional one").

[438] *R v Ministry for Defence Ex p. Murray* [1998] C.O.D. 134; *R. v Secretary of State for Education Ex p. G* [1995] E.L.R. 58 at 67 (Latham J); *Mubarak v General Medical Council* [2008] EWHC 2830 (Admin) at [36] ("The duty to give reasons is a facet of the obligation to deal fairly with the parties").

[439] *North Range Shipping Ltd* [2002] 1 W.L.R. 2397 at [15] CA, (Tuckey LJ). But the absence of a general duty to give reasons was affirmed in *Hasan* [2009] 3 All E.R. 539 at [8]; *R. (on the application of Savva) v Kensington & Chelsea RLBC* [2010] EWCA Civ 1209; [2011] P.T.S.R. 761 at [19] (the duty may perhaps be satisfied by a timely offer of the provision of reasons on request: [23]).

[440] See, e.g. *Institute of Dental Surgery* [1994] 1 W.L.R. 242 at 259 (Sedley J in a case where reasons were not required, but Sedley LJ has since suggested that, if decided today, reasons would be required even in that context: see *Feggetter* [2002] EWCA Civ 554; [2003] Q.B. 219 at [40]); *Murray* [1998] C.O.D. 134 (Hooper J referring to the "perceptible trend towards an insistence on greater openness in the making of administrative decisions"); see also *R. v Billington (Jason Leon)* [2017] EWCA Crim 618; [2017] 4 W.L.R. 114 at [32] (reasons for sentencing required as "[t]ransparency in the working of the justice system is integral to the maintenance of public confidence in that system").

[440a] *R. (on the application of Help Refugees Ltd) v Secretary of State for the Home Department* [2018] EWCA Civ 2098 at [122].

[440b] *Dover DC v Campaign to Protect Rural England (Kent)* [2017] UKSC 79; [2018] 1 W.L.R. 108 at [54].

Advantages of a duty to give reasons

Replace n.452 with:

7-094

[452] *R. v Nat Bell Liquors Ltd* [1922] 2 A.C. 128 at 159 (Lord Sumner); *O'Reilly* [1983] 2 A.C. 237 at 277 (Lord Diplock noting that judicial review for error of law on the face of the record "was liable to be defeated by the decision-making body if it gave no reasons for its determination"); *Hinds* (1995) 27 H.L.R. 65 at 75 (noting that reasons facilitate review as "adequate reasons ... expose any errors of law, unsubstantial findings and extraneous considerations"). See also *R. (on the application of Help Refugees Ltd) v Secretary of State for the Home Department* [2018] EWCA Civ 2098 at [122].

Add new para.7-095A:

7-095A The link between reasons and open justice and transparency has also been emphasised, with it being regarded as analogous to the principle that "justice should not only be done, but also be seen to be done".[454a]

[454a] *Dover DC v Campaign to Protect Rural England (Kent)* [2017] UKSC 79; [2018] 1 W.L.R. 108 at [55].

Circumstances in which reasons will be required

To enable an effective right of appeal

Replace para.7-101 with:

7-101 Where statute or regulation provides a right of appeal from a decision, reasons may be required so as to enable the affected individual to exercise effectively that right. A right to reasons in these circumstances may be explained either by reference to the rules of procedural fairness, or, more usually, by a necessary implication from the rules which provide for the appeal.[480] It has recently been held that a "principal justification" for imposing a duty to give reasons was the need to reveal any such error as would entitled the court to intervene and so make effective the right to challenge the decision by judicial review.[480a]

[480] *Alexander Machinery (Dudley) Ltd v Crabtree* [1974] I.C.R. 120 at 122 (in *R. v Civil Service Appeal Board Ex p. Cunningham* [1991] 4 All E.R. 310 at 317). See also: *R. (on the application of Help Refugees Ltd) v Secretary of State for the Home Department* [2018] EWCA Civ 2098; [2018] 4 W.L.R. 168 at [127] ("reasons not only assist the courts in performing their supervisory function, they are often required if that function is not to be disarmed").

[480a] See *R. (on the application of Help Refugees Ltd) v Secretary of State for the Home Department* [2018] EWCA Civ 2098 at [122]; *Dover DC v Campaign to Protect Rural England (Kent)* [2017] UKSC 79; [2018] 1 W.L.R. 108.

Required by the common law

Replace para.7-102 with:

7-102 Whether the above decisions are explainable on the basis of a statutory implication or not, it is now clear that fairness may itself require, in a wide range of circumstances, that reasons be given.[480a] In a landmark decision, the Court of Appeal in *R. v Civil Service Appeal Board Ex p. Cunningham* held that the Civil Service Appeal Board, a "judicialised" tribunal established under the royal prerogative, was under a duty to give outline reasons for its decisions, sufficient to show to what it has directed its mind and to indicate whether its decisions are lawful, and a failure to do so is a breach of procedural fairness.[471] It is preferable not to attempt to separate out the different grounds upon which a duty to give reasons may arise; rather, there is a "unitary test"[472] which rests on familiar considerations of fairness[472]; within such a test, regard may be had, where appropriate, to the multiple grounds which may exist, such as a need for reasons to know whether to challenge the decision (by appeal or judicial review), the importance of the decision from the point of view of the individual's liberty or livelihood, the advantage of concentrating the decision-maker's mind and ensuring that the issues have been conscientiously addressed, the general nature of the adjudicative process,[472] and so on.[474] Where an authority decides to depart from a legitimate expectation, fairness requires that the authority articulate its reasons so that their propriety may be tested by the court.[475]

[480a] See *R. (on the application of Hudson) v Windsor and Maidenhead RBC* [2019] EWHC 3505 (Admin); [2019] 12 W.L.U.K. 364 at [50]–[54] for a useful summary of the applicable principles (concluding at [53] that the Council was under a common law duty to give express reasons for a grant of planning permission where the Planning Committee had decide not to follow the recommendation in the Officer's Report and there was a public interest in the decision (and that the reasons were adequate and intelligible)). Contrast: *R. (on the application of Day) v Shropshire Council* [2019] EWHC 3539 (Admin); [2019] 12 W.L.U.K. 366 at [126].

[471] *R. v Civil Service Appeal Board Ex p. Cunningham* [1991] 4 All E.R. 310; see J. Herberg, "The Right to Reasons: Palm Trees in Retreat" [1991] P.L. 340; *R. (on the application of Viggers) v Pensions Appeal Tribunal* [2006] EWHC 1066 (QB); [2006] A.C.D. 80. The Australian Administrative Decisions (Judicial Review) Act 1977 (Cth) s.13 entitles applicants for judicial review to a statement of reasons from the decision-maker. This and other statutory rights to obtain reasons have been interpreted to require a level of particularity in reasons not unlike that required by UK cases: M. Groves, "Reviewing Reasons for Administrative Decisions" (2013) 35 *Sydney Law Review* 627, 644–646. In Canada, in 1999, in *Baker v Canada (Minister of Citizenship and Immigration)* [1999] 2 S.C.R. 817 at [35]–[44], the Supreme Court of Canada accepted that the common law principles of procedural fairness could give rise to an obligation on the part of the decision-maker to provide reasons for a decision. While the court did not go so far as hold that this was a universal requirement for decisions-makers subject to the duty of procedural fairness, generally, it has been assumed that this obligation attaches to such decision-making. However, there have been exceptions. In *Canada (Attorney General) v Mavi* 2011 SCC 30; [2011] 2 S.C.R. 504 at [45], the Supreme Court held that while a ministerial decision to proceed with recovery of guarantees provided by those sponsoring immigrants attracted a limited level of procedural fairness, that did not include a right to reasons. Reasons may also be required as a component of the Crown's obligation to consult and, where appropriate, accommodate the rights, claims and interests of Indigenous Peoples: see, e.g., *Gitxaala Nation v Canada* 2016 FCA 187; [2016] 4 F.C.R. 418, at [311]–[324].

120   PROCEDURAL FAIRNESS: ENTITLEMENT AND CONTENT

[472] *Institute of Dental Surgery* [1994] 1 W.L.R. 242, 256 (Sedley J.).

[472] In *Cunningham* [1991] 4 All E.R. 310 Lord Donaldson MR relied in his judgment upon the general words of guidance offered by Lord Bridge in *Lloyd* [1987] A.C. 625 and cited at the opening of this chapter, that the requirements of fairness in every case must be determined by a consideration of the character of the decision making body and the framework within which it operates (to which may be added, the effect which the decision is likely to have upon the affected individual). See also *R. (on the application of Help Refugees Ltd) v Secretary of State for the Home Department* [2018] EWCA Civ 2098 at [122].

[472] *Grillo* (1996) 28 H.L.R, 94, CA (Neill LJ, where the court, in holding that fairness did not require the provision of reasons, relied on the fact that the appellate procedure in question was voluntary); *Murray* [1998] C.O.D. 134.

[474] See, e.g. the duty to give reasons in the context of disciplinary proceedings: *Brabazon-Drenning v UK Central Council for Nursing Midwifery and Health Visiting* [2001] H.R.L.R. 91 at [24]–[29] (UK Central Council for Nursing Midwifery and Health Visiting). However, it has been held that there is no general duty to give reasons for a disciplinary committee's findings of fact (although on occasion the principle of fairness may require reasons for decisions even on matters of fact). There is a duty to give reasons in respect of the penalty: *Gupta v General Medical Council* [2001] UKPC 61; [2002] 1 W.L.R. 1691.

[475] *R. (on the application of Bibi) v Newham LBC* [2001] EWCA Civ 607; [2002] 1 W.L.R. 23 at [59]; *R. (on the application of Save Britain's Heritage) v Secretary of State for Communities and Local Government* [2018] EWCA Civ 2137.

After para.7-102, add new para.7-102A:

7-102A   Reasons may also be required under art. 6. In *Repcevirag Szovetkezet v Hungary*,[475a] the court stated:

"The obligation under Article 6 of the Convention for domestic courts to provide reasons for their judgments and decisions cannot, however, be understood to mean that a detailed answer to every argument is required. The extent to which the duty to provide reasons applies may vary according to the nature of the decision. It is necessary to take into account, inter alia, the diversity of the submissions that a litigant may bring before the courts and the differences existing in the Contracting States with regard to statutory provisions, customary rules, legal opinion and the presentation and drafting of judgments. That is why the question of whether or not a court has failed to fulfil the obligation to provide reasons –deriving from Article 6 of the Convention–can only be determined in the light of the circumstances of the case."

[475a] (App No. 70750/14) at [49].

Add n.475a to "procedural fairness" in the first sentence:

7-103   [475a] See, e.g., *R. (on the application of Glencore Energy UK Ltd) v Revenue and Customs Commissioners* [2017] EWCA Civ 1716 at [87] ("[t]he duty to give reasons at common law blends with the common law duty to act fairly and is dependent on context").

Brief survey of case law on reason giving

In para.7-104 after item "Reasons were not required, however, for arms export decisions.", add:

7-104   • Reasons were required from the Boundary Commission for Northern Ireland if it chooses to invoke the Parliamentary Constituencies Act 1986 in order to apply alternative criteria for the size of the electorate in any constituency.[492a]

[492a] *Re PL's Application for Judicial Review* [2019] NIQB 74 at [36]-[38].

The standard of reasons required

Replace para.7-105 with:

7-105   It remains difficult to state precisely the standard of reasoning the court will demand. Much depends upon the particular circumstances[493] and the statutory context[494] in which the duty to give reasons arises. There is a "sliding scale" which decision-makers must take into account in the context of their particular decision-making function and presentation of the results.[494a] Where the issues dealt with by the tribunal or administrative actor are "extremely important", the duty to give reasons may be equated with the general duty in courts to give their reasons, rather than the "less exacting standard applied to ordinary administrative decision-making".[495] It is clear that the reasons given must be intelligible and must adequately meet the substance of the arguments advanced.[496] It will not suffice to merely recite a general formula or restate a statutorily-prescribed conclusion,[497] or to simply provide the minutes of a meeting at which a decision was made.[497a] It is also preferable if the reasons demonstrate that a systematic analysis has been undertaken by the decision-maker.[498] However, the courts have not attempted to define a uniform standard or threshold which the reasons must satisfy, and on occasion, courts have expressed concern that decision-makers should be granted "a certain latitude in how they express themselves".[499] The reasons must generally state the decision-maker's material findings of fact (and, if the facts were disputed at the hearing, their evidential support[500]), and meet the substance of the principal arguments that the decision-maker was required to consider.[501] It has been suggested that the central issue is whether the decision leaves room for genuine as opposed to forensic doubt as to what has been decided and why.[501a] If a decision is made on the basis of the evidence of witnesses or experts, reasons for preferring one witness or expert over another should generally be explained.[502] In short, the reasons must show that the decision-maker successfully came to grips with the main contentions advanced by the parties,[503] and must tell the parties in broad terms why they lost or, as the case may be, won.[504] Provided the reasons satisfy these core criteria, they need not be lengthy.[505] Judicial review may be inappropriate where the dispute relates to issues about the precise drafting of a decision.[506] Courts should also not scrutinise reasons with the analytical rigour employed on statutes or trust instruments,[507] and ought to forgive obvious mistakes that were unlikely to have misled anyone.[508]

[493] *R. (on the application of The Asha Foundation) v The Millennium Commission* [2003] EWCA Civ 88 at [27] (Lord Woolf CJ); *Flannery* [2000] 1 W.L.R. 377 at 382 (Henry LJ noting that "[t]he extent of the duty, or rather the reach of what is required to fulfil it, depends on the subject matter"); *Hodson* [2007] EWCA Civ 1210 at [30]; *Re V (A Child)* [2015] EWCA Civ 274 at [15] (in a straightforward fact-finding exercise, there is no need for an elaborate distillation of every point; what is required is a straightforward explanation of the key factors that the judge has taken into account and his or her reasons for preferring one part of the evidence over another).

[494] *R. (on the application of Bewley Homes Plc) v Waverley BC* [2017] EWHC 1776 (Admin) at [55] (an examiner conducting a statutory inquisitorial process into a neighbourhood plan was not subject to the same duty of reasons as an inspector deciding a contested adversarial appeal; the examiner was subject "to a limited statutory duty to give reasons").

[494a] *In the Matter of an Application by Elm by Her Mother and Next Friend LM for Judicial Review* [2019] NIQB 107 at [111]. See also: *R. (on the application of Bramhall) v General Medical Council* [2019] EWHC 3525 (Admin) at [80] (noting that while the reasons were brief, in the context of the absence of a duty go give reasons under the General Medical Council (Fitness to Practise) Rules Order of Council 2004, no further reasons were required.

[495] *Mental Health Review Tribunal* [2008] EWHC 2445 (Admin); [2008] M.H.L.R. 326 at [18].

[496] *Re Poyser and Mills' Arbitration* [1964] 2 Q.B. 467 at 477–478; approved in *Great Portland Estates Plc* [1985] A.C. 661 at 673; cf. *Save Britain's Heritage* [1991] 1 W.L.R. 153 at 165; and *Edwin H. Bradley & Sons Ltd v Secretary of State for the Environment* (1982) 47 P. & C.R. 374 (same standard was applied despite the subjective element in the minister's duty under the Town and Country Planning Act 1971 s.9(8) to give such statement as he considers appropriate of the reasons for his decision); *R. (on the application of Wheeler) v Assistant Commissioner of the Metropolitan Police* [2008] EWHC 439 (Admin); *Financial Services Authority* [2013] EWCA Civ 677 at [44]–[51]; *R. (on the application of Kingston) v Secretary of State for Education* [2017] EWHC 421 (Admin) at [22] (amongst the purposes of reasons was the need to explain the difference between the conclusions of a National College for Teaching conduct panel and those of the Secretary of State).

[497] *R. v Birmingham City Council Ex p. B* [1999] E.L.R. 305 at 311 (Scott Baker J noting that the letter sent did "nothing more than make ritual incantation of the two-stage process that is applicable for decid-

ing these appeals"). However, where the decision involves a clear application of policy, "[t]he reason is the policy": *R. (on the application of Thompson) v Secretary of State for the Home Department* [2003] EWHC 538 (Admin) at [41]; *R. (on the application of London Fire and Emergency Planning Authority) v Secretary of State for Communities and Local Government* [2007] EWHC 1176 (Admin); [2007] B.L.G.R. 591 at [64]. In *Bileski v North Macedonia (App. No. 78392/14)*, the ECtHR stated that the decision-maker was required to provide more detailed reasons for rejecting evidence adduced by the applicant, stating at [37] that "Article 6 of the Convention required the domestic courts to provide a more substantial statement of their reasons rather than simply saying that '[the applicant] had not submitted any evidence that led to different facts."

[497a] *R. (on the application of Gare) v Babergh DC* [2019] EWHC 2041, where it was held that the provision of the minutes of a local authority planning committee meeting did not provide adequate reasons for the decision to grant planning permission for a residential development, in particular where that decision conflicted with a planning officers' recommendation. Martin Roger QC stated at [43] that "[t]he minutes were proffered by the Council in response to the complaint that no reasons had been given. To that extent less casting around may be required in this case (at least by the claimant), but the claimant can still fairly say that the exercise of comparing and contrasting the report and the minutes in an effort to discern the Committee's reasons is not straightforward and, at the very least, makes it difficult for the Council to say it has satisfied the duty to give reasons in a reasonably clear fashion." In *R. (on the application of Oxton Farm) v Harrogate BC* [2019] EWHC 1370 (Admin) the court held at [48]-[50] that where a local authority had followed a planning officer's report the reasons for its decisions were sufficiently clear.

[498] See, e.g. *R. (on the application of Lowe) v Family Health Services Appeal Authority* [2001] EWCA Civ 128 at [18] (reasons inadequate because they did not deal with the question in correct "logical sequence"); *R. v Crown Court at Canterbury Ex p. Howson-Ball* [2001] Env L.R. 36 at [32] (referring to a need for the Crown Court to provide "some analysis" of the relevant matters); *Curtis v London Rent Assessment Committee* [1999] Q.B. 92 at 118–119 (the rent assessment committee's duty to give reasons required some "working through", i.e. an arithmetical explanation, of the assessment); *R. (on the application of Sivanesan) v Secretary of State for the Home Department* [2008] EWHC 1146 (Admin); (2008) 152(23) S.J.L.B. 30; *R. (on the application of S) v Secretary of State for the Home Department* [2009] EWCA Civ 688 at [8] (absence in the decision letter of any indication that the Secretary of State had considered ill-treatment at the hands of Sri Lankan authorities, which constituted a failure to apply anxious scrutiny).

[499] *R. v Brent London LBC Ex p. Baruwa* (1997) 29 H.L.R. 915 at 929, approved in *William v Wandsworth LBC* [2006] EWCA Civ 535; [2006] H.L.R. 42 at [18]; *R. (on the application of London Fire and Emergency Planning Authority) v Board of Medical Referees* [2007] EWHC 2805 (Admin) at [41] (accepting that it was "wrong to be too critical of the reasons given by a board that is not chaired by a lawyer", but nonetheless the reasons given were inadequate as they did not set out the legal test, the standard of proof, why the injury was a qualifying one within the rules, why the board's views differed from a medical opinion); *Nzolameso* [2015] UKSC 22; [2015] 2 All E.R. 942 (a "standard paragraph" would not suffice but the Supreme Court accepted that there are various ways for an authority to ensure that its decisions are properly evidenced and properly explained); see also *Ajilore v Hackney LBC* [2014] EWCA Civ 1273; *SoulCycle Inc v Matalan Ltd* [2017] EWHC 496 (Ch) at [29] ("[t]he duty to give reasons must not be turned into an intolerable burden"). For recent guidance on the reasons that should be given by the First-tier Tribunal, see *MM v Secretary of State for Work and Pensions* [2018] UKUT 93 (AAC).

[500] cf. *R. v Secretary of State for the Home Department Ex p. Swati* [1986] 1 W.L.R. 477 (passenger refused entry entitled only to be told the ground for refusal; statement of facts required only after notice of appeal is given).

[501] See *R. (on the application of Campaign to Protect Rural England) v Dover DC* [2016] EWCA Civ 936; [2017] J.P.L. 180 (degree of particularity required of a local planning authority's reasons for the grant of planning permission depended on the nature of the issues to be decided; on an application for permission of a large-scale residential development in an area of outstanding natural beauty, where the planning committee departed from the planning officer's recommendations and where there was a statutory duty to give reasons, the reasons should have dealt with the issue of harm in much more detail); see also [2017] UKSC 79; [2018] 1 W.L.R. 108.

[501a] *Kebbell Developments Ltd v Leeds City Council* [2018] EWCA Civ 450; [2018] 1 W.L.R. 4625 at [45] (using the language of *Clarke Homes Ltd v Secretary of State for the Environment* (1993) 66 P. & C.R. 263, 271-272 and citing *Dover DC v Campaign to Protect Rural England (Kent)* [2018] UKSC 79; [2018] 1 W.L.R. 108).

[502] *H* [2003] 1 W.L.R. 127 at [81]; *Consistent Group Ltd v Kalwak, Welsh Country Foods Ltd* [2008] EWCA Civ 430; [2008] I.R.L.R. 505 at [46] ("it was basic that the Chairman had to provide a proper explanation as to why, given the evidential conflicts, he was preferring one side's evidence to that of the other"); *Hampshire CC v JP* [2009] UKUT 239 (AAC) at [37] and [39].

[503] In addition to *Re Poyser* [1964] 2 Q.B. 467 authority for the proposition in the text can be found, e.g. in: *R. v Immigration Appeal Tribunal Ex p. Khan* [1983] Q.B. 790; *R. v Immigration Appeal Tribunal Ex p. Jebunisha Patel* [1996] Imm. A.R. 161 at 167; *Arulandandam v Secretary of State for the Home Department* [1996] Imm. A.R. 587 at 592; *G* [1995] E.L.R. 58 at 67; *R. v Lancashire CC Ex p. Maycock* (1995) 159 L.G. Rev. 201 ("standard letter" with individual variations sufficient in circumstances). In

[504] *UCATT v Brain* [1981] I.R.L.R. 224 at 228. See also *R. (on the application of Bahrami) v Immigration Appeal Tribunal* [2003] EWHC 1453 (Admin) at [8] (Maurice Kay J: "what is essential is not that an adjudicator should deal with every point at length, but that the determination should be sufficiently reasoned to enable a claimant, his advisers, and any appellate or reviewing body, to see why the claimant lost on a particular issue"). Reasons should also be read from the standpoint of an "informed party": *R. (on the application of Roberts) v Secretary of State for Communities and Local Government* [2008] EWHC 677 (Admin); [2009] J.P.L. 81. For a useful summary of the standard of reasons required, see *Proctor & Gamble UK v Revenue and Customs Commissioners* [2009] EWCA Civ 407 at [19]; *R. (on the application of Macrae) v Herefordshire DC* [2012] EWCA Civ 457; [2012] J.P.L. 1356 at [14] and [20] (local planning authority's references to officers' reports recommending a refusal of planning permission left the claimant in the dark as to the reasons for granting planning permission); *Uprichard* [2013] UKSC 21; [2013] P.T.S.R. D37 at [48].

[505] *Stefan* [1999] 1 W.L.R. 1293 at 1304 (reasons "need not be elaborate nor lengthy"); *Mubarak* [2008] EWHC 2830 (Admin) at [35] (a "short initial explanation" was "more than adequate" to enable the appellant to know why the Panel had found against the claimant); *Mental Health Review Tribunal* [2008] EWHC 2445 (Admin); [2008] M.H.L.R. 326 at [15] ("the length of reasons ... is not itself necessarily a reflection of their quality. Short reasons can be adequate."); *Re A (Children) (Fact-finding Hearing: Ex tempore Judgment)* [2011] EWCA Civ 1611; [2012] 1 F.L.R. 1243 at [47]–[48] (ex tempore judgments should not be discouraged and "[i]t would be worse than unfortunate if the impression were to gain ground that experienced judges who have the gift of brevity should be deterred from displaying it by an inappropriate readiness on the part of appellate courts to interfere"); *S-W* [2015] EWCA Civ 27; [2015] 1 W.L.R. 4099 at [46] ("[t]he reasons may be brief but they must be explanatory"). See also *Kebbell Developments Ltd v Leeds City Council* [2018] EWCA Civ 450; [2018] 1 W.L.R. 4625 (the local authority's reasons were succinct and could have been amplified, but read fairly as a whole they provided "an adequate explanation of the ultimate decision", and did not leave "room for genuine as opposed to forensic doubt as to what was decided and why"). In *Knox v Causeway Coast and Glens BC* [2019] NIQB 34, it was held that adequate reasons had been given for the grant of planning permission contrary to the local development plan. The reasons provided were brief, comprising just three bullet points and a total of 29 words. This was held to be sufficient to discharge the defendant's duty to give reasons. McCloskey J stated at [58] "I conclude, by an admittedly narrow margin, that the recorded reasons pass muster in law. I thus conclude because considered in their full evidential and juridical contexts they are imbued with sufficient clarity, coherence and intelligibility. I am bound to add, however, that the Council should not have found itself in the position of defending the legal sustainability of the reasons for its impugned decision before this court. These proceedings were pre-eminently avoidable. The recorded reasons have been found to satisfy the legal minima . However, the court trusts that every Council in Northern Ireland will not satisfy itself with the bare minimum. Judicial review is designed inter alia to encourage and promote the highest standards of decision making in the realm of public law. The net effect of the authorities by which this court is bound is to erect a relatively high threshold for judicial intervention in a judicial review reasons challenge. The Applicant has failed, narrowly, to overcome this threshold."

[506] *R. (on the application of W) v Acton Youth Court* [2005] EWHC 954 (Admin); (2006) 170 J.P. 31.

[507] *Seddon Properties Ltd v Secretary of State for the Environment* (1978) 42 P. & C.R. 26; *UCATT* [1981] I.R.L.R. 224.

[508] *Elmbridge BC v Secretary of State for the Environment* (1980) 39 P. & C.R. 543 at 547–548.

Replace para.7-106 with:

7-106 Some general guidance on the standard of reasons required may also be derived from a consideration of the purposes served by a duty to give reasons. Thus, reasons should be sufficiently detailed as to make quite clear to the parties—and especially the losing party—why the decision-maker decided as it did, and to avoid the impression that the decision was based upon extraneous considerations, rather than the matters raised at the hearing.[509] Reasons must be sufficient to reveal whether the tribunal made any error of law.[510] Reasons must also enable the court to which an appeal lies to discharge its appellate function, and when this is limited to questions of law, it will only be necessary to explain the exercise of discretion and to set out the evidence for the findings of fact in enough detail to disclose that the decision-maker has not acted unreasonably.[511] The reasons should refer to the main issues in the dispute, but need not necessarily deal with every material consideration.[512] Brevity is an administrative virtue, and elliptical reasons may be perfectly comprehensible when considered against the background of the arguments at the hearing.[513] Some decisions (such as the refusal of planning permission by an inspector) should be accompanied by reasons that are sufficiently precise to permit the individual to make the modifications necessary to secure a favourable decision in the future, or (where a Secretary of State disagrees with an inspector) to enable an objector to know what, if any, impact the planning considerations taken into account in a grant of planning permission may have in relation to the determination of future applications.[514] Where a decision-maker is disagreeing with a recommendation, such as with a planning inspector's report, there will be a duty to explain why the inspector's view is rejected.[515]

[509] See, e.g. *Clatworthy* [1985] 3 All E.R. 699; *R. (on the application of Ashworth Hospital Authority) v Mental Health Review Tribunal for West Midlands and North West Region* [2001] EWHC Admin 901 at [77]; *South Bucks DC v Porter (No.2)* [2004] UKHL 33; [2004] 1 W.L.R. 1953 at [36]. For a recent endorsement of *South Bucks DC*, see *Dover DC v Campaign to Protect Rural England (Kent)* [2017] UKSC 79; [2018] 1 W.L.R. 108 at [35].

[510] *Ashworth Hospital Authority* [2001] EWHC Admin 901 at [77]; *South Bucks* [2004] UKHL 33; [2004] 1 W.L.R. 1953 at [36].

[511] *Varndell* [1983] I.C.R. 683 at 693–694, criticising the possibly more stringent test propounded in *Alexander Machinery (Dudley) Ltd* [1974] I.C.R. 120 at 122; cf. *Thameside MBC v Secretary of State for the Environment* [1984] J.P.L. 180, where the court may have set a high standard to ensure that a peripheral consideration in the determination of a planning appeal had not been given undue importance. And see *New Cross Building Society* [1984] Q.B. 227.

[512] *South Bucks* [2004] UKHL 33; [2004] 1 W.L.R. 1953 at [36]; *Cook* [1996] 1 W.L.R. 1037 at 1043; *Lavis v Nursing and Midwifery Council* [2014] EWHC 4083 (Admin); [2015] A.C.D. 64 at [24] (it is not necessary for a judge to deal with every argument presented by counsel in support of its case); *Chelmsford City Council v Secretary of State or Communities and Local Government* [2016] EWHC 3329 (QB) (not necessary for the inspector to deal with each and every aspect of the case raised by the parties on an economic activity rate dispute where his reasons more than adequately explained his preference for the developer's case). In *Pagham Parish Council v Arun DC* [2019] EWHC 1721 (Admin), it was held that a planning officer was no under no obligation to specifically engage with the opinions of a planning consultant or to give reasons for disagreeing with him. Andrews J stated at [56] "[h]e does not have to give reasons in his report for disagreeing with an assessment made by an expert who has expressed an opinion on a matter within his expertise, let alone where (as here) the expert has expressed a view on a matter which the decision maker has to determine, applying planning judgment. There is no such obligation, even on the decision maker, who is not the planning officer. Even in a situation in which, unlike the present case, the decision maker is under a duty to give reasons for his decision, he does not have to give reasons for those reasons." In *R. (on the application of Spurrier) v Secretary of State for Transport* [2019] EWHC 1070 (Admin), the court held at [113]-[118] that the s. 5(7) of the Planning Act 2008 which required reasons to be provided did not require every reason and consideration the policy-maker had in mind to be set out and what was required was a reasoned justification for the policy expressed in broad terms.

[513] *Elliot v Southwark LBC* [1976] 1 W.L.R. 499; *R. v Mental Health Tribunal Ex p. Pickering* [1986] 1 All E.R. 99; *Great Portland Estates Plc* [1985] A.C. 661 at 673. In Canada, in the assessment of the adequacy of reasons, prolixity is not a requirement. The decision-maker does not have to address explicitly "all the arguments, statutory provisions, jurisprudence or other details" nor must the decision include an explicit "finding on each constituent element": *Newfoundland and Labrador Nurses' Union v Newfoundland and Labrador (Treasury Board)* 2011 SCC 62; [2011] 3 S.C.R. 708, at [22]. Rather, the reasons should demonstrate that the decision-maker was "alive to the question at issue" and enable the court to effectively exercise its judicial review authority. The former reflects the procedural entitlement of the parties to be heard while the latter focuses on the substantive outcome (at [26]). For further discussion, see *Vancouver International Airport Authority v Public Service Alliance of Canada* 2010 FCA 158; [2011] 4 F.C.R. 425. Reasons should not have to be derived by inference: *EMI Records (Ireland) Ltd v Data Protection Commissioner* [2013] IESC 34; [2013] 2 I.R. 669 at [81].

[514] *Save Britain's Heritage* [1991] 1 W.L.R. 153 at 167. A mental health review tribunal should give sufficiently precise reasons to enable patients and medical advisers to cover the matters on a renewed application.

[515] *Horada* [2016] EWCA Civ 169 at [40] (finding that the Secretary of State had failed to explain why he disagreed with the inspector, beyond merely stating his conclusion that he did). However, there is no obligation on the majority of a tribunal to explain their disagreement with the dissenting majority, any more than there is an obligation on the Court of Appeal or the Supreme Court for the majority to examine and address directly the views of the dissenting minority (*Federation of Independent Practitioner Organisations v Competition and Markets Authority* [2016] EWCA Civ 777).

Remedy for lack or insufficiency of reasons

Replace n.538 with:

[538] See, e.g. *Flannery* [2000] 1 W.L.R. 377 at 383; *Cedeno v Logan* [2001] 1 W.L.R. 86; *R. (on the ap-*

plication of Nash) v Chelsea College of Art and Design [2001] EWHC Admin 538 at [27]. cf. *English* [2002] EWCA Civ 605; [2002] 1 W.L.R. 2409 at [25]; *Hodson* [2007] EWCA Civ 1210 at [38]; *R. (on the application of Bancoult) v Secretary of State for Foreign & Commonwealth Affairs* [2007] EWCA Civ 498; [2008] Q.B. 365 at [70]: reversed on other grounds [2008] UKHL 61; [2009] 1 A.C. 453. See also *London Fire and Emergency Planning Authority* [2007] EWHC 1176 (Admin); [2007] L.G.R. 591 at [66]; *C* [2008] EWCA Civ 882; [2009] Q.B. 657 at [49]; *Re V (A Child)* [2015] EWCA Civ 274. See also *Dover DC v Campaign to Protect Rural England (Kent)* [2017] UKSC 79; [2018] 1 W.L.R. 108 at [64] (holding that a declaration of non-compliance with reasons to be provided retrospectively was not an appropriate or sufficient remedy); *R. (on the application of AM (A Child)) v Secretary of State for the Home Department* [2018] EWCA Civ 1815 at [86]; *R. (on the application of Steer) v Shepway DC* [2018] EWHC 238 (Admin) (defect in reasons went to the heart of the justification for the planning permission and undermined its validity).

Replace para.7-116 with:

It is only in limited circumstances that the absence or inadequacy of reasons can be remedied by provision of further fresh reasons in evidence when the decision is challenged,[541] as "[i]t is well-established that the court should exercise caution before accepting reasons for a decision which were not articulated at the time of the decision but were only expressed later, in particular after the commencement of proceedings".[542] Where there is a statutory duty to provide reasons, such that the adequacy of reasons is central to the legality of the decision itself, this caution also applies.[543] The types of considerations that should be taken into account in deciding whether to accept subsequent evidence of the reasons include[544]: whether the new reasons are consistent with the original reasons[545]; whether it is clear that the new reasons are indeed the original reasons of the original committee or whether there is a real risk that the new reasons have been composed subsequently to support the decision; the delay before the later reasons were put forward; and the circumstances in which the later reasons were put forward. In particular, reasons put forward after the commencement of proceedings should be treated especially carefully. Where the subject matter is less important than human rights for example, the court may be more ready to accept subsequent reasons; the court should also bear in mind the qualifications and experience of the persons involved; it is one thing to require comprehensiveness and clarity from lawyers and from those who regularly sit on administrative tribunals and another to require those qualities of occasional non-lawyer tribunal chairmen and members. Where the later reasons merely elucidate reasons given contemporaneously with the decision, they will normally be considered by the court.[546] The courts have also considered whether the decision-maker would have been expected to state in the decision document the reason that he is seeking to adduce later and whether it would be just in all the circumstances to refuse to admit the subsequent reasons.[547] There is evidence of courts refusing relief, where it is satisfied that clarification of reasons would not have made any difference.[547a]

7-116

[541] See, e.g. *R. (on the application of Young) v Oxford City Council* [2002] EWCA Civ 990; [2002] 3 P.L.R. 86 at [20] (Pill LJ noting the dangers in permitting a planning authority to provide an explanatory statement); cf. *Hijazi v Kensington and Chelsea LBC* [2003] EWCA Civ 692; [2003] H.L.R. 1113 at [32] ("nothing objectionable in a decision-maker making a subsequent statement in which he identifies the material that he took into account in the course of the decision-making process"); *R. (on the application of Moore) v Chief Constable of Merseyside* [2015] EWHC 1430 (Admin). For a recent example of late reasons being accepted, see *R. (on the application of Rogers) v Wycombe DC* [2017] EWHC 3317 (Admin) (the Court noting that *Dover DC v Campaign to Protect Rural (Kent)* [2017] UKSC 79; [2018] 1 W.L.R. 108 at [71] was not authority for the proposition that a quashing order had to follow wherever reasons were found to be inadequate); *R. (on the application of Newcastle United Football Club Ltd) v Revenue and Customs Commissioners* [2017] EWHC 2402 (Admin); [2017] 4 W.L.R. 187 at [61] (failure to give reasons was "unfortunate" but did not in and of itself amount to a procedural defect vitiating the warrants).

[542] *R. (on the application of D) v Secretary of State for the Home Department* [2003] EWHC 155; [2003] 1 F.L.R. 979 at [18] (Maurice Kay J), [19]; also *Ermakov* [1996] 2 All E.R. 302; *R. (on the application of August) v Criminal Injuries Compensation Appeals Panel* [2001] Q.B. 774 at [86]; *S* [2002] EWCA Civ 693; [2002] E.L.R. 556 at [26]; *R. (on the application of Wandsworth LBC) v Schools Adjudicator* [2003] EWHC 2969; [2004] E.L.R. 274 at [79]; *Wandsworth LBC* [2004] EWCA Civ 1170; (2004) 7

C.C.L. Rep. 472 at [91]; *R. (on the application of Richards) v Pembrokeshire CC* [2004] EWCA Civ 1000; [2005] B.L.G.R. 105; *Bancoult* [2008] Q.B. 365 at [70] ("in principle a decision-maker who gives one set of reasons cannot, when challenged, come up with another set") reversed on other grounds [2008] UKHL 61; [2009] 1 A.C. 453. See also *London Fire and Emergency Planning Authority* [2007] EWHC 1176 (Admin); [2007] L.G.R. 591 at [66]; *R. (on the application of S) v Independent Appeal Panel of St Thomas Catholic Primary School* [2010] EWHC 3785 (Admin); (2009) 106(37) L.S.G. 15 at [34] (noted obiter that even if a first decision letter was inadequate, the matter was rectified by a letter sent just over one month after the appeal and before proceedings commenced). See also *R. (on the application of Jedwell) v Denbighshire County Council* [2015] EWCA Civ 1232; [2016] P.T.S.R. 715 at [42], noting that even if a reasonable time has elapsed for the provision of reasons, the competent authority may still cure the deficiency by supplying reasons or further reasons before the application to the court is actually made. However, a local authority which had issued an inadequately reasoned negative screening opinion could not rectify its breach of duty to give proper reasons by supplying the information in a witness statement made in the course of judicial review proceedings challenging the screening opinion. On the facts of the case, it was held that cross-examination ought to have been conducted to assess whether the contents of a witness statement entailed ex post facto rationalisation of the decision.

[543] *Ermakov* [1996] 2 All E.R. 302 at 312; *Nash* [2001] EWHC Admin 538 at [34].

[544] *Nash* [2001] EWHC Admin 538 at [34]; *London Fire and Emergency Planning Authority* [2007] EWHC 1176 (Admin); [2007] B.L.G.R. 591 at [65]; see also *Caroopen v Secretary of State for the Home Department* [2016] EWCA Civ 1307; [2017] 1 W.L.R. 2339 (Underhill LJ not approving Stanley Burnton J's summary in *Nash* as a comprehensive account of the correct approach, given voluminous case law to which the court had not been referred, but noting that: "In broad terms, however, he recognised that even in a case where there was no explicit statutory duty to give reasons the courts should approach attempts to rely on subsequently-provided reasons with caution; he said that that was particularly so in the case of reasons put forward after the commencement of proceedings and where important human rights are concerned. I would endorse that").

[545] See, e.g. *R. (on the application of T) v Independent Appeal Panel for Devon CC* [2007] EWHC 763 (Admin); [2007] E.L.R. 499 at [42].

[546] *Merton LBC* [2003] EWHC 1689; [2003] 4 All E.R. 280 at [42]; *R. v South Bank University Ex p. Coggeran* [2001] E.L.R. 42 at [36] (evidence rejected because it was used to alter or contract the contemporaneous minutes); *W v The Independent Appeal Panel of Bexley LBC* [2008] EWHC 758 (Admin); [2008] E.L.R. 301 at [36] (clerk's notes did not amount to "contradiction, but simply a clarification or supplementation, of the decision letter"); *Swords v Secretary of State for Communities and Local Government* [2007] EWCA Civ 795; [2007] B.L.G.R. 757 at [47]; *Keane v Law Society* [2009] EWHC 783 (Admin) at [27] (account taken of reasons provided after proceedings initiated where the Adjudicator's evidence did not contradict anything in the decision letter; he was a single decision-maker (where problems of post-decision evidence are more acute where the decision-maker is a group of people); the evidence also sought to respond to an issue which was raised for the first time in the judicial review proceedings). In Ireland, the position is not entirely clear: contrast *Mulholland v An Bord Pleanála (No.2)* [2005] IEHC 306; [2006] 1 I.R. 453 and *Deerland Construction v Aquatic Licensing Appeals Board* [2008] IEHC 289; [2009] 1 I.R. 673. It is suggested that the view expressed in *Deerland* is preferable as it was taken having considered the English jurisprudence on the issue and in particular, the judgment in *Nash* [2001] EWHC Admin 538.

[547] *R. (on the application of Leung) v Imperial College of Science, Technology and Medicine* [2002] EWHC 1358; [2002] E.L.R. 653 at [29]–[30] (Silber J).

[547a] *R. (on the application of Kebbell Developments Ltd) v Leeds City Council* [2018] EWCA Civ 450; [2018] 1 W.L.R. 4625 at [46].

ECHR ART.6: CONTENT

Fair hearing

Replace para.7-121 with:

7-121 The right to a fair hearing in art.6 requires access to "equality of arms", which means that it is necessary to strike a "fair balance" between the parties.[561] Thus, each party must be afforded a reasonable opportunity to present his case, including his evidence, under conditions that do not place him at a substantial disadvantage in relation to his opponent.[562] Absolute equality of arms is not required however, and there is, for instance, no duty on the State to provide legal aid to an indigent litigant to such a level as to ensure total parity with a wealthy opponent, as long as each side is afforded a reasonable opportunity to present his or her case under conditions that do not place him or her at a substantial disadvantage vis-à-vis the adversary.⁵⁶³ This may include the right to legal representation, although there is no absolute right to legal representation.⁵⁶⁴ The right to a fair hearing will be violated where the defendant, without good cause, prevents an applicant from gaining access to, or falsely denies the existence of, documents in its possession which are of assistance to the applicant's case.⁵⁶⁵ The right also means that in certain circumstances, parties to civil proceedings should be entitled to cross-examine witnesses⁵⁶⁶ or have an oral hearing.⁵⁶⁶ᵃ It has been held that the Medical Practitioners Tribunal may consistently with art.6 draw adverse inferences from the silence of an individual charged with breaches of the applicable regulations, provided this is consistent with procedural fairness.⁵⁶⁶ᵇ It has also been stated that the failure of Parliament to make provision for temporary approval pending an appeal against a refusal of a licence is potentially incompatible with art.6, given that the trader's appeal may be rendered illustory or nugatory if he is forced out of business before a good case on appeal can be determined.⁵⁶⁶ᶜ The ECtHR has held that art.6 was breached when a judge who had not been appointed in accordance with the applicable statutory procedures had upheld the applicant's conviction, notwithstanding the view of the Supreme Court of Iceland that the irregularity had not invalidated the appointment and had not rendered the trial of the applicant unfair.⁵⁶⁶ᵈ The ECtHR has also held that the use of a rectification procedure for the correction of an error in a judgment, which changed the applicant's release date from prison, without hearing submissions from the parties, violated art.6.⁵⁶⁶ᵉ The ECtHR has also held that a prisoner the subject of an application that an official be present during his consultations with his lawyers was entitled to be heard prior to any order to that effect being made.⁵⁶⁶ᶠ In an interesting example of the interaction between EU law and the ECHR, it has been held that an arbitrary refusal of a domestic court or tribunal to make a preliminary reference to the CJEU would be unfair and would breach art.6.⁵⁶⁶ᵍ

⁵⁶¹ *R. v Secretary of State for the Environment Ex p. Challenger* [2001] Env. L.R. 209 at [48]–[51] (the court was not persuaded that there was "inequality of arms" where the claimant did not have financial resources for representation at a rail public inquiry given that the claimant had applied for and been rejected funding; given that the Inspector at the public inquiry would ensure the proper presentation of Challenger's case; and the local authority had a role in adducing evidence which would support Challenger's case). The concept of "equality of arms" was first mentioned in the case of *Neumeister v Austria* (1979-80) 1 E.H.R.R. 91.

⁵⁶² *Dombo Beheer BV v The Netherlands* (1994) 18 E.H.R.R. 213 at [33]; *Ruiz-Mateos v Spain* (1993) 16 E.H.R.R. 505; *Lilly France v France* App. No. 53892/00 (14 October 2003) (violation of art.6(1) where party had not received a copy of the report submitted by the reporting judge to the Court of Cassation, whereas the advocate-general had); *Williams v Cowell* [2000] 1 W.L.R. 187, CA (no violation of art.6 where Employment Appeal Tribunal sitting in London refused to conduct proceedings in Welsh, given that the appellant could speak and understand English); *MB* [2007] UKHL 46; [2008] 1 A.C. 440 (art.6 meant that defendants in control order proceedings had the right to know the key evidence against them and that defendants were entitled to "such measure of procedural protection as is commensurate with the gravity of the potential consequences": [24]-[90]); *F* [2009] UKHL 28; [2010] 2 A.C. 269. Retrospective legislation affecting the result of pending proceedings may also infringe ECHR art.6(1): *R. (on the application of Reilly) v Secretary of State for Work and Pensions* [2016] EWCA Civ 413; *Andersena v Latvia* (App. No. 79441/17) (September 19, 2019) at [98] (breach of art.6 in failure ot notify applicant of submissions).

⁵⁶³ *Steel and Morris v UK* (2005) 41 E.H.R.R. 22 at [59] and [62] (finding on the facts, given the complexity of the case, that denial of legal aid to defendants in defamation proceedings resulted in an unacceptable inequality of arms). See also *Satambrogio v Italy* (2005) 41 E.H.R.R. 1082; see also *Gudanaviciene* [2014] EWCA Civ 1622; [2015] 1 W.L.R. 2247 (guidance on the Legal Aid, Sentencing and Punishment of Offenders Act 2012 stating that the refusal of legal aid would amount to a breach of ECHR art.6 only in rare and extreme cases was unsupported by case law and incompatible with ECHR art.6); *R. (on the application of Brady) v Lord Chancellor* [2017] EWHC 410 (Admin) at [72] (no absolute right under art.6 to publicly-funded representation but depending on the facts of any particular case, such a right may well arise). See also *R. (on the application of Ames) v Lord Chancellor* [2018] EWHC 2250 (Admin) at [80] (ECHR art.6 did not give an accused an unqualified right to select the advocates of his choice).

⁵⁶⁴ *X v Austria* 42 C.D. 145 (1972) E. Com. H.R. Legal representative includes lawyers from other EU Member States: *R. (on the application of Van Hoogstraten) v Governor of Belmarsh Prison* [2002]

EWHC 1965; [2003] 1 W.L.R. 263; and *Ezeh and Connors v UK* (2002) 35 E.H.R.R. 691. See also *Ibrahim v United Kingdom* (2015) 61 E.H.R.R. 9 (holding that the Terrorism Act 2000 struck an appropriate balance between the importance of a suspect's right to legal advice and the need in exceptional cases to enable the police to obtain information necessary to protect the public).

[565] *McGinley and Egan v UK* (1998) 27 E.H.R.R. 1 at [86].

[566] *Buchberger v Austria* (2003) 37 E.H.R.R. 13 at [50]. Contrast *Financial Services Authority v Rourke* [2002] C.P. Rep. 14 (cross-examination not necessary in cases suitable for summary disposal, without breach of art.6(1)). See also Al Khawaja and *Tahery v United Kingdom* (2012) 54 E.H.R.R. 23 at [147] (where a hearsay statement is the sole or decisive evidence against a defendant, its admission as evidence will not automatically result in a breach of art.6(1); the question in each case is whether there are sufficient counterbalancing factors in place, including measures that permit a fair and proper assessment of the reliability of that evidence to take place). In *McKevitt v United Kingdom*, App. 61474/12, 6 September 2016, a complaint that civil proceedings were unfair for reliance on hearsay evidence was found to be manifestly ill-founded and inadmissible.

[566a] *Bileski v North Macedonia (App. No. 78392/14)* at [38] (oral hearing required where issues concerned were neither technical nor purely legal).

[566b] *R. (on the application of Kuzmin) v General Medical Council* [2019] EWHC 2129.

[566c] *OWD Ltd (t/a Birmingham Cash and Carry)(in liquidation) v Revenue and Customs Commissioners* [2019] UKSC 30; [2019] 1 W.L.R. 4020 (at [77]) (case holding more generally that where the respondent had determined that a wholesaler was not a fit and proper person to carry on the wholesale supply of duty-paid alcohol, it had no power under the applicable legislation to grant temporary approval pending the wholesaler's appeal to the First Tier Tribunal).

[566d] *Guamundur Andri Astraasson v Iceland (App. No. 26374/18)*(App. No. 26374/18). The ECtHR stated (at [114]) "[t]he mere fact that a judge, whose position is not established by law within the meaning of Article 6 § 1 of the Convention, determines a criminal charge, suffices for a finding of a violation of that provision in conformity with the fundamental principle of the rule of law."

[566e] *Kereselidze v Georgia* (App. No. 39718/09). The ECtHR concluded (at [40]): "whether the matter is considered from the perspective of the right of access to a court or the right to an oral hearing, the crux of the matter, in any event, is that the manner in which the rectification procedure was implemented in respect of the applicant, depriving him of the opportunity to present his arguments regarding the alteration of the starting date of his cumulative sentence, either orally or in writing, rendered the criminal proceedings against him unfair within the meaning of Article 6 § 1 of the Convention."

[566f] *Altay v Turkey (No.2)* (App. No. 11236/09). The ECtHR stated at [77]: "the Court recognises that in the context of proceedings concerning the prison context there may be practical and policy reasons for establishing simplified procedures to deal with various issues that may come before the relevant authorities. The Court also does not rule out that a simplified procedure might be conducted via written proceedings provided that they comply with the principles of a fair trial as guaranteed under Article 6 § 1 of the Convention... However, even under such a procedure, parties must at least have the opportunity of requesting a public hearing, even though the court may refuse the application and hold the hearing in private...".

[566g] *Repcevirag Szovetkezet v Hungary* Repcevirág Szövetkezet v Hungary (App. No. 70750/14) at [48].

Hearing within a reasonable time

Replace para.7-127 with:

7-127 Relevant circumstances to be considered include complexity of the factual or legal issues raised by the case; the conduct of the applicant and the competent administrative and judicial authorities[592a]; and what is "at stake" for the applicant.[593] For example, "special diligence" was required where an applicant dying of AIDS sought compensation from the State for having negligently infected him with HIV.[594] An overall assessment may be made though, without considering each of these specific criteria.[595] In general, the threshold of proving a breach of the reasonable time requirement is high.[596]

[592a] In *Byers v Commissioners for Her Majesty's Revenue and Customs* [2019] UKFTT 0310 (TC), it was held that no breach of art.6 had been made out because: "while there had been inordinate delays to the proceedings, the delays were not occasioned by the authority, in this case HMRC. Furthermore, insofar as there is prejudice, it is not one-sided as against the appellant alone. Neither does any prejudice represent a material impediment to the assessment of evidence on the whole, for the purpose of determining the principal issue under appeal."

[593] *Zimmerman and Steiner v Switzerland* (1983) E.H.R.R. 587; *Davies v UK* (2002) 35 E.H.R.R. 720; *Vilho Eskelinen* (2007) 45 E.H.R.R. 43 at [67]; *R. v Duncan Evans* [2016] EWCA Crim 671. See also, *FIL LLC v Armenia* (App. No. 18526/13) at [52]-[58] (holding that a delay of nine years and two months over three levels of jurisdiction was excessive and breached art. 6).

[594] *A v Denmark* (1996) 22 E.H.R.R. 458.

[595] *Ferrantelli and Santangelo v Italy* (1996) 23 E.H.R.R. 288.

[596] *R (on the application of Lloyd) v Bow Street Magistrates Court* (2003) EWHC 2294. For rejection of an attempt to use ECHR art.6 to create a duty on administrative decision-makers to make decisions within a reasonable time, see *R. (on the application of C) v Secretary of State for Work and Pensions* [2015] EWHC 1607 (Admin).

After "right of appeal.", add new n.600a:

[600a] *Regina (OWD Ltd (trading as Birmingham Cash & Carry) (in liquidation) v Revenue and Customs Commissioners* [2019] UKSC 30; [2019] 1 W.L.R. 4020 at [77]; *Burns v Lord Advocate* [2019] CSOH 23; [2019] S.L.T. 337 at [45].

7-129

ECHR ART.2: CONTENT

The requirements of art.2

Replace first paragraph in para.7-130 with:

ECHR art.2 protects the right to life.[602] Where a death has occurred, the State may have a positive obligation to conduct an investigation.[603] To constitute an "effective" investigation, it is generally necessary for the person carrying out the investigation to be independent from those implicated in the events.[604] An investigation may be inadequate and ineffective if "appropriate steps" are not taken to reduce the risk of collusion.[605] This means not only a lack of hierarchical or institutional connection but also a practical independence.[606] The investigation should be capable of leading to the determination of whether the force used in the case was or was not justified and to the identification and punishment of those responsible.[607] In *Re Finucane's Application for Judicial Review*,[607a] for example, the Supreme Court held that an independent review into the murder of a solicitor in which State collusion was alleged, which lacked the power to compel the attendance of witnesses and which lacked the means of identifying those involved in the death and bringing them to account, did not satisfy the requirements of art.2.[607b] There is an implicit requirement of promptness and reasonable expedition,[608] and there must be a sufficient element of public scrutiny of the investigation or its results to secure accountability in practice as well as in theory; and the investigation must involve the next of kin in the investigative procedure to the extent necessary to protect their legitimate interests.[609] It has also been held that an art.2 investigation must encompass broader issues such as planning and control of operations and all surrounding circumstances, not just the actions of State agents who directly used lethal force, and must include "lessons learned" from the identification of wider or systemic issues.[610] It must also consider factors such as whether ethnic hatred contributed to the death[610a] The types of procedural failures which will violate art.2 include: failing to exercise proper control over the scene of the investigation[611]; failure to seek follow-up information from those present at the scene of the incident[612]; failure to interview military personnel or police officers immediately after the incident[613]; failure to fully explore the facts surrounding the death[614]; or to resolve contradictions in the evidence[614a]; a failure to sufficiently involve the victim's relatives[614b]; lack of independence[614c]; and a failure to give reasons for refusing to prosecute police officers for collusion in an incident,[615] and a failure by States that both claimed jurisdiction over the territory in which the death occurred to cooperate in the conduct of their investigations.[615a] It has been held that art.2 does not impose a duty to suspend an officer suspected of misconduct in connection with a death in police custody, given that the maintenance of public confidence is not a discrete, free-standing element of the investigative obligation imposed on State authorities by ECHR art.2.[615b]

7-130

[602] See 13-062.

[603] See 13-063.

[604] *Jordan v UK* (2003) 37 E.H.R.R. 52 at [106]; *Giuliana v Italia* (2011) 52 E.H.R.R. 3 at [300]; *R. (on the application of Mousa) v Secretary of State for Defence* [2013] EWHC 1412 (Admin); [2013] A.C.D. 84 at [108]–[123] and [147]. See also, Re Barnard's Application for Judicial Review [2019] NICA 38 (holding that the PSNI Legacy Investigation Branch was insufficiently independent to conduct an investigation into the death of the deceased). In Vazagashvili and Shanava v Georgia (App. No. 50375/07), it was held that the involvement of the same police officers in an incident in which the applicants' son had been shot dead and in the investigation of that incident did not satisfy the requirements of independence of art.2. The ECtHR stated at [87]: "the Court considers that the primary and most decisive investigative steps taken by the relevant officers of the Ministry of the Interior manifestly fell afoul of the requisite requirements of independence and impartiality, and such a procedural deficiency could not but taint the subsequent developments in the investigation."

[605] *R. (on the application of Saunders) v Independent Police Complaint Commissioner* [2008] EWHC 2372 (Admin); [2009] 1 All E.R. 379 at [40]. See also *R. (on the application of Delezuch) v Chief Constable of Leicestershire* [2014] EWCA Civ 1635 (police guidance provisions were not unlawful for failing to require the immediate separation of officers who used force or who witnessed its use; whether such a failure to separate impairs the adequacy of an investigation depends on the circumstances, including the other safeguards in place, and on an overall assessment of relevant factors, of which the risk of collusion is only one).

[606] *Jordan* (2003) 37 E.H.R.R. 52 at [106]; *Finucane v UK* (2003) 37 E.H.R.R. 29; *SP v Secretary of State for Justice* [2009] EWHC 13 (Admin); [2009] A.C.D. 59 (an investigation into the claimant's detention while in young offender institutions was not sufficiently independent to make the report compliant with ECHR art.2 because an investigator for the report had worked for the prison service for 30 years on issues relevant to the investigation and had a social acquaintance with the governor of one of the institutions investigated); *Mocanu v Romania* (2015) 60 E.H.R.R. 19.

[607] *Jordan* (2003) 37 E.H.R.R. 52 at [107]. Also: *Middleton* [2004] UKHL 10; [2004] 2 A.C. 182 at [20]; *R. (on the application of Hurst) v Commissioner of Police of the Metropolis* [2007] UKHL 13; [2007] 2 A.C. 189 at [19]. In *Prizreni v Albania* (App. No. 29309/16), the court held at [51] that the statutory impossibility of challenging the prosecutor's decision not to prosecute meant that there was no effective investigation.

[607a] [2019] UKSC 7.

[607b] Lord Kerr stated (at [138]) "[a]n article 2 compliant inquiry involves providing the means where, if they can be, suspects are identified, and, if possible, brought to account. It should also provide the opportunity to recognise, if possible, the lessons to be learned so that a similar event can be avoided in the future." See also *Sakvarelidze v Georgia* (App. No. 40394/10) at [53] (prompt institution of criminal proceedings and investigative measures "were subsequently overshadowed by the overall length of the investigation and the prohibitive delay on the part of the investigative authorities" resulting in an "exceptionally protracted investigation"); *Olewnik-Cieplińska v Poland*App. No. 20147/15 at [144]–[146].

[608] *Jordan* (2003) 37 E.H.R.R. 52 at [108]; *Dodov v Bulgaria* (2008) 47 E.H.R.R. 41; *McCaughey* (2014) 58 E.H.R.R. 13. *Re Hughes's Application for Judicial Review* [2018] NIQB 30 (finding systemic delay in the carrying out of legacy inquests in Northern Ireland such that the relevant authorities would have to reconsider the issue of additional funding with a view to addressing the problem); *R. (on the application of McGowan) v Chief Constable of the PSNI* [2019] NICA 12 at [108].

[609] *Jordan* (2003) 37 E.H.R.R. 52 at [109].

[610] *Mousa* [2013] EWHC 1412 (Admin); [2013] A.C.D. 84 at [147].

[610a] *Saribekyan v Azerbaijan* (App. No. 35746/11) (September 7, 2020) at [72].

[611] *Jordan* (2003) 37 E.H.R.R. 52 at [118] (although on the facts in Jordan, there was no such failure).

[612] *Jordan* (2003) 37 E.H.R.R. 52; *Jaloud* (2015) 60 E.H.R.R. 29 at [197]–[203]; [209]–[211].

[613] *Kelly v UK* App. No.30054/96 (4 May 2001); *McKerr v UK* (2002) 34 E.H.R.R. 20; *Jaloud* (2015) 60 E.H.R.R. 29 at [197]–[203]; [206]–[208]; *Soares Campos v Portugal* (App. No. 30878/16) (January 14, 2020) at [139]–[152].

[614] *R. (on the application of Medihani) v HM Coroner for Inner South District of Greater London* [2012] EWHC 1104 (Admin); [2012] A.C.D. 63 at [48]–[50]; *Jaloud* (2015) 60 E.H.R.R. 29 at [212]–[220]; *Jabłońska v Poland* App. No.24913/15 (May 14, 2020) at [73] (investigation failed to determine the important factual circumstances of the case).

[614a] *Baysultanov v Russia* (App. No. 56120/13) (February 4, 2020) at [79].

[614b] *Fountas v Greece* (App. No. 50283/13) (October 3, 2019) at [90]–[95].

[614c] *Kukhalashvili v Georgia* (App Nos 8938/07 and 41891/07) (August 2, 2020) at [132]–[136].

[615] *Shanaghan v UK* App. No.377115/97 (May 4, 2001), *The Times*, 18 May 2001; *Finucane* (2003) 37

E.H.R.R. 29 at [77]–[78]. See also *Litvinenko* [2014] EWHC 194 (Admin); [2014] H.R.L.R. 6 at [57]–[74] (deficiencies in the reasons "*so substantial*" that a decision for refusing to launch a public inquiry into a death due to radiation poisoning in suspicious circumstances could not stand).

[615a] *Guzelyurtlu v Cyprus and Turkey* (App. No. 36925/07).

[615b] *McGowan v Chief Constable of the PSNI* [2019] NICA 12 (McCloskey J stated (at [71]) that "the fact is that the suspension from duty of a suspected State agent in a case concerning death implicating a State agency has never been formulated by the ECtHR as one of the constituent elements of the procedural requirements of Article 2."

Replace n.618 with:

[618] *McQuillan's Application for Judicial Review* [2019] NICA 13; [2019] 3 W.L.U.K. 729 at [199] (Chief Constable had to secure practical independence; this was an obvious case calling for arrangements so that a senior police officer from another police force would be responsible for the investigation).

Inquests

Replace para.7-131 with:

The mere fact that an inquest has been held will not mean that the requirements of art.2 are satisfied; whether art.2 is satisfied will depend on how the inquest is conducted.[624] There are two types of inquest: the traditional inquest and the art.2 inquest. The essential difference between them is twofold.[625] First, the permissible verdict or verdicts in a traditional inquest is significantly narrower than in an art.2 inquest, which requires an expression, however brief, of the jury's conclusion on the disputed factual issues at the heart of the case.[626] Secondly the scope of the investigation is or is likely to be narrower at a traditional inquest.[627] The inquest should involve participation of the family of the deceased,[628] and art.2 may require that the deceased's family is given funding for legal representation,[629] however, usually this will only be where the case falls into the "exceptional category where legal representation is needed in order to ensure effective participation by the deceased's family and an effective investigation".[630] An inquest must also, at the very least, "culminate in an expression, however brief, of the jury's conclusion on the disputed factual issues at the heart of the case".[631]

7-131

[624] *R. (on the application of Wright) v Secretary of State for the Home Department* [2001] EWHC Admin 520; [2002] H.R.L.R. 1; *Manning* [2001] Q.B. 330.

[625] *R. (on the application of Smith) v Oxfordshire Assistant Deputy Coroner* [2009] EWCA Civ 441; [2011] 1 A.C. 1 at [64]; on appeal. See [2010] UKSC 29 at [152]-[153]

[626] *Smith* [2009] EWCA Civ 441; [2011] 1 A.C. 1 at [64] and [71]-[76].

[627] *Smith* [2009] EWCA Civ 441; [2011] 1 A.C. 1 at [64].

[628] *R. (on the application of Khan) v Secretary of State for Health* [2003] EWCA Civ 1129; [2004] 1 W.L.R. 971 at [69]; *R. (on the application of Dyer) v Assistant Coroner for West Yorkshire (Western)* [2019] EWHC 2897 (Admin) at [44]–[45]. [51] (considering the use of screening of witnesses at inquests and noting that the family have "a significant interest in also being able to see the witnesses" as they are questioned and requiring consideration of the principle of open justice).

[629] *Khan* [2003] EWCA Civ 1129; [2004] 1 W.L.R. 971 at [74]-[75]; *R. (on the application of D) v Secretary of State for the Home Department* [2006] 3 All E.R. 946 at [47]; *R. (on the application of Humberstone) v Legal Services Commission* [2010] EWCA Civ 1479; [2011] 1 W.L.R. 1460.

[630] *Challender* [2004] EWHC 925; [2004] A.C.D. 57, [68]; *Khan* [2003] EWCA Civ 1129; [2004] 1 W.L.R. 971 at [74]-[75]. There is no obligation in art.2 for the inquest to explore "collateral matters" of earlier lethal force incidents of the soldiers involved: *Re Gribben's Application for Leave to Apply for Judicial Review* [2017] NICA 16 at [19].

[631] *Middleton* [2004] UKHL 10; [2004] 2 A.C. 182. *R. (on the application of Muhammad Silvera) v Her Majesty's Senior Coroner for Oxfordshire* [2017] EWHC 2499 (Admin) (coroner had applied the incorrect test in deciding not to resume a suspended inquest into the death of a woman killed by her daughter after her daughter absconded from a mental health hospital).

CHAPTER 8

Procedural Fairness: Exceptions

TABLE OF CONTENTS

Scope	8-001■
Express Statutory Exclusion	8-003
Legislation Requires Fairness for Some but Not Other Purposes	8-005
Risk to the Public Interest	8-006■
Fair Procedures Would Hinder Prompt Action	8-035■
Impracticable to Provide Fair Procedure	8-040
Subsequent Fair Hearing or Appeal	8-043■
Preliminary Decisions	8-053☐
Lack of Fair Procedure Made No Difference or Caused No Harm	8-065☐
Decision-Maker Not at Fault	8-075

SCOPE

After "these in turn.", add:

However, for completeness, we note that it is very clear that in the "present abnormal circumstances" of the Covid-19 pandemic and remote hearings, "the fundamental principles of substantive law and procedural fairness are unchanged".[10a]

8-002

[10a] *Re B (Children) (Remote Hearing: Interim Care Order)* [2020] EWCA Civ 584 at [4]; see also *Re A (Children) (Remote Hearing: Care and Placement Orders)* [2020] EWCA Civ 583.

RISK TO THE PUBLIC INTEREST

Risks to national security

Disclosure

Replace n.49 with:

[49] *Belhaj v Straw* [2017] EWHC 1861 (QB) at [28]; see also *R. (on the application of Jordan) v Chief Constable of Merseyside Police* [2020] EWHC 2274 (Admin) at [9].

8-009

Replace para.8-010 with:

The second process, known as a closed material procedure, has been enacted by Parliament originally in certain specific contexts, such as employment[50] and in cases involving allegations of terrorism,[51] and subsequently through the Justice and Security Act 2013, extended to all civil proceedings.[52] According to this process, the litigant is entitled to submit evidence without disclosing it to the other party and

8-010

there is no balancing of the competing interests; the closed material is withheld from the person and a special advocate may be appointed to represent the party to whom the evidence is not disclosed.[53] As has been observed, the difference between the two processes is that, with public interest immunity, undisclosed evidence cannot be adduced during the proceedings, whereas with a closed material procedure, the party can rely upon evidence that has not been disclosed to the other side.[54] It has been observed that the process of considering an application to withhold information from disclosure on the grounds of public interest, and the closed material procedure are very different, and in their essence may be thought of as conflicting.[55] It has also been held that only Parliament can replace public interest immunity with a closed material procedure,[56] although in *Haralambous*, it was held that the High Court, on a claim for judicial review of an order for a warrant, could conduct a closed material procedure and have regard to evidence on which the order was based.[56a] It is also not clear whether the parties could agree to conduct a closed material procedure,[57] The power to conduct a closed material procedure is necessarily implied into the statutory right to appeal decisions where a closed material procedure has been used.[58] There is a lack of clarity as to the circumstances in which it is necessary that a public immunity process be concluded before a closed material procedure can be adopted.[59]

[50] Employment Tribunals (Constitutional and Rule of Procedure) Regulations 2004 (SI 2004/1861) Sch.1, para.54; see now Employment Tribunals (Constitution and Rule of Procedure) Regulations 2013 (2013/1237) Sch.1, reg.94.

[51] Counter-Terrorism Act 2008 s.67 and Sch.7; CPR Pt 79; Terrorist Asset-Freezing etc Act 2010 s.28; Terrorism Prevention and Investigation Measures Act 2011 s.18 and Sch.4; and CPR Pt 80. Justice and Security Act 2013.

[52] For discussion of the Bill as it passed through Parliament, see J. Jackson, "Justice, Security and the Right to a Fair Trial: Is the Use of Secret Evidence Ever Fair?" (2013) P.L. 720; A. Tomkins, "Justice and Security in the United Kingdom" (2014) 47 Israel L. Rev. 305. The central provision in the legislation is s.6, which sets out the conditions in which the court may make a declaration that the proceedings are proceedings in which the closed material application may be made to the court. For application of the legislation, see *CF v Security Service and Mohamed v Foreign and Commonwealth office* [2013] EWHC 3402 (QB); [2014] 1 W.L.R. 1699; *R. (on the application of Sarkandi) v Secretary of State for Foreign and Commonwealth Affairs* [2014] EWHC 2359 (Admin) at [30] (in deciding whether an application for public interest immunity rather than a closed material procedure was the more appropriate course, it was necessary to consider whether the claim could fairly be tried without the sensitive material; see now [2015] EWCA Civ 687). See also J Rozenberg "Lifting the lid on closed hearing" (2020) 117 Law Society's Gazette 17 (discussing the Government's failure to review the closed material procedure, as required by s.13 of the Justice and Security Act 2013).

[53] J. Ip, "Al Rawi, Tariq, and the future of closed material procedures and special advocates" (2012) 75 M.L.R. 606, 608. For a comparative perspective, see A. Gray, "A Comparison and Critique of Closed Court Hearings" [2014] E. & P. 230.

[54] For a useful summary, see K. Hughes, "The right to know the case against you in civil claims" (2012) 71 C.L.J. 21. See also K Clubb, "'Secret Justice': a critical review of closed material proceedings and the Justice and Security Act 2013" (2014) 2 *Covert Policing, Terrorism and Intelligence Law Review* 75.

[55] *F v Security Service* [2013] EWHC 3402 (QB); [2014] 1 W.L.R. 1699 at [15] (Irwin J also referring to *Al Rawi v Security Service* [2012] 1 A.C. 531, in which Lord Dyson JSC described (at [41]) a closed procedure as "the very antithesis of PII").

[56] *Al-Rawi v The Security Service* [2011] UKSC 34; [2012] 1 A.C. 452 (four of the justices in the majority concluded that there was no power at common law for a court to introduce a closed material procedure either as a substitute for or supplement to public interest immunity ([40]-[49] per Lord Dyson, [73] per Lord Hope, [81]-[82] per Lord Brown and [95] per Lord Kerr). In particular, Lord Phillips agreed that a court could not order a closed material procedure as a substitute for public interest immunity ([192]); *R. (on the application of British Sky Broadcasting Ltd) v Central Criminal Court* [2014] UKSC 17; [2014] A.C. 885 at [30]–[31]. See also: *AHK* [2012] EWHC 1117 (Admin); [2012] A.C.D. 66; *R. (on the application of Youssef) v Secretary of State for Foreign & Commonwealth Affairs* [2012] EWHC 2091 (Admin); [2012] Lloyd's Rep. F.C. 702. For discussion of *Al-Rawi*, see M Chamberlain, "Al-Rawi v Security Service and Home Office v Tariq" [2011] C.J.Q. 360; J Ip, "Al Rawi, Tariq, and the future of closed material procedures and special advocates" (2012) 75 M.L.R. 606. For useful discus-

sion of the use of the closed material procedure, see M Fordham, "Secrecy, Security and Fair Trials: The UK Constitution in Transition" [2012] J.R. 187. For examples of the use (and attempted use) of the closed material procedure in practice, see also: *AHK* [2012] EWHC 1117 (Admin); [2012] A.C.D. 66; *R. (on the application of Youssef) v Secretary of State for Foreign & Commonwealth Affairs* [2012] EWHC 2091 (Admin); [2013] 2 W.L.R. 904; *R. (on the application Omar) v Foreign Secretary* [2012] EWHC 1737 (Admin); [2013] 1 All E.R. 161; see also [2013] EWCA Civ 118; *Secretary of State for the Home Department v CC and CF* [2014] EWCA Civ 559; *R. (on the application of Evans) v Secretary of State for Defence* [2010] EWHC 1445 (Admin); [2011] A.C.D. 11; *R. (on the application of B) v Westminster Magistrates' Court* [2014] UKSC 59; [2015] A.C. 1195 at [28]–[34] (holding that extradition proceedings did not fall within the special category of cases which justified or called for a further qualification of the principle of open justice). For comment, see T Garner, "Behind closed doors?" (2014) 164 *New Law Journal* 164, and Lord Kerr "'Only Parliament can do that'? The reliance of British jurisprudence on the common law in the national security context" (2015) 34 C.J.Q. 244. See also *R. (on the application of Immigration Law Practitioners' Association) v Tribunal Procedure Committee* [2016] EWHC 218 (Admin); [2016] 1 W.L.R. 3519 at [14] (finding statutory power to introduce a rule which permitted the First-tier Tribunal to give a direction prohibiting the disclosure of a document or information to a person, if satisfied that such disclosure would be likely to cause that person or some other person serious harm and having regard to the interests of justice that it was proportionate to give such a direction). It has also been held in *Da Costa v Sargaco* [2016] EWCA Civ 764; [2016] C.P. Rep. 40 at [59] that the decision in *Al-Rawi v Security Service* [2011] UKSC 34; [2012] 1 A.C. 531 was not authority for the proposition that, in order for a party to have a fair trial, there was an absolute requirement that he or she had to have the opportunity to be present throughout the hearing.

[56a] *R. (Haralambous) v Crown Court* [2018] UKSC 1; [2018] A.C. 236.

[57] Contrast *AHK* [2012] EWHC 1117 (Admin); [2012] A.C.D. 66 at [97] (Ouseley J holding that there could be no such procedure on consent in naturalisation cases, save as in inherent in the public interest immunity process) and *Youssef* [2012] EWHC 2091 (Admin); [2013] 2 W.L.R. 904 at [67] (leaving the question open in a judicial review challenging a decision of the Foreign Secretary to list the claimant on a list of individuals designated as associated with Al-Qaida).

[58] *Bank Mellat v HM Treasury (No.1)* [2013] UKSC 38; [2014] A.C. 700 at [37]–[43] (since s.40(2) of the 2005 Act provides that an appeal lies to the Supreme Court against "any" judgment of the Court of Appeal, that must extend to parts of a closed judgment as justice will not be able to be done in some cases if the appellate court cannot consider the closed material). For comment, see C. Sargeant, "Two Steps Backward, One Step Forward—the Cautionary Tale of Bank Mellat (No 1)" [2014] 3(1) C.J.I.C.L. 111.

[59] In *CF v Security Service and Mohamed v Foreign and Commonwealth office* [2013] EWHC 3402 (QB); [2014] 1 W.L.R. 1699 the court made its first ruling on the use of the Justice and Security Act 2013, accepting that the government could make a closed material application to the court in a civil claim for damages. It was unnecessary that a public immunity process should be concluded before the court accepted a closed material application. The courts have criticised the uneasy coexistence of the closed material and public interest immunity procedures (see [2014] 1 W.L.R. 1699 at [56]). See also *R. (on the application of Sarkandi) v Secretary of State for Foreign and Commonwealth Affairs* [2014] EWHC 2359 (Admin) at [9] (it was agreed that CPR 82.23(4), which gives effect to s.6 of the legislation and which allows for a hearing in the absence of the specially represented party and the specially represented party's legal representative, ought to be interpreted as allowing such a hearing "so far as necessary"); see now [2015] EWCA Civ 687. By contrast, in the context of a challenge to a search warrant, the Court held that, before any question of a closed material procedure could arise, it was necessary to consider whether to uphold the public interest immunity claim: *R. (on the application of Jordan) v Chief Constable of Merseyside Police* [2020] EWHC 2274 (Admin) at [17(a)].

Replace para.8-011 with:

8-011 In general, when considering public interest immunity, the courts require that a balancing exercise be undertaken between, on the one hand the requirements of national security (or other public objective), and on the other hand, the interests of the individual in the fairness of the decision.[60] It has been observed that public interest immunity requires a three-stage assessment: whether the evidence in relation to which public interest immunity is asserted is relevant; whether disclosure would cause harm to the public interest; and whether balancing the public interest in the administration of justice against the harm to the public interest that would be occasioned by disclosure, an order for disclosure should be made[60a] Any material which could arguably support the pleaded grounds of challenge will be relevant, as will any material which could support a further ground of challenge as yet unpleaded.[60b] In assessing the damage caused to the public interest by disclosure against the damage caused to the administration of justice by non-disclosure, the Court must reach its own level-headed assessment of the extent of any damage to the public interest caused by disclosure. By way of example, the disclosure of the identity of a covert informer is generally liable to cause grave damage to the public interest because it may lead to their suffering physical harm or deter others from providing information. Regarding damage to the administration of justice, it cannot be assumed that the availability of a closed material procedure means that the adverse effect on the administration of justice is materially greater than it would have been previously, when material attracting public interest immunity was categorically inadmissible.

[60] *R. v Chief Constable West Midlands, Ex p. Wiley* [1995] 1 A.C. 274, 281; *R. (on the application of Mohamed) v Secretary of State for Foreign and Commonwealth Affairs* [2009] EWHC 152 (Admin); [2009] 1 W.L.R. 2653 at [18] (referring to the balancing of the public interest in national security and the public interest in open justice, the rule of law and democratic accountability; see on appeal [2010] EWCA Civ 65; [2011] Q.B. 218). See also: *AHK* [2012] EWHC 1117 (Admin); [2012] A.C.D. 66 at [34]-[38]; and the guidance given by the court in *Commissioner of Policy of the Metropolis v Bangs* [2014] EWHC 546 (Admin); (2014) 178 J.P. 158 at [30]-[51], [59] (Beatson J noting at [40] that "[i]n all cases where the issue of PII is raised, what has to be balanced are the public interest which demands the material be withheld as against the public interest in the administration of justice that the individual and the court should have the fullest possible access to all relevant material"). See also *R. (on the application of X) v Chief Constable of Y* [2015] EWHC 484 (Admin) at [23]; *Worcestershire CC v HM Coroner for Worcestershire* [2013] EWHC 1711 (QB) at [65].

[60a] *R. (on the application of Jordan) v Chief Constable of Merseyside Police* [2020] EWHC 2274 at [17] (citing *R. v Chief Constable West Midlands, Ex p. Wiley* [1995] 1 A.C. 274, 280–281). See also: *HTF v Minister for Defence* [2018] EWHC 1623 (QB) at [59] (referring to the second two stages).

[60b] *R. (on the application of Jordan) v Chief Constable of Merseyside Police* [2020] EWHC 2274 at [17(b)].

Then add new paragraphs:

In a civil law context, in which the liberty of the subject is not at stake, where a prima facie case of public interest immunity is established, a person who wishes to invite the court to inspect the material must show that it is likely to provide substantial support to his or her case.[61] Relevant factors in the balancing include the following: the seriousness of the claim for which disclosure is sought, whether or not the government is itself a party or alleged to have acted unconscionably, the relevance of the particular evidence to the dispute, taking account of other possible sources of evidence, the significance of the evidence to the case, the importance of the public interest claimed, the nature and degree of the risk that disclosure presents and the nature of the litigation.[62] The approach to be taken by the court is to decide whether the material over which public interest immunity is claimed is relevant and significant to the issues, and if so, whether it is covered by a public interest which would make it immune from disclosure in the absence of an overriding interest in its disclosure in the interests of justice.[63] In assessing the damage caused to the public interest by disclosure against the damage caused to the administration of justice by non-disclosure, the Court must reach its own levelheaded assessment of the extent of any damage to the public interest caused by disclosure.[63a] By way of example, the disclosure of the identity of a covert informer is generally liable to cause grave damage to the public interest because it may lead to their suffering physical harm or deter others from providing information.[63b] Regarding damage to the administration of justice, it cannot be assumed that the availability of a closed material procedure means that the adverse effect on the administration of justice is materially greater than it would have been previously, when material attracting public interest immunity was categorically inadmissible.[63c]

Once the court has decided that it is relevant, and that it is properly covered by public interest immunity, it has to consider whether there are ways in which the salient points can be disclosed without any harm being done, for example by sharing the essence of the case or "gisting" or concession.[64] In short, any denial of disclosure or inspection must be limited to circumstances where such denial is strictly necessary, and where some restriction is necessary, consideration should be given to the use of redaction, confidentiality rings, anonymity orders and other steps to respect protected interests.[65]

[61] *Al-Rawi* [2011] UKSC 34; [2012] 1 A.C. 531 at [102].

[62] *Al-Rawi* [2011] UKSC 34; [2012] 1 A.C. 531 at [102]; *AHK* [2012] EWHC 1117 (Admin); [2012] A.C.D. 66, in which it was held (at [34]-[38]); *Commissioner of Policy of the Metropolis v Bangs* [2014] EWHC 546 (Admin); (2014) 178 J.P. 158 at [58]. See also *R. v Ryan (Veronica)* [2014] NICA 72 at [16] (where convictions had been found to be unsafe on account of the prosecution having failed at trial to disclose certain confidential information, the setting aside of those convictions was all that was required to satisfy the public interest and it was not in the interests of fairness and justice for the court to provide a fully reasoned judgment on what material had been withheld, why it had been withheld, and by whom; the public interest would be undermined not advanced by the disclosure of material covered by the public interest immunity certificate which the court had found to be properly issued).

[63] However, it has been held that the appropriate question is not whether disclosure "would" result in the harm identified but rather whether there is a real risk of the harm occurring: *Commissioner of Policy of the Metropolis v Bangs* [2014] EWHC 546 (Admin) at [50].

[63a] *R. (on the application of Jordan) v Chief Constable of Merseyside Police* [2020] EWHC 2274 at [17(d)].

[63b] *R. (on the application of Jordan) v Chief Constable of Merseyside Police* [2020] EWHC 2274 at [17(d)].

[63c] *R. (on the application of Jordan) v Chief Constable of Merseyside Police* [2020] EWHC 2274 at [17(e)].

[64] *AHK* [2012] EWHC 1117 (Admin); [2012] A.C.D. 66 at [33]; *Bank Mellat* [2013] 4 All E.R. 495 at [68]-[69]; *Bangs* [2014] EWHC 546 (Admin) at [34]-[35], [50]-[51]; *CF v Security Service* [2013] EWHC 3402 (QB); [2014] 1 W.L.R. 1699 at [45]; *Secretary of State for the Home Department v CC and CF* [2014] EWCA Civ 559 (withholding of Secretary of State's case on a potentially dispositive issue and total confinement of reasons for rejecting applicant's case on those issues to the closed judgment invalid).

[65] *R. (on the application of X) v Chief Constable of Y* [2015] EWHC 484 (Admin) at [40].

Replace para.8-015 with:

8-015 It is also important to be clear that, where a closed material procedure is at issue, there is no question of the court ordering disclosure. Rather, the court should ensure first that there remains no material which can be disclosed without harm to national security. It must then identify what material needs to be disclosed for the purpose of ECHR art.6. The essential test is whether the disclosure is sufficient to enable the recipient to give effective instructions in response to the allegations.[78a] There may also be some cases where some disclosure or gisting is necessary in order to maintain public confidence in the rule of law.[78b] It then refuses permission to withhold that material, reading the clear obligations to the contrary as subject to the requirement that they do not apply if disclosure is necessary for the purposes of art.6. This does not alter the right of the Secretary of State to refuse to disclose the material. Rather, the Secretary of State is entitled to decide not to disclose that material, but he cannot then rely on it, whether the case is continued in closed material procedure or not,[79] or the Secretary of State may be directed to make an appropriate concession or take other steps[79a]

[78a] *HTF v Minister for Defence* [2018] EWHC 1623 (QB) at [17].

[78b] *HTF v Minister for Defence* [2018] EWHC 1623 (QB) at [19].

[79] *K, A and B v Secretary of State for Defence, Secretary of State for Foreign and Commonwealth Affairs* [2017] EWHC 830 (Admin) at [11]. See also *HTF v Minister for Defence* [2018] EWHC 1623 (QB) at [12]-[13]]; see also *QX v Secretary of State for the Home Department* [2020] EWHC 1221 (Admin) at [29].

[79a] *QX v Secretary of State for the Home Department* [2020] EWHC 1221 (Admin) at [29]

Replace para.8-016 with:

8-016 Where a declaration is sought pursuant to s.6 of the Justice and Security Act 2013 for use of a closed material procedure, the court cannot consider an application unless satisfied that, before making it, the Secretary of State had considered whether to make a claim for public interest immunity in relation to the material on which the application was based.[80] The court has to be satisfied that a party to the proceedings would be required to disclose sensitive, or national security, material to another person, and that it is in the interests of the fair and effective administration of justice in the proceedings to make the declaration. It is also necessary for the court to consider other possible ways of proceeding apart from making a s.6 declaration.[81] For example, sharing the essence of the case or "gisting" may not be appropriate where the detail contained in documentation is important or where use of a confidentiality ring is not likely to be a satisfactory method of dealing with sensitive information.[82] There is no requirement for a court to decide the application by reference to the sensitive material relating to issues of central relevance or to find that the material is highly relevant.[83] It has also been held that a s.6 application is not an appropriate situation in which to consider to the rationality of a decision of the Secretary of State not to pursue a public interest immunity application; a s.6 application is not the occasion for a judicial review of the decision of the Secretary of State.[84]

[80] See *R. (on the application of Sarkandi) v Secretary of State for Foreign and Commonwealth Affairs* [2014] EWHC 2359 (Admin) at [30] (in deciding whether an application for public interest immunity rather than a closed material procedure was the more appropriate course, it was necessary to consider whether the claim could fairly be tried without the sensitive material; see now [2015] EWCA Civ 687). For an example in the immigration context, see: *BB, PP, W, U v Secretary of State for the Home Department* [2015] EWCA Civ 9. See *Regina (Belhaj) v Director of Public Prosecutions (No.1)* [2018] UKSC 33; [2018] 3 W.L.R. 435 for the distinction between civil and criminal matters in s.6 (holding that a claim for judicial review of a decision not to prosecute was a "criminal cause or matter" not "relevant civil proceedings", and that there was no jurisdiction to use a closed material procedure).

[81] *Re Gallagher's Application for Judicial Review* [2016] NIQB 95 at [33]-[59].

[82] *Re Gallagher's Application* [2016] NIQB 95 at [46], [52]–[57]. It has been held that it is not appropriate to release public interest immunity material into a competition ring in competition cases, particularly in relation to the obtaining and challenging of warrants, and that the use of confidentiality rings is limited to the protection of commercially sensitive information: *Competition and Markets Authority v Concordia International RX (UK)* [2018] EWCA Civ 1881.

[83] *Belhaj v Straw* [2017] EWHC 1861 (QB) at [37].

[84] *Belhaj* [2017] EWHC 1861 (QB) at [52]. See also *HTF v Minister for Defence* [2018] EWHC 1623 (QB) at [34].

Replace n.85 with:

8-017

[85] See, e.g. *IR (Sri Lanka)* [2011] EWCA Civ 704; [2012] 1 W.L.R. 232 at [20] (the procedural protection required by ECHR art.8 was limited and did not equiparate with the procedural protections guaranteed pursuant to ECHR arts 5 or 6). See *R. v Kelly (Lee Paul)* [2018] EWCA Crim 1893 at [30].

Replace para.8-018 with:

8-018

Even if no Convention right is engaged, an individual is entitled to expect consistency between the closed and open cases before the court.[89] However, ECHR art.6 does not require "gisting" in all cases without exception.[90] In summary, the requirements of art.6 depend on context and all the circumstances of the case,[90a] such as: whether the case involves the liberty of the subject; whether the claimant has been provided with a degree of information as to the basis for the decision; whether there is real scope for the special advocate to test the issues without obtaining instructions on the facts, and the extent of ECHR art.6 rights applicable.

[89] *SS (Libya) v Secretary of State for the Home Department* [2011] EWCA Civ 1547 (asylum) at [58].

[90] *Tariq v Home Office* [2011] UKSC 35; [2012] 1 A.C. 452 at [138]. See also: *AM v Secretary of State for the Home Department* [2011] EWHC 2486 (Admin) (no breach of ECHR art.6 where the court had kept ECHR art.6 rights under constant review, the Secretary of State and the special advocate agreed that there had been sufficient disclosure to enable instructions to be given and at issue were refusals to modify a non-derogating control order regulating, inter alia, internet access); *R. (on the application of A) v Director of Establishments of Security Service* [2009] UKSC 12; [2010] 2 A.C. 1 at [30]; *Bank Mel-*

lat (No.1) [2013] UKSC 38; [2014] A.C. 700 at [5]–[6]; *Secretary of State for the Home Department v CC and CF* [2014] EWCA Civ 559 at [43]; *R. (on the application of X) v Chief Constable of Y Police* [2015] EWHC 484 (Admin) at [35] (while the art.6 right to a fair trial is a powerful factor in the balancing exercise the court is to undertake when determining a claim for public interest immunity, that factor is not decisive of the question of whether a party is entitled to disclosure of the gist of allegations against him, being capable of being overridden by other compelling factors). Contrast *R. (on the application of Wright) v Secretary of State for Health)* [2009] UKHL 3; [2009] 1 A.C. 739 (art.6 required the right to make representations prior to being listed as unsuitable to work with children). D Kelman, "Closed trials and secret allegations: an analysis of the 'gisting' requirement" (2016) (80) J of Criminal L 264. See also *R. (on the application of Haralambous) v St Albans Crown Court* [2018] UKSC 1; [2018] A.C. 236 at [61]–[62].

[90a] ECHR art.6 has been described as involving a "spectrum of disclosure" which is "context and case specific": *HTF v Ministry of Defence* [2018] EWHC 1623 (QB) at [16].

After "also been given", delete "recently".   **8-021**

Add new paragraph at end:

Judicial review must also accommodate a closed material procedure, where such a procedure was authorised in the court whose decision was under review.[101a] This resulted from the reasoning in *Bank Mellatt* being applied to judicial review. In *Bank Mellatt*, the Supreme Court had reasoned that, if a closed material procedure was not permissible, the alternative analyses were that: (a) the appeal could not be entertained; or (b) the Supreme Court could consider the closed material in open court; or (c) the court could determine the appeal without looking at the closed material; or (d) the court would be bound to allow the appeal; or (e) the court would be bound to dismiss the appeal. The Court was concerned that: (a) ran contrary to the statutory provision; (b) would undermine the provision for a closed material procedure; (c) would be self-evidently unsatisfactory and would risk injustice and would in some cases be absurd; and (d) and (e) would be self-evidently equally unsatisfactory. The Court ruled in *Haralambous* that similar considerations applied to judicial review of a decision in respect of which a closed material procedure had been used.[101b] More recently, it has been suggested that the appropriate procedure in the judicial review context is that the Court granting permission to apply for judicial review should give directions for: a hearing to determine the public interest immunity claim and a substantive hearing to determine the application for judicial review, and if possible, both hearings should be listed before the same judge.[101c] At the first hearing, if the public interest immunity claim is upheld in whole or in part, consideration ought to be given to such issues as whether a special advocate should be appointed to represent the interests of the claimant in the closed material procedure, while at the substantive hearing, the open hearing should take place first, with the closed hearing following. Open and judgments should then be prepared.[101d]

[101a] *R. (on the application of Haralambous) v St Albans Crown Court* [2018] UKSC 1; [2018] A.C. 236. See also *Competition and Markets Authority v Concordia International RX (UK)* [2018] EWCA Civ 1881 at [27] (a judge was entitled, and obliged, to consider all relevant material regardless of whether some of it might be subject to public interest immunity).

[101b] *R. (on the application of Haralambous) v St Albans Crown Court* [2018] UKSC 1; [2018] A.C. 236 at [54]–[58]. See also *R. (on the application of Privacy International) v Investigatory Powers Tribunal* [2019] EWHC 3285 (Admin).

[101c] *R. (on the application of Jordan) v Chief Constable of Merseyside Police* [2020] EWHC 2274 at [35].

[101d] *R. (on the application of Jordan) v Chief Constable of Merseyside Police* [2020] EWHC 2274 at [35].

Replace para.8-022 with: **8-022**

It has also been held that where there has been an open and a closed hearing and a judge gives an open and a closed judgment, it is highly desirable in the open judgment to identify every conclusion in that judgment which has been reached in whole or in part in the light of points made in evidence referred to in the closed judgment and state that this is what has been done.[102] In addition, where closed material has been relied on, the judge should, in the open judgment, say as much as can properly be said about that closed material.[103]

[102] *Bank Mellat (No.1)* [2013] UKSC 38; [2014] A.C. 700 at [68]. For an example of a case in which open and closed judgments were delivered, see *Bank Mellat v Her Majesty's Treasury* [2017] EWHC 2931 (Admin); see also *R. (on the application of Jordan) v Chief Constable of Merseyside Police* [2020] EWHC 2274 (Admin).

[103] *Bank Mellat (No.1)* [2013] UKSC 38; [2014] A.C. 700 at [69]. A new practice direction on closed judgments in closed material procedure cases was issued in January 2019: [2019] 1 W.L.R. 1351.

After "such a course.", add:

8-023 Furthermore, where redaction is used, it must not impair the intelligibility of any materials disclosed.[106a]

[106a] *Rahmatullah v Ministry of Defence* [2019] EWHC 3849 (QB) at [27].

Replace n.107 with:

8-024 [107] *ZZ (France) v Secretary of State for the Home Department* (C–300/11) EU:C:2013:363 at [68] (see generally also [53]–[69] for discussion on the EU position). See also *Bank Mellat v HM Treasury* [2014] EWHC 3631 (Admin); [2015] H.R.L.R. 6 at [19] (describing ZZ as a "bad decision") (judgment affirmed without considering EU law in [2015] EWCA Civ 1052; [2016] 1 W.L.R. 1187). See also *S1 v Secretary of State for the Home Department* [2016] EWCA Civ 560 (finding that the disclosure made satisfied the "essence of the grounds" obligations, albeit that EU law did not apply). It has also been observed that, while the right in art.41 of the Charter of Fundamental Rights of the European Union reflects a general principle of Union law, Member States are entitled to withhold disclosure, and hence restrict the right to make representations, on grounds of national security: *R. (AZ) v Secretary of State for the Home Department* [2015] EWHC 3695 (Admin) (involving refusal of a travel document which was not as serious as interference with the free movement of EU nationals or refoulement). However, the decision in ZZ has recently been reaffirmed in Case C-666/17 *AizChem AG v European Commission* EU:C:2019:196 at [54]. The court stated: "if the judicial review is to be effective the person concerned must be able to ascertain the reasons upon which the decision taken in relation to him is based, so as to make it possible for him to defend his rights and to decide, with full knowledge of the relevant facts, whether there is any point in his applying to the court with jurisdiction."

The role of special advocates in closed material procedures

After para.8-032, add new paragraph:

8-032 Finally, in this regard, it has been held that it will be rare for a challenge to the issue of a search and seizure warrant, involving public interest immunity materials considered in a closed hearing, to justify the appointment of a special advocate.[129a] While the court will consider the facts of each case, as a process which is preparatory to and not part of a criminal prosecution and where the scope of the investigation was limited by the statutory scheme, the circumstances would have to be exceptional to warrant the appointment of a special advocate in respect of a search and seizure warrant.[129b] In this regard also, there has been reference to "a broad hierarchy of requirements for approach to closed hearing" in the various circumstances considered above,[129c] with challenges to the issue of search warrants falling "towards the lower end of any such hierarchy", given that they are directed to premises not people, there is no question of loss of liberty or direct loss of rights or adjudication of rights.[129d]

[129a] *R. (Terra Services Ltd) v National Crime Agency* [2020] EWHC 130 (Admin); [2020] 1 W.L.R. 1149 at [24].

[129b] *R. (Terra Services Ltd) v National Crime Agency* [2020] EWHC 130 (Admin); [2020] 1 W.L.R. 1149 at [25].

[129c] *R. (Terra Services Ltd) v National Crime Agency* [2020] EWHC 130 (Admin); [2020] 1 W.L.R. 1149 at [17].

[129d] *R. (Terra Services Ltd) v National Crime Agency* [2020] EWHC 130 (Admin); [2020] 1 W.L.R. 1149 at [21].

FAIR PROCEDURES WOULD HINDER PROMPT ACTION

Common law exclusion of procedural propriety for urgency

Replace n.157 with:

[157] R. v Powys CC Ex p. Horner [1989] Fam. Law 320. See also *R. (on the application of Sharp) v Northumbrian Water Ltd)* [2020] EWHC 84 (Admin) at [66] (finding that adequate reasons had been given in relation to entry to land to carry out remedial works to a burst pipe, but noting that "the suggestion of an obligation to give reasons sits uneasily with a power granted to an undertaker to enter land promptly to carry out necessary repairs to damaged pipes").

8-039

SUBSEQUENT FAIR HEARING OR APPEAL

Common law and subsequent hearings

Replace n.202 with:

[502] *R. (on the application of Martin) v Secretary of State for the Home Department* [2003] EWHC 1512 (Admin); *The Times*, 15 May 2003. cf. *R. (on the application of Banks) v Secretary of State for the Environment, Food and Rural Affairs* [2004] EWHC 416 (Admin); [2004] N.P.C. 43 at [107] where there was no evidence of a "fair, open-minded and comprehensive" reconsideration); *R. (on the application of Q) v Secretary of State for the Home Department* [2003] EWCA Civ 364; [2004] Q.B. 36 at [91] (fact that Secretary of State willing to reconsider an adverse decision as to welfare benefits for asylum-seekers "not a substitute for proper and fair primary decision making"); *R. v Commissioners of Customs and Excise Ex p. Mortimer* [1999] 1 W.L.R. 17 at 23 (remedy refused where there was availability of full hearing on appeal to magistrates of procedural defective customs decision); *R. v Secretary of State for the Home Department Ex p. Pierson* [1998] A.C. 539 (refusal to grant leave for judicial review where Secretary of State willing to consider further representations); *R. (on the application of Shields) v Crown Court at Liverpool* [2001] EWHC Admin 90; [2001] U.K.H.R.R. 610 (the issue of whether there had been a fair trial in compliance with ECHR art.6 could be addressed on appeal to the CA). See also *R. (on the application of Goodland) v Chief Constable of Staffordshire Police* [2020] EWHC 2477 (Admin) at [227]–[230].

8-047

ECHR art.6 and subsequent hearings

Replace n.209 with:

[209] See, e.g. *Magill v Porter* [2001] UKHL 67; [2002] 2 A.C. 357 (no breach of art.6 when the procedure of district auditor and the Divisional Court on appeal were considered as a whole); see 10-088. For a recent affirmation of this, see *Rustavi 2 Broadcasting Company Ltd v Georgia* (App No. 16812/17).

8-049

Replace n.218 with:

[218] *Holding & Barnes Plc* [2001] UKHL 23; [2003] 2 A.C. 295 at [16]-[19], [49]-[56] (Lord Slynn); [155]-[160] (Lord Clyde); [188]-[189] (Lord Hutton); in the planning context, *R. (on the application of Adlard) v Secretary of State for the Environment, Transport and the Regions* [2002] EWCA Civ 735; [2002] 1 W.L.R. 2515; *Adan v Newham LBC* [2001] EWCA Civ 1916; [2002] 1 W.L.R. 2120 (although council's internal review not "independent and impartial" appeal to the county court ensured compatibility with art.6); *Q* [2003] EWCA Civ 364; [2004] Q.B. 36 at [116]-[117] (provided that fair system of questioning of asylum-seekers in relation to welfare benefits, availability of judicial review would ensure compliance with art.6); *Friends Provident Life and Pensions Ltd v Secretary of State for Transport, Local Government and the Regions* [2001] EWHC Admin 820; [2002] 1 W.L.R. 1450 (planning authority not independent and impartial but judicial review Court having full jurisdiction in relation to a matter of planning judgment); *R. (on the application of Goodland) v Chief Constable of Staffordshire Police* [2020] EWHC 2477 (Admin) at [226] (noting that while the defendant had conceded that he was not an independent and impartial tribunal, "taken as a whole", the Police (Injury Benefit) Regulations 2006 provided an art.6 compliant determination of civil rights).

8-050

PRELIMINARY DECISIONS

Duty to observe principles of fairness

Add to the end of para.8-064:

8-064 Furthermore, a decision which entitled children to an expedited process to join a family member attracted a duty to act fairly, even though it was not determinative of the ultimate outcome of the application. The Court rejected the proposition that fairness was not required at an earlier decision-making stage simply because it was required at a later decision-making stage.[270a] Other relevant factors engaging the duty to act fairly were that the person who was not accepted for transfer in the expedited process suffered an adverse decision.[270b] Furthermore the outcome of the preliminary process was taken into account later in the process, while there would also have been children who would have given up as a result of the preliminary adverse decision.[270c]

[270a] *R. (on the application of Citizens UK) v Secretary of State for the Home Department* [2018] EWCA Civ 1812 at [94].

[270b] *R. (on the application of Citizens UK) v Secretary of State for the Home Department* [2018] EWCA Civ 1812 at [94].

[270c] *R. (on the application of Citizens UK) v Secretary of State for the Home Department* [2018] EWCA Civ 1812 at [97]–[98].

LACK OF FAIR PROCEDURE MADE NO DIFFERENCE OR CAUSED NO HARM

Replace para.8-066 with:

8-066 This chapter is concerned with situation (a), though a sharp distinction is not always drawn in the judgments. The response of the courts to this argument, in its many forms, is still uncertain.[278] In some cases the courts have refused to grant relief when satisfied that the outcome could not have been different had natural justice been fully observed.[279] These decisions have been sought to be explained on the ground that the relief sought was discretionary,[280] or on the ground that breach makes an order voidable rather than void.[281] It is submitted that neither explanation is sufficient. As to the former, it is right to note that a refusal of relief on the ground that it would make "no difference" may be explained either as an exercise of the courts' discretion as to the grant of relief,[282] or as a part of the consideration of whether the principles of fairness have in fact been infringed at all. However, this in itself goes no way towards an identification of those cases in which the courts are prepared to refuse relief, as a matter of discretion or otherwise. As to the latter, it is clear that the court may still have discretion to refuse the statutory remedy even though the decision is void.[283] There are also cases, arising in various contexts, in which it has been assumed that the inadequacy of the hearing is in itself sufficient for the decision to be set aside: in those instances the courts have declined to embark upon a speculative inquiry about the possible impact of the procedural irregularity upon the decision.[284] It is however clear that it is not necessary for the claimant to show that the decision would inevitably have been different[285] and that "[t]he threshold for a no difference outcome... is high."[285a]

[278] For comparative perspectives, see the Australian case *Re Refugee Review Tribunal; Ex p. Aala* (2000) 204 C.L.R. 802 (where constitutional writs are sought, refusal of relief on basis that breach of procedural fairness made no difference approached very strictly) and *Minister for Immigration and Border Protection v WZARH* (2015) 256 C.L.R. 326 at 342 (holding that proof of harm not required when the procedure itself was inherently unfair). Australian cases hesitate to deny relief on discretionary grounds,

NO DIFFERENCE OR NO HARM   143

unless either a legal requirement or an incontrovertible fact would almost certainly compel the same result: *Ucar v Nylex Industrial Products Pty Ltd* (2007) 17 V.R. 492 at 519. In Canada, see *Mobil Oil Canada Ltd v Canada Newfoundland Offshore Petroleum Board* (1994) 111 D.L.R. (4th) 1. See also A. Mills, "The 'Makes no Difference' Controversy" [2013] J.R. 124; D. Feldman, "Error of Law and Flawed Administrative Acts" [2014] C.L.J. 275.

[279] *R. v Monopolies and Mergers Commission Ex p. Argyll* [1986] 1 W.L.R. 763; *Durayappah v Fernando* [1967] 2 A.C. 337 at 350; *Fulop (Imre) v Secretary of State for the Home Department* [1995] Imm. A.R. 323, CA ("no possibility" of a different decision since missing documents unhelpful to applicant); *R. v Camden LBC Ex p. Paddock* [1995] C.O.D. 130 (case "falls within the narrow margin of cases in which the court can say with confidence that the [unfairness] has caused no actual injustice"; *R. v Islington LBC, Ex p. Degnan* [1998] C.O.D. 46, CA ("exceptional case"; judge "near to certainty" that the flawed decision made no difference to the result); *R. (on the application of Ghadami) v Harlow DC* [2004] EWHC 1883 (Admin) at [73]; *Aston v Nursing & Midwifery Council* [2004] EWHC 2368 (Admin) at [73]; *R. (on the application of Varma) v Duke of Kent* [2004] EWHC 1705 (Admin) at [27]; *R. (on the application of Wainwright) v Richmond upon Thames LBC* [2001] EWCA Civ 2062; *Mousaka Inc v Golden Seagull Maritime Inc* [2002] 1 W.L.R. 395 at [35]; *W v The Independent Appeal Panel of Bexley LBC* [2008] EWHC 758 (Admin); [2008] E.L.R. 301 at [38]; *Edwards* [2008] 1 W.L.R. 158 at [65] (pointless to quash a permit simply to enable the public to be consulted on out-of-date data) (distinguished in *R. (on the application of Corus UK Ltd (t/a Orb Electrical Steels)) v Newport City Council* [2010] EWCA Civ 1626 at [14]-[15], in which the court allowed an appeal against an order of the trial judge refusing to quash a planning permission; the trial judge had erred in treating the matter as a planning dispute which could be resolved by balancing the prejudice of one against the other and had ignored the important consideration that a planning permission was a public act and if unlawful, the normal result was that it should be quashed); *SH (Afghanistan) v Secretary of State for the Home Department* [2011] EWCA Civ 1284 at [15] (tribunals like courts, had to set aside a determination reached by the adoption of an unfair procedure unless satisfied that it would be pointless to do so because the result would be the same); *R. (on the application of Bruton) v Secretary of State for Justice* [2017] EWHC 1967 (Admin); [2017] 4 W.L.R. 152.

[280] *Glynn* [1971] 1 W.L.R. 487; *Ex p. Roffey* [1969] 2 Q.B. 538 (certiorari; undue delay); *Fullbrook v Berkshire Magistrates' Courts Committee* (1970) 69 L.G.R. 75 (declaration; unreasonable conduct of plaintiff). See also *R. (on the application of English Speaking Board (International) Ltd v Secretary of State for the Home Department* [2011] EWHC 1788 (Admin) at [59]-[63] (declaration granted instead of a quashing order as even though it was procedurally flawed to make changes to the Immigration Rules without consultation, there was insufficient evidence that they had impacted adversely on those genuinely wishing to take courses in support of their applications). See 18-047.

[281] In *Stevenson v United Road Transport Union* [1977] I.C.R. 893, the characterisation of the decision as void or voidable was stated to be relevant only to the court's approach to its exercise of discretion to grant relief, in that case a declaration. On the void/voidable distinction, see 4-058.

[282] See 18-047.

[283] *Miller v Weymouth and Melcombe Regis Corp* (1974) 27 P. & C.R. 468 at 480-481 (not a natural justice case, but where the court declined to quash a void decision for lack of prejudice to the applicant); cf. *Goddard v Minister of Housing and Local Government* [1958] 1 W.L.R. 1151 at 1153; *Savoury v Secretary of State for Wales* (1976) 31 P. & C.R. 344 at 347.

[284] *John v Rees* [1970] Ch. 345, 402; *R. v Thames Magistrates' Court Ex p. Polemis* [1974] 1 W.L.R. 1371 at 1375-1376; *West* (1975) 29 P. & C.R. 316 at 320-332 and the cautionary dicta of Lord Hailsham in *London & Clydeside Estates Ltd v Aberdeen DC* [1980] 1 W.L.R. 182 at 189.

[285] *R. (on the application of Gopikrishna) v Office of the Independent Adjudicator for Higher Education* [2015] EWHC 207 (Admin) at [209].

[285a] *Sanusi v General Medical Council* [2019] EWCA Civ 1172 at [85] (holding [at 99] that "[a]lthough there was a procedural irregularity resulting in the Tribunal being ignorant of material relevant to mitigation, given the gravamen of the Tribunal's main findings, there is no realistic possibility that the missing materials might have led the Tribunal to a different sanction outcome.")

Illustrations

Replace list with:

- A decision by school governors refusing to correct an inaccurate statement in a consultation paper, and refusing to extend the consultation period was not unfair because the error in question could not have led a person reading the pamphlet to have reached a different conclusion.[298]
- A decision by the chairman of the Monopolies and Mergers Commission to recommend to the Secretary of State that a take-over reference be laid aside,

- while beyond his powers, should not, in the discretion of the court, be quashed because there was little doubt that a properly constituted committee would have reached the same decision.[299]
- Moreover, it has been held that there was no procedural unfairness caused by refusing to permit a prisoner to make further submissions on the basis of a report and the failure to do so had not been procedurally unfair as the report did not contain any new information and was based entirely on evidence placed before the parole board.[300]
- There was no procedural unfairness where notices of a planning application were served by post and one person had not been served notice as that person clearly knew of the planning application and was not denied the opportunity to make representations.[301]
- Although the claimant should have seen the evidence put to the university visitor in respect of a decision to terminate his registration as a student, he could not have made any representations which would have affected the result and consequently, leave for judicial review was refused.[302]
- Similarly, although a local authority had breached its statutory duty to consult by failing sufficiently to notify individual local residents of plans to construct a toucan crossing, the decision to approve the crossing could stand because there was no real possibility that the local authority would have reached a different decision had it complied with the duty to consult.[303]
- Any procedural irregularity arising from the refusal of an interpreter, which had prevented the appellant's parents from giving evidence at a leave to remain hearing concerning the sale of a family property, would have made no difference to the outcome in the absence of supporting documentation.[303a]
- An order of certiorari quashing a decision revoking the applicant's licence would be futile and was therefore withheld on the basis that any fresh decision concerning licence revocation would inevitably replicate the former.[303b]
- A decision of a tribunal was not found to be invalid where a tribunal had obtained information through its own research, where, in particular, the information was almost identical to that already in evidence and given that the claimant had ultimately been able to respond to the information during the hearing, such that the breach of procedural propriety had been remedied.[304]
- By contrast, procedural unfairness arose where a local authority had failed to provide an applicant for housing with the information specified by statute and had failed to wait the statutory 8-week period before making a decision and it was impossible to say that no representations would have been made had it waited the 8-week period.[304a]

---

[298] *R. v Haberdashers' Ashe's Hatcham School Governors Ex p. ILEA*, *The Times*, 9 March 1989; *R. (on the application of Siborurema) v Office of the Independent Adjudicator* [2007] EWCA Civ 1365; [2008] E.L.R. 209 at [66] (there was "no real possibility" that disclosure of the information for comment would have affected the decision). In *R. (on the application of Gopikrishna) v Office of the Independent Adjudicator for Higher Education* [2015] EWHC 207 (Admin) at [209], it was held that there was no real possibility that a letter from the university confirming that it did not have formal procedures for reopening appeals and a response from the claimant would have materially affected the decision: [217].

[299] *Ex p. Argyll* [1985] 1 W.L.R. 763 (the CA also took into account the needs of good public administration); cf. *R. v Secretary of State for Education and Science Ex p. ILEA* [1990] C.O.D. 319; *R. v Bristol CC Ex p. Pearce* (1984) 83 L.G.R. 711 (food hawkers not shown objections; but those objections could not possibly have motivated decision).

[300] *R. (on the application of Faulkner) v Secretary of State for the Home Department* [2006] EWHC 563 (Admin).

[301] *Ghadami* [2004] EWHC 1883 (Admin) at [73] (although the notice was defective for want of a closing date for representations, the court would refuse relief as the defect had not frustrated the relevant object of giving the public an opportunity to make representations about the proposed development and neither the applicant nor the public had suffered any prejudice).

[302] *Varma* [2004] EWHC 1705 (Admin); [2004] E.L.R. 616 at [27]. See also *Burger v Office of the Independent Adjudicator for Higher Education* [2013] EWHC 172 (Admin); [2013] E.L.R. 331 (assessment criteria should have been disclosed to students in advance of an examination; however, non-publication would not have made any difference to complainant's examination performance and would not gain from decision being quashed).

[303] *Wainwright* [2001] EWCA Civ 2062 at [55]; *Mousaka* [2002] 1 W.L.R. 395 at [35] (since there was no effective right of appeal from the decision of the High Court on an application for appeal of an arbitrator's award, a requirement on the judge to provide reasons in full for refusing the application would be "completely worthless"); *Aston* [2004] EWHC 2368 (Admin) at [73] (although a defendant's legal representative had been incompetent during the conduct of a trial, the legal adviser and, save for one exception, the solicitor appearing for the Council were astute to prevent the representative from damaging the presentation of the claimant's case: he did have a full opportunity to put his side, his version of the facts, and there was a full opportunity for the committee to judge the Council's witnesses when tested in cross-examination).

[303a] *KK (India) v Secretary of State for the Home Department* [2019] EWCA Civ 369, the Court of Appeal upheld an Upper Tribunal decision that the Secretary of State's refusal to grant a 21 year old Indian national indefinite leave to remain was valid. Haddon-Cave LJ stated at [56]: "mere oral evidence from the Appellant's father or mother about the sale of the family property in India would inevitably have made no difference to the UT's decision. Accordingly, any procedural irregularity arising by reason of the UT's letter was not material and involved no unfairness."

[303b] In *Bowe v Police Service of Northern Ireland* [2019] NIQB 16, it was held that the revocation of an offender's licence on suspicion of having committed a serious crime while on licence, was unlawful because it failed to consider all the material evidence and was procedurally unfair. However, the Court held at [50]: "having regard to the non-release decision of the Parole Commissioners made on 23 October 2018 we consider it inevitable that any fresh decision by DOJ at this stage would replicate the initial one." The Court did not therefore quash the decision, but declared it unlawful.

[304] *Re Crawford's Application for Judicial Review* [2016] NIQB 97 at [60]–[62].

[304a] *Safi v Sandwell BC* [2018] EWCA Civ 2876.

CHAPTER 9

Procedural Fairness: Fettering of Discretion

TABLE OF CONTENTS

Scope	9-001
Fettering of Discretion by Self-Created Rules or Policy	9-002■
Undertaking Not to Exercise a Discretion	9-022■

FETTERING OF DISCRETION BY SELF-CREATED RULES OR POLICY

Replace n.7 with:

[7] *R. (on the application of Lumba) v Secretary of State for the Home Department* [2011] UKSC 12; [2012] 1 A.C. 245 at [21] (Lord Dyson: "it is a well established principle of public law that a policy should not be so rigid as to amount to a fetter on the discretion of decision-makers"). See also *R. (on the application of Adath Yisroel Burial Society) v HM Senior Coroner for Inner North London* [2018] EWHC 969 (Admin); [2018] 3 W.L.R. 1354 at [77] ("It is a well established principle of public law that a policy should not be so rigid as to amount to a fetter on the discretion of decision-makers.")

9-004

Underlying rationale

Replace para.9-005 with:

The underlying rationale of the principle against fettering discretion is to ensure that two perfectly legitimate values of public law, those of legal certainty and consistency (qualities at the heart of the principle of the rule of law), may be balanced by another equally legitimate public law value, namely, that of responsiveness.[13] While allowing rules and policies to promote the former values, it insists that the full rigour of certainty and consistency be tempered by the willingness to make exceptions, to respond flexibly to unusual situations, and to apply justice in the individual case.[14] As has been observed, there is a tension in public law decision-making between flexibility in the decision-making process and predictability of its outcome. The more there is of one, the less room there is for the other, and getting the balance right is often difficult.[15] Moreover, it must be remembered that an inflexible policy could prioritise consistency at the expense of equal treatment in fact.[16] In this regard, the duty to follow policy has been described as subordinate to the duty to exercise statutory power lawfully, and it has been held to be wrong to allow policy to fetter discretion if there was good reason not to follow it.[16a] There are also other background values in play, namely, accountability (public bodies could be held to account (politically if not legally) if they do not fulfil their announced policies) and efficiency; it is clearly more efficient for a housing authority to set out its criteria for admission through a "points system" than to assess each application afresh. For similar reasons, university departments normally publish their admissions criteria which not only assist the admissions tutor to make

9-005

decisions with despatch, but also help prospective applicants by discouraging applications that, in the absence of exceptional circumstances, are unlikely to succeed. It has also been observed that the principle against fettering ensures that decisions taken represent "a true and proper exercise of the discretion conferred by Parliament".[18]

[13] *R. v Ministry for Agriculture, Fisheries and Food Ex p. Hamble Fisheries (Offshore) Ltd* [1995] 2 All E.R. 714 at 722 (Sedley J described the "two conflicting imperatives of public law", rigidity and certainty, as against individual consideration); see also *R. (on the application of Alvi) v Secretary of State for the Home Department* [2012] UKSC 33; [2012] 1 W.L.R. 2208 at [111].

[14] C. Hilson, "Judicial Review, Policies and the Fettering of Discretion" [2002] P.L. 111; D. Galligan, "The Nature and Functions of Policy Within Discretionary Power" [1976] P.L. 332. For an analysis of the advantages and disadvantages of creation by various administrative techniques, criteria to regulate the exercise of discretion, see J. Jowell, "The Legal Control of Administrative Discretion" [1973] P.L. 178; *Law and Bureaucracy* (1975); D. Galligan, *Discretionary Powers, A Legal Study of Official Discretion* (1986); K.C. Davis, *Discretionary Justice* (1969). On the distinction between rules and objectives, see *Oddy v Transport Salaried Staff's Association* [1973] I.C.R. 524; H. Molot, "The Self-Created Rule of Policy and Other Ways of Exercising Administrative Discretion" (1972) 18 McGill L.J. 310; *R. v Secretary of State for the Home Department Ex p. Venables* [1998] A.C. 407 at 494 (Lord Browne-Wilkinson restated the distinction between a proper policy and an over-rigid or inflexible one, and referred to the passage in the text). See also *R. (on the application of Adath Yisroel Burial Society) v HM Senior Coroner for Inner North London* [2018] EWHC 969 (Admin); [2018] 3 W.L.R. 1354 at [78].

[15] *Sayaniya* [2016] EWCA Civ 85; [2016] 4 W.L.R. 58 at [16] (citing from Lord Walker in *Alvi* [2012] UKSC 33; [2012] 1 W.L.R. 2208 at [111]).

[16] *R. (on the application of Singh) v Cardiff City Council* [2012] EWHC 1852 (Admin) at [80] (fettering "can lead to the risk of arbitrary and unequal treatment").

[16a] *Gage v Scottish Ministers* [2015] CSOH 174 at [20]; see also *Mandalia* [2015] UKSC 59; [2015] 1 W.L.R. 4546. A failure to follow a policy may however provide a ground for judicial review: *Lumba* [2011] UKSC 12; [2012] 1 A.C. 245 at [35]; *R. (on the application of O) v Secretary of State for the Home Department* [2016] UKSC 19; *Onos v Secretary of State for the Home Department* [2016] EWHC 59 (Admin) at [62] (requiring good reason to depart from policy); *R. (on the application of FK) v Secretary of State for the Home Department* [2016] EWHC 56 (Admin); *Mandalia v Secretary of State for the Home Department* [2015] UKSC 59; [2015] 1 W.L.R. 4546; *Re PL's Application for Judicial Review* [2019] NIQB 74, At [55] (the Commission fettered its discretion in failing to appreciate the full extent of what the statutory provisions permitted it to do or what was required of it by the common law and by considering itself bound in some way, though not absolutely, by the proposals submitted to it; it "proceeded on the basis of a self-devised stratagem of a general rule and an exception").

[18] *R. (on the application of Hillsden) v Epping Forest* [2015] EWHC 98 (Admin) at [29].

Application of the no-fettering principle

Illustrations

Replace list with:

9-007
- In the planning context, the Secretary of State for the Environment was held to have fettered his discretion in adopting a policy of disallowing all purely local objections to the allocation of land for gypsy sites.[19]
- In the award of costs, a tribunal which has power to award costs fails to exercise its discretion if it fixes specific amounts to be applied indiscriminately to all cases before it.[20] However, a tribunal's statutory discretion may be wide enough to justify the adoption of a rule not to award any costs save in exceptional circumstances,[21] as distinct from a rule never to award any costs at all.
- The Law Society was entitled to have policies governing claims against the Compensation Fund (including a policy excluding compensation for consequential loss) provided that such policy admitted of exceptions in appropriate cases, and that any special reasons put forward were considered.[22]
- The House of Lords has even applied the non-fettering principles to the discretionary award of investment allowances to industrialists by a govern-

ment department.[23]
- There have also been many cases where local authorities' policies prohibiting discretionary grants to students have in practice amounted to an unlawful fetter on their discretion, despite an apparent willingness to consider exceptional cases.[24]
- In the context of appointments, in a Scottish case it was assumed that the Secretary of State, in deciding whether to approve an appointment to the office of chief constable, was not entitled to adopt a rigid rule never to approve the appointment of an officer who was already a member of the local police force in question.[25]
- Educational policies should be flexible; and local authorities must be prepared, at least when an objection is expressly raised,[26] to make exceptions, after considering the merits of individual cases, to their general rules about, inter alia, allocating children to denominational schools,[27] abolishing secondary schools that admit children on the basis of ability,[28] or refusing applications for requests for assessments of a child's special educational needs.[29]
- Housing policies of local authorities should be open to flexible application, as has been held in respect of policies on eviction of tenants of council houses who are in arrears with their rent,[30] on payment for the provision of temporary housing accommodation,[31] on refusal of applications for housing by children of those "intentionally homeless",[32] on requiring a homeless individual who had rejected accommodation as unsuitable to first move into the accommodation before being permitted to appeal,[33] on suspending a person who had unreasonably refused accommodation from the housing register for two years,[34] and on referral of tenancies to a rent tribunal.[35]
- In the context of prosecutions and disciplinary decisions, a chief constable ought not to adopt a rigid rule not to institute any prosecution at all for an antisocial class of criminal offence[36] nor should he fetter his discretion by treating the decision of the Director of Public Prosecutions that there was insufficient evidence to justify the prosecution of an officer, as determinative of the question of whether to dismiss for unfairness disciplinary charges against that officer based on substantially the same facts.[37]
- In the conduct of hearings, domestic tribunals have been said to act improperly in refusing to allow a party to appear at a disciplinary hearing with a legal representative solely because it has never been their practice to permit it.[38] It has also been held that the Army Board of the Defence Council cannot have an inflexible policy not to hold an oral hearing where allegations of race discrimination are made.[39]
- Policies on the imposition of penalties or sentences should not be so rigid as to exclude consideration of the proportionality of the penalty in particular circumstances.[40] For example, in *R. v Secretary of State for the Home Department Ex p. Venables*,[41] the Secretary of State for the Home Office was held to have fettered his discretion in setting a "tariff" period of 15 years for a person sentenced to be detained at Her Majesty's Pleasure, because the "tariff" period did not permit review on grounds other than those relating to the circumstances of the commission of the crime and the applicant's state of mind, contrary to the Secretary of State's statutory power which was not fettered in this way.[42]
- In the realm of politics, the courts have required that a manifesto commitment is not blindly implemented following an election victory.[43] It has also been held that a local council's resolution could be quashed if councillors voted for it on orders from their political party, although not if they conscientiously decided to prefer the party's policy to their own opinions.[44]

- In the operation of prisons, policies should usually be applied flexibly and a policy of the Prison Service requiring incarcerated mothers to be separated from their children after 18 months was held to be applied too inflexibly and therefore unlawful.[45] It has also been held that the Secretary of State for Justice had erred in restricting childcare resettlement leave to prisoners who were within two years of their release date and had been allocated to open conditions.[46] Likewise, where a prisoner had received a consecutive sentence in default of payment of a confiscation order and applied for temporary release while serving her first sentence, to refuse her pursuant to a blanket policy which provided that release could only be considered during the second period of imprisonment amounted to an unlawful fettering of discretion.[47] However, no fettering of discretion was found where a prison governor decided that a Category A prisoner serving a mandatory life sentence should attend the hearing of a civil claim by video link, rather than in person.[47a]
- A local authority could not fetter its discretion by a term in a secure tenancy agreement to the effect that it would not use its statutory power to vary tenancy agreements by notice without approval of the tenants' representatives.[48]
- In the context of asylum applications, it was unlawful for the Secretary of State to defer dealing with a whole class of applications, older applications, in order to meet targets set for consideration of more recent applications; this amounted to "a textbook case" of unlawful fettering of discretion.[49] The court noted that although the principle is normally applied to substantive decisions on applications, there was no reason why it should not apply equally to "a procedural decision to defer a whole class of applications without good reasons and without consideration of the effects on the applicants".[50] Similarly, an exclusion policy which barred the Secretary of State from considering applications for indefinite leave to remain from those who were in various exclusion categories before ten years had elapsed gave rise to a failure to exercise discretion.[51]
- By contrast, there was no fettering where a policy guidance explained that a regulatory discretion to waive fees for applicants seeking a visa to enter the United Kingdom would only be exercised where there were the most exceptional, compelling and compassionate circumstances, as the policy was consistent with expectations underlying the statutory scheme, relevant to the exercise of the relevant powers, consistent with the purpose of the enabling legislation and not arbitrary, capricious or unjust.[52]
- Similarly, the Welsh Ministers' policy of not usually funding additional programmes of study for young adults with learning difficulties did not amount to an unlawful fetter on their discretion when discharging their duty under the Learning and Skills Act 2000 s.32 and s.41 to secure education facilities for those young adults because the exception in the policy on securing provision for young people with learning difficulties at specialist FE establishments to the general two-year limit on funding was not so rigidly and narrowly confined as to be an unlawful fetter on the ministers' discretion. It did not impose a set of rigid requirements, but emphasised that the Ministers would exercise their powers in a flexible and responsible way.[52a]
- In the context of an application for citizenship, it was held that the Secretary of State had fettered her discretion in adopting a blanket policy that treated 16 and 17 year olds as adults for the purpose of determining the "good character" requirements of the British Nationality Act 1981.[53]
- An unpublished blanket policy which admitted of no exceptions of detention

for all foreign national prisoners on completion of their sentences of imprisonment for criminal offences pending the making of deportation orders against them was unlawful.[54]
- A policy of the Secretary of State not to deport Irish offenders unless there were exceptional circumstances was held not to amount to a blanket policy. While the policy made clear that deportation would only be pursued exceptionally, it did not unlawfully fetter the Secretary of State's discretion. Additionally, the decision-making process was wholly inconsistent with there having been a blanket ban: consideration had been given to the prisoner's individual circumstances when determining that his was not an exceptional case justifying deportation.[54a]
- Where a statute granted to the courts a wide discretion to consider what is equitable having regard to all the circumstances, it was not desirable to fetter that discretion by rules.[55]
- Non-fettering principles have also been applied to the disclosure of information by voluntary adoption agencies.[56]
- A coroner's refusal to prioritise burials on the basis of the religion of the deceased unlawfully fettered the discretion of the coroner's decision-making when exercising her statutory powers.[56a]
- The Legal Services Agency for Northern Ireland was operating an inflexible policy whereby civil legal aid for intra-litigation mediation was available only in family cases, and there was a blanket prohibition for ADR in other types of cases. The Agency had therefore failed to exercise the discretion conferred on it by the legislation in a lawful manner by failing to consider the application on its merits.[56b]
- A local authority had not adopted an unlawful policy in relation to the award of discretionary housing payments under the Child Support, Pensions and Social Security Act 2000 s.69, and the Discretionary Financial Assistance Regulations 2001. The local authority did not operate a blanket policy of requiring claimants to pay the first £15 of any shortfall in their weekly housing costs. Its policy expressly allowed for a nil contribution, and it regularly departed from its starting point of requiring a £15 contribution.[56c]
- A guidance note issued to deputy district judges in Northern Ireland which stated that they should use the sentencing option of a deferred sentence "only in very exceptional cases" was "too strong" and amounted to a constraint on the exercise of their powers. It was of the greatest importance that the width of judicial discretion in a matter as sensitive as the sentencing of offenders, in the absence of limiting statutory language, was safeguarded and that a deputy judge should not feel constrained about exercising their authority on an equal basis as a district judge and without the pressure which flowed from the unfortunate use of language in the guidance. [56d]
- A government policy relating to the identification of victims of human trafficky was unlawful where it required that a referral for reconsideration of a negative decision could only be made by a specific "first responder" or "support provider"; the policy amounted to an unlawful fettering on the discretion to reopen decisions.[56e]

---

[19] *R. v Secretary of State for the Environment Ex p. Halton DC* (1983) 82 L.G.R. 662. By contrast, in *St Albans City and District Council v Secretary of State for Communities and Local Government* [2015] EWHC 655 (Admin), the Secretary of State had not fettered his discretion when determining a second planning appeal by requiring a very good reason to be shown for departing from the conclusion reached in the first appeal, where the "very good reason" has been applied as a matter of judgment rather than as a legal test.

[20] *R. v Merioneth Justices* (1844) 6 Q.B. 153; *R. v Glamorganshire Justices* (1850) 19 L.J.M.C. 172.

21 *Re Wood's Application* (1952) 3 P. & C.R. 238; *R. v Secretary of State for the Environment Ex p. Reinisch* (1971) 70 L.G.R. 126. Indeed, when a tribunal departs from its normal rule it may be required to give clear reasons for its decision: *Pepys v London Transport Executive* [1975] 1 W.L.R. 234; *R. v Wreck Commissioner Ex p. Knight* [1976] 3 All E.R. 8.

22 *R. v Law Society Ex p. Reigate Projects Ltd* [1993] 1 W.L.R. 1531.

23 *British Oxygen Co Ltd v Board of Trade* [1971] A.C. 610; compare *R. v Secretary of State for Transport Ex p. Sheriff & Sons Ltd, The Times,* 18 December 1986.

24 See, e.g. *R. v Warwickshire CC Ex p. Collymore* [1995] E.L.R. 217; *R. v Warwickshire CC Ex p. Williams* [1995] E.L.R. 326; *R. v Bexley LBC Ex p. Jones* [1995] E.L.R. 42. See also *R. v Secretary of State for the Home Department Ex p. Bennett, The Times,* 18 August 1986 (Home Secretary's criteria for approval of police rent allowance was over-rigid); *R. v Barnsley Supplementary Benefits Appeal Tribunal Ex p. Atkinson* [1977] 1 W.L.R. 917. Blanket policies may also create human rights concerns, see, e.g., *R. (on the application of Tigere) v Secretary of State for Business, Innovation and Skills* [2015] UKSC 57; [2015] 1 W.L.R. 3820; *R. (on the application of T) v Chief Constable of Greater Manchester Police* [2014] UKSC 35; [2015] A.C. 49.

25 *Kilmarnock Magistrates v Secretary of State for Scotland,* 1961 S.C. 350 (entitled to adopt a general policy to that effect, subject to willingness to make exceptions in special cases).

26 *Smith v Inner London Education Authority* [1978] 1 All E.R. 411.

27 *Cummings v Birkenhead Corp* [1972] Ch. 12.

28 *Smith* [1978] 1 All E.R. 411.

29 *R. v Hampshire CC Ex p. W* [1994] E.L.R. 460; *P v Hackney LBC* [2007] EWHC 1365 (Admin).

30 *Bristol DC v Clark* [1975] 1 W.L.R. 1443 at 1448 (dicta); *R. v Tower Hamlets LBC Ex p. Khalique* (1994) 26 H.L.R. 517 (rule that cases where rent arrears greater than £500 would be rendered "nonactive" went well beyond the bounds of a lawful policy since it permitted no flexibility whatsoever); *R. v Lambeth LBC Ex p. Njomo* (1996) 28 H.L.R. 737; compare *Elliott v Brighton BC* (1980) 79 L.G.R. 506 (fettering of discretion to recondition substandard houses after failure to comply with improvement notice).

31 *Roberts v Dorset CC* (1977) 75 L.G.R. 462.

32 *Attorney General ex rel. Tilley v Wandsworth LBC* [1981] 1 W.L.R. 854 at 858 (Templeman LJ went further in suggesting that even a policy resolution hedged around with exceptions might not be entirely free from attack).

33 *R. v Newham LBC Ex p. Dada* [1996] Q.B. 507 at 516A.

34 *R. v Westminster City Council, Ex p Hussain* (1999) 31 H.L.R. 645.

35 *R. v Barnet & Camden Rent Tribunal Ex p. Frey Investments Ltd* [1972] 2 Q.B. 342 (explaining *R. v Paddington & St Marylebone Rent Tribunal Ex p. Bell London & Provincial Properties Ltd* [1949] 1 K.B. 666 as a case of a capricious reference made without consideration of relevant matters). See also, *R. (on the application of Hardy) v Sandwell Metropolitan Borough Council* [2015] EWHC 890 (Admin) at [43] (a council's policy of always taking into account the care component of disability living allowance when assessing the amount of a discretionary housing payment was an unlawful fetter).

36 *R. v Metropolitan Police Commissioner Ex p. Blackburn* [1968] 2 Q.B. 118 (gaming offences in clubs).

37 *R. v Chief Constable Thames Valley Police Ex p. Police Complaints Authority* [1996] C.O.D. 324.

38 See, e.g. *Pett v Greyhound Racing Association (Ltd) (No.1)* [1969] 1 Q.B. 125; *Enderby Town Football Club Ltd v Football Association Ltd* [1971] Ch. 591 at 605–606.

39 *R. v Army Board of the Defence Council, Ex p. Anderson* [1992] Q.B. 169 at 188.

40 *Lindsay v Commissioners of Customs and Excise* [2002] EWCA Civ 267; [2002] 1 W.L.R. 1766; *Gascoyne v Commissioners of Customs and Excise* [2003] EWCA Civ 892 at [19].

41 *Ex p. Venables* [1998] A.C. 407.

42 *Ex p. Venables* [1998] A.C. 407 at 494–498 (Lord Browne-Wilkinson), 522–524 (Lord Steyn, although his Lordship did not use the language of fettering of discretion) and 532–536 (Lord Hope); compare CA [1997] 2 W.L.R. 67 at 90 (Lord Woolf MR); the Home Secretary no longer has a role in setting tariff periods; and *R. v Secretary of State for the Home Department, Ex p. Hindley* [2001] 1 A.C. 410; *R. (on the application of Smith) v Secretary of State for the Home Department* [2005] UKHL 51; [2006] 1 A.C. 159 (no unlawfulness where regular review of sentence in place). See also *R. (on the application of Shutt) v Secretary of State for Justice* [2012] EWHC 851 (Admin) at [25].

43 *R. v GLC Ex p. Bromley LBC* [1983] 1 A.C. 768 (the "Fares Fair" case). Lords Diplock and Brandon, in particular, criticised the G.L.C. for implementing its manifesto commitment to introduce a subsidy policy automatically after the election. Compare *R. v Merseyside CC Ex p. Great Universal Stores Limited* (1982) 80 L.G.R. 639, where the Fares Fair case was distinguished on the ground, inter alia, that the Merseyside had considered its manifesto commitment afresh after the election, before implementing the policy; compare *R. v Waltham Forest LBC Ex p. Baxter* [1988] Q.B. 419 (councillors entitled to regard manifesto as very important factor in reaching decision).

SELF CREATED RULES OR POLICY

[44] *Ex p. Baxter* [1988] Q.B. 419 (on the evidence, the councillors had exercised their discretion).

[45] *R. v Secretary of State for the Home Department Ex p. Q* [2001] EWCA Civ 1151; [2001] 1 W.L.R. 2002; and *R. (on the application of P) v Secretary of State for the Home Department*, unreported 17 May 2002; *R. v Secretary of State for the Home Department Ex p. Simms* [2000] 2 A.C. 115. Compare *R. v Secretary of State for the Home Department Ex p. Zulfikar* [1996] C.O.D. 256 (blanket policy of strip-searching prisoners after every visit not unlawful).

[46] *R. (on the application of MP) v Secretary of State for Justice* [2012] EWHC 214 (Admin); [2012] A.C.D. 58 at [186].

[47] *AA v Governor of HMP Downview* [2008] EWHC 2612 (Admin); [2009] Prison L.R. 254 at [43]–[51]. See also *Shutt* [2012] EWHC 851 (Admin) at [25]; *R. (on the application of Guittard) v Secretary of State for Justice* [2009] EWHC 2951 at [23]–[24].

[47a] *R. (on the application of Michael) v Governor of Whitemoor Prison* [2020] EWCA Civ 29, [46].

[48] *R. (on the application of Kilby) v Basildon DC* [2007] EWCA Civ 479; [2007] H.L.R. 39 at [32]–[35].

[49] *R. (on the application of S) v Secretary of State for the Home Department* [2007] EWCA Civ 546; [2007] Imm. A.R. 781 at [50].

[50] *S* [2007] EWCA Civ 546. See also *R. (on the application of AK) v Secretary of State for Foreign and Commonwealth Affairs* [2008] EWHC 2227 (Admin) at [32] (Blake J observing obiter that it would "probably be unlawful for a Secretary of State to fetter her statutory discretion about the admission of people who are subject to immigration control").

[51] *R (on the application of Mayaya) v Secretary of State for the Home Department* [2011] EWHC 3088 (Admin); [2012] 1 All E.R. 1491 at [53] (although no such fettering arose in respect of a 12-month sentence threshold for identifying a serious offence in circumstances in which such a threshold was a reliable and rational measure of seriousness: at [45]–[46]). See also *R. (on the application of SA) v Secretary of State for the Home Department* [2015] EWHC 1611 at [36] and [42] (holding that the defendant was entitled to adopt a policy on the way in which criminal convictions will normally be considered by her caseworkers, but it should not be applied mechanistically and inflexibly; there had to be a comprehensive assessment of each applicant's character, as an individual, which involves an exercise of judgment, not just ticking boxes on a form; the official did not properly weigh in the balance the strong countervailing evidence of the claimant's good character against the fact of his conviction).

[52] *Re Salad's Application for Leave to Apply for Judicial Review* [2015] NIQB 32 at [22].

[52a] *DJ v Welsh Ministers* [2019] EWCA Civ 1349.

[53] *SA* [2015] EWHC 1611 (Admin).

[54] *Lumba* [2012] 1 A.C. 245 at [34]–[39].

[54a] *R. (on the application of Foley) v Secretary of State for the Home Department* [2019] EWHC 488 (Admin), at [28]–[32].

[55] *Dunn v Parole Board* [2008] EWCA Civ 374; [2009] 1 W.L.R. 728 at [31], [43].

[56] *R. (on the application of Gunn-Russo) v Nugent Care Society* [2001] EWHC Admin 566; [2001] U.K.H.R.R. 1320 at [39]–[43].

[56a] *R. (on the application of Adath Yisroel Burial Society) v HM Senior Coroner for Inner North London* [2018] EWHC 969 (Admin); [2018] 3 W.L.R. 1354.

[56b] *Edmunds v Legal Services Agency for Northern Ireland* [2019] NIQB 50 at [39]-[43].

[56c] *R. (on the application of Rehoune) v Islington LBC* [2019] EWHC 371 (Admin).

[56d] *Re Nicholl's Application for Judicial Review* [2019] NIQB 26 at [27]-[30].

[56e] *R. (on the application of DS) v Secretary of State for the Home Department* [2019] EWHC 3046 (Admin), at [84].

Power to articulate rules or policy

Replace n.64 with:

[64] *R. v Secretary of State for the Environment, Transport and the Regions Ex p. Holdings & Barnes Plc (the Alconbury case)* [2001] UKHL 23; [2003] 2 A.C. 295 at [143]; *Ex p. Venables* [1998] A.C. 407 at 432 (the area of prisoner release "calls out" for the development of policy to provide consistency, certainty and fairness); *A v Croydon LBC, Secretary of State for the Home Department* [2009] EWHC 939 (Admin); [2010] 1 F.L.R. 193 at [70] (a policy of giving prominence to a particular assessment in determining whether an immigrant was a child did not constitute an unlawful fetter provided that the Home Office was satisfied that there had been a proper assessment and that the reasons given and observations made had been satisfactory; not considered on appeal [2009] UKSC 8; [2009] 1 W.L.R. 2557); *R. (on the application of Banks) v The Mayor and Burgess of Tower Hamlets LBC* [2009] EWHC

9-010

242 (Admin) at [48]–[55] (a local authority had not abdicated the exercise of its discretion by adopting a policy generally not to prosecute for over-sized market stalls as it had brought a small number of prosecutions); *R. (on the application of Siborurema) v Office of the Independent Adjudicator* [2007] EWCA Civ 1365; [2008] E.L.R. 209 at [77] (where there was nothing in the facts of the case to require the Adjudicator to carry out a review otherwise than in accordance with its standard practice, it would not be a fetter of its discretion to do so). See also *SA* [2015] EWHC 1611 (Admin) at [31] (observing that the defendant was entitled to adopt a policy "provided that she exercised her statutory function lawfully"). See also *R. (on the application of Adath Yisroel Burial Society) v HM Senior Coroner for Inner North London* [2018] EWHC 969 (Admin); [2018] 3 W.L.R. 1354 at [78].

Do exceptions have to be specified in the rule or policy?

Replace para.9-013 with:

9-013 It is clear that a policy will usually be valid if it provides, for example, that unless "exceptional circumstances" are present, it will not grant any further licences to enable residential hotels to serve liquor to non-residents.[78] Another permitted formulation is that the body will "normally" give priority to those applicants for licences, for which demand exceeds supply, who do not already have one.[79] However, as just discussed, a general rule or policy that does not on its face admit of exceptions will be permitted in most circumstances,[80] and it has been held that unqualified statements of policy generally fall to be construed as allowing of exceptions in appropriate cases.[80a] However, while the court may be willing to proceed on the general principle that a policy stated in unqualified terms generally falls to be construed as allowing of exceptions, whether there has been a fettering will turn on factual circumstances. For example, where the respondents had never submitted a long-term prisoner's dossier to the Parole Board earlier than the timescale in the policy, and where they were unable to provide any indication of the sort of circumstances which might be considered to be exceptional, the court applied the general principle, but "not without hesitation".[80b] There may also be a number of circumstances where the authority will want to emphasise its policy, such as that "no discretionary awards [for student grants] will be made"[81] but the proof of the fettering will be in the willingness to entertain exceptions to the policy, rather than in the words of the policy itself.[82]. Thus, the court may be "receptive to evidence" that shows that the policy is not operated inflexibly.[82a] However, where the words of a policy were "rigid" and it did "not admit of exceptions", they were found to comprise an unlawful fetter on discretion.[82b]

---

[78] *Brockman* [1951] 2 K.B. 784; *Stratford Catering Co* (1926) 136 L.T. 278. Contrast *Ex p. Simms* [2000] 2 A.C. 115 (a blanket policy that forbade prisoners access to the press, apart from "exceptionally", was held to be unlawful). See also *R. (on the application of London School of Science and Technology) v Secretary of State for the Home Department* [2017] EWHC 423 (Admin) (no fettering where there was a residual discretion which was on occasion exercised).

[79] *Ex p. Kayne-Levenson* [1975] Q.B. 431 at 446, 452; *Perilly v Tower Hamlets LBC* [1973] Q.B. 9 (rule that licences granted in order of application upheld).

[80] But see *Tilley* [1981] 1 W.L.R. 854 (a policy which stated that the council would not house families with young children where the parents of those children had become intentionally homeless was held to be unlawful).

[80a] *McDonald v Scottish Ministers* [2019] CSOH 106, [43] (citing *R. (on the application of West Berkshire District Council) v Secretary of State for Communities and Local Government* [2016] EWCA Civ 441, [21]).

[80b] *McDonald v Scottish Ministers* [2019] CSOH 106, [43]–[45] (although the Court concluded on the facts that the decision-makers had fettered their discretion: see [47] and [53]).

[81] *Collymore* [1995] E.L.R. 217; and see the examples of the regulation of taxis provided by C. Hilson, "Judicial Review, Policies and the Fettering of Discretion" [2002] P.L. 111, 117–120.

[82] This statement of principle was recently endorsed by the Court of Appeal in *West Berkshire District Council* [2016] EWCA Civ 441; [2016] P.T.S.R. 982 at [17] (overturning the ruling of the lower court on the basis that it had conflated what the policy said with how it could lawfully be deployed). However, a willingness to depart from the policy under direct threat of litigation will not suffice: *R. (on the application of DS) v Secretary of State for the Home Department* [2019] EWHC 3046 (Admin), [80].

[82a] *R. (on the application of Oleh Humnyntskyi v Secretary of State for the Home Department* [2020]

EWHC 1912 (Admin), [295] (policy on providing accommodation to individuals granted immigration bail).

[82b] *R. (on the application of DS) v Secretary of State for the Home Department* [2019] EWHC 3046 (Admin), [84].

After the above, add new paragraph:

Whether there is fettering is a matter of degree.[82c] It has also been held that this principle-and indeed the rule against fettering discretion-apply whether or not the policy-maker and the decision-maker are the same or different persons, since, if it were otherwise, neither would have any integrity as a principle.[83] It was also observed that a policy-maker is entitled to express his policy in qualified terms, as it would be idle, and most likely confusing, to require every policy statement to include a health warning in the shape of a reminder that the policy must be applied consistently with the rule against fettering.[84] Thus, where a policy not to fund a particular medical treatment listed unspecified "exceptional personal or clinical circumstances" as an exception to the policy, it was necessary for the decision-maker to be able to envisage what such exceptional circumstances might be: if it was not possible to envisage any such circumstances, the policy would be in practice a complete refusal of assistance, and unlawful.[85] Moreover, how the exceptions are defined is important: a trust which required an application for funding to be refused where a patient was "representative of a group of patients" did not in fact allow for exceptional cases, but actually required patients to demonstrate uniqueness rather than exceptionality to qualify for funding.[86]

[82c] *Humber Landlords Association v Hull City Council* [2019] EWHC 332 (Admin), at [43].

[83] *West Berkshire District Council* [2016] EWCA Civ 441; [2016] P.T.S.R. 982 at [18].

[84] *West Berkshire District Council* [2016] EWCA Civ 441; [2016] P.T.S.R. 982 at [21].

[85] *R. (on the application of Rogers) v Swindon NHS Primary Care Trust* [2006] EWCA Civ 392; [2006] 1 W.L.R. 2649.

[86] *R. (on the application of Ross) v West Sussex Primary Care Trust* [2008] EWHC 2252 (Admin); (2008) 11 C.C.L. Rep. 787 at [78]–[79].

Evidence of a fetter on discretion

Conduct of the decision-maker

Replace para.9-017 with:

The courts will therefore scrutinise closely the conduct of a decision-maker in assessing whether or not he has unlawfully fettered his discretion. A course of conduct involving the consistent rejection of applications belonging to a particular class may justify an inference that the competent authority has adopted an unavowed rule to refuse all.[97] In cases involving discretionary grants for students it was held that although the policy admitted of exceptions, in practice there was no evidence of any procedures to allow applications in exceptional circumstances.[98] Where a departmental handbook on its face fettered the discretion of the Ministry, the courts were prepared to go behind a claim that the handbook was not in fact relied upon in reaching the impugned decision, and held that the handbook was so much a "part of the Department's thinking" that its influence could not be dismissed.[99] On the other hand, where a policy to ban taxi drivers who had been found guilty of plying for hire without a licence was enforced with very few exceptions, it was held that to hold the line on the policy in that way was necessary in order to provide an effective deterrent.[100] It has been observed that the "true question" is whether there is a willingness to consider exceptions from the policy.[100a] In the context of a policy relating to the exporting of livestock from the UK to Europe, it was held that the true question is whether in practice the defendants had shown themselves willing to consider exceptions from the policy.[100b]

9-017

[97] cf. *Macbeth v Ashley* (1874) L.R. 2 H.L.Sc. 352 at 357. This passage was expressly approved in *Collymore* [1995] E.L.R. 217 where Judge J held that where, over a period of three years, 300 appeals from decisions of the council to refuse discretionary student grants had all failed, it could be inferred that the policy to refuse to award discretionary grants save in "most extraordinary" circumstances had been applied far too rigidly. See also *Ex p. Dada* [1996] Q.B. 507; *R. (on the application of Kelly) v Liverpool Crown Court* [2006] EWCA Civ 11 (taxi licence applications).

[98] *Ex p. Jones* [1995] E.L.R. 42.

[99] *Sheriff, The Times,* 18 December 1986. compare *R. v Southwark LBC Ex p. Udu* (1996) 8 Admin. L.R. 25 (local authority entitled to have general policy of not funding courses at private colleges and postgraduate courses, subject to "exceptional cases").

[100] *R. v Nottingham CC Ex p. Howitt* [1999] C.O.D. 530.

[100a] *R. (on the application of MAS Group Holdings Ltd) v Secretary of State for the Environment, Food and Rural Affairs* [2019] EWHC 158, at [173].

[100b] *R. (on the application of MAS Group Holdings Ltd) v Secretary of State for the Environment, Food and Rural Affairs* [2019] EWHC 158, at [173]—[174].

Duty to hear the applicant?

Replace n.107 with:

9-020

[107] See e.g. *British Oxygen* [1971] A.C. 610. See also: *Dinsmore v Scottish Ministers* [2019] CSOH 55, at [18] (if the question necessarily arising on the issue of unlawful fettering is whether the decision-maker in the course of the exercise of a public discretionary power has refused to, or made it clear that she or he is unwilling to, listen to anyone with something new to say, it then follows that an applicant must have actively made a case to persuade the decision-maker that the case in hand is indeed an exception justifying a departure from the established policy. Accordingly, the refusal by the Scottish Ministers not to commence a home detention curfew license 165 days before the prisoner's parole qualifying date could be dismissed in circumstances where the petitioner failed to advance the exceptionality of his case).

Add new para.9-021A:

Justification for Fettering

9-021A In a recent case, it was suggested that a fettering could be justified.[110a] The Court found evidence that an inflexible policy had been operated by the Crown Prosecution Service in respect of its Victims' Right to Review Guidance. However, the Court found that there were considerations which justified the operation of the policy and which persuaded the Court that the policy was not unlawful and was not operated in an unlawful manner. In particular, the Court held that the restriction on the operation of the guidance was both necessary and proportionate as a balance of competing interests.[110b] This is an unusual decision, and not consistent with the case law set out in this Chapter suggesting that fettering is a ground of illegality in itself. It remains to be seen if this position will be followed.

[110a] *R. (on the application of Hayes) v Crown Prosecution Service* [2018] EWHC 327 (Admin); [2018] 1 W.L.R. 4106.

[110b] *R. (on the application of Hayes) v Crown Prosecution Service* [2018] EWHC 327 (Admin); [2018] 1 W.L.R. 4106 at [50]–[54].

UNDERTAKING NOT TO EXERCISE A DISCRETION

Common law discretionary powers

Replace para.9-029

9-029 More generally, the non-fettering doctrine does not apply to common law discretionary powers of central government. In *R. (on the application of Elias) v Secretary of State for Defence*, it was held that the non-fettering principle did not apply to a policy on ex gratia payment.[141] Similarly, the doctrine does not apply to prerogative powers.[142] Questions may arise as to how to characterise the power.[143]

UNDERTAKING NOT TO EXERCISE A DISCRETION

[141] [2006] EWCA Civ 1293; [2006] 1 W.L.R. 3213 at [191]. See also 5-030 on common law powers and the Ram doctrine.

[142] *Sandiford* [2014] UKSC 44 at [54], [62] (referring to the reasoning in *R. (on the application of Elias) v Secretary of State for Defence* [2006] EWCA Civ 1293; [2006] 1 W.L.R. 3213, in which it had been held that it is within the power of the decision-maker to decide on the extent to which to exercise a power such as setting up a scheme, it was held that prerogative powers have to be approached on a different basis from statutory powers as there is no necessary implication, from their mere existence, that the State as their holder must keep open the possibility of their exercise in more than one sense); *Hamilton of Rockhall v Lord Lyon King of Arms* [2019] CSOH 85; 2019 S.L.T. 1380 at [86] (noting that the particular character of the royal prerogative of the Lord Lyon was "wholly inimical to the articulation of a policy or practice" that was capable of binding successors in office. For comment, see K Costello "The scope of application of the rule against fettering in administrative law" (2015) 131 L.Q.R. 354.

[143] See *R. (on the application of Adath Yisroel Burial Society) v HM Senior Coroner for Inner North London* [2018] EWHC 969 (Admin); [2018] 3 W.L.R. 1354 at [86] (characterising the power as "akin to a power derived from statute", such that the principle against fettering applied).

CHAPTER 10

Procedural Fairness: Bias and Conflict of Interest

TABLE OF CONTENTS
Scope 10-001
Historical Development 10-008
The Test of Bias . . . . 10-012■
Automatic Disqualification for Bias . . . . 10-019□
Other Situations in Which Bias May Occur . . . . 10-037■
Situations Where Bias Will Not Apply 10-066
ECHR art.6 . . . . 10-088□
Comparative Perspectives 10-099

THE TEST OF BIAS

Gough adjusted: "real possibility"

Replace para.10-017 with:
The matter was then resolved by the House of Lords in *Porter v Magill*,[59] where **10-017** Lord Hope suggested a "modest adjustment" to the test in *Gough*. The reference to "real danger" was deleted and the test was held to be whether "the fair-minded and informed observer, having considered the facts, would conclude that there was a real possibility of bias".[60] The emphasis thus shifts from the view of the court to that of an objective and informed observer.[61] This point was emphasised when the Court of Appeal observed that "the opinion of the notional informed and fair-minded observer is not to be confused with the opinion of the litigant".[62] Indeed, the litigant has been noted to not be the fair-minded observer, lacking the objectivity which is the hallmark of the fair-minded observer, being "far from dispassionate"; since litigation is a stressful and expensive business, most litigants "are likely to oppose anything that they perceive might imperil their prospects of success, even if, when viewed objectively, their perception is not well-founded".[63] It has also been emphasised that disqualification for apparent bias is not discretionary: if there is a real possibility of bias, the judge is disqualified by the principle of judicial impartiality, or if there is not, there is no valid objection,[63a] and considerations of inconvenience, cost and delay are irrelevant.[63b]

---

[59] *Porter v Magill* [2001] UKHL 67; [2002] 2 A.C. 357; see S. Atrill, "Who is the 'Fair-Minded Observer'? Bias after Magill" [2003] C.L.J. 279.

[60] *Porter v Magill* [2001] UKHL 67; [2002] 2 A.C. 357 at [103].

[61] This approach was endorsed by the HL in *Lawal* [2003] UKHL 35; [2004] 1 All E.R. 187 at [19] (Lord Steyn), citing in support *Belilos* (1988) 10 E.H.R.R. 466 at [67]. See also *Davidson v Scottish Ministers* [2004] UKHL 34; 2005 1 S.C. (H.L.) 7 where it was held that a former Lord Advocate (the Law Officer of the Scottish Executive) was disqualified from sitting in the Court of Session when he was called

upon to interpret legislation the meaning of which he had previously advised. Lord Bingham at [17] said that the fair-minded and informed observer "would conclude that there was a real possibility that [the judge] ... would subconsciously strive to avoid reaching a conclusion which would undermine the very clear assurances he had given to Parliament". See also: *R. (on the application of Spurrier) v Secretary of State for Transport* [2019] EWHC 1070 (Admin) at [555] (no arguable appearance of bias where the chairman of the Airport Commission resigned from his prior role at the point at which he accepted the Government's invitation to chair the Commission, such that no objective observer would conclude that there was any real risk of his judgment being distorted by his previous role as a board member of a substantial shareholder of the holding company of Heathrow Airport Ltd).

[62] *Harb v Aziz* [2016] EWCA Civ 556 at [69] (adding that the test "ensures that there is a measure of detachment in the assessment of whether there is a real possibility of bias"). For comment, see C. Hollander "Apparent bias against an entire barristers' chambers? Harb v HRH Prince Abdul Aziz [2016] EWCA Civ 556" (2016) 35 C.J.Q. 287; K. Anderson, "Lost luggage and judicial baggage: Harb v HRH Prince Abdul Aziz [2016] EWCA Civ 556" (2016) 35 C.J.Q. 290.

[63] *Harb* [2016] EWCA Civ 556 at [69].

[63a] *R. (on the application of Short) v Police Misconduct Tribunal* [2020] EWHC 385 (Admin) at [74] (endorsing the reasoning of Mummery LJ in *AWG Group Limited v Morrison* [2006] EWCA Civ 6; [2006] 1 WLR 1163 at [74]).

[63b] *R. (on the application of Short) v Police Misconduct Tribunal* [2020] EWHC 385 (Admin) at [82] (citing *Bubbles & Wine Ltd v Lusha* [2018] EWCA Civ 468 at [18]).

Replace para.10-018 with:

10-018 Despite the alteration in the test of bias, it will not always be clear whether the perspective of the judge or that of the "fair-minded observer" will differ and much judicial attention has been directed to the identification of the attributes of the "fair-minded and informed observer". The concept has been described as "hypothetical", posited to assist the court in deciding whether the proceedings in question were seen to be fair.[64] However, it has been observed frequently that there are conceptual difficulties in creating a fictional character, investing that character with an ever-growing list of qualities and then speculating about how such a person would answer the question before the court. The notional observer has been described as "something of a paragon. Not only is he fair-minded and impartial, but he has diligently educated himself about the circumstances of the case".[65] The obvious danger is that the judge will simply project on to that fictional character his or her personal opinions.[66] As Lord Kerr has noted, there is a danger of characterising the observer as "someone who, by dint of his engagement in the system that has generated the challenge, has acquired something of an insider's status".[67] Thus, the observer should not be regarded as unduly neurotic or, as put by Kirby J in an Australian case, "neither complacent nor unduly sensitive or suspicious".[68] The observer is also often envisaged by the courts as being particularly well-informed and in possession of quite extensive knowledge.[69]

[64] *Virdi v Law Society* [2010] EWCA Civ 100; [2010] 1 W.L.R. 2840 at [37].

[65] *Dar Al Arkan Real Estate Development Company v Majid Al-Sayed Bader Hashim Refai* [2014] EWHC 1055 (Comm) at [37].

[66] *Lanes Group Plc v Galliford Try Infrastructure Ltd (t/a Galliford Try Rail)* [2011] EWCA Civ 1617; [2012] Bus. L.R. 1184 at [52].

[67] *Belize Bank Ltd v Attorney General of Belize* [2011] UKPC 36 at [38]. Elliott has observed that, "if legal doctrine in this sphere is to reflect that policy that underpins it", namely, to preserve public confidence, "reviewing judges should certainly make greater efforts to avoid ... 'holding up a mirror' to themselves": M. Elliott, "The appearance of bias, the fair-minded and informed observer, and the 'ordinary person in Queen Square market'" (2012) 71 C.L.J. 247, 250. See also A.A. Olowofoyeku "Bias and the informed observer: a call for a return to Gough" [2009] 68 C.L.J. 388.

[68] *Johnson v Johnson* (2000) 20 C.L.R. 488; cited with approval in *Gillies* [2006] UKHL 2; [2006] 1 W.L.R. 781 at [17] (Lord Hope) at [39] (Baroness Hale); *R. v Oldfield (Ryan Alexander)* [2011] EWCA Crim 2910; [2012] 1 Cr.App.R. 17. For discussion, see "Bias—application to change plea of guilty—conflict of evidence between applicant and former counsel" (2012) 1 Arch. Rev. 1; see *Helow v Secretary of State for the Home Department* [2008] UKHL 62; [2008] 1 W.L.R. 2416 at [1]–[3] for further consideration of the attributes of the objective observer; see also *Congregation of the Poor Sisters of Nazareth v Scottish Ministers* [2015] CSOH 87; 2015 S.L.T. 445 at [31] (applied in *Beggs, Petitioner*

[2016] CSOH 61); *R. (on the application of Forge Field Society v Sevenoaks DC* [2014] EWHC 1895 (Admin) at [25] ("[t]he fair-minded observer is neither complacent nor unduly sensitive or suspicious. He views the relevant facts in an objective and dispassionate way"); *Ecovision Systems Limited v Vinci Construction UK Limited* [2015] EWHC 587 (TCC) at [95]. For reliance on *Helow* for the proposition that it could be assumed that a judge would be able to discount material which he or she had read and reach an impartial decision according to the law, see: *Rasool v General Pharmaceutical Council* [2015] EWHC 217 (Admin).

[69] See, e.g. *Belize Bank Ltd* [2011] UKPC 36 (no appearance of bias where the Minister for Finance of Belize had made public comments about perceived financial irregularities on the part of a bank but had also exercised his statutory obligation to appoint members of an administrative appeal board to determine an appeal concerning those perceived irregularities as the fair-minded and informed observer would be aware: that the Minister was statutorily authorised to appoint members of the appeal board; that there was a limited pool of candidates; that the appointees were required to take the oath of office; and would take into account that the Minister's appointees could not outvote the chairman, whose appointment had nothing to do with the Minister; and that those performing the important task of serving on the appeal board were professional people against whom no criticism had been levelled (at [34], [37]–[41])). For discussion of the qualities of the fair-minded observer, see also: Elliott (2012) 71 C.L.J. 247; *O'Neill v HM Advocate (No.2)* [2013] UKSC 36; [2013] 1 W.L.R. 1992 at [53] (the fair-minded and informed observer would be aware that a judge who had made negative comments about two convicted defendants in the context of trial for sexual offences was a professional judge who had taken the judicial oath and had years of relevant training and experience and who would hear and understand the context in which the remarks had been made—namely, in open court, from the bench, while performing his duty as judge and would also appreciate that when the judge was presiding over a second trial against the defendants for murder, he would be doing so in the performance of his duty to preside over that case). For the attributes of the fair-minded observer in the planning context, see: *Turner v Secretary of State for Communities and Local Government* [2015] EWCA Civ 582 at [18]. For further examples of the detailed knowledge attributed to the fair-minded and informed observer, see: *Broadview Energy Developments Ltd v Secretary of State for Communities and Local Government* [2015] EWHC 1743 (Admin) at [45]; *Broadview Energy Developments Limited v Secretary of State for Communities and Local Government* [2016] EWCA Civ 562 at [36]; *Somerford PC v Cheshire East BC* [2016] EWHC 619 (Admin); *Beggs, Petitioner* [2016] CSOH 61, at [141]–[142]; *Re JR95's Application* [2020] NIQB 8 at [13(i)] (having regard to the small community and small school context meant that the fair-minded and informed observer, in position of all the facts, would not find bias).

In paragraph 2 after "higher education institutions.", add:

Likewise, where allegedly prejudicial and irrelevant documents had been sent to the legally-qualified chair of a police disciplinary tribunal, the test for apparent bias was not met, given that the tribunal comprised a legally qualified non-practising solicitor who had sat for many years as a judge, an experienced magistrate and a senior police officer, "every one of them ... well-placed to identify and ignore irrelevant and inadmissible material".[71a]

[71a] *R. (on the application of Short) v Police Misconduct Tribunal* [2020] EWHC 385 (Admin) at [91].

Replace third paragraph with:

While it had previously been held that the fair-minded and informed observer can be assumed to have access to all the facts that are capable of being known by members of the public generally,[72] it has also been held that the facts known to the fair-minded and informed observer are not limited to those in the public domain.[73] In addition, it has been held that the court must look at all the circumstances as they appear from the material before it, not just at the facts known to the objectors or available to the hypothetical observer at the time of the decision[74]; what is required is an examination of all the relevant facts.[75] In other words, the position is to be judged at the time the matter comes before the court.[76] In a similar vein, the courts will also have regard to admissible evidence about what actually happened in the course of the deliberations of the tribunal against which apparent bias is alleged,[77] and it has been observed that it is important to consider "all of the facts when considering whether apparent bias is established."[78] If multiple grounds of apparent bias are alleged, the court should not consider each allegation individually and conclude if there is nothing in them individually, there can be nothing in them in combination; this is not how the fair-minded person would view the matter overall and what is relevant is the impact on the fair-minded observer of the combination of facts.[78a] While, for the most part, just a broad consideration of the facts tends to militate against a finding of apparent bias, there are circumstances in which it can have the opposite effect. For example, in *Almazeedi v Penner Privy Council*, the fair-minded and informed observer was deemed to be "a figure on the Cayman Islands legal scene" who would see the whole position in its overall social, political and geographical context. Thus, in the context of a judge sitting in the Grand Court of Cayman in proceedings related to the winding-up of a company whose economic interests were mainly held by persons connected with Qatar, without disclosure of his position as a supplementary judge of the Qatar Civil and Commercial Court, the fair-minded and informed observer was deemed to be aware of the Qatari background, including the personalities involved, their important positions in Qatar and their relationships with each other as well as the opacity of the position relating to the appointment and renewal of members of the relatively recently created Civil and Commercial Court.[78b] This created a real possibility that the judgment of the judge would be influenced, albeit sub-consciously.[78c] Overall, the courts will not readily make assumptions from the facts that indicate bias,[79] and have been keen to emphasise that "[t]he test is not one of 'any possibility' but of a 'real' possibility of bias" and that each case turns on an intense focus on the essential facts of the case.[80] As has been observed, assuming such extensive knowledge on the part of the objective observer may undermine the purpose of apparent bias of ensuring public confidence in the administration of justice.[81]

[72] *Gillies* [2006] UKHL 2; [2006] 1 W.L.R. 781 at [17]. In India, although there are some inconsistencies in the judgments, the Supreme Court laid down the test in *P.D. Dinakaran (1) v Judges Inquiry Committee* (2011) 8 S.C.C. 380 at 427 as "whether a reasonably intelligent man fully apprised of all the facts would have a serious apprehension of bias … real likelihood of bias should appear not only from the materials ascertained by the complaining party, but also from such other facts which it could have readily ascertained and easily verified by making reasonable inquiries".

[73] *Virdi* [2010] EWCA Civ 100; [2010] 1 W.L.R. 2840 at [37]–[44]. This was confirmed in *Harb* [2016] EWCA Civ 556 at [72].

[74] *Paice v Harding (t/a MJ Harding Contractors)* [2016] EWHC 2945 (TCC) at [41].

[75] *Harb* [2016] EWCA Civ 556 at [75].

[76] *Sisk & Son Ltd v Duro Felguera UK Ltd* [2016] EWHC 81 (TCC) at [37] (and will include consideration of the manner in which a decision or judgment has been reached).

[77] *DM Digital Television* [2014] EWHC 961 (Admin) at [38], [45]–[47] (observing that, where it is available, it would be wrong in principle to reach a conclusion that there has been apparent bias without having regard to such admissible evidence and holding that the conclusion of a disciplinary panel was supported by the thoroughness of the final decision letters and the notes of the deliberations, which showed that the panel was at pains to address all relevant matters and that no new matters had been introduced in deliberations which the claimant had not had every opportunity to address).

[78] *DM Digital Television* [2014] EWHC 961 (Admin) at [37].

[78a] *Zuma's Choice Pet Products Ltd v Azumi Ltd* [2017] EWCA Civ 2133 at [43]. For an example of a case with a range of complaints see *R. (on the application of Otobo) v Secretary of State for the Home Department* [2019] 11 WLUK 55 (the Court concluding that none of the factors relied on "separately, or cumulatively, show that there was a real possibility" of bias).

[78b] *Almazeedi v Penner Privy Council (Cayman Islands)* [2018] UKPC 3 at [32].

[78c] *Almazeedi v Penner Privy Council (Cayman Islands)* [2018] UKPC 3 at [32] (see also the dissenting judgment of Lord Sumption).

[79] *W Ltd v M Sdn Bhd* [2016] EWHC 422 (Comm) at [23] (where a conflict check did not alert an arbitrator to the relationship between the respondent and the parent company of his firm, or to the fact that the latter was the firm's client, the fair-minded observer would therefore conclude that the arbitrator did not know the relationship between the two companies, rather than being someone who "must have known" and whose credibility was therefore to be doubted).

[80] *Resolution Chemicals* [2013] EWCA Civ 1515; [2014] 1 W.L.R. 1943 at [35]–[36] (also noting that a "pragmatic precautionary approach" should guide the approach of the court to applications for recusal: [40]). For commentary on recusals generally, see A.A. Olowofoyeku, "Inappropriate recusals" (2016) 132 L.Q.R. 318.

[81] Elliott has observed that, "if legal doctrine in this sphere is to reflect that policy that underpins it",

namely, to preserve public confidence, "reviewing judges should certainly make greater efforts to avoid ... 'holding up a mirror' to themselves": Elliott [2012] 71 C.L.J. 247, 250. See also Olowofoyeku [2009] 68 C.L.J. 388. For a less onerous, albeit obiter, statement of the position, see *Thames Water Utilities Ltd v Newbound* [2015] EWCA Civ 677 at [91]–[94].

AUTOMATIC DISQUALIFICATION FOR BIAS

Direct pecuniary or proprietary interest

Replace para.10-020 with:

10-020 The category of automatic disqualification has not, however, been overruled and applies where the decision-maker has a direct pecuniary or proprietary interest in the outcome of the proceedings.[84] These cases clearly breach the maxim that nobody may be judge in his own cause[85] and "attract the full force [of the requirement that] justice must not only be done but manifestly be seen to be done".[86] The rule of automatic disqualification was held to apply in the case of *Dimes v Grand Junction Canal Co Proprietors*[87] where the decision-maker was no less exalted than the Lord Chancellor with respect to a company in which he was a shareholder. The application of this rule has been strictly applied, whether or not the judge could reasonably be suspected of having allowed himself to be influenced by his pecuniary interest.[88] In other words, the interest is regarded as so obviously requiring disclosure that it is not even necessary to conduct an investigation into whether there was any likelihood or suspicion of bias. The mere fact of the interest is sufficient to suggest disqualification, unless sufficient disclosure has been made. The rule applies to members of magistrates' courts[89] and arbitrators.[90] The application of the rule extends beyond judicial appointments and was well brought out by a case in which the unanimous decision of a local authority to grant permission for the development of land as a roadhouse in the face of objections by other ratepayers was quashed because one of the councillors was acting as agent for the existing owner of the land in negotiations for sale to the prospective developer.[91]

---

[84] See, e.g., *Kelton v Wiltshire Council* [2015] EWHC 2853 (Admin) at [41].

[85] See, e.g. *Rand* (1866) L.R. 1 Q.B. 230 at 232 (Blackburn J: "Any pecuniary interest, however small, in the subject matter of the inquiry, does disqualify a person from acting as a judge in the matter"); *Dimes v Proprietors of Grand Junction Canal* (1852) 3 H.L. Cas. 759 at 793 (Lord Campbell). See also *Wokingham BC v Scott* [2019] EWCA Crim 205 (affront to justice to allow a prosecution to proceed under the Proceeds of Crime Act 2002 where there was a concern that the local authority's decision to prosecute had been influenced by the fact that it would receive 37.5% of the fruits of any order).

[86] *R. v Gough* [1993] A.C. 646 at 661 (Lord Goff). The above passage was approved in *Pinochet (No.2)* [2000] 1 A.C. 119 where it was held by the HL that a Law Lords was automatically disqualified from hearing a matter in a case where his decision could lead to the promotion of a cause in which the judge was involved with one of the parties (in this case the Law Lord was a director of a charity closely associated to a party and sharing its objectives).

[87] *Dimes v Grand Junction Canal Co Proprietors* (1852) 3 H.L. Cas. 759. cf. *Sir Nicholas Bacon's case* (1563) 2 Dyer 220b; *Earl of Derby's case* (1613) 12 Co.Rep. 114. There can be no real doubt that interest as a creditor will normally disqualify: *Jeffs* [1967] 1 A.C. 551; *Barker v Westmorland CC* (1958) 56 L.G.R. 267 (dicta).

[88] *Dimes* (1852) 3 H.L. Cas. 759; *R. v Cambridge Recorder* (1857) 120 E.R. 238.

[89] *R. v Cheltenham Commissioners* (1841) 1 Q.B. 467; *Ex p. Steeple Morden Overseers* (1855) 19 J.P. 292 (justices hearing rating appeals concerning premises in which they had a proprietary interest); and *R. v O'Grady* (1857) 7 Cox C.C. 247 for presence of proprietary interest in another context.

[90] *Blanchard v Sun Fire Office* (1890) 6 T.L.R. 365; cf. *Re Elliott and South Devon Ry* (1848) 12 Jur. (O.S.) 445 and *Ranger v Great Western Ry* (1854) 5 H.L.C. 72. *Halliburton Co v Chubb Bermuda Insurance Ltd* [2018] EWCA Civ 817; [2018] 1 W.L.R. 5561 at [51] and [53] (holding that arbitrators were assumed to be trustworthy and to understand that they should approach every case with an open mind. They could be trusted to decide a case solely on the evidence or other material in the reference in question and that was equally so where there was a common party. Thus, the mere fact that an arbitrator ac-

cepted appointments in multiple references concerning the same or overlapping subject matter with only one common party did not of itself give rise to an appearance of bias. Something more was required, and that had to be "something of substance".)

[91] *R. v Hendon RDC Ex p. Chorley* [1933] 2 K.B. 696; cf. *R. v Holderness DC Ex p. James Roberts Developments Ltd* (1993) 157 L.G.R. 643 (rival developer not disqualified from sitting on local authority planning committee).

Great degree of flexibility in application of automatic disqualification

After "in the case.", add:

10-030 It is also important to emphasise that the test of automatic disqualification does not apply to all decision-making, and is generally limited to judicial decision-making.[115a]

[115a] *Lone v Secretary of State for Education* [2019] EWHC 531 (Admin) (the question was whether the official authorised by the Secretary of State, namely the chief executive, had an appearance of bias on the basis that the agency was the equivalent of a prosecuting authority and had an interest in the outcome of the process; it was held that the applicability of automatic disqualification here was misconceived and failed to deal with the fact that the decision-maker was the Secretary of State; his statutory duty was to make a decision when a panel makes a recommendation, but he did not engage in a judicial decision which is the context in which automatic disqualification will arise).

OTHER SITUATIONS IN WHICH BIAS MAY OCCUR

Participation in subsequent decisions

Illustrations

Replace list with:

- A clerk to a statutory tribunal ought not to act as clerk to a tribunal hearing an appeal against that decision if he takes part in the appellate tribunal's deliberations.[135]
- Similarly, a lay representative who served on a disciplinary panel conducting a hearing into a disciplinary matter concerning a barrister, was held to be disqualified by reason of the fact that she had attended a meeting of the Professional Conduct Committee which had decided to prosecute the barrister.[136]
- A magistrate who had convicted a defendant of threatening to kill his wife was disqualified from sitting on the bench which a month later tried the defendant for a separate offence.[137]
- The president of a mental health review tribunal who had previously sat on the case of an applicant seeking discharge from an institution was not disqualified from sitting on a later application by the same patient.[138]
- But a licensing justice was not disqualified from sitting on an appeal against a refusal of a wine bar licence when he had sat on the decision to refuse a previous application by the applicant; licensing justices were bound to and entitled to bring to bear their local knowledge on licensing matters.[139]
- In *Gillies*,[140] the House of Lords held that the fact that a member of a tribunal has in the past been employed as an expert by the defendant authority does not in itself raise an implication that she would lean in favour of accepting reports of other doctors in that class. In that and other cases, the local experience of tribunal members has been favoured and not regarded as tainting the integrity of the tribunal.[141]
- A traffic commissioner who had made very robust and critical findings against the claimant and who was overturned on appeal should not have been involved in making a decision that a fresh public inquiry was required to determine if

the claimant should continue to hold an operator's licence.[142]
- The fact that a trial judge made adverse comments about defendants at the conclusion of a sexual offences trial would not lead the fair-minded observer to doubt the professional judge's ability to preside over the defendant's subsequent murder trial, unless those comments consisted of entirely gratuitous opinions.[143]
- A judge who had made two orders against a father for failing to cause the return of his son to the jurisdiction, and had made adverse comments about him and his likely imprisonment, should have recused herself from a committal application.[144]
- The making of an error of law or wrong decision on the facts by a decision-maker in a previous determination in the same case will not, without more, give rise to apparent bias.[145]
- Apparent bias arose were a judge, sitting in the Grand Court of the Cayman Islands, in proceedings relating to the winding-up of a company whose economic interests were mainly held by persons connected with Qatar, had not disclosed his position as a supplementary judge of the Qatar Civil and Commercial Court, in particular, given the important positions of the Qatari personalities involved and the opacity of the appointment and renewal of the members of the Civil and Commercial Court.[145a]
- It was "completely misconceived" to suggest that the judge was conflicted from hearing a challenge to the UK government where the applicant had brought an application to the ECtHR on the basis that the judge was part of the UK government; the independent observer would be aware of the legal traditions and constitutional arrangements in the UK, including the doctrine of separation of powers, which meant that the judiciary was separate to and independent of the legislature and the executive.[145b]

---

[135] *R. v Salford Assessment Committee Ex p. Ogden* [1937] 2 K.B. 1 (where a strict rule was applied). cf. *Re Lawson* (1941) 57 T.L.R. 315; *R. v Architects' Registration Tribunal Ex p. Jaggar* [1945] 2 All E.R. 131. In *R. v South Worcestershire Magistrates Ex p. Lilley* [1995] 1 W.L.R. 1595 (lay justices heard and rejected public interest immunity application and then went on to hear prosecution. The procedure was such that "a reasonable and fair-minded person could reasonably have suspected the applicant could not have a fair trial").

[136] *P (A Barrister)* [2005] 1 W.L.R. 3019; and see also *Preiss* [2001] 1 W.L.R. 1926 and *Tehrani v UK Central Council for Nursing, Midwifery and Health Visiting* [2001] I.R.L.R. 208.

[137] *R. v Downham Market Magistrates' Court Ex p. Nudd* [1989] R.T.R. 169 (it was made clear, however, that in such a case the mere knowledge of the defendant's previous convictions did not necessarily preclude a fair trial); cf. *Huchard v DPP* [1994] C.O.D. 459 show the bench details of a previous conviction of the same offence (drink driving) but application refused as the applicant had pleaded guilty and the previous conviction was only relevant to sentence and in addition the bench had itself concluded the knowledge was not prejudicial.

[138] *R. v Oxford Regional Mental Health Review Tribunal Ex p. Mackman*, The Times, 2 June 1986.

[139] *R. v Crown Court at Bristol Ex p. Cooper* [1990] 1 W.L.R. 1031, CA; and *R. v Secretary of State for Trade Ex p. Perestrello* [1981] Q.B.19; *R. v Board of Visitors of Frankland Prison Ex p. Lewis* [1986] 1 W.L.R. 130. On the doctrine of necessity, see 10-070.

[140] *Gillies* [2006] UKHL 2; [2006] 1 W.L.R. 781.

[141] See, e.g. *R v Hereford and Worcester Council Ex p. Wellington DC* [1996] J.P.L. 573; *M and J Gleeson and Co v Competition Authority* [1999] 1 I.L.R.M. 401.

[142] *R. (on the application of Al-Le Logistics Ltd) v Traffic Commissioner for the South Eastern and Metropolitan Traffic Area* [2010] EWHC 134 (Admin).

[143] *O'Neill v HM Advocate (No.2)* [2013] UKSC 36; [2013] 1 W.L.R. 1992 at [53]. Contrast *Dar Al Arkan Real Estate Development Co v Majid Al-Sayed Bader Hashim Al Refa* [2014] EWHC 1055 (Comm) at [36]–[37]. The judge decided to recuse himself from subsequent application where initial decision contained detailed and specific views about the credibility of the witnesses and other crucial issues likely to arise on hearing of the subsequent application, observing as follows: "But it is one thing for the fair-minded and impartial observer to have faith that a judge will reassess his views with an open mind when presented with new evidence and argument. It is asking more of the observer's faith when

similar evidence and arguments are presented to assess the same issues. There comes a point when he is entitled to think that, though 'o' independent mind', a judge is 'a man for a' that'. In this case the claimants and Sheikh Abdullatif are entitled to have another judge decide the contempt application." This case has been distinguished in *Butt v Commissioners for Her Majesty's Revenue and Customs* [2015] UKFTT 0510 (TC) at [563]. While in *Dar*, evidence had been called and robust findings of fact made, here, in an application for summary judgment, no evidence had been called, no findings of fact made and the judge had been cautious not to pre-judge the issues which fell to be determined in the context of the substantive appeal.

[144] *K (A Child)* [2014] EWCA Civ 905 at [56]–[57].

[145] *Re Jordan's Application for Judicial Review* [2009] NIQB 76 at [56].

[145a] *Almazeedi v Penner Privy Council (Cayman Islands)* [2018] UKPC 3.

[145b] *Re Fulton* [2018] NICh 8 at [17].

Superior courts

Replace para.10-040 with:

10-040 However, it has been held that the superior judges may not apply an objection to participation in subsequent decisions to the exercise of their own appellate functions,[146] and judges who, in the Administrative Court have refused permission to a claimant on a paper hearing, have heard the oral application for permission to appeal.[147] It has also been held that the general rule is that a judge hearing an application which relies on his own previous findings should not recuse himself, unless he either considers that he genuinely cannot give one or other party a fair hearing, or that a fair-minded and informed observer would conclude that there was a real possibility that he would not do so.[148] Furthermore, it has been held that judges ought not to recuse themselves too readily in long and complex cases.[149] If a judge could not make two successive interim decisions without risking accusations of bias, this would make it impossible for there to be a designated judge assigned to the hearing of complex cases with multiple interim applications.[149a] It is obviously convenient in a case of any complexity that a single judge should deal with all relevant matters, actual bias or a real possibility of bias must conclude the matter in favour of the applicant; nevertheless there must be substantial evidence of actual or imputed bias before the general rule can be overcome. All the cases, moreover, emphasise that the issue of recusal is extremely fact-sensitive.[150] The mere fact that allegations of actual bias are made does not alter the approach that ought to be adopted.[151] This approach may, however, be less important in less complex cases.[152] Additionally, it has been held that even if there are grounds of apparent bias on the face of an interim judgment, an application for recusal may be rejected where there is a delay in making an application to recuse.[152a] However, it may be that a judge will be concerned that an informed observer could not have the necessary confidence in the proceedings where a judge had already considered the essential evidence that would be deployed on the committal application and had come to the conclusion that the witnesses giving it were lying.[153] Moreover, strident and concluded comments in the interim report of a Commission of Inquiry about an individual's criminal conduct created a perception that the Commissioner's mind was closed to further evidence[154]; a judge's conduct and comments during a case management hearing created the impression that he had formed a final and adverse view of one of the parties,[155] while a judge's threats of imprisonment with a heavy sentence for failure to comply with court orders created a similar apprehension of bias.[156]

[146] *R. v Lovegrove* [1951] 1 All E.R. 804.

[147] See, e.g. *R. (on the application of Holmes) v General Medical Council* [2002] EWCA Civ 1838. See *Shaw (Personal Representative of the Estate of Ewan (Deceased) v Kovac* [2017] EWCA Civ 1028. Here, one judge criticised a schedule used by the plaintiff in judicial review proceedings, while the second judge agreed with comments that the judicial review proceedings had been based on specula-

OTHER SITUATIONS IN WHICH BIAS MAY OCCUR 167

tion and assertion. These comments did not however demonstrate a predilection against the plaintiff when viewed from the perspective of a fair-minded and informed observer. See also *Broughal v Walsh Brothers Builders Ltd* [2018] EWCA Civ 1610 at [35] (the involvement of a judge at the permission stage involving a consideration of the papers did not disqualify that judge from hearing the substantive appeal, or an oral renewal of the application, unless the judge had expressed her views in such a way as to indicate to any fair-minded lay observer that she had reached a concluded view and was unlikely to be open to further argument).

[148] *Otkritie International Investment Management Ltd v Urumov* [2014] EWCA Civ 1315; [2015] C.P. Rep. 6 at [13] and [22]. See also A.A. Olowofoyeku, "Inappropriate recusals" (2016) 132 L.Q.R. 318. See also *H v L* [2017] EWHC 137 (Comm); [2017] 1 W.L.R. 2280 (there were no grounds for removing an arbitrator even where he would be acting in more than one arbitration with overlapping facts and parties). See also *Broughal v Walsh Brothers Builders Ltd* [2018] EWCA Civ 1610 at [19] (judges take an oath to administer justice without fear or favour and the mere fact that a judge, earlier in the same case or in a previous case, had commented adversely on a party or witness or found the evidence of a party or witness to be unreliable, would not, without more, found a sustainable objection; such cases are "by their very nature likely to be rare"). See also *Re Fulton* [2018] NICh 8 at [25]–[27] (the mere fact that the judge had criticised the tone and tenor of a party's correspondence to court staff and the respondent's solicitors in a related case did not create a sustainable objection that the judge was biased); *Mullen v Shanks Sheriff Appeal Court* [2018] SAC (Crim) 8 (justice's comment during a long abusive line of questioning that the witness's explanation was plausible or credible did not indicate that the justice was expressing a view about the Crown's evidence overall).

[149] *Otkritie* [2014] EWCA Civ 1315; [2015] C.P. Rep. 6 at [32] (holding that a judge who had conducted a trial had been wrong to recuse himself from hearing a subsequent committal application).

[149a] *Zuma's Choice Pet Products Ltd v Azumi Ltd* [2017] EWCA Civ 2133 at [29]. See also: *Bates v Post Office Ltd (No.4: Recusal Application)* [2019] EWHC 871 (QB); [2019] 4 WLUK 150 (The court rejected the contention that Judgment No.3 showed apparent bias on the part of the managing judge. A fair-minded and informed observer would take account of everything contained in Judgment No.3, including the overall result. Were he or she to do so, the conclusion that the test for apparent bias was not made out would be even more readily reached. That was because the Post Office had been partially successful on a number of the common issues, *Porter v Magill* [2001] UKHL 67, [2002] 2 A.C. 357, [2001] 12 WLUK 382 applied).

[150] *Otkritie* [2014] EWCA Civ 1315; [2015] C.P. Rep. 6 at [13].

[151] *Otkritie* [2014] EWCA Civ 1315; [2015] C.P. Rep. 6 at [23] ("the mere fact that a litigant decides to raise the stakes in that way cannot give rise to any difference of legal principle").

[152] *Otkritie* [2014] EWCA Civ 1315; [2015] C.P. Rep. 6 at [33]. See also *Re K* [2014] EWCA Civ 905.

[152a] *Bates v Post Office Ltd (No.4: Recusal Application)* [2019] EWHC 871 (QB) at [283] (the delay resulted in a situation in which the Post Office could potentially have an enormous advantage, as if a trial were to be abandoned and started again before another judge, every one of its witnesses of fact who had been cross-examined would have had a full practice run of that cross-examination; the Court observed: "'The trial is not a dress rehearsal. It is the first and last night of the show'…. I do not, for a moment, consider that this principle should be considered to be more important than the fundamental principle of natural justice that parties are entitled to have their disputes resolved by an impartial tribunal, without actual or apparent bias. However, it demonstrates that it was incumbent upon the Post Office, once it considered the contents of Judgment No.3, to have asked (at the very least) for the start of the Horizon Issues trial to be postponed so that it could consider the situation, and if necessary make the recusal application before any evidence of fact was heard.")

[153] *Dar Al Arkan Real Estate Development Company v Al Refai* [2014] EWHC 1055.

[154] *Mitchell v Georges* [2014] UKPC 43.

[155] *Re Q (Children)* [2014] EWCA Civ 918; [2014] 3 F.C.R. 517 (CA (Civ Div)).

[156] *Re K* [2014] EWCA Civ 905.

Add n.157a to the end of the second sentence:

[157a] *Zuma's Choice Pet Products Ltd v Azumi Ltd* [2017] EWCA Civ 2133 at [29]–[30] (The fair-minded and informed observer does not assume that because a judge has taken an adverse view of a previous application or applications, that he or she will have pre-judged, or will not deal fairly with, all future applications by the same litigant, but the position might well be different if in the past the judge has expressed a final, concluded view on the same issue as arises in the application).

10-041

After para.10-041, add new para.10-041a:

Significantly, there is no onus on a judge to check if there may be any disqualifying interests, given that it is the judge's actual knowledge which determines the assessment of apparent bias.[158a] It was reasoned that a duty of inquiry had no support in authority and would impose an unnecessary and onerous burden on judges.[158b]

10-041A

[158a] *R. (on the application of United Cabbies Group (London) Ltd) v Westminster Magistrates' Court* [2019] EWHC 409 (Admin) at [45].

[158b] *R. (on the application of United Cabbies Group (London) Ltd) v Westminster Magistrates' Court* [2019] EWHC 409 (Admin) at [47].

Add new para.10-044A:

Arbitrators

10-044A It has been held that the mere fact that an arbitrator accepted appointments in multiple references concerning the same or overlapping subject matter with only one common party did not of itself give rise to an appearance of bias.[166a] However, arbitrators should make disclosure of facts and circumstances known to them which would or might give rise to justifiable doubts as to his impartiality.[166b]

[166a] *Halliburton Co v Chubb Bermuda Insurance Ltd* [2018] EWCA Civ 817; [2018] 1 W.L.R. 5561 at [65].

[166b] *Halliburton Co v Chubb Bermuda Insurance Ltd* [2018] EWCA Civ 817; [2018] 1 W.L.R. 5561 at [71].

Relationships

Family and kinship

Replace para.10-047 with:

10-047 Kinship has always been recognised as a ground for challenging a juror, and in 1572 a court went so far as to uphold an objection to proceedings in which the sheriff who had summoned the jury was related in the ninth degree to one of the parties.[173] Despite a 17th century decision that kinship did not operate as a disqualification for a judge,[174] it was later well established that it does disqualify wherever it is close enough to cause a likelihood of bias.[175] Family relationship between judge and counsel does not appear to be exceptionable, but it has been suggested that judges are disqualified from sitting in cases where near relatives are witnesses.[176] There is no reason for differentiating between the courts and administrative tribunals in these matters. In a Canadian case, the decision of a tribunal was set aside because the chairman was the husband of an executive officer of a body which was a party to proceedings before the tribunal.[177] As we have discussed, in *Pinochet*,[178] Lord Browne-Wilkinson said, obiter, that the fact that the Law Lord's wife was employed by Amnesty International could have led to the implication of appearance of bias. However, the Court of Appeal has held that the fact that the husband of the judge was a barrister in chambers that undertook work for one of the parties did not, in the circumstances of that case, lead to any implication of bias.[179] The fact that a lay member of a professional conduct committee had worked in Wales was not held to disqualify her from considering cases from Wales.[180] Applying the principle that in a case where the judge's interest is said to derive from the interest of a spouse, partner or other family member, the link must be "so close and direct as to render the interest of that other person, for all practical purposes, indistinguishable from an interest of the judge himself",[180a] it has been held that the fair-minded observer does not assume that the interests of husband and wife are indistinguishable.[180b]

[173] *Vernon v Manners* (1572) 2 Plowd. 425.

[174] *Brookes v Earl of Rivers* (1668) Hardres 503. cf. *Bridgman v Holt* (1693) 1 ShowPC. 111, where Holt CJ withdrew from a case in which his brother was a party.

[175] *Rand* (1866) L.R. 1 Q.B. 230 at 232–233; *R. (Murray and Wortley) v Armagh County Justices* (1915) 49 I.L.T. 56; and *Becquet v Lempriere* (1830) 1 Knapp 376 (Jurat of Royal Court of Jersey held by PC to be disqualified from hearing case in which deceased wife's nephew a party); cf. *Auten* [1958] 1 W.L.R. 1300.

[176] Sir Alfred Denning, "The Independence and Impartiality of the Judges" (1954) 71 S.A.L.J. 345, 355.

[177] *Ladies of the Sacred Heart of Jesus v Armstrong's Point Association* (1961) 29 D.L.R. (2d) 373. *R. v Wilson and Sprason* (1996) 8 Admin. L.R. 1 (wife of prison officer on jury); *R. v Salt* (1996) 8 Admin. L.R. 429 (son of usher on jury).

[178] *Pinochet* [2000] 1 A.C. 119.

[179] *Jones* [2003] EWCA Civ 1071; [2004] I.R.L.R. 218. See also *R. (on the application of Compton) v Wiltshire Primary Care Trust* [2009] EWHC 1824 (Admin); [2010] P.T.S.R. (C.S.) 5.

[180] *Nwabueze v General Medical Council* [2000] 1 W.L.R. 1760. Considered in *Emmanual v South Gloucestershire PCT* [2009] EWHC 3260; [2010] Med. L.R. 32; and *Modahl v British Athletic Federation Ltd (No.2)* [2001] EWCA Civ 1447; [2002] 1 W.L.R. 1192.

[180a] *Locabail (UK) Ltd v Bayfield Properties Ltd* [2000] Q.B. 451, CA at [10].

[180b] *R. (on the application of United Cabbies Group (London) Ltd) v Westminster Magistrates' Court* [2019] EWHC 409 (Admin), at [36] (a judge's decision to grant a private hire vehicle operator's licence to Uber had not been tainted by actual or apparent bias arising from her husband's consulting work for a company whose clients included an investor in Uber's parent company).

Professional and vocational relationships

Replace para.10-048 with:

Possibility of bias may arise because of the professional,[181] business,[182] or other vocational relationship of an adjudicator with a party before him. For example, an arbitrator was removed on the ground of apparent bias where 18 per cent of his appointments and 25 per cent of his arbitrator income over the previous three years derived from cases involving the defendant.[183] In general, it is unlikely that proceedings could be successfully impugned on this ground unless the community of interest between decision-maker and party (or the conflict of interest between them)[184] was directly related to the subject matter of the proceedings.[185] The courts have refused to hold that a person is disqualified from sitting to hear a case merely on the ground that he is a member of the public authority, or a member of or subscriber to the voluntary association, that is a party to the proceedings.[186] However, all the surrounding circumstances should be considered in evaluating the relevance of the relationship in question.[187]

10-048

[181] On the competence of a barrister to rule as arbitrator on the misconduct of solicitors with whom he had had close professional relations, see *Bright v River Plate Construction Co* [1900] 2 Ch. 835; *Abdroikov* [2007] UKHL 37; [2007] 1 W.L.R. 2679. See also *Oldfield* [2011] EWCA Crim 2910; [2012] 1 Cr. App. R. 17 (although a complaint of apparent bias was not accepted, it was observed that if an application to change a plea of guilty was likely to involve a conflict of evidence between the defendant and his former counsel, it would be sensible to have the application heard by a judge from outside the area who had no personal knowledge of counsel); *R. (on the application of Primary Health Investment Properties Ltd) v Secretary of State for Health* [2009] EWHC 519 (Admin); [2009] P.T.S.R. 1563. See also *R. (on the application of Project Management Institute) v Minister for the Cabinet Office* [2016] EWCA Civ 21; [2016] 1 W.L.R. 1737 (a decision of the Privy Council to recommend the grant of a Royal Charter to a professional project management association was not invalidated on the basis of apparent bias where steps had been taken to subject the application to an independent assessment by the Cabinet Office and an opportunity had been given to the claimant to make representations); *McCarthy v Bar Standards Board* [2017] EWHC 969 (Admin) (relationship between chairman of the Bar Standards Board tribunal and predecessor chairman (former pupil master and head of chambers) did not create an appearance of bias).

[182] *Veritas Shipping Co v Anglo-Canadian Cement Ltd* [1966] 1 Lloyd's Rep. 76. See *BAA Ltd v Competition Commission* [2010] EWCA Civ 1097; [2011] U.K.C.L.R. 1 (the Competition Appeal Tribunal had erred in finding apparent bias in a report published by the Competition Commission regarding ownership of airports on the basis that a member of the Commission was an adviser to a fund which owned an airport operating company that played a role in the Commission's investigation and which later made a bid to purchase an airport which the report had recommended be divested; for most of the duration of the investigation, the interest was too remote and any apparent bias in the final few months had not contaminated the remaining members of the Commission); S. Holmes and G. Christian, "The tricky problem of Professor Moizer and apparent bias" (2010) 9 *Competition Law Insight* 3. See also *Peter Sanders, Brian Ross v Airports Commission, Secretary of State for Transport* [2013] EWHC 3754 (Admin) at [121], [138], [150], [164], [165] (no real possibility of bias where a Commissioner was appointed to a Commission set up to report on airport expansion)). For a further example of the extent of the knowledge of the fair-minded and informed observer, see: *Hussain v Sandwell Metropolitan BC* [2017] EWHC 1641 (Admin).

[183] *Cofely Ltd v Bingham* [2016] EWHC 240 (Comm).

184 *Huggins* [1895] 1 Q.B. 563 (one member of bench belonged to small class of licensed river pilots; defendant charged with infringement of their privileges; conviction of defendant quashed, despite no finding that there had been real likelihood of bias); cf. *Ex p. Young* [1897] 2 Q.B. 468. In the ECHR art.6 context, see *Eggertsdottir v Iceland* (2009) 48 E.H.R.R. 32 at [53]–[54] (violations of impartiality where certain members of the special expert body which advised the Supreme Court on medical matters were closely associated with one of the parties).

185 *Stevens v Stevens* (1929) 93 J.P. 120 (validity of matrimonial proceedings unaffected by fact that one of the justices was member of husband's trade union); *Resolution Chemicals* [2013] EWCA Civ 1515; [2014] 1 W.L.R. 1943 at [46]–[47] (the fact that an expert witness in the trial of a complex patent action had supervised the doctoral thesis of the specialist High Court judge 30 years previously, where there was no continuing link, did not give rise to apparent bias); cf. *Barnsley Licensing Justices* [1960] 2 Q.B. 167 (decision to grant an off-licence to a co-operative society was upheld although all but one of the justices were members of the society); cf. *Lannon* [1969] 1 Q.B. 577; *Man O'War Station Ltd (No.1)* [2002] UKPC 28 (professional association between witness and judge as solicitor and client eight years ago gave no rise to danger of partiality); and M. Taggart, "Judicial Review in the Grove of Academe" [1999] N.Z.L.J. 171.

186 *R. v Handsley* (1881) 8 Q.B.D. 383 (member of local authority not disqualified for likelihood of bias from adjudicating in proceedings brought by the authority); *Allinson* [1894] 1 Q.B. 750 (members of GMC hearing charges of professional misconduct against doctors were members of the Medical Defence Union which had initiated the proceedings, but they had themselves taken no part in initiating them); *R. v Pwllheli Justices Ex p. Soane* [1948] 2 All E.R. 815 (justice member of fishery board who were prosecutors; he had taken no part in resolution to prosecute); *R. v Altrincham Justices Ex p. Pennington* [1975] Q.B. 549 (magistrate not disqualified by her membership of local authority from hearing case in which an officer of the authority was the prosecutor); *Hanson v Church Commissioners for England* [1978] Q.B. 823 (Lord Chief Justice and Master of the Rolls not disqualified from hearing appeal from rent assessment committee by virtue of their ex officio status as Commissioners, the landlords of the appellant). See also *Virdi* [2010] EWCA Civ 100; [2010] 1 W.L.R. 2840 at [36]–[44] (there was no apparent bias where a Law Society clerk, who had been seconded to the Solicitors Disciplinary Tribunal, retired with the Tribunal while they considered their decision); *Colman v General Medical Council* [2010] EWHC 1608 (QB); [2011] A.C.D. 38; *Holmes* [2011] UKPC 48. See also *R. (on the application of Leathley) v Visitors to the Inns of Court* [2014] EWCA Civ 1630 (no apparent bias where a member of the Tribunal Appointments Board was one of four individuals who selected the pool of members of the Inns of Court Council).

187 *R. (on the application of Lewis) v Redcar and Cleveland BC* [2008] EWCA Civ 746; [2009] 1 W.L.R. 83 at [62] (elected members of a planning committee would be entitled, and indeed expected, to have, and to have expressed, views on planning issues and the test to be applied was very different from that which applied in a judicial or quasi-judicial position). See also *R. (on the application of Gardner) v Harrogate BC* [2008] EWHC 2942 (Admin); [2009] J.P.L. 872 (it was held that the number of complaints made about the relationship between the chair of a planning committee and a fellow Conservative councillor who was granted planning permission by the committee was relevant to the question of bias); *R. (on the application of Siraj) v Kirklees MC* [2010] EWHC 444 (Admin); [2010] N.P.C. 28 at [35]–[37] (not pursued on appeal: [2010] EWCA Civ 1286). See also *R. on the application of Legard) v Kensington and Chelsea RBC* [2018] EWHC 32 (Admin), in which it was held that a local authority's decision to permit a neighbourhood plan promoted by a neighbourhood forum to proceed to a referendum was not tainted by apparent bias arising from the access granted to one of the forum's members to local authority officers. As democratically elected representatives, a local authority's officers were expected to receive and consider representations and lobbying by members of the public. It was observed at [94] that while a decision-maker is the planning context if subject to the full range of judicial review, "in terms of the concepts of independence and impartiality, which are at the root of the constitutional doctrine of bias, whether under the European Convention for the Protection of Human Rights and Fundamental Freedoms or at common law, there can be no pretence that such democratically accountable decision-makers are intended to be independent and impartial just as if they were judges or quasi-judges"); *Lone v Secretary of State for Education* [2019] EWHC 531 (Admin) at [13] (decision of Secretary of State to accept a recommendation of a prohibition order against a teacher was an administrative decision made by reference to ministerial duty and while, self-evidently, the Secretary of State has an interest in the outcome but it is not an interest which disqualifies him from making the decision).

Replace para.10-050 with:

10-050 We have seen above that the relationships between barristers, judges and their clients must be seen in the context of the facts of each case and also of the prevailing culture.[193] A recorder's mere membership of the same chambers as one of the advocates in a case he is deputed to try is not in itself a reason for him to recuse himself.[193a] In a case from Belize, the Privy Council held that mere membership of a professional organisation such as the Bar Association did not automatically disqualify the chairman of a body considering whether a judge had misbehaved while in office. The situation might have been otherwise if the chairman has actively participated in the decision to take proceedings against the judge.[194] Similarly, the argument that a scheme pursuant to which judges assessed barristers' competence would affect the independence of the judge in his conduct of the trial, due to the possibility of the judge being sued for giving an unfavourable assessment, was rejected. While a concern about being sued might cause the judge to refuse to complete the assessment, or to give a more favourable assessment than he otherwise would have done, it would not have an impact on the conduct of the proceedings.[195] It has also been held that a barrister sitting as a deputy High Court judge had been correct in not recusing herself from a probate action on the ground of appearance of bias where she was leading the claimant's barrister in another unrelated matter.[196] Apparent bias also did not arise where a judge presiding over the trial of a wildlife campaigner for offences committed against a terrierman because the judge had previously represented the terrierman when acting as a solicitor.[197] Equally, a judge who had acted for the Metropolitan Police as a barrister in cases concerning overtime pay of police officers under the Police Regulations 2003 was not required to recuse himself in a dispute regarding refusal by the Metropolitan Police to pay a police officer sick pay under the Regulations.[197a]

[193] See 10-031.

[193a] *Zuma's Choice Pet Products Ltd v Azumi Ltd* [2017] EWCA Civ 2133 at [37].

[194] *Meerabux v Attorney General of Belize* [2005] UKPC 12; [2005] 2 A.C. 513; see also *A v B* [2011] EWHC 2345 (Comm); [2011] 2 Lloyd's Rep. 591 (no real possibility of bias merely because an arbitrator had acted as counsel whether in the past or simultaneously with the arbitration for one of the solicitors firms acting in the arbitration) discussed in "Removal of arbitrator: unconscious bias" [2012] *Arbitration Law Monthly* 4. See S. Shetreet, *Judges on Trial* (1976) p.310; S.H. Bailey, "Grounds for Judicial Review: Due Process, Natural Justice and Fairness" in D. Feldman (ed), *English Public Law* 2nd edn (2009), para.15.77, citing *Leeson v General Council of Medical Education and Registration* (1889) 43 Ch. D. 366 and *Allison v General Council of Medical Education and Registration* [1894] 1 Q.B. 750. See also *Congregation of the Poor Sisters of Nazareth v Scottish Ministers* [2015] CSOH 87; 2015 S.L.T. 445 at [23] (advocate did not have close relationship with an interested party to an inquiry and had no involvement "away from the ordinary receipt of instructions"). In the ECHR art.6 context, see *Chmelir* (2007) 44 E.H.R.R. 20 (breach of art.6 where separate proceeding had previously been brought by the applicant against the judge personally).

[195] *R. (on the application of Lumsdon) v Legal Services Board* [2014] EWCA Civ 1276; [2014] H.R.L.R. 29 at [63].

[196] *Watts v Watts* [2015] EWCA Civ 1297.

[197] *R. (on the application of Hewitt) v Denbighshire Magistrates' Court* [2015] EWHC 2956 (Admin). For comment, see "Judge: R. (on the application of Hewitt) v Denbighshire Magistrates' Court" [2016] Crim. L.R. 209.

[197a] *R. (on the application of Weed) v Commissioner of Police of the Metropolis* [2020] 2 WLUK 54 (Admin).

Replace para.10-051 with:

10-051 There has been quite extensive case law addressing the issue of apparent bias on the part of members of juries.[197a] In the context of jury selection, it is important to distinguish between partiality towards the case of one of the parties and partiality towards a witness; association with or partiality towards a witness will not necessarily result in the appearance of bias. It is necessary to consider two issues: first, whether the fair-minded observer would consider that partiality of the juror to the witness may have caused the jury to accept the evidence of that witness and if so, whether the fair-minded observer would consider that this may have affected the outcome of the trial.[198] In considering the first question, it is necessary to have regard to the possibility that the individual juror may have influenced his or her fellow jurors when evaluating the evidence of the witness in question, although the fact that jurors are selected at random provides some safeguard against the disposition of one of them to accept the evidence of a particular witness.[199] Where a jury or juror knows or learns of a matter prejudicial to the defendant, that does not constitute partiality to the case of one of the parties and does not therefore have the automatic effect that the jury or the juror is considered to be biased against the defendant.[200] It has also been held that the fact that a juror may have a strong and well-publicised view on issues such as law and order did not mean that his service as a foreman on a jury rendered a conviction unsafe.[201] However, where an allegation of improper communication between a prosecutor and members of a jury is made, such an allegation is sufficiently serious to warrant an investigation in order to satisfy the requirements of ECHR art.6.[202] In cases where there has been pre-trial publicity which may have influenced the jury or members of the tribunal, the test is "whether the risk of prejudice is so grave that no direction by a trial judge, however careful, could reasonably be expected to remove it".[203]

[197a] For a recent example, see e.g., *Re Hutchings' Application for Judicial Review* [2019] UKSC 26; [2019] 6 WLUK 29 (the Supreme Court stated that taking effective precautions against jury bias presented formidable difficulties, which were particularly acute in cases involving attacks on the security forces or members of the security forces firing on individuals. Such cases gave rise to strong feelings in both sides of the community; the need for wide-ranging powers was obvious and apprehension that jury trial in such cases might put the goal of a fair trial in peril was unavoidable; it should not be assumed that trial by jury was the unique means of achieving fairness; in certain circumstances it could be antithetical to a fair trial).

[198] *R v Khan (Bakish Alla)* [2008] EWCA Crim 531; [2008] 3 All E.R. 502 at [9]–[10] (this is a statement of general principle taken from *Khan*; in that case, on the facts, the complaint of bias was dismissed by the Court of Appeal but upheld by the ECtHR: see *Hanif and Khan v United Kingdom* (2012) 55 E.H.R.R. 16). See also *R. v Connors (Josie)* [2013] EWCA Crim 368; [2013] Crim. L.R. 854.

[199] *Khan* [2008] EWCA Crim 531; [2008] 3 All E.R. 502 at [11].

[200] *Khan* [2008] EWCA Crim 531; [2008] 3 All E.R. 502 at [12]; cf. *R. v Puladian-Kari (Ramin)* [2013] EWCA Crim 158; [2013] Crim. L.R. 510 at [80]–[85] (a fair-minded and informed observer would have concluded that there was a real possibility of bias where a juror passed a note to the judge stating that, in his professional experience, the alleged transaction of the defendant would entail automatic rejection at his institution, and found it difficult to forget details of the case which would be "red signals" in his professional environment).

[201] *R v C* [2009] EWCA Crim 2458; [2010] Crim. L.R. 504.

[202] *Farhi* (2009) 48 EHRR 34.

[203] *Montgomery v HM Advocate* [2003] 1 A.C. 641 at 667 (Lord Hope); *R. (on the application of Mahfouz) v General Medical Council* [2004] EWCA Civ 233; [2004] Lloyd's Rep. Med. 377 at [33] (Carnwath LJ: "knowledge of prejudicial material need not be fatal: its effects must be considered in the context of the proceedings as a whole, including the likely impact of the oral evidence and the legal advice available") (endorsed recently in *R. (on the application of Short) v Police Misconduct Tribunal* [2020] EWHC 385 (Admin) at [88]-[89]). *Hanif* (2012) 55 E.H.R.R. 16.

Communications between the decision-maker and one of the parties

Replace para.10-058 with:

10-058   Decision-makers are required to be very open regarding communications with parties. A deliberate failure to disclose communications between the decision-maker and one of the parties may in itself give rise to apparent bias. Thus, where the adjudicator determining a contract dispute failed to disclose a lengthy telephone conversation between one of the parties and his office manager (who was his wife) about the dispute, this failure to disclose, in itself, gave rise to apparent bias.[219] A denial by the adjudicator that any contact took place was misleading, where no contact had taken place with the adjudicator personally, but it had taken place with his office manager and also gave rise to apparent bias.[220] The explanations provided for any communications will also be relevant, and where the adjudicator's explanations were aggressive and unapologetic, this too gave rise to apparent bias.[221] Apparent bias was not found where a trial judge had a conversation in private with one party's counsel alone during the trial, in which he told counsel that he thought the counterclaim seemed weak and the claimant's case had several evidential gaps and asked counsel to pass that information to his opponent.[221a] In particular, it was critically important that the judge, in making the comments asked counsel to inform the other party's counsel of his views, making clear that his purpose was to assist both parties in preparing their closing submissions. This demonstrated that he was not giving or seeking to give just one party a privileged insight into his thinking.[221b] There were also contemporaneous e-mails about what had been said and there was no material uncertainty about the relevant facts.[221c] Nonetheless, the Court of Appeal observed that what the judge had done was mistaken; judges needed to be scrupulous not merely to refrain from conduct that would result in their recusal but to avoid creating a situation in which concerns about their impartiality could reasonably be raised at all.[221d] However, multiple chats with participants during a hearing and at a site visit did not give rise to an appearance of bias, given that "a degree of chattiness, or avoidance of the appearance of being rude" were not indicative of a possibility of bias.[221e] It is also improper for a litigant to attempt to correspondence with the court on a *"private and confidential basis"*; a judge who receives such communications should return it unread, explaining shortly to the litigant the impropriety of sending unilateral correspondence.[221f]

[219] *Paice* [2015] EWHC 661 (TCC); [2015] B.L.R. 345 at [38].

[220] *Paice* [2015] EWHC 661 (TCC); [2015] B.L.R. 345 at [45].

[221] *Paice* [2015] EWHC 661 (TCC); [2015] B.L.R. 345 at [51].

[221a] *Bubbles and Wine Ltd v Lusha* [2018] EWCA Civ 468.

[221b] *Bubbles and Wine Ltd v Lusha* [2018] EWCA Civ 468 at [35].

[221c] *Bubbles and Wine Ltd v Lusha* [2018] EWCA Civ 468 at [33].

[221d] *Bubbles and Wine Ltd v Lusha* [2018] EWCA Civ 468 at [23]–[30].

[221e] *R. (on the application of Otobo) v Secretary of State for the Home Department* [2019] 11 WLUK 55, [251].

[221f] *Zuma's Choice Pet Products Ltd v Azumi Ltd* [2017] EWCA Civ 2133 at [8].

Pre-determination

Replace para.10-064 with:

Where the context is the decision of a body whose members may be expected to have prior views, such as a planning decision by a local authority, the requirement is that the members approach the issue fairly and on the merits: **10-064**

> "So the test would be whether there is an appearance of predetermination, in the sense of a mind closed to the planning decision in question ... [what needs to be shown is] something which goes to the appearance of a predetermined, closed mind in the decision-making itself."[256]

A showing of prior views is insufficient.[257] This is because it has been observed that it is a human characteristic that people have predilections, beliefs and sympathies, and judges and tribunals are no exception. The fact that a judge or tribunal may hold certain pre-conceived views does not by itself constitute actual bias unless it is such as to render them immune to contrary argument; "the crucial distinction is between a predisposition towards a particular outcome and a predetermination of the outcome".[258] Furthermore, it has been held that disclosure by a judge of his current thinking may positively assist the advocate or litigant in knowing where particular efforts may need to be pointed, so that, in general terms, there need be no bar on robust expression by a judge, so long as it is not indicative of a closed mind.[259] It is also necessary to consider the proceedings as a whole in engaging in the objective assessment of whether there was a real possibility that the tribunal was biased.[260] In addition, a lengthy period of deliberations has no bearing on the issue of bias.[261] Similarly, the provision of an incomplete draft judgment, although unusual, was intended to help the parties and did not indicate any real possibility of bias.[262] There must at least be a pre-determination, a closed mind at an early stage and this is a difficult test to satisfy.[263] This test was not satisfied in *R. (on the ap-*

plication of Fraser) v National Institute for Health and Clinical Excellence,[264] involving a challenge that the constitution and membership of an expert body proposing guidelines for treatment of a medical condition gave rise to an appearance of pre-determination because of the alleged prior preference of members of the body in favour of a particular treatment. As well as the lack of sufficient evidence to make out a case, the recommendation was a decision of a large group and the public interest in the need for clinical guidance also had to be considered. A distinction must be drawn between reaching a provisional view disclosed for the assistance of the parties, and reaching a final decision prematurely.[265]

[256] *Lewis* [2008] EWCA Civ 746; [2009] 1 W.L.R. 83 at [96] (Rix LJ); *Chandler v Camden LBC* [2009] EWHC 219 (Admin); [2009] Eu. L.R. 615; *Forge* [2014] EWHC 1895 (Admin). In *R. (on the application of T) v West Berkshire Council* [2016] EWHC 1876 (Admin), predetermination arose where a local authority's initial decision to cut funding to voluntary sector organisations which provided short breaks for disabled children was unlawful, as the authority had failed to take into account mandatory relevant considerations and a subsequent decision affirming the initial decision was vitiated by apparent predetermination. See also *Secretary of State for the Home Department v AF* [2008] EWCA Civ 117; [2008] 1 W.L.R. 2528 to the effect that in a hearing under s.3(1) of the Prevention of Terrorism Act 2005, findings made by the court in a previous hearing under the same subsection were not binding or even the starting point for second or subsequent control orders, but that the judge was to have such regard to those findings, as a factor to be taken into account, as was appropriate in all the circumstances of the particular case. See also *Gardner* [2008] EWHC 2942 (Admin); [2009] J.P.L. 872; *Siraj* [2010] EWHC 444 (Admin); [2010] N.P.C. 28 at [35]-[37].

[257] See, e.g. *Lanes Group Plc* [2011] EWCA Civ 1617; [2012] Bus. L.R. 1184 (an adjudicator's provisional decision based on submissions of one party, disclosed for the assistance of the parties, had not amounted to apparent bias or apparent pre-determination); *CD (Democratic Republic of Congo) v Secretary of State for the Home Department* [2011] EWCA Civ 1425; *Ross*, Employment Appeal Tribunal, 18 November 2009 (hostile body language and discourteous conduct of a lay member of an employment tribunal did not evidence a closed mind or bias). See also: *Zuma's Choice Pet Products Ltd v Azumi Ltd* [2017] EWCA Civ 2133 at [29]. By contrast, see *Miller v Parliamentary and Health Service Ombudsman* [2018] EWCA Civ 144; [2018] P.T.S.R. 801.

[258] *Jackson* [2015] EWHC 218 (QB) at [15]. For the distinction between predisposition and predetermination, see *British Academy of Songwriters, Composers and Authors* [2015] EWHC 1723 (Admin) at [277]. See also *R. (on the application of Mackaill) v Independent Police Complaints Commission* [2014] EWHC 3170 (Admin) (the decision of the Independent Police Complaints Commission to redetermine the mode of an investigation into police officers' conduct had vitiated by apparent bias, since it had been taken by the Commission's deputy chair, who had publicly and repeatedly made plain her disagreement with the conclusions of the investigation). See also: *R. (on the application of Spurrier) v Secretary of State for Transport* [2019] EWHC 1070 (Admin) (it was important to bear in mind the difference between actual pre-determination and the appearance of pre-determination, particularly where the challenge related to a consultation process which took place within a statutory framework which entrusted to the Secretary of State the functions of proposing a policy, promoting it through Parliament, and ultimately deciding whether it should be designated as a statutory national policy statement. It was also necessary to distinguish between actual or apparent pre-determination on the one hand and pre-disposition on the other. The latter was not unlawful. As was so often the case in policy-making, the policy-maker did not have to be (and, usually, was patently not) detached or disinterested as between the possible policy options).

[259] *Singh v Secretary of State for the Home Department* [2016] EWCA Civ 492; [2016] 4 W.L.R. 183 at [35]. See also *Gulf Agencies Ltd v Ahmed* [2016] EWCA Civ 44 at [47]-[60] (the fact that a judge had challenged whether a landlord was in fact a solicitor at the start of a trial, and subsequently explained that his experience in other cases prompted the question, did not provide a legitimate ground for suggesting that the judge had formed an adverse view of the landlord and his credibility). See similarly *R. v Bush* [2015] EWCA Crim 2313; see also *R. v Uddin* [2015] EWCA Crim 1918; [2016] 4 W.L.R. 24.

[260] *Singh v Secretary of State for the Home Department* [2016] EWCA Civ 492; [2016] 4 W.L.R. 183 at [36]. The court in this case also set out general guidance as to the approach to be taken by the Upper Tribunal in cases where allegations of bias or misconduct had been made: (a) any intended appeal should be closely scrutinised at the permission stage and allegations meriting the grant of permission to appeal should be properly particularised and appropriately evidenced; (b) if an allegation of bias or misconduct was deemed sufficient to merit the grant of permission to appeal, the Upper Tribunal should normally obtain the written comments of the judge concerned; (c) any such written comments should be provided to the parties for the purposes of the appeal hearing in the Upper Tribunal and retained on file pending any further appeal to the Court of Appeal; (d) since proceedings in the First-tier Tribunal were not ordinarily recorded, it might be necessary to obtain the tribunal judge's own notes of the hearing; (e) it would normally assist the Upper Tribunal to obtain a statement from the respondent's advocate as to his recollection of the events before the First-tier Tribunal; (f) consideration should be given to whether oral evidence was needed at the appeal hearing; (g) the file should be reviewed and any directions given by the Upper Tribunal in good time before the substantive appeal hearing ([53]-[54]).

[261] *R. (on the application of Gopalakrishnan) v General Medical Council* [2016] EWHC 1247 (Admin) at [110].

[262] *Marsh v Ministry of Justice* [2015] EWHC 3767 (QB) at [33].

[263] See *R. (on the application of Lewis v Redcar and Cleveland BC* [2008] EWCA Civ 746; [2009] 1 W.L.R. 83 at [109] (Longmore LJ). The test was satisfied in *R. (on the application of Pounder) v HM Coroner for North & South Districts of Durham & Darlington* [2010] EWHC 328 (Admin); [2010] Inquest L.R. 38 (coroner could not conduct a fresh inquest having previously expressed decided views on matters which would be important in the later inquest).

[264] *R. (on the application of Fraser) v National Institute for Health and Clinical Excellence* [2009] EWHC 452 (Admin); (2009) 107 B.M.L.R. 178.

[265] *Lanes Group Plc* [2011] EWCA Civ 1617; [2012] Bus. L.R. 1184 at [56]. See also *Michael* [2014] EWCA Civ 1590 at [22]–[26] (the test was also not satisfied where the Chief Registrar had frequently interrupted a litigant who had produced prolix written submissions and who would not focus on the real issues in either evidence or oral submissions and who had commented that the litigant's answers were not always regarded as honest). See also: *Bubbles and Wine Ltd v Lusha* [2018] EWCA Civ 468 at [34] (noting that there is nothing wrong with a judge indicating provisional views, and advocates are generally grateful for such indications as it gives them an opportunity to correct any misconception which the judge may have and to concentrate in their submissions on those points which appear to be influencing the judge's thinking. The expression of such views could only be thought to indicate bias if they are stated in terms which suggest that the judge has already reached a final decision before hearing all the evidence and argument).

Add new para.10-065A:

Disclosure

The relevance of disclosure has been recently considered in the context of arbitrators.[284a] It was held that the question of whether or not disclosure should be made, or should have been made, depended on the prevailing circumstances at that time, and not with the benefit of hindsight.[284b] Non-disclosure is a factor to be taken into account in considering the issue of apparent bias. Furthermore, non-disclosure of a fact or circumstance which should have been disclosed, but did not, on examination, give rise to justifiable doubts as to the arbitrator's impartiality, could not, in itself, justify an inference of apparent disclosure was only required of the facts or circumstances known to the arbitrator.[284c]

10-065A

[284a] *Halliburton Co v Chubb Bermuda Insurance Ltd* [2018] EWCA Civ 817; [2018] 1 W.L.R. 5561 at [69].

[284b] *Halliburton Co v Chubb Bermuda Insurance Ltd* [2018] EWCA Civ 817; [2018] 1 W.L.R. 5561 at [70].

[284c] *Halliburton Co v Chubb Bermuda Insurance Ltd* [2018] EWCA Civ 817; [2018] 1 W.L.R. 5561 at [75]–[76].

ECHR ART.6

Replace n.349 with:

[349] At [47]. Contrast *Crompton v UK* (2010) 50 E.H.R.R. 36 at [77]–[80] (dispute was not one of fact but rather about the approach of the Army Board in assessing the level of compensation, which had been examined on judicial review and accordingly, no violation of ECHR art.6 arose); see also *Ali v Birmingham City Council* [2010] UKSC 8; [2010] 2 A.C. 39 (obiter comments at [53]–[56]). Lord Kerr observed as follows at [78]: "Where the decision involves an evaluative judgment one can quite see that a judicial review challenge would be appropriate but where a conclusion on a simple factual issue is at stake, judicial review does not commend itself as an obviously suitable means by which to rid the original decision of its appearance of bias. In particular, judicial review might be said to be a singularly inapt means of examining issues of credibility which lie at the heart of the present appeals"; *R. (on the application of MA) v National Probation Service* [2011] EWHC 1332 (Admin); [2011] A.C.D. 86; *King v Secretary of State for Justice* [2012] EWCA Civ 376; [2012] 1 W.L.R. 3602; *R. (on the application of A) v Croydon London Borough Council* [2009] UKSC 8; [2009] 1 W.L.R. 2557 at [45] (the determination of whether a person was a "child" for whom the local authority was obliged to provide accommodation was ultimately a question for the court, which meant that the procedures coupled with judicial review on conventional grounds satisfied ECHR art.6). See also *R. (on the application of XH) v Secretary of State for the Home Department* [2016] EWHC 1898 (Admin) at [106] (while the Secretary of State's

10-094

decision would involve a consideration of facts, it essentially involved a risk assessment being made in the light of a policy set out in a written ministerial statement; the court added (at [107]) that "judicial review is a flexible process and the court can examine facts in an appropriate case"); (see now [2017] EWCA Civ 41; [2018] QB 355 at [147] (observing that "[c]onventional judicial review is a flexible remedy which can extend to investigation of the factual basis of a decision, where appropriate, without assuming an independent fact finding role"). *R. (on the application of Derrin Brother Properties Ltd) v Revenue and Customs Commissioners* [2016] EWCA Civ 15; [2016] 1 W.L.R. 2423 at [112] (judicial review was adequate to ensure compliance with statutory pre-conditions for judicial approval of third party information notices).

CHAPTER 11

Substantive Review and Justification

TABLE OF CONTENTS

Scope	11-001
Introduction	11-002
The Constitutional Context of Substantive Review	11-005■
The Wednesbury Formulation and its Subsequent Development	11-012■
Defective Decision-Making Process	11-028■
Violation of Common Law Rights and Constitutional Principles	11-052■
Oppressive Decisions	11-069■
The place of Proportionality	11-073■
Intensity of Review	11-087■
Comparative Perspectives	11-104■

SCOPE

Replace "Judicial intervention in a decision where the reasoning process underlying the decision has been defective (including failures properly to balance relevant considerations, flaws in logic and reasoning, and decisions which rest on inadequate evidence of mistake of fact)." with:

- Judicial intervention in a decision where the reasoning process underlying the decision has been defective (including failures properly to balance relevant considerations, flaws in logic and reasoning, and decisions which rest on inadequate evidence or mistake of fact).[2]

11-001

[2] See 11-028.

THE CONSTITUTIONAL CONTEXT OF SUBSTANTIVE REVIEW

Replace para.11-005 with:

The constitutional context of judicial review in general has already been considered in Chapter 1. What follows here is consideration of the implications of constitutional context for substantive review more specifically. Questions of the constitutional justification of judicial review are particularly acute in relation to substantive review, where the court, particularly when reviewing for legally unacceptable outcomes or impact, may sometimes appear to be skirting close to the forbidden territory of merits review. There is a need for careful consideration of the constitutional propriety of judicial intervention in the substance of decisions, particularly the relative institutional capacity of the courts and the original decision maker, and the impact of any democratic mandate for a decision. The point has

11-005

been articulated by the Divisional Court in the following terms:

> "Judicial review is an important mechanism for the maintenance of the rule of law. ... However, judicial review is not an appeal against governmental decisions on their merits. The wisdom of governmental policy is not a matter for the courts and, in a democratic society, must be a matter for the elected government alone. ... Judicial review is not, and should not be regarded as, politics by another means."[14a]

[14a] *R. (on the application of Hoareau) v Secretary of State for Foreign and Commonwealth Affairs* [2019] EWHC 221 (Admin); [2019] 1 W.L.R. 4105 at [326]. Note an appeal was dismissed in *R. (Hoareau) v Secretary of State for Foreign and Commonwealth Affairs* [2020] EWCA Civ 1010.

Replace n.17 with:

11-006   [17] See 1-044; and see, e.g. *Michalak v Wandsworth LBC* [2002] EWCA Civ 271; [2003] 1 W.L.R. 617 at [41] (Brooke LJ: "this is pre-eminently a field in which the courts should defer to the decisions taken by a democratically elected Parliament, which has determined the manner in which public resources should be allocated for local authority housing"). And see *R. (on the application of Bancoult) v Secretary of State for Foreign and Commonwealth Affairs (No.2)* [2008] UKHL 61; [2009] 1 A.C. 453 at [132] (Lord Carswell: "Decisions about how far to accommodate such concerns and wishes are very much a matter for ministers, who have access to a range of information not available to the courts and are accountable to Parliament for their actions. I think that courts should be more than a little slow to pin that butterfly to the wheel"—about the possibility of a policy for resettlement of the Chagos Islands); *Simone v Chancellor of the Exchequer* [2019] EWHC 2609 (Admin) at [92]: 'those were decisions that were essentially ones for the Secretary of State to make as to how to allocate funding within the scope of his departmental budget' (dismissing a challenge to the allocation of special educational needs funding).

After "is the court's", add:

11-007   responsibility

Political mandate and respect for the view of Parliament and the executive

Replace n.26 with:

11-009   [26] *R. v Secretary of State for the Environment Ex p. Nottinghamshire CC* [1986] A.C. 240 at 247 (Lord Scarman); *R. v Secretary of State for the Environment Ex p. Hammersmith & Fulham LBC* [1991] 1 A.C. 521 at 597 (Lord Bridge). Relatedly, the court will not allow an applicant to pre-empt Parliamentary scrutiny by bringing a challenge to a draft order, yet to be brought before it: *R (Gill) v Cabinet Office* [2019] EWHC 3407 (Admin).

THE WEDNESBURY FORMULATION AND ITS SUBSEQUENT DEVELOPMENT

Replace n.46 with:

11-017   [46] Lord Russell's formulation was approved by Aikens LJ in the context of a challenge to immigration rules in *R. (on the application of MM (Lebanon)) v Secretary of State for the Home Department* [2014] EWCA Civ 985 at [94]–[95]. The Secretary of State's appeal was allowed by the Supreme Court [2017] UKSC 10; [2017] 1 W.L.R. 771, but without reference to Lord Russell of Killowen CJ's words in *Kruse v Johnson*.

Add new paragraph at end:

11-021   In *R. (on the application of Youssef) v Secretary of State for Foreign and Commonwealth Affairs* [2016] UKSC 3; [2016] A.C. 1457, at [55], Lord Carnwath stated:

> "In *R (Keyu) v Secretary of State for Foreign and Commonwealth Affairs* [2016] AC 1355 (decided since the hearing in this appeal) this court had occasion to consider arguments, in the light of *Kennedy* and *Pham*, that this court should authorise a general move from the traditional judicial review tests to one of proportionality. Lord Neuberger of Abbotsbury PSC (with the agreement of Lord Hughes JSC) thought that the implications could be wide ranging and "profound in constitutional terms", and for that reason would require consideration by an enlarged court: para 132. There was no dissent from that view in the other judgments. This is a subject which continues to attract intense academic

DEFECTIVE DECISION-MAKING PROCESS

debate: see, for example, the illuminating collection of essays in *The Scope and Intensity of Substantive Review: Traversing Taggart's Rainbow*, (2015), eds Wilberg and Elliott. It is to be hoped that an opportunity can be found in the near future for an authoritative review in this court of the judicial and academic learning on the issue, including relevant comparative material from other common law jurisdictions. Such a review might aim for rather more structured guidance for the lower courts than such imprecise concepts as 'anxious scrutiny' and 'sliding scales'."

Identifying Categories of Substantive Review

Replace n.61 with:

[61] This approach received judicial endorsement from Lord Mance JSC in *Kennedy v Charity Commission (Secretary of State for Justice intervening)* [2014] UKSC 20; [2015] A.C. 455 at [55]: "But the right approach is now surely to recognise, as *de Smith's Judicial Review*, 7th ed (2013), para.11-028 suggests, that it is inappropriate to treat all cases of judicial review together under a general but vague principle of reasonableness, and preferable to look for the underlying tenet or principle which indicates the basis on which the court should approach any administrative law challenge in a particular situation. Among the categories of situation identified in de Smith are those where a common law right or constitutional principle is in issue". See also J. Jowell, ("Proportionality and Unreasonableness: Neither Merger Nor Takeover") in M. Elliott and H. Wiberg (eds), *The Scope and Intensity of Substantive Review* (2015), Ch.4. This reasoning was applied in *Pham v Secretary of State for the Home Department* [2015] UKSC 19; [2015] 1 W.L.R. 1591 at [60], in which Lord Carnwarth held that the principles in *Kennedy* applied with great force "in a case such as the present where the issue concerns the removal of a status as fundamental, in domestic, European and international law, as that of citizenship". See further, R. Williams, "Structuring Substantive Review" [2017] P.L. 99 and J.T.H. Lee, "Substantiating Substantive Review" [2018] P.L. 632.

11-023

Unreasonable process

After "apparently illogical or", replace "arbitrary; (c) decisions supported by inadequate or incomprehensible reasons or (e) by" with:

arbitrary and (c) decisions supported by

11-024

DEFECTIVE DECISION-MAKING PROCESS

Balance of relevant considerations

Replace para.11-029 with:

As we have seen in Chapter 5, the question of what is a relevant or material consideration is a question of law, whereas the question of what weight to be given to it is a matter for the decision-maker.[65a] However, where undue weight is given to any particular consideration, this may result in the decision being held to be unreasonable, and therefore unlawful, because manifestly excessive or manifestly inadequate weight has been accorded to a relevant consideration.[66] As we shall see below, English law may stand at the brink of a development that would allow a more direct question to be asked in this situation, namely whether a decision is unlawful because it is disproportionate (without needing to have regard to the concept of unreasonableness).[67]

11-029

[65a] Reiterated in *R (Governing Body of X) v Office for Standards in Education, Children's Services and Skills* [2020] EWCA Civ 594 at [44].

[66] This passage was approved by Silber J in *Secretary of State for Trade and Industry Ex p. BT3G Ltd* [2001] Eu.L.R. 325 at [187] (see subsequently [2001] EWCA Civ 1448). See also *R. (on the application of Sainsbury's Supermarkets Ltd) v Wolverhampton City Council* [2010] UKSC 20; [2011] 1 A.C. 437; See *R. (on the application of Wright) v Forest of Dean DC* [2017] EWCA Civ 2102 for an application of this case in relation to a material consideration in a planning context; *Secretary of State for the Home Department v AP (No.1)* [2010] UKSC 24; [2011] 2 A.C. 1 (Lord Brown said that "The *weight* to be given to a relevant consideration is, of course, always a ... matter for the decision-maker—subject only to the challenge for irrationality").

[67] See 11-073—11-085. And see *R. (on the application of Gallagher) v Basildon DC* [2010] EWHC

2824 (Admin); [2011] P.T.S.R. 731 at [41] (Parker J said that "the challenged decision has given manifestly disproportionate weight to certain considerations").

Rationality: logic and reasoning

Replace n.79 with:

11-032 [79] *R. v Parliamentary Commissioner for Administration Ex p. Balchin* [1998] 1 P.L.R. 1, 13, cited in *R. (on the application of Norwich and Peterborough Building Society) v Financial Ombudsman Service Ltd* [2002] EWHC 2379 (Admin); [2003] 1 All E.R. (Comm) 65 at [59]. See also *R. (on the application of A) v Liverpool Council* [2007] EWHC 1477(Admin); (2007) 10 C.C.L. Rep. 716 at [39] (the decision "lacks logic to such a degree as is unreasonable"). Also, *R. (on the application of Demetrio) v Independent Police Complaints Commission* [2015] EWHC 593 (Admin); [2015] A.C.D. 98 at [65]: "Whether the lack of ostensible logic is sufficient to render the decision irrational …". This decision was reversed in part by the CA [2015] EWCA Civ 1248, although its conclusion was strictly academic.

After "for the decision,", add new n.79a:

11-033 [79a] For instance, in *Elgizouli v Secretary of State for the Home Department* [2020] 2 W.L.R. 857 at [181]-[187] Lord Reed suggested that the Home Secretary's failure to explain aspects of his reasoning which appeared 'perplexing' may have rendered the decision irrational had the argument been pleaded.

Inadequate evidence and mistake of fact

After "is not appeal,", add new n.91a:

11-036 [91a] On the role of an appellate court in relation to factual findings by a lower court see *R. (Hoareau) v Secretary of State for Foreign and Commonwealth Affairs* [2020] EWCA Civ 1010 at [166].

Misdirection or mistake of material fact

Replace n.117 with:

11-046 [117] The reasoning in the *E* case has been endorsed in *R. (Iran) v Secretary of State for the Home Department* [2005] EWCA Civ 982; [2005] Imm. A.R. 535; and *MT (Algeria) v Secretary of State for the Home Department* [2007] EWCA Civ 808 at [112]. The approach adopted in the *E* case has also been followed in the following cases: *R. (on the application of Lunt) v Liverpool City Council* [2009] EWHC 2356 (Admin); [2009] All E.R. (D) 07 (Aug) (Blake J held authority responsible for approving design of taxis had fundamentally misunderstood documentary evidence about accessibility for wheelchair users); *R. (on the application of McDougal) v Liverpool City Council* [2009] EWHC 1821 (Admin) (officers of the council had made the proper inquiries of central government and they had received answers and the understanding of them was duly communicated to the members of the council who were the decision-makers. In other words, this was not a case of "unfairness resulting from misunderstanding or ignorance of established and relevant fact"); *Phelps v First Secretary of State* [2009] EWHC 1676 (Admin) at [17] (*E* described as "the leading authority on the law as it currently stands in relation to errors of fact amounting to errors of law"—but the case did not fall within the principles articulated in *E*); *VH (Malawi) v Secretary of State for the Home Department* [2009] EWCA Civ 645 at [48] (Longmore LJ: "It may well be that mistake as to an established fact which was uncontentious and objectively verifiable can constitute an error of law as stated in *E v SSHD* … But the weight which is to be accorded to evidence properly before a tribunal cannot, to my mind, fall within that category"); *Eley v Secretary of State for Communities and Local Government* [2009] EWHC 660 (QB); [2009] All E.R. (D) 28 (Apr), [51] ("a mistake of fact by an inspector who is determining a planning appeal which gives rise to unfairness is now established as a head of challenge in an appeal" under Town and Country Planning Act 1990 s.288); *Bubbs v Wandsworth LBC* [2011] EWCA Civ 1285; [2012] P.T.S.R. 1011 at [7] (Lord Neuberger MR); *R. (on the application of Conolly) v Secretary of State for Communities and Local Government* [2009] EWCA Civ 1059; [2010] 2 P. & C.R. 1 at [37] (Rix LJ); *XX (Ethopia) v Secretary of State for Home Department* [2012] EWCA Civ 742 at [58] (no "unfairness"); *R. (March) v Secretary of State for Health* [2010] EWHC 765 (Admin); [2012] 4 All E.R. 69 at [53]; *R. (Watt) v Hackney LBC* [2016] EWHC 1978 (Admin); [2016] A.C.D. 115 at [55]; appealed to the CA in March 2018, unreported. And see generally, M. Fordham, *Judicial Review*, 6th edn (2012), paras 49.22 and 23.

Decisions unsupported by substantial evidence

Replace para.11-047 with:

11-047 This encompasses situations where there is "no evidence" for a finding upon which a decision depends[119] or where the evidence, taken as a whole, is not reasonably capable of supporting a finding of fact. Such decisions may be impugned[120] as "irrational"[121] or "perverse", providing that this was a finding as to a material matter.[122] A decision-maker may also act unlawfully if it fails to undertake a reasonable inquiry into questions of fact[122a] or focuses on aspects of the evidence which point to a particular conclusion, while ignoring the evidence against.[122b] Should we now go further and adopt a general rule empowering the courts to set aside findings of fact by public authorities if "unsupported by substantial evidence"?[123] If such a rule were to become meaningful, it would require bodies which at present conduct their proceedings informally to have verbatim transcripts or to keep detailed notes of evidence.[124] In some contexts the substantive evidence rule has much to commend it; and, as we have noted, some judges have already asserted jurisdiction to set aside decisions based on clearly erroneous inferences of fact either by classifying this type of error as an error of law or merely by proceeding on the assumption that manifest error of fact makes a decision unlawful.[124a]

[119] *Ashbridge Investments Ltd v Minister of Housing and Local Government* [1965] 1 W.L.R. 1320; *Coleen Properties Ltd v Minister of Housing and Local Government* [1971] 1 W.L.R. 433; *Archer and Thompson v Secretary of State for the Environment and Penwith DC* [1991] J.P.L. 1027; *Hertsmere BC v Secretary of State for the Environment and Percy* [1991] J.P.L. 552; *R. v Secretary of State for Home Affairs Ex p. Zakrocki* [1996] C.O.D. 304; *R. v Newbury DC Ex p. Blackwell* [1988] C.O.D. 155 (planning committee's failure to obtain evidence of likely increase in road use on safety "unreasonable in the *Wednesbury* sense"); *R. (on the application of Trafford) v Blackpool BC* [2014] EWHC 85; [2014] 2 All E.R. 947 (see n.259 below) (no evidence that the nature of a solicitor's business whose lease the defendant council refused to renew was "wholly contrary to the stated aims and objectives" of the council).

[120] See, e.g. *Allinson v General Council of Medical Education and Registration* [1894] 1 Q.B. 750 at 760, 763; *American Thread Co v Joyce* (1913) 108 L.T. 353; *Smith v General Motor Cab Co* [1911] A.C. 188; *Doggett v Waterloo Taxi Cab Co* [1910] 2 K.B. 336; *Jones v Minister of Health* (1950) 84 Ll. L.Rep. 416; *Cababe v Walton-on-Thames UDC* [1914] A.C. 102 at 114; *Rowell v Minister of Pensions* [1946] 1 All E.R. 664 at 666; *Davies v Price* [1958] 1 W.L.R. 434 at 441-442; *R. v Birmingham Compensation Appeal Tribunal Ex p. Road Haulage Executive* [1952] 2 All E.R. 100; *Maradana Mosque Trustees v Mahmud* [1967] 1 A.C. 13; *Global Plant Ltd v Secretary of State for Social Services* [1972] 1 Q.B. 139 at 155. In India it has been held that facts may be reviewed in judicial review: *Bombay Dying v Bombay Environment Action Group* 2006 (3) S.C.C. 434 at 490 (Sinha J).

[121] Decisions unsupported by evidence have been held to be unreasonable in: *Osgood v Nelson* (1872) L.R. 5 H.L. 636; *R. v Attorney General Ex p. Imperial Chemical Industries Plc* (1986) 60 Tax Cas. 1; *R. v Birmingham City Council Ex p. Sheptonhurst Ltd* [1990] 1 All E.R. 1026 (no evidence in licensing decision on sex establishment "irrational"); *R. v Housing Benefit Review Board of Sutton LBC Ex p. Keegan* (1995) 27 H.L.R. 92 (lack of evidence of failure to pay rent rendered decision "unreasonable"); *Piggott Bros and Co Ltd v Jackson* [1992] I.C.R. 85 (Lord Donaldson MR, in the context of employment law, held that, to find a decision "perverse", the appeal tribunal had to be able to identify a finding of fact unsupported by any evidence); *Peak Park Joint Planning Board v Secretary of State for the Environment* [1991] J.P.L. 744 (a conclusion which "flew in the face of the evidence" and was "based on a view of the facts which could not reasonably be entertained" was held to be "perverse"). Sometimes such decisions have been held to involve excess of jurisdiction, e.g. *Ashbridge Investments* [1965] 1 W.L.R. 1320. Lord Diplock occasionally held that the principles of natural justice required a decision to be based on "evidential material of probative value", e.g. *Attorney General v Ryan* [1980] A.C. 718; *R. v Deputy Industrial Injuries Commissioner Ex p. Moore* [1965] 1 Q.B. 456 (reached a verdict that "no reasonable coroner could have reached"). In *R. (on the application of Mott) v Environment Agency* [2015] EWHC 314 (Admin); [2015] Env. L. R. 27 the imposition of conditions upon a licence to fish was held irrational where the decision-maker had failed adequately to consider the evidence upon with the decision was based. On appeal ([2016] 1 W.L.R. 4338; [2017] Env. L. R 1) the CA held that the Judge should not have scrutinised the scientific and technical evidence so closely and expert decision-makers were to be given a greater margin of appreciation. This conclusion was affirmed by the SC ([2018] UKSC 10; [2018] 1 W.L.R. 1022), although on the facts, the decision was still disproportionate. The threshold for intervention is high: in *R. (Justice for Health) v Secretary of State for Health* [2016] EWHC 2338 (Admin); [2016] A.C.D. 119, Green J rejected an argument that mixed evidence as to the impact of a new contract for junior doctors rendered the Secretary of State's imposition of said contract irrational for being unsupported by substantial evidence, concluding, at [185] that a decision will not be irrational merely because there is "a respectable body of evidence on the other side of the argument".

[122] *Miftari v Secretary of State for the Home Department* [2005] EWCA Civ 481.

[122a] Commonly referred to as the "Tameside duty": for discussion of the basic principles see *R. (Plantagenet Alliance Ltd) v Secretary of State for Justice* [2014] EWHC 1662, [2015] 3 All E.R. 261 (Admin) at [99]-[100]; *Balajigari v Secretary of State for the Home Department* [2019] EWCA Civ 673, , [2019] 1 W.L.R. 4647 at [62]-[76]; *R. (Campaign Against Arms Trade) v Secretary of State for International Trade* [2019] EWCA Civ 1020, [2019] 1 W.L.R. 5765 at [58]-[59]. For an illustration see *R. (Day) v Shropshire Council* [2019] EWHC 3539 (Admin).

[122b] See e.g. *R. (Bukartyk) v Welwyn Hatfield BC* [2019] EWHC 3480 (Admin), [2020] H.L.R. 19 at [48].

[123] As in the federal administrative law of the USA (Administrative Procedure Act of 1946 s.10(e)) and Canada (Federal Court Act 1970 s.28)). See *R. (on the application of British Sky Broadcasting Ltd) v Central Criminal Court* [2011] EWHC 3451 (Admin); [2012] Q.B. 785 at [35] ("not sufficient evidence ... to enable [the judge] to reach his decision); *R. (on the application of MD (Gambia)) v Secretary of State for Home Department* [2011] EWCA Civ 121.

[124] See, e.g. *Savoury v Secretary of State for Wales* (1976) 31 P. & C.R. 344 (challenge to a clearance order failed in because of the difficulty in establishing upon what evidence, if any, the local authority decided that there was "suitable accommodation available" for those displaced); cf. *Sabey (H) & Co Ltd v Secretary of State for the Environment* [1978] 1 All E.R. 586 (written evidence admissible to show that there was no evidence upon which the inspector or the Minister could base a finding of fact). For more recent cases where new evidence has been submitted: *R. v Secretary of State for the Home Department Ex p. Turgut* [2001] 1 All E.R. 719; *A v Secretary of State for the Home Department* [2003] EWCA Civ 175; [2003] I.N.L.R. 249; *Khan v Secretary of State for the Home Department* [2003] EWCA Civ 530; *Polat v Secretary of State for the Home Department* [2003] EWCA Civ 1059.

[124a] In *R. (on the application of Abbey Mine Ltd) v Coal Authority* [2008] EWCA Civ 353 at [25], Laws LJ deprecated the tendency to dress up errors of fact as errors of law in judicial review proceedings.

At the end, add new paragraph:

The inquiry into the whether a decision has a sufficient evidence base has been characterized by Saini J as an orthodox application of the *Wednesbury* unreasonableness test:

> A more nuanced approach in modern public law is to test the decision-maker's ultimate conclusion against the evidence before it and to ask whether the conclusion can (with due deference and with regard to the Panel's expertise) be safely justified on the basis of that evidence, particularly in a context where anxious scrutiny needs to be applied. I emphasise that this approach is simply another way of applying Lord Greene MR's famous dictum in *Wednesbury*... but it is preferable in my view to approach the test in more practical and structured terms on the following lines: does the conclusion follow from the evidence or is there an unexplained evidential gap or leap in reasoning which fails to justify the conclusion?[124b]

[124b] *R. (Wells) v Parole Board* [2019] EWHC 2710 (Admin), [2019] A.C.D. 146 at [32]-[33].

Evidence not before the decision-maker

After "the primary decision-maker.", add n.124c:

11-048

[124c] This issue can sometimes arise where a public authority (other than a court) undertakes a review of the decision of another public authority. See e.g. *Re Green Belt (NI) Ltd's Application for Judicial Review* [2019] NICA 47.

VIOLATION OF COMMON LAW RIGHTS AND CONSTITUTIONAL PRINCIPLES

Replace para. 11-053 with:

11-053 Judicial emphasis upon common law protection of rights saw a strong resurgence in recent years, especially in the Supreme Court.[139] Judges have been keen to emphasise the common ground between the common law and human rights instruments,[140] and of the continuing importance of the development of the common law.[141] The Supreme Court decision in *R. (Jalloh) v Secretary of State for the Home Department* also emphasises that the protection afforded to rights by the common law may in places be stronger than that afforded by the European Convention. As Lady Hale JSC put it:

> It is, of course, the case that the common law is capable of being developed to meet the changing needs of society. In Lord Toulson's famous words in *Kennedy v Charity Commission* [2014] UKSC 20, [2015] A.C. 435, para 133: "it was not the purpose of the Human Rights Act that the common law should become an ossuary". Sometimes those developments will bring it closer to the ECHR and sometimes they will not. But what

[counsel for the Secretary of State] is asking this Court to do is not to develop the law but to make it take a retrograde step: to restrict the classic understanding of imprisonment at common law to the very different and much more nuanced concept of deprivation of liberty under the ECHR.... There is no need for the common law to draw such a distinction and every reason for the common law to continue to protect those whom it has protected for centuries against unlawful imprisonment.[141a]

[139] See, for example: *Osborne v Parole Board* [2013] UKSC 61; [2014] A.C. 1115; *Kennedy v Information Commissioner* [2014] UKSC 20; [2015] 2 A.C. 445; *Re BBC* [2014] UKSC 25; [2015] A.C. 588; *R. (Unison) v Lord Chancellor* [2017] UKSC 51; [2017] 3 W.L.R. 409.

[140] *R. (West) v Parole Board* [2005] UKHL 1; [2005] 1 W. L.R. 350 at [44], [51] and [63]. Lord Neuberger casts some doubt on the outcome in West in *R. (on the application of Whitson) v Secretary of State* [2014] UKSC 39; [2015] A.C. 176; *A v Secretary of State for the Home Department* [2005] UKHL 71; [2006] 2 A.C. 221 at [52], [97] and [115]; *Kennedy v Information Commissioner* [2014] UKSC 20; [2015] A.C. 455 at [133]; *Re BBC* [2014] UKSC 25; [2015] A.C. 588 at [55]–[57]; *R. (Osborne) v Parole Board* [2013] UKSC 61; [2014] A.C. 1115 at [57]–[63].

[141] *R. (Guardian News and Media Ltd) v City of Westminster Magistrates' Court (Article 19 intervening)* [2012] EWCA Civ 420; [2013] Q.B. 618 at [88]; *Osborn v Parole Board* [2013] UKSC 61; [2014] A.C. 1115 at [61]; *Kennedy v Information Commissioner* [2014] UKSC 20; [2015] A.C. 455 at [46] and [133], *Re BBC* [2014] UKSC 25; [2015] A.C. 588 at [40] and [56].

[141a] *R. (Jalloh) v Secretary of State for the Home Department* [2020] UKSC 4, [2020] 2 W.L.R. 418 at [33] (dismissing the suggestion that the common law concept of false imprisonment should be equated with the narrower understanding of 'deprivation of liberty' developed in jurisprudence relating to Article 5, ECHR).

At the end, add new paragraph:

The extent to which the judicial focus on common law rights a response to uncertainty concerning the future of the Human Rights Act 1998 and the possibility of future withdrawal from the European Convention on Human Rights is a matter of debate.[142] As is the potential of common law rights to afford an equivalent degree of protection to rights in the event that the Human Rights Act is repealed or modified.[142a] There are also limits to how far the courts have been willing to go in developing common law rights. Lord Carnwath JSC, for instance, recently warned that while the 'power of the courts to develop the common law is not in doubt... it is a power to be exercised with caution.'[142b]

[142] Lady Hale, *"UK Constitutionalism on the March?"* (Constitutional and Administrative Law Bar Association Conference, 12 July 2014); R. Clayton, "The empire strikes back: common law rights and the Human Rights Act" [2015] P.L. 3; P. Bowen "Does the renaissance of common law rights mean that the Human Rights Act 1998 is now unnecessary?" [2016] E.H.R.L.R. 361. For further academic consideration of common law rights see W. Sadurski, "Judicial review of the Protection of Constitutional Rights" (2002) 22 O.J.L.S 275; M.Fordham, "Common Law Rights" [2011] J.R. 14; R. Masterman and S. Wheatle, "A common law resurgence in rights protection?" [2015] E.H.R.L.R. 57; P. Sales, "Rights and fundamental rights in English law" [2016] C.L.J. 86.

[142a] See for example contributions in M. Elliott & K. Hughes (eds), *Common Law Constitutional Rights* (Hart 2020).

[142b] *Elgizouli v Secretary of State for the Home Department* [2020] UKSC 10 at [193] (dismissing the argument that the common law prohibited the government from complying with a request for mutual legal assistance by the US relating to a crime which carries the death penalty). Lord Reed similarly emphasised the incremental nature of the development of the common law, meaning that it is resistant to 'dramatic changes' ([170]).

Replace para.11-054 with:

In Chapter 1 we outlined the constitutional justification for recognising and protecting rights in this way which, in the absence of a codified constitution or a domestic bill of rights, might otherwise seem perplexing.[143] In Chapter 5 we considered the impact of constitutional rights upon statutory interpretation. We now examine "the common law's emphatic reassertion in recent years of the importance of constitutional rights",[144] in the context of substantive review. Among the rights acknowledged by the common law are the following.[145]

11-054

- Access to a judicial remedy.[146]
- The right to life.[147]
- The liberty of the person.[148]
- The doing of justice in public.[149]
- The right to a fair hearing.[150]
- The prohibition on the retrospective imposition of criminal penalty.[151]
- Freedom of expression.[152]
- The rights of access to legal advice and to communicate confidentially with a legal adviser under the seal of legal professional privilege.[153]
- Limitations on searches of premises and seizure of documents.[154]
- Prohibition on the use of evidence obtained by torture.[155]
- That a British citizen has a fundamental right to live in, or return to, that part of the Queen's territory of which he is a citizen.[156]
- The deprivation of property rights without compensation.[157]
- The privilege against self-incrimination.[158]
- A duty on the State to provide subsistence to asylum-seekers.[159]
- Freedom of movement within the United Kingdom.[160]

Note however the Supreme Court's denial of a common law right to vote in *Moohan v Lord Advocate (Advocate General for Scotland intervening)*.[161]

[143] *Watkins v Home Office* [2006] UKHL 17; [2006] 2 A.C. 395 at [47]–[64] (Lord Rogers).

[144] *D v Secretary of State for the Home Department* [2005] EWCA Civ 38; [2006] 1 W.L.R. 1003 at [130] (Brooke LJ).

[145] For a somewhat different attempt to catalogue the rights, see Lord Lester of Herne Hill and D. Oliver (eds), *Constitutional Law and Human Rights* (1997). For an account of judicial review that reject rights, and promotes legitimacy, as the basis for judicial review, see T. Poole, "Legitimacy, Rights and Judicial Review" (2005) 25 O.J.L.S. 697.

[146] See, e.g. *Re Boaler* [1915] 1 K.B. 21 at 36 (Scrutton J: "One of the valuable rights of every subject of the King is to appeal to the King in his Courts if he alleges that a civil wrong has been done to him, or if he alleges that a wrong punishable criminally has been done to him, or has been committed by another subject of the King"); *Raymond v Honey* [1983] 1 A.C. 1 at 11 (Lord Wilberforce—Home Secretary had no power to make prison rules to "authorise hindrance or interference with so basic a right" as the citizen's right of access to the court); *R. v Secretary of State for the Home Department Ex p. Leech* [1994] Q.B. 198, 210; *R. v Lord Chancellor Ex p. Witham* [1998] Q.B. 575 at [13] (Laws LJ: "the common law has clearly given special weight to the citizens' right of access to the courts"). Witham distinguished in *R. v Lord Chancellor Ex p. Lightfoot* [2000] Q.B. 597 and *R. (on the application of Ewing) v Department for Constitutional Affairs* [2006] EWHC 504 (Admin); [2006] 2 All E.R. 993; *A v B (Investigatory Powers Tribunal: jurisdiction)* [2008] EWHC 1512 (Admin); [2008] 4 All E.R. 511 at [12] (Collins J: "The courts of this country have always recognised that the right of a citizen to access a court is a right of the highest constitutional importance and that legislation removing that right is prima facie contrary to the rule of law"); *Seal v Chief Constable of South Wales* [2007] UKHL 31; [2007] 1 W.L.R. 1910; *Ahmed v Her Majesty's Treasury (JUSTICE intervening) (Nos 1 and 2)* [2010] UKSC 2 and [2010] UKSC 5; [2010] 2 A.C. 534 (the Al-Qaida and Taliban (United Nations Measures) Order 2006 (SI 2006/2952) was ultra vires the United Nations Act 1946 as there was a denial of fundamental rights of access to a judicial remedy. The Terrorist Asset-Freezing (Temporary Provisions) Act 2010 and subsequently the Terrorist Asset-Freezing etc Act 2010 were enacted to provide the necessary powers to implement the UN Security Council measures); see also ECHR art.6 on fair trails (See 7-117) and art.13 on effective remedies (See 13-010). *R. (on the application of the Public Law Project) v Lord Chancellor* [2016] UKSC 39; [2016] 3 W.L.R. 387 (an amendment by secondary legislation to the Legal Aid, Sentencing and Punishment of Offenders Act 2012 introducing a residence test for eligibility to legal aid was ultra vires. The power to make delegated legislation had to be construed in the context of the statutory policy and aims. The primary objective of the Act was based on funding those with a priority need. The residence test was focused entirely on reducing cost); *R. (Unison) v Lord Chancellor* [2017] UKSC 51 (fees imposed by the Lord Chancellor in respect of proceedings in employment tribunals and the employment appeal tribunal were held to be unlawful). Although see *R. (Leighton) v Lord Chancellor* [2020] EWHC 336, [2020] A.C.D. 50 (Admin) (challenge to restrictive costs rules in discrimination claims. The Administrative Court assumed without deciding that the common law right of access to a court operates as a principle of statutory construction, rather than a free-standing ground of review ([146]-[155]) and doubted the principle extended so far as to enable a complaint about a 'sin of omission' ([154]). The court also equated the level of protection afforded by the common law right in costs cases, to that of Article 6, ECHR ([158]-[159]); *R. (SXM) v Disclosure and Barring Service* [2020] EWHC 624, [2020] 1 W.L.R. 3259 (Admin) (the 'constitutional right of access to a court' did not entitle a victim of sexual abuse to be told whether her alleged abuser had been placed on the list of persons barred from engaging in regulated activity in order that she could seek judicial review) and *R.*

(McKenzie) v Crown Court at Leeds [2020] EWHC 1867 (Admin) (the applicant's 'constitutional right of access to court' had not been unlawfully curtailed by Regulations suspending jury trials on a short-term basis in light of the Covid-19 crisis).

[147] See, e.g. *R. v Secretary of State for the Home Department Ex p. Bugdaycay* [1987] A.C. 514 at 531 (Lord Bridge, in a deportation case "The most fundamental of human rights is the individual's right to life and when an administrative decision under challenge is said to be one which may put the applicant's life at risk, the basis of the decision must surely call for the most anxious scrutiny"); *R. v Secretary of State for the Home Department Ex p. Khawaja* [1984] A.C. 74 at 110–111 (Lord Scarman). See also ECHR art.2, discussed at 7-127. For 'anxious scrutiny' see 11-093. *Elgizouli v Secretary of State for the Home Department* [2020] UKSC 10 reveals different conceptions of what it means to say that the common law recognises a 'right to life.' Lord Reed (in the majority and speaking with the agreement of Lady Black and Lords Lloyd-Jones and Hodge) considered that the 'right to life' is 'more aptly described as a value' which justifies a more rigorous scrutiny of the decision-maker's reasoning (see [174]-[178] and [181]-[187]). By contrast, Lord Kerr was prepared to recognise a common law principle preventing the provision of information in circumstances where the information may facilitate the death penalty, at least in the absence of clear Parliamentary authorisation.

[148] See, e.g. *Bowditch v Balchin* (1850) 5 Exch. 378 (Pollock C.B.: "In a case in which the liberty of the subject is concerned, we cannot go beyond the natural construction of the statute"); *R. v Thames Magistrate Ex p. Brindle* [1975] 1 W.L.R. 1400, CA (Roskill LJ: "When [a court] has to consider a matter involving the liberty of the individual, it must look at the matter carefully and strictly, and it must ensure that the curtailment of liberty sought is entirely justified by the Act relied on by those who seek that curtailment"); *Liversidge v Anderson* [1942] A.C. 206 (Lord Atkin, in his courageous dissent: "It has always been one of the pillars of freedom, one of the principles of liberty for which on recent authority we are now fighting, that the judges are no respecters of persons and stand between the subject and any attempted encroachments on his liberty by the executive, alert to see that any coercive action is justified in law"; *Raymond v Honey* [1983] 1 A.C. 1 at 13 (Lord Wilberforce: "a basic right" of prisoners to enjoy liberty not necessary for their custody)); *R. (on the application of Juncal) v Secretary of State for the Home Department* [2007] EWHC 3024 (Admin) at [47] (Wyn Williams J held that "the citizens of this country do enjoy a fundamental or constitutional right not to be detained arbitrarily at common law. That conclusion is not capable of much elaboration"); *Secretary of State for the Home Department v GG (proceedings under the Prevention of Terrorism Act 2005)* [2009] EWCA Civ 786 at [12] (Sedley LJ: "It is in my judgment axiomatic that the common law rights of personal security and personal liberty prevent any official search of an individual's clothing or person without explicit statutory authority. That these are rights customarily defined by correlative wrongs rather than by affirmative declarations is an artefact of our constitutional history; but it makes them no less real and the courts' vigilance in defence of them no less necessary"; *R. (on the application of Lumba) v Secretary of State for the Home Department (JUSTICE and another intervening)* [2011] UKSC 12; [2012] 1 A.C. 245 at [341] (Lord Brown, quoting Lord Bingham in his 2002 Romanes Lecture: "Freedom from executive detention is arguably the most fundamental right of all"). See also ECHR art.5, discussed at 13-072. *Pham v Secretary of State for the Home Department* [2015] UKSC 19; [2015] 1 W.L.R. 1591 at [94]. *R. (Jalloh) v Secretary of State for the Home Department* [2020] UKSC 4 [2020] 2 W.L.R. 418 (discussed at 11-053 above).

[149] See, e.g. *Scott v Scott* [1913] A.C. 417 at 477 (Lord Shaw of Dunfermline: "To remit the maintenance of constitutional right to the region of judicial discretion is to shift the foundations of freedom from the rock to the sand"); *R. (on the application of Malik) v Central Criminal Court* [2006] EWHC 1539 (Admin); [2006] 4 All E.R. 1141 at [30]; *Al Rawi v Security Service (JUSTICE and other intervening)* [2011] UKSC 34; [2012] 1 A.C. 531 at [11] ("The open justice principle is not a mere procedural rule. It is a fundamental common law principle"); See also, *Behaji and another v Director of Public Prosecutions* [2018] UKSC 22; [2018] W.L.R 435 and *R. (on the application of Haralambous) v Crown Court at St Albans* [2018] UKSC 1; [2018] A.C. 236. In *Neumans LLP v Law Society (Solicitors Regulation Authority)* [2018] EWCA Civ 325, it was held that the common law principles of procedural fairness (natural justice) did not apply to the statute which governs the Law Society's power to intervene in a solicitor's practice under the Administration of Justice Act 1985 Sch.2 para.32. *R. (Guardian News and Media Ltd) v City of Westminster Magistrates' Court* [2012] EWCA Civ 420; [2013] Q.B. 618 at [69] (Lord Neuberger of Abbotsbury MR: "The open justice principle is a constitutional principle to be found not in a written text but in the common law. It is for the courts to determine its requirements, subject to any statutory provision. It follows that the courts have an inherent jurisdiction to determine how the principle should be applied"); *Kennedy v Charity Commission (Secretary of State for Justice Intervening)* [2014] UKSC 20; [2015] A.C. 455 at [110] (Lord Toulson: "It has long been recognised that judicial processes should be open to public scrutiny unless and to the extent that there are valid countervailing reasons. This is the open justice principle. The reasons for it have been stated on many occasions. Letting in the light is the best way of keeping those responsible for exercising the judicial power of the state up to the mark and for maintaining public confidence"). But see *Guardian News and Media Ltd v AB, Court of Appeal (Criminal Division)*, 12 June 2014; *The Times,* 18 June 2014, where Gross LJ stated at [2]: "Open justice is both a fundamental principle of the common law and a means of ensuring public confidence in our legal system: exceptions are rare and must be justified on the facts. Any such exceptions must be necessary and proportionate. No more than the minimum departure from open justice will be countenanced." However, open justice must give way to "the yet more fundamental principle that the paramount object of the Court is to *do* justice" (at [5]). This case was "exceptional" and, as a matter of necessity, the *core* (emphasis supplied) of the trial must be heard *in camera*. See also paras 8-009 to 8-014. See also ECHR art.6 (see para.7-117).

[150] See, e.g. *R. (on the application of McCann) v Manchester Crown Court* [2002] UKHL 39; [2003] 1 A.C. 787 at [29] (Lord Steyn: "Moreover, under domestic English law they undoubtedly have a constitutional right to a fair hearing in respect of such proceedings"—for a breach of an anti-social behaviour order); *Al Rawi v Security Service (JUSTICE and other intervening)* [2011] UKSC 34; [2012] 1 A.C. 531 (refusing to allow "closed material procedure" to be used in a tort claim); see now Justice and Security Act 2013; cf. *Tariq v Home Office* [2011] UKSC 35; [2012] 1 A.C. 452 (Employment Tribunal Rules of Procedure 2004 did permit closed material procedure to be used in that tribunal).

[151] See, e.g. *Pierson v Secretary of State for the Home Department* [1998] A.C. 539 (Lord Steyn: "It is a general principle of the common law that a lawful sentence pronounced by a judge may not retrospectively be increased").

[152] See, e.g. *Attorney-General v Guardian Newspapers Ltd (No.2) (the "Spycatcher case")* [1990] 1 A.C. 109 at 283–284 (Lord Goff, remarking that in the field of freedom of speech there is no difference in principle between English law on the subject and ECHR art.10); *Derbyshire CC v Times Newspapers Ltd* [1993] A.C. 534 at 547 (Lord Keith, in a case in which a local authority sought to sue for defamation: "it is of the highest public importance that a democratically elected body should be open to uninhibited criticism. The threat of a civil action for defamation must inevitably have an inhibiting effect on free Speech"); *R. v Secretary of State for the Home Department Ex p. Simms* [2000] 2 A.C. 115 (Lord Steyn, in a case concerning restrictions on prisoners communicating with journalists: "The starting point is the right of freedom of expression. In a democracy it is the primary right: without it an effective rule of law is not possible. Nevertheless, freedom of expression is not an absolute right. Sometimes it must yield to other cogent social interests"). Note the courts have also emphasised the 'importance of the common law right to protest': *R (Jones) v Commissioner of Police for the Metropolis* [2019] EWHC 2957 (Admin) at [39]. See also ECHR art.10, discussed at 13-090.

[153] See, e.g. *R. v Secretary of State for the Home Department Ex p. Daly* [2001] UKHL 26; [2001] 2 A.C. 532 at [5] (Lord Bingham of Cornhill); *Colley v Council for Licensed Conveyancers (Right of Appeal)* [2001] EWCA Civ 1137; [2002] 1 W.L.R. 160 at [26] ("The right of access to a court is of fundamental constitutional importance. It is scarcely necessary to refer to authority for that obvious proposition"). See also ECHR art.8 (discussed at 13-085). In *R (MDA) v Secretary of State for the Home Department* [2017] EWHC 2132 (Admin) the Administrative Court also upheld a challenge to the applicant's detention in an immigration centre on the basis that the Secretary of State had unlawfully failed to undertake a proper inquiry into his mental capacity and consequent ability to represent his own interests. The challenge was partly framed in terms of 'common law rights.'

[154] See, e.g. *Marcel v Commissioner of Police* [1992] Ch. 225, CA, approving the words of Sir Nicholas Browne-Wilkinson VC reported at [1991] 2 W.L.R. 1118 ("Search and seizure under statutory powers constitute fundamental infringements of the individual's immunity from interference by the state with his property and privacy—fundamental human rights"). See also ECHR art.8 (discussed at 13-084).

[155] *A v Secretary of State for the Home Department* [2005] UKHL 71; [2006] 2 A.C. 221 at [11]–[12] (Lord Bingham of Cornhill, holding the prohibition of evidence received through torture "more aptly categorized as a constitutional principle than as a rule of evidence" and "In rejecting the use of torture, whether applied to potential defendants or potential witnesses, the common law was moved by the cruelty of the practice as applied to those not convicted of crime, by the inherent unreliability of confessions or evidence so procured and by the belief that it degraded all those who lent themselves to the practice").

[156] See, e.g. *R. v Secretary of State for the Foreign and Commonwealth Office Ex p. Bancoult* [2001] Q.B. 1067; *R. (on the application of Bancoult) v Secretary of State for Foreign and Commonwealth Affairs (No.2)* [2008] UKHL 61; [2009] 1 A.C. 453 at [44] (Lord Hoffmann "At common law, any subject of the Crown has the right to enter and remain in the United Kingdom whenever and for as long as he pleases: see *R. v Bhagwan* [1972] A.C. 60. The Crown cannot remove this right by an exercise of the prerogative. That is because since the 17th century the prerogative has not empowered the Crown to change English common or statute law. In a ceded colony, however, the Crown has plenary legislative authority. It can make or unmake the law of the land").

[157] See, e.g. *Central Control Board v Cannon Brewery Co* [1919] A.C. 744 at 752; *Bournemouth-Swanage Motor Road & Ferry Co v Harvey & Sons* [1929] 1 Ch. 686, 697; *Colonial Sugar Refining Co v Melbourne Harbour Trust Commrs* [1927] A.C. 343; *Consett Iron Co v Clavering Trustees* [1935] 2 K.B. 42, 65; *Foster Wheeler Ltd v Green (E) & Son Ltd* [1946] Ch. 101, 108; *Hall v Shoreham-by-Sea UDC* [1964] 1 W.L.R. 240; *Hartnell v Minister of Housing and Local Government* [1965] A.C. 1134; *Langham v City of London Corp* [1949] 1 K.B. 208 at 212, 213; *Burmah Oil Co v Lord-Advocate* [1965] A.C. 75 (prerogative powers; cf. War Damage Act 1965). The presumption is still stronger where powers conferred by delegated legislation are in question: *Newcastle Breweries Ltd v R.* [1920] 1 K.B. 854. But the force of the presumption is weak in the context of modern planning legislation: *Westminster Bank Ltd v Beverley BC* [1971] A.C. 508; *Hoveringham Gravels Ltd v Secretary of State for the Environment* [1975] Q.B. 754; *R. v Hillingdon LBC Ex p. Royco Homes Ltd* [1974] Q.B. 720. See also ECHR Protocol 1, art.1.

[158] See, e.g. *W v P* [2006] EWHC 1226, Ch; [2006] Ch. 549 (principle extends not only to the right to refuse to answer questions but also to incriminating material); *Master Ladies Tailors Organisation v Minister of Labour and National Service* [1950] 2 All E.R. 525 at 528; *Howell v Falmouth Boat Construction Co* [1951] A.C. 837. cf. *Saballly and Njie v Attorney General* [1965] 1 Q.B. 273; *R. v*

Pentonville Prison Governor Ex p. Azam [1974] A.C. 18; *Scott v Aberdeen Corp* 1976 S.L.T. 141; *Re O* [1991] 2 W.L.R. 475 at 480.

[159] *R. v Secretary of State for Social Security Ex p. Joint Council for the Welfare of Immigrants* [1997] 1 W.L.R. 275, CA (Simon Brown LJ, citing Lord Ellenborough, CJ in *R v Inhabitants of Eastbourne* (1803) 4 East 103: "As to there being no obligation for maintaining poor foreigners before the statutes ascertaining the different methods of acquiring settlements, the law of humanity, which is anterior to all positive laws, obliges us to afford them relief, to save them from starving").

[160] *R. v Secretary of State for the Home Department Ex p. McQuillan* [1995] 4 All E.R. 400 (Sedley J).

[161] *Moohan v Lord Advocate (Advocate General for Scotland intervening)* [2014] UKSC 67; [2015] A.C. 901. Applied in *Shindler v Chancellor of the Duchy of Lancaster* [2016] EWCA Civ 469; [2017] Q.B. 226 at [49]: the 25-year residency rule for enfranchisement in the European Union Referendum Act did not amount to an unjustified restriction on the EU right of free movement and Lord Hodge's possible exception from *Moohan* had no application in this case.

Violation of Common Law Principles

At the end of para.11-056, add new paragraph:

The principles of the rule of law and equality are discussed in more depth below. It should also be noted, however, that the Supreme Court in *Miller v Prime Minister*[165a] recognised two further fundamental principles of the Constitution which are incapable of being violated without reasonable justification. First, Parliamentary sovereignty (that Parliament can make laws which everyone must obey). Second, Parliamentary accountability (that the government is collectively responsible and accountable to Parliament).[165b] The Prime Minister's decision to prorogue Parliament for five weeks was held to frustrate both principles. In the absence of a clear, reasonable justification, the prorogation was therefore unlawful.

11-056

[165a] *Miller v Prime Minister* [2019] UKSC 41, [2020] A.C. 373.

[165b] In *R. (Christian Concern) v Secretary of State for Health and Social Care* [2020] EWHC 1546 (Admin) the applicant sought to rely on this latter principle argue that it was constitutionally improper for the Secretary of State to authorise the administration of abortion medication at home during the Covid-19 pandemic through a statutory power, rather than an Act of Parliament. The court rejected the challenge as unarguable (see [53]-[56]).

The rule of law

Replace para.11-058 with:

In practice, many of the decisions held unreasonable are so held because they offend the values of the rule of law. The concept of "unreasonableness", or "irrationality" in itself imputes the arbitrariness that Dicey considered was the antithesis of the rule of law. A disproportionate decision may also violate the rule of law.[170] A local authority which withdrew the licence of a rugby club whose members had visited South Africa during the apartheid regime fell foul of the rule of law on the ground that there should be no punishment where there was no law (since sporting contacts with South Africa were not then prohibited).[171] A Minister's rules allowing a prison governor to prevent a prisoner corresponding with his lawyer, even when no litigation was contemplated, was held to violate the prisoner's "constitutional right" of access to justice.[172] Access to Justice as a value of the rule of law was again held to have been violated by the imposition of court fees which an impecunious litigant was unable to afford.[173] The courts will not lightly sanction the withdrawal of policing in the face of protesters if to do so offends the rule of law.[174] Lord Reed's judgment (for the 7-member Supreme Court) in *UNISON* is of sufficient importance to be cited at length:

11-058

> "67 It may be helpful to begin by explaining briefly the importance of the rule of law, and the role of access to the courts in maintaining the rule of law. It may also be helpful to explain why the idea that bringing a claim before a court or a tribunal is a purely private activity, and the related idea that such claims provide no broader social benefit, are demonstrably untenable.

68 At the heart of the concept of the rule of law is the idea that society is governed by law. Parliament exists primarily in order to make laws for society in this country. Democratic procedures exist primarily in order to ensure that the Parliament which makes those laws includes Members of Parliament who are chosen by the people of this country and are accountable to them. Courts exist in order to ensure that the laws made by Parliament, and the common law created by the courts themselves, are applied and enforced. That role includes ensuring that the executive branch of government carries out its functions in accordance with the law. In order for the courts to perform that role, people must in principle have unimpeded access to them. Without such access, laws are liable to become a dead letter, the work done by Parliament may be rendered nugatory, and the democratic election of Members of Parliament may become a meaningless charade. That is why the courts do not merely provide a public service like any other.

...

71 But the value to society of the right of access to the courts is not confined to cases in which the courts decide questions of general importance. People and businesses need to know, on the one hand, that they will be able to enforce their rights if they have to do so, and, on the other hand, that if they fail to meet their obligations, there is likely to be a remedy against them. It is that knowledge which underpins everyday economic and social relations. That is so, notwithstanding that judicial enforcement of the law is not usually necessary, and notwithstanding that the resolution of disputes by other methods is often desirable."

[170] See G. Huscroft, M. Miller and G. Webber (eds), *Proportionality and the Rule of Law* (2014), especially the chapters by TRS Allen, D Dyzenhaus, S. Gardbaum and T. Endicott.

[171] *Wheeler v Leicester City Council* [1985] A.C. 1054.

[172] *Ex p. Leech (No.2)* [1994] Q.B. 198.

[173] *R. v Lord Chancellor Ex p. Witham* [1997] 1 W.L.R. 104. The Tribunal of the Southern African Development Community (SADC) held that the lack of opportunity of Zimbabwe farmers to challenge the taking of their land violated the rule of law: *Mike Campbell (Pvt) Ltd et al v The Republic of Zimbabwe* [2008] SADC (T) 02/2007 (28 November 2008). See also *Ahmed v Her Majesty's Treasury (Nos.1 and 2)* [2010] UKSC 2; [2010] 2 A.C. 534 (anti-terrorist measures ultra vires the United Nations Act 1946 as denial of fundamental rights of access to a judicial remedy). See the recent judgment of Lord Reed, citing a number of authorities and cases on that point and holding invalid an Order imposing excessive court fees for access to employment tribunals as violating access to justice as a key ingredient of the rule of law. *R. (UNISON) v Lord Chancellor* [2017] UKSC 51.

[174] *R. v Coventry City Council Ex p. Phoenix Aviation Ltd* [1995] 3 All E.R. 37; cf. *R. v Chief Constable of Sussex Ex p. International Trader's Ferry Ltd* [1999] 2 A.C. 418. But the withdrawal of a prosecution in the face of threats from a foreign country to withdraw intelligence-sharing was not held to violate the rule of law: *R. (on the application of Corner House Research) v Director of the Serious Fraud Office* [2008] UKHL 60; [2009] 1 A.C. 756 (on which, see R. Hopkins and C. Yengistu, "Storm in a Teacup: Domestic and International Conservatism from the Corner House Case" [2008] J.R. 267 and J. Jowell, "Caving In: Threats and the Rule of Law" [2008] J.R. 273).

Replace n.179 with:

11-059   [179] *R. (on the application of Reilly (No.2) and Hewstone) v Secretary of State for Work and Pensions* [2014] EWHC 2182 (Admin); [2015] Q.B. 573 (the Jobseeker's (Back to Work Schemes) Act 2013 sought to retrospectively validate the 2011 Jobseeker's Allowance (Employment, Skills and Enterprise Scheme) Regulations, notification letters that had failed to comply with those regulations and sanctions which had been imposed pursuant to the regulations; the court granted a declaration of incompatibility) at [82] per Lang J: "The constitutional principle of the rule of law was expressly recognised in section 1, Constitutional Reform Act 2005. It requires, inter alia, that Parliament and the Executive recognise and respect the separation of powers and abide by the principle of legality. Although the Crown in Parliament is the sovereign legislative power, the Courts have the constitutional role of determining and enforcing legality. Thus, Parliament's undoubted power to legislate to overrule the effect of court judgments generally ought not to take the form of retrospective legislation designed to favour the Executive in ongoing litigation in the courts brought against it by one of its citizens, unless there are compelling reasons to do so. Otherwise it is likely to offend a citizen's sense of fair play." The outcome was varied by the CA ([2016] EWCA Civ 413; [2017] Q.B. 657). See also para.1-033 nn.94 and 105.

After "means in practice.", add:

11-060   Courts have, however, been reluctant to find that the rule of law requires decision-makers to issue policies in order to provide greater certainty as to how discretionary power will be exercised. [186a]

[186a] *Re McCord's Application for Judicial Review* [2020] NICA 23 at [88]-[92]. The position is different where Conventions rights are engaged due to the requirement that prima facie violations must be 'in accordance with law.'

Formal equality (consistency)

After "similarly situated cases.", add:

Consistency, however, does not require a decision-maker to accept the factual findings of another body which is less well-placed to make those findings than it.[196a] **11-063**

[196a] *MS (Pakistan) v Secretary of State for the Home Department* [2020] UKSC 9, [2020] 1 W.L.R. 1373 (the First-tier Tribunal had acted lawfully in making its own assessment of whether the claimant was a victim of human-trafficking, rather than treating the decision by the National Referral Mechanism as binding).

Replace para.11-064 with:

Although in the past the decisions of planning inspectors were not considered "material considerations" which should be followed in like cases, they have now been accorded the status of precedent in the interest of consistency and equality of treatment.[197] Where there is apparent inconsistency between a grant of planning permission in one case and a refusal in an earlier case, there is need for an explanation.[198] Where a London council devolved its powers to allocate housing to the homeless to seven neighbourhoods, and where this arrangement resulted in the application of variable standards for letting housing to the homeless, this was held to be "unfair and irrational".[199] The preferential allocation of council housing to a councillor, in order to put her in a better position to fight a local election in her own constituency, was held to be an "abuse of power" because it was unfair to others on the housing list.[200] It has been held that a decision to renew a licence should not disregard the fact that licences were recently granted in other like cases.[201] The Home Secretary was bound to apply an existing policy to the claimant (where no good reason had been advanced for not doing so) in the interest of consistency and fairness.[202] In *R. (on the application of Gallaher Group Ltd) v Competition and Markets Authority*,[202a] the Supreme Court dealt a powerful blow to the emergence of substantive unfairness as an independent ground of review. The Court held that substantive unfairness is not recognised as a distinct ground for judicial review and did not become one by the addition of words such as "conspicuous" or "amounting to an abuse of process". While consistency was a generally desirable objective, equal treatment is not a distinct principle of domestic law. Unequal treatment would not be unlawful unless it met the general standards of irrationality or a breach of a legitimate expectation. Lord Sumption stated: **11-064**

> "In public law, as in most other areas of law, it is important not unnecessarily to multiply categories. It tends to undermine the coherence of the law by generating a mass of disparate special rules distinct from those applying in public law generally or those which apply to neighbouring categories. To say that a decision-maker must treat persons equally unless there is a reason for treating them differently begs the question what counts as a valid reason for treating them differently. Consistency of treatment is, as Lord Hoffmann observed in *Matedeen v Pointu* [1999] 1 AC 98 , para 9 'a general axiom of rational behaviour'. The common law principle of equality is usually no more than a particular application of the ordinary requirement of rationality imposed on public authorities. Likewise, to say that the result of the decision must be substantively fair, or at least not "conspicuously" unfair, begs the question by what legal standard the fairness of the decision is to be assessed. Absent a legitimate expectation of a different result arising from the decision-maker's statements or conduct, a decision which is rationally based on relevant considerations is most unlikely to be unfair in any legally cognisable sense."[202b]

[197] *North Wiltshire DC v Secretary of State for the Environment* [1992] J.P.L. 955, CA; *Aylesbury Vale DC v Secretary of State for the Environment and Woodruff* [1995] J.P.L. 26.

[198] *JJ Gallagher v Secretary of State for Transport, Local Government and the Regions* [2002] EWHC 1812 (Admin); [2002] 4 P.L.R. 32.

¹⁹⁹ *R. v Tower Hamlets LBC Ex p.Mohib Ali* [1993] 25 H.L.R. 218 at 314.

²⁰⁰ *R. v Port Talbot BC Ex p. Jones* [1988] 2 All E.R. 207, QBD.

²⁰¹ *R. v Birmingham City Council Ex p. Steptonhurst Ltd* [1990] 1 All E.R. 1026.

²⁰² *R (on the application of Rashid) v Secretary of State for the Home Department* [2005] EWCA Civ 744; [2005] Imm. A.R. 608 at [34] (Pill LJ). See N. Blake, "Judicial Interpretation of Policies Promulgated by the Executive" [2006] J.R. 298; R. Clayton, "Legitimate Expectations, Policy and the Principle of Consistency" [2003] C.L.J. 93 (emphasising that the rationale of the case was not legitimate expectation but the free-standing principle of consistency); M. Elliott, "Legitimate Expectations, Consistency and Abuse of Power: The Rashid case" [2005] J.R. 281. *R. (on the application of O'Brien) v Independent Assessor* [2007] UKHL 10; [2007] 2 W.L.R. 544 at [30] (concerning the calculation of compensation for miscarriages of justice, "It is generally desirable that decision-makers, whether administrative or judicial, should act in a broadly consistent manner. If they do, reasonable hopes will not be disappointed").

²⁰²ᵃ [2018] UKSC 25; [2018] 2 W.L.R. 1583.

²⁰²ᵇ [2018] UKSC 25; [2019] A.C. 96 at [50]. To similar effect, see Lord Carnwath at [41]. As Michael Fordham points out, these obiter statements cannot and do not overturn the significant number of HL authorities which have acknowledged substantive or conspicuous unfairness as an appropriate standard, including *R. v Secretary of State for the Home Department Ex p. Pierson* [1998] A.C. 539 at 591; *R. v Inland Revenue Commissioners Ex p. Matrix Securities Ltd* [1994] 1 W.L.R. 334 at 358; and *Odelola v Secretary of State for the Home Department* [2009] UKHL 25; [2009] 1 W.L.R. 1230 at [40] (M. Fordham, "Administrative Law" in The UK Supreme Court Yearbook, vol.9, 2017-2018 at 409).

Replace n.203 with:

11-065   ²⁰³ See, e.g. *R. (on the application of Quark Fishing Ltd) v Secretary of State for Foreign and Commonwealth Affairs* [2001] EWHC 1174; [2002] EWCA Civ 1409 (applicants for valuable fishing licence entitled to be in no doubt about circumstances in which it would be granted); cf. rule against fettering of discretion discussed in Ch.9. See also *R. (on the application of Lumba) v Secretary of State for the Home Department* [2011] UKSC 12; [2012] 1 A.C. 245 at [35] (Lord Dyson said that "the rule of law calls for a transparent statement by the executive of the circumstances in which the broad statutory criteria will be exercised, describing "the right to know" the relevant policy so as to be able to make representations about it; see also Lord Phillips at [302]). However, courts have been reluctant to conclude that a decision-maker is required to adopt a policy in order to ensure greater consistency: *Re McCord's Application for Judicial Review* [2020] NICA 23, [84]-[87].

OPPRESSIVE DECISIONS

Replace n.233 with:

11-069   ²³³ *R. (on the application of Khatun) v Newham LBC* [2004] EWCA Civ 55; [2005] Q.B. 37 at [41] (neither oppressive, perverse or disproportionate for the council to require an claimant who had not viewed an offered property to accept it on pain of his existing accommodation being cancelled if he did not); see also *R. v Governor of Frankland Prison Ex p. Russell* [2000] 1 W.L.R. 2027 (policy restricting prisoners to one meal a day was held to be "arbitrary and unjustified"). For a more recent application, regarding fishing policy and EU quotas see *R. (on the application of Guernsey) v Secretary of State for Environment, Food and Rural Affairs* [2016] EWHC 1847 (Admin); [2016] 4 W.L.R. 145.

Replace paras 11-070 and 11-071 with:

11-070   The focus of attention in these cases will be principally the *impact* of the decision upon the affected person. The outcome or end-product of the decision-making process will thus be assessed, rather than the way the decision was reached (although the factors taken into account in reaching the decision may also be—or may be assumed to be—incorrectly weighed). Since the claim is essentially abuse of power, in the sense of excessive use of power, each case must be considered in the context of the nature of the decision, the function of the particular power and the nature of the interests or rights affected.

11-071   • *Imposing an uneven burden.* A very early case involved the Commissioner of Sewers imposing on one landowner alone charges for repairs to a river bank from which other riparian owners had also benefited. This decision was held to be contrary to the law and reason.²³⁴ The actions of a local authority were held *Wednesbury* unreasonable when, in order to avoid raising rents generally as required by legislation, they charged the whole of

required rent increases upon a single unoccupied and unfit property.[235]
- *When implementation is impossible.* A byelaw requiring the annual cleaning of lodging houses when access was not always possible.[236] A hooding exception in guidance for intelligence officers was held "unworkable".[237]
- Where delegated legislation deviates materially from the general law of the land in imposing "burdensome prohibitions".[238]
- Regulations have been held unreasonable where their effect is to prevent access to the courts.[239] In *AXA General Insturance Ltd v HM Advocate* the question was whether the insurance industry was being called upon to bear a "disproportionate and excessive burden".[240]
- Town and country planning provides countless examples where planning conditions have been held unreasonable because of their unnecessarily onerous impact. Although the legislation permitted the local authority, or the Secretary of State on appeal, to attach conditions to planning permissions as they "think fit",[241] conditions have been held unreasonable which, in effect, require the developer to dedicate part of his land for public use[242] or otherwise require the developer to provide the off-site physical infrastructure necessary to unlock the development.[243] Similarly, a planning condition was held unreasonable which, in effect, required the developer to construct housing to local authority standards and rents, and to take tenants from the council's waiting list.[244] Conditions attached to similar broad powers to license caravan sites were held by the House of Lords to be unreasonable because they were "a gratuitous interference with the rights of the occupier".[245] A condition attached to the reopening of a public inquiry by the Secretary of State was held to be unreasonable because it resulted in "considerable expense, inconvenience and risk to the applicant".[246] The Secretary of State's refusal to renew a temporary planning permission was struck down because it would be "unreasonably burdensome" on the applicant.[247]
- The exercise of compulsory purchase powers has similarly been held unreasonable when the authority already possessed, or was able to acquire voluntarily, other equally suitable land.[248] Where a local authority acquired land for one purpose (such as a wall to protect the coast), it was held unreasonable for it to acquire more land than it needed.[249]
- A long delay before the Home Secretary's review of a life prisoner's sentence (a power now abolished) was held to be unreasonable and "excessive beyond belief".[250] Excessive delay in giving notice of pending police disciplinary proceedings has invalidated those proceedings[251] and the courts ordered an end to delay in admitting a British "patrial" into the country.[252] When the primary decision-maker seeks to excuse delay on the ground of inadequate resources in the past the courts have not readily intervened, as has been discussed in previous chapters.[253] However, it should be noted that the ECHR now requires a "speedy" trial under art.5(4)[254] and a hearing within a "reasonable time" under art.6(1).[255] It has recently been held that it was "manifestly unreasonable" to delay the transfer of an immigration detainee to hospital.[256] In *Noorkoiv* the Court of Appeal considered the parole board's decision to postpone the claimant's review at the end of the quarter following the end of his tariff period. It was held that the delays were unacceptable because they treated every case alike, and Burnton J held that if the delay is inconsistent with a speedy hearing then the onus was on the authority to justify its excuse of lack of resources and the court would assess carefully whether it had taken sufficient measures to rectify the

problem.[257]

- It was perverse for magistrates to have imposed the same sanction on a poll tax defaulter who could not afford to pay because destitute as one who simply refused to pay.[258] The award of excessively low compensation was held, in the absence of justifying reasons, to be irrational,[259] as had been the award to a retiring civil servant of a derisory gratuity.[260] The initiation of an investigation by the Commission for Racial Equality has also been struck down as being oppressive.[261]
- In the 1980s, some local authorities were held unlawfully to have imposed excessive penalties on bodies with associations with South Africa during the apartheid regime. In *Wheeler v Leicester City Council*[262] the council withdrew the licence of a local rugby club to use the council-owned recreation ground. The reason was that the club had refused sufficiently to press four of its members, who had been selected for the English rugby footballers' tour of South Africa, to withdraw from that tour. Although it was not unlawful for the members to travel to South Africa, the council acted under its broad statutory power (to grant licences on their own land) and also in pursuance of its general statutory duty under the Race Relations Act 1976 s.61 to "promote good relations between persons of different racial or ethnic groups". The House of Lords held the council's action unlawful, Lord Templeman considering it to be a "misuse of power", "punishing the club where it had done no wrong". Lord Roskill referred to the "unfair manner in which the council set about attaining its objective".[263] The reasoning in *Wheeler* was supported by reference to the earlier case of *Congreve v Home Office*,[264] where the Home Secretary's decision to withdraw television licences from those who had failed to pay a higher fee (but were nevertheless within their rights so to do) was held by the Court of Appeal to be unlawful because it imposed a punishment which related to no wrong. In both cases, the courts refused to countenance the achievement of a legitimate end (the raising of revenue in *Congreve* and the promotion of good race relations in *Wheeler*) by means which were excessive (punishing, in each case, where the individual had done no legal wrong).[265]
- Similar reasoning was employed in a case where some London local authorities decided to withdraw their subscriptions to all publications in their public libraries published by the Times Newspapers group. Following an acrimonious labour dispute, the action was taken in an attempt to impose sanctions on the newspaper proprietors. This consideration was held to be extraneous to the statutory duty of providing a comprehensive and efficient library service".[266] The imposition of the sanctions was also held to be unreasonable and an abuse of the councils' powers.[267]
- When the Secretary of State for Social Security made a regulation which sought to discourage asylum claims by economic migrants by effectively excluded a large class of such migrants from income support, the Court of Appeal invalidated the regulations on the ground that they were so draconian that they rendered the rights of the migrants to remain in the country nugatory. Simon Brown LJ held that the regulations contemplated for some migrants "a life so destitute that, to my mind no civilisation can tolerate it".[268]
- • Regulations creating a system for calculating an individual's monthly entitlement to universal credit were held to produce 'perverse consequences' for individuals and were irrational.[268a] The court dismissed the government's argument that the system was nonetheless rational because a rigid rule

would have administrative benefits, and because the costs of making adjustments to the relevant computer system were too high.

[234] *Rooke's case* (1598) 5 Co.Rep. 99b.

[235] *Backhouse v Lambeth LBC, The Times,* 14 October 1972.

[236] *Arlidge v Mayor etc. of Islington* [1909] 2 K.B. 127. Cf. *Dr Bonham's case* (1610) 8 Co.Rep. 107(a) (Coke CJ said that an Act of Parliament could be controlled by the common law if the Act "is against common right or reason, or repugnant, or impossible to be performed"); in Germany a provision which is impossible of implementation falls foul of the principle of proportionality.

[237] *R. (on the application of Equality and Human Rights Commission) v Prime Minister* [2011] EWHC 2401 (Admin); [2012] 1 W.L.R. 1389.

[238] See, e.g. *London Passenger Transport Board v Sumner* (1935) 154 L.T. 108; *Powell v May* [1946] K.B. 330; *R. v Brighton Corp. Ex p. Tilling (Thomas) Ltd* (1916) 85 L.J.K.B. 1552; *R. v Customs and Excise Commissioners Ex p. Hedges & Butler Ltd* [1986] 2 All E.R. 164 (regulation unlawful because it gave power to officials to inspect all the records of a business, and not only those records pertaining to dutiable goods).

[239] *Commissioner of Customs and Excise v Cure and Deeley Ltd* [1962] 1 Q.B. 340; *R. v Secretary of State for the Home Department Ex p. Leech (No.2)* [1994] Q.B. 198.

[240] *AXA General Insurance Ltd v HM Advocate* [2011] UKSC 46; [2012] 1 A.C. 868 at [36].

[241] Town & Country Planning Act 1990 s.70(1).

[242] *Hall & Co Ltd v Shoreham-by-Sea UDC* [1964] 1 W.L.R. 240. The purpose of the condition was to ensure safe access to the site—a purpose well within the "four corners" of the legislation.

[243] *City of Bradford MC v Secretary of State for the Environment* [1986] J.P.L. 598. But such a condition may survive if framed in negative terms: *Grampian RC v Aberdeen CC* 1984 S.C. (H.L.) 58. A negative condition may survive even if there is no "reasonable prospect" of the development being carried out: *British Railways Board v Secretary of State for the Environment* [1993] 3 P.L.R. 125, HL.

[244] *R. v Hillingdon LBC Ex p. Royco Homes Ltd* [1974] 1 Q.B. 720. For an older case holding it unlawful to seek developers' contributions, see *R. v Bowman* [1898] 1 Q.B. 663. But where these contributions are provided by means of what are now called "planning obligations" (and used to be called planning agreements or "planning gain") under s.106 of the Town and Country Planning Act 1990, developers' contributions may be upheld.

[245] *Mixnam's Properties Ltd v Chertsey UDC* [1965] A.C. 735 (the conditions provided, inter alia, for security of tenure, no premium charged, and no restrictions on commercial or political activity); *R. v North Hertfordshire DC Ex p. Cobbold* [1985] 3 All E.R. 486 (oppressive condition attached to licence for pop concert); *R. v Barnett LBC Johnson* (1989) 89 L.G.R. 581 (condition prohibiting political parties and activities at community festival held unreasonable).

[246] *R. v Secretary of State for the Environment Ex p. Fielder Estates (Canvey) Ltd* (1989) 57 P. & C.R. 424; *Niarchos (London) Ltd v Secretary of State for the Environment* (1980) 79 L.G.R. 264.

[247] *Niarchos Ltd v Secretary of State for the Environment* (1977) 35 P. & C.R. 259.

[248] *Brown v Secretary of State for the Environment* (1978) 40 P. & C.R. 285; *Prest v Secretary of State for Wales* (1982) 81 L.G.R. 193; cf. *R. v Secretary of State for Transport Ex p. de Rothschild* [1989] 1 All E.R. 933; *R. v Rochdale MBC Ex p. Tew* [1999] 3 P.L.R. 74; *R. v Bristol City Council Ex p. Anderson* (1999) 79 P. & C.R. 358.

[249] *Webb v Minister of Housing and Local Government* [1965] 1 W.L.R. 755. See also *Gard v Commissioners of Sewers of City of London* (1885) 28 Ch.D. 486; *Leader v Moxon* (1773) 3 Wils.K.B. 461 (Paving Commissioners empowered to execute street works in such a manner "as they shall think fit". Held, action for trespass lay where they had exercised their discretion "oppressively"); and cases where byelaws were invalidated for imposing burdensome prohibitions: *Munro v Watson* (1887) 57 L.T. 366; *Johnson v Croydon Corp* (1886) 16 Q.B.D. 708 (prohibition of musical instruments). But see *R. v Powell* (1884) 51 L.T. 92; *Slee v Meadows* (1911) 75 J.P. 246; cf. Williams, *"Criminal Law and Administrative Law: Problems of Procedure and Reasonableness"*; *London Passenger Transport Board v Sumner* (1935) 154 L.T. 108; *R. v Brighton Corp Ex p. Tilling (Thomas) Ltd* (1916) 85 L.J.K.B. 1552 at 1555 (Sankey J).

[250] *R. v Secretary of State for the Home Department Ex p. Handscombe* (1987) 86 Cr.App.R. 59; *Doody v Secretary of State for the Home Department* [1994] 1 A.C. 531 (Lord Mustill). The Home Secretary no longer has a role in setting tariffs for life prisoners. *R. v Secretary of State for the Home Department Ex p. Zulfikar* [1996] C.O.D. 256 (policy of strip-searching prisoners not unreasonable).

[251] *R. v Merseyside Chief Constable Ex p. Calvaley* [1986] Q.B. 424.

[252] *R. v Home Secretary Ex p. Phansopokar* [1976] Q.B. 606; citing the Magna Carta 1215, c.29: "to no one will we delay right or justice." See also *Re Preston* [1985] A.C. 835 at 870 (Lord Templeman); *R. v Glamorgan CC Ex p. Gheissary, The Times,* 18 December 1985 (decisions to refuse student grants irrational when the delay in the students' applications was caused by misleading advice from the

authority's officials); *R. (on the application of M) v Criminal Injuries Compensation Authority* [2002] EWHC 2646 (Admin); (2003) 100(2) L.S.G. 31 (delay in dealing with compensation claim held unreasonable); *R. v Secretary of State for the Home Department Ex p. Mersin* [2000] Imm. A.R. 645 (unreasonable delay in granting refugee status following asylum claim); *R. (on the application of J) v Newham LBC* [2001] EWHC Admin 992; (2002) 5 C.C.L. Rep. 302 (irrational to postpone assessments under Children Act).

[253] On justiciability, see 1-034; on implementation of duties, see 5-134—5-145.

[254] See Ch.13.

[255] See Chs 7 and 13.

[256] *R. (on the application of HA (Nigeria)) v Secretary of State for the Home Department* [2012] EWHC 979 (Admin); [2012] Med. L.R. 353.

[257] *R. (on the application of Noorkoiv) v Secretary of State for the Home Department (No.2)* [2002] EWCA Civ 770; [2002] 1 W.L.R. 3284 at [47]; and *R. (on the application of C) v Mental Health Review Tribunal* [2001] EWCA Civ 1110; [2002] 1 W.L.R. 176; *R. (on the application of Murray) v Parole Board* [2003] EWCA Civ 1561; (2004) 101(1) L.S.G. 21; S. Lambert and A. Strugo, "Delay as a Ground of Review" [2005] J.R. 253.

[258] *R. v Mid-Hertfordshire Justices Ex p. Cox* (1996) Admin. L.R. 409.

[259] *R. v Civil Service Appeal Board Ex p. Cunningham* [1991] 4 All E.R. 310, CA; cf. *R. v Investors Compensation Scheme Ltd Ex p. Bowden* [1996] 1 A.C. 261, HL (refusal to provide full compensation not unreasonable).

[260] *Williams v Giddy* [1911] A.C. 381.

[261] *R. v Commission for Racial Equality Ex p. Hillingdon LBC* [1982] Q.B. 276; *R. v Hackney LBC Ex p. Evenbray Ltd* (1987) 19 H.L.R. 557 (unreasonable for authority to seek to invoke statutory powers or to complain about standards in hotels in which the authority had housed homeless families as an interim measure).

[262] *Wheeler v Leicester City Council* [1985] 1 A.C. 1054.

[263] None of their Lordships expressly considered the ban unreasonable, although Lord Roskill would have been prepared so to hold, but instead, unusually, used the term "procedural impropriety" to describe the lack of relation between the penalty and the council's legitimate objectives.

[264] *Congreve v Home Office* [1976] 1 Q.B. 629.

[265] There may be different explanations of the grounds on which both *Congreve* and *Wheeler* were decided. One ground may be the infringement of the principle of legal certainty (see 11-040). Another may be that the decisions were "illegal" in that both the council in *Wheeler* and the Home Secretary in *Congreve* acted for an improper purpose (namely, the imposition of a punishment): see Ch.5; cf. Browne-Wilkinson LJ in his dissenting judgment in the CA (see n.246) at 1064–1065, where he raised the conflict between "two basic principles of a democratic society", one that allowed a "democratically elected body to conduct its affairs in accordance with its own views" and the other "the right to freedom of speech and conscience enjoyed by each individual". Basing his decision on illegality rather than on unreasonableness (the council having taken a "legally irrelevant factor" into account), he came close to deciding the matter on the ground of the council's acting inconsistently with "fundamental freedoms of speech and conscience". *R. v Lewisham LBC Ex p. Shell UK Ltd* [1988] 1 All E.R. 938 (boycott of the products of the Shell company in order to bring pressure on one of its subsidiary companies to withdraw its (lawful) business from South Africa held illegal). See also *R. (on the application of Trafford) v Blackpool BC* [2014] EWHC 85 (Admin); [2014] 2 All E.R. 947 (decision not to renew solicitor's business tenancy because the solicitor had acted for a number of clients who had brought personal injury claims against the council held to be unlawful) at [71] per HH Judge Stephen Davies: "The exercise of a power with the sole or the dominant intention of punishing the claimant ... in circumstances where there was no evidence that the claimant was actually doing anything at all unlawful or improper, was ... the intentionally improper exercise of the power ... and the exercise of that power for unauthorised purposes."

[266] Public Libraries and Museums Act 1964 s.7(1).

[267] *R. v Ealing LBC Ex p. Times Newspapers* (1986) 85 L.G.R. 316 (not explicitly stated that the decision amounted to an excessive and unnecessary infringement on freedom of expression). The case raises interesting questions as to the reasonableness of decisions to cease subscriptions to, or remove books from the library of "politically incorrect" material. In *R. v Liverpool CC Ex p. Secretary of State for Employment* (1988) 154 L.G.R. 118, the council sought to boycott the Government's Employment Training Scheme, despite the fact that it was voluntary. The council did this outside of any statutory framework, by imposing a standard condition on all grant aid that the organisation to be aided took no part in the scheme. The purpose, punishment of the organisations, was held to be unlawful.

[268] *R. v Secretary of State for Social Security Ex p. Joint Council for the Welfare of Immigrants* [1997] 1 W.L.R. 275, 292 (Simon Brown LJ, duty to maintain foreigners was held to emanate from the common law, citing Lord Ellenborough CJ in *R v Eastbourne (Inhabitants)* 1803 4 (East) 103 at 107, who said "As to there being no obligation for maintaining poor foreigners ... the law of humanity, which is

anterior to all positive laws, obliges us to afford them relief, to save them from starving"); *R. v Secretary of State for Social Security Ex p. Tamenene* [1997] C.O.D. 480 (judicial response to legislation that sought to reinstate provisions held unlawful in the *JCWI* case). See also *R. (on the application of MM (Lebanon)) v Secretary of State for the Home Department* [2014] EWCA Civ 985, [150] (reversing [2013] EWHC 1900 (Admin); [2014] 1 W.L.R 2306) (challenge to a "Minimum Income Requirement" for a UK partner to sponsor the entry of a non-EEA partner) at [147]–[148] per Aikens LJ: "Essentially the debate is about figures and what should be the minimum necessary income figure and what other possible sources of income should or should not be taken into account to see if that minimum can be reached ... the key question is: to what extent should the court substitute its own view of what, as a matter of general policy, is the appropriate level of income for that rationally chosen as a matter of policy by the executive, which is headed by ministers who are democratically accountable? ... Individuals will have different views on what constitutes the minimum income requirements needed to accomplish the stated policy aims ... it is not the court's job to impose its own views unless, objectively judged, the levels chosen are ... irrational, or inherently unjust or inherently unfair." Reversed in part by the SC ([2017] UKSC 10; [2017] 1 W.L.R. 7710).

[268a] *Secretary of State for Work and Pensions v Johnson* [2020] EWCA Civ 778; *R. (Pantellerisco) v Secretary of State for Work and Pensions* [2020] EWHC 1944 (Admin) (the Regulations took into account an individual's income on monthly cycles, beginning from the first date of entitlement. For employed individuals paid on the last working day of the month (*Johnson*) or in four-weekly cycles (*Pantellerisco*) this could have the consequence that their monthly income fluctuated significantly and that they lost the benefit of work allowance for several months a year).

Change title of paragraph: 11-072

Systemic unfairness//unlawfulness

Replace para.11-072 with:

Recently, the fact that a rule, an administrative system or a policy gives rise to an unacceptable risk of "systemic unfairness" or "systemic unlawfulness" may result in that rule, system or policy being impugned.[269] The key test here is whether the system is "inherently unfair" and "the risk inheres in the policy itself, as opposed to the ever-present risk of aberrant decisions".[270] In considering whether a system is inherently or systemically unfair it is important for the court to examine "the full run of cases which go through the system" in order to assess whether the unfairness is truly systemic.[271] Thus where a system is capable of being operated fairly, unfairness will not be systemic.[272] As such, systemic failure cannot necessarily be equated with proof of a series of individual failures.[273] The court will also consider the reasonableness of steps taken by a decision-maker to address problems in the system.[273a]

[269] *R. (Howard League for Penal Reform) v Lord Chancellor* [2017] EWCA Civ 244; [2017] 4 W.L.R. 92 at [48] (the removal of funding for a number of areas of decision-making concerning prisoners from the scope of the criminal legal aid scheme gave rise to a risk of systemic unfairness); applied in *R. (on the application of Woolcock) v Secretary of State for Communities and Local Government* [2018] EWHC 17 (Admin); [2018] 4 W.L.R. 49: an administrative scheme will be open to a systemic challenge if there is something inherent in the scheme that gives rise to an unacceptable risk of procedural unfairness, rather than just a number of aberrant individual decisions. The claim was not made out on the facts in relation to the system of liability for unpaid council tax. See also *R. (Detention Action) v First Tier Tribunal (Immigration and Asylum Chamber)* [2015] EWCA Civ 840; 1 W.L.R. 5341 (although Fast Track Rules for asylum appeals contained safeguards, these did not overcome the inherent difficulties in the scheme and the timescales for lodging appeals such that the system was rendered structurally unfair); *R (W (A Child)) v Secretary of State for the Home Department* [2020] EWHC 1299, [2020] H.R.L.R. 90 (Admin) (a regime preventing applicants for leave to remain from accessing public funds was systemically unlawful to the extent it failed to protect individuals who were close to destitution from suffering inhuman or degrading treatment); *R. (Humnyntskyi) v Secretary of State for the Home Department* [2020] EWHC 1912, [2020] A.C.D. 111 (Admin) (governmental policy on the provision of accommodation to individuals granted immigration bail was systemically unfair because it failed to provide significant groups of individuals with a fair opportunity to access information and make representations)..

[270] *R. (Refugee Legal Centre) v Secretary of State for the Home Department* [2004] EWCA Civ 1481; [2005] 1 W.L.R. 2219 at [7]. Though the fast track adjudication of asylum claims was not found to be so flawed, Sedley LJ's formulation was cited with approval by the Court of Appeal in *R. (Howard League for Penal Reform) v Lord Chancellor* [2017] EWCA Civ 244; [2017] 4 W.L.R. 92 at [48]. A useful summary of the evolution of the case law and main overarching principles can be found in *R. (Woolcock) v Secretary of State for Communities and Local Government* [2018] EWHC 17, [2018] 4 W.L.R. 49 (Admin) at [53]-[68].

[271] *R. (Detention Action) v First Tier Tribunal (Immigration and Asylum Chamber)* [2015] EWCA Civ

840; 1 W.L.R. 5341 at [27]. Although note Johnson J explained in *R. (Humnyntskyi) v Secretary of State for the Home Department* [2020] EWHC 1912, [2020] A.C.D. 111 (Admin) at [275] that this does not mean, however, that the court is required to 'consider the application of the policy against every possible factual permutation. Once it is demonstrated that there are legally significant categories of case where there is (as a result of the terms of the policy) a real risk of a more than minimal number of procedurally unfair decisions, the policy will be shown to be systemically unfair.'

²⁷² *R. (Tabbakh) v Staffordshire and West Midlands Probation Trust* [2014] EWCA Civ 827; [2014] 1 W.L.R. 4620 at [49], concluding that the Multi Agency Public Protection Arrangements were capable of operating fairly in reaching decisions about the imposition of licence conditions on offenders following their release from prison; *R. (Joint Council for the Welfare of Immigrants) v Secretary of State for the Home Department* [2020] EWCA Civ 542, [2020] H.L.R. 30 (overturning a declaration of incompatibility relating to an aspect of the 'hostile environment' policy. Although the relevant provisions could result in discrimination, it was held that they were capable of being operated fairly)..

²⁷³ *R. (S) v Director of Legal Aid Casework* [2016] EWCA Civ 464; [2016] 1 W.L.R. 4733 at [18] (a series of individual failings did not render the exceptional case funding scheme was not systemically and inherently unfair).

²⁷³ᵃ *R. (MK) v Secretary of State for the Home Department* [2019] EWHC 3573 (Admin), [2020] 4 W.L.R. 37 at [100]: 'it would be wrong in principle for the court to impose impossible or impracticable standards, or hold that the defendant is acting unlawfully, when she is taking reasonable steps to improve the efficiency of a complex operational system.'

THE PLACE OF PROPORTIONALITY

Replace para.11-073 with:

11-073   Proportionality was suggested by Lord Diplock in the *GCHQ* case in the mid-1980s as a possible fourth ground of judicial review in English law.²⁷⁴ Yet it has been said that the adoption of proportionality into domestic law would lower the threshold of judicial intervention and involve the courts in considering the merits and facts of administrative decisions.²⁷⁵ This understanding has, however, come more recently to be questioned.²⁷⁶ Originating in Prussia²⁷⁷ in the 19th century, proportionality has assumed a specific form under the case law of the European Court of Justice, where it is regarded as a "general principle of law"²⁷⁸ and it is similarly employed by the European Court of Human Rights as a standard by which to assess a State's compliance with aspects of the ECHR.²⁷⁹ British courts now explicitly apply proportionality in respect of directly effective European Union law²⁸⁰ and, under the HRA 1998, as a structured test to evaluate compatibility with Convention rights, particularly the qualified rights under arts 8-11.²⁸¹ Sometimes, furthermore, statutes explicitly require decision-makers to exercise powers in a manner which is proportionate.²⁸¹ᵃ Proportionality is also applied in the domestic law of some European countries, and was recommended for adoption in all the Contracting States of the Council of Europe by its Committee of Ministers.²⁸² It was defined there as requiring an administrative authority, when exercising a discretionary power, to "maintain a proper balance between any adverse effects which its decision may have on the rights, liberties, or interests of persons and the purpose which it pursues".

²⁷⁴ *Council for Civil Service Unions v Minister of State for the Civil Service* [1985]1 A.C. 374, 410.

²⁷⁵ *R. v Secretary of State for the Home Department Ex p. Brind* [1991] A.C. 696 at 766-767 (Lord Lowry), 762 (Lord Ackner)—argument on proportionality. See also S. Boyron, "Proportionality in English Administrative Law: A Faulty Translation?" (1992) 12 O.J.L.S. 237; R. Thomas, *Legitimate Expectations and Proportionality in Administrative Law* (2000), pp.77ff; G. Wong, "Towards the Nutcracker Principle: reconsidering the Objections to Proportionality" [2000] P.L. 92.

²⁷⁶ See, e.g. *Kennedy v Charity Commission (Secretary of State for Justice intervening)* [2014] UKSC 20; [2015] A.C. 455, [54] (Lord Mance JSC: "As Professor Paul Craig has shown (see e.g. "The Nature of Reasonableness" (2013) 66 C.L.P. 131), both reasonableness review and proportionality involve considerations of weight and balance, with the intensity of the scrutiny and the weight to be given to any primary decision maker's view depending on the context. The advantage of the terminology of proportionality is that it introduces an element of structure into the exercise, by directing attention to factors such as suitability or appropriateness, necessity and the balance or imbalance of benefits and disadvantages. There seems no reason why such factors should not be relevant in judicial review even outside the scope of Convention and EU law. Whatever the context, the court deploying them must be

[277] The principle of Verhaltnismassigkeit was invoked by the Prussian Supreme Administrative Court to check the discretionary powers of police authorities. See M. Singh, *German Administrative Law: A Common Lawyer's View* (1985), pp.88-101; J. Jowell and A. Lester, "Proportionality: Neither Novel nor Dangerous" in J. Jowell and D. Oliver (eds), *New Directions in Judicial Review* (1989), p.5; J. Schwartze, *European Administrative Law* (revised edn. 2006), Ch.5. For a recent magisterial account of proportionality by a scholar and judge, see Aharon Barak, *Proportionality* (2012); see also the excellent account of proportionality and its relationship to other principles of substantive review, Tom Hickman, *Public Law after the Human Rights Act* (2010); and G. Huscroft, B. Miller and G. Webber, *Proportionality and the Rule of Law* (2017). For recent critique of proportionality as an approach see F. Urbina, *A Critique of Proportionality and Balancing* (2017). See also: G. Lubbe-Wolff, "The principle of Proportionality in the Case Law of the German Federal Constitutional Court" (2014) 34 H.R.L.J. 12.

[278] See Ch.14.

[279] See Ch.13. See D. Feldman, "Proportionality and the Human Rights Act 1998" in E. Ellis (ed), *The Principle of Proportionality in the Laws of Europe* (1999); P. Craig, *Administrative Law*, 5th edn (2003), pp.617 ff.; P. Sales and B. Hooper, "Proportionality and the Form of Law" (2003) 119 L.Q.R. 426; M. Fordham and T. de la Mare, "Proportionality and the Margin of Appreciation" in J. Jowell and J. Cooper (eds), *Understanding Human Rights Principles* (2000). And see T. Hickman, "The substance and structure of proportionality" [2008] P.L. 694 (concluding "[w]e are at a crossroads, and there is a choice: proportionality can either become the fig leaf for unstructured judicial decision-making or it can become a powerful normative and predictive tool in public law"). For articles for and against proportionality as a free-standing public law principle, see P. Craig, "Proportionality, Rationality and Review" [2010] N.Z.L.Rev. 265; compare M. Taggart, "Proportionality, Deference, Wednesbury" [2008] N.Z.L.Rev. 423; T. Hickman, "Problems and Proportionality" [2010] N.Z.L.Rev. 303; P. Sales, "Rationality, proportionality and the development of the law" (2013) 129 L.Q.R. 223; for a middle view see J. King, "Proportionality: A Halfway House", [2010] N.Z.L.Rev. 327. For an account of the Canadian approach see D. Mullan, "Proportionality—A Proportionate Response to an Emerging Crisis in Canadian Judicial Review law" [2010] N.Z.L.Rev. 233. And see the essays in H.Wilberg and M. Elliott, *The Scope and Intensity of Substantive Review: Traversing Taggart's Rainbow* (2015).

[280] See 11-077.

[281] See 11-079. I. Leigh, "Taking Rights Proportionately: Judicial Review, the Human Rights Act and Strasbourg" [2002] P.L.265; R. Clayton and H. Tomlinson, *The Law of Human Rights* (2009), para.6-78.

[281a] See e.g. *Inclusion Housing Community Interest Company v Regulator of Social Housing* [2020] EWHC 346 (Admin) at [104]-[110] (discussing Housing and Regeneration Act 2008 s.92K(5): 'the regulator must exercise its functions in a way that... (b) (so far as is possible) is proportionate, consistent, transparent and accountable').

[282] Adopted 11 March 1980.

Proportionality as a structured test of justifiability in European Union Law

Replace para.11-078 with:

Proportionality is applied by the European Court of Justice and the Court of First Instance to test the lawfulness of Union action or the action of Member States where Union law applies.[294] It applies in domestic courts where European Union law is engaged.[295] Here the courts ask first whether the measure which is being challenged is suitable to attaining the identified ends (the test of *suitability*). Suitability here includes the notion of 'rational connection' between the means and ends. The next step asks whether the measure is necessary and whether a less restrictive or onerous method could have been adopted (the test of *necessity*, requiring *minimum impairment* of the right or interest in question). If the measure passes both tests the court may then go on to ask whether it attains a *fair balance* of means and ends.[296] It is important to note here that the burden of justification in such cases falls on the public authority which has apparently infringed the rights of the claimant or offended a norm of European Union law.

11-078

[294] See Ch.14; proportionality is now expressly recognised in art.5 of the EC Treaty and fundamental rights recognised in art.6 of the Treaty on European Union; P. Craig, *EU Administrative Law* (2006), Chs 17 and 18; J. Schwartze, *European Administrative Law* (2006), Pt II. Note, however, that proportionality will not always apply where the court is determining whether there has been compliance with EU law. See e.g. *R. (Plan B Earth) v Secretary of State for Transport* [2020] EWCA Civ 214, [2020] J.P.L. 1005 at [75]-[79] (in determining whether the Secretary of State had complied with obliga-

tions under the Habitats Directive, the appropriate standard of review was *Wednesbury* unreasonableness. Authorities demanding a more intensive standard of review were said to apply where a decision interfered with 'fundamental rights.' In any event, the court was doubtful that it made a practical difference: [80]).

[295] See para.11–058. See e.g. *Zalewska v Department of Social Security* [2008] UKHL 67; [2008] 1 W.L.R. 2602; *R. (on the application of Sinclair Collis Ltd) v Secretary of State for Health* [2011] EWCA Civ 437; [2012] Q.B. 394. For detailed consideration of proportionality in domestic courts where European Union law is engaged see the decision of the Supreme Court in *R.(on the application of Lumsdon) v Legal Services Board* [2015] UKSC 41; [2015] 3 W.L.R. 121. The *Lumsdon* categories were considered in *Secretary of State for Work and Pensions v Gubeladze* [2017] EWCA Civ 1751; [2018] 1 W.L.R. 3324: in response to a claim by a Latvian national, the second category (national measures relying on derogations from general EU rights), "the normal proportionality test", was applied to establish whether the Accession (Immigration and Worker Registration) (Amendment) Regulations 2009 were unlawful. It was held the regulations were unlawful, as they were disproportionate, and the Latvian national was entitled to state pension credit. An appeal is outstanding.

[296] Referred to by Craig as "proportionality strictu senso" (2006), p.657.

Structured proportionality in English law

Replace n.308 with:

11-081   [308] *Huang v Secretary of State for the Home Department* [2007] UKHL 11; [2007] 2 W.L.R. 581 at [19]—as it had been overlooked in *R. (on the application of Razgar) v Secretary of State for the Home Department (No.2)* [2004] UKHL 27; [2004] 2 A.C. 368 at [20]. Lord Bingham described the *Oakes* test as requiring "the striking of a fair balance between the rights of the individual and the interests of the community". This is indeed described in *Oakes* as a general objective of the proportionality test, however the actual words used in *Oakes* require a proportionality between "the effects of a measure [responsible for limiting the Canadian Charter's rights]" and the "objective which has been identified as of 'sufficient importance'". This in effect imports the 'necessity' test in the context of the Canadian Charter of Rights and Freedoms, s.1 which requires the rights and freedoms set out in it to be subject only to "such reasonable limits prescribed by law as can be demonstrably justified in a free and democratic society". In *Bank Mellat v HM Treasury* [2013] UKSC 39; [2014] A.C. 700 at [74] Lord Reed, in a statement approved by the whole court, said that the approach in *Oakes* could be summarised by saying that it is necessary to determine: "(1) whether the objective of the measure is sufficiently important to justify the limitation of a protected right, (2) whether the measure is rationally connected to the objective, (3) whether a less intrusive measure could have been used without unacceptably compromising the achievement of the objective, and (4) whether, balancing the severity of the measure's effects on the rights of the persons to whom it applies against the importance of the objective, to the extent that the measure will contribute to its achievement, the former outweighs the latter." Further, "... there is a meaningful distinction to be drawn ... between the question whether a particular objective is in principle sufficiently important to justify limiting a particular right (step one), and the question whether, having determined that no less drastic means of achieving the objective are available, the impact of the rights infringement is disproportionate to the likely benefits of the impugned measure (step four)" (at [76]). Lord Sumption also acknowledged the fourth step in his leading judgment as requiring "a fair balance ... between the rights of the individual and the interests of the community" (at [20]). In *R. (on the application of Miranda) v Secretary of State for the Home Department* [2014] EWHC 255 (Admin); [2014] 1 W.L.R. 3140 at [40] Laws LJ said of the *Oakes* fourth step: "I think it needs to be approached with some care. It requires the court ... to decide whether the measure, though it has a justified purpose and is no more intrusive than necessary, is nevertheless offensive because it fails to strike the right balance between private right and public interest; and the court is the judge of where that balance should lie ... there is real difficulty in distinguishing this from a political question to be decided by the elected arm of government. If it is properly within the judicial sphere, it must be on the footing that there is a plain case." On the facts of that case, however, the balance was to be struck between two aspects of the public interest—press freedom and national security—and, on the facts, the balance clearly favoured national security. However, this judgement was reversed in part on appeal. The CA ruled that although the stop power in relation to Sch.7 was lawful, Laws LJ had erred in ruling that it was compatible with art.10 as there are no adequate safeguards in relation to journalistic material. The CA made a Declaration of Incompatibility ([2016] EWCA Civ 6; [2016] 1 W.L.R. 1505).

The overlap between proportionality and unreasonableness

Replace para.11-085 with:

11-085   We have seen that the standards of proportionality—in both its senses—and unreasonableness are inextricably intertwined in many cases.[319a] Unreasonableness contains two elements of proportionality when it requires the weight of relevant considerations to be fairly balanced, and when it forbids unduly oppressive decisions.[320] The notion of "rational connection" between means and ends is another. As we have noted above, such a test was applied, for example in a case where a non-statutory scheme was introduced to provide compensation for British civilians interned during World War II by the Japanese. The scheme excluded individuals whose parents or grandparents were not born in the United Kingdom. The Court of Appeal examined carefully whether the exclusion bore a rational connection to the "foundation" and "essential character" of the scheme, but held in the circumstances that the scheme did not fail the *Wednesbury* test.[321] The House of Lords had adopted a similar approach in a case where, under an ex gratia compensation scheme, British soldiers injured in Bosnia were accorded treatment different from those injured in Northern Ireland.[322] The Canadian Supreme Court defined the notion of "rational connection" under their test of structured proportionality in terms which show strikingly how the notion of reasonableness lies deep within proportionality: "The measures must be carefully designed to meet the objective in question. They must not be arbitrary, unfair or based on irrational considerations".[323]

[319a] There are some cases to which proportionality analysis are inapplicable because there is no balancing exercise to be undertaken. In *Browne v Parole Board of England and Wales* [2018] EWCA Civ 2024 at [38], Coulson LJ considered a proportionality to be a "singularly inapt test" to apply to the assessment of risk posed by the claimant's release: either the Parole Board's assessment was justified or it was not. See further, M Taggart, "Proportionality, deference, Wednesbury" (2008) 3 N.Z.L.R. 423.

[320] Some cases hold that proportionality refers to outcome alone, and not the reasoning process: see, e.g. *Belfast City Council v Miss Behavin'* [2007] UKHL 19; [2007] 1 W.L.R. 1420.

[321] *R. (on the application of Association of British Civilian Internees (Far East Region)) v Secretary of State for Defence* [2003] EWCA Civ 473; [2003] Q.B. 1397 at [40]; see *Ganga v Commissioner of Police* [2011] UKPC 28 at [21], [28] ("The measures designed to further the objective must be rationally connected to it").

[322] *R. v Ministry of Defence Ex p. Walker* [2000] 1 W.L.R. 806 at 812 (Lord Slynn: "It is not for the courts to consider whether the scheme ... is a good scheme or a bad scheme, unless it can be said that the exclusion is so irrational or unreasonable that no reasonable Minister could have adopted it"), 816 (Lord Hoffmann: the distinction was "fine" but not irrational: "That is too high a hurdle to surmount").

[323] *R. v Chaulk* [1990] 3 S.C.R. 1303 at 1335-1336 (Lamer CJ). The test was first established in *R. v Oakes* [1988] 1 S.C.R. 103 at 137-138.

INTENSITY OF REVIEW

After "in different contexts.", add new n.331a:

[331a] Where a decision-maker is determining an appeal, it too will be required to engage in an appropriate degree of scrutiny, and may act unlawfully if it fails to show appropriate 'deference' (*R. (Chief Constable of Northumbria Police) v Police Appeals Tribunals* [2019] EWHC 3352 (Admin), especially at [29]).

11-087

Variable intensity unreasonableness review

Heightened scrutiny unreasonableness review

Replace n.354 with:

[354] *R. v Lord Saville of Newdigate Ex p. A* [2000] 1 W.L.R. 1855 at [37]. See also *R. (on the application of Bancoult) v Secretary of State for Foreign and Commonwealth Affairs (No.2)* [2008] UKHL 61; [2009] 1 A.C. 453 at [53]: Lord Hoffmann rejected the proposition that the court should adopt a "light touch" approach to review (as submitted by the Crown on the basis that it was "acting in the interests of the defence of the realm, diplomatic relations with the United States and the use of public funds in supporting any settlement on the islands") and preferred the view that the court should adopt an "anxious degree of scrutiny" adding that the right in issue "should be seen for what it is, as a right to protest in a particular way and not as a right to the security of one's home or to live in one's homeland". See also Lord Mance, dissenting, at [172] and Lord Carswell, at [131]. Similarly, Lord Reed in *Elgizouli v Secretary of State for the Home Department* [2020] UKSC 10 emphasised at [176] that interference with a fundamental individual interest, such as the right to life, may lead the court to engage in a 'more searching review' of the decision-maker's reasoning.

11-094

After "reasons are given.", add:

It has therefore been said that the 'practical effect of the anxious scrutiny test is

11-096

"the need for decisions to show by their reasoning that every factor which might tell in favour of an applicant has been properly taken into account". But it is not incumbent on decision-makers to refer specifically to all the available evidence'.[362a]

[362a] *R. (LH) v Secretary of State for the Home Department* [2019] EWHC 3457 (Admin) at [15], citing from *R. (YH) v Secretary of State for the Home Department* [2010] EWCA Civ 116, [2010] 4 All E.R. 448 at [24].

Replace n.365 with:

11-097 [365] *R. (K) v Secretary of State for the Home Department* [2015] EWHC 3668 (Admin); [2016] 4 W.L.R. 25. The decision in this case has since been reversed by the CA, however, this was not related to the intensity of review (*R. (on the application of PK (Ghana)) v Secretary of State for the Home Department* [2018] EWCA Civ 98; [2018] 1 W.L.R 3955).

Replace n.366 with:

11-098 [366] *R. (on the application of London Criminal Courts Solicitors' Association) v Lord Chancellor* [2015] EWHC 295 (Admin); [2015] A.C.D. 95. Affirmed by the CA [2015] EWCA Civ 230; [2016] 3 All E.R. 296.

At the end of 11-098, add new paragraph:

In *R. (Hoareau) v Secretary of State* the Court of Appeal held that the anxious scrutiny principle as formulated in cases such as Smith was not engaged by a decision not to support resettlement on the Chagos Islands. Whether or not the principle applied was, however, regarded as a narrow point. Rationality review requires closer scrutiny of decisions which impact on important interests even if those interests do not constitute 'human rights' and therefore formally engage the anxious scrutiny doctrine. In Sir Terence Etherton's words:

> "the Divisional Court was correct to find that there was no extant human rights issue. This does not mean, however, that a court will refrain from considering a matter closely if it raises issues of real importance to individuals. The Courts do not maintain any rigid classification of taxonomy of rights which is then used to govern the intensity of the scrutiny. In recent years the Courts have accepted that the more important the right the greater the care that will be taken by the courts to examine the reasoning behind the challenged decision."[366a]

[366a] *R (Hoareau) v Secretary of State for Foreign and Commonwealth Affairs* [2020] EWCA Civ 1010 at [153]. See also [159] for a similar discussion of the position of the decision-maker.

Wednesbury, light-touch review and non-justiciability

Replace para.11-099 with:

11-099 The default position is still, at the time of writing, that of the *Wednesbury* formulation,[368] although it has been reformulated to a standard that requires the decision-maker to act within the "range of reasonable responses".[369] Beyond that, however, recent cases, even those where human rights are engaged, have sometimes reverted to what we have called light-touch review, allowing considerable latitude to public authorities and interfering only when the decision is "outrageous",[370] "arbitrary"[371] or "manifestly without reasonable foundation."[371a] The Court of Appeal has therefore said that 'when dealing with matters depending essentially upon political judgment, matters of national economic policy and the like, the court will only intervene on grounds of bad faith, improper motive and manifest absurdity.'[371b] Beyond that there may be cases which are not easily amenable to judicial review (sometimes called non-justiciable decisions). These decisions include those in which the court is constitutionally disabled from entering on review, because the matter concerns policy—such as setting the level of taxation, undertaking a space programme, or generally involving the allocation of scarce resources.[372] Other decisions are not justiciable, or require due deference from the court because of their lack of relative institutional capacity to enter into a review of the decision. This issue is discussed in Chapter 1[374] and need not be repeated now.

[368] See T. Hickman, "The Reasonableness Principle" [2004] C.L.J. 166.

[369] The late Michael Taggart (our former New Zealand correspondent scholar of international note, in his last article argued that "in the absence of 'rights' there is no compelling normative justification for more searching or intensive review than provided by the usual grounds of review and traditional (*Wednesbury*) unreasonableness as residual safety net". M. Taggart, "Proportionality, Deference, Wednesbury" [2008] N.Z.L.R. 423 at 477. And see the essays in H.Wilberg and M. Elliott, *The Scope and Intensity of Substantive Review: Traversing Taggart's Rainbow* (2015), and P. Craig, "Judicial Review and Anxious Scrutiny: Foundations, Evolution and Application" [2015] P.L. 60.

[370] *CCSU v Minister for the Civil Service* [1985] A.C. 374 at 410 (Lord Diplock).

[371] See, e.g. *Pro-Life Alliance v BBC* [2003] UKHL 23; [2004] 1 A.C. 185, where the HL held that the prohibition of the showing of aborted foetuses in a party election broadcast could not be interfered with unless the decision was "arbitrary". Lord Scott, dissenting, held that since free expression was engaged a structured proportionality test ought to be employed. See E. Barendt, "Free Speech and Abortion" [2003] P.L. 580; J. Jowell, "Judicial Deference: Servility, Civility or Institutional Capacity?" [2003] P.L. 592. In *R. (on the application of Woods) v Chief Constable of Merseyside* [2014] EWHC 2784 (Admin); [2015] 1 W.L.R. 539 the Administrative Court considered the appropriate approach to *Wednesbury* review where the reason for a decision had been subject to a successful public interest immunity claim such that a reasoned justification for the decision could not be provided. In such circumstances, it was held at [36] per Stewart J "there would have to be clear evidence of dishonesty or bias or caprice" to justify intervention; that threshold was not reached on the facts.

[371a] *R. (Drexler) v Leicestershire County Council* [2020] EWCA Civ 502 (challenge to local authority Policy on the funding of home to school transport for children and young people with SEN). The 'manifestly without reasonable foundation' test was formulated in *R. (DA) v Secretary of State for Work and Pensions* [2019] UKSC 21, [2019] 1 W.L.R. 3289 at [65] (challenge to 'benefit cap' introduced by Welfare Reform and Work Act 2016). Both cases involved challenges relating to Convention rights.

[371b] *R. (Packham) v Secretary of State for Transport* [2020] EWCA Civ 1004 at [55] (challenge to decision to proceed with HS2. Note the Court of Appeal also laid emphasis on the fact that the decision was not taken in exercise of a statutory, but a 'mere' common law power: [53]-[54]).

[372] See 1-035; See e.g: *R. (on the application of Gentle) v Prime Minister* [2006] EWCA Civ 1690 (invasion of Iraq); *R. (on the application of Marchiori) v Environment Agency* [2002] EWCA Civ 3; [2002] Eu. L.R. 225 (national defence policy). On the imposition of recent cuts on social programmes see Thom Dyke, "Judicial Review in an Age of Austerity" [2011] J.R. 202. And see the squabble in the Supreme Court on the subject of community care and needs assessment: *R. (on the application of McDonald) v Royal Borough of Kensington and Chelsea* [2011] UKSC 33; [2011] 4 All E.R. 881. But see *R. (on the application of A) v Croydon London Borough Council* [2009] UKSC 8, [2009] 1 W.L.R. 2557 (whether a child is "in need" is an evaluative question which could not be determined "[w]ithin the limits of fair process and *Wednesbury* reasonableness" (at [26] per Baroness Hale. See also Lord Hope's comments at [53].

[374] See 1-034–1-049.

COMPARATIVE PERSPECTIVES

Canada

At the end of para.11-130, add new paragraph:

11-130 The Canadian Supreme Court has recently revisited the principles of judicial review of administrative action, as set out in Dunsmuir v New Brunswick, in *Vavilov v Canada*.[442a] The basic principles which emerge from the case have been summarised as follows:

> The starting point for Canadian courts post-*Vavilov* is that administrative decisions are subject to reasonableness review, unless the legislature has directed otherwise or the rule of law requires the courts to furnish a final and determinate answer (on a constitutional question, a question of overlapping jurisdiction between different decision-makers or on a question of general law of central importance to the legal system). Reasonableness review is to be a robust form of judicial oversight–certainly more so than traditional forms of *Wednesbury* unreasonableness–but its methodology is nonetheless "inherently deferential."[442b]

[442a] *Vavilov v Canada (Citizenship and Immigration)* [2019] SCC 65 (Sup Ct (Can)); *Bell Canada v Canada (Attorney General)* [2019] SCC 66 (Sup Ct (Cann).

442b Paul Daly, 'The Supreme Court of Canada's Administrative Law Trilogy' [2020] P.L. 408 at 414.

CHAPTER 12

Legitimate Expectations

TABLE OF CONTENTS

Introduction .... 12-001■
The Source of a Legitimate Expectation .... 12-016□
Legitimacy .... 12-031■
When is the Disappointment of a Substantive Legitimate
  Expectation Unlawful? .... 12-045■
The Standard of Judicial Review .... 12-050■
Can Unlawful Representations Create Legitimate
  Expectations? .... 12-065■
Comparative Perspectives 12-084

INTRODUCTION

Legitimate expectations of procedural fairness

GCHQ case defines legitimate expectation

Replace n.12 with:

[12] *Council of Civil Service Unions v Minister for the Civil Service* [1985] A.C. 374. This was not the first time that the HL had considered the doctrine; see *O'Reilly v Mackman* [1983] 2 A.C. 237 at 275 (Lord Diplock, obiter), a prisoner has a legitimate expectation that he will not be awarded a forfeiture of remission by board of visitors without being heard in accordance with the procedures of natural justice); *Re Findlay* [1985] A.C. 318 (prisoner has no legitimate expectation that he will be granted parole under policy which has been superseded by a more restrictive one). See *R. (on the application of Heathrow Hub Ltd) v Secretary of State for Transport* [2020] EWCA Civ 213; [2020] 4 C.M.L.R. 17 at [70] (noting that "the origin of the modern doctrine of legitimate expectation lies" in Council of Civil Service Unions).

12-006

In para.12-008 after "were significantly altered.", add:

A legitimate expectation can also arise in respect of other aspects of a fair hearing, such as a right to reasons.[14a]

12-008

[14a] *R. (on the application of Save Britain's Heritage) v Secretary of State for Communities and Local Government* [2018] EWCA Civ 2137; [2019] 1 W.L.R. 929.

Statutory fair procedure requirements

Replace n.15 with:

[15] *Council of Civil Service Unions v Minister for the Civil Service* [1985] A.C. 374 at 401–403. See also *R. (on the application of Buckingham) v NHS Corby Clinical Commissioning Group* [2018] EWHC 2080 (Admin) at [41].

Secondary procedural legitimate expectation

Add new para.12-011 at end:

12-011 A secondary procedural legitimate expectation has also been described as arising where the failure to consult would give rise to a situation of conspicuous unfairness,[1] although it has been emphasised that this is not a definitive test of illegality.[2]

Add new para.12-011A:

Summary

12-011A In summary, the circumstances in which the common law will impose a duty on a public authority to consult by virtue of the doctrine of legitimate expectation are threefold:

(1) Where there has been a promise to consult;
(2) Where there is an established practice of consultation; and
(3) Where, in exceptional cases, a failure to consult would lead to conspicuous unfairness.[20c]

The alleged practice must be clear, unequivocal, unconditional, and sufficiently settled and uniform to give rise to an expectation that the claimant would be consulted.[20d]

[20c] *R. (on the application of Brooke Energy Ltd) v Secretary of State for Business, Energy and Industrial Strategy* [2018] EWHC 2012 (Admin) at [52] (citing from *R. (on the application of L) v Warwickshire County Council* [2015] EWHC 203 (Admin) at [16].

[20d] *R. (on the application of Brooke Energy Ltd) v Secretary of State for Business, Energy and Industrial Strategy* [2018] EWHC 2012 (Admin) at [53].

THE SOURCE OF A LEGITIMATE EXPECTATION

Express representation

After "a fair hearing).", add:

12-018 The representation may also be framed with a high degree of specificity.[46a]

[46a] See, e.g., *Re Barnard's Judicial Review* [2019] NICA 38, at [62], in which the Court observed that the trial judge had found that the promise was that an inquiry would be conducted by the PSNI Historical Enquiries Team into a series of cases linked to the Glenanne Gang in the following terms: (i) an independent police team comprising officers who had not served in Northern Ireland or been members of the security forces and having the practical independence equivalent to that required under ECHR art.2 would analyse the cases; (ii) the precise identification of the composition of the Glenanne Series cases was for that independent police team to establish having regard to the purpose of the analysis but in any event it included the Hillcrest bombing; (iii) the purpose of the analysis was to consider whether the review of the cases as a whole suggested that there were wider issues of collusion beyond those already established in the individual cases; (iv) the outcome of the analysis was to be published; (v) the commitment to carry out the analysis on this basis was communicated to the Committee of Ministers in its review of the McKerr cases as part of the fulfilment of the commitment by the United Kingdom

---

[1] *R. (on the application of Brooke Energy Ltd) v Secretary of State for Business, Energy and Industrial Strategy* [2018] EWHC 2012 (Admin); [2018] 2 W.L.R. 1583 at [52]. Although, note that in *R. (on the application of Gallagher Group Ltd) v Competition and Markets Authority* [2018] UKSC 25; [2019] A.C. 96 at [31], Lord Carnwath observed that "[f]airness, like equal treatment, can readily be seen as a fundamental principle of democratic society; but not necessarily one directly translatable into a justiciable rule of law. Addition of the word "conspicuous" does not obviously improve the imprecision of the concept. Legal rights and remedies are not usually defined by reference to the visibility of the misconduct."

[2] *R. (on the application of Gallagher Group Ltd) v Competition and Markets Authority* [2018] UKSC 25; [2019] A.C. 96 at [40].

government to carry out a review and investigatory process that was as ECHR art.2 compliant as possible.

Replace n.49 with:

[49] *Preston v Inland Revenue Commissioners* [1985] A.C. 835. For discussion of the substantive legitimate expectation: G. Ganz, "Legitimate Expectation: A Confusion of Concepts" in C. Harlow (ed), *Public Law and Politics* (1986), Ch.8; R. Baldwin and D. Home, "Expectations in a Joyless Landscape" (1986) 49 M.L.R. 685; P. Elias, "Legitimate Expectation and Judicial Review" in J. Jowell and D. Oliver (eds), *New Directions in Judicial Review* (1988), pp.37–50; C. Forsyth, "The Provenance and Protection of Legitimate Expectations" [1988] C.L.J. 238; B. Hadfield, "Judicial Review and the Concept of Legitimate Expectation" (1988) 39 N.I.L.Q. 103; P. Craig, "Legitimate Expectations: a Conceptual Analysis" (1992) 108 L.Q.R. 79; P. Craig, "Substantive Legitimate Expectations in Domestic and Community Law" [1996] C.L.J. 289; A. Lester, "Government Compliance with International Human Rights Law: A New Year's Legitimate Expectation" [1996] P.L. 187; R. Singh and K. Steyn, "Legitimate Expectation in 1996: Where Now?" [1996] J.R. 17; C. Himsworth, "Legitimately Expecting Proportionality?" [1996] P.L. 46; Y. Dotan, "Why Administrators should be Bound by Their Policies" (1997) 17 O.J.L.S. 23; S. Schonberg, *Legitimate Expectations in Administrative Law* (2000); P. Craig and S. Schonberg, "Substantive Legitimate Expectations after Coughlan" [2000] P.L. 684; S. Schonberg, *Legitimate Expectations in Administrative Law* (2000); R. Clayton, "Legitimate Expectations, Policy, and the Principle of Consistency" [2003] C.L.J. 93; P. Sales and K. Steyn, "Legitimate Expectations in English Public Law: An Analysis" [2004] P.L. 564; I. Steele, "Substantive Legitimate Expectations: Striking the Right Balance?" (2005) 121 L.Q.R. 300; M. Elliott, "Legitimate Expectations and the Search for Principle: Reflections on Abdi and Nadarajah" [2006] J.R. 281; M. Elliott, "British Jobs for British Bodies: Legitimate Expectations and Interdepartmental Decision-making" (2008) 67(3) C.L.J. 453; C. Forsyth, Legitimate Expectations Revisited" [2011] J.R. 429; D. Kolinsky "A Legitimate Expectation of a Successful Challenge?" [2012] J.R. 161; C. Knight, "Expectations in Transition: Recent Development in Legitimate Expectations [2009] P.L. 15; P. Reynolds, "Legitimate Expectations and the Protection of Trust in Public Officials" [2011] P.L.330; R. Williams, "The multiple doctrines of legitimate expectations (2016) 132 L.Q.R. 639; J. Bell "The doctrine of legitimate expectations: power-constraining or right-conferring legal standard?" [2016] P.L. 437; Y, Vanderman, "Substantive legitimate expectation (2016) 21 J.R. 174; M. Groves and G. Weeks (eds) *Legitimate Expectations in the Common Law World* (2017) And see R. Moules, *Actions Against Public Officials: Legitimate Expectations, Misstatements and Misconduct* (2009); M. Groves and G. Weeks (eds) *Legitimate Expectations in the Common Law World* (2018).

LEGITIMACY

Replace para.12-031 with:

It has been said that the term "legitimate expectation" is a "legal term of art"; it has a "normative element", and "a public authority that is the object of a legitimate expectation is under a legal duty, albeit qualified, in relation to the fulfilment of that expectation".[90] It has also been observed that a legitimate expectation is not the same as an unqualified right; rather, it is "a factual situation in which a public authority has caused a person to believe on reasonable grounds that he or she would enjoy some advantage".[90a] To qualify as "legitimate" the expectation must possess the following qualities.[91]

12-031

[90] *R. (on the application of SRM Global Master Fund LP) v Commissioners of HM Treasury* [2009] EWHC 227 (Admin); [2009] B.C.C. 251 at [129] (Stanley Burnton LJ, commenting also on the contrast with a "reasonable expectation" which denotes "a purely factual expectation, with no normative content"; [135]); and see *R. (on the application of C) v Stratford Magistrates' Court* [2012] EWHC 154 (Admin) at [20] (a representation not legitimate if "perverse").

[90a] *Harding v Attorney General of Anguilla* [2018] UKPC 22 at [5].

[91] In *United Kingdom Association of Fish Producer Organisations v Secretary of State for the Environment, Food and Rural Affairs* [2013] EWHC 1959 (Admin) at [92] Cranston J said: "[T]he threads of the English doctrine of substantive legitimate expectation can be drawn together in the following propositions: 1. The undertaking must be clear, unambiguous and without relevant qualification: *Bancoult*, [60]. 2. On ordinary principles an undertaking can derive from a representation or a course of conduct. However, the mere existence of a scheme is inadequate in itself to generate a substantive legitimate expectation: *Bhatt Murphy*, [63]. 3. Whether there is such an undertaking is ascertained by asking how, on a fair reading, the representation or course of conduct would reasonably have been understood by those to whom it was made: *Patel*, [44]–[45], applying *Paponette*, [30]. 4. Although in theory the defined class being large is no bar to their having a substantive legitimate expectation, in reality it is likely to be small if the expectation is to be made good: *Bhatt Murphy*, [46]. In *Paponette* the successful class to whom a collective promise had been made was some 2,000. 5. Detrimental reliance

is not an essential requirement. However, it may be necessary where the issue is in the macropolitical field or a person specific undertaking is alleged: *Bancoult*, [60]; *Begbie*, 1124 BC, 1133 DF. 6. To justify frustration of a substantive legitimate expectation, the decision maker must have taken into account as a relevant consideration the undertaking and the fact that it will be frustrated: *Paponette*, [45]–[46]. 7. Legitimate expectation is concerned with exceptional situations: *Bhatt Murphy*, [41]. 8. Justification turns on issues of fairness and good administration, whether frustrating the substantive legitimate expectation can be objectively justified in the public interest and as a proportionate response. Abuse of power is not an adequate guide: *Nadarajah*, [70]. 9. The intensity of review depends on the character of the decision. There will be a more rigorous standard than *Wednesbury* review, with a decision being judged by the court's own view of fairness. A public body will not often be held bound to maintain a policy which on reasonable grounds it has chosen to change. There will be less intrusive review in the macropolitical field. As well, respect will be accorded to the relative expertise of a decisionmaker: *Bhatt Murphy*, [35], [41]; *Patel*, [60]–[62], [83]. 10. Transitional arrangements, and whether there has been a warning of possible change, are not essential but may be relevant to the court's assessment of justification: *Bhatt Murphy* [18]–[20], [56]–[57], [60]–[61], [65]–[70]; *Patel*, [77], [83]."

Clear, unambiguous and devoid of relevant qualification

Replace para.12-032 with:

12-032 The representation must be "clear, unambiguous and devoid of relevant qualification".[92] Whether or not the representation fulfils these qualities is objectively to be assessed by reference to how it would have been reasonably understood by those to whom it was made.[93] Moreover, a public authority is not entitled to "thwart legitimate expectations by putting a strained or unconventional meaning" on a policy.[94]

[92] *R. v IRC Ex p. MFK Underwriting Agencies Ltd* [1990] 1 W.L.R. 1545 at 1570 (Bingham LJ); and *R. v Shropshire County Council Ex p. Jones* (1997) 9 Admin. L.R. 625 (applicant for student grant given to understand he has a very good chance of securing an award does not acquire a legitimate expectation); *R. v IRC Ex p. Unilever Plc* [1996] S.T.C. 681, CA; *R. v Gaming Board of Great Britain Ex p. Kingsley (No.2)* [1996] C.O.D. 241. See also *R. (on the application of Bancoult) v Secretary of State for Foreign and Commonwealth Affairs* [2008] UKHL 61; [2009] 1 A.C. 453 at [60] and [134] (an undertaking to work "on the feasibility of resettling the Ilois" on the Chagos Island and of change to the law to permit resettlement did not amount to an "unequivocal assurance" that the Ilois could return). See also: *R. (on the application of Heathrow Hub Ltd) v Secretary of State for Transport* [2020] EWCA Civ 213; [2020] 4 C.M.L.R. 17 at [73] (impossible to spell out from the matters referred to an express or implied promise or any regular pattern of behaviour amounting to a representation); *R. v Blyth* [2019] EWCA Crim 2107; *Anand v Kensington and Chelsea RLBC* [2019] EWHC 2964 (Admin). See also: *Odelola v Secretary of State for the Home Department* [2009] UKHL 25; [2009] 1 W.L.R. 1230 at [29] (the applicant accepted that there was "no question her being able to invoke the principle of legitimate expectation" in respect of immigration rules which could be changed at any time in such a way as to deprive a current applicant of any entitlement to the leave being sought) (followed in *R. (on the application of Elmi) v Secretary of State for the Home Department* [2010] EWHC 2775 (Admin). However, the principle of legitimate expectation can apply in the immigration context: *R. (on the application of Turkish Business People Ltd) v Secretary of State for the Home Department* [2020] EWCA Civ 553 at [48]). By contrast, see: *R. (on the application of McShane) v Secretary of State for Justice* [2018] EWHC 2049 (Admin) at [100] (finding "a clear and unambiguous representation", which "was devoid of any relevant qualification");); *R. (on the application of RD (A Child)) v Worcestershire CC* [2019] EWHC 449 (Admin), at [90]–[93] (the local authority had made a clear representation to the affected parents that it would devise and implement transitional arrangements to mitigate the impact of the withdrawal of the portage service by ensuring that the families were able to access alternative services which would meet the same needs. That representation was clear and unambiguous; not subject to any qualification. The representation was deliberate and made to a limited and identified class in the local authority's specific contemplation and the strength and weight to be attached to the promise was substantial).

[93] *Maritime Heritage Foundation v Secretary of State for Defence* [2019] EWHC 2513 (Admin) at [58]; *R. (on the application of Jefferies) v Secretary of State for the Home Department* [2018] EWHC 3239 at [68]; *Paponette v AG of Trinidad and Tobago* [2010] UKPC 32; [2012] 1 A.C. 1 at [30].

[94] *Johnson Brothers v Secretary of State for Communities and Local Government* [2009] EWHC 580 (Admin) at [12]. See J. Watson, "Clarity and Ambiguity: A New Approach to the Test of Legitimacy in the Law of Legitimate Expectations" (2010) 30 L.S. 633, who argues that the better test is whether the regulation is "clear enough" in the light of individual expectations and administrative intent.

Replace para.12-034 with:

12-034 The expected benefit or advantage must be more than a "mere hope".[99] For example, a departmental circular letter setting out the criteria for the adoption of children from abroad may induce a legitimate expectation that its details will be followed.[100] But other circulars, as we have just noted, may be more in the nature of advisory documents, purporting to interpret the law[101] or the likely implementation of government policy and therefore not intended or understood as inducing binding expectations (for example, Planning Policy Guidance notes issued by the Department for Communities and Local Government on diverse matters, including policy in relation to affordable housing, or to permissible conditions attached to planning permissions). Answers or representations made in Parliament, however, have been held not to give rise to legitimate expectations.[102] Nor have after-dinner speeches given by government Ministers.[103] Similarly, it has been held that it was not tenable to hold that a Ministerial statement to review progress on joint work with the legal profession to improve efficiency and quality before returning to decisions on a fee reduction gave rise to a commitment to carry out a formal review before putting forward a proposal on fee reduction. This was not more than a "statement of intention".[103a] Nevertheless, it is often difficult to determine the precise source of a policy. They emerge from ministerial statements, White Papers, appeal decisions, and draft circulars or codes. A genuinely consultative document cannot be regarded as a policy from which any obligations flow.[104] By contrast, a commitment expressed in statutory regulations has been held to carry a greater weight than a government policy, promise or practice.[104a] Likewise, a statement of a Chief Constable in response to a question tabled at a meeting of the Northern Ireland Policing Board–that the Police Service of Northern Ireland would assess any allegation or emerging evidence of criminal behaviour, from whatever quarter, with a view to substantiating such an allegation and identifying sufficient evidence to justify a prosecution and bring people to court–was regarded as "clear an unambiguous as to the nature of the investigation that should be carried out".[104b]

[99] See Sedley LJ in *R. v Secretary of State for Education and Employment Ex p. Begbie* [2000] 1 W.L.R. 1115.

[100] *R. v Secretary of State for the Home Department Ex p. Asif Mahmood Khan* [1984] 1 W.L.R. 1337; and *R. v Secretary of State for Defence Ex p. Camden LBC* [1995] J.P.L. 403; *R. (on the application of Midcounties Co-Operative Ltd) v Wyre Forest DC* [2009] EWHC 964 (Admin) (a circular gave rise to a legitimate expectation).

[101] *R. (on the application of Beale) v Camden LBC* [2004] EWHC 6 (Admin); [2004] H.L.R. 48 at [22] (Munby J: "Statements by ministers as to what the law are no more determinative of the citizen's rights than similar statements by anyone else ... if correct it adds nothing: if it is incorrect, it is for present purposes irrelevant").

[102] *R. v Secretary of State for the Home Department Ex p. Sakala* [1994] Imm. A.R. 227; *R. v DPP Ex p. Kebilene* [2000] 2 A.C. 326 at 329 (Lord Bingham was "hesitant to hold that a legitimate expectation could be founded on answers given in Parliament to often very general questions; to do so is to invest assertions by the executive with a quasi-legislative authority, which could involve an undesirable blurring of the distinct functions of the legislature and the executive").

[103] *Dinsdale Developers Ltd v Secretary of State for the Environment* [1986] J.P.L. 276.

[103a] *R. (on the application of Law Society) v Lord Chancellor* [2018] EWHC 2094 (Admin) at [64].

[104] *Pye (JA) (Oxford) Estates Ltd v Secretary of State for the Environment and West Oxford DC* [1982] J.P.L. 577; cf. *Richmond upon Thames LBC v Secretary of State for the Environment* [1984] J.P.L. 24 and *Westminster City Council v Secretary of State for the Environment* [1984] J.P.L. 27 (account may be taken of advice to Secretary of State, although not yet formally policy).

[104a] *Re Renewable Heat Association Northern Ireland Ltd* [2017] NIQB 122 at [227] (it was also noted (at [226]) that the fact that statutory regulations are instruments which are subject to change does not deprive the commitment of the requisite unconditional nature).

[104b] *Re McGuigan's Application for Judicial Review* [2019] NICA 46 at [113].

At the end, add new paragraph:

Overall, many claims of legitimate expectation fail because the representation is not sufficiently clear and unambiguous.[104c]

[104c] Frequently, legitimate expectation claims are unsuccessful on the basis that there has not been a sufficiently clear and unambiguous representation, see, e.g.: *R. (on the application of Misick) v Secretary of State for Foreign and Commonwealth Affairs* [2009] EWHC 1039 (Admin) at [36]; *R. (on the ap-*

plication of Khan-Udtha) v Secretary of State for the Home Department [2009] EWHC 1287 (Admin) at [41]; *R. (on the application of Stamford Chamber of Trade and Commerce) v Secretary of State for Communities and Local Government* [2009] EWHC 719 (Admin) at [87]; *R. (on the application of Al-Saadoon) v Secretary of State for Defence* [2008] EWHC 3098 (Admin) at [202] (a policy of strong opposition to the death penalty and a policy to seek assurances that the death penalty will not be imposed did not go so far as to constitute a policy not to transfer a person to another state in the absence of such assurances); *R. (on the application of Domb) v Hammersmith LBC and Fulham LBC* [2008] EWHC 3277 (Admin) (a council minute of "noted and adopted" in relation to a manifesto promise did not give rise to a legitimate expectation); *R. (on the application of Lewisham LBC v Assessment and Qualifications Alliance (AQA)* [2013] EWHC 211 (Admin); [2013] E.L.R. 281; *United Kingdom Association of Fish Producer Organisations v Secretary of State for the Environment, Food and Rural Affairs* [2013] EWHC 1959 (Admin); *R. (on the application of Enfield LBC) v Secretary of State for Transport* [2016] EWCA Civ 480 (while emails stating that train service tender would require a four train per hour service were clear and unambiguous, they had not been sent to the local authority directly and moreover, the local authority knew that a four train per hour service was "inherently unlikely"); *R. (on the application of Page) v Darlington BC Queen's Bench Division* [2018] EWHC 1818 at [37] and [46]; *R. (on the application of Talpada) v Secretary of State for the Home Department* [2018] EWCA Civ 841 at [46]; *R. (on the application of Bishop v Westminster Council* [2017] EWHC 3102 (Admin) at [35] and [37]; *MA (Pakistan) v Secretary of State for the Home Department* [2019] EWCA Civ 1252, at [41] (there was no unfairness in the decision to deport the applicant in light of a change in law. As the threshold is high for a legitimate expectation, there was no warrant for reading a letter sent to the applicant as if it contained the words 'even if there is a change in law'); *R. (on the application of National Farmers Union) v Secretary of State for the Environment, Food and Rural Affairs* [2020] EWHC 1192 (Admin); *Wedgewood v City of York Council* [2020] EWHC 780 (Admin); *R. (on the application of Weed) v Commissioner of Police of the Metropolis* [2020] EWHC 287 (Admin) at [55]; *R. (on the application of Campaian to Protect Rural England) v Herefordshire Council* [2019] EWHC 3458 (Admin); *R. (on the application of Farmiloe) v Secretary of State for Business, Energy and Industrial Strategy* [2019] EWHC 2981 (Admin); *R. (on the application of Delve) v Secretary of State for Work and Pensions* [2019] EWHC 2552 (Admin); *Maritime Heritage Foundation v Secretary of State for Defence* [2019] EWHC 2513 (Admin).

Induced by the conduct of the decision-maker

Replace para.12-036 with:

12-036   It is important to note that we are not here dealing with an expectation of fairness in general, or to the reasonable exercise of the decision-maker's discretion.[107] The legitimate expectation does not flow from any generalised anticipation of being treated justly, based upon the scale or context of the decision.[108] In the context of the legitimate expectation which induces a procedural right, this distinction marks the difference between an entitlement to a hearing based upon the legitimate expectation and that based upon other interests.[109] It is therefore misleading to classify under the head of legitimate expectation interests which may require procedural protection irrespective of the conduct of the decision-maker.[110] For example, while the Court of Appeal in *R. v Liverpool Corporation Ex p. Liverpool Taxi Fleet Operators' Association*[111] rightly held that the express assurance of consultation by the Corporation created a legitimate expectation, the obiter view of Lord Denning MR that even in the absence of an assurance the applicants' interest in maintaining the value of their licences would have entitled them to a hearing before the number of licences was increased, identifies a protectable interest quite separate from that derived from the legitimate expectation.[112] It has also been held that objectors to an application for planning permission had no legitimate expectation of being able to make representations because no conduct of the planning authority had induced such an expectation. Nevertheless, the objectors were entitled to be heard in order to defend their interests[113] as the proposed action would affect them adversely.[114] More recently, however, it has been observed that there was no dispute in the case, that a claimant, having filed written objections, had a legitimate expectation of being notified about the date of the Planning Committee meeting.[114a] Further, in *R. v Secretary of State for Health Ex p. US Tobacco International Inc*,[115] while it was held that the applicants could have no (substantive) legitimate expectation that the Minister would not change his policy regarding the production and sale of oral snuff, it was held that the Minister was in breach of his (statutory) duty to consult by refusing to reveal the contents of an independent report. The "high degree of fairness and candour" to the applicants was based upon the "catastrophic" effect of the ban on the applicants' financial interests.

[107] In *R. (on the application of Rashid) v Secretary of State for the Home Department* [2005] EWCA Civ 744; [2005] Imm. A.R. 608 it was suggested that the expectation was that public officials will implement their own policies on asylum—see the criticism of I. Steele, "Substantive Legitimate Expectations: Striking the Right Balance?" (2005) 121 L.Q.R. 300, who regards such an approach as "denuding the concept of any utility". See also *R. (on the application of S, H and Q) v Secretary of State for the Home Department* [2009] EWCA Civ 142 at [46] ("[t]here can moreover be no question of intervention by the court on the basis of a generalised and unfocussed idea of fairness; or by consideration of what subsequently may have happened to the individual in question and categorised in broad terms such as prejudice, loss and detriment"). But see *Manning v Ramjohn* [2011] UKPC 20, referring to "an expectation of being fairly treated", at [48]. See also *R. (on the application of Grimsby Institute for Further and Higher Education) v Chief Executive of Skills and Funding* [2010] EWHC 2134 (Admin); [2010] 3 E.G.L.R. 125 at [89]; *R. (on the application of Dudley Metropolitan Borough Council v Secretary of State for Communities and Local Government* [2012] EWHC 1729 (Admin) at [47]; *Hanover Company Services Ltd v Revenue and Customs Commission* [2010] UKFTT 256 (TC); [2010] S.F.T.D. 1047 (Commission's assessment which was inconsistent with the guidance was held not to be "outrageously unfair").

[108] As was insisted by Lords Diplock and Fraser in *Council of Civil Service Unions v Minister for the Civil Service* [1985] A.C. 374, thus indorsing *Attorney General of Hong Kong v Ng Yuen Shiu* [1983] 2 A.C. 629 (PC) and impliedly rejecting, insofar as it conflicted, the approach of earlier cases such as *Schmidt v Secretary of State for Home Affairs* [1969] 2 Ch. 149; *Breen v Amalgamated Engineering Union* [1971] 2 Q.B. 175 and *McInnes v Onslow Fane* [1978] 1 W.L.R. 1520. G. Ganz, "Legitimate Expectation: A Confusion of Concepts" in C. Harlow (ed), *Public Law and Politics* (1986), Ch.8 criticises the "confusion" which *Council of Civil Service Unions v Minister for the Civil Service* [1985] A.C. 374 imports into the law, but it is contended that in fact resolves the confusion which previously existed. For criticism of the analysis of the legitimate expectation as resting on the conduct of the decision-maker, see the Australian cases of *Kioa v Minister for Immigration and Ethnic Affairs* (1986) 62 A.L.R. 321 at 370–375 (Brennan J, arguing that since the principles of judicial review have their basis in the presumed intentions of Parliament, therefore "legitimate expectation" could not be based on expectations engendered by decision-makers, which would be irrelevant to the construction of the statutory framework); cf. *Salemi v Mackellar (No.2)* (1977) 137 C.L.R. 396, 404 (Barwick CJ). But for criticism of this view see P. Elias, "Legitimate Expectation and Judicial Review" in J. Jowell and D. Oliver (eds), *New Directions in Judicial Review* (1988), pp.37–50.

[109] e.g. the view of Lord Bridge in *Re Westminster CC* [1986] A.C. 668. Rejecting an argument that "the scale of [the] decisions [in respect of which natural justice was sought] and the context in which they were taken were such that the [affected] bodies would clearly have a legitimate expectation to be consulted", he warned that "if the courts were to extend the doctrine of legitimate expectation [beyond the foundation of "either a promise or a practice of consultation"] to embrace expectations arising from the "scale" or "context" of particular decisions, the duty of consultation would be entirely open-ended and no public authority could tell with any confidence in what circumstances a duty of consultation was cast upon them [and] the suggested development of the law would, in my opinion, be wholly lamentable". Lord Bridge clearly sought to limit the doctrine to situations arising out of representations of the decision-maker and argues against its expansion to take in a class of interests (of a certain "scale" or "context") independent of this basis. See also the clear distinction between legitimate expectations and protectable interests made by Taylor J in *R. v Secretary of State for the Environment Ex p. GLC* [1985] J.P.L. 543 (Secretary of State's exercise of discretion to delay consideration of the GLC's proposed amendments to the Greater London Development Plan not vitiated by lack of natural justice: not requirement to consult either on basis of a legitimate expectation, or under the audi altarem partem rule or because of a duty to act fairly, considering *Durayappah v Fernando* [1967] 2 A.C. 337).

[110] A view taken by commentators such as G. Ganz, "Legitimate Expectation: A Confusion of Concepts" in C. Harlow (ed), *Public Law and Politics* (1986), Ch.8; but see P. Elias, "Legitimate Expectation and Judicial Review" in J. Jowell and D. Oliver (eds), *New Directions in Judicial Review* (1988), pp.37–50.

[111] *R. v Liverpool Corporation Ex p. Liverpool Taxi Fleet Operators' Association* [1972] 2 Q.B. 299.

[112] Of course, it is possible that a requirement of procedural fairness may flow from both causes, e.g. the revocation of a licence without a hearing may well infringe the interest protectable in itself and disappoint a legitimate expectation derived from the past conduct of the body which granted the licence.

[113] *R. v Great Yarmouth BC Ex p. Botton Brothers Arcades Ltd* [1988] J.P.L. 18.

[114] It was held that the circumstances of this case were, however, unique because the council had reversed its previously declared policy as to the amusement arcades in coming to the decision complained of. There was at that time no general duty on councils to consult or notify those affected by a grant of planning permission; see also *R. v Secretary of State for the Environment Ex p. Kent* [1968] J.P.L. 706; [1990] J.P.L. 124.

[114a] R. (on the application of Matthews) v City of York Council [2018] EWHC 2102 (Admin) at [7].

[115] R. v Secretary of State for Health Ex p. US Tobacco International Inc [1992] 1 All E.R. 212.

Made by a person with actual or ostensible authority

Replace n.116 with:

12-037 [116] *South Buckinghamshire DC v Flanagan* [2002] EWCA Civ 690; [2002] 1 W.L.R. 2601 (Keene LJ). *Liggett v Department for the Economy* [2017] NIQB 97 at [59].

One of the class to whom it may reasonably be expected to apply

Replace para.12-038 with:

12-038 A person who seeks to rely upon a representation must be one of the class to whom it may reasonably be expected to apply. Thus a report from the Jockey Club announcing the intended availability of new licensed racecourses, which was sent to existing racecourse owners, was held not to apply to prospective new racecourse owners who spent money on a new site in reliance upon the report.[122] By contrast, where the Office of Fair Trading had issued a statement of objections to a number of companies alleging infringements of competition law and invited the companies to enter into early resolution agreements, the companies had a legitimate expectation that they would be treated equally; the Office of Fair Trading was applying a single set of legal and policy criteria to a limited group of parties within a single area of business activity and had expressed its commitment to equal treatment.[122a]

[122] R. v Jockey Club Ex p. RAM Racecourses Ltd [1993] 2 All E.R. 225; and R. v IRC Ex p. Camacq Corp [1990] 1 W.L.R. 191 (applicant not within the class of intended beneficiaries of tax clearance).

[122a] R. (Gallaher Group Ltd) v Competition and Markets Authority [2018] UKSC 25; [2019] A.C. 96 at [29].

Detrimental reliance not essential

Replace n.159 with:

12-043 [159] R. (on the application of Bancoult) v Secretary of State for Foreign and Commonwealth Affairs (No.2) [2008] UKHL 61; [2009] 1 A.C. 453 at [60]; R. (on the application of RD (A Child)) v Worcestershire CC [2019] EWHC 449 (Admin), at [91] (the parents of children with developmental delay affected by the decision of their local authority to withdraw portage services were held to have a legitimate expectation, notwithstanding the absence of a detriment in reliance on the representation of the local authority that it would devise and implement transitional arrangements to mitigate the impact of the withdrawal. Additionally, the Court held that knowledge of the representation was not a requirement to establish a legitimate expectation.)

Replace para.12-044 with:

12-044 Although detrimental reliance should not therefore be a condition precedent to the protection of a substantive legitimate expectation, it may be relevant particularly in two situations: first, it might provide *evidence* of the existence or extent of an expectation. In that sense it can be a consideration to be taken into account in deciding whether a person was in fact led to believe that the authority would be bound by the representations.[139a] This is particularly relevant to the decision of the authority whether to disappoint a legitimate expectation—an issue which we now consider. Secondly, detrimental reliance may affect the *weight of the expectation* and the issue of the fairness of disappointing the expectation.[140]

[139a] See, e.g., Liggett v Department for the Economy [2017] NIQB 97 at [62] (an expectation could not be enforceable where it was falsified at a point prior to the claimant taking any irreversible step).

[140] See 12-059. See also R. (on the application of Aozora GMAC Investment Ltd) v Revenue and Customs Commissioners [2019] EWCA Civ 1643; [2020] 1 All E.R. 803 at [39] ("knowledge of the representation and detrimental reliance on it are powerful factors in deciding whether it would be unfair now to frustrate the representation); see also [44]; Maritime Heritage Foundation v Secretary of State for Defence [2019] EWHC 2513 (Admin) at [59] (no requirement for detrimental reliance as a condition

WHEN IS THE DISAPPOINTMENT OF A SUBSTANTIVE LEGITIMATE EXPECTATION UNLAWFUL?

Replace para.12-045 with:

12-045 Given the duty of a public body not to fetter its discretion,[141] and to act in the public interest, under what circumstances will the courts require a body not to deviate from a representation or policy? Clearly the deviation must involve a lawful exercise of discretion,[142] taking into account relevant considerations, ignoring the irrelevant and pursuing authorised and not extraneous purposes.[143] These considerations and purposes can include matters such as the need to maintain national security[144] and matters of public policy.[145] The Supreme Court has observed recently that, where political issues overtake a promise or undertaking given by government, and where contemporary considerations impel a different course, provided a bona fide decision is taken on genuine policy grounds not to adhere to the original undertaking, it will be difficult for a person who holds a legitimate expectation to enforce compliance with it.[145a] However, although it may be free to depart from its representation or policy, the authority is by no means free to ignore the existence of a legitimate expectation. Now that the legitimate expectation has been accepted in law as an interest worthy of protection, its existence itself becomes a relevant consideration which must be taken into account in the exercise of discretion. It is placed upon the scale and must therefore be properly weighed.

[141] See Ch.9.

[142] Scarman LJ in *Re Findlay* [1985] A.C. 318; *R. v Criminal Injuries Compensation Board Ex p. M (A Minor)* [1988] P.I.Q.R. P107; [1998] C.O.D. 128, affirmed by CA [2000] R.T.R. 21; [1999] P.I.Q.R. Q195 (suggestions that the prerogative power cannot be extended by the representation of an authority in ways which might create a legitimate expectation). On prerogative powers, see 3-032. We doubt whether, these days, the prerogative should be treated any differently in this respect from any other power.

[143] The conduct of the person to whom the representation was made should not be regarded as a relevant consideration to disappointing the expectation, as it was held to be in *Cinnamond v British Airport Authority* [1980] 1 W.L.R. 582 (Lord Denning MR). However, appropriate conduct could be implied as a condition of the fulfilment of the expectation. The conduct could of course be taken into account in the decision of the court as to whether, in its discretion, to award the applicant a remedy.

[144] As in *Council of Civil Service Unions v Minister for the Civil Service* [1985] A.C. 374.

[145] As in *R. v Secretary of State for Health Ex p US Tobacco International Inc* [1992] 1 Q.B. 353 where the expectation was disappointed in the interest of protecting public health.

[145a] *Re Finucane's Application for Judicial Review* [2019] UKSC 7, at [76]

Replace para.12-049 with:

12-049 However, in *Pierson*, Lord Steyn made it clear that a decision of the Home Secretary to raise the minimum "tariff" period after which a life prisoner could expect parole offended the rule of law because it breached the prisoners' substantive legitimate expectation[149] and, as we have seen, the unfairness of disappointing a legitimate expectation has succeeded in a number of other cases in recent years. In *Coughlan*, the Court of Appeal held that the authority was not free to disappoint its promise of a "home for life" to the appellant, who was seriously ill and disabled, in a residential care home providing specialist care.[150] In *Patel*, the Court of Appeal held that the GMC had to honour a clear, unequivocal and unqualified assurance given to P that if he completed his distance learning course of study in a reasonable time, his qualification would be recognised. This was not outweighed by any prevailing public interest; transitional arrangements should have been put in place.[151] It has been held that the obligation falls on the public authority to justify the frustration of the legitimate expectation.[151a]

[149] *R. v Secretary of State for the Home Department Ex p. Pierson* [1998] A.C. 539.

[150] *R. v North and East Devon HA Ex p. Coughlan* [2001] Q.B. 213. For a recent appraisal of the *Coughlan* case and its impact see K. Hughes, "R. v North and East Devon Health Authority [2001]: Coughlan and the Development of Public Law" in S. Juss and M. Sunkin (eds) *Landmark Cases in Public Law* (2017).

[151] *R. (on the application of Patel) v General Medical Council* [2013] EWCA Civ 327; [2013] 1 W.L.R. 2801.

[151a] *Re Renewable Heat Association Northern Ireland Ltd* [2017] NIQB 122 at [234] (holding (at [421] and [435]) that circumstances of extreme political urgency and practical impossibility created a unique imperative entitling the public authority to depart from the expectation, given the unacceptably high rate of return for businesses taking advantage of the non-domestic scheme in Northern Ireland and the critical mistakes which had led to that rate of return).

THE STANDARD OF JUDICIAL REVIEW

Add to the end of para.12-049:

12-049 It has been held that the obligation falls on the public authority to justify the frustration of the legitimate expectation.[151a]

[151a] *Re Renewable Heat Association Northern Ireland Ltd* [2017] NIQB 122 at [234] (holding (at [421] and [435]) that circumstances of extreme political urgency and practical impossibility created a unique imperative entitling the public authority to depart from the expectation, given the unacceptably high rate of return for businesses taking advantage of the non-domestic scheme in Northern Ireland and the critical mistakes which had led to that rate of return).

Replace n.165 with:

12-054 [165] See paras 11-093–11-094. See also *Re Barnard's Application for Judicial Review of the Decision by Chief Constable of Northern Ireland* [2017] NIQB 104 (order for mandamus made where the Chief Constable of the Police Service of Northern Ireland had failed to demonstrate good reasons for resiling from a substantive legitimate expectation that the Historical Enquiries Team in Northern Ireland would produce a thematic report into links between several groups of murders in Northern Ireland and the unresolved concerns of State involvement).

Replace para.12-055 with:

12-055 In *Begbie*, Laws LJ considered that the test of "abuse of power" was not sufficiently precise to act as a standard of review to guide the issue of whether a legitimate expectation ought to be protected. Instead he offered the test of proportionality.[169] Laws LJ also proposed the test of proportionality in the *Niazi* case on the basis that: "the doctrine of legitimate expectation, should be treated as a legal standard which, although not found in terms in the European Convention on Human Rights, takes its place alongside such rights as fair trial, and no punishment without law".[170] Subsequent cases have however endorsed he "abuse of power" threshold.[170a]

[169] *Begbie* [2001] 1 W.L.R. 1115 [68], requiring any disappointed expectation to be "objectively justified as a proportionate response in the circumstances". See also *R (W) v Secretary of State for Education* [2011] EWHC 3256 (Admin).

[170] *R. (on the application of Niazi) v Secretary of State for the Home Department; R. (on the application of Bhatt Murphy (A Firm)) v Independent Assessor* [2008] EWCA Civ 755; *The Times*, 21 July 2008 at [51].

[170a] See, e.g., *R. (on the application of McShane) v Secretary of State for Justice* [2018] EWHC 2049 (Admin) at [112]–[118] (finding that a British citizen serving a sentence for drugs offences in Portugal had a legitimate expectation that he would not be repatriated to a UK prison without his consent and that it was conspicuously unfair and an abuse of power to resile from this). *R. (on the application of RD (A Child)) v Worcestershire CC* [2019] EWHC 449 (Admin), at [77], ("The question is whether the frustration of the expectation is so unfair that it amounts to an abuse of power.")

At the end, add new paragraph:

More recently, a proportionality assessment has been endorsed, and it has been held that the question will be whether the frustration of the substantive legitimate expectation can be objectively justified as a proportionate response, having regard to a legitimate aim pursued by the public body in the public interest.[170b] It has also been indicated that the proportionality assessment must involve testing "whether there was any necessity for an immediate change of policy which affected [the applicant] adversely, as opposed to a change for the future which affected only those yet to enter the scheme".[170c] This may also require examination of whether transitional provisions protecting those affected would have been impractical.[170d]

[170b] *R. (on the application of Turkish Business People Ltd) v Secretary of State for the Home Department* [2019] EWHC 603 (Admin) at [39] (endorsed by *R. (on the application of Alliance of Turkish Business People Ltd) v Secretary of State for the Home Department* [2020] EWCA Civ 553; [2020] 1 W.L.R. 2436 at [66]).

[170c] *R. (on the application of Alliance of Turkish Business People Ltd) v Secretary of State for the Home Department* [2020] EWCA Civ 553; [2020] 1 W.L.R. 2436 at [66] (obiter comment overruling the lower court's application of the proportionality test).

[170d] *R. (on the application of Alliance of Turkish Business People Ltd) v Secretary of State for the Home Department* [2020] EWCA Civ 553; [2020] 1 W.L.R. 2436 at [66].

Replace para.12-056 with:

12-056 The approach of proportionality is apposite as a standard in these cases. This is because the disappointment of the legitimate expectation requires positive justification. As we saw in the last chapter, the standard of structured proportionality differs from that of domestic rationality in that it places the burden on the authority to justify its decision, which involves a departure from a fundamental norm.[171] The breach of legal certainty as an integral requirement of the rule of law similarly requires such justification. Proportionality is not however a complete answer to the difficult balancing issues involved in these questions.[172] For a start, as we have just noted, and as Laws LJ asserted in *Begbie*, in decisions involving what he called "macro-political" issues of policy,[173] the rationality test was considered more appropriate.[174] As already set out above, in Finucane, the Supreme Court held that, in the macropolitical context, where political issues overtake a promise or undertaking and where contemporary considerations impel a different course, provided a bona fide decision is taken on genuine policy grounds not to adhere to the original undertaking, it will be difficult for a person who holds a legitimate expectation to enforce compliance with it.[174a] In other cases, the courts have simply required the authority to take the legitimate expectation into account as a relevant consideration.[175] Finally, in some instances the courts have only permitted the substantive expectation to ground a fair hearing, rather than the benefit itself.[176]

[171] See 11-077.

[172] M. Elliott, "Legitimate Expectations and the Search for Principle: reflections on Abdi and Nadarajah" [2006] J.R. 281.

[173] *Begbie* [2001] 1 W.L.R. 1115 at [69].

[174] See *Hanover Company Services Ltd v HM Revenue and Customs Commission* [2010] UKFTT 256 (TC), where the Commissioners' assessment, which was inconsistent with guidance, was held not to be "outrageously unfair".

[174a] *Re Finucane's Application for Judicial Review* [2019] UKSC 7, at [76].

[175] See, e.g. *R. (on the application of Ibrahim) v Redbridge LBC* [2002] EWHC 2756; [2003] A.C.D. 25 at [12] (proper account had been taken of the expectation of permanent accommodation and therefore it was for the authority to "balance the legitimate aspirations of those on the housing waiting list and the legitimate expectations of the Claimant and others in like position"). See D. Pievsky, "Legitimate Expectations as a Relevancy" [2003] J.R. 147.

[176] As in *R. v Secretary of State for Health Ex p US Tobacco International Inc* [1992] 1 Q.B. 353.

At the end, add new paragraphs:

It is also worth noting that different tests have been applied in different contexts. Thus, in the context of HMRC guidance, it has been suggested that if HMRC need to resile from a guidance, the taxpayer can only rely on the legitimate expectation that the guidance created where, having regard to the legitimate expectation, it would be so unfair as to amount to an abuse of power.[176a] Moreover, it has been suggested in this context that "a high degree of unfairness" is required to preclude HMRC from resiling from a substantive legitimate expectation.[176b] Furthermore, the more the decision lies within the "macro-political" field, the less intrusive will be the Court's supervision.[176c]

Ultimately, it has been observed that the fundamental question for the court in each case is whether the failure of the public body in its conduct towards the claimant to abide by the representation it made is something which the courts should intervene to prevent. Therefore, the safest course is not to identify passages from earlier authorities dealing with different circumstances and attempt to transplant them into a different situation, but to consider what factors should be relevant in answering the fundamental question, guided by earlier cases in which the facts were reasonably close. [176d]

[176a] *R. (on the application of Aozora GMAC Investment Ltd) v Revenue and Customs Commissioners* [2019] EWCA Civ 1643; [2020] 1 All E.R. 803 at [36] (endorsing *R. (on the application of Hely-Hutchinson) v HMRC* [2017] EWCA Civ 1075 [2018] 1 W.L.R. 1682 at [45]).

[176b] *R. (on the application of Aozora GMAC Investment Ltd) v Revenue and Customs Commissioners* [2019] EWCA Civ 1643; [2020] 1 All E.R. 803 at [51].

[176c] *Maritime Heritage Foundation v Secretary of State for Defence* [2019] EWHC 2513 (Admin) at [58] (citing *R. (on the application of Jefferies) v Secretary of State for the Home Department* [2018] EWHC 3239 at [74]).

[176d] *R. (on the application of Aozora GMAC Investment Ltd) v Revenue and Customs Commissioners* [2019] EWCA Civ 1643; [2020] 1 All E.R. 803 at [35].

After "justify its frustration.", add new n.176a:

12-057 [176a] *R. (on the application of Sargeant) v First Minister of Wales* [2019] EWHC 739 (Admin); [2019] 4 W.L.R. 64, at [79]–[80] (appropriate standard by which to assess action taken in breach of a legitimate expectation has been formulated in different ways by different courts, either in terms of "rationality" or "proportionality", but regardless of which way the test is formulated, the Defendants would fail here in any event. Accordingly, the First Minister of Wales, in stating that there would be an independent inquiry into certain actions of the First Minister gave rise to a legitimate expectation that he would have no involvement in the preparatory work for that inquiry. That expectation had been breached by the First Minister setting the remit for the drafting of the protocol governing the inquiry and his control over the final form of the protocol).

Nature of the decision

Replace para.12-061 with:

12-061 A body should be less willing to yield to a legitimate expectation where it is duty bound to make policies which lie in what has been described as "the macro-political field".[187] In these cases the authority might rightly give priority to decisions that affect the public at large, or a significant section of it. On the other hand, the fact that the authority would need to engage in expenditure in order to meet a legitimate expectation may not be decisive. For example, in *Coughlan*, the local authority would be inconvenienced and caused expense in relation to its plans to close a nursing home if it was decided that the representation was binding. However, the court in that case preferred the claim of the occupants' health which could be very adversely affected by an enforced move.

[187] *Begbie* [2000] 1 W.L.R. 1115 (Laws LJ). See also *R. (on the application of Patel) v General Medical Council* [2013] EWCA Civ 327; [2013] 1 W.L.R. 2801 and *United Policyholders Group v Attorney General of Trinidad and Tobago* [2016] UKPC 17; [2016] 1 W.L.R. 3383 in which the Privy Council took the same approach to macro-economic decisions.

Detrimental reliance

Replace para.12-062 with:

12-062 We have seen that in *Reprotech*, Lord Hoffmann stated that the legitimate expectation should separate itself from private law estoppel and "stand on its own two feet".[188] That statement strongly suggests that to the extent that detrimental reliance may be a condition precedent to estoppel in private law, it need not be a condition precedent to the existence of a legitimate expectation in public law.[188a] Nevertheless, detrimental reliance is a factor to be placed on the scales of the fairness and will add to the weight of the legitimate expectation.[189] It may be overridden by a competing public interest, but the greater the evident detriment to the promisee, the greater the countervailing weight of the public interest must be in order to override an expectation that is held to be legitimate.[190a] In *R. (on the application of RD (A Child)) v Worcestershire CC*, the parents of children with developmental delay affected by the decision of their local authority to withdraw portage services were held to have a legitimate expectation notwithstanding the absence of a detriment in reliance on the representation of the local authority that it would devise and implement transitional arrangements to mitigate the impact of the withdrawal.[190a] Additionally, the court held that knowledge of the representation is not a requirement to establish a legitimate expectation.[190b]

[188] *R. (on the application of Reprotech Ltd) v East Sussex CC* [2002] UKHL 8; [2003] 1 W.L.R. 348 at [35], with which Lord Mackay agreed (at [6]); S. Atrill, "The End of Estoppel in Public Law?" [2003] C.L.J. 3; see 12-018.

[188a] See *Re Finucane's Application for Judicial Review* [2019] UKSC 7, at [62]; see also [70]-[72] (Lord Kerr noting that it was not necessary to decide if suffering of a detriment was necessary to sustain a claim for substantive legitimate expectation but that, if it had been necessary to decide the issue, he would have concluded that it was not due to the objective of good administration); see also Lord Carnwath at [160] (referring to his earlier judgment in United Policyholders Group v Attorney General of Trinidad and Tobago [2016] UKPC 17; [2016] 1 WLR 3383, [121] in the context of substantive legitimate expectation and also noting that if it were necessary to decide the issue, he would have preferred the view that detriment is not essential, but is rather a relevant consideration in respect of proportionality).

[189] See 12-040-41. See, also: *R. (on the application of Aozora GMAC Investment Ltd) v Revenue and Customs Commissioners* [2017] EWHC 2881 (Admin) at [98] (the claimant could not demonstrate conspicuous unfairness in resiling from the relevant representation unless it produced clear and compelling evidence that, by reason of its putative reliance on the relevant representation, it had suffered substantial detriment and there was no such evidence on the facts of the case).

[190a] See C. Forsyth (ed), Wade and Forsyth: Administrative Law, 10th edn (2009); P. Sales and K. Steyn, "Legitimate Expectations in English Administrative Law" [2004] P.L. 564, 72; *R. (on the application of Bancoult) v Secretary of State for Foreign and Commonwealth Affairs* [2008] UKHL 61; [2009] 1 A.C. 453 at [60] and [135]; *Gokool v Permanent Secretary of the Ministry of Health and Quality of Life* [2008] UKPC 54 at [21]; *Oxfam v Revenue and Customs Commission* [2009] EWHC 3078 (Ch); [2010] S.T.C. 686 (in the circumstances of that case, the absence of detrimental reliance was fatal to the argument that to modify the assurance would involve an abuse of power). *R. (on the application of Patel) v General Medical Council* [2013] EWCA Civ 327; [2013] 1 W.L.R. 2801 (course undertaken in expectation that it would lead to a recognised qualification was extremely demanding in terms of time and effort with a total financial cost of some US$40,000).

[190a] *R. (on the application of RD (A Child)) v Worcestershire CC* [2019] EWHC 449 (Admin), at [91].

[190b] Ibid.

CAN UNLAWFUL REPRESENTATIONS CREATE LEGITIMATE EXPECTATIONS?

Replace para.12-065 with:

To what extent can a public body with limited powers bind itself by an undertaking to act outside of its authorised powers? And if it purports to repudiate that undertaking can it be bound to it by the person to whom it was made? There is a great deal of authority that answers both those questions in the negative,[196] and goes further to assert that a body entrusted with duties or with discretionary powers for the public benefit may not avoid its duties or fetter itself in the discharge of its powers (including duties to exercise its powers free from extraneous impediments).[197] In *R. v Ministry of Agriculture, Fisheries and Food Ex p. Hamble (Offshore) Fisher-*

12-065

ies Ltd, Sedley J said that to bind public bodies to an unlawful representation would have the "dual effect of unlawfully extending the[ir] statutory power and destroying the ultra vires doctrine by permitting public bodies arbitrarily to extend their powers".[198] On the other hand, to bind bodies to a promise to act outside their powers would in effect endorse an unlawful act. It must, on this view, be doubtful whether the expectation that a body will exceed its powers can be legitimate.[199]

[196] *Fairtitle v Gilbert* (1787) 2 T.R. 169 (invalid mortgage); *Rhyl UDC v Rhyl Amusements Ltd* [1959] 1 W.L.R. 465 (invalid lease); *Cudgen Rutile (No.2) Pty Ltd v Chalk* [1975] A.C. 520, PC (invalid contract to lease); *Co-operative Retail Services Ltd v Taff-Ely BC* (1980) 39 P. & C.R. 223 (unauthorised communication of void planning permission cannot estop local authority from denying the permission); *Rootkin v Kent CC* [1981] 1 W.L.R. 1186 (council not estopped from denying factual error which would have prevented it from exercising its statutory discretion); *R. v West Oxfordshire DC Ex p. Pearce Homes Ltd* [1986] J.P.L. 522 (council not estopped from resiling from previous resolution granting permission because notification of that permission had been qualified by a condition not yet accepted); *R. v Yeovil BC Ex p. Trustees of Elim Pentacostal Church* (1972) 23 P. & C.R. 39. See also *Liggett v Department for the Economy* [2017] NIQB 97 at [59] (for the expectation to be enforceable, it must derive from an agency or body which possesses the power to make the expectation good, which was not the position in this case).

[197] *Customs and Excise Commissioners v Hebson Ltd* [1953] 2 Lloyd's Rep. 382 at 396-397; *Sovmots Investments Ltd v Secretary of State for the Environment* [1977] Q.B. 411 at 437, 479-480, reversed on other grounds [1979] A.C. 144; *Laker Airways Ltd v Department of Trade* [1977] Q.B. 643 at 708, 728 (cf. the somewhat ambiguous formulation on Lord Denning MR at 707; *Turner v DPP* (1978) 68 Cr.App.R. 70; *Hughes v Department of Health and Social Security* [1985] A.C. 776 at 788 (Lord Diplock: "The liberty to make such changes [in policy] is inherent in our constitutional form of government"); *Re Findlay* [1985] A.C. 318, 338 (Lord Scarman); *R. v Secretary of State for Health Ex p. US Tobacco International Inc* [1992] Q.B. 353 at 369 (Taylor LJ).

[198] *R. v Ministry of Agriculture, Fisheries and Food Ex p. Hamble (Offshore) Fisheries Ltd* [1995] 2 All E.R. 714 at 731; and M. Elliott, "Legitimate Representations and Unlawful Representations" [2004] C.L.J. 261.

[199] *Re Findlay* [1985] A.C. 318 at 338 (Lord Scarman, emphasis supplied: "It is said that the refusal to except [the appellants] from the new policy was an unlawful act on the part of the Secretary of State in that his decision frustrated their expectation. But what was their *legitimate* expectation?"); *Flanagan and Flanagan v South Bucks DC* [2002] J.P.L. 1465 (no legitimate expectation arose from the a representation from the council's solicitor that planning enforcement notices would be withdrawn as the solicitor lacked the authority to withdraw the notices; Keene LJ (at [18]) held that unless the representor had actual or ostensible authority to make the representation, although the representee might have "subjectively acquired the expectation", it was not "legitimate"); see also *Brown v Government of Rwanda* [2009] EWHC 770 (Admin) at [29] (Laws LJ noting: "It is elementary that a concrete statutory duty of this kind cannot be overridden by any claim based on legitimate expectation"); *R. (on the application of Sovio Wines Ltd) v The Food Standards Agency (Wine Standards Branch)* [2009] EWHC 382 (Admin); *The Times*, 9 April 2009 at [95] (any legitimate expectation must yield to the agency's statutory duties); *R. v Connolly* [2008] EWCA Crim 2643 at [10] (where a prisoner was wrongly informed as to the effect of his sentence, no legitimate expectation arose from the judge's erroneous explanation). *Liggett v Department for the Economy* [2017] NIQB 97 at [64] ("there is a substantial volume of legal authority which supports the proposition that a legitimate expectation must give way to the performance of a statutory duty").

Principles of agency

Replace para.12-069 with:

12-069 At one time it could be safely said that such assurances were simply nugatory (unless they fell within the scope of agency in contract), although a negligent misstatement or course of conduct causing economic loss might give rise to liability in tort.[203] Thus if a local government officer to whom the necessary powers have not been delegated assures a builder that planning permission is not required for what he proposes to do, this assertion, though acted upon by the builder, does not affect the power of the local authority to arrive at and act on an opposite decision.[204] Further, even where a representation has been clear, unambiguous and unqualified, a representation was "weak" where it was merely as to the authority's "opinion about the construction of a relatively straightforward legal provision", and it did not preclude the authority reaching a different view.[204a] It has also been held that where a public body has made a policy under a mistake, it is open to it to change a policy, and any unfairness precluding that change, has to be "reach a very high level" or be "outrageously or conspicuously unfair".[204b]

[203] See 19-046.

[204] *Southend-on-Sea Corp v Hodgson (Wickford) Ltd* [1962] 1 Q.B. 416; *Western Fish Products Ltd v Penwith DC* [1981] 2 All E.R. 204, CA.

[204a] *R. (on the application of Aozora GMAC Investment Ltd) v Revenue and Customs Commissioners* [2019] EWCA Civ 1643; [2020] 1 All E.R. 803 at [57] (regarding a representation in an international tax manual). The Court did however reject the suggestion that because the ordinarily sophisticated taxpayer knows that HMRC apply the law but do not make the law, there can never be a legitimate expectation arising from a statement by HMRC in published guidance as to what the law is (at [31]).

[204b] *R. (on the application of Aozora GMAC Investment Ltd) v Revenue and Customs Commissioners* [2019] EWCA Civ 1643; [2020] 1 All E.R. 803 at [37] (citing *R. (on the application of Hely-Hutchinson) v HMRC* [2017] EWCA Civ 1075' [2018] 1 W.L.R. 1682 at [72]).

CHAPTER 13

Convention Rights as Grounds for Judicial Review

TABLE OF CONTENTS

Scope 13-001
Protection of Fundamental Rights in Domestic and
    International Law 13-002
The European Convention on Human Rights .... 13-008☐
The Human Rights Act 1998 .... 13-031■

PROTECTION OF FUNDAMENTAL RIGHTS IN DOMESTIC AND INTERNATIONAL LAW

The Council of Europe

Replace n.14 with:

[14] The reformed procedure is set out in Protocol 11 to the ECHR which came into force on 1 November 1998. The Commission in fact continued to function until 31 October 1999 to deal with cases which had already been declared admissible. The role of the Committee of Ministers was also limited to supervising the execution of judgments (art.46(2)): P. Leach, "The Effectiveness of the Committee of Ministers in Supervising the Enforcement of Judgments of the European Court of Human Rights" [2006] P.L. 443. In light of the continued backlog of cases, Protocol 14 entered into force on 1 June 2010. Protocol 14 introduces three new mechanisms for limiting the ECtHR's caseload: permitting single judges to determine the admissibility of unmeritorious cases (over 30,000 cases were declared inadmissible under this procedure in 2016); introducing a new admissibility criterion that the applicant has suffered significant disadvantage (*Heather Moor and Edgecomb Ltd v UK (No.2)* (2012) 55 E.H.R.R. SE20 at [24]-[28]); and allowing three-judge committees to decide repetitive cases: S. Greer, "Reforming the European Convention on Human Rights: towards Protocol 14" [2003] P.L. 663; and Lord Woolf, *Review of the Working Methods of the European Court of Human Rights* (2005). The ECtHR has also introduced a Pilot judgment procedure where it selects and decides one case covering systemic or structural issues and can call upon the relevant government to bring domestic law into line with the Convention (*Greens and MT v UK* (2011) 53 E.H.R.R. 21 at [105]-[122] gave the UK limited further time (until 22 November 2012) to change the blanket ban on prisoner voting which was the subject of 2,500 pending cases before the Court at the time. The matter was finally concluded in 2017 as explained below at n.280). As a result of these reforms, the backlog of cases has started to reduce for the first time in the ECtHR's history, although it still stood at over 59,000 at the end of 2019 The Council of Europe's Brighton Conference in April 2012 was the third attempt in two years to address these problems (following those at Interlaken and Izmir). The Brighton Declaration emphasised the importance of the case management measures introduced by the ECtHR and recommended reducing the time limit for applications to the ECtHR to four months (from six) and requiring applicants to have relied on their Convention rights before the domestic court as further limiting measures. Reform proposals are discussed in J. Christoffersen and M.R. Madsen, *The European Court of Human Rights between Law and Politics* (2011). The ECtHR now has a section of its website (*http://www.echr.coe.int/echr*) dedicated to Court Reform. The Brighton Conference was followed in March 2015 with a further conference in Brussels on the implementation of ECtHR judgments (on which, see the *Ninth Report of the Committee on Legal Affairs and Human Rights of the Parliamentary Assembly* (2017)). The Copenhagen Declaration followed in April 2019. Two further Protocols have been adopted but not yet entered into force. Protocol 15 would give effect to the proposed reduction in the time limit for bringing proceedings in art.35 of the ECHR from six months to four and would introduce references in the Preamble to the ECHR to the principles of subsidiarity and the margin of appreciation (on which, see A. Tickell, "More 'efficient' justice at the European Court of Human

13-006

Rights: but at whose expense?" [2015] P.L. 206). Protocol 16 would permit the highest courts of state parties to request an advisory opinion relating to the interpretation or application of Convention rights (on which, see K. Dzehtsiarou and N. O'Meara, "Advisory Jurisdiction and the European Court of Human Rights: A Magic Bullet for Dialogue and Docket Control?" (2014) 34 L.S. 444). The ECtHR delivered its first Advisory Opinion concerning the recognition in domestic law of a legal parent-child relationship between a child born through a gestational surrogacy arrangement abroad and the intended mother (Request no. P16-2018-001, 10 April 2019) following the case of *Mennesson v France* (App No. 65192/11, 26 September. The Joint Committee on Human Rights in Protocol 15 to the European Convention on Human Rights (HL Paper 71); (HC Paper 837) (2014–2015) recommended that the UK should ratify Protocol 15 after its having been debated in both Houses. The same report noted that the Government has no intention of signing or ratifying Protocol 16, on the basis that it is "unconvinced" of the value of advisory opinions. On 1 January 2019, the ECtHR introduced a "non-contentious phase" of 12 weeks during which the Court's Registry may in appropriate cases make a friendly-settlement proposal when the State is given notice of the application. The trial of this further procedural innovation will continue through 2020.

Replace n.18 with:

13-007 [18] See e.g. the case brought by the Republic of Ireland against the UK relating to alleged violations of art.3 in the treatment of terrorist suspects in Northern Ireland (*Ireland v UK* (1978) 2 E.H.R.R. 25). Cyprus has brought a series of cases against Turkey relating to the situation in Northern Cyprus. In *Georgia v Russia* (App No. 13255/07, 31 January 2019), the ECtHR awarded a total sum of €10m. in respect of non-pecuniary damage sustained by a group of over a thousand Georgians who had been arrested, detained or expelled by the Russian Federation. The very first case brought under the ECHR in 1956 was by Greece against the UK and concerned action taken to suppress an insurrection in the then Crown Colony of Cyprus (Simpson, *Human Rights*, Chs 18-19). Of the 59,800 applications pending before the ECtHR in 2019, over 15,000 are against Russia with (in descending order) Turkey, Ukraine and Romania having between 6,000 and 10,000. At the end of 2019, there were 109 pending cases against the UK. The number of decided applications delivered by the ECtHR has also increased dramatically: from 56 in 1995 to 42,000 in 2019 (of which 2,187 were decided by a judgment, rather than being declared inadmissible or struck out). The ECtHR produces an informative annual survey of its activities which is available on its website
http://www.echr.coe.int/Documents/Annual_report_2019_ENG.pdf [Accessed 17 September 2020]. From its website, the ECtHR is now making available "Guides on Case-law" which are prepared by the Registry. And now cover all the principal Articles of the Convention.

THE EUROPEAN CONVENTION ON HUMAN RIGHTS

Positive obligations

Replace n.54 with:

13-026 [54] *Keegan v Ireland* (1994) 18 E.H.R.R. 342 at [49]. This is not a very helpful indication. The ECtHR appears to be more likely to find a positive obligation to exist if it relates to the core of the right in question, if it will not impose unreasonable financial or other burdens on the state and if there is some consistency of application in other states. The ECtHR in *O'Keeffe v Ireland* (2014) 59 E.H.R.R.15 at [144] indicated that more is required by way of positive obligation in relation to children and vulnerable persons. The SC in *Commissioner of Police of the Metropolis v DSD* [2018] UKSC 11; [2018] 2 W.L.R 895, held under art.3 there is a positive obligation to investigate individual allegations of inhuman and degrading treatment against whoever committed it (Lord Mance and Lord Hughes dissenting).

THE HUMAN RIGHTS ACT 1998

The omission of arts 1 and 13

Replace n.76 with:

13-034 [76] *Soering v United Kingdom* (1989) 11 E.H.R.R. 433 at [123]. Section 6 was held to fulfil the same role in relation to art.1 in *DSD v Commissioner of Police of the Metropolis* [2015] EWCA Civ 646; [2016] Q.B. 161 at [17] (affirmed by the SC [2018] UKSC 11; [2018] 2 W.L.R. 895).

The authority of Strasbourg decisions

Replace n.80 with:

[80] *R. v Special Adjudicator Ex p. Ullah* [2004] UKHL 26; [2004] 2 A.C. 323 at [20] (Lord Bingham). In this case, the HL declined to extend the ECtHR jurisprudence to cover the case where an individual facing expulsion from the UK sought to rely on potential violations of his art.9 right to freedom of thought, conscience and religion. The ECtHR has previously held that individuals may only rely on alleged breaches of rights overseas (other than art.3) in the most exceptional circumstances. Lord Bingham concluded that the domestic court's duty was to keep pace with the developing doctrine: "no more, but certainly no less", at [20]. This is consistent with other judicial statements that the purpose of the HRA was not to enlarge the Convention rights or the remedies available to those in the UK, but to enable those rights and remedies to be asserted and enforced by the domestic courts and not only by recourse to Strasbourg (*R. (on the application of SB) v Governors of Denbigh High School* [2006] UKHL 15; [2007] 1 A.C. 100 at [29] (Lord Bingham)). *SB* concerned an unsuccessful challenge to the ban on wearing the jilbab on art.9 and art.2 of the First Protocol grounds. In *R. (on the application of Nicklinson) v Ministry of Justice* [2014] UKSC 38; [2015] A.C. 657 at [70], Lord Kerr suggested that Lord Bingham's dictum was not on point in cases to which a wide margin of appreciation applied. Lord Mance went further in *D v Commissioner of Police of the Metropolis* [2018] UKSC 11; [2019] A.C. 196 at [153] where he identified cases that where the existence or otherwise of a Convention right is unclear or the matter has been left to the State's margin of appreciation, the domestic court "should ... go with confidence beyond the Strasbourg authority".

13-035

Replace para.13-036 with:

In any event, it is clear that there are now three recognised exceptions to the principle that domestic courts should follow Strasbourg jurisprudence. First, the domestic court may be unable to identify a clear and constant line of ECtHR authority.[82] This "exception" may be said to flow directly from the formulation of the principle itself. A related aspect of the absence of clear Strasbourg authority is where the ECtHR has not had the opportunity to address a question at all. In such cases, it must be legitimate for domestic courts to decide the matter, rather than await guidance from the ECtHR.[83] Secondly, the Strasbourg cases may be inconsistent with some fundamental substantive or procedural aspect of domestic law.[84] Thirdly, the ECtHR may have failed to appreciate or misunderstood some argument or point of principle.[85] This can give rise to a form of judicial dialogue between the ECtHR and domestic courts. So far, the ECtHR has tended to accept the reinterpretation of its precedents by UK courts.[86]

13-036

[82] See e.g *N v Secretary of State for the Home Department* [2005] UKHL 31; [2005] 2 A.C. 296 (concerning art.3 and the interpretation of the ECtHR's earlier ruling in *D v United Kingdom* (1997) 24 E.H.R.R. 423). In the very exceptional circumstances of the latter case, it was found to be a breach of art.3 to expel D to St Kitts where the treatment available for his HIV/AIDS was very limited. Since *D*, the ECtHR had sought to limit the effect of this decision but without establishing clear principles distinguishing the case from others. Lord Nicholls described the doctrine as "not in an altogether satisfactory state" (*N*, at [11]), but held that D should not be extended further. Lord Hope of Craighead, at [26]–[50] and Lord Brown, at [78]–[94] carried out extensive reviews of the ECtHR jurisprudence without being able to identify any clear principles. The HL therefore felt constrained to reject the application in *N* on the basis that N's advanced HIV/AIDS did not prevent her compulsory return to Uganda despite the prospect that her life expectancy would be reduced to a year or two in the absence of the treatment she had received since arriving in the UK. The scope of art.3 was significantly widened by the ECtHR in *Paposhvili v Belgium* [2017] Imm AR 867 as acknowledged by the SC in *AM (Zimbabwe) v Secretary of State for the Home Department* [2020] UKSC 17. The House of Lords' decision in *N* was affirmed by the ECtHR, see 13-066, fn.175 below. Lines of Strasbourg authority may become less clear over time. However, the fact that there may be a "direction of travel" in Strasbourg jurisprudence which appears to depart from a formerly stated principle will not allow for that principle to be replaced with a "new interpretation" without "a clear, high level exegesis of the salient principle and its essential components": *Kennedy v Charity Commission* [2014] UKSC 20; [2015] A.C. 455 at [145]–[148]. In *Kennedy*, the SC held that there was no art.10 right to receive information from public authorities: see para.13-090. In *Moohan v Lord Advocate* [2014] UKSC 67; [2015] A.C. 901 at [104]–[105], Lord Hodge chronicled the SC's substantial modification of the Ullah principle, holding that "where there is no directly relevant decision of the ECtHR with which it would be possible (even if appropriate) to keep pace, we can and must do more. We must determine for ourselves the existence or otherwise of an alleged Convention right." That principle was reflected in the judgment of Lord Kerr in *R. (Keyu) v Secretary of State for Foreign and Commonwealth Affairs & Secretary of State for Defence* [2015] UKSC 69; [2016] A.C. 1355 at [234]–[235]. His Lordship postulated that while a domestic court should exercise "caution" in determining what the ECtHR would decide absent relevant jurisprudence, it should not be deterred from

that duty. The SC declined to follow the chamber decision in *Ali v United Kingdom* (2016) 63 E.H.R.R. 20 that housing authorities' duties under Pt VII of the Housing Act 1996 gave rise to duties under art.6. The SC noted the absence of Grand Chamber authority on the point and that the decision in Ali went beyond the previous doctrine (*Poshteh v Kensington and Chelsea LBC* [2017] UKSC 36; [2017] 2 W.L.R. 1417).

[83] *Re (Adoption: Unmarried Couple)* [2008] UKHL 38; [2009] 1 A.C. 173 at [27]–[38] (Lord Hoffmann) and at [120]–[124] (Baroness Hale) concerned a Northern Ireland ban on adoptions by unmarried couples. Strasbourg had not directly confronted the question and the HL felt able to go further than existing ECtHR doctrine required in finding that an absolute ban violated art.14 read with art.8. The HL was assisted in this conclusion by the fact that this was an area which fell within the member state's margin of appreciation. There were competing views on whether the SC should decide an issue unresolved by Strasbourg in *Ambrose v Harris* [2011] UKSC 43; [2011] 1 W.L.R. 2435 at [15] (Lord Hope) compared to at [128]–[129] (Lord Kerr): Lord Kerr favoured a more expansive role for the SC. In *Rabone v Pennine Care NHS Trust* [2012] UKSC 2; [2012] 2 A.C. 72 at [112], Lord Brown (agreeing with the leading judgment of Lord Dyson) made clear that the absence of Strasbourg authority does not prevent a domestic court from addressing a question of the interpretation of the ECHR. Rather, Lord Brown stated that a domestic court should not unwillingly decide a case against a public authority (which would have no right to seek to have that decision overturned in Strasbourg) unless the existing authorities compel that result.

[84] *Pinnock* [2011] UKSC 6; [2011] 2 A.C. 104 at [48] (Lord Neuberger).

[85] *Pinnock* [2011] UKSC 6; [2011] 2 A.C. 104 at [48] (Lord Neuberger). In *R. v Horncastle* [2009] UKSC 14; [2010] 2 A.C. 373 at [11], [14] and [95]–[108] (Lord Phillips), the SC declined to follow ECtHR doctrine on the exclusion of hearsay evidence in criminal trials. The SC held that the ECtHR had failed to appreciate the crafted code which Parliament had introduced in the Criminal Justice Act 2003 and that, when looked at in its proper context, there was no breach of art.6. The Grand Chamber of the ECtHR accepted the SC's position on art.6 (reversing the Chamber's position) in *Al-Khawaja and Tahery v United Kingdom* (2012) 54 E.H.R.R. 23 at [129]–[151]. The HL previously felt able to depart from a decision of the ECtHR in *R. v Spear* [2002] UKHL 31; [2003] 1 A.C. 734 (an art.6 challenge to the independence and impartiality of the junior officers who sit on courts-martial). In that case, Lord Bingham suggested that in the earlier case of *Morris v United Kingdom* (2002) 34 E.H.R.R. 52, the ECtHR had "not receive[d] all the help which was needed to form a conclusion" and had therefore reached an erroneous view on a matter particularly within the knowledge of the domestic courts (at [12]). Lord Rodger expressed a similar view (at [92]). The challenge was rejected. The CA has summarised the above authorities and the more recent SC cases of *R. (on the application of Osborn) v Parole Board* [2013] UKSC 61; [2014] A.C. 1115 at [56]–[57] and *R. (on the application of Chester) v Secretary of State for Justice* [2013] UKSC 63; [2014] A.C. 271 at [27], [120]–[124] in the following principles: (1) it is the duty of the national courts to enforce domestically enacted Convention rights; (2) the ECtHR is the court that, ultimately, must interpret the meaning of the Convention; (3) the UK courts will be bound to follow an interpretation of a provision of the Convention if given by the Grand Chamber as authoritative, unless it is apparent that it has misunderstood or overlooked some significant feature of English law or practice which, properly explained, would lead to that interpretation being reviewed by the ECtHR when its interpretation was being applied to English circumstances; (4) the same principle and qualification applies to a "clear and constant" line of decisions of the ECtHR other than one of the Grand Chamber; (5) Convention rights have to be given effect in the light of the domestic law which implements in detail the "high level" rights set out in the Convention; and (6) where there are "mixed messages" in the existing Strasbourg case law, a "real judicial choice" will have to be made about the scope and application of the relevant provision of the Convention (*R. (on the application of Hicks) v Commissioner of Police of the Metropolis* [2014] EWCA Civ 3; [2014] 1 W.L.R. 2152 at [80]). The SC affirmed the decision on slightly different grounds at [2017] UKSC 9; [2017] A.C. 256 at [32]–[40] and declined to follow the majority view in *Ostendorf v Germany* (2013) 34 B.H.R.C. 738. See further fn.170.The SC held that the EctHR's approach in *Shackell v UK* (App. No.45851/99) (27 April 2000) in relation to the position of children for the purposes of art.14 was wrong in *In re McLaughlin* [2018] UKSC 48; [2018] 1 W.L.R. 4250 at [49]–[50].

[86] A recent example concerns the question of whether or not whole-life tariffs (imposed for the most serious offences) are compatible with art.3. The ECtHR has established a line of authority that domestic law must provide some hope of release on a sufficiently clear basis. In *Hutchinson v UK* (App. No. 57592/08) (17 January 2017), the Grand Chamber accepted that the CA's decision in *Re Attorney General's Reference (No.69 of 2013)* [2014] EWCA Crim 188; [2014] 1 W.L.R. 3964 had addressed the concerns expressed in *Vinter v UK* (2016) 63 E.H.R.R. 1 about the UK position and that there was no violation as long as the Secretary of State exercised his discretion compatibly with art.3. In *Commissioner of Police of the Metropolis v DSD* [2018] UKSC 11; [2018] 2 W.L.R. 895, at [153], Lord Mance stated (dissenting):

"There are however cases where the English courts can and should, as a matter of domestic law, go with confidence beyond existing Strasbourg authority: see eg *Rabone v Pennine Care NHS Foundation Trust* [2012] 2 AC 72 . If the existence or otherwise of a Convention right is unclear, then it may be appropriate for domestic courts to make up their minds whether the Convention rights should or should not be understood to embrace it. Further, where the European Court of Human Rights has left a matter to states' margin of appreciation, then domestic courts have to decide what the domestic position is, what degree of involvement or intervention by a domestic court is appropriate, and what degree of institutional respect to attach to any relevant legislative choice in the particular area..."

Replace n.87 with:

⁸⁷ *Kay v Lambeth LBC* [2006] UKHL 10; [2006] 2 A.C. 465 at [33] (Lord Bingham of Cornhill). This is subject to the most limited exception arising in the circumstances of *D v East Berkshire Community NHS Trust* [2003] EWCA Civ 1151; [2004] Q.B. 558 where the CA held that the decision of the HL in *X (Minors) v Bedfordshire County Council* [1995] 2 A.C. 633 could not survive the introduction of the HRA since its policy basis had been completely removed. The Court of Appeal may depart from one of its own decisions where it concludes that it is inconsistent with a subsequent decision of the ECtHR (*R. (on the application of RJM) v Secretary of State for Work and Pensions* [2008] UKHL 63; [2009] 1 A.C. 311 at [59]–[67] (Lord Neuberger)). The House of Lords departed from its own decision in *Pretty v UK* (2002) 35 E.H.R.R. 1 on whether the right to respect for private life is engaged in cases concerning decisions to terminate one's own life in light of the ECtHR's decision in that case (*R. (on the application of Purdy) v Director of Public Prosecutions* [2009] UKHL 45; [2009] 1 Cr.App.R. 32 at [35]–[39] (Lord Hope)). *Pinnock* provides a further example. The SC in *Brown v Parole Board for Scotland* [2017] UKSC 69; [2017] 3 W.L.R. 1373 departed from its own recent decision in *R. (on the application of Kaiyam) v Secretary of State for Justice* [2014] UKSC 66; [2015] A.C. 1344 to align domestic law with the ECtHR's decision in *James, Wells and Lee v UK* (2013) 56 E.H.R.R. 12 (see fn.193). The SC affirmed that, in line with the Strasbourg jurisprudence, any failure to provide prisoners sentenced to life imprisonment or who were detained for public protection with a real opportunity for rehabilitation had to meet a high threshold before rendering the detention arbitrary and a breach of art.5 (at [38]–[45]). In *R. (on the application of Stott) v Secretary of State for Justice* [2018] UKSC 59; [2018] 3 W.L.R. 1831 at [70], the SC departed from the earlier HL decision in *R. (on the application of Clift) v Secretary of State for the Home Department* [2007] 1 A.C. 484 on the basis that the ECtHR had disagreed with the HL in *Clift v UK* (App. No.7205/07 (21 July 2010) about whether the length of a prisoners' sentence could constitute "status" for the purposes of art.14. The DC in *Stott* had dutifully followed the HL decision, despite the ECtHR's judgment. In contrast, a majority of the SC declined to depart from previous domestic authority on the basis that the ECtHR jurisprudence was not sufficiently clear in *R. (on the application of Hallam) v Secretary of State for Justice* [2019] UKSC 2; [2019] 2 W.L.R. 440.

The duty to interpret legislation compatibly with Convention rights

Replace para.13-042 with:

In *R. v A (No.2)*,¹⁰¹ the House of Lords had to consider the provisions of the Youth Justice and Criminal Evidence Act 1999 which were introduced drastically to reduce the use of evidence of a complainant's prior sexual history in rape trials. The plain words of s.41 of the 1999 Act would have led to the exclusion of certain evidence which would prejudice the defendant's right to a fair trial under art.6 of the ECHR. The House held that this section should be read subject to the implied proviso that evidence or questioning which is required to ensure a fair trial under art.6 should be admitted.¹⁰²

13-042

¹⁰¹ *R. v A (No.2)* [2001] UKHL 25; [2002] 1 A.C. 45.

¹⁰² Lord Steyn accepted that s.3 required the court to adopt on occasion "an interpretation which linguistically may appear strained" (*R. v A* [2001] UKHL 25, [2002] 1 A.C. 45 at [44]). In *Connolly v DPP* [2007] EWHC 237 (Admin); [2008] 1 W.L.R. 276 at [18] (Dyson LJ), the Divisional Court held that the prohibition on sending a communication of an indecent or grossly offensive nature with the purpose of causing distress or anxiety in the Malicious Communications Act 1988 should be read so as not to criminalise communications which fell within art.10 (as in the present case where the material was part of an anti-abortion claim). The SC relied on s.3 to interpret the domestic legislation on the retention of biometric data compatibly with art.8 (as explained by the ECtHR in *S and Marper v UK* (2008) 48 E.H.R.R. 50) in *R. (on the application of GC) v Commissioner of Police of the Metropolis* [2011] UKSC 21; [2011] 1 W.L.R. 1230 at [24]–[35] (Lord Dyson). In *R. (on the application of T) v Chief Constable of Greater Manchester* [2014] UKSC 35; [2015] A.C. 49 at [53], the SC held it was impossible to read and give effect to the domestic provisions on the disclosure of convictions and cautions (however old and minor) of the Police Act 1997 in a way which was compatible with art.8. Recent cases in which it was held not possible to "read down" the relevant legislation in order to give effect to the applicants' Convention rights include *R. (on the application of Tigere) v Secretary of State for Business, Innovation and Skills* [2015] UKSC 57; [2015] 1 W.L.R. 3820 at [48]–[49] (concerning student loans and immigration status); *Lawrence v Fen Tigers Ltd (No.3)* [2015] UKSC 50; [2015] 1 W.L.R. 3485 at [88] (concerning success fee up-lifts in litigation); *Benkharbouche v Embassy of Sudan* [2015] EWCA Civ 33; [2016] Q.B. 347 at [67] (concerning the State Immunity Act 1978 in relation to which a declaration of incompatibility was granted). Affirmed by the SC [2017] UKSC 62; [2017] 3 W.L.R. 957. And *McDonald v McDonald* [2016] UKSC 28; [2017] A.C. 273 at [70] (concerning mandatory possession orders in favour of private landlords, although the court found no incompatibility). In *Re X (A*

13-037

Child) (Parental Order: Time Limit) [2014] EWHC 3135 (Fam); [2015] Fam. 186 at [68], the court read down s.54 of the Human Fertilisation and Embryology Act 2008 (which imposes a six-month time limit on applications for a parental order) to achieve compatibility with art.8. In *Re Z (A Child) (Surrogate Father: Parental Order)* [2015] EWFC 73; [2017] Fam. 25 at [35]–[40], however, while the court affirmed previous cases in which s.54 was read down, it was not possible to read down that legislative provision in order to bring a single parent within the statutory requirements for the grant of a parental order. The Secretary of State conceded that the legislation was incompatible with art.8 read with art.14 and a declaration of incompatibility was granted ([2016] EWHC 1191 (Fam); [2017] Fam. 25; [2016] 3 W.L.R. 1369). Applied in *M v F* [2017] EWHC 2176 (Fam), where a child remained a ward of the court, as Parliament was yet to change the law held to be incompatible in *Re Z*. Following the decision in *Re Z*, the Government accepted the JCHR's proposal to amend the Human Fertilisation and Embryology Act 2008 enabling a sole applicant to apply for a parental order which transfers legal parenthood after a surrogacy arrangement (Human Fertilisation and Embryology Act 2008 (Remedial) Order 2018).

Replace n.110 with:

13-045   [110] *Re S (Care Order: Implementation of Care Plan)* [2002] UKHL 10; [2001] 2 A.C. 29 at [37]–[40]. See also *Lawrence v Fen Tigers Ltd (No.3)* [2015] UKSC 50; [2015] 1 W.L.R. 3485 at [89]–[94]. See also, *R. (on the application of Cope) v Returning Officer for the Basingstoke Parliamentary Constituency* [2015] EWHC 3958 (Admin): the interpretation of the Parliamentary Constituencies Act 1986 was entirely clear: it was that each parliamentary constituency should return a single candidate. This was a fundamental feature of the legislation and the court could not adopt an interpretation which departed from it.

13-047   *Replace n.113:*

[113] See Table 1 at the end of this chapter for a summary of the declarations of incompatibility made up to the end of September 2020. The Joint Committee on Human Rights' Responding to human rights judgments (CP 182) (October 2019) provides an overview of the implementation of ECtHR judgments and declarations of incompatibility. S. Wilson Stark, "Facing facts: judicial approaches to section 4 of the Human Rights Act 1998" (2017) 133 L.Q.R. 631 argues that the courts should be willing to look beyond the facts of the case before them and consider whether the challenged legislation could have a broader impact which is incompatible with Convention rights.

Replace para.13-048 with:

13-048   Again, Parliament was careful to state that the declaration has no effect on the validity, continuing operation or enforcement of legislation.[115] The effect of the declaration of incompatibility is therefore to place the onus back on Parliament to decide whether or not to amend the offending provision. Judges have therefore emphasised that in making a declaration of incompatibility, the courts are not in conflict with the will of the legislature, but are simply performing the task which Parliament assigned to them by s.4 of the HRA.[116]

[115] HRA s.4(6)(a).

[116] *R. (on the application of Anderson) v Secretary of State for the Home Department* [2002] UKHL 46; [2003] 1 A.C. 837 at [63] (Lord Hutton). In this case, the HL decided that the Home Secretary's power to set the tariff period for mandatory life prisoners was incompatible with the art.6(1) right to a fair hearing by an independent and impartial tribunal. However, the Minister's power was expressly confirmed by s.29 of the Crime (Sentences) Act 1997 and this could not be read compatibly with the ECHR. Therefore the HL was required to issue a declaration of incompatibility. Similarly, in *R. (on the application of F (A Child)) v Secretary of State for the Home Department* [2010] UKSC 17; [2011] 1 A.C. 331 at [51]–[58] (Lord Phillips), the SC held that the provisions of the Sexual Offences Act 2003 which subjected those convicted of certain sexual offences to indefinite notification requirements were incompatible with art.8 and issued a declaration of incompatibility. The court may express a view in making a declaration as to how the incompatibility can be removed. However, the court will be reluctant to do so where the incompatibility arises from the interaction of different elements of a statutory scheme or where there is likely to be comprehensive legislative reform of the whole area (*R. (on the application of Wright) v Secretary of State for Health* [2009] UKHL 3; [2009] 1 A.C. 739 at [39] (Baroness Hale)). In *R. (on the application of Nicklinson) v Ministry of Justice* [2014] UKSC 38; [2015] A.C. 657, the majority of the nine-member SC held that it would not have been outside the court's institutional power to declare the Suicide Act 1961 s.2 to be incompatible with the ECHR even though the question was one within the UK's margin of appreciation as far as the ECtHR was concerned. However, in a "controversial area raising difficult moral and ethical issues", the court should adopt a "light touch" when reviewing the proportionality of primary legislation (at [112]–[113]). The majority stated that a declaration of incompatibility would not have the effect of forcing Parliament to act, but declined to grant one on the facts. In *R. (on application of Steinfield) v Secretary of State for International Development* [2018]

UKSC 32; [2018] 3 W.L.R. 415, the SC made a declaration of incompatibility with regards to the Civil Partnership Act 2004 s.1 and s.3, which precluded different-sex couples from civil partnerships. They ruled the sections were incompatible with art.14, when read with art.8. The Secretary of State in this case argued that the court should not make a declaration as the decision fell within a sensitive field of social policy. Applying *Nicklinson*, the SC agreed that reticence was appropriate in certain cases but that the declaration should be made in this case. See J. Finnis, "A British 'Convention right' to assistance in suicide?" (2015) 131 L.Q.R. 1. In *R. (on the application of Conway) v Secretary of State for Justice* [2017] EWCA Civ 2447; [2020] Q.B. 1, the CA (sitting with six members) upheld the Divisional Court's rejection of the application for a declaration of incompatibility in relation to s. 2 of the Suicide Act 1961 (which makes it a criminal offence to encourage or assist the suicide of another) on the basis that the interference with Article 8(1) was justified and proportionate to protect the weak and vulnerable, the sanctity of life and to promote trust between patient and doctor.

Special regard to the freedoms of expression and of thought, conscience and religion

Replace n.146 with:

[146] HRA s.12(2)–(4). Lord Neuberger MR gave general guidance about cases involving public figures and the national media in *JIH v News Group Newspapers Ltd* [2011] EWCA Civ 42; [2011] 1 W.L.R. 1645 at [19]–[25], emphasising the cardinal importance of open justice and that any order of anonymity must be no more than is strictly necessary to protect art.8 rights. In *PJS v News Group Newspapers Ltd* [2016] UKSC 26; [2016] A.C. 1081 at [33]–[35], the SC granted an injunction and held that the court should have regard to the qualitative difference between the availability of material on the internet and its widespread dissemination in hard copy (and on newspaper websites) by the English media. In *R. (on the application of T) v HM Senior Coroner for West Yorkshire* [2017] EWCA Civ 318; [2018] 2 W.L.R. 211, the CA distinguished *PJS* because the claimant's behaviour was not "in any sense a private matter". The claimant had failed to report the birth or still-birth of her baby and there was a public interest in ascertaining the cause of the death. Furthermore, she made a false allegation of rape which was an issue of interest to the community in which this was reported.

13-057

Territorial and temporal scope of the HRA

Replace n.155 with:

[155] HRA s.22(4). The most extensive discussion of the (limited) retrospective effect of the HRA is in *Wilson v First County Trust Ltd (No.2)* [2003] UKHL 40; [2004] 1 A.C. 816 at [19]–[21], [98]–[99], [160] and [212]. The HL there held that there was no indication that the HRA was intended to have retrospective effect and so the interpretative obligation under s.3 was not relevant to the application of the Consumer Credit Act 1974 to an agreement entered into before the HRA came into force. The question of retrospective effect was stated to be one of degree: the greater the unfairness or effect on vested rights, the clearer an expression of Parliament's intention which will be required. See further, *R. (on the application of Hurst) v London Northern District Coroner* [2007] UKHL 13; [2007] 2 A.C. 189 at [53]–[59] (Lord Brown of Eaton-under-Heywood), in which the HL declined to require a coroner to exercise his discretion in accordance with art.2 in relation to an inquest into a death occurring before the HRA came into force. See also *Smith v Carillion (JM) Ltd* [2015] EWCA Civ 209; [2015] I.R.L.R. 467 at [43]. There, all the impugned acts occurred prior to the coming into force of the HRA. An argument that the acts were "continuing" was rejected on the facts. In *R (Keyu) v Secretary of State for Foreign and Commonwealth Affairs & Secretary of State for Defence* [2015] UKSC 69; [2016] A.C. 1355 at [246]–[249], the SC considered that *Re McKerr* [2004] UKHL 12; [2004] 1 W.L.R. 807 remained good law, as such the HRA did not have retrospective effect. However, the impact of the ECtHR's decision in *Šilih v Slovenia* (2009) 49 E.H.R.R. 37 on art.2 is significant. In *Re McCaughey* [2011] UKSC 20; [2012] 1 A.C. 725 at [61]–[63], the SC held that *Šilih* had extended the scope of the free-standing and autonomous procedural obligation in art.2 where death occurred before the court's assumption of jurisdiction and if significant procedural steps required by art.2 took place after that date. In *McCaughey*, therefore, although the deaths took place in 1990, an inquest in 2009 was required to comply with the requirements of art.2. For further application, see *Finucane v Secretary of State for Northern Ireland* [2017] NICA 7.

13-059

The content of Convention rights under the HRA

Absolute rights

The right to life

Replace para.13-063 with:

13-063   The right to life imposes a number of positive obligations on State Parties which go beyond a requirement to refrain from action which may cause death. These obligations have both substantive and procedural elements. Substantively, the State has a general duty to have in place an effective system of deterrence against threats to life and may further be required to take reasonable steps to protect an individual from the criminal acts of another private individual where there is a real and immediate risk to life.[160] The latter is the so-called operational duty under art.2 and is owed to those over whom the state has assumed responsibility (such as prisoners, military conscripts or psychiatric patients detained in a public hospital) and who are particularly vulnerable (because of their youth or mental state).[161] The operational duty may extend to the prevention of suicide or accidental deaths in some situations.[162] The State may also be required to provide life-sustaining treatment.[163] Procedurally, art.2 requires that there should be an adequate official investigation into deaths which occur as a result of force used by the State or in other cases giving rise to a presumption of breach of the substantive obligation in art.2.[164] The state retains a certain degree of flexibility in the nature of the investigation, but it must be independent, permit some participation by the victim's relatives, identify and allow for the punishment of those found to have caused unlawful death and be prompt.[165]

[160] *Osman v United Kingdom* (2000) 29 E.H.R.R. 245 at [115]–[116]. The ECtHR held in *Osman* that it is sufficient for an applicant to show that the authorities did not do all that could reasonably be expected of them to avoid a real and immediate risk to life of which they were, or ought to have been, aware. In *Van Colle v Chief Constable of Hertfordshire Police* [2008] UKHL 50; [2009] 1 A.C. 225 at [36] (Lord Bingham), the House of Lords overturned an award of damages to the family of a victim who was a witness against the murderer on the basis that the latter's previous offences were relatively minor and did not give rise to a sufficiently real risk at the relevant time. This result was affirmed by the ECtHR in *Van Colle v United Kingdom* (2013) 56 E.H.R.R. 23 at [98]–[105]. There is no requirement that there should be a risk to the life of an identified or identifiable individual; it is sufficient, for example, that individuals were known to be in the vicinity of the street where disorder was being caused (*Sarjantson v Chief Constable of Humberside Police* [2013] EWCA Civ 1252; [2014] Q.B. 411 at [22]–[36]).

[161] Lord Dyson summarises the doctrine in *Rabone v Pennine Care NHS Trust* [2012] UKSC 2; [2012] 2 A.C. 72 at [15]-[25].

[162] The HL provided guidance on the extent of health authorities' duties to protect the lives of patients in hospital (particularly the most vulnerable) in *Savage v South Essex Partnership NHS Foundation Trust* [2008] UKHL 74; [2009] 1 A.C. 681 at [67]–[72] (Lord Rodger), and [97]–[100] (Baroness Hale). The HL distinguished cases of mere negligence where appropriate general measures are in place which would not breach art.2. In *Rabone* [2012] UKSC 2; [2012] 2 A.C. 72 at [25]–[34] (Lord Dyson), the SC held that the operational duty under art.2 to protect life was engaged in relation to the suicide of a voluntary mental health patient while on a home visit. The patient had been particularly vulnerable and the risk of suicide was one which no reasonable psychiatric practitioner would have ignored. The court further held that the family's acceptance of compensation did not prevent a claim under art.2 (which was to deal with non-pecuniary losses) and that family members were victims in their own right for the purposes of the HRA (at [46]–[50] (Lord Dyson)). In *R. (on the application of Parkinson) v HM Senior Coroner for Kent* [2018] EWHC 1501 (Admin); [2018] 4 W.L.R. 106, the court highlighted that the important distinction in relation to the art.2 duty was whether the failure was "systemic" or "ordinary" (applying *Savage* and *Rabone*). In the instant case, the Coroner had been entitled to find that there was no systemic failure on the part of the hospital and therefore there was no enhanced art.2 duty. In relation to accidental deaths, Turkey was held to have breached art.2 in failing to take adequate measures of waste storage or to provide suitable information to slum dwellers about the dangers they faced in inhabiting a rubbish tip when a landslide caused the death of the applicant's relatives (*Oneryildiz v Turkey* (2005) 41 E.H.R.R. 20 at [75] and [101]). In *Budayeva v Russia* (App. No.15339/02) (20 March 2008) at [147]–[165], the ECtHR found substantive and procedural violations of art.2 since the state had been warned of the risk of mud slides (which killed some of the applicants' relatives or destroyed their homes), but had taken no steps to prevent the harm and had dispensed with the criminal investigation too early and prevented the inquest from apportioning responsibility. In *Smith v Ministry of Defence* [2013] UKSC 41; [2014] A.C. 52, the SC permitted claims of a breach of the positive substantive obligation in art.2 to proceed to trial. The claims related to the deaths of British servicemen in Iraq from improvised explosive devices while they were travelling in modified Land Rover vehicles. There was no evidence of systemic failures which led to the high level of suicides at HMP Woodhill (*R. (on the application of Scarfe) v Secretary of State for Justice* [2017] EWHC 1194 (Admin)).

163 *NHS Trust A v M* [2001] Fam. 348 at [37] (Dame Elizabeth Butler-Sloss P.), concerning a hospital's obligations towards a patient in a permanent vegetative state. Domestic law on withdrawing life-sustaining treatment to a child against his parents' wishes was found to be compatible with art.2 (and art.8) in *Gard v United Kingdom* (2017) 65 E.H.R.R. SE9. There is no requirement (either at common law or under the ECHR) that a court order should always be obtained before the withdrawal of life-supporting nutrition and hydration. The question was always one of the patient's best interests (*NHS Trust v Y* [2018] UKSC 46; [2018] 3 W.L.R. 751).

164 *R. (on the application of Gentle) v Prime Minister* [2008] UKHL 20; [2008] 1 A.C. 1356 at [6] (Lord Bingham). There is no obligation under art.2 to hold an inquiry into the legality of a war in which the lives of British citizens were lost (*Gentle*, at [8]-[10] (Lord Bingham)). For this reason, it is not necessary that there should be an inquiry into the deaths of all servicemen who are on active service. However, on the facts of *Smith*, there was a suggestion that there may have been a systemic failure to take adequate measures to deal with the extreme heat to which servicemen were subject in Iraq (*R. (on the application of Smith) v Oxfordshire Assistant Deputy Coroner* [2010] UKSC 29; [2011] 1 A.C. 1 at [84]-[7] (Lord Phillips)). Examples of where an art.2 investigation was required include: *R. (on the application of Amin) v Secretary of State for the Home Department* [2003] UKHL 51; [2004] 1 A.C. 653 at [30]-[33] (Lord Bingham) (concerning the liability of a prison for a death in custody caused by a fellow prisoner of known racist tendencies); *R. (on the application of Middleton) v HM Coroner for Western District of Somerset* [2004] UKHL 10; [2004] 2 A.C. 182 at [30]-[35] (Lord Bingham) (a prisoner who hanged himself while in custody); and *Opuz v Turkey* (2010) 50 E.H.R.R. 28 at [128]-[153] (concerning the murder of the applicant's mother by her husband after a sustained period of serious violence against her and her mother of which the authorities were aware). See also *Jaloud v Netherlands* (2015) 60 E.H.R.R. 29 (concerning the failure effectively to investigate the shooting of an Iraqi civilian potentially caused by troops from the Netherlands). The Lord Chancellor's Exceptional Funding Guidance (Inquests) was declared unlawful for failing to reflect that the investigatory duty may arise in all cases involving compulsorily detained psychiatric patients who committed suicide even in the absence of evidence of a substantive breach of art.2 in *R. (on the application of Letts) v Lord Chancellor* [2015] EWHC 402 (Admin); [2015] 1 W.L.R. 4497. In *Al-Saadoon v Secretary of State for Defence* [2016] EWCA Civ 811; [2017] 2 W.L.R. 219; [2017] Q.B. 1015 at [69], the CA (overturning the decision at first instance) held that the use of lethal or potentially lethal force was not sufficient to establish extra-territorial jurisdiction in the absence of an element of control over the individual prior to the use of force. Further, the CA held that the investigative duty under art.3 is triggered by an arguable claim that the individual has suffered treatment infringing art.3, not merely a breach of the Soering obligation not to send an individual to another state where there are substantial grounds for believing that he would face a real risk of being subject to torture or other prohibited treatment (at [124]-[125]).

165 *Edwards v United Kingdom* (2002) 35 E.H.R.R. 19 at [69]-[73]. Lord Phillips identified six essential ingredients for an investigation. To comply with art.2, it must: be initiated by the state itself; be prompt and carried out with reasonable expedition; be effective; be carried out by a person who is independent of those implicated in the events being investigated; there must be a sufficient element of public scrutiny of the investigation or its results; and the next of kin of the victim must be involved in the procedure to the extent necessary to safeguard his or her legitimate interests (*R. (on the application of L (A Patient)) v Secretary of State for Justice* [2008] UKHL 68; [2009] 1 A.C. 588 at [35]). The case concerned an individual who attempted suicide while in custody and was left with a serious injury as a result (which carries a reduced art.2 obligation). See further, *Ramsahai v Netherlands* (2008) 46 E.H.R.R. 43 at [326]-[335], in which the ECtHR found a number of failures in relation to the procedural obligation under art.2, including the fact that the initial 15 hours of the investigation were carried out by the police and the officers involved in the fatal incident were not separated. The procedural obligation is "a detachable obligation" and applies to an inquiry which took place after the entry into force of the HRA even if the death occurred before it (*Re McCaughey* [2011] UKSC 20; [2012] 1 A.C. 725 at [50]-[53] (Lord Phillips)).There was an insufficient connection between the ECHR and the Russian state at the time to justify a finding of a breach of art.2 in relation to the Katyn massacre in 1940 (*Janowiec v Russia (App. No.55508/07)* (16 April 2012) at [129]-[142]). In *R. (Keyu) v Secretary of State for Foreign and Commonwealth Affairs & Secretary of State for Defence* [2015] UKSC 69; [2015] 3 W.L.R. 1665 at [71]-[89], the SC rejected the application for judicial review of the Minister's decision not to order an inquiry into the deaths in 1948 of 24 civilians at the hands of British troops in what was then the State of Malaya. However, the SC held that while the Convention did not generally have retrospective effect, the European court's jurisprudence (in particular, *Janowiec v Russia* (2014) 58 E.H.R.R. 30) obliged a state to investigate a death which had occurred before the critical date, namely the date of entry into force of the Convention with respect to that state, where (i) there existed relevant acts or omissions after the critical date; and (ii) there was a genuine connection between the death, as the triggering event, and the critical date, so long as the period between the two did not exceed 10 years. The first criterion was fulfilled as there had been no full or public investigation prior to 1970 (and the critical date was 1966 when the UK had first recognised the right of individual petition), but more than 10 years had passed between the deaths and 1966. In *R. (on the application of Litvinenko) v Secretary of State for the Home Department* [2014] EWHC 194 (Admin); [2014] H.R.L.R. 6 at [50]-[54], the DC found that the extensive police investigation into Mr Litvinenko's death was sufficient to fulfil art.2. In *Mocanu v Romania* (2015) 60 E.H.R.R. 19, an investigation into civilian deaths following a state crackdown on demonstrations was held to be inadequate where it had been entrusted to military prosecutors, who lacked objectivity and impartiality. The absence of a power to compel witnesses, to challenge their accounts

and the decision to excuse an important witness meant that these requirements were not met in *Re Finucane's Application for Judicial Review* [2019] UKSC 7.

The right to be free from torture, inhuman and degrading treatment or punishment

Replace para.13-066 with:

13-066 The positive obligations to which art.3 gives rise have substantive and procedural elements. The UK has been found in breach of its positive obligations in failing to protect children from sustained abuse and neglect of which the local authority was aware.[174] The risk of treatment in breach of art.3 will also engage the State's responsibility where it may occur abroad if an individual is removed from the United Kingdom.[175] Where the source of harm is a non-state actor, the individual will also be required to demonstrate that the foreign state has failed to provide a reasonable level of protection against such harm.[176] A breach of art.3 may arise from the suffering inherent in certain forms of illness where the treatment afforded by the State exacerbates it.[177] There is also a procedural obligation on the State to carry out an effective official investigation into plausible allegations of a breach of art.3 by State actors.[178] Domestic courts have drawn on art.3 in determining whether evidence which may have been obtained by torture should be admissible in legal proceedings.[179]

[174] *Z v United Kingdom* (2002) 34 E.H.R.R. 3 at [73]-[75].

[175] *Chahal v United Kingdom* (1997) 23 E.H.R.R. 413 at [79]-[80] and *D v UK* (1997) 24 E.H.R.R. 423 at [48]-[54]. In *R. (on the application of Wellington) v Secretary of State for the Home Department* [2008] UKHL 72; [2009] 1 A.C. 335, the HL decided that there was no breach of art.3 in ordering Wellington's extradition to the United States where he would face a mandatory life sentence without the prospect of early release (save in the most exceptional circumstances). The majority also held that the desirability of extradition (as opposed to permitting a suspect to evade justice) could be taken into account when considering whether his treatment overseas would violate art.3, that is, that a relativist approach to art.3 was permissible (at [20]-[28] (Lord Hoffmann)). This latter finding appears to be in conflict with the clear terms of art.3 itself and the decision of the ECtHR in *Saadi v Italy* (2008) 24 B.H.R.C. 123 (see Lord Brown's dissent in *Wellington*, at [85]-[87]). In *N v United Kingdom* (2008) 47 E.H.R.R. 39 at [42]-[51], the ECtHR affirmed that it was only in the most exceptional circumstances (such as in *D v UK*, above) that expulsion of a person with a serious illness to a country where the healthcare system was less effective would constitute a breach of art.3. However, the threshold for a breach of art.3 is now considerably lower as a result of the ECtHR decision in *Paposhvili v Belgium* [2017] Imm AR 867. Applying Paposhvili, the SC held that art.3 may be breached where there was a real risk of removal leading either to a serious, rapid and irreversible decline the individual's state of health leading to intense suffering or a significant reduction in life expectancy (*AM (Zimbabwe) v Secretary of State for the Home Department* [2020] UKSC 17). If the conditions under which an asylum seeker would be required to live if returned to another state under the Dublin II Regulation (in this case Italy) created a real risk that art.3 would be violated (even if not as a result of systemic failings), this would violate the ECHR (*R. (on the application of EM (Eritrea)) v Secretary of State for the Home Department* [2014] UKSC 12; [2014] A.C. 1321 at [58]–[64], [68]–[69]). The case was remitted to the Administrative Court to determine on the facts whether such a risk arose. Such returns were considered by the ECtHR in the recent case of *Tarakhel v Switzerland* (2015) 60 E.H.R.R. 28. It was held that the Swiss authorities would be in breach of art.3 if they returned a family of asylum seekers to Italy without first obtaining assurances that they would be received in facilities and in conditions adapted to the age of the children, and that the family would be kept together. In *FG v Sweden* (2016) 41 B.H.R.C. 595 the ECtHR held that there was a duty on the returning state to assess individual risk factors of which it became aware, even if they were not relied on by the applicant in support of a claim against expulsion on the grounds of arts 2 or 3.

[176] *R. (Bagdanavicius) v Secretary of State for the Home Department* [2005] UKHL 38; [2005] 2 A.C. 668 at [22]-[24] (Lord Brown).

[177] *Pretty* [2001] UKHL 61; [2002] 1 A.C. 800 at [52].

[178] *Assenov v Bulgaria* (1999) 28 E.H.R.R. 652 at [95]. The state had failed to carry out an adequate investigation into ill-treatment during an outbreak of disorder at an immigration detention centre in *R. (AM) v Secretary of State for the Home Department* [2009] EWCA Civ 219; [2009] U.K.H.R.R. 973 at [60]-[69] (Sedley LJ). As to the state's obligations to disclose information about allegations of torture, see 16-073. The relevant principles are summarised in *DSD v Commissioner of Police for the Metropolis* [2015] EWCA Civ 646; [2016] Q.B. 161 at [59]–[69], in which the CA held that the police investigations relating to the so-called "Black cab rapist" did not fulfil art.3. Laws LJ rejected the concept that

the investigative duty was "ancillary" or "adjectival" to a substantive breach. Rather, at [45] he held that "there is perhaps a sliding scale: from deliberate torture by State officials to the consequences of negligence by non-State agents .... The margin of appreciation enjoyed by the State as to the means of compliance with Article 3 widens at the bottom of the scale but narrows at the top". The breach of art.3 was affirmed by the SC [2018] UKSC 11; [2018] 2 W.L.R. 895. The majority of the SC held that serious operational failures may be sufficient to found a breach of the investigative duty so long as they were not merely simple errors or isolated omissions. In *Al-Saadoon v Secretary of State for Defence* [2016] EWCA Civ 811; [2017] Q.B. 1015 at [124]–[125], the CA held that the investigative duty under art.3 is triggered by an arguable claim that the individual has suffered treatment infringing art.3, not merely a breach of the Soering obligation not to send an individual to another state where there are substantial grounds for believing that he would face a real risk of being subject to torture or other prohibited treatment.

[179] In *A v Secretary of State for the Home Department (No.2)* [2005] UKHL 71; [2006] 2 A.C. 221 at [119]-[127] (Lord Hope) the HL decided that the Special Immigration Appeals Commission (which had been established in part to determine appeals of those foreign nationals detained on suspicion of involvement in international terrorism) should exclude evidence where it was established on the balance of probabilities that it had been obtained by torture of a third party in a foreign state.

The prohibition on slavery and forced labour

Replace n.184 with:

[184] In *O v The Commissioner of Police for the Metropolis* [2011] EWHC 1246 (QB); [2011] H.R.L.R. 29 at [169]–[179], Wyn Williams J held that the police breached their duty to investigate credible allegations of violations of art.4 in relation to a group of Nigerian women who were brought to the UK and required to work for no pay in households where they were subject to physical and emotional abuse. See *Rantsev v Cyprus* (2010) 51 E.H.R.R. 1 at [296]–[309] on states' positive obligations to halt people trafficking under art.4. In *CN v United Kingdom* (App. No.4239/08) (13 November 2012) at [70]–[82], the ECtHR found that the UK had failed to investigate allegations of domestic servitude adequately. In *R. (on the application of H) v Secretary of State for the Home Department* [2016] EWCA Civ 565 at [35], the Secretary of State was found not to have breached her positive obligation to identify and support victims of trafficking under ECHR art.4. The Competent Authority's failure to follow policy guidance did not amount to a breach of art.4; the application of the guidance not being the mechanism by which the UK satisfied its procedural obligations under the Convention. In *Al-Malki v Reyes* [2015] EWCA Civ 32; [2016] 1 W.L.R. 1785, the appellants, who were victims of trafficking, were domestic workers for Saudi Arabian diplomats. They brought claims against the diplomats for racial discrimination and harassment and failure to pay the national minimum wage. The employers claimed diplomatic immunity. The CA held that granting immunity in such circumstances did not breach arts 4 or 6 ECHR which had to be read in light of general principles of international law, including diplomatic immunity. This was reversed by the SC, as diplomatic immunity under art.31 only applied whilst a diplomat was in post. Once they had left their post, they were only granted narrower immunity in relation to acts performed whilst in post in the exercise of diplomatic functions authorised by art.39(2). The treatment of domestic workers did not fall within his diplomatic functions. The case was referred back to an Employment Tribunal [2017] UKSC 61; [2017] 3 W.L.R. 923. The Modern Slavery Act 2015 received Royal Assent on 26 March 2015 and entered into force on 31 July 2015. Section 1(1) provides for an offence of slavery, servitude and forced or compulsory labour. It replaces the existing offence in s.71 of the Coroners and Justice Act 2009. Subsection (2) requires subsection (1) to be interpreted in accordance with art.4 of the ECHR. Section 2 provides for a single offence of human trafficking covering sexual and non-sexual exploitation.

13-068

The ban on punishment without lawful authority

Replace n.191 with:

[191] The ECtHR upheld a 1994 law which doubled the applicant's sentence for a later offence because of his previous conviction for a similar crime some 10 years earlier (*Achour v France* (2007) 45 E.H.R.R. 2 at [51]–[55]). In a departure from previous authority (which was justified by, among other things, the European Union's Charter of Fundamental Rights), the ECtHR held that art.7 entitled a defendant to the more lenient penalty in force at the time of his sentence, rather than the more severe one in force at the time of the commission of the offence (*Scoppola v Italy* (2010) 51 E.H.R.R. 12 at [93]–[109]). *Scoppola* did not prevent a judge from imposing a sentence of imprisonment for public protection just before such sentences were abolished as life imprisonment was plainly a sentencing option in light of the nature of the offences (*R. v Docherty (Shaun Kevin)* [2016] UKSC 62 at [45]–[47]; [53]–[55]). In *R v Knights* [2017] EWCA Crim 1052; [2017] 4 W.L.R. 215, the CA held there was no violation of art.7 where the defendant had been sentenced to imprisonment for public protection shortly before the introduction of new legislation which prevented the imposition of such a sentence.

13-070

Limited rights

The right to liberty and security of the person

Replace para.13-073 with:

13-073   The aim of these permitted exceptions is to prevent arbitrary detention.[198] Examples of arbitrary detention include where there has been an element of bad faith or deception in securing the detention; where either the order to detain or the execution of the detention do not genuinely conform to the purpose of the restrictions permitted by the relevant part of art.5(1); where there is no relationship between the ground of permitted detention in art.5(1) and the fact and conditions of detention; and where there is no proportionality between the ground of detention relied upon and the detention in question.[199] However, art.5 is only concerned with the deprivation of liberty rather than restrictions on freedom of movement.[200] The dividing line between the two is a question of degree and the court will take into account the type, duration, effects and manner of implementation of the measure in question.[201] The court will look at the reality of the situation and restrictions on art.5 may be found even if there is no legal power to enforce them.[201a]

---

[198] The UK was found to have breached art.5(1) in interning the applicant for three years in Iraq without charge (*Al-Jedda v United Kingdom* (2011) 53 E.H.R.R. 23 at [98]–[110]). The ECtHR rejected the argument that United Nations Security Council Resolution 1546 overrode art.5. See now, *Hassan v UK* (2014) 38 B.H.R.C. 358 in which the ECtHR acknowledged that art.5 must be interpreted and applied in a way which takes account of international humanitarian law and that this may supplement the grounds in art.5(1)(a)-(f). The crucial questions which determine the legality of detention in armed conflict are whether there is a legal basis for the detention and a means of challenging its lawfulness (*Mohammed v Secretary of State for Defence (No.2)* [2017] UKSC 2; [2017] 2 W.L.R. 327 at [63]).

[199] *James, Wells and Lee* (2013) 56 E.H.R.R. 12 at [192]–[195].

[200] The system of control orders under the Prevention of Terrorism Act 2005 was found (by a majority) to amount to a deprivation of liberty in *Secretary of State for the Home Department v JJ* [2007] UKHL 45 at [20]–[24] (Lord Bingham). The orders confined the claimants to their one-bedroom flats (which were subject to spot searches by the police) for 18 hours a day, required any visitors to be authorised by the Home Office and restricted them in the remaining six hours of the day to a limited urban area. *JJ* was distinguished in *Secretary of State for the Home Department v E* [2007] UKHL 47; [2008] 1 A.C. 499 at [11] (Lord Bingham) and [25] (Baroness Hale) where, analysing the core element of art.5 as confinement, the House of Lords held that the control order in that case (involving a 12-hour curfew and other restrictions) did not involve a deprivation of liberty. The existence of a condition in a control order which interfered with art.8 (in this case, that the claimant had to live 150 miles from London where his family was located) could be sufficient to cause a deprivation of liberty (*R. (on the application of AP) v Secretary of State for the Home Department* [2010] UKSC 24; [2011] 2 A.C. 1 at [13]–[19] (Lord Brown). In *R. (on the application of Gillan) v Commissioner of Police of the Metropolis* [2006] UKHL 12; [2006] 2 A.C. 307, the HL held that the stop and search provisions of the Terrorism Act 2000 did not constitute a deprivation of liberty. The ECtHR in *Gillan and Quinton v UK* (2010) 50 E.H.R.R. 45 at [56]-[7], held that the element of coercion in the use of the powers was indicative of deprivation of liberty, but did not decide the issue as it found for the applicants on art.8. In *Austin v Metropolitan Police Commissioner* [2009] UKHL 5; [2009] 1 A.C. 564 at [22]-[23] and at [34] (Lord Hope), the HL held that although art.5 is expressed in absolute terms, there remains scope to consider the purpose of any restriction and the need to balance individual and collective interests. As such, confining a group of protestors to a small area for a period of hours in order to preserve public order did not infringe art.5. The ECtHR in *Austin v the United Kingdom* (2012) 55 E.H.R.R. 14 at [52]-[60] approved the HL decision where the restriction on public movement was for the collective good, unavoidable as a result of circumstances beyond the control of the authorities, necessary to avert a real risk of serious injury or damage and kept to the minimum required for that purpose. In *Surrey County Council v P* [2014] UKSC 19; [2014] A.C. 896 at [45]-[50], the majority of the SC held that a deprivation of liberty must be assessed objectively: living arrangements that would amount to a deprivation of liberty in the case of a non-disabled person would also be a deprivation of liberty in the case of a disabled person (irrespective of the reasons for the deprivation or whether the person consented). In *R. (on the application of Roberts) v Commissioner of Police of the Metropolis* [2014] EWCA Civ 69; [2014] 1 W.L.R. 3299 at [10]-[13], the CA held that there was no deprivation of liberty under art.5 where the claimant was detained (at one point in handcuffs) in order for a police officer to search her under a stop and search authority granted under the Criminal Justice and Public Order Act 1994 s.60. The appellant unsuccessfully appealed to the SC in *R. (on the application of Roberts) v Commissioner of Police of the Metropolis* [2015] UKSC 79; [2016] 1 W.L.R. 210, not on the basis of art.5. Control orders were replaced with orders under the Terrorism Prevention and Investigation Measures Act 2011; on which, see *Mohamed*

v Secretary of State for the Home Department [2014] EWCA Civ 559; [2014] 1 W.L.R. 4240. Further amendments to this regime were made by Part 2 of the Counter-Terrorism and Security Act 2015.

[201] *Guzzardi v Italy* (1980) 3 E.H.R.R. 333 at [91]-[94]. The presence of an informal patient at a mental hospital (*HL v United Kingdom (Bournewood)* (2004) 40 E.H.R.R. 761 at [91]-[94]) was held to be a deprivation of liberty. The ECtHR held that detaining illegal immigrants in the transit zone of an international airport for over 10 days was a deprivation of liberty under art.5 (*Riad and Idiab v Belgium* (App. No.29787/03) (24 January 2008) at [78] (French text)). The court went on to hold that being forced to live in a public place without proper facilities also violated art.3: paras 104-108. The Mental Health Act 1983 should be construed in a way which permitted an interference with the fundamental right of liberty by the imposition of conditions on a patient's discharge by either the Secretary of State or the First-tier Tribunal (*Secretary of State for Justice v MM* [2018] UKSC 60; [2019] A.C. 712 at [31]). The SC declined to align the common law on false imprisonment with the ECHR definition of a deprivation of liberty in *R. (on the application of Jalloh) v Secretary of State for the Home Department* [2020] UKSC 4 at [34]. There was found to be no scope for the exercie of parental responsibility to consent to arrangements which involved a violation of art.5 in relation to their 16 or 17 year old child (*Re D (A Child)* [2019] UKSC 42; [2019] 1 W.L.R. 5403).

[201a] *J v Welsh Ministers* [2018] UKSC 66; [2019] 2 W.L.R. 82 at [17]-[18].

After "charge against him.", add n.201b:

[201b] In *R. (on the application of Lee-Hirons) v Secretary of State for Justice* [2016] UKSC 46; [2017] A.C. 52, the SC found a breach of art.5(2) where there was a delay of 12 days in informing the claimant of the reason for his recall to hospital on mental health grounds. Surprisingly, the Court did not award damages (despite the claimant's clear mental health problems) on the basis that the period of 12 precluded any inference of significant non-pecuniary injury (at [42]).

13-074

Replace para.13-075 with:

Article 5(4) provides that everyone who is deprived of his liberty by arrest or detention shall be entitled to take proceedings by which the lawfulness of his detention shall be decided speedily by a court and his release ordered if the detention is not lawful. Although the reference to a court does not necessarily require a traditional judicial body, any decision-maker must be independent of the executive.[204] What constitutes a speedy determination will depend on the circumstances. A prolonged period of detention will require a process to determine the lawfulness of the detention at reasonable intervals.[205] Article 5(5) entitles everyone who has been the victim of arrest or detention in contravention of art.5 to an enforceable right to compensation.[206] Article 5 also contains positive obligations.[207]

13-075

[204] *Benjamin and Wilson v United Kingdom* (2003) 36 E.H.R.R. 1 at [33]. The Mental Health Review Tribunal has been held to be sufficiently independent for art.5(4) and the Parole Board has not (*R. (on the application of Brooke) v Parole Board* [2008] EWCA Civ 29; [2008] 1 W.L.R. 1950 at [77]-[80] (Lord Phillips CJ)). The ECtHR upheld the use of closed evidence in terrorist cases so long as the open material was sufficiently specific to ensure that the applicant could properly instruct the special advocate appointed to represent him (*A v United Kingdom* (2009) 49 E.H.R.R. 29 at [217]-[224]). See further, *Secretary of State for the Home Department v AF (No.3)* [2009] UKHL 28; [2010] 2 A.C. 269 at [60]-[69] (Lord Phillips). In *R. (on the application of Osborn) v Parole Board* [2013] UKSC 61; [2014] A.C. 1115 at [81]-[96], the SC indicated that an oral hearing before the Parole Board as a matter of common law fairness and compliance with art.5(4) was likely to be necessary where: important facts or issues of mitigation were in dispute; the Board could not otherwise make an independent assessment of risk; face-to-face encounter with the Board was necessary to enable the prisoner's case to be put or tested effectively; or where, in light of the prisoner's representations, it would be unfair for the matter to be determined on paper. In *Sher v UK* (App. No. 5201/11) (20 October 2015), the ECtHR found no breach of art.5 where the applicants, Pakistani nationals, had been arrested and detained for 13 days without charge in connection with an anti-terrorism operation. The applicants complained of failure to disclose evidence in their detention review hearings, some of which were also held in private session. The ECtHR held that the threat of an imminent terrorist attack at the time of their detention justified the restrictions on the applicants' art.5 rights. Article 5(4) did not apply to a recall from release on licence of a determinate sentence prisoner because the relevant safeguards were incorporated in the original trial (*R. (on the application of Youngsam) v Parole Board* [2019] EWCA Civ 229; [2019] 3 W.L.R. 33 at [32]-[33]).

[205] See e.g. *T and V v United Kingdom* (1999) 30 E.H.R.R. 121 at [119]–[121] concerning the imprisonment of the juvenile murderers of Jamie Bulger and *R. (on the application of MH) v Secretary of State for Health* [2005] UKHL 60; [2006] 1 A.C. 441 at [17] (Baroness Hale) in which the inherent changeability of mental disorders made it essential that reviews of detention should take place at reasonable intervals. In *James* [2009] UKHL 22; [2010] 1 A.C. 553, at [21] (Lord Hope) and [60] (Lord Brown),

the House of Lords held that art.5(4) is concerned exclusively with procedure. The SC has held that routine delays in referring prisoners' cases to the Parole Board may cause a breach of art.5(4) (*R. (on the application of Faulkner) v Secretary of State for Justice* [2013] UKSC 23; [2013] 2 A.C. 254. A majority of the House of Lords upheld the power of the Secretary of State to depart from the Parole Board's recommendation for release at the half-way stage of a determinate sentence against a challenge based on art.5(4) (*R. (on the application of Black) v Secretary of State for Justice* [2009] UKHL 1; [2009] 1 A.C. 949 at [78]–[85] (Lord Brown)). In *Betteridge v UK* (2013) 57 E.H.R.R. 7, the ECtHR held that a delay in the applicant's Parole Board review breached art.5(4) and awarded £750 for nonpecuniary damage arising from feelings of frustration at the delay of just over a year.

[206] HRA s.9(3) as originally enacted made a limited exception to the principle that damages are not available against the decision of a court to accommodate this requirement. As a result of the decision of the ECtHR in *Hammerton v UK* (App no. 6287/10, 17 March 2016), s.9 has been further amended to permit a claim for damages in relation to a judicial act which is incompatible with art.6 in circumstances where a person would not have been detained but for the judicial act or would not have been detained for so long (The Human Rights Act 1998 (Remedial) Order 2019, substituting a new HRA s.9(3)).

[207] The positive obligation extends to taking reasonable steps to protect the vulnerable from non-state actors where the authorities are, or ought to be, aware of the risk of a deprivation of liberty (*Storck v Germany* (2006) 43 E.H.R.R. 6 at [100]–[108]). The SC in *Brown v Parole Board for Scotland* [2017] UKSC 69; [2017] 3 W.L.R. 1373 departed from its own recent decision in *R. (on the application of Kaiyam) v Secretary of State for Justice* [2014] UKSC 66; [2015] A.C. 1344 to align domestic law with the ECtHR's decision in *James, Wells and Lee v UK* (2013) 56 E.H.R.R. 12 (see fn.193). The SC affirmed that, in line with the Strasbourg jurisprudence, any failure to provide prisoners sentenced to life imprisonment or who were detained for public protection with a real opportunity for rehabilitation had to meet a high threshold before rendering the detention arbitrary and a breach of art.5 (at [38]-[45]). However, the Court also held that the SC held that prisoners sentenced to an indeterminate life sentence suffered a breach of the implied duty under art.5 that they should be provided with opportunities to rehabilitate themselves and hence demonstrate that they no longer posed a risk to the public. The sums awarded were very modest: £500-600 for a year's delay. In *R. (on the application of Hussain) v Secretary of State for Justice* [2017] EWCA Civ 1074; [2017] 1 W.L.R. 3748, the CA emphasised that any alleged breach of the duty should be considered in the round and not as a snapshot at a given point in the course of detention. The state has an investigative duty in relation to detainees who have disappeared, but not more generally (*Al-Saadoon v Secretary of State for Defence* [2016] EWCA Civ 811; [2017] Q.B. 1015 at [162]–[170]).

Qualified rights

Prescribed by law

Replace para.13-082 with:

13-082   The requirement that a limitation is prescribed by law is a fundamental aspect of the rule of law or the principle of legality. It has three main elements: that the public authority should be able to point to legal authority for any interference, that the legal authority must be reasonably accessible to the individual and that it must be sufficiently certain that the individual can foresee the likelihood of State intervention.[221] Where there is no legal basis for an interference, the claimant will necessarily succeed under the ECHR.[222] However, such challenges are relatively rare since if there is no domestic law justifying the public authority's actions, the individual will normally have a remedy without relying on their Convention rights. Where a public authority relies on guidance which does not itself have the status of law, such guidance must be adequately supported by statutory authority.[223]

[221] *Sunday Times v United Kingdom* (1979) 2 E.H.R.R. 245 at [46]–[53] (where the common law of contempt of court passed the test) and *Malone v United Kingdom* (1984) 7 E.H.R.R. 14 at [68]–[80] (where the informal system for authorising telephone tapping did not). These requirements were satisfied domestically by the law on official secrets: *R. v Shayler* [2002] UKHL 11; [2003] 1 A.C. 247 at [56] (Lord Hope). In *Liberty v United Kingdom* [2009] 48 E.H.R.R. 1 at [64]–[70], the ECtHR held that the provisions (which were neither legislative nor made public) used to justify the interception of communications from a number of groups between 1990 and 1997 were not in accordance with the law and in breach of art.8. See further, *R. (on the application of Purdy) v Director of Public Prosecutions* [2009] UKHL 45; [2009] 1 Cr.App.R. 32. In *Gillan v United Kingdom* (2010) 50 E.H.R.R. 45 at [76]–[87], the police discretion to stop and search was too broad to be in accordance with the law. In *R. (on the application of Catt) v Association of Chief Police Officers of England, Wales and Northern Ireland* [2015] UKSC 9; [2015] A.C. 1065 at [11]–[13], the SC held that retaining information on a "domestic extremism" database maintained by the National Public Order Intelligence Unit and supervised by the first

defendant was in accordance with the law for the purposes of art.8 although it lacked any statutory basis as it was subject to the provisions of the Data Protection Act 1998 and administrative codes issued under the Police Act 1996. The ECtHR disagreed finding that there was no justification for the retention of the relevant data (Catt v UK (2019) 69 E.H.R.R. 7). In *R. (on the application of Butt) v Secretary of State for the Home Department* [2019] EWCA Civ 256; [2019] 1 W.L.R. 3873 at [73]-[78], unlike *Catt*, it was held there was no interference with the claimant's art.8 as the claimant had voluntarily engaged in public debate on issues of religion, politics and morals. In *R. (on the application of Roberts) v Commissioner of Police of the Metropolis* [2015] UKSC 79; [2016] 1 W.L.R. 210 at [42]-[48], the SC held that the power of stop and search under the Criminal Justice and Public Order Act 1994 s.60, was in accordance with the law for the purposes of art.8. The power had to be exercised lawfully and in accordance with s.6(1) HRA, the Equality Act 2010, the Police and Criminal Evidence Act 1984 and the Force's Standard Operating Procedures, all of which provided safeguards enabling the proportionality of the interference to be adequately examined. In contrast, in *Christian Institute v Lord Advocate* [2016] UKSC 51; 2016 S.L.T. 805 at [79]-[85], the provisions of Pt 4 of the Children and Young People (Scotland) Act 2014 which created the "named person scheme" for all children was not in accordance with the law. In *Cumhuriyet Halk Partisi v Turkey* (App. No. 19920/13) (26 July 2016) at [106]-[107], the ECtHR found that the imposition of financial sanctions on the applicant, the largest opposition party in Turkey, was an interference with its rights under art.11. A lack of foreseeability of the applicable law on political expenditure and absence of guidance on sanctions meant that the interference was not prescribed by law. The CA found that there was an insufficient legal basis for South Wales Police's use of a facial recognition tool which left too much discretion to the individual police officer in relation to who could be placed on a watchlist and where the tool could be deployed (*R. (on the application of Bridges) v Chief Constable of South Wales Police* [2020] EWCA Civ 1058 at [90]-[96]).

[222] *Halford v United Kingdom* (1997) 24 E.H.R.R. 523 at [61]-[63]. In *K v United Kingdom* (2010) 51 E.H.R.R. 14 at [75]-[80], the ECtHR held that a hospital's decision to take blood samples and intimate photographs of a child thought to be the victim of sexual abuse without her parents' consent was not in accordance with the law and breached art.8. The same result was reached in *Elberte v Latvia* (2015) 61 E.H.R.R. 7 (concerning the removal of tissue from the applicant's deceased husband's body without her consent). A violation of art.3 was also found.

[223] See e.g. *R. (on the application of Munjaz) v Mersey Care NHS Trust* [2005] UKHL 58; [2006] 2 A.C. 148 at [127] (the dissent of Lord Brown concerning the use of a code of practice to regulate the seclusion of mental patients).

The right to respect for private and family life

Replace quote with:

"As the Court has had previous occasion to remark, the concept of 'private life' is a broad term not susceptible to exhaustive definition. It covers the physical and psychological integrity of a person.[232] It can sometimes embrace aspects of an individual's physical and social identity. Elements such as, for example, gender identification, name and sexual orientation and sexual life fall within the personal sphere protected by art.8. Article 8 also protects a right to personal development, and the right to establish and develop relationships with other human beings and the outside world. Although no previous case has established as such any right to self-determination as being contained in art.8 of the ECHR, the Court considers that the notion of personal autonomy is an important principle underlying the interpretation of its guarantees."[233]

13-085

[232] Article 8 includes the protection of reputation (*Guardian News and Media Ltd* [2010] UKSC 1; [2010] 2 A.C. 697 at [37]-[42] (Lord Rodger), explaining the ECtHR's decision in *Karako v Hungary* (2011) 52 E.H.R.R. 36 at [22]-[28], which appeared to distinguish between the right to personal integrity (which is protected by art.8) and the right to reputation. The Defamation Act 2013 came into force on 25 April 2013. In *Khuja v Times Newspaper* [2017] UKSC 49; [2017] 3 W.L.R. 351, freedom of the press (art.10) outweighed art.8. There, the claimant failed to obtain an interim non-disclosure order which would prevent the respondent newspaper reporting his arrest (but not charge) for sex offences against children. See fn.242.

[233] *Pretty v United Kingdom* (2002) 35 E.H.R.R. 1 at [61]. A majority of the SC (Baroness Hale and Lord Kerr dissenting) rejected a challenge to the blanket ban on assisted suicide on the basis of art.8 in *R. (Nicklinson) v Ministry of Justice* [2014] UKSC 38; [2015] A.C. 657. An application to the ECtHR by the same individuals was ruled inadmissible: [2015] ECHR 709 (16 July 2015). In *R. (on the application of Conway) v Secretary of State for Justice* [2018] EWCA Civ 1431, the CA distinguished *Nicklinson* on the facts (since *Nicklinson* concerned long-term suffering rather than those who are within six months of death as a result of terminal illness) and because of the different context (since there was a Bill before Parliament at the time of *Nicklinson*). However, the Court of Appeal still considered assisted dying to be an issue which fell within the institutional and democratic competence of Parliament.

Replace para.13-086 with:

13-086 Private life has been held to extend to business relationships and environmental issues such as noise or pollution may give rise to a claim.[234] Article 8 may even provide some protection in what may appear to be public places if the individual has a reasonable expectation of privacy there.[235] Family life is also broadly defined and extends beyond formal relationships and covers de facto couples, illegitimate or adopted children and the extended family.[236] The definition of home is broad, but requires the existence of sufficient and continuous links. There is no right to a choice of a particular home.[237] Correspondence extends beyond more traditional written forms of communication.[238] Article 8 also imposes positive obligations on the State which may give rise to liability arising from the acts of private individuals.[239]

[234] *Niemietz v Germany* (1993) 16 E.H.R.R. 97 at [29]-[33] (a search of a lawyer's offices) and *Hatton v United Kingdom* (2002) 34 E.H.R.R. 1 at [107] (noise pollution from night flights over houses). See also *Dubetska v Ukraine* (2015) 61 E.H.R.R.11 (a factory and mine causing subsidence). The House of Lords rejected a challenge to the hunting ban on the basis that it was fundamentally a public activity (*R. (on the application of Countryside Alliance) v Attorney General* [2008] UKHL 52; [2008] 1 A.C. 719 at [15] (Lord Bingham), [54]-[55] (Lord Hope), [90]-[100] (Lord Rodger), [115]-[116] (Baroness Hale) and [137]-[141] (Lord Brown)). The ECtHR affirmed that the ban did not constitute an interference with art.8 on the basis of its "essentially public nature" in *Countryside Alliance v United Kingdom* (2010) 50 E.H.R.R. SE6 at [40]-[46]. The House of Lords held that art.8 may be engaged by being placed on a provisional list of carers considered unsuitable to work with vulnerable adults given its effect on livelihood (*Wright* [2009] UKHL 3; [2009] 1 A.C. 739). See *R. (on the application of G) v Nottinghamshire Healthcare NHS Trust* [2009] EWCA Civ 795 at [46]-[51] (art.8 was not engaged by a smoking ban inside and outside a high security psychiatric institution given the expectations of privacy in such accommodation and given that smoking was not sufficiently integral to a person's identity to engage art.8). Cellular confinement without association with other prisoners for 10-16 days may interfere with art.8 (*R. (on the application of King) v Secretary of state for Justice* [2010] EWHC 2522 (Admin); [2011] 1 W.L.R. 2667 at [114] (Pitchford LJ). The SC agreed that the latter was unlawful (reversing the CA's decision) but decided the case on the basis that the segregation had not been authorised by the relevant legislation. The SC decision is *R. (on the application of King) v Secretary of State for Justice* [2015] UKSC 54; [2016] A.C. 384. Further examples of situations in which art.8 may be engaged include: long-lasting and severe restrictions on a prisoner's ability to receive prison visits (*Khoroshenko v Russia* (App. No. 41418/04) (30 June 2015) at [148]); the manner in which criminal proceedings are conducted (*Y v Slovenia* (2016) 62 E.H.R.R. 3, in which during criminal proceedings for sexual assault the alleged victim was subjected to lengthy and traumatic cross-examination by the alleged perpetrator); the requirement for an individual wishing to undergo sex reassignment surgery to first obtain a court authorisation which would only be granted where the individual had undergone sterilisation (*YY v Turkey* (App. No. 14793/08) (10 March 2015)); the failure of the state to provide information about the fate of a baby who died in a state-run medical centre (*Jovanovic v Serbia* (2015) 61 EHRR 3 at [74]-[75]); the failure to provide legal aid in certain immigration cases (*R. (on the application of Gudanaviciene) v Director of Legal Aid Casework* [2014] EWCA Civ 1622; [2015] 1 W.L.R. 2247); the failure of the state properly to investigate allegations of racially motivated abuse (*RB v Hungary* (2017) 64 E.H.R.R. 25; and a prison policy implementing an absolute prohibition on growing a beard where the state failed to demonstrate a pressing social need or any justification based on hygiene or the need to identify prisoners (*Biržietis v Lithuania* (App. No. 49304/09) (14 June 2016)). In *R. (on the application of JK) v Registrar General for England and Wales* [2015] EWHC 990 (Admin), it was held that the UK's birth registration scheme did not breach arts 8 or 14 by requiring men who had changed gender from male to female to be listed as the "father" on the birth certificates of their biological children. There is no breach of art.8 in prosecuting someone for possessing an identity card relating to someone else with the intention of passing oneself off as the other person (*SXH v Crown Prosecution Service* [2017] UKSC 30; [2017] 1 W.L.R. 1401). There was no interference with the claimant's art.8 rights in the application of the Prevent Duty Guidance to him since he had entered into public debate on the relevant matters (*R. (on the application of Butt) v Secretary of State for the Home Department* [2019] EWCA Civ 256; [2019] 14 W.L.R. 3873 at [73]-[78]. The Department of Work and Pensions had not breached art.8, by retaining information concerning gender reassignment of its customers. The Department had a legitimate aim in keeping the information as they needed it to calculate state retirement pensions and had put in place safeguards which restricted access to the records of customers who required extra protection (*R. (on the application of C) v Secretary of State for Work and Pensions* [2017] UKSC 72; [2017] 1 W.L.R. 4127).

[235] A public figure may therefore be protected from press intrusion while engaged in everyday activities (such as shopping or fetching their children from school): *Von Hannover v Germany* (2005) 40 E.H.R.R. 1 at [61]-[69]. *Murray v Express Newspapers Plc* [2008] EWCA Civ 446; [2009] Ch. 481 at [45]-[61] (Sir Anthony Clarke MR) involved a domestic application of the *Von Hannover* principle in a claim for damages arising from photographs of Mrs Murray's (the author J.K. Rowling's) two-year old son in the street. See further, M. Warby, N. Moreham and I. Christie, *The Law of Privacy and the*

Media (2011) and, for a comparative perspective, M. Colvin (ed), *Developing Key Privacy Rights: The Impact of the Human Rights Act 1998* (2002). Article 8 was breached by the release of CCTV footage taken in the street of a man attempting suicide (*Peck v United Kingdom* (2003) 36 E.H.R.R. 41 at [62]-[87]) and a police search of the person and their belongings in public was a clear interference with art.8 in *Gillan and Quinton* (2010) 50 E.H.R.R. 45 at [61]-[65]. In *Re JR38's Application for Judicial Review* [2015] UKSC 42; [2016] A.C. 1131, the SC found that publication by the police of images of a 14-year-old boy committing public order offences did not violate his art.8 rights as he could not have had a reasonable expectation that photographs of him committing the offences would not be published. Opinion was divided as to whether art.8(1) was engaged at all. Participation in politics has been held to be a matter of public life, to which art.8 can have only limited application: *Misick v United Kingdom* (2013) 56 E.H.R.R. SE13 at [29]. There, the applicant claimed his removal as the elected representative of the North Caicos East constituency violated his art.8 right to respect for his private life. The application was declared inadmissible in the absence of any evidence of an encroachment on the applicant's private life or privacy. In *Weller v Associated Newspapers Ltd* [2015] EWCA Civ 1176; [2016] 1 W.L.R. 1541, the CA found that publication of photographs taken in California of the children of a British celebrity by an English newspaper breached the children's art.8 rights, and that the family had a reasonable expectation of privacy notwithstanding that publication of the photographs would have been lawful under Californian law.

[236] *Kroon v Netherlands* (1994) 19 E.H.R.R. 263 at [30] (de facto relationships) and *Marckx v Belgium* (1979) 2 E.H.R.R. 330 at [31] (illegitimate children). The ECtHR has traditionally been less willing to acknowledge homosexual relationships as constituting family (as opposed to private) life. This may be changing (see *Goodwin*, (2002) 35 E.H.R.R. 18). See *EB v France* (2008) 47 E.H.R.R. 21. The SC struck down an amendment to the Immigration Rules 2004 which provided that a marriage visa would not usually be granted unless both parties were over 21 years of age (*R. (on the application of Quila) v Secretary of State for the Home Department* [2011] UKSC 45; [2012] 1 A.C. 621 at [44]-[59] (Lord Wilson). See *Vallianatos v Greece* (2014) 59 E.H.R.R. 12 and *Oliari v Italy* (2015) 40 B.H.R.C. 549 at [178] and [185]-[187] on the ECtHR's developing recognition of same-sex relationships. In *R. (on the application of Bright) v Secretary of State for Justice* [2014] EWCA Civ 1628; [2015] 1 W.L.R. 723, the CA held that the decision to separate prisoners who were in long-term, same-sex relationships with fellow prisoners had not breached their art.8 rights. The ECtHR held that there had been no breach of art.8 in a case in which a child was removed from a couple who had entered into an (illegal) commercial surrogacy arrangement. The court held that the couple had no family life with the 9 month old baby and that their rights to a private life were overridden by the need to avoid condoning a breach of the criminal law (*Paradiso and Campanelli v Italy* (2017) 65 E.H.R.R. 2). In *R. (on the application of MM (Lebanon)) v Secretary of State for the Home Department* [2017] UKSC 10; [2017] 1 W.L.R. 771 at [56]-[61], the SC upheld the requirements of the Immigration Rules which imposed minimum income requirements on those with the right to live in the United Kingdom who wished to bring their spouses who were non-EEA citizens to this country against a general challenge (although the interests of children could give rise to a breach). The positive obligations imposed on a state by art.8 are also frequently cited in cases concerning the Hague Convention on the Civil Aspects of International Child Abduction. In an important decision, the HC of Northern Ireland held that the criminal prohibition on abortion violated art.8 in relation to fatal foetal abnormalities at any time and pregnancies resulting from rape and sexual assault up to the date of viability, and issued a declaration of incompatibility (*Re Northern Ireland Human Rights Commission's Application for Judicial Review* [2015] NIQB 96 at [160]-[166]).

[237] *Buckley v United Kingdom* (1996) 23 E.H.R.R. 101 at [84]. The court must be able to consider art.8 issues in a possession case (although art.8 is unlikely to be decisive): *Pinnock v Manchester City Council* [2011] UKSC 6; [2011] 2 A.C. 104 at [61]-[64] (Lord Neuberger) and *LB of Hounslow v Powell* [2011] UKSC 8; [2011] 2 A.C. 186 at [33]-[43]. See also *R. (on the application of N) v Lewisham LBC* [2014] UKSC 62; [2015] A.C. 1259 (eviction from temporary accommodation under the Housing Act 1996 s.188 did not breach art.8) and *R. (on the application of SG) v Secretary of State for Work and Pensions* [2015] UKSC 16; [2015] 1 W.L.R. 1449 at [139] (in which Lord Hughes held that the art.8 rights of children were not infringed by the benefit cap scheme introduced by the Benefit Cap (Housing Benefit) Regulations 2012: "elastic as that article has undoubtedly proved, it does not extend to requiring the state to provide benefits, still less benefits calculated simply according to need, nor does it require the state to provide a home". Nor was there a violation of art.14 read with art.1 of the First Protocol).

[238] A reasonable expectation of privacy may extend to telephone calls, emails and internet usage at work if the employer has given no indication that such usage may be monitored (*Copland v United Kingdom* (2007) 45 E.H.R.R. 37 at [41]-[42]). The defendant has no reasonable expectation of privacy where he sought to challenge the admission of evidence from a "paedophile hunter" group in his criminal trial (*Sutherland v Her Majesty's Advocate* [2020] UKSC 32). The ECtHR differed strongly from the House of Lords in holding that the indeterminate retention of fingerprints, DNA profiles and cellular samples from those arrested (even if subsequently acquitted) and which bore no relation to the gravity of the offence or the individual's age at the time of their arrest was disproportionate (*S and Marper v UK* (2009) E.H.R.R. 50 at [105]-[125]). In *Gaughran v UK* (App no. 45245/15, 13 June 2020), the ECtHR held that the indefinite retention of DNA samples and photographs of those convicted of a criminal offence (even if not serious) was disproportionate in the absence of meaningful review. The issue is now addressed in the Protection of Freedom Act 2012. In ordinary circumstances, merely taking a photograph of an individual in a public place would not engage art.8, but where the police did so and retained it in relation to an individual with no criminal record who was not suspected of committing a criminal of-

fence, art.8 was breached (*R. (on the application of Wood) v Commissioner of Police of the Metropolis* [2009] EWCA Civ 414; [2010] 1 W.L.R. 123 at [82]-[90] (Dyson LJ)). Retention of photographs taken on arrest where there is no subsequent conviction also breaches art.8 (*R. (on the application of RMC and FJ) v Commissioner of Police of the Metropolis* [2012] EWHC 1681 (Admin) at [54]-[5], (Richards LJ)). The CA found a breach of Article 8 in the use by South Wales Police of a facial recognition tool which lacked a sufficient legal framework and was hence not in accordance with the law (*R. (on the application of Bridges) v Chief Constable of South Wales Police* [2020] EWCA Civ 1058). Had there been a sufficient legal basis, the Court would not have found the use of the technology to be a disproportionate way of fighting crime. The provisions of the Regulation of Investigatory Powers Act 2000 which permitted covert surveillance of those arrested in breach of their rights to legal professional privilege violated art.8 and a declaration of incompatibility was made (*McE v Prison Service of Northern Ireland* [2009] UKHL 15; [2009] 1 A.C. 908 at [96]-[105] (Lord Carswell)). In *R. (on the application of T) v Chief Constable of Greater Manchester Police* [2014] UKSC 35; [2015] A.C. 49, the SC held that provisions in Pt V of the Police Act 1997 concerning the disclosure of enhanced criminal record certificates, including records of privately issued police cautions, constitute an aspect of the private life of the recipient and so engage art.8. The SC held that the provisions breached the requirements in art.8(2) since the cumulative effect of the failure to draw distinctions based on: the nature of the offence; the disposal of the case; the time elapsed since the offence took place; the relevance of the offence to the employment sought; and the absence of any independent review of the decision to disclose was that the provisions were not in accordance with the law (at [113]-[114], [119] and [158]). The SC also held that the provisions bore no rational connection to the assessment of the risks posed by those wishing to work with children or the elderly and were therefore not necessary in a democratic society (at [121], [158]). The amended scheme remained in breach of of art.8 because the multiple convictions rule which was disproportionate since it took no account of the nature, similarity, number or time interval of offences (*Re Gallagher's Application for Judicial Review* [2019] UKSC 3; [2019] 2 W.L.R. 509. The SC held that the powers to detain and question those suspected of involvement in terrorism contained in Sch.7 to the Terrorism Act 2000 do not violate art.8 as it contained sufficient safeguards to avoid arbitrary application (*Beghal v Director of Public Prosecutions* [2015] UKSC 49; [2016] A.C. 88 at [52]-[56]). The ECtHR disagreed, finding the powers to be too broad and subject to inadequate safeguards in Beghal v UK (App. No.4755/16) (28 February 2019). As such, the restrictions were not in accordance with the law. In *Re Gaughran's Application for Judicial Review* [2015] UKSC 29; [2016] A.C. 345 at [44]-[49,] the SC held that the indefinite retention of the DNA profiles (not samples) of those who had been convicted of recordable offences was proportionate and justified under art.8(2). The case was distinguished from *S and Marper v the UK* (2008) 48 E.H.R.R. 50. In *R. (on the application of Catt) v Association of Chief Police Officers of England, Wales and Northern Ireland* [2015] UKSC 9; [2015] A.C. 1065 at [33]-[35], the indefinite retention of records of an elderly man's non-violent participation in demonstrations organised by an extremist protest group was held to be proportionate. The ECtHR disagreed, in part because the case involved data about the political opinions of applicant which were entitled to a high degree of protection (*Catt v UK* (1019) 69 E.H.R.R. 7 at [126]-[129]). The ECtHR held that the absence of adequate safeguards rendered the right to intercept communications in bulk in the Regulation of Investigatory Powers Act 2000 in breach of art.8 (Big Brother Watch v UK (App. No.58170/13) (13 September 2018)). See *Secretary of State for the Home Department v Davis* [2015] EWCA Civ 1185; [2017] 1 All E.R. 62 at [110] for consideration of data retention under EU law and the "more extensive protection" provided by the Charter of Fundamental Rights of European Union arts 7 and 8 compared to art.8 of the Convention.

[239] In *Von Hannover* (2005) 40 E.H.R.R. 1, the state was liable because its law provided insufficient protection from intrusion by the media. The ECtHR held that the state had failed to provide sufficient protection for the applicant's reputation where national proceedings against the editor of a newspaper which had accused the applicant of hounding a pro-Nazi professor to death failed on the basis of fair comment (*Pfeifer v Austria* (2009) 48 E.H.R.R. 8 at [37]-[48]). This decision may require domestic courts to extend the scope of protection for reputation provided by the current law of defamation. Norway's failure to provide information about the damaging effects of decompression on divers amounted to a breach of art.8 (*Vilnes v Norway* (2013) 36 B.H.R.C. 297 at [233]-[245]).

Replace para.13-087 with:

13-087 The breadth of this definition means that most cases are resolved at the second stage of justification. Since domestic law contained no right to privacy before the HRA,[240] art.8 has been a focus of litigation since 2000.[241] Where the right to privacy comes into potential conflict with the right to freedom of expression (or, more specifically, freedom of the press), the court will engage in a balancing exercise on the facts with no priority accorded to the rights on either side of the balance.[242] It has often been invoked in the context of immigration decisions.[243] Domestic courts have used art.8 to develop a right not to be subject to offensive disclosures and to replace the protective jurisdiction of the Family Division over children's right to privacy.[245]

[240] *Wainwright v Home Office* [2003] UKHL 53; [2004] 2 A.C. 406 (a strip search in breach of the Prison Rules on two visitors gave rise to no cause of action in English law). The ECtHR unsurprisingly found a violation of art.8 (*Wainwright v United Kingdom* (2007) 44 E.H.R.R. 40 at [46]-[49]).

[241] It has been invoked in relation to decisions to dismiss employees for sexual activity outside the workplace (*X v Y (Unfair Dismissal)* [2004] EWCA Civ 662; [2004] I.C.R. 1634 at [51] (Mummery LJ, no interference since the activity was found to take place in public)). In *Pay v United Kingdom* (2009) 48 E.H.R.R. SE2, the ECtHR rejected as inadmissible the applicant's claim that his dismissal for taking part in bondage-domination-sado-masochistic floor shows in private clubs was a breach of art.8. The ECtHR did not express a concluded view on whether the activities fell within art.8. In *Mosley v News Group Newspapers Ltd* [2008] EWHC 1777 (QB); [2008] E.M.L.R. 20 at [98]-[109] (Eady J), mild BDSM activities were held to fall within art.8 even when paid for and when they involved a number of participants. Mr Mosley was awarded substantial damages. Dissatisfied with this, Mr Mosley argued in Strasbourg that the UK was required to introduce a rule that newspapers would have to notify an individual that it was proposing to publish private information before doing so. The ECtHR held that art.8 carried no such obligation and that the availability of damages was generally sufficient given the need to balance art.8 against freedom of the press (*Mosley v United Kingdom* (2011) 53 E.H.R.R. 30 at [117]-[132]). Freedom of the press also outweighed the art.8 interests in anonymity of suspected terrorists whose assets had been frozen in *Re Guardian News and Media Ltd* [2010] UKSC 1; [2010] 2 A.C. 697 at [63]-[75] (Lord Rodger). On anonymity more generally, see *JIH*, fn.146 above. *Re A (A Child)* [2012] UKSC 60; [2013] 2 A.C. 66 at [33]-[35] involved a successful claim that a child's rights to be protected from a potentially abusive parent outweighed the other parties' rights to anonymity. In *X (A Child) v Dartford & Gravesham NHS Trust* [2015] EWCA Civ 96; [2015] 1 W.L.R. 3647, the CA gave guidance as to the granting of anonymity orders where the court approves the settlement of personal injury damages. Unless it is judged unnecessary, an order should normally be made without the need for a formal application (though the press should first be permitted to make submissions). In *McDonald v UK* (2015) 60 E.H.R.R. 1 at [53]-[58], the ECtHR found that the decision to reduce the amount allocated for Ms McDonald's care did interfere with her art.8 rights since it required her to wear incontinence pads at night when she was not incontinent and had previously been assisted to use the lavatory by a night-time carer. However, the ECtHR found the interference to be necessary in the field of allocating scarce welfare resources and to have appropriately balanced her needs against the interests of the wider community.

[242] *Khuja v Times Newspapers Ltd* [2017] UKSC 49; [2017] 3 W.L.R. 351 at [23] (Lord Sumption). In that case, as majority of the SC held that Mr Khuja was not entitled to an injunction preventing his name from being reported in relation to child exploitation proceedings in which he had been arrested but never charged. The SC relied on the common law's strong commitment to open reporting of legal proceedings and the public's awareness that arrest did not connote guilt (at [34]-[35]).

[243] Immigration authorities are required to take account of the impact of a proposed removal on the individual concerned and their family (usually a spouse or minor child) (*Beoku-Betts v Secretary of State for the Home Department* [2008] UKHL 39; [2009] 1 A.C. 115 at [41]-[44] (Lord Brown)). Where the deportation of parents will entail the removal of a child, the child's best interests must be a primary consideration (*ZH (Tanzania) v Secretary of State for the Home Department* [2011] UKSC 4; [2011] 2 A.C. 166 at [30]-[33] (Baroness Hale)). In *EM (Lebanon) v Secretary of State for the Home Department* [2008] UKHL 64; [2009] 1 A.C. 1198 at [7]-[18] (Lord Hope), the HL found that there would be flagrant breach of art.8 in the exceptional circumstances of the case if the claimant were returned to Lebanon where, under Sharia law, her son would be handed over to his abusive father who he had never met. Exceptional circumstances are required under art.8 to outweigh the general public interest in extradition: *Norris v Government of the United States of America* [2010] UKSC 9; [2010] 2 A.C. 487 at [56] (Lord Phillips) and *H(H) v Deputy Prosecutor of the Italian Republic, Genoa* [2012] UKSC 25; [2013] 1 A.C. 338 at [67]-[79]. See fn.175 above. In *Jeunesse v Netherlands* (2015) 60 E.H.R.R. 17, the Grand Chamber noted that where family life is created in the knowledge of precarious immigration status, only in exceptional circumstances will removal of a non-national family member violate art.8. However, such exceptional circumstances did, on the facts, exist: all members of the applicant's family with the exception of herself were Netherlands nationals; the applicant had been in the Netherlands for more than 16 years and had no criminal record; although there would apparently be no insurmountable obstacles for the family to settle in Suriname, it was likely that the applicant and her family would experience a degree of hardship if they were forced to do so; and the best interests of the children were of paramount importance and were not served by disrupting their present circumstances. In the UK, "Appendix FM" to the Immigration Rules purports to establish a "complete code" for the court's assessment of art.8 claims under the Rules and requires that there should be exceptional circumstances for art.8 to outweigh the public interest in deporting foreign criminals. *Ali v Secretary of State for the Home Department* [2016] UKSC 60; [2016] 1 W.L.R. 4799 decides that the decision-maker should attach considerable weight to the manner in which the Rules had struck the balance between the competing interests. In *R. (MA (Pakistan)) v Upper Tribunal (Immigration and Asylum Chamber)* [2016] EWCA Civ 705; [2016] 1 W.L.R. 5093, the CA held that when assessing the best interests of a child in the context of an art.8 evaluation, the court is not obliged to start by considering the child's best interests, but must nevertheless treat them as a primary consideration. See *Kiarie* [2017] UKSC 42; [2017] 1 W.L.R. 2380 on out of country appeal rights. The SC rejected a challenge to the immigration rule which requires a foreign spouse of a British citizen to produce a certificate of knowledge of English prior to entry, although noting that breaches could occur in individual cases (*R. (on the application of Bibi) v*

Secretary of State for the Home Department [2015] UKSC 68; [2015] 1 W.L.R. 5055). It was lawful to deprive the applicant of his British citizenship and deport him on the basis of his activities with Al-Shabaab (*K2 v United Kingdom* (2017) 64 E.H.R.R. SE18).

[245] The model Naomi Campbell's art.8 rights were violated by photographs of her leaving a meeting of Narcotics Anonymous: *Campbell v MGN Ltd* [2004] UKHL 22; [2004] 2 A.C. 457 at [116]-[118] (Lord Hope) and [149]-[157] (Baroness Hale). Domestic relief was founded on the cause of action in breach of confidence based on the misuse of private information. N. Moreham, "Privacy in Public Places" [2006] C.L.J. 606. See further, *Re S (A Child)* [2004] UKHL 47; [2005] 1 A.C. 593 at [15]-[17] (Lord Steyn). On the relevance of breach of confidence in an action based on non-disclosure agreements, see *ABC v Telegraph Media Group Ltd* [2018] EWCA Civ 2329.

Freedom of thought, conscience and religion

Replace para.13-089 with:

13-089 The existence of an established church does not violate art.9, but the State's responsibility is generally to hold the ring and permit a variety of religions to be practised. The State should not impose severe disadvantage on the individual in order to encourage support for a particular belief.[248] Restrictions on this right must fulfil the standard criteria for limiting qualified Convention rights and generally require evidence that the State has sought to strike a fair balance between the competing interests.[249]

[248] Requiring a member of parliament to swear on the gospel in order to retain his seat was a breach of art.9 (*Buscarini v San Marino* (2000) 30 E.H.R.R. 208 at [34]-[41]). This level of severity was not reached by requiring lower test scores for Catholics than Protestants in order to enter the Northern Ireland Police Service (*Re Parson's Application for Judicial Review* [2004] N.I. 38). The House of Lords upheld a decision not to exempt certain buildings owned by the Mormon Church from business rates on the ground that they were not open to the public (*Gallagher (Valuation Officer) v Church of Jesus Christ of the Latter-Day Saints* [2008] UKHL 56; [2008] 1 W.L.R. 1852 at [12] (Lord Hoffmann)). The requirement that the building be open to the public was of general application and did not prevent the members of the church from manifesting their religion. The ECtHR found no violation of art.9 in *Church of Jesus Christ of Latter-Day Saints v UK* (2014) 59 E.H.R.R. 18. The SC powerfully emphasised that the right to freedom of thought and opinion must extend to the right not to express support for a particular view in *RT (Zimbabwe) v Secretary of State for the Home Department* [2012] UKSC 38; [2013] 1 A.C. 152 at [25]-[52].

[249] For example, between a Muslim teacher's desire for time off to attend Friday prayers and the state's need to organise the school curriculum efficiently (*Ahmad v United Kingdom* (1981) 4 E.H.R.R. 126 at [11]-[19]). Restrictions on wearing headscarves for university students to support the secular nature of the State have been upheld (*Sahin v Turkey* (2007) 44 E.H.R.R. 5). See further, D. McGoldrick, *Human Rights and Religion: The Islamic Headscarf Debate in Europe* (2006). In *SAS v France* (2015) 60 E.H.R.R. 11 at [106]-[159], the Grand Chamber held that the interference with the art.9 rights of the applicant, who wore a niqab (full face veil) occasioned by Law No.2010-1192, which prohibited concealment of the face in public places, was proportionate to the aim pursued: namely the preservation of the conditions of "living together". A similar ban was upheld as lawful against challenges based on arts 9 and 10 in *Belcacemi and Oussar v Belgium* (App. No.37798/13) (11 July 2017) (French only). The domestic cases of *Williamson* and *SB* are described at fn.218. In *SB*, the majority of the HL decided that the school's prohibition on the jilbab was not an interference with SB's art.9 rights since she could have attended another school in the area which permitted it. Restrictions must, of course, be proportionate and a criminal ban on door-to-door proselytising exceeded the state's margin of appreciation (*Kokkinakis v Greece* (1993) 17 E.H.R.R. 397 at [47]-[50]). The Court of Appeal upheld the decision not to grant an exemption from the policy on slaughtering cattle with bovine tuberculosis in relation to a Hindu community's temple bullock (*R. (on the application of Swaami Suryananda) v Welsh Ministers* [2007] EWCA Civ 893 at [51]-[60] (Pill LJ)). It was held to be a legitimate interference with hotel owners' art.9 beliefs (that unmarried couples (including, by definition, homosexuals) should not share a bed: *Bull and Bull v Hall and Preddy* [2012] EWCA Civ 83; [2012] 1 W.L.R. 2514 at [50]-[51] (Rafferty LJ)). The SC affirmed the CA's decision in *Preddy v Bull* [2013] UKSC 73; [2013] 1 W.L.R. 3741 at [38]-[39] and [51]-[55]. For helpful discussion of the relationship between the state's duties under art.9 and art.11, see *Sindicatul "Păstorul Cel Bun" v Romania* (2014) 58 E.H.R.R. 10, discussed in fn.263 below. On the interrelation of arts 9 and 11 see also *Karaahmed v Bulgaria* (App. No. 30587/13) (24 February 2015). There was a violation of the art.9 rights of worshippers in a Bulgarian mosque on the basis that the state had failed to strike a proper balance in the steps they took to ensure the effective and peaceful exercise of rights of demonstrators from the Ataka political party and the rights of the applicant and the other worshippers to pray together. See also *Church of Scientology of St Petersburg v Russia* (App. No. 47191/06) (2 October 2014) at [37]-[48], in which the ECtHR held that Russia's refusal to grant legal-entity status to the applicant amounted to a breach of art.9 interpreted in the light of art.11. In *Eweida v United Kingdom* (2013) 57 E.H.R.R. 8 the ECtHR held that it was a breach of art.9 to refuse to permit an employee to wear a discrete cross at work, but permissible to discipline a registrar who refused to

carry out civil partnership ceremonies (between couples of the same gender) on the grounds of her religious beliefs. Departing from earlier authority, the ECtHR has held that conscientious objection to military service is covered by art.9 and a conviction for refusing to serve (rather than establishing alternative forms of public service) was a breach: *Bayatyan v Armenia* (2012) 54 E.H.R.R. 15 at [99]–[128]. The CA upheld a requirement that a carer should work on Sundays despite her Christian faith since there was no other viable and practicable way of running a care home (*Mba v Merton LBC* [2013] EWCA Civ 1562; [2014] 1 W.L.R. 1501 at [34]–[37]). In *Doogan v Greater Glasgow and Clyde Health Board* [2014] UKSC 68; [2015] A.C. 640, the "conscience clause" in s.4(1) of the Abortion Act 1967 was held not to exempt the midwife applicants from various managerial and supervisory tasks in a labour ward in which abortions were carried out. At [23]–[24] Baroness Hale, while describing art.9 as a "distraction", observed: "a state employer has also to respect his employees' Convention rights … even if not protected by the conscience clause in section 4, the petitioners may still claim that, either under the Human Rights Act 1998 or under the Equality Act 2010, their employers should have made reasonable adjustments to the requirements of the job in order to cater for their religious beliefs". In *Lee v Ashers Baking Co Ltd* [2018] UKSC 49; [2020] A.C. 413, the refusal of a bakery owned by two Christians to bake a cake which had printed on it a picture of "Bert and Ernie" and the caption "Support Gay Marriage" was held to be unlawful direct discrimination on grounds of sexual orientation since the refusal was of the message and not the person placing the order (who need not have been homosexual). It was arguable that the refusal was based on the customer's political opinion, but there one had to take into account the right under art.10 of the ECHR not to be forced to express support for a message with which one disagreed. In *Süveges v Hungary* (App. No. 50255/12) (5 January 2016) at [151]–[157], the ECtHR held that the art.9 right of an applicant held under house arrest pre-trial had not been violated, the interference with his ability to attend Mass being proportionate to the state's legitimate aim. In *Ebrahimian v France* (App. No. 64846/11) (26 November 2015) the ECtHR found no violation of art.9 where a public hospital had refused to renew the contract of a social assistant who refused to remove her headscarf, a symbol of her Muslim faith. In *R. (on the application of Adath Yisroel Burial Society) v HM Senior Coroner for North London* [2018] EWHC 969 (Admin); [2018] 3 All E.R. 1088, the Divisional Court held that the defendant's new policy that no death would be prioritised on the grounds of religion was irrational and also a breach of art.9 on the ground that it did not strike a proper balance between those with certain religious beliefs and those without such beliefs. Surprisingly, the ECtHR found no violation of art.9 where a speaker was convicted and fined for disparaging religious doctrines and undermining religious peace by suggesting that the prophet uhammad had paedophilic tendencies in *ES v Austria* (App. No.38450/12) (25 October 2018). Predictably, the CA found no breach of art.9 where a nurse was dismissed for repeatedly proselytizing to patients in *Kuteh v Dartford and Gravesend NHS Trust* [2019] EWCA Civ 818. On the facts (at [68]), there was no real art.9 issue.

Freedom of expression

Replace para.13-090 with:

Article 10 protects the right to freedom of expression and the right to hold opinions and receive and impart information without interference by a public authority.[250] Freedom of expression is regarded as one of the cornerstones of any democratic society. Expression is broadly defined and includes artistic and commercial expression as well as the political and journalistic.[251] It applies to expressive conduct as well as speech and writing.[252] It also protects speech which shocks, offends or disturbs.[253] However, art.10 provides limited protection to speech which may be regarded as grossly offensive to groups or individuals.[254] Article 10 imposes positive obligations on the State.[255] Article 10 does not contain a general right to receive information from the state, although the ECtHR is moving towards the recognition such a right where the disclosure of information was necessary to allow meaningful exercise of the right to freedom of expression, especially in relation to the conduct of public affairs.[256]

13-090

[250] See further, E. Barendt, *Freedom of Speech*, 2nd edn (2007).

[251] *Wingrove v United Kingdom* (1996) 24 E.H.R.R. 1 at [47]-[50] (film) and *Barthold v Germany* (1985) 7 E.H.R.R. 383 at [42]-[43] (advertising). Expression on matters of general public interest is entitled to the highest level of protection. In *Rubins v Latvia* [2015] I.R.L.R 319 at [80]–[93], the ECtHR held that the state had violated art.10 by upholding the dismissal of a university professor who had, in an email, criticised the management of his university following changes to his employment contract, in part on the basis that the email covered matters of public interest. Further, the termination of the mandate of the President of the Supreme Court in response to criticism by him of the government's plans for reform the judiciary was a violation of art.10 (*Baka v Hungary* (2017) 64 E.H.R.R. 6). In contrast, in *R. (on the application of Lord Carlile of Berriew QC) v Secretary of State for the Home Department* [2014] UKSC 60; [2015] A.C. 945, the SC upheld the Secretary of State's decision to maintain a ban on a dissident Iranian politician entering the United Kingdom to address the House of Lords (on the basis that

Iran would see any lifting of the exclusion as a political move against it and would be likely to engage in reprisals). In *Karácsony v Hungary* (2017) 64 E.H.R.R. 10, the GC found a violation of art.10 where opposition members of parliament were subject to disciplinary measures and fined for displaying banners and using a megaphone during a parliamentary session. The ECtHR may be moving towards greater protection for artistic expression. In *Vereinigung Blidender Kunstler v Austria* (2008) 47 E.H.R.R. 5 at [26]-[39], the court found an injunction which was unlimited in time and space preventing the display of a painting depicting a number of public figures engaged in sexual activities to be disproportionate. A ban on tobacco advertising was easily justified on health and economic grounds (*R. (on the application of British American Tobacco UK Ltd) v Secretary of State for Health* [2004] EWHC 2493; [2005] A.C.D. 27 at [38]-[55] (McCombe J)). The ECtHR has acknowledged the fundamental role played by the press in advancing freedom of expression and journalists should be entitled to protect their sources unless there are compelling countervailing arguments (*Financial Times v United Kingdom* (2010) 50 E.H.R.R. 46 at [59]-[62]). The ECtHR distinguished *Financial Times* and similar authorities in a case where the "source" in question was the perpetrator of a bomb attack whose disclosure was "not motivated by the desire to provide information which the public were entitled to know", but rather who "was claiming responsibility for crimes which he had himself committed ... to don the veil of anonymity with a view to evading his own criminal accountability" (*Stichting Ostade Blade v Netherlands* (2014) 59 E.H.R.R. SE9 at [65]). Where the identity of the source is not secret, the issue does not arise as was the case with material appropriated by Edward Snowden: *R. (on the application of Miranda) v Secretary of State for the Home Department* [2016] EWCA Civ 6; [2016] 1 W.L.R. 1505 at [102]. In Miranda, the CA found that the stopping and detention of David Miranda at Heathrow airport for nine hours under Sch.7 of the Terrorism Act 2000 was lawful. However, due to the absence of adequate safeguards against its arbitrary exercise, the CA declared that the stop power conferred by para.2(1) of Sch.7 was incompatible with art.10 in relation to journalistic material (at [113]–[115]). In *Morice v France* (2016) 62 E.H.R.R. 1, the conviction of a lawyer for complicity in defamation following publication of comments in the press was held to be in breach of art.10, those comments comprising value judgments with a sufficient factual basis. The ECtHR acknowledged the special role of lawyers in the administration of justice and held that they may comment in public on the administration of justice, provided that their criticism does not overstep certain bounds (at [132]–[139]). However, lawyers, as protagonists in the justice system, cannot be equated with journalists, who are external witnesses whose task it is to inform the public (at [148]). In *Bédat v Switzerland* (2016) 63 E.H.R.R. 15, the GC considered the art.10 rights of a journalist versus the art.6 rights of a person accused in pending criminal proceedings. The GC determined that the same balancing exercise should be applied as in cases where arts 8 and 10 were engaged (at [52]–[53]). In the present case, there was no art.10 violation by the state where a journalist was convicted and fined for publishing information covered by secrecy of the on-going criminal investigation. In *C (A Child)* [2016] EWCA Civ 798; [2016] 1 W.L.R. 5204 at [24]–[34], the CA considered the balancing of arts 6 and 10, where a judge had refused to allow publication of care proceedings because the child's father, convicted of her murder, had indicated an intention to appeal. The CA held that the risk of art.6 violation was minimal and was outweighed by the principle of open justice and the art.10 rights of the media organisations seeking publication of the judgment.

[252] Such as defacing the United States flag at an American airbase (*Percy v DPP* [2001] EWHC Admin 1125 at [27]–[33] (Hallett J) or engaging in sabotage of a fox hunt (*Hashman and Harrup v United Kingdom* (2000) 30 E.H.R.R. 241 at [28]). In *Gough v United Kingdom* (2015) 61 E.H.R.R. 8 at [150], the ECtHR held that the applicant's public nudity, in order to give expression to his opinion as to the inoffensive nature of the human body, fell within the ambit of art.10 (though no breach of art.10 was found).

[253] *Lingens v Austria* (1986) 8 E.H.R.R. 407 at [41]-[42]. Some recent decisions of the ECtHR suggest that the protection of reputation and encouraging responsible standards of journalism are being given greater weight than the right to criticise public figures (see, for example, *Lindon, Otczakovsky-Laurnes & July v France* (2008) 46 E.H.R.R. 35 at [57]). Article 10 is frequently balanced against the right to privacy in art.8. For a recent example, where the balance came down in favour of art.10, see *McClaren v News Group Newspapers Ltd* [2012] EWHC 2466; [2012] E.M.L.R. 33 at [26]-[36]. In the GC judgment of *Delfi AS v Estonia* (2016) 62 E.H.R.R. 6, the ECtHR for the first time considered the duties and responsibilities of internet news portals, such as Delfi, under art.10(2). Following Delfi's news articles was a facility for readers to add comments. There was also a facility for readers to mark comments as obscene or insulting (upon which they were removed). Victims of defamatory comments were, in addition, able to notify Delfi directly and Delfi would then immediately remove the comment. Delfi explained this system, along with a statement that the comments did not reflect its own opinion and that the authors of comments were responsible for their content, in its "Rules of Comment". Nevertheless, the Grand Chamber found that the domestic courts' imposition of liability on Delfi for certain offensive and threatening comments posted by readers did not constitute a breach of art.10.

[254] In *Jersild v Denmark* (1995) 19 E.H.R.R. 1 at [31]–[37], the ECtHR held that art.10 was breach by prosecuting a journalist for reporting racist insults, but accepted that the speech itself fell outside art.10. In *R. (on the application of Gaunt) v OFCOM* [2011] EWCA Civ 692; [2011] 1 W.L.R. 2355 at [39] (Lord Neuberger), the CA rejected a challenge to the broadcasting regulator's decision to uphold complaints about the offensiveness of an interview carried out with a politician about a local authority's policy on fostering. The CA found that the interview had degenerated into gratuitous abuse. An application to Strasbourg was declared inadmissible in *Gaunt v United Kingdom* (2016) 63 E.H.R.R. SE15. See I. Hare: "Crosses, Crescents and Sacred Cows: Criminalising Incitement to Religious Hatred" [2006]

P.L. 521 and "Extreme Speech Under International and Regional Human Rights Standards" in I. Hare and J. Weinstein (eds), *Extreme Speech and Democracy* (2009). Other domestic cases reveal a mixed record. In *Hammond v DPP* [2004] EWHC 69 (Admin) at [32] (May LJ), the court upheld the conviction of an evangelical Christian who carried anti-homosexual signs. On the other hand, the court set aside a conviction for putting up an insulting and abusive poster aimed at the president of a Sikh temple in *Dehal v Crown Prosecution Service* [2005] EWHC 2154 (Admin) at [5]-[11] (Moses J). In *R. (on the application of Core Issues Trust) v Transport for London* [2014] EWCA Civ 34; [2014] P.T.S.R. 785 at [63]-[70], [83]-[89], the CA upheld the defendant's decision to refuse to carry advertisements on its buses on behalf of a Christian organisation ("Not gay! Ex-gay, post-gay and proud. Get over it!"), which responded to a campaign that it had carried by Stonewall ("Some people are gay. Get over it."). Despite this preference for one viewpoint over another, the CA upheld the decision on the grounds that the Christian organisation's message may be offensive to homosexuals. In *Maguire v United Kingdom* (2015) 60 E.H.R.R. SE12, the applicant claimed his art.10 rights had been breached by his sentence and conviction for breach of the peace deriving from his clothing (a black top which, in bright green letters displayed on the front the letters "INLA" (the Irish National Liberation Army), and on the back of which was the slogan "FXCK YOUR POPPY REMEMBER DERRY"). The application was declared inadmissible. In *James Rhodes v OPO* [2015] UKSC 32; [2016] A.C. 219, a mother sought to prevent a father from publishing a book about his life containing descriptions of his subjection to sexual abuse which she considered risked causing psychological harm to their son relying on the tort of intentionally causing physical or psychological harm. The SC held that the tort was not made out. Brief reference was made to art.10 at [120], in stating that the common law should be "generally consistent" with the Convention. In *M'Bala M'Bala v France* (App. No. 25239/13) (20 October 2015) at [34]-[42], the ECtHR considered a well-known comedian's challenge to sanctions imposed by the state following a public performance of an anti-Semitic nature. The ECtHR was "unable to accept that the expression of an ideology which is at odds with the basic values of the Convention, [...] can be assimilated to a form of entertainment [...] which would be afforded protection" by art.10, and therefore held that the application was inadmissible ratione materiae. In *Perinçek v Switzerland* (see fn.40 above), the GC found a violation of art.10 where the applicant had been convicted of a crime for statements made denying the existence of an Armenian genocide. Russian legislation that banned public activities aimed at the promotion of homosexuality among minors violated art.10 and art.14 (*Bayev v Russia* (App. No. 67667/09) (20 June 2017)). Parts of the Prevent Duty Guidance were unlawful as they failed to attach sufficient importance to the need to protect free speech under art.10 (*R. (on the application of Butt) v Secretary of State for the Home Department* [2019] EWCA Civ 256; [2019] 1 W.L.R 3873).

[255] These did not go so far as to require that an individual be given access to a particular forum which was on private property (a shopping centre) where there existed other avenues for such expression (*Appleby v UK* (2003) 37 E.H.R.R. 38 at [47]). However, the state is required to establish an independent procedure for determining whether the public interest requires disclosure of journalists' sources (*Sanoma Uitgevers BV v The Netherlands* [2011] E.M.L.R. 4 at [88]-[100]). In *Centro Europa 7 Srl v Italy* (App. No. 38433/09) (7 June 2012) at [129]-[146], the ECtHR found that Italy had breached its positive obligations under art.10 to guarantee effective pluralism in the audio-visual media in failing to institute an appropriate legal framework to allocate television frequencies to the Europa 7 Channel. The Court awarded just satisfaction of €10m.

[256] *Magyar Helsinki Bizottsag v Hungary* (App. No.18030/11) (8 November 2016) at [155]-[168]. The previous position is set in a long line of authorities (and summarised by the Grand Chamber in *Roche v UK* (2005) 42 E.H.R.R. 30 at [172]). More recently, the ECtHR has suggested a broader interpretation of the notion of freedom to receive information (*Tarsasag a Szabadsagjogokert v Hungary* (2009) 53 E.H.R.R. 3 at [36] and *Gillberg v Sweden* (2012) 127 B.M.L.R. 54 at [93]-[94]). Lord Brown expressed strong disapproval of this departure in *BBC v Sugar (No.2)* [2012] UKSC 4; [2012] 1 W.L.R. 439 at [94]. In *Kennedy v Charity Commission* [2014] UKSC 20; [2015] A.C. 455 at [57]-[89], Lord Mance undertook an extensive review of the Strasbourg authorities concerning whether art.10 contained a positive right to receive information from the state. While acknowledging the ECtHR's apparent inconsistency on the point, the SC concluded that no such right could be said to exist on the present state of the authorities (at [93]-[96], [144]-[148], [154]). See further, K. O'Byrne, "Freedom of Information under Article 10 ECHR and the Common Law" (2014) E.H.R.L.R. 284. In *Kalda v Estonia* (2016) 42 B.H.R.C. 145 at [48]-[54], the ECtHR considered restrictions placed by the state on a prisoner's access to certain internet sites. While the court did not assert that states were required to give prisoners access to the internet, where access was available, restrictions and limitations must be lawful and justified. In the present case, restrictions on access to sites containing legal information on fundamental and prisoners' rights were unnecessary in a democratic society and thus a violation of art.10.

Freedom of peaceful assembly and association

Replace n.260 with:

[260] The ECtHR held a ban on a peaceful demonstration in opposition to a ceremony by surviving members of the SS at a cemetery was in violation of art.11 where there was little evidence of a likelihood of interference with the art.9 rights of other cemetery users: *Ollinger v Austria* (2008) 46 E.H.R.R. 38 at [43]-[51]. The HL held that the decision to escort buses of protestors back to London to prevent them from protesting at an airbase where there was no imminent breach of the peace was a wholly

13-092

disproportionate interference with art.11 (and art.10): *R. (on the application of Laporte) v Chief Constable of Gloucestershire* [2006] UKHL 55; [2007] 2 A.C. 105. The Court of Appeal rejected the justifications for prohibiting the women's peace camp which had been established for 23 years outside Aldermaston where the form and location of the protest were essential to its effectiveness (*Tabernacle* [2009] EWCA Civ 23 at [40]-[44] (Laws LJ)). In contrast, the court was not persuaded that it was essential to the message of anti-capitalist protestors that they should camp outside St Paul's Cathedral (thereby interfering with the art.9 rights of worshippers) in *The Mayor Commonality and Citizens of London v Samede* [2012] EWCA Civ 160; [2012] 2 All E.R. 1039 at [40]-[50] (Lord Neuberger MR). In *Karpyuk v Ukraine* (2015) 40 B.H.R.C. 74 at [222]-[238], the ECtHR held that in relation to three of the seven applicants, the imposition of long prison sentences for organising an initially peaceful although disruptive protest was a violation of art.11. While a sanction for organising an obstructive gathering and inciting violence might be warranted, the severe sanctions imposed "must have had a chilling effect" on others organising protests and were disproportionate. There is no principle that a custodial sentence may not be imposed in relation to political protest unless there is violence against the person, but the sentences in this case of peaceful protect against fracking of over a year were manifestly excessive (*R. v Roberts* [2018] EWCA Crim 2739; [2019] 1 W.L.R. 2577).

Replace n.267 with:

13-095   [267] A ban on a political party which is committed to the implementation of a manifesto which is contrary to the democratic structure of the state and in conflict with Convention rights was upheld in *Refah Partisi v Turkey* (2003) 37 E.H.R.R. 1 at [93]-[136]. The CA upheld a Public Space Protection Order made by a local council under s.59 of the Anti-Social Behaviour, Crime and Policing Act 2014 which banned protest relating to abortion within 100 m of the entrance to a Marie Stopes Centre (*Dulgheriu v Ealing LBC* [2019] EWCA Civ 1490). The protesters' activities fell within arts 10 and 11, but given the impact on those using the clinic, the Order was not disproportionate or too vague.

The right to the enjoyment of possessions

Replace para.13-096 with:

13-096   Article 1 of the First Protocol provides that every natural or legal person is entitled to the peaceful enjoyment of his possessions and that no one shall be deprived of his possessions except in the public interest and subject to the conditions provided for by law and by the general principles of international law.[269] The ECtHR has adopted a broad definition of possessions (which is an autonomous concept under the ECHR) which may include intellectual property rights, shares, licences, rights to compensation and legitimate expectations.[270] After a long period of controversy, it is now also established that there is no need for a statutory benefit to be contributory before it can constitute a possession under the ECHR.[271] The protection of the right may involve positive obligations on the State.[272]

[269] The background to the provision is described in T. Allen, *Property and the Human Rights Act 1998* (2005).

[270] A legitimate expectation must be more than a mere hope, but can arise from an ultra vires act: *Stretch v United Kingdom* (2004) 38 E.H.R.R. 12 at [32]-[41], where the local authority was held to have violated Mr Stretch's legitimate expectation that a lease would be renewed even though the original grant was unlawful. See the domestic case of *Rowland v Environment Agency* [2003] EWCA Civ 1885; [2005] Ch. 1 discussed at 12-075. In cases involving the revocation of a licence, the court must determine whether the licence itself is a possession (as it may be if it has market value and is transferrable) and, if not, whether the revocation has an effect on the good will of the business (which may be a possession) or merely on future unearned income (which is not): *R. (on the application of New London College Ltd) v Secretary of State for the Home Department* [2012] EWCA Civ 51; [2012] Imm. A.R. 563 at [95] (Richards LJ). *New London College Ltd* was decided by the SC on other grounds: [2013] UKSC 51; [2013] 1 W.L.R. 2358. See further on this issue, *R. (on the application of Guildhall College) v Secretary of State for Business, Innovation and Skills* [2014] EWCA Civ 986 at [72]-[75]. *Salvesen v Riddell* [2013] UKSC 22; [2013] H.R.L.R. 23 at [40]-[45] held that provisions of the Agricultural Holdings (Scotland) Act 2003 breached the art.1 rights of landlords. In *Breyer Group Plc v Department of Energy and Climate Change* [2015] EWCA Civ 408; [2015] 1 W.L.R. 4559 at [23] and [47]-[49], the CA held that goodwill was (and loss of future income was not) a possession: a distinction that may require analysing the marketability of the goodwill and the accounting arrangements of the alleged victim. A claimant was not entitled to compensation for losses related to future business which had not yet produced any profit. This falls outside the scope of goodwill recognised in *Breyer* and thus, this did not amount to a possession (*DM2 Solutions Ltd v Secretary of State for Communities and Local Government* [2017] EWHC 3409 (Admin)). In *R. (on the application of APVCO 19 Ltd) v HM Treasury* [2015] EWCA Civ 648; [2015] S.T.C. 2272 at [46], the CA held that money impressed with an arguable claim by HMRC is not a possession where legislation retrospectively removed loopholes relating to the payment of stamp

duty. In *Parrillo v Italy* (2016) 62 E.H.R.R. 8 at [214]–[216], the GC held that human embryos cannot be considered a possession for the purposes of art.1, "[h]aving regard to the economic and pecuniary scope of that Article". In *Bank Mellat v HM Treasury* [2016] EWCA Civ 452; [2017] Q.B. 67 at [28]–[30], the CA held that the general principle is that the company and not its shareholders have the status of victim in relation to claims under art.1. There may be exceptional circumstances where, for example, the sole shareholder is sufficiently linked to the business as to be in effect the owner.

[271] *Stec v United Kingdom* (2006) 43 E.H.R.R. 47 at [53]. This does not mean that the individual can claim a right that a benefit shall continue, but just that their claim to it must be determined in accordance with the law in force at the relevant time. See further, the House of Lords decision in *RJM* (fn.86 above). *Stec* was recently applied by the UK Supreme Court in *Humphreys v Revenue and Customs Commissioners* [2012] UKSC 18; [2012] 1 W.L.R. 1545. Where the eligibility criteria of the criminal injuries compensation scheme were met, an individual had a proprietary interest under art.1 which could not be withheld on a discriminatory basis. The claimant was therefore entitled to a payment notwithstanding the "same roof" rule in relation to sexual assault by her stepfather which had taken place in the family home (*JT v First-tier Tribunal* [2018] EWCA Civ 1735). See also *AM v Secretary of State for Work and Pensions* [2015] UKSC 47; [2015] 1 W.L.R. 3250 at [24]–[26], in which it was held that the withdrawal of disability living allowance falling within the ambit of art.1 of the First Protocol from a child who was hospitalised for more than 84 days violated his human rights under art.14. In *Béláné Nagy v Hungary (App. No. 53080/13) (12 December* 2016), a bare majority (of 9 votes to 8 votes) found that the applicant's loss of entitlement to a disability pension due to newly introduced eligibility criteria resulted in a violation of art.1 of the First Protocol. The dissenting judges criticised this for going further than existing ECHR jurisprudence.

[272] A failure to take steps to protect the applicants' property from destruction by a landslide at a municipal tip breached art.1 (*Oneryildiz v Turkey* (2005) 41 E.H.R.R. 20 at [134]–[136]). See the domestic case of *Marcic v Thames Water Utilities Ltd* [2003] UKHL 66; [2004] 2 A.C. 42 at [36] (Lord Nicholls) (repeated failure to prevent flooding could violate art.1). Applied in *King v Environment Agency* [2018] EWHC 65 (QB): in cases where the balancing of interests is delicate, and Parliament had delegated flood risk management to the Agency, the court should not question their cost analysis or judgement in using the claimant's land for flood mitigation. The state's positive obligations may be engaged in cases concerning the property and housing rights of persons displaced as a result of international or internal armed conflict. In *Sargsyan v Azerbaijan* (2017) 64 E.H.R.R. 4, the Armenian applicant had been unable to return to his land and home in the disputed territory of Nagorno-Karabakh since 1992. The ECtHR held that the situation concerned a restriction of the applicant's right to the peaceful enjoyment of his possessions (at [218]) and that Azerbaijan's failure to take any alternative measures to restore his property rights or to provide him with compensation resulted in a continuing breach of art.1 of the First Protocol (at [241]–[242]). The case also addresses jurisdictional issues under art.1 at [121]–[151].

Add to the end of para.13-097:

However, the distinction between expropriation and control was neither clear-cut nor determinative in all cases (*R. (on the application of Mott) v Environment Agency* [2018] UKSC 10; [2018] 1 W.L.R. 1022, at [32]). In *Mott*, the Supreme Court accepted that imposing a catch limit on a commercial fisherman may be regarded as control rather than expropriation, but the overall balance between the public interest and the impact on the individual could still render it (as here) disproportionate.

13-097

Replace para.13-098 with:

The limitation clause provides that art.1 is subject to the right of a State to enforce such laws as it deems necessary to control the use of property in accordance with the general interest or to secure the payment of taxes or other contributions or penalties. The interference must be lawful and must strike a fair balance between the public interest and the rights of the individual. The public interest is broadly defined and may be pursued by measures which do not benefit the public as a whole.[276] The requirement that there should be a fair balance essentially requires that the individual should not be excessively prejudiced by the pursuit of the general interest.[277] There is no right to receive the full value of appropriated property under the ECHR, but the level of compensation will plainly be relevant to the fairness of the treatment.[278]

13-098

[276] In *James v United Kingdom* (1986) 8 E.H.R.R. 123 at [45]–[52], the ECtHR rejected a challenge to the leasehold enfranchisement laws by a number of landlords. The interference was justified by the

general public interest in property distribution even though only particular leaseholders benefited from it.

²⁷⁷ For example it was not fair to require small landowners opposed to hunting to transfer their hunting rights to another (*Chassagnou v France* (1999) 29 E.H.R.R. 615 at [74]–[85]). There is no requirement that the State should choose the course of action which involves the least possible impairment of the property owner's rights (e.g. *R. (on the application of Petsafe Ltd) v Welsh Ministers* [2010] EWHC 2908 (Admin) at [65]–[77] (Beatson J) in which a ban on the use of dog collars which could administer an electric shock was upheld on animal welfare grounds.). Nor, when the state seeks to control the use of property, and could do so using different provisions with different consequences in terms of compensation, is there any requirement that it invoke the provision carrying some (or greater) compensation: *Cusack v Harrow LBC* [2013] UKSC 40; [2013] 1 W.L.R. 2022 at [45]–[49], [69]. In *Re. Recovery of Medical Costs for Asbestos Diseases (Wales) Bill* [2015] UKSC 3; [2015] A.C. 1016 at [35]–[69], although decided on other grounds, the SC held that the Recovery of Medical Costs for Asbestos Diseases (Wales) Bill had the potential to deprive both compensators and their liability insurers of their possessions by retrospectively altering their existing legal liabilities. Article 1 of the First Protocol was engaged and special justification was required before the court would accept that a fair balance had been struck between the demands of the general interest of the community and the requirement to protect individual rights. None had been shown. In contrast, in *Moore v Secretary of State for the Home Department* [2016] EWHC 2736 (Admin), a fair balance had been struck in relation to the expropriation of allotments as the allotment owners received new allotments nearby, assistance relocating and financial compensation. This was sufficient to balance the private interests against the public benefits of incorporating the allotments into a redevelopment scheme.

²⁷⁸ *Holy Monasteries v Greece* (1994) 20 E.H.R.R. 1 at [71]. The ECtHR found a breach of art.1 of the First Protocol where all of the compensation paid for expropriation of the applicant's property (and more) had to be paid over in court fees incurred as a result of the expropriation (*Perdigao v Portugal* (App No 24768/06) (16 November 2010) at [71]–[79]). The Court of Appeal dismissed a challenge by shareholders of Northern Rock to the basis for the assessment of compensation following its "nationalisation" in *R. (on the application of SRM Global Master Finance Ltd) v Commissioners of Her Majesty's Treasury* [2009] EWCA Civ 788 at [73]–[77] (Laws LJ). The court summarised the correct approach to the principles of balance, proportionality and the margin of appreciation by asking whether the state measure was manifestly without reasonable foundations. A restriction imposed on a licence holder in relation to salmon fishing was so extensive (reducing his catch by 95%) that he should be entitled to claim damages under A1P1 (*R. (on the application of Mott) v Environment Agency* [2016] EWCA Civ 564; [2016] 1 W.L.R. 4338). Affirmed by the SC [2018] UKSC 10; [2018] W.L.R. 1022.

The right to free elections

Replace n.280 with:

13-099

²⁸⁰ *Mathieu-Mohin v Belgium* (1987) 10 E.H.R.R. 1 at [52]–[57]. The ECtHR found the automatic statutory bar on convicted prisoners voting to be disproportionate (*Hirst v United Kingdom* (2006) 42 E.H.R.R. 41 at [78]–[85]) and required that the state should define the circumstances were deprivation would take place or leave the question of proportionality to the courts (*Scoppola v Italy (No.3)* (2013) 56 E.H.R.R. 19). In *Greens and MT v United Kingdom* (2011) 53 E.H.R.R. 21, the ECtHR (in a pilot judgment) held that the automatic ban on prisoners voting was in breach of art 3. This long saga has been conluded by the Committee of Ministers adopting a final resolution (CM/ResDH(2018)467) to end supervision of the UK's compliance on the basis of "administrative changes" announced by the Secretary of State for Justice which will permit offenders released on temporary licence to vote and which require trials judges to inform prisoners sentenced for the first time that they will be disenfranchised. Age and residence requirements have been upheld. The ECtHR upheld a requirement that candidates for election to the national parliament should provide information about their property and sources of income (*Russian Conservative Party of Entrepreneurs v Russia* (2008) 46 E.H.R.R. 39 at [62]). In the same case, the court rejected a challenge that a voter had not been able to vote for his party of choice as it had been denied registration (at [78]).

The prohibition on discrimination

Replace para.13-101 with:

13-101 The prohibited grounds of discrimination under art.14 are broadly defined and non-exhaustive.²⁸⁵ It is for the applicant to prove that he has been treated differently from those who are in an analogous or relevantly similar situation and the burden then shifts to the respondent to justify the difference in treatment.²⁸⁶ Justification is the familiar two-stage process: does the distinction fulfil a legitimate aim and is there a reasonable relationship of proportionality between the means employed and the aim sought to be achieved.²⁸⁷ The House of Lords has described the correct approach in the following terms:²⁸⁸

"Article 14 does not apply unless the alleged discrimination is in connection with a Convention right and on a ground stated in Art.14. If this prerequisite is satisfied, the essential question for the court is whether the alleged discrimination, that is, the difference in treatment of which complaint is made, can withstand scrutiny. Sometimes the answer to this question will be plain. There may be such an obvious, relevant difference between the claimant and those with whom he seeks to compare himself that their situations cannot be regarded as analogous. Sometimes, where the position is not so clear, a different approach is called for. Then the court's scrutiny may best be directed at considering whether the differentiation has a legitimate aim and whether the means chosen to achieve the aim is appropriate and not disproportionate in its adverse impact."

[285] The "other status" must relate to a personal characteristic of the person or group by which they are distinguishable from each other (*Kjeldsen, Busk Madsen and Pederen v Denmark* (1976) 1 E.H.R.R. 711 at [56]), but is not otherwise limited and has been applied to marital status (*Sahin v Germany* (2003) 36 E.H.R.R. 43 at [55]-[61]), conscientious objection (*Thlimmenos v Greece* (2000) 31 E.H.R.R. 15 at [42]) or residence (*Darby v Sweden* (1990) 13 E.H.R.R. 774 at [29]-[34]). In *RJM* [2008] UKHL 63; [2009] 1 A.C. 311, the HL held that homelessness counted as a personal characteristic. Lord Walker at [5], referred to certain innate and immutable characteristics which are closely connected with an individual's personality (such as gender, sexual orientation, colour, congenital disabilities, nationality, language, religion and politics) and which are at the core of art.14 and others (such as military status, residence and domicile, past employment in the KGB) which are further outside. Lord Neuberger stated that a personal characteristic was not determined by whether it was voluntary or not (at [47]). Ordinary residence was found to fall within art.14 in *Carson v United Kingdom* (2009) 48 E.H.R.R 41 at [76]. However, the challenge to the UK's rules on drawing state pensions overseas failed as the applicants were not in an analogous situation to UK resident pensioners and the difference in treatment was, in any event, justified at [78]-[81]. Poverty has been held not to constitute "other status": *R. (on the application of Williams) v Secretary of State for the Home Department* [2015] EWHC 1268 (Admin); [2015] A.C.D. 111 at [96] (rejecting the argument that *RJM* supported this wider proposition) (affirmed in [2017] EWCA Civ 98; [2017] 1 W.L.R. 3283 at [75]). A mother's status as a lone parent of children aged under two or under five for the purposes of the revised benefit cap under the Welfare Reform and Work Act 2016 fell within art.14 as there is no requirement that a relevant status be permanent (*R. (on the application of DA) v Secretary of State for Work and Pensions* [2019] UKSC 21; [2019] 1 W.L.R. 3289 at [38]). However, the claimants failed to demonstrate that the discrimination against such women was manifestly without reasonable justification (at [55]-[66]). The "generous" interpretation of status under art.14 led the SC to depart from an earlier decision of the HL and hold that prisoners subject to a sentence of 15 years or more were entitled to rely on art.14 (although the difference in treatment was justified) (*R. (on the application of Stott) v Secretary of State for Justice* [2018] UKSC 59; [2018] 3 W.L.R. 1831 at [70]).

[286] The ECtHR has now held that art.14 prohibits indirect discrimination (*DH v Czech Republic* (2007) 44 E.H.R.R. 37 at [175]-[8] and [184]-[9]). The court accepted that the applicants' statistical evidence gave rise to a presumption that the psychological tests used to determine school allocation had a disparate impact on Roma children and that the state had failed to discharge the burden of demonstrating that they were objectively justified. The court therefore found there to be a violation of art.14 read with art.2 of the First Protocol. This decision has potentially wide-ranging consequences. See Baroness Hale's discussion of justification in *AL (Serbia) v Secretary of State for the Home Department* [2008] UKHL 42; [2008] 1 W.L.R. 1434 at [29]-[49]. Article 14 prohibits a third form of discrimination described in the case of *Thlimmenos v Greece* (2001) 31 E.H.R.R. 15 at [44]: where the state fails to treat differently persons whose situations are significantly distinct without objective and reasonable justification. It is significantly easier to justify a scheme in the face of a general challenge unless it is incapable of being operated in a proportionate way in all or nearly all cases (*R. (on the application of the Joint Council for the Welfare of Immigrants) v Secretary of State for the Home Department* [2020] EWCA Civ 542 at [118], relying on *R. (on the application of Bibi) v Secretary of State for the Home Department* [2015] UKSC 68).

[287] There is no list of legitimate aims for the purposes of art.14 and a broad range of such interests have been recognised, including, for example, supporting the traditional family (*Marckx v Belgium* (1979) 2 E.H.R.R. 330, para.32). The ECtHR will scrutinise distinctions based on nationality, religion, gender, race, sexual orientation, marital status and birth particularly closely. Nevertheless, gender discrimination of the treatment of the spouses of General Practitioners under the National Health Service pension scheme was held to have an objective and reasonable justification where it had been introduced to combat the disadvantaged position of women and was being gradually phased out (*R. (on the application of Cockburn) v Secretary of State for Health* [2011] EWHC 2095 (Admin) at [64]-[86] (Supperstone J). The SC held (by a slender majority) that the fact that women from Northern Ireland were required to pay for abortion services on travelling to Great Britain was justified by the fact that abortion services were a devolved matter (*R. (on the application of A & B) v Secretary of State for Health* [2017] UKSC 41; [2017] 1 W.L.R. 2492. In *Boyraz v Turkey* (2015) 60 E.H.R.R. 30 at [56], the ECtHR held no legitimate aim had been shown, where the applicant was dismissed from her post as a security guard for not being a man.

288 *R. (on the application of Carson) v Secretary of State for Work and Pensions* [2005] UKHL 37; [2006] 1 A.C. 173 at [3] (Lord Nicholls). In *Carson*, the HL cast doubt on the more structured series of questions set out by the CA in *Wandsworth LBC v Michalak* [2002] EWCA Civ 271; [2003] 1 W.L.R. 617 at [20] (Brooke LJ) which were: (i) Do the facts fall within the ambit of one or more Convention rights? (ii) Was there a difference in treatment in respect of that right between the complainant and others put forward for comparison? (iii) Were those others in an analogous situation? (iv) Was the difference in treatment objectively justifiable? (v) Was the difference in treatment based on one or more of the grounds proscribed by art.14? These questions are likely still to prove a valuable analytical tool if not applied rigidly. For the ECtHR's approach (which is similar to that of the HL) see *Belgian Linguistics Case (No.2)* (1968) 1 E.H.R.R. 252 at [10]. The benefit cap introduced in the Welfare Reform Act 2012 was held to discriminate indirectly against women, but its discriminatory effect was not manifestly without reasonable foundation and so not unlawful. There was thus no violation of art.14 read with art.1 of the First Protocol: *R. (on the application of JS) v Secretary of State for Work and Pensions* [2015] UKSC 16; [2015] 1 W.L.R. 1449 at [63]–[77]. The ECtHR disagreed in relation to one of the applicants (whose extra bedroom was a panic room to escape her violent ex-partner) and importantly applied a more rigorous test of proportionality than manifestly without reasonable foundation (*JD & A v UK* (App nos. 32949/17 & 34614/17, 24 February 2020). The ECtHR held that the manifestly without reasonable foundation test was confined to the review of temporary measures designed to remedy previous discrimination (as in Stec). The correct test is whether there a very weighty reasons justifying the difference in treatment. The reduction in the eligible rent used to calculate housing benefit based on the number of bedrooms in the property discriminated against disabled people in two of the joined appeals (*R. (on the application of Carmichael) v Secretary of State for Work and Pensions* [2016] UKSC 58; [2016] 1 W.L.R. 4550 at [40]–[49]). The Universal Credit (Transitional Provisions Regulations 2014) unlawfully discriminated against severely disabled people with carers who received benefits under the pre-Universal Credit system and then moved to a different local authority. In doing so, they had to move onto Universal Credit and lost their disability premiums under the old system (*R. (on the application of TP) v Secretary of State for Work and Pensions* [2018] EWHC 1474 (Admin)). The "manifestly without reasonable foundation" test was applied (and was not met) in *R. (Cushnie) v Secretary of State for Health* [2014] EWHC 3626 (Admin); [2015] P.T.S.R. 384. This case concerned an unsuccessful asylum seeker who could not be removed from the UK because he was unfit to fly. Being disabled he received support from his local authority under s.21 of the National Assistance Act 1948, rather than from the Home Office. He required non-urgent medical treatment, which he could not pay for, but was not entitled to free NHS treatment, whereas an able-bodied destitute failed asylum seeker receiving Home Office support was so entitled. In *Sanneh v Secretary of State for Work and Pensions* [2015] EWCA Civ 49; [2016] Q.B. 455 at [28]–[29], the CA held that "Zambrano carers" (non-EU citizens responsible for the care of an EU citizen child) were not entitled to social assistance on the same basis as lawfully resident EU citizens. Article 14 was not breached as the Government's policy reasons for differentiating the two categories of carers were not "clearly without foundation". Affirmed by the SC [2017] UKSC 73; [2017] 3 W.L.R. 1486. The SC held that the provisions of the Civil Partnership Act 2004 which prevented couple of the opposite sex from entering civil partnerships was unlawful discrimination and the Court made a Declaration of Incompatibility (*R. (on the application of Steinfield and Keiden) v Secretary of State for International Development* [2018] UKSC 32; [2018] 3 W.L.R. 415). The Court held that the margin of discretion permitted to Parliament was narrow in cases of clear sexual orientation discrimination and it was not appropriate to provide further time for Parliament to resolve a matter in which the discriminatory treatment itself was only recently introduced. Provisions of the Pension Act 2014 which confined the higher rate bereavement support benefit which is payable to those who are pregnant or entitled to child benefit was limited to the spouse or civil partner of the deceased (and not to those who were cohabiting for no matter how long) and breached art.14 read with art.8 (*R. on the application of Jackson) v Secretary of State for Work and Pensions* [2020] EWHC 183 (Admin); [2020] 1 W.L.R. 1441).

The impact of the HRA

Add to the end of para.13-102:

13-102 In its most recent report (*Enforcing human rights-Tenth Report of Session 2017-2019* (HC 669) (HL Paper 171) (19 July 2018)), the Joint Committee on Human Rights principally focussed on access to justice and the damaging effects legal aid reforms were having on the ability of individuals to obtain redress for breaches of their human rights and on legal aid professionals. The Committee made a number of recommendations, including: (i) the government to review the financial eligibility criteria to legal aid; (ii) reform of the Exceptional Case Funding scheme which is supporting far fewer cases than expected; (iii) resolve the issue of entitlement to legal aid for discrimination and education matters; (iv) immigration cases that engage Art.8 should be brought under civil legal aid; (v) a further review of the requirements for access to legal aid for women who have been subject to domestic violence. The Committee also recommended expansion the EHRC's ability to bring cases on human rights grounds and educational initiatives to expand the "culture of human rights" in the United Kingdom.

Replace table with: 13-104

Table 1: Declarations of incompatibility under HRA s.4—updated to October 2019

Source: information derived in part from the Ministry of Justice: responding to Human Rights judgments—Report to the Joint Committee on Human Rights on the Government's response to Human Rights judgments 2018-2019 (October 2019) (CP 182)

	Judgment	Right	Legislation	Response
1	*R. (on the application of H) v Mental Health Review Tribunal for the North and East London Region* [2001] EWCA Civ 415; [2002] Q.B. 1	Art.5(1), 5(4)	Mental Health Act 1983 s.73: did not require tribunal to discharge a patient where it could not be shown that he suffered from a mental disorder warranting detention	Mental Health Act 1983 (Remedial) Order 2001 (SI 2001/3712)
2	*McR's Application for Judicial Review* [2002] NIQB 58; [2003] N.I. 1	Art.8	Offences Against the Person Act 1861 s.62: offence of attempted buggery continued to apply in Northern Ireland to consenting adults	Sexual Offences Act 2003 repealed s.62 of the 1861 Act
3	*International Transport Roth GmbH v Secretary of State for the Home Department* [2002] EWCA Civ 158; [2003] Q.B. 728	Art.6, art.1 of First Protocol	Immigration and Asylum Act 1999 Pt II: penalty system for carriers who unknowingly transported clandestine entrants to the UK	Nationality Immigration and Asylum Act 2002 s.125 modified the system
4	*R. (on the application of Anderson) v Secretary of State for the Home Department* [2002] UKHL 46; [2003] 1 A.C. 837	Art.6	Crime (Sentences) Act 1997 s.29: Home Secretary set minimum period to be served by a mandatory life sentence prisoner before he could be considered for release on licence	Criminal Justice Act 2003 ss.303 and 332 repealed s.29 of the 1997 Act
5	*R. (on the application of D) v Secretary of State for the Home Department* [2002] EWHC 2805 (Admin); [2003] 1 W.L.R. 1315	Art.5(4)	Mental Health Act 1983 s.74 gave discretion to Home Secretary whether or not to refer a discretionary life prisoner's case to Parole Board where a mental health review tribunal concluded that pris-	Criminal Justice Act 2003 s.295 amended s.74 of the 1983 Act

	Judgment	Right	Legislation	Response
			oner no longer liable to be detained under 1983 Act	
6	*Blood v Secretary of State for the Health* (Sullivan J, unreported, 28 February 2003)	Art.8, art.14	Human Fertilisation and Embryology Act 1990 s.28(6)(b) prevented deceased father's name being entered on his child's birth certificate	Human Fertilisation and Embryology (Deceased Fathers) Act 2003
7	*Bellinger v Bellinger* [2003] UKHL 21; [2003] 2 A.C. 467	Art.8, art.12	Matrimonial Causes Act 1973 s.11(c): no provision for recognition to valid marriage for a post-operative transsexual	Gender Recognition Act 2004
8	*R. (on the application of M) v Secretary of State for Health* [2003] EWHC 1094 (Admin); [2003] U.K.H.R.R. 746	Art.8	Mental Health Act 1983 ss.26 and 29: patient liable to be detained under the Act had no choice over appointment of "nearest relative" or legal means of challenge where adoptive father appointed even though he had abused M as a child	Mental Health Act 2007
9	*R. (on the application of Hooper) v Secretary of State for Work and Pensions* [2003] EWCA Civ 875 (unaffected by judgment [2005] UKHL 29; [2005] 1 W.L.R. 1681)	Art.14, art.8, art.1 of First Protocol	Social Security Contributions and Benefit Act 1992 ss.36–37: Widowed Mothers Allowance payable to women but not men	Welfare Reform and Pensions Act 1999 s.54(1) had already altered law prospectively
10	*R. (on the application of Wilkinson) v Inland Revenue Commissioners* [2003] EWCA Civ 814; [2003] 1 W.L.R. 2683 (unaffected by subsequent House of Lords judgment [2005] UKHL 30; [2005] 1 W.L.R. 1718)	Art.14, art.1 of First Protocol	Income and Corporation Taxes Act 1988 s.262: payment of widows but not widowers	Finance Act 1999 ss.34(1) and 139 had already repealed s.262 prospectively
11	*X v Secretary of State for the Home Department* (Bel-	Art.5, art.14	Anti-terrorism, Crime and Security Act 2001 s.23: Home Secretary empow-	Prevention of Terrorism Act 2005 repealed

THE HUMAN RIGHTS ACT 1998 249

	Judgment	Right	Legislation	Response
	marsh detainees case) [2004] UKHL 56; [2005] 2 A.C. 68		ered to order detention of foreign nationals living in the UK suspected of terrorism who could not be deported without breaching art.3	detention order system (and created new system of control orders)
12 & 13	R. (on the application of Morris) v Westminster City Council (No.3) [2005] EWCA Civ 1184; [2006] 1 W.L.R. 505; similar point in R. (on the application of Gabaj) v First Secretary of State (unreported), relating to claimant's pregnant wife who was not a British citizen	Art.14	Housing Act 1996 s.185(4): requiring dependent child who is subject to immigration control to be disregarded when determining whether a British citizen has priority need for accommodation	Schedule 15 to the Housing and Regeneration Act 2008
14	R. (on the application of Baiai and others) v Secretary of State for the Home Department [2008] UKHL 53; [2009] 1 A.C. 287	Art.12, art.14	Asylum and Immigration (Treatment of Claimants, etc.) Act 2004 s.19(3): procedures designed to stop sham marriages must be completed before any persons subject to immigration control may marry in the UK	The Asylum and Immigration (Treatment of Claimants, etc.) Act 2004 (Remedial) Order 2011
15	R. (on the application of Wright) v Secretary of State for Health [2009] UKHL 3; [2009] 1 A.C. 739	Art.6, art.8	Care Standards Act 2000 s.82(4)(b): provisional listing of persons unsuitable to work with vulnerable adults	Safeguarding Vulnerable Groups Act 2006
16	R. (on the application of Clift) v Secretary of State for the Home Department; Hindawi v Secretary of State for the Home Department [2006] UKHL 54; [2007] 1 A.C. 484	Art.14, art.5	Criminal Justice Act 1991 ss.46(1) and 50(2): early release from prison provisions applied differently to British and foreign nationals	Criminal Justice Act 2003 repealed the main provision and the transitional arrangements were terminated by the Criminal Justice and Immigration Act 2008

	Judgment	Right	Legislation	Response
17	Smith v Scott, 2007, CSIH 9; 2007 S.L.T. 137	Art.3 of First Protocol	Representation of the People Act 1983 s.3(1): incapacity of convicted prisoners to vote in general elections	Government considering the implications of this ruling in light of ECtHR ruling to similar effect in *Hirst v UK* (2006) 42 E.H.R.R. 41 and other cases
18	R. (on the application of F and Thompson) v Secretary of State for the Home Department [2010] UKSC 17; [2011] 1 A.C. 331	Art.8	Sexual Offences Act 2003 s.82: notification requirements applied for an indefinite period without scope for a review	Sexual Offences Act 2003 (Remedial) Order 2012
19	R. (on the application of Royal College of Nursing) v Secretary of State for the Home Department [2010] EWHC 2761 (Admin); [2011] 2 F.L.R. 1399	Art.6, art.8	Schedule 3 to the Safeguarding of Vulnerable Adults Act 2006 (see above): failed to provide a method for making representations before listing	Protection of Freedoms Act 2012 s.67(2) and (6)
20	R. (on the application of Reilly (No. 2)) v Secretary of State for Work and Pensions [2014] EWHC 2182 (Admin); [2015] Q.B. 573	Art.6.1	Jobseekers (Back to Work Schemes) Act 2013; retroactive effect not justified by compelling grounds of the general interest	The Secretary of State unsuccessfully appealed the grant of a declaration of incompatibility: [2016] EWCA Civ 413. No remedial action has been taken
21	R. (on the application of T) v Chief Constable of Greater Manchester Police [2014] UKSC 35; [2015] A.C. 49	Art.8	Police Act 1997	Amended by the Police Act 1997 (Criminal Record Certificates: Relevant Matters) (Amendment) (Eng-

	Judgment	Right	Legislation	Response
				land and Wales) Order 2013
22	*Benkharbouche v Secretary of State for Foreign and Commonwealth Affairs* [2017] UKSC 62; [2017] 3 W.L.R. 957	Art.6	State Immunity Act 1978 s.16	No remedial action has been taken
23	*R. (on the application of Miranda) v Secretary of State for the Home Department* [2016] EWCA Civ 6; [2016] 1 W.L.R. 1505	Art.10	Terrorism Act 2000 Sch.7 para.2(1) insofar as it relates to journalistic material	Schedule 7 amended to exclude journalistic and other material
24	*Re Z (A Child) (No 2)* [2016] EWHC 1191 (Fam); [2016] H.R.L.R. 15	art.14 read with art.8	Human Fertilisation and Embryology Act 2008 s.54	Human Fertilisation and Embryology Act 2008 (Remedial) Order 2018
25	*Re Gallagher's Application for Judicial Review* [2019] UKSC 3; [2019] 2 W.L.R. 509.	Art.8	The 2013 amendments to the Police Act 1977 (see 21 above) were still not sufficient to protect art.8.	No remedial action has been taken
26	*R. (on the application of Johnson) v Secretary of State for the Home Department* [2016] UKSC 56; [2017] AC 365.	Art.14 read with art.8	British Nationality Act 1981 (Remedial) Order 2019	No remedial action has been taken
27	*R. (on the application of Steinfield and Keiden) v Secretary of State for International Development* [2018] UKSC 32; [2018] 3 W.L.R. 415	Art.14 read with art. 8	Civil Partnerships, Marriages and Deaths (Registration etc) Act 2019	No remedial action has been taken
28	*Smith v Lancashire Teaching Hospitals NHS*	Art.14 read with art.8	Fatal Accidents Act 1976 (Remedial) Order 2020	No remedial action has been taken

	Judgment	Right	Legislation	Response
	Foundation Trust [2017] EWCA Civ 1916; [2018] Q.B. 804			
29	*In re McLaughlin* [2018] UKSC 48; [2018] 1 W.L.R. 4250	Art.14 read with art.8	Social Security Contributions and Benefits (Northern Ireland) Act 1992 s.39A	No remedial action has been taken
31	*R. on the application of Jackson) v Secretary of State for Work and Pensions* [2020] EWHC 183 (Admin); [2020] 1 W.L.R. 1441	Art.14 read with art.8	Pension Act 2014 s.30: entitlement to enhanced bereavement payment confined to spouses or civil partners: scheme to ensure that landlords did not offer private accommodation to disqualified persons	No remedial action has been taken

CHAPTER 14

Review under European Union Law

TABLE OF CONTENTS

Scope 14-001
Introduction .... 14-002■
Overview of the EU Legal System .... 14-009■
Secondary Legislation .... 14-022■
The Charter of Fundamental Rights of the EU .... 14-039■
General Principles of Law 14-048
European Communities Act 1972 and the European Union
　Act 2011 14-049
Challenging a National Measure in a National Court 14-056
Challenging a Union Measure in a National Court 14-058
Interpretation by National Courts 14-061
Effective Procedures and Remedies .... 14-071■
Preliminary Rulings .... 14-104■
Direct Actions in the CJEU and General Court .... 14-111■
Grounds of Judicial Review against Union Measures:
　Overview .... 14-119■
Grounds for Judicial Review of National Measures ...... 14-151■

INTRODUCTION

Replace n.11 with:

[11] See generally: D. Chalmers, G. Davies and, G. Monti, *European Union Law*, 4th edn (2019); S. Weatherill, *Cases & Materials on EU Law*, 12th edn (2016); P. Craig and G. de Búrca, *EU Law: Text, Cases and Materials*, 7th edn (2020); T.C. Hartley, *The Foundations of European Union Law*, 8th edn (2014); A. Dashwood, M. Dougan, B. Rodger, E. Spaventa and D. Wyatt, *Wyatt and Dashwood's European Union Law*, 6th edn (2011); A. Arnull, *The European Union and its Court of Justice* 2nd edn (2006); P. Craig, *EU Administrative Law*, 3rd edn (2018). For a comprehensive treatment of the role of Union law in judicial review: R. Gordon, *EU Law in Judicial Review* 2nd edn (2014).

14-002

Replace para.14-003 with:

As for the timing of the United Kingdom's withdrawal, the United Kingdom formally notified the European Council of its intention to withdraw pursuant to art.50 of the Treaty on European Union on 29 March 2017. Article 50 states that the Treaties shall cease to apply to a Member State which has invoked art.50 from the date of entry into force of a withdrawal agreement negotiated between that State and the Union, or failing that, two years after notification of an intention to withdraw pursuant to art.50(3). This suggested that, by April 2019, the United Kingdom would have withdrawn from the Union. However, this did not in fact happen and at the UK's request, the European Council agreed three times to extend the period, first on 21 March 2019 until 22 May 2019, then on 10 April 2019 until 31 October 2019, and on 19 October 2019 until 31 January 2020.

14-003

Replace para.14-004 with:

14-004 It was determined that the UK's constitutional requirements placed the decision and notification to leave the EU upon Parliament, pursuant to the constitutional principle of parliamentary sovereignty, rather than upon the executive, pursuant to the prerogative power of the Crown in relation to the conduct of international relations.[12]

[12] *R. (on the application of Miller) v Secretary of State for Exiting the European Union* [2017] UKSC 5; [2017] 2 W.L.R. 583. For comment, see J. Jowell, "Brexit Judicialised: Crown v Parliament Again" (2017) 8 *The UK Supreme Court Yearbook* 1.

Replace the first three paras of para.14-005 with:

14-005 A "Draft Agreement on the withdrawal of the United Kingdom of Great Britain and Northern Ireland from the European Union and the European Atomic Energy Committee, as agreed at negotiators' level on 14 November 2018" was announced by the UK Government on 14 November 2018 ("Draft Agreement"). On 22 November 2018, the EU and the UK agreed on the Political Declaration setting out the framework for the future of the EU-UK relationship. On 25 November 2018, the European Council formally endorsed both these documents.

In very brief summary, the Draft Agreement provided that a transition period would apply from the date of entry into force of the Draft Agreement until 31 December 2020 (art.126). It further stated that the UK and the EU would "use their best endeavours" to have a future trade agreement concluded by the end of a transition period in December 2020 (art.184). However, if this was not possible, the extension period could be extended for an unspecified period (art.132). In a Protocol on Ireland/Northern Ireland to the Draft Agreement, it was stated that a future trade agreement would "build on the single customs territory provided for".

A major obstacle to progress was the status of the Irish border. Both the UK and the EU had indicated that they do not wish to have "hard" Irish border between Northern Ireland and the Republic of Ireland. The Protocol on Ireland/Northern Ireland indicated that if a future trade agreement had not been agreed by December 2020, a "backstop" solution would come into force. The "backstop" would consist of a single customs territory between the EU and the United Kingdom, which would apply from the end of the transition period "unless and until" a subsequent agreement becomes applicable.

In the fourth paragraph after "Draft Agreement further", replace "provides" with:
provided

Replace fifth paragraph with:
It was also provided that the Draft Agreement would be monitored by a joint committee taking decisions by mutual consent, issuing binding decisions, while a five-member arbitration panel would be convened to manage disputes (arts 164–173). Any disputes relating to EU law must, however, be determined by the CJEU (art.174).

After the fifth paragraph, add new paragraphs:
The Draft Agreement was rejected three times by Parliament, on 12 January 2019, 12 March 2019 and 29 March 2019. Extensions to the withdrawal date were granted by the EU for UK, from 29 March 2019 until 12 April 2019 and subsequently until 31 October 2019. Prime Minister Theresa May resigned on 24 July 2019, following the election of Boris Johnson as leader of the Conservative party. On 27/28 August 2019, the new Prime Minister advised Her Majesty to prorogue Parliament from a date between 9 and 12 September 2019 until 14 October 2019. Prior to prorogation taking effect, on 6 September 2019, Parlia-

ment passed the European Withdrawal (No 2) Act 2019, requiring the Prime Minister to seek a further extension of the withdrawal date, in the event that no agreement had been concluded with the EU and approved by Parliament by 19 October 2019. Furthermore, in a highly significant decision, as we have already discussed in Chapter 3, *Miller (No.2) v Prime Minister*,[14] the Prime Minister's advice to Her Majesty was found by the Supreme Court to be unlawful. Parliament resumed sitting following the *Miller (No.2)* judgment.

However, on 2 October 2019, the Prime Minister announced a new plan, to replace the Draft Agreement. Under the plan, the entire UK would leave the EU on 31 October 2019, with the original transition period staying in place until 31 December 2020. On the new Brexit day of 1 January 2021, Great Britain would leave all the institutions and structures of the EU including the customs union, which allows frictionless trade with all Member States and all regulations on goods and food. The UK would also exit judicial structures including the CJEU, security and defence arrangements, and agreements such as data sharing. The proposal would essentially create two borders: a border for customs on the island of Ireland and a border to monitor EU single market rules on agricultural and food products between Northern Ireland and Great Britain. The latter border between Northern Ireland and Great Britain would be optional under the plan: the Northern Ireland Executive and Assembly would have to give their consent on an ongoing basis to be part of it or for Northern Ireland to remain aligned with British rules for goods. If Northern Ireland were to choose British rules, it would mean a hardening of the customs border between Northern Ireland and Ireland, adding checks on single market rules to customs checks coming into effect in 2021.

[14] [2019] UKSC 41.

The rest of para.14-005 to be replaced as follows:
During this time, a request for a preliminary ruling was also issued by the First Division of the Court of Session of Scotland to the CJEU on whether a withdrawal notification issued by a Member State pursuant to art.50 of the Treaty on European Union is revocable.[15] The CJEU ruled that art.50 TEU must be interpreted as meaning that, where a Member State has notified the European Council, in accordance with art.50 TEU, of its intention to withdraw from the EU, that article allows that Member State—for as long as a withdrawal agreement concluded between that Member State and the EU has not entered into force or, if no such agreement has been concluded, for as long as the two-year period laid down in Article 50(3) TEU, possibly extended in accordance with that paragraph, has not expired—to revoke that notification unilaterally, in an unequivocal and unconditional manner, by a notice addressed to the European Council in writing, after the Member State concerned has taken the revocation decision in accordance with its constitutional requirements. The purpose of that revocation is to confirm the EU membership of the Member State concerned under terms that are unchanged as regards its status as a Member State, and that revocation brings the withdrawal procedure to an end.[16]

Eventually, a "Withdrawal Agreement" was agreed between the UK and the EU on 17 October 2019. The Withdrawal Agreement had a revised Protocol on Ireland and Northern Ireland (eliminating the "backstop") and a revised Political Declaration. The Withdrawal Agreement starts with common provisions (arts 1–8), which set out out standard clauses for the proper understanding and operation of the Withdrawal Agreement. Provision is made (arts 9–39) for citizens' rights and to protect various rights (such as residence, entry and exist, non-discrimination, equal treatment, recognition of professional qualifications) of EU citizens living in the UK and the UK nationals in EU countries. There are separation provisions (arts

40–125), which relate to such issues as the winding-down of current arrangements and enabling an orderly withdrawal from the EU, including enabling goods to be placed on the market before the end of the transition to continue to their destination, to protect existing intellectual property, to wind down ongoing police and judicial cooperation in criminal matters and other administrative and judicial procedures, to address the use of data and information exchanged before the end of the transition period, and to address issues relating to Euratom. The Withdrawal Agreement also provides for a transition period (arts 126–132), during which the EU treats the UK as if it were a Member State, with the exception of participation in the EU institutions and governance structures, and during which the time the EU and the UK are to negotiate a future partnership. The Withdrawal Agreement makes provision for a financial settlement (arts 133–157), ensuring that the UK and the EU honour all financial obligations undertaken while the UK was a member of the EU. There are provisions relating to the overall interpretation and implementation of the Withdrawal Agreement, including appropriate dispute settlement mechanisms (arts 158–181). There is a "Protocol on Ireland/Northern Ireland", which seeks to avoid a hard border between Ireland and Northern Ireland, to safeguard the all-island economy and the Good Friday agreement (art,2), to preserve the integrity of the EU's single market (through provisions relating to VAT and State aid), and to maintain Northern Ireland in the UK customs territory (art.4).

On 9 January 2020, the House of Commons voted 330 to 231 in favour of the Withdrawal Agreement Bill, and on 24 January 2020, the representatives of the UK and the EU signed the Withdrawal Agreement. On 29 January 2020, the European Parliament approved the Withdrawal Agreement. On 31 January 2020, the Council of the European Union concluded the Withdrawal Agreement and on 1 February 2020, the United Kingdom became a third country.

At the time of writing, progress in negotiations between the UK and the EU in respect of a trade deal to govern their future relationship remains slow, although on 3 October 2020, the Prime Minister and President of the European Commission agreed to step up Brexit talks to close "significant gaps" in blocking a new deal and to extend the talks by a month.[17]

There was also very significant controversy following the proposal of the United Kingdom Internal Market Bill in the UK Parliament. The Internal Market Bill aims to ensure that trade between the regions in the UK remains barrier-free after Brexit, but has been accepted by the Northern Ireland Secretary to "break international law in a very specific and limited way". In particular, the Internal Market Bill would enable a Minister to remove a requirement for an exit declaration on goods leaving Northern Ireland for Great Britain (s 44), and give a British minister the power to unilaterally regulate UK State aid within Northern Ireland (s 45), which would be a violation of the Protocol. Following amendments which would give MPs the power to approve the date on which powers to override the Withdrawal Agreement would come into effect, on 14 September 2020, the House of Commons voted by a majority of 77 to give the Bill a second reading. On 22 September 2020, the Northern Ireland Assembly passed a motion rejecting the Internal Market Bill, and the EU has started formal infringement proceedings against the UK as a result of it. There has also been disapproval from international politicians, including the Speaker of the US House of Representatives.

Separately, the European Union (Withdrawal) Act 2018 was enacted in June 2018.[17a] Its purpose is to repeal the European Communities Act 1972 to provide for the withdrawal of the United Kingdom from the EU. The critical features of the 2018 Act and its essential provisions are as follows:

INTRODUCTION

- It provides for the date upon which the UK will formally withdraw from the EU, which is currently 31 October (s.1);
- It indicates what is to happen to the existing corpus of EU law in force in the UK when Brexit takes place (ss.2-7);
- It gives the Ministers of the government legislative power to take the measures which are necessary to carry out the UK's withdrawal from the EU (ss.8-9);
- It sets out the arrangements for devolution in the aftermath of the withdrawal of the UK from the EU (ss.10-12); and
- It provides for Parliament to approve the UK's withdrawal agreement with the EU (if any) and the framework for the future relationship (s.13).

Notably, EU-derived domestic law continues to have effect pursuant to s.2(1); what is described as "direct EU legislation" (as for example, in an EU regulation) will continue to have effect pursuant to s.3; and s.4, dealing with "retained EU law", provides that any rights, powers, liabilities, obligations, restrictions, remedies and procedures recognised and available in domestic law before exit day continue on and after exit day. Directives are not however included within the definition of "retained EU law"; consequently, it appears that any directives which have been transposed inaccurately or inadequately by exit day will not be capable of giving rise to directly effective rights unless the right has already been recognised by an EU or UK court. Likewise, Schedule 1, para.2 prohibits the recognition of any general principle of EU law after exit day "if it was not recognised as a general principle of EU law by the European Court in a case decided before exit day". Schedule 1, para.4, provides that "[t]here is no right in domestic law on or after exit day to damages in accordance with the rule in Francovich". It has been held that rights conferred by a directive will be retained if they have been either transposed or in any event recognised (either as part of the ratio of a case or obiter) by domestic courts prior to 31 December 2020.[17b]

Section 5(2) provides for the principle of supremacy to continue to apply on or after exit day "so far as relevant to the interpretation, disapplication or quashing of any enactment or rule of law passed or made before exit day". Section 5(4) provides that the Charter of Fundamental Rights of the European Union (Charter) is not part of domestic law on or after exit day, while s.6(1) states that a court or tribunal is not bound by any principles laid down, or any decisions made, on or after exit day by the CJEU and cannot refer any matter to the CJEU on or after exit day.

Section 7 makes provision for "retained EU law", categorising it into three categories:

- "Retained direct principal EU legislation", which broadly comprises EU regulations and Annexes to the EEA Agreement referring to or adapting such regulations (s.7(6));
- "Retained direct minor EU legislation", which broadly comprises all other retained direct EU legislation e.g. decisions, tertiary legislation (s.7(6));
- Retained EU law by virtue of s.4 (s.7(4)).

Section 8, entitled "Dealing with deficiencies arising from withdrawal" enables a Minister of the Crown, by regulations, to make provision to prevent, remedy or mitigate any failure of retained EU law to operate effectively and any other deficiency in retained EU law. Section 10 provides that a Minister may not exercise powers conferred by the Act in a way that is incompatible with the Northern Ireland Act 1998. Also relevant in relation to Northern Ireland is s.55(1) of the Taxation (Cross-Border Trade) Act 2018, which provides that it "shall be unlawful for Her Majesty's Government to enter into arrangements under which Northern Ireland forms part of a separate customs territory to Great Britain".

Overall, as just noted, it seems inevitable that these provisions, the impact of which is not clear, will give rise to significant difficulties of implementation and interpretation.

New treaty arrangements may or may not also need to be in conformity with the ECHR.[17c] For now, Union law continues in full force, but the impact of the "Brexit" vote, which will take time to fully emerge, can be expected to be far-reaching.

[15] *Wightman v Secretary of State for Exiting the European Union* [2018] CSIH 62.

[16] *Wightman v Secretary of State for Exiting the European Union* (C-621/18) EU:C:2018:999.

[17] "Johnson and Von der Leyen extend Brexit talks by a month" *The Guardian* (3 October 2020).

[17a] For an excellent analysis of the 2018 Act, see J Segan, "The European Union (Withdrawal) Act 2018: Ten Key Implications for UK Law and Lawyers", 19 July 2018 (*https://www.blackstonechambers.com/news/european-union-withdrawal-act-2018-ten-key-implications-uk-law-and-lawyers/*) (Accessed 22 October 2018).

[17b] *G v G v Secretary of State for the Home Department* [2020] EWCA Civ 1185 at [50].

[17c] House of Commons Library, "*Brexit: Impact Across Policy Areas*", 26 August 2016.

Add n.17f to "the present", in the first sentence:

14-006
[17f] For now, the application of EU law continues. For example in *Minister for Justice and Equality v RO* (C-327/18 PPU) EU:C:2018:733, the CJEU held that where a Member State has notified the European Council of its intention to withdraw from the European Union and issues a European arrest warrant with respect to an individual, this does not have the consequence that the executing Member State must refuse to execute that European arrest warrant or postpone its execution pending clarification of the law that will be applicable in the issuing Member State after its withdrawal from the European Union; in the absence of substantial grounds to believe that the person who is the subject of that European arrest warrant is at risk of being deprived of rights recognised by the Charter or Council Framework Decision 2002/584/JHA as amended, following the withdrawal from the European Union of the issuing Member State, the executing Member State cannot refuse to execute that European arrest warrant while the issuing Member State remains a member of the European Union.

Replace n.23 with:

14-008
[23] The CFI was created in 1988 (TFEU art.256) to determine certain types of case. The name of the CFI was changed to the General Court on the coming into force of the Lisbon Treaty. The General Court hears cases brought by individuals against EU institutions. It does not give preliminary rulings under TFEU art.267 on which see 14-110. For a detailed comment on the jurisdictional divide between the CJEU and the General Court, see P. Craig, *EU Administrative Law* (2018), Ch.10.

OVERVIEW OF THE EU LEGAL SYSTEM

Policy areas within the field of the European Union

Replace n.41 with:

14-014
[41] Regulation (EU, EURATOM) No.966/2012 on the financial rules applicable to the general budget of the Union and repealing Council Regulation (EC, Euratom) No.1605/2002 [2012] OJ L298/1 arts 58(1)(a), 58(1)(b), 60-63. See P. Craig, *EU Administrative Law* (2018), Ch.3.

Union law as "a new legal order"

Replace n.45 with:

14-015
[45] *Opinion 2/13* EU:C:2014:2454 at [166]. For an interesting case on the rights of EU nationals and participatory democracy in the EU and the European Citizens Initiative, see *Puppinek v Commission* (C-418/18P) EU:C:2019:64; (Advocate General Opinion).

After para.14-017, add new para.14-017A:

14-017A
That EU law comprises a new legal order was confirmed in the *Wightman* case, in which the CJEU addressed the revocability of a notification under TEU art.50, already considered above. The CJEU observed that the founding Treaties, which constitute the basic constitutional charter of the EU, established, unlike ordinary international treaties, a new legal order, possessing its own institutions, for the

benefit of which the Member States thereof have limited their sovereign rights, in ever wider fields, and the subjects of which comprise not only those States but also their nationals. It was further added that the autonomy of EU law with respect both to the law of the Member States and to international law is justified by the essential characteristics of the EU and its law, relating in particular to the constitutional structure of the EU and the very nature of that law; EU law is characterised by the fact that it stems from an independent source of law, namely the Treaties, by its primacy over the laws of the Member States, and by the direct effect of a whole series of provisions which are applicable to their nationals and to the Member States themselves; those characteristics have given rise to a structured network of principles, rules and mutually interdependent legal relations binding the EU and its Member States reciprocally as well as binding its Member States to each other.[49a]

[49a] *Wightman* (C-621/18) EU:C:2018:999 at [44]-[45]. For recent consideration of the autonomy of the EU legal order of the EU see also Opinion 1/17 EU:C:2018:478.

Primacy of Union law

Replace n.54 with:

[54] See para.14-061. It may be that disapplication need not be immediate. *R. (on the application of National Council for Civil Liberties (Liberty) v Secretary of State for the Home Department* [2018] EWHC 975 (Admin), the Court refused to immediately disapply the Investigatory Powers Act 2016 Pt 4 notwithstanding incompatibility with the Charter. The Court held that incompatibility must be remedied within a reasonable time, namely on 1 November 2018 (judgment being handed down on 27 April 2018). The Court concluded that the practical consequences of immediate disapplication would be enormous and potentially damaging to the public interest (see [77]).

14-019

SECONDARY LEGISLATION

Directives

Direct effect of directives

Replace n.91 with:

[91] *Tullio Ratti* (148/78) EU:C:1979:110 at [22]; *Marshall v Southampton and South West Hampshire Area Health Authority (Teaching)* (152/84) EU:C:1986:84 at [48]. For detailed criticism of this position, see P. Craig, "The Legal Effect of Directives: Policy, Rules and Exceptions" (2009) 34 E.L. Rev. 349. For confirmation that Directives do not, in themselves, create obligations on the part of individuals and cannot be relied upon against those individuals, see: *Papasavvas v O Fileleftheros Dimosia Etairia Ltd* (C-291/13) EU:C:2014:2209 at [54]. In *Motor Insurers' Bureau v Lewis* [2019] EWCA Civ 909, it was held (at [73]-[77]) that Directive 2009/103 in relation to motor insurance had direct effect against the Motor Insurers' Bureau as an emanation of the State so that it was liable to indemnify a claimant who had been injured by an uninsured car on private land.

14-032

Replace n.117 with:

[117] P. Craig and G. de Búrca (eds), *EU Law: Texts, Cases and Materials* (2020), pp.236-237. Insofar as the *Mangold* line of cases requires a national court to disapply national legislation in a claim against a private party where the provision of national law is inconsistent with a directive, it has been confined by the English High Court to the "fundamental principle of non-discrimination": see *Alstom Transport v Eurostar International Ltd* [2012] EWHC 28 (Ch); [2012] 3 All E.R. 263 at [47] (Roth J observing: "[w]ere it otherwise, the distinction between vertical and horizontal direct effect would in practical terms be abolished, and the difference between directives and regulations that is expressed in TFEU art.288 would be emasculated").

14-037

THE CHARTER OF FUNDAMENTAL RIGHTS OF THE EU

Replace n.120 with:

[120] [2010] OJ C83/389; see P. Craig, *EU Administrative Law* (2018) Ch.16. By way of background, see,

14-039

e.g. P. Eeckhout, "The EU Charter of Fundamental Rights and the Federal Question" (2002) 39 C.M.L. Rev. 945; C. McCrudden, *The Future of the EU Charter of Fundamental Rights*, Jean Monnet Working Paper 13/01. For a comprehensive consideration of the Charter, see S Peers, J Kenner, A Ward, TK Hervey *The EU Charter of Fundamental Rights: A Commentary* (2014).

Replace para.14-041 with:

14-041 Since coming into force, the Charter has been invoked in a significant number of cases, with judgments of the CJEU and the General Court and already, a broad range of the Charter's articles have been subject to interpretation.[142] A number of cases have arisen in the context of private and family life,[143] as well as regarding protection of personal data.[144] There have also been judgments dealing with more novel aspects of the Charter, such as workers' rights to information and consultation in art.27,[145] the entitlement to social security and social assistance in art.34[146] the right to freedom of religion in art.10[146a], art.35 regarding health care.[147] There have also been interesting judgments on the reach of the Charter and the extent to which it is binding on private parties, in the context of art.21 and the prohibition on non-discrimination.[147a] However, to date, the most heavily cited provision appears to have been art.47 regarding the right to an effective remedy and fair trial,[148] many of which cases have arisen in the competition law context.[149] This has included the very important recent case law on judicial independence. In *LM*, the Irish High Court sought the guidance of the CJEU on the possibility of refusing the execution of three European arrest warrants issued by the Polish courts, on the basis of a potential violation of art.47 arising from reforms of the judiciary in Poland. The CJEU held that independence includes a requirement that the body "functions wholly autonomously" and "without being subject to any hierarchical constraint or subordinated to any other body and without taking orders or instructions from any source whatsoever".[149a] Meanwhile, in *Associacao Sindical dos Juizes Portugueses v Tribunal de Contas*, the CJEU ruled that salary reductions applied to the judges of the Tribunal de Contas in Portugal did not infringe the principle of judicial independence, as those measures, adopted in the context of EU financial assistance to that Member State, affected, in a general and temporary manner, a large part of the Portuguese public administration.[149b] In *European Commission v Republic of Poland*,[149c] a highly significant judgment, the CJEU held that a measure of Polish law, which lowered the retirement of judges of the Supreme Court, while conferring on the government a discretion to extend their period of service, was contrary to the requirement of independence of the judiciary.[149d] The CJEU rejected an argument that the Charter did not apply on a variety of grounds, but in particular on the basis that the Treaties had established a judicial system intended to ensure consistency and uniformity in the interpretation of EU law, and on the basis of the principle of effective judicial protection, as referred in TEU art.19(1).[149e] It was added that the guarantees of independence and impartiality require rules, particularly as regards the composition of the body and the appointment, length of service and grounds for abstention, rejection and dismissal of its members, that are such as to dispel any reasonable doubt in the minds of individuals as to the imperviousness of that body to external factors and its neutrality with respect to the interests before it.[149f]

[142] There have been too many cases decided to list here. Notable cases however include: *N. S. v Secretary of State for the Home Department and M. E. and Others v Refugee Applications Commissioner and Minister for Justice, Equality and Law Reform* (C-411/10 and C-493/10) EU:C:2011:865 (Grand Chamber) (arts 4 and 51(1)); *Agrofert Holding v Commission* (T-111/07) EU:T:2010:285 (access to documents) (art.7); *Rhimou Chakroun v Minister van Buitenlandse Zaken* (C-578/08) EU:C:2010:806 (art.7). *Luca Menci* (C-524/14) EU:C:2018:197 (art.50); *Garlsson Real Estate SA v Consob* (C-537/16) EU:C:2018:193 (art.50); *IR v JQ* (C-68/17) EU:C:2018:696 (art.21); *Coman v Inspectoratul General pentru Imigrări* (C-673/16) EU:C:2018:385 (art.21).

[143] See, e.g. *Agrofert Holding* (T-111/07) EU:T:2010:285; *Rhimou Chakroun* (C-578/08)

EU:C:2010:117; *Ilonka Sayn-Wittgenstein v Landeshauptmann von Wien* (C-208/09) EU:C:2010:117; *Malgožata Runevič-Vardyn and Łukasz Paweł Wardyn v Vilniaus miesto savivaldybės administracija* (C-391/09) EU:C:2011:291; *Murat Dereci and Others v Bundesministerium für Inneres* (C-256/11) EU:C:2011:734; *PPU J. McB. v L. E.* (C-400/10) EU:C:2010:582; *Natthaya Dülger v Wetteraukreis* (C-451/11) EU:C:2012:504; *Land Baden-Württemberg v Panagiotis Tsakouridis* (C-145/09) EU:C:2010:708. *F v Bevandorlasi es Allampolgarsagi Hivatal (C-473/16)* EU:C:2018:36.

[144] See, e.g. *Scarlet Extended SA v Société belge des auteurs, compositeurs et éditeurs SCRL (SABAM)* (C-70/10) EU:C:2011:771; *Kelly v National University of Ireland (University College, Dublin)* (C-104/10) EU:C:2011:506; *Sophie in 't Veld v Council* (T-529/09) EU:T:2012:215. For a relatively unusual example of case in which the CJEU found a violation of human rights in EU legislation, see *Volker und Markus Schecke and Eifert* (C-92/09 and C-93/09) EU:C:2010:662 at [85]-[86]. See also *Digital Rights Ireland v Minister for Communications, Marine and Natural Resources* (C-293, 594/12) EU:C:2014:238 at [45]–[70] (holding that the Data Retention Directive violated art.7 of the Charter due to a lack of proportionality); *Google Inc v Agencia Española de Protección de Datos (AEPD)* (C-131/12) EU:C:2014:317 at [97]–[99]; *Schrems v Data Protection Commissioner* (C-362/14) EU:C:2015:650 (finding invalid the Safe Harbour arrangement for data transfers to the US); *Tele2 Sverige AB v Post- och telestyrelsen* (C-203/15) EU:C:2015:650; *Data Protection Commissioner v Facebook Ireland Ltd and Schrems* (C-311/18) EU:C:2020:559; *GC v Commission Nationale de l'Informatique et des Libertés (CNIL)* (C-136/17) EU:C:2019:773. For an example in the national context, see *Vidal-Hall v Google Inc* [2015] EWCA Civ 311; [2015] 3 W.L.R. 409 at [70]–[79]); *R. (on the application of Davis) v Secretary of State for the Home Department* [2015] EWCA Civ 1185; [2016] 1 C.M.L.R. 48 (reference sought on the implications of the *Digital Rights Ireland* case); *Privacy International v Secretary of State for Foreign and Commonwealth Affairs* IP/15/110/CH; *Secretary of State for the Home Department v Watson* [2018] EWCA Civ 70; *R. (on the application of National Council for Civil Liberties (Liberty) v Secretary of State for the Home Department* [2018] EWHC 975 (Admin) (Investigatory Powers Act 2016 Pt 4 was incompatible with art.8 of the Charter, given that access to retained data was not limited to the purpose of combating "serious crime", and access to retained data was not subject to prior review by a court or an independent administrative body. A reference to the CJEU was made on the remaining questions); *NT1 v Google LLC* [2018] EWHC 799 (QB); [2018] H.R.L.R. 13; Case C-73/16 *Puskar v Finance Office of the Slovak Republic* EU:C:2017:725. In *Buivids v Datu Valsts Inspekcija (C-345/17)* EU:C:2019:12;, the CJEU held that the journalistic exception provided for under the Directive 95/46 could apply to the posting by a private individual of a video on You Tube showing police officers carrying out their duties at a police station. In *Ministerio Fiscal (C-207/16) EU:C:2018:788*, the CJEU found that the act of a public authority in accessing data for the purpose of identifying the owners of SIM cards activated with a stolen mobile phone entailed an interference with fundamental rights under arts 7 and 8 of the Charter but that the interference was not sufficiently serious such as to justify limiting such access to the investigation of serious crimes. See also *Lloyd v Google LLC* [2019] EWCA Civ 1599; [2020] 2 W.L.R. 484.

[145] *Association de médiation sociale* (C-176/12) EU:C:2014:2.

[146] *Servet Kamberaj v Istituto per l'Edilizia sociale della Provincia autonoma di Bolzano (IPES)* (C-571/10) EU:C:2012:233, (Grand Chamber).

[146a] *Liga van Moskeeen en Islamitische Organisaties Provincie Antwerpen VZW v Vlaams Gewest* (C-426/16) EU:C:2018:335 (requirement for ritual slaughter to be carried out in approved slaughterhouses).

[147] *Deutsches Weintor v Land Rheinland-Pfalz* (C-544/10) EU:C:2012:526; *José Manuel Blanco Pérez and María del Pilar Chao Gómez v Consejería de Salud y Servicios Sanitarios and Principado de Asturias* (C-570/07 and C-571/07) (Grand Chamber) EU:C:2010:300.

[147a] . In *Cresco Investigation GmbH v Achatzi (C-193/17)* EU:C:2019:4;, the CJEU held (at [76]-[78]) that Austrian legislation under which Good Friday was a paid holiday solely for members of particular churches amounted to direct discrimination on grounds of religion. Article 21 of the Charter prohibiting discrimination on various grounds was held to be directly effective, such that it could be directly relied upon directly against a private employer until Austria had modified its laws to take account of the court's judgment. The CJEU stated (at [76]-[78]): "The prohibition of all discrimination on grounds of religion or belief is mandatory as a general principle of EU law. That prohibition, which is laid down in Article 21(1) of the Charter, is sufficient in itself to confer on individuals a right which they may rely on as such in disputes between them in a field covered by EU law... As regards its mandatory effect, Article 21 of the Charter is no different, in principle, from the various provisions of the founding Treaties prohibiting discrimination on various grounds, even where the discrimination derives from contracts between individuals...Therefore, if it proved to be the case that national provisions could not be interpreted in a manner which was consistent with Directive 2000/78, the referring court would nevertheless be obliged to guarantee individuals the legal protection afforded to employees under Article 21 of the Charter and to guarantee the full effect of that article." In *Stadt Wudderpal v Bauer* (C-569/16) EU:C:2018:871, the CJEU held (at [92]) that there was an obligation on national courts in the context of a dispute between private parties to interpret national law in accordance with the provisions of the Charter. In *Wudderpal* the issue was whether art. 31(2) of the Charter must be interpreted as precluding national legislation under which a right to paid annual leave acquired but not taken prior to the death of a worker is deemed to have lapsed without giving rise to an entitlement to an allowance in lieu which may be passed on to the worker's legal heirs by inheritance.

[148] Examples include: *DEB Deutsche Energiehandels- und Beratungsgesellschaft mbH v Bundesrepublik*

Deutschland (C-279/09) EU:C:2010:811 (the right to legal aid under art.47 applies to both natural and legal persons); *Orizzonte Salute-Studio Infermieristico Associato v Azienda Pubblica di Servizi alla persona San Valentino-Citta di Levico Terme* (C-61/14) EU:C:2015:655; *G v Cornelius de Visser* (C-292/10) EU:C:2012:142 (art.47 does not preclude judgment being entered against a defendant in default of appearance given that it was impossible to locate him, the document instituting proceedings had been served by a public notice under national law and the court seised of the matter had first satisfied itself that all investigations required by the principles of diligence and good faith had been undertaken to trace the defendant); *Užsienio reikalų ministerija v Vladimir Peftiev* (C-314/13) EU:C:2014:1645 (freezing of funds should not prevent access to legal representation); *Inuit Tapiriit Kanatami v Parliament and Council* (C-583/11) EU:C:2013:625 at [105] (art.47 does not require an unconditional entitlement to bring a direct action for annulment of Union legislative acts); *Commission v Kadi* (C-584/10P, C-593/10P, C-595/10P) EU:C:2013:518; *ZZ v Secretary of State for the Home Department* (C-300/11) EU:C:2013:363 at [57] (disclosure in national security contexts); *R. (on the application of Edwards and Pallikaropoulos) v Environment Agency* (C-260/11) EU:C:2013:221 at [35] (environmental context); *Commission v United Kingdom of Great Britain and Northern Ireland* (C-530/11) EU:C:2014:67. For comment see J. Krommendijk, "Is there a light on the horizon? The distinction between 'Rewe effectiveness' and the principle of effective judicial protection in Article 47 of the Charter after Orizzonte" (2016) 53 C.M.L. Rev. 1395. In *Berlioz Investment Fund SA v Directeur de l'adminisration des contributions directes* (C-682/15) EU:C:2017:373, it was held that art.47 may be invoked in respect of a measure "adversely affecting" a person (at [51]-[52]). For interpretation of art.47 in the domestic courts, see *R. (on the application of AZ) v Secretary of State for the Home Department* [2017] EWCA Civ 35; [2017] 4 W.L.R. 94; *R. (on the application of XH) v Secretary of State for the Home Department* [2017] EWCA Civ 41 at [136] (regard can be had to the ECHR art.6 case law in interpreting art.47); *S1, T1, U1, V1 v Secretary of State for the Home Department* [2016] EWCA Civ 560 at [34]; and *Yanukovych v Council* (Case T-346/14) EU:T:2016:497 (duty to give reasons); *King v The Sash Window Workshop Ltd (C-214/16)* EU:C:2017:914; *LM (C-216/18 PPU)* EU:C:2018:586; *El Hassani v Minister Spraw Zagranicznych (C-403/16)* EU:C:2017:960 (art.32 of Regulation (EC) No.810/2009 of the European Parliament and of the Council of 13 July 2009 establishing a Community Code on Visas (as amended), read in light of art.47 of the Charter, must be interpreted as meaning that Member States were required to provide for an appeal procedure against decisions refusing visas, which must guarantee, at a certain stage in the procedure, a judicial appeal); *Benkharbouche v Secretary of State for Foreign and Commonwealth Affairs* [2017] UKSC 62; [2017] 3 W.L.R. 957 (insofar as State Immunity Act 1978 ss.4(2)(b) and 16(1)(a) conferred immunity on States in respect of employment claims brought against them by members of their embassy staff, it was incompatible with art.47 of the Charter).

[149] *Mindo Srl v Commission* (T-19/06) EU:T:2011:561; *Areva Société anonyme v Commission* (T-117/07 and T-121/07) EU:T:2011:69 (imposition of joint and several liability); *KME Germany AG, KME France SAS and KME Italy SpA v Commission* (C-272/09 P) EU:C:2011:810; *Chalkor AE Epexergasias Metallon v Commission* (C-386/10 P) EU:C:2011:815 (it was not necessary for the General Court to engage in full review of the Commission's decision in the competition law sphere in order to satisfy the requirements of art.47); see also *Schindler Holding v Commission* (C-501/11) EU:C:2013:522 at [33]-[34]. For a particularly important case on the role of the Commission in competition proceedings, see *Europese Gemeenschap v Otis NV* (C-199/11) EU:C:2012:684.

[149a] *LM (C-216/18 PPU) EU:C:2018:586* at [65]. Courts must also act impartially ([65]). In *OG and PI (Joined Cases C-508/18 and C-82/19) EU:C:2019:456*, the court concluded (at [90]) that the concept of "issuing judicial authority" under art.6(1) of Framework Decision 2002/584 must be interpreted as not including public prosecutors' offices of a Member State which are exposed to the risk of being subject, directly or indirectly, to directions or instructions in a specific case from the executive, such as a Minister for Justice, in connection with the adoption of a decision to issue a European arrest warrant.

[149b] *Associacao Sindical dos Juizes Portugueses v Tribunal de Contas* (C-64/16) EU:C:2018:117.

[149c] (C-619/18) EU:C:2019:615.

[149d] *European Commission v Republic of Poland* (C-619/18) EU:C:2019:615 at [108]-[124].

[149e] *European Commission v Republic of Poland* (C-619/18) EU:C:2019:615 at [44]-[49].

[149f] *European Commission v Republic of Poland* (C-619/18) EU:C:2019:615 at [74].

Replace n.160 with:

14-043 [160] *Willems v Burgemeester van Nuth* (C-446/12) EU:C:2015:238. See also *Fag og Arbejde v Kommunernes Landsforening (KL)* (C-354/13) EU:C:2014:2463 (holding that the Charter was inapplicable to a complaint of discrimination on grounds of obesity because obesity discrimination does not fall within the scope of Union law (albeit that the CJEU proceeded to rule that in certain circumstances, obesity may give rise to a disability engaging the duty not to discriminate on grounds of disability)).

Replace n.161 with:

14-044 [161] *Association de médiation sociale v Union locale des syndicats CGT* (C-176/12) EU:C:2014:2 at [43]-[48] (see also *Dansk Industri* EU:C:2016:278 at [36]); *Bauer (C-569/16 and C-570/16) EU:C:2018:871*; *Bollacke (C-118/13) EU:C:2014:1755*.

EFFECTIVE PROCEDURES AND REMEDIES

Replace para.14-071 with:

While occasionally Union law provides procedural rules for the enforcement of Union rights,[243] Union law more often than not vests rights in individuals without prescribing explicitly the procedural rules applicable in national courts or tribunals or the remedies for the infringement of the rights. The question then arises to what extent Union law governs the procedural rules applicable and the remedies available. The issue has frequently been put before the CJEU in references from national courts themselves; and a number of different phases in the CJEU's approach can be detected.[244] The cases are often difficult to reconcile and the outcome seems to depend on the particular facts and the rule at issue. National courts and tribunals and the CJEU must ensure the full application of Union law in all Member States and ensure judicial protection of an individual's rights under that law.[245] The overarching requirement is, as made clear by a new provision, introduced by the Lisbon Treaty, TEU art.19(1) that "Member States shall provide remedies sufficient to ensure effective legal protection in the fields covered by Union law". The right to effective judicial protection is also protected by art.47 of the Charter, and as was observed above,[246] is one of the most heavily litigated provisions of the Charter.

14-071

[243] See, e.g. Directive 2007/66/EC of the European Parliament and of the Council of 11 December 2007 amending Council Directives 89/665/EEC and 92/13/EEC with regard to improving the effectiveness of review procedures concerning the award of public contracts [2007] OJ L335/31.

[244] See in particular P. Craig and G. de Búrca, *EU Law Text, Cases and Materials* (2020), pp.278-287.

[245] *Opinion 2/13* EU:C:2014:2454 at [175].

[246] See 14-040.

Balancing procedural autonomy and effective protection

Replace para.14-074 with:

At present, the CJEU tends to apply what has been described as requirement for national courts "to strike an appropriate, proportionality-based, case-by-case balance between the requirement of effective judicial protection for EU law rights and the application of legitimate national procedural and remedial rules".[263] The balancing must be conducted:

14-074

> "by reference to the role of that provision in the procedure, its progress and its special features, viewed as a whole, before the various national instances. In the light of that analysis the basic principles of the domestic judicial system, such as protection of the rights of the defence, the principle of legal certainty and the proper conduct of procedure, must, where appropriate, be taken into consideration."[264]

[263] P. Craig and G. de Búrca, *EU Law: Text, Cases and Materials* (2020), p.286.

[264] *Peterbroeck, Van Campenhout & Cie v Belgian State* (C-312/93) EU:C:1995:437 at [14]; *Van Schijndel & Van Veen v Stichting Pensioenfonds voor Fysiotherapeuten* (C-430–431/93) EU:C:1995:441 at [19]; *Santex SpA v Unita Socio Sanitaria Locale No.42 di Pavia* (C-327/00) EU:C:2003:109 at [56]. For a recent interesting example, see *Hochtief Solutions AG v Fovarosi Torvenyszek (C-620/17)* EU:C:2019:63;Hochtief Solutions AG v Fővárosi Törvényszék (C-620/17) EU:C:2019:630 the CJEU held (at [47]) that a rule of national law under which excludes costs as an element of the damage incurred by a claimant for Francovich damages rendered the vindication of EU law rights excessively difficult. The CJEU stated (at [48]) "EU law precludes a rule of national law which, in such a case, generally excludes the costs incurred by a party as a result of the harmful decision of the national court or tribunal from damage which may be the subject of compensation." The CJEU did, however, hold (at [65]) that EU law did not preclude a rule of national law which did not allow the review of a judgment which had acquired the force of res judicata. See also: Case C-234/17 XC EU:C:2018:853 at [49].

Requirement of equivalence

Replace para.14-077 with:

While there is a lack of certainty regarding the standard applied, in terms of the

14-077

process of assessing equivalence, in determining whether the requirement of equivalence has been satisfied, it is necessary to take into account the role played by the relevant provision in the procedure as a whole, as well as the operation and any special features of that procedure before the different national courts.[281] This analysis must not be carried out subjectively by reference to circumstances of fact, but must involve an objective comparison in the abstract, of the procedural rules at issue.[282] The national court must also scrutinise the domestic procedures to determine not only whether they are comparable but also whether there is any inherent discrimination in their application in favour of domestic claims.[283] The principle does not mean that a Member State must extend its most favourable national rule to the Union action,[284] but the national court must consider both the purpose and the essential characteristics of allegedly similar domestic actions in order to reach its conclusions.[285] It has also been held that there must be a latitude in the application of the equivalence principle, and that the "no most favourable treatment" proviso—namely, that the equivalence principle is satisfied if there is equivalence with domestic rules applying to other similar actions which are not in the most favourable category—is an established feature of the equivalence principle.[286] However, the equivalence principle cannot be invoked to suggest that the relevant national procedural rule should be adjusted to be less favourable.[286a] Moreover, the equivalence principle is not available to the State; the principle can be invoked by an EU citizen, but "the State cannot shorten a statutory time limit against an individual" and does not enjoy the same rights as an individual.[286b]

[281] *Levez* EU:C:1998:577 at [43]–[44]; *Danske Slagterier* EU:C:2009:178 at [40]–[41].

[282] *Wolverhampton Healthcare NHS Trust* EU:C:2000:247.

[283] *Douanias v Ypourgio Oikonomikon* (C-228/98) EU:C:2000:65 at [65].

[284] See *Ministero delle Finanze v Spac* (C-260/96) EU:C:1998:402; *Aprile v Amminstrazione delle Finanze dello Stato* (C-228/96) EU:C:1998:544; *Dilexport v Amminstrazione delle Finanze dello Stato* (C-343/96) EU:C:1999:59; *Roquette Fréres v Direction des Services Fiscaux du Pas-de-Calais* (C-88/99) EU:C:2000:652. cf. *Emmott* EU:C:1991:333; and *Pontin v T-Comalux SA* (C-63/08) EU:C:2009:666 at [45].

[285] *Levez* EU:C:1998:577 at [43]. See further Case *Edis v Ministero delle Finanze* (C-231/96) EU:C:1998:401 at [36] (time limits). See *Transportes Urbanos y Servicios Generales SAL v Administración del Estado* (C-118/08) EU:C:2010:39 at [48] (the CJEU ruling that a requirement of exhaustion of all domestic remedies could not be applied to an action for damages alleging a breach of EU law where such a rule was not applicable to an action for damages against the State alleging a breach of the Constitution); *Club Hotel Loutraki AE v Ethniko Simvoulio Radiotileorasis* (C-145 and C-149/08) EU:C:2010:247 at [75]–[77], [80].

[286] *Totel Ltd v Revenue and Customs Commissioners* [2016] EWCA Civ 1310; [2017] 1 W.L.R. 2313.

[286a] *Secretary of State for Transport v Arriva Rail East Midlands Ltd* [2019] EWCA Civ 2259; [2019] 12 W.L.U.K. 262 at [89].

[286b] *Secretary of State for Transport v Arriva Rail East Midlands Ltd* [2019] EWCA Civ 2259; [2019] 12 W.L.U.K. 262 at [88].

Limitation periods

Replace para.14-081 with:

14-081 In the context of limitation periods for *Francovich* damages actions, the fact that institution of infringement proceedings by the Commission does not have the effect of interrupting or suspending the limitation period does not make it impossible or excessively difficult for individuals to exercise their Union rights or breach the principle of equivalence, since an individual may bring a *Francovich* action without having to wait until a judgment finding that the Member State has infringed Union law has been delivered.[301] A claim for Francovich damages arising from an unlawful procurement process has been characterised as a claim for breach of statutory duty, to which a 6-year time limit applies.[301a] Where the complaint is that a directive has not been transposed or incorrectly transposed, EU law does not preclude the limitation from beginning to run on the date on which the first injurious effects of the incorrect transposition have been produced and further effects are foreseeable, even if that date is prior to the correct transposition of the directive.[302] Where a temporal restriction is imposed on the right to obtain a refund of charges levied in breach of Union law, the general rule regarding reasonable time limits is subject to the additional principles, first, that the time limit not be specifically intended to limit the consequences of a judgment of the court and second, that the time set for the application of the time limit must be sufficient to ensure that the right to repayment is effective.[303]

[301] *Danske Slagterier* EU:C:2009:178 at [39]–[45].

[301a] *Secretary of State for Transport v Arriva Rail East Midlands Ltd* [2019] EWCA Civ 2259; [2019] W.L.U.K. 262 at [75] (noting at [71] that there was "ample authority for the proposition that a private law claim for damages arising out of the decision of a public body or authority will not automatically be categorised as a 'purely public law act'").

[302] *Danske Slagterier* EU:C:2009:178 at [53]–[58].

[303] *Marks & Spencer* EU:C:2002:435 at [36].

No general obligation to reopen final judicial and administrative decisions

Replace n.343 with:

[343] P. Craig and G. de Búrca, *EU Law: Text, Cases and Materials* (2020), p.290.

14-091

State liability in damages for breach of Union law

Right-conferring provision

Replace para.14-094 with:

First, the rule of Union law which has been infringed (i) must be intended to confer rights on individuals and (ii) where the complaint is that a directive has not been transposed, the content of those rights must be able to be identified on the basis of the provisions of the directive itself.[357] The right conferred by Union law may or may not be directly effective.[358] The following principles apply: (1) the content of the right claimed must be clear; (2) the grant of that right to individuals must necessarily follow if the result prescribed by the provision of EU law in issue (its objective) is to be achieved; (3) to ascertain the prescribed result or objective, regard must be had to the purpose of the provision in issue; (4) having identified the prescribed result or objective of the provision relied on, the question then becomes whether the proper implementation of that provision would entail the conferment of rights on individuals as claimed; and (5) in identifying the nature and extent of the right, a purposive approach is to be adopted and the court should avoid an unduly restrictive interpretation of the right.[358a]

14-094

[357] These conditions were specified in *Francovich* EU:C:1991:428. In *Bowden v South West Water Services Ltd* [1998] Env. L.R. 445 there was a failure to demonstrate that the Directive involved the grant of rights to individuals; see also *Paul v Germany* (C-222/02) EU:C:2004:606 at [51]; *Three Rivers DC v Governor and Company of the Bank of England* [2000] 2 A.C. 1 at 196, 219. In *Allen v HM Treasury* [2019] EWHC 1010 (Ch), it was held at [35]-[58] that Directive 83/181 did not confer rights on individuals and therefore that damages could not be recovered against the UK authorities after the collapse of a business which had resulted from the government's failure to stop the abuse of VAT relief for suppliers from the Channel Islands.

[358] In *R. v Secretary of State for Transport Ex p. Factortame (No.4)* (C-48/93) EU:C:1996:79 [1996] Q.B. 404 the successful claim against the United Kingdom was that the Merchant Shipping Act 1988 breached a directly effective provision in the TFEU prohibiting discrimination on the ground of nationality. The CJEU rejected an argument that *Francovich* was concerned only "to fill a lacuna in the system for safeguarding the rights of individuals" and was limited to situations where the Union law right was not directly effective. See also: *Bioplus Life Sciences Private Ltd v Secretary of State for Health* [2020] EWHC 329 (QB); [2020] 1 W.L.R. 2565 (provisions of the Medicinal Products Directive 2001/83

requiring Member States to exclude unauthorised medicinal products from the market did not confer individual rights on holders of market authorisations sufficient to support a claim for *Francovich* damages).

[358a] *Bioplus Life Sciences Private Ltd v Secretary of State for Health* [2020] EWHC 329 (QB); [2020] 1 W.L.R. 2565; see also *Allen v HM Treasury* [2019] EWHC 1010 (Ch); [2019] 4 W.L.U.K. 320 and *Angus Growers Ltd v Scottish Ministers* [2016] CSOH 26.

Sufficiently serious breach

Replace n.361 with:

14-095 [361] *Byrne* [2009] Q.B. 66 at [45]. For a recent example, see *Credit Suisse Securities (Europe) Ltd v Revenue and Customs Commissioners* [2019] EWHC 1922 (Ch), at [93], in which it was held (at [86]-[93]) that if the claimant had made out his claim that there had been unlawful State aid, the claim for Francovich damages would have failed in any event because, while the State aid rules were clearly important and conferred no discretion on Member States in relation to compliance with them, the payroll tax legislation was obviously intentional and resulted from deliberate policy choices, there was clearly no deliberate intention to infringe the EU law rules on State aid and clearly no intention to confer an advantage on untaxed banks.

Replace para.14-096 with:

14-096 As a general matter, the following factors will be material in determining whether an infringement passes the threshold of seriousness[362]: (i) the clarity and precision of the rule breached[363]; (ii) the measure of discretion left by that rule to the national authorities[364]; (iii) whether the infringement and damage caused was intentional or involuntary; (iv) whether any error of law was excusable or inexcusable[365]; (v) the fact that the position taken by a EU institution may have contributed towards the omission; and (vi) the adoption or retention of national measures or practices contrary to Union law.[366] More specifically, a failure by a Member State to transpose a directive within the prescribed period is per se a serious breach of Union law and the circumstances of the failure are not relevant to determining liability,[367] although this principle is subject to slight modification where an administrative authority has attempted to give the provisions of the directive immediate effect despite its non-implementation by the national legislature.[368] Where the Member State concerned is not in a position to make any legislative choices and has only a considerably reduced, or even no, discretion, the mere infringement of Union law may be sufficient to establish the existence of a sufficiently serious breach.[369] Where the breach, whether intentional or otherwise, is of a fundamental principle of the TFEU, such as the prohibition on discrimination on the grounds of nationality, this will almost invariably give rise to liability in damages.[370] However, national law cannot impose as a pre-condition to Francovich damages that the harm has been intentionally caused.[370a] Furthermore, "on any view", a breach of Union law will be sufficiently serious if it has persisted despite a judgment finding the infringement in question to be established or a preliminary ruling or settled case law of the CJEU on the matter from which it is clear that the conduct in question constituted an infringement.[371] Failing to adopt measures necessary to comply with an interim order of the CJEU will also constitute a sufficiently serious breach.[372] By contrast, if a decision by an official would have been the same even if no breach of Union law had occurred, this may be insufficiently serious to warrant compensation.[373] Where there has been a bona fide misinterpretation of an unclear provision that is also unlikely to constitute a "sufficiently serious breach".[374] The obligation to make reparation for loss or damage caused to individuals cannot depend upon a condition based on any concept of fault going beyond a sufficiently serious breach of EU law.[375] If the breach has "serious consequences", the national courts will also include this as a relevant factor to consider in determining whether there has been a "sufficiently serious breach".[376] While a finding of breach by the CJEU is an important factor, it is not indispensable for establishing that the breach of Union law was sufficiently serious; an individual can bring an action for damages, without having to wait for a prior judgment by the CJEU that the Member State has breached Union law.[377] Similarly, an individual's ability to take an action for damages cannot be dependent on the Commission's assessment of the expediency of taking action against a Member State pursuant to TFEU art.258. However, where the Commission considers whether to bring an infringement and decides against it, that will be a "pointer" against a finding of sufficiently serious breach.[378]

[362] *Brasserie du Pêcheur* EU:C:1996:79 at [56]; *R. v Secretary of State for Transport, Ex p. Factortame Ltd (No.4)* [1996] Q.B. 404; *Recall Support Services* [2013] EWHC 3091 (Ch) at [165] (see now: [2014] EWCA Civ 1370).

[363] *British Telecommunications* [1996] Q.B. 615 (no serious breach where article in Directive imprecisely worded, reasonably capable of bearing the United Kingdom's good faith interpretation, which was shared by other Member States) cf. *Rechberger v Austria* (C-140/97) EU:C:1999:306 at [50]-[51] (where art.7 of Directive 90/314 on package travel, package holidays and package tours gave no discretion to the Member State and as such, the attempt of Austria to limit its application constituted a sufficiently serious breach of Union law to give rise to a damages action) *Synthon BV v Licensing Authority of the Department of Health* (C-452/06) EU:C:2008:565 at [42]-[43] (a sufficiently serious breach arose where the Licensing Authority refused an application for mutual recognition of a product pursuant to Directive 2001/83, the relevant provision of which had been "clearly and precisely" worded); *Specht v Land Berlin* (C-501/12–C-506/12) EU:C:2014:2005 at [105] (legislation which is not clear and precise may become so from the date upon which the court gives clarity and definition to a rule of EU law); *R. (on the application of Chester) v Secretary of State for Justice* [2013] UKSC 63; [2014] A.C. 271 at [79].

[364] For example, in *Hedley Lomas* [1997] Q.B. 139 the United Kingdom imposed a general ban on the export of live animals to Spain for slaughter, contrary to TFEU art.34 on the free movement of goods. The CJEU held that here the national authorities had not been called upon to make any legislative choices and had only reduced discretion, or even no discretion. In such a situation the mere infringement of Union law may be sufficient to establish the existence of a sufficiently serious breach. See also *Synthon BV* EU:C:2008:565 at [41]-[43] (a sufficiently serious breach arose where the Licensing Authority refused an application for mutual recognition of a product pursuant to Directive 2001/83 which granted "only a very limited discretion" in relation to refusal). *R. (on the application of Chester) v Secretary of State for Justice* [2013] UKSC 63; [2014] A.C. 271 at [76]. See also *Delaney v Secretary of State for Transport* [2015] EWCA Civ 172; [2015] 3 All E.R. 329 (where the natural reading of an article of a Directive only permitted exclusions which were set out in the article itself; a reference in the recitals to the Directive to "certain limited exclusions" was not a sound basis for adding additional exclusions and there was no discretion to adopt additional exclusions, resulting in a sufficiently serious breach in *Francovich* damages). See also *Angus Growers Ltd v Scottish Ministers* [2016] CSOH 26 at [40] (confirming that where there is a lack of discretion, it may not be sufficient to merely prove that there has been a breach of EU law—more may be required).

[365] For example, in *R. v Secretary of State for Transport Ex p. Factortame Ltd (No.5)* [1998] 1 All E.R. 736 (Note), the High Court held that the damage caused by the enactment of the Merchant Shipping Act 1988 Pt II was sufficiently serious because: (1) discrimination on the ground of nationality contrary to the TFEU was the intended effect of the criteria; (2) the government was aware that those criteria would necessarily injure the applicants who would be unable to fish against the British quota; (3) the Act was constructed to ensure it would not be delayed by legal challenges and this made it impossible for the applicants to obtain interim relief without the CJEU's intervention; and (4) the Commission had been consistently hostile to the proposed legislation. See also *Angus Growers Ltd v Scottish Ministers* [2016] CSOH 26 at [43]-[45].

[366] These factors were endorsed in *Delaney v Secretary of State for Transport* [2015] EWCA Civ 172; [2015] 3 All E.R. 329 at [36]; see also *McCann v Department for Regional Development* [2019] NIQB 100 at [23] (finding a sufficiently serious breach of procurement law to result for the purpose of the Francovich test).

[367] See *Dillenkofer v Germany* (C-178, C-179, C-188-190/94) EU:C:1996:375 [1997] Q.B. 259 at [26].

[368] See 14-100.

[369] *Hedley Lomas* [1997] Q.B. 139 at [28]; *Dillenkofer* EU:C:1996:375 [1997] Q.B. 259 at [25].

[370] *Factortame (No.5)* [1998] C.O.D. 381.

[370a] In *Kanterev v Balgarska Narodna Banka (C-571/16)* EU:C:2018:80;, the CJEU held (at [147]) that a rule of Bulgarian law which required, as precondition to the award of Francovich damages, that the harm be intentionally caused, was invalid, as going beyond what was inherent in the concept of "sufficiently serious breach."

[371] *Brasserie du Pêcheur* EU:C:1996:79 at [56]; *Byrne* [2009] Q.B. 66 at [44] (the fact that the CJEU had given an "unambiguous statement" regarding the meaning of the Directive contributed to a finding of a sufficiently serious breach). *Hogan v Minister for Social and Family Affairs* (C-398/11)

EU:C:2013:272 at [51]–[52] (the requirements of art.8 of Directive 80/987 as amended were clear and specific from the date of a prior judgment, as such, Ireland's failure to transpose the Directive correctly gave rise to a sufficiently serious breach of Union law); *Specht v Land Berlin* (C-501/12–C-506/12) EU:C:2014:2005 at [105] (legislation which is not clear and precise may become so from the date upon which the court gives clarity and definition to a rule of EU law).

[372] EU:C:1996:79 at [64].

[373] *R. v Secretary of State for the Home Department Ex p. Gallagher* [1996] 2 C.M.L.R. 951, CA (order excluding applicant from entering Great Britain was made under the Prevention of Terrorism (Temporary Provisions) Act 1989 without following the rules of procedural fairness set out in Directive 64/221, but the breach was not sufficiently serious to merit an award of compensation as there was no evidence to suggest that the Secretary of State would have reached a different conclusion had he received the applicant's representations at an earlier stage). In the context of procurement, in applications to the lift the automatic suspension, contracting authorities sometimes concede that, if the challenger succeeds in establishing that the contract was awarded to the wrong bidder, this would satisfy the threshold requirement of a sufficiently serious breach: see, e.g., *Alstom Transport UK Ltd v Network Rail Infrastructure Ltd* [2019] EWHC 3585 (TCC); [2019] 12 W.L.U.K. 414 at [38]–[39]. See also: *Ocean Outdoor UK Ltd v Hammersmith and Fulham LBC* [2019] EWCA Civ 1642; [2020] P.T.S.R. 639 for assessment in the procurement context.

[374] *R. v Ministry of Agriculture, Fisheries and Food Ex p. Lay and Gage* [1998] C.O.D. 387.

[375] *Fuß* (C-243/09) EU:C:2010:609 at [67] (holding that imposing a requirement on a worker to make a prior application to an employer in order to be entitled to reparation for loss or damage would be contrary to the principle of effectiveness); *Traghetti del Mediterraneo SpA (In Liquidation) v Italy* (C-173/03) EU:C:2006:391 at [46].

[376] *Byrne* [2009] Q.B. 66 at [45].

[377] *Danske Slagterier* EU:C:2009:178 at [37] and [39].

[378] *Recall Support Services* [2014] EWCA Civ 1370 at [87]. It has also been held that excessively lengthy General Court proceedings (three years) are not a sufficiently serious breach of the duty to adjudicate within a reasonable period: *Aloys F Dornbracht GmbH & Co KG v Commission (Re Bathroom Fittings Cartel)* (C-604/13 P) EU:C:2017:45; see also *Trafilerie Mediionali SpA v Commission (Re Prestressing Steel Cartel Appeal)* (C-519/15P) EU:C:2016:682.

Causal link

Replace para.14-098 with:

14-098 Thirdly, a causal link must exist between the breach of the Member State's obligation and the harm sustained by the injured party.[385] This condition is to be decided in accordance with national rules on liability, provided that national law is not less favourable than those relating to a similar purely domestic claim and they are not such, as in practice to make it impossible or excessively difficult to obtain effective reparation for loss or damage resulting from breach of Union law.[385a] Loss of chance principles may have relevance, but a claimant is still required to show a possible causal connection between the breach and the loss.[385b]

[385] See further G. Anagnostaras, "Not as Unproblematic as You Might Think: The Establishment of Causation in Governmental Liability Actions" (2002) 27 E.L. Rev. 663.

[385a] In *Aldabe v Advocate General for Scotland* [2019] CSIH 35, the Court found (at [29]) that there had been no breach of EU law, but added that even if its analysis in that regard was incorrect, there would have been no causal link between the breach alleged and the harm allegedly suffered by the claimant. In *Remag Metallhandel GmbH* (T-631/16) EU:T:2019:352, it was found (at [65]) that recommendations made by the European Anti-Fraud Office (OLAF), not being legally binding, could not be said to have caused the damage alleged by the claimant.

[385b] *Ocean Outdoor UK Ltd v Hammersmith and Fulham LBC* [2019] EWCA Civ 1642; [2020] P.T.S.R. 639 at [89]–[90].

PRELIMINARY RULINGS

The referral discretion of the lower national courts

14-108 *Delete n.427.*

Referral obligation of national courts of last instance

Replace para.14-109 with:

Pursuant to TFEU art.267 it would normally be compulsory for the Supreme Court as the final court of appeal on the judicial review claim to make a reference for a preliminary ruling. The fact that leave must be sought to bring an appeal before the Supreme Court means that if a question arises as to the interpretation or validity of a rule of Union law, TFEU art.267 imposes an obligation on the House to refer the question to the CJEU either at the stage of the examination of the admissibility of the appeal or at a later stage.[437] However, where the question of Union law is "so obvious as to leave no scope for any reasonable doubt as to the manner in which the question raised is to be resolved",[438] is irrelevant, or has already been answered by the CJEU,[438a] a reference will not be necessary. This doctrine is referred to as the acte clair doctrine and it only applies to courts of last instance, within the meaning of TFEU art.267(3). The conditions to satisfy the doctrine are extremely stringent,[439] although the practice of national courts has often been to misapply or even disregard them.[440] The CJEU has been invited to relax the requirements of the acte clair doctrine, but has declined to do so.[441] Indeed, given that a failure to refer a question which is not acte clair may give rise to a damages action, the CJEU clearly intends the referral obligation to regarded as strict by national supreme courts.[442] The Supreme Court has emphasised that the role of the CJEU is one of interpretation and the national court's is one of application.[443]

14-109

---

[437] *Lyckeskog* (C-99/00) EU:C:2002:329 at [18]. This confirmed the "concrete" understanding of TFEU art.267 which understood a reference to be obligatory for the highest court in the case; as opposed to the "abstract" understanding of TFEU art.267 which considered a reference obligatory for only the highest court in the land. See also *Križan* EU:C:2013:8 at [62] (a national court is a court against whose decisions there is no judicial remedy under national law, within the meaning of TFEU art.267(3) and which is thus required to request a preliminary ruling, even where national law provides for the possibility of bringing before the constitutional court of the Member State concerned an action against its decisions limited to an examination of a potential infringement of the rights and freedoms guaranteed by the national constitution or by an international agreement). In *European Commission v French Republic (C-416/17)* EU:C:2018:81;, the CJEU found that the Conseil d'État, in refusing to make a reference to the CJEU in relation to the calculation of the reimbursement of tax, had purported to determine a question the answer to which was not so obvious as to leave no scope for doubt and that the Conseil d'État had therefore failed to fulfil its obligations under art.267 TFEU.

[438] *CILFIT Srl v Ministry of Health* (283/81) EU:C:1982:335 at [16].

[438a] *Commission v France* (C-416/17) EU:C:1986:43 at [110].

[439] In determining whether the Union law point is so obvious as to leave no scope for reasonable doubt, it is also necessary for the national court to consider "the characteristic features of [Union] law and the particular difficulties to which its interpretation gives rise", including (a) the need to compare the different language versions of [Union] legislation, each of which is equally authentic; (b) the use of terminology which is peculiar to Union law, or which has a different meaning in Union law from its meaning in the law of the various Member States; and (c) the need to place every provision of Union law in its context and to interpret it in the light of the provisions of Union law as a whole, regard being had to the objectives of Union law and to its state of evolution at the date on which the provision in question is to be applied: see *CILFIT* EU:C:1982:335 at [17]-[20]; M. Broberg, "Acte Clair Revisited: Adapting the Acte Clair Criteria to the Demands of the Times" (2008) 45 C.M.L. Rev. 1383.

[440] D. Chalmers, G. Davies, and G. Monti, *European Union Law* (2014), p.177; Anderson and Demetriou, *References to the European Court* (2002) at paras 6-051–6-058; the Supreme Court does not generally consider each of the *CILFIT* criteria but asks if the answer is "clear beyond the bounds of reasonable argument": *R. (on the application of Countryside Alliance) v Attorney General* [2007] UKHL 52 at [32]; [2009] 1 A.C. 719 at [31]; *O'Byrne* [2008] UKHL 34; [2008] 4 All E.R. 881 at [23]-[24]. See also *Buckinghamshire* [2014] UKSC 3; [2014] P.T.S.R. 182 at [53], [117], [128]; *Aimia Coalition Loyalty UK* [2013] UKSC 15.

[441] *Lyckeskog* (C-99/00) EU:C:2002:329 at [9], [20]-[21].

[442] *Köbler* EU:C:2003:513. For a strict application of the *CILFIT* criteria, in which it was held that where a question of Union law had given rise to conflicting decisions in the lower courts of that Member State and the issue was one which frequently gave rise to issues of interpretation in Member States, the court of final instance had an obligation to make a reference, see *João Filipe Ferreira da Silva e Brito v Portugal* (C-160/14) EU:C:2015:565. However, it does not necessarily suffice to trigger the obligation

to make a reference if a lower court has made a reference to the CJEU in a similar case with the same legal issue, if the court of last instance regards the issue as acte clair: *X v Inspecteur van Rijksbelastingdienst* (C-72/14) EU:C:2015:564.

443 *Bloomsbury International Ltd v Department for Environment, Food and Rural Affairs* [2011] UKSC 25; [2011] 1 W.L.R. 1546 at [51].

DIRECT ACTIONS IN THE CJEU AND GENERAL COURT

Review of legality

Replace n.464 with:

14-116   464 *Inuit Tapiriit Kanatami* EU:C:2013:625 at [58]–[60]. See also *Carvalho v European Parliament (T-330/18) EU:T:2019:324* at [49] (the applicants had "not established that the contested provisions of the legislative package infringed their fundamental rights and distinguished them individually from all other natural or legal persons concerned").

GROUNDS OF JUDICIAL REVIEW AGAINST UNION MEASURES: OVERVIEW

Equal treatment and non-discrimination

Replace para.14-125 with:

14-125   Although certain provisions of the TFEU provide for the principle of equal treatment with regard to specific matters,[487] the CJEU has held that the principle of equality is a general principle of law of which those provisions are merely specific expressions and which precludes comparable situations from being treated differently unless the difference in treatment is objectively justified.[488] It also prohibits different situations from being treated in the same way unless such treatment is objectively justified.[489] Whether objective justification exists depends on the particular circumstances of each case, account being taken of the objectives of the measure in question. In general, the CJEU has interpreted the notion of "objective justification" broadly.[490]

487 See, e.g. TFEU art.18 (prohibition of discrimination on the grounds of nationality); TFEU art.40(2) (prohibition of discrimination between producers and consumers in the common agricultural policy); TFEU art.157 (equal pay for equal work for men and women); TFEU art.19 (conferring positive competence on the Union to take action to combat discrimination based on sex, racial or ethnic origin, religion or belief, disability, age or sexual orientation). For a case on equality in the context of sexual orientation (in which TFEU art.19 was ignored), see *Leger v Ministre des Affaires sociales, de la Sante et des Droits des femmes* (C-528/13) EU:C:2015:288 [2015] All E.R. (EC) 755. For an interesting holding that obesity may, where it hinders the full and effective participation of some persons in professional life on a long-term basis, constitute a disability, see: *Fag og Arbejde v Kommunernes Landsforening (KL)* (C-354/13) EU:C:2014:2463. See also: *Ypourgos Esoterikon Kalliri* (C-409/16) EU:C:2017:767; *Maria Begona Espadas Recio v ServicioPublico de Empleo Estatal (SPEE)* (C-98/15) EU:C:2017:833; *MB v Secretary of State for Work and Pensions* (C-451/16) EU:C:2018:492.

488 See, e.g. *Uberschar v Bundesversicherungsanstalt fur Angestellte* (810/79) EU:C:1980:228 at [16]; *Ruckdeschel v Hauptzollamt Hamburg St Annen* (117/76 and 16/77) EU:C:1977:160 at [7]; *Sotgiu v Deutsche Bundespost* EU:C:1974:13 at [11]; *Bela-Mühle Josef Bergman v Grows-Farm* (114/76) EU:C:1977:116 (the effect of a policy making animal feed producers use skimmed-milk powder was to increase the price of animal feed and this harmed all livestock breeders and the benefits of the policy were felt only by dairy farmers; thus the policy operated in a discriminatory manner between different categories of farmers); and *Mangold* EU:C:2005:709 at [75] (CJEU asserted that the principle of non-discrimination on grounds of age must be regarded as a general principle of Union law). On age discrimination, see also *R. (on the application of The Incorporated Trustees of the National Council on Ageing (Age Concern England)) v Secretary of State for Business, Enterprise and Regulatory Reform* (C-388/07) EU:C:2009:128; *Palacios* EU:C:2007:106; *Seldon v Clarkson Wright, Jakes (A Partnership)* [2012] UKSC 16; [2012] 3 All E.R. 1301 at [32] et seq. See also *Römer* (C-147/08) EU:C:2010:425 [2011] All E.R. (D) 212 [60]–[61] (Advocate General Jääskinen urged the CJEU to make the prohibition of discrimination on grounds of sexual orientation a general principle of EU Law. The court held,

however, that the complaint relating to discrimination on grounds of sexual orientation did not fall within the scope of Union law: [63]-[64]).

⁴⁸⁹ *Sermide v Cassa Conguaglio Zucchero* (106/83) EU:C:1984:394 at [28]; *R. (on the application of Novartis Pharmaceuticals UK Ltd) v Licensing Authority* (C-106/01) EU:C:2004:245 at [69]; *Poland v Council* (C-273/04) EU:C:2007:622 (Grand Chamber) at [87]-[89] (Poland's complaint about discrimination because of difference in treatment between old and new Member States in the context of the Common Agricultural Policy was rejected on the basis that the agricultural situation in the new Member States was "radically different" from that in the old Member States). See also: *Republic of Austria v Netherlands* (C-591/17) EU:C:2019:504, at [78] (Germany had violated art. 18 TFEU by introducing infrastructure use charges and providing simultaneously for a relief from such tax for cars registered in Germany and had impermissibly discriminated on grounds of nationality).

⁴⁹⁰ For example, it has been held that the discrimination which arises from the fact that a Council Regulation grants aid for sugar in transit between two approved warehouses situated in a single Member State but refuses such aid for sugar in transit between two approved warehouses situated in different Member States is objectively justified on the ground of the difference in the supervisory measures required: *Wagner* (8/82) EU:C:1983:41.

Proportionality

Replace n.498

⁴⁹⁸ T. Tridimas, *The General Principles of EU Law* (2006), p.139. This has been debated: de Búrca has suggested that there is a three part test, namely: (1) is the measure suitable to achieve a legitimate aim; (2) is the measure necessary to achieve that aim and (3) does the measure have an excessive effect on the applicant's interests: G. de Búrca, "The Principle of Proportionality and its Application in EC Law" (1993) Y.E.L. 105, 113. Tridimas notes, however, that, while the tripartite test has received "some judicial support", "in practice the Court does not distinguish in its analysis between the second and third test": p.139. In *Herbert Schaible v Land Baden-Württemberg* (C-101/12), Advocate General Wahl (EU:C:2013:334) expressed the view at [40] that the court's jurisdiction also extends to evaluating whether the measure strikes a fair balance between the interests of those affected, i.e. proportionality *stricto sensu*). See also EU:C:2013:661 at [29]; P. Craig, *EU Administrative Law* (2018), Chs 19 and 20. For an example of the CJEU applying a structured proportionality analysis, see: *Sky Österreich GmbH v Österreichischer Rundfunk* (C-283/11) EU:C:2013:28 at [48]–[50]; *Digital Rights Ireland v Minister for Communications, Marine and Natural Resources* (C-293, 594/12) EU:C:2014:238 at [45]–[70]. That proportionality usually entails a two-part test has been endorsed by the Supreme Court: *Lumsdon* [2015] UKSC 41; [2016] A.C. 697 at [33] (adding that there is some debate as to whether there is a third question, sometimes referred to as proportionality *stricto sensu*: namely, whether the burden imposed by the measure is disproportionate to the benefits secured. In practice, the court usually omits this question from its formulation of the proportionality principle. It was added that where the question has been argued, however, the court has often included it in its formulation and addressed it separately, as in *R. v Minister for Agriculture, Fisheries and Food, Ex p Fedesa* (C-331/88) EU:C:1990:391; [1990] E.C.R. I–4023).

14-127

Emerging principles

Replace para.14-142 with:

Whether transparency has yet acquired the status of a "general principle" of Union law and the content of any such principle are not entirely clear.⁵⁸⁴ The importance of transparency pervades the Treaties, for example, with transparency appearing as a general objective of the Union in TEU art.1,⁵⁸⁵ Union institutions being placed under an obligation to maintain "open, transparent and regular dialogue" with representative associations and civil society⁵⁸⁶ and obligations of public lawmaking⁵⁸⁷ and access to documentation.⁵⁸⁸ Access to documentation is also protected by Regulation 1049/2001⁵⁸⁹ and art.42 of the Charter. The principle is well-established in the context of public procurement⁵⁹⁰; it derived initially from the necessity to verify compliance with the principle of equal treatment, but it now appears to be regarded as necessary for verifying compliance with the principle of non-discrimination in the context of the free movement provisions more generally.⁵⁹¹ Significantly, the CJEU and General Court have also demonstrated a willingness to read EU legislation as subject to transparency, even where there is no explicit mention of this principle in the relevant articles of the legislation.⁵⁹²

14-142

⁵⁸⁴ For discussion, see P. Craig, *EU Administrative Law* (2018), Ch.13; K. Lenaerts, "'In the Union We Trust': Trust Enhancing Principles of Community Law" (2004) 41 C.M.L. Rev. 317, 321.

⁵⁸⁵ See also TEU art.10(3).

⁵⁸⁶ TEU art.11(2); see also TEU art.11(3) and TFEU art.15(1).

⁵⁸⁷ TFEU art.16(8) and TFEU art.15(2).

⁵⁸⁸ TEU art.15(3).

⁵⁸⁹ Regulation (EC) No.1049/2001 of the European Parliament and of the Council of 30 May 2001 regarding public access to European Parliament, Council and Commission documents. In the environmental context, see *Križan v Slovenská inšpekcia životného prostredia* (C-416/10) EU:C:2013:8 and *ClientEarth v Commission* (C-57/16 P) EU:C:2018:660.

⁵⁹⁰ *Unitron Scandinavia et al v Ministeret for Fodvarer* (C-275/98) EU:C:1999:567; *Telaustria and Telefonadress v Telekom Austria* (C-324/98) EU:C:2000:669 at [60]–[61]; *Commission v Ireland* (C-226/09) EU:C:2010:697.

⁵⁹¹ *Commission v Italy* (C-260/04) EU:C:2007:508; *Sporting Exchange Ltd v Minister van Justitie* (C-203/08) EU:C:2010:307; *Carmen Media Group v Land Schleswig-Holstein* (C-46/08) EU:C:2010:505 at [86]–[87]; see also at [90]. See also *R (ABPI) v Medicines and Healthcare Products Regulatory Agency* (C-62/09) EU:C:2010:219; *Altmark Transport GmbH v Nahverkehrsgesellschaft Altmark GmbH* (C-280/00) EU:C:2003:415 at [90] and [95].

⁵⁹² *The Queen on the application of Alliance for Natural Health and Nutri-Link Ltd v Secretary of State for Health* (C-154 and 155/04) EU:C:2005:449 at [81]–[82]; *Melli Bank Plc v Council* (T-246 and 332/08) EU:T:2009:266 at [146] (appeal dismissed: C-380/09).

Replace n.595 with:

14-144 ⁵⁹⁵ P. Craig and G. de Búrca, *EU Law: Text, Cases and Materials* (2020), p.629-670; see also P. Craig, *EU Administrative Law* (2018), Ch.21.

GROUNDS FOR JUDICIAL REVIEW OF NATIONAL MEASURES

Proportionality

Replace n.676 with:

14-171 ⁶⁷⁶ See, e.g. *Omega Spielhallen* EU:C:2004:614: it was held that the public policy justification of the Bonn police for forbidding laser games involving simulated killing, on the basis that it infringed the right to dignity in the German Constitution, was proportionate; and it was not necessary for the restrictive measure to be chosen by all Member States. See also *Läärä, Cotswold Microsystems Ltd and Oy Transatlantic Software Ltd v Finland* (C-124/97) EU:C:1999:435 (granting a public body the exclusive right to operate slot machines in infringement of the freedom to provide services could potentially be justified on grounds of consumer protection).

PART III: PROCEDURES AND REMEDIES

CHAPTER 15

The Historical Development of Judicial Review Remedies and Procedures

TABLE OF CONTENTS

Scope	15-001
Introduction	15-002
Certiorari and Prohibition	15-014
The Writ of Mandamus	15-035
The Writ of Habeas Corpus	15-044
Equitable Remedies: Injunctions	15-047
Declarations	15-060
Legislative Reform of Procedures	15-074■

LEGISLATIVE REFORM OF PROCEDURES

The creation of the RSC, Ord.53 application for judicial review

Recent reforms

Replace n.266 with:

[266] In *Michalak v General Medical Council* [2016] EWCA Civ 172; [2016] I.C.R. 628, the CA accepted that "there are aspects of the modern procedure [for judicial review] that can be said to have been changed substantively rather than just procedurally in and after 1982" (at [39] (Ryder LJ). The CA went on to acknowledge that "one could characterise judicial review after January 1982 as being 'by virtue of an enactment'" for the purposes of s.53 of the Equality Act 2010 (at [40] (Ryder LJ) and that judicial review has since 1981 "been put on a statutory footing" (at [53] (Moore-Bick LJ). The SC did not go so far: judicial review remains a common law remedy although "regulated" by statute (*General Medical Council v Michalak* [2017] UKSC 71; [2017] 1 W.L.R. 4193 at [33]). The SC modified its position somewhat in *R. (on the application of Haralambous) v Crown Court at St Albans* [2018] UKSC 1; [2018] A.C. 236, at [56]–[59], describing modern judicial review as "regulated now by the Senior Courts Act 1981" and "regulated by statutory underpinning".

15-099

Replace n.209 with:

[209] See 17-006. The effect of this reform on the Administrative Court's caseload was predictably dramatic: the total number of judicial review applications in the Administrative Court declined from its peak of just under 16,000 before the transfer, to around 4,000 in the following year. That decline has continued: in 2019, there were 3,400 applications for judicial review. In the first quarter of 2020, there were 798 applications (down 14% on the same period on 2019 (*Ministry of Justice, Civil Justice Statistics Quarterly, England and Wales, January to March 2020 (provisional)* (4 June 2020)).

15-100

After para.15-100, add new paragraph:

On 31 July 2020, the Government launched its Independent Review of Administrative Law. The terms of reference for the Review include: whether decisions which are amenable to judicial review and the grounds of public law illegality should be codified in statute; whether the distinction between justiciable and non-justiciable decisions should be clarified; and whether the procedure for seek-

15-100A

ing judicial review should be "streamlined". According the terms of reference, such streamlining might include reducing the burden of disclosure obligations in relation to policy decisions and the duty of candour as it affects Government; and reforming the law of standing, the principles upon which relief is granted, rights of appeal and the permission requirement and costs and interveners. The reference to "streamlin[ing] the process" and the "burden" on Government make clear what sort of outcome the Government is seeking. It is certainly not to "streamline the process" for those challenging Government decisions. The Notes accompanying the terms of reference also seek to draw a distinction between the scope of a power (reviewable) and the exercise of that power (traditionally, apparently, not reviewable). The Notes state that this distinction has "arguably been blurred by the Courts" over the past 40 years. This is surprising given that in *R. (on the application of Miller) v Prime Minister*,[210] the Supreme Court decided that the Prime Minister's advice to the Queen was unlawful because of the way the Court defined the scope of the prerogative power to prorogue Parliament. It is to be hoped that the Review lives up the adjective in its title and affirms the centrality of independent judges developing and enforcing what is meant by the Rule of Law. As Lord Steyn memorably pointed out, it is not the function of administrative law as applied by our judges to make the task of Executive easier if that involves compromising legality and the protection of fundamental rights.

[210] [2019] UKSC 41; [2020] A.C. 373. The *Miller* case must be at least part of the Government's motivation for setting up the Review.

CHAPTER 16

CPR Pt 54 Claims for Judicial Review

TABLE OF CONTENTS

Scope .... 16-001■
The Administrative Court 16-003
CPR Pt 54 .... 16-008☐
The Procedural Stages .... 16-013■

SCOPE

Replace para.16-001 with:
There are several procedures by which the lawfulness of a public authority's decision may be challenged in the Administrative Court.   **16-001**

- A claim for judicial review under CPR Pt 54.[1]
- An application for the writ of habeas corpus.[2]
- A statutory application to quash specific orders and decisions of Ministers, tribunals and other bodies made under particular statutes and statutory instruments.[3]
- By a complex array of appeals from magistrates, tribunals, Ministers and other decision-making bodies.[4]
- In addition, bodies other than the Administrative Court apply judicial review principles in determining cases including the county courts dealing with appeals against homelessness decisions of local authorities,[5] and the Upper Tribunal in supervising the determinations of the First-tier Tribunal.[6]
- The Upper Tribunal also exercises its own judicial review jurisdiction in certain areas.

[1] Introduced in October 2000 to replace RSC Ord.53, dealt with in this Chapter. The Administrative Court has produced its own *Judicial Review Guide* 2020 (July 2020). One aim of the guide is to end what it identifies in the Preface as "bad practices", including: "applications claiming unnecessary urgency, over-long written arguments, and bundles of documents, authorities and skeleton arguments being filed very late (to name just a few problems....This Guide sets out in clear terms what is expected. Parties may be subject to sanctions if they fail to comply.".

[2] See 17-008.

[3] See 17-024.

[4] See 17-036.

[5] See 17-040.

[6] See 1-084 and 17-006, under Senior Courts Act 1981 s.31A.

Replace para.16-002 with:
This chapter describes and evaluates the first of these procedures.[7] The procedural   **16-002**
regime is set out in a "somewhat cumbrous and confusing ... hierarchy of rules and guidance",[8] comprising: statutory provisions[9]; the Civil Procedure Rules (which are statutory instruments made pursuant to ss.1 and 2 of the Civil Procedure Act 1997)[10]; Practice Directions made by the Lord Chief Justice in exercise of his inher-

ent jurisdiction[11]; various Practice Statements; a Pre-Action Protocol on Judicial Review[12]; and Administrative Court Office Notes for Guidance on Applying for Judicial Review.[13] The Practice Directions provide general guidance, but do not have binding effect, and yield to the CPR in the event of a clear conflict between them.[14]

[7] For practical guidance, see also: B. Lang (ed), *Administrative Court: Practice and Procedure* (2006); C. Lewis, *Judicial Remedies in Public Law*, 5th edn (2014) Ch.9; M. Supperstone and L. Knapman (eds), *Administrative Court Practice*, (2008); J. Halford, "Strategy in Judicial Review: Using the Procedure to the Claimant's Advantage" [2006] J.R. 153; A. Lidbetter, "Strategy in Judicial Review for Defendants" [2007] J.R. 99.

[8] *Mount Cook Ltd v Westminster City Council* [2003] EWCA Civ 1346; [2004] 1 P.L.R. 29 at [67] (Auld LJ).

[9] Senior Courts Act 1981 ss.29, 31, 31A and 43. These provisions were amended on 1 May 2004 by the Civil Procedure (Modification of the Supreme Court Act 1981) Order 2004 (SI 2004/1033), renaming the remedies of mandamus, prohibition and certiorari as mandatory, prohibition and quashing orders respectively. See Appendix C. The Government's most recent reforms to the judicial review procedure are described at paras 1–005 and 15–100. Many of the proposals have now been enacted in the Criminal Justice and Courts Act 2015 (although not all have yet entered into force). They are set out at paras 16–050 (permission) and 16–085 (leapfrog appeals to the SC); and fnn.289 (information on claimant's funding); 301 (intervener's costs); and 307 (costs capping orders). See further, A. Samuels, "Judicial review: the new law: the Criminal Justice and Courts Act 2015 Chapter 2" [2015] J.P.L. 754–758 and A. Mills, "Reforms to Judicial Review in the Criminal Justice and Courts Act 2015: Promoting Efficiency or Weakening the Rule of Law?" [2015] P.L. 583.

[10] See Appendix F.

[11] See Appendices G and H. *R. (on the application of Ewing) v Department for Constitutional Affairs* [2006] EWHC 504 (Admin); [2006] 2 All E.R. 993 at [13]. There are limits to the court's inherent rule-making power and, for example, the court has no power to introduce a new procedure (such as a closed material procedure) which departs from fundamental features of the common law trial (*Al-Rawi v Security Service* [2011] UKSC 34; [2012] 1 A.C. 531 at [10]–[14], [18]–[22] and [67]–[69]). The SC reiterated and applied *Al-Rawi* in *Belhaj v DPP* [2018] UKSC 33; [2018] 3 W.L.R. 435. (Lord Lloyd-Jones and Lord Wilson dissenting) to the interpretation of the 2013 Act. On a proper construction the phrase "criminal cause or matter" in s.6 of the 2013 Act included judicial review of a decision made in the criminal cause (in this case, the decision not to prosecute a former member of the Secret Intelligence Service). In *R. (on the application of Haralambous) v Crown Court at St Albans* [2018] UKSC 1; [2018] A.C. 236, the SC rejected the argument that it could not have regard to the "closed material" because there was no statutory authorisation for it to do so (based on *Al-Rawi*). Appellate courts and those carrying out judicial review had to be able to proceed on the basis of the same evidence which was admitted below if the appeal or judicial review was to be effective (applying *Bank Mellat*, at [59]). Section 6(4) of the Justice and Security Act 2013 (which came into force on 25 June 2013) sets out the conditions under which the court (on the application of either of the parties or the Secretary of State, or of its own motion) may declare that a closed material application may be made; see para.8-009. The Bill which led to the 2013 Act was convincingly criticised by A. Peto and A. Tyrie, *Neither Just nor Secure* (2012).

[12] See Appendix I. This sets out "a code of good practice and contains the steps which parties should generally follow before making a claim for judicial review" (para.2). Failure to comply with the Pre-Action Protocol may result in a successful party's order for costs being reduced, see e.g. *Aegis Group Plc v Inland Revenue Commissioners* [2005] EWHC 1468 (Ch); [2005] S.T.C. 989. The Pre-action Protocol is reissued from time to time; the version in force at the time of writing is from September 2019.

[13] Available from the Ministry of Justice website (*http://www.justice.gov.uk/courts/rcj-rolls-building/administrative-court/applying-for-judicial-review* [Accessed 8 November 2017]). Her Majesty's Courts and Tribunals Service is an agency of the Ministry of Justice which was established on 1 April 2011.

[14] *Mount Cook Ltd* [2003] EWCA Civ 1346; [2004] 1 P.L.R. 29 at [68]; *Godwin v Swindon BC* [2001] EWCA Civ 1478; [2002] 1 W.L.R. 997 at [11] (May LJ: "They are, in my view, at best a weak aid to the interpretation of the rules themselves"); *Re C (Legal Aid: Preparation of a Bill of Costs)* [2001] 1 F.L.R. 602 at [21] (Hale LJ: "the Practice Directions are not made by Statutory Instrument. They are not laid before Parliament or subject to either the negative or positive resolution procedures in Parliament. They go through no democratic process at all, although if approved by the Lord Chancellor he will bear ministerial responsibility for them to Parliament. But there is a difference in principle between delegated legislation which may be scrutinised by Parliament and ministerial executive action. There is no ministerial responsibility for Practice Directions made for the Supreme Court by the Heads of Division. As Professor Jolowicz says ['Practice directions and the CPR' [2000] C.L.J. 53] 'It is right that the court should retain its power to regulate its own procedure within the limits set by statutory rules, and to fill in gaps left by those rules; it is wrong that it should have power actually to legislate'"). A judge has no power to issue general guidance which departs from or varies a relevant Practice Directions while retaining the power to depart from a Practice Direction in the particular circumstances of the case before

him in the exercise of general case management powers (*Bovale Ltd v Secretary of State for Communities and Local Government* [2009] EWCA Civ 171; [2009] 1 W.L.R. 2274 at [28]-[29]).

CPR PT 54

The overriding objective

Replace para.16-012 with:

CPR Pt 3 confers on the court general powers of case management. Except where the CPR provide otherwise, the court may (among other things) "extend or shorten the time for compliance with any rule, practice direction or court order (even if an application for extension is made after the time for compliance has expired)",[41] "exclude an issue from consideration" and "take any other step or make any other order for the purpose of managing the case and furthering the overriding objective". Generally, purely technical breaches of the rules should not hinder access to the court,[42] though other sanctions (such as costs) may be imposed. The overriding objective requires that parties be dealt with "on an even footing".[43] Equality of arms is also an aspect of ECHR art.6(1).[44]

16-012

[41] CPR Rule 3.10 provides that an error of procedure (such as a failure to comply with a rule or direction) does not invalidate any step taken in the proceedings unless the court so orders and that the court may make an order to remedy the error. In *R. v Vale of Glamorgan Council Ex p. Clements*, The Times, 22 August 2000, the CA allowed a renewed application for permission for judicial review in exceptional circumstances, even though the application for permission to appeal had not been made within the prescribed seven day period and the documents normally expected to accompany the application had not been lodged with the court.

[42] See, e.g. *Cala Homes (South) Ltd v Chichester DC (Time Limits)* [2000] C.P. Rep. 28 (claimant mistakenly filed a claim form in the wrong court office and used the wrong claim form, but the court declined to strike out the claim), considered in *Islam v Secretary of State for Communities and Local Government* [2012] EWHC 1314 (Admin) at [25], [29]; *R. v Secretary of State for the Environment, Transport and the Regions Ex p. National Farmers Union*, 24 November 1999 (unreported, Keene J) (NFU applied for judicial review rather than made a statutory application to quash but the court allowed the claim to be amended and to proceed). See also *San Vicente v Secretary of State for Communities and Local Government* [2013] EWCA Civ 817; [2014] 1 W.L.R. 966 at [52] on applications to amend claims under s.288 of the Town and Country Planning Act 1990. In relation to applying the new provisions on relief from sanctions in CPR r.3.9, see *Mitchell v News Group Newspapers Ltd* [2013] EWCA Civ 1537; [2014] 1 W.L.R. 795 at [40]–[41] and *Denton v TH White Ltd* [2014] EWCA Civ 906; [2014] 1 W.L.R. 3926 at [24]–[38]. In *Denton*, the CA restated the *Mitchell* principles and set out the three stages which should be addressed: to identify and assess the seriousness and significance of the failure to comply with any rule, practice direction or court order; then to consider why the default occurred; and finally to evaluate all the circumstances of the case in order to deal with the application justly. In *Chistofi v National Bank of Greece (Cyprus)* [2018] EWCA Civ 413, the court ruled it had no power to extend time to appeal against a declaration of enforceability made under Regulation 44/2001 in relation to a judgment given in another Member State. If it had the power, the test from *Denton* would have been applied (with the third stage being informed by the policy and principles of the Regulation). *Denton* (rather than *Mitchell*) was followed in *Michael Wilson & Partners, Ltd v Thomas Ian Sinclair* [2015] EWCA Civ 774; [2015] C.P. Rep. 45. Both were followed by the SC in *Thevarajah v Riordan* [2015] UKSC 78; [2016] 1 W.L.R. 76 at [13]–[15], in which Lord Neuberger described the CA in *Denton* as having "clarified some of the reasoning" in *Mitchell*. Although the strict approach to the CPR does not directly apply to tribunals, they should pay regard to them as it is desirable that the law should be applied similarly throughout the UK, particular in an area such as tax (*BPP Holdings Ltd v Revenue and Customs Commissioners* [2017] UKSC 55; [2017] 1 W.L.R. 2945). In *R. (on the application of Fayad) v Secretary of State for the Home Department* [2018] EWCA Civ 54, an extension of time to challenge the decision of the Master of Civil Appeals was refused because no evidence had been filed to explain the substantial delay and there was prejudice to the Secretary of State. The court granted an extension of time for filing the Secretary of State's skeleton argument in *R. (on the application of Liberty) v Secretary of State for the Home Department* [2018] EWHC 976 (Admin) given the importance of the issues, but punished the defendant with indemnity costs.

[43] See, e.g. *Maltez v Lewis* (1999) 96(21) L.S.G. 39 (the overriding objective could not interfere with a party's right to choose a legal representative, but: "if it were to transpire, for instance, that one party could afford very experienced, large and expensive solicitors, whereas the other party could only afford a small and relatively inexperienced firm, then the court can—indeed, I suggest the court should—make orders to ensure that the level playing field envisaged by r.1(2)(a) is, so far as possible, achieved. It might be appropriate, for instance, when ordering disclosure, to give the party with the smaller firm of solicitors

more time than the party with the larger firm. On preparing bundles, it might be right to direct the party instructing the larger firm to take on the duty of preparing and copying bundles" (Neuberger J). Unless the rules and practice directions were particularly inaccessible or obscure, it was reasonable to expect a litigant in person to familiarise himself with the rules which applied to any step which he was about to take (*Barton v Wright Hassall Ltd* [2018] UKSC 12; [2018] 1 W.L.R. 1119).

[44] See, paras 6-048, 7-117, 10-083; see, e.g. *Dombo Beheer BV v Netherlands* (1994) 18 E.H.R.R. 213 (each party in a civil proceeding must have a reasonable opportunity to present his case under conditions which do not disadvantage him in relation to his opponent). National security considerations may render a "closed material" procedure (where a party is not provided with all the material before the tribunal) appropriate if sufficient safeguards (such as the appointment of a special advocate) are provided where such a procedure was provided for in the statutory provisions which establish the Employment Tribunal (*Tariq v Home Office* [2011] UKSC 35; [2012] 1 A.C. 452 at [76]–[79]; cf. *Al-Rawi v Security Service* [2011] UKSC 34; [2012] 1 A.C. 531 at [10]–[14] (the courts could not introduce such a procedure in relation to the common law jurisdiction to deal with claims of public interest immunity). *Tariq* was followed in *Kiani v Secretary of State for the Home Department* [2015] EWCA Civ 776; *The Times*, 19 August 2015. *Al-Rawi* was distinguished in *R. (on the application of B) v Westminster Magistrates' Court* [2014] UKSC 59; [2015] A.C. 1195 (extradition proceedings do not justify or call for a further qualification of the principle of open justice, beyond any recognised in *Al Rawi*). In *R. (on the application of Haralambous) v Crown Court at St Albans* [2018] UKSC 1; [2018] A.C. 236, the claimant sought disclosure of the basis for issuing warrants ex parte to search his property and retention of seized materials. The procedure before both the magistrates and the Crown Court permitted evidence to be withheld from the individual on public interest grounds. The SC rejected the argument that it could not have regard to the "closed material" because there was no statutory authorisation for it to do so (based on *Al-Rawi*). Appellate courts and those carrying out judicial review had to be able to proceed on the basis of the same evidence which was admitted below if the appeal or judicial review was to be effective (applying *Bank Mellat*, at [59]). What constituted necessary disclosure to the individual depended on all the circumstances which included that the process for granting warrants was intended to be speedy and simple and without restriction on the type of evidence the magistrates could rely on. A search warrant was a short-term invasion of property and therefore it was not necessary to disclose even the gist of the evidence in all cases (*Tariq*).

THE PROCEDURAL STAGES

Exhaustion of other remedies and ADR

Replace n.45 with:

16-014

[45] Pre-Action Protocol for Judicial Review (January 2017), para.5 ("Judicial review should only be used where no adequate alternative remedy, such as a right of appeal, is available"); *R. (on the application of Sivasubramaniam) v Wandsworth County Court* [2002] EWCA Civ 1738; [2003] 1 W.L.R. 475; comprehensively summarized by the CA in *R. (on the application of Archer) v Commissioners for Her Majesty's Revenue and Customs* [2019] EWCA Civ 1021 at [87]–[95]. For surveys of the voluminous case law, see M. Fordham, *Judicial Review Handbook*, 6th edn (2012), pp.411-426 and C. Lewis, *Judicial Remedies in Public Law*, 5th edn (2014), paras 12–042–12–076. See also R. Moules, "The exhaustion of alternative remedies: re-emphasising the courts' discretion" [2005] J.R. 350. See also *R. (on the application of Willford) v Financial Services Authority* [2013] EWCA Civ 677 at [36]–[38] (Upper Tribunal "can reconsider the whole matter afresh" and therefore provides a more appropriate alternative remedy).

Alternative (or substitute) remedies

Replace para.16-016 with:

16-016
Claimants are refused permission to proceed with judicial review where the court forms the view that some other form of legal proceedings or avenue of challenge is available and should be used. Judicial review is a true remedy of last resort.[48a] Questions as to whether a claimant should have used another type of redress process should arise on the application for permission and not at or after the substantive hearing of the judicial review claim. Once the court has heard arguments on the grounds of review, there is little purpose in requiring the parties to resort to some other remedy[49]; indeed, to do so may be contrary to the overriding objective of the CPR. But a failure to pursue other remedies may influence how the court exercises its discretion to award costs.[50]

[48a] *R. (on the application of Archer) v The Commissioners for Her Majesty's Revenue and Customs*

[2019] EWCA Civ 1021 at [93]. The CA was keen to discourage potential claimants from issuing judicial review proceedings and then seeking to have then stayed while they pursue the statutory alternative remedy provided under the Finance Act 2004.

[49] *R. v Chief Constable of Merseyside Police Ex p. Calveley* [1989] A.C. 1228 and *R. v Secretary of State for the Home Department, Ex p. Swati* [1986] 1 W.L.R. 477 at 485.

[50] See 16-092.

Avenues of appeal or review created by statute

Replace n.53 with:

[53] *R. v Birmingham City Council Ex p. Ferrero Ltd* [1993] 1 All E.R. 530; *Farley v Secretary of State for Work and Pensions (No.2)* [2006] UKHL 31; [2006] 1 W.L.R. 1817. *Ferrero* was distinguished in a case involving a pure bias challenge where the public interest considerations did not favour resort to the specialist appeal body (*R. (on the application of Al-Le Logistics Ltd) v Traffic Commissioner for the South Eastern and Metropolitan Traffic Area* [2010] EWHC 134 (Admin) at [106]). A complaint to the Office of the Independent Adjudicator (established under the Higher Education Act 2004) about the termination of students' medical studies had the advantages over judicial review of being swift and cost effective, available without the need to instruct lawyers, of subjecting the conduct of Higher Educations Institutions to scrutiny similar to that in judicial review and possessing greater remedial flexibility (for example, in being able to recommend reinstatement). The Office's ultimate decision would itself be reviewable. As such, it provided a suitable alternative (*R. (on the application of Rafique-Aldawery) v St George's, University of London* [2018] EWCA Civ 2520 at [18]).

16-018

Gathering evidence and information

Replace n.91 with:

[91] See para.11-087. This was affirmed by the CA in *R. (on the application HK (Iraq)) v Secretary of State for the Home Department* [2017] EWCA Civ 1871.

16-026

The duty of candour

Replace para.16-027 with:

The absence in English law of a general duty under common law to give reasons for decisions does not assist the claimant.[93] However, once a claim for judicial review is afoot, the defendant public authority is subject to the "duty of candour". The duty of candour requires that the process of judicial review be "conducted with all the cards face upwards on the table" and acknowledges that "the vast majority of the cards will start in the authority's hands".[94] The duty derives from the relationship between the courts and those who obtain their power from public law. The relationship is described as a "partnership based on a common aim, namely the maintenance of the highest standards of public administration".[95] The duty has been described as a very high one to assist the court with full and accurate explanations of all the facts relevant to the issues which the court must decide.[96] The duty extends to documents and other information which will assist the claimant's case and/or which may give rise to further grounds of challenge which might not otherwise occur to the claimant. The duty arises as soon as the public authority becomes aware that someone is likely to challenge a decision affecting them and continues until the proceedings are resolved.[96a] A failure to place sufficient evidence before the court to explain the decision-making process may well lead to adverse inferences being drawn against the defendant.[96b] The basis for the duty has been summarized as follows:

16-027

> "It is the function of the public authority itself to draw the court's attention to relevant matters; as Mr Beal [leading counsel for the Secretary of State in that case] put it at the hearing before us, to identify 'the good, the bad and the ugly'. This is because the underlying principle is that public authorities are not engaged in ordinary litigation, trying to defend their own private interests. Rather, they are engaged in a common enterprise with the court to fulfil the public interest in upholding the rule of law."[96c]

It is important to emphasise that the duty of candour also applies to claimants.[97] The principle that the ordinary process of disclosure is not required in judicial review proceedings unless the court orders otherwise must be seen against this background.[98] Before they reach the point of issuing proceedings or sending a letter before claim, claimants may consider exercising statutory rights of access to information, an overview of which we provide in the following paragraphs.

[93] See para.7-088.

[94] *R. v Lancashire CC Ex p. Huddleston* [1986] 2 All E.R. 941 at 945. The Government Legal Department has produced a very helpful document entitled "Guidance on discharging the duty of candour and disclosure in judicial review proceedings" (January 2010) which is available at *https://www.gov.uk/government/organisations/government-legal-department* [Accessed 8 November 2017]. The duty of candour also applies to claimants (*R. (on the application of I) v Secretary of State for the Home Department* [2007] EWHC 3103 (Admin) at [8]) and third parties (*Belize Alliance of Conservation Non-Governmental Organisations v Department of the Environment* [2004] UKPC 6; [2004] Env. L.R. 38 at [87]). In the case of a vulnerable young person, as was the case here, the court held the importance of the duty could not be over-emphasised. Public authorities should not be encouraged by the lack of a general duty to be less rigorous in their approach to disclosure (*R. v (on the application of KI) v Brent LBC* [2018] EWHC 1068 (Admin); (2018) 21 C.C.L. Rep. 294). In *R. (on the application of Midcounties Co-operative Ltd) v Forest of Dean DC* [2015] EWHC 1251 (Admin); [2015] P.T.S.R. D32 at [148]–[151], the defendant had taken no active part in proceedings for financial reasons, leaving the interested third party to defend its decision. It was observed that although a third party may be subject to the duty of candour, such an arrangement may not necessarily meet all the practical difficulties which may arise so as to properly discharge the defendant's own duty in this regard. In *Abraha v Secretary of State for the Home Department* [2015] EWHC 1980 (Admin) at [111] and [114], the duty was described as an aspect of, and essential to, the rule of law. One aspect of the duty of candour is that the reviewing court has to be given a sufficient explanation by a statutory regulator operating in a technical or scientific area of how the science related to its decision, so that the court could consider whether it embodied an abuse of discretion or an error of law (*R. (on the application of Mott) v Environment Agency* [2016] EWCA Civ 564; [2016] 1 W.L.R. 4338) (Affirmed by the SC [2018] UKSC 10; [2018] W.L.R. 1022). It may not be sufficient to provide a "pile of undigested documents" in a document heavy claim without identifying the significant documents (*R. (on the application of Khan) v Secretary of State for the Home Department* [2016] EWCA Civ 416 at [46].

[95] *Ex p. Huddleston* [1986] 2 All E.R. 941 at 945.

[96] *R. (on the application of Al-Sweady) v Secretary of State for Defence* [2009] EWHC 2387 (Admin); [2010] H.R.L.R. 2 at [22]. *Al-Sweady* concerned the alleged killing or ill-treatment of Iraqis detained by members of the British Army in Iraq in 2004. The gravity of the alleged human rights violations and fact that cross-examination would be necessary to resolve disputed factual issues heightened the need to ensure full disclosure. In *R. (on the application of Bancoult) v Secretary of State for Foreign and Commonwealth Affairs (No.4)* [2016] UKSC 35; [2017] A.C. 300 at [24], an omission to disclose documents casting into doubt the independence and reliability of a resettlement report relied on by the government amounted to a "highly regrettable" breach of the Secretary of State's duty of candour (which he accepted). Lord Kerr, dissenting on a slightly different issue, considered the breach "wholly unacceptable when such a fundamental right was at stake" ([183]–[187]). However, that failure was on its own insufficient to justify setting aside the decision of the HL in prior proceedings. Most recently, the CA overturned a decision by the High Court that the Home Office had acted lawfully in its treatment of child refugees who had applied to come to the UK from France. After the initial High Court decision, the claimants (Citizens UK) received emails in other legal proceedings which revealed Home Office lawyers advising not to provide reasons for refusing applications to avoid legal challenges. These emails had not been disclosed in the High Court case. Whilst this error was not considered deliberate, Singh LJ held "there was a serious breach of the duty of candour and co-operation in the present proceedings. An incomplete picture was left in the mind of the reasonable reader" causing the initial judge to be entirely mislead (*R. (on the application of Citizens UK) v Secretary of State for the Home Department* [2018] EWCA Civ 1812 at [168]).

[96a] In *R. (on the application of Liberty) v Secretary of State for the Home Department* [2018] EWHC 976 (Admin) at [31], the court emphasized the "continuing obligation on public authorities (in particular in a case as important as the present) to keep the Court up to date with relevant evidence".

[96b] *R. (on the application of VC) v Secretary of State for the Home Department* [2018] EWCA Civ 57; [2018] 1 W.L.R. 4781 at [195]-[196].

[96c] *R. (on the application of Hoareau) v Secretary of State for Foreign and Commonwealth Affairs* [2018] EWHC 1508 (Admin) at [20]. The summary of the relevant legal principles provided in Hoareau at [8]-[24] was accepted by the CA in *R. (on the application of Citizens UK) v Secretary of State for the Home Department* [2018] EWCA Civ 1812; [2018] 4 W.L.R. 123 at [105]-[106].

[97] In *R. (on the application of Mohammad Shahzad Khan) v Secretary of State for the Home Department)* [2016] EWCA Civ 416 at [42]–[47], the claimant's duty of candour was held to extend beyond the furnishing of relevant documents and to include drawing to the attention of the court the significance of particular documents adverse to the claim. At the time of writing, the Lord Chief Justice is undertaking a consultation into the defendant's duty of candour and disclosure in judicial review proceedings.

Freedom of Information Act 2000

Replace n.105 with:

¹⁰⁵ Given the limited rights of appeal, there is relatively little binding authority on the interpretation of the exemptions. Some significant recent cases include: *Department for Work and Pensions v Information Commissioner* [2016] EWCA Civ 758; [2017] 1 W.L.R. 1 (identities of organisations hosting placements under mandatory "workfare" schemes for unemployed people); *Information Commissioner v Colenso-Dunne* [2015] UKUT 471 (AAC) (list of 305 journalists' names seized by the ICO during a raid on the home of a private investigator); *Independent Parliamentary Standards Authority v Information Commissioner* [2015] EWCA Civ 388; [2015] 1 W.L.R. 2879 (on receipts for expense claims made by Members of Parliament); *Ranger v The House of Lords Appointments Commission* [2015] EWHC 45 (QB) (information relating to the conferring by the Crown of any honour or dignity); *Kennedy v Information Commissioner* [2014] UKSC 20; [2015] A.C. 455 (on documents created by, or provided to, a public body relating to an inquiry conducted by that body); *British Broadcasting Corporation v Sugar (No.2)* [2012] UKSC 4; [2012] 1 W.L.R. 439 (on journalistic material); *Department of Health v Information Commissioner* (2012) B.M.L.R. 110 (concerning policy making and risk registers relating to reforms of the National Health Service); *Common Services Agency v Scottish Information Commissioner* [2008] UKHL 47; [2008] 1 W.L.R. 1550 (personal information); *Department of Health v Information Commissioner* [2011] EWHC 1430 (Admin); [2011] A.C.D. 97 (statistics on late-term abortions); *Department of Health v Information Commissioner* [2017] EWCA Civ 374; [2017] 1 W.L.R. 3330 (Ministerial diaries). The Information Commissioner's Office website contains useful guidance (*http://www.ico.org.uk* /[Accessed 8 November 2017]). Over 37,000 information requests were made to central Government offices in the first three quarters of 2012. In the first quarter of 2017, this figure was 12,339 (Freedom of Information Statistics: Implementation in Central Government, January–March 2017, 22 June 2017). The SC overturned the exercise of the Attorney General's veto in relation to correspondence between the Prince of Wales and government departments on the ground that mere disagreement with the conclusions of the Upper Tribunal was not a sufficient basis for the exercise of the veto (*R. (on the application of Evans) v Attorney General* [2015] UKSC 21; [2015] A.C. 1787). On the use of a closed material procedure under the 2000 Act, see *Browning v Information Commissioner* [2014] EWCA Civ 1050; [2014] 1 W.L.R. 3848 at [31]–[36]. *Department for Business, Energy and Industrial Strategy v Information Commissioner* [2017] EWCA Civ 844; [2017] P.T.S.R 1644: information relating to the communications and data components of the Government's Smart Meter Programme was environmental information.

16-030

Change title of sub-paragraph:

Access requests under the Data Protection Act 2018

Replace para.16-032 with:

The Data Protection Act 2018 (which came into force in March 2018) was introduced in order to update domestic law to take account of the greater processing of personal data which technological advances have made possible in line with the General Data Protection Regulation ("GDPR") from the EU.[107] The 2018 Act regulates the processing of personal data and supplements the provisions of the GDPR (together "the regime"). The regime protects individuals with regard to the processing of their data by: requiring personal data to be processed lawfully (on the basis of the data subject's consent or other identified lawful basis); conferring rights to obtain one's personal data and to require inaccurate information to be rectified; and giving powers to the Information Commissioner for monitoring and enforcing the regime.[107a] Additional provisions apply to the processing of special categories of personal data (which reveals race, sexual orientation, religion, health and so on).[107b]

16-032

[107] 2016/679/EU. The 2018 Act replaces the 1998 which gave effect to EC Directive 95/46/EC and itself repealed the Data Protection Act 1984. The relevant background to the 1998 Act is described in *Ittihadieh v 5-11 Cheyne Gardens RTM Co Ltd; Deer v University of Oxford* [2017] EWCA Civ 121 at [35-44]. See also Access to Medical Reports Act 1988.

[107a] Articles 5 and 6 of the GDPR and Data Protection Act 2018, Part 2, Chapter 2 and Part 5 (Information Commissioner) and Part 6 (enforcement).

[107b] Article 9 of the GDPR.

⁹⁸ PD 54A, para.12. The ordinary process of disclosure is that set out in CPR Part 31 for standard claims. On disclosure, see 16-072.

Replace para.16-033 with:

16-033 Personal data means any information relating to an identified or identifiable individual. Processing is very broadly defined and includes any operation such as collection, storage, consultation, or disclosure.[108] A data controller is the person who decides how data is to be processed and has the responsibility for ensuring that data is processed lawfully.[109] Under the regime, data subjects have a right to request a copy of their personal data and rights to rectification and erasure.[110] A subject access request which must be responded to within a month. If an organization fails or refuses to do so, the individual should complain to the organization and, if necessary, to the Information Commissioners Office.[111]

[108] Article 4 of the GDPR and Data Protection Act 2018 s.29.

[109] Articles 24-25 of the GDPR.

[110] Articles 15-17 of the GDPR.

[111] The ICO's website contains guides for the both controllers and processors and data subjects. Some of the old case law is likely to remain relevant. For example, in *R. (on the application of Lord) v Secretary of State for the Home Department* [2003] EWHC 2073 (Admin); [2004] Prison L.R. 65 Munby J ordered disclosure, in full and without redactions, of reports prepared by the Prison Service in relation to a decision to refuse to reclassify the claimant from Category A to B.

Replace para.16-034 with:

16-034 The regime applies to public authorities (as defined in the Freedom of Information Act) and to the Crown. The regime marks a departure from the earlier law as regards public authorities by providing for very substantial fines for non-compliance; requiring the appointment of a suitably qualified data protection officer; imposing requirements to document and produce evidence of processing; and imposing a new accountability principle on data controllers (which may require privacy impact assessments to be carried out).[112]

[112] Articles 37 (data protection officer), 5(2) (accountability), 35 (impact assessments) and Data Protection Act 2018, Part 5 (Information Commissioner) and Part 6 (enforcement).

Replace para.16-035 with:

16-035 Parts 3 and 4 of the 2018 Act set out separate data protection regimes for authorities with law enforcement functions when they are processing data for law enforcement purposes and for the intelligence services. The 2018 Act and the GDPR are intended to work closely together. The 2018 Act also introduces the concept of the "applied GDPR" which applies a modified version of the GDPR to general processing which falls outside the scope of the GDPR itself (which is of particular relevance to public authorities in relation their unfiled notes and papers).[113]

[113] Data Protection Act 2018, Part 2, Chapter 2.

Preparing the claim form

Replace n.118 with:

16-036 [118] See 16-044. The claimant's grounds of review should be set out as concisely as possible in numbered sequence. Each ground should raise a distinct issue (*R. (on the application of Talpada) v Secretary of State for the Home Department* [2018] EWCA Civ 841 at [68] and *Hickey v Secretary of State for Work and Pensions* [2018] EWCA Civ 851 at [74]).

Replace para.16-041 with:

16-041 If circumstances change or the basic legal arguments are reconsidered, between the time permission is granted and the full hearing, in order to avoid "litigation creep", the claim form should be amended "promptly and properly ... to keep pace with what may be the rapidly changing dynamics of a case".[131] The guiding principle is that the "court will normally permit such amendments as may be required to ensure that the real dispute between the parties can be adjudicated upon".¹³² Permission is required to amend the claim form, and such an application should normally be accompanied by a draft of the proposed amendment.¹³²ᵃ The decision, etc. under challenge must be identified with precision and if in the light of changing circumstance or evidence it changes, the claim form should reflect this.¹³³ The same is true of changes to the legal basis of the challenge. While minor changes may be permitted by the court exercising its inherent jurisdiction, a claimant seeking to rely at the full hearing on a ground other than those for which he was initially given permission must seek permission to do so in advance of the hearing.¹³⁴

---

[131] *R (on the application of W) v Essex CC* [2004] EWHC 2027 (Admin); [2004] All E.R. (D) 103 (Aug) at [39]. Where there have been later decisions which supersede the original decision challenged, permission is likely to be granted to challenge the current decision (*R. v Secretary of State for the Home Department Ex P. Turgut* [2001] 1 All E.R. 719). Where a completely fresh decision has been made, permission to amend may well be refused and the claimant may be expected to issue a fresh claim (*R. (on the application of Bhatti) v Bury MBC* [2013] EWHC 3093 (Admin); (2014) 17 C.C.L. Rep. 64). The court indicated that it is often not appropriate to stay a judicial review claim while the matter is reconsidered and that a fresh claim should be issued (*R. (on the application of Yousuf) v Secretary of State for the Home Department* [2016] EWHC 663 (Admin)). There is an exception to this principle where there will be a predictable series of decisions, following a set timetable, each of which will supersede the previous one (as in relation to the security classification of prisoners) (*R. (on the application of Hussain) v Secretary of State for Justice* [2016] EWCA Civ 1111; [2017] 1 W.L.R. 761 at [22]–[24]). In *Hussain*, the Court gave guidance on the correct approach, including that the Court may require reformulation of the claim and bundles to eliminate superfluous material, that the Court will be astute to ensure the claimant is not seeking to avoid the time limits and proper notice should be given to all parties.

[132] *W* [2004] EWHC 2027 (Admin); [2004] All E.R. (D) 103 (Aug) at [35].

[132a] *PN v Secretary of State for the Home Department* [2019] EWHC 1616 (Admin) at [62], discouraging amendments in unspecified terms (for example, reflecting judgments in particular cases). Overturned on other grounds in *PN v Secretary of State for the Home Department* [2019] EWCA Civ 1508.

[133] *W* [2004] EWHC 2027 (Admin); [2004] All E.R. (D) 103 (Aug) at [35].

[134] CPR r.54.15; PD 54A, para.11 (notice of seven clear days before the full hearing must be given to the court and all parties). In exceptional circumstances, the court may permit a claimant to rely on additional grounds at the substantive hearing without such an application (*R. (on the application of Smith) v Parole Board* [2003] EWCA Civ 1014; [2003] 1 W.L.R. 2548 at [16]).

Urgent cases

Replace para.16-042 with:

16-042 There is a specific form for requesting urgent consideration.¹³⁵ The form requires the claimant to set out: the reasons for urgency; the timetable in which the matter should be heard; the justification for immediate consideration; and the date and time when it was first appreciated that an immediate application might be necessary and the reason for any delay, if relevant. The claimant must also indicate the efforts that have been made to place the defendant and any interested party on notice of the application. The Divisional Court has made it clear that if these details are not provided, the court will require the attendance of the solicitor responsible in open court together with their senior partner and will list the name of the firm concerned along with the names of the parties. The court may refer the solicitor to the Solicitors Regulatory Authority.¹³⁶ The court may also simply refuse to consider the application or may refuse urgent consideration if the form is not correctly and fully completed.¹³⁷ The Divisional Court has now gone further and emphasized that it will not be necessary for the matter to be referred to a Divisional Court before passing the file to the representative's regulatory body and may do so on the first occasion that the representative falls below the relevant standards.¹³⁷ᵃ

---

[135] Form N463 (Appendix L). There is also an "out of hours application" form for Queen's Bench Division cases on the Ministry of Justice website (*http://www.justice.gov.uk/courts/rcj-rolls-building/administrative-court/applying-for-judicial-review* [Accessed 8 November 2017]). Unless made when lodging the application, there is an urgent consideration fee of £255 (Civil Proceedings Fees Order 2008 (as amended, most recently in 2016) (2008/1053), Sch.1).

[136] Wasted costs orders have also been made in cases where the solicitors had exaggerated their client's medical condition or failed to mention his history of criminality (*R. (on the application of Okondu) v Secretary of State for the Home Department* [2014] UKUT 377 (IAC); [2015] Imm. A.R. 155.

[137] *R. (on the application of Hamid) v Secretary of State for the Home Department* [2012] EWHC 3070 (Admin); [2013] C.P. Rep. 6 at [5]–[11]. The court went further and named the solicitors who had failed to provide the information required by the form in *R. (on the application of Awuku) v Secretary of State for the Home Department* [2012] EWHC 3298 (Admin). See further *R. (on the application of Butt) v Secretary of State for the Home Department* [2014] EWHC 264 (Admin), citing *Hamid* in speaking of the "vigorous action" taken by the courts against legal representatives who fail to comply with the rules (not specifically relating to urgent cases), in turn cited in *R. (on the application of Akram) v Secretary of State for the Home Department* [2015] EWHC 1359 (Admin) (see fn.124). Where a Judge refuses an urgent hearing on the papers, an oral hearing should usually be requested. It would only be in a case of extreme urgency that it was appropriate to go straight to the CA (*Liberty v Prime Minister* [2019] EWCA Civ 1761).

[137a] *R. (on the application of Sathivel) v Secretary of State for the Home Department* [2018] EWHC 913 (Admin).

Permission

Criteria on which permission is granted or refused

Replace para.16-054 with:

16-054 Permission may be granted on only some of a claimant's grounds, and refused on the others.[174] At the subsequent full hearing of the claim the judge would require a "significant justification before taking a different view", but does have discretion to allow submissions on the grounds refused permission if there is a good reason to do so.[175] Permission may also be refused to pursue a particular remedy, while granting it in relation to other remedies.[176] Permission may be granted in relation to one impugned decision and refused in relation to others.[177] In *Al-Rabbat v Westminster Magistrates' Court* [2017] EWHC 1969 (Admin); [2018] 1 W.L.R. 2009, the Divisional Court held that it was required to form a view on the likely prospects of any claim which in order to succeed would require the Supreme Court to depart from a previous judgment of the House of Lords (in this case, that in *R. v Jones (Margaret)* [2006] UKHL 16; [2007] 1 A.C. 136 which held that the crime of aggression had not been incorporated or assimilated into domestic law). In the present case, the Court felt there was no prospect of the Supreme Court overturning *Jones* and hence refused permission.

[174] CPR r.54.12(1)(ii).

[175] *Smith v Parole Board* [2003] EWCA Civ 1014; [2003] 1 W.L.R. 2548.

[176] *R. (on the application of Anufrijeva) v Southwark LBC* [2003] EWCA Civ 1406; [2004] Q.B. 1124 at [81] the CA held in relation to claims for judicial review seeking damages under the Human Rights Act 1998: "… (iii) Before giving permission to apply for judicial review, the Admin Ct judge should require the claimant to explain why it would not be more appropriate to use any available internal complaint procedure or proceed by making a claim to the [Ombudsmen] at least in the first instance. The complaint procedures of the [Ombudsmen] are designed to deal economically (the claimant pays no costs and does not require a lawyer) and expeditiously with claims for compensation for maladministration. (From inquiries the court has made it is apparent that the time scale of resolving complaints compares favourably with that of litigation.) (iv) If there is a legitimate claim for other relief, permission should if appropriate be limited to that relief and consideration given to deferring permission for the damages claim, adjourning or staying that claim until use has been made of ADR, whether by a reference to a mediator or an ombudsman or otherwise, or remitting that claim to a district judge or master if it cannot be dismissed summarily on grounds that in any event an award of damages is not required to achieve just satisfaction".

[177] *R. v Hammersmith and Fulham LBC Ex p. CPRE* [2000] Env. L.R. 532.

The timing of the application for permission

Replace para.16-057 with:

16-057 Generally "grounds to make the claim" arise when the public authority does an act with legal effect, rather than something preliminary to such an act. Where a decision is taken pursuant to secondary legislation or a policy or practice, the grounds to make the claim arise when the individual is affected by the decision applying the general provision, not when the legislation itself came into force or the policy was adopted. The situation is different in the case of a public interest challenge to the legislation as a whole.[186a] So in the context of town and country planning, time runs from when planning permission is actually granted rather than from when a local authority adopts a resolution to grant consent.[187] Where a quashing order is sought in respect of any judgment, order, conviction or other proceedings, time begins to run from the date of that judgment, etc.[188] The subjective experience and state of knowledge of the claimant are not relevant in determining the start date,[189] though those facts may be relevant to whether time should be extended. However, the running of time is also subject to EU law principles and, where relevant, time will only be taken to have started running from the time when the claimant became aware or could reasonably have become aware of EU law grounds for the claim.[190]

[186a] *R. (on the application of Badmus) v Secretary of State for the Home Department* [2020] EWCA Civ 657 at [77]-[78] and [83]. The challenge here was in the "person specific category": when the Home Office rates of pay for immigration detainees were applied to the claimants (making the claims in time) and not the "abstract category" of when the rates were formulated or reviewed. The CA applied the distinction drawn from *R. (on the application of DSD) v Parole Board* [2018] EWHC 694 (Admin).

[187] *R. v Hammersmith and Fulham LBC Ex p. Burkett* [2002] UKHL 23; [2002] 1 W.L.R. 1593 at [36]-[51]: "In law the resolution is not a juristic act giving rise to rights and obligations. It is not inevitable that it will ripen into an actual grant of planning permission" at [42] (Lord Steyn). This is not to say that a planning resolution cannot be the subject of a judicial review claim. In *R. (on the application of Nash) v Barnet LBC* [2013] EWCA Civ 1004; [2013] P.T.S.R. 1457 at [54]-[65], the CA distinguished *Burkett* and held that the crucial question was not when the decision was finally or irrevocably made, but when the relevant duty (in this case to consult) properly arose. The decisions in the present case were not provisional and each stage might have significant consequences.

[188] PD 54A, para.4.1.

[189] *R. v Department of Transport Ex p. Presvac Engineering Ltd* (1992) 4 Admin. L.R. 121.

[190] *Uniplex (UK) Ltd v NHS Business Services Authority* (C-406/08) [2010] 2 C.M.L.R. 47 at [40]-[41]. *Uniplex* was distinguished in *R. (on the application of Williams) v Secretary of State for Energy and Climate Change* [2015] EWHC 1202 (Admin); [2015] J.P.L. 1257 in which the court held it had no jurisdiction to hear a claim for judicial review of a development consent order where the claim had been issued one day after the expiry of the time limit in the Planning Act 2008 s.118: "The court has no discretion to vary a time limit of this kind. And the judgment of the Court of Justice of the European Union in *Uniplex* does not decide that it should" (at [59]).

Replace para.16-058 with:

The primary requirement is always one of promptness and permission may be refused on the ground of delay even if the claim form is filed within three months.[191] The fact that a breach of a public law duty is a continuing one does not necessarily make it irrelevant to take into account the date at which the breach began in considering any question of delay.[192]

16-058

[191] See, e.g. *R. v Secretary of State for Health Ex p. Alcohol Recovery Project* [1993] C.O.D. 344; *R. v Swale BC Ex p. Royal Society for the Protection of Birds* (1990) 2 Admin. L.R. 790. The courts have warned of the need for especial promptness in the context of challenges to planning permission; in evaluating this, regard will be had to the fact that in statutory applications to quash the time limit is fixed at six weeks: *R. (on the application of McCallion) v Kennet DC* [2001] EWHC Admin 575; [2002] P.L.C.R. 9 at [26]-[28]; *Packham v Secretary of State for Transport* [2020] EWHC 829 (Admin) (challenge to HS2 not brought promptly when issued seven weeks after the much-heralded announcement). In *Mulvenna v Secretary of State for Communities and Local Government* [2015] EWHC 3494 (Admin); [2016] J.P.L. 487 at [46]-[49], the HC refused to extend time for judicial review where the claimants failed to challenge a planning decision until judgment was given in a similar claim, at which point they became aware that the Secretary of State had acted unlawfully. An existing claim may be stayed pending a test case, but claimants "cannot wait until others show that the way is clear". The HC also held that the time limit did not deny the claimants, an Irish Traveller and a Roma Gypsy, an effective remedy regarding their EU right not to be discriminated against (at [52]-[56]). The case was appealed to the CA, where they affirmed the decision of the High Court [2017] EWCA Civ 1850; [2018] J.P.L. 516. See paras 16-064 and 17-031, and Appendix HA, on the new Planning Court.

[192] *R. v Essex CC Ex p. C* [1993] C.O.D. 398; and on renewed decisions, see 3-026.

Replace n.202 with:

16-061 [202] *R. v Criminal Injuries Compensation Board Ex p. A* [1999] 2 A.C. 330 (overruling *R. v Tavistock General Commissioners Ex p. Worth* [1985] S.T.C. 564 (see 16-060, fn.199) on different grounds). Where the Judge intends to leave the question of delay open for the substantive hearing, the better course is to say so expressly and order a rolled-up hearing otherwise the effect of A is that the grant of permission renders delay only relevant to the exercise of the remedial discretion (*Inclusion Housing Community Interest Company v Register of Social Housing* [2020] EWHC 346 (Admin) at [65]-[66]).

Challenging the refusal of permission

Replace n.220 with:

16-066 [220] *R. (on the application of Wasif) v Secretary of State for the Home Department (Practice Note)* [2016] EWCA Civ 82; [2016] 1 W.L.R. 2793 at [13]–[21]. It is not confined to claim which are vexatious or abusive (*R. (on the application of Grace) v Secretary of State for the Home Department* [2014] EWCA Civ 1091; [2014] 1 W.L.R. 3432 at [13]).

Replace para.16-067 with:

16-067 The options open to a claimant whose application for permission has been refused after renewal of an oral hearing depends on whether the claim for judicial review is "in a criminal cause or matter". The category of criminal judicial review—typically but not exclusively against magistrates' courts—consists of those proceedings "the outcome of which may be the trial of the applicant and his punishment for an alleged offence by a court claiming jurisdiction to do so".[222] The Court of Appeal has no jurisdiction to hear appeals in criminal judicial review, so for practical purposes the refusal of permission by the Administrative Court is final and conclusive.[223] The Court of Appeal has given general guidance for such cases.[223a]

[222] Senior Courts Act 1981 s.18(1)(a) excludes a right of appeal to the Court of Appeal (except under the Administration of Justice Act 1960 "from any judgment of the High Court in any criminal cause or matter". On the definition of a criminal cause, see *Belhaj v Director of Public Prosecutions* [2018] UKSC 33; [2019] A.C. 593; *Thakrar v Crown Prosecution Service* [2019] EWCA Civ 874; and *In re McGuiness (Attorney General for Northern Ireland and others intervening)* [2020] UKSC 6. A challenge to the indeterminate licence imposed on a prisoner released following a sentence of life imprisonment for public protection (*McAtee v Secretary of State for Justice* [2018] EWCA Civ 2851) and a decision by the CPS to take over and then discontinue a private prosecution (*Thakrar v Crown Prosecution Service* [2019] EWCA Civ 874) both fell outside the jurisdiction of the CA. Further "matters relating to trial on indictment" are not amenable to judicial review: Senior Courts Act 1981 s.29(3); see 3-010.

[223] The SC may have jurisdiction to receive a petition for leave to appeal from the Admin Ct's refusal of permission, but the Admin Ct would first have to certify that the case involves a point of law of general public importance Supreme Court, PD1, 1.2.10; it is difficult to imagine circumstances in which the Admin Ct would refuse permission to proceed with a judicial review claim when such a point of law is raised.

[223a] *Thakrar v Crown Prosecution Service* [2019] EWCA Civ 874 at [40]-[51].

Replace para.16-068 with:

16-068 In other, non-criminal, cases a claimant who is unsuccessful following the renewed application has three main options. First, to give up. Secondly, to seek permission to appeal to the Court of Appeal against the refusal of permission to proceed. Permission to appeal should be sought from the Court of Appeal within seven days.[224] In order to prevent unnecessary hearings, the Court of Appeal has jurisdiction to grant permission to proceed with the judicial review not merely permission to appeal.[225] Since October 2016, the Court of Appeal will deal with an application for permission to appeal without an oral hearing unless the judge considering the application on paper considers that there should be an oral hearing.[226] (The full hearing of the claim will normally be directed to be heard by the Administrative Court, or the Court of Appeal itself may hear the claim).[227] The possibility of further appeals to the Supreme against the Court of Appeal's determination depends on the order that was made. If the Court of Appeal refuses only permission *to appeal* against the Administrative Court's refusal to grant permission for judicial review, there is no possibility of an appeal to the Supreme Court. Such a decision of the Court of Appeal is final and conclusive.[228] If, however, the Court of Appeal grants permission to appeal, hears the appeal, and goes on to refuse the application for permission *to proceed* with the judicial review, the Supreme Court does have jurisdiction to consider an application for permission to appeal against that decision.[229]

[224] CPR 52.8(1) and *Glencore Energy UK Ltd v Commissioners of HM Revenue and Customs* [2017] EWHC 1587 (Admin).

[225] CPR r.52.8(5). There is little point in determining permission to appeal, then hearing the substantive appeal and then remitting the claim back to the Admin Ct for it to be granted permission to proceed with the judicial review claim.

[226] CPR r.52.5. In *Siddiqui v Lord Chancellor* [2019] EWCA Civ 1040, the CA rejected a challenge to the rule change which deprived the disappointed claimant of an oral hearing in the CA on the grounds that there had been a very substantial rise in the CA's business at the relevant time and the change was a proportionate way of allocating that judicial resource.

[227] CPR r.52.8(6). This will be the preferable course of events where an appeal to the CA seems inevitable, for example because the Admin Ct is bound by a CA precedent that has been called into question.

[228] *R. v Secretary of State for Trade and Industry Ex p. Eastaway* [2000] 1 W.L.R. 2222. Note that *Eastaway* "is only authority for the proposition that when the Court of Appeal has refused permission to appeal in the face of a first instance refusal of permission to seek judicial review the House [of Lords] has no jurisdiction to give leave to appeal" (*R. v Hammersmith and Fulham LBC Ex p. Burkett* [2002] UKHL 23; [2002] 1 W.L.R. 1593 at [12] (Lord Steyn)).

[229] *R. v Hammersmith and Fulham LBC Ex p. Burkett* [2002] UKHL 23; [2002] 1 W.L.R. 1593; Supreme Court, PD1, para.1.2.21.

The full hearing

Replace n.262 with:

[262] The orthodox approach is set out in *R. v Secretary of State for the Home Department Ex p. Khawaja* [1984] A.C. 74 at [125] (Lord Bridge: "oral evidence and discovery, although catered for by the rules, are not part of the ordinary stock in trade of the prerogative jurisdiction") and *Roy v Kensington and Chelsea and Westminster FPC* [1992] 1 A.C. 624 (Lord Lowry). The CA affirmed the traditional reasons for not permitting oral evidence (the risk that the judge will be tempted to decide the merits of the dispute rather than the grounds of review and the additional court time and costs which would result) in *Bubb v Wandsworth LBC* [2011] EWCA Civ 1285; [2012] P.T.S.R. 1011 at [24]. Permission will only be granted where the court considers that oral evidence is necessary to dispose of the case fairly and justly (*R. (on the application of Talpada) v Secretary of State for the Home Department* [2018] EWCA Civ 841 at [54]).

16-080

Replace para.16-081 with:

Written evidence is regulated by CPR r.54.16, and may be relied upon only if it has been served in accordance with any rule in Pt 54, or a direction of the court, or the court gives permission. If either side wishes to rely on expert evidence, an application for permission to do so should be made at the earliest opportunity.[263a] The court is generally wary of allowing the claimant to introduce fresh evidence which the defendant was unable to address before the claim was commenced.[264] Where the claimant's ground of challenge is that the defendant failed to give adequate reasons the court will be cautious about allowing the defendant to explain or amplify the reasons originally given to the claimant.[265]

16-081

[263a] *R. (on the application of the Law Society) v Lord Chancellor* [2018] EWHC 2094 (Admin); [2019] 1 W.L.R. 1649 at [44]-[46]. In that case, it was inappropriate for the Law Society simply to file an expert report along with the other evidence. Although expert evidence might be admissible on a rationality challenge to demonstrate that the process of reasoning contained a serious technical error, such evidence would have to be incontrovertible. The approach in *BAA Ltd v Competition Commission* [2012] EWCA Civ 1077 at [82] applied equally to judicial review proceedings.

[264] *R. v Secretary of State for the Environment Ex p. Powis* [1981] 1 W.L.R. 584; *R. (on the application of Dwr Cymru Cyfyngedig) v Environment Agency of Wales* [2003] EWHC 336 (Admin); (2003) 100(16) L.S.G. 27. See further *HCA International Ltd v Competition and Markets Authority* [2014] CAT 10; [2015] Comp. A.R. 9 at [2]-[4] (in relation to expert evidence); and J. Tomlinson, "Adducing Fresh Expert Evidence in Section 179 Review Proceedings in the CAT" [2014] J.R. 253. See *HK (Bulgaria) v Secretary of State for the Home Department* [2016] EWHC 857 (Admin); [2016] A.C.D. 86 at [13]-[18], fn.91 above.

[265] *R. v Westminster City Council Ex p. Ermakov* [1996] 2 All E.R. 302. *Ermakov* was followed and treated as an important statement of principle by the CA in *R. (on the application of Lanner Parish Council) v Cornwall Council* [2013] EWCA Civ 1290; [2013] 45 E.G. 75 (C.S.) at [59]–[66]. Affirmed by the CA in *R. (on the application HK (Iraq)) v Secretary of State for the Home Department* [2017] EWCA Civ 1871.

Appeals after the full hearing

Appeals in civil judicial review claims

16-085 Replace para.16-085 with:
In non-criminal claims, appeal lies to the Court of Appeal and is governed by CPR Pt 52.[273] Permission to appeal is required. Permission should first be sought orally at the hearing at which the decision to be appealed against is handed down. If permission is refused, permission may be sought from the Court of Appeal in writing. By way of amendment to the rules in 2016, CPR r.52.5 provides that there is no longer a right for a disappointed appellant to seek an oral hearing before the Court of Appeal as of right. Instead, the Judge may direct that an oral hearing should take place and must do so if the application cannot fairly be determined without one.[273a] Judicial concern has been expressed that grounds of appeal are not always expressed with sufficient clarity and have a habit of "evolving" in the course of the hearing.[273b] In exceptional cases, an appeal may "leapfrog" directly from the Administrative Court to the Supreme Court, bypassing the Court of Appeal. The Criminal Justice and Courts Act 2015 has expanded the circumstances in which an appeal may "leapfrog" to the SC (Supreme Court) by removing the requirement that all parties should consent to it (s.63(2)(b)) and setting out alternative conditions. These are that there is a point of law of general public importance which either relates to a fully-argued matter of statutory construction or is one in respect of which the judge is bound by a decision of the Court of Appeal, the House of Lords or the SC, or that there is a point of law of general public importance and either the proceedings relate to a matter of national importance; or the proceedings are so significant that the judge considers a hearing by the SC is justified; or the judge considers that the benefit of the matter being considered by the SC outweighs those of it being heard by the Court of Appeal.[274]

[273] Senior Courts Act 1981 s.16(1); CPR r.52.3. In 2015, there were 240 appeals from the Admin Ct to the CA (Ministry of Justice, "*Civil Justice Statistics Quarterly, England and Wales (Incorporating The Royal Courts of Justice 2015) January to March 2016*" (2 June 2015)). The fee for an appeal is £240 (Civil Proceedings Fees Order 2008 (as amended, most recently in 2016) (2008/1053), Sch.1).

[273a] The new procedure was upheld as compatible with fairness and art.6 of the ECHR in *R. (on the application of Siddiqui) v Lord Chancellor* [2019] EWCA Civ 1040 at [17].

[273b] *R. (on the application of Talpada) v Secretary of State for the Home Department* [2018] EWCA Civ 841 at [67]-[68].

[274] Administration of Justice Act 1969 s.12(3) and (3A), Supreme Court, PD1, para.1.2.18 One such appeal was *R. v Secretary of State for the Environment, Transport and the Regions Ex p. Holdings & Barnes Plc (the Alconbury case)* [2001] UKHL 23; [2003] 2 A.C. 295, which decided issues of major importance about the compatibility of the planning system in England and Wales with Convention rights; see also *R. (on the application of Jones) v Ceredigion CC (Permission to Appeal)* [2005] EWCA Civ 986; [2005] 1 W.L.R. 3626 (refusal of the HL to entertain an appeal on a particular issue from the High Court under the leapfrog procedure did not preclude an appellant from appealing to the CA on that particular issue where the High Court judge had granted the appellant contingent permission to appeal to the CA in relation to that issue). Section 64 of the Criminal Justice and Courts Act 2015 (in force from 8 August 2016) permits appeals to "leapfrog" to the SC from the Upper Tribunal in similar circumstances.

Funding judicial review

Replace para.16-086 with:

16-086 The cost of bringing a claim for judicial review, the limited availability of legal aid, and the practice that "costs follow the event"[275] are all serious barriers to access to justice. The limited availability of public funding for judicial review cases has led to reliance by some on innovative mechanisms, such as crowd funding.[275a] In 2005, the typical cost of making a claim for judicial review was in the region of £9,600.[276] Court fees in a typical claim for judicial review amount to around £900.[277] In October 2004, the Court of Appeal gave the following figures as illustrative of the legal costs (excluding VAT) in one case in which there were appeals to the Court of Appeal and House of Lords.[278]

[275] CPR r.44.2(2): a successful claimant will normally recover his legal costs from the defendant public authority; an unsuccessful claimant will normally be ordered to pay the legal costs of the public authority.

[275a] Discussed by J. Tomlinson, "Crowdfunding Public Interest Judicial Reviews: A Risky New Resource and the Case for Practical Ethics" [2019] P.L. 166.

[276] This is the average summary assessment of costs in claims where there was a full hearing lasting half a day.

[277] As of 25 July 2016, the application fee for permission to apply for judicial review is £154. There is a fee of £385 for a request for oral renewal of an application for permission. For judicial review after permission is granted, the fee is £770, or £385 if permission was granted after oral renewal of the application (Civil Proceedings Fees Order 2008/1053 (as amended)). Guidance on obtaining remission of fees is set out on form EX160A (Civil Proceedings Fees Order 2008 (as amended, most recently in 2016) (2008/1053), Sch.1).

[278] *R. (on the application of Burkett) v Hammersmith and Fulham LBC (Costs)* [2004] EWCA Civ 1342; [2005] C.P. Rep. 11 at [10]. Multiplying these figures by 1.5 would provide the 2017 values.

Replace n.284 with:

[284] Legal Aid, Sentencing and Punishment of Offenders Act 2012 s.10(3). A further exception (called a wider public interest determination) applies to inquests under the Coroners Act 1988 into the death of a family member (Legal Aid, Sentencing and Punishment of Offenders Act 2012 s.10(4)). In *Gudanaviciene v Director of Legal Aid* [2014] EWCA Civ 1622; [2015] 1 W.L.R. 2247, the court overturned a number of decisions of the Director in cases involving art.8 of the ECHR on the basis that they were too restrictive. The Lord Chancellor's guidance on exceptional funding was held to be incompatible with the requirements of art.6 ECHR and art.47 of the EU Charter of Fundamental Rights because it sent a signal that refusal of legal aid would breach these provisions only in rare and extreme cases (at [45] and [59]). Applied in *R. (on the application of Howard League for Penal Reform) v Lord Chancellor)* [2017] EWCA Civ 244; [2017] 4 W.L.R. 92: changes to the Criminal Legal Aid (General) (Amendment) Regulations 2013 to remove legal aid from legal proceedings for prisoners in relation to pre-tariff Parole Board reviews, categorisation reviews for Category A prisoners and decisions on placements in close supervision centres were held to lead to systemic unfairness. The high threshold of systemic unfairness was not reached in relation to decisions about offending behaviour programmes and disciplinary proceedings. Amended guidance can be found at
https://www.gov.uk/government/publications/legal-aid-exceptional-case-funding-form-and-guidance [Accessed 8 November 2017]. Further resources relating to exceptional funding are available at http://www.publiclawproject.org.uk/exceptional-funding-project [Accessed 8 November 2017]. The CA in *IS v Director of Legal Aid Casework* [2016] EWCA Civ 464; [2016] 1 W.L.R. 4733 overturned declarations made by the HC in *IS v Director of Legal Aid Casework* [2015] EWHC 1965 (Admin); [2015] 1 W.L.R. 5283. The HC had found that the Defendants' guidance on Exceptional Case Funding was too restrictive and too unclear (especially in light of those to whom they were addressed) to be compatible with ECHR arts 6 and 8 and required substantial change. While acknowledging the "many difficulties" with the regime, the CA found that it fell within the range of lawful choices in the administration of the Legal Aid, Sentencing and Punishment of Offenders Act 2012. See also H. Mountfield QC, "Judicial Review and Human Rights: Challenges to Court Fees and Legal Aid Changes which Limit or Effectively Exclude Right of Access to Court" [2014] J.R. 217.

16-089

Costs

Replace para.16-091 with:

For claimants who are not publicly funded, a significant disincentive to starting litigation is the prospect that if they fail in their claim, they are likely to have to pay the public authority's legal costs in defending the claim, as well as their own. Court fees are payable at various points in a claim for judicial review, unless the claimant makes an application for exemption or remission of those fees.[287] The costs of litigation are substantial and can pose a threat to the constitutional right of access to the courts.[288]

16-091

[287] See fn.277.

[288] See, e.g. *R. v Lord Chancellor Ex p. Witham* [1998] Q.B. 575. As stated above (see fn.185 above), the Aarhus Convention requires that court procedures must not be prohibitively expensive. The Aarhus Compliance Committee found that the United Kingdom failed adequately to implement the requirement that environmental proceedings should not be prohibitively expensive in the *Port of Tyne* case (ACCC/C/2008/33, September 2010, at [128]-[136]). The Aarhus Convention is implemented in EU law by the Environment Impact Assessment ("EIA") Directive (85/337/EEC) and the Integrated Pollution Prevention and Control ("IPPC") Directive (96/61/EC). The EIA Directive is now consolidated in Directive 2011/92/EU and has been subsequently amended by Directive 2014/52/EU. The IPPC Directive, consolidated as Directive 2008/1/EC, has now been recast as the Industrial Emissions Directive 2010/75/EU. The SC referred the question of whether costs in environmental judicial review claims are prohibitively expensive to the CJEU in *R. (on the application of Edwards) v Environment Agency* [2010] UKSC 57; [2011] 1 W.L.R. 79 at [31]-[36]. See R. Turney, "Costs in Planning and Environmental Cases" [2011] Env. Law 20. The CJEU delivered its response in Case C-260/11 on 11 April 2013. The CJEU decided that the court assessing costs at any stage of the proceedings must take account of both the particular situation of this claimant and whether the costs are objectively justified and of the merits of the case and the importance of what is at stake in the proceedings (at [46]-[48]). The SC considered the CJEU's response and decided that the following factors were relevant to the ultimate level of recovery by the defendant: (i) whether the claim had a reasonable prospect of success; (ii) the importance of what is at stake for the claimant; (iii) the importance of what is at stake for the protection of the environment; (iv) the complexity of the relevant law and procedure (in that greater complexity is likely to require higher expenditure by the defendants); and the potentially frivolous nature of the claim at its various stages: *R. (on the application of Edwards) v Environment Agency (No.2)* [2013] UKSC 78; [2014] 1 W.L.R. 55 at [28]. The Civil Procedure Rules Committee has introduced a fixed costs regime for Aarhus Convention claims at first instance with effect from April 2013. Under CPR r.45.41-44, there is an automatic Protective Costs Order of £5,000 for individuals and £10,000 for businesses and legal persons and a reciprocal costs cap of £35,000 on the defendant's liability. The claimant should state in the claim form that the case is covered by the Aarhus Convention. In *Venn v Secretary of State for Communities and Local Government* [2014] EWCA Civ 1539; [2015] 1 W.L.R. 2328 at [34], Sullivan LJ stated: "it is now clear that the costs protection regime introduced by CPR r.45.41 is not Aarhus-compliant in so far as it is confined to applications for judicial review, and excludes statutory appeals and applications. A costs regime ... under which costs protection depends not on the nature of the environmental decision or the legal principles on which it may be challenged, but on the identity of the decision-taker, is systemically flawed in terms of Aarhus compliance". In *R. (HS2 AA Ltd) v Transport Secretary (Nos 1&2)* [2014] EWCA Civ 1578 and [2015] EWCA Civ 203; [2015] P.T.S.R. 1025 at [12], the CA held that once it had been determined that a claim for judicial review was an "Aarhus Convention claim", costs liability was dealt with in CPR r.45.43 and PD 45, no further reference to the Aarhus Convention being necessary. From 28 February 2017, the Aarhus rules were amended: those wishing to benefit from them must now submit a statement of means and the court then has the power to vary up or down the figures for capped costs. CPR 52.19A contains new rules on appeals in Aarhus cases. The Aarhus regime does not remove the risk of costs, but is designed to ensure that environmental litigation is not prohibitively expensive. As such, the full cap could apply where a claim failed at the permission stage (*Campaign to Protect Rural England v Secretary of State for Communities and Local Government* [2019] EWCA Civ 1230). On 1 October 2019, costs protection was extended to claims under Article (1), (2) and (2) of the Convention. The CA considered the application of the rules and the recovery of costs by multiple defendants in *Campaign to Protect Rural England v Secretary of State for Communities and Local Government* [2019] EWCA Civ 1230; [2020] 1 W.L.R. 352.

Replace para.16-092 with:

16-092 The court has a broad discretion in making orders as to costs.[289] The general rule guiding the exercise of that discretion is that "the unsuccessful party will be ordered to pay the costs of the successful party".[290] The court will decide whether to apply the general rule that costs follow the event, or award costs on an issue by issue basis.[291] In making costs awards, the court must have regard to the CPR's overriding objective[292] though, in several respects, a different costs regime is required in the context of public law proceedings compared to other civil claims.[293] The court will have regard to the parties' conduct before, as well as during, the proceedings and in particular the extent to which they followed the Practice Directions and Pre-action Protocol.[294] Costs ordered against a legally-aided individual must not exceed the amount it is reasonable for that individual to pay having regard to the financial resources of the parties.[295] In exceptional circumstances, a costs order may be made against a person who is not a party to the proceedings.[296] In many judicial review claims, the defendant is an inferior court, tribunal or coroner which (though making the decision that is challenged) has no real interest in resisting the claim. Where such a party does not participate in the proceedings, or only "in order to assist the court neutrally on questions of jurisdiction, procedure, specialist case law and such like", the court's general approach will be to make no order for costs; costs may, however, be ordered if they appear and actively resist the claim or if there was "a flagrant instance of improper behaviour or when the inferior court or tribunal unreasonably declined or neglected to sign a consent order disposing of the proceedings".[297] In its discretion, the court may decide to make no costs order against an unsuccessful claimant if the defendant unreasonably refuses to consider the alternative remedy of mediation following a suggestion of the judge.[298] The High Court, the Court of Appeal and the Supreme Court (when dealing with civil appeals) have the power to make a pro bono costs order where the successful party has been represented pro bono.[299] Conditional fee agreements remain rare in judicial review proceedings. Since April 2013, the success fee under such an agreement is no longer recoverable from the losing party.[300] Since 2015, there have also been new rules on interveners' costs.[301]

[289] Senior Courts Act 1981 s.51; CPR r.44.2. Although the discretion is broad, it is "by no means untrammelled" and "must be exercised in accordance with the rules of court and established principles": *R. (on the application of Corner House Research) v Secretary of State for Trade and Industry* [2005] EWCA Civ 192; [2005] 1 W.L.R. 2600 at [8] (Lord Philips MR). CPR Pt 48 sets out some of the General Principles which guide costs assessments in the Administrative Court. The Criminal Justice and Courts Act 2015 ss.85 and 86 (not in force at the time of writing) will require an applicant to provide information as to the source, nature and extent of the financial resources available. Section 85 amends s.31(3) of the Senior Courts Act 1981 and s.16(3) of the Tribunals, Courts and Enforcement Act 2007, both of which deal with the grant of permission. By s.86, when the High Court, the Upper Tribunal or the Court of Appeal is determining by whom and to what extent costs of or incidental to judicial review proceedings are to be paid, it must have regard to the information required by s.85. The Government's stated purpose in legislating is to obtain greater transparency about how judicial reviews are funded and to limit the potential for third-party funders to avoid their appropriate liability for litigation costs. These concerns were partly based on the judicial review surrounding the burial of the remains of Richard III in which the Government incurred £90,000 of costs in successfully defending proceedings in which the claimant had the benefit of a protective costs order (*R. (on the application of the Plantagenet Alliance) v Secretary of State for Justice* [2014] EWHC 1662 (QB); [2015] 3 All E.R. 261). A consultation as to the implementation of these provisions was undertaken in 2015. At the time of writing, the Government is seeking further views on one aspect of the proposals: the provision to other parties of financial information provided under s.85 (see Ministry of Justice Command Paper 9303, *"Reform of Judicial Review: Proposals for the provision and use of financial information"*). Following the main consultation, the Government remains committed to implementing the planned reforms, with some amendments to the information certain claimant corporate bodies must provide, the suggested threshold amount and the court's ability to make a costs capping order in the absence of full financial information. On the limits to the court's discretion to pay the costs of legal representation, see *Re K (Children) (Unrepresented Father: Cross-Examination of Child)* [2015] EWCA Civ 543; [2015] 1 W.L.R. 3801, in which it was held that the Family Court had no power, outside the legal aid scheme established by the Legal Aid, Sentencing and Punishment of Offenders Act 2012, to order that the court service pay the costs of legal representation for a father for the cross-examination of a child (declining to follow *Q v Q* [2014] EWFC 31; [2015] 1 W.L.R. 2040). There were other means available to avoid a breach of ECHR arts 6 or 8. However, at [62] it was held that this might not always be the case and that consideration should be given to legislating for the payment from central funds for legal representation to conduct such cross-examination.

[290] CPR r.44.2(2). *Boxall v Waltham Forest LBC* (2001) 4 C.C.L. Rep. 258 (Scott Baker J), cited with approval in *R. (on the application of Kuzeva) v Southwark LBC* [2002] EWCA Civ 781. The rationale for the general rule was set out by Singh LJ in *ZN (Afghanistan) and KA (Iraq) v Secretary of State for the Home Department* [2018] EWCA Civ 1059 at [67].

[291] Z. Leventhal, "Costs Principles on Taking Judgment in a Judicial Review Case" [2005] J.R. 139. In *R. (on the application of Sino) v Secretary of State for the Home Department* [2016] EWHC 803 (Admin); [2016] 4 W.L.R. 80, Hayden J took account of the fact that lawyers taking on publicly-funded work may not be able to recover remuneration at inter partes rates where the claim is successful and this gave rise to a real risk that such practices would become unsustainable which would pose a threat to access to justice. An appeal to the CA succeeded in relation to the fact that the Judge had assessed damages for false imprisonment without hearing from the claimant (*[2017] EWCA Civ 1975*).

[292] See 16-011.

[293] *Mount Cook Ltd* [2003] EWCA Civ 1346 at [76].

[294] CPR r.44.2(5).

[295] Legal Aid, Sentencing and Punishment of Offenders Act 2012 s.26.

[296] *Dymocks Franchise Systems (NSW) Pty Ltd v Todd (Costs)* [2004] UKPC 39; [2004] 1 W.L.R. 2807.

See also CPR r.46.2 and, for a survey of the authorities, *Weatherford Global Products Ltd v Hydropath Holdings Ltd* [2014] EWHC 3243 (TCC) at [4]–[12] and *Deutsche Bank AG v Sebastian Holdings Inc* [2016] EWCA Civ 23; [2016] 4 W.L.R. 17 at [41]–[21] and [62]. Most recently applied in, *Travelers Insurance Co Ltd v XYZ* [2018] EWCA Civ 1099 (for a non-party costs order, the court has a broad discretion which it must exercise justly, but without there being a set series of conditions to be made out).

[297] *R. (on the application of Davies) v Birmingham Deputy Coroner (Costs)* [2004] EWCA Civ 207; [2004] 1 W.L.R. 2739 and *R. (on the application of Faqiri) V Upper Tribunal (Immigration and Asylum Chamber)* [2019] EWCA Civ 151; [2019] 1 W.L.R. 4497.

[298] *Dunnett v Railtrack Plc* [2002] EWHC 9020 (Costs) (not a judicial review claim).

[299] Legal Services Act 2007 s.194. Awards go to the Access to Justice Foundation which distributes them to organisations which provide free legal assistance. T. Jones, "Pro Bono Costs Orders" [2012] J.R. 120.

[300] Legal Aid, Sentencing and Punishment of Offenders Act 2012 ss.44 and 46. The reform, is said to be necessary, in part, to implement the judgment of the ECtHR in *MGN Ltd v United Kingdom* (2011) 53 E.H.R.R. 5 at [192]–[220] where the success fees payable by the newspaper were so high that they breached art.10 of the ECHR.

[301] By s.87 of the Criminal Justice and Courts Act 2015, a party to judicial review proceedings may not be required to pay an intervener's costs unless there are exceptional circumstances (so far undefined). The court must order an intervener to pay a party's costs if they have been incurred as a result of the intervener's involvement in the proceedings, and one of four further conditions is made out (s.87(5)). The conditions are (s.87(6)): (a) the intervener has acted, in substance, as the sole or principal applicant, defendant, appellant or respondent; (b) the intervener's evidence and representations, taken as a whole, have not been of significant assistance to the court; (c) a significant part of the intervener's evidence and representations relates to matters that it is not necessary for the court to consider in order to resolve the issues that are the subject of the stage in the proceedings; or (d) the intervener has behaved unreasonably (in both cases unless there are exceptional circumstances that make it inappropriate to do so).

After "to exceed £100,000.", add:

16-093 In its response, the Government has rejected the suggestion of extending the Aarhus regime, but accepts and has consulted on the proposal to extend costs budgeting to judicial review cases.[306a]

[306a] Ministry of Justice, Extending Fixed Recoverable Costs in Civil Cases: Implementing Sir Rupert Jackson's proposals, Ch.6 (2019).

Costs capping order (protective costs orders) in public interest cases

Replace para.16-095 with:

16-095 There are now a number of limitations on the availability of a CCO. First, the court may only make a CCO where permission to apply for judicial review has been granted.[312] The criteria for making a CCO are: (a) the proceedings are public interest proceedings; (b) in the absence of the order, the applicant for judicial review would withdraw the application for judicial review or cease to participate in the proceedings; and (c) it would be reasonable for the applicant to do so.[313] In deciding whether or not to make a CCO, the court is required to have regard to: the financial resources of the parties; any benefit which the applicant for the order (or anyone supporting the applicant financially) is likely to obtain; whether the applicant's legal representatives are acting free of charge; and whether the applicant is an appropriate person to represent the interests of other persons or the public interest generally.[314] Proceedings will only be treated as public interest proceedings if: an issue in the proceedings is of general public importance; the public interest requires the issue to be resolved; and these proceedings are likely to provide an appropriate means of resolving the issue.[315] In deciding whether or not the proceedings are public interest proceedings, the court is required to have regard to (among other factors): the number of people likely to be directly affected if relief is granted; how significant that effect is likely to be; and whether the proceedings involve a point of public importance.[316]

[312] Criminal Justice and Courts Act 2015 s.88(3) and CPR 46.

[313] Criminal Justice and Courts Act 2015 s.88(6). In *R. (on the application of Elan-Cane) v Secretary of State for the Home Department* [2020] EWCA Civ 363; [2020] 3 W.L.R. 386, the CA upheld the judge's decision to apply a reduction of one third to the defendant's costs based on the capped sum rather than the actual costs incurred in successfully defending the proceedings.

[314] Criminal Justice and Courts Act 2015 s.89(1). The Lord Chancellor has power to amend the list of relevant factors by regulation (s.89(3)–(5)).

[315] Criminal Justice and Courts Act 2015 s.88(7).

[316] Criminal Justice and Courts Act 2015 s.88(8). The application of these criteria is generating considerable uncertainty. Contrast *R. (on the application of Hawking) v Secretary of State for Health and Social Care* [2018] EWHC 989 (Admin) and *R. (on the application of We Love Hackney Ltd) v London Borough of Hackney* [2019] EWHC 1007 (Admin). The Court has the power to set aside or vary a costs capping order where there was a material disclosure by the claimant in seeking the order (of the prospect of a substantial legacy) which if known to the judge would have led to a different order. There is no requirement of exceptional circumstances (*R. (on the application of Victoria Harvey) v Leighton Linslade Town Council* [2019] EWHC 760 (Admin) at [113-118]).

Costs when a claim is discontinued after permission

Replace para.16-101 with:

16-101 A significant number of claims are withdrawn between the grant of permission and the full hearing.[329] Where a claim for judicial review is withdrawn because the defendant concedes the merits after the grant of permission,[230] the claimant is entitled to his costs in the usual way unless there is a good reason to the contrary.[231] The outcome will be different if the claimant does not obtain all of the relief sought on settlement. In such cases, it may be appropriate to make no order as to costs unless it is tolerably clear who would have won if the matter had proceeded to a hearing. If it is reasonably clear who would have won, that party may be entitled to some of their costs.[332] If the claimant discontinues the proceedings, he will generally be liable for the defendant's costs up to the date of discontinuance.[332a]

[329] See 16-048.

[230] On permission, see 16-044.

[231] *R. (on the application of Bahta) v Secretary of State for the Home Department* [2011] EWCA Civ 895; [2001] C.P. Rep. 43 at [59], [64]–[68]. The CA there considered it necessary, in light of the importance of the Pre-action Protocol, to modify the less generous approach to awarding costs set out in *R. (on the application of Boxall) v Waltham Forest LBC* (2001) 4 C.C.L. Rep. 258 at [22] where it was suggested that the default position was that no order should be made. In *R (on the application of M) v Croydon LBC* [2012] EWCA Civ 595; [2012] 1 W.L.R. 2607 at [52]–[61], the CA demolished a number of the arguments often relied on to refuse to award costs against a public authority which concedes a judicial review claim (that it might discourage public authorities from settling, that the short time limit for judicial review does not give public authorities sufficient time to consider their position and that defendants sometimes concede claims for pragmatic reasons). The CA was also keen to encourage parties to agree an order as to costs as part of the settlement rather than requiring the court to decide the issue. *R. (on the application of M)* was applied in *R. (on the application of E) v Croydon LBC* [2015] EWHC 2016 (Admin) (a compromise agreement was reached at the substantive hearing; the LBC was ordered to pay half the claimant's costs, taking into account that the claimant had a "very strong moral claim but a much less strong legal claim") and in *R. (on the application of Baxter) v Lincolnshire County Council* [2015] EWCA Civ 1290; [2016] 1 Costs L.O. 37 at [40]–[45] (a claimant failed to establish a clear enough link between the relief sought in the claim and the consent order to be treated as the successful party for the purpose of costs, the claim falling within the third type of case identified by Lord Neuberger MR in *M* at [7], i.e. "a case where there has been some compromise which does not actually reflect the claimant's claims"). *R. (on the application of Bahta)* and *R. (on the application of M)* were distinguished in *R. (on the application of Abraha) v Secretary of State for the Home Department (Costs)* [2014] EWHC 3372 (Admin) (judicial review of allegedly unlawful detention in which the claimant was released on the day of his substantive hearing; costs were refused on the basis that there had been no trial or similar substantive determination by a court of law, nor a consent order or settlement). In *R. (on the application of Tesfay) v Secretary of State for the Home Department* [2016] EWCA Civ 415; [2016] 1 W.L.R. 4853 at [56]–[64] (a case regarding the Secretary of State's withdrawal of human rights certification decisions and settlement of related claims), the CA held that the judge below should have approached the matter by asking two questions: (a) whether the effect of the settlement was that the appellants should be regarded as having succeeded so that they should normally receive their costs; and (b) if so, whether there was a good reason for making a different order. It was appropriate to consider why the Secretary of State withdrew the decisions. For application of these questions, see, *ZN (Afghanistan) KA (Iraq) v Secretary of State for the Home Department* [2018] EWCA Civ 1059. The

claimant is unlikely to recover his costs if he has failed to comply with the Pre-action Protocol (*R. (on the application of Kemp) v Denbighshire Local Health Board* [2006] EWHC 181 (Admin); [2007] 1 W.L.R. 639 at [75]). In *R. (on the application of Medway Soft Drinks Ltd) v HMRC* [2019] EWCA Civ 1041, the CA held that the claimants were the successful party for the purposes of the principle in M even though they had not obtained the relief they sought in their claim. Such cases continue to tax the CA: *R. (on the application of Patel) v Secretary of State for the Home Department* [2020] EWCA Civ 74 and *R. (on the application of Parveen) v London Borough of Redbridge* [2020] EWCA Civ 194; [2020] 4 W.L.R. 53.

[332] *M* [2012] EWCA Civ 595; [2012] 1 W.L.R. 2607 at [62]–[65]. In M's case, the court awarded the claimant all of his costs from the date of issue of the proceedings, but only half of those before permission was granted as the law was changed as a result of a decision of the SC. See further *R. (on the application of E) v Croydon LBC* [2015] EWHC 2016 (Admin) (fn.310). There is new Guidance for judicial review cases in which the parties have agreed to settle the claim but are unable to agree liability for costs and have submitted that issue for determination by the court: *https://www.gov.uk/government/publications/apply-for-costs-after-settlement-of-a-judicial-review-claim-ac013*.

[332a] CPR r.38.6 and *Khan v Governor of Mount Prison* [2020] EWHC 1367 (Admin). The burden is on the claimant to demonstrate why the general principle should not be followed and the fact that the claimant might well have succeeded at the full hearing is not alone a sufficient reason.

CHAPTER 17

Other Judicial Review Proceedings

TABLE OF CONTENTS

Scope 17-001
Judicial Review and Tribunals .... 17-004☐
Public Contract Judicial Reviews 17-007
Habeas Corpus 17-008
Applications to Quash Certain Orders, etc. .... 17-024☐
Appeals from the Magistrates' Courts and the Crown Court . 17-036
Coroners .... 17-037■
Homeless Appeals .... 17-040■
Evaluation of Judicial Review Procedures 17-041

JUDICIAL REVIEW AND TRIBUNALS

Judicial review in the Upper Tribunal

Replace para.17-006 with:

The Upper Tribunal has limited jurisdiction to deal with claims for "judicial review" (the inverted commas are used in the Act).[18] In these cases, the Upper Tribunal may grant the same judicial review remedies as the High Court.[19] Section 31A of the Senior Courts Act 1981 sets out the circumstances in which judicial review claims can be transferred to the Upper Tribunal.[20] The procedure governing such challenges in terms of permission, standing and time limits is substantially the same as the High Court.[21] The Upper Tribunal is a superior court of record and so will not be amenable to judicial review in cases where there is no appeal unless there is arguably an error of law in the decisions of both Tribunals and the above criteria for a second-tier appeal are made out.[22]

17-006

---

[18] Tribunal, Courts and Enforcement Act 2007 ss.15–18. For Scotland, see ss.20-21 and *Eba v Advocate General for Scotland* [2011] UKSC 29; [2012] 1 A.C. 710. On appeal from decisions of the Upper Tribunal in cases involving judicial review of First-tier Tribunal decisions, the appellate court should exercise restraint and permit flexibility to the Upper Tribunal to develop guidance on the specialised area of law concerned in order to promote consistency (*R. (on the application of Jones) v First-tier Tribunal* [2013] UKSC 19; [2013] 2 A.C. 48 at [26], [41]–[43], followed in *Criminal Injuries Compensation Authority v First-tier Tribunal (Social Entitlement Chamber)* [2014] EWCA Civ 1554; [2015] Q.B. 459; *BPP Holdings Ltd v Revenue and Customs Commissioners* [2017] UKSC 55; [2017] 1 W.L.R. 2945 at [33]–[34]; and *Criminal Injuries Compensation Authority v Hutton* [2016] EWCA Civ 1305 at [57]–[58]. See also the comments of Lord Carnwath in *Pendragon Plc v Revenue and Customs Commissioners* [2015] UKSC 37; [2015] 1 W.L.R. 2838 at [44]–[51], a case in which the First-tier Tribunal had failed to ask itself the critical question (which was whether certain of the steps in a series of transactions had any purpose save to produce a tax advantage) and hence had made an error of law which should be corrected on appeal. Applied in *JP v Sefton MBC* [2017] UKUT 364 (AAC); [2017] E.L.R. 619.

[19] Tribunal, Courts and Enforcement Act 2007 ss.15(1) and 16(6). In deciding whether to grant relief, the Upper Tribunal must apply the same principles as the High Court. Where permission to bring judicial review proceedings has been refused by the Upper Tribunal and permission to appeal has been refused by the Upper Tribunal, an application for permission to appeal may be made to the Court of Appeal. The

appellant's notice must be filed within 28 days of the date on which notice of the Upper Tribunal's decision on permission to appeal is sent to the appellant: CPR r.52.15A, added by Civil Procedure (Amendment No.6) Rules 2014 (SI 2014/2044) with effect from 1 October 2014, and PD 52D para.3.3. In considering out of time applications for reconsideration of a refusal of permission to seek judicial review by the Upper Tribunal, the court should adopt the approach in relief from sanctions cases and consider: (i) the seriousness and significance of the failure; (ii) why the default occurred; and (iii) all the circumstances of the case (*R. (on the application of Kigen) v Secretary of State for the Home Department (Practice Note)* [2015] EWCA Civ 1286; [2016] 1 W.L.R.723 at [20]). Applied in *AP v Tameside MBC* [2017] EWHC 65 (QB); [2017] 1 W.L.R. 2127: under the HRA 1988 s.7(5), there is no presumption that time would be extended for claimants who lacked capacity and who depend on others to make a claim. The claim was brought two years past the expiration date and it would prejudice the local authority to permit it to proceed after such a delay. The Upper Tribunal has produced its own Judicial Review standard forms for statements of case (and guidance on them), which are available at http://www.justice.gov.uk/tribunals/immigration-asylum-upper/application-for-judicial-review [Accessed 9 November 2017]. The Upper Tribunal has also produced guideline judgments on, for example, how it will deal with immigration judicial reviews where the Secretary of State has failed to submit an Acknowledgement of Service within the time limit required by the Tribunal Procedure (Upper Tribunal) Rules 2008 (*R. (on the application of Kumar) v Secretary of State for the Home Department* [2014] UKUT 104 (IAC)). See the additional guideline judgments on the claimant's continuing duty to reassess the claim in light of developments (*R. (on the application of Mahmood) v Secretary of State for the Home Department* [2014] UKUT 439 (IAC); [2015] Imm. A.R. 193), on the generally unjustifiable incorporation of a claim for costs in an Acknowledgment of Service which contains a concession (*Muwonge v Secretary of State for the Home Department* [2014] UKUT 514 (IAC); [2015] Imm. A.R. 341), and on appealing costs orders of the Upper Tribunal made in immigration judicial review proceedings (*R. (on the application of Soreefan and others) v Secretary of State for the Home Department* [2015] UKUT 594 (IAC)).

[20] In outline, they are: the application does not seek relief beyond the ordinary judicial review remedies; does not question anything done by the Crown Court; and falls within a class specified by the Lord Chief Justice. Section 31A of the Senior Courts Act 1981 provides for mandatory transfer if all three conditions are met. The Lord Chief Justice has so far identified the following such classes of case: decisions of the First-tier Tribunal on an appeal under the Criminal Injuries Compensation Scheme; where the First-tier Tribunal has declined to review one of its decisions and there is no right of appeal (Practice Direction (Upper Tribunal: Judicial Review Jurisdiction) [2009] 1 W.L.R. 327); and, as of 1 November 2013, any decision made under the Immigration Acts or otherwise relating to leave to enter or remain in the UK outside the immigration rules and a decision of the Immigration and Asylum Chamber of the First-tier Tribunal from which no appeal lies to the Upper Tribunal (except where the application includes: a challenge to the validity of primary or subordinate legislation; a challenge to the lawfulness of detention; a challenge to a decision on citizenship; a challenge to a decision of the Upper Tribunal; an application for a declaration of incompatibility under the HRA (and certain other matters specified in the Direction)) (Direction given in accordance with Pt 1 of Sch.2 to the Constitutional Reform Act 2005 and s.18 of the Tribunals, Courts and Enforcement Act 2007, 21 August 2013). In *Ashraf v Secretary of State for the Home Department* [2013] EWHC 4028 (Admin) at [2], the court indicated that it may well be treated as an abuse of process to issue judicial review proceedings challenging removal in the Administrative Court on the basis of an unmeritorious claim of unlawful detention. The most recent statistics (for April to June 2017) show that 2,600 immigration and judicial review applications were issued. In the same period, the UT disposed of 3,182 applications: 7% of which were granted permission on paper; a further 197 were granted permission on oral reconsideration; and 78 reached a substantive hearing (in which the claimant succeeded in 38% of cases) (Ministry of Justice, *Tribunal and Gender Recognition Statistics Quarterly, April to June 2017* (Provisional) (14 September 2017)).

[21] Tribunal, Courts and Enforcement Act 2007 s.16. In relation to "fresh claims", the Upper Tribunal has produced its own Practice Directions (http://judiciary.gov.uk/publications [Accessed 9 November 2017]).

[22] *R. (on the application of Cart) v Upper Tribunal* [2011] UKSC 28; [2012] 1 A.C. 663 at [51]–[57]. In *Cart* itself, there was felt to be nothing exceptional which would justify permitting a judicial review to proceed. A new CPR rule 54.7A was introduced with effect from 1 October 2012 in relation to applications for judicial review of decisions of the Upper Tribunal to refuse permission to appeal. The new rule requires that a claim form and the supporting documents (essentially the First Tier Tribunal's and Upper Tribunal's decision refusing permission and the grounds of appeal to the Upper Tribunal) be filed within 16 days of the decision refusing permission to appeal and be served seven days thereafter. If permission to apply for judicial review is refused on the papers, there is no power to apply for reconsideration at a hearing. E. Laurie, "Assessing the Upper Tribunal's Potential to Deliver Administrative Justice" [2012] P.L. 288 and M. Elliott and R. Thomas, "Tribunal Justice, Cart, and Proportionate Dispute Resolution" [2012] C.L.J. 297.

APPLICATIONS TO QUASH CERTAIN ORDERS, ETC.

Procedure

Replace n.93 with:

[93] *Smith v East Elloe RDC* [1956] A.C. 736; *R. v Secretary of State for the Environment Ex p. Ostler* [1977] Q.B. 122; *R. v Cornwall CC Ex p. Huntingdon* [1994] 1 All E.R. 694. The requirement of "promptness" may now be inapplicable even in some CPR Part 54 proceedings, see para.16-056. See further *R. (on the application of Blue Green London Plan) v Secretary of State for the Environment, Food and Rural Affairs* [2015] EWHC 495 (Admin) at [43] (no discretion to extend time limit imposed by Planning Act 2008 s.118), *Nottingham CC v Calverton Parish Council* [2015] EWHC 503 (Admin); [2015] A.C.D. 97 at [33]–[34], [46] (relating to the Planning and Compulsory Purchase Act 2004 s.113, where a statutory provision provides that proceedings must be brought no later than the end of a specified period, the bringing of proceedings requires that the court office be functioning and the last day of the prescribed period falls on a day when the court office is closed, then proceedings may be brought on the next day when the court office is open); *R. (on the application of Williams) v Secretary of State for Energy and Climate Change* [2015] EWHC 1202 (Admin); [2015] J.P.L. 1257 at [44]–[45] (the date on which an order was published online and a link was emailed to the claimant started the time period under s.118 Planning Act 2008, notwithstanding that the order was later published in a different way). Time began to run regardless of the claimant's actual knowledge (at [58–60]), and the fact that decision letters gave misleading guidance on the time limit in s.118 had no effect (at [63])) and *Croke v Secretary of State for Communities and Local Government* [2016] EWHC 2484 (Admin); [2017] P.T.S.R. 116: the court would not extend time limits if a litigant had been physically barred from getting to the court office. Litigants must expect the court to be busy or that security procedures could prevent access on that day (appeal outstanding).

17-027

Grounds of review

Replace n.111 with:

[111] The condition in *Newbury DC v Secretary of State for the Environment* [1981] A.C. 578 that the buildings be demolished after a period of time was held invalid on this ground as that condition did not fairly and reasonably relate to the application for a mere change of use. The "fairly and reasonably relate" test was applied to the context of compulsory acquisition for development purposes (to be strictly applied given the context) in *R. (on the application of Sainsbury's Supermarkets Ltd) v Wolverhampton CC* [2010] UKSC 20; [2011] 1 A.C. 437 at [70]–[72]. The language of the "fairly and reasonably" requirement has been adopted in the Community Infrastructure Levy Regulations 2010 (SI 2010/948), reg.122. See *Smyth v Secretary of State for Communities and Local Government* [2015] EWCA Civ 174; [2015] P.T.S.R 1417 at [19] (the Regulations require that conservation contributions fairly and reasonably relate to the scale and kind of a proposed development). *Newbury* was also followed in *Forest of Dean DC v Wright* [2017] EWCA Civ 2102; [2018] J.P.L. 672: a donation to the community of an amount of the turnover from the turbine development was not a material planning consideration. Although financial consideration and donations could be material under the "fairly and reasonably related" test, the instant donation was being given by a community project to benefit the community. This did not make it a material consideration (appeal outstanding).

17-033

CORONERS

Replace para.17-037 with:

The Coroners Act 1988 s.13(1) currently provides that an application may be made by or under the authority of the Attorney General where a coroner refuses or neglects to hold an inquest or investigation which ought to be held, or

17-037

> "where an inquest or an investigation has been held by him, that (whether by reason of fraud, rejection of evidence, irregularity of proceedings, insufficiency of inquiry, the discovery of new facts or evidence or otherwise) it is necessary or desirable in the interests of justice that an investigation (or, as the case may be, another investigation) should be held".[121]

The conduct of inquests must, following the Human Rights Act 1998, take into account the requirements of ECHR art.2 (right to life).[122] The grounds of review under s.13(1) are in effect the same as those that may be deployed on a CPR Pt 54 claim for judicial review,[123] though a wider range of remedial orders will be available on a Pt 54 claim. Before commencing the application in the High Court under s.13, a claimant must obtain the consent of the Attorney General.[124] The criterion applied in each instance is whether there is a reasonable prospect of establishing that it is necessary or desirable in the interests of justice for a fresh inquest to be held.[125]

[121] A further inquest will be necessary in the interests of justice where fresh evidence has emerged which may reasonably lead to the conclusion that the substantial truth about how an individual met his death was not revealed at the first inquest (*Attorney General v HM Coroner for South Yorkshire (West)* [2012] EWHC 3783 (Admin); [2012] Inquest L.R. 143 in relation to the Hillsborough disaster).

[122] See 7-130; 13-062. *R (on the application of Humberstone) v Legal Services Commission* [2010] EWCA Civ 1479; [2011] 1 W.L.R. 1460 at [67]-[72]. In *R. (on the application of Hambleton) v Coroner for the Birmingham Inquests (1974)* [2018] EWCA Civ 2081; [2019] 1 W.L.R. 3417, the CA overturned the DC's decision that the Coroner had asked himself the wrong question in failing to address whether identifying the perpetrators of the Birmingham pub bombings was sufficiently closely connected to the circumstances in which the deceased had died to require investigation in order to satisfy the state's procedural obligations under art.2 of the ECHR.

[123] *Terry v East Sussex Coroner* [2001] EWCA Civ 1094; [2002] Q.B. 312 at [21] (Simon Brown LJ: "the self-same test should apply under s.13(1)(a) as applies on a judicial review challenge. The court cannot conclude that 'an inquest ... ought to be held' unless the coroner has misdirected himself in law or his factual conclusion is irrational"). See further, *R. (on the application of Maguire) v Assistant Coroner for West Yorkshire (Eastern Area)* [2018] EWCA Civ 6 at [3] (whether the call witnesses) and *R. (on the application of Hambleton) v Coroner for the Birmingham Inquests (1974)* [2018] EWCA Civ 2081; [2019] 1 W.L.R. 3417 at [48] (on the scope of the inquest). In *R. (on the application of GS) v H.M. Senior Coroner for Wiltshire and Swindon* [2020] EWHC 2007 (Admin), the Divisional Court quashed the Coroner's decision to exclude from the scope of the inquest into the death of Dawn Sturgess (the Salisbury poisonings) whether the Russian state was involved on domestic law grounds (while rejecting a challenge based on art.2 of the ECHR).

[124] There is no prescribed procedure for obtaining such consent. It should be sufficient to set out a properly reasoned letter supported by a copy of the Record of Inquest, notes of evidence given by witnesses and any material the applicant seeks to rely upon as fresh evidence. The relevant address is: Attorney General's Chambers, 20 Victoria Street, London, SW1H 0NF, telephone 020 7271 2492.

[125] Hansard, HC col.WA67 (May 20, 1996) and col.39WA (May 2, 1989) (adding that "it is not my practice to give a more particular reason"); *R. v Attorney General Ex p. Ferrante, Independent*, 3 April 1995 (CA). See also e.g. *HM Coroner for Isle of Wight v Prison Service* [2015] EWHC 1360 (Admin) at [5]. In *HM Coroner for the District of Avon v Elam* [2014] EWHC 3013 (Admin), a further inquest was ordered in the interests of justice as a result of new facts and evidence as to the identity of a previously unidentified person in respect of whom an inquest had already been conducted.

HOMELESS APPEALS

Replace para.17-040 with:

17-040 Also relevant, though not a matter for the Administrative Court, is the right of appeal on point of law to county courts to challenge local housing authorities' decisions relating to homelessness.[130] By the mid-1990s, a third of all judicial review applications to the High Court concerned homelessness decisions; often the dispute was essentially one of fact and primary judgment (was the person intentionally homeless? was the accommodation offered suitable?) rather than of law. The High Court was encouraged to adopt a restrictive stance towards the grant of leave (now called permission) to proceed with such claims.[131] In Access to Justice, Lord Woolf recommended that the supervisory jurisdiction over the lawfulness of homelessness decision-making should be transferred to the county courts[132] and this was swiftly implemented by Pt 7 of the Housing Act 1996. On appeal, the County Court has the power to make an order confirming, quashing or varying the decision.[133] The grounds of appeal are essentially the same as the grounds for judicial review.[134] The right of appeal does not extend to decisions about the provision of temporary accommodation pending final determination by the local authority or review by the county court; here judicial review continues to be an important method of challenge.¹³⁵ The courts have, however, indicated that they will intervene in challenges relating to temporary accommodation only in exceptional circumstances.¹³⁶ The existence of a review procedure in the county courts has not taken away the Administrative Court's jurisdiction to exercise its judicial review jurisdiction in the context of decisions relating to homelessness, but that jurisdiction will now be used only in exceptional circumstances.¹³⁷

¹³⁰ Housing Act 1996 ss.204 and 204A. The appellant must first seek a review of his request for assistance by the authority (s.202). If he is "dissatisfied with the decision on the review" or the review is not done within the prescribed time limit, he has 21 days to appeal to the county court. Review under s.204 is compliant with art.6: *Tower Hamlets LBC v Begum (Runa)* [2003] UKHL 5; [2003] 2 A.C. 430.

¹³¹ *Puhlhofer v Hillingdon London BC* [1986] A.C. 484 at 518 (Lord Brightman said that it was "not appropriate that ... judicial review should be made use of to monitor the action of local authorities [in this context] save in the exceptional case". *Puhlhofer* was cited in *Sharif v Camden London Borough Council* [2013] UKSC 10; [2013] 2 All E.R. 309 in which, on appeal (rather than an application for judicial review), a similarly restrictive approach was adopted (the word "accommodation" did not equate to "unit of accommodation", such that the duty imposed by s.193(2) of the Housing Act 1996 could be discharged by housing members of the same family in separate units).

¹³² *Access to Justice: Final Report* (1996), para.16.76. See also *R. v Brighton & Hove Council Ex p. Nacion* (1999) 31 H.L.R. 1095 at 1100-1101 (Lord Woolf MR: judicial review not an appropriate method of challenge because the need for relief often arose at very short notice; applicants often lived far from London; and High Court proceedings were not regarded as the most appropriate forum for resolving the often delicate issues that arose out of local authorities' responsibilities for providing accommodation).

¹³³ County courts do not have any *general* powers to make quashing orders, prohibiting orders and mandatory orders: County Courts Act 1984 38(3)(a). See s.204 of the Housing Act 1996 and *Johnston v City of Westminster* [2015] EWCA Civ 554 at [38].

¹³⁴ *Tower Hamlets LBC v Begum (Runa)* [2003] UKHL 5; [2003] 2 A.C. 430 at [17] (Lord Hoffmann: "Section 204 provides that an applicant who is dissatisfied with a decision on review may appeal to the county court on 'any point of law arising from the decision'. This enables the applicant to complain not only that the council misinterpreted the law but also of any illegality, procedural impropriety or irrationality which could be relied upon in proceedings for judicial review". While it is important to retain procedural flexibility, it is not generally appropriate for the County Court to embark upon a fact-finding exercise when entertaining an appeal under s.204 (*Bubb v Wandsworth LBC* [2011] EWCA Civ 1285; [2012] P.T.S.R. 1011 at [21]-[22]). See also *Hines v Lambeth LBC* [2014] EWCA Civ 660; [2014] 1 W.L.R. 4112 at [13]–[15], at which Tower Hamlets was cited as authority for the proposition that an appeal under s.204 of the 1996 Act is to be scrutinised on judicial review principles; no greater intensity of review is to be applied. In *Nzolameso v Westminster City Council* [2015] UKSC 22; [2015] 2 All E.R. 942 at [38]–[41], guidance was provided as to the desirability of the local authority maintaining a procurement policy for "out of borough" housing. If publicly available, this would "enable a general challenge to those policies to be brought by way of judicial review. In some ways this might be preferable to a challenge by way of an individual appeal to a county court. But it may not always be practicable to mount a judicial review of an authority's policy, and an individual must be able to rely on any point of law arising from the decision under appeal, including the legality of the policy which has been applied in her case". For application of the *Nzolameso*, see: *R. (on the application of E) v Islington LBC* [2017] EWHC 1440 (Admin) in which a homeless child sought judicial review of a decision by the local authority to move her to out of borough housing, without considering her education provision. However, despite the "substantial overlap" between judicial review claims and appeals on points of law, it does not follow that every judicial body with jurisdiction limited to points of law is required to apply judicial review principles in every case: *Bhatia Best Ltd v Lord Chancellor* [2014] EWHC 746 (QB); [2014] 1 W.L.R. 3487 at [30]–[33], [40] and [43]. There, the question before the court was whether s.204 was an enactment which required the county court "to make a decision applying the principles that are applied by the court on an application for judicial review". If so, then s.204 appeals would, for the purposes of legal aid funding, fall within the "public law" category created by para.19(10) of Sch.1 of the Legal Aid, Sentencing and Punishment of Offenders Act 2012. It was held that the absence of reference to judicial review principles in s.204 showed that it was not intended that judicial review principles would be applied, and that this conclusion was unaffected by *Tower Hamlets*: the latter did not develop the jurisprudence beyond *Nipa Begum v Tower Hamlets London Borough Council* [2000] 1 W.L.R. 306, which simply established that s.204 gives rise to a right "akin to" judicial review. In *Ali v United Kingdom* (2016) 63 E.H.R.R. 20 at [82]–[86], the ECtHR held that the legislative scheme for challenging homelessness decision-making pursuant to the Housing Act 1996, including the County Court's powers under s.204, was compatible with art.6. The ECtHR stated at [13] (without reference to the decision of the HC in *Bhatia Best*) that the "jurisdiction exercised by the county court under s.204 was that of judicial review." The SC in *Poshteh v Kensington & Chelsea RLBC* [2017] UKSC 36; [2017] 2 W.L.R. 1417 declined to follow *Ali* and affirmed that the duties of local housing authorities under Pt VII of the Housing Act 1996 did not give rise to civil rights or obligations under art.6 of the ECHR. In *James v Hertsmere BC* [2020] EWCA Civ 489, the CA held that the grounds of appeal included all matters which would otherwise be the subject of a judicial review. In the present case, the claimant sought to chal-

lenge the Council's decisions relating to the contracting out of its administrative review process to a private company. The Council sought to argue that this was not a housing law matter and so fell outside the right of appeal. The CA disagreed.

[135] M. Sunkin et al., "Mapping the Use of Judicial Review to Challenge Local Authorities in England and Wales" [2007] P.L. 545 at 555. In May 2008, the Law Commission report *Housing Disputes: Proportionate Dispute Resolution* (Law Com No.309/Cm 7377) made several recommendations for reform, including that the county court should have powers to grant interim relief pending the outcome of a local authority's internal review of homelessness cases. The Government rejected this proposal on the ground that there was "a significant risk that any changes in this area would be exploited to circumvent these procedures to the detriment of those who are genuinely homeless and in priority need" (Ministry of Justice statement, 16 July 2009).

[136] *R v Brighton and Hove BC Ex p. Nacion* (1999) 31 H.L.R. 1095 at 1101 (Lord Woolf MR: "If an authority refuses even to consider exercising its discretion under s.204(4) then I can understand that judicial review may be an appropriate remedy. Apart from that situation, I have difficulty in envisaging cases where application for judicial review will be appropriate").

[137] *R. (on the application of Lynch) v Lambeth LBC* [2006] EWHC 2737 (Admin); [2007] H.L.R. 15 (defective decision letter could be dealt with by county court procedure). Decisions of the county court on s 204 reviews may be appealed to the Court of Appeal, subject to the grant of permission under CPR52.3 e.g. *Bury MBC v Gibbons* [2010] EWCA Civ 327; [2010] H.L.R. 33.

CHAPTER 18

Judicial Review Remedies

TABLE OF CONTENTS

Scope	18-001
Function of Remedies	18-002
Remedies against the Crown and Ministers	18-005
Interim Remedies	18-009□
Final Remedial Orders	18-023■
Contempt	18-045
Discretion in Granting and Withholding Remedies	18-047□

SCOPE

Replace "European Community law requires additional and modified remedies to be available in order to ensure the full protection of Community law rights." with:

- European Union law requires additional and modified remedies to be available in order to ensure the full protection of Community law rights.[6]

18-001

[6] See 14-056.

INTERIM REMEDIES

Interim injunctions

Approach in judicial review claims

Replace para.18-013 with:
  In public law proceedings, the court should approach the matter "along the lines" indicated by *American Cyanamid*, but "with modifications appropriate to the public law element of the case".[33] Modifications might be required where the interim relief would determine the case or to acknowledge that where the Crown is seeking to enforce the law, it will require a very strong case to justify granting interim relief and it may not be appropriate to require an undertaking in damages.[33a] The old prima facie case test continues to apply, in effect, in many judicial review cases[33b] because a prerequisite to the grant of an interim injunction is normally the grant of permission, where the threshold often approximates more to the need to show a prima facie case than merely a potentially arguable one.[34] Moreover, questions as to the adequacy of damages as an alternative remedy will usually be less, or not at all, relevant because of the absence of any general right to damages for loss caused by unlawful administrative action per se.[35] Conversely, the defendant does not usually suffer financial loss from the inability to implement its policies for a period.[36] It follows that in cases involving the public interest, for example where a party is a public authority performing public duties, the decision to grant or withhold interim

18-013

injunctive relief will usually be made not on the basis of the adequacy of damages but on the balance of convenience test.[37] In such cases, the balance of convenience must be looked at widely, taking into account the interests of the general public to whom the duties are owed.[38] The courts will be vigilant to prevent a claimant from seeking an injunction against an interested party in judicial review proceedings when the dispute is really one suitable for a private law claim.[39]

[33] *Belize Alliance of Conservation Non-Governmental Organisations v Department of the Environment of Belize (Practice Note)* [2003] UKPC 63; [2003] 1 W.L.R. 2839 at [35]. The court must have and exercise a wide discretion.

[33a] *R. v Secretary of State for Transport Ex p. Factortame Ltd (No.2)* [1991] 1 A.C. 603 at 674.

[33b] But not all: see, e.g. *R. v Secretary of State for the Home Department Ex p. Doorga* [1990] C.O.D. 109; *Scotia Pharmaceuticals International Ltd v Secretary of State for Health (No.2)* [1994] C.O.D. 241.

[34] See 16-049. In *R. (on the application of Easybus Ltd) v Stansted Airport Ltd* [2015] EWHC 3833 (Admin) at [94]-[98], the claimant failed to establish an arguable case and so the claim for interim relief fell away. In any event, the judge was not inclined to grant one given that the ban on the claimant's operation was based on important public interest concerns related to health and safety.

[35] See Ch.19.

[36] *R. (on the application of Medical Justice) v Secretary of State for the Home Department* [2010] EWHC 1425 (Admin); [2010] A.C.D. 70 at [12]. Appealed on other grounds [2011] EWCA Civ 269; [2011] 1 W.L.R. 2852.

[37] *R. v Secretary of State for Transport Ex p. Factortame Ltd (No.2)* [1991] 1 A.C. 603 at 672-673.

[38] *Factortame (No.2)* [1991] 1 A.C. 603; and *R. v HM Treasury Ex p. British Telecommunications Plc* [1995] C.O.D. 56; cf. *R. v Secretary of State for Health Ex p. Generics (UK) Ltd* [1997] C.O.D. 294.

[39] *Eaton v Natural England* [2012] EWHC 2401 (Admin); [2013] 1 C.M.L.R. 10 at [35]-[38].

Stay of proceedings

Replace n.55 with:

18-018   [55] C. Lewis, *Judicial Remedies in Public Law*, 5th edn (2014), para.6–028. The court should be wary of granting a general stay of proceedings under the HRA for damages since this may undermine the need to ensure that protection for Convention rights is practical and effective, obtained within a reasonable time and proportionate to the circumstances of the individual case (*Re Jordan's Application for Judicial Review* [2019] UKSC 9 at [25]-[38]).

FINAL REMEDIAL ORDERS

Mandatory orders

Replace n.74 with:

18-024   [74] Striking recent examples of mandatory orders include that the Director of Public Prosecutions should promulgate a specific policy in relation to assisted suicide (*R. (on the application of Purdy) v Director of Public Prosecutions* [2009] UKHL 45; [2010] 1 A.C. 345 at [56] (Lord Hope)) and that the claimant's son should be admitted to the faith school which had excluded him on racial grounds (*R. (on the application of E) v The Governing Body of JFS* [2009] UKSC 15; [2010] 2 A.C. 728). In *R. (on the application of ClientEarth) v Secretary of State for the Environment, Food and Rural Affairs* [2015] UKSC 28; [2015] 4 All E.R. 724 at [30]–[31] and [35], the SC made a mandatory order requiring the Secretary of State to prepare new air quality plans for London and to deliver the plans to the European Commission by the end of the year. ClientEarth has returned to court repeatedly to police the enforcement of the SC's order: see *R. (on the application of ClientEarth) v Secretary of State for the Environment, Food and Rural Affairs* [2016] EWHC 2740 (Admin); [2016] EWHC 3613 (Admin); [2017] EWHC 1618 (Admin); [2017] EWHC 1966 (Admin) and [2018] EWHC 315 (Admin). The most recent decision was that the Secretary of State continued to act unlawfully by exempting 45 local authorities from the obligation to conduct a nitrogen dioxide feasibility study, but was now complying with the relevant duties in relation to five cities where there had been no plan before December 2017. The difficulties in obtaining a mandatory order in relation to the investigation of criminality was emphasised in *R. (on the application of Soma Oil & Gas Ltd) v Director of the Serious Fraud Office* [2016] EWHC 2471 (Admin).

Declarations

Replace para.18-039 with:

18-039   During the 1970s litigants applied with increasing frequency for declarations in

DISCRETION IN GRANTING AND WITHHOLDING REMEDIES 305

order to obtain relief against the activities of ministers and other public authorities. Many of the landmark decisions which Lord Diplock regarded as constituting the "progress towards a comprehensive system of administrative law [which was] the greatest achievement of the English courts in [his] judicial lifetime"[103] were decided in civil proceedings in which the plaintiff sought a declaration. For example, in perhaps the most important decision of all, *Ridge v Baldwin*,[104] Lord Reid concluded his historic speech by announcing: "I do not think that this House should do more than declare that the dismissal of the appellant is null and void and remit the case to the Queen's Bench Division for further procedure". Similarly, in the almost equally important decision of *Anisminic v Foreign Compensation Commission*,[105] in restoring the decision of Browne J which had been reversed by the Court of Appeal, the House of Lords granted a declaration that a provisional determination by the Commission was made without, or in excess of, jurisdiction and was a nullity.[106] In its decision on a matter of similar constitutional significance in *R. (on the application of Miller) v Prime Minister*,[106a] the Supreme Court had to decide on the appropriate form of the declarations which followed its finding that the Prime Minister's advice to prorogue Parliament was unlawful. The Court also declared the Order in Council based on the Prime Minister's advice to be "likewise unlawful, null and of no effect" and the actual prorogation was "as if the Commissioners had walked into Parliament with a blank piece of paper". As such, the Court also declared that Parliament was not prorogued.[106b]

[103] *R. v Inland Revenue Commissioners Ex p. National Federation of Self-Employed and Small Businesses Ltd* [1982] A.C. 617 at 641.

[104] *Ridge v Baldwin* [1964] A.C. 40.

[105] *Anisminic v Foreign Compensation Commission* [1969] 2 A.C. 147.

[106] The declaration continues to be an important remedy: *R. (on the application of Walker) v Secretary of State for Justice* [2009] UKHL 22; [2010] 1 A.C. 553 at [5]-[6] and [37] (in relation to the failure to provide rehabilitative courses to prisoners).

[106a] [2019] UKSC 41; [2020] A.C. 373.

[106b] *Miller* [2019] UKSC 41; [2020] A.C. 373 at [69].

DISCRETION IN GRANTING AND WITHHOLDING REMEDIES

Presumption in favour of relief

Replace para.18-048 with:

The discretion is narrower still—or in some circumstances non-existent— **18-048** where the claimant has succeeded in demonstrating a directly effective right under European Union law, given the general obligation on the court to provide effective protection.[125] Similarly, where Convention rights are in issue, the court will need to consider the relevance of ECHR art.13 which, while not incorporated into national law by the HRA, has a pervasive influence in requiring effective remedies for breaches of Convention rights.[126] The writ of habeas corpus, examined in Chapter 17, is not discretionary but should issue if unlawful detention is established.[127] As with other aspects of the judicial review process, the court must give effect to the "overriding objective" of the CPR in its decision-making about remedies.[128] There was no presumption that mandatory relief would be granted to return a foreign criminal who had been removed from the country on an unlawful certification by the Secretary of State and the court retained a broad discretion (*R. (on the application of Nixon) v Secretary of State for the Home Department* [2018]

EWCA Civ 3). In *Nixon*, the Court of Appeal decided that whether an in-country appeal was necessary for the protection of the individual's rights was a fact-sensitive question (as the Supreme Court had held in *R. (on the application of Kiarie) v Secretary of State for the Home Department* [2017] UKSC 42) and that in the present case, mandatory relief should not be granted.

[125] See para.14-073; and *Berkeley* [2001] 2 A.C. 603 where the HL rejected the argument that relief should be refused since all the environmental information that would have been part of an environmental impact assessment (which had not been conducted at all) was already in the public domain; but later cases make clear that the mere existence of a European Community law right is not necessarily a bar on the exercise of the court's discretion: *Bown v Secretary of State for Transport, Local Government and the Regions* [2003] EWCA Civ 1170; [2004] Env. L.R. 26; *R. (on the application of Rockware Glass Ltd) v Chester City Council* [2006] EWCA Civ 992 (operation of quashing order suspended); *R. (on the application of Gavin) v Harringey LBC* [2003] EWHC 2591 (Admin); [2004] 2 P. & C.R. 13 at [40]–[41] (provisions in SCA 1981 s.31(6) on delay not inconsistent with principles relating to Environmental Impact Assessments).

[126] See para.13-033.

[127] See para.17-008.

[128] See para.16-011.

Substantially different outcome

Replace para.18-050 with:

18-050   The Criminal Justice and Courts Act 2015 (which has effect from 13 April 2015) defines the circumstances in which the High Court *must* refuse relief. Section 84 of the Act provides that the High Court must refuse to grant relief on an application for judicial review, and may not make any award under the Senior Courts Act 1981 s.31(4), if "it appears to the court to be highly likely that the outcome for the applicant would not have been substantially different if the conduct complained of had not occurred".[130] The court has a limited discretion to award a remedy even if the "no difference" test is made out where it "considers that it is appropriate to do so for reasons of exceptional public interest".[131] If the court awards a remedy on grounds of exceptional public interest, it must certify that this condition is satisfied. The concept of "highly likely" is novel, and marks a significant departure from the test of inevitability previously applied at common law as a basis for refusing a remedy.[132] It appears that the judge will be required to consider the significance of the alleged legal defect to the decision in question and speculate as to what the outcome would have been if the defect had not occurred.[133] The courts have historically sought to avoid engaging in such questions.[134] The constitutional implications of this aspect of the Act have been strongly criticised.[135]

[130] Criminal Justice and Courts Bill 2014 cl.70, inserting a new subs.2A into s.31 of the Senior Courts Act 1981. In *R. (on the application of Bokrosova) v Lambeth London Borough Council* [2015] EWHC 3386 (Admin); [2016] P.T.S.R. 355 at [88], recognising that s.31(2A) does not expressly impose a burden of proof on a defendant, the HC held that "in accordance with general principle ... he who asserts must prove". In that instance, s.31(2A) did not require the HC to refuse relief. Whether a witness statement is required from the defendant to make out the test will depend on all the circumstances (*R. (on the application of DAT) v West Berkshire Council* [2016] EWHC 1876 (Admin); (2016) 19 C.C.L. Rep. 362 at [73]).

[131] The circumstances were not sufficiently exceptional in *R. (on the application of Mrs JH, Mr JH) v Secretary of State for Justice* [2015] EWHC 4093 (Admin); [2016] A.C.D. 56 at [319]–[327].

[132] See para.18-057. In *R. (on the application of Williams) v Powys County Council* [2017] EWCA Civ 427 at [72], the CA declined to withhold a remedy on the basis that "the interests of a lawfully taken decision must prevail, as normally they should" especially where the exercise of discretion involved questions of fact and judgment on planning and aesthetics.

[133] This is a difficult task for the court as noted in *R. (on the application of Cooper) v Ashford BC* [2016] EWHC 1525 (Admin); [2016] P.T.S.R. 1455 at [86]. In *R. (on the application of Goring-on-Thames Parish Council) v South Oxfordshire District Council* [2018] EWCA Civ 860, the CA held that s.31(2A) applies to both substantive and procedural errors. It is a "relatively high" threshold and a witness statement will normally be needed for it to be fulfilled (*R. (on the application of Enfield) v Secretary of State*

for Transport [2015] EWHC 3758 (Admin), at [106]). There were too many "moving parts" and different interests at stake in modifying a civil service pension scheme for the court to be certain that further consultation would have been highly likely to produce the same outcome (*R. (on the application of Public and Commercial Services Union) v Minister for the Cabinet Office* [2017] EWHC 1787 (Admin); [2018] I.C.R. 269 at [98]).

[134] See fn.148. In *R. (on the application of Logan) v Havering London Borough Council* [2015] EWHC 3193 (Admin); [2016] P.T.S.R. 603 at [55], the HC held per curiam that any consideration of whether s.31(2A) applied "should normally be based on material in existence at the time of the decision and not simply post-decision speculation by an individual decision-maker. Any other course runs the risk of reducing the importance of compliance with duties of procedural fairness and statutory or other requirements that certain matters be taken into account and others disregarded." The HC was concerned that the efficacy of judicial review could be undermined by a "draconian" modification of constitutional principles: if a decision-maker's declaration that obedience of the law would have made no difference led to the court refusing permission or to claimants being deterred from bringing proceedings. The court speculated that the provision may have been intended to apply only to "somewhat trivial procedural failings", suggesting that the legislative history be reviewed to determine its scope.

[135] See, e.g. B. Jaffey and T. Hickman, "*Loading the Dice in Judicial Review: The Criminal Justice and Courts Bill 2014*", UK Const L. Blog (6 February 2014), *https://ukconstitutionallaw.org/2014/02/06/ben-jaffey-and-tom-hickman-loading-the-dice-in-judicial-review-the-criminal-justice-and-courts-bill-2014/* [Accessed 9 November 2017].

CHAPTER 19

Monetary Remedies in Judicial Review

TABLE OF CONTENTS

Scope	19-001■
Other Sources of Compensation	19-002
Procedural Issues	19-004■
Defendants in Monetary Claims Relating to Judicial Review	19-012■
No Right to Damages for Unlawful Administrative Action as such	19-025
Relationships between the Grounds of Judicial Review and Rights to a Monetary Remedy	19-028
General Difficulties	19-033■
Negligence	19-038■
Negligent Misstatement	19-046
Misfeasance in Public Office	19-048
Breach of Statutory Duty	19-051□
Deprivation of Liberty: False Imprisonment	19-055■
Measure of Damages in Tort	19-061
Reform for Tort Liability	19-064□
Restitutionary and Other Claims for Return of Money	19-075■
Compensation under the Human Rights Act	19-081□
Liability under European Community Law	19-102

SCOPE

Replace "has committed an actionable breach of European Union law. Damages under European Union law are considered in Chapter 14." with:

- has committed an actionable breach of retained European Union law. Damages under European Union law are considered inChapter 14.[5] **19-001**

[5] See 14-099.

PROCEDURAL ISSUES

After "European Union law.", add:

Claims for damages for breach of the Human Rights Act must be "properly pleaded and particularized" and should set out, at least in brief, the principles applied by the ECtHR under art.41 of the Convention.[12a] **19-005**

[12a] *R. (on the application of Fayad) v Secretary of State for the Home Department* [2018] EWCA Civ 54 at [53]. Singh LJ went on to lament (at [56]) "an unfortunate culture which has developed" whereby claims for damages under the HRA "are thrown in at the end of a claim form, apparently as an afterthought and frequently as a makeweight".

Civil claim or judicial review?

Public law issues must be decided to determine damages claim

Replace para.19-009 with:

19-009 Where questions relating to the unlawfulness of the exercise of a public function (that is, whether the public authority has acted contrary to one of the grounds of judicial review—illegality, irrationality and procedural impropriety) will substantially determine whether the claimant is entitled to a monetary remedy in tort or restitution, the claimant's advisers and the court need to decide how to proceed. Recent decisions relating to procedural exclusivity have emphasised the need to consider whether the procedure adopted by the claimant is well-suited to determine the issues rather than rigid conceptual distinctions between public and private law issues.[17] If the sole or main purpose of a CPR Pt 54 claim is merely to "prime the pump" for a damages claim, it has been indicated that the court should refuse permission for a claim for judicial review and transfer the matter to continue as an ordinary civil claim,[18] but this may not always be the case and the court should adopt a pragmatic approach and determine the most advantageous course for the proceedings it is considering—always bearing in mind that "judicial review was not intended to be used for debt collecting".[19] The CPR Pt 54 judicial review procedure is not well suited to determining those monetary claims which turn on factual disputes which are more appropriately dealt with by a detailed statement of claim and oral evidence from witnesses subject to cross-examination.[20] In such cases, it may be more convenient for the Administrative Court first to determine the public law issues, and then make an order transferring the issues relating to tortious or other private law liability to proceed as if begun under CPR Pt 7.[21] Among other possible ways of determining issues are: the court may award damages at the judicial review hearing, but leave quantum to be assessed by a Master; where a claim is started in the county court but it is thought that expertise in public law issues is needed, the case may be transferred to the High Court to be heard by a judge with Administrative Court experience; or a High Court judge with Administrative Court expertise may sit as a judge in the county court pursuant to s.5(3) of the County Courts Act 1984.[22]

---

[17] See 3-119. In *Secretary of State for Transport v Arriva Rail East Midlands* [2019] EWCA Civ 2259 at [99], the CA repeated that a private law claim arising from a public authority's decision will not automatically be a public law action and damages claims even when linked to public law claims may proceed without compliance with the very short judicial review time limits. In that case, the dispute concerned a public procurement process not covered by the Public Contracts Regulations.

[18] *R. v Blandford JJ Ex p. Pamment* [1990] 1 W.L.R. 1490 (certiorari to quash order of magistrates refused); *R. v Gloucestershire CC Ex p. P* [1993] C.O.D. 303 (declaration that respondent has delayed unreasonably in providing statement of special educational needs refused). *R. v Ministry of Agriculture, Fisheries and Food Ex p. Live Sheep Traders Ltd* [1995] C.O.D. 297.

[19] *Trustees of the Dennis Rye Pension Fund v Sheffield CC* [1998] 1 W.L.R. 840, 846 (Lord Woolf MR). Conversely, a claim which in substance involves the examination of a public law issue and which incidentally involves the determination of a private law claim should not be brought as a civil action, see for example *Jones v Powys Local Health Board* [2008] EWHC 2562 (Admin); (2009) 12 C.C.L. Rep. 68 (which concerned a claim for reimbursement of nursing fees where the real challenge was to the review panel's decision).

[20] *D v Home Office* [2005] EWCA Civ 38; [2006] 1 W.L.R. 1003 at [105].

[21] CPR r.54.20 and Pt 30. It is the duty of the parties to address their minds to the question of when it is appropriate to transfer proceedings to the High Court or County Court, for example where a challenge is brought to detention by judicial review, but the claimant is released and maintains their claim for damages (*R. (on the application of ZA (Pakistan)) v Secretary of State for the Home Department* [2020] EWCA Civ 146 at [72]).

[22] See, e.g. *D v Home Office* [2005] EWCA Civ 38; [2006] 1 W.L.R. 1003 at [129]. There may be good reasons for instituting a private law claim for unlawful detention after (and separately from) a refusal of permission to seek judicial review of a removal decision (*BA v Home Office* [2012] EWCA Civ 944

at [28]-[36]). This paragraph and para.19-025 were found to be "fully justified by authority" in *Tchenguiz v Director of the Serious Fraud Office* [2014] EWCA Civ 472 at [14]. The case concerned the question whether a concession that search orders had been unlawful in public law proceedings prevented the defendant from relying on defences to a private law claim. The CA found that the defendant was entitled to resist the private law claim.

DEFENDANTS IN MONETARY CLAIMS RELATING TO JUDICIAL REVIEW

Replace para.19-012 with:

19-012 In the context with which we are concerned, the person against whom the claim for a monetary remedy is made will usually be the defendant in a judicial review claim or other public law proceeding. However, direct and vicarious liability in tort may make it necessary for some other person to be joined as a party where a monetary remedy is sought. The principle espoused by Dicey and Maitland,[26] that an individual official is personally liable for torts committed in the course of his official duties, remains good today.[27] Usually the official's employer will be vicariously, and so jointly and severally, liable[28]; but an employer of an official will not be vicariously liable for a person who is a public officer given independent statutory powers or duties in his or her own right.[29] After some hesitation, it is now clear that a public authority may be vicariously liable for its officers who commit misfeasance in public office providing that the employee is engaged in a misguided and unauthorised method of performing his or her duties rather than an unauthorised act so unconnected with his or her authorised duties as to be quite independent of and outside those duties.[30] Police officers are neither Crown servants nor employees of the local police authority; the Chief Constable of each police force in the United Kingdom is, however, made by statute vicariously liable for the acts and omissions of his officers and any damages awarded against an officer will be paid out of the police fund.[31] Generally, it has been argued that the imposition of personal liability on individual decision-makers, or vicarious liability on their employer, may have a detrimental impact on their behaviour and that direct governmental liability is to be preferred in an ideal scheme of remedies.[32] The deterrent effect appears to have less influence today than was once the case and the courts now consider the following factors in deciding whether it would be fair, just and reasonable to impose vicarious liability on an employer: an employer is more likely to be able to compensate the victim than the tortfeasor and can insure against that liability; the tort may have been committed while the tortfeasor was carrying out an activity on behalf of his employer; the tortfeasor may be part of the employer's business; the employer may have created the risk by employing the tortfeasor; and the tortfeasor is to a greater or lesser extent under the control of the employer.[32a]

[26] See 19-026.

[27] See, e.g. *Lonrho Plc v Tebbit* [1992] 4 All E.R. 280 (minister and officials alleged to have negligently failed to release claimant company from undertakings not to acquire more than 30% of another company following investigation by Monopolies and Mergers Commission). Mr Tebbitt was the Secretary of State for Trade and Industry at the time. In practice, the Crown will pay any damages awarded against a minister or official. *D v Home Office* [2005] EWCA Civ 38; [2006] 1 W.L.R. 1003 at [56] ("there is on the face of it nothing in the slightest bit peculiar about an individual bringing a private law claim for damages against an executive official who has unlawfully infringed his private rights").

[28] See, e.g. *Phelps v Hillingdon LBC* [2001] 2 A.C. 619 (local education authority vicariously liable for educational professionals); *Home Office v Dorset Yacht Co Ltd* [1970] A.C. 1004 (Borstal officers, for whom the Home Office was vicariously liable, owed a duty to take such care as is reasonable in all the circumstances with a view to preventing the boys under their control from causing damage to private property). cf. the position of a minister who is not vicariously liable for acts or omissions for civil servants in his department; they are not his employees or agents, but the Crown's.

[29] For example, the council would not have been responsible for their employee, Mr Sharp, the local land charges registrar in *Ministry of Housing and Local Government v Sharp and Hemel Hempstead*

RDC [1970] 2 Q.B. 223, Lord Denning MR: "In keeping the register and issuing the certificates, [Mr Sharp] is not acting for the council. He is carrying out his own statutory duties [as the 'proper officer' under the Land Charges Act 1925] on his own behalf. So he himself is responsible for breach of those duties and not the council: see *Stanbury v Exeter Corp* [1905] 2 K.B. 838". The council was, however, vicariously liable for the subordinate clerk employed by them who actually carried out the negligent search. The council did not seek to rely on the fact that the minor clerk, although their employee, was seconded to the registrar and so part of his staff. On vicarious liability for child abuse carried out by the brother teachers in a religious school, see *Various claimants v Catholic Child Welfare Society* [2012] UKSC 56; [2013] 2 A.C. 1 at [34]-[37] and [83]-[87] where the situation of the brother teacher was considered "sufficiently akin" to employment to make it fair and just to impose liability. This decision was applied to render the Ministry of Justice vicariously liable for injury caused to an employee by a prisoner working in a prison kitchen who was carrying out their activities as an integral part of the defendant's activities and for the defendant's benefit in *Cox v Ministry of Justice* [2016] UKSC 10; [2016] A.C. 660 at [20]-[29]. In contrast, the Chief Constable was not vicariously liable for acts of personal harassment carried out by one of his officers in relation to the officer's former partner in *Allen v Chief Constable of Hampshire* [2013] EWCA Civ 967 at [28]-[35]. The SC emphasized that the correct approach remained to ask whether the tortfeasor was carrying on business on his own account or was in a relationship akin to employment with the defendant. Only in doubtful cases, should recourse be had to the policy factors identified in the *Catholic Child Welfare Society* case be made (*Barclays Bank Plc v Various Claimants* [2020] UKSC 13; [2020] 2 W.L.R. 960). In *Adams v Law Society* [2012] EWHC 980 (QB) at [161], Foskett J criticised a self-represented applicant, who was a solicitor, for naming as personal defendants officers of the Law Society in an action for misfeasance in public office in circumstances where the conduct was within the normal scope of duties of the personal defendants.

[30] *Racz v Home Office* [1994] 2 A.C. 45 at 53F-H (ill-treatment at the hands of prison officers); see 19-049.

[31] Police Act 1996 s.88. This rule does not apply to a Chief Constable himself who, in theory at least, remains personally liable for damages arising from his own tortious acts. For a detailed treatment of police liability, see R. Clayton et al., *Civil Actions Against the Police*, 3rd edn (2005).

[32] D. Cohen and J. Smith, "Entitlement and the Body Politic: Rethinking Negligence in Public Law" (1986) 64 Can.B.R. 1, 9, 16; P. Schuck, *Suing Government: Citizen Remedies for Official Wrongs* (1983).

[32a] *Various claimants v Catholic Child Welfare Society* [2012] UKSC 56; [2013] 2 A.C. 1 at [88]-[91]. Applied in *Armes v Nottinghamshire CC* [2017] UKSC 60; [2018] A.C. 355 at [59]-65] to impose vicarious liability on a local authority for physical and sexual abuse suffered by a child at the hands of his foster parents. The local authority had a statutory duty to look after the child and recruited, paid allowances and provided equipment to foster parents to discharge that duty. It also exercised significant control through approval, inspection and supervision of foster parents.

Replace n.35 with:

19-013 [35] *Bullard v Croydon Hospital Group Management Committee* [1953] 1 Q.B. 511 construing National Health Service Act 1946 s.72 (now NHS Act 2006 s.69); cf. *Capital & Counties Plc v Hampshire CC* [1997] Q.B. 1004 (CA held that Fire Services Act 1947 s.30 was not apt to establish an implied immunity from proceedings for negligence or breach of statutory duty for fire fighters involved in extinguishing a fire. However, by turning off the sprinkler system, the fire service had contributed directly to the damage suffered.). In *Michael v Chief Constable of South Wales* [2015] UKSC 2; [2015] A.C. 1732, the SC granted summary judgment to two chief constables in respect of claims for negligence in connection with failure to respond to an emergency call, observing that police action in the course of investigating crime is not generally capable of forming the basis of an action in negligence. Applying *Michael*, the SC later found that only in novel cases (where established principles gave no answer) should the courts look beyond the *Caparo* principles. In this case, there may an exception to the rule that claims cannot be brought against the police in the course of investigating crime (*Robinson v Chief Constable of West Yorkshire* [2018] UKSC 4; [2018] 2 W.L.R. 595 at [21]-[30]). M. Burton, "Failing to Protect: victims' rights and police liability" (2009) 72 M.L.R. 283. The SC allowed the claim under art.2 of the ECHR to proceed on the basis that it raised questions of fact (precisely what the call-handler had heard) which could not be determined by way of summary judgment.

The Crown as a defendant

Replace n.53 with:

19-016 [53] Crown Proceedings (Armed Forces) Act 1987; *Mulcahy v Ministry of Defence* [1996] Q.B. 732 (no duty of care existed between soldiers on active service and MoD was not obliged to maintain a safe system of work in battle situations). The so-called "combat immunity" should be narrowly construed and does not insulate decisions relating to the provision of suitable equipment or training (*Smith v Ministry of Defence* [2013] UKSC 41; [2014] A.C. 52 at [89]-[96]). This case was applied in holding that an investigation in art.2 had been required in relation to the death of six soldiers in Iraq due to a communications order about carrying a particular type of device being ignored. The SC held the initial investigation met the threshold of art.2 as recommendations had been made and nothing further was required in the circumstances (*R. (on the application of Long) v Secretary of State for Defence* [2015] EWCA Civ 770; [2015] 1 W.L.R. 5006). The state may still be liable under art.2 of the HRA in relation

Judicial immunity from civil liability

Replace n.65 with:

[65] The old common law "action on the case as for a tort" against magistrates acting within their jurisdiction maliciously and without reasonable and probable cause is obsolete and no longer lies: *Re McC* [1985] 1 A.C. 528. HRA s.9 permits claims in damages in relation to judicial acts in good faith only to the extent required by art.5(5) of the Convention. As a result of the decision of the ECtHR in *Hammerton v UK* (App no. 6287/10, 17 March 2016), s.9 has been further amended to permit a claim for damages in relation to a judicial act which is incompatible with art.6 in circumstances where a person would not have been detained but for the judicial act or would not have been detained for so long (The Human Rights Act 1998 (Remedial) Order 2019, substituting a new HRA s.9(3)).

19-018

GENERAL DIFFICULTIES

Replace para.19-034 with:

First, the loss suffered by the claimant as a result of a public authority's negligent acts or omissions[117] will often be economic loss, which is not consequential on any damage to property or personal injury, a kind of loss in respect of which the courts are reluctant to provide a remedy in the absence of a contract.[118] Secondly, in many cases, the complaint will be that a public authority failed to prevent a third party inflicting loss on the complainant, for instance by approving plans or inspecting buildings[119] (where the breach of duty can be characterised as the failure of a public authority to control the acts or omissions of builders or architects), licensing of financial services (supervision of deposit takers)[120] or in the context of the criminal justice system, failing to detect and prevent the acts of criminals.[121] English tort law is generally unreceptive to the idea of imposing a duty of care for acts of independent third parties.[122]

19-034

[117] The position in relation to negligent misstatements and economic loss is rather different: since *Hedley Byrne & Co Ltd v Heller & Partners Ltd* [1964] A.C. 465 pure economic loss arising from negligent information and advice has, in some circumstances, been recoverable. This cause of action is considered separately, see 19-046.

[118] On economic loss generally, see M. Dugdale and M. Jones, *Clerk and Lindsell on Torts*, 20th edn (2010), paras 2-170-174, *Jain v Trent SHA* [2009] UKHL 4; [2009] 1 A.C. 853 at [26]-[27] and *An Informer v A Chief Constable* [2012] EWCA Civ 197; [2013] Q.B. 579 at [57]-[81] (no duty to protect a police informer from economic loss).

[119] *Anns v Merton LBC* [1978] A.C. 728 (now largely overruled); *Curran v Northern Ireland Co-ownership Housing Association Ltd* [1987] A.C. 718; *Murphy v Brentwood DC* [1991] 1 A.C. 398.

[120] *Yuen Kun-yeu v Attorney General of Hong Kong* [1988] A.C. 175.

[121] *Hill v Chief Constable of West Yorkshire* [1989] A.C. 53 (no duty owed by police to victim for alleged failure promptly to apprehend unknown perpetrator of a crime). The approach in *Hill* was found to be in violation of ECHR art.6(1) in *Osman v United Kingdom* (2000) 29 E.H.R.R. 245, where the policy factors which led to a denial of a duty of care, along with the practice of striking out claims at a summary hearing as disclosing no triable issue, were held to constitute an "exclusionary rule". The ECtHR retreated somewhat from this position in *Z v United Kingdom* [2001] 2 F.L.R. 612; (2002) 34 E.H.R.R. 3. See further, *Brooks v Commissioner of Police of the Metropolis* [2005] UKHL 24; [2005] 1 W.L.R. 1495 at [27]-[32] (with hindsight, not every principle in *Hill* could now be supported and a more sceptical approach to the carrying out of all public functions was necessary. However, the core principle of *Hill* had remained unchallenged in domestic and European law for many years and it had to stand) and *Van Colle v Chief Constable of Hertfordshire* [2008] UKHL 50; [2009] 1 A.C. 225 at [73]. In *Michael v Chief Constable of South Wales Police* [2015] UKSC 2; [2015] A.C. 1732 at [113]-[122], *Hill* was affirmed and applied to strike out a claim of negligence about the mishandling of an emergency call. The art.2 claim was permitted to proceed to trial. *Hill* was referred to again in *Robinson v Chief*

Constable of West Yorkshire [2018] UKSC 4; [2018] A.C. 736, in which the SC stated it was to be understood in the light of later authorities and the police did not have general immunity against the law of tort. In turn, they confirmed the possibility of police liability if it arose under ordinary tortious principles. In *Robinson*, the SC decided that a police officer owed a duty to take reasonable care for the safety of an elderly pedestrian when they attempted to arrest a suspect who was standing beside her and was likely to attempt to escape since personal injury was reasonably foreseeable as a result of the officers' conduct. Such a duty was not incompatible with the performance of the officers' functions. In contrast, the existence of a duty of care owed by the Commissioner to police officers to safeguard their economic and reputational interests would conflict with the Commissioner's public duties (*James-Bowen v Metropolitan Police Commissioner* [2018] UKSC 40; [2018] 1 W.L.R. 4021).

[122] *Clerk and Lindsell on Torts*, 21st edn (2014), paras 14-54-14-64; *X (Minors) v Bedfordshire CC* [1995] 2 A.C. 633 at 751G (Lord Browne-Wilkinson: "In my judgment, the courts should proceed with great care before holding liable in negligence those who have been charged by Parliament with the task of protecting society from the wrongdoings of others"); *JD v East Berkshire Community Health NHS Trust* [2005] UKHL 23; [2005] 2 A.C. 373 at [105] (Lord Rodgers of Earlsferry: "For the most part, then, the settled policy of the law is opposed to granting remedies to third parties for the effects of injuries to other people").

Replace n.125 with:

19-035 [125] *Stovin v Wise* [1996] A.C. 923 (HL, by a 3:2 majority, held that failure to exercise discretionary powers to remove obstructions conferred by Highways Act 1980 s.79 did not give rise to a duty of care); *Calderdale MBC v Gorringe* [2004] UKHL 15; [2004] 1 W.L.R. 1057 (local authority's statutory duty to promote road safety under Road Traffic Act 1988 s.39 did not create common law duty of care; it would be unusual for a duty of care to arise simply from a failure, however irrational, to provide some benefit which a public authority had a duty or power to provide), applied in *Ali v Bradford MDC* [2010] EWCA Civ 1282; [2012] 1 W.L.R. 161 at [29]-[33]. In *Michael v Chief Constable of South Wales Police* [2015] UKSC 2; [2015] A.C. 1732 at [97]-[102], the majority of the SC relied strongly on the general reluctance to impose liability on public authorities for omissions. The "omissions principle" has triggered much debate among commentators, for example, S. Tofaris and S. Steele, "Negligence Liability for Omissions and the Police" [2016] C.L.J. 128 and T. Cornford, "The Negligence Liability of Public Authorities for Omissions" [2019] C.L.J. 545.

NEGLIGENCE

Replace para.19-038 with:

19-038 In general, liability for negligent acts and omissions will be imposed by a court where:

(a) the defendant owes the claimant a duty of care. This will exist if (i) the harm suffered by the claimant was reasonably foreseeable; (ii) the relationship between the defendant and claimant was sufficiently "proximate"; and (iii) the imposition of a duty of care would be fair, just and reasonable[140];

(b) the defendant was in breach of the standard of care required in the circumstances;

(c) the claimant suffered damage as a result of the breach. The damage in question must normally include physical damage to property[141] or the personal or economic loss arising from such damage.[142] (The position in relation to economic loss caused by negligent statements is considered separately below.)

[140] *Clerk and Lindsell on Torts*, 21st edn (2014) para.8-04. The three-fold classification derives from *Caparo Industries Plc v Dickman* [1990] 2 A.C. 605 at 617-8. See A. Robertson, "Justice, Community Welfare and the Duty of Care" (2011) 127 L.Q.R. 370. There was no duty of care owed by a police force to a member of the public who made an emergency call which was mishandled leading to a delayed police response during which time the victim was murdered (*Michael v Chief Constable of South Wales Police* [2015] UKSC 2; [2015] A.C. 1732 at [113]-[122]); and there was no voluntary assumption of responsibility by the police towards witnesses in the course of obtaining and preserving evidence which could lead to the imposition of a duty of care not to disclose their addresses (*CLG v Chief Constable of Merseyside* [2015] EWCA Civ 836 at [22]-[24]). The SC reversed the CA's decision not to impose a duty of care on officers to a bystander who suffered physical injury as a result of their negligence whilst they apprehended a suspected drug dealer. Applying *Michael v Chief Constable of South Wales Police* [2015] UKSC 2; [2015] A.C. 1732, the SC held this was an example of a novel case where the application of established principles of negligence applied and not *Caparo*. Whilst the SC agreed with the CA that it was important not to impose unrealistically demanding standards of care on police officers, in this

case a duty did apply as the officers had failed to notice the bystander. The SC was clear that other circumstances might justify risking the safety of members of the public and most claims would fail at the third stage of *Caparo*: whether it was fair, just and reasonable to impose liability (*Robinson v Chief Constable of West Yorkshire* [2018] UKSC 4; [2018] 2 W.L.R. 595 at [75]–[78]). The SC decided that the question of whether it was fair, just and reasonable to impose a duty of care in relation to the deaths of British troops in Iraq arising from a failure to provide suitable equipment should be determined on the evidence at trial, but indicated that the defence of combat immunity should be narrowly construed (*Smith v Ministry of Defence* [2013] UKSC 41; [2014] A.C. 52 at [89]-[101]). The SC held it was fair, just and reasonable to impose a non-delegable duty of care on a school in relation to severe brain damage suffered by a pupil during a school swimming lesson (*Woodland v Swimming Teachers Association* [2013] UKSC 66; [2014] A.C. 537 at [25]). Applying *Woodland v Swimming Teachers Association* [2013] UKSC 66, [2014] AC 537, the SC held that a local authority which places a child in foster care is not under a non-delegable duty to ensure that reasonable care was taken of the children while in care. However, the authority was vicariously liable for torts committed by the foster parents on such children (*Armes v Nottinghamshire CC* [2017] UKSC 60; [2018] A.C. 355). The registrar of companies owes a duty of care to companies to take reasonable care to ensure that when entering a winding-up order it is entered against the correct company's name: *Sebry v Companies House* [2015] EWHC 115 (QB); [2016] 1 W.L.R. 2499. In that case, the registrar's error had catastrophic consequences for the company.

[141] On the need to show damage to property other than to the negligently constructed building or manufactured chattel itself, see *Murphy v Brentwood DC* [1991] 1 A.C. 398. *Phelps v Hillingdon LBC* [2001] 2 A.C. 619 (failure to diagnose a congenital condition such as dyslexia and to take the necessary action, resulting in a child's level of academic achievement being reduced and a consequential loss of wages, could constitute damage for a personal injuries claim),

[142] *Clerk and Lindsell on Torts*, 21st edn (2014), para.1-043.

Replace para.19-039 with:

English law has turned its back on the search for general principles of negligence liability, and instead the law is set to develop incrementally, on a case by case basis. In novel situations, arguments based on analogies to previously decided cases, rather than appeals to policy, are likely to find more favour in the courts.[143] The Caparo decision should not be regarded as imposing "a universal tripartite test for the existence of a duty of care", but as an recognition of the incremental approach to novel situations. The same general principles as to negligence liability apply to public authorities except to the extent that legislation requires a departure from those principles.[143a]

19-039

[143] See, e.g. *Murphy v Brentwood DC* [1991] 1 A.C. 398 at 461 (Lord Keith) *X (Minors) v Bedfordshire CC* [1995] 2 A.C. 633 at 735D (Lord Browne-Wilkinson). "From time to time the courts have looked for some universal formula or yardstick, but the quest has been elusive" (*Michael v Chief Constable of South Wales Police* [2015] UKSC 2; [2015] A.C. 1732 at [103]).

[143a] *N v Poole BC* [2019] UKSC 25; [2019] 2 W.L.R. 1478 at [64], applying *Robinson v Chief Constable of West Yorkshire* [2018] UKSC 4; [2018] A.C. 736. Applying those principles, it was relevant that the local authority had not assumed responsibility to protect the claimant and her childen from harm in housing them adjacent to a family with a history of anti-social behavior.

Replace list with:

(a) One crucial distinction is between "harming the claimant" and "failing to confer a benefit". In *N v Poole Borough Council*, the Supreme Court held that the significance of the departure from *Anns v Merton* had not been fully appreciated until its own decision in *Robinson*.[162a] The Court went on to identify as the "basic premise" of the framework for identifying the existence of a duty of care owed by a public authority as that public authorities are subject to the same general principles of the law of negligence as private individuals and bodies "except to the extent that legislation requires a departure from those principles".[162b] It follows from this that public authorities do not owe a duty of care at common law merely because they have statutory duties or powers and that, by exercising them, they could prevent a person from suffering harm. A duty of care may be imposed where the authority has created a source of danger or has assumed a responsibility to protect the claimant from harm and the imposition of such a duty would be consistent with the relevant legislation.[162c]

19-045

(b) The statutory context within which the public authority exercises its powers must be considered to ensure that a common law duty of care will not be imposed which will be inconsistent with the statutory framework.[163] Where the defendant is performing a specific statutory function the purpose for which the power or duty was conferred is regarded as being relevant in determining the existence and extent of any common law duty of care.[164] Thus where the purpose of the duty is to protect health and safety this is seen as impliedly excluding any greater common law duty (e.g. to prevent economic loss arising from a defective building).[165] Arguably this confuses and blurs the boundaries between the tort of negligence and the tort of breach of statutory duty[166] and unduly restricts the development of negligence liability. Since the duty of care in negligence arises from a relationship between the parties, not by virtue of a statute, as in breach of statutory duty, the purpose for which the public authority was given certain powers by statute should at most be no more than a matter to be considered as part of the relationship. In any event the pursuit of identifying a precise implicit legislative purpose is often a fruitless exercise as it is relatively easy to ascribe a variety of objects or purposes to statutes conferring powers.

(c) Many powers and duties of a governmental nature must necessarily contain a large "policy" element and it is for the public authority, not the courts, to decide what policy to pursue.[167] This may apply both to the question of whether a duty of care is imposed and the setting of the standard of care required.

(d) It may be desirable for the law of tort and the grounds of judicial review to set broadly consistent standards as to the conduct required of public authorities.[168] For instance, if a decision which is amenable to judicial review is "reasonable" in the *Wednesbury* sense, it may be undesirable to categorise it as negligent. As Harlow has put it, many judges believe that there must be an exact correspondence between negligence liability and "unlawful" exercise of discretionary power in public law.[169] It is unfortunate that the term "unreasonable" is used both in judicial review and negligence; it usually means different things in each context.[170] The House of Lords has now expressed a clear view that the common law concept of negligence should be applied directly to the exercise of statutory powers without first deciding whether the decision was *Wednesbury* unreasonable.[171]

(e) Often the damage caused by unlawful administrative action will be pure economic loss not consequential on any physical damage. For a variety of policy reasons the law of negligence in general denies recovery for such loss[172]; many of these are as applicable to determining the liability of public authorities for their public functions as elsewhere.

(f) The concern that exists that the imposition of liability may have a chilling effect on the quality of administrators' actions.[173] In more recent cases, however, there has been a growing scepticism about the likelihood that this will occur.[174] Nonetheless, at least in cases where it is claimed that a public authority has negligently failed to exercise a statutory discretion, it is legitimate for the court to have regard to the distorting impact that imposing liability would have on the authority's resource allocation decisions.[175]

(g) The existence or absence of an alternative method of redress for the claimant is often regarded as relevant to determining whether or not a common law duty of care exists. Thus, where the claimant may appeal to a tribunal or official against a decision, and the appellate body has power to order compensation, that will indicate that the court ought not impose a tortious liability on the original decision-maker.[176] There are comments in the case law justifying the same inference being drawn because of the existence of the right to apply for judicial review.[177] However, judicial review is available in respect of almost all administrative action and accordingly no special significance can be attached to its availability.

(h) The courts will be slow to regard the misinterpretation of legislation as indicating negligence on the part of the decision-maker.[178] There is often room for more than one construction of a statutory provision and only a court can give a conclusive interpretation.

[162a] [2019] UKSC 25; [2019] 2 W.L.R. 1478 at [64].

[162b] *Poole BC* [2019] UKSC 25; [2019] 2 W.L.R. 1478 at [64].

[162c] *Poole BC* [2019] UKSC 25; [2019] 2 W.L.R. 1478 at [65].

[163] In *Jain v Trent SHA* [2009] UKHL 4; [2009] 1 A.C. 853 at [19]-[28], the HL held that the public authority owed no duty of care to the owners of care home when applying for cancellation of their registration as the statutory powers were granted for the protection of the residents of the home. This was despite the careless manner in which the application was made and the devastating effect the cancellation had on the owners' business. See, further *A v Essex CC* [2003] EWCA Civ 1848; [2004] 1 W.L.R. 1881 (adoptive parents claimed local authority negligently failed to convey to them "all relevant information" about a child, but such a duty of care would have been inconsistent with the statutory framework under which adoption agencies were entitled to have policies in place about what information should be disclosed to potential adopters); *Desmond v Chief Constable of Nottinghamshire Police* [2011] EWCA Civ 3; [2011] 1 F.L.R. 1361 at [47]-[51] (the existence of a common law duty of care to an individual about whom information is provided to the Criminal Records Bureau would conflict with and inhibit the performance of the statutory purpose in the Police Act 1997 of protecting vulnerable young people). A pre-existing duty of care (owed to an employee) could require a public authority to exercise its statutory powers in a particular case where to do so would be consistent with the full performance of its public law obligations (*Connor v Surrey CC* [2011] EWCA Civ 286; [2011] Q.B. 429 at [104]-[109]). *Murdoch v Department of Work and Pensions* [2010] EWHC 1988 (QB), [79]-[86] (it was inconsistent with the finality expressed in the statutory scheme to provide a remedy for a failure to provide incapacity benefit and income support). Statements by Lords Hoffmann and Scott in *Gorringe v Calderdale MBC* [2004] UKHL 15; [2004] 1 W.L.R. 1057, [38]-[44] and [71] go considerably further and suggest that the existence of a statutory duty is incapable to giving rise to a duty of care and that such a duty will only exist where it would have been imposed anyway, irrespective of the existence of the statute. The effect of the decision may be limited by the fact that it concerned an omission to act. Thus, it did not bar recovery where a highway authority had taken the positive act of planting shrubs in a central reservation which obscured a pedestrian's view of the road (*Yetkin v Mahmodd* [2010] EWCA Civ 776; [2011] Q.B. 827, [25]-[35]).

[164] Governors of the *Peabody Donation Fund v Sir Lindsay Parkinson and Co Ltd* [1985] A.C. 210, 242 at 245; *X Minors v Bedfordshire CC* [1995] 2 A.C. 633 at 739C; *Stovin v Wise and Norfolk CC* [1996] A.C. 923 at 952 (Lord Hoffmann: "Whether a statutory duty gives rise to a private cause of action is a question of construction. It requires an examination of the policy of the statute to decide whether it is intended to confer a right to compensation for the breach").

[165] *Jain v Trent SHA* [2009] UKHL 4; [2009] 1 A.C. 853. For comment, see L. Blom-Cooper, "When the private lawyer should go public" [2009] P.L. 195.

[166] See 19-051. See further K. Stanton et al., *Statutory Torts* (2003), para.14-117.

[167] For an illustration of a situation in which a duty of care was denied because the claimant public bodies were carrying out a public duty involving balancing the public interest, see *Bennett v Commissioner of Police of the Metropolis* [1995] 1 W.L.R. 488 (Secretary of State signing public interest immunity certificate). For a very helpful summary, see *Connor v Surrey CC* [2010] EWCA Civ 286; [2011] Q.B. 429 at [103]. It is difficult for the courts to foresee whether the imposition of a duty of care would improve performance in a particular area (such as police responses to domestic violence) or distort the allocation of limited resources which should be governed by public interest considerations (*Michael v Chief Constable of South Wales Police* [2015] UKSC 2; [2015] A.C. 1732 at [121]). Four arguments are identified in the cases as being relied upon to justify restricting the liability of public authorities: it may lead to the diversion of resources or defensive practices; inhibit freedom of action; require the courts to dictate policy to elected bodies; victims often have alternative remedies (B. Markesinis, J.-B. Auby, D. Coester-Waltjen and S. Deakin, *The Tortious Liability of Public Authorities: A Comparative and Economic Analysis of Five Cases* (1999)).

[168] See 19-029.

[169] C. Harlow, *Compensation and Government Torts* (1982), p.53.

[170] *X (Minors) v Bedfordshire CC* [1995] 2 A.C. 633 at 736F (Lord Browne-Wilkinson: "I do not believe that it is either helpful or necessary to introduce pubic law concepts as to the validity of a decision into the question of liability at common law for negligence. In public law a decision can be ultra vires for

reasons other than *Wednesbury* unreasonableness (e.g. breach of the rules of natural justice) which have no relevance to the question of negligence"). As Cane points out, it is unclear why *Wednesbury* unreasonableness has been singled out as the only form of ultra vires which can give rise to liability in tort for negligence (P. Cane, "Suing Public Authorities in Tort" (1996) 113 L.Q.R. 13).

[171] *Barrett v Enfield LBC* [2001] 2 A.C. 550 at 572 and 586 (Lords Slynn and Hutton).

[172] *Clerk and Lindsell on Torts*, 21st edn (2014) para.1-42; *Davis v Radcliffe* [1990] 1 W.L.R. 821 (action by depositors against the Finance Board and Treasury of the Isle of Man) but cf. *Allen v Bloomsbury Health Authority* [1993] 1 All E.R. 651 (action against health authority for economic loss due to failure to sterilise). See further, J. Hartshorne, "Contemporary Approaches Towards Pure Economic Loss in the Law of Negligence" [2014] J.B.L. 425.

[173] See 19-072; e.g. *X (Minors) v Bedfordshire CC* [1995] 2 A.C. 633 at 739D-E, 749H (Lord Browne-Wilkinson).

[174] *Phelps v Hillingdon LBC* [2001] 2 A.C. 619 at 667 (Lord Nicholls): "Denial of the existence of a cause of action is seldom, if ever, the appropriate response to fear of its abuse".

[175] *Stovin v Wise* [1996] A.C. 923 at 958 (Lord Hoffmann); *JD v East Berkshire Community Health NHS Trust* [2005] UKHL 23; [2005] 2 A.C. 373 (health professionals responsible for investigating suspected child abuse did not owe the person suspected of having committed the abuse a duty sounding in damages if they carried out that investigation in good faith but carelessly; Lord Nicholls of Birkenhead at [85]: "But when considering whether something does not feel 'quite right', a doctor must be able to act single-mindedly in the interests of the child. He ought not to have at the back of his mind an awareness that if his doubts about intentional injury or sexual abuse prove unfounded he may be exposed to claims by a distressed parent").

[176] See, e.g. *Jones v Department of Employment* [1989] 1 Q.B. 1 (claimant had no cause of action in negligence against an officer who underestimated his entitlement to a welfare benefit. The claimant had successfully appealed against the determination and had received back-payments, though no interest); *X Minors v Bedfordshire CC* [1995] 2 A.C. 633 at 751A-B (in relation to social workers investigating child abuse, a statutory complaints procedure under Children Act 1989 provided means to have grievances investigated (though no compensation) and the Local Government Ombudsman would have power to investigate); *Home Office v Mohammed* [2011] EWCA Civ 351; [2011] 1 W.L.R. 2862 at [18] (failure to grant permanent leave to remain fell within the remit of the Parliamentary Ombudsman); *Desmond v Chief Constable of Nottinghamshire Police* [2011] EWCA Civ 3; [2011] 1 F.L.R. 1361 at [51]. For doubt about the relevance of alternative remedies, see *Phelps v Hillingdon LBC* [2001] 2 A.C. 619 at 672 (Lord Clyde). The absence of adequate safeguards for the rights of care home owners under the existing procedures did not persuade the HL to impose a duty of care in *Jain v Trent SHA* [2009] UKHL 4; [2009] 1 A.C. 853 at [39]-[41]. The HL held that the answer was for safeguards to be introduced by legislation.

[177] See, e.g. *Rowling v Takaro Properties Ltd* [1988] A.C. 473 at 501-502 (Lord Keith) where it was held that the only effect of the allegedly negligent decision by the minister (in misconstruing legislation and so refusing consent) was delay: "This is because the processes of judicial review are available to the aggrieved party; and assuming that the alleged error of law is so serious that it can properly be described as negligent, the decision will assuredly be quashed by a process which, in New Zealand as in the United Kingdom, will normally be carried out with promptitude." See also *Calveley v Chief Constable of the Merseyside Police* [1989] A.C. 1228 at 1237 ff where, in relation to a claim for breach of statutory duty, Lord Bridge refers to judicial review as an alternative remedy justifying the refusal of tortious liability and *Curran v Northern Ireland Co-Ownership Housing Association Ltd* [1987] A.C. 718.

[178] See, e.g. *Rowling v Takaro Properties Ltd* [1988] A.C. 473 and *Dunlop v Woollahra MC* [1982] A.C. 158.

BREACH OF STATUTORY DUTY

Replace n.219 with:

19-054

[219] *Hague* [1992] 1 A.C. 58 at 170 (Lord Jauncey). For example, *Francis v Southwark LBC* [2011] EWCA Civ 1418 at [22]–[23] (no personal remedy for breach of "right-to-buy" obligations under the Housing Act 1985 s.181). *Morrison Sports Ltd v Scottish Power Plc* [2010] UKSC 37; [2010] 1 W.L.R. 1934 at [38] (difficult to identify limited class of public for whom electricity safety regulations were passed). In *Greenway v Johnson Matthey Plc* [2014] EWHC 3957 (QB); [2015] P.I.Q.R. P10 at [34], the concept of welfare in the Health and Safety at Work etc Act 1974 was held not to include interests of a purely economic nature (reversed in full by the SC without reference to this point (*Dryden v Johnson Matthey Plc* [2018] UKSC 18; [2018] 2 W.L.R. 1109)). Section 69 of the Enterprise and Regulatory Reform Act 2013 removes the common law cause of action for breach of statutory duty in relation to the Health and Safety at Work Act 1974 and associated legislation.

DEPRIVATION OF LIBERTY: FALSE IMPRISONMENT

Replace para.19-055 with:

19-055 Claims for damages arising from unlawful actions which lead to the unlawful confinement of the claimant are most likely to arise in connection with government functions such as the criminal justice system, immigration control and the treatment of the mentally ill. The tort of false imprisonment has two elements[229]: (a) the fact of complete deprivation of liberty for any time, however short[230]; and (b) the absence of lawful authority to justify it for its full duration.[231] It is not necessary to prove physical incarceration; rather the gist of the tort is restraint (over and above that imposed by the general law or a binding contract) so that a person has no liberty to go at all times to all places where he wishes.[232] The tort is one of strict liability.[233] Bad faith is not an ingredient of the tort of false imprisonment, so it is no defence for the official authorising or carrying out the detention to say that he acted in good faith.[234] A claim may also lie for trespass to the person.

[229] *Hague* [1992] 1 A.C. 58 at 162 (Lord Bridge).

[230] On deprivation of liberty, see *Re L (R. v Bournewood Community and Mental Health NHS Trust Ex p. L)* [1999] 1 A.C. 458 (L's re-admission to hospital under s.131(1) Mental Health Act 1983 did not amount to the tort of false imprisonment as he had not been deprived of his liberty, since he was not kept on a locked ward and had not made any attempt to leave); L successfully challenged this decision in the ECtHR: *L v United Kingdom* (2005) 40 E.H.R.R. 32 as breaching art.5(1) and art.5(4). In *P v Cheshire West and Cheshire Council* [2014] UKSC 19; [2014] A.C. 896 at [45]–[50], the SC held that deprivation of liberty in relation to a mentally incapacitated person was to be given the same meaning as under art.5 of the ECHR.

[231] *Clerk and Lindsell on Torts*, 20th edn, (2010) in what is now para.15-23, quoted with approval by Lord Jauncey in *Hague* [1992] 1 A.C. 58 at 173. A breach of public law (to comply with a published policy) could lead to liability where it had a bearing on the decision to detain (*R. (on the application of Lumba) v Secretary of State for the Home Department* [2011] UKSC 12; [2012] 1 A.C. 245 at [64]–[70]). This was applied to a failure to provide reasons for lawful detention. However, the detention was still lawful as this did not affect the decision to detain itself (*R. (on the application of Lee-Hirons) v Secretary of State for the Home Department* [2014] EWCA Civ 553; [2015] Q.B. 385).

[232] *Hague* [1992] 1 A.C. 58 at 173 (Lord Jauncey). A person may be deprived of their liberty without being aware of it: whether because they are asleep or lack mental capacity (*P v Cheshire West and Cheshire Council* [2014] UKSC 19; [2014] A.C. 896 at [35]). Confining an individual to a doorway (even if only for a few seconds) without lawful authority was a false imprisonment on the basis that "a fundamental constitutional principle is at stake" (*Walker v Commissioner of Police of the Metropolis* [2014] EWCA Civ 897; [2015] 1 W.L.R. 312 at [46]). Damages were awarded in the sum of £5. Being subject to a curfew (enforced by means of an electronic tag) constituted imprisonment at common law even through the claimant had in fact breached his curfew a number of times (*R. (on the application of Jalloh) v Secretary of State for the Home Department* [2020] UKSC 4 at [25]–[27]).

[233] It is no defence to the action that the person could certainly have been detained lawfully if the power had been exercised properly (*Lumba* [2011] UKSC 12; [2012] 1 A.C. 245 at [71], although it may mean that the claimant is entitled to only nominal damages); *Evans v Governor of Brockhill Prison* [2001] 2 A.C. 19 (the fact that the prison governor had acted in good faith was no defence). The situation is different if the law which purported to justify the detention is itself unlawful: in that case, it is no answer to a claim for substantial damages that the detention could have been lawful if the law was different (*R. (on the application of Hemmati) v Secretary of State for the Home Department* [2019] UKSC 56; [2019] 3 W.L.R. 1156).

[234] *Evans* [2001] 2 A.C. 19 at [42].

Replace n.235 with:

[235] See 13-072 and 19-081. As a matter of common law, damages should not be merely nominal (*Iqbal v Prison Officers Association* [2009] EWCA Civ 1312; [2010] Q.B. 732 at [44]–[49]) unless the claimant would inevitably have been detained had a lawful decision been made in which case he has suffered no loss (*Lumba* [2011] UKSC 12; [2012] 1 A.C. 245 at [95]; *Parker v Chief Constable of Essex* [2018] EWCA Civ 2788; [2019] 1 W.L.R. 2238). The detention of a prisoner beyond the period when he would have been released had his case been considered speedily in accordance with art.5(4) of the ECHR does not constitute false imprisonment as his detention continues to be lawful as a matter of domestic law (*R. (on the application of Sturnham) v Parole Board* [2013] UKSC 23; [2013] 2 A.C. 254 at [15]–[16]). Similarly, the failure to provide a reasonable opportunity for a prisoner to rehabilitate himself did not directly impact on the lawfulness of his detention, but could give rise to right to compensation for frustration and anxiety under art.5(4) of the ECHR (*R. (on the application of Kaiyam) v Secretary of State for Justice* [2014] UKSC 66; [2015] A.C. 1344 at [35]–[39]). The distinction between

19-056

the tortious claim for false imprisonment and a claim for breach of art.5 of the ECHR is illustrated by *Zenati v Commissioner of Police of the Metropolis* [2015] EWCA Civ 80; [2015] Q.B. 758 at [47]–[56]. In *Zenati*, the false imprisonment claim failed because his detention was authorised by a judicial authority, but the art.5 claim was allowed to proceed on the basis that the police were responsible for a delay in informing the court that the prisoner's passport was genuine.

Lawful authority

Replace n.241 with:

19-058 [241] Mental Health Act 1983 s.139. At the time of writing, there are amendments pending to this legislation. However, the local authority was not able to rely on s.139 where a breach of art.5 of the ECHR arose as a result of bad faith or lack of reasonable care by a mental health professional in *R. (on the application of M) v Hackney LBC* [2011] EWCA Civ 4; [2011] 1 W.L.R. 2873 at [66]–[69].

REFORM FOR TORT LIABILITY

Replace n.285 with:

19-072 [285] *Hill v Chief Constable of West Yorkshire* [1989] 1 A.C. 53 (Lord Keith: "The general sense of public duty which motivates police forces is unlikely to be appreciably reinforced by the imposition of such liability so far as concerns their function in the investigation and suppression of crime ... In some instances the imposition of liability may lead to the exercise of a function being carried out with a detrimentally defensive frame of mind"; Although the immunity of the police was found to breach art.6 ECHR in *Osman v United Kingdom* (2000) 29 E.H.R.R. 245 at [150], the policy arguments against the widespread imposition of liability identified in *Hill* continue to be relied upon (*Van Colle v Chief Constable of Hertfordshire* [2008] UKHL 50; [2009] 1 A.C. 225 at [132]–[133]). C. McIvor, "Getting defensive about police negligence: the Hill principle, the Human Rights Act 1998 and the House of Lords" [2010] C.L.J. 133. See now *Michael v Chief Constable of South Wales Police* [2015] UKSC 2; [2015] A.C. 1732, fn.140 above. *Hill* was also recently applied to a case in which it was held the local authority owed no duty of care (derived from the Children Act 1989) to protect two children from harassment and abuse by a family living nearby who engaged in anti-social behaviour (*CN v Poole BC* [2017] EWCA Civ 2185; [2018] 2 W.L.R. 1693, appeal pending).

RESTITUTIONARY AND OTHER CLAIMS FOR RETURN OF MONEY

Procedure

Replace "CPR Pt 7" with:

19-076 CPR Pts 7 or 8

Rights for return of money in restitution

Replace n.302 with:

19-078 [302] *Test Claimants in the FII Group Litigation v Revenue and Customs Commissioners* [2012] UKSC 19; [2012] 2 A.C. 337 at [79]. *Woolwich Equitable Building Society v Inland Revenue Commissioners (No.2)* [1993] A.C. 70; [1992] 3 W.L.R. 366 formerly required that there should have been a demand for payment. Restitution was awarded of more than £50m to Vodafone in relation to payments towards their annual licence fees where the Regulations under which the fees were levied were held to be unlawful (*Vodafone v OFCOM* [2020] EWCA Civ 183; [2020] 2 W.L.R. 1108). This reflected the difference between the fees paid and the lower fees which would have been paid under the earlier Regulations which had remained in force.

COMPENSATION UNDER THE HUMAN RIGHTS ACT

Individual Convention rights

Article 3 (prohibition of torture, inhumane and degrading treatment)

Replace n.330 with:

330 *OOO v Commissioner of Police for the Metropolis* [2011] EWHC 1246 (QB); [2011] H.R.L.R. 29 at [190]. In *DSD v Commissioner of Police of the Metropolis* [2014] EWHC 2493 (QB); [2015] 1 W.L.R. 1833, awards of £22,500 and £19,000 in damages were made to two rape victims for violations of art.3 on the basis of serious systemic failings and operational failures by the police in relation to their investigative duty. The quantum was not challenged in the unsuccessful appeal in *DSD v Commissioner of Police of the Metropolis* [2015] EWCA Civ 646; [2016] Q.B. 161 or when the SC affirmed the case in *Commissioner of Police of the Metropolis v DSD* [2018] UKSC 11; [2018] 2 W.L.R. 895.

19-088

Article 8 (right to respect for private and family life)

Replace n.368 with:

368 *R. (on the application of Bernard) v Enfield LBC* [2002] EWHC 2282 (Admin); [2003] H.R.L.R. 4 at [62] (Sullivan J: "Although there are two claimants it is important to avoid double counting, and since these damages are intended to give them just satisfaction for a breach of their Art.8 rights, it is sensible to start off with an overall figure to reflect the impact of the breach on their family life together, and then to apportion that figure between the two claimants having regard to the relative effects on their private lives. Bearing all these factors in mind, I conclude that the appropriate figure is £10,000, and I apportion that £8,000 to the second claimant and £2,000 to the first claimant"). Significant awards were made (and general guidance given) in domestic law for misuse of private information in relation to telephone hacking in *Gulati v MGN Ltd* [2015] EWCA Civ 1291; [2017] QB 149).

19-095

Replace n.353 with:

353 See further, *R. (on the application of G) v Lambeth LBC* [2011] EWCA Civ 526; [2011] 4 All E.R. 453 at [40]–[46]. In *Richard v British Broadcasting Corporation* [2018] EWHC 1837 (Ch), the claimant was awarded £190,000 in general damages and aggravated damages of £20,000 for breaches of his privacy in relation to the manner in which the police investigation into allegations of sexual offences was reported.

19-096

First Protocol, art.1 (right to property)

Replace n.360 with:

360 *Gas and Electricity Markets Authority v Infinis Plc* [2013] EWCA Civ 70 at [26]-[27]). In *OAO Neftyanaya Kompaniya Yukos v Russia (Just Satisfaction)* (2014) 59 E.H.R.R. SE12, the ECtHR made its highest award of just satisfaction in the sum of £1.9bn in a First Protocol, art.1 case. In *Breyer Group Plc v Department of Energy and Climate Change* [2015] EWCA Civ 408; [2015] 1 W.L.R. 4559 at [23] and [47]–[49], the CA held that goodwill was (and loss of future income was not) a possession: a distinction that may require analysing the marketability of the goodwill and the accounting arrangements of the alleged victim. A claimant was not entitled to compensation for losses related to future business which had not yet produced any profit. This falls outside the scope of goodwill recognised in Breyer and thus, this did not amount to a possession (*DM2 Solutions Ltd v Secretary of State for Communities and Local Government* [2017] EWHC 3409 (Admin)).

19-099

APPENDIX K

N461 Claim Form

K-001 *Replace Form N461 with:*

Judicial Review
Claim Form

Notes for guidance are available which explain how to complete the judicial review claim form. Please read them carefully before you complete the form.

In the High Court of Justice
Administrative Court

Help with Fees -
Ref no. (if applicable) H W F - ☐☐☐☐ - ☐☐☐

For Court use only	
Administrative Court Reference No.	
Date filed	

Seal

Is your claim in respect of refusal of an application for fee remission? ☐ Yes ☐ No

SECTION 1 Details of the claimant(s) and defendant(s)

Claimant(s) name and address(es)
- name
- address
- Telephone no.
- Fax no.
- E-mail address

Claimant's or claimant's legal representatives' address to which documents should be sent.
- name
- address
- Telephone no.
- Fax no.
- E-mail address

Claimant's Counsel's details
- name
- address
- Telephone no.
- Fax no.
- E-mail address

1st Defendant
- name

Defendant's or (where known) Defendant's legal representatives' address to which documents should be sent.
- name
- address
- Telephone no.
- Fax no.
- E-mail address

2nd Defendant
- name

Defendant's or (where known) Defendant's legal representatives' address to which documents should be sent.
- name
- address
- Telephone no.
- Fax no.
- E-mail address

N461 CLAIM FORM

SECTION 2 Details of other interested parties

Include name and address and, if appropriate, details of DX, telephone or fax numbers and e-mail

name	name
address	address
Telephone no. Fax no.	Telephone no. Fax no.
E-mail address	E-mail address

SECTION 3 Details of the decision to be judicially reviewed

Decision:

Date of decision:

Name and address of the court, tribunal, person or body who made the decision to be reviewed.

name	address

SECTION 4 Permission to proceed with a claim for judicial review

I am seeking permission to proceed with my claim for Judicial Review.

Is this application being made under the terms of Section 18 Practice Direction 54 (Challenging removal)?	☐ Yes	☐ No
Are you making any other applications? If Yes, complete Section 8.	☐ Yes	☐ No
Is the claimant in receipt of a Civil Legal Aid Certificate?	☐ Yes	☐ No
Are you claiming exceptional urgency, or do you need this application determined within a certain time scale? If Yes, complete Form N463 and file this with your application.	☐ Yes	☐ No
Have you complied with the pre-action protocol? If No, give reasons for non-compliance in the box below.	☐ Yes	☐ No

Have you issued this claim in the region with which you have the closest connection? (Give any additional reasons for wanting it to be dealt with in this region in the box below). If No, give reasons in the box below.	☐ Yes	☐ No

Does the claim include any issues arising from the Human Rights Act 1998?
If Yes, state the articles which you contend have been breached in the box below.   ☐ Yes ☐ No

SECTION 5 Detailed statement of grounds

☐ set out below   ☐ attached

SECTION 6 Aarhus Convention claim

I contend that this claim is an Aarhus Convention claim   ☐ Yes ☐ No

If Yes, indicate in the following box if you do not wish the costs limits under CPR 45.43 to apply.

If you have indicated that the claim is an Aarhus claim set out the grounds below, including (if relevant) reasons why you want to vary the limit on costs recoverable from a party.

SECTION 7 Details of remedy (including any interim remedy) being sought

SECTION 8 Other applications

I wish to make an application for:-

SECTION 9 Statement of facts relied on

Statement of Truth

I believe (The claimant believes) that the facts stated in this claim form are true.

Full name _____

Name of claimant's solicitor's firm _____

Signed _____ Position or office held _____
  Claimant ('s solicitor)   (if signing on behalf of firm or company)

SECTION 10 Supporting documents

If you do not have a document that you intend to use to support your claim, identify it, give the date when you expect it to be available and give reasons why it is not currently available in the box below.

Please tick the papers you are filing with this claim form and any you will be filing later.

☐ Statement of grounds	☐ included	☐ attached
☐ Statement of the facts relied on	☐ included	☐ attached
☐ Application to extend the time limit for filing the claim form	☐ included	☐ attached
☐ Application for directions	☐ included	☐ attached

☐ Any written evidence in support of the claim or application to extend time

☐ Where the claim for judicial review relates to a decision of a court or tribunal, an approved copy of the reasons for reaching that decision

☐ Copies of any documents on which the claimant proposes to rely

☐ A copy of the legal aid or Civil Legal Aid Certificate *(if legally represented)*

☐ Copies of any relevant statutory material

☐ A list of essential documents for advance reading by the court *(with page references to the passages relied upon)*

☐ Where a claim relates to an Aarhus Convention claim, a schedule of the claimant's significant assets, liabilities, income and expenditure.	☐ included	☐ attached

If Section 18 Practice Direction 54 applies, please tick the relevant box(es) below to indicate which papers you are filing with this claim form:

☐ a copy of the removal directions and the decision to which the application relates	☐ included	☐ attached
☐ a copy of the documents served with the removal directions including any documents which contains the Immigration and Nationality Directorate's factual summary of the case	☐ included	☐ attached
☐ a detailed statement of the grounds	☐ included	☐ attached

Reasons why you have not supplied a document and date when you expect it to be available:-

Signed _____ Claimant ('s Solicitor)_____

APPENDIX L

N462 Acknowledgment of Service

L-001 *Replace Form N462 with:*

N462 **Judicial Review** Acknowledgment of Service	In the High Court of Justice Administrative Court
	Claim No.
Name and address of person to be served name address	Claimant(s) *(including ref.)*
	Defendant(s)
	Interested Parties

SECTION A
Tick the appropriate box

1. I intend to contest all of the claim ☐ ⎫
2. I intend to contest part of the claim ☐ ⎬ complete sections B, C, D and F
3. I do not intend to contest the claim ☐ complete section F
4. The defendant (interested party) is a court or tribunal and **intends** to make a submission. ☐ complete sections B, C and F
5. The defendant (interested party) is a court or tribunal and **does not intend** to make a submission. ☐ complete sections B and F
6. The applicant has indicated that this is a claim to which the Aarhus Convention applies. ☐ complete sections E and F
7. The **Defendant** asks the Court to consider whether the outcome for the claimant would have been **substantially different** if the conduct complained of had not occurred [see s.31(3C) of the Senior Courts Act 1981] ☐ A summary of the grounds for that request must be set out in/accompany this Acknowledgment of Service

Note: If the application seeks to judicially review the decision of a court or tribunal, the court or tribunal need only provide the Administrative Court with as much evidence as it can about the decision to help the Administrative Court perform its judicial function.

SECTION B
Insert the name and address of any person you consider should be added as an interested party.

name	name
address	address
Telephone no. — Fax no.	Telephone no. — Fax no.
E-mail address	E-mail address

SECTION C
Summary of grounds for contesting the claim. If you are contesting only part of the claim, set out which part before you give your grounds for contesting it. If you are a court or tribunal filing a submission, please indicate that this is the case.

SECTION D

Give details of any directions you will be asking the court to make, or tick the box to indicate that a separate application notice is attached.

If you are seeking a direction that this matter be heard at an Administrative Court venue other than that at which this claim was issued, you should complete, lodge and serve on all other parties Form N464 with this acknowledgment of service.

SECTION E

Response to the claimant's contention that the claim is an Aarhus claim

Do you deny that the claim is an Aarhus Convention claim? ☐ Yes ☐ No

If Yes, please set out your grounds for denial in the box below.

Do you wish to vary the costs limits under CPR 45.43(2)? ☐ Yes ☐ No

If Yes, state the reason why you want to vary the limits on costs recoverable from a party.

N462 ACKNOWLEDGMENT OF SERVICE   331

SECTION F

*delete as appropriate

*(I believe)(The defendant believes) that the facts stated in this form are true.
*I am duly authorised by the defendant to sign this statement.

(if signing on behalf of firm or company, court or tribunal)

Position or office held

(To be signed by you or by your solicitor or litigation friend)

Signed

Date

Give an address to which notices about this case can be sent to you

If you have instructed counsel, please give their name address and contact details below.

name

address

Telephone no.

Fax no.

E-mail address

name

address

Telephone no.

Fax no.

E-mail address

Completed forms, together with a copy, should be lodged with the Administrative Court Office (court address, listed below), at which this claim was issued within 21 days of service of the claim upon you, and further copies should be served on the Claimant(s), any other Defendant(s) and any interested parties within 7 days of lodgement with the Court.

▶ Print form   ▶ Reset form

Administrative Court addresses

- Administrative Court in **London**

    Administrative Court Office, Room C315, Royal Courts of Justice, Strand, London, WC2A 2LL.

- Administrative Court in **Birmingham**

    Administrative Court Office, Birmingham Civil Justice Centre, Priory Courts, 33 Bull Street, Birmingham B4 6DS.

- Administrative Court in **Wales**

    Administrative Court Office, Cardiff Civil Justice Centre, 2 Park Street, Cardiff, CF10 1ET.

- Administrative Court in **Leeds**

    Administrative Court Office, Leeds Combined Court Centre, 1 Oxford Row, Leeds, LS1 3BG.

- Administrative Court in **Manchester**

    Administrative Court Office, Manchester Civil Justice Centre, 1 Bridge Street West, Manchester, M3 3FX.

APPENDIX M

N463 Application for Urgent Consideration

M-001 *Replace Form N463 with:*

Judicial Review
Application for urgent consideration

This form must be completed by the Claimant or the Claimant's advocate if exceptional urgency is being claimed and the application needs to be determined within a certain time scale.

The claimant, or the claimant's solicitors must serve this form on the defendant(s) and any interested parties with the N461 Judicial review claim form.

To the Defendant(s) and Interested Party(ies)
Representations as to the urgency of the claim may be made by defendants or interested parties to the relevant Administrative Court Office by fax or email:-

For cases proceeding in

	In the High Court of Justice Administrative Court
Claim No.	
Claimant(s) *(including ref.)*	
Defendant(s)	
Interested Party(ies)	

London	Fax: 020 7947 6802
	email: administrativecourtoffice.generaloffice@hmcts.x.gsi.gov.uk
Birmingham	Fax: 0121 250 6730
	email: administrativecourtoffice.birmingham@hmcts.x.gsi.gov.uk
Cardiff	Fax: 02920 376461
	email: administrativecourtoffice.cardiff@hmcts.x.gsi.gov.uk
Leeds	Fax: 0113 306 2581
	email: administrativecourtoffice.leeds@hmcts.x.gsi.gov.uk
Manchester	Fax: 0161 240 5315
	email: administrativecourtoffice.manchester@hmcts.x.gsi.gov.uk

You must complete sections 1 to 5 and attach a draft order.

SECTION 1 Reasons for urgency

N463 APPLICATION FOR URGENT CONSIDERATION

SECTION 2 Proposed timetable

2.1 How quickly do you require the application (Form N463) to be considered?
This will determine the timeframe within which your application is referred for consideration.

a) ☐ Immediately **(within 3 days)** – indicate in hours (eg. 2 hours, 24 hours etc.) [ ] Hours

b) ☐ Urgently **(over 3 days)** – indicate in days (eg. 4 days, 6 days etc.) [ ] Days

2.2 Please specify the nature and timeframe of consideration sought.

a) ☐ **Interim relief** is sought and the application for such relief should be considered within [ ] Hours/Days

b) ☐ **Abridgement of time for AOS** is sought and should be considered with [ ] Hours/Days

c) ☐ **The N461 application for permission** should be considered within [ ] Hours/Days

d) ☐ **If permission for judicial review is granted,** a substantive hearing is sought by [ ] Date

SECTION 3 Justification for request for immediate consideration

Date and time when it was first appreciated that an immediate application might be necessary.

Date [ ]   Time [ ]

Please provide reasons for any delay in making the application.

[ ]

What efforts have been made to put the defendant and any interested party on notice of the application?

[ ]

SECTION 4 Interim relief *(state what interim relief is sought and why in the box below)*
A draft order must be attached.

SECTION 5 Service
A copy of this form of application was served on the defendant(s) and interested parties as follows:

Defendant	Interested party
☐ by fax machine to — Fax no. — time sent — time	☐ by fax machine to — Fax no. — time sent — time
☐ by handing it to or leaving it with — name	☐ by handing it to or leaving it with — name
☐ by e-mail to — e-mail address	☐ by e-mail to — e-mail address
Date served — Date	Date served — Date

I confirm that all relevant facts have been disclosed in this application

Name of claimant's advocate — name

Claimant (claimant's advocate) — Signed

INDEX

This index has been prepared using Sweet & Maxwell's Legal Taxonomy. Main index entries conform to keywords provided by the Legal Taxonomy except where references to specific documents or non-standard terms (denoted by quotation marks) have been included. These keywords provide a means of identifying similar concepts in other Sweet & Maxwell publications and on-line services to which keywords from the Legal Taxonomy have been applied. Readers may find some minor differences between terms used in the text and those which appear in the index. Suggestions to *sweetandmaxwell.taxonomy@tr.com*.

Acknowledgment of service
  form, L-001
Agency
  legitimate expectation, 12-069
Arbitrators
  bias, 10-044A
Attorney General
  justiciability, 3-006
Bias
  direct pecuniary/proprietary interests, 10-020
  disclosure, 10-065A
  participation in subsequent decisions
    arbitrators, 10-044A
    examples, 10-039
    superior courts, 10-040—10-041A
  pre-determination, 10-064
  "real possibility" test, 10-017—10-018
  relationships
    communications between decision-maker and a party, 10-058
    professional relationships, 10-048, 10-050
  right to fair trial, 10-094
Breach of statutory duty
  damages, 19-054
Brexit
  EU law, 14-003—14-005
Charter of Fundamental Rights of the European Union
  generally, 14-041
Claim forms
  form, K-001
Constitutional rights
  irrationality
    equality, 11-063—11-064
    generally, 11-053—11-056
    rule of law, 11-058—11-060
Consultation
  consideration of representations, 7-057
  standards of consultation, 7-055—7-056
Contracts
  employment, 3-072
  identifying additional public element, 3-069
  tests for justiciability, 3-066
Costs
  discontinuance, 16-101
  generally, 16-092
Courts
  criminal courts, 3-010

Damages
  breach of statutory duty, 19-054
  defendants
    Crown, 19-016
    generally, 19-013
  false imprisonment
    generally, 19-055
    lawful authority, 19-058
  human rights claims
    inhuman or degrading treatment or punishment, 19-088
    principles, 19-084
    right to respect for private and family life, 19-096
  negligence
    duty of care, 19-045
    liability, 19-038
  public/private law, relationship between, 19-034
  reform of tortious liability, 19-072
Data protection
  information gathering, 16-032
Decisions to prosecute
  justiciability, 3-006
Declarations
  generally, 18-039
Declarations of incompatibility
  generally, 13-048
  tables of decisions, 13-104
Delegation
  statutory requirements, 5-179
Devolution issues
  categories of judicial review, 1-127—1-128
Disclosure
  bias, 10-065A
Discretion
  grant of remedies
    presumption in favour of relief, 18-048
    substantially different outcome, 18-050
Discretionary powers
  delegation
    Carltona principle, 5-187, 5-190, 5-192A
    width of powers, 5-175
  extraneous purposes, 5-104
  limited resources, 5-148
Discrimination
  generally, 13-101

INDEX

Duty of candour
generally, 16-027
Duty to provide reasons
advantages, 7-094, 7-095A
common law requirements, 7-102—7-103
generally, 7-092
remedies for failure to give reasons, 7-115—7-116
right of appeal, 7-101
standard of reasons, 7-105—7-106
Employment
justiciability, 3-072
EU law
Brexit, 14-003—14-005
Charter of Fundamental Rights, 14-041
equality, 14-125
equivalence, 14-077
introduction, 14-003—14-006
irrationality, 11-078, 11-081
"new legal order", 14-017A
state liability for breach of EU law
right-conferring provisions, 14-094
statutory interpretation, 5-050
supremacy, 14-019
Facts
decisions unsupported by evidence, 11-047
misdirection or mistake of fact, 11-046
Fairness
consultation
consideration of representations, 7-057
standards of consultation, 7-055—7-056
exceptions
national security, 8-010—8-023
preliminary decisions, 8-064
flexible and evolving concept, 7-040
history, 6-027
national security, 8-010—8-023
natural justice, 6-010
notice
degree of notice, 7-048—7-049
importance, 7-046A
oral hearings, 7-068
preliminary decisions, 8-064
public interest
special advocates, 8-032
remote hearings, 8-002
right to fair trial
entitlement to fairness, 7-035—7-036
fair hearings, 7-121
right to life
duty to undertake effective investigation, 7-130
generally, 7-037
inquests, 7-131
safeguarding rights and interests, 7-019
supplementation of statutory requirements by courts, 7-013—7-015
False imprisonment
generally, 19-055
lawful authority, 19-058
Fettering of discretion
self-created rules/policies
application of principle, 9-007

exceptional circumstances, 9-013
generally, 9-004
justification for fettering, 9-021A
power to make rules/policies, 9-010
rationale of principle, 9-005
undertakings not to exercise discretion, 9-029
Forced labour
human rights, 13-068
Freedom of expression
special regard, 13-057
Freedom of information
information gathering, 16-030
Freedom of thought, conscience and religion
generally, 13-089
Hearings
fairness at oral hearings, 7-068
full hearings, 16-081
Homelessness
appeals, 17-040
Human rights
damages
inhuman or degrading treatment or punishment, 19-088
principles, 19-084
right to respect for private and family life, 19-096
declarations of incompatibility
generally, 13-048
tables of decisions, 13-104
discrimination, 13-101
forced labour, 13-068
freedom of expression, 13-057
freedom of thought, conscience and religion, 13-089
Human Rights Act 1998
impact, 13-102
omission of articles 1 and 13, 13-034
Strasbourg jurisprudence, 13-036
temporal scope, 13-059
inhuman or degrading treatment or punishment, 19-088
interpretation
declarations of incompatibility, 13-048
national legislation, 13-042, 13-045
no punishment without law, 13-070
peaceful enjoyment of possessions, 13-096—13-098
positive obligations, 13-026
prescribed by law, 13-082
public functions
case law, 3-092—3-094
function of body in question, 3-093
nature of act complained of, 3-098
right to fair trial
bias, 10-094
entitlement to fairness, 7-035—7-036
fair hearings, 7-121
right to life
duty to undertake effective investigation, 7-130
fairness, 7-037
generally, 13-063
inquests, 7-131

INDEX

right to respect for private and family life
  damages, 19-096
  generally, 13-085—13-087
  slavery, 13-068
  torture, 13-066
  victim requirement, 2-059, 2-062

Illegality
  delegation
    statutory requirements, 5-179
  discretionary powers
    delegation, 5-175, 5-187, 5-190, 5-192A
    extraneous purposes, 5-104
    limited resources, 5-148
  extraneous purposes, powers used for
    generally, 5-091
    plurality of purposes, 5-129
  financial considerations
    cost/financial benefits, 5-145
  international law
    customary law, 5-055
    unincorporated treaties, 5-054
  introduction, 5-004
  mandatory/directory requirements
    duties owed to public generally, 5-074
    generally, 5-058, 5-064, 5-070
    marginal failure to comply with duties, 5-072
  policies
    interpretation, 5-089
  relevancy of considerations
    financial considerations, 5-145
    generally, 5-135
  statutory interpretation
    "always-speaking" statutes, 5-040
    constitutional rights and principles, 5-048
    EU law, 5-050
    generally, 5-022
    international law, 5-054—5-055
    mandatory/directory requirements, 5-058—5-074
    parliamentary materials, 5-032, 5-038

Information gathering
  duty of candour, 16-027
  freedom of information, 16-030
  generally, 16-026

Inhuman or degrading treatment or punishment
  damages, 19-088

International law
  customary law, 5-055
  unincorporated treaties, 5-054

Interveners
  locus standi, 2-073

Irrationality
  categories of substantive review, 11-023
  comparative law
    Canada, 11-130
  constitutional rights
    equality, 11-063—11-064
    generally, 11-053—11-056
    rule of law, 11-058—11-060
  defective decision-making process
    illogical decisions, 11-032

  relevancy of considerations, 11-029
  facts
    decisions unsupported by evidence, 11-047
    misdirection or mistake of fact, 11-046
  intensity of review, 11-097—11-099
  oppression, 11-069—11-070
  proportionality
    English law, 11-081
    EU law, 11-078
  systemic unfairness/unlawfulness, 11-072
  Wednesbury unreasonableness
    generally, 11-017
    intensity of review, 11-097—11-099
    reformulation attempts, 11-021

Judicial review
  devolution issues, 1-127—1-128
  incidence
    case load, 1-053
    central government response, 1-060A
  limitations
    constitutional role of courts, 1-035—1-039
    institutional capacity of courts, 1-042A

Jurisdiction (Administrative Court)
  excluded matters, 3-018—3-020
  exclusivity
    CPR Part 54, 3-119
    RSC Ord.53, 3-118
  ouster clauses
    generally, 4-017
    review of courts and tribunals, 4-044

Jurisdiction (public authorities)
  collateral challenges, 3-128
  lawful administration, 4-051
  lawful/unlawful decisions
    effect of decisions being declared unlawful, 4-070
  ouster clauses
    generally, 4-017
    review of courts and tribunals, 4-044
  precedent fact, 4-056

Justiciability
  chains of decisions, 3-028—3-029
  contractual powers
    employment, 3-072
    identifying additional public element, 3-069
    tests for justiciability, 3-066
  decisions without legal effect, 3-026

Legitimate expectation
  definition, 12-008
  fairness
    secondary procedural legitimate expectation, 12-011
    summary, 12-011A
  legitimacy
    authority to make representations, 12-037
    clear, unambiguous and unqualified representations, 12-032, 12-034
    detrimental reliance, 12-044
    inducement by decision-maker's conduct, 12-036
    introduction, 12-031
    membership of affected class, 12-038
  standard of review

INDEX

detrimental reliance, 12-062
generally, 12-054—12-056
nature of decision, 12-061
unlawful representations
agency, 12-069
generally, 12-065
Locus standi
capacity of public authorities, 2-016
constitutional significance, 2-004
human rights "victim" requirement, 2-059, 2-062
interveners, 2-073
remedial orders sought, 2-025
sufficient interest, 2-009—2-010
Mandatory orders
generally, 18-024
Mandatory requirements
duties owed to public generally, 5-074
generally, 5-058, 5-064, 5-070
marginal failure to comply with duties, 5-072
National security
fairness, 8-010—8-023
Natural justice
generally, 6-010
Negligence
duty of care, 19-045
liability, 19-038
No punishment without law
generally, 13-070
Notice
degree of notice, 7-048—7-049
importance, 7-046A
Ombudsmen
generally, 1-077—1-079
review of failure to implement findings/recommendations, 1-094
review of ombudsmen, 1-092
Oppression
generally, 11-069—11-070
Ouster clauses
generally, 4-017
review of courts and tribunals, 4-044
Overriding objective
generally, 16-012
Peaceful enjoyment of possessions
human rights, 13-096—13-098
Permission
criteria for grant/refusal, 16-054
timing of applications, 16-058
Positive obligations
human rights, 13-026
Prerogative powers
subject matter of powers, 3-040
Prescribed by law
human rights limitations, 13-082
Procedure (non-Part 54 claims)
homelessness, 17-040
statutory quashing applications
review grounds, 17-033
time limits, 17-027
Upper Tribunal, 17-006

Procedure (Part 54 claims)
costs
discontinuance, 16-101
generally, 16-092
duty of candour, 16-027
exclusivity
CPR Part 54, 3-119
RSC Ord.53, 3-118
full hearings, 16-081
funding, 16-089
history
legislative reforms, 15-100A
information gathering
duty of candour, 16-027
freedom of information, 16-030
generally, 16-026
introduction, 16-002
overriding objective, 16-012
permission
criteria for grant/refusal, 16-054
timing of applications, 16-058
RSC Ord.53
exclusivity, 3-118
replacement by CPR, 15-099
Proportionality
irrationality
English law, 11-081
EU law, 11-078
Public authorities
Attorney General, 3-006
criminal courts, 3-010
Public functions
absence of remedies, 3-057A
criteria, 3-051—3-058
human rights claims
case law, 3-092—3-094
function of body in question, 3-093
nature of act complained of, 3-098
Public inquiries
planning inquiries, 1-108
Remedies
declarations
generally, 18-039
discretion
presumption in favour of relief, 18-048
substantially different outcome, 18-050
legislative reforms, 15-100A
mandatory orders, 18-024
Right to fair trial
bias, 10-094
fairness
entitlement to fairness, 7-035—7-036
fair hearings, 7-121
Right to life
fairness
duty to undertake effective investigation, 7-130
generally, 7-037
inquests, 7-131
generally, 13-063
Right to respect for private and family life
damages, 19-096
generally, 13-085—13-087

Slavery
  human rights, 13-068
Special advocates
  fairness, 8-032
Statutory interpretation
  "always-speaking" statutes, 5-040
  constitutional rights and principles, 5-048
  EU law, 5-050
  generally, 5-022
  human rights
    declarations of incompatibility, 13-048
    national legislation, 13-042, 13-045
  international law
    customary law, 5-055
    unincorporated treaties, 5-054
  mandatory/directory requirements
    duties owed to public generally, 5-074
    generally, 5-058, 5-064, 5-070
    marginal failure to comply with duties, 5-072
  parliamentary materials, 5-032, 5-038
Torture
  generally, 13-066
Tribunals
  procedure, 17-006
Urgent applications
  form, M-001
Wednesbury unreasonableness
  generally, 11-017
  intensity of review, 11-097—11-099
  reformulation attempts, 11-021

Also available:

Toulson & Phipps on Confidentiality, 4th Edition

Editors: Charles Phipps, William Harman and Simon Teasdale

ISBN: 9780414074415

Publication date: March 2020

Formats: Hardback/ProView eBook/Westlaw UK

Confidentiality is a complex subject. In the Fourth edition of *Toulson & Phipps on Confidentiality*, Charles Phipps along with new editors William Harman and Simon Teasdale provides a comprehensive and authoritative combination of reference, analysis and procedure in relation to confidentiality across all relevant areas of law.

Disclosure, 2nd supplement to the 5th Edition

Authors: Hodge M. Malek QC and Paul Matthews

ISBN: 9780414081857

Publication date: October 2020

Formats: Paperback/Westlaw UK

Disclosure provides an authoritative and detailed analysis of the law relating to disclosure, i.e., the process whereby the parties to a legal action disclose to each other all documents in their possession, custody or power relating to matters in question in the action. The Second Supplement brings the 5th edition up to date and covers important updates on the Disclosure Pilot Scheme.

Also available as a Standing order

Phipson on Evidence, 2nd supplement to the 19th Edition

General Editor: Hodge M. Malek QC

ISBN: 9780414082748

Publication date: December 2020

Formats: Paperback/Proview eBook/Westlaw UK

Phipson on Evidence is the leading work on civil and criminal evidence. It examines in detail all aspects of the principles and procedures making up the law of evidence. Coverage includes the admission of evidence, the standard of proof, the attendance of witnesses, good and bad character, legal professional privilege, hearsay, expert evidence, confessions, judicial discretion and many other evidential issues.

Also available as a Standing order

Contact us on : Tel: +44 (0)345 600 9355   Order online: sweetandmaxwell.co.uk

ProView™
THIS TITLE NOW AVAILABLE DIGITALLY

Thomson Reuters ProView™

The Premier eBook experience for professionals worldwide via your browser, tablet or smartphone

For further information please select Print Services in Contact us at www.tr.com/uki-legal-contact, call 0345 600 9355, or contact your trade agent